Das vereinte Deutschland

Hubert Kleinert

Das vereinte Deutschland

Die Geschichte 1990–2020

 Springer

Hubert Kleinert
Hochschule fur Polizei und Verwaltung Gießen
Gießen, Deutschland

ISBN 978-3-658-26766-7   ISBN 978-3-658-26767-4   (eBook)
https://doi.org/10.1007/978-3-658-26767-4

Die Deutsche Nationalbibliothek verzeichnet diese Publikation in der Deutschen Nationalbibliografie; detail-
lierte bibliografische Daten sind im Internet über http://dnb.d-nb.de abrufbar.

Coverfotos: ullsteinbild_ullstein_high_00971430.jpg./ullsteinbild_ullstein_high_00010231.jpg/Archiv der
Bundesregierung_00311237/Archiv der Bundesregierung_00367499

Planung/Lektorat: Frank Schindler
Springer ist ein Imprint der eingetragenen Gesellschaft Springer Fachmedien Wiesbaden GmbH und ist ein Teil
von Springer Nature.
Die Anschrift der Gesellschaft ist: Abraham-Lincoln-Str. 46, 65189 Wiesbaden, Germany

VORWORT

Mit diesem Buch legt der Verfasser den zweiten Band seiner Geschichte der Bundesrepublik Deutschland vor. Nachdem der 2018 veröffentlichte erste Band die Geschichte des geteilten Deutschland bis zur Wiedervereinigung behandelt hat, geht es auf den folgenden Seiten um das neue Deutschland, wie es sich seit 1990 entwickelt hat.

Das Werk handelt von der Geschichte eines mit der Vereinigung größer gewordenen Landes, das mit dem Ende der Vier-Mächte-Verantwortung für Deutschland auch seine vollständige staatliche Souveränität erlangt hatte. Die Sonderrolle, die das geteilte Deutschland bis dahin in der internationalen Politik gespielt hatte, war nun ebenso vorbei wie die Weltordnung der Kalten Krieges, die bis dahin nicht nur den Deutschen die maßgeblichen Rahmenbedingungen gesetzt hatte. Die Geschichte hatte 1989/90 ein neues Kapitel aufgeschlagen, die Deutschen im Herbst 1990 eine Tür ins Unbekannte durchschritten. Was dahinterliegen würde, musste sich noch zeigen.

Die Einheit war staatsrechtlich noch gar nicht vollzogen, als nach dem Einmarsch des Irak in Kuwait bereits klar wurde, dass fortan den Deutschen mit der Bereitschaft zu größerer weltpolitischer Verantwortungsübernahme auch Lasten abverlangt werden würden, auf die sie kaum eingestellt waren. Wie schwierig das werden konnte, zeigte sich dann schon im Golfkrieg Anfang 1991, als Deutschland im Abseits blieb und dafür in anderen westlichen Hauptstädten heftig gescholten wurde. Nun war von »Ablasshandel« die Rede, als die Kohl-Regierung ihre militärische Abstinenz mit dem Scheckbuch zu kompensieren suchte.

Noch dramatischer zeigte sich die Zeitenwende nach dem Ende des Kalten Krieges mit den Bürgerkriegen im zerfallenden Jugoslawien. Sie machten auf verstörende Weise klar, dass mit dem Ende der Konfrontation zwischen Ost und West nicht das Zeitalter des immerwährenden Friedens angebrochen war, sondern ein neues Aufflammen kriegerischer Auseinandersetzungen entlang nationaler, ethnischer und religiöser Konfliktlinien, die man mitten in Europa längst überwunden glaubte. Nachdem die Bundesregierung mit der staatlichen Anerkennung ehemaliger jugoslawischer Teilrepubliken zunächst noch vorgeprescht war, blieben die Deutschen im Angesicht der Rückkehr eines gewaltsamen Ethnonationalismus dann aber ebenso unentschlossen und vorsichtig wie Europa insgesamt. Zwar fand man sich schließlich zur Beteiligung an internationalen Militärmissionen bereit. Auch in Afghanistan und an vielen anderen Orten der Welt hat sich die Bundeswehr danach immer wieder engagiert, nachdem mit der Entscheidung des Verfassungsgerichts 1994 der Streit um die verfassungsrechtliche Zulässigkeit von »Out of Area«-Einsätzen beendet war. Doch bis heute hält sich im Ausland der Vorwurf einer »deutschen Trittbrettfahrerei« und die Kritik daran, dass die Deutschen die machtpolitische Rolle nicht übernähmen, die ihrem realen Gewicht als Führungsmacht in Europa entspräche. Insoweit bleibt die oft diskutierte Frage nach der »Normalität« deutscher Außenpolitik auch dreißig Jahre nach der Einheit nicht wirklich gelöst.

Deutsche Politik hatte schon in den Monaten zwischen Mauerfall und staatlicher Einheit immer wieder herauszustellen versucht, dass auch das wiedervereinigte Land fest eingebunden bleibe in den Prozess der europäischen Integration, die man sich in den politischen Eliten meist als Entwicklung zu einem europäischen Bundesstaat vorstellte. Tatsächlich ist es in den Jahren nach der staatlichen Einheit vor allem Helmut Kohl gewesen, der die immer engere Integration Europas energisch voranzutreiben versuchte. Freilich mussten der Kanzler und seine Regierungen bald erkennen, dass manchen ihrer Partner an einer echten Politischen Union in Europa gar nicht so sehr viel lag. Am Ende blieben eine halbe politische Union und eine echte Währungsunion, die der Kanzler gegen alle Einwände und Widerstände durchsetzen konnte. Die Hoffnung aber, dass die Währungsunion die weitere Vertiefung eines föderalen Europa zwangsläufig nach sich ziehen müsse, wurde enttäuscht. Inzwischen ist von einem europäischen Bundesstaat nicht einmal mehr als Fernziel die Rede. Und mit der Eurokrise musste sich aufs Neue die Frage stellen, ob die Voraussetzungen für eine gemeinsame Währung 1998 überhaupt vorgelegen hatten. Hatte Helmut Kohl nicht selbst vor dem Bundestag im November 1991 davon gesprochen, dass die Währungsunion ohne echte Politische Union keinen Sinn mache?

Weil der europäische Bundesstaat nicht kam und die Integration nach der Jahrtausendwende in immer neue Krisen geriet, war auch die Möglichkeit versperrt, das Identitätsproblem der Deutschen nach Auschwitz durch eine

»postnationale Identität« zu lösen. Weil die Geschichte des Nationalstaats seit 1990 doch nicht zu Ende gegangen ist, vielmehr auf Sicht der Nationalstaat die Normalform einer politischen Ordnung von Großgemeinschaften bleiben wird, können die Deutschen dem Thema nationaler Identität und nationaler Interessen eigentlich gar nicht ausweichen.

Gleichwohl tun sie sich damit bis heute weit schwerer als andere. Die besondere Diskreditierung des Nationalen und Patriotischen in der deutschen Geschichte durch die Zusammenarbeit von Deutschnationalen und Nationalsozialisten vor 1933 wirkt bis in unsere Tage weiter – trotz der gelegentlich fast schon nassforschen Töne in der Zeit der Kanzlerschaft von Gerhard Schröder. Insoweit befindet sich deutsche Außenpolitik bis heute in einer Art »Kontinuitätsfalle« und bleibt undeutlich, wo Deutschland seinen Platz und seine machtpolitische Rolle in der internationalen Staatengemeinschaft sieht. Auch wer nur Frieden stiften will, braucht dazu Machtmittel.

Zur Kernfrage des vereinigten Deutschland aber wurde die Bewältigung der Einheit selber. Mit der Währungsunion hatte der Prozess der Deindustrialisierung in der formal noch bestehenden DDR bereits begonnen, noch bevor die Einheitsfeierlichkeiten überhaupt abgeschlossen waren. Dabei wurde rasch deutlich, wie sehr diese Einheit trotz aller Rhetorik von der Würde der DDR-Bürger kein gleichberechtigter Zusammenschluss zweier ehemals getrennter Staaten war, sondern im Wesentlichen die Übernahme der Staats- und Gesellschaftsordnung des größeren Teils durch den kleineren. Dass das zu großen ökonomischen und sozialen Verwerfungen ebenso führen musste wie zu gewaltigen psychologischen Folgeproblemen, war mehr als wahrscheinlich. Würde ein allmähliches Zusammenwachsen des Landes dennoch gelingen?

Nimmt man nur die ökonomische Seite, dann fällt die Bilanz trotz mancher Fehler und andauernder Unterschiede zwischen Ost und West so schlecht gar nicht aus. Die Westdeutschen mögen durch kulturelle Arroganz selbst zu den Zurücksetzungsgefühlen im Osten beigetragen haben, die die Innere Einheit bis heute belasten. Gleichwohl haben sie im Großen und Ganzen doch die Mahnung von Bundespräsident Richard von Weizsäcker durchaus befolgt, der in der Einheitsfeier am 3. Oktober 1990 festgestellt hatte, dass Einheit auch »Teilen« bedeuten müsse. Die ungeheuren finanziellen Lasten, die als Folge der Einheit zu bewältigen waren, haben in erster Linie die westdeutschen Steuer- und Beitragszahler getragen, was ohne Wohlstandsverluste nicht abging. Zieht man nur das materielle Versorgungsniveau der Ostdeutschen heran, dann ist die Einheit trotz aller verstörenden Erfahrungen, wie sie mit Arbeitslosigkeit und sozialem Sta-

tusverlust verbunden waren, so schlecht nicht gelaufen. Die materiellen
Angleichungsprozesse sind beachtlich.

Ganz anders steht es um die mentalen Angleichungen, um den eigentlichen Kern der inneren Einheit. Die Hoffnungen, mit einer allmählichen
wirtschaftlichen Erholung würde es in den neuen Ländern zu einer Art
»nachholenden Modernisierung« im Sinne einer Anpassung an die Normen und Werte der Westgesellschaft kommen, haben sich so nicht erfüllt.
Im Gegenteil hat die Art und Weise des Vereinigungsprozesses mentale
Unterschiede, die sich aus den verschiedenen Sozialisationsbedingungen
in Ost- und Westdeutschland entwickelt hatten, erst so richtig zutage gebracht. Erst der Vereinigungsprozess habe über die vielfältigen Verlust-
und Zurücksetzungsgefühle zur Entstehung einer Art »Ostidentität« geführt, die sich im Widerspruch zu den Zumutungen einer als Übernahme
gedeuteten Herrschaft des Westens überhaupt erst entwickelt habe, ana-
lysieren Transformationsforscher.

Daran ist jedenfalls so viel richtig, als sich gut belegen lässt, dass das Vertrauen in die Institutionen und Spielregeln einer marktwirtschaftlichen
Demokratie in Ostdeutschland in den Jahren nach der Wende zunächst immer weiter abgenommen hat. Die Großparteien erschienen vielen ehemaligen DDR-Bürgern als Exportprodukt, die Spielregeln des Westens blieben
ihnen fremd. So ist nicht nur die Ostalgiewelle entstanden, die zu Beginn
des neuen Jahrtausends vor allem im Westen einige Verwunderung auslöste. Auch die besondere Resonanz der neuen Rechten in Ostdeutschland
ist ohne die Spätfolgen schmerzhafter Umbrucherfahrungen nicht zu verstehen.

Missraten ist im Ergebnis der Elitenaustausch. Sicher war beim Aufbau
in den neuen Ländern Hilfe aus dem Westen unumgänglich. Wo die alten
Funktionseliten weichen mussten, neue aber in der ehemaligen DDR nicht
ausreichend zur Verfügung standen, konnte diese Lücke nur mit West-
exporten geschlossen werden. Damit allein aber lässt sich kaum erklären,
warum ein Vierteljahrhundert später die gesamtdeutsche Elite eine weitgehend »ossifreie Zone« geblieben ist. Nach einer Studie aus 2016 sind
bundesweit nur 1,7 Prozent aller herausgehobenen Spitzenpositionen der
deutschen Gesellschaft mit gebürtigen Ostdeutschen besetzt. Eine andere
Untersuchung spricht von zwei bis drei Prozent (1). Es mag sein, dass die
Prägung durch fehlende Risikobereitschaft und geringerem Aufstiegswil-
len in der »arbeiterlichen« Gesellschaft des Ostens dabei eine Rolle gespielt
haben. Aber dadurch allein lässt sich eine solche Diskrepanz nach so vielen Jahren kaum zureichend erklären. Hier muss etwas gründlich schief-
gelaufen sein.

Die beiden Regierungen von Helmut Kohl nach der Einheit hatten sich mit gewaltigen Problembergen herumzuschlagen. Zum schwierigen Management der Einheit kam Europa und das Großprojekt des Euro, das Ausgabenbegrenzungen erzwang, obgleich die gewaltigen Finanzbedarfe für Ostdeutschland anhielten. Gleichzeitig verlangte die Wirtschaft nach Kostensenkungen. Ohne sie werde das Land den Stürmen der Globalisierung und der neuen asiatischen Konkurrenz nicht gewachsen sein. Dass Kohl darüber seine Mehrheit, die schon 1994 tüchtig gewackelt hatte, verlor, war eigentlich keine Überraschung. Zumal die Wähler die Aussicht auf das Ende der DM keineswegs so frohlocken ließ wie die große Mehrheit der politischen Eliten.

Der Wahlsieg von Rot-Grün und die folgende Kanzlerschaft Gerhard Schröders war nicht nur deshalb eine Zäsur, weil mit der Ablösung von Helmut Kohl die bis heute längste Kanzlerschaft in der deutschen Geschichte seit Bismarck zu Ende ging. Erstmals kam jetzt eine völlig neue Regierung ins Amt. Und mit den Grünen war eine noch immer junge Partei dabei, die sich nach ihren radikaleren Anfängen als Teil der »neuen sozialen Bewegungen« inzwischen zwar pragmatisch ein gutes Stück geläutert hatte, für die meisten Bürger aber noch immer in einer Flügelposition eher am linken Rand als in der Mitte des politischen Systems stand. Die Mehrheit der Deutschen wollte 1998 den Wechsel, nicht aber eine grüne Regierungsbeteiligung, haben die Demoskopen damals übereinstimmend herausgefunden.

Freilich erwies sich bald, dass es den »68ern an der Macht« in Wahrheit an einer durchbuchstabierten politischen Reformagenda mangelte. SPD-Chef Lafontaine wollte mit nachfrageorientierter Wirtschafts- und Finanzpolitik die Gerechtigkeitslücke schließen, die er durch Helmut Kohl aufgerissen sah. Der Kanzler dagegen liebäugelte mit einem wirtschaftsfreundlichen Kurs der Innovationsförderung und Steuersenkung. Die Grünen schließlich blieben lange auf ihre Ressorts begrenzt und hatten ansonsten viel mit sich selbst zu tun. Und weil sich auch die gesellschaftliche Grundstimmung kaum mit der von 1969 vergleichen ließ, wurden die Rot-Grünen nie wirklich zu Protagonisten eines gesellschaftlichen Aufbruchs, wie das Brandt und seine Leute seinerzeit gewesen waren. Auch der Versuch einer neuen sozialdemokratischen Sinnstiftung, wie ihn Schröder nach dem Rückzug Lafontaines kurzzeitig mit Tony Blair unternahm, zündete nicht.

So kam es zwar zu einigen bemerkenswerten lebensweltlichen und ökologischen Reformschritten, für die vor allem die Grünen verantwortlich zeichneten. Rot-Grün hat energiepolitische Weichenstellungen geschaffen, deren Wirkung bis heute andauert. Ansonsten blieb vieles Stückwerk, gab es atemberaubende Volten – und viel Inszenierungstheater. Kohl war der letzte Kanzler, der überwiegend gegen die Medien regierte. Schröder dagegen war der erste, der sich selbst als Medienkanzler verstand und »Bild, BAMS und Glotze« für die wichtigsten Machtressourcen hielt.

Kaum bestritten werden kann, dass die Regierung in den internationalen Konflikten dieser Jahre insgesamt eine gute Figur machen konnte. Dass ausgerechnet Rot-Grün im Kosovo-Konflikt den ersten Kampfeinsatz der Bundeswehr seit 1945 befehligen musste und daran nicht zerbrach, war angesichts der pazifistischen Traditionen der Grünen alles andere als selbstverständlich. Dasselbe gilt für den Afghanistan-Einsatz nach dem 11. September 2001. Richtig lagen Schröder und Fischer schließlich auch mit ihrer Ablehnung des Irak-Krieges. In diesen dramatischen außenpolitischen Fragen bewiesen die Akteure Statur. Daran ändert auch Schröders unglückliches Wort von »unserem deutschen Weg« im Zusammenhang mit dem Irak-Krieg nichts.

Nach ihrer glücklichen Wiederwahl wurden die Rot-Grünen aber im Inneren von denselben Kernfragen eingeholt, an denen schon ihre Vorgänger gescheitert waren. Der Reformbedarf der sozialen Sicherungssysteme in Zeiten hoher Arbeitslosigkeit und verschärfter weltwirtschaftlicher Konkurrenz ließ sich nicht durch Rücknahme der viel kritisierten Reformschritte der Kohl-Regierung lösen. So kam es zu Schröders Agenda-Politik, die an vielen Stellen Ähnliches anstrebte wie die Veränderungen, wie sie vor allem Schäuble ab 1997 betrieben hatte. Dass Schröder schließlich genauso an Lafontaine scheiterte wie es Kohl einige Jahre zuvor ergangen war, als der SPD-Chef die Regierungsinitiativen im Bundesrat auflaufen ließ, lässt sich auch als Ironie der Geschichte verstehen. Wäre Lafontaine 2005 in Saarbrücken geblieben und das Fusionsprojekt »Linkspartei« nicht so schnell gekommen, hätte Schröder vermutlich weiterregieren können – als Chef einer Großen Koalition.

Der Wechsel zu Angela Merkel brachte dann entgegen der Programmatik der CDU-Opposition in der Ära Schröder erstaunlich viel Kontinuität. Dafür sorgte nicht nur die Tatsache, dass die Sozialdemokraten als Juniorpartner in einer Großen Koalition weiter dabei waren. Die Erfahrung der neuen Kanzlerin, dass sie mit einem stark wirtschaftsliberalen Unionsprofil die Bundestagswahl 2005 fast noch verloren hätte, trug dazu ebenso bei wie die politische Agenda. Mit der Finanzkrise 2008 war schließlich die Hegemonie des neoliberalen Denkens im Grunde vorbei.

In die ersten Jahre der Kanzlerschaft Merkels fiel nicht nur die Rückkehr der Union zum Profil einer bürgerlichen Sozialstaatspartei. Bemerkenswert und in ihrem Ausmaß überraschend waren auch die Veränderungen in der christdemokratischen Frauen- und Familienpolitik. Sie orientierten sich jetzt am Leitbild der erwerbstätigen Frau und zielten auf die Verbesserung der Vereinbarkeit von Familie und Beruf.

Bald wurde auch erkennbar, dass die Unionspolitik unter Merkel noch weniger auf festen weltanschaulichen Fundamenten ruhte als die sozialdemokratische Politik unter Gerhard Schröder. Die Kanzlerin zeigte sich immer häufiger als Pragmatikerin des Augenblicks, die auch das aus den Ideen und Programmangeboten der politischen Konkurrenz übernahm, was einigermaßen sinnvoll und populär schien. Dass damit auch eine politisch-programmatische Entkernung der Union verbunden war, wurde schon früh genauso kritisch angemerkt wie die Tatsache, dass Angela Merkel weniger auf politischen Wettbewerb und inhaltliche Auseinandersetzung setzte, sondern auf die Wirkung eines präsidialen Regierungsstils, der Vertrauen und Verlässlichkeit ihrer Person in den Mittelpunkt rückte. Die damit verbundenen Gefahren für eine lebendige demokratische Debatte wurden durchaus herausgestellt. Die Mehrheit der Deutschen aber nahm daran ebenso wenig Anstoß wie die meisten in ihrer eigenen Partei. Solange nur die Wahlergebnisse einigermaßen stimmten.

Dieses Erfolgsrezept änderte sich auch nach 2009 nicht, nachdem die angebliche schwarz-gelbe Wunschkoalition zustande gekommen war. Das Festhalten des freidemokratischen Koalitionspartners am wirtschaftsliberalen Kurs führte unter den Rahmenbedingungen der Eurokrise die FDP am Ende in eine katastrophale Niederlage bei den Bundestagswahlen 2013. Während Angela Merkel mit ihrer »Volkskanzlerschaft« einen regelrechten Wahltriumph feiern konnte, stürzte die FDP ins Bodenlose.

Zum Wendepunkt der Merkeljahre wurde dann die Flüchtlingskrise im Herbst und Winter 2015/2016. Die Wende in der Zuwanderungs- und Asylpolitik und der Ausnahmezustand vom Herbst 2015 führten nicht nur zu einem beispiellosen Zustrom von Asylbewerbern, sondern sorgte auch für den Eindruck wachsenden Kontrollverlusts der Staatsorgane. Das mündete in eine lange nicht mehr erlebte gesellschaftliche Polarisierung, mit der schließlich auch das Ende von Merkels präsidialer Volkskanzlerschaft verbunden war. Und der Aufstieg einer neuen Rechtspartei, die für die Union bald zum wachsenden Problem wurde.

Tatsächlich haben die Folgen des Flüchtlingszustroms das politische System mehr verändert als alles andere seit der Einheit. Nicht nur, dass die Union seither an Wählerzustimmung erheblich verloren hat und Mehrheitsbildungen in den Parlamenten durch die Konkurrenz von rechts schwieriger geworden sind. Auch die Gräben zwischen Ost und West sind in der Folge der besonderen Stärke der Rechten in den neuen Ländern wieder gewachsen.

Das Wahlergebnis von 2017 war nicht nur ein deutlich sichtbares Zeichen abnehmender Stabilität der deutschen Demokratie. Mit dem Scheitern der Jamaika-Verhandlungen stand erstmals seit 1949 sogar die Möglichkeit einer gescheiterten Regierungsbildung und einer ernsthaften politischen Krise im Raum. Es war vor allem die Standfestigkeit des Bundespräsidenten, die die Sozialdemokraten schließlich dazu brachte, staatspolitische Verantwortung zu übernehmen, was sich freilich für die SPD nicht auszahlte. Im Herbst 2018 drängten Wahlniederlagen in Bayern und Hessen Angela Merkel zum Rückzug vom Parteivorsitz und zur vorzeitigen Ankündigung des Endes ihrer Kanzlerschaft.

Die tektonischen Verschiebungen in der Wählerlandschaft zeigten im Verlaufe des Folgejahres nicht nur einen unaufhaltsam scheinenden Verlust der Bindungskraft der ehemaligen Volksparteien. Die Erfolge von Grünen und AfD sprachen auch für eine wachsende Bedeutung der soziokulturellen Konfliktlinien, auf denen diese beiden Parteien die natürlichen Gegenpole bilden. Auch die Personalwechsel in SPD und CDU brachten keine neue Stabilisierung der alten Großparteien.

So schien das Land Anfang 2020 zerrissen wie nie. Während die Erderwärmung nach Jahrzehnten endlich einen Spitzenplatz auf der Agenda errungen hatte, schwand die Fähigkeit zu Konsens und Kompromiss. Begünstigt durch die modernen Kommunikationsmittel mit ihrer Jagd nach Klicks und Aufmerksamkeit, artikulierte sich Öffentlichkeit immer mehr in kollektiven Erregungszuständen auf moralisierenden Fundamenten. Ob es ums Klima ging oder um den Kampf gegen die neue Rechte – häufig dominierte eine überschießende Aufgeregtheit, die zu Übertreibungen disponiert. Welche politische Mitte das Land künftig zusammenhalten soll, erscheint ungewisser denn je. Ob die existentiellen Krisenerfahrungen, die die Gesellschaft derzeit mit der plötzlich hereingebrochenen Corona-Krise erlebt, daran etwas ändern werden, lässt sich noch nicht sagen. Immerhin stehen die Kanzlerin und ihre Partei im Mai 2020 in neuer Blüte.

Die deutsche Gesellschaft hat sich in den Jahren seit der staatlichen Einheit gehörig verändert. Im Gegensatz zu vielen Prognosen der Demographen hat die Bevölkerung des Landes seit 1990 zugenommen. Verantwortlich dafür ist allein die starke Zuwanderung aus dem Ausland. Während die Zahl der Deutschen ohne Migrationshintergrund kontinuierlich abnimmt, ist die Zahl der Menschen mit Migrationshintergrund allein zwischen 2005 (seither werden diese Daten erst erhoben) und 2019 von 14 auf 21 Millionen gewachsen. Lebten 1990 5,3 Millionen Ausländer in Deutschland, sind es heute mehr als elf Millionen.

Wohl wird die Mehrzahl von Einwanderern von Menschen aus europä-

ischen Ländern gestellt. Doch vor allem der massenhafte Zuzug aus dem
Nahen Osten und aus Afrika wirft eine Fülle von Integrationsproblemen
auf, mit der die Aufnahmegesellschaft zurechtkommen muss. Gemessen am Umfang der Probleme hat die deutsche Gesellschaft in ihrer großen Mehrheit dabei ein hohes Maß an Integrationsbereitschaft bewiesen.
Zwar war schon in den Jahren 1992/93 sichtbar geworden, dass die Massenzuwanderung auch große Ängste auslöste und eine aufgeheizte Stimmung
im Lande schuf. Die Bilder von den brennenden Asylbewerberheimen verdunkelten in dieser Zeit das Bild vom neuen Deutschland. Doch mit dem
Rückgang der Zahlen trat in den Folgejahren eine gewisse Entspannung der
Lage ein.

Mit der Flüchtlingskrise 2015/16 strömten dann Zuwanderer in noch
größerem Umfang ins Land. Zwar hat das letztlich eine regelrechte Erosion des Parteiensystems zur Folge gehabt und zu schweren Auseinandersetzungen geführt. Aber auch andere westliche Gesellschaften hätten sich
mit diesem Ausmaß an Veränderungen, die sich auch in der Lebenswelt
vieler Bürger auswirken, ganz sicher nicht leichter getan. Vergleichsuntersuchungen deuten sogar darauf hin, dass in einigen anderen großen westeuropäischen Ländern die Ablehnung von Zuwanderern und die Ressentiments gegen Migranten verbreiteter sind als in Deutschland (2). Insoweit
ist die immer wieder aufkeimende Befürchtung vor besonderen »rassistischen« Neigungen der Deutschen eher eine Schimäre, die vor allem zeigt,
wie vergangenheitsbezogen die Selbstwahrnehmung in Deutschland noch
immer oder gerade heute wieder beschaffen ist.

Wirtschaftlich waren die Jahre zwischen 1992 und 2005 von krisenhaften
Entwicklungen bestimmt. Die Zahl der Arbeitslosen lag in dieser Zeit kontinuierlich über 3,5 Millionen, die Staatsverschuldung erreichte nie dagewesene Rekordhöhen. Die Mehrheit der Menschen in den Ländern der alten Bundesrepublik war in dieser Zeit mit Reallohnverlusten konfrontiert.
Erst in der Merkel-Ära hat sich die wirtschaftliche Lage deutlich aufgehellt
und wurden Beschäftigungsrekorde erreicht.

Gestiegen ist dabei die Spreizung der Einkommen. Nicht nur, dass die
Zahl der »atypischen Beschäftigungsverhältnisse« über lange Zeit deutlich
zugenommen hat. Auch der explosionsartige Anstieg der Einkommen der
Spitzenverdiener hat das Gerechtigkeitsempfinden vieler Menschen verletzt. Der Anteil der Kapitaleinkünfte ist gegenüber dem Einkommen aus
Erwerbsarbeit deutlich gestiegen. Das hat zu einer gewachsenen Schere der
Vermögen geführt. Inzwischen wird sogar von einer »Refeudalisierung« gesprochen. Herkunft und Geburt spielen für die Lebenschancen von Menschen eine wieder wachsende Rolle.

Das ist vor allem ein Ergebnis des »Shareholder Value«, der trotz der Finanzkrise auch heute das Gesicht des modernen Finanzkapitalismus wesentlich prägt. Der »rheinische Kapitalismus« mit seinem korporativen Netz von Politik, Wirtschaft und Gewerkschaften gehört in weiten Teilen der Vergangenheit an. Und trotz positiver Arbeitsmarktzahlen hat der Wirtschaftsaufschwung eine Mehrheit der Gesellschaft erst in den allerletzten Jahren wirklich spürbar erreicht.

Einschneidende kulturellen Veränderungen hat in diesen Jahren die digitale Revolution ausgelöst. Nachdem bereits der Siegeszug des Privatfernsehens in den frühen 1990er Jahren zu Veränderungen der Medienwelt mit Rückwirkungen auf die Wahrnehmung von Politik und Gesellschaft geführt hatte, haben das Internet und die beinahe flächendeckende Verbreitung des Handys, das bald auch den mobilen Internetzugang ermöglichte, die Kommunikationsstrukturen der Gesellschaft geradezu revolutioniert. Die klassischen Printmedien erleben seit anderthalb Jahrzehnten einen Niedergang. Nachrichtenproduktion und Nachrichtenkonsum haben sich gewaltig beschleunigt. Die Bilderwelt der »social networks« führt zu einer Affektintensivierung, die manche schon von einer »Gesellschaft der Extreme« sprechen lässt, in der abwägende, diskursive Auseinandersetzung gegenüber moralisierenden Stimmungskonjunkturen immer schwerer möglich sei. Angetrieben durch die Entwicklung der digitalen Medien, verlagern sich politische Debatten in autonome Teilöffentlichkeiten. Der Zusammenhalt von Gesellschaften erscheint vor diesem Hintergrund schwieriger denn je.

Zu keiner Zeit ist Deutschland in den letzten dreißig Jahren zu einer echten Gefahr für seine Nachbarn und Partner geworden. Insoweit waren alle da und dort im Ausland 1990 geäußerten Sorgen vor der Rolle des größer gewordenen Deutschland unbegründet. Gleichwohl wird sich kaum davon sprechen lassen, dass Deutschland seinen Platz als wichtiger und in Europa tatsächlich auch führender Teil der Staatengemeinschaft inzwischen gefunden habe. Insoweit steht die »Normalisierung« im Sinne einer Selbstanerkennung des vereinigten Deutschland als »gewöhnlicher westlicher Nationalstaat« weiter aus. In der internationalen Publizistik ist die Sorge vor der deutschen Neigung zu »Sonderwegen« in den letzten Jahren sogar wieder häufiger artikuliert worden.

Das ist ein Grund, warum sich die letzten Jahrzehnte nicht einfach als »Erfolgsgeschichte« fassen lassen, wie das für die Bundesrepublik Deutschland bis 1989 noch gelten konnte. Wirtschaftlich ist das vereinigte Deutschland keineswegs stärker als es Westdeutschland im Kalten Krieg einmal war. Und auch politisch tut sich das Land mit seiner Rolle schwer. Das

Deutschland von heute möchte kein »Machtstaat« konventionellen Zuschnitts sein und betont mehr als andere seine moralische Wertegebundenheit in der internationalen Politik. Gleichzeitig aber muss es sich von anderen vorhalten lassen, mit der Verweigerung weltpolitischer Verantwortungsübernahme zur Schwächung Europas beizutragen. Bei riskanteren Militärmissionen beschränkt es sich nicht selten auf eher symbolische Beiträge. Und der Versuch, in der Flüchtlingskrise 2015 eine Art überlegene Moralität für sich zu reklamieren, hat in vielen Partnerländern eher Irritation ausgelöst. Noch immer spielt hier der übergroße Schatten der Vergangenheit eine große Rolle.

So lässt sich die Geschichte des vereinigten Deutschland kaum zutreffend mit Begriffen wie »Der Aufsteiger« kennzeichnen (3). Gewiss, die deutsche Hauptstadt ist als touristische Destination »in«. Junge Leute aus aller Herren Länder strömen dorthin. Deutschland genießt in vielen Teilen der Welt großes Ansehen. Das »Sommermärchen« von 2006 war ein Welterfolg. Aber Deutschland als Aufsteiger? Als die führenden Repräsentanten der Industrieländer 1978 zum Weltwirtschaftsgipfel in Bonn zusammenkamen, war Helmut Schmidt der Star und galt die Hoffnung, Deutschland möge die Rolle einer Lokomotive der Weltwirtschaft übernehmen.

Heute wird man kritisch die Frage stellen müssen, welchen Beitrag die deutsche Außenpolitik zur Lösung der Syrien-Krise eigentlich geleistet hat. Die Bilanz der letzten Jahrzehnte ist jedenfalls viel zu durchwachsen, als dass sich einfach von einer »Aufstiegsgeschichte« sprechen ließe. Angesichts der gewaltigen Probleme, die das Land allein schon mit sich selbst und den Folgen der Einheit hatte, konnte das wohl auch gar nicht anders sein.

Auch in diesem Band findet der Leser den Versuch, die politische Geschichte mit einer Gesellschaftsgeschichte zu verknüpfen. Deshalb habe ich zu jedem Zeitabschnitt eigene Kapitel zu Wirtschaft und Gesellschaft angefügt. Dabei spielen die Medienrevolutionen eine besondere Rolle. Etwas breiter als im ersten Band wird auch auf den Sport eingegangen, was sich durch seine gestiegene kulturelle wie ökonomische Bedeutung gut rechtfertigen lässt.

Natürlich bedeutete das Vorhaben, eine Geschichte der dreißig Jahre des vereinigten Deutschlands zu schreiben, eine gewaltige Herausforderung. Über noch nicht lang zurückliegende Zeitabschnitte zu schreiben und zu urteilen, ist schwieriger als über die Ära Adenauer oder die sozialliberalen Jahre. Während sich bei der Bearbeitung des »Geteilten Deutschland« in vielen Fällen auf einen einigermaßen gesicherten Forschungsstand zurückgreifen ließ und selbst die Kontroversen der Historiker einigermaßen überschaubar sind, betritt man bei kürzer zurückliegenden Zeitabschnitten viel ungesichertes Terrain. Die Fülle der Fakten und Ereignisse sinnvoll zu ordnen und Maßstäbe für ihre Interpretation zu finden, ist weit schwieriger und manchmal auch gewagter.

Auch für diesen Band bildeten die einschlägigen Dokumentenbände, Quellen- und Archivmaterialien eine zentrale Grundlage. Dazu trat die Bearbeitung der gewaltigen Menge an Sekundärliteratur, wie sie vor allem für das Thema Deutsche Einheit und die Jahre bis zum Ende der Ära Schröder vorliegt. Auch zentrale Fragen aus den Jahren der Kanzlerschaft Angela Merkels sind inzwischen umfangreich bearbeitet. Dies gilt besonders für die weltweite Finanzkrise in den Jahren ab 2007/2008. Auch zur »Flüchtlingskrise« 2015/2016 ist breit publiziert worden, wobei Gesamtdarstellungen bislang noch selten sind. Die bis heute aufschlussreichste hat Robin Alexander geliefert.

Aufgrund der zeitlichen Nähe des Untersuchungsgegenstands hat die Auswertung von Quellenmaterial in diesem Band eine deutlich größere Rolle gespielt als in der »Geschichte des geteilten Deutschland«. So musste ich vor allem für die Zeit der Merkel-Regierungen sehr viel stärker auf Zeitungsarchive und online-Veröffentlichungen zurückgreifen. Das liegt in der Natur der Sache.

Hilfreich waren auch für diese Arbeit Biographien und Autobiographien. Das gilt vor allem für die biographischen Studien zu Helmut Kohl und Gerhard Schröder, unter denen die Kohl-Biographie von Hans-Peter-Schwarz und die Schröder-Biographie von Gregor Schöllgen besonders hervorzuheben sind. An Angela Merkel haben sich inzwischen viele Autoren versucht. Natürlich ist auch diese Literatur gesichtet und ausgewertet worden.

Im Unterschied zum ersten Band habe ich diesmal auch die Notwendigkeit gesehen, den durch Quellen- und Literaturstudium vorhandenen Kenntnisstand durch Interviews anzureichern. Deshalb habe ich drei ausführliche Interviews mit Friedrich Bohl, Bodo Hombach und Jürgen Rüttgers geführt. Vom ehemaligen Kanzleramtsminister Bohl erhoffte ich mir weitere Einblicke in die Spätphase der Regierung Kohl und die Amtsführung des »Kanzlers der Einheit«. Jürgen Rüttgers war für mich darüber hinaus auch für die Oppositionsjahre der Union 1998–2005 und die Einschätzung der politischen Rolle von Angela Merkel von besonderem Interesse. Bodo Hombach schließlich gilt als Zentralfigur bei den Versuchen einer neuen sozialdemokratischen Sinnstiftung am Beginn der rot-grünen Jahre, wie sie sich im Begriff der »Neuen Mitte« und dem »Schröder-Blair«-Papier ausgedrückt haben. Darüber hinaus sind auch Informationen aus kürzeren Einzelgesprächen mit Akteuren da und dort eingeflossen. Hilfreich war u. a. ein Gespräch mit Jürgen Trittin.

Ich habe die Jahre bis 2002 selbst aus großer Nähe erlebt und bin an einzelnen Stellen auch selbst noch als Akteur aufgetreten. Natürlich hat diese Nähe manchmal Informationszugänge und Einblicke ermöglicht, die sonst erst mühsam hätten recherchiert werden müssen. Dies gilt besonders für Vorgänge, die die Grünen betrafen. Zugleich aber waren schon meine letzten Jahre in Bonn ganz überwiegend von einer Beobachterperspektive bestimmt, was dem nüchternen und distanzierteren Blick entgegengekommen sein müsste. Seit meinem definitiven Abschied aus der Politik 2002 gilt für mich ohnehin allein der Blickwinkel des politikwissenschaftlichen Beobachters und Historikers.

Kurz vor dem Abschluss der Arbeiten hat der Ausbruch der weltweiten Corona-Pandemie für eine plötzliche und unerwartete Veränderung nicht nur der politischen Agenda gesorgt. Das Ausmaß der Gefährdungslage hat zu einschneidenden und beispiellosen Veränderungen des Alltagslebens und zu Einschränkungen von Grundrechten geführt, die in dieser Form noch vor kurzem undenkbar schienen. Damit sind wirtschaftliche und soziale Folgeprobleme verbunden, die in ihrem Ausmaß heute noch gar nicht genau abschätzbar sind. Zugleich hat sich die Rolle der Politik in den Augen vieler Bürger erst einmal verändert. Fast über Nacht stand mit der Krise auch der Bedarf an den klassischen Tugenden der Politik wieder im Mittelpunkt. Leidenschaft zur Sache, Verantwortung und Augenmaß sind gefragt wie lange nicht. Ob das auch auf längere Sicht zu Veränderungen führen wird – der Verfasser ist da eher skeptisch.

Natürlich mussten auch diese jüngsten Entwicklungen berücksichtigt werden. Deshalb findet der Leser ein eigenes Corona-Kapitel am Ende der Merkel-Jahre. Ebenso klar ist freilich auch, dass zuverlässige Prognosen über Dauer und gesellschaftliche Langzeitwirkungen dieser Krise auch im Mai 2020 noch nicht möglich sind. Sicher ist, dass auch Deutschland mit den Folgen lange zu tun haben wird. Was das für die Entwicklung des politischen und gesellschaftlichen Systems dauerhaft bedeutet, kann heute niemand genau wissen.

Marburg, im Mai 2020
Hubert Kleinert

INHALT

1 EIN SCHWERER START

1.1 DEUTSCHLAND UND DER GOLFKRIEG

Als nach zähen Verhandlungen die erste aus Wahlen hervorgegangene gesamtdeutsche Regierungsbildung am 17. Januar 1991 endlich abgeschlossen war, hielt sich die öffentliche Anteilnahme in Grenzen. Die Wahl Helmut Kohls zum Bundeskanzler wurde überschattet von Vorgängen mit weltpolitischer Dimension. In der Nacht zuvor hatte ein von der UNO mandatiertes Militärbündnis von 34 Staaten unter Führung der USA mit massiven Luftschlägen den Krieg gegen den von Diktator Saddam Hussein geführten Irak begonnen. Die Operation »Desert Storm« nahm ihren Anfang. Über 500 000 Soldaten, 2000 Panzer und 1800 Flugzeuge waren unter dem Kommando des amerikanischen Generals Norman Schwarzkopf dafür aufgeboten worden.

Im Windschatten der auf die Veränderungen in Deutschland und Europa fixierten Weltöffentlichkeit hatten irakische Truppen Anfang August 1990 den Ölstaat Kuweit überfallen, um sich dessen gewaltige Ölreserven zu sichern. Mit Unterstützung der Sowjetunion verurteilte der UN-Sicherheitsrat postwendend die Invasion und forderte den Rückzug der Truppenverbände. Gleichzeitig begannen diplomatische Bemühungen um eine friedliche Lösung. Im November 1990 unternahm auch Altkanzler Brandt als Chef der Sozialistischen Internationale eine Reise nach Bagdad, um Saddam zum Einlenken zu bewegen (1).

Am Ende aber blieben alle diplomatischen Initiativen vergeblich. Mit der Resolution 678 des UN-Sicherheitsrates hatte die Staatengemeinschaft dem Irak ein Ultimatum gestellt und militärische Aktionen für den Fall vorgesehen, dass sich Saddam Hussein bis zum 15. Januar 1991 nicht aus Kuweit zurückzog. Nachdem der Termin verstrichen war, waren jetzt die Militärs am

1

© Springer Fachmedien Wiesbaden GmbH, ein Teil von Springer Nature 2020
H. Kleinert, *Das vereinte Deutschland*,
https://doi.org/10.1007/978-3-658-26767-4_1

Zuge. Als Reaktion auf die amerikanischen Luftangriffe rief der irakische Diktator den »heiligen Krieg« aus und startete Raketenangriffe auf Israel. Doch seine Hoffnung, damit die arabische Welt auf seine Seite ziehen zu können, blieb vergeblich. Am 24. Februar begann eine amerikanische Bodenoffensive. Bereits nach wenigen Tagen mussten sich die irakischen Verbände aus Kuwait zurückziehen. Die amerikanischen Truppen verfolgten die sich auflösenden Militäreinheiten zwar bis tief in den Irak hinein, verzichteten aber am Ende auf die Eroberung Bagdads und die Entmachtung Saddams. Stattdessen ermunterten die USA die Kurden zu einem Volksaufstand im Norden des Landes. Der aber wurde vom irakischen Militär brutal niedergeschlagen. Millionen von Kurden flohen in die Türkei und den Iran.

Ähnlich erging es den aufständischen Schiiten im Süden des Landes. Auch ihre Rebellion wurde gewaltsam niedergemacht. Am 12. April 1991 trat ein Waffenstillstand in Kraft, der zwar Flugverbotszonen für das irakische Militär in den aufständischen Gebieten vorsah, ansonsten aber Saddam Hussein die Möglichkeit ließ, seine Macht zu behaupten (2).

Das neue Deutschland und seine Regierung sahen sich nur wenige Wochen nach der staatlichen Einheit mit Anforderungen konfrontiert, auf die sie nicht eingestellt waren. Mit dem Ende des Kalten Krieges galten vertraute Grundkonstanten bundesdeutscher Außenpolitik nicht mehr. Bereits im August 1990 hatten die Amerikaner die Kohl-Regierung aufgefordert, sich an einem möglichen Unternehmen einer internationalen Koalition gegen den Irak zu beteiligen. Im Kriegsfall sollten auch deutsche Truppen an den Golf entsandt werden. Kohl aber lehnte ab. Zur Begründung verwies er auf das Grundgesetz, das eine Beteiligung von Bundeswehrverbänden an Kampfhandlungen außerhalb des NATO-Gebiets verbiete. Diese Rechtsauffassung war seit langer Zeit besonders vom Auswärtigen Amt vertreten worden.

An der Finanzierung des Krieges beteiligte sich Deutschland freilich doch – wie auch Saudi-Arabien und Japan. Entsprechende Zusagen hatte Helmut Kohl Außenminister Baker bereits im September 1990 gemacht. Auch logistische Unterstützung wurde zur Verfügung gestellt (3). Gleichzeitig erklärte man den Amerikanern, die Regierung werde sich im künftigen Bundestag um eine Verfassungsänderung bemühen. Dies erfordere freilich die Mitwirkung der Opposition (4).

Zunächst war Kohl, der auch persönlich eine gewaltsame Lösung überaus skeptisch beurteilte, nach Kräften bemüht gewesen, zu einer diplomatischen Lösung beizutragen. So unterstützte die Regierung auch die Initiativen von Michael Gorbatschow, deren Chancen in anderen westlichen Hauptstädten aber als gering eingeschätzt wurden. Schwierig wurde die

Lage für die Bundesregierung, als die Türkei kurz vor Weihnachten 1990 die NATO um militärischen Beistand bat und die Planer der Allianz darauf drängten, die multinationalen Mobilen Einsatzkräfte (AMF) nach Anatolien zu verlegen. Ob die Bundeswehr dem NATO-Alliierten Türkei Beistand leisten müsse und ob ein irakischer Luftangriff auf türkische Flughäfen überhaupt als Bündnisfall zu betrachten sei, darüber kam es jetzt unter Beamten, Militärs und Spitzenpolitikern in Bonn zu heftigen Kontroversen. Im Auswärtigen Amt grassierte die Befürchtung, die Türkei könne einen »provozierten Bündnisfall« auslösen, um damit einen Feldzug im nordirakischen Kurdengebiet zu rechtfertigen. Gleichwohl wurden im Januar 18 veraltete Jagdbomber in die Türkei entsandt, allerdings weit von der irakischen Grenze stationiert – eher eine symbolische Geste (5).

Nachdem die Bundesregierung in den Tagen nach dem Beginn der Bombenangriffe öffentliche Stellungnahmen weitgehend vermieden hatte, wurde Deutschland in den Hauptstädten der westlichen Bündnispartner immer heftiger kritisiert. Von »Scheckbuch-Diplomatie« und »Ablasshandel« war die Rede. Kohl musste befürchten, dass Deutschland sich isolierte (6).

Die Kritik im Westen, vor allem aber die irakischen Raketenangriffe auf Israel, veränderte dann die Haltung in Bonn. Der Kanzler schickte eine Regierungsdelegation unter Führung von Außenminister Genscher nach Israel, die ermächtigt wurde, modernste deutsche Patriot-Abwehrraketen zur Abwehr der irakischen Raketen anzubieten. Die Israelis kamen zwar am Ende auch ohne die deutschen Raketen aus. Wenig später aber wurde vereinbart, ihnen aus Beständen der NVA allerhand militärisches Material zur Verfügung zu stellen, darunter auch acht Spürpanzer »Fuchs«. Dazu wurde die Lieferung von zwei U-Booten vereinbart. Mit den bis dahin geltenden Grundsätzen deutscher Waffenexportpolitik war das kaum zu vereinbaren (7). In die Türkei wurden moderne Flugabwehrbatterien entsandt, gewartet von Soldaten der Luftwaffe. Gleichzeitig rang man sich in Bonn zu einer eindeutigen politischen Unterstützung der Militäraktion im Irak durch (8).

Am Ende hat die Bundesrepublik zu den über 60 Milliarden Dollar Kriegskosten knapp zehn Milliarden beigetragen. Im Mai 1991 nannte Regierungssprecher Vogel die Summe von achtzehn Milliarden DM. Die Entsendung einer Fallschirmjägerbrigade wäre für Deutschland einfacher und billiger gewesen, hatte Kohl schon 1990 gegenüber Außenminister Baker erklärt (9). Von den 18 Milliarden gingen etwa 10,3 Milliarden an die USA, während die Türkei 1,5 Milliarden erhielt. Hohe Beträge wurden auch im Rahmen der humanitären Soforthilfe für die Flüchtlinge und Vertriebenen aus Kuwait und zur wirtschaftlichen Stabilisierung der Länder des Nahen Ostens aufgewendet. Sie flossen in die »Frontstaaten« Ägypten, Türkei und Jordanien. Etwa 30 Prozent der Kosten für humanitäre Hilfsmaßnahmen im Zusammenhang mit dem Golf-Krieg wurden von Deutschland getragen (10).

Die zögerliche und im Westen als »Laschheit« und »Leisetreterei« kritisierte Position der Regierung hatte auch mit einer öffentlichen Stimmungslage im Lande zu tun, die von pazifistischen Grundströmungen bestimmt war. »Kein Blut für Öl« hieß die Losung der vielen Kritiker, die das amerikanische Vorgehen vor allem durch ökonomische Interessen der Supermacht bestimmt sahen. Kirchenleute und Linksintellektuelle riefen amerikanische Soldaten offen zur Desertion auf. Auch die umfangreiche Berichterstattung in den Medien trug zur allgemeinen Aufgeregtheit bei. Von einer »gewissen Hysterisierung« spricht der Historiker Ulrich Herbert, »die sich in dem verbreiteten, zum Teil etwas katastrophenseligen Empfinden niederschlug, nun womöglich den Beginn des Dritten Weltkriegs mitzuerleben« (11). In vielen Großstädten kam es zu Massendemonstrationen. Am 26. Januar 1991 versammelten sich allein in Bonn über 200 000 Menschen, um gegen den Krieg zu protestieren.

Die Befürworter des amerikanischen Vorgehens hatten demgegenüber einen schweren Stand. Nur vereinzelt regten sich Gegenstimmen, die wie der prominente Linksintellektuelle Hans Magnus Enzensberger oder Liedermacher Wolf Biermann das amerikanische Vorgehen verteidigten. Enzensberger verglich den irakischen Diktator sogar mit Adolf Hitler (12).

Der moralische Ausnahmezustand im wiedervereinigten Deutschland erreichte solche Ausmaße, dass am Ende sogar tief verwurzelte kulturelle Traditionen in Mitleidenschaft gezogen wurden: Der traditionelle Höhepunkt des rheinischen Karnevals fiel 1991 aus. Die Rosenmontagszüge wurden abgesagt.

Mit der Deutschen Einheit war die Bundesrepublik eine kontinentale Großmacht mit weltpolitischem Gewicht geworden. Die Zeit, in der sie mit Verweis auf die schreckliche Geschichte des NS-Regimes eine machtpolitische Sonderrolle spielen konnte, war jetzt vorbei. Und das neue Deutschland war eingebunden in die multilateralen und supranationalen Strukturen der Atlantischen Allianz und der Europäischen Gemeinschaft. Damit konnten sich die Deutschen den daraus entstehenden Solidaritätspflichten nicht mehr entziehen.

Zugleich aber lag weiter der Schatten der NS-Vergangenheit über dem Land, der eine besondere zivile Tradition der Außenpolitik begründete. Auch der Einfluss idealistisch-pazifistischer und amerikakritischer Grundstimmungen machte sich zunehmend bemerkbar. Hinzu traten Ängste vor einer weltweiten Umweltkatastrophe, die sich in apokalyptischen Szenarien einer neuen Eiszeit niederschlugen, die angeblich zu erwarten war, wenn die kuweitischen Ölquellen in Brand gesetzt würden. Dabei zeigte sich, dass gerade im Osten des Landes, in den »neuen Ländern«, pazifistische und amerikakritische Haltungen besonders verbreitet waren. Manchen galt weniger der Überfall Saddams auf den Ölstaat Kuweit als der von den USA angeführte Militäreinsatz als Hauptproblem. Wohl zeigten die Umfragen der Demoskopen, dass knapp zwei Drittel der Deutschen das Vorgehen der internationalen Koalition gegen Saddam billigten. Zugleich aber waren drei Viertel der Auffassung, ihr Land solle sich nicht aktiv am Krieg beteiligen (13).

In dieser Gemengelage zu einer außenpolitischen Neuorientierung zu finden, die den besonderen friedenspolitischen Verpflichtungen und Traditionen ebenso Rechnung trug wie den machtpolitischen Anforderungen an eine europäische Großmacht, musste schwierig sein und war ohne Verwerfungen gar nicht zu leisten. Mit dem Golfkrieg hatte die raue Wirklichkeit der internationalen Politik die von der Friedensdividende nach dem Ende des Kalten Kriegs noch ein wenig benebelten Deutschen rasch eingeholt und ihnen gezeigt, dass der Zerfall der alten Ordnung auch neue Konflikte und neue Gefahren hervorbrachte. Schon bald sollte sich herausstellen, dass das kein Einzelfall bleiben würde.

1.2   DIE NEUE BUNDESREGIERUNG UND DER »AUFBAU OST«

Angesichts der klaren Mehrheit von Union und FDP im ersten gesamtdeutschen Bundestag hatte sich die Regierungsbildung erstaunlich lange hingezogen. Vor allem die Forderung der durch die Wahl gestärkten FDP nach einem Niedrigsteuergebiet in der ehemaligen DDR belastete die Verhandlungen über Wochen.

Der neuen Regierung gehörten am Ende drei Bundesminister an, die aus den neuen Ländern kamen. Neben dem früheren Verhandlungsführer der DDR-Regierung bei den Gesprächen um den Vertrag über die Deutsche Einheit, Günther Krause, der jetzt das Verkehrsressort übernahm, waren das Bildungsminister Rainer Ortleb (FDP) und Angela Merkel. Helmut Kohl hatte in der früheren stellvertretenden Regierungssprecherin von Lothar de Maizière ein politisches Talent ausgemacht und sie zur Bundesministerin für Frauen und Jugend berufen (14). Sie profitierte von der Auflösung des großen Ressorts für Frauen, Familie, Jugend und Gesundheit, das jetzt dreigeteilt wurde. Gerda Hasselfeldt wurde Gesundheitsministerin, Hannelore Rönsch übernahm »Familie und Senioren« und Angela Merkel bekam das kleine Ressort für »Frauen und Jugend«.

Ansonsten blieb personell vieles beim Alten. Außenminister war weiterhin Hans-Dietrich Genscher, das Innenressort behielt Wolfgang Schäuble. Der nach dem Attentat vom Oktober 1990 an den Rollstuhl gefesselte Schäuble würde freilich schon Ende des Jahres 1991 die Rolle von Alfred Dregger als Fraktionsvorsitzender der Unionsfraktion im Bundestag übernehmen. Während Theo Waigel erneut das Finanzressort erhielt, war die Nominierung des umtriebigen, aber auch umstrittenen Jürgen Möllemann (FDP) zum Wirtschaftsminister nicht unbedingt erwartet worden. Verteidigungsminister blieb Gerhard Stoltenberg, das Sozialministerium wurde weiter von Norbert Blüm geleitet. Rudolf Seiters führte das Kanzleramt und Klaus Töpfer übernahm erneut das Umweltressort.

Zwar hatte sich die FDP mit ihrer Forderung nach einem Niedrigsteuergebiet am Ende nicht durchsetzen können. Doch dass der »Aufbau Ost« große Anstrengungen erforderte und den wichtigsten Schwerpunkt der Regierungsarbeit ausmachen musste, war allen klar. Zu groß waren die Erwartungen in Ostdeutschland und zu gewaltig die sozialen Probleme, die sich dort schon wenige Monate nach der Einheit auftaten.

Gemessen am Ausmass der neuen Herausforderungen waren freilich Verlauf und Ergebnis der Koalitionsverhandlungen eher enttäuschend. An grundlegende Festlegungen zur mittelfristigen Finanzierung der gewaltigen Transfers in die neuen Länder wagte man sich nicht heran. Dazu hätte das Eingeständnis gehört, dass eine Bewältigung der ungeheuren Lasten, die als Folge der Einheit auf die Deutschen zukamen, ohne Steuererhöhungen nicht zu leisten war. Tatsächlich glaubte man wohl noch immer an einen raschen wirtschaftlichen Aufholprozess in den neuen Ländern, der sich aus dem Wirtschaftswachstum im Westen, das durch den Einheitsboom kräftig gefördert wurde, finanzieren ließe.

Dass Helmut Kohl die Chance nicht genutzt hat, am Beginn der neuen Legislaturperiode, als sein Ansehen als »Kanzler der Einheit« noch im Zenit stand, die Menschen in Deutschland auf die Schwierigkeiten der kommenden Jahre einzustellen und besonders die Westdeutschen auf die unvermeidlichen Belastungen vorzubereiten, ist ihm danach häufig als strategischer Fehler vorgeworfen worden. Später sei das Versäumte nicht mehr nachzuholen gewesen (15). Offenbar aber hat Kohl selbst das Ausmaß der wirtschaftlichen Verwerfungen in den neuen Ländern erst im Laufe des Jahres 1991 begriffen.

Von der Einführung der sozialen Marktwirtschaft im Osten hatten sich viele ehemalige DDR-Bürger einen baldigen wirtschaftlichen Aufschwung und eine rasche Angleichung der Lebensverhältnisse versprochen. Helmut Kohl hatte diese Hoffnungen mit seinem Wort von den »blühenden Landschaften«, die dort binnen weniger Jahre entstehen würden, noch verstärkt (16). Die soziale Wirklichkeit im Osten aber sah schon zu Beginn des Jahres 1991 ganz anders aus. Kein Wunder, dass sich bald Unzufriedenheit regte.

Erst Anfang März 1991 legte die Bundesregierung dann den Plan für ein »Gemeinschaftswerk Aufbau Ost« vor, der ein gewaltiges Konjunkturprogramm beinhaltete. Es bestand aus einem Hilfsprogramm für die ostdeutschen Länder und Kommunen, das die Wirtschaft ankurbeln und die Arbeitslosigkeit bekämpfen sollte und sah Maßnahmen der regionalen Wirtschaftsförderung und der Arbeitsbeschaffung vor. Besonders gefördert werden sollten Aufbau und Ausbau der maroden Infrastruktur, vor allem im Verkehrsbereich. Hier wollte man einzelne, besonders wichtige Projekte durch Bundesgesetze rasch voranbringen, um zeitaufwendige Genehmigungsverfahren umgehen zu können. Auch besondere Fördermaßnahmen für die Bauwirtschaft wurden festgelegt (17).

Kurz zuvor hatte der Kanzler dann doch Steuererhöhungen angekündigt und damit sein Versprechen aus dem Bundestagswahlkampf revidiert. Zur Begründung verwies er auf die besonderen Lasten, die durch den Golfkrieg und die deutschen Finanzierungspflichten entstanden seien. Besonders überzeugend war das nicht.

Da der schon bestehende Fonds Deutsche Einheit zur Finanzierung des Aufbau Ost bei weitem nicht ausreichte, beschloss die Bundesregierung jetzt auch einen zunächst befristet erhobenen Solidaritätszuschlag von 7,5 Prozent auf die Lohn-, Einkommens- und Körperschaftssteuer. Dazu kamen Erhöhungen der Mineralöl- sowie der Versicherungssteuern. Die Mineralölsteuer wurde zum 1.7.1991 gleich um 25 Pfennig angehoben. Bald darauf wurde auch die Tabaksteuer erhöht. 1992 kam es zu einer zweiten Erhöhung der Versicherungssteuer (18). Zum 1. April 1991 wurden auch die Beiträge zur Arbeitslosenversicherung heraufgesetzt. Zu den Steuererhöhungen kam jetzt also auch noch die Erhöhung der Lohnnebenkosten.

Die Ankündigung von Steuererhöhungen und die Krise im Osten führten umgehend zu einem politischen Klimasturz. In den Umfragen stürzte die Union zwischen Januar und April 1991 von 48 Prozent auf 36 Prozent ab (19). Das Ansehen des Kanzlers war lädiert. Die Phase, in der Helmut Kohl auch von der linksliberalen Presse wegen seiner Verdienste um die Einheit anerkennend gewürdigt worden war (»Glückwunsch Kanzler«), war bereits wieder vorbei. Stattdessen höhnte SPIEGEL-Herausgeber

Rudolf Augstein jetzt wieder über das »Gewurstel« in der Wirtschafts-, Sozial- und Finanzpolitik.

Im April 1991 verlor die Union die Landtagswahl in Rheinland-Pfalz. Neuer Regierungschef wurde dort der Sozialdemokrat Rudolf Scharping. Schon im Januar war es in Hessen zu einem Regierungswechsel gekommen. Mit dem knappen Wahlsieg für Rot-Grün war dort die politische Karriere von Walter Wallmann zu Ende gegangen. Sein Amt übernahm Hans Eichel (SPD), der mit den von Joschka Fischer geführten Grünen eine Koalition bildete (20). Im Bundesrat verfügte die SPD jetzt über eine Stimmenmehrheit.

Wenige Wochen später beschloss der Bundestag mit knapper Mehrheit von 338 zu 320 Stimmen den Umzug von Regierung und Parlament nach Berlin. Damit fand am 20. Juni 1991 ein monatelanges Tauziehen sein Ende. Während die Befürworter des Umzugs auf die deutsche Geschichte und das den Berlinern in der Zeit der Teilung gegebenen Versprechen verwiesen, hielten die Bonn-Befürworter dagegen, dass sich mit dem Rheinland als Sitz der politischen Kapitale die beste Zeit einer deutschen Demokratie verbinde. Bonn sei darüber weit mehr geworden als Sitz eines »Provisoriums«. Berlin dagegen bleibe auch mit den dunklen Seiten der deutschen Geschichte verbunden.

Am Ende gaben die Stimmen der PDS den Ausschlag. Eine – knappe – Mehrheit in der Unionsfraktion stimmte für Bonn. Ähnlich lagen die Verhältnisse in der SPD. Hätte es das besondere Wahlrecht für die erste gesamtdeutsche Bundestagswahl nicht gegeben, wäre die Abstimmung vermutlich anders ausgefallen. Die PDS wäre dann nicht in den Bundestag gekommen. Wohl aber die Grünen in voller Fraktionsstärke. Sie waren im Westen mehrheitlich für Bonn.

Bis der Umzug dann tatsächlich realisiert werden konnte, vergingen freilich noch etliche Jahre. Erst im Sommer 1999 ging es definitiv vom Rhein an die Spree. Der Bundesrat folgte erst im Jahr darauf. Er hatte sich 1991 erst einmal für Bonn entschieden. 1996 wurde diese Entscheidung wieder korrigiert (21).

1.3   DIE KRISE IN DEN NEUEN LÄNDERN
UND DIE TREUHAND

Dass mit der deutsch-deutschen Wirtschafts- und Währungsunion ein Großteil der DDR-Betriebe ihre Konkurrenzfähigkeit eingebüßt hatte und gewaltige Arbeitsplatzverluste die Folge sein mussten, hatte sich bereits in der zweiten Jahreshälfte 1990 gezeigt. Schon unmittelbar nach der Währungsunion kam es im Juli 1990 zu einer gewaltigen Finanz und Liquiditätskrise der DDR-Betriebe. 7 500 Betriebe beantragten allein für diesen Monat 23,5 Milliarden DM Kreditmittel. Eingeräumt hatte das formal noch gar nicht zuständige Bonner Finanzministerium der DDR-Treuhand aber nur eine Kreditlinie von zehn Milliarden (22).

Im Herbst 1990 fiel die Industrieproduktion in der nun ehemaligen DDR gegenüber 1989 auf die Hälfte; im Frühjahr 1991 erreichte sie nur noch etwa 30 Prozent des Standes von 1989. Verglichen mit dem ersten Halbjahr 1990 lag das ostdeutsche BIP im zweiten Halbjahr 1991 bei 56, die industrielle Nettoproduktion nur noch bei 36 Prozent. Immerhin stiegen Anlageinvestitionen und Inlandsnachfrage durch die hohen Subventionen aus dem Westen danach wieder an (23).

Dieser Einbruch war nicht nur die Folge der Einführung der DM, die die meisten Betriebe der neuen Länder vor unlösbare Probleme stellte. Hinzu kamen die desolate Situation der meisten Unternehmen, die überwiegend mit einem verschlissenen oder technologisch veralteten Maschinenpark arbeiteten, und der Zusammenbruch der Binnennachfrage, weil die ostdeutschen Verbraucher jetzt fast durchgängig Westprodukte bevorzugten. Das galt 1990/1991 selbst dann, wenn die Ostprodukte tatsächlich konkurrenzfähig waren. Auch die gewerkschaftliche Politik der Lohnangleichung musste die Ostprodukte zusätzlich verteuern. Und die Konzentration der westlichen Subventionen auf die Förderung der Konsum- und der Baunachfrage half der ostdeutschen Industrie wenig (24). Auch die Geschäftspolitik westdeutscher Großhandelsketten, die der ostdeutschen Landwirtschaft zunächst keine angemessenen Lieferverträge anbieten mochten, spielte eine Rolle.

Mit Beginn des Jahres 1991 verschärfte der Einbruch des Exports in die RGW-Staaten die Talfahrt der ostdeutschen Wirtschaft weiter. Anfang 1990 hatten die Mitgliedsländer des RGW beschlossen, ihre wirtschaftlichen Transaktionen ab 1991 nur noch in konvertierbarer Währung abzuwickeln. Das führte praktisch zum Versiegen des wirtschaftlichen Austauschs. Die ostdeutschen Exporte in diese Länder sanken 1991 auf ein Viertel des Niveaus von 1990. Wenig später war es der Zusammenbruch der Sowjetunion, der diese Effekte weiter verstärkte. Auch ohne die rasche Währungsunion zum 1.7.1990 wäre es nur wenige Monate später zu dramatischen Einbrüchen in der ostdeutschen Wirtschaftsleistung gekommen.

Das alles hatte dramatische Auswirkungen auf den Arbeitsmarkt. Die Zahl der Erwerbstätigen in den neuen Bundesländern ging von knapp zehn Millionen 1989 bis auf 6,7 Millionen in 1992 zurück. Die Arbeitslosenquote kletterte 1991 auf über 10 Prozent und überschritt 1992 die 15-Prozent-Marke. Hinzu kamen bald Millionen von Kurzarbeitern und eine Vielzahl von ABM-Stellen, die die Statistik entlasteten, den Menschen aber keine wirklichen Perspektiven boten. Bis Ende 1991 waren im Osten 440 000 ABM-Stellen geschaffen worden. 1,7 Millionen Menschen sammelten schon 1991 erste Erfahrungen mit der »Kurzarbeit Null«. Im Ergebnis lagen die tatsächlichen Beschäftigungsverluste weit über den Ziffern der Arbeitslosenstatistik. Die Zahl der Übersiedler in den Westen wuchs, ebenso die Zahl der Pendler. Insgesamt sank die Pro-Kopf-Wirtschaftsleistung im Osten 1991 auf 31,3 Prozent der Wirtschaftsleistung im Westen (25).

Gleichzeitig erlebte die Wirtschaft im Westen einen Vereinigungsboom. Die unverhoffte Ausweitung der Märkte bot gewaltige neue Absatzchancen. Während das BIP in den neuen Ländern 1991 nur 10 Prozent der gesamtdeutschen Wirtschaftsleistung ausmachte, wuchs das westdeutsche BIP 1991 um 5,1 Prozent. Die Arbeitslosigkeit im Westen ging auf 6,2 Prozent und 1,6 Millionen zurück (26).

Mit der krisenhaften Entwicklung schlug die anfänglich euphorische Stimmung der Ostdeutschen über die Wiedervereinigung bald in Pessimismus und Resignation um, die sich im Frühjahr 1991 zur kollektiven Frustration steigerten. Gefördert wurde diese Stimmungslage durch die psychologischen Konsequenzen von Arbeitsplatzverlusten in der »Arbeitsgesellschaft DDR«. Da in der untergegangenen DDR Arbeitslosigkeit weitgehend unbekannt gewesen war und weitaus mehr soziale Aktivitäten mit dem Arbeitsplatz und dem dortigen »Kollektiv« zu tun gehabt hatten als im Westen, wurde der Arbeitsplatzverlust stärker als im Westen auch als Verlust von Sinn und sozialen Kontakten erlebt. Die Ausrichtung des sozialen Lebens hatte dem Betrieb in der DDR eine zentrale kulturelle Bedeutung verliehen. Umso härter traf die Betroffenen jetzt die Arbeitslosigkeit. Bis 1992 war ein gutes Drittel der Arbeitsplätze der ehemaligen DDR verschwunden (27).

Ab März 1991 riefen Gewerkschafter, Kirchen und Bürgerrechtler in den ostdeutschen Städten zu Massenprotesten auf. In Leipzig versammelten sich am 18. März, dem Jahrestag der Volkskammerwahl, mehr als 30 000 Menschen. Eine Woche später kamen sogar 80 000. Im Mittelpunkt der Kri-

tik standen die Bundesregierung und besonders Kanzler Kohl. In Bonn reagierte man verschnupft. Regierungssprecher Vogel verwies auf die 103 Milliarden DM, die man für Ostdeutschland zur Verfügung gestellt habe. Die
Schwierigkeiten, die es in den neuen Ländern gäbe, seien nicht die Folge der
Politik der Bundesregierung, sondern die Konsequenz der vorangegangenen Misswirtschaft in der DDR (28). Das mochte wohl stimmen. Doch waren die Menschen in den neuen Ländern dafür verantwortlich gewesen?
Und hatte man ihnen nicht große Versprechungen gemacht?

Zur bevorzugten Zielscheibe der Angriffe wurde bald die Berliner Treuhandanstalt, die unter Führung des ehemaligen Hoesch-Managers und
Staatssekretärs Detlev Karsten Rohwedder damit befasst war, die Betriebe der ehemaligen DDR zu privatisieren und zu sanieren. Ihre Gründung
ging auf eine Initiative zurück, die der Kirchenrechtler Wolfgang Ullmann
aus der Oppositionsgruppe »Demokratie Jetzt« im Februar 1990 in die Debatten des Runden Tisches in der Spätphase der Regierung Modrow eingebracht hatte. Dabei ging es ursprünglich um die Sicherung des DDR-
Volkseigentums vor einem chaotischen Ausverkauf und die Ermöglichung
einer Eigentumsübertragung des DDR-Produktivvermögens an die Bevölkerung des Landes. Durch die Schaffung einer Kapital-Holding-Treuhand-
gesellschaft sollte das DDR-Volkseigentum in eine Rechtsform überführt
werden, die den Rechts- und Eigentumsformen der Bundesrepublik entsprach. Gedacht war an die Ausgabe von Anteilsscheinen an die DDR-Bevölkerung (29).

Die Modrow-Regierung griff diesen Vorschlag Anfang März 1990 durch
die Gründung einer Treuhandanstalt auf, die die Treuhandschaft über das
Vermögen von Betrieben, Kombinaten und sonstigen Wirtschaftseinheiten
übernehmen sollten, die sich im »Volkseigentum« befanden. Sie sollten in
GmbHs oder Aktiengesellschaften umgewandelt werden. Die Treuhandanstalt wurde zwar ermächtigt, Wertpapiere zu emittieren. Insoweit war
die Ursprungsidee einer Ausgabe von Anteilsscheinen noch berücksichtigt
worden. In der Folge aber trat dieser Aspekt der Treuhand-Idee immer weiter in den Hintergrund (30).

Im Juni 1990 beschloss die DDR-Volkskammer, mit dem »Gesetz zur Privatisierung und Reorganisation des volkseigenen Vermögens (Treuhand-
Gesetz)« eine Privatisierungsbehörde für 8 500 Unternehmen mit vier Millionen Beschäftigten zu schaffen. Zugleich wurde ihr die Verfügungsmacht
über Grundflächen übereignet, die etwa die Hälfte des Territoriums der
DDR ausmachten. Eine Anstalt des Öffentlichen Rechts sollte das volks-
eigene Vermögen privatisieren und die Strukturanpassung der Wirtschaft
an die Bedürfnisse des Marktes befördern, indem sie die Entwicklung sa-

nierungsfähiger Betriebe zu wettbewerbsfähigen Unternehmen vorantrieb. Unterhalb der öffentlich-rechtlich verfassten Treuhandanstalt sollten drei privatrechtlich organisierte Aktiengesellschaften das eigentliche Privatisierungsgeschäft betreiben (31).

Mit dem Einigungsvertrag war der Gesetzesauftrag der Treuhandanstalt bestätigt worden. Man hoffte, durch die Privatisierung 350 Milliarden DM zu erlösen. Eine noch von Hans Modrow eingesetzte Expertenkommission hatte im Frühjahr 1990 40 Prozent der DDR-Unternehmen als rentabel, 30 Prozent als sanierungsbedürftig und nur 30 Prozent als nicht sanierungsfähig eingestuft (32).

Bis Ende Juni 1990 hatte die »Ur-Treuhand« mit etwa 130 Mitarbeitern und 15 Außenstellen 3600 DDR-Betriebe in Aktiengesellschaften oder GmbHs umgewandelt. Gleichzeitig waren etwa fünf Prozent der von der letzten Verstaatlichungswelle 1972 betroffenen Handwerksbetriebe reprivatisiert worden. Dass es bis dahin nicht mehr geworden waren, hatte mit der unzureichenden Personalausstattung und den schwierigen räumlichen und technischen Arbeitsbedingungen zu tun gehabt (33).

Mit der Wirtschafts- und Währungsunion rückte nun auch westdeutsches Personal in die Führung der Treuhand ein. Am 16. Juli 1990 wurde der frühere Vorstandschef der Deutschen Bundesbahn, Reiner Gohlke, erster Präsident der Treuhand. Der zunächst von der Bundesregierung favorisierte Detlef Karsten Rohwedder, Vorstandschef des Dortmunder Hoesch-Konzerns, galt zunächst als unabkömmlich. Er wurde Vorsitzender des Verwaltungsrats. In ihm saßen jetzt namhafte bundesdeutsche Manager ebenso wie frühere Generaldirektoren aus wichtigen DDR-Betrieben (34).

Doch Gohlkes Zeit an der Spitze der Treuhand endete bereits Mitte August. Ihm sei bald die »Unmöglichkeit der Aufgabe« zwischen dem gewaltigen Erwartungsdruck rascher Verkaufserfolge und den notwendigen Sanierungsmaßnahmen in DDR-Betrieben klargeworden, begründete er seinen Rückzug. Zudem habe es »keinen Flankenschutz« durch die Bundesregierung gegeben. Schließlich sei auch das Verhältnis zu Rohwedder schwierig geworden. Ende August 1990 trat dann doch Rohwedder an die Spitze der Treuhand, nachdem ihn der Aufsichtsrat des Hoesch-Konzerns bis Ende 1990 beurlaubt hatte (35).

Rohwedder sah sein Hauptproblem zunächst im Organisationsaufbau. Schon die Einstellung qualifizierten Personals machte große Schwierigkeiten. Anfangs arbeiteten in der Treuhandbehörde vor allem Ostdeutsche, darunter viele ehemalige Mitarbeiter von Ministerien und der Planungsbürokratie. Sie kannten die Gegebenheiten der DDR-Betriebe. Weniger vertraut waren ihnen dagegen die Regeln der Marktwirtschaft und die Fallstricke der Wirtschaftskriminalität, die sich aus der Konfrontation mit allerhand Glücksrittern, die das schnelle Geld machen wollten und nur ihren eigenen Vorteil im Auge hatten, ergaben. Hinzu kamen viele logistische Probleme, die mit der unzureichenden Ausstattung mit Telefonleitungen und technischem Gerät zu tun hatten. Nach Auskunft Rohwedders verfügten im September 1990 allenfalls 40 der 160 Treuhand-Mitarbeiter über die erforderliche Professionalität. Im Herbst 1990 wurden erhebliche Anstrengungen zur Gewinnung qualifizierten Personals aus dem Westen unternommen. Schließlich konnten auch eine Reihe von westdeutschen Managern gewonnen werden, deren Gehalt von den abstellenden Unternehmen weitergezahlt wurde, was freilich wieder zu einer öffentlichen Debatte über mögliche Interessenskonflikte führte. Bis Anfang 1991 aber stammten lediglich 108 Treuhand-Mitarbeiter aus dem Westen. Sie übernahmen in der Regel die Führungsaufgaben vor allem in den Außenstellen. Dem standen inzwischen 1032 Mitarbeiter aus der ehemaligen DDR gegenüber. Die große Mehrheit von ihnen war im Herbst 1990 eingestellt worden, was immer wieder öffentliche Kritik an der Rolle ehemaliger Funktionärs- und betrieblicher Leitungskader zur Folge hatte. »Alte Seilschaften« verprellten angeblich Käufer aus dem Westen (36).

Nachdem bundesdeutsche Spitzenpolitiker längst ungeduldig die ersten Betriebsschließungen verlangt hatten, kam es am Vorabend der Deutschen Einheit tatsächlich zum ersten spektakulären Stillegungsbeschluss. Der Treuhand-Vorstand schickte den Dresdener Fotokamera-Produzenten Pentacon in die Liquidation. 5700 Arbeitnehmer waren betroffen. Der Vorgang zog weite Kreise. Schon einige Wochen zuvor war die Treuhand-Zentrale von Gewerkschaftern und Mitarbeitern der Interhotel-Gruppe besetzt worden, nachdem man dort Anstoß am beabsichtigten Deal mit der westdeutschen Steigenberger-Gruppe genommen hatte.

Als der Vorstand Ende November 1990 die Schließung weiterer 45 Betriebe mit über 50 000 Arbeitsplätzen bekanntgegeben hatte, verschärfte sich die Tonlange der politischen Auseinandersetzung im Osten weiter. Die Schließungsbeschlüsse vom 22. Januar 1991, die das Ende der ostdeutschen Automobilwirtschaft ankündigten, führten dann zu regelrechten Schockwirkungen in den neuen Ländern. Sie steigerten sich noch durch die Mitteilung Ende Februar, dass mehr als die Hälfte von 3,65 Millionen Arbeitnehmern vor allem in der Chemie-, Automobil- und Werftindustrie mit ihrer Kündigung zu rechnen hätten (37).

Während die Treuhand im Frühjahr 1991 mit der Liquidation bekannter DDR-Betriebe befasst war, hatte man bis dahin nur bescheidene Verkaufserfolge vorzuweisen. Im April 1991 lief der letzte Trabant vom Band. Auch die DDR-Fluglinie »Interflug« musste ihren Betrieb einstellen (38). Mit Datum vom 5. März 1991 lag Finanzminister Waigel inzwischen ein Vermerk seines zuständigen Ministerialdirektors von Freyend vor, in dem prognostiziert wurde, dass bei einem rein betriebswirtschaftlichen Vorgehen der Treuhand nur 20 Prozent der industriellen Arbeitsplätze in den neuen Ländern gerettet werden könnten (39).

Verkauft hatte die Treuhand inzwischen den VEB Schwarzheide an die BASF, die Investitionen von 500 Millionen DM und die Sicherung von 5000 Arbeitsplätzen versprach. Die westdeutschen Automobilbauer Daimler und VW hatten im Oktober 1990 von der Übernahme der ostdeutschen Automobilhersteller Trabant und Wartburg abgesehen. Immerhin aber hatte VW die Errichtung eines neuen Werks in Zwickau zugesichert. Und Daimler wollte eine Milliarde für eine neue LKW-Fertigung unweit der IFA-Automobilwerke Friedrichsfelde investieren. Die Statistik wies bis zum Frühjahr 1991 etwa 700 Privatisierungen mit einem Gesamterlös von etwa fünf Milliarden DM aus (40).

Dabei waren die größten Privatisierungsfälle gar nicht in den Verantwortungsbereich der Treuhand gefallen. Mit dem »Stromvertrag« vom 22. August 1990 hatten die vier großen bundesdeutschen Energieversorgungsunternehmen die gesamte ostdeutsche Energieversorgung übernommen. Sie garantierten 30 Milliarden Investitionen und 70 000 Arbeitsplätze. Verhandelt wurde der Vertrag jedoch ausschließlich von der DDR-Regierung. Auch die Veräußerung der »Deutschen Versicherungs AG« an den Allianz-Konzern und die Übernahme der »Deutschen Kreditbank AG« durch Dresdner Bank und Deutsche Bank waren nicht von der Teuhand, sondern direkt von der Bundesregierung abgewickelt worden (41).

In den Wochen vor Ostern 1991 nahm die Kritik an der Treuhand weiter an Schärfe zu. Während ostdeutsche Politiker auch aus den Regierungsparteien verlangten, sie möge »endlich zu einer aktiven Sanierung« übergehen, nahmen westdeutsche Marktwirtschaftler Anstoß an einer »bürokratischen Pseudobehörde«. Auch in der West-Presse stand die Anstalt nun immer stärker unter Beschuss. Besonders attackiert wurde ihr Chef, Detlev-Karsten Rohwedder, den der SPIEGEL im März zum »bestgehassten Mann unter ostdeutschen Werktätigen« erklärte (42). Während einerseits linke Oppositionsvertreter von SPD, Grünen, PDS und Gewerkschaften mit der Treuhand als »radikalkapitalistischem Unternehmen« scharf ins Gericht gingen, deren Privatisierungsprimat attackierten und eine langfristige Sanierungs- und steuernde Strukturpolitik einforderten, drängten überall konservative und liberale Protagonisten aus CDU, FDP und Wirtschaftsverbänden auf eine forcierte Privatisierung der Betriebe, forderten einen

Rückbau der Bürokratie und erteilten industriepolitischen Sanierungsforderungen eine Absage (43).

Am späten Abend des Ostersonntags 1991 wurde Rohwedder in seinem Haus in Düsseldorf durch einen Schuss in den Rücken ermordet. Die Verantwortung für das Attentat übernahm die RAF. In ihrer Begründung für den Mord suchten die Mörder an die Stimmung in Teilen der ostdeutschen Bevölkerung anzuknüpfen und schrieben: »Seit ihrer Annexion ist die DDR faktisch Kolonie der Bundesrepublik ... Für die Durchsetzung dieses Plans hat die Bundesregierung Rohwedder ausgesucht ... Er war einer dieser Schreibtischtäter, die täglich über Leichen gehen«. Die Tat löste freilich auch in Ostdeutschland Entsetzen aus. Die Schärfe der Auseinandersetzung nahm erst einmal ab. Die Täter aber konnten nie ermittelt werden (44).

Während die frühere niedersächsische Wirtschaftsministerin Birgit Breuel die Nachfolge Rohwedders an der Spitze der Treuhand übernahm, wurde Helmut Kohl selbst im Mai auf spektakuläre Weise mit den Protesten konfrontiert. Vor dem Rathaus in Halle waren Demonstranten aufgezogen, die Parolen skandierten. Während der Bundeskanzler auf die Absperrungen zueilte, um einige Hände zu schütteln, wurde er mit rohen Eiern beworfen. Weil Kohl unbeirrt weiterlief, schien es für einen Moment, als wollte er sich mit den Eierwerfern prügeln. Nur mit Mühe konnten die Leibwächter den Kanzler wegführen. Die Fernsehbilder dieses Vorgangs waren ebenso spektakulär wie symbolträchtig (45).

Helmut Kohl stand mit der Wertschätzung, die er sich 1989/90 national wie international erworben hatte, Ende 1990 auf dem Höhepunkt seiner Macht. Er regierte das Land mit einer komfortablen parlamentarischen Mehrheit. Doch als sich zeigte, dass die hohen Erwartungen der Menschen im Osten so schnell jedenfalls nicht zu erfüllen waren, schlug das bald auf seine Popularität und das Ansehen der Bundesregierung zurück.

Der negative Stimmungsumschwung im Osten hatte freilich nicht nur mit den wirtschaftlichen Folgen der Einheit zu tun. Bald zeigten sich auch die psychologischen Konsequenzen eines Elitenaustauschs, mit dem in fast allen Bereichen des gesellschaftlichen und politischen Lebens Menschen aus dem Westen die Mehrzahl der wichtigen Spitzenfunktionen in den neuen Ländern einnahmen. Unionspolitiker wie Kurt Biedenkopf oder Bernhard Vogel, deren politische Laufbahn in Westen schon beendet schien, begannen als Ministerpräsidenten in Sachsen und Thüringen eine zweite Karriere. Biedenkopf war schon im Herbst 1990 nach Dresden gewechselt. Bernhard Vogel folgte Anfang 1992. Zahlreiche weitere Landesminister rückten aus der zweiten Reihe der westdeutschen in die erste Reihe der ostdeutschen Politik auf.

Auch für Beamte und andere Spitzenkräfte brachte die Einheit einen Karrieresprung, der mit zusätzlichen materiellen Anreizen verbunden war. Dass im Bonner Beamtenjargon die Gehaltszulage für die im Osten tätigen westdeutschen Fachkräfte bald als »Buschgeld« bezeichnet wurde, trug nicht dazu bei, die mit dieser Art des Elitenwechsels verbundenen Spannungen zu mindern. Auch in der Wissenschaft boten sich mit der Neuausrichtung von Lehre und Forschung unverhoffte Karrieremöglichkeiten für Westdeutsche, während zugleich die systemnahen Hochschulprofessoren im Osten damit rechnen mussten, ihre Anstellung zu verlieren. So wurden im Fachbereich Geschichte an den ostdeutschen Hochschulen fast alle Lehrstuhlinhaber ausgetauscht. Insgesamt haben bis Mitte der 1990er Jahre etwa drei Viertel der 1989 an den Hochschulen und Universitäten der DDR tätigen Dozenten und Professoren ihre Stelle verloren (ohne Medizin) (46). Umgekehrt freilich übernahm das Land Brandenburg immerhin 55 Prozent aller früheren Staatsanwälte und 45 Prozent der Richter (47).

In Sachsen und Brandenburg lag der Anteil westdeutscher Abteilungs- und Referatsleiter in den Innenministerien 1991 bei 78,8, in den Umweltministerien bei 47,6 Prozent. Insgesamt waren 1992 etwa 20 000 Beamte aus dem Westen in den neuen Ländern tätig. Bis Ende 1994 sind 35 000 Bedienstete des Bundes sowie der westdeutschen Länder und Gemeinden zeitweise in ostdeutschen Verwaltungen beschäftigt gewesen (48).

In dieser Entwicklung spiegelte sich jetzt wider, dass 1990 kein Zusammenschluss zweier gleichberechtigter Partner stattgefunden, sondern sich die DDR der größeren Bundesrepublik angeschlossen hatte – zu deren Bedingungen. Da ein gesellschaftlicher Neubeginn mit den Spitzenkräften des SED-Regimes nicht möglich war und auch von den Bürgern kaum akzeptiert worden wäre, gleichzeitig aber jenseits des alten Spitzenpersonals in Ostdeutschland kein ausreichender Bestand an qualifizierten Gegeneliten vorhanden war, war der Rückgriff auf Personal aus dem Westen in vielen Fällen alternativlos. Allerdings musste dieser Personalaustausch andererseits den Eindruck einer bloßen »Übernahme« des Ostens durch den Westen verstärken.

Für böses Blut sorgten auch die Bestimmungen zum Rentenrecht aus dem Einigungsvertrag, nach denen die Versorgungsbezüge von Anspruchsberechtigten aus dem »staatsnahen Bereich« der ehemaligen DDR maximal 1 500 DM betragen durften. Das betraf die ins Rentenalter gekommenen Mitglieder der SED- und Staatsführung, aber auch Mitarbeiter von Ministerien und andere systemnahe Personengruppen. Sie sahen sich um die Anerkennung ihrer Lebensleistung betrogen. Auch im Westen wurde durchaus darüber gestritten, ob es angehen könne, über das Rentenrecht die DDR-Vergangenheit zu sanktionieren. Zumal die Bundesrepublik mit der Anerkennung der Renten- und Pensionsansprüche des staatsnahen Personals der NS-Zeit in den 1950er Jahren überaus großzügig umgegangen war.

Der über viele Jahre sich hinziehende Rechtsstreit darüber führte im Ergebnis dazu, dass nach mehreren Entscheidungen des Bundesverfassungsgerichts der Gesetzgeber die Regelungen großzügiger fassen musste und den Kreis der Betroffenen deutlich einschränkte. Schließlich galten sie nur noch für die politische Führung der DDR im engeren Sinne sowie für die Angehörigen des Ministeriums für Staatssicherheit (49).

Steuererhöhungen im Westen und Krise im Osten hinterließen bald ihre Spuren in Form einer tiefer werdenden mentalen Kluft. Während schon im Sommer 1991 vier Fünftel der Ostdeutschen angaben, sich als »Bürger zweiter Klasse« zu fühlen, kritisierten 70 Prozent der Westdeutschen die »Ossis«, sie wollten »wie im Westen leben und wie früher im Osten arbeiten« (50). So war schon zum ersten Jahrestag der Einheit im Oktober 1991 klar: Die Einheit in den Köpfen würde weit schwieriger werden als die Vertragswerke des Jahres 1990.

1.4   STASI UND KEIN ENDE

Schon vor der Vereinigung am 3. Oktober 1990 hatte die Rolle des Ministeriums für Staatssicherheit (MfS) im sozialistischen Herrschaftssystem, vor allem aber die Tätigkeit der hauptamtlichen und der informellen Mitarbeiter (IM), eine herausragende politische Bedeutung erlangt. Die Enttarnung der IM-Tätigkeit von führenden Repräsentanten der demokratischen Bürgerbewegung wie Wolfgang Schnur vom Demokratischen Aufbruch und Ibrahim Böhme (SPD) hatte schon in der Zeit der Volkskammerwahl im März 1990 für Schlagzeilen gesorgt und die politische Entwicklung beeinflusst. Die Frage, wer im Geheimen für die DDR-Staatssicherheit tätig gewesen war und dabei sein Umfeld, womöglich auch seine Freunde und Bekannten, ausspioniert hatte, wurde bald zum allgegenwärtigen Thema.

Auskunft darüber konnten die Akten der Staatssicherheit geben, die in den Wochen des Umbruchs im Herbst und Winter 1989/90 nur zum Teil vernichtet worden waren. Die Volkskammer hatte einen Sonderausschuss für den Umgang damit eingesetzt, dessen Vorsitz der Pfarrer und Bürgerrechtler Joachim Gauck übernahm. Nachdem Kanzler Kohl und Innenminister Schäuble zunächst dafür eingetreten waren, die Akten im Bundesarchiv unter Verschluss zu nehmen, weil sie in der Folge immer neuer Enthüllungen schädliche Einflüsse auf den Vereinigungsprozess befürchteten, wollte die DDR-Seite eine Sonderbehörde durchsetzen, mit der Gauck seine Tätigkeit auch im vereinten Deutschland fortsetzen konnte. Ziel sollte sein, allen von Bespitzelung und Verfolgung Betroffenen möglichst bald Einsicht in die noch erhaltenen Unterlagen zu verschaffen. Gerade den DDR-Bürgerrechtlern war das ein besonderes Anliegen.

Tatsächlich konnten sich die Bürgerrechtler am Ende durchsetzen. Bonn lenkte ein. Nachdem die Volkskammer in ihrer letzten Sitzung am 2. Oktober 1990 Gauck zum Sonderbeauftragten für die personenbezogenen Unterlagen des MfS der DDR bestimmt hatte, wurde diese Entscheidung am Tag darauf durch Bundespräsident Richard von Weizsäcker und Kanzler Helmut Kohl bestätigt. Joachim Gauck war fortan als Sonderbeauftragter der Bundesregierung tätig.

Zunächst musste es darum gehen, eine Rechtsgrundlage für den Umgang mit den Stasi-Akten zu schaffen. Weil die Bestimmungen des Bundesarchivgesetzes aufgrund der gesetzlichen Sperrfristen und den zahlreichen personenbezogenen Daten eine rasche Nutzung der Akten nicht erlaubt hätte, mussten Sonderregelungen gefunden werden.

Diese Rechtsgrundlagen wurden schließlich durch das Stasi-Unterlagengesetz geschaffen, das mit den Stimmen von Union, FDP und SPD am 14.11. 1991 vom Bundestag verabschiedet wurde. Jeder Betroffene bekam das Recht, Einsicht in die ihn betreffenden Aktenvorgänge zu nehmen, soweit dabei die Persönlichkeitsrechte Dritter und datenschutzrechtliche Belange gewahrt blieben. Dieses Recht sollte in eingeschränktem Umfang auch den ehemaligen Mitarbeitern des MfS zustehen. Persönlichkeitsrechte Dritter sollten gegebenenfalls durch Schwärzungen gewahrt bleiben. Auch die Zugangsmöglichkeiten für Wissenschaftler und Journalisten wurden eigens gesetzlich geregelt (51).

Das Gesetz diente auch der Schaffung von Rechtsgrundlagen für die Überprüfung von politischen Funktionsträgern und von Mitarbeitern und Bewerbern für den Öffentlichen Dienst. Bald hatten Parlamente und Regierungen auf allen Ebenen Beschlüsse gefasst, durch die sich ihre Mitglieder zu einer Anfrage bei der »Gauck-Behörde«, wie sie inzwischen genannt wurde, verpflichteten. Auch für die Frage der Weiterbeschäftigung im Öffentlichen Dienst der neuen Länder spielte die Anfrage an die Gauck-Behörde eine wichtige Rolle. Insgesamt sind etwa 800 000 Menschen überprüft worden; nach Schätzungen wurden etwa 20 000 von ihnen wegen

Mitarbeit bei der Staatssicherheit entlassen. Bei dieser Zahl muss freilich berücksichtigt werden, dass viele Belastete schon vor der Überprüfung von sich aus ausgeschieden sind. Andere Berechnungen sprechen auch für eine höhere Zahl von Entlassenen (52).

Schon lange vor dem Inkrafttreten des Gesetzes tauchten immer wieder Berichte über eine angebliche oder tatsächliche IM-Tätigkeit von Personen des Öffentlichen Lebens auf. Im Dezember 1990 veröffentlichte der SPIE-GEL einen Bericht, nach dem der letzte Ministerpräsident der DDR, Lothar de Maizière, inzwischen Mitglied der Bundesregierung und stellvertretender CDU-Vorsitzender, seit Anfang der 1980er Jahre von der Stasi als »IM Cerni« geführt worden sei. De Maizière dementierte, trat aber von seinem Ministeramt zurück und stellte auch seine Parteiarbeit vorläufig ein. Als Rechtsanwalt habe man in der DDR zwangsläufig Umgang mit der Stasi gehabt, verteidigte er sich. Eine Verpflichtungserklärung als »IM« aber habe er niemals unterschrieben. Auch Geld habe er vom MfS zu keiner Zeit bekommen. Nachdem er im Februar 1991 durch eine Erklärung von Innenminister Schäuble entlastet worden war, nahm er seine Parteitätigkeit wieder auf. Doch bald tauchten neue Hinweise auf, die ihn belasteten. Im September 1991 gab de Maizière schließlich sein Parteiamt ab, schied aus dem Bundestag aus und verließ die Politik (53).

Noch mehr öffentliche Aufregung löste der Fall des brandenburgischen Ministerpräsidenten Manfred Stolpe aus, der in der DDR als hochrangiger Funktionär der evangelischen Kirche enge Kontakte zur Partei- und Staatsführung unterhalten hatte. Auch über ihn wurden schon Ende 1990 Berichte veröffentlicht, nach denen er als »IM Sekretär« für die Stasi tätig gewesen sei. Da Stolpe alles abstritt, gleichwohl neue Indizien für eine wissentliche Zusammenarbeit sprachen, geriet der Fall im Laufe des Jahres 1991 immer wieder in den Blickpunkt des öffentlichen Interesses. Auch später rissen die Debatten darüber nicht ab. 1993 kam es sogar zu einem Rechtsstreit zwischen Manfred Stolpe und Joachim Gauck. Das Berliner Verwaltungsgericht untersagte es dem Chef der Stasi-Unterlagenbehörde, Stolpe weiter als inoffiziellen Mitarbeiter der Stasi zu bezeichnen.

Die Vorwürfe gegen den inzwischen zum brandenburgischen Ministerpräsident aufgestiegenen Politiker beschäftigten die Öffentlichkeit bis zum Ende seiner politischen Karriere. Der brandenburgische Landtag befasste sich damit in Untersuchungsausschüssen und Enquetekommissionen. Selbst in seiner Zeit als Minister der Bundesregierung Schröder kam es noch zu rechtlichen Auseinandersetzungen mit der Stasi-Unterlagen-Behörde, die unterdessen von Marianne Birthler geführt wurde (54). Ob der umtriebige Kirchenfunktionär zu DDR-Zeiten im Rahmen seiner systembedingt unumgänglichen Zusammenarbeit mit der Stasi Grenzen zu schuldhaftem Verhalten überschritten hat oder nicht, wurde bis zu seim Tod Ende 2019 nie restlos geklärt.

Ein dritter prominenter Fall wurde Anfang 1992 publik. Danach war PDS-Chef Gregor Gysi, inzwischen auch Vorsitzender der Gruppe der PDS-Abgeordneten im Bundestag, als »IM Notar« geführt worden. Wieder war es der SPIEGEL, der sich dabei besonders hervortat. Auch Gysi widersprach heftig. Der Streit darum beschäftigte Öffentlichkeit, parlamentarische Untersuchungsausschüsse und verschiedene Gerichte über Jahrzehnte. Restlose Klarheit darüber besteht bis heute nicht (55).

Unter dem Eindruck immer neuer Medienenthüllungen über eine wirkliche oder angebliche Zuträgerrolle prominenter Politiker für die Stasi entwickelte sich in der Auseinandersetzung mit der DDR-Vergangenheit in der ersten Zeit nach der Vereinigung eine folgenreiche Schieflage. Während die politische und juristische Aufarbeitung von DDR-Unrecht nur schleppend vorankam und die Verantwortlichkeit der Entscheidungsträger öffentlich zunächst eher wenig thematisiert wurden, erschien vielen mit den Verhältnissen in der DDR kaum vertrauten Westdeutschen die Stasi als der eigentliche Hauptübeltäter des ganzen Systems.

Dabei geriet die letztlich »dienende« Funktion des Mielke-Apparates häufig aus dem Blick. Im DDR-Bild, das dadurch im Westen entstand, waren die tatsächlichen Verhältnisse mitunter geradezu auf den Kopf gestellt. Denn in der DDR war es völlig unerheblich gewesen, ob ein Rechtsanwalt vertrauliche Informationen über Mandanten an die Stasi oder an die Mitarbeiter des Parteiapparates weitergegeben hatte. Berufsgruppen wie Ärzte oder Rechtsanwälte mussten ständig mit Auskunftswünschen des MfS rechnen und konnten sich kaum einfach verweigern, wenn sie ihre Tätigkeit fortsetzen wollten. Und schließlich war für viele überzeugte Anhänger des Regimes die Zusammenarbeit mit der Staatssicherheit ganz selbstverständlich gewesen. Jedenfalls soweit es nicht um plumpe Denunziation ging. Klaus Schroeder, ein scharfer Kritiker des DDR-Regimes, hat von einer besonderen »Sündenbockfunktion« der offiziellen und inoffiziellen Mitarbeiter des MfS gesprochen (56). Hinter ihr trat die Einsicht in das Funktionieren des SED-Herrschaftsapparates zurück. Stasi-Übergriffe und Stasi-Verbrechen ließen sich medial besser darstellen als der Alltag einer Parteidiktatur.

Für einen erheblichen Teil der ehemaligen DDR-Bürger entstand darüber der Eindruck, hier würden in erster Linie unbedarfte Westdeutsche, die die tatsächlichen Lebensbedingungen in der DDR kaum kannten, über schuldhafte Verstrickung urteilen. Der Popularität von Manfred Stolpe im Osten haben die massiven Hinweise auf eine IM-Tätigkeit jedenfalls ebenso wenig anhaben können wie der Karriere von Gregor Gysi. Umfragen der 1990er Jahre zeigten, dass eine Mehrheit der Ostdeutschen von der Stasi-Überprüfung nur wenig hielt (57).

Neben dem Stasi-Thema wirklich breit thematisiert wurden im Jahr nach der Vollendung der Einheit die Westgeschäfte der Abteilung »Kommerzielle Koordinierung« unter dem bald von Legenden umwobenen Alexander Schalck-Golodkowski. Auch seine Rolle im DDR-System erschien in der Folge der Medienberichterstattung eher überdimensioniert. Der Bundestag richtete dazu einen eigenen Untersuchungsausschuss ein. Im September 1991 hatte Schalck-Golodkowski dort seinen großen Auftritt. Dabei präsentierte er sich als gewiefter Interessensvertreter der DDR, der mit seinem Habitus auch als Manager eines kapitalistischen Industrieunternehmens durchgegangen wäre (58). Zweifellos waren der Koko in ihrem Geschäftsgebaren skrupellos nahezu alle Mittel recht gewesen, wenn sie nur die benötigten Westdevisen brachten. Doch ein Koko-Goldschatz, über den seinerzeit so viel spekuliert worden ist, wurde nie gefunden.

Das Stasi-Unterlagengesetz hat den von Verfolgung und Bespitzelung Betroffenen im Ergebnis genutzt, weil es in vielen Fällen Gewissheiten schuf und in anderen Fällen auch Verdachtsmomente gerade nicht bestätigt hat. Insoweit sind manche Befürchtungen der Kritiker nicht eingetreten. Die Entscheidung für die Gauck-Behörde war richtig. Bis 2000 konnten 1,7 Millionen Privatpersonen Einsicht in die Akten nehmen, die die Stasi über sie geführt hatte. Die mediale Form der Vergangenheitsaufarbeitung als immer neue Stasi-Enthüllungsstory aber hat die Entfremdung zwischen West und Ost im Ergebnis wohl eher noch verstärkt.

Im September 1991 zeigte der deutsche Osten ein hässliches Gesicht. Im sächsischen Hoyerswerda wurden Ausländerunterkünfte und Asylantenheime belagert, demoliert und mit Brandsätzen beworfen. Die Gewalt ging von jugendlichen Neonazis aus, die vietnamesische Händler attackiert hatten. Diese waren in ein Wohnheim für Vertragsarbeiter geflüchtet. Später kam es zu Aktionen gegen eine Flüchtlingsunterkunft. Zeitweise waren bis zu 500 Personen beteiligt. Die jugendlichen Gewalttäter wurden dabei von vielen »normalen Bürgern« angeheizt und angefeuert. Die Polizei war nicht in der Lage, die Angriffe zu stoppen. Schließlich wurden die Flüchtlinge nach Eintreffen einer Sondereinheit abgezogen und auf Unterkünfte im Umland verteilt (59). Der SPIEGEL titelte über Hoyerswerda: »Lieber sterben als nach Sachsen« (60).

Die Arbeitslosigkeit war im sächsischen Braunkohlegebiet schon zu dieser Zeit besonders hoch. Enttäuschung und Frust über die Folgen einer Einheit, die man sich ganz anders vorgestellt hatte, richteten sich jetzt gegen die Ausländer, deren Zustrom nach Deutschland in dieser Zeit gewaltig zunahm. Den Ostdeutschen aber fehlte die Erfahrung im Umgang mit Fremden und Asylbewerbern. In der DDR hatte es nur wenige Ausländer gegeben, die von den Einheimischen streng separiert lebten. Fremdenfeindliche Stimmungen waren bis 1989 zwar weitgehend unterdrückt worden. Tatsächlich aber waren sie durchaus verbreitet. Auch in der DDR gab es eine Neonazi-Szene. In der Zeit zwischen Maueröffnung und der staatlichen Einheit war sie dann offen in Erscheinung getreten (61).

1.5   AUSLÄNDERPOLITIK IM WIEDERVEREINIGTEN DEUTSCHLAND – DAS NEUE ASYLRECHT

Bereits in den letzten Jahren der alten Bundesrepublik hatte mit dem wachsenden Zustrom von Asylbewerbern und Aussiedlern die Ausländerpolitik immer mehr an Bedeutung gewonnen. Ein beträchtlicher Teil der Bevölkerung zeigte sich über diese Entwicklung besorgt, was sich auch in Wahlerfolgen von Rechtsparteien wie den »Republikanern« niedergeschlagen hatte (62). Zwischen 1987 und 1989 stieg der Ausländeranteil an der Bevölkerung der Bundesrepublik von 6,9 auf 7,7 Prozent; statt 4,24 Millionen in 1987 lebten 1989 4,85 Millionen Ausländer im Land (63). 1990 wuchs die Zahl der Asylbewerber bis auf 190 000.

Mit den weltpolitischen Veränderungen der Jahre 1989/90 stieg die Zuwanderung dann weiter an. Zu den Asylbewerbern, die bis Mitte der 1980er Jahre vor allem aus Ländern der Dritten Welt gekommen waren, kam jetzt eine wachsende Zahl von Aussiedlern, zunächst aus Polen und Rumänien, dann immer häufiger auch aus der Sowjetunion. Hinzu trat ab 1991 eine rasch ansteigende Zahl von Flüchtlingen aus Jugoslawien, wo mit dem Ausscheiden von Slowenien und Kroatien aus dem Staatsverband ein blutiger Bürgerkrieg begann, der ab 1992 vor allem in Bosnien ausgetragen wurde. Die meisten Flüchtlinge kamen freilich aus dem Kosovo (64). Zwischen 1989 und 1992 stieg die Zahl der Ausländer in Deutschland von 4,85 bis auf 6,5 Millionen (65).

In der Bundesrepublik hatte sich die Diskussion um die Ausländer- und Asylpolitik bereits seit 1988 zugespitzt. Die Unionsparteien vertraten die Auffassung, dem wachsenden Zuwanderungsdruck könne nur durch eine Änderung des Grundgesetzartikels über die Asylgewährung begegnet werden. Durch die mit dem Zerfall des Ostblocks verbundene Öffnung der

Grenzen erhielt das Problem nun eine neue Dimension: Während für die Einwohner dieser Länder der Weg nach Westen jetzt offenstand, lebten zugleich in den ethnisch gemischten Regionen des Balkan längst vergessen geglaubte Nationalitätenkonflikte wieder auf. Hinzu kamen die Folgen der Auseinandersetzungen zwischen der türkischen Armee und der kurdischen Arbeiterpartei PKK.

Dabei konzentrierte sich der Strom der Flüchtlinge und Asylbewerber nach Westeuropa weitgehend auf die Bundesrepublik Deutschland. Andere westliche Länder wie Frankreich oder Italien waren deutlich weniger betroffen. Eine einheitliche oder auch nur abgestimmte Flüchtlingspolitik der westeuropäischen Staaten aber gab es nicht. So wuchsen in Deutschland die Befürchtungen vor einer gewaltigen Zuwanderungswelle, die das Land überfordern würde. »Fachleute rechnen mit einer Ausreisewelle von bis zu zehn Millionen Menschen«, hieß es Ende 1990 in verschiedenen Zeitungen (66).

Weniger betroffen schienen zunächst die Bundesländer in der ehemaligen DDR. Hier gab es nur verhältnismäßig wenige Ausländer. Meist handelte es sich um Vertragsarbeitnehmer aus Vietnam oder Mosambik, die mit einer Arbeits- und Aufenthaltserlaubnis in die DDR gekommen waren und dort von den Einheimischen streng getrennt lebten. Sie stellten weniger als ein Prozent der erwerbstätigen Bevölkerung. Mit der Deutschen Einheit galt für diese Menschen das bundesdeutsche Ausländer- und Asylrecht, was zahlreiche Probleme schuf. Diese Vertragsarbeitnehmer gehörten zu den ersten, die ihren Arbeitsplatz verloren. Erst 1995 schloss die Bundesregierung ein Abkommen mit Vietnam, das Beihilfen vorsah, durch die in Deutschland lebenden Vietnamesen zur Rückkehr in ihre Heimat bewegt werden sollten (67).

Bei den Koalitionsverhandlungen zwischen Union und FDP hatten die beiden Partner beim Asylrecht keine Einigung finden können. Nachdem 1991 260 000 Menschen einen neuen Asylantrag gestellt hatten, nahm die Debatte an Schärfe zu. Unionspolitiker wandten sich öffentlich scharf gegen die von ihnen so genannten »Scheinasylanten«. Gemeint waren Flüchtlinge, die vornehmlich aus wirtschaftlichen Gründen in die Bundesrepublik kamen, sich auf das Asylrecht beriefen und damit die Chance auf ein möglicherweise langwieriges Verfahren erhielten.

Besonders die CSU setzte jetzt auf eine Grundgesetzänderung. Dafür aber musste man die SPD gewinnen, die in diesen Fragen tief gespalten war. Ihr Kanzlerkandidat von 1990, Oskar Lafontaine, wollte zwar ebenfalls eine Verringerung der Zuwanderung erreichen, dabei aber auch den Zustrom der Aussiedler eindämmen, die einen Rechtsanspruch auf die deutsche Staatsangehörigkeit geltend machen konnten. Andere SPD-Politiker lehnten jede Änderung des Asylrechts ab.

Eine Lösung war erst einmal nicht in Sicht. Die Verknüpfung von Asylrecht und Aussiedlerfrage führte nicht weiter. Denn während manche Sozialdemokraten einen möglichen Kompromiss von der Beschränkung des Aussiedlerzustroms abhängig machten, lehnte die Union Einwanderungsbeschränkungen für Deutschstämmige ab. Nachdem auch in manchen Medien immer häufiger Berichte über »Asylschwindler« aufgetaucht waren, die Anerkennungsquoten niedrig ausfielen und sogar weiter sanken, zugleich aber die Zahl derjenigen immer weiter anwuchs, die wegen unterschiedlichster Abschiebehindernisse erst einmal bleiben konnten, begann die CDU im September 1991 mit einem Schreiben ihres Generalsekretärs Volker Rühe an die Parteibasis eine politische Kampagne. Auf allen Ebenen der Gesellschaft sollte die Asylfrage zum Thema gemacht werden. Dazu wurden Argumentationsleitfäden, Musteranträge für Kommunalparlamente und Presseerklärungen bereitgestellt. Die sich zuspitzenden Probleme sollten als Ergebnis der Verweigerung der SPD gegenüber einer Grundgesetzänderung dargestellt werden (68).

Besonders bewegt hatten die deutsche Öffentlichkeit im Sommer 1991 die Bilder eines mit mehr als 10 000 Albanern völlig überfüllten Dampfers, der im Hafen von Bari einlief, wo die italienische Polizei die Flüchtlinge gewaltsam wieder auf ihr Schiff zurückzwang. »Erleben wir die Szenen morgen auch bei uns?«, fragte die BILD-Zeitung. »Was wird, wenn Gorbatschow die Grenzen öffnet und 8 bis 10 Millionen Russen kommen? ... Noch können die Grenzen auch ohne Bundeswehr geschützt werden. Aber was nicht ist, kann noch werden. Wenn wir verhindern wollen, daß die Bundeswehr eingreift, muß die Politik handeln. Sofort!« (69). Im Sommer 1991 galt das Thema »Ausländer und Asyl« den Bundesbürgern als wichtigstes Thema überhaupt – noch vor der Deutschen Einheit und der Arbeitslosigkeit (70).

Neben den Ereignissen in Hoyerswerda war es dann der Ausgang der Bürgerschaftswahlen in Bremen, der im Herbst 1991 für neue Bewegung in der Asylpolitik sorgte. Während die SPD in der Hansestadt starke Verluste erlitt und ihre absolute Mehrheit verlor, konnte die rechtsradikale DVU deutliche Stimmengewinne verzeichnen. Am 10. Oktober 1991 fanden Union, SPD und FDP zu einem Kompromiss. Mit einem »Asylbeschleunigungsgesetz« sollte die Verfahrensdauer bei aussichtslosen und offenkundig unbegründeten Asylanträgen wesentlich verkürzt werden. Asylsuchende sollten – bei Zustimmung der Länder – künftig in Sammelunterkünften untergebracht werden (71).

Viel bewegen konnten diese Änderungen freilich nicht. Die Asylanträge stiegen weiter und damit stieg auch die Schärfe der politischen Auseinandersetzung. Während sich die Grünen auf ihrem Parteitag im Mai 1992 auf eine Politik der Offenen Grenzen und eines »Bleiberechts für alle« festgelegt und alle Überlegungen zurückgewiesen hatten, Zuwanderung durch ein Einwanderungsgesetz zu regeln, sahen Politiker wie Niedersachsens Ministerpräsident Gerhard Schröder oder der ehemalige CDU-Generalsekretär Heiner Geißler genau darin eine Chance. Aus ihrer Sicht gab es für eine aktive Einwanderungspolitik in Deutschland schon aus demographischen Gründen gute Argumente. Freilich musste eine solche Politik durch Quotenregelungen mit der aktiven Steuerung von Zuwanderung verbunden werden. Dabei sollten die Bedürfnisse des deutschen Arbeitsmarkts eine zentrale Rolle spielen.

Aus der Bredouille waren namentlich die Sozialdemokraten mit solchen Ideen aber noch nicht. Schließlich war der Rechtsanspruch auf Asyl, wie ihn der alte Artikel 16 vorsah, mit einer Quotenregelung nicht vereinbar. Demnach blieben Asylrechtsänderungen ebenso weiter auf der politischen Tagesordnung wie eine Begrenzung der Zuwanderung von Aussiedlern.

Im April 1992 zeigten die Ergebnisse der Landtagswahlen in Baden-Württemberg und Schleswig-Holstein erneut, wie sehr das Thema die Wähler bewegte. Während die CDU in Stuttgart fast zehn Prozent verlor und ihre Alleinregierung erstmals nach zwanzig Jahren nicht mehr fortsetzen konnte, wurden die rechten »Republikaner« mit 10,9 Prozent fast aus dem Stand zur dritten politischen Kraft im Lande. Im Norden gelang der DVU mit 6,3 Prozent der Einzug in den Kieler Landtag. Hier war es die mit absoluter Mehrheit regierende SPD, die mehr als acht Prozent einbüßte (72).

Während die FDP im Juni 1992 ihre harte Haltung in der Asylfrage aufgab, drängte bei den Sozialdemokraten der neue Vorsitzende der Bundestagsfraktion, Hans-Ulrich Klose, auf eine Einigung mit der Union. Im August fasste die Parteiführung den Entschluss, das Asylrecht für solche Menschen einzuschränken, die aus »Nichtverfolgerländern« kamen. Im Gegenzug sollte die Union eine Einwanderungspolitik auf der Grundlage fester Kriterien und Quoten akzeptieren. Diese Linie konnte Parteichef Engholm einige Wochen später im Bundesvorstand durchsetzen. Die FDP schloss sich dieser Position an (73).

Die CSU freilich wollte kein Einwanderungsgesetz. Einer Vereinbarung »Asyl gegen Quote« würde sie nicht zustimmen. Nachdem sich in der SPD Widerstand gegen die Linie der Parteiführung formiert hatte, erhöhte Helmut Kohl den Druck auf die Sozialdemokraten. Wenn die SPD einer Grundgesetzänderung nicht zustimme, sehe er die Gefahr einer »tiefgehenden Vertrauenskrise gegenüber unserem demokratischen Staat ..., ja eines Staatsnotstands« (74). Nach aufwühlenden Grundsatzdebatten folgte ein Sonderparteitag der Sozialdemokraten im November 1992 in Bonn schließlich doch dem von der Parteiführung eingeschlagenen Kurs.

Inzwischen war Deutschland von einer ganzen Welle ausländerfeindlicher Anschläge erschüttert worden. Einen ersten Höhepunkt fanden diese Anschläge im August 1992 mit einem mehrtägigen Pogrom in Rostock-Lichtenhagen, wo zeitweise mehr als 1 000 junge Leute versuchten, ein von der Polizei nicht ausreichend geschütztes Wohnheim für Ausländer und Asylbewerber zu stürmen. Unter dem Gejohle zahlreicher Zuschauer, die in ihrer Mehrheit die jungen Leute anfeuerten, steckten sie schließlich das Haus in Brand, was die dort Schutz suchenden Menschen, vor allem Vietnamesen, in Lebensgefahr brachte. Die Polizei war nicht in der Lage, für eine angemessene Präsenz und ein entsprechendes Durchgreifen zu sorgen. So gelang es dem wütenden Mob sogar, die Staatsmacht zeitweise zum Abzug zu bewegen. Schließlich wurden die im Wohnheim lebenden Ausländer unter dem Beifall der Menge evakuiert (75).

Die Vorgänge in Rostock-Lichtenhagen, die in den Wochen darauf vor allem in Ostdeutschland etliche Nachahmer fanden, verdunkelten im Ausland das Bild des neuen Deutschland. Im Land selbst verschärfte sich die Polarisierung. Während viele bei aller Kritik an den ausländerfeindlichen Gewalttaten damit auch die Notwendigkeit von Asylrechtsänderungen bestätigt sahen, entwickelte sich in den folgenden Wochen auch ein allmählich zunehmender Widerstand, der sich in Demonstrationen und Kundgebungen äußerte und die Stimmung im Lande beeinflusste.

Im November 1992 steckten zwei Jugendliche ein von Türken bewohntes Haus in Mölln in Schleswig-Holstein in Brand. Drei Bewohner verbrannten. Als Reaktion gab es überall im Lande Massendemonstrationen, Lichterketten und Protestveranstaltungen. Vor allem die Lichterketten, die auf eine Münchner Initiative zurückgingen, wurden zum Symbol der Gegenwehr.

So entstand eine komplizierte Gemengelage. Auf der einen Seite hielt der Druck in die Richtung einer Zuwanderungsbeschränkung an. In den Augen vieler Menschen war das die wichtigste Frage überhaupt. Zugleich aber traten Gegenkräfte auf den Plan, die den Sozialdemokraten die Zustimmung zu einer Grundgesetzänderung erschwerten.

Am 6. Dezember 1992 einigten sich Koalition und SPD auf den sogenannten »Asylkompromiss«. Er sah einen neuen Artikel 16a des Grundgesetzes vor. Danach besaß nur noch derjenige das Recht auf Asyl in Deutschland, der aus einem Land einreiste, in dem die Grundsätze der Genfer Flüchtlingskonvention und der Europäischen Menschenrechtskonvention nicht gewährleistet waren. Damit aber konnte praktisch niemand mehr einen Antrag stellen, der auf dem Landweg nach Deutschland einreiste. Denn Deutschland war ausschließlich von Ländern umgeben, die als »sichere Drittstaaten« galten. Zugleich wurden Bürgerkriegsflüchtlinge aus den klassischen Asylverfahren herausgenommen. Sie sollten künftig ein zeitlich begrenztes Aufenthaltsrecht bekommen. Ferner wurde der Begriff des »Aussiedlers« weiter eingegrenzt und eine Obergrenze für ihren jährlichen Zuzug vereinbart. Sie lag bei 220 000 Personen. Die Einbürgerung von Ausländern sollte künftig erleichtert werden. Wenig Konkretes enthielt die Einigung zur Frage eines Zuwanderungsgesetzes (76).

Am 26. Mai 1993 wurde das Gesetz vom Bundestag mit großer Mehrheit von 532 gegen 132 Stimmen verabschiedet. Die äußeren Umstände waren bedrückend. Der Bundestag wurde von Demonstranten belagert, die alle Eingänge ins Regierungsviertel blockiert hatten. Da die Polizei eine Eskalation vermeiden wollte, beschloss die Einsatzleitung, viele Abgeordnete per Schiff vom linken Rheinufer aus zum Bundestag zu bringen. Auf den Versuch einer Nötigung des wichtigsten Verfassungsorgans mit einer solchen »Deeskalationsstrategie« zu antworten, leuchtete nicht jedem ein. Etwas Ähnliches hatte es nicht einmal bei der Nachrüstungsdebatte 1983 gegeben (77).

Am Tag nach dem Beschluss des Bundestages machte der Brandanschlag von Solingen auf schreckliche Weise deutlich, dass damit noch nicht das Ende der Anschläge und Übergriffe verbunden war. Fünf Menschen starben – drei Kinder und zwei Erwachsene. Immerhin ging die Anzahl der fremdenfeindlichen Straftaten in den Folgejahren dann doch wieder zurück. 1994 hatte sie sich gegenüber dem Vorjahr etwa halbiert (78).

So umstritten die Grundgesetzänderung war: Das Ziel, die Zahl der Asylbewerber drastisch zu senken, wurde erreicht. In den Folgejahren sank ihre Zahl auf weniger als die Hälfte. Waren 1993 noch 322 600 Anträge gestellt worden, so waren es 1994 und 1995 nur noch 127 000 bzw. 128 000 (79).

1.6   DEUTSCHLAND UND DER KRIEG IN JUGOSLAWIEN

Zur zweiten großen Herausforderung für die Außenpolitik des neuen Deutschlands wurde ab Mitte 1991 der Zerfall des Vielvölkerstaats Jugoslawien. Nachdem sich bereits im Laufe der 1980er Jahre wachsende Spannungen zwischen den einzelnen Teilrepubliken gezeigt hatten und die wirtschaftlich stärker entwickelten Regionen Slowenien und Kroatien größere Selbständigkeit gegenüber der serbischen Zentralmacht in Belgrad verlangten, hatten die Wahlen 1990 in fast allen Teilrepubliken nationalistische Kräfte an die Macht gebracht. Meistens handelte es sich um ehemalige Kommunisten.

In Slowenien und Kroatien erbrachten Volksabstimmungen klare Mehrheiten für einen Austritt aus dem jugoslawischen Staatsverband. Am 30. Juni 1991 erklärten beide ihre staatliche Unabhängigkeit. Bereits im April hatten sie die Staaten der EG über ihre Absicht informiert und die Initiative mit der Bitte um völkerrechtliche Anerkennung verbunden (80).

Während im Sommer die Spannungen eskalierten und die jugoslawische Bundesarmee als Machtinstrument der Belgrader Staatsführung Slowenien angriff, sah sich die deutsche Bundesregierung in einem schwierigen Konflikt. Auf der einen Seite stand das Recht der Völker auf Selbstbestimmung, das die Deutschen bei Ihrer Wiedervereinigung gerade erst in Anspruch genommen hatten. Entsprechend hoch wurde das jetzt auch in der Jugoslawien-Frage gewichtet. Auf der anderen Seite traten fast alle anderen EG-Mitgliedsländer für den Erhalt der staatlichen Einheit Jugoslawiens ein. Manche fürchteten, ein staatlicher Zerfall könnte auch in ihren eigenen Ländern Separatisten Auftrieb geben. Vor allem Frankreich widersprach entschieden dem Begehren der Slowenen und Kroaten. Staatspräsident Mitterand sah den kroatischen Nationalismus in der Tradition des faschistischen Ustascha-Regimes der 1940er Jahre, das mit Hitler verbündet gewesen war. Hinzu kam, dass die Bevölkerung in den meisten jugoslawischen Teilrepubliken ethnisch heterogen zusammengesetzt war, was die Gefahr einer gewaltigen Spannungseskalation mit sich brachte. Das galt besonders für Bosnien und Kroatien. Für Helmut Kohl aber musste es vor allem um eine einheitliche Außenpolitik der Europäer gehen. Schließlich wollte er noch 1991 die Weichen für eine Politische Union in Europa stellen. Damit aber ließ sich eine Politik der Anerkennung der ehemaligen Teilrepubliken ganz und gar nicht vereinbaren.

So geriet die deutsche Jugoslawienpolitik in ein Dilemma. Als Außenminister Genscher im Kreise seiner EG-Kollegen im Juni 1991 die baldige Anerkennung Sloweniens und Kroatiens vorschlug, sah er sich isoliert. Im Herbst erklärte Mitterand, die Deutschen sollten sich dem Mehrheitskonsens der EG anschließen, der an der Einheit Jugoslawiens festhalten wollte. Anderenfalls sei die Gründung der Politische Union Europas undenkbar. Er sorge sich um die ethnischen Minderheiten. Das sei das eigentliche Problem. Gleichzeitig brachte er den Vorschlag einer europäischen Friedenstruppe ins Spiel. Doch Kohl wies solche Überlegungen zurück. Er werde keine deutschen Soldaten nach Jugoslawien schicken (81). Die Amerikaner hatten unterdessen beschlossen, sich in dieser Frage zurückzuhalten. Dies sei ein Problem der Europäer.

Nachdem eine EG-Troika aus den Außenministern der Niederlande, Luxemburgs und Portugals im Juli einen dreimonatigen Waffenstillstand ausgehandelt hatten, der auch eine Aussetzung der Anerkennung Sloweniens und Kroatiens bedeutete, nahmen die Spannungen im Herbst wieder zu. Immer deutlicher wurde dabei auch, dass in der öffentlichen Meinung der verschiedenen europäischen Länder sehr unterschiedliche Bilder von der Spannungseskalation in Jugoslawien existierten. Während in Deutschland nahezu ausschließlich die Serben am Pranger standen, sah das die französische Öffentlichkeit zunächst ganz anders. Es schien, als ob die Vergangenheit – die Serben an der Seite der Westmächte, die Kroaten in enger Verbindung mit Deutschland – auch Gegenwart und Zukunft bestimmen würde. In Paris und London sorgte man sich auch, Deutschland wolle seine traditionelle Vormachtstellung auf dem Balkan neu begründen. Umgekehrt nahmen die antiserbischen Töne in der deutschen Presse an Schärfe zu (82).

Nachdem im Dezember 1991 Slowenien und Kroatien die ausgesetzte Unabhängigkeitserklärung wieder in Kraft gesetzt hatten und eigene Verfassungen vorlegten, gingen serbisch dominierte Truppen der Bundesarmee gegen die Abtrünnigen vor. Es begann die Beschießung der kroatischen Hafenstadt Dubrovnik. Das gewaltsame Vorgehen der Bundesarmee veränderte dann allmählich auch die Stimmung in den anderen EG-Mitgliedsländern. In Frankreich regte sich Kritik an der serbenfreundlichen Haltung Mitterands. Ende des Jahres stand Deutschland mit seiner Befürwortung der Unabhängigkeit Sloweniens und Kroatiens nicht mehr allein (83). Am 16. Dezember 1991 vereinbarten die EG-Außenminister, diejenigen jugoslawischen Teilrepubliken anzuerkennen, die die Bedingungen der von der EG eingesetzten »Badinter-Kommission« erfüllten (84). Sie hielt eine Sezession der verschiedenen Teilrepubliken dann für legal, wenn diese sich verpflichteten, das Völkerrecht, insbesondere minderheitenrechtliche Schutzstandards, zu beachten.

Dennoch kam die staatliche Anerkennung, die die Bundesregierung am Ende doch im Alleingang vollzog, einigermaßen überraschend. Nachdem die Präsidenten Sloweniens und Kroatiens in Bonn ihre Aufwartung gemacht hatten, wurde die völkerrechtliche Anerkennung der beiden Staaten durch Deutschland am 23. Dezember 1991 formell vereinbart. Zwar zogen die anderen Mitgliedsländer der EG im Januar 1992 nach. Aber Deutschland war vorgeprescht und hatte damit gegen eine EG-Vereinbarung verstoßen, wie Francois Mitterand kritisierte.

In der Folge kam zwar ein Waffenstillstand zwischen Serbien und Kroatien zustande. Die jugoslawische Armee zog sich aus Kroatien zurück. Eine
Blauhelmtruppe der UNO sollte die Einhaltung der Waffenruhe überwachen. Doch eine Auflösung der serbischen Freiwilligenverbände erfolgte nicht. Eine Rückkehr der kroatischen Flüchtlinge, die 1991 aus der von
Serben besiedelten Krajina vertrieben worden waren, war unter diesen
Umständen nicht möglich. Damit blieb ein Drittel des kroatischen Staatsgebiets serbisch kontrolliert.

Die Anerkennung der Separation Kroatiens und Sloweniens ermunterte
die Politiker in Bosnien-Herzegowina, auch dort ein Referendum zur Unabhängigkeit durchzuführen. Während die Serben, die etwa ein Drittel des
ethnisch durchmischten Gebietes bewohnten, die Volksabstimmung boy-
kottierten, sprach sich jetzt auch hier eine große Mehrheit für die Selbständigkeit aus. Anfang April 1992 begann mit dem Angriff einer serbischen
Freiwilligentruppe auf ein grenznahes bosnisches Dorf ein neues Kapitel in der Geschichte der jugoslawischen Bürgerkriege. Wenige Tage später
wurde die Selbständigkeit Bosniens von den USA, Deutschland und den anderen EU-Mitgliedsstaaten anerkannt (85).

Im Gegenzug gründeten die serbischen Bosniaken ihre eigene »serbische Republik Bosnien-Herzegowina«, stellten eine Armee auf und begannen mit Unterstützung der Zentralregierung in Belgrad, ihre Gebiete
gewaltsam auszudehnen, um sie im Norden an das serbische Stammland
anschließen zu können. Die dort lebende kroatische und muslimische Bevölkerung wurde vertrieben (86). Zwar zogen die Serben die Einheiten der
jugoslawischen Bundesarmee aus Bosnien zurück. Doch Waffen und Gerät
wurden von den bosnischen Serben übernommen. Bis zum Sommer 1992
hatten ihre von General Radko Mladic befehligten Truppen bereits zwei
Drittel des Territoriums von Bosnien-Herzegowina unter ihre Kontrolle gebracht. Dabei kam es zu einer Vielzahl von grausamen Verbrechen.

Am 30. Mai 1992 verhängte der UN-Sicherheitsrat ein Wirtschafts-
embargo gegen die Bundesrepublik Jugoslawien, zu der sich Serbien und
Montenegro inzwischen zusammengeschlossen hatten. Bereits im September 1991 hatten die UN ein Waffenembargo gegen das damals formal noch
bestehende Jugoslawien beschlossen. Da dieser Beschluss weiter in Kraft
blieb, kamen Waffenlieferungen an die bosnischen Muslime nicht in Betracht. Da die Serben aber militärisch bereits gut ausgerüstet waren, lief die
Beschlusslage der Staatengemeinschaft letztlich auf eine Schwächung der
bosnischen Seite hinaus (87). Hilfe erhielten die muslimischen Bosniaken
einstweilen nur von muslimischen Staaten und durch etwa 1500 freiwillige Dschihad-Kämpfer, die vorwiegend aus arabischen Ländern stammten

und vorher in Afghanistan gegen die sowjetischen Truppen gekämpft hatten. Mladic dagegen konnte einschließlich der 35 000 Freischärler auf fast 100 000 Mann zurückgreifen (88).

In den Jahren zwischen 1992 und 1995 wurde Bosnien-Herzegowina zum Zentrum und wichtigsten Schauplatz der Bürgerkriege, die mit dem Zerfall Jugoslawiens verbunden waren. Während die slowenische Unabhängigkeit inzwischen von der Belgrader Zentralregierung hingenommen wurde und auch die Kämpfe in Kroatien abflauten, wurden bald Vertreibungen, Massenvergewaltigungen und Massenerschießungen zu grausamen Merkmalen des immer weiter eskalierenden Krieges in Bosnien. Im März 1993 brach dann auch noch ein bewaffneter Konflikt zwischen Kroaten und Muslimen aus. Im August 1993 riefen die bosnischen Kroaten die »kroatische Republik Herceg-Bosna« aus, die mit Kroatien vereinigt werden sollte. Auch hier wurden ethnische Säuberungen praktiziert. Erst auf amerikanischen Druck hin schlossen Bosniaken und Kroaten Frieden und schufen im März 1994 die »Föderation Bosnien-Herzegowina«. Zu dieser Zeit standen 70 Prozent des bosnischen Territoriums unter der Kontrolle der Serben (89).

Zum eigentlichen Symbol des Bürgerkrieges aber wurde die von serbischen Verbänden belagerte Hauptstadt Sarajewo. Hier, wo wenige Jahre zuvor die Olympischen Winterspiele stattgefunden hatten, beschossen nun serbische Scharfschützen vom Olympiagelände in den Bergen aus die Bevölkerung der Stadt. Allein als Folge der Belagerung von Sarajewo sind zwischen 1992 und 1994 14 000 Menschen getötet worden (90).

Erst ein Blutbad auf dem Marktplatz der bosnischen Hauptstadt rüttelte im Februar 1994 die Weltöffentlichkeit auf. Die jetzt aufgenommenen Luftangriffe der Nato und das Eingreifen Russlands veranlasste die bosnischen Serben, die Beschießung der Stadt einzustellen (91).

Mit der Eskalation der Grausamkeiten, an der alle Seiten beteiligt waren, gewann die Frage der Verantwortung der Staatengemeinschaft und ihrer Bereitschaft zur Intervention eine entscheidende Rolle. Dabei zeigte sich, dass die Europäer keine wirkungsvollen Maßnahmen zustande brachten. In keiner der europäischen Hauptstädte war man zu einer militärischen Intervention bereit. Frankreich und Großbritannien wollten sich nicht in einen Krieg gegen die Serben hineinziehen lassen. In Bonn argumentierten die Freien Demokraten, das Grundgesetz schließe einen Bundeswehreinsatz außerhalb des NATO-Gebiets aus. Auch Kanzler Kohl sah keine Möglichkeit für ein militärisches Eingreifen. Im zweiten Weltkrieg habe sich ja doch gezeigt, dass es selbst einer hochgerüsteten Armee wie der deutschen Wehrmacht nicht gelungen sei, das Gebiet wirklich unter Kontrolle zu bekommen (92). Die Amerikaner wiederum waren der Auffassung, die Führung bei einem möglichen Einsatz in Bosnien müsse von den Europäern übernommen werden. Auch EG-Vermittler Lord Carington blieb erfolglos.

Im August 1992 sorgten britische Fernsehbilder für weltweites Entsetzen. Sie zeigten ein Lager für bosnische Vertriebene, die aus ihren Wohnorten verjagt worden waren. Die Bilder wie die Berichte erinnerten an die Zustände in deutschen Konzentrationslagern: Hunderte von Mordtaten, Massenvergewaltigungen, Folterungen, ausgemergelte und halbverhungerte Menschen.

Eine nach London einberufene Bosnienkonferenz bestätigte zwar das Recht der Bosniaken auf Selbstverteidigung, beschloss die Sicherstellung humanitärer Hilfe und beauftragte die ehemaligen Außenminister der USA und Großbritanniens, Cyrus Vance und Lord Owen, mit der Ausarbeitung eines Friedensplans. Doch das Morden ging weiter.

Ende 1992 geriet Helmut Kohl in seiner eigenen Partei zunehmend unter Druck. Nachdem der junge CDU-Abgeordnete Stephan Schwarz von einer Bosnienreise zurückgekehrt war, berichtete er im Bundestag von schrecklichen Grausamkeiten in den Lagern und forderte ein militärisches Eingreifen. Postminister Schwarz-Schilling ging den Kanzler in einer Kabinettssitzung frontal an. Er schäme sich, einer Regierung anzugehören, die so etwas tatenlos hinnehme. Kohl blaffte zurück. Niemand werde gezwungen, am Kabinettstisch zu sitzen. Schwarz-Schilling trat am Ende zurück (93). Die Kritik an der Zurückhaltung der Regierung nahm zu.

Selbst bei den traditionell pazifistischen Grünen wurde die Passivität der europäischen Mächte gerügt. Daniel Cohn-Bendit stellte Vergleiche mit den dreißiger Jahren an, forderte eine militärische Intervention und legte sich darüber sogar mit seinem Freund Joschka Fischer an (94). Einige Bürgerrechtler aus dem Osten sahen das ähnlich. Der Parteitag in Bonn 1993 bestätigte freilich die grüne Ablehnung militärischer Lösungen.

Anfang 1993 legten Vance und Owen einen Plan zur Aufteilung Bosniens in zehn Kantone vor, in denen jeweils eine Ethnie dominieren sollte. Nach anfänglicher Zustimmung auf beiden Seiten scheiterte die Verwirklichung des Plans an einer Volksabstimmung der bosnischen Serben.

Eine Lösung wurde durch die kroatische Seite zusätzlich erschwert. 1993 strebten die Führer der bosnischen Serben und der bosnischen Kroaten eine Aufteilung Bosniens an. Leidtragende wären die Muslime gewesen. Schließlich begann der offene Krieg zwischen Kroaten und Muslimen. Zum Symbol dieser Eskalation wurde die Zerstörung der historischen Brücke in Mostar im November 1993.

Unterdessen gingen die Kämpfe und die »ethnischen Säuberungen« der Serben in Ostbosnien weiter. Willkürliche Erschießungen bosnischer Männer waren dabei ebenso an der Tagesordnung wie Massenvergewaltigungen von Frauen. Um serbische Bombenabwürfe zu verhindern, hatte der UN-Sicherheitsrat schon im Oktober 1992 Flugverbotszonen über Bosnien-Herzegowina verhängt. Aber erst im April 1993 nahm die NATO die Flüge zur Luftraumüberwachung tatsächlich auf. Daran beteiligt werden sollten auch AWACS-Flugzeuge der Bundeswehr (95).

Der entsprechende Beschluss der Bundesregierung Anfang April 1993 rief die FDP auf den Plan. Sie wollte die verfassungsrechtlichen Fragen durch einen Eilantrag beim Karlsruher Verfassungsgericht klären. Auch die SPD bemühte die Karlsruher Richter. Das Bundesverfassungsgericht aber lehnte die Anträge ab. Der Erlass einer einstweiligen Anordnung, die der Bundeswehr einen solchen Einsatz untersage, würde zu einem nicht wiedergutzumachenden Vertrauensverlust bei den Bündnispartnern führen (96).

Die eigentliche Entscheidung zur Frage der »Out of Area«-Einsätze erging dann erst am 12. Juli 1994. Das Verfassungsgericht hielt humanitäre wie militärische Einsätze der Bundeswehr auch außerhalb des NATO-Gebiets aufgrund der Zugehörigkeit der Bundesrepublik Deutschland zu einem System der kollektiven Sicherheit dann für zulässig, wenn der Bundestag solchen Einsätzen mit einfacher Mehrheit zustimmte (97).

Dabei waren deutsche Soldaten zu dieser Zeit längst an solchen Missionen beteiligt. Unter dem Eindruck der massiven internationalen Kritik am Verhalten Deutschlands beim Golf-Krieg hatte die Bundesregierung schon Anfang 1992 eine Sanitätseinheit nach Kambodscha entsandt. Ab Juli 1992 hatte sich die Bundeswehr an der internationalen Luftbrücke für Sarajevo beteiligt. 1993 wurden 1700 Soldaten für eine UN-Friedensmission in Somalia aufgeboten. Da bei den Entscheidungen über diese Einsätze der Bundestag nicht beteiligt worden war, hatte die Regierung nach dem Karlsruher Richterspruch damit gegen die Verfassung verstoßen. Das wurde jetzt eilig korrigiert: Nur wenige Tage nach dem Urteil des Bundesverfassungsgerichts billigte der Bundestag mit großer Mehrheit die bereits laufenden Einsätze (98).

Auch danach aber änderte sich an der Ausrichtung der deutschen Außenpolitik nur wenig. Sowohl der neue Außenminister Klaus Kinkel, der dem amtsmüden Hans-Dietrich Genscher im Mai 1992 gefolgt war, als auch Helmut Kohl selbst machten klar, dass die Bundesrepublik die »bewährte Kultur der Zurückhaltung« in militärischen Fragen beibehalten wolle.

Noch immer konnten sich die Europäer nicht zu einem militärischen

Eingreifen in Ex-Jogoslawien entschließen. Ein amerikanischer Vorschlag vom März 1993, eine Interventionstruppe von 50 000 Mann zur Absicherung des Vance/Owen-Plans aufzustellen, stieß auf den Widerstand der Franzosen. Dass im April 1994 tatsächlich ein Militärschlag geführt wurde, nachdem im Februar in Sarajevo 68 Menschen durch Mörserbeschuss getötet worden waren, ging auf amerikanisches Drängen zurück. Nachdem vier serbische Kampfflugzeuge abgeschossen worden waren, stellten die bosnischen Serben den Beschuss von Sarajevo ein und zogen sich aus den Bergen um die Hauptstadt zurück (99).

Zum Wendepunkt des schrecklichen Geschehens wurden dann erst die Vorgänge in der UN-Schutzzone in Srebrenica im Sommer 1995. Die UN hatte im April 1993 die Errichtung von sechs »sicheren« Schutzzonen in Bosnien verfügt. Dabei sollten ihre Blauhelmsoldaten die Sicherheit der sich dort aufhaltenden Menschen gewährleisten. Bald aber stellte sich heraus, dass die Blauhelmtruppen einen funktionierenden Schutz mit Ausnahme von Sarajevo nirgends wirklich bieten konnten. Als im Juli 1995 die Truppen der bosnischen Serben in die Schutzzonen Srebrenica und Zepa eindrangen, zogen sich die niederländischen Blauhelmeinheiten umgehend zurück. Zuvor hatten sie die muslimischen Verteidigungstruppen entwaffnet. Ihre eigentliche Aufgabe, als Abschreckung gegen Angriffe der bosnischen Serben zu dienen, konnten die nach unterschiedlichen Zahlenangaben 400–750 UN-Soldaten mit ihrer leichten Bewaffnung jedoch nicht erfüllen. Es folgte ein Massaker, dem etwa 8000 muslimische Männer zum Opfer fielen. Sie wurden in den Wäldern um den Ort herum erschossen – das schwerste Kriegsverbrechen in Europa seit 1945 (100). Zwei Monate zuvor hatte die kroatische Armee mit der Rückeroberung der serbisch besiedelten Gebiete in Slawonien und der Kraina begonnen, was einen neuen Massenexodus zur Folge hatte – diesmal von Serben.

Nach dem Massaker in Srebrenica griffen die Amerikaner doch ein. In der Öffentlichkeit vieler westlicher Länder hatten die Vorgänge in der »Schutzzone« Beschämung ausgelöst. Flugzeuge der NATO bombardierten ab 30. August 1995 serbische Stellungen und erzwangen rasch einen Waffenstillstand, der zu einem zwar prekären, gleichwohl einigermaßen stabilen Frieden in Bosnien führte. Die Grundlage für das militärische Eingreifen bildete die Zustimmung des UN-Sicherheitsrates für den Einsatz einer schnellen Eingreiftruppe, an der auch Deutschland beteiligt wurde. Mit einer Mischung aus Militärschlägen und entschlossenem diplomatischen Handeln gelang es US-Präsident Clinton mit Hilfe seines Sondergesandten Richard Holbrooke, zuerst den serbischen Präsidenten Milosevic und am Ende auch den Präsidenten der Republika Srpska, Radovan Karadzic, zum

Einlenken zu bewegen. Auch der russische Präsident Jelzin war nun bereit, sich mit russischen Truppen an einer Friedensmission in Bosnien zu beteiligen (101).

Am 14. Dezember 1995 wurde das in Dayton (Ohio) ausgehandelte Friedensabkommen in Paris in Anwesenheit von Bill Clinton unterzeichnet. Damit war ein Schlusspunkt unter das blutigste Kapitel der jugoslawischen Sezessionskriege gesetzt. Über 100 000 Menschen waren getötet worden, mehr als zwei Millionen hatten ihre Heimat verlassen. Hunderttausende von ihnen waren nach Deutschland gekommen.

Eine insgesamt 57 000 Mann starke IFOR-Truppe würde unter Führung der NATO den Friedensprozess in Bosnien absichern. 16 NATO-Staaten und 17 weitere Länder, darunter auch Russland und die Ukraine, waren beteiligt. Dabei war auch Deutschland, wo der Bundestag kurz vor dem Jahresende 1995 diesem Einsatz zustimmte (102).

Der Bosnien-Krieg hatte auch die innenpolitische Kräfteanordnung durcheinandergewirbelt. Die Frage einer militärischen Intervention wurde in fast allen Parteien kontrovers diskutiert. Selbst bei den Grünen trat nun eine starke Minderheit gegen eine kategorische Ablehnung jeder Beteiligung der Bundeswehr an UN-Kampfeinsätzen und für die Teilnahme an der Bosnien-Mission ein. Fraktionschef Fischer hatte sich nach Srebrenica zu einer Korrektur seiner Haltung entschlossen. Zwar mochte der Parteitag in Bremen nach einer emotionalen Grundsatzdebatte, in der das Verhältnis von Menschenrechten und Pazifismus die entscheidende Rolle spielte, dieser Position nicht folgen. Doch dass die Interventionsbefürworter in dieser Frage fast 40 % der Delegiertenstimmen erreichten, die für das von Hubert Kleinert verfasste umfangreiche Antragspapier stimmten, wurde als Erfolg der Realos und taktischer Durchbruch eines außenpolitischen Realismus bewertet (vgl. Kap. 2) (103).

Insgesamt aber waren die Jugoslawienkriege ein Debakel für Europa. Die USA, nicht die Europäer, haben diesen Bürgerkrieg beendet. Für jedermann erkennbar hatten es die europäischen Staaten nicht vermocht, vor ihrer eigenen Haustür eine gemeinsame Politik zu entwickeln und diese dann auch durchzusetzen. Deutschland war zwar mit der Anerkennung Sloweniens und Kroatiens vorgeprescht, danach aber nicht in der Lage gewesen, diesen Staaten tatsächlich wirkungsvoll zu helfen. Erst recht galt das für Bosnien-Herzegowina. Eine konsequente Außenpolitik war das nicht. Zumal auch nach der Entscheidung des Verfassungsgerichts die Tendenz anhielt, Deutschland eher mit symbolischen Beiträgen an internationalen Einsätzen zu beteiligen.

Bis heute wird die Rolle Hans Dietrich Genschers bei der staatlichen Anerkennung Sloweniens und Kroatiens von den Historikern unterschiedlich beurteilt. Sicher waren die Voraussetzungen für die Aufrechterhaltung der staatlichen Einheit Jugoslawiens Ende 1991 tatsächlich nicht mehr gegeben. Auch andere Mitgliedsländer der EU neigten Ende 1991 der deutschen Haltung zu. Warum man dennoch mit der Anerkennung einseitig vorpreschte, erschließt sich nur schwer.

Die Vorstellung, mit einer solchen Anerkennung die serbische Aggression eindämmen zu können, wurde dann durch die Eskalation der Gewalt widerlegt. Sie hätte wohl nur funktioniert, wenn man bereit gewesen wäre, notfalls auch mit militärischen Mitteln zu intervenieren. Das aber wollte niemand, und so nahm die Tragödie ihren Lauf. Bald ächzte die deutsche Politik unter der Last der Flüchtlingsströme – und fand doch immer neue Argumente, warum ein militärisches Eingreifen Europas keinen Sinn mache. Das gilt auch für Helmut Kohl, der selbst nach Srebrenica im Gespräch mit dem schwedischen Jugoslawien-Vermittler Bildt noch erklärt hatte, er »werde keine Kriegstruppen dort hinschicken. Die anderen würden das auch nicht machen« (104). Dass in einem Teil der Linken jetzt von einer »Militarisierung der deutschen Außenpolitik« die Rede war, stellte die historische Wahrheit auf den Kopf.

In Wirklichkeit blieb es bei Helmut Kohl so, wie es der ehemalige Generalinspekteur der Bundeswehr, Klaus Naumann, ausgeführt hat: »Das außenpolitische Gewicht deutscher Streitkräfte war ihm als ausgefuchstem Machtpolitiker mehr als bewußt … (Aber) Helmut Kohl wollte deutsche Soldaten im Grunde nicht eingesetzt wissen. Zum Zwecke der Abschreckung ja, aber deutsche Soldaten im Kampf oder unter kriegsähnlichen Bedingungen, das war etwas, was ihm irgendwie innerlich zutiefst zuwider war« (105).

Nach den 2013 veröffentlichten Angaben des in Sarajewo tätigen »Research and Documentation Center« betrug die Zahl allein der in Bosnien-Herzegowina namentlich erfassten Kriegstoten etwa 96 000, darunter 38 Prozent Zivilisten. Fast zwei Drittel der Toten waren Bosniaken, die vier Fünftel der zivilen Opfer stellten. Mehr als die Hälfte der Bevölkerung lebte nicht mehr da, wo sie 1991 zuhause gewesen war (106).

1.7   DER VERTRAG VON MAASTRICHT UND
DIE GRÜNDUNG DER EU

Am 9./10. Dezember 1991 trafen sich die zwölf Staats- und Regierungschefs der Europäischen Gemeinschaft. Ergebnis dieses Treffens war ein Vertragswerk, das aus der Europäischen Gemeinschaft die Europäische Union machte. Eine neue Stufe der europäischen Integration war erreicht. Die politische Union bildete fortan das Dach, das die drei Säulen »Europäische Gemeinschaft«, »Gemeinsame Außen- und Sicherheitspolitik« sowie die »Zusammenarbeit in der Justiz- und Innenpolitik« überwölbte. Dabei würde freilich nur die erste Säule durch supranationale Strukturen und eine gemeinsame Rechtsordnung geprägt sein. Für die beiden anderen Säulen blieb es einstweilen bei der »intergouvernementalen Zusammenarbeit« von souveränen Staaten (107).

Teil des Vertragswerks war auch die Festlegung auf den 1.1.1994 als Termin für den Beginn der zweiten Stufe der angepeilten Wirtschafts- und Währungsunion, deren erste Stufe mit der Liberalisierung des Kapitalverkehrs und der Annäherung der Wirtschaftspolitiken der Mitgliedstaaten bereits zum 1.1.1990 begonnen hatte. Auch die finale Phase der Währungsunion war jetzt terminiert: Sie sollte am 1.1.1999 starten. Bis Ende 1996 wollte man »mit qualifizierter Mehrheit« im Europäischen Rat darüber entscheiden, ob die Voraussetzungen für den Übergang auf diese Stufe gegeben waren.

Über diesen letzten Punkt war bis zum Schluss hart gerungen worden. Ursprünglich hatten die Deutschen für einen Zeitplan plädiert, der die Möglichkeit einer Verschiebung für den Fall offenhielt, dass die Mehrheit der Mitgliedstaaten 1996 die notwendigen Voraussetzungen nicht erfüllte. Doch Kohl gab in der entscheidenden Verhandlungsrunde dem französischen Drängen nach.

Der Vertrag über die Europäische Union bekannte sich zum Ziel eines »immer engeren Zusammenschlusses« der Europäer und zum Subsidiaritätsprinzip. Danach sollte Europa nur zuständig sein, wenn die Kräfte der nationalen oder der regionalen Ebene nicht ausreichten, um die jeweiligen Regelungsziele zu erreichen. Neben die Staatsbürgerschaft der Mitgliedstaaten trat jetzt eine Unionsbürgerschaft, die auch ein aktives und passives Kommunalwahlrecht nach dem Wohnortprinzip begründete. Dem Europäischen Parlament wurde durch das »Mitentscheidungsverfahren« ein gestaffeltes Vetorecht gegenüber dem Europäischen Rat zugestanden. Mitwirken konnte das Parlament künftig auch bei der Auswahl der Mitglieder der Europäischen Kommission (108).

Großbritannien, soviel war schon nach Maastricht klar, würde auch in der künftigen Union eine Sonderrolle spielen. Obwohl europafreundlicher als seine Vorgängerin Margaret Thatcher, hatte sich auch Premier John Major das Recht ausbedungen, gegebenenfalls nicht an der Währungsunion teilzunehmen. Darüber hinaus sicherten sich die Briten noch zwei weitere »Opt outs«: Die Sozialkapitel der Verträge wurden von ihnen nicht unterzeichnet. Und das Unterhaus sollte das Recht behalten, bestimmte EU-Richtlinien nicht in nationales Recht umsetzen zu müssen. Nur mit diesen Konzessionen gelang es, ein britisches Veto zu verhindern (109).

Gemessen an den weitreichenden Zielen, die Helmut Kohl bei der Schaffung einer Politischen Union seit 1990 verfolgte, war Maastricht nur ein Teilerfolg. Am Vorabend seiner Abreise zum EG-Gipfel in Rom im Dezember 1990 hatte er vor der Unionsfraktion erklärt: »Wann gibt es noch einmal solche Chancen, in einer Legislaturperiode ein Jahrhundertwerk zu vollbringen. Deutsche Einheit und politische Einigung Europas!« (110). Im Frühjahr 1991 führte er im Bundesvorstand seiner Partei aus: »Ich war noch nie in meinem Leben so motiviert auf ein bestimmtes Ziel hin. Das erste Ziel heißt für mich, nach der Deutschen Einheit den entscheidenden Beitrag zum Bau der Vereinigten Staaten von Europa zu bringen« (111). Und im Bundestag hatte er im November 1991 davon gesprochen, dass die Vorstellung, »man könne eine Wirtschafts- und Währungsunion ohne Politische Union auf Dauer erhalten, aberwitzig ist« (112).

Für ihn war die Politische Union die Vorstufe eines europäischen Bundesstaates, von dessen Machbarkeit der deutsche Bundeskanzler zunächst fest überzeugt war. Doch schon in den Monaten vor der Maastricht-Konferenz hatte sich gezeigt, dass das so einfach nicht werden würde. Bei den Inhalten einer Politischen Union gab es zwischen Frankreich und Deutschland keinen Konsens. Francois Mitterand hielt wenig davon, die Zuständigkeiten der EU auf zentrale Felder der Innen- und Rechtspolitik auszuweiten. Auch Kohls Begeisterung für gewichtige Mitspracherechte des Europäischen Parlaments teilte er nicht. Der Bundeskanzler aber stellte sich das Vereinte Europa als föderales Gebilde nach deutschem Vorbild vor. Ließ Mitterand vielleicht noch mit sich reden, dass sein Herzensanliegen der Währungsunion ohne Politische Union nicht zu machen sein würde, so wollten Großbritannien und Dänemark von einem föderalen Europa von vornherein nichts wissen (113).

Im Grunde ging schon in Maastricht das Entwicklungstempo der europäischen Integration auseinander. Bei der Realisierung der Währungsunion war man einen großen Schritt gegangen, bei der Politischen Union aber nur einen viel kleineren Schritt vorangekommen. Eine klare Richtungs-

entscheidung zugunsten des supranationalen Prinzips und eines europäischen Bundesstaats bedeutete Maastricht jedenfalls nicht. Es war lediglich
ein institutioneller Rahmen geschaffen worden, der das supranationale mit
dem intergouvernementalen Prinzip verband.

Damit aber waren Weichen gestellt, die sich später nicht mehr verschieben ließen. Am Beginn der neuen Stufe der europäischen Einheit stand nun
nicht die schrittweise vertiefte politische Integration mit einer weitreichenden Koordination der nationalen Politiken, die schließlich durch eine
gemeinsame Währung »gekrönt« werden würde. Eher würde es umgekehrt
laufen. Das hatte Kohl eigentlich so nicht gewollt. Er tröstete sich mit der
Hoffnung, dass mit der Einheitswährung die Mitgliedsländer durch ein so
starkes Band zusammengehalten würden, dass sich daraus zwangsläufig
eine stärkere Vereinheitlichung ihrer Politik ergeben müsste.

Immerhin konnte sich der Bundeskanzler bei der konkreten Ausgestaltung der Währungsunion weitgehend durchsetzen. Der zu errichtenden
Europäischen Zentralbank wurde eine unabhängige Stellung zugebilligt,
die jener der Deutschen Bundesbank entsprach. Und für alle Mitgliedstaaten der Währungsunion sollte gelten, dass ihr Haushaltsdefizit drei Prozent,
der öffentliche Schuldenstand insgesamt 60 Prozent des Bruttoinlandsprodukts nicht übersteigen durfte. Jedes Mitglied der Währungsunion musste das Risiko eines Zahlungsausfalls selbst tragen. Eine Haftung für die
Schulden anderer Mitgliedstaaten sollte ausgeschlossen bleiben (no-bail-
out) (114).

Bereits 1992 äußerten Experten, dass diese Sicherungsmaßnahmen
kaum ausreichen würden, um die Stabilität einer Euro-Zone dauerhaft zu
sichern. Der amerikanische Ökonom Barry Eichengreen wies darauf hin,
dass ein so heterogener Wirtschaftsraum, in dem traditionell wirtschafts-
starke Länder mit großer Haushaltsdisziplin und Geldwertstabilität mit
schwächeren Ländern zusammenkamen, die sich an Inflation und hohen
Schuldenstand gewöhnt hatten, mit großen Risiken behaftet sein müsste. Eine gemeinsame Währung würde in den leistungsschwächeren Ländern zu sinkenden Zinsen führen, was die Versuchung schaffen würde, höhere Schulden zu machen. Gleichzeitig würde unter den Bedingungen der
einheitlichen Währung der Wettbewerbsdruck zunehmen. Um den damit
verbundenen Gefahren zu begegnen, bedürfe es einer europäischen Bankenaufsicht, einer echten Fiskalunion und einer echten Politischen Union,
die eine Angleichung der Haushalts- und Finanzpolitik in den Mitgliedsländern notfalls auch erzwingen könne. Später sollte sich noch zeigen, wie
realistisch diese Einwände gewesen waren (115).

Den Deutschen fiel der jetzt fest vereinbarte Abschied von ihrer Währung schwer. Schließlich war die DM das Symbol für ihren wirtschaftlichen Wiederaufstieg nach 1945. Entsprechend waren die Bedenken hier besonders ausgeprägt. In mehreren Verfassungsbeschwerden gingen die Kläger, unter ihnen neben Wissenschaftlern und Juristen auch Politiker wie CSU-Mann Peter Gauweiler, gegen das im Februar 1992 unterzeichnete und im Dezember 1992 vom Bundestag ratifizierte Vertragswerk vor. Dabei machten sie geltend, dass durch Übertragung von Souveränitätsrechten auf eine supranationale Europäische Union der Bundestag entmachtet und das Demokratieprinzip unterhöhlt würde. Der neugefasste Artikel 23 des Grundgesetzes, der die Möglichkeit der Übertragung dieser Rechte auf Europa legitimierte, verstoße gegen die »Ewigkeitsklausel« des Grundgesetzes (Art. 79, Abs.3) und sei deshalb verfassungswidrig.

Populär war die Aussicht auf eine europäische Einheitswährung und die Aufgabe der DM in Deutschland nicht. Zwar hatte die Regierung von der Opposition wenig zu fürchten. Auch die führenden Sozialdemokraten wollten die Währungsunion. Die Wähler aber sahen die angepeilte Aufgabe der DM zugunsten einer europäischen Währung mehrheitlich kritisch. Im Januar 1992 ermittelten die Demoskopen, dass nur 26 Prozent der Deutschen dafür eintraten. 49 Prozent waren dagegen. Im Herbst wollten 75 Prozent eine Volksabstimmung darüber (116). Im Unterschied zu anderen EU-Ländern sah die deutsche Verfassung eine solche Abstimmung nicht vor.

Auch prominente Stimmen aus dem Lager der Regierungsparteien warnten jetzt vor einer raschen Währungsunion. Der ehemalige Bundeswirtschaftsminister Otto Graf Lambsdorff kritisierte den in Maastricht geschaffenen »Automatismus« bei der Terminierung der gemeinsamen Währung. Denn dadurch werde man den Zug auch dann nicht mehr aufhalten können, wenn europäische Staaten die vereinbarten Stabilitätskriterien nicht einhielten und ihre Haushaltsdefizite nicht abbauten. Ein anderer früherer Wirtschaftsminister, Karl Schiller, befürchtete eine Schulden- und Transferunion nach Forderungen der ärmeren Länder Südeuropas zum Ausgleich von Entwicklungsrückständen (117).

Das Verfassungsgericht wies am 12. Oktober 1993 die Beschwerden gegen den Maastricht-Vertrag zurück. Das Demokratieprinzip hindere die Bundesrepublik nicht an der Mitgliedschaft in einer supranationalen Gemeinschaft, solange die vom Grundgesetz garantierten Grundrechtestandards auch dort galten. Voraussetzung einer solchen Mitgliedschaft sei allerdings, dass eine vom Volk ausgehende Legitimation und Einflussnahme auch innerhalb dieses »Staatenverbundes« gesichert bleibe. Diese Legitimation erfolge durch die Rückkoppelung der handelnden Politiker an die nationalen Parlamente und durch die Rechte des Europäischen Parlaments. Eine Übertragung von Kompetenzen auf die Union müsse freilich auf bestimmte Bereiche begrenzt bleiben und bedürfe der Ermächtigung durch den Gesetzgeber. Entscheidend sei, »daß die demokratischen Grundlagen der Union schritthaltend mit der Integration ausgebaut werden und dass auch im Fortgang der Integration in den Mitgliedstaaten eine lebendige Demokratie erhalten bleibt« (118).

Auch in anderen Mitgliedstaaten stieß die Ratifizierung auf Schwierigkeiten. In Großbritannien musste Premier Major die Abstimmung mit der Vertrauensfrage verbinden, um das Vertragswerk durchzubringen. In Frankreich stimmte bei der Volksabstimmung im September 1992 nur eine hauchdünne Mehrheit von 51 % dafür. In Dänemark hatte im Juni 1992 eine knappe Mehrheit den Vertrag sogar zurückgewiesen. Erst nachdem die Gemeinschaft Dänemark Ausnahmerechte (opt-outs) etwa bei der Unionsbürgerschaft und zur Beibehaltung der dänischen Krone zugebilligt hatte, stimmte in einer zweiten Volksabstimmung im Mai 1993 eine Mehrheit zu.

Wie immer man die Motive der Gegner beurteilen mochte: Bis das Vertragswerk zum 1.11.1993 in Kraft trat, war die Europa-Euphorie bereits ein gutes Stück abgekühlt. Die europäischen Regierungen hatten das Projekt der europäischen Einigung allzu lange als Selbstläufer und Domäne der Exekutive betrachtet und die Legitimation durch die Wähler vernachlässigt. Fortan tauchte immer häufiger der Begriff vom Europa als »Elitenprojekt« auf (119).

Während sich mit Maastricht die Vertiefung der Gemeinschaft verband – zum 1.1.1993 war der europäische Binnenmarkt erreicht –, hatte bereits die Debatte um eine Erweiterung begonnen. Dabei warf der Beitritt westlicher Länder wie Österreich, Finnland und Schweden keine großen wirtschaftlichen oder politisch-kulturellen Probleme auf. Zum 1.1. 1995 wurde dieser Beitritt vollzogen. Nicht dabei waren Norwegen und die Schweiz, wo man zunächst auch beitrittswillig gewesen war. Hier sorgte das Votum der Bürger in Volksabstimmungen dafür, dass beide Länder draußen blieben. Norwegen wurde eine Art »Teilmitglied«. Es genoss fortan durch Mitgliedschaft im europäischen Wirtschaftsraum die Vorteile der Gemeinschaft, gehörte sogar zu den Nettozahlern, blieb aber von den Brüsseler Entscheidungsprozessen ausgeschlossen (120).

Deutschland und namentlich der Bundeskanzler hatten sich für die sogenannte »Norderweiterung« besonders eingesetzt, während einige südliche Länder der Erweiterung skeptisch gegenüberstanden. Dabei lag auf der Hand, dass in einer immer größeren Gemeinschaft eine gleichzeitige

Vertiefung dieser Gemeinschaft in eine bundesstaatliche Richtung immer komplizierter werden würde. Erweitern und vertiefen zugleich – diese Aufgabe kam der Quadratur des Kreises nahe.

Noch schwieriger aber musste eine andere Frage werden, die bereits seit 1991 im Raum stand: Die Aufnahme der ehemals kommunistischen Staaten in Ostmittel- und Südosteuropa. Viele von ihnen drängten schon bald nach dem Ende des Kalten Krieges in die Gemeinschaft.

Einstweilen wurden Assoziierungsabkommen geschlossen und mit den Kopenhagener Kriterien 1993 Bedingungen für die Aufnahme festgelegt. Als Voraussetzungen einer Mitgliedschaft nannte der Europäische Rat eine »institutionelle Stabilität als Garantie für eine demokratische und rechtsstaatliche Ordnung«, eine funktionsfähige Marktwirtschaft sowie die Fähigkeit der Beitrittskandidaten, die aus der Mitgliedschaft entstehenden Verpflichtungen in ihrer Staatsorganisation auch in vollem Umfang nachkommen zu können (121).

Früher oder später musste die Osterweiterung kommen. Damit aber verbanden sich allerhand Ängste. Im Vergleich zu den »Altmitgliedern« der Gemeinschaft waren alle diese Länder bettelarm. Und angesichts hoher Arbeitslosenzahlen im Westen löste die Vorstellung einer Masse von Arbeitsmigranten Besorgnisse und Befürchtungen besonders bei denen aus, die etwas zu verlieren hatten. Doch das war noch Zukunftsmusik.

1.8   DEUTSCHLAND UND DIE AUFLÖSUNG DER SOWJETUNION

Schon Anfang 1991 wuchsen die Anzeichen für eine krisenhafte Zuspitzung der Lage in der Sowjetunion. Im Januar kam es zur Eskalation der Spannungen in den nach Unabhängigkeit strebenden Baltenrepubliken Estland, Lettland und Litauen. Durch das gewaltsame Vorgehen der Armee drohten zeitweise bürgerkriegsähnliche Zustände. Gleichzeitig befand sich das ganze Land wirtschaftlich im freien Fall.

In Bonn wurden diese Entwicklungen sorgenvoll verfolgt. Kohl wusste, was Deutschland Gorbatschow zu verdanken hatte und fühlte sich zur Stabilisierung der Sowjetunion verpflichtet. Niemand konnte sich damals vorstellen, dass ein Auseinanderbrechen der Sowjetunion nicht in ein überaus gefährliches Chaos führen würde. Besonders die Sorge um das sowjetische Atomwaffenpotential stand dabei im Vordergrund. Aber auch die Lebensbedingungen der noch in Deutschland stationierten sowjetischen Soldaten und die Furcht vor einer Massenflucht nach Westen bei einer Auflösung der UdSSR beschäftigten die Politik.

So war man bemüht, alle Möglichkeiten zur Stabilisierung der Lage durch westliche Unterstützung zu nutzen. Nachdem Helmut Kohl schon im Sommer 1990 beim Weltwirtschaftsgipfel in Houston für großzügige Hilfen geworben hatte, setzte er im Vorfeld des G7-Gipfels von London im Juli 1991 durch, dass Gorbatschow als Gast eingeladen wurde. Während der sowjetische Staatchef im eigenen Land von den Altkommunisten ebenso unter Druck geriet wie von radikalen Wirtschaftsreformern, beschwor der deutsche Kanzler seine westlichen Kollegen, dass sich nur mit Gorbatschow das Abgleiten der Sowjetunion in Chaos und Anarchie vermeiden lasse. Aus Rücksicht auf Gorbatschow vermied man in Bonn lange Zeit auch eine Einladung an den neuen Präsidenten der russischen Teilrepublik, Boris Jelzin.

Der Putsch der Konservativen gegen Gorbatschow im August 1991 alarmierte dann auch den deutschen Kanzler. Nachdem sich Gorbatschow geweigert hatte, mit den Putschisten zusammenzuarbeiten, hatten diese ihn in seinem Urlaubsdomizil auf der Krim praktisch unter Hausarrest gestellt. Zwar stellte Kohl in seiner ersten Reaktion das persönliche Schicksal Michael Gorbatschows in den Vordergrund. Aber mit dem am Ende gescheiterten Putsch war eine weitere Schwächung der Position des sowjetischen Präsidenten verbunden, an der auch Kohl nicht vorbeikam. Deutlich gestärkt war dagegen die Position von Boris Jelzin, der den Putschisten mutig entgegengetreten war und als Konsequenz die Auflösung der Kommunistischen Partei in Russland dekretierte. Der geschwächte Gorbatschow musste das hinnehmen und trat am 24. August 1991 als Generalsekretär der KPDSU zurück. Fortan war er im Grunde bereits ein Präsident von Jelzins Gnaden.

Mit den dramatischen Vorgängen in der Sowjetunion war auch für die deutsche Politik eine neue Lage entstanden. Hatte man bisher die Anerkennung der Selbständigkeit der baltischen Republiken vermieden, so sprach sich der Bundeskanzler jetzt doch dafür aus. Estland, Lettland und Litauen würden künftig ihre eigenen Wege gehen. Am 27. August 1991 erkannten die EG-Staaten ihre staatliche Unabhängigkeit an. Im Laufe des Septembers erklärten neun weitere Republiken der SU ihre staatliche Unabhängigkeit.

Noch aber hoffte man in Bonn, dass die Verhandlungen über einen neuen Unionsvertrag als staatsrechtliche Grundlage für die Zukunft der Sowjetunion erfolgreich abgeschlossen werden könnten. Der Umsturzversuch hatte ja kurz vor der Unterzeichnung eines neuen Vertrages stattgefunden,

mit dem die UdSSR in eine »Union der souveränen Sowjetrepubliken« umgewandelt werden sollte. Ende Juli hatte Gorbatschow außerdem die Einberufung eines Sonderparteitags der KPDSU durchgesetzt, bei dem es wohl
zu einer Spaltung in eine von ihm geführte sozialdemokratische Partei und
eine Partei der kommunistischen Reformgegner gekommen wäre (122).
Das hatten die Putschisten verhindern wollen, waren aber am Widerstand
der vielen Menschen vor dem russischen Parlament, an deren Spitze Jelzin
trat, und ihrer eigenen Unentschlossenheit gescheitert.

In der Folge setzte die Bundesregierung auf eine Zusammenarbeit von
Gorbatschow und Jelzin. Als der russische Präsident Ende November 1991
Bonn besuchte, hoffte Kohl noch immer auf einen Unionsvertrag mit der
Schaffung einer Konföderation. Doch schon wenige Tage später wurde klar,
dass sich diese Hoffnungen nicht erfüllen würden. Mit dem Treffen der Präsidenten Russlands, Weißrusslands und der Ukraine am 9. Dezember war
das Scheitern der Verhandlungen besiegelt. Die Sowjetunion würde zum
Ende des Jahres 1991 in fünfzehn unabhängige Republiken zerfallen. Am
20. Dezember kam es zum letzten Telefonat Kohls mit dem Staatschef Gorbatschow. Während der sowjetische Präsident seine Rücktrittsabsicht an-
deutete, versicherte ihm Helmut Kohl, dass die Deutschen – und auch er
persönlich – Gorbatschow nie vergessen würden, was er für sie getan habe
(123). Am 21. Dezember unterzeichneten elf nun ehemalige Mitglieder der
UdSSR den Vertrag über die Gründung eines lockeren Staatenbundes mit
dem Namen »Gemeinschaft unabhängiger Staaten« (GUS). Michael Gorbatschow war damit ein Präsident ohne Staat geworden. Es blieb ihm nur
der Rücktritt, den er am 25. Dezember 1991 auch verkündete. Sechs Tage
später, zum Jahresende, gab es die UdSSR nicht mehr. Eine ganze Epoche
der Geschichte war nun endgültig beendet.

Weder gutes Zureden noch finanzielle Hilfen aus dem Westen haben am
Ende den Zerfall der Sowjetunion aufhalten können. Dabei waren die Unterstützungsleistungen durch Deutschland beträchtlich. Kohl selbst hat im
September 1991 die dahin geleisteten Hilfen auf 60 Milliarden DM beziffert. Der größte Teil davon bestand aus Kompensationszahlungen für die
Zustimmung zur Deutschen Einheit. Weil dazu noch 30 Milliarden für andere mittel- und osteuropäische Länder gekommen seien, habe Deutschland die Grenze seiner Leistungsfähigkeit erreicht (124).

Die deutsche Politik hat die Auflösung der Sowjetunion weder gewünscht
noch irgendwie gefördert, im Gegenteil. Auch die Amerikaner haben Gorbatschow lange gestützt und vor Separatismus gewarnt. Noch im Sommer
1991 hat Präsident Bush in der Ukraine für den Erhalt der UdSSR geworben.
Neben der Angst vor den unkalkulierbaren Folgen eines Chaos haben da-

bei in Deutschland auch Loyalitäts- und Verpflichtungsgefühle gegenüber Michael Gorbatschow eine Rolle gespielt. Als aber die Würfel gefallen waren, setzte man auch in Bonn rasch auf Boris Jelzin. In der folgenden Phase einer chaotischen Umgestaltung, in der die alten Machtstrukturen der ehemaligen Sowjetunion zerfielen und sich eine neue Oligarchie maßlos bereichern konnte, wo bald Korruption und mafiöse Strukturen das Land wesentlich prägten, blieb der russische Präsident ein gern gesehener und gut gelittener Gast des deutschen Kanzlers (125).

1.9   DEUTSCHLAND, AMERIKA UND DIE NATO

Das Ende des Kalten Krieges hatte auch die Frage der künftigen Sicherheitsarchitektur aufgeworfen. Mit dem Ende des Ostblocks war der NATO ihr klassisches Feindbild verlorengegangen. Schließlich hatte der Kalte Krieg die westliche Verteidigungsallianz 1949 überhaupt erst hervorgebracht. Nun, wo er zu Ende war, musste sich die Frage stellen, ob und wozu man die NATO überhaupt noch brauchte.

Folgerichtig tauchten jetzt allerhand neue Ideen für eine künftige Sicherheitsstruktur auf. Ernsthaft diskutiert wurde die Frage, das westliche Verteidigungsbündnis in gemeinsame Sicherheitsstrukturen im Rahmen der »Konferenz für Sicherheit und Zusammenarbeit« (KSZE) bzw. der »Organisation für Sicherheit und Zusammenarbeit« (OSZE) unter Einschluss der Sowjetunion zu integrieren. Sogar Überlegungen, der Sowjetunion eine NATO-Mitgliedschaft anzubieten, kamen ins Spiel. Solche Ideen erwiesen sich jedoch auf längere Sicht als wenig realistisch.

Bereits im Juli 1990 hatten die NATO-Staaten auf ihrem Gipfel in London vorgeschlagen, in einer gemeinsamen Erklärung mit den Staaten des Warschauer Pakts feierlich zu erklären, dass sie sich nicht mehr länger als Gegner betrachteten und sich der Anwendung oder Androhung von Gewalt künftig enthalten würden. Weil sich der Warschauer Pakt dann zum 1. 7. 1991 selbst auflöste, kam es zu einer solchen Erklärung nicht mehr.

Nun bot die NATO den ehemaligen Mitgliedsstaaten des Warschauer Pakts eine partnerschaftliche Ausgestaltung der Beziehungen an. Zu diesem Zweck sollten sie Vertretungen in Brüssel errichten und einem zu schaffenden »Nordatlantischen Kooperationsrat« angehören. Dieser Rat kam auch zustande. Mit der Auflösung der Sowjetunion verlor er jedoch rasch an Bedeutung (126). Bald bemühten sich eine Reihe von osteuropäischen Staaten um die Aufnahme in die NATO. Vor allem Polen und die baltischen Länder zeigten hier besonderes Interesse. Dabei spielten historisch begründete Ängste vor imperialen Absichten Russlands eine besondere Rolle.

Das brachte die NATO-Staaten in eine schwierige Situation. Man fürchtete eine negative Reaktion Russlands, wenn sich das NATO-Gebiet weiter nach Osten ausdehnen würde. So schlugen die USA ein Kooperationsprogramm mit allen interessierten osteuropäischen Staaten vor, die »Partnerschaft für den Frieden«. Bis 1995 blieb das Thema »NATO-Osterweiterung« erst einmal vertagt.

Während Vorstellungen einer Übertragung der sicherheitspolitischen Aufgaben der NATO auf die OSZE auch an der Schwerfälligkeit dieser Organisation scheiterten, hatte sich die NATO Ende 1991 auf ein neues strategisches Konzept verständigt. Darin wurde festgestellt, dass die direkte Bedrohung durch den Warschauer Pakt entfallen sei. Hinzugekommen seien freilich vielfältige Risiken als Folge der Transformationsprozesse in Mittel- und Osteuropa. Die NATO formulierte ein umfassendes Sicherheitskonzept, in dem die klassischen Aufgaben von Abschreckung und Verteidigung mit einem neuen Auftrag zum Krisenmanagement verbunden wurden. Demnach würden die künftigen Aufgaben der NATO auch nicht nur in Europa liegen und vor allem schnelle und flexible Krisenreaktionskräfte erfordern (127).

Es ging jetzt nicht mehr um die Ersetzung der NATO, sondern um ihre Reform. Mit ihrer Wandlung von einem gegen den Sowjetblock gerichteten Bündnis zu einem System kollektiver Sicherheit würde sie jetzt die Kooperation mit dem früheren Gegner suchen. Eine militärische Präsenz der Vereinigten Staaten im Umfang der Zeit des Kalten Krieges schien dabei nicht mehr erforderlich. Entsprechend konnten ihre Truppen in Europa stark reduziert werden.

Dass sich die sicherheitspolitischen Prioritäten der Vereinigten Staaten zu verändern begannen, hatte schon die rasche Verlegung amerikanischer Truppen aus Europa an den Persischen Golf gezeigt. Die amerikanische Haltung zum Jugoslawien-Krieg, die die Lösung des Konflikts in erster Linie von den Europäern erwartete, konnte gleichfalls als Beleg für eine Umorientierung der US-Außenpolitik gedeutet werden. In Washington diskutierte man 1992 eine Reduzierung der amerikanischen Truppen in Europa auf unter 150 000 Soldaten (128). Gleichzeitig aber lehnte man eine unabhängige europäische Verteidigungskapazität ab, wie sie besonders die Franzosen forcierten (129).

Die veränderte Rolle der NATO musste für die deutsche Politik von besonderer Bedeutung sein. Aus der Sicht von Kanzler Kohl blieb die europäische Einigung stets mit einem NATO-Dach verbunden. Für ihn und seine

Regierung war die nordatlantische Gemeinschaft und die enge Verbindung mit den USA auch nach dem Ende des Kalten Krieges unverzichtbarer Teil deutscher Staatsräson.

Dennoch sorgte die Aufstellung eines deutsch-französischen »Euro-Korps« im Frühjahr 1992 in Washington für Irritationen. Während Kohl vor allem die symbolische Ausstrahlung von gemeinsamen deutsch-französischen Truppenkontingenten im Auge hatte, ging man in Washington von einem französischen Interesse an der Schwächung der NATO-Strukturen aus. Hier spielten auch Erinnerungen an den ehemaligen französischen Staatspräsidenten de Gaulle eine Rolle, der Frankreich 1966 aus den integrierten militärischen Strukturen der NATO herausgeführt hatte. Als es beim G 7-Gipfel in München im Juli 1992 zu offenen Kontroversen um die französische Haltung zur NATO kam, stellte Kohl noch einmal heraus, dass eine europäische Sicherheitsidentität aus seiner Sicht mit der NATO ohne weiteres in Einklang zu bringen sei (130).

Nach dem Wahlsieg Bill Clintons in den USA kam es zu einer Intensivierung der deutsch-amerikanischen Beziehungen. Kohl und Clinton verstanden sich gut. Das schuf günstige Voraussetzungen, damit der deutsche Kanzler die Politik des »Sowohl als auch« gegenüber Frankreich und den USA weiter fortsetzen konnte. Nachdem bereits Vorgänger George Bush Deutschland eine »partnership in leadership« angeboten hatte, betrachtete Bill Clinton Helmut Kohl als Sprecher Europas. Die Blamage der europäischen Außen- und Sicherheitspolitik in den Jugoslawien-Kriegen sollte dann zeigen, dass es weder eine europäische Außenpolitik gab noch einen Ersatz für die Führungsrolle Amerikas.

Besonders nachhaltige Konsequenzen hatte das Ende des Kalten Krieges für die Bundeswehr, die wie keine andere Armee der NATO-Staaten auf die Landesverteidigung am »Eisernen Vorhang« ausgerichtet gewesen war. Damit war es jetzt vorbei. Künftig konnte ein Einsatz der Bundeswehr nur zur Verteidigung der Bündnispartner und zum Krisenmanagement denkbar sein.

Das aber erforderte die Aufstellung von Krisenreaktionskräften, während die Territorialverteidigung stark reduziert werden konnte. Dafür genügte jetzt eine wesentlich kleinere Bundeswehr. Freilich fehlten die finanziellen Mittel für einen raschen Umbau der Streitkräfte. Auch in der zweiten Hälfte der 1990er Jahre verfügte die Bundeswehr allenfalls über 60 000 Mann Krisenreaktionskräfte, deren Ausrüstung dazu noch mangelhaft war. Transportmittel für einen Einsatz auf dem Balkan etwa standen nicht in ausreichender Zahl zur Verfügung.

Am Ende sorgte die ganze Diskussion über den Aufbau europäischer Verteidigungskapazitäten zwar immer wieder für Irritationen in Washington. Im Kern aber blieb es eine theoretische Frage, bei der die Symbolik im Vordergrund stand. Bis heute ist das so geblieben. Die Regierung Kohl aber stand vor einer schwierigen Gratwanderung. Auf der einen Seite konnte und wollte sie nicht darauf verzichten, gemeinsam mit Frankreich den Weg der europäischen Integration weiterzugehen. Dazu gehörte auch die Entwicklung einer gemeinsamen Außen- und Sicherheitspolitik. Zugleich aber konnte eine europäische Streitmacht auf mittlere Sicht kein Ersatz für die NATO sein und wollte man eine Entfremdung von den USA vermeiden. Später sollte sich die amerikanische Haltung gegenüber einer gemeinsamen europäischen Verteidigung verändern. Aus der Ablehnung wurde eine »bedingte Zustimmung« (131).

1.10 INNENPOLITIK: DER VERDRUSS WÄCHST

1992 war der Einheitsboom vorbei. Der Nachholbedarf der ostdeutschen Haushalte mit westlichen Konsumgütern war erst einmal befriedigt. Nachdem bereits im zweiten Halbjahr 1991 das Wachstumstempo der westdeutschen Wirtschaft nachgelassen hatte, ging die Wachstumsrate 1992 deutlich zurück (132).

Jetzt wurde auch die alte Bundesrepublik von der weltwirtschaftlichen Rezession erfasst, die um 1990 begonnen hatte. Die Auswirkungen zeigten sich bald. Weil gleichzeitig der Zustrom von Übersiedlern und Pendlern aus dem Osten und die wachsende Zahl der Zuwanderer aus dem Ausland das Arbeitskräfteangebot vermehrten, stiegen im Herbst 1992 die Arbeitslosenzahlen auch im Westen wieder an. 1993 erreichten sie mit 2,17 Millionen den Stand der frühen achtziger Jahre (133).

Der gewaltige Finanzbedarf für die neuen Länder verschärfte diese Entwicklung. Er sorgte für einen sprunghaften Anstieg der Staatsverschuldung. Die aber trug zur wachsenden Inflationsrate bei, die inzwischen bei 4,3 Prozent lag. Die Bundesbank reagierte, indem sie den Leitzins im Sommer 1992 auf 8,75 Prozent heraufsetzte. Das war der höchste Satz seit 1931 (134).

Die hohen Zinssätze in Deutschland zogen nun vermehrt ausländisches Kapital an, wodurch die Währungen anderer Länder in Bedrängnis gerieten. Der Kurs des Dollar sank, die italienische Lira stürzte ab, auch der französische Franc geriet in Schwierigkeiten. Im Herbst 1992 folgte der Absturz des britischen Pfund, der zum Austritt des Vereinigten Königreichs aus dem EWS und zur Abwertung der britischen Währung führte. Der Milliardär George Soros hatte sich mit seiner Spekulation gegen das Pfund als stärker erwiesen als die Bank of England. Dass Frankreich nicht das gleiche Schicksal erlebte, lag allein an Kanzler Kohl, der den widerstrebenden Bundesbankpräsident Schlesinger drängte, den französischen Franc mit allen Mitteln zu stützen. Ansonsten wäre womöglich die Währungsunion schon vor der Ratifizierung des Maastrichter Vertrags gescheitert (135).

Das alles drückte jetzt auf die Stimmung im Westen. So hatte man sich auch hier die Einheit nicht vorgestellt. Damit einher ging wachsender Unmut über die Ostdeutschen. Sie wollten nicht nur leben wie im Westen, aber arbeiten wie im Osten, sondern seien dann auch noch undankbar und beschwerten sich dauernd, meinten jetzt viele Bürger in den alten Ländern. Nervosität machte sich breit.

Im Herbst 1992 stürzte Helmut Kohl auf den Beliebtheitsskalen der Wahlforscher in den Minusbereich (136). In der Union wurden nun allerhand Überlegungen zur Konjunkturförderung angestellt. Ein Zehn-Punkte-Plan von Wolfgang Schäuble und Günther Krause, der auch eine Investitionsanleihe vorsah, konnte sich aber nicht durchsetzen. Immer wieder tauchten in diesen Monaten auch Spekulationen über eine Große Koalition auf. Vor allem Wolfgang Schäuble galt als Betreiber einer solchen Lösung. Ganz aus der Luft gegriffen war das nicht. Immerhin verhandelte man gerade mit der SPD über die Neuregelung des Asylrechts (137). Und mit ihrer Bundesratsmehrheit regierten die Sozialdemokraten ohnehin ein Stück mit. 1992 war mit Zustimmung der SPD das Rentenreformgesetz verabschiedet worden. Künftig galt bei der Dynamisierung der Renten die Anpassung des Rentenniveaus an die Entwicklung der Netto- statt der Bruttolöhne. Das lief in der Praxis auf eine Senkung des Rentenniveaus hinaus.

Im Frühsommer hatte ein anderer Vorgang zur Verärgerung des Kanzlers und weiter Teile der Union beigetragen. In einem Gespräch mit den ZEIT-Journalisten Gunter Hofmann und Werner Perger hatte Bundespräsident Richard von Weizsäcker eine Orientierungsschwäche der Politik diagnostiziert und ausgeführt, der moderne Politiker sei »weder ein Fachmann noch ein Dilettant, sondern ein Generalist mit dem Spezialwissen, wie man politische Gegner bekämpft«. An anderer Stelle war von »Machtvergessenheit und Machtversessenheit« in der Politik die Rede (138). Der Name Helmut Kohl fiel zwar nicht. Allenthalben aber wurden die kritischen Einlassungen des Präsidenten als Angriff auf den Kanzler und seinen Politikstil verstanden. Das war zwar nicht ganz gerecht, weil Weizsäckers Analyse tiefer ging und auch die »Demoskopiedemokratie« aufs Korn nahm, in der die Aufgabe von Konzeption und Führung zu kurz komme. Aber weil in Bonn bekannt war, dass zwischen Kanzler und dem im Lande hoch angesehenen Präsidenten eine Art »Kalter Krieg« herrschte, Weizsäcker mit dem macht-pragmatischen Regierungsstil des Bundeskanzlers fremdelte und beide sich in herzlicher Abneigung verbunden waren, lag die Interpretation nahe.

Das Interview mit Weizsäcker wurde zum Auftakt einer breiten öffent-lichen Debatte über den Zustand der Politik, der sich vor allem an der Rol-le der Parteien festmachte. Peter Glotz, der Vorzeige-Intellektuelle der So-zialdemokraten, sprach von einer »tiefen Krise des Parteienstaats«, die tiefer gehe »als jemals zuvor in der Geschichte der Bundesrepublik« (139). Von einem »Niveauverlust des politischen Personals« war die Rede. Noch zahlreicher wurden die Attacken gegen angebliche Selbstversorgungsmen-talität und Klüngelwirtschaft der »politischen Klasse«. Politiker seien mehr im eigenen Interesse unterwegs als im Interesse der Gesellschaft. Im Mit-telpunkt der Angriffe aber standen immer wieder die Parteien, die sich »krakenhaft« ausgebreitet und die Gesellschaft durchherrscht hätten. Die-se Herrschaft führe zu falscher Personalauswahl und verhindere das po-litische Engagement sachkompetenter Quereinsteiger. Bald bliesen auch bekannte Sozialwissenschaftler in dieses Horn. Allen voran der Soziologe Erwin K. Scheuch und der Verwaltungswissenschaftler Hans Herbert von Arnim. Die Frankfurter Allgemeine Zeitung sah sogar die »Gespenster von Weimar« wiederauftauchen (140).

»Zwei Jahre nach dem Vereinigungsjahr 1990 spürt jeder die Tiefe der his-torischen Veränderungen, die seit 1989 eingetreten sind. Der in der Bundes-republik lange unternommene Versuch, die neuen Realitäten schlicht nicht wahrhaben zu wollen, erweckt bei den Wählern das Empfinden, mit einer Vielzahl von Ängsten und Problemen alleine gelassen zu sein, zu denen den Politikern anscheinend nichts einfällt. Jetzt geht es den Politikern so wie dem Kaiser in dem Märchen von den neuen Kleidern: Plötzlich steht die Po-litik nackt da, wirken viele ihrer Exponenten allzu selbstgefällig und gera-dewegs so, als lebten sie noch in der betulichen alten Bundesrepublik und nicht inmitten des riesigen Handlungsdrucks, der die alten Rituale der Po-litik via Medienpräsentation ebenso überprüfungsbedürftig werden lässt wie das eingefahrene Streitritual im Bonner Bundestag«, hat der Verfasser seinerzeit geschrieben (141). Ende 1992 wurde der in dieser Debatte kreierte Begriff der »Politikverdrossenheit« zum »Wort des Jahres« gewählt. Doch der Tiefpunkt der Missstimmung war noch nicht erreicht. Er kam erst 1993.

1.11 NEUFORMIERUNG DER PARTEIEN UND
MINISTERROTATION IN BONN

Die Wahlverlierer SPD und Grüne suchten nach ihrer schweren Niederlage bei der ersten gesamtdeutschen Bundestagswahl 1990 nach einem inhaltlichen wie personellen Neuanfang. In der SPD war Hans-Jochen Vogel nur noch Partei- und Fraktionschef auf Zeit. Nachdem Oskar Lafontaine sich schmollend nach Saarbrücken zurückgezogen hatte, wurde im Frühjahr 1991 der Ministerpräsident von Schleswig-Holstein, Björn Engholm, zum Parteivorsitzenden gewählt. Im Herbst gab Vogel auch den Fraktionsvorsitz ab. Nachfolger wurde der Hamburger Hans-Ulrich Klose, der sich in einer Kampfabstimmung gegen Herta Däubler-Gmelin durchsetzen konnte (142).

Die Landtagswahlen im Frühjahr 1991 hatten den Sozialdemokraten Erfolge eingebracht. Weil in Hessen ein rot-grüner Machtwechsel möglich wurde, erhielt auch die Hoffnung auf eine mögliche Machtalternative für den Bund wieder Auftrieb. In Niedersachsen regierte Gerhard Schröder bereits seit dem Frühjahr 1990 mit einem solchen Bündnis. Der neue Fraktionschef Klose galt freilich eher als Anhänger einer Großen Koalition. Nach den Wahlen in Hessen und Rheinland-Pfalz Anfang 1991 hatten die Sozialdemokraten wieder eine Mehrheit im Bundesrat.

Gerade das aber wurde bald zur Einbruchstelle für den Vorwurf mangelnder Führungsstärke gegenüber Engholm. Denn es zeigte sich, dass die mächtigen SPD-Ministerpräsidenten im Bundesrat nicht immer mit einer Stimme sprachen. In der Regel gelang es der Bundesregierung, bei kontroversen Themen immer wieder den einen oder anderen für ihre Vorhaben zu gewinnen. Auch im Ringen um die Neufassung des Asylrechts hatte Engholm schwere innerparteiliche Kämpfe zu überstehen.

Dass Engholms Zeit als Parteivorsitzender schon im Frühjahr 1993 wieder zu Ende ging, hatte freilich andere Gründe. Jetzt wurde er von den Spätfolgen der Barschel-Affäre eingeholt. Nachdem sich herausstellte, dass er 1987 bereits früher als angegeben von den Aktivitäten Barschels und seines Mitarbeiters Pfeiffer Kenntnis gehabt hatte und herauskam, dass an Pfeiffer sogar Geld aus der SPD gezahlt worden war, gab er alle seine politischen Ämter auf (143).

Also brauchte die SPD schon wieder einen neuen Hoffnungsträger an der Parteispitze. Jetzt suchte man nach Wegen, die Wahl des Nachfolgers auf eine breitere Grundlage zu stellen und beschloss, eine Urabstimmung unter den Parteimitgliedern anzusetzen. Während Johannes Rau als kommissarischer Vorsitzender amtierte, bewarben sich gleich drei Kandidaten: Gerhard Schröder, der rheinland-pfälzische Ministerpräsident Rudolf Scharping und die Parteilinke Heidemarie Wieczorek-Zeul.

Am Ende konnte keiner der Drei eine klare Mehrheit erringen. Scharping lag zwar vorn und konnte Schröder besiegen, doch auch er hatte nur eine relative Mehrheit erreicht. Aber die Partei verzichtete auf eine Stichwahl und verstand das Ergebnis als Votum für Scharping. Im Herbst 1993 wurde er zum neuen Parteivorsitzenden gewählt.

Entscheidend für den Erfolg Scharpings war ein Bündnis zwischen Raus NRW-SPD und Oskar Lafontaine. Während man bei den Sozialdemokraten an Rhein und Ruhr nicht vergessen hatte, dass Gerhard Schröder noch während des Bundestagswahlkampfs 1987 laut über den nächsten SPD-Kanzlerkandidaten nachgedacht hatte, sah Lafontaine bei einem Erfolg Scharpings bessere Chancen für eine eigene Kanzlerkandidatur 1994. In der SPD-Vorstandssitzung vom 7. Mai 1993 griff er Schröder heftig an und erklärte, er könne mit ihm nicht zusammenarbeiten. Von Scharping kursierte der Satz, »der Gerd hat zu viele charakterliche Defizite«. Tatsächlich war die Urabstimmung über den Parteivorsitz nicht direkt mit der Nominierung des Kanzlerkandidaten verknüpft worden. Schröder aber, soviel war klar, strebte beides an.

Scharping hatte sich gegen eine unmittelbare Verknüpfung der Abstimmung mit der Kanzlerkandidatur ausgesprochen, ging aber davon aus, dass der Parteivorsitzende das erste Zugriffsrecht haben würde. Als er dann die relative Mehrheit bei der Mitgliederurabstimmung erhalten hatte, spielte er diesen Vorteil offensiv gegen Lafontaine aus. Nachdem Schröder gemeinsam geschlagen worden war, hatte der Saarländer gegen Scharping kein Sanktionspotential mehr in der Hand. Das Verlangen nach einer weiteren Urabstimmung wäre chancenlos gewesen. So steckte Lafontaine bei einer Unterredung mit Scharping zurück. Dieser vereinte jetzt alle Spitzenämter der SPD (144).

Die Grünen hatten bei den Bundestagswahlen ein Debakel erlebt und durch ihren unbegreiflich dilettantischen Umgang mit dem Termin der Vereinigung der Westpartei mit den Grünen im Osten trotz eines gesamtdeutschen Wahlergebnisses von 5,1 Prozent den Wiedereinzug in den Bundestag verfehlt. Jedenfalls galt das für die West-Grünen, die im Wahlgebiet West nur auf 4,8 Prozent gekommen waren. Im Bundestag vertreten waren nur die acht Abgeordneten aus dem Osten, die dort als Bündnis 90/Die Grünen kandidiert hatten (145).

Damit stand die Partei vor einer ganz ungewissen Zukunft. Auf vielen Seiten wurde über einen organisatorischen und politischen Neuanfang debattiert. Dabei rückten jetzt Realos und die Aufbruch-Strömung um Antje

Vollmer und Ralf Fücks näher zusammen. Ohne grundlegende Veränderungen, darin war man sich einig, würde die Partei keine Zukunft haben.

Bevor ein Parteitag im April neue Weichenstellungen vornehmen konnte, sah sich Parteisprecher Ströbele im Februar 1991 zum Rücktritt genötigt. Er hatte während eines Israelbesuchs die irakischen Raketenangriffe als Reaktion auf die Politik Israels eher verständnisvoll kommentiert. Das war selbst manchen seiner linken Parteifreunde zu viel.

Der Parteitag in Neumünster Ende April 1991 brachte dann keinen klaren Durchbruch für die Reformer. Während man in inhaltlichen und organisatorischen Fragen immerhin Teilerfolge verbuchen konnte, erreichten ihre Kandidaten für die Parteispitze, Antje Vollmer und Hubert Kleinert, keine Mehrheiten. Zwar fielen die Niederlagen überaus knapp aus. Doch ein überzeugender personeller Neuanfang war das Ergebnis nicht. An die Parteispitze traten jetzt der »gemäßigte Linke« Ludger Volmer und die ostdeutsche Grüne Christine Weiske (146).

In dieser Lage wurde der Rückzug der prominenten »Altfundis« aus der Partei zum Glücksfall für die Grünen. Bereits eine Woche nach dem Parteitag erklärte die Gruppe der »Radikalökologen« um Jutta Ditfurth ihren Rückzug. Sie hatten in Neumünster zwar tüchtig eingeheizt, waren aber deutlich in der Minderheit geblieben.

Von der neuen Parteiführung war zumindest eine größere Offenheit gegenüber rot-grünen Optionen zu erwarten. Freilich blieb der Weg zu einer realistischen Machtperspektive im Bund noch weit. Immerhin war die Bundesspitze um ein einigermaßen konstruktives Verhältnis zu den »Regierungsgrünen« in Hessen und Niedersachsen bemüht. Und bundesweit war es jetzt immer häufiger Hessens Umweltminister Fischer, der als Stimme der Grünen gehört wurde.

Erst einmal aber stand der Zusammenschluss mit den ostdeutschen Bürgerbewegungen vom Bündnis 90 an, die sich im September 1991 als Partei konstituiert hatten. 1992 begannen komplizierte und schwierige Verhandlungen, die beträchtliche Unterschiede zwischen den stärker links geprägten West-Grünen und den auch im Politikstil eher »bürgerlichen« Ostdeutschen zeigten. Am Ende aber kam man zu einer Einigung, bei der sich die Ostdeutschen in der symbolträchtigen Namensfrage durchsetzen konnten. Die im Januar 1993 in Hannover aus dem Zusammenschluss entstandene Partei sollte künftig den Namen Bündnis 90/Die Grünen tragen (147). Zu ihren ersten Vorsitzenden wurden Ludger Volmer sowie die Bürgerrechtlerin Marianne Birthler gewählt. Birthler sollte etliche Jahre später Joachim Gauck als Chefin der Stasi-Unterlagenbehörde ablösen.

Im Oktober 1992 hatte eine persönliche Tragödie nicht nur bei den An-

hängern der Grünen große Betroffenheit ausgelöst. Die erste große Identifikationsfigur und Mitbegründerin der Partei, Petra Kelly, wurde in ihrer
Bonner Wohnung tot aufgefunden; ebenso ihr Lebensgefährte, der ehemalige Bundeswehrgeneral Gert Bastian. Was zunächst wie ein Doppelselbstmord aussah, stellte sich bald als Tötung durch Bastian heraus, der sich
danach selbst das Leben genommen hatte. Ob es Tötung auf Verlangen, Totschlag oder gar ein Mord gewesen war, konnte nie eindeutig geklärt werden (148).

In der Wählergunst standen die Grünen inzwischen wieder höher im
Kurs. Bei den Landtagswahlen 1991/92 konnten sie durchweg passable Ergebnisse erreichen. Nur in Schleswig-Holstein wurde der Einzug in den
Landtag knapp verpasst.

Profitieren konnten von der Vereinigung paradoxerweise zunächst vor
allem die West-Grünen. Für sie schlug sich das Ansehen der Bürgerrechtler, ihr bürgerlicher Habitus, der Verzicht auf schrille Töne und der meist
pragmatische Grundzug ihrer politischen Vorstellungen als Imagegewinn
nieder. Im Osten dagegen tat sich die Partei jetzt noch schwerer als in den
Monaten der Einheit. Hier machte sich das weitgehende Fehlen jener linksbürgerlichen Wählermilieus, die im Westen die wichtigste Rekrutierungsbasis der Grünen-Wählerschaft bildeten, mehr und mehr bemerkbar. Die
Masse der Bürger in den neuen Ländern hatte andere Probleme als die ökologisch-menschenrechtlichen Themen der Grünen. Und der Protest gegen
die krisenhafte Wirtschaftsentwicklung wurde vor allem von der PDS artikuliert, die sich jetzt als einzige authentische Vertreterin des Ostens gerierte.

Auch im Bundestag waren von den acht grünen Ostvertretern Wunderdinge nicht zu erwarten. Werner Schulz, Wolfgang Ullmann, Konrad Weiss
und die anderen mühten sich redlich und wurden auch respektvoller behandelt als die Westgrünen der achtziger Jahre. Aber durchschlagende Erfolge erreichten sie nicht. Ihr Engagement in der Verfassungskommission
von Bundestag und Bundesrat, die als »Ersatz« für die 1990 ausgebliebene neue Verfassung Empfehlungen für Grundgesetzänderungen erarbeiten
sollte, zahlte sich nur wenig aus. Am Ende kam es nur zu kleineren Korrekturen. Ein öffentliches Großthema wurde die Arbeit der Verfassungskommission ohnehin nicht. So verließ der Bürgerrechtler Ullmann, der sich
hier besonders engagiert hatte, die Kommission noch vor dem Ende ihrer
Arbeit (149).

Der PDS dagegen gelang es, sich ab 1992 mehr und mehr als Stimme des
Ostens zu etablieren. Zwar hielt der Mitgliederverlust weiterhin an. Die
Partei war überaltert. Doch die Vereinigungskrise und ihre Folgen im Os-

ten sorgten für neue Mobilisierungschancen und neue Mitglieder. Die 1992 geschaffenen »Komitees für Gerechtigkeit« boten der PDS Möglichkeiten, über die Parteigrenzen hinweg zu wirken. Erleichtert wurde das durch die noch immer starke Organisation der Partei, die an der Basis fast überall vertreten war und auch einen Teil der SED-Finanzen hatte retten können. Politisch-programmatisch versuchte die PDS mit ihrem Chef Gregor Gysi einen Drahtseilakt. Einerseits suchte man sich als demokratisch-sozialistische Reformkraft zu profilieren, die mit der SED-Vergangenheit gebrochen hatte. Andererseits aber wollte man Bezugspunkt für all jene bleiben, die der Vergangenheit nachtrauerten, die angeblichen Errungenschaften der DDR verteidigten und den Glauben an die Zukunft der sozialistischen Sache hochhielten (150). 1993 gab Gysi den Parteivorsitz an Lothar Bisky ab. Er blieb aber auch hernach als Chef der PDS-Gruppe im Bundestag das öffentliche Aushängeschild der Partei.

Auch in der CDU brachten diese Jahre einschneidende Veränderungen. Nach dem Rücktritt von Lothar de Maizière rückte Angela Merkel zur stellvertretenden CDU-Vorsitzenden auf. Vor allem Kohl selbst wollte die noch immer recht unerfahrene Mecklenburgerin auf dieser Position sehen. Damit war sie die neben Günther Krause wichtigste Stimme der Ostdeutschen in der Partei. Den Kampf um den Landesvorsitz in Brandenburg verlor sie jedoch gegen den Westberliner Ulf Fink. Im November 1991 übernahm Wolfgang Schäuble von Alfred Dregger den Vorsitz der Bundestagsfraktion. Mit dieser Personalentscheidung begannen bereits die Spekulationen über die Nachfolge des Kanzlers. Zumal Helmut Kohl zu dieser Zeit durchblicken ließ, dass er selbst in Schäuble den gewünschten Nachfolger sah (151).

Nach dem auf ihn verübten Attentat im Oktober 1990, durch das der Innenminister lebensgefährlich verletzt worden war, musste die Frage einer Rückkehr Schäubles in die Politik zunächst offenbleiben. Er würde durch seine Lähmung fortan auf den Rollstuhl angewiesen sein. Doch Schäuble erholte sich überraschend schnell. Schon vom Krankenbett aus diktierte er seine Erinnerungen an die Verhandlungen über den deutsch-deutschen Einigungsvertrag. Vom Bundeskanzler immer wieder ermuntert, nahm er dann schon Anfang 1991 seine Arbeit wieder auf. Bald lag er in der Beliebtheitsskala der deutschen Politiker weit vorn – deutlich vor Helmut Kohl. Der hatte in vertrauter Runde im Frühjahr geäußert, in der Nachfolgefrage laufe »alles auf Wolfgang Schäuble zu«. Bald fand sich das auch in den Zeitungen. Am 25. November 1991 folgte dann Schäubles Wahl zum Fraktionschef. Sein Nachfolger als Innenminister wurde Rudolf Seiters, während der bisherige Parlamentarische Geschäftsführer Friedrich Bohl dessen Job im Kanzleramt übernahm (152).

Im April 1992 schied mit Verteidigungsminister Stoltenberg ein weiteres Schwergewicht aus, der vom Beginn der Kohl-Ära an dabei gewesen war. Den Anlass für den Rücktritt lieferte die Aufdeckung von Unregelmäßigkeiten bei Waffenlieferungen der Hardthöhe ins Ausland. Zum Nachfolger bestimmte der Bundeskanzler den bisherigen CDU-Generalsekretär Volker Rühe, der seinerseits durch Peter Hintze ersetzt wurde (153). 1992 schied auch Gesundheitsministerin Gerda Hasselfeldt aus dem Kabinett aus. Sie war gesundheitlich angeschlagen. Ihr Nachfolger wurde Horst Seehofer.

Ende 1992 trat Postminister Schwarz-Schilling zurück. Im Januar 1993 folgte eine Kabinettsumbildung, mit der Landwirtschaftsminister Ignaz Kiechle und Forschungsminister Heinz Riesenhuber ihre Ministerien abgeben mussten. Mitte Mai 1993 war die Ablösung von Verkehrsminister Krause fällig. Er bekam mit dem Vorwurf undurchsichtiger privatwirtschaftlicher Geschäfte zu tun und sah sich am Ende noch durch eine »Putzfrauen-Affäre« bedrängt. Ihm wurde vorgeworfen, die in seinem Privathaus tätige Frau auch aus Fördermitteln des Arbeitsamts finanziert zu haben. Neu ins Kabinett kamen jetzt der Landwirt Jochen Borchert für Kiechle, CSU-Landesgruppenchef Wolfgang Bötsch für Schwarz-Schilling und Matthias Wissmann für Riesenhuber.

Im Juni 1993 folgte der Rücktritt von Rudolf Seiters, der als Nachfolger Schäubles das Innenressort Ende 1991 gerade erst übernommen hatte. Seiters wurde zum Opfer der Umstände bei der versuchten Festnahme des RAF-Terroristen Wolfgang Grams, der beim Zugriff der GSG 9 auf dem Bahnhof im mecklenburgischen Bad Kleinen erschossen worden war. Bald stellte sich heraus, dass es bei der Aktion zu Pannen und Schlampereien gekommen war. Als das Fernsehmagazin »Monitor« eine Augenzeugin präsentierte, die gesehen haben wollte, dass Grams regelrecht »hingerichtet« worden sei und der SPIEGEL suggeriert hatte, an Grams sei eine »Exekution« vollzogen, er sei demnach absichtsvoll getötet worden, sah Seiters die Gefahr monatelanger Vertuschungsvorwürfe. Solange würde es dauern, bis der genaue Tathergang geklärt wäre, hatte man ihm gesagt. Daraufhin zog er die Reißleine und ging.

Nachdem mehrere Staatsanwaltschaften und Gerichte, am Ende 1999 sogar noch der Europäische Gerichtshof für Menschenrechte, den Sachverhalt untersucht hatten, stand so gut wie fest, dass Grams sich selbst erschossen hatte. Keiner der Zeugen hatte einen aufgesetzten Nahschuss wahrgenommen und auch keines der rechtsmedizinischen Gutachten hatte Anhaltspunkte dafür ermittelt. Aber das war viele Jahre später (154). Nachfolger von Seiters als Innenminister wurde der hessische CDU-Chef Manfred Kanther.

2008 ist Hans Leyendecker, der für die Spiegel-Geschichte über Bad Kleinen verantwortlich gewesen war, von seiner früheren Darstellung abgerückt. Er habe die Aussage eines Informanten »überbewertet« und die ganze Geschichte zu sehr »aufgeblasen«. In der Wirkung sei das Ganze »verheerend« gewesen. »Eigentlich hätte ich auch gefeuert werden müssen«. 2017 hat Petra Terhoeven in ihrer Arbeit über die RAF resümiert, die Gerüchte über eine angebliche »Hinrichtung« hätten sich zwar jahrelang gehalten, seien aber letztlich widerlegt worden (155).

Keine Regierung der Bundesrepublik Deutschland hat in so kurzer Zeit so viele Ministerwechsel erlebt wie die Regierung Kohl 1992/1993. Am Ende war von Kohls Mitstreitern der Anfangsjahre nur noch Norbert Blüm im Amt verblieben.

Die Ministerrotation dieser Jahre wurde durch die Personalwechsel bei der FDP zusätzlich befeuert. Im Mai 1992 trat der amtsmüde Außenminister Genscher nach achtzehn Jahren im Amt zurück. Sein Nachfolger wurde der bisherige Justizminister Klaus Kinkel. Um diese Personalie kam es zu heftigem Streit auf offener Bühne. Nachdem die Parteispitze zunächst Staatsministerin Irmgard Adam-Schwaetzer zur Nachfolgerin bestimmt hatte, brachte die FDP-Bundestagsfraktion diese Nominierung wieder zu Fall (156).

Ende 1992 musste auch Wirtschaftsminister Möllemann gehen. Ihm wurde ein vergleichsweise läppischer Empfehlungsbrief für einen Verwandten zum Verhängnis, die »Briefbogenaffäre«. Doch Möllemann war eine Reizfigur, und die Medien drängten auf Rücktritt. So wurde er durch den handzahmen Günter Rexrodt ersetzt. Auch Bildungsminister Rainer Ortleb gab Anfang 1994 auf. Er war mit dem Bonner Politikbetrieb nicht klargekommen.

Am Ende der Legislaturperiode 1994 hatten neben Kohl nur Finanzminister Theo Waigel, Arbeitsminister Norbert Blüm, Umweltminister Klaus Töpfer, Familienministerin Hannelore Rönsch und Angela Merkel als Ministerin für Frauen und Jugend die gesamte Legislaturperiode im gleichen Ministerium durchgehalten.

Auch in der CSU drehte sich das Personalkarussell heftig. Nachdem Ministerpräsident Max Streibl wegen der »Amigo-Affäre« 1993 zurücktreten musste, lieferten sich Strauß-Ziehsohn und Innenminister Edmund Stoiber und Parteichef Theo Waigel einen heftigen Streit um die Nachfolge. Dabei kam es zu üblen Fouls. Auch Waigels gescheiterte Ehe und seine Verbindung zu Ex-Skistar Irene Epple wurden in die Auseinandersetzung hineingezogen. Am Ende konnte sich Stoiber durchsetzen. Waigel aber blieb Parteichef – und Finanzminister in Bonn.

1.12 DIE PROZESSE GEGEN DIE EHEMALIGE
DDR-STAATSFÜHRUNG

Schon vor der Deutschen Einheit waren von der DDR-Staatsanwaltschaft die ersten Ermittlungsverfahren gegen führende Politiker des alten Regimes eingeleitet worden. Bereits am 5. Dezember 1989 hatte der Generalstaatsanwalt Erich Honecker und andere ehemalige Spitzenfunktionäre an ihrem Wohnort Wandlitz unter Hausarrest gestellt. Gleichzeitig wurde Honeckers Privatkonto beschlagnahmt. Er sei verdächtig, seine Befugnisse als SED-Generalsekretär zum Vermögensvorteil für sich und andere missbraucht zu haben (157).

Anfang Januar 1990 wollte die DDR-Staatsanwaltschaft Honecker verhaften lassen. Das verlangte inzwischen auch die erzürnte Volksseele. Doch nun kam Honeckers Erkrankung ins Spiel; der ehemalige SED-Generalsekretär litt an Nierenkrebs und musste operiert werden. Obgleich der behandelnde Arzt Honeckers Haftunfähigkeit bescheinigte, wurde dieser Ende Januar bei seiner Entlassung aus der Berliner Charité festgenommen. Der neue Generalstaatsanwalt war auf die etwas eigenartige Idee verfallen, Honecker ausgerechnet wegen Hochverrats anzuklagen. Der entsprechende Paragraph setzte voraus, dass der frühere SED-Generalsekretär die sozialistische Ordnung der DDR beseitigen oder sie einem anderen Staat einverleiben wollte. Das aber hatte er ganz sicher nicht getan (158).

Honecker wurde in Untersuchungshaft genommen, freilich nach wenigen Stunden wegen Haftunfähigkeit wieder entlassen. Der Richter folgte beim Haftprüfungstermin den ärztlichen Attesten. Bereits zuvor hatte eine fieberhafte Suche nach einer Bleibe für das Ehepaar Honecker begonnen. Inzwischen war der Komplex Wandlitz aufgelöst worden. Dahin konnten die Honeckers nicht zurück.

Erfolg hatte diese Suche, in die neben Rechtsanwalt Vogel, Landesbischof Forck und Manfred Stolpe auch der westdeutsche Industrielle Berthold Beitz eingeschaltet war, nur bei der evangelischen Kirche. Der Leiter einer kirchlichen Einrichtung in Lobetal/Bernau, Pastor Uwe Holmer, erklärte sich zur Aufnahme bereit. Obwohl er und seine Familie im SED-Staat drangsaliert worden waren und seine Kinder dort nicht studieren durften, räumte er den Honeckers zwei Dachzimmer frei und stellte sich in den folgenden Wochen auch Demonstranten in den Weg, die gegen die Unterbringung des früheren SED-Chefs protestierten (159).

Nach der DDR-Volkskammerwahl vom 18. März suchte Noch-Ministerpräsident Modrow nach einer Lösung und bot ein Gästehaus der DDR-Regierung bei Neuruppin an. Doch mit Trillerpfeifen und Sprechchören machte die einheimische Bevölkerung klar, was sie von den Neuankömmlingen hielten (»Honecker muss weg. Wir wollen keinen Dreck«). Schon am nächsten Tag kehrten die Honeckers fluchtartig ins Pfarrhaus zurück (160).

Mit Hilfe des sowjetischen Botschafters Kotschemassow fand man dann endlich eine Alternative: Das Ehepaar Honecker erhielt Unterschlupf auf dem Gelände des sowjetischen Armeehospitals Beelitz bei Potsdam. Dies war eine Entscheidung der Armee. Gorbatschow soll nicht konsultiert worden sein (161).

Ende Mai 1990 wurde von der DDR-Volkspolizei bei Honecker erneut Haftunfähigkeit diagnostiziert. Allerdings sei er »eingeschränkt verhandlungsfähig«. Inzwischen wurde wegen des Schießbefehls an der Mauer und des Grenzregimes der DDR zur Bundesrepublik ermittelt. Honecker war wegen Mordes angezeigt worden. Doch trotz fieberhafter Suche nach Akten und Unterschriften der Verantwortlichen gelang es bis zum Ende der DDR nicht, die Todesschüsse zur Anklage zu bringen. Bis zur Einheit kam es nur zu 25 Verurteilungen von führenden Funktionären des Regimes. Der ehemalige CDU-Vorsitzende Gerald Götting und der FDGB-Chef Harry Tisch erhielten Freiheitsstrafen von 18 Monaten. Götting hatte den Umbau seines Hauses aus der Parteikasse finanziert, Tisch in einem von ihm genutzten Staatsjagdgebiet Baumaßnahmen auf Gewerkschaftskosten angeordnet und sich vom DDR-Gewerkschaftsbund Urlaube bezahlen lassen (162).

Anfang Dezember 1990 wurde bekannt, dass das Amtsgericht Tiergarten in Berlin einen Haftbefehl gegen Erich Honecker ausgestellt hatte, der mit dem Vorwurf des mehrfachen Totschlags begründet wurde. Inzwischen war im Militärarchiv der NVA das Protokoll der Sitzung des Nationalen Verteidigungsrates der DDR vom 3. Mai 1974 aufgetaucht. Danach hatte Honecker als Vorsitzender bestimmt, dass bei »Grenzdurchbruchsversuchen von der Schusswaffe rücksichtslos Gebrauch gemacht werden« müsse (163). Der Haftbefehl wurde beim Kommando der Westgruppe der sowjetischen Streitkräfte abgeliefert. Doch die Sowjets zeigten keine Neigung, Honecker auszuliefern.

Brenzlig wurde es für ihn allerdings, nachdem das Berliner Kammergericht im März 1991 seine Haftbeschwerde zurückgewiesen hatte. Inzwischen befanden sich die einstigen sowjetischen Schutztruppen der DDR auf dem Rückzug in die Heimat. Der sowjetische Verteidigungsminister Jasow ließ ein Flugzeug bereitstellen, mit dem Honecker am 13. März 1991 nach Moskau geflogen wurde. Bundeskanzler Kohl hatte von der bevorstehenden Ausreise Honeckers Kenntnis erhalten, unternahm jedoch nichts. Er hatte Gorbatschow im Juli 1990 im Kaukasus vorgeschlagen, dieser möge eine Liste von Personen vorlegen, die im vereinigten Deutschland von strafrechtlicher Verfolgung verschont bleiben sollten. Gorbatschow aber wies das zurück. Die Deutschen würden mit diesen Problemen schon selbst fertig (164).

Auch nach der offiziellen Mitteilung über den Vorgang durch den sowjetischen Botschafter beließ es die Bundesregierung bei einem halbherzigen Protest. Offiziell wurde Honeckers Transport nach Moskau mit medizinischen Gründen gerechtfertigt.

Nicht alle Mitglieder der Bundesregierung sahen den Fall Honecker so entspannt wie Helmut Kohl. Justizminister Kinkel verlangte von der Sowjetunion die Auslieferung des langjährigen SED-Chefs. In der Folgezeit näherte sich dann auch der Bundeskanzler dieser harten Linie an. In Moskau dementierte der Pressesprecher Gorbatschows, dass Honecker als Gast der Sowjetunion gekommen sei. Das hinderte den ehemaligen DDR-Staatschef nicht daran, von »Asyl« zu sprechen, das ihm in der Sowjetunion gewährt worden sei (165).

Mit dem gescheiterten Putsch gegen Gorbatschow verlor Honecker wichtige Fürsprecher. Jetzt reiften die schon länger angestellten Überlegungen von Erich und Margot Honecker, nach Chile zu übersiedeln, wo ihre Tochter lebte. Die DDR hatte nach dem Putsch der Militärjunta gegen Allende 1973 vielen verfolgten Chilenen Asyl gewährt. Und als Botschafter Chiles in der Sowjetunion amtierte der frühere sozialistische Außenminister Almeyda, der von 1976 bis 1987 in Ostberlin gelebt hatte. Er war ein alter Freund des früheren SED-Chefs. Ende August 1991 bat Honecker den sowjetischen Präsidenten darum, seinen Wunsch nach einer »Familienzusammenführung mit unserer Familie in Chile mit allen ihren Möglichkeiten zu unterstützen« (166).

Doch Gorbatschow hatte andere Sorgen. Seine Macht zerfiel. Immer mächtiger wurde jetzt Boris Jelzin. Bei einem Besuch in Bonn Ende November erklärte der russische Präsident dem Bundeskanzler, er selbst sei für eine Auslieferung Honeckers, aber man müsse Verständnis dafür aufbringen, dass Gorbatschow auf alte Loyalitäten Rücksicht nehmen müsse (167). Doch kaum zwei Wochen später sahen die Dinge schon wieder ganz anders aus. Nachdem am 9. Dezember 1991 beim Treffen der Chefs der russischen, ukrainischen und weißrussischen Republiken die Entscheidung über die Auflösung der Sowjetunion praktisch gefallen war, suchten schon am nächsten Tag die Innen- und Justizminister Russlands das Ehepaar Honecker in ihrem Appartement bei Gorki auf und verlangten von Erich Honecker, er möge Russland bis zum 13. Dezember verlassen. Anderenfalls werde er an Deutschland ausgeliefert.

Am folgenden Tag schickte die Frau des chilenischen Botschafters einen Wagen mit Diplomaten-Kennzeichen und ließ die beiden Honeckers in ihre Residenz holen. Im Februar 1992 wurde von einem Moskauer Ärzteteam ein Krebsbefall der Leber von Erich Honecker festgestellt. Vier Wochen später aber wurde der Befund wieder revidiert. In der Folge hieß es, die zweite Diagnose sei manipuliert worden, um Argumente für eine Auslieferung Honeckers zu erhalten.

Auch in Chile hatte der Freundschaftsdienst des Ehepaars Almeyda Folgen. Präsident Aylwin zeigte sich unzufrieden mit seinem Botschafter und berief ihn ab. Die Chilenen suchten jetzt nach einem Kompromiss. Honecker erklärte sich bereit, auch in ein anderes Land auszureisen. Nordkorea wäre bereit gewesen, ihn aufzunehmen. Doch Jelzin lehnte Honeckers Wunsch nach Ausreise in ein Land seiner Wahl ab (168).

Im Juni 1992 sagte der chilenische Staatspräsident Bundeskanzler Helmut Kohl zu, dass Honecker die Botschaft verlassen müsse. Dies geschah dann am 29. Juli 1992. Jetzt wurde er von der russischen Regierung nach Deutschland ausgeliefert. Seine Ehefrau Margot, gegen die in Deutschland inzwischen Verfahren wegen der Zwangsadoption von Kindern von DDR-Flüchtlingen liefen, blieb zurück und durfte bald darauf nach Chile ausreisen.

In Deutschland wurde umgehend festgestellt, dass das zweite medizinische Gutachten aus Moskau gefälscht worden war. Honecker litt tatsächlich an Leberkrebs. Es handelte sich um eine »Tochtergeschwulst« des Nierenkrebses. Hoffnung auf Heilung bestand nicht. Gleichwohl wurde Honecker in die Haftanstalt Moabit eingeliefert, wo er bereits als junger Kommunist zwischen 1935 und 1937 eingesessen hatte.

Nun begann ein Streit um Honeckers Haft- und Verhandlungsfähigkeit, der die juristische Problematik des Verfahrens überschattete. Immerhin galt es, die Frage zu entscheiden, ob jemand ein von der Welt anerkannter Staatschef und Totschläger zugleich gewesen sein konnte. Nach den Bestimmungen des Einigungsvertrags konnte die Justiz der Bundesrepublik eine in der DDR begangene Tat nur dann ahnden, wenn sie auch nach altem DDR-Recht bereits strafbar gewesen war. Das war beim Schießbefehl an der Mauer natürlich nicht so gewesen. Doch die Justiz löste dieses Dilemma durch Rückgriff auf die sogenannte »Radbruchsche Formel«, nach der es Gesetze geben kann, die derart schreiendes Unrecht sind, dass jedermann ihren Unrechtscharakter zu erkennen vermag und diese Gesetze nicht anerkennen bzw. umsetzen darf. So entschied der Bundesgerichtshof, dass die Schüsse an der Mauer zwar von DDR-Recht gedeckt waren und insoweit die Mauerschützen hätten freigesprochen werden müssen. Zugleich aber befand er, dass Schüsse mit Tötungsabsicht in grober und unerträglicher Weise gegen die allgemein anerkannten Menschenrechte verstießen und deshalb auch nach den verfassungsrechtlichen Maßstäben der DDR doch nicht gedeckt gewesen sein konnten (169).

Was für die Mauerschützen galt, musste erst recht für die Verantwortlichen gelten, die das Grenzregime angeordnet hatten. So begann vor dem Berliner Landgericht der Prozess gegen Erich Honecker. Mit ihm angeklagt waren fünf weitere ehemalige Mitglieder des Nationalen Verteidigungsrates, die 1974 dabei gewesen waren: Willi Stoph, Stasi-Chef Erich Mielke, Ex-Verteidigungsminister Heinz Keßler, dessen Vize Fritz Streletz und der frühere Suhler SED-Chef Hans Albrecht. Aus Gesundheitsgründen wurde das Verfahren gegen Honecker bald abgetrennt.

Mit seiner Erklärung vom 3. Dezember 1992 übernahm der frühere SED-Chef vor dem Gericht zwar die Verantwortung für den Mauerbau, suchte diesen aber aus der politischen Situation des Kalten Krieges 1961 heraus zu rechtfertigen. Für persönlich schuldig hielt er sich nicht. Mit dem Prozess würden politische Ziele verfolgt, der Vorwurf des Totschlags sei offensichtlich unbegründet. Er habe für die DDR gelebt und ein Zeichen setzen wollen, dass Sozialismus möglich und besser sein könne als Kapitalismus. Leider sei das Experiment gescheitert, »weil die Bürger der DDR eine falsche Wahl trafen« (170). Außerdem erübrige sich jede Verteidigung schon deshalb, weil er ein Urteil gar nicht mehr erleben werde.

Bald schon ging es auch gar nicht mehr um Honeckers Schuld, sondern um seine Blut- und Leberwerte und um Berechnungen der ihm verbleibenden Lebenszeit. Umstritten war dabei die Verhandlungsführung von Richter Bräutigam, der die Prognose der Gutachter, Honecker habe noch maximal 18 Monate zu leben, mit der Frage konterte, ob die Hauptverhandlung dem Angeklagten nicht auch neue Lebensgeister einhauchen könne (171). Anfang Januar 1993 musste Bräutigam das Verfahren wegen des Verdachts der Befangenheit abgeben.

Inzwischen hatten Honeckers Anwälte Verfassungsbeschwerde gegen die fortdauernde Haft eingelegt. Am 12. Januar 1993 entschied das Landesverfassungsgericht Berlin in ihrem Sinn. Wenn der Tod eines Menschen derart nahe sei, verlöre die Durchführung eines Strafverfahrens seinen Sinn (172). Am folgenden Tag wurde Erich Honecker aus der Haft entlassen und flog zu seiner Frau nach Chile. Dort ist er am 29. Mai 1994 gestorben.

Die übrigen Angeklagten wurden zu mehrjährigen Haftstrafen verurteilt. Erich Mielke erhielt wegen des 1931 begangenen Mordes an zwei Polizisten sechs Jahre Haft, wurde allerdings 1995 aus gesundheitlichen Gründen entlassen. Er starb im Jahr 2000. 1995 folgte der sogenannte Politbüro-Prozess gegen sieben weitere Mitglieder der DDR-Führung, darunter der kurzzeitige Honecker-Nachfolger Egon Krenz, der Ostberliner SED-Chef Günter Schabowski und SED-Chefideologe Kurt Hager. Auch hier ging es um die Verantwortung für den Schießbefehl. Egon Krenz wurde zu einer sechsjährigen Haftstrafe verurteilt, wovon er knapp vier Jahre verbüßen musste. Auch Schabowski und SED-Wirtschaftsexperte Günther Kleiber erhielten mehrjährige Haftstrafen (173).

Insgesamt sind acht Vertreter der politischen und 38 Mitglieder der militärischen Führung wegen des Grenzregimes rechtskräftig verurteilt worden. Der Chef der Grenztruppen der DDR, Baumgarten, erhielt sechseinhalb Jahre Gefängnis. Dazu kamen etwa 80 Angehörige der Grenztruppen, die verurteilt wurden (174).

Die Prozesse gegen Honecker und andere Mitglieder der DDR-Führung spaltete die ostdeutsche Gesellschaft. Während aus dem Blickwinkel der Opfer des SED-Regimes die Strafen oft zu milde ausfielen, war auf der anderen Seite von Siegerjustiz die Rede und sah man im Honecker-Prozess ein »Tribunal über die DDR«. In einem politischen Schauprozess suchten die »Sieger des Kalten Krieges« angeblich jetzt die Abrechnung mit dem ersten Versuch des Sozialismus auf deutschem Boden (175). Genährt wurde der Vorwurf der »Siegerjustiz« auch durch die Abläufe: Da man zuerst den noch lebenden Mitgliedern des Nationalen Verteidigungsrates den Prozess machen wollte, kam es erst sehr spät zum Politbüro-Prozess.

Es war wohl unvermeidlich, dass die Bewältigung der DDR-Vergangenheit mit dem Umgang der Nachkriegsgesellschaft mit der NS-Zeit verglichen wurde. Hinzu kam, dass die »Sieger« im Kalten Krieg die Maßstäbe setzten. »Die Forderung nach politischer, individueller und juristischer Abrechnung mit dem DDR-Regime gewann dadurch eine herrschaftspolitische Komponente, die auf Teile der DDR-Bevölkerung, auch auf solche, die der SED ferngestanden hatten, schon früh als Akt des siegreichen Westens gegenüber dem unterlegenen Osten wahrgenommen wurde. Das erleichterte es, die Auseinandersetzung um die Geschichte der DDR nicht als kritische Selbstbefragung der Bevölkerung in der ehemaligen DDR zu führen, sondern als ungerechte Zumutung der westdeutschen Sieger zu diskreditieren« (176).

Tatsächlich wurde in Osteuropa nirgendwo sonst in dieser Form über die Repräsentanten des alten Systems Gericht gehalten; weder in Polen, noch in Ungarn oder der CSSR. Während die SED-Führung bereits angeklagt war, verhandelte die Bundesregierung mit vielen ehemaligen Spitzenpolitikern der osteuropäischen Staatsparteien, die sich jetzt rasch in Sozialdemokraten verwandelt hatten. Dass der 1987 noch so wohlwollend in Bonn begrüßte Honecker nur fünf Jahre später todkrank in demselben Gefängnis einsaß, in dem ihn schon das Hitler-Regime eingesperrt hatte, musste wohl auch deshalb für manche einen schalen Beigeschmack haben.

Tatsächlich bestand hier ein Dilemma. Die Staatsverbrechen der DDR, für die der langjährige Generalsekretär eine besondere Verantwortung trug, konnten nicht ungesühnt bleiben. Andererseits wurden jetzt vielerorts Gleichsetzungen von SED-Regime und Nazi-Diktatur vorgenommen, die den spezifischen Formen der Repression in der DDR jedenfalls in der Zeit nach 1953 auch nicht immer gerecht wurden. So schrecklich die Schüsse an der Mauer, die Abstrafung von Widerspruch, die Unterdrückung von Freiheit und die Bespitzelung der Menschen auch gewesen waren: Eine Gleichsetzung mit den Leichenbergen der Nationalsozialisten rechtfertigten sie nicht. Dass solche Vergleiche aber immer wieder angestellt wurden, förderte letztlich nur die bald einsetzende Verharmlosung des SED-Regimes in Ostdeutschland und die Vorstellung von der westlichen »Siegerjustiz«.

1.13 ERICH HONECKER

Der 1912 im Saarland geborene Erich Honecker hat von 1971 bis 1989 die Geschicke der DDR entscheidend geprägt. Bereits lange zuvor zum »zweiten Mann« hinter Walter Ulbricht aufgestiegen, wurde er zu der neben Ulbricht wichtigsten Persönlichkeit in der Geschichte der DDR.

Schon in Kindheit und Jugend war der kurzzeitige Dachdeckergehilfe der kommunistischen Jugendbewegung verbunden gewesen. Nach seinem Aufenthalt an der Moskauer Leninschule avancierte er 1931 zum Politischen Leiter des Kommunistischen Jugendverbandes im Saargebiet und Mitglied der KPD-Bezirksleitung. Vom damals noch autonomen Saargebiet aus unterstützten Honecker und seine Genossen die nach Hitlers Machtübernahme in die Illegalität gedrängten kommunistischen Jugendgruppen im Deutschen Reich. 1934 wurde gegen ihn in Deutschland ein Haftbefehl ausgestellt und ein Strafverfahren wegen »Hochverrat« angestrengt. Ab Ende 1934 war Honecker in der Einheitsfront von Sozialdemokraten und Kommunisten tätig, die an der Saar gegen den Anschluss an Hitler-Deutschland kämpfte. Über den sollten die Saarländer 1935 in einer Volksabstimmung entscheiden. Dabei lernte er Herbert Wehner kennen, der bereits als KPD-Abgeordneter im sächsischen Landtag gesessen hatte.

Nachdem 90 Prozent der Saarländer für die Rückgliederung ins Deutsche Reich gestimmt hatten, musste Honecker seine Heimat verlassen. Über

Stationen im Ausland kam er im Sommer 1935 nach Berlin, wo er die Arbeit des illegalen kommunistischen Jugendverbandes leiten sollte. Doch bereits im Dezember 1935 wurde er festgenommen und im Juni 1937 wegen »Vorbereitung eines hochverräterischen Unternehmens« zu zehn Jahren Zuchthaus verurteilt (177). Erst mit dem Kriegsende war er wieder frei.

Im Mai 1945 kam Honecker mit Walter Ulbricht zusammen, der ihn mit der Jugendarbeit der KPD betraute. Bald setzte sich in der KPD die Idee eines formal überparteilichen Jugendverbandes durch, der kommunistische und sozialdemokratische Jugendorganisationen ebenso umfassen sollte wie kirchlich-konfessionelle Jugendgruppen. So entstand am 26. Februar 1946 die Freie Deutsche Jugend (FDJ). Sie wurde von Erich Honecker geführt. Seine Stellvertreterin war die Sozialdemokratin Edith Baumann, die später seine erste Ehefrau wurde (178). Beim Vereinigungsparteitag von SPD und KPD im April 1946 rückte der Jugendfunktionär Honecker in den Parteivorstand der SED auf. Im Juli 1950 wurde er als Kandidat zum Mitglied des Politbüros gewählt.

Bis 1955 blieb Honecker FDJ-Chef. Unumstritten war er in der SED-Führung keineswegs. Sein größter Förderer aber war und blieb Walter Ulbricht, dem Honecker auch in den Auseinandersetzungen des Jahres 1953 die Treue hielt. Inzwischen hatte er sich von seiner Frau getrennt und die Chefin der Kinderorganisation »Junge Pioniere« geheiratet, Margot Feist.

Nach einem Studienjahr an der Parteihochschule der KPDSU in Moskau ernannte ihn Ulbricht zum ZK-Sekretär für Sicherheitsfragen. Damit war er zuständig für die Nationale Volksarmee (NVA), die Polizei und die Staatssicherheit. Im Machtkampf zwischen Ulbricht und seinen Widersachern Schirdewan und Wollweber stand er vorbehaltlos auf der Seite seines Mentors (179). Als die beiden Ulbricht-Kritiker 1958 zusammen mit Fred Oelßner wegen »Fraktionstätigkeit« aus dem Zentralkomitee ausgeschlossen wurden, hielt Honecker die Anklagerede. Noch im gleichen Jahr rückte er vom Kandidaten zum Vollmitglied des Politbüros auf.

Seine große Stunde schlug mit dem Mauerbau. Schon im März 1961 hatte Ulbricht ihn damit betraut, Vorbereitungen für eine Absperrung der Grenze nach Westberlin zu treffen. So konnte Honecker am 13. August 1961 die Rolle des zentralen Organisators übernehmen. Am 20. September 1961 gab er Order: »Gegen Verräter und Grenzverletzer ist die Schußwaffe anzuwenden« (180).

Etwa ab 1963 zeigten sich erste Risse im Verhältnis zu Ulbricht. So setzte er sich bald an die Spitze der Kritiker des »Neuen ökonomischen Systems der Planung und Leitung«, mit dem Ulbricht durch den Einbau marktwirtschaftlicher Anreizsysteme in die Planwirtschaft der DDR-Ökonomie neue Wachstumsimpulse verleihen wollte. Da man nach dem Sturz Chruschtschows auch in Moskau die Reformpläne der DDR mit einigem Misstrauen verfolgte, ergaben sich daraus günstige Voraussetzungen für die Beziehungen Honeckers zur neuen sowjetischen Führung. Mit Leonid Breschnew verband Honecker bereits seit Oktober 1964 eine Art Männerfreundschaft, die bis zum Tode des KPDSU-Chefs 1982 andauern sollte (181). In der Kulturpolitik präsentierte sich Honecker Ende 1965 als Hardliner, als auf seine Initiative die SED den Kurs einer vorsichtigen Liberalisierung revidierte. In seiner Rede auf dem Plenum des Zentralkomitees machte er überall in der Kunst »Feinde des Sozialismus« aus. Vor allem in einigen DEFA-Filmen zeigten sich schädliche Tendenzen. Namentlich Stefan Heym, Wolf Biermann, Volker Braun und Heiner Müller wurden von ihm persönlich angegangen. Als Ulbricht merkte, wohin Honeckers Attacken zielten, rückte er selbst von seiner eigenen Kulturpolitik ab (182).

Zum offenen Machtkampf wurden die Konflikte zwischen Ulbricht und Honecker mit dem Streit um die Entspannungs- und Deutschlandpolitik nach der Wahl der sozialliberalen Koalition in Bonn. Zuvor hatte die sowjetische Seite einen Vorstoß Ulbrichts zurückgewiesen, der sich mit Bundeskanzler Kiesinger und dem gerade gewählten Bundespräsidenten Heinemann treffen wollte. Honecker, der beim entscheidenden Gespräch von Ministerpräsident Stoph mit Breschnew dabei war, begriff, dass Breschnew in der Deutschlandpolitik jedes eigenmächtige Vorgehen der SED strikt ablehnte.

Als das Politbüro nach den Bundestagswahlen im Herbst 1969 zusammenkam, befürwortete Ulbricht vehement einen deutsch-deutschen Dialog. Honecker dagegen warnte vor »Illusionen«. Die Brandt/Scheel-Regierung werde sich ostpolitisch nicht wesentlich von ihren Vorgängern unterscheiden. Auch die Sowjets beargwöhnten dann die beiden Treffen zwischen Willy Brandt und Willi Stoph 1970 in Erfurt und Kassel. Honecker ging jetzt keinem Streit mit Ulbricht mehr aus dem Wege und wusste deutschlandpolitisch die Mehrheit im Politbüro hinter sich.

Nun aber schlug Ulbricht zurück und ließ Honecker als Zweiten Sekretär des ZK der SED im Sommer 1970 absetzen. Daraufhin mischte Moskau sich offen ein. Breschnew verlangte, die Absetzung wieder rückgängig zu machen. Ulbricht gab nach. In der Folge versuchte Honecker, Ulbrichts Vorstellungen einer deutsch-deutschen Annäherung bei Breschnew zu diskreditieren. Obwohl die sowjetische Führung die Dinge ähnlich beurteilte wie Honecker, war man aber zunächst noch nicht bereit, den Parteichef fallen zu lassen. Einige in der sowjetischen Führung hielten Honecker sogar für noch weniger berechenbar als Ulbricht (183).

So ging der Streit weiter. Als im Herbst 1970 schlechte Wirtschaftsdaten die Runde machten, schwächte das Ulbrichts Position weiter. Im Dezember 1970 weigerte sich die SED-Spitze sogar, Ulbrichts Rede zum Ende der ZK-Tagung wie gewohnt zu veröffentlichen. Die traditionelle Neujahrsansprache des Staatsratsvorsitzenden aber konnte das Politbüro nicht zensieren. Ulbricht nutzte diese Plattform, um der Bonner Regierung Verständigungsbereitschaft zu signalisieren (184).

Das als Eigenmächtigkeit betrachtete Vorgehen Ulbrichts lieferte Honecker nun den Anlass, zum Aufstand zu blasen. Die Mehrzahl der Politbüromitglieder wandte sich in einem Brief an Breschnew und forderte ihn auf, Ulbricht zum Rücktritt zu bewegen. Jetzt verlangte auch Breschnew Ulbrichts Rückzug. Damit war die Entscheidung gefallen. Ende April 1971 gab dieser dann auf. Honecker war am Ziel (185). Nach der Schilderung von Markus Wolf soll sich Ulbrichts Verzicht unter dramatischen Begleitumständen abgespielt haben (186).

Als SED-Chef präsentierte sich der ideologische Hardliner der sechziger Jahre zunächst als Reformer. Die ersten Jahre unter Honecker brachten den Menschen höhere Löhne und höhere Renten. Die Arbeitszeiten wurden verkürzt, die Versorgungslage wurde besser, der Lebensstandard wuchs. Ein ehrgeiziges Wohnungsprogramm wurde begonnen, mit dem bis 1990 drei Millionen Neubauwohnungen entstehen sollten. Und als Honecker im Dezember 1971 davon sprach, dass es dann, »wenn man von der festen Position des Sozialismus ausgeht«, in Kunst und Literatur »keine Tabus« geben dürfe, kündigte er damit ein kulturelles Tauwetter an. Der DDR-Historiker Stefan Wolle hat von einer »Politik der kontrollierten Öffnung« gesprochen, deren Höhepunkt die Weltjugendfestspiele in Ostberlin 1973 waren, mit denen sich die DDR weltoffen, tolerant und fröhlich zeigen wollte (187). Dazu zählte auch die Akzeptanz der westlichen Jugendkultur, die zuvor als feindlich und »subversiv« verfolgt worden war.

Da der SED-Chef zugleich in jenen Jahren die Früchte der Entspannungspolitik in Form einer weltweiten Anerkennung des zweiten deutschen Staates einheimsen konnte und dabei auch selbst im Westen einiges Wohlwollen erfuhr, war er anfänglich in der DDR-Bevölkerung fast so etwas wie populär (188). Er profitierte dabei vom Kontrast zu seinem Vorgänger, der für viele eine Hassfigur gewesen war.

Seine eigene Macht konnte er geschickt ausbauen. 1976 übernahm er als Staatsratsvorsitzender auch die Rolle des formellen Staatsoberhaupts. Bald hatte er das System der Führung so ausgerichtet, dass seine ganze Umgebung nur noch aus Jasagern bestand. Entsprechend unumstritten blieb seine Machtposition bis zum Herbst 1989.

Dabei waren die »goldenen siebziger Jahre« für die DDR bereits 1976 wieder vorbei. Mit der Biermann-Ausbürgerung, von Honecker selbst angeregt, und den anschließenden Repressalien gegenüber prominenten Künstlern und Literaten war die kulturpolitische Öffnung schon wieder Vergangenheit. Zum Ende der 1970er Jahre trübten sich auch die Wirtschaftsdaten wieder ein. Die DDR lebte mit der von Honecker propagierten »Einheit von Wirtschafts- und Sozialpolitik« über ihre Verhältnisse. Folge davon war die wachsende Verschuldung im Westen (189).

Honecker, der zunehmend selbstherrlicher amtierte, verschloss die Augen vor den wirtschaftlichen Problemen. Lieber ließ er sich geschönte Zahlen vorlegen und Potemkinsche Dörfer vorführen. Hatte er anfänglich noch häufiger Betriebe besucht und Kontakte zur Basis gepflegt, wurden solche Besuche später immer seltener. Wenn es sie überhaupt noch gab, waren sie stets sorgfältig durchinszeniert. Honecker hielt die DDR bis zum Schluss für wirtschaftlich attraktiv – im Gegensatz zu anderen sozialistischen Ländern. Sogar nach seinem Sturz behauptete er noch, die DDR habe eine »aufblühende Volkswirtschaft« gehabt, »das ist auch von den größten Miesepetern nicht zu bestreiten« (190). Im Unterschied zu Ulbricht, der die ökonomischen Probleme des Landes und ihre Auswirkungen auf die Stabilität des Systems durchaus begriff und gerade deshalb in den 1960er Jahren auf weitreichende Wirtschaftsreformen setzte, blieb Honecker der Gedanke fremd, dass Erscheinungen der Mangelwirtschaft, die auch ihm nicht verborgen blieben, mit Systemfehlern zu tun haben könnten.

Seine Position und sein Selbstbewusstsein wurden stark beeinflusst durch die Anerkennung, die er im Westen erfuhr. Besonders enge Beziehungen unterhielt der SED-Chef zu Herbert Wehner. In der Zeit der sozialliberalen Koalition wurden heikle Fragen wie Häftlingsfreikauf und Familienzusammenführung über diesen »stillen Kanal« abgewickelt, wobei der Honecker-Vertraute, Rechtsanwalt Wolfgang Vogel, als Vermittler diente (191). Eine Beziehung der besonderen Art unterhielt Honecker auch zum Generalbevollmächtigten des Krupp-Konzerns, Berthold Beitz (192).

Obgleich Honecker selbst es war, der in der DDR-Verfassung von 1974 jeden Bezug auf eine »Deutsche Nation« streichen ließ und eine Sprachregelung durchsetzte, nach der jetzt zwischen einer »kapitalistischen Nation« BRD und einer »sozialistischen Nation« DDR unterschieden wurde, galt den deutsch-deutschen Fragen sein besonderes Interesse. Helmut Schmidt hat gesagt, Honecker sei im Laufe seiner Amtszeit »deutscher« geworden. Willy Brandt nannte ihn »den letzten Gesamtdeutschen« in der DDR-Führung. Dabei mag Honeckers Herkunft aus dem Saarland eine Rolle gespielt haben. Tatsächlich betrieb er Anfang der 1980er Jahre eine Art Preußen-Renaissance in der DDR (193).

Bezeichnungen wie »deutscher Patriot« freilich tauchten im Westen erst auf, als sich ausgerechnet im Umfeld der Raketenstationierung von 1983 eine Art von deutsch-deutscher Sonderbeziehung herzustellen schien. In Moskau mit Misstrauen bedacht, suchte Honecker eine neuerliche Spannungseskalation zu verhindern und den Schaden für die Beziehungen zwischen Bundesrepublik und DDR möglichst gering zu halten. Dies galt nicht nur für den Gesprächsfaden mit Helmut Kohl. Spektakulär wurde sein Treffen mit dem »kalten Krieger« Franz Josef Strauß, nachdem dieser den ersten Milliardenkredit zugunsten der DDR eingefädelt hatte. Strauß äußerte sich nach dem Treffen überraschend positiv über Honecker, der keineswegs die »hölzerne Funktionärsmentalität« gezeigt habe, die er bei seinen Auftritten sonst vermittle (194). Auch Kohl sprach in dieser Zeit mehrfach in anerkennenden Worten über Honecker. Als die beiden zu den Beisetzungsfeierlichkeiten für Konstantin Tschernenko 1985 in Moskau zusammenkamen, stimmten sie sogar eine knappe öffentliche Erklärung ab, dass von deutschem Boden nie wieder Krieg ausgehen dürfe (195).

Solche Signale deutsch-deutscher Verständigung ließen das Misstrauen in Moskau weiter steigen. Das ging so weit, dass der geplante Honecker-Besuch in der Bundesrepublik abgesagt werden musste. Erst 1987 konnte der DDR-Staatsratsvorsitzende dann doch reisen.

In den achtziger Jahren pilgerten Politiker aus allen bundesdeutschen Parteien zu Honecker. Gerhard Schröder, damals Oppositionsführer im Landtag von Niedersachsen, nannte ihn im Mai 1985 einen »zutiefst redlichen Mann, vor dessen historisch bedeutender Leistung man Respekt haben kann« (196). Ministerpräsident Oskar Lafontaine machte bei seinem saarländischen Landsmann gleich viermal seine Aufwartung. Im Herbst 1986 suchten Regierung und Opposition in Ostberlin Hilfe für den Bundestagswahlkampf. Es ging um die Asylbewerber vor allem aus Sri Lanka, die über den Flughafen Schönefeld ungehindert und von den DDR-Behörden unkontrolliert nach Westberlin einreisen konnten. Honecker sollte das durch Kontrollen der DDR-Organe abstellen. Nachdem Kanzleramtsminister Schäuble vergeblich zu Honecker gereist war, spielte der DDR-Staatschef schließlich dem SPD-Kanzlerkandidaten Johannes Rau den Ball zu. Der durfte verkünden, dass die DDR durch Kontrollen im Flugverkehr den Zustrom der Asylbewerber eindämmen werde (197).

Für Honeckers Ansehen im Westen war der Umgang mit den Antragstellern, die die DDR verlassen wollten, ebenso von besonderem Gewicht wie das Ausmaß von Übergriffen und staatlicher Willkür insgesamt. Dabei versuchte er, sich selbst einen moralisch-menschenrechtlich sensiblen Anstrich zu geben. In seiner Ära als Staatsratsvorsitzender sind ab 1976 in der DDR noch drei Todesurteile vollzogen worden, bis die Todesstrafe 1987 schließlich ganz abgeschafft wurde. Ab 1981 wurden Todesurteile grundsätzlich nicht mehr vollstreckt. Ob in den drei Fällen, in denen das zuvor geschehen war, ein Antrag auf Begnadigung gestellt wurde, dem er als formelles Staatsoberhaupt hätte entsprechen können, ist umstritten (198).

Auch in vielen humanitären Einzelfällen fanden sich Lösungen, wenn der SED-Chef selbst sich einschaltete oder über Rechtsanwalt Vogel eingeschaltet wurde. Andere in der SED-Führung haben verschiedentlich eine härtere Linie angeregt. Freilich handelte Honecker dabei stets wie ein frühneuzeitlicher Duodezfürst, der Gnadenakte gewährte. Dies galt auch für die gegen Ende der DDR gelockerte Praxis der Genehmigung von Westreisen (199).

Honecker blieb ein bis zum ideologischen Starrsinn in seinen kommunistischen Grundüberzeugungen verhafteter Mensch, der in seinen letzten Jahren im Amt den Bezug zu vielen Seiten der DDR-Realität verloren hatte. Seine Vorstellungswelt war geprägt von Erfahrungen, Werten und Umgangsformen des kommunistischen Teils der alten Arbeiterbewegung. Er war ganz überwiegend umgeben von Genossen, die diese Erfahrungen teilten und mit ihm älter wurden. Entsprechend gestaltete sich die Arbeit eines Politbüros, das 1989 einen Altersdurchschnitt von 67 Jahren aufwies. Egon Krenz war mit 52 bei weitem der Jüngste (200).

Das Bild des SED-Chefs in der Öffentlichkeit war geprägt von seinem linkischen und verkrampft wirkenden Auftreten, verbunden mit einer hölzernen, blutleeren und formelhaften Rhetorik. Daraus entsprang der Eindruck einer funktionärshaften Mittelmäßigkeit. Helmut Schmidt hat davon gesprochen, dass ihm nie klargeworden sei, wie dieser »mittelmäßige Mann sich an der Spitze des Politbüros so lange hat halten können« (201). Auch Egon Krenz bezweifelte im Nachhinein, dass Honecker die intellektuelle Größe gehabt habe, das Land zu führen (202). Warum konnte er dennoch eine derartige Machtfülle erringen und sie solange behaupten?

Honecker vereinte Talente, die in kommunistischen Kaderparteien von besonderer Bedeutung waren: Er war fleißig, meist gut vorbereitet, oft bis in die Details mit den Akten vertraut. Er nutzte den Informationsvorsprung, den er gegenüber den anderen Politbüromitgliedern besaß, geschickt zur eigenen machtpolitischen Absicherung. Er besaß einen wachen machtpolitischen Instinkt und verteilte die Aufgaben so, dass am Ende bei ihm alle Fäden zusammenliefen.

Dass er fast bis zum Ende unangefochten blieb, hatte allerdings auch mit der Schwäche seiner Genossen und potentiellen Konkurrenten zu tun. Zusammengehalten durch eine z. T. über viele Jahrzehnte währende gemeinsame »Kampfzeit«, verbunden durch enge persönliche Loyalitäten, konnte sich unter den Bedingungen des autoritären Reglements einer kommunistischen Partei, das Fraktionsbildungen verbot und offene Debatten auch in den Spitzengremien zur seltenen Ausnahme werden ließ, eine echte Herausforderung seiner Machtstellung kaum entwickeln. So gelang es ihm, über die Jahre eine derart herausgehobene Stellung zu erlangen, dass niemand mehr Widerspruch wagte. »Umgeben von Kriechern und Karrieristen, die ihm geflissentlich nach dem Munde redeten, sonnte sich Honecker zunehmend in einem Personenkult« (203). Keiner habe ihm ernsthaft Paroli geboten, hat Egon Krenz dazu gesagt. »Er war nicht der große Staatdenker, aber er hatte einen Sinn für Macht und einen sechsten Sinn für kritische Situationen« (204). Gar nicht zurecht freilich kam er mit den Reformen, die der große Bruder Sowjetunion nach dem Machtantritt Gorbatschows begann.

Als Erich Honecker seinen Staatsbesuch in der Bundesrepublik absolviert hatte, schien er am Ziel. Sein Anliegen, die DDR vor den Augen der Welt als unumstößliches Faktum zu verankern, galt als erreicht. Zwei Jahre später war alles vorbei und der SED-Chef auf der Flucht vor dem eigenen Volk, das ihm jetzt nicht einmal mehr eine Bleibe gönnen wollte. Wieder zwei Jahre später saß er in Moabit ein.

Der Zusammenbruch eines Unrechtsregimes schafft neue Blickwinkel und ein Rechtsstaat kann nicht darauf verzichten, Unrecht zu ahnden. Gleichwohl war der Kontrast zwischen dem freundlichen Wohlwollen, das dem Gast aus Ostberlin 1987 im Westen entgegengebracht worden war, und dem todkranken Angeklagten vor dem Berliner Landgericht einfach zu groß, um bei dem ganzen Vorgang nicht auch zwiespältige Gefühle entstehen zu lassen.

Erich Honecker hat als oberster Repräsentant des SED-Regimes schwere Schuld auf sich geladen. Nicht nur beim Grenzregime der DDR, das mit dem Schießbefehl eben kein Grenzregime war, wie es auch zwischen anderen Staaten bestand und besteht. Ein Massenmörder allerdings war er nicht und einen Angriffskrieg hat er auch nicht angezettelt.

1.14 DAS KRISENJAHR 1993

Der Tiefpunkt der Vereinigungskrise war 1993 erreicht. Der Einheitsboom, der mitten in der internationalen Konjunkturflaute der westdeutschen Wirtschaft Wachstumsraten von fünf Prozent ermöglicht hatte, war vorbei und die finanziellen Belastungen der Einheit verschlechterten nun die Bedingungen für die Ökonomie in den alten Ländern. 1993 schrumpfte das BIP in Deutschland um ein Prozent, im Westen sogar um zwei Prozent – der bis dahin schlechteste Wert seit den Nachkriegsjahren. Die Arbeitslosigkeit nahm auch im Westen wieder zu. Sie stieg von 6,3 Prozent im Jahresdurchschnitt 1991 bis auf 9,2 Prozent Anfang 1994 (205).

Gleichzeitig ließ der Transferbedarf in die neuen Länder die Staatsverschuldung in immer neue Rekordhöhen anwachsen. 1993 lagen die Bruttotransferleistungen von West nach Ost nach den unterschiedlichen Berechnungen der verschiedenen Wirtschaftsforschungsinstitute und des Bonner Wirtschaftsministeriums zwischen 167 und 259 Milliarden DM, die Nettotransferleistungen nach Abzug der Rückflüsse aus Steuern und Sozialabgaben zwischen 128 und 220 Milliarden (206). Allein die Zinsausgaben des Staates stiegen zwischen 1989 und 1993 von 60 auf jährlich über 100 Milliarden DM an (207). Damit erreichte die Staatsquote den Rekordanteil von 50,6 Prozent des BIP (208). Und die Finanzierung der Einheit über die Erhöhung der Arbeitslosenversicherungsbeiträge trug ihrerseits zur Verschärfung der Krise bei, indem sie die Arbeitskosten verteuerte.

Unter Einschluss der Sondervermögen hat sich der Schuldenstand des Bundes mit einem Anstieg von 497 Milliarden 1989 bis auf 1003 Milliarden 1994 mehr als verdoppelt. Auch ohne die Sondervermögen waren aus 490,5 Milliarden in dieser Zeit 712,5 Milliarden geworden. 1993 lag die Nettoneukreditaufnahme des Bundes bei 66,2 Milliarden DM (209).

Zwar konnte 1993 ein leichtes Wachstum des BIP in den neuen Ländern verzeichnet werden. Auf die Arbeitsmarktdaten hatte das freilich so gut wie keinen Einfluss. Im Gegenteil war das Jahr 1993 begleitet von heftigen Konflikten um Arbeitsplatzabbau in der Folge des Verkaufs von Industrieunternehmen durch die Treuhand oder durch Sanierungsmaßnahmen, die die Treuhand in eigener Regie durchführte. Zum Symbol für den Kampf um die Erhaltung der Arbeitsplätze wurden in dieser Zeit die Hungerstreiks der Kumpel aus den Kaliwerken im thüringischen Bischofferode. Von den Erwerbstätigen in der DDR von 1989 arbeiteten 1993 zwei Drittel nicht mehr in ihrem ursprünglichen Beruf, bei den früheren Inhabern höherer Leitungspositionen waren es sogar 90 Prozent (210).

Inzwischen war längst klar, dass die Treuhand die ihr zugedachte Aufgabe, das industrielle Vermögen der ehemaligen DDR mit Gewinn an private Interessenten zu veräußern, in dieser Form nicht erfüllen konnte. Nur wenige Betriebe waren für westliche Käufer interessant, so die schon 1990 veräußerten Elektrizitäts-Werke, die nach einer Sanierung langfristig kräftige Gewinne versprachen. Tatsächlich war die Übernahme der ostdeutschen Energieversorgungsnetze durch die westdeutschen Energiekonzerne für die ein glänzendes Geschäft.

Viele andere Betriebe aber waren marode, zu schlecht ausgestattet und hatten viel zu große Belegschaften. Außerdem mussten Interessenten mit beträchtlichen ökologischen Altlasten rechnen. Schwierig war vor allem der Verkauf von Betrieben der klassischen Industriezweige wie Stahl, Schiffbau, Textil, aber auch Chemie und Maschinenbau. Häufig waren das Branchen, die auch im Westen inzwischen in die Krise geraten waren. Da die DDR mit ihren Kombinaten oft regionale Monopolstrukturen geschaffen hatte, stand mit dem Wegfall solcher Großbetriebe gleich das wirtschaftliche Schicksal ganzer Regionen auf dem Spiel (211).

Im Sommer 1991 hatte die neue Treuhand-Chefin Birgit Breuel die steigende Privatisierungsgeschwindigkeit öffentlich herausgestellt. Bislang habe man 3000 Betriebe privatisiert, 12,5 Milliarden DM an Verkaufserlösen erzielt und 70 Milliarden an Investionszusagen eigeworben. Dadurch habe die Treuhand 650 000 Arbeitsplätze gesichert. Die Talsohle sei bereits durchschritten (212).

Doch missratene Schließungs- und Verkaufsentscheidungen und Skandale in den eigenen Reihen sorgten schon im Herbst und Winter 1991/92 für neuerliche Auseinandersetzungen um die Treuhand. Nachdem IG Metall-Chef Franz Steinkühler Ende 1991 die Errichtung einer staatlichen »Treuhand-Industrieholding« verlangt hatte, die die volkswirtschaftlich relevanten und sanierungsfähigen Großbetriebe umgestalten sollte, kam es zu neuen Grundsatzdebatten über die Rolle der Treuhand und die Beziehungen zwischen Markt und Staat. Im November forderten 63 CDU-Abgeordnete aus den neuen Ländern die dauerhafte Überführung einer Reihe von Großbetrieben in eine staatliche Holding. Aus ihrer Sicht privatisierte die Treuhand viel zu rasch. Auf dem CDU-Parteitag in Dresden im Dezember 1991 gab es darüber offenen Streit. Daraufhin stellte sich der Kanzler demonstrativ vor die Treuhand. Im Februar 1992 stellte Theo Waigel ein neues Konzept vor. Danach sollten sich die Bundesländer an »strukturbestimmenden Großbetrieben« beteiligen können und private Beteiligungsgesellschaften gezielt für eine Beteiligung an Betrieben gewonnen werden (213).

Doch diese »kreative Weiterentwicklung« ihres Privatisierungsauftrags vermochte an den strukturellen Problemen der Treuhand nur wenig zu verändern. Weil die Privatisierung nur schleppend vorankam, sah sich die Treuhand gezwungen, die Sanierung der Betriebe selbst in die Wege zu leiten und zu finanzieren, um danach leichter private Interessenten finden zu können. Großunternehmen wie die Buna-Werke in Halle oder EKO-Stahl in Brandenburg wurden mit staatlichen Subventionen am Leben erhalten, um den Abbau von Arbeitsplätzen zumindest zeitlich zu strecken. Im Fall der Buna-Werke und weiterer chemischer Betriebe wurden an den Käufer Dow Chemical zehn Milliarden DM gezahlt, um zunächst 5600 Arbeitsplätze zu erhalten. Am Ende blieben noch 1800 übrig. Carl Zeiss Jena wurde mit 3,6 Milliarden gestützt, bei der Privatisierung der Werften wurden sechs bis sieben Milliarden aufgewandt. Trotz dieser enormen Summen war 1993 noch kein Licht am Ende des Tunnels sichtbar. Vielmehr wurde mit der Zerstörung eines Großteils der industriellen und landwirtschaftlichen Arbeitsplätze der ehemaligen DDR der Graben tiefer, der sich zwischen Ost und West aufgetan hatte (214).

Bereits Ende 1992 hatte die offizielle Treuhand-Statistik mehr als 10 000 abgeschlosse Privatisierungen ausgewiesen. Dabei war im Laufe des Jahres 1992 immer deutlicher geworden, dass auch die mittel- und langfristige Einhaltung der in den Vertragswerken festgelegten Modalitäten der Verkäufe wie Kaufpreiszahlungen, Arbeitsplatz- und Investitionszahlungen ein großes Problem darstellten. Die Überprüfung von über 40 000 Verträgen mit Arbeitsplatzgarantien für fast 1,5 Millionen Menschen ergab im Laufe des Jahres 1993 die Notwendigkeit von über 3000 Nachverhandlungen. Mitte 1993 hatte sich der Bestand der Unternehmen, den die Treuhand noch unterbringen musste, auf 740 reduziert. Darunter befanden sich allerdings zahlreiche schwer verkäufliche Großbetriebe aus alten, traditionsreichen Industriebranchen (215).

Immerhin kamen die Verhandlungen über einen Solidarpakt, der die Transfers in die neuen Länder langfristig regeln sollte, im Frühjahr 1993 zu einem Ergebnis. Die Sozialdemokraten, die über den Bundesrat in diesen Fragen praktisch mitregierten, zeigten sich kooperativ. Erst Engholm und dann Scharping wollten zeigen, dass sie mit den Folgeproblemen der Einheit konstruktiv umgingen (216). Mit dem Solidarpakt war freilich auch die Festlegung verbunden, dass die neuen Länder auf Sicht noch nicht in den normalen Länderfinanzausgleich einbezogen werden konnten. Ab 1995 würde der »Fonds Deutsche Einheit« entfallen. Dafür wurden den neuen Ländern einschließlich Berlin bis 2004 jährliche Transferzahlungen von 20,6 Milliarden garantiert. Ein »Erblastentilgungsfonds«, den allein der Bund tragen wollte, sollte die Schulden der Treuhand und anderer Sondervermögen übernehmen. Das betraf die Kosten der Währungsumstellung, die vom neuen Deutschland übernommenen DDR-Staatsschulden, die Schulden der DDR-Wohnungsbauunternehmen sowie die Kredite, mit denen über den Fonds »Deutsche Einheit« die Transferleistungen an die neuen Länder bestritten wurden (217).

Dass in den wichtigsten Fragen dieser Monate – Asyl und Solidarpakt – Deutschland faktisch von einer Großen Koalition regiert wurde, störte die meisten Sozialdemokraten nicht; Engholm nicht und seinen Nachfolger Rudolf Scharping schon gar nicht. Der neue SPD-Parteivorsitzende steuerte einen Kurs, der die Sozialdemokraten auch auf anderen Politikfeldern auf Kompromisslinien festlegte. So wurden auch die Bahnreform, die Postreform, die Gesundheitsreform und schließlich auch die Einführung einer Pflegeversicherung im Konsens von Bundesregierung und SPD-Opposition beschlossen. Während die Einführung einer beitragsfinanzierten zusätzlichen Säule des sozialen Sicherungssystems nicht unumstritten war, gab es bei der Umwandlung der Bundespost in drei privatwirtschaftliche organisierte Gesellschaften und der Umwandlung der weiterhin staatlichen Bundesbahn in die Rechtsform einer Aktiengesellschaft kaum grundsätzliche Einwände.

Nachdem die Deutsche Bundespost schon ab 1989 teilweise privatisiert worden war, entstanden mit der Postreform 2 die Deutsche Post, die Deutsche Telekom und die Deutsche Postbank als private Aktiengesellschaften. Vier Jahre später wurde die staatliche Regulierungsbehörde für Telekommunikation und Post geschaffen (218).

Im Dezember 1993 stimmte der Bundestag mit überwältigender Mehrheit für die Bahnreform. Zum 1.1.1994 wurden die Deutsche Bahn AG als privatrechtliche Eisenbahngesellschaft gegründet und die Verantwortung für den Betrieb des Schienennahverkehrs auf die Länder übertragen.

Nachdem Helmut Kohl am 21. Oktober 1993 in einer Regierungserklärung davon gesprochen hatte, dass Deutschland seine Zukunft nicht dadurch sichern könne, »dass wir unser Land als kollektiven Freizeitpark organisieren«, wurde der Begriff vom »Freizeitpark Deutschland« dann zum Ausgangspunkt einer kontroversen Debatte über die Konsequenzen der veränderten weltwirtschaftlichen Rahmenbedingungen für den »Standort Deutschland« (219). Im Mittelpunkt standen dabei die »Globalisierung« und die in der Folge der gewachsenen weltwirtschaftlichen Verflechtungen notwendigen Strukturanpassungen. Kohl selbst hatte in seiner Rede »lange aufgestaute Strukturprobleme« ausgemacht, Rückstände in wichtigen Zukunftsbranchen der Wirtschaft festgestellt und davon gesprochen, dass »immer kürzere Arbeitszeit bei steigenden Lohnkosten, immer mehr Urlaub« keine Voraussetzungen für die notwendige Verbesserung der Wett-

bewerbsfähigkeit in Deutschland seien. Es fehlten fünf Millionen wett-
bewerbsfähige Arbeitsplätze (220).

So scharf der Widerspruch bei Gewerkschaften und Oppositionsparteien auch ausfiel: Hohe Lohnnebenkosten, wachsende Steuerbelastung
der Unternehmen, überlange Genehmigungsfristen und komplizierte Ver-
waltungsverfahren, angeblich unflexible Arbeitszeiten, Abbau von sozialstaatlicher »Überversorgung« und Verkürzung der Ausbildungszeiten an
Schulen und Universitäten – diese Themen rückten jetzt in den Blickpunkt.
Es begann eine Reformdebatte, in der die Forderungen der sogenannten
»Neoliberalen« mit wachsender publizistischer Unterstützung bald die politische Agenda bestimmten. Ihren Bezugspunkt bildeten die vermeintlichen Vorzüge des angloamerikanischen Kapitalismus. In den USA wie in
Großbritannien entstanden gerade Millionen neuer Arbeitsplätze, freilich
häufig zu prekären Bedingungen (221).

Die damit verbundene Grundrichtung einer stärker angebotsorientier-
ten Wirtschaftspolitik widersprach freilich dem Regierungskurs bei der
Deutschen Einheit. Ob Rekordstände bei der Schuldenlast der öffentlichen
Haushalte oder die Abwälzung der Kosten der Einheit auf die Sozialversicherungssysteme: Das alles vertrug sich damit kaum.

Das galt auch für die Einführung einer beitragsfinanzierten Pflegeversicherung, die schließlich im April 1994 den Bundestag passierte. Seit langem galt unter Sozialexperten als unbestritten, dass angesichts der Altersstruktur der Gesellschaft und der wachsenden Zahl von Single-Haushalten
ein zusätzliches Sozialversicherungssystem notwendig war. Arbeits- und
Sozialminister Norbert Blüm hatte das Projekt zu seinem besonderen Anliegen gemacht. Nach langem Streit über die Ausgestaltung der neuen Versicherung einigte man sich schließlich auf einen Kompromiss. Zwar wurde
jetzt ein weiteres beitragsfinanziertes System eingeführt. Die Alternative einer privaten Versicherung kam nicht zum Zuge. Um die Finanzierung
für die Arbeitgeberseite zu erleichtern, wurde allerdings im Gegenzug ein
Feiertag gestrichen, der Buß- und Bettag (222). Die Kritik der Kirchen änderte daran nichts.

Am Ende des Krisenjahres 1993 deutete vieles darauf hin, dass die Bundestagswahl im Oktober 1994 einen Machtwechsel bringen würde. Das öffentliche Ansehen des »Kanzlers der Einheit« hatte einen Tiefpunkt erreicht.
Selbst in seiner eigenen Partei wuchsen die Bedenken. Kurt Biedenkopf, als
»König Kurt« inzwischen unangefochtener Ministerpräsident von Sachsen,
äußerte im Sommer 1993 Zweifel, ob Kohl bei der nächsten Bundestagswahl noch der richtige Kandidat für seine Partei sein konnte (223). Und
als der Bundeskanzler mit der Nominierung des sächsischen Justizminis-

ters Steffen Heitmann zum Kandidaten für die Nachfolge von Bundespräsident Richard von Weizsäcker im Herbst 1993 gescheitert war, weil eine
Kandidatur des konservativen Heitmann auch in den Reihen der Union
Bedenken hervorgerufen hatte, schien Kohl zusätzlich geschwächt (224).
Im Politbarometer des ZDF lag der Kanzler bei den Werten für das Ansehen der zehn wichtigsten Politiker des Landes im Dezember 1993 an letzter Stelle.

Deutlich besser platziert war SPD-Chef Rudolf Scharping, der bei der
Frage nach dem besseren Kanzler im Januar 1994 von 52 Prozent der Befragten bevorzugt wurde. Für Kohl sprachen sich nur 34 Prozent aus. Auch
bei den Parteipräferenzen hatte die SPD der Union den Rang abgelaufen.
Das eher konservativ-liberale Wochenmagazin »Focus« sprach von »End-
zeitstimmung in der Union« und zeigte das düstere, sorgenzerfurchte Gesicht des Kanzlers auf dem Titelblatt. Bei Kohl herrsche »Bunkermenta-
lität«, ließ sich ein junger Abgeordneter zitieren. Die SPD dagegen ging
mit guten Aussichten ins Wahljahr. Scharpings grosskoalitionäre Strategie schien sich auszuzahlen (225). Die Sozialwissenschaftler Thomas
Leif und Joachim Raschke sahen im März 1994 Scharping als »Vorbote
und Weichensteller für die neu-alte SPD«. Seit Herbert Wehner habe keiner mehr die Partei so disziplinieren können wie ihr neuer Vorsitzender
(226). Sie sollten sich täuschen.

1.15 WENDE IM WAHLJAHR

Als die Delegierten im Februar 1994 zum Bundesparteitag der CDU nach
Hamburg anreisten, war die Stimmung in der Union im Keller. Doch sie erlebten einen überraschend kämpferischen Kanzler, der zur Attacke blies:
gegen die SPD ebenso wie gegen die »Miesmacherei« im Lande. Als Koalitionspartner käme nur die FDP in Betracht. Wer etwas Anderes wolle, solle
sich jetzt und hier stellen.

Tatsächlich gelang es dem bedrängten Kanzler, die eigenen Reihen fest
zu schließen. Auch seine innerparteilichen Kritiker wie Heiner Geißler
oder Rita Süssmuth ließen sich einbinden. Selbst Kurt Biedenkopf äußerte
in Hamburg kein Wort der Kritik (227).

Eine Schlüsselrolle in Kohls Wahlkampfstrategie spielte die Wahl des
neuen Bundespräsidenten. Nach dem Heitmann-Debakel musste ein Unionskandidat her, der im eigenen Lager breit getragen und auch für die FDP
in einem dritten Wahlgang wählbar war. Die Liberalen hatten sich bereits

auf die Kandidatin Hildegard Hamm-Brücher festgelegt. Für die SPD würde Johannes Rau antreten, den manche in der Union für akzeptabel hielten, was freilich als Signal für eine Große Koalition vom Kanzler entschieden abgelehnt wurde.

Zum Kandidaten der Union wurde schließlich der angesehene Präsident
des Bundesverfassungsgerichts, Roman Herzog, nominiert. Als früherer
Unionspolitiker und Landesminister brachte er einige politische Erfahrung
mit. Am Ende ging Kohls Kalkül auf. Nachdem weder Herzog noch Rau in
den ersten beiden Wahlgängen eine Mehrheit in der Bundesversammlung
erreicht hatten, musste die Entscheidung der FDP-Delegierten im dritten
Wahlgang den Ausschlag geben. Eine Mehrheit entschied sich dabei für die
Unterstützung von Herzog. Hamm-Brücher zog zurück. Die SPD blieb bei
der Kandidatur von Rau.

Hätten die Sozialdemokraten vor dem dritten Wahlgang Rau zurückgezogen, wäre es zu einer schweren Zerreißprobe zwischen Union und FDP
gekommen. Der dann mögliche, ja wahrscheinliche Erfolg von Hamm-Brücher hätte das Regierungslager, vielleicht aber auch die FDP, zerlegt. Im
Blick auf die Bundestagswahl wäre das für Helmut Kohl eine Katastrophe gewesen. Freilich hätte es der SPD-Führung umgekehrt auch den Vorwurf eines wahltaktischen Umgangs mit dem höchsten Amt im Staat eingetragen.

Dass Scharping an der Kandidatur von Johannes Rau festhielt, ist ihm
später vorgeworfen worden. Tatsächlich war Kohls Strategie riskant. Aber
mit der Wahl Herzogs hatte er seine Position nun deutlich verbessert.
Das Abstimmungsverhalten der FDP-Mehrheit wirkte wie eine vorweg-
genommene Koalitionsaussage zugunsten der Union. Zugleich hatten Sozialdemokraten und Grüne eine Niederlage erlitten, die gerade wegen der
komplizierten Gemengelage vor dem dritten Wahlgang nicht so einfach
wegzustecken war. Gerhard Schröder hatte dazu geraten, die Kandidatur von Johannes Rau vor dem dritten Wahlgang zurückzuziehen. Auch
Joschka Fischer hat kritisiert, dass Scharping mit dem Festhalten am SPD-
Kandidaten die Wahl Herzogs erst möglich gemacht habe (228).

Zum Aktivposten für Helmut Kohl wurden im Laufe des Wahljahres seine
Aktivitäten auf internationalem Parkett. Am 1.7.1994 übernahm Deutschland die Präsidentschaft im Europäischen Rat, was die führende Rolle des
Kanzlers in Europa unterstrich. Am 31. August 1994 wurde in Berlin die
russische Besatzung in Deutschland feierlich beendet. Millionen von Deutschen erinnerten sich nun daran, welchen Beitrag dieser Kanzler dazu geleistet hatte, dass die russischen Truppen abzogen. Die Inszenierung dieses Abschieds wurde freilich ein wenig beeinträchtigt durch den peinlichen

Auftritt des russischen Präsidenten Jelzin, der im alkoholisierten Zustand eine Militärkapelle zu dirigieren versuchte (229).

Hilfreich für einen Stimmungsumschwung zugunsten der Regierenden wirkten sich im Laufe des Jahres auch die Anzeichen einer verbesserten Wirtschaftslage aus. Mit ihr hellte sich auch die Stimmungslage der Wahlbevölkerung etwas auf. Nachdem das Bruttoinlandsprodukt im Vorjahr erstmals seit 1982 gesunken war, konnte 1994 wieder ein Wirtschaftswachstum von 2,9 Prozent erreicht werden. Freilich stieg die Arbeitslosenquote immer noch weiter an. Im Jahresdurchschnitt lag sie jetzt bei 10,6 Prozent, in Ostdeutschland sogar bei 16 Prozent. 3,7 Millionen Menschen waren als Arbeitslose registriert (230).

Dennoch ließ sich schon der Ausgang der Europawahlen im Frühjahr als Anzeichen für einen gewissen Stimmungsumschwung ansehen. Die Union gewann leicht dazu, während die Sozialdemokraten gegenüber 1989 fast fünf Prozentpunkte einbüßten. CDU/CSU kamen am 12. Juni 1994 auf 38,8 Prozent, während die Sozialdemokraten mit 32,2 Prozent noch unter ihrem Wahlergebnis bei der Bundestagswahl 1990 geblieben waren. Während FDP, PDS und Republikaner den Einzug ins Parlament knapp verpassten, konnten sich die Grünen auf 10,1 Prozent verbessern (231).

Zum Faktor für den Stimmungsumschwung wurden auch Fehler der Sozialdemokraten. Nachdem Kanzlerkandidat Scharping bei einer Pressekonferenz im Frühjahr eine peinliche Verwechslung von »brutto« und »netto« unterlaufen war, hatte sein Ansehen eine erste Delle bekommen. Bald machten sich auch die personellen Konflikte und inhaltlichen Gegensätze in der SPD wieder stärker bemerkbar.

Tatsächlich stand die Partei vor einem politisch-programmatischen Dilemma. Einerseits konnte und wollte sie ihre Stammwählerschaft in den alten Industriezentren und den Gewerkschaften nicht verärgern. Daraus ergaben sich das Festhalten an sozialstaatlichen Standards und der Einsatz für den Erhalt der Arbeitsplätze in den alten Industrien. Andererseits sahen viele Sozialdemokraten inzwischen in der britischen »New Labour«-Partei ein Vorbild, die sich mit ihrem neuen Chef Tony Blair erkennbar von diesen Traditionen absetzte. Keineswegs unumstritten war zudem die Frage von Bündnissen mit den Grünen, deren Rückkehr in den Bundestag allgemein erwartet wurde. Dazu traten die personellen Rivalitäten. Zwar hatte Rudolf Scharping die innerparteiliche Wahl gegen Gerhard Schröder gewonnen. Doch der bei den Medien beliebte niedersächsische Ministerpräsident blieb ein starker Konkurrent, zumal er bei den Landtagswahlen im März 1994 bestätigt wurde und sogar die absolute Mehrheit erreichte (232). Und schließlich gab es noch einen dritten SPD-Spitzenpolitiker, mit dem weiter zu rechnen war: Oskar Lafontaine. Der hatte sich Hoffnungen auf eine neuerliche Kanzlerkandidatur gemacht, war aber vom machtpolitisch ausgebufften Scharping ausmanövriert worden.

Zum Wahlhelfer für Kohl und die Union wurde schließlich auch die SPD in Sachsen-Anhalt. Nachdem SPD und PDS bei den Landtagswahlen im Juni 1994 deutlich zugelegt hatten, war in Magdeburg die rechnerische Chance für einen Regierungswechsel da. Ermutigt von der SPD-Linken entschieden sich die Genossen in Sachsen-Anhalt zum Leidwesen von Rudolf Scharping für eine von der PDS tolerierte Rot-Grüne Koalition. Ministerpräsident wurde der Sozialdemokrat Reinhard Höppner.

Die Entscheidung der SPD in Magdeburg fand ein breites bundesweites Echo und lieferte der Union die Vorlage für eine »Rote-Socken«-Kampagne, die wenige Jahre nach dem Ende der DDR Aussichten auf breite Resonanz auch in Westdeutschland hatte. Schließlich galt die PDS noch lange nicht als »normale« Partei und wurde angesichts der noch immer beachtlichen Rolle alter SED-Kader die Frage ihrer demokratischen Läuterung in der Gesellschaft sehr kontrovers beurteilt. CDU-Generalsekretär Peter Hintze zielte denn auch mit der Kampagne in erster Linie auf die westdeutschen Wähler. Er hatte aber auch diejenigen Ostdeutschen im Blick, die eine machtpolitisch einflussreiche Rolle der PDS entschieden ablehnten. Auf keinen Fall, das wurde nun breit herausgestellt, dürfe man riskieren, dass ein Rot-Grünes Bündnis, von der PDS toleriert, auch im Bund zustande kommen könnte (233).

Bereits im Sommer des Jahres vermeldeten die Demoskopen, dass der Kanzler den Ansehensvorsprung seines sozialdemokratischen Herausforderers aufgeholt habe. Besonders stark stiegen die Werte in Ostdeutschland. Der Wind hatte sich gedreht. Zwar versuchten die Sozialdemokraten, den wachsenden Zweifeln an ihrem Kandidaten mit dem Herausstellen einer »Troika« zu begegnen und plakatierten landesweit mit Scharping, Lafontaine und Schröder. Ende August präsentierte sich das Dreigestirn den Bonner Journalisten. Hatte Schröder zunächst erklärt, für ein Schattenkabinett Scharpings nicht zur Verfügung zu stehen, so war er nun doch bereit, ein »Superministerium« für Wirtschaft, Energie und Verkehr zu übernehmen. Finanzminister sollte Oskar Lafontaine werden.

Doch ein neuerlicher Stimmungsumschwung war auch mit der »Troika« nicht mehr zu erreichen. Zwar sorgte Kohls Interview-Äußerung, dass dies sein letzter Wahlkampf als Kanzlerkandidat sei, Anfang Oktober nochmals für Irritationen. In Ostdeutschland, so haben es die Wahlforscher herausgefunden, gingen die Zustimmungswerte für die Union danach wieder etwas zurück (234). Doch als am 16. Oktober die Stimmen ausgezählt waren, zeigte sich, dass der Aufholprozess der Union am Ende erfolgreich gewesen war. Zwar war die Mehrheit für die Koalition aus CDU/CSU und FDP mit nur acht Mandaten denkbar knapp. Am Ende verdankte sich der Wahlsieg auch den Besonderheiten des Wahlrechts mit seiner Kombination aus Erst- und Zweitstimmen und der Möglichkeit von Überhangmandaten. Ohne diese Überhangmandate hätte der Mandatsvorsprung der Koalition nur bei zwei Sitzen gelegen.

Bei einer Wahlbeteiligung, die mit 79,0 Prozent höher lag als 1990, hatten CDU und CSU 41,5 Prozent der abgegebenen gültigen Zweitstimmen und 294 Mandate erreicht, was einen Verlust von 2,3 Prozentpunkten bedeutete. Die SPD blieb mit 36,4 Prozent und 252 Abgeordneten trotz eines Zugewinns von 2,9 Punkten deutlich dahinter zurück. Stark verloren hatte die FDP, die von 11 Prozent auf 6,9 Prozent zurückgefallen war und nur noch 47 Sitze behielt. Besonders stark waren die Einbußen der Liberalen in Ostdeutschland ausgefallen, wo die Partei gegenüber 1990 weniger als ein Drittel ihres Stimmenpotentials halten konnten. Wieder mit Fraktionsstärke im Bundestag zurück waren die Grünen, auf die mit 7,3 Prozent 49 Mandate entfielen. Auch bei ihnen zeigte sich freilich ein starkes Ost-West-Gefälle. Waren sie im Westen von 7,9 Prozent der Wähler unterstützt worden, so mussten sie im Osten einen Rückgang ihres Stimmenanteils gegenüber 1990 hinnehmen und kamen dort nur noch auf 4,3 Prozent.

Zu den Wahlsiegern zählte auch die PDS, die zwar mit 4,4 Prozent die bundesweite Fünfprozenthürde nicht überwinden konnte. Da sie aber in Berlin vier Direktmandate errungen hatte, nahm sie an der Mandatsverteilung teil und konnte 30 Abgeordnete in den Bundestag entsenden. Dort würde sie den Status einer Parlamentarischen Gruppe behalten. Während die PDS im Westen mit einem Prozent der Stimmen praktisch keine Rolle spielte, hatte sie ihren Stimmenanteil in Ostdeutschland von 11,1 Prozent im Dezember 1990 bis auf 19,8 Prozent ausbauen können. Weit von der Fünfprozenthürde entfernt landeten mit 1,9 Prozent die rechten Republikaner, die zu Beginn der 1990er Jahre das Parteiensystem noch tüchtig durcheinandergebracht hatten. Mit der Asylrechtsänderung hatte ihr zentrales Thema in der Wahrnehmung der Öffentlichkeit entscheidend an Bedeutung verloren (235).

Das Wahlergebnis ließ deutliche Unterschiede zwischen West und Ost erkennen. Während die Wahlbeteiligung im Westen weiterhin bei über 80 Prozent lag, waren im Osten deutlich weniger Menschen zu den Urnen gegangen. Die Beteiligung lag hier bei etwa 72 Prozent. Auch das Parteiensystem hatte sich unterschiedlich entwickelt: Während sich im Osten auch im Bundestagswahlergebnis die Konturen eines Drei-Parteien-Systems mit

der PDS als dritter Großpartei abzeichneten, blieb in Westdeutschland das
Vier-Parteien-System erhalten, das sich in den 1980er Jahren herausgebildet hatte. Während FDP und Grüne in Ostdeutschland praktisch zu Rand-
parteien abgesunken waren, spielte umgekehrt die PDS im Westen so gut
wie keine Rolle.

Angesichts der dramatischen Umwälzungen, die mit der Deutschen Einheit verbunden gewesen waren, hielten sich die Verluste der Union in Ostdeutschland in Grenzen. Zwar hatten SPD und PDS kräftig zugelegt. Doch
mit 38,5 Prozent der Stimmen war die CDU noch glimpflich davongekommen. Ärgerlicher für sie waren da schon die starken Verluste bei den Landtagswahlen in Mecklenburg-Vorpommern und Thüringen, die am gleichen
Tag stattgefunden hatten. In beiden Ländern war ein Weiterregieren nur in
einer Großen Koalition möglich.

Für die Sozialdemokraten musste das Bundestagswahlergebnis eine Enttäuschung bedeuten. Trotz der gewaltigen Probleme, mit denen die Regierung Kohl konfrontiert worden war, trotz vieler Schwächen und Enttäuschungen namentlich auch durch den Kanzler selbst, trotz günstiger
Ausgangslage noch wenige Monate vor dem Wahlgang – es hatte nicht gereicht. Schon der Rückgriff auf das »Troika«-Motiv im Wahlkampf hatte
gezeigt, dass Scharpings Position an der Spitze der Partei keineswegs unumstritten war. Die Wahlniederlage musste seine Position weiter schwächen. Wer nach dieser günstigen Ausgangslage am Ende doch als Verlierer
dastand, würde in einer Partei wie der SPD einen schweren Weg gehen.

Zu den Wahlsiegern waren auch die Grünen zu rechnen – trotz ihrer Verluste im Osten. Die westdeutschen Grünen kehrten nach ihrem Debakel
von 1990 wieder im Bundestag zurück. Im Wahlkampf hatte der hessische
Umweltminister Joschka Fischer, der nach Bonn wechseln wollte, die Rolle
eines mehr oder weniger heimlichen Spitzenkandidaten gespielt. Zwar
mussten angesichts der Wahlprogramme der Partei weiter Zweifel an ihrer
Regierungsfähigkeit im Bund bestehen. Doch hatte sich inzwischen auch
im starken linken Parteiflügel eine größere pragmatische Offenheit durchgesetzt, die rot-grüne Bündnisse nicht mehr unmöglich machte. Die Hoch-
zeit der dramatischen Flügelkämpfe von Fundis und Realos, die die Partei
mehr als einmal an den Rand der Spaltung geführt hatten, war vorbei. Und
mit Joschka Fischer hatte sich erstmals ein Politiker öffentlich wie innerparteilich durchsetzen können, dessen Führungsanspruch auch von seinen
innerparteilichen Gegnern nicht mehr unbedingt bestritten wurde. Gleichsam über Nacht in eine Randrolle gerieten freilich die ostdeutschen Vertreter von Bündnis 90/Die Grünen, die über vier Jahre allein die Fahne der
Grünen in Bonn hochgehalten hatten (236).

Schwierige Fragen stellten sich mit diesem Wahlergebnis auch für die FDP. Während die herben Verluste in Ostdeutschland neben dem Rücktritt der Wahllokomotive Genscher auch auf strukturelle Probleme zurückgeführt werden konnten, weil im Osten das bürgerliche Kernklientel der FDP sozialstrukturell nur schwach vertreten war, zeigte der Rückgang der Zustimmungsraten auch im Westen, dass die Partei inzwischen ein Profilproblem besaß. Sie hatte sich selbst zu sehr auf die Rolle des Mehrheitsbeschaffers in einer Koalition mit der Union reduziert. Der neue Außenminister Klaus Kinkel vermochte es nicht, im öffentlichen Gewicht an seinen Vorgänger Genscher heranzureichen. Dass er 1993 auch den Parteivorsitz übernommen hatte, half da nicht weiter. 1995 zog Kinkel die Konsequenzen und gab den Parteivorsitz an Wolfgang Gerhardt ab.

Dass es Helmut Kohl gelungen war, trotz einer beispiellosen Konzentration dramatischer und z. T. ganz neuer innen- wie außenpolitischer Probleme noch einmal das Mandat der Wähler für eine weitere Legislaturperiode zu erlangen, konnte angesichts der Entwicklung seit dem Frühjahr 1991 und dem wenig überzeugenden Bild, das die Bundesregierung in dieser Zeit häufig abgegeben hatte, fast schon als Überraschung gelten. Sicher wäre bei der Dramatik der innen- wie außenpolitischen Veränderungen dieser Jahre jede Regierung in schweres Wetter geraten. Für das Management der Deutschen Einheit gab es keine Blaupausen und das Versiegen fast sämtlicher Exportchancen der ostdeutschen Wirtschaft in Osteuropa war so wenig voraussehbar wie der Zusammenbruch der Sowjetunion und seine Folgen. Das galt auch für die Flüchtlingsströme durch den Bürgerkrieg in Jugoslawien.

Dennoch kommt eine nüchterne Betrachtung an dem Eindruck nicht vorbei, dass die Probleme des Umbruchs in der ehemaligen DDR in Bonn lange gewaltig unterschätzt worden sind. Offenbar war auch der Bundeskanzler anfangs den Selbsttäuschungen erlegen, die im Herbst 1990 mit den Vergleichen der Lage in Ostdeutschland nach der Wirtschafts- und Währungsunion mit der wirtschaftlichen Lage zur Zeit der Gründung der Bundesrepublik verbreitet waren. Dabei ähnelte die Situation im Osten viel eher dem Zustand des amerikanischen Südens nach der Niederlage im Bürgerkrieg von 1865. Dort hat man viele Jahrzehnte gebraucht, um die wirtschaftlichen Folgen dieser Niederlage zu verkraften.

Die Vorstellungen in der Bundesregierung, nach einer schwierigen Übergangsphase von drei bis vier Jahren könnte ein selbsttragender Aufschwung in Gang kommen, erwiesen sich bald als unrealistisch. Selbst die Annahmen der Wirtschaftsexperten, die von einer Übergangsphase von acht bis zehn Jahren ausgingen, waren viel zu optimistisch. Weder waren die Privatisierungserlöse auch nur annähernd zu erzielen, die man sich von der Treuhand erhofft hatte. Noch kam die gewaltige Wirtschaftsdynamik in Gang, die man sich in der Folge von Privatinvestitionen versprochen hatte.

Gerne nahmen die westdeutschen Unternehmen die zusätzlichen Absatzchancen wahr, die ihnen die unverhoffte Einheit gebracht hatte. Bei den Investitionen im Osten aber hielt man sich zurück. Hier spielte der marode Zustand der Produktionsanlagen ebenso eine Rolle wie schwierige Eigentumsfragen, fehlende Infrastruktur und ökologische Altlasten. Der Patriotismus der westdeutschen Unternehmer stieß an die Grenzen betriebswirtschaftlicher Kostenkalkulation. Hinzu kam die Angleichung der ostdeutschen Löhne, die die Kosten weiter nach oben treiben mussten, freilich durch die Umstände erzwungen waren, weil sonst die Übersiedlerzahlen nach Westen noch weiter gestiegen wären. So kam es, dass bald dreistellige Milliardentransfers auch die wirtschaftliche Entwicklung in den alten Ländern belasteten. Die Bundesrepublik Deutschland war mit den Folgen der Einheit wirtschaftlich nicht gestärkt, sondern geschwächt.

Bei Anlegen realistischer Maßstäbe wird man kaum den Vorwurf erheben können, dass Fehler nicht vermieden wurden. Es hat eine Vielzahl von skandalösen Vorgängen gegeben. Es gab Subventionsbetrug und Missbräuche von Fördertöpfen zur bloßen Bereicherung. Bei den Privatisierungsgeschäften der Treuhand ist es auch zu Schiebereien und Betrug gekommen. Abenteurer, Goldgräber und zwielichtige Figuren waren unterwegs, um ihr »Schnäppchen« zu machen. Historische Umwälzungen von derartigen Ausmaßen sind offenbar immer auch die Stunde von Gaunern und windigen Figuren. In vielen anderen Ländern des ehemaligen Warschauer Pakts haben diese Begleiterscheinungen des Umbruchs noch weit größere Ausmaße angenommen.

Gleichwohl bleibt die Frage nach den Alternativen zum von der Bundesregierung eingeschlagenen Weg. Von links ist kritisiert worden, man hätte die Betriebe der ehemaligen DDR erst einmal als Staatsbetriebe weiterführen und erst später gegebenenfalls privatisieren sollen (237). Auch Steinkühlers Vorschlag Ende 1991 ließ sich so verstehen. Marktwirtschaftler haben umgekehrt eingewandt, dass man sich viel zu sehr darauf konzentriert habe, nicht marktfähige Unternehmen mit Milliardenaufwand zu subventionieren, anstatt sich auf die Ansiedlung rentabler, zukunftsträchtiger Unternehmen zu konzentrieren (238).

Beide Einwände überzeugen nicht. Die Weiterführung unrentabler Betriebe unter staatlicher Regie hätte das Problem allzu niedriger Produktivität nicht gelöst, sondern nur in die Zukunft verschoben – bei gewaltigen Kosten. Und eine Radikalkur hätte nicht nur zu einem noch schlimmeren

Verfall ganzer Regionen geführt. Sie wäre politisch auch gar nicht durchzuhalten gewesen. Auch so ist die Treuhand als Prügeknabe der Einheit immer wieder in schwere Bedrängnis gekommen. Ostdeutschland nach 1990
war nicht Wales oder England in der Ära Thatcher.

Sicher lassen sich zu manchen Förderprogrammen kritische Anmerkungen machen. Keinesfalls abwegig war auch die Idee eines Niedrigsteuer-
gebietes, wie sie von der FDP 1990 ins Spiel gebracht worden war.

Mindestens drei Einwände aber sind doch plausibel. Erstens hat die Kohl-
Regierung das Ausmaß der Verwerfungen zu spät registriert. Anstatt erst
im Frühjahr 1991 mit größer angelegten Förderprogrammen, Steuer- und
Abgabenerhöhungen zu reagieren, hätte man viel früher den Menschen
reinen Wein einschenken müssen. Dass die erstmalige Erhebung des Solidaritätszuschlags dann mit den Kosten des Golf-Krieges begründet wurde, konnte nicht überzeugen und wurde denn auch als Bruch der zuvor gegebenen Versprechungen interpretiert. Zweitens war die Finanzierung der
Zusatzkosten für die Sozialkassen im Osten durch die massive Anhebung
der Beitragssätze zur Arbeitslosenversicherung nicht nur sozial ungerecht,
weil sie nur Arbeitnehmer und Arbeitgeber belastete, nicht aber Beamte
und Selbständige. Sie führte auch zu einer Erhöhung der Arbeitskosten, die
zu senken bald im Mittelpunkt der Debatten über die wirtschaftliche Wettbewerbsfähigkeit im Zeitalter der Globalisierung stand. Drittens ist die
Bonner Politik viel zu sehr von der Vorstellung geleitet gewesen, es gehe
allein um materielle Kompensation. Dass man im Westen nicht recht begriffen hat, dass die psychologischen Konsequenzen der einschneidenden
Lebenserfahrungen des Umbruchs für viele Ostdeutsche viel gravierender
ausfallen würden als die Entwicklung ihrer materiellen Lebensverhältnisse, war ein schwerer Fehler. Gefühle der Missachtung der eigenen Lebensleistung lassen sich nicht einfach mit Geld aufwiegen.

Natürlich waren beide Seiten in der Euphorie des Einheitsjahres Selbsttäuschungen aufgesessen. Dass sich Westdeutschland und Ostdeutschland
in vielerlei Hinsicht stärker voneinander entfremdet hatten als es vielen
damals schien, wurde erst in den Folgejahren klarer. Doch Manches wäre
schon vermeidbar gewesen. Das gilt für den Umgang mit den Angehörigen
der NVA ebenso wie für das Thema der Rentenansprüche für viele, die in
»systemnahen« Positionen tätig gewesen waren.

Die Folgen waren bereits 1994 deutlich abzulesen. Zu dieser Zeit schätz-
ten gerade einmal 17 Prozent der Ostdeutschen die wirtschaftliche Lage in
Deutschland als gut ein. Mehr als die Hälfte von ihnen meinten, in der DDR
sei die soziale Gerechtigkeit besser verwirklicht gewesen als im vereinigten
Deutschland. Sogar drei Viertel hielten den Sozialismus für eine im Prin-

zip gute Idee, die in der DDR nur schlecht verwirklicht worden sei (239). Allein aus der materiellen Lebenssituation der großen Mehrheit der Ostdeutschen heraus lassen sich diese Zahlen nicht erklären. Es waren viel eher die Folgen einer Einheit, die von vielen als Deklassierung erlebt wurde. Berufliche Qualifikationen waren plötzlich wertlos, Menschen fühlten sich überflüssig und zurückgesetzt. Das war mit Sozialtransfers nicht zu heilen.

Neben der »Vereinigungskrise« waren es die neuen außenpolitischen Herausforderungen und der Fortgang der europäischen Integration, die die politische Agenda dieser Jahre prägten. Auch hier tat sich die Regierung Kohl nicht leicht. Nicht nur die deutsche Gesellschaft hatte ihre Schwierigkeiten damit, dass vom größer gewordenen Deutschland jetzt auch eine größere Bereitschaft zur weltpolitischen Verantwortungsübernahme gefordert war. Auch die politischen Eliten selbst neigten weiter zu größter Zurückhaltung.

Die bei der Ratifizierung des Maastricht-Vertrages erkennbaren Schwierigkeiten trübten auch die Aussichten für die Zukunft der europäischen Integration. Nicht nur, dass die deutschen Vorstellungen eines föderalen Europa bei den meisten Partnern in dieser Form nicht geteilt wurden und die sich abzeichnende Aufgabe der DM in Deutschland wenig populär war. Die Voraussetzungen für die Einführung einer stabilen Einheitswährung mussten auch in Konflikt mit den finanziellen Konsequenzen der Deutschen Einheit geraten. Angesichts wachsender Schuldenberge ergaben sich hier dramatische Zielkonflikte. Die wurden durch die verschärfte weltwirtschaftliche Konkurrenzsituation mit ihrem wachsenden Kostendruck noch größer. Während die Staatsquote neue Rekordwerte erreicht hatte, wurden zugleich die Forderungen nach einer Verbesserung der Angebotsbedingungen für die Wirtschaft immer lauter. Dass die Regierung Kohl sich angesichts dieser höchst unterschiedlichen Anforderungen bei der Bundestagswahl 1994 überhaupt noch einmal behaupten konnte, war alles andere als selbstverständlich.

2 ABSCHIED VOM »EWIGEN KANZLER« –
DIE LETZTEN JAHRE DER ÄRA KOHL

2.1 INNENPOLITISCHE WEICHENSTELLUNGEN

Die neue Legislaturperiode begann mit einem Streit um den Alterspräsidenten. Nach den seit Urzeiten geltenden Regeln des deutschen Parlamentarismus durfte den diesmal die PDS stellen. Für sie hatte der 1913 geborene, parteilose Schriftsteller Stefan Heym ein Mandat in Berlin errungen. Um seinen Auftritt in der Eröffnungssitzung des Bundestages entbrannte freilich bald ein Streit, in dem Abgeordnete der Unionsfraktion Heym zum Anhänger des SED-Regimes stempelten und sogar Stasi-Vorwürfe lanciert wurden, die keinerlei Grundlage besaßen. Dabei hatte Heym in der DDR einen schweren Stand gehabt und war über viele Jahre mit einem Publikationsverbot belegt worden. Nach seiner Rede verweigerte die Unionsfraktion ihm – mit wenigen Ausnahmen – den üblichen Applaus. Entgegen der sonstigen Gepflogenheiten wurde seine Rede auch nicht im Bulletin der Bundesregierung veröffentlicht.

Dabei hatte der Schriftsteller eine abgewogene und für Demokraten weithin zustimmungsfähige Rede gehalten. Die Verweigerung jeder Geste des Respekts gegenüber dem vor den Nazis geflohenen Juden, der als US-Offizier und Befreier nach Deutschland zurückgekehrt war, durch den Bundeskanzler und die Masse der Unionsabgeordneten empfanden Viele als beschämend (1).

Auch die Besetzung der Vizepräsidenten wurde zum symbolträchtigen Politikum. Dabei kam es zu einer überraschenden Verständigung zwischen der CDU/CSU und den Grünen. Die Union erklärte sich bereit, die Grünen-Kandidatin Antje Vollmer zu unterstützen. Dies sollte auf Kosten der SPD gehen, die einen zweiten Vizepräsidenten für sich reklamierte. So kam es zur Kampfabstimmung zwischen der Grünen und einer zweiten Bewer-

87

© Springer Fachmedien Wiesbaden GmbH, ein Teil von Springer Nature 2020
H. Kleinert, *Das vereinte Deutschland*,
https://doi.org/10.1007/978-3-658-26767-4_2

berin aus der SPD, bei der sich Antje Vollmer durchsetzen konnte. Schon vor dem Beginn des Parlamentsalltags hatte sich gezeigt, dass die Gräben zwischen Union und Grünen nicht mehr ganz so tief waren, wie man das aus den 1980er Jahren gekannt hatte (2).

Angesichts der knappen Mehrheit für Union und FDP und der nach ihren Verlusten schlechten Stimmung bei den Liberalen musste die Kanzlerwahl mit einigen Risiken verbunden sein. Das war schließlich der Grund für die ungewöhnliche Entscheidung, sie bereits vor dem Abschluss der Koalitionsverhandlungen anzusetzen. Sonst hätte womöglich die Gefahr bestanden, dass bei der Koalitionsbildung unberücksichtigte Aspiranten für ein Ministeramt dem Kandidaten aus persönlicher Enttäuschung ihre Stimme verweigerten.

Am Ende wurde Helmut Kohl am 15. November 1994 zum fünften Mal zum Bundeskanzler gewählt – mit einer einzigen Stimme über der notwendigen absoluten Mehrheit (3). Bald danach dementierte er die Absicht, noch während der Legislaturperiode zurücktreten zu wollen. In Anbetracht der Mehrverhältnisse wäre wohl tatsächlich jeder Nachfolgekandidat ein erhebliches Risiko gelaufen, bei der Wahl zu scheitern.

Bei der Kabinettsbildung war personelle Kontinuität der beherrschende Faktor. Zentrale Rollen im neuen Kabinett würden auch weiterhin Theo Waigel als Finanzminister und Klaus Kinkel als Außenminister spielen. Innenminister wurde erneut Manfred Kanther. Auch Norbert Blüm und Volker Rühe blieben an der Spitze des Sozial- bzw. Verteidigungsministeriums. Horst Seehofer übernahm wieder das Gesundheitsressort. Kanzleramtsminister blieb Friedrich Bohl.

Überraschend entschied sich Kohl für eine Umbesetzung im Umweltministerium. Das sollte künftig von Angela Merkel geführt werden. Sie war zu dieser Zeit noch eine erklärte Befürworterin der Atomenergie. Der fachlich versierte und weithin anerkannte Klaus Töpfer wechselte ins Bauministerium. Drei Jahre später ging er zur UNO. Er sei Kohl zu eigenständig geworden und bekäme wegen seiner Umweltpolitik Gegenwind von der FDP, hieß es.

Ähnlich überraschend kam die Nominierung der erst 28jährigen Claudia Nolte als Familienministerin. Ihre Ernennung sei »symptomatisch für die routinierte Lässigkeit, mit der Kohl auf dem Höhepunkt seiner Macht den Erwartungen seiner pluralistisch breitgefächerten CDU zu entsprechen sucht« (4), hat Kohl-Biograph Hans-Peter Schwarz dazu geschrieben. Andere Stimmen beurteilten diese Entscheidung deutlich kritischer: Kohl habe dem Verfassungsorgan Bundesregierung mit der Ernennung einer so unerfahrenen Frau zur Bundesministerin schweren Schaden zugefügt,

kommentierte Wilhelm Hennis (5). Neu im Kabinett war auch Forschungsminister Jürgen Rüttgers. Sein Ressort wurde jetzt mit dem Bildungsminis-
terium zusammengelegt und firmierte informell als »Zukunftsministe-
rium«.

Wenig inspiriert wirkte der neue Koalitionsvertrag mit der FDP. Zwar
war in der Präambel von einer »grundlegenden Erneuerung Deutschlands«
die Rede. Ein »Umbau unseres Gemeinwesens« stünde an, der »schlanke
Staat« wurde propagiert. Doch sehr konkret waren die politischen Festlegungen nicht. Die nach der Wahl geschwächte FDP vermochte es kaum,
dem größeren Partner präzise festgeklopfte Forderungen abzuringen.
Auch das Personal der Freien Demokraten in der Regierung veränderte
sich nicht. Neben Klaus Kinkel gehörten erneut Günter Rexrodt als Wirtschaftsminister und Sabine Leutheusser-Schnarrenberger als Justizministerin dazu.

Tatsächlich hat die Regierung Kohl zu Beginn dieser Wahlperiode wohl
eine Chance verpasst, um weitreichende Reformschritte einzuleiten. Dies
galt für die hohen Lohnnebenkosten ebenso wie für die Notwendigkeit
einer großen Steuerreform, die sich schon aus der vom Bundesverfassungsgericht verlangten steuerlichen Freistellung des Existenzminimums
ergab. Als dann später die Debatte über den Reformbedarf an Schärfe gewann, gleichzeitig aber die Sozialdemokraten mit Blick auf die kommenden Bundestagswahlen ihre Mehrheit im Bundesrat dazu nutzten, die
Bundesregierung als handlungs- und reformunfähig darzustellen, war es
dafür zu spät. Wolfgang Schäuble, als Vorsitzender der Unionsfraktion in
dieser Zeit immer wieder als Kohl-Nachfolger im Gespräch, hat nach dem
Machtverlust von 1998 darin den entscheidenden Fehler der Regierung gesehen (6).

Immerhin trat am 1.1.1995 die Postreform in Kraft. Damit wurde das bis
dahin größte Privatisierungs-Projekt in der Geschichte der Bundesrepublik umgesetzt. Aus den drei öffentlichen Unternehmen wurden drei pri-
vatwirtschaftlich organisierte, rechtlich unabhängige Aktiengesellschaften
(Deutsche Telekom, Deutsche Postbank und Deutsche Post). 1996 ging die
Telekom an die Börse. Ebenfalls zum Jahresbeginn wurde das System der
Pflegeversicherung als fünfte Säule des sozialen Sicherungssystems eingeführt (vgl. oben).

Obwohl die wirtschaftliche Lage schwierig blieb, das Wachstum 1995 nur
bescheidene 1,9 Prozent erreichte und die Arbeitslosigkeit nur geringfügig
auf 3,6 Millionen zurückging, schien die Position der unionsgeführten
Bundesregierung zunächst weniger gefährdet als in der Legislaturperiode
zuvor. Zwar brachten die Landtagswahlen des Jahres 1995 der Union kei-

ne großen Erfolge. In Hessen wie in Nordrhein-Westfalen blieb die CDU in der Opposition. Doch im Bund lagen die Umfragewerte über das ganze Jahr 1995 hinweg zwischen 42 und 45 Prozent. In NRW hatte die Union leichte Gewinne erzielen können.

Die großen Verluste erlitten andere. Neben der schwächelnden FDP, die an Rhein und Ruhr sogar aus dem Landtag flog, galt das vor allem für die SPD, die in Nordrhein-Westfalen starke Verluste hinnehmen musste und nur noch auf 46 Prozent der Stimmen kam. Auch in Hessen hatte Ministerpräsident Eichel 2,8 Prozent eingebüßt. Hier musste die SPD Anfang des Jahres mit 38 Prozent ihr bis dahin schwächstes Ergebnis bei einer Landtagswahl seit 1946 hinnehmen. Zu den großen Gewinnern zählten dagegen 1995 die Grünen, die in Hessen ein zweistelliges Ergebnis erreichten und ihre Stimmanteile in Nordrhein-Westfalen im Mai mit zehn Prozent sogar verdoppeln konnten. Nun sah sich auch Johannes Rau zu einer rot-grünen Koalition gezwungen (7).

Im Bund tat sich die SPD besonders schwer. Die Grünen dagegen hatten tüchtig Aufwind. Im Bundestag machte Joschka Fischer als Redner der Opposition bald derart Furore, dass manche Kommentare in den Medien in ihm den eigentlichen Oppositionsführer sahen. Eher blass blieb dagegen Rudolf Scharping, der sich in der SPD wachsender Kritik ausgesetzt sah. Vor allem Gerhard Schröder und Oskar Lafontaine bezweifelten mehr oder weniger offen seine Führungsqualitäten. Besonders verärgert zeigten sie sich über Scharpings Neigung zu Alleingängen (8).

Im Sommer 1995 war es freilich Gerhard Schröder, der mit Alleingängen für Konfliktstoff sorgte. Hatte er schon bei den Verhandlungen um einen Energiekonsens manche Parteigenossen mit seiner Haltung irritiert, dass der Atomausstieg länger dauern werde als es die SPD-Parteitage beschlossen hätten, so demonstrierte er beim »Autogipfel« im August fast nahtlose Einigkeit mit Bayerns Ministerpräsident Stoiber bei den Standortproblemen der Automobilindustrie. Das steigerte sein öffentliches Ansehen, missfiel aber vielen Parteigenossen.

Mit dem Wiederaufstieg der Grünen erledigten sich auch bald alle schwarz-roten Planspiele, die in Bonn immer wieder aufgetaucht waren. Scharping war stets eine gewisse Neigung dazu nachgesagt worden. Doch mit dem Erfolg der Grünen und der Schwäche seiner Position wuchsen die Neigungen der Sozialdemokraten, auf die rot-grüne Karte zu setzen.

Im Herbst befand sich die SPD im Umfrage- und Stimmungstief. Die Kritik an Scharping war unterdessen weiter angewachsen. Vor allem Gerhard Schröder ließ keinen Zweifel, dass er Scharpings Anspruch auf die Kanzlerkandidatur für 1998 nicht akzeptieren mochte. Den wollte der Parteichef jetzt schon festschreiben. Schröder aber widersprach: Darüber solle erst am Anfang des Wahljahres entschieden werden, stellte er in einem Zeitungsinterview fest. Noch mehr Wirbel aber lösten seine Äußerungen zur Standortdebatte aus. Es gebe an dieser Stelle keine sozialdemokratische oder konservative Wirtschaftspolitik, sondern nur gute oder schlechte (9).

Scharping entzog ihm daraufhin mit einem spektakulären Coup die Zuständigkeit für Wirtschaftsfragen im Parteivorstand. Diese Entscheidung soll der SPD-Chef gegen den Rat von Rau und Lafontaine getroffen haben. Zurück blieb der Eindruck, das sozialdemokratische Spitzenpersonal sei zerstritten wie nie. Der Unmut darüber richtete sich vor allem gegen Scharping. Von »Wut und Zorn« an der Basis sprach Bundesgeschäftsführer Müntefering (10).

Dennoch sah es lange so aus, als sollte der Parteichef auf dem Parteitag in Mannheim Mitte November wiedergewählt werden. Ein Herausforderer, der ihm den Vorsitz streitig machen wollte, war jedenfalls nicht in Sicht. Wohl wurde immer wieder über eine Kandidatur von Oskar Lafontaine spekuliert; doch der Saarländer hielt sich bedeckt. Es heißt, er habe auf einen freiwilligen Verzicht Scharpings gewartet (11).

Der Parteitag selbst nahm dann einen überraschenden und so von niemandem erwarteten Verlauf. Nachdem die Eröffnungsrede des Parteivorsitzenden bei den Delegierten nicht gut angekommen war, gelang es Oskar Lafontaine, mit seiner Rede zur Wirtschaftspolitik den Saal zu begeistern. Seine Kernbotschaft traf die Identifikationsbedürfnisse der sozialdemokratischen Parteitagsseele genau. Das Lamento vom gefährdeten Industriestandort Bundesrepublik sei falsch und diene nur dazu, Lohnverzicht, soziale Leistungskürzungen und den Abbau von Arbeitnehmerrechten durchzusetzen. Dagegen setzte er eine klassisch sozialdemokratische Politik der Kaufkraftstärkung der breiten Massen. Nach diesem frenetisch bejubelten Auftritt wurde er von unterschiedlichen Seiten bestürmt, am nächsten Tag gegen Scharping anzutreten. Auch Gerhard Schröder soll ihm ausdrücklich zugeraten haben. Noch in der Nacht entschied sich Lafontaine: Er würde antreten (12).

So kam es zu der in der Geschichte der SPD in dieser Form noch nie dagewesenen Spontankandidatur eines Ministerpräsidenten gegen den eigenen Parteivorsitzenden. Und tatsächlich wurde Lafontaine gewählt. Die Mehrheit fiel mit 321:190 Stimmen nicht einmal knapp aus (13). Der schwer getroffene Scharping wurde stellvertretender Vorsitzender und blieb Fraktionschef.

Scharping hat seine Niederlage später als Ergebnis einer Verschwörung darzustellen versucht, die von langer Hand geplant worden sei. Trotz mancher Unterschiede in den Schilderungen der Details durch die Beteiligten lässt sich mit Gewissheit sagen, dass das nicht zutrifft. Schröder wie Lafontaine waren davon überzeugt, dass Scharpings Führung der Partei schaden und es deshalb nicht so weitergehen könne. An dieser Stelle stimmten sie überein. Aber keiner von beiden ist mit einem Plan, ihn zu stürzen, nach Mannheim gefahren. Die SPD befand sich in einer Krise und ihr Vorsitzender war ein Teil davon. Vor diesem Hintergrund konnte Lafontaines Parteitagsrede eine Dynamik auslösen, die dann zu dieser Kampfabstimmung führte. Scharping war nicht der Märtyrer, als der er sich später gern darzustellen suchte.

Der allgemein als Linksruck bewertete Mannheimer Parteitag war ein Einschnitt in der Geschichte der SPD. Er führte zu einem Stimmungswandel in der SPD, der sich freilich bei den Landtagswahlen im Frühjahr 1996 in der Wählerzustimmung noch nicht ausdrückte. So musste die SPD in Baden-Württemberg mit 26 Prozent ihr bis dahin schlechtestes Ergebnis in diesem Bundesland überhaupt hinnehmen. Gleichzeitig hatte Medien-Darling Schröder mit privaten Problemen zu tun, die ihm zeitweise einiges öffentliches Ansehen kosteten (14). Erst zur Jahreswende 1996/97 machte sollte sich der Stimmungswandel in der SPD auch in wachsender Wählerzustimmung bemerkbar machen.

Bemerkenswertes tat sich im Herbst 1995 auch bei den Grünen. Seitdem die Berichte über Massaker, Konzentrationslager und Massenvergewaltigungen im bosnischen Bürgerkrieg die Öffentlichkeit im Westen zunehmend erschütterten, hatten auch einzelne prominente Grüne ihre Stimme erhoben und eine humanitäre Intervention auch mit Gewaltmitteln nicht mehr ausschließen wollen. Neben einigen ostdeutschen Bürgerrechtlern war es vor allem der Frankfurter Ex-Sponti Daniel Cohn-Bendit, der sich entsprechend einließ. Er sollte 1994 für die Grünen ins Europarlament einziehen (15).

Nach dem Massenmord einer serbischen Soldateska an muslimischen Männern in der UN-Schutzzone Srebrenica im Sommer 1995 änderte auch Fraktionschef Joschka Fischer seine Haltung. Zunächst wollte er in einem Brief an die Parteibasis seine wachsenden Zweifel an der Ablehnung einer militärischen Intervention herausstellen, die Konsequenz daraus aber offenlassen. Nach Gesprächen mit Hubert Kleinert und der Parteisprecherin Krista Sager formulierte er seine Konsequenz deutlicher. Er könne angesichts der Massaker eine Position des unbedingten Pazifismus nicht mehr aufrechterhalten (16).

Fischers Brief bildete den Auftakt einer breiten innerparteilichen Diskussion, die ihren Höhepunkt beim Parteitag in Bremen Anfang Dezember 1995 fand. Mit einer akribischen Parteitagsvorbereitung versuchten die Realos, die Unterstützung für diese Position auf eine möglichst breite Grundlage zu stellen. Der von Hubert Kleinert formulierte Antrag versuchte, die Position eines humanitären, menschenrechtlich begründeten Interventionismus, der notfalls auch letzte, bewaffnete Mittel nicht ausschließen könne, auch aus der Verantwortung für die deutsche Geschichte zu begründen. Tatsächlich gelang es, dafür die Unterstützung zahlreicher Bundes- und Landtagsabgeordneten zu gewinnen. Auf dem Parteitag selbst konnten die Antragsteller die Unterstützung einer breiten Minderheit in der Partei gewinnen. Fast 40 Prozent der Delegierten votierten schließlich für den Realo-Antrag. Mit so viel Zustimmung hatte Fischer gar nicht gerechnet (17).

Die Leidenschaft und Heftigkeit der innerparteilichen Debatte und die beträchtliche öffentliche Resonanz vermittelte den Beteiligten zeitweise das Gefühl, die Debatte um Menschenrechte und Pazifismus gewissermaßen stellvertretend für die Gesellschaft zu führen. Das war vermutlich übertrieben. Aber ohne den Durchbruch eines solchen außenpolitischen Realismus auf dem Bremer Parteitag wäre die rot-grüne Koalition von 1998 wohl gar nicht möglich gewesen.

In der Bundesregierung wurden die personellen Veränderungen in der SPD genau registriert. Man wusste, dass mit einer Lafontaine-SPD wieder mehr zu rechnen war. Selbstbewusst hatte der neue Parteivorsitzende schon in Mannheim den parteipolitischen Konkurrenten zugerufen, sie sollten sich »warm anziehen: wir kommen wieder«. Für Turbulenzen aber sorgte im Herbst 1995 erst einmal die FDP, die sich im Vorfeld der Landtagswahlen vom Frühjahr besonders um ihr politisches Profil sorgte. So führten die von der FDP geforderte Absenkung des Solidarzuschlags und die Novellierung des Ladenschlussgesetzes wiederholt zu Streit in der Regierungskoalition. Die Niederlage in Nordrhein-Westfalen hatte Parteichef Klaus Kinkel zum Rückzug von diesem Amt veranlasst. Nachfolger wurde Wolfgang Gerhardt, der sich dabei gegen Jürgen Möllemann durchsetzen konnte. Kinkel blieb aber Außenminister (18).

Innerhalb der FDP heftig umstritten war die mit einer Grundgesetzänderung verbundene Einführung eines »Großen Lauschangriffs«, der beim Verdacht auf schwere Straftaten eine optische und akustische Wohnraumüberwachung möglich machen sollte. Schließlich wurde darüber in einer Befragung der FDP-Mitglieder entschieden, bei der sich im Dezember 1995 fast zwei Drittel dafür aussprachen. Justizministerin Sabine Leutheusser-Schnarrenberger, eine Gegnerin des Lauschangriffs, trat daraufhin zurück. Sie wurde durch Edzard Schmidt-Jortzig ersetzt. Der Wahltag im März

1996 brachte freilich dann mit guten Ergebnissen in Stuttgart wie in Rheinland-Pfalz auch Entspannung in die Reihen der Liberalen (19).

Sorgen bereitete weiterhin die wirtschaftliche Entwicklung. 1996 blieb das Wachstum bescheiden. Nur 1,4 Prozent wurden erreicht. Die Arbeitslosigkeit stieg bis auf knapp vier Millionen. Im Osten lag die Quote trotz anhaltender Baukonjunktur bei 15,7 Prozent, im Westen bei 10,1 Prozent. Die Zahl der sozialversicherungspflichtig Beschäftigten hatte sich zwischen 1992 und 1996 um 1,3 Millionen vermindert. Das musste zu zusätzlichen Problemen bei der Finanzierung der Sozialsysteme führen (20).

Schon zu Jahresbeginn 1996 hatte Kohl ein »Aktionsprogramm für mehr Wachstum und Beschäftigung« angekündigt. Kanzler-Intimus Johannes Ludewig, damals Staatssekretär im Wirtschaftsministerium, legte noch im Januar ein Papier vor, in dem die Senkung der Lohnnebenkosten, die Anhebung der Mehrwertsteuer, eine durch Streichung von Steuervergünstigungen finanzierte Senkung der Einkommenssteuer sowie der Abbau von Subventionen angeregt wurden. Mittelfristig müsse ein ausgeglichener Haushalt ohne Neuverschuldung erreicht werden (21).

Doch bald setzte sich die Einsicht durch, dass eine Mehrwertsteuererhöhung zu viele Widerstände heraufbeschwören würde. Und nach dem ordentlichen Abschneiden beider Regierungsparteien bei den Landtagswahlen im März erschienen Strukturreformen dieser Art erst einmal weniger vordringlich. In den Vordergrund rückten jetzt Einsparungen im Bundeshaushalt, wobei Finanzminister Waigel allein bei der Bundeswehr Einschnitte von sieben Milliarden DM verlangte. Bis zum Sommer kam eine Streichliste zusammen, die mit der hochtrabenden Bezeichnung »Programm für mehr Wachstum und Beschäftigung« versehen wurde. Der Preis, den Kohl dafür zu zahlen hatte, war hoch: Die Gewerkschaften verließen das erst wenige Monate zuvor eingerichtete »Bündnis für Arbeit« (22).

Im April 1996 waren zwei Regierungskommissionen eingesetzt worden, die sich um grundlegende Zukunftsfragen kümmern sollten. Eine sollte Vorschläge für ein reformiertes Steuersystem ausarbeiten, eine zweite sich mit der Zukunft der sozialen Sicherungssysteme befassen. Auch das Gesundheitssystem rückte jetzt einmal mehr in den Blickpunkt der Regierungspolitik. Gegen den Widerstand der SPD wurde im September 1996 ein Sparpaket verabschiedet, das Leistungskürzungen der Kassen bei gleichzeitig erhöhten Zuzahlungen für Arzneimittel durch die Patienten vorsah (23).

Lange war Kanzler Kohl vor tieferen Einschnitten zurückgeschreckt. Sie widersprachen seiner Grundvorstellung einer sozial ausgewogenen »Politik der Mitte«. Doch mit der Einsetzung der beiden Kommissionen hatte er sich dazu entschlossen, stärker auf jene Rezepte zurückzugreifen, die von Wirtschaftsweisen, Unternehmerverbänden und »Reformern« im Regierungslager länger schon empfohlen worden waren: Standortsicherung durch eine stärker angebotsorientierte Wirtschaftspolitik, die vor allem Kostensenkungen durch Steuersenkungen und Einsparungen bei den Sozialausgaben im Auge hatte (24).

Besonders umstritten wurde bald der Plan, die Lohnfortzahlung im Krankheitsfall auf achtzig Prozent des Lohns abzusenken. Dieses Vorhaben, das im September 1996 den Bundestag passierte, stieß bei Gewerkschaften und Opposition auf besonders heftigen Widerstand. Gegen den Widerstand des Bundesrates verabschiedet, trat das Gesetz zum 1.10.1996 in Kraft (25). Vor allem diese Leistungskürzung wurde dann zum wichtigsten Symbol für die angebliche soziale Schieflage in der Politik der Bundesregierung.

Im Herbst verband sich die Diskussion um die Notwendigkeit weiterer Sparpakete bereits mit der Sorge, Deutschland könnte die bei der Einführung des Euro entscheidenden Konvergenzkriterien verfehlen und dadurch das ganze Projekt in Gefahr bringen. Tatsächlich hätte die Währungsunion wohl verschoben werden müssen, wäre Deutschland 1997 nicht in der Lage gewesen, die im Maastricht-Vertrag genannte Bedingung einer Begrenzung der Neuverschuldung auf maximal drei Prozent des BIP einzuhalten. Diese war bei der Festlegung der Stabilitätskriterien für den Beitritt zum Euroraum gerade noch einmal verschärft worden.

So kam es im Herbst 1996 zu einem zweiten Sparpaket, das erneut vor allem Leistungskürzungen für Arbeitnehmer und Arbeitslose vorsah. Da die Maastricht-Kriterien nicht verfehlt werden dürften und eine Erhöhung der indirekten Steuern mit der FDP nicht zu machen sei, bleibe nur der Weg von Einsparungen, führte Wolfgang Schäuble im November 1996 aus (26).

Schließlich ließ sich Kohl auch auf das Projekt einer großen Steuerreform ein, das vor allem vom Wirtschaftsflügel in der Union und von der FDP verfochten wurde, aber auch in anderen Parteien Anhänger besaß und in vielen Medien zunächst wohlwollend betrachtet wurde. Im Zuge der inzwischen breit geführten Debatte über die Zukunft des Wirtschaftsstandorts Deutschland hatten Vorstellungen einer starken Absenkung der Steuersätze bei gleichzeitiger Beschränkung von Abschreibungs- und Steuervermeidungstatbeständen schon in den Monaten zuvor einige publizistische Unterstützung erfahren. Selbst bei den Grünen waren solche Ideen verbreitet.

Beim CDU-Parteitag in Hannover stellte Schäuble die Eckpunkte des beabsichtigten Reformpakets vor. Danach sollte der Eingangssteuersatz auf deutlich unter 20 Prozent, der Spitzensteuersatz von 53 Prozent auf nur noch 35 Prozent abgesenkt werden. Eine derart gewaltige Absenkung des Spitzensteuersatzes hatte es in der Geschichte der Bundesrepublik noch nicht gegeben. Die große Reform sollte allerdings erst zum 1.1.1999 in Kraft treten, also nach der Entscheidung über den Euro und nach der Bundestagswahl 1998 (27).

In der Wählerschaft sorgte die Sparpolitik der Bundesregierung zunächst kaum für größere Aufregung. Zwar erreichten die Umfrageergebnisse der Union im Laufe des Jahres 1996 nicht mehr die Höchststände des Vorjahres, doch blieben sie bis zum Herbst kontinuierlich in der Nähe von 40 Prozent. Angesichts der auch sonst üblichen Ausschläge im Laufe einer Legislaturperiode bestand demnach für die Regierung kein besonderer Anlass zur Sorge um die Wählerzustimmung. Noch im November zeigten sich nur 20 Prozent der Befragten davon überzeugt, dass es die SPD an der Regierung besser machen würde. Lafontaines Comeback an der Spitze der Sozialdemokraten hatte zwar die Stimmung in der SPD verbessert, wo Lafontaines Führungsrolle bald überall akzeptiert wurde, keineswegs aber unmittelbar jenen Stimmungsumschwung in der deutschen Gesellschaft ausgelöst, der Voraussetzung für den sozialdemokratischen Wahlsieg 1998 sein musste (28).

Als am 1. Oktober 1996 das vierzehnte Jahr der Kanzlerschaft Helmut Kohls zu Ende ging und der Pfälzer damit länger im Amt war als Konrad Adenauer, überwogen in der Öffentlichkeit die respektvollen Würdigungen. Selbst in den Hamburger Blättern, wo sich im Zuge der Vereinigungskrise schon bald nach 1990 wieder das Bild vom machtversessenen, bräsigen und inhaltlich uninspirierten Kanzler durchgesetzt hatte, waren wohlwollende Einschätzungen zu lesen. Der SPIEGEL titelte »Der ewige Kanzler« und DIE ZEIT würdigte sein Engagement für die europäische Einigung. Allein in der SZ kritisierte der Chefredakteur Hans Werner Kilz Helmut Kohl als »Herrscher, der nicht regiert«. Insgesamt aber bestimmten die anerkennenden Tonlagen das Bild (29). Von einer breit getragenen Erwartung auf einen Machtwechsel konnte zu dieser Zeit noch gar nicht die Rede sein.

2.2 DER OSTEN UND DIE ZWEITE PHASE
DER VEREINIGUNGSKRISE

Als die Treuhandanstalt am 31.12.1994 ihre Arbeit beendete, hatte sie von den 12 354 Unternehmen, die sich in ihrem Besitz befanden, 6 546 privatisiert, 1 588 reprivatisiert, 310 kommunalisiert und 3 718 liquidiert. Zusammen mit den Erlösen aus der Privatisierung von Gaststätten, Hotels, Läden und landwirtschaftlichen Flächen waren etwa 67 Mrd. DM eingenommen worden. In ihrer Abschlussstatistik wies die Treuhand Einnahmen von 40 Mrd. und Ausgaben von 166 Mrd. aus. Hinzu kamen Ausgaben für Altkreditentschuldung und weitere Aufgaben. Das Gesamtdefizit lag demnach bei 204,4 Milliarden und wurde zum 1.1.1995 in den »Erblastentilgungsfonds« überführt (30). Andere Quellen nennen sogar ein Minus von 275 Milliarden DM. Eine »Bundesanstalt für vereinigungsbedingte Sonderaufgaben« übernahm ab 1995 die Aufgaben der Treuhand. Ihre Schlussbilanz wies zum 1.1.2002 ein Minus von 230 Milliarden DM aus (31).

»Der ganze Salat ist etwa 600 Milliarden D-Mark wert«, hatte Detlev Karsten Rohwedder im Sommer 1990 geschätzt. Im Ergebnis aber war ein gewaltiges Minus entstanden. Die Rettung eines Arbeitsplatzes kostete die Treuhand im Durchschnitt 75 000 DM; in besonderen Fällen, so in der Werftindustrie, konnten sich diese Kosten sogar bis auf eine Million addieren (32). Dabei war die Eigentumsübertragung des Betriebsvermögens der ehemaligen DDR an den Ostdeutschen weitgehend vorbeigegangen. Von der Ursprungsidee, über eine Treuhandgesellschaft auch eine Verteilung des Produktivvermögens auf die Einwohner der ehemaligen DDR zu ermöglichen, war in der Realität der Umbruchjahre so gut wie nichts übriggeblieben. Ausnahmen bildeten hier lediglich die Übernahme der Flächen ehemaliger landwirtschaftlicher Produktionsgenossenschaften durch frühere LPG-Vorsitzende, die ihrerseits wieder umstritten war (33).

Die Bilanz der Treuhand wurde in West und Ost überwiegend als Desaster bewertet. Zu den Milliardenverlusten kamen skandalöse Fälle von Subventionsbetrug, Fehlentscheidungen und sogar kriminelle Machenschaften. Entsprechend schlecht blieb das Image der Treuhand besonders im Osten. Ab 1995 beschäftigte sich ein Untersuchungsausschuss des Bundestages mit den zahlreichen dubiosen Machenschaften, die bei der Arbeit der Anstalt vorgekommen waren (34). Die Staatsanwaltschaft leitete bis Ende 1999 mehr als 1000 Ermittlungsverfahren ein, die zu 180 Anklagen und 128 Verurteilungen führten. Der Schaden durch »vereinigungsbedingte Wirtschaftskriminalität« wird auf einen hohen zweistelligen Milliardenbetrag geschätzt (35). Das betraf freilich nicht allein die Geschäfte der Treuhand.

Gegen die verbreitete Skandalisierung der Treuhand-Bilanz ließ sich freilich einwenden, dass bei der Bewältigung einer solchen Herkulesaufgabe, wie es die Transformation einer weithin maroden Planwirtschaft in ein marktwirtschaftliches System war, Fehler und Fehleinschätzungen geradezu unvermeidlich sein mussten. Zumal die Treuhänder immer wieder zwischen die Mühlsteine unterschiedlicher Erwartungen gerieten: Wo die einen eine radikale Privatisierungsstrategie kritisierten, die auf einen industriellen Kahlschlag hinauslaufe, monierten die anderen den überlangen Erhalt nicht konkurrenzfähiger Strukturen durch teure Fördergelder und Sanierungsmaßnahmen.

Schlimmer aber wog der weiter anhaltende Rückgang der Beschäftigung. Nach einer kurzzeitigen Verbesserung 1995 lag die Arbeitslosigkeit in den neuen Ländern schon 1996 wieder bei knapp 16 Prozent, um im Folgejahr 1997 sogar bis auf 19,5 Prozent anzusteigen (36). Zwar konnte in den neuen Ländern in den Jahren zwischen 1994 und 1996 ein höheres Wirtschaftswachstum erreicht werden als in Westdeutschland. Bis 1995 hatte das Bruttoinlandsprodukt im Osten 59 Prozent des Westniveaus erreicht (37). Doch das hatte vor allem mit den Sonderprogrammen zur Förderung von Bauinvestitionen zu tun, die einen beträchtlichen Wachstumsschub in der Bauwirtschaft auslösten. Der aber war mit dem Auslaufen der Förderprogramme 1997 vorbei. Zurück blieben Überkapazitäten, die dann wieder negativ auf Wachstum und Beschäftigung zurückwirkten. 1997 lag das Wirtschaftswachstum im Osten schon wieder hinter dem Wachstum im Westen zurück (38).

So war der Transferbedarf vom Westen in den Osten inzwischen noch größer geworden. Nach den Zahlenangaben aus dem Bundeswirtschaftsministerium betrugen die Nettotransferleistungen 1995 und 1996 jährlich 140 Milliarden, 1997 136 und 1998 141 Milliarden DM. Die Berechnungen der verschiedenen Wirtschaftsforschungsinstitute kommen für diese Zeit z. T. sogar noch auf höhere Zahlen. Der überwiegende Teil der Transfers floss dabei in die soziale Absicherung der Einheitsfolgen. Zwischen 47 und 53 Milliarden pro Jahr wurden allein für sozialpolitische Aufgaben aufgewandt (39). So musste etwa die Hälfte der ostdeutschen Renten durch Transfersummen finanziert werden, die von westdeutschen Beitragszahlern aufzubringen waren (40).

Dabei waren trotz aller Arbeitsplatzverluste die wirtschaftlichen Folgen der Einheit für die durchschnittlichen Arbeitnehmerhaushalte in Ostdeutschland keineswegs so desaströs wie es die anhaltende Krisenstimmung zu belegen schien. Bis 1995 sind die Realeinkommen der Arbeitnehmer in Ostdeutschland um etwa 40 Prozent gestiegen, während die westdeutschen Arbeitnehmereinkommen stagnierten. 1996 lagen die Rentenbezüge aus der gesetzlichen Rentenversicherung im Osten bereits bei über 90 Prozent des Rentenniveaus im Westen (41).

Trotz dieser »Wohlstandsexplosion ohne wirtschaftliches Fundament« (42) mehrten sich um die Mitte des Jahrzehnts die Anzeichen einer weiter anwachsenden Kluft zwischen Ost und West. Soziologen ermittelten Elemente einer besonderen »Ostidentität«, die sich erst nach der Einheit herauskristallisiert habe. Sie trage viele Züge einer »Abgrenzungsidentität« gegenüber den Westdeutschen und entspringe dem Wunsch nach einer Selbstbehauptung, in dem die getrennten Erfahrungen der Nachkriegsgeschichte ebenso eine Rolle spielten wie die Verarbeitung des Vereinigungsprozesses (43). Im Sommer 1997 empfanden sich 80 Prozent der Menschen in den neuen Ländern als »Bürger zweiter Klasse«, während umgekehrt 70 Prozent der Westdeutschen ihre Landsleute als »unsicher und provinziell« ansahen (44).

Kulturell zeigte sich diese Entwicklung in der zu dieser Zeit beginnenden »Ostalgiewelle«. Hatten die Ostdeutschen unmittelbar nach der Wende die DDR noch fast einmütig verurteilt, wich diese Ablehnung trotz gestiegenen Lebensstandards jetzt zunehmend positiven Deutungen der angeblichen sozialen Errungenschaften des SED-Regimes. Die Enttäuschungen über die so rasch nicht entstandenen blühenden Landschaften und die besonderen Zurücksetzungsgefühle, die der Umbruchprozess mit sich gebracht hatte, führte zum wachsenden Bedürfnis nach erinnernder Selbstvergewisserung und nostalgischer Wiederauferstehung der Vergangenheit in Form von Ostprodukten, die nun als Identitätsanker dienten (45).

Seit Anfang 1995 ging eine Welle von »Ostalgiepartys« durch die neuen Bundesländer. Ostprodukte, die in der Wendezeit zu Ladenhütern geworden waren, wurden plötzlich wieder begehrt. Mitunter hatten diese Produkte freilich nur noch den Namen mit den alten DDR-Gütern gemein und wurden von Unternehmen angeboten, die ihren Hauptsitz inzwischen im Westen hatten.

Der Höhepunkt dieses Trends war zwar erst nach der Jahrtausendwende erreicht, als mit »Goodbye Lenin« eine satirische Variante der DDR-Nostalgiewelle zum Kinohit wurde und Katharina Witt im FDJ-Blauhemd eine »DDR-Show« bei RTL moderierte (46). Ihren Ausgang aber nahm sie bereits um die Mitte der 1990er Jahre. 1996 stimmten 48 Prozent der Ostdeutschen dem Statement über die untergegangene DDR zu: »Wir waren alle gleich und hatten Arbeit. Darum war es eine schöne Zeit«. Nur 26 Prozent sahen das nicht so (47).

Politisch fand diese Entwicklung auch in einer Auseinanderentwicklung der Parteiensysteme ihren Ausdruck. Während im Westen trotz wachsender Bindungsschwächen der Großparteien das Vierparteiensystem der achtziger Jahre fortbestand, konnte im Osten die PDS ihren Stimmenanteil zwischen 1990 und 1998/99 fast verdoppeln. Mit der Ausnahme Sachsen-Anhalts, wo die Partei nach einem vierjährigen Tolerierungsbündnis mit Rot und Grün 1998 auf 19,6 Prozent der Stimmen kam, lag die PDS bei den dritten Landtagswahlen im Osten überall über 20 Prozent. In Sachsen und Thüringen konnte die als »Stimme des Ostens« auftretende Partei 1999 die SPD überrunden und stellte in beiden Landtagen fortan die zweitstärkste Fraktion. Die Schwäche der etablierten Parteien zeigte sich auch in Sachsen-Anhalt, wo die Regierungsrolle der PDS dem Wahlerfolg der rechtsradikalen DVU zugutekam. Sie zog im Frühjahr 1998 mit 12,7 Prozent in den Magdeburger Landtag ein.

Die gewachsene Entfremdung ließ sich auch in anderen Befunden der empirischen Sozialforschung ablesen. Verbanden 1995 noch 44 Prozent der Ostdeutschen mit der Deutschen Einheit mehr Gewinne als Verluste, so war dieser Anteil bis 1998 bis auf 33 Prozent zurückgegangen. 1997 fühlten sich nur 28 Prozent der erwachsenen Bürger der neuen Länder in erster Linie als Deutsche, aber 67 Prozent mehr als Ostdeutsche. In den alten Ländern dagegen lag der Anteil derer, die sich als Deutsche verstanden, bei 60 Prozent. Nur 34 Prozent sahen sich zu dieser Zeit vorrangig als Westdeutsche (48).

Trotz mancher Anzeichen einer Angleichung im realen Wohlstandsniveau zwischen Ost und West blieben die Folgeprobleme der Ausgestaltung der Deutschen Einheit auch in der zweiten Hälfte der 1990er Jahre ein Dauerproblem. Dies galt umso mehr, als die Erfolge mit einer dramatischen Ausweitung der Staatsverschuldung finanziert waren. Die Staatsquote war trotz aller Sparanstrengungen bis 1997 auf 50,6 Prozent des BIP angewachsen. Allein die Zinsausgaben des Staates betrugen im gleichen Jahr 136 Milliarden DM. Einschließlich der in den verschiedenen Sonderfonds versteckten Schulden machte der Schuldenstand des Bundes 1997 ein Viertel des BIP der Bundesrepublik Deutschland aus. Die Verschuldung aller Gebietskörperschaften zusammen lag zu dieser Zeit bei 2,2 Billionen (49).

Die Entwicklung in Ostdeutschland konnte demnach kaum zur Stabilisierung der Bundesregierung beitragen. Auch die Tatsache, dass der erfolgreichste Unionspolitiker in den neuen Ländern, der sächsische Ministerpräsidenten Kurt Biedenkopf, als letzter verbliebener Rivale des Bundeskanzlers gelten konnte, machte die Position des Kanzlers nicht einfacher. Biedenkopf, stets auf Eigenständigkeit bedacht, trat auch in dieser Zeit immer wieder als offener oder versteckter Kritiker Kohls in Erscheinung. Dass Kohl sich 1997 selbst wieder zum Kanzlerkandidaten für 1998 ausrief, fand seine Unterstützung ebenso wenig wie die Festlegung auf den 1.1.1999 als Termin für die Einführung des Euro. Im SPIEGEL-Gespräch trat der sächsische Ministerpräsident im Sommer 1997 für eine Verschiebung ein. Das für ein Funktionieren der Währungsunion unerlässliche »zweite Bein«, die Politische Union, sei auch mit dem gerade vereinbarten Amsterdamer Vertrag nicht erreicht worden. Und eine Verschiebung des Projekts bedeute keine »Gefährdung von Frieden und Freiheit« (50).

2.3 DER EURO

Das aus Sicht von Helmut Kohl bei weitem wichtigste Projekt in den letzten Jahren seiner Amtszeit war der Euro. Bald schon nach seiner Wiederwahl 1994 galt der Einführung der europäischen Einheitswährung seine bevorzugte Aufmerksamkeit. Mit ihr verband er sein Schicksal als Chef der deutschen Regierung und aus der Euro-Einführung bezog er schließlich auch die Rechtfertigung für seine abermalige Kanzlerkandidatur 1998.

Mit dem Vertrag von Maastricht war ein verbindlicher Zeitplan für die entscheidende dritte Stufe der Euro-Einführung vereinbart worden. Je näher nun der Zeitpunkt rückte, an dem die Aufgabe der DM anstand, umso mehr wuchsen in Bonn die Befürchtungen vor einer europäischen »Leichtwährung«. Auch die von der französischen Seite verfolgte Idee eines Gremiums der Wirtschafts- und Finanzminister des Euroraumes wurde in Bonn sehr skeptisch beurteilt.

In den maßgeblichen Ministerien, bei CDU/CSU und FDP, in der Bundesbank und in den Wirtschaftsverbänden ging die Befürchtung um, durch die Einrichtung einer solchen »Wirtschaftsregierung« könnte Deutschland mit seiner liberalen Grundausrichtung der Wirtschaftspolitik durch die südlichen Länder mit ihrer staatsinterventionistischen Wirtschaftskultur und einer Politik des lockeren Geldes, die wenig Angst vor Inflation und Ausweitung der Staatsschulden hatte, domestiziert werden. Als Ausweg hatte Deutschland bereits in Maastricht für ein striktes System der Defizitüberwachung mit festen Obergrenzen bei der Staatsverschuldung plädiert, sich damit aber nur teilweise durchsetzen können: Ein wirklich verbindlicher Sanktionsmechanismus gegenüber Defizitsündern war dort nicht vereinbart worden (51).

Bei den Partnern hatte der Schuldenabbau inzwischen keine großen Fortschritte gemacht. 1995 lag die Staatsverschuldung in Frankreich bei fünf Prozent des Bruttoinlandsprodukts. Wie Frankreich die Dreiprozent-grenze nur zwei Jahre später erreichen wollte, stand in den Sternen. Erst recht galt das für Italien. Nachdem bekannt wurde, dass Finanzminister Waigel einen italienischen Beitritt zur Währungsunion 1999 nicht für möglich hielt, geriet die Lira sogar unter den Druck der internationalen Finanzmärkte.

Vor diesem Hintergrund entstand die Idee des Stabilitätspakts. Im Herbst 1995 lancierte der Bundesfinanzminister öffentlich die Idee, für den Eintritt in die Endstufe der Währungsunion eine zusätzliche Sicherung der Haushaltsdisziplin für die Mitgliedsländer vorzusehen. Nach einigem Zögern stimmte Helmut Kohl zu. Danach sollten sich die Teilnehmer der Währungsunion darauf verständigen, die in Maastricht festgelegten Kriterien zu verschärfen. Eine Defizitquote von weniger als drei Prozent und ein Gesamtschuldenstand, der 60 Prozent des Bruttoinlandsprodukts nicht überstieg, mussten unabdingbare Voraussetzung für die Mitgliedschaft im Euroraum werden. Gleichzeitig sollte ein verbindlicher Sanktionsmechanismus für den Fall vereinbart werden, dass Mitgliedsländer des Euroraumes nach Einführung der Einheitswährung die Stabilitätskriterien nicht einhielten (52).

Mehr als ein Jahr wurde über diese Kriterien verhandelt. Ein erklärter Gegner war der französische Staatspräsident Jacques Chirac. Noch am Vorabend des entscheidenden europäischen Gipfels in Dublin im Dezember 1996 bezeichnete Chirac den Stabilitätspakt als Idee einiger deutscher Technokraten. Auf dem Gipfel selbst kam es zu einem heftigen Zusammenstoß zwischen Kohl und Chirac. Nach harten Verhandlungen fand man schließlich einen Kompromiss, den der luxemburgische Ministerpräsident Jean-Claude Juncker formulierte. Danach wurde bekräftigt, dass die Dreiprozentgrenze von Maastricht und die 60-Prozent-Grenze bei der Gesamtverschuldung unbedingte Voraussetzungen für die Aufnahme in den Euroraum werden sollten. Der von den Deutschen so lange verlangte verbindliche Sanktionsmechanismus bei der Verletzung dieser Kriterien für ein Mitglied des Euroraumes aber war nicht zu erreichen. Es würde Angelegenheit der Finanzminister im Ecofin-Rat sein, auf Vorschlag der Europäischen Kommission über solche Sanktionen zu befinden. Dazu wurde noch die Möglichkeit »außergewöhnlicher Umstände« eingeräumt, bei denen von Sanktionsmöglichkeiten abgesehen werden konnte. Das war weniger, als Kohl und Waigel erreichen wollten (53).

Letzte französische Widerstände gegen die Umsetzung des Stabilitätspaktes beseitigte schließlich Finanzminister Dominique Strauss-Kahn, dem es gelang, die deutsche Seite von einer Umbenennung der Vereinbarung in einen »Stabilitäts- und Wachstumspakt« zu überzeugen. Er schaffte es 1997 auch, die Einrichtung einer »Eurogruppe« durchzusetzen, in denen die Finanzminister der Euro-Länder und der Präsident der Europäischen Zentralbank zusammenkommen sollten, um über gemeinsame Grundlinien ihrer Wirtschafts- und Finanzpolitiken zu beraten.

1996 war auch die Entscheidung über die Bezeichnung der kommenden europäischen Einheitswährung gefallen. Während Frankreich ursprünglich den Namen der europäischen Verrechnungseinheit »Ecu« übernehmen wollte, kam das für Helmut Kohl nicht in Betracht. Der ECU hatte seit seiner Einführung in den 16 Jahren seiner Existenz gegenüber den stabilsten europäischen Währungen fast 40 Prozent seines Wertes verloren. Er versinnbildlichte demnach genau das, was Deutschland unbedingt verhindern wollte, die Entstehung einer »europäischen Weichwährung«. So signalisierte Kohl seine Bereitschaft, die Bezeichnung »Franken« zu akzeptieren. Das aber lehnte der spanische Regierungschef Felipe Gonzales ab, weil damit die Erinnerung an das Franco-Regime wachgerufen werde. Gonzales schlug dann seinerseits vor, die Währung einfach »Euro« zu nennen. Das fand dann im Kreise der Staats- und Regierungschefs breite Zustimmung (54).

Trotz der Verständigung über den Stabilitäts- und Wachstumspakt war bis Ende 1997 noch keineswegs sicher, ob die entscheidenden Beschlüsse zum Beginn der dritten Phase der Währungsunion tatsächlich bereits 1998 gefasst werden konnten. Populär war das Projekt in Deutschland nicht. Alle demoskopischen Daten zeigten mehr oder weniger klare Mehrheiten in der Bevölkerung gegen die Aufgabe der DM. Im April 1997 z.B. sprachen sich 52 Prozent der Befragten gegen den Euro aus. Nur 21 Prozent begrüßten die vorgesehene Währungsunion.

Innerhalb der politischen Eliten sah die Sache freilich anders aus. Kohl und Waigel wollten eine Verschiebung der Euro-Einführung auf keinen Fall akzeptieren. Und im Bundestag würde ein Votum für den Beginn der dritten Phase sicher nicht scheitern. Die vom Bundeskanzler vorgegebene Grundrichtung, die eine Zustimmung zum Euro mit der Zustimmung zur Weiterentwicklung der europäischen Einigung identifizierte, hatte sich auch innerhalb der Oppositionsparteien weitgehend durchgesetzt (55). Die Einwände von Kurt Biedenkopf (»Was wir tun, ist abwegig«) blieben ebenso chancenlos wie die Kritik des bayerischen Ministerpräsidenten Edmund Stoiber, der ebenfalls für eine Verschiebung des Termins eintrat. Auch die Einwände des designierten sozialdemokratischen Kanzlerkandidaten Gerhard Schröder, der in der BILD-Zeitung den Euro noch Ende März 1998 als »kränkelnde Frühgeburt« bezeichnet hatte, die die Arbeitslosigkeit in

Deutschland vergrößern werde, blieben ohne Konsequenzen (56). Die SPD unterstützte in dieser Sache den Kurs des Kanzlers. Auch die Grünen zogen da mit.

Ohne Konsequenzen für die Regierungspolitik blieben auch die vielen Einwände aus der Fachwelt, die auf die Risiken eines gemeinsamen Währungsraumes bei so unterschiedlich entwickelten Volkswirtschaften in den Mitgliedsländern verwiesen. Auch sie drangen bei den politischen Entscheidungsträgern nicht durch. Dabei trafen die Einwände ziemlich genau den Kern des Problems. Die Einführung des Euro als Gemeinschaftswährung für einen sehr heterogenen Wirtschaftsraum würde den wirtschaftlich und finanziell schwächeren Staaten die Möglichkeit nehmen, wirtschaftliche Disparitäten durch das Mittel der Abwertung auszugleichen. Das aber würde den Wettbewerbsdruck vergrößern, weil nur noch das Mittel der »inneren Abwertung« durch Absenkung von Lohnniveaus und Sozialleistungen blieb. Damit verband sich die Gefahr wachsender sozialer Spannungen.

Zugleich würde der Euro für die schwächeren Staaten mit niedrigerer Haushaltsdisziplin auch niedrigere Zinsen bedeuten. Diese würden die Versuchung hervorrufen, höhere Schulden zu machen. Dies galt erst recht unter den Bedingungen eines verschärften Wettbewerbsdrucks, der die Versuchung schaffen würde, soziale Spannungen durch höhere Schulden zu entschärfen. Um dem wirkungsvoll entgegenzuwirken, hätte es einer strikten Bankenaufsicht, einer echten Fiskalunion, letztlich also einer tatsächlichen Europäischen Union bedurft, die eine Angleichung der Haushalts- und Finanzpolitik der Mitgliedstaaten erzwingen konnte. Das aber gab es nicht.

Doch all diese Bedenken wurden beiseitegeschoben. Eine überragende Bedeutung hatte dabei Helmut Kohl, der mit aller Entschlossenheit daran arbeitete, die Weichenstellungen zur Einführung des Euro noch in seiner Regierungszeit durchzusetzen. Es gäbe den Euro nicht, »wenn es Kohl in diesem Moment nicht gegeben hätte«, hat Jean-Claude Juncker dazu später festgestellt (57). Kohls Sorge, ohne ihn könne die Euro-Einführung scheitern, hat auch eine entscheidende Rolle dafür gespielt, dass er entgegen früherer Ankündigungen noch einmal als Kanzlerkandidat zur Bundestagswahl 1998 antrat (58).

Die Kritik, mit der der Bundeskanzler zeitweise auch innerparteilich konfrontiert wurde, ließ sich beiseitedrängen. Die finanzpolitischen Realitäten in den potentiellen Euro-Ländern aber schufen noch weit größere Probleme für die entscheidenden Beschlüsse zur Euro-Einführung. In der Bundesrepublik wie auch in Frankreich lag die Neuverschuldung 1996 etwa bei vier Prozent des BIP. Demnach waren auch in Deutschland gewaltige Sparanstrengungen notwendig, wenn der Terminplan eingehalten werden sollte.

Die Folgen brachten Finanzminister Waigel bald in gehörige Bedrängnis. Als bekannt wurde, dass daran gedacht war, die 1998 fällige Neubewertung des Goldschatzes der Bundesbank auf 1997 vorzuziehen und den Buchgewinn dem Erblastentilgungsfonds zuzuführen, geriet die Bundesregierung in den Verdacht »kreativer Buchführung« zum Zwecke der Einhaltung der Konvergenzkriterien. Am Ende scheitert der Plan aber schon am Widerstand der Bundesbank. Ihr Chef Hans Tietmeyer ließ keinen Zweifel, dass für ihn solche Manöver nicht in Betracht kamen (59).

Doch auch ohne kreative Buchführung erreichte Deutschland am Ende die Stabilitätsziele. Mit Hilfe des Sparpakets 1996, mit Haushaltssperren, höheren Steuereinnahmen und niedrigeren Zinsen gelang mit der Begrenzung der Neuverschuldung auf 2,7 Prozent des BIP 1997 die Einhaltung der Kriterien. Frankreich dagegen kam ohne Tricks nicht aus: 1997 überwies die staatseigene France Télécom 37,5 Milliarden Francs an den Staat. Dieser übernahm dafür Pensionszahlungen, die aber erst später anfallen würden (60). Nur so konnte Frankreich im Referenzjahr 1997 die Kriterien erfüllen.

Noch größere Probleme stellten sich in Belgien und Italien. In beiden Ländern lag der Schuldenstand ungefähr beim Doppelten der erlaubten Höhe. Bis Ende 1996 war man davon ausgegangen, dass eine Teilnahme der Italiener gar nicht in Betracht kommen würde. Erst im letzten Moment hatte die Regierung Prodi durchgesetzt, dass Italien in den bis dahin geltenden europäischen Wechselkursmechanismus zurückkehrte. Diese Rückkehr im Dezember 1996 aber war Voraussetzung für den Eintritt Italiens in den europäischen Währungsraum (61).

Die italienische Regierung griff dann zu allerhand Tricks, um die Neuverschuldung nominell zu begrenzen. So wurde z. B. eigens eine nur zeitweise erhobene »Europasteuer« eingeführt, um das Haushaltsdefizit für 1997 unter die drei-Prozent-Marke zu drücken. In Bonn war man über die römischen Manipulationen genau informiert. Doch weil die Verschiebung unbedingt vermieden werden und Italien auf jeden Fall dabei sein sollte, wurden die Bedenken gegen eine Aufnahme Italiens und Belgiens beiseitegeschoben. Beide Länder waren Gründungsmitglieder der europäischen Wirtschaftsgemeinschaft und ein Ausschluss aus dem Kreis der Teilnehmerstaaten hätte dort zu schweren Verwerfungen geführt.

Beim entscheidenden Sondergipfel am 2./3. Mai 1998 in Brüssel beschloss der Europäische Rat, dass außer Großbritannien, Griechenland, Dänemark und Schweden alle übrigen elf EU-Mitgliedsländer an der Wirtschafts- und

Währungsunion teilnehmen sollten. Die wirtschaftlichen Voraussetzungen seien ebenso vorhanden wie die notwendige politische Stabilität.

Die Briten hatten von Anfang an abgewinkt. In Schweden und Dänemark entschieden Volksabstimmungen über die Beibehaltung der nationalen Währung. Griechenland wies zu dieser Zeit ein Haushaltsdefizit von sechs Prozent auf. Erst 2000 gelang es den Griechen mit allerhand Buchungstricks und der Hilfe von Goldmann & Sachs doch noch, ihre Aufnahme in die Wirtschafts- und Währungsunion durchzusetzen.

Auf dem Brüsseler Gipfel fiel auch die Entscheidung für den Niederländer Wim Duisenberg als erstem Chef der Europäischen Zentralbank in Frankfurt. Duisenberg musste nach einem peinlichen Hickhack allerdings zustimmen, nach der Hälfte der Amtszeit »freiwillig« auszuscheiden und dem Franzosen Claude Trichet das Feld zu überlassen (62). In Wirklichkeit konnte von Freiwilligkeit eigentlich keine Rede sein. Jacques Chirac hatte auf seinem Kandidaten bestanden und Kohl wollte eine Einigung unter keinen Umständen gefährden. Am 1. Juni 1998 nahm die Europäische Zentralbank in Frankfurt ihre Tätigkeit auf.

Im April hatte der Bundestag mit der überwältigenden Mehrheit von 575 gegen 35 Stimmen bei zehn Enthaltungen für die Einführung des Euro zum 1. Januar 1999 votiert. Im Bundesrat stimmten alle Länder mit Ausnahme Sachsens zu – auch Bayern und Niedersachsen, deren Ministerpräsidenten Stoiber und Schröder sich zuvor so kritisch geäußert hatten. CSU-Chef Waigel hatte gedroht, bei einem bayerischen Nein im Bundesrat würde er als Finanzminister wie als Parteichef zurücktreten. So lenkte Stoiber ein (63).

Die Grundstimmung der deutschen Gesellschaft, die das Unternehmen Währungsunion mehrheitlich mit Skepsis betrachtete, fand im Parlament praktisch keinen Ausdruck. Unter den namhaften Politikern war es allein Otto Graf Lambsdorff, der sich der Stimme enthielt. Die 1992 geschaffenen Grundlagen für eine sorgfältige Prüfung der Voraussetzungen dieser Union seien mit dieser Entscheidung praktisch aufgegeben worden, schrieb Kurt Biedenkopf. Deutschland habe nun keine Möglichkeit mehr, die Fortsetzung seiner Geldpolitik in der EU einzuklagen, wenn andere Teilnehmer der Währungsunion eine andere Geldpolitik vorzögen (64).

Dabei hatte der Bundeskanzler vor dem Bundestag noch einmal die Bedeutung der Währungsunion herausgestellt. Sie werde das »Zusammengehörigkeitsgefühl der Europäer stärken«. Für Deutschland gehe es um die wichtigste Entscheidung seit der Wiedervereinigung. Von ihr hänge es wesentlich ab, »ob künftige Generationen in Deutschland und Europa dauerhaft und in Frieden und Freiheit, in Wohlstand und sozialer Stabilität leben können« (65). Auf sein eigenes Junktim vom November 1991, dass die Einführung des Euro ohne eine echte politische Union keinen Sinn mache, ging er dabei nicht ein. Es gab auch niemanden, der ihn in dieser Debatte damit konfrontiert hätte. Auch die Tatsache, dass sein aussichtsreicher Herausforderer Gerhard Schröder, der im April 1998 längst als wahrscheinlicher Nachfolger gehandelt wurde, wenige Wochen zuvor seine Ablehnung herausgestellt hatte, spielte keine Rolle.

Kohl wollte den Euro unbedingt und er setzte ihn mit all seiner Kraft und Erfahrung auch durch – obgleich ihn selbst längst Zweifel befallen hatten, ob die Politische Union, die er 1991 als zentrale Voraussetzung für die Währungsunion bezeichnet hatte, jemals kommen würde. Der konservative Publizist Johannes Gross, eigentlich eher ein Anhänger des Kanzlers, hatte schon im April 1997 geurteilt: »Die verantwortungsschwere Leichtfertigkeit, mit welcher Politiker und Fachleute über die Deutsche Mark disponieren, müsste kriminell genannt werden, wenn sie nicht auf politischem Unverstand und gutem Willen beruhte« (66). Inzwischen hatte auch das Bundesverfassungsgericht Verfassungsbeschwerden gegen den Euro als »offensichtlich unbegründet« verworfen.

Am 31. Dezember 1998 wurden die Umrechnungskurse des Euro zu den Währungen der Mitgliedsländer der Währungsunion von den Wirtschafts- und Finanzministern definitiv festgesetzt. Am Tag darauf wurde der Euro Realität, wenn auch vorläufig nur als Buchungseinheit und Zahlungsmittel im bargeldlosen Zahlungsverkehr. Am 1. Januar 2002 kam er auch als Münz- und Papiergeld in Umlauf. Inzwischen war es auch Griechenland gelungen, seine Aufnahme in den Kreis der Euroländer zu erreichen. Dass die Griechen dabei ihre Defizitausgaben tüchtig nach unten frisiert hatten und bei ihren Täuschungsmanövern auch durch Geheimkredite der Investmentbank Goldmann & Sachs unterstützt wurden, hat Winkler einen »Fall von Staatsbetrug« genannt (67). Durch den Kredit war Griechenland in die Lage versetzt worden, seine Dollar- und Yen-Schulden scheinbar drastisch zu vermindern.

Längst ging es zu dieser Zeit auch schon um andere Weichenstellungen für die Zukunft der Gemeinschaft. Nachdem Schweden, Finnland und Österreich 1995 in die Europäische Union aufgenommen worden waren, stand die Ausdehnung der Gemeinschaft nach Osten vor der Tür. Aus Sicht der Bundesregierung war die Mitgliedschaft Ungarns, der CSSR und Polens »in etwa zehn Jahren« anzustreben. Wenig später wurden auch die baltischen Staaten dazugerechnet. Im Dezember 1997 beschloss der EU-Gipfel in Luxemburg, mit Polen, Ungarn, Tschechien, Slowenien, Estand und Zypern Beitrittsverhandlungen aufzunehmen. Ablehnend dagegen verhielt sich

Kohl gegenüber einer möglichen Mitgliedschaft der Türkei. Die Türken sollten zwar möglichst nahe an die EU herangeführt werden. Hoffnungen auf
eine Vollmitgliedschaft solle man ihr aber nicht machen (68).

Dass eine solche Erweiterung der EU riesige Finanzierungsprobleme aufwerfen würde, war den Beteiligten durchaus klar. Weniger klar aber war
wohl, dass eine europäische Perspektive, die Erweiterung und Vertiefung
zugleich anstrebte, sich in große Widersprüche verwickeln musste.

Auch die Osterweiterung der NATO war 1997 beschlossene Sache. Ende
des Jahres wurde der Beitritt Polens, Ungarns und Tschechiens vollzogen.
Rußland erhielt die Zusicherung, dass in den neuen Mitgliedsländern keine NATO-Verbände und keine Atomwaffen stationiert würden. Dennoch
reagierten die Russen befremdet auf diesen Schritt, nahmen ihn freilich
am Ende hin. Auch dabei spielte der deutsche Bundeskanzler mit seinem
engen Verhältnis zu Russlands Präsident Jelzin eine wichtige Rolle (69).

2.4   DIE INNENPOLITIK: RUCKREDE, STEUERREFORM
UND REFORMBLOCKADE

Seit dem Spätherbst 1996 begann sich die politische Grundstimmung in
Deutschland zu verändern. Die im Oktober angekündigte große Steuerreform verfing sich zunächst im schwierigen Abstimmungsprozess zwischen den Koalitionspartnern. Nur durch die Zusicherung einer Absenkung des »Soli« und von Steuersenkungen für die gewerbliche Wirtschaft
ließ sich die FDP für das Unternehmen gewinnen. Der von Theo Waigel am
23. Januar 1997 präsentierte Entwurf sah eine Nettoentlastung der Steuerzahler um 30 Milliarden vor. Der Eingangssteuersatz sollte nun auf 15 Prozent, der Spitzensteuersatz auf 39 Prozent sinken. Ganz so weit wie im
Schäuble-Papier ursprünglich vorgesehen wollte man beim Spitzensteuersatz jetzt doch nicht gehen. Der auf 15 Milliarden geschätzte Finanzierungsbedarf sollte durch eine Erhöhung der Mehrwertsteuer aufgebracht
werden.

Die Pläne stießen, wenig überraschend, auf den Widerstand der SPD,
ohne deren Unterstützung die Reform den Bundesrat nicht passieren konnte. Zwar stellten die Sozialdemokraten Verhandlungsbereitschaft heraus.
Aber die folgenden Konsensgespräche brachten keine greifbaren Ergebnisse. Auch im Vermittlungsausschuss kam keine Einigung zustande. So war
die Steuerreform bis zum Herbst 1997 praktisch gescheitert (70).

Dabei war die SPD anfänglich noch keineswegs auf eine Blockadepolitik

eingeschworen. Während Parteichef Lafontaine von vornherein auf Ablehnung setzte, liebäugelte Gerhard Schröder noch im Frühjahr 1997 mit dem
Projekt einer Großen Koalition. Auch bei der Steuerreform war er zunächst
nicht auf ein striktes Nein festgelegt. Eine Absenkung des Spitzensteuersatzes auf deutlich unter 40 Prozent kam freilich auch für ihn nicht in Betracht. Aber nun war die Koalition bei 39 Prozent. Konnte man sich da nicht
doch verständigen? (71).

Zum großen Problem für die Regierung wurden aber jetzt die von Norbert Blüm verfolgten Pläne einer Rentenreform, mit der die aus der Umlage
der Beitragszahler finanzierte Rente auch unter den schwierigen demographischen Bedingungen des 21. Jahrhunderts gesichert werden sollte. Blüm
stand dabei unter dem Druck einer Reformdebatte, in der viele prominente Stimmen für eine Umstellung der Rentenfinanzierung auf das Kapitaldeckungsprinzip eintraten. Dazu gehörte auch Kurt Biedenkopf.

Zwar fanden solche Ideen beim Bundeskanzler keine Unterstützung.
Alle ernstzunehmenden Reformüberlegungen verstrickten sich schließlich auch in die kaum lösbaren Probleme einer Systemumstellung. Doch
auch Blüms Ziel einer sicheren, beitragsfinanzierten Rente ließ sich mit
den auf Senkung der Lohnnebenkosten gerichteten Zielen der Steuerreform kaum so einfach vereinbaren. Würden die Beiträge zur Rentenversicherung nicht ansteigen oder gar abgesenkt, musste der steuerfinanzierte
Bundeszuschuss erhöht werden, was wieder den Einsparnotwendigkeiten
widersprach, die wegen der Euro-Einführung höchste Dringlichkeit beanspruchten.

Blüm hatte als Chef einer Regierungskommission ebenfalls im Januar
1997 Pläne vorgelegt, das Rentenniveau nach 45 Beitragsjahren bis zur
Jahrtausendwende von 70 Prozent auf 64 Prozent der Nettolöhne abzusenken. Langfristig sollten die Beitragssätze bis auf 22,9 Prozent steigen. Zugleich wollte man den Bundeszuschuss für die Rentenkassen aus
Steuermitteln um 17 Milliarden DM anheben (72). Der Plan sah also einen
Kompromiss vor, der eine moderate Rentenkürzung bei begrenzter Beitragserhöhung vorsah. Aber auch eine Begrenzung des Beitragsanstiegs
widersprach dem Ziel einer Absenkung der Lohnnebenkosten. Und die Erhöhung des Zuschusses aus Steuermitteln stand im Gegensatz zu den Notwendigkeiten der Haushaltskonsolidierung und den Zielen von Waigels
Steuerreform.

In der Folge verheddert sich die Union in eine schwierige innerparteiliche Debatte, in der es bald zu Auseinandersetzungen zwischen Mittel-
ständlern und Sozialpolitikern kam. Dabei hatten die Mittelständler angesichts von inzwischen 4,6 Millionen Arbeitslosen die besseren Karten.

Gleichwohl hinterließ die laute Kritik an der »Gerechtigkeitslücke« bei den Reformplänen der Regierung auch innerhalb von CDU und CSU ihre Spuren. Zwar setzte die Regierung ihre Pläne am Ende durch. Aber zu einer Verständigung mit den Sozialdemokraten kam es auch an dieser Stelle nicht.

Der öffentliche Eindruck dieses Ringens innerhalb der Koalition war für die Bundesregierung höchst unerfreulich. Offensichtlich waren die Pläne zur Steuer- und zur Rentenreform nicht so recht aufeinander abgestimmt worden. Norbert Blüms öffentliche Kritik an der beabsichtigten Steuerreform konnte diesen Eindruck nur unterstreichen (73).

Als kurz vor Ostern 1997 die Koalition auf Druck der FDP ihre Pläne zur Absenkung der Kohlesubventionen bekanntgab, stieg die öffentliche Aufregung noch weiter an. Bis zur Jahrtausendwende sollten sieben Zechen stillgelegt werden. Diese Entscheidung brachte nicht nur Tausende von Bergarbeitern zum Massenprotest nach Bonn. Sie führte auch zur Verhärtung der Fronten in der SPD. Die zunächst verständigungsbereite SPD aus Nordrhein-Westfalen änderte jetzt ihre Haltung. Die nächste Runde der Konsensgespräche zur Steuerreform, die bis März 1997 unter Beteiligung von Fraktionschef Scharping geführt worden waren, wurde abgesagt. SPD-Chef Lafontaine hatte nun leichtes Spiel, seine Blockadepolitik innerparteilich durchzusetzen (74).

Tatsächlich fand erst in diesen Monaten der politische Stimmungsumschwung im Lande statt, der dann die Ausgangsbedingungen für die Bundestagswahlen 1998 entscheidend prägen sollte. Bis zum Januar 1997 hatten die Demoskopen bei den Umfragen noch einen Vorsprung der Union vor der SPD vermeldet. Zwischen Januar und Juni 1997 aber ging die Zustimmung zu CDU und CSU in der »Sonntagsfrage« von 42 Prozent bis auf 37 Prozent zurück, während die SPD von Februar bis August 1997 von 35 bis auf 40 Prozent zulegte. Noch deutlicher waren die Veränderungen in der politischen Stimmungslage, d. h. bei den nicht gewichteten Rohdaten der Demoskopen (75).

Der Stimmungswandel zugunsten der Sozialdemokraten war demnach keineswegs eine direkte Folge der Wahl Oskar Lafontaines zum Parteivorsitzenden. Entscheidend für den Stimmungsumschwung in der Gesellschaft waren eher die Reformpläne der Union. In der Renten- und Gesundheitspolitik wurden sie mehrheitlich als sozial unausgewogen verstanden, wobei die angekündigte Absenkung der Lohnfortzahlung im Krankheitsfall die wichtigste Rolle spielte. Und die Steuerreform geriet erst zum kommunikativen Desaster im Regierungslager selbst und scheiterte dann an der Blockademehrheit der SPD im Bundesrat. Am Ende freilich wurde sie zum Beleg für die mangelnde Handlungsfähigkeit und den Immobilismus einer an der Macht verbrauchten Regierung.

Erst die vermeintliche »Gerechtigkeitslücke« in der auf die Einhaltung der Konvergenzkriterien und den Zeitplan der Euro-Einführung fixierten Politik der Bundesregierung bot den Sozialdemokraten die Gelegenheitsräume, in die namentlich ihr Parteivorsitzender dann entschlossen hineinstieß.

»Als die Regierung ab 1996 … zaghafte Deregulierungsmaßnahmen in Angriff nahm, sank ihr Ansehen rasch. Hinter den Kürzungen der Lohnfortzahlung, der Erhöhung von Zuzahlungen für Medikamente oder der Lockerung des Kündigungsschutzes stand eine klare Akzentverschiebung in der politischen Semantik, die als neoliberal charakterisiert wurde. Durch eine erratische Finanzpolitik untergrub sie zudem ihre Glaubwürdigkeit. Eine hastig inszenierte Steuerreform trieb sie schließlich in die taktische Falle der Opposition, von deren Zustimmung sie im Bundesrat abhängig war … Als das Projekt dort scheiterte, war das Vertrauen in die Lösungskompetenz der Regierungskoalition zerbrochen« (76).

Zu dem weit verbreiteten Eindruck einer »Reformblockade« trug auch Bundespräsident Herzog bei, der am 26. April 1997 im Berliner Adlon-Hotel eine viel beachtete Grundsatzrede hielt. Unter dem Titel »Aufbruch ins 21. Jahrhundert« bekräftigte Roman Herzog die aus verschiedenen Richtungen länger schon geübte Kritik an der Wirtschafts- und Sozialverfassung, aber auch an der geistigen Befindlichkeit des Landes. Die Bundesrepublik stehe im Angesicht von 4,3 Millionen Arbeitslosen, der Erosion der Sozialversicherungssysteme, der demographischen Probleme des Landes und der Herausforderungen durch die Globalisierung vor dramatischen Problemen, die durch eine »unglaubliche mentale Depression«, durch Technikfeindlichkeit, Regulierungswut und Staatsfixierung noch verstärkt würden. »Durch Deutschland muss ein Ruck gehen«, folgerte das Staatsoberhaupt. Kostensenkung, Deregulierung, mehr Selbstverantwortung des Einzelnen, mehr Wettbewerb und mehr Förderung der Spitzentechnologien seien notwendig (77).

Die Rede fand in der Öffentlichkeit parteiübergreifend viel Zustimmung. Kritisiert wurde sie dagegen von den Gewerkschaften (78). Obwohl die Reformprojekte der Koalition eigentlich in die von Herzog geforderte Richtung wiesen, wurde seine Rede auch als Kritik an der Reformunfähigkeit einer an der Macht verschlissenen Regierung verstanden.

Inzwischen fanden die Forderungen der »Neoliberalen« in der Öffentlichkeit wachsende Resonanz und publizistische Unterstützung. Danach sollte die Einmischung des Staates in die Wirtschaft zugunsten der Selbststeuerungskräfte des Marktes zurückgefahren werden. Die Vorzüge des angloamerikanischen Kapitalismus gegenüber dem stärker regulierten »rheinischen Kapitalismus« wurden in den Leitmedien des Landes breit herausgestellt. In den Talk-Shows der Republik waren die vermeintlichen Anpassungszwänge der Globalisierung das beherrschende Thema. Notwendig seien Steuersenkungen, umfassende Deregulierung und die Senkung der Sozialausgaben.

Tatsächlich war die Arbeitslosigkeit in Großbritannien 1996 bis auf 3,4 Prozent, in den USA bis auf 5,6 Prozent gesunken – freilich um den Preis einer Vielzahl von Niedriglohn-Jobs. Die Konsequenzen der »neoliberalen« Rhetorik blieben freilich meist diffus. Zwar wurde die Notwendigkeit grundlegender Sozialreformen bald von keiner Seite mehr bestritten. Sogar die Grünen diskutierten Ideen zur Umgestaltung des Steuersystems und zur Senkung der Lohnnebenkosten. Auch Überlegungen zur Neuorientierung der Arbeitsmarktpolitik stießen auf allerhand Resonanz. Doch nach dem Scheitern großer Reformschritte in der Sozial- und Steuerpolitik im Bundesrat mochte sich keine Seite vor der Bundestagswahl 1998 genauer festlegen (79).

Dies galt bald auch für die Sozialdemokraten, mit deren Aufschwung in der Wählergunst auch die Frage der Kanzlerkandidatur im Laufe des Jahres immer häufiger in den Blickpunkt rückte. Ende 1996 hatte eine Tagung der SPD-Parteirechten die unterschiedlichen Vorstellungen der beiden potentiellen Kandidaten, Oskar Lafontaine und Gerhard Schröder, deutlich gezeigt. Der Wahlsieg von Tony Blair bei den Unterhauswahlen in Großbritannien im Mai 1997 schien die innerparteilichen Chancen eines wirtschaftsfreundlichen Reformkurses, für den Schröder stand, verbessert zu haben. Doch der Parteitag von Hannover zeigte am Ende des Jahres, dass Lafontaine seine Partei fest im Griff hatte. Doch kam auch Schröder mit seinem Antrag »Innovationen für Deutschland« zum Zuge. Inhaltlich blieb vieles offen (80).

Wie weit die Argumente der neoliberalen Kritiker bis in die Tiefen der gesellschaftlichen Grundstimmung eindringen konnten, ist bis heute umstritten. Immerhin wuchs, begünstigt durch den Boom der internationalen Aktienmärkte und dem von einer breiten Werbekampagne begleiteten Börsengang der Telekom, die Zahl der Aktienbesitzer in Deutschland seit 1995 sprunghaft an (81). Und bald begann auch der Run auf den »neuen Markt«. Hier brachten außergewöhnliche Kurssteigerungen einzelner »Startups«, wie die neuen börsenorientierten Unternehmen jetzt genannt wurden, mit der Hoffnung auf sprunghafte Gewinnsteigerungen auch eine in Deutschland bis dahin ungekannte Gier nach dem schnellen Reichtum hervor. Zugleich aber zeigt der Absturz der Union in der Wählergunst 1997/98, dass eine Abkehr von den sozialstaatlichen Grundlagen des »Modell Deutschland« von den Wählermehrheiten offensichtlich gerade nicht gewünscht wurde.

2.5   KOHL ODER SCHÄUBLE

Kurz vor den Bundestagswahlen 1994 hatte Helmut Kohl im Fernsehsender SAT 1 erklärt, ein weiteres Mal werde er nicht mehr antreten. Diese Bundestagswahl sei für ihn »mit Sicherheit die letzte« als Kanzlerkandidat. Eine Woche später wiederholte er gegenüber der Frankfurter Allgemeinen Zeitung, »daß ich 1998 nicht wieder kandidieren will« (82). Den Namen Schäuble erwähnte der Kanzler dabei nicht. Dennoch war klar, dass er bei seiner Nachfolge an den Fraktionsvorsitzenden der Union dachte. Kohl selbst hat später geschrieben, er habe für 1996 einen Wechsel zu Schäuble vorgesehen: »Längst hatte ich für mich beschlossen, in der Mitte der Legislaturperiode einen Stabwechsel im Bundeskanzleramt vorzunehmen. Nur ein einziger Kandidat stand für mich zur Diskussion: Wolfgang Schäuble« (83).

Der SPIEGEL hat 1995 von einem Gespräch zwischen Kohl, Schäuble und Generalsekretär Peter Hintze im Dezember 1994 berichtet, bei dem Kohl einen fliegenden Wechsel im Wahljahr 1998 in Aussicht gestellt habe. Schäuble soll sich Bedenkzeit bis 1996/97 erbeten haben, um bis dahin seine gesundheitliche Fitness zu testen (84). Ulrich Reitz dagegen schreibt, dass Kohl mit Schäuble bereits vor der Wahl 1994 den Kanzlerwechsel besprochen habe (85). Jürgen Rüttgers hält es für möglich, dass es ein solches Gespräch zwischen Kohl, Schäuble und Hintze gegeben hat. Genau sagen aber könne er es nicht (86).

Nach den Ankündigungen des Kanzlers war es naheliegend, dass im Laufe der Legislaturperiode immer wieder Spekulationen über die Kohl-Nachfolge und den Zeitpunkt seines Rücktritts auftauchten. Auch die Frage, ob der Gesundheitszustand des an den Rollstuhl gefesselten Schäuble die Übernahme des Spitzenamtes zulassen würde, lieferte Stoff für die Medien.

Vor diesem Hintergrund kam Kohls Ankündigung aus dem Osterurlaub am 3. April 1997, bei den Bundestagswahlen 1998 noch einmal antreten zu wollen, einigermaßen überraschend. Zuvor hatte Wolfgang Schäuble die Interviewfrage des STERN nach seiner Bereitschaft zur Nachfolge Kohls mit der Bemerkung beantwortet, dass er »der Versuchung« »wahrscheinlich ... nicht wiederstehen« könne (87). Ob nun Kohl über Schäubles damit verkündete »Bewerbung« besonders verärgert war oder nicht: jedenfalls war seine Ankündigung einer abermaligen Kandidatur nicht mit Schäuble abgestimmt worden.

Während sich von da an das früher sehr enge Verhältnis zwischen Kohl und Schäuble eintrübte, nahm das CDU-Präsidium Kohls Ankündigung mit großem Gleichmut hin. Einzig Kurt Biedenkopf kritisierte die »selbstherrliche« Verkündung der Kanzlerkandidatur und verlangte eine Mitgliederbefragung. Doch große Resonanz fand er damit nicht. Zwar zweifelten nicht wenige in der Union schon zu dieser Zeit, ob die Partei mit Kohl noch eine Siegchance haben würde. Doch mehr als ein Grummeln war nicht zu vernehmen.

Beim Leipziger Parteitag der CDU im Oktober 1997 nahm die Personaldebatte eine neue Wendung. Nachdem Kohl mit seiner Parteitagsrede bei den Delegierten keine Aufbruchstimmung hatte entfachen können, war Wolfgang Schäuble ein glänzender Auftritt gelungen. Er löste Begeisterungsstürme aus. Zum eigentlichen Ereignis aber wurde ein Interview, das der Kanzler erst nach Abschluss des Parteitags gab. Im ZDF verkündete er zur Nachfolgefrage: »Jeder weiß, ich wünsche mir Wolfgang Schäuble als Bundeskanzler«. Die Frage nach dem Zeitpunkt des Wechsels aber ließ er offen (88).

Diese Äußerung Kohls sorgte anschließend für wochenlange Spekulationen. Generalsekretär Hintze erklärte, Kohl werde bis 2002 Kanzler bleiben. CSU-Chef Waigel betonte, seine Partei habe in der Nachfolgefrage mitzusprechen. Schäuble werde nicht automatisch unterstützt. In den Medien stand zu lesen, Kohl habe Schäuble an sich ketten, ihn zugleich aber demütigen wollen. Schäuble selbst war tief getroffen (89).

Was immer Kohl zu diesem Vorstoß veranlasst hatte, er beging damit einen Fehler. Nicht nur, dass der Eindruck einer unfairen Hinhaltetaktik gegenüber seinem angeblichen Wunschnachfolger aufkam. Indem er unmittelbar nach dem Parteitag über das Fernsehen seine Vorstellung der Regelung der Nachfolge bekanntgab, hatte er auch seine eigene Partei brüskiert.

Immerhin scheint auch danach die Frage eines Wechsels noch nicht endgültig geklärt gewesen zu sein. Kohl-Biograph Hans-Peter Schwarz übermittelt einen Bericht von Staatsminister Pfeifer, nach dem Kohl ihn und Kanzleramtsminister Friedrich Bohl im Herbst 1997 gefragt habe, ob es nicht besser sei, noch vor dem Wahldatum einen Wechsel vorzunehmen. Nach sechzehn Jahren Kanzlerschaft seien seine Chancen auf einen neuer-

lichen Wahlsieg nicht mehr sehr hoch. Die Leute wollten jetzt etwas anderes. Beide aber hätten – wie auch Waigel und Außenminister Kinkel – die
Risiken eines solchen Schritts für allzu groß gehalten. Die Einführung des
Euro sei nur mit Kohl sicher durchzusetzen (90). Friedrich Bohl konnte
sich im Sommer 2018 nicht mehr genau an ein solches Gespräch erinnern.
Aber die von Schwarz angeführten Überlegungen habe er damals durchaus angestellt. Man habe ja die Umfragen gekannt. Aber ein Kanzlerwechsel wäre angesichts der knappen Mehrheitsverhältnisse überaus riskant
gewesen. Und ohne Kohl wäre es mit dem Euro tatsächlich schwieriger geworden (91).

Nach der Nominierung des SPD-Kanzlerkandidaten Gerhard Schröder
kam es in der CDU-Spitze im Frühjahr 1998 ein letztes Mal zu ernsthaften Personaldebatten. Auf Drängen von Gerhard Stoltenberg ergriff Ministerpräsident Bernhard Vogel die Initiative zu einem Gespräch mit seinem Kollegen Erwin Teufel und mit Wolfgang Schäuble. Die drei berieten
über einen Vorstoß, um Kohl zum Verzicht zu bewegen. Man einigte sich,
dass Schäuble direkt mit Kohl sprechen sollte. Der Bremer Parteitag im Mai
1998 galt, kurz nach der Euro-Entscheidung Anfang des Monats, als rich-
tiger Zeitpunkt für einen Wechsel. Doch das Gespräch zwischen Kohl und
Schäuble brachte keinen Erfolg. Schäuble soll Kohl gesagt haben, mit ihm
werde man die Wahl verlieren. Der Kanzler aber zeigte sich uneinsichtig.
Ebenso wenig konnte Kurt Biedenkopf Helmut Kohl zu einem Verzicht bewegen (92).

Am Ende waren Union und FDP zu einem Kanzlerwahlkampf mit Kohl
verurteilt, an dessen Erfolg viele nicht mehr so recht glauben mochten.
Friedrich Bohl beschrieb im Sommer 2018 die Stimmung der Unionsspit-
ze im Wahlkampf 1998 als »gespenstisch«. Man habe jeden Abend Sieges-
zuversicht verbreiten müssen und dabei doch gewusst, dass es wohl nicht
reichen würde (93).

Es ist gut möglich, dass die Union mit Schäuble im Bundestagswahlkampf 1998 tatsächlich aussichtsreicher gewesen wäre. Viele, die damals
als Akteure oder Beobachter eine Rolle gespielt haben, gehen jedenfalls davon aus. Tatsächlich spielte das Bild des über die Last der Jahre und der großen Aufgaben gealterten, zu reformerischer Dynamik und neuen Aufbrü-
chen nicht mehr fähigen, im Amt verschlissenen Amtsinhabers im Duell
mit dem deutlich jüngeren und dynamischen Herausforderer Schröder
eine wichtige Rolle. Aus dieser Sicht hätte die Union mit einem neuen Gesicht die besseren Chancen gehabt. Auf der anderen Seite stand der Nimbus des Kanzlers der Einheit und des Baumeisters der europäischen Integration. Hatte der nicht immer die Marktplätze gefüllt, wenn es darauf

ankam? Hatte er nicht 1994 aus zunächst fast aussichtsloser Position das Blatt noch einmal wenden können? Und würde der Steuerreformer Schäuble im Wahlvolk wirklich so gut ankommen, wo doch die mit Sozialkürzungen verbundenen Reformpläne der Union in der Gesellschaft auf so viele Widerstände stießen?

Ob Schäuble tatsächlich, wie Klaus Kinkel vermutet hat, »knapp gewonnen« hätte (94), kann niemand wissen. Sicher ist nur, dass das Verhältnis zwischen Kohl und Schäuble über die vieldeutig interpretierbaren Volten in der Nachfolgediskussion schweren Schaden genommen hat. Ein Schaden, der sich später zu einem Zerwürfnis ausweiten sollte, das nie mehr zu kitten war.

2.6   WIR SIND BEREIT: OSKAR LAFONTAINE UND GERHARD SCHRÖDER

Seit Anfang 1997 befanden sich die Sozialdemokraten im Aufwind. Die Umfragewerte stiegen. Und mit dem Streit um die Absenkung der Kohlesubventionen war auch das Schicksal der Steuerreform entschieden. Der Blockadekurs von Parteichef Lafontaine hatte sich durchgesetzt. Nach den glücklosen Vorgängern Engholm und Scharping besaß die SPD mit Oskar Lafontaine jetzt wieder einen unumstrittenen Parteivorsitzenden, der die Partei auch tatsächlich führen konnte. Vorbei waren die Zeiten, als einzelne Ministerpräsidenten immer wieder aus der Reihe tanzten und von der Bundesregierung ein ums andere Mal mit Gegenleistungen zu Wohlverhalten im Bundesrat gebracht werden konnten.

Dabei trat der Parteireformer der achtziger Jahre jetzt in einer anderen Rolle auf. Als scharfer Kritiker der neoliberalen Zeitgeistströmungen war Lafontaine nun zum Lordsiegelbewahrer angestammter sozialdemokratischer Grundwerte geworden. Dem modischen Trend zur Deregulierung setzte er sein Credo einer dringend notwendigen sozialen Regulierung der Globalisierung entgegen. Im Mittelpunkt standen dabei die explodierenden Finanzmärkte, deren zerstörerischen Kräfte ganze Volkswirtschaften bedrohten und deren Bändigung er als die wichtigste Aufgabe reformerischer Politik begriff (95).

Der saarländische Ministerpräsident war innerhalb der SPD inzwischen so gut wie unumstritten. Hätte er einen eigenen Anspruch auf die Kanzlerkandidatur für 1998 unbedingt durchsetzen wollen – es hätte ihm wohl niemand diesen Zugriff verwehren können. Doch Lafontaine hielt sich bedeckt. Auch ihm war klar, dass Schröder auf grössere Unterstützung in den Medien rechnen konnte.

Mit Gerhard Schröder stand ein zweiter Interessent bereit, dessen öffentliches Bild sich deutlich von dem des Parteivorsitzenden unterschied. War Lafontaine inzwischen die Verkörperung all dessen, was mit Sozialdemokratie verbunden wurde, und demnach der Kandidat der Partei, wilderte Schröder ganz ungeniert auch in »bürgerlichen« Wählerschichten. Er galt als Mann der Wirtschaft, verdankte seinem Einsatz für die niedersächsische Autoindustrie einen Gutteil seines Renomees und war zum Liebling der Medien geworden. In der Partei nicht sonderlich beliebt, reichte seine Ausstrahlung deutlich stärker in die gesellschaftliche Mitte hinein. Wo Lafontaine eine eher traditionelle Sozialdemokratie mit einer keynesianischen Politik der Nachfrageorientierung und sozialpolitischen Umverteilung verkörperte, stand Schröder mehr für Wirtschaftsmodernisierung und Angebotsorientierung im Sinne Tony Blairs (96).

Im Laufe des Jahres 1997 gelang den beiden Aspiranten und ihrer Partei ein Coup, der in der Politik selten ist. Die Sozialdemokraten schafften es, die Rivalität der beiden als sportlich-kollegiales Ereignis darzustellen, mit dem das Interesse an der SPD noch befördert werden und dem schließlich mit den Begriffen »Innovation und Gerechtigkeit« sogar eine programmatische Tiefe unterlegt werden konnte. »Gerade weil die diffusen und in ihrer Substanz unvereinbaren Begriffe von zwei so unterschiedlichen Persönlichkeiten verkörpert wurden, waren sie sinnlich wahrnehmbar und einem breiten Publikum vermittelbar« (97).

Am Ende bestimmte Gerhard Schröder die Spielregeln für die Entscheidung. Indem er seine Ambitionen deutlich zum Ausdruck brachte, zugleich aber eine Kandidatur nur für den Fall ankündigte, dass er bei der niedersächsischen Landtagswahl im März 1998 gegenüber seinem hervorragenden Ergebnis bei den Vorwahlen 1994 noch einmal zulegen würde, machte er mit Hilfe der Medien die Entscheidung über die Wiederwahl des Ministerpräsidenten in Hannover zum Plebiszit über den SPD-Kanzlerkandidaten. Dem dadurch ausgelösten Sog konnte sich auch Lafontaine nicht entziehen. Drei Tage vor dem Wahlgang machten beide miteinander ab, dass Schröder Kandidat werden sollte, wenn er das Ergebnis von 1994 mindestens erreichen würde. Anderenfalls würde die Partei entscheiden, was auf die Nominierung von Lafontaine hinausgelaufen wäre (98).

Einen Tag vor der Niedersachsen-Wahl erschienen in großen deutschen Tageszeitungen ganzseitige Anzeigen mit der Titelzeile »Der nächste Kanzler muss ein Niedersachse sein«. Wie erst später bekannt wurde, waren sie ohne Wissen Schröders vom Unternehmer Carsten Maschmeier finanziert worden, der eine Kandidatur von Oskar Lafontaine unbedingt verhindern wollte (99).

Tatsächlich konnte Schröder am 1. März 1998 das SPD-Ergebnis von 44,3 Prozent noch einmal auf 47,9 Prozent ausbauen. Damit waren die Würfel gefallen. Lafontaine hielt sich an die Verabredung und rief schon am Wahlabend Gerhard Schröder zum Kanzlerkandidaten der SPD aus (100). Mit diesem Ergebnis war nicht nur das Kalkül von Helmut Kohl durchkreuzt, der fest mit Lafontaine als Gegner gerechnet hatte. Die ganze Dramaturgie brachte den Sozialdemokraten auch einen weiteren öffentlichen Ansehensgewinn. Die Zustimmungswerte für die Union fielen im Frühjahr 1998 bis auf knapp über 30 Prozent. Nach dem ZDF-Politbarometer wollten Mitte März 62 Prozent der Deutschen Gerhard Schröder als Kanzler. Für Helmut Kohl traten nur noch 28 Prozent ein (101).

In der SPD löste der Erfolg Schröders keineswegs ungeteilte Begeisterung aus. Der Niedersachse war nicht überall der Wunschkandidat gewesen. Noch im Februar hatten Wolfgang Thierse und Ottmar Schreiner vor einem »personalisierten Wahlkampf und die Anpassung an Stimmungen« gewarnt. Doch der überzeugende Wahlsieg in Hannover ließ die Zweifler verstummen (102).

Am 17. April 1998 wurde Schröder vom Parteitag der SPD in Leipzig offiziell als Kanzlerkandidat nominiert. Dabei lieferten die Sozialdemokraten eine perfekt inszenierte Politshow ab, die bis in die Details genau durchstrukturiert war, amerikanischen Vorbildern folgte und von journalistischen Spöttern als »Krönungsmesse« apostrophiert wurde. Auch Helmut Schmidt liess sich als Teil dieser Inszenierung einbinden. Die Fernsehbilder verfehlten ihre Wirkung nicht. Schröder selbst verkündete, dass er nicht alles anders, aber vieles besser machen wolle. Das schloss Respekt gegenüber dem noch amtierenden Kanzler ein und zielte geschickt auf potentielle Wechselwähler (103).

Bereits im September 1997 hatten die Sozialdemokraten ihren Wahlkampfstab aus der Parteizentrale ausgegliedert und in einem leer stehenden Bürogebäude untergebracht. Mit der »KAMPA 98« wollte man an das Vorbild der Präsidentschaftskampagne von Bill Clinton 1992 anknüpfen und den Wahlkampf mit modernsten Mitteln führen (104).

Als programmatisches Leitmotiv wählte die SPD »Innovation und Gerechtigkeit«. Was genau darunter verstanden werden sollte, blieb zwar eigenartig unbestimmt. Genau das aber war gewollt. Allzu genaue Festlegungen sollten tunlichst vermieden werden. Schließlich galt es, jene »neue Mitte«, von der Schröder jetzt gerne sprach und die sich Steuererleichterungen und Kostensenkungen für die Unternehmen erhoffte, ebenso zu gewinnen wie die sozialdemokratischen Traditionswähler, die mit der Kohl-Regierung eine Gerechtigkeitslücke aufgerissen sahen und auf eine Stärkung des Sozialstaats setzten.

Auch Schröders »Startprogramm«, mit dem er im August zentrale Reformvorhaben herausstellte, wies allerhand Leerstellen auf. Immerhin kündigte er eine Steuerreform an, die die Durchschnittsbürger um 2 500 DM pro Jahr entlasten sollte. Besonders prestigeträchtig war die Ankündigung eines »Bündnis für Arbeit und Bildung«, an dem Gewerkschaften, Wirtschaft und Bundesregierung beteiligt sein sollten. Konkretere Aufgabenstellungen wurden freilich nicht genannt (105).

Umso erfolgreicher war Schröder in der politischen Symbolik. Als sich im Frühsommer die Wirtschaftsdaten zu bessern begannen, erklärte er den neuen Trend flugs zu seinem Erfolg, weil er als Folge der Hoffnungen zu betrachten sei, die mit seiner Kandidatur verbunden würden. Geschickt gewählt waren auch Personalentscheidungen wie die Nominierung von IG Metall-Vize Walter Riester als Kandidat für das Arbeitsministerium oder das Engagement des Journalisten und Verlegers Michael Naumann, der als Staatsminister Schröders Beauftragter für Kultur und Medien werden sollte. Die Kulturszene betrachtete den ehemaligen ZEIT-Redakteur als einen der ihren. Auch die Kommunikation zwischen Macht und Geist, die seit den Tagen von Willy Brandt und Günter Grass brachgelegen hatte, schien einen neuen Aufbruch zu erleben (106).

Weniger erfolgreich blieb Schröder dagegen mit der Nominierung des Computer-Unternehmers Jost Stollmann als Kandidat für das Wirtschaftsministerium. Stollmann sollte in besonderer Weise die »neue Mitte« umwerben. Als der Kandidat aber dann bei öffentlichen Auftritten gegen den Wohlfahrtsstaat zu Felde zog und damit die sozialdemokratischen Mitglieder irritierte, bekam er bald keine öffentlichen Termine mehr. Schließlich zog er selbst die Konsequenzen und gab auf (107).

Zentrale Bedingung für den sozialdemokratischen Wahlerfolg aber blieb, dass die »Doppelspitze« mit Schröder und Lafontaine hielt. Der Parteivorsitzende stand für eine traditionelle keynesianische Politik von Nachfrageorientierung und Sozialstaat, prangerte eine angeblich wachsende soziale Ungerechtigkeit in Deutschland an und betonte die notwendige Regulierung der Finanzmärkte, der Kanzlerkandidat verkörperte eher eine angebotsorientierte Politik nach dem Muster von Tony Blairs »New Labour« in Großbritannien. Er setzte auf Flexibilisierung und Deregulierung und wollte durch Senkung von Steuern und Sozialversicherungsbeiträgen Investitionen befördern. Weil das Bündnis hielt, stand die SPD im Wahlkampf symbolhaft für beides. So gelang es der SPD, eine »optimale

Wählerkoalition« zu schmieden (108). Die politische Umsetzung der damit
verbundenen Versprechen freilich musste einer Quadratur des Kreises na-
hekommen (109).

2.7   DIE BUNDESTAGSWAHL 1998

Während die Ausgangslage für einen sozialdemokratischen Wahlerfolg
im Herbst 1998 kaum besser hätte sein können, ging der Wahlkampfauftakt beim möglichen grünen Koalitionspartner gründlich daneben. Nachdem die Partei nach ihrer Rückkehr in den Bundestag seit 1995 zumindest
in Westdeutschland durchweg gute Landtagswahlergebnisse erreicht hatte,
in den Umfragen konstant im zweistelligen Bereich lag und die Bundestagsfraktion unter Führung von Joschka Fischer eine gute Figur machte, schien
eine deutliche Verbesserung ihres Wahlergebnisses von 1994 (7,3 Prozent)
in Reichweite. Inzwischen waren die Grünen auch an vier Landesregierungen beteiligt.

Doch nur eine Woche nach der Niedersachsenwahl geriet ihr Magdeburger Programmparteitag zum Desaster. Nicht nur, dass sich der Parteitag für
eine schrittweise Ablösung von der NATO, die Abschaffung von Krisenreaktionskräften, die Reduzierung der Bundeswehr und die Abschaffung der
Geheimdienste aussprach und damit Fischers Kurs eines außenpolitischen
Realismus zurückwies. Im öffentlichen Eindruck noch weit verheerender
wurde die Forderung einer ökologischen Steuerreform, mit der innerhalb
von zehn Jahren der Benzinpreis bis auf fünf DM pro Liter ansteigen sollte. Die zusätzlichen Steuereinnahmen waren zur Absenkung der Sozialversicherungsbeiträge und zur Finanzierung von verkehrs- und energiepolitischen Maßnahmen gedacht. Hinzu traten Beschlüsse zur Einführung eines
Tempolimits von 100 km/h auf Autobahnen und zur Legalisierung weicher
Drogen (110).

Das Gesamtbild dieses Parteitags führte dazu, dass das in den Jahren zuvor bis in bürgerliche Kreise hinein aufgebaute Vertrauenskapital in einen
realistischen Kurs der Ökopartei fast mit einem Schlag zusammenbrach.
Alle Anstrengungen in der Bundestagsfraktion der letzten Jahre, die Grünen auch als berechenbare Reformkraft in der Sozial-, Wirtschafts- und
Finanzpolitik zu profilieren, waren vom Tisch. Die BILD-Zeitung titelte
knapp und polemisch, aber wirkungsvoll: »Benzin 5 DM, Tempo 100, Hasch
frei, NATO auflösen – GRÜNER ALBTRAUM« (111). In diese Wahrnehmung,
die nahelegen sollte, dass Fischer den Deutschen eine Mogelpackung prä-

sentiert hatte, passten die zeitnahen Äußerungen einer Bundestagsabgeordneten, die Fernflüge zu exotischen Urlaubszielen nur noch alle zwei Jahre gestatten wollte (112).

Fischer, der sich in Magdeburg zurückgehalten hatte, um nicht persönlich als Verlierer dazustehen, hatte damit kalkuliert, dass Programmbe-
schlüsse selten im Mittelpunkt von Wahlkämpfen stehen und den Grünen eine Prise ökologischer Radikalismus nicht allzu sehr verübelt werden
würde. Doch damit hatte er sich vertan. Nun geriet er selbst in die Kritik.
Er habe für seinen realistischen Kurs nicht ausreichend gekämpft, hieß
es (113).

Binnen weniger Wochen brachen die Umfrageergebnisse ein. Hatten die
Demoskopen vor dem Magdeburger Parteitag noch Ergebnisse von 12 bis
13 Prozent für die Grünen vermeldet, so standen sie im Frühsommer nur
noch bei sechs Prozent. Einzelne Umfragen deuteten sogar darauf hin, dass
der Wiedereinzug in den Bundestag gefährdet sein könnte. Unions-Ge-
neralsekretär Hintze hatte eilig eine Ökosteuer-Kampagne der Union organisiert, die freilich sehr holzschnittartig geraten war und ignorierte,
dass auch in der Union längst Debatten über eine stärkere Besteuerung des
Energieverbrauchs geführt wurden (114).

Zwar bemühte sich die grüne Parteiführung mit der Verabschiedung
eines Vierjahresprogramms Anfang Juni um eine Abmilderung der Magdeburger Beschlüsse und des daraufhin entstandenen öffentlichen Bildes. Inzwischen hatte allerdings ein Auftritt von Parteichef Jürgen Trittin bei der
Protestveranstaltung zu einer Rekrutenvereidigung die Radikalismus-Vor-
würfe gegen die Grünen zusätzlich befeuert (115).

So blieben die Grünen in der Defensive und mussten zeitweise um den
Wiedereinzug ins Parlament zittern. Zum wirkungsvollsten Gegenmittel
wurde schließlich ein für grüne Verhältnisse ungewohnt personalisierter
Wahlkampf, der stark auf den als faktischer Spitzenkandidat auftretenden
Joschka Fischer zugeschnitten war. Er bereiste mit einem Wahlkampfbus
die ganze Republik und trat dabei schon wie ein künftiger Außenminister
auf (116).

Auch in der FDP machte man sich Sorgen um das parlamentarische Überleben. Der junge Generalsekretär Guido Westerwelle stichelte immer wieder gegen das aus seiner Sicht allzu lammfromme Agieren seiner Parteifreunde in der Bundesregierung. Die Unsicherheiten über die Zukunft der
FDP führten Anfang 1998 sogar zu einem handfesten Krach in der Koalition,
nachdem einige Liberale mit der Opposition gegen den umstrittenen »Großen Lauschangriff« gestimmt hatten (117). Immerhin bemühte sich die FDP
stärker als 1994 um ein eigenes politisches Profil, stellte das Ziel der Steu-

ersenkung besonders heraus und warnte vor der Gefahr einer »unbeweg-
lichen« Großen Koalition (118).

Schwer tat sich zunächst auch die Union. Zwar verbesserten sich im
Frühsommer die Umfragedaten, wozu auch die günstigere Wirtschaftslage beitrug. Doch die Anti-PDS-Kampagne der »roten Hände«, mit der
Peter Hintze an die 1994 noch erfolgreiche »Rote Socken-Kampagne« anzuknüpfen suchte, verfing diesmal nicht mehr. Das Ergebnis der Landtagswahlen in Sachsen-Anhalt im April 1998 zeigte das überdeutlich: Während
die Wähler die von der SPD geführte und von der PDS tolerierte Minderheitsregierung im Amt bestätigten, erlitt die CDU mit nur noch 22 Prozent
eine schwere Niederlage. Zum Profiteur dieser Niederlage wurde hier die
Rechtsaußen-Partei DVU, die mit einem zweistelligen Ergebnis in den Magdeburger Landtag einziehen konnte (vgl. oben). Da die Grünen den Einzug
in den Landtag verfehlten, kam es in der Folge zu einer SPD-Alleinregie-
rung, die von der PDS toleriert wurde. Vergeblich hatte Kanzlerkandidat
Schröder Ministerpräsident Reinhard Höppner dazu gedrängt, eine Koalition mit der CDU einzugehen (119).

Höppners Nein zur Großen Koalition schien der Union zunächst An-
griffspunkte zu liefern. Doch Schröder gelang es rasch, mit einer deutlichen
Absage an jede Form der Zusammenarbeit mit der PDS das Thema aus dem
Bundestagswahlkampf weitgehend herauszuhalten.

Obwohl der Vorsprung der Sozialdemokraten auch im Mai/Juni noch beträchtlich war, herrschte allgemein die Erwartung eines knappen Wahlaus-
gangs vor. Tatsächlich präsentierte sich der Bundeskanzler auf dem Wahlparteitag seiner Partei im Mai in Bremen kämpferisch und angriffslustig.
Es gelte, Gerhard Schröder zu entzaubern. Kohl setzte dabei ganz auf Polarisierung. Mit Schröder führe der Weg nicht in die neue Mitte, sondern in
die alte Linke (120).

Aber der Versuch, mit der Parole »Weltklasse für Deutschland« vor allem das internationale Ansehen des Kanzlers breit herauszustellen, mochte die Deutschen so recht nicht zu begeistern. Zwar beschrieben auch die
Kohl-kritischen Journalisten bald einen Wahlkämpfer in Hochform. Er sei
»hellwach« und »hochkonzentriert«, wirke »sehr entschlossen« und »kommunikativ«. Auch im Rededuell mit Gerhard Schröder im Bundestag machte Kohl eine gute Figur. Freilich präsentierte sich dabei auch Schröder in
glänzender Form (121).

Im Spätsommer versöhnte sich Helmut Kohl sogar mit seinem alten Rivalen Lothar Späth. Dieser, inzwischen als Sanierer von Zeiss-Jena und
Wirtschaftsfachmann hervorgetreten, erklärte sich bereit, Kohl als Vorsitzender eines »Beraterkreises Zukunft und Innovation« zur Verfügung zu

stehen. Ende August traten Kohl und Späth gemeinsam vor die Presse. Zu dieser Zeit lag die Union im ZDF-Politbarometer in der Messung der politischen Stimmungslage bei 36 Prozent. In der Wahlprognose wurde sie bei 38 Prozent eingestuft, während man die SPD bei 42 Prozent sah (122).

Da die Grünen bei sechs Prozent eingestuft wurden, die FDP um fünf Prozent herumkrebste und kein Institut die PDS oberhalb der fünf Prozent sah, rückte die Aussicht auf ein Kopf-an-Kopf-Rennen und eine mögliche Große Koalition in den Mittelpunkt der Berichte. Während Kohl alle Spekulationen in diese Richtung dementierte, ließen andere Unionsgrößen größere Offenheit erkennen. Dies galt vor allem für Volker Rühe, den Gerhard Schröder im Wahlkampf als »zusammenarbeitstauglich« bezeichnet hatte. Tatsächlich hielt Schröder zu dieser Zeit die Bildung einer Großen Koalition unter seiner Führung für das wahrscheinlichste Ergebnis der Bundestagswahl (123).

Anfang September ging es noch einmal um die Nachfolgefrage. Nachdem Wolfgang Schäuble in einem Zeitungsinterview erklärt hatte, Kohl habe ein Stück offengelassen, ob er für eine ganze Legislaturperiode kandidiere, wurde er vom Kanzler brüsk zurechtgewiesen. In der ZEIT erklärte Kohl: »Ich kandidiere für diese Legislaturperiode. Punkt. Aus. Feierabend« (124).

Nachdem die um größere Eigenständigkeit stets bemühte CSU bei den bayerischen Landtagswahlen vom 14. September mit 52,9 Prozent ein Traumergebnis erreicht hatte, schien es zwei Wochen vor dem Wahltermin tatsächlich noch einmal spannend zu werden. Der SPIEGEL veröffentlichte eine EMNID-Umfrage, die die SPD bei 41 Prozent, die Union bei 39 Prozent sah. Die Forschungsgruppe Wahlen prognostizierte am 18. September für die SPD 39,5 Prozent, für die Union 37,5 Prozent. Das Allensbach-Institut freilich gab CDU/CSU nur 36 Prozent, der SPD dagegen 41 Prozent (125).

In der letzten Phase des Wahlkampfs setzten die Sozialdemokraten stärker auf das Gerechtigkeitsthema. Die von der Kohl-Regierung beschlossene Absenkung des Rentenniveaus sollte rückgängig gemacht werden, ebenso die Neuregelungen im Bereich der Lohnfortzahlung und bei den sogenannten Mini-Jobs. Im Bundestag hatte sich Gerhard Schröder schon beim Rededuell mit Kohl Anfang September als sozialdemokratischer Anwalt der kleinen Leute präsentiert. Ob es diese Schwerpunktkorrektur war, ob ein verunglücktes Interview von Familienministerin Nolte, in dem sie eine Erhöhung der Mehrwertsteuer ankündigte oder ob gegen die Wechselstimmung im Lande mit einem über die Jahre an der Macht verschlissenen Kandidaten Kohl einfach nicht mehr anzukommen war: Die Wende zugunsten der Union blieb aus.

Als der Wahltag anbrach, wusste Kohl bereits, dass er verlieren würde.

Die letzten Daten waren zu eindeutig. Und sie wurden bald von den Nach-
wahlbefragungen der Wähler bestätigt. Bereits die ersten Hochrechnun-
gen zeigten einen Vorsprung der SPD vor der Union von fast sechs Prozent. Schon gegen 19 Uhr räumte Helmut Kohl im Kreise seiner Getreuen
im Bonner Adenauer-Haus öffentlich die Niederlage ein. Er übernahm dafür die volle persönliche Verantwortung und kündigte an, beim kommenden Parteitag nicht mehr für den Vorsitz der CDU zu kandidieren. Dabei
zeigte er sich gefasst, gratulierte Gerhard Schröder zu seinem Wahlsieg
und beendete sein Statement mit den Worten: »Es war eine großartige Zeit,
in der wir viel leisten konnten. Also, liebe Freunde, das Leben geht weiter« (126).

Am folgenden Tag wurden in der CDU die Weichen für die Kohl-Nachfolge gestellt. Neuer Vorsitzender sollte Wolfgang Schäuble werden, der zugleich weiter den Fraktionsvorsitz führen würde. Die Ära Kohl war beendet.

Das Wahlergebnis zeigte einen in dieser Deutlichkeit kaum erwarteten
Sieg der SPD. Bei einer gegenüber 1994 wieder gestiegenen Wahlbeteiligung
von 82,2 Prozent waren die Sozialdemokraten mit 40,9 Prozent der Stimmen mit klarem Vorsprung zur stärksten politischen Kraft geworden. Sie
hatten 4,5 Prozent der Stimmen und mit 298 Abgeordneten auch 46 Mandate hinzugewonnen. Damit hatten Schröder und Lafontaine nicht nur
das beste Ergebnis der SPD seit 1980 erreicht. Zum zweiten Mal in der Geschichte der Bundesrepublik Deutschland würden die Sozialdemokraten
auch die größte Fraktion im Bundestag stellen. Demnach würde auch der
neue Bundestagspräsident aus ihren Reihen kommen.

Klar geschlagen blieb die Union, die mit 35,1 Prozent der gültigen Zweitstimmen 6,3 Prozent verloren und mit 245 Mandaten 49 Sitze eingebüßt
hatte. Das war das schlechteste Wahlergebnis für CDU und CSU seit der ersten Bundestagswahl 1949. In den sechzehn Jahren der Regierungszeit Helmut Kohls war die Unterstützung in der Wählerschaft von 48,8 Prozent auf
35,1 Prozent zurückgegangen.

Mit einem blauen Auge davongekommen waren die Grünen, die trotz
aller Schwierigkeiten im Wahljahr am Ende 6,7 Prozent der Stimmen und
47 Mandate erreichten. Damit hatten sie gegenüber 1994 0,6 Prozent der
Stimmen und zwei Mandate eingebüßt. Noch hinter den Grünen lag die
FDP, die 6,2 Prozent bekommen hatte und 43 Abgeordnete stellte – vier weniger als 1994. Überraschend kam das Abschneiden der PDS, die diesmal
sogar die 5-Prozent-Hürde überspringen konnte und nicht mehr auf mindestens drei Direktmandate angewiesen war, um in den Bundestag zu kommen. Künftig würden 36 Parlamentarier die Partei im Bundestag vertreten.

Alle anderen blieben ohne Chance. Die Rechtsparteien Republikaner und

DVU kamen auf 1,8 bzw. 1,2 Prozent der Stimmen. Freilich entfielen insgesamt fast sechs Prozent der Stimmen auf »Sonstige Parteien« (127).

Besonders starke Einbußen hatte die Union in den neuen Bundesländern hinnehmen müssen. Im »Wahlgebiet Ost« lag sie mit 27,3 Prozent der Stimmen um mehr als elf Prozent hinter ihrem Ergebnis aus 1994. Klare Sieger waren hier SPD und PDS, die ihre Stimmenanteile auf 35,1 Prozent bzw. auf 21,6 Prozent ausbauen konnten. Dass die PDS auch weiterhin als ostdeutsche Regionalpartei gelten musste, zeigte ihr schwaches Abschneiden im Westen, wo sie nur auf 1,2 Prozent der Stimmen kam. Im Osten deutlich unter fünf Prozent lagen Grüne und FDP.

Die Wahlanalytiker machten unterschiedliche Gründe für diesen Ausgang verantwortlich. Das Allensbach-Institut sprach von »tektonischen Verschiebungen im Fundament der politischen Willensbildung« als Folge der deutschen Einheit, durch die die Linksparteien strukturell gestärkt worden seien. Einige Zeit später freilich machte Renate Köcher darauf aufmerksam, dass der von der Bundesregierung seit Ende 1996 verfolgte Reformkurs in der Sozial-, Finanz- und Gesundheitspolitik im Wählervolk überwiegend als Verschiebung der sozialen Gerechtigkeitsachse gewertet und entsprechend abgelehnt worden sei (128).

Die Analysen der Forschungsgruppe Wahlen dagegen stellten die Wechselstimmung im Lande in den Fokus. Die Grundstimmung, dass eine Regierung Kohl die Herausforderungen der Zeit nicht mehr kraftvoll anpacken konnte, habe sich bereits früh herausgebildet. Kohl aber habe mit aller Macht darauf bestanden, alles auf eine Karte zu setzen. »Auch wenn der Verlust der Mehrheit kaum zu verhindern gewesen wäre – daß die Union so weit hinter die SPD zurückgefallen ist, geht zum überwiegenden Teil auf das Konto Kohls und seines Realitätsverlustes« (129). Demnach wären die Chancen der Union mit einem anderen Kanzlerkandidaten größer gewesen. Wie groß, müsse freilich offenbleiben, analysierten Oscar W. Gabriel und Frank Brettschneider (130).

Tatsächlich war mit dem Scheitern der Strukturreformen der Bundesregierung schon 1997 eine Vorentscheidung gefallen. Dabei spielte aber nicht nur die Blockade der SPD im Bundesrat eine maßgebliche Rolle. Die Reformen selbst wurden von Anfang an in weiten Teilen der Gesellschaft misstrauisch beäugt. Kürzungen bei der Lohnfortzahlung und Zuzahlungen im Krankheitsfall, Absenkung des Rentenniveaus, beschleunigter Abbau der Kohlesubventionen – das alles war nicht populär, konnte es wohl auch gar nicht sein. Hinzu kam der Anstieg der Arbeitslosenzahlen. 1997 überstieg ihre Rate die Grenze von zehn Prozent. Während in den alten Bundesländern jetzt drei Millionen Menschen arbeitslos gemeldet wa-

ren, war diese Zahl in Ostdeutschland bis auf knapp 1,5 Millionen gestiegen. Rechnet man die in Sozialplänen, arbeitsmarktpolitischen Initiativen, Kurzarbeit Null u. ä. versteckte Arbeitslosigkeit hinzu, waren im Osten
1998 sogar etwa 2,5 Millionen Menschen ohne Arbeit (131). Hier schlug sich
jetzt auch der Rückgang der Baukonjunktur nach Auslaufen der Sonderför-
derungsmaßnahmen nieder. Nach 1996 waren die Anlageinvestitionen pro
Einwohner im Osten wieder deutlich unter das Westniveau gefallen (132).
Das blieb nicht ohne Wirkungen. Bis 1998 war der Nimbus des »Kanzlers
der Einheit« im Osten noch weiter angekratzt.

Dass Kohl diese Schwächen durch sein Ansehen auf der internationalen Bühne nicht kompensieren konnte, hatte einen ganz einfachen Grund:
Die von ihm massiv betriebene und schließlich auch durchgesetzte Euro-
Einführung war in Deutschland gar nicht populär. Das Volk hätte in seiner Mehrheit die DM lieber behalten und sah mit einigem Bangen auf die
bevorstehende Währungsumstellung. Da zudem die Politische Union nicht
wirklich vorankam, sich vielmehr in ein unübersichtliches Mehrebenen-
system verstrickte, das der gemeine Wahlbürger kaum verstand, konnte es den strahlenden Baumeister Europas, dem nach der Deutschen Einheit zum Abschluss seiner bewegenden Laufbahn auch noch ein großes
europäisches Einigungswerk gelang, als Wahllokomotive gar nicht geben. Zwar stand die Währungsunion im Wahlkampf nicht im Streit. Aber
ein Aktivposten, der für den Kanzler zu Buche schlug, konnte sie demnach auch nicht sein. Der Euro blieb ein Projekt der großen Mehrheit der
Eliten.

Für die sozialdemokratischen Wahlsieger sorgte die überraschende
Deutlichkeit ihres Erdrutschsieges dafür, dass ihnen schwierige Diskussionen über künftige Koalitionsbildungen erspart blieben. Dabei war Schröder
zunächst auf eine Große Koalition eingestellt gewesen. Zu unwahrscheinlich schien, dass es mit den im Wahlkampf geschwächten Grünen zu einer
eigenen Mehrheit reichen würde. Für diesen Fall hatte Schröder intern
bereits die Devise ausgegeben, dass man eine Mehrheit von mindestens
zwanzig Mandaten brauche, um ein Rot-Grünes Bündnis wagen zu können. Schließlich könne man eine Regierung der Bundesrepublik Deutschland nicht von ein paar grünen Altfundis abhängig machen.

Längst war Rot-Grün für den kommenden Kanzler auch kein Lieblings-
projekt mehr. Im Wahlkampf hatte er es an Deutlichkeit nicht fehlen lassen. »In einer von mir geführten Regierung wird der radikalpazifistische
Flügel der Grünen keine Rolle spielen können«, hatte er der BILD-Zeitung
Ende März 1998 gesagt. In einem Schreiben an Oskar Negt sprach er nach
der Wahl davon, er sei sich sicher, »daß die Menschen weder nach einem

rot-grünen Aufbruch noch nach der neuen Republik verlangen« (133). Schröder war von der Aussicht, Kanzler einer Rot-Grünen Regierung werden zu können, keineswegs begeistert.

Die Besonderheiten des deutschen Wahlrechts aber hatten jetzt dazu geführt, dass der eigentlich unwahrscheinliche Fall doch eingetreten war. Mit Hilfe von dreizehn Überhangmandaten, von denen diesmal fast allein die SPD profitierte, hatten Rote und Grüne einen Vorsprung von 21 Mandaten erreicht. Damit war die Sache klar. Die Sozialdemokraten würden ein Bündnis mit den Grünen ansteuern. Etwas anderes hätten Schröder und Lafontaine ihrer siegestrunkenen Partei auch gar nicht vermitteln können.

Die Führung der Ökopartei wiederum war heilfroh, mit ihrem eigenen schwachen Ergebnis dennoch in die Rolle der Wahlsieger mit Regierungsperspektive gekommen zu sein. Dass man nach diesem Ausgang den Sozialdemokraten eher mit Bescheidenheit gegenübertreten musste, lag auf der Hand. Noch in der Wahlnacht kam es zu den ersten informellen Kontakten. Dabei versicherte Schröder seinen grünen Gesprächspartnern Joschka Fischer, Gunda Röstel und Jürgen Trittin: »Wir machen das«. Schon am Donnerstag darauf begannen die Koalitionsverhandlungen (134).

2.8   HELMUT KOHL

Kein deutscher Kanzler hat so lange amtiert wie der anfangs viel geschmähte, angeblich so provinzielle Pfälzer Helmut Kohl (135). Nicht einmal dem Pariarchen Konrad Adenauer ist eine derart lange Regierungszeit beschieden gewesen. Als der groß gewachsene Ludwigshafener 1982 den »Weltökonomen« Helmut Schmidt im Kanzleramt ablöste, war Deutschland noch geteilt und bestimmte der Kalte Krieg die Rahmenbedingungen bundesdeutscher Politik. Als er 1998 abtrat, war der Systemkonflikt zwischen Ost und West längst zu Ende, Deutschland schon acht Jahre wiedervereinigt und die Sowjetunion von der Landkarte verschwunden. Aus der Europäischen Gemeinschaft war eine Europäische Union geworden, die bereits darangig, sich nach Osteuropa auszudehnen. Die Weichen für den Euro als europäischer Gemeinschaftswährung waren gestellt. Der Tag stand fest, an dem die DM ihre Gültigkeit als Zahlungsmittel verlieren würde.

Dieser deutsche Kanzler, dem nicht nur sein Vorgänger Helmut Schmidt, sondern auch sein Rivale Franz Josef Strauß lange jede Eignung für dieses Amt abgesprochen hatten, war, soviel steht fest, an den Weichenstel-

lungen für diese weltgeschichtlichen Veränderungen in erheblichem Umfang beteiligt. Sicher wäre die Deutsche Einheit auch dann gekommen,
wenn Helmut Kohl in der Folge einer Anklageerhebung durch die Staatsanwaltschaft Bonn wegen seiner Falschaussage vor dem Flick-Ausschuss
des rheinland-pfälzischen Landtags 1986 hätte zurücktreten müssen. Aber
ob sie so schnell gekommen wäre, ob die Verwerfungen in der DDR nicht
noch weitaus dramatischer ausgefallen wären, ob die internationale Einbindung der Einheit so glatt gelungen wäre – Zweifel lassen sich da schon
begründen. Auch wenn der Beitrag der USA zur Dynamik der internationalen Entwicklung des Jahres 1990 nicht unterschätzt werden darf: Es war
Helmut Kohl, der mit seinem Zehn-Punkte-Plan Ende November 1989 die
Initiative an sich riss und dabei Mut, Risikobereitschaft, Entschlossenheit und politische Führungsstärke bewies. Es war Kohl, dem es zur Jahreswende 1989/90 gelang, den französischen Widerstand gegen die Einheit zu überwinden. Und es war der deutsche Bundeskanzler, der im Januar
1990 begriff, dass die Vereinigung schneller kommen würde als es der Weg
über eine Vertragsgemeinschaft mit der DDR und konföderativen Strukturen ursprünglich vorsah.

Sicher wäre der Erfolg der Zwei plus Vier-Gespräche ohne die Rückendeckung der amerikanischen Politik nicht möglich gewesen. Und natürlich
profitierte Kohl von der wachsenden innenpolitischen Krise der Sowjetunion, die Gorbatschows Position empfindlich schwächte und schließlich nur noch hinhaltenden Widerstand zuließ, der dann durch materielle
Kompensationen ganz gebrochen werden konnte. Die Bilder von der Einigung mit Michael Gorbatschow aus dem Kaukasus vom Sommer 1990 waren an viele Voraussetzungen geknüpft und natürlich nicht nur der persönliche Erfolg eines deutschen Bundeskanzlers.

Dennoch trifft es die historische Wahrheit nicht, wenn die Rolle Kohls
im Prozess dieser weltgeschichtlichen Umwälzung einfach als »Glück gehabt« heruntergestuft wird (136). Genscher hielt den Zehn-Punkte-Plan zunächst für falsch, Lafontaine sowieso. Auch Bundespräsident Richard von
Weizsäcker hätte den Einheitsprozess am liebsten verlangsamt und tat sich
schwer damit, Kohl in der Rolle des Baumeisters der Einheit zu erleben.
Und angesichts der Zerissenheit der SPD in der Einheitsfrage 1989/90 fällt
es schwer, sich einen SPD-Kanzler vorzustellen, der diesen Prozess überzeugend gemanagt hätte.

Schließlich war es auch Kohl, der als Werber für die finanzielle Unterstützung der Sowjetunion im Westen auftrat. Er persönlich sicherte dem
sowjetischen Präsidenten die enormen finanziellen Unterstützungsleistungen zu, mit denen die Zustimmung zur NATO-Mitgliedschaft des ver

einigten Deutschland möglich wurde. Seine Neigung, die Außenpolitik vor allem als persönliches Beziehungsgeflecht anzusehen, kam ihm dabei entgegen.

Die innenpolitische Seite der Einheit wird man freilich, soweit es die alte Bundesrepublik betrifft, kritischer bewerten müssen. Das gilt in erster Linie für Kohls übergroße Neigung, das Management der Einheit auch stark unter wahlstrategischen Gesichtspunkten zu betreiben. Eigentlich hätten die Maueröffnung und die folgende rasante Entwicklung zur Einheit Anlass sein können, in dieser besonderen historischen Situation den Sozialdemokraten den Eintritt in die Bundesregierung anzubieten. Jedenfalls hätte man Hans-Jochen Vogels Vorschlag eines »runden Tisches« auch im Westen aufgreifen können. Über den Bundesrat war die SPD ja ohnehin beteiligt.

Doch nichts lag Kohl ferner. Instinktiv sah er die Chance, über die Umwälzungen im Osten auch aus dem Umfragetief des Jahres 1989 herauszukommen. Da gab es mit der SPD nichts zu teilen. Erst recht nicht mit einem Kandidaten Lafontaine, der ja »unpatriotisch« im Dezember 1989 sogar darüber nachdachte, den DDR-Bürgern das Anrecht auf die Staatsbürgerschaft der Bundesrepublik zu entziehen, um die Welle der Übersiedler einzudämmen (137). Kohls Lageberichte, mit denen er als CDU-Chef traditionell die Sitzungen des Parteivorstands eröffnete, zeigen das Ausmaß dieser parteipolitischen Einfärbungen bei den strategischen Grundüberlegungen zum Einheitsprozess besonders zwischen November 1989 und Februar 1990 in eindrucksvoller und mitunter irritierender Weise (138). Warum der Bundeskanzler der Bundesrepublik Deutschland am Tage vor der Präsentation seines Zehn-Punkte-Plans im Deutschen Bundestag in seinem Bericht die Berufung eines »linken Mannes« von Radio Bremen zum ZDF-Hauptabteilungsleiter für erwähnenswert hielt, erschließt sich nur schwer (139). Offensichtlich spielte seine Sorge, die Sozialdemokraten könnten bei der Einheit unverdientermaßen die Lorbeeren einstreichen, lange eine übergroße Rolle.

Diese übergroße Rolle wahlstrategischer Überlegungen spielte auch bei den Fehlern eine Rolle, die im Einheitsjahr 1990 gemacht wurden. Bei allen Unsicherheiten über das tatsächliche Produktivitätsniveau der DDR-Industrie musste jedem verantwortlichen Politiker klar sein, dass die Währungsunion zu einem katastrophalen Einbruch für die ostdeutschen Betriebe werden und ein gewaltiger Bedarf an Finanztransfers von West nach Ost die Folge sein würde. Erst recht unter den Bedingungen einer Sozialunion, mit der das westdeutsche Sozialsystems auf die neuen Länder übertragen wurde. Dass der Bundeskanzler vor diesem Hintergrund im Wahlkampf

1990 den westdeutschen Bürgern treuherzig versicherte, man werde bei der Finanzierung der Einheit ohne Steuererhöhungen auskommen, war nicht nur falsch und hat sich später gerächt. Es zeigt auch, wie sehr das Wahldatum die Innenpolitik des Einheitsjahres beeinflusst hat. Kohl misstraute der Bereitschaft der Westdeutschen zum Teilen.

Niemand konnte 1990 wissen, dass mit dem Verschwinden der Sowjetunion auch Absatzmärkte wegfallen würden, Lieferverträge nichts mehr wert waren und ab 1991 der Handel innerhalb der ehemaligen RGW-Staaten praktisch zum Erliegen kam. Gleichwohl war die Fixierung auch Helmut Kohls auf die historische Analogie zur Währungsreform von 1948 in der Sache nicht nachvollziehbar. Erst recht galt das für die Bedeutung, die man Anfang 1990 Ludwig Erhards knappem Essay »wirtschaftliche Probleme der Wiedervereinigung« aus 1953 beimaß. Auch im Kanzleramt hätte man wissen müssen, wie unvergleichlich die Bedingungen 1990 gegenüber der Währungsreform 1948 waren. Die Fixierung auf diese falsche Analogie hat wesentlich dazu beigetragen, dass man in Bonn viel zu lange gebraucht hat, um die ökonomische Dimension des Umbruchs in Ostdeutschland zu begreifen. Und als man es dann realisiert hatte, blieb der Blickwinkel allzusehr auf die materiellen Aspekte des Transformationsprozesses bezogen. Die mentalen Konsequenzen einer derart grundlegenden Veränderung auch der Lebenswelt der Ostdeutschen kamen demgegenüber deutlich zu kurz.

Auch Helmut Kohl gehörte zu denen, die sich über die Schwierigkeiten der Einheit lange getäuscht haben. Eine ganze Reihe von »Kardinalfehlern« hatte Helmut Schmidt schon 1993 dem Kanzler ins Stammbuch geschrieben. Er habe die Einheit souverän zustandegebracht, sei aber mit den Folgeproblemen der inneren Vereinigung nicht gut fertig geworden. Freilich hat auch Helmut Schmidt mit seiner Prognose, die Einheit werde etwa acht Jahre benötigen, kräftig danebengelegen.

Diese Abstriche können freilich die historischen Verdienste des »Kanzlers der Einheit« nur bedingt schmälern. Es gab für eine Aufgabe von derartiger Dimension keine Blaupausen. Weder ökonomische noch sozialwissenschaftliche Theorien standen zur Verfügung, die als Drehbuch für die Gestaltung des Umbaus eines staatssozialistischen Kommandosystems in eine demokratisch-marktwirtschaftliche Ordnung hätten dienen können. So mag noch lange darüber gestritten werden, ob und wie man den für viele auch schmerzhaften Vorgang besser, schonender und kostengünstiger hätte bewerkstelligen können. Sicher aber ist, dass ein Umbruch von derartigen Dimensionen ohne solche Verwerfungen gar nicht abgehen und vieles nur »learning by doing« sein konnte.

Dass Kohl einfach nur das Glück hatte, im Kanzleramt zu sitzen, als der Mantel der Geschichte vorüberwehte, trifft die Realitäten nicht. Vielmehr hat er kräftig zugepackt, als sich die Gelegenheit bot, hat den Einheitszug bestiegen und ihn als Lokomotivführer in den Zielbahnhof geführt. Mit einigem Rattern und Quietschen, gewiss. Aber der Zug kam erst einmal an, ohne zu entgleisen. So wird Helmut Kohl für immer der »Kanzler der Einheit« bleiben.

Zwiespältiger muss das Urteil über Kohl als Architekt eines neuen Europa ausfallen. Europäer durch und durch, schon in seiner Jugend begeistert von den Europa-Reden eines Winston Churchill (140), hatten sich in seiner Amtszeit schon mit der Verabschiedung der »Einheitlichen Europäischen Akte« 1986 neue Chancen zur Vertiefung der (west)europäischen Integration ergeben (141). Weniger begeistert war man freilich zunächst in Bonn von der französischen Idee einer Währungsunion. Bis zur Deutschen Einheit galt auch für Helmut Kohl der Standpunkt des Finanzministeriums, dass eine gemeinsame Währung nur am Ende eines vertieften wirtschaftlichen und politischen Integrationsprozesses stehen und diesen »krönen« könne (142).

Um französische Widerstände gegen die Einheit zu besänftigen, revidierte Kohl diese Position und machte nun Zusagen für eine Regierungskonferenz zur Festlegung von Zeitplänen. Im Ergebnis führte das zur Entkoppelung von Politischer Union und Währungsunion. Bis 1991 blieb Kohl allerdings dabei, dass eine Währungsunion nur in Verbindung mit einer echten Politischen Union Sinn machen könne. Entsprechend äußerte er sich noch in der Bundestagsdebatte vor dem Treffen in Maastricht im November 1991. Dabei war klar, dass ihm ein europäischer Bundesstaat mit föderalen Strukturen vorschwebte (143).

Nachdem sich schon in Maastricht abgezeichnet hatte, dass es zu einer echten Politischen Union erst einmal nicht kommen würde, entkoppelten sich in der Politik des Bundeskanzlers in den Folgejahren die Zusammenhänge von Politischer Union und Währungsunion. Während die Schwierigkeiten bei der Ratifikation des Maastricht-Vertrages in einigen Mitgliedsländern bereits zeigten, dass die postnationale Europabegeisterung der Mehrheit der deutschen Eliten anderswo nicht unbedingt geteilt wurde, räumte Kohl im Februar 1994 im CDU-Präsidium erstmals offen ein, »daß es keinen europäischen Bundesstaat entsprechend der Bundesrepublik Deutschland oder den USA« geben werde. Europa werde »bundesstaatliche Elemente« haben. Er finde aber niemanden innerhalb der europäischen Gemeinschaft von heute, der den Begriff Politische Union »so versteht, wie wir ihn verstehen«. Deshalb solle man den Begriff »europäischer Bun-

desstaat« aus dem Entwurf des neuen CDU-Grundsatzprogramms streichen (144).

Dass sich damit die Geschäftsgrundlage für die Einführung des Euro
eigentlich verändert hatte, fand in Kohls Europapolitik danach aber nicht
den entsprechenden Niederschlag. Im Mittelpunkt der schwierigen Diskussionen um die Einhaltung der anvisierten Terminpläne standen vielmehr die von deutscher Seite besonders betonten Konvergenzkriterien,
mit denen wirksame Vorkehrungen gegenüber einer allzu leichtfertigen
Schuldenpolitik in einzelnen Mitgliedsländern des zu schaffenden Euroraumes getroffen werden sollten. Kohls ursprüngliches Junktim zwischen
einer echten Politischen Union, die auch eine gemeinsame oder jedenfalls
eng abgestimmte Finanz- und Wirtschaftspolitik einschließen sollte, und
der gemeinsamen Währung trat demgegenüber in den Hintergrund. Aufgegriffen wurde diese Verknüpfung in der Union nur noch Kritikern wie
Kurt Biedenkopf und Edmund Stoiber, die ihre Ablehnung des anvisierten
Zeitplans 1997 daraus ableiteten.

Während Kohl als »mächtigste politische Führerpersönlichkeit Europas«
(145) mit aller Macht und gegen alle Bedenken die Euro-Einführung durchsetzte und sein ganzes Sinnen und Trachten 1997 davon bestimmt war, dass
Deutschland den Referenzwert von drei Prozent bei den Konvergenzkriterien einhielt, gerieten die Bedingungen, an die das Projekt ursprünglich
gebunden gewesen waren, aus dem Blickfeld. Der Anfangserfolg des Euro
schien zunächst zu belegen, dass Kohl gegen alle kleinlichen Bedenkenträ-
ger Recht gehabt hatte. Doch im Lichte der Euro-Finanzkrisen der letzten
Jahre stellen sich die Entscheidungen von 1997 und 1998 heute wieder etwas anders dar.

Unbestritten war Helmut Kohl unter den Architekten des europäischen
Staatensystems, wie es nach dem Ende des Kalten Krieges entstanden ist,
der wichtigste von allen. Ohne ihn hätte es den Euro nicht gegeben, jedenfalls nicht 1998. Entsprechend ist er nach seiner Abwahl fast überall
in Europa gewürdigt und geehrt worden. Wie eine Dampfwalze hat er alle
Widerstände weggeräumt, wobei ihm die Skepsis in der deutschen Bevölkerung im Spätherbst seiner Kanzlerschaft ziemlich gleichgültig war. Mutig war diese Entscheidung gewiss. Von mangelnder Führungskraft konnte beim Euro nicht die Rede sein. Ob es auch die richtige Entscheidung war,
die der deutsche Bundeskanzler damals durchgesetzt hat, ist freilich eine
andere Frage, die sich durchaus kontrovers beantworten lässt. Dies trifft
freilich auch die damalige Opposition aus Sozialdemokraten und Grünen,
die sich in dieser Grundfrage im Frühjahr 1998 mit Kohl einig wusste. Das
Urteil der Geschichte steht hier noch aus.

Dass der fünfte Kanzler der Bundesrepublik Deutschland zu einer Figur von historischer Größe aufsteigen würde, hatte bei seinem Amtsantritt im Oktober 1982 buchstäblich niemand erwartet. Zwar hatte der als Reformer in der CDU gestartete Kohl, seit 1969 Ministerpräsident in Rheinland-Pfalz, als Parteichef seit 1973 einige Erfolge vorzuweisen. So war es ihm gelungen, mit Hilfe seiner Generalsekretäre Kurt Biedenkopf und Heiner Geißler aus dem Kanzlerwahlverein der Adenauer-Jahre eine schlagkräftige Parteiorganisation zu machen, die ihre Mitgliederzahl im Laufe der 1970er Jahre mehr als verdoppeln konnte (146). Doch sein Ansehen hielt sich in der Öffentlichkeit ebenso in Grenzen wie in den Unionsparteien selbst. Auch die relativ erfolgreiche Kanzlerkandidatur 1976, mit der die Union das bis dahin zweitbeste Ergebnis ihrer Geschichte erreicht und Kohl den Einzug ins Kanzleramt nur knapp verfehlt hatte, vermochte daran nichts zu ändern. Besonders im Nacken saß ihm dabei CSU-Chef Strauß, der seine Führungsqualitäten mehr als einmal auch öffentlich in Frage stellte (147).

Kohls Wechsel als Oppositionsführer nach Bonn vermochte daran zunächst nichts zu ändern, im Gegenteil. Seine Oppositionsstrategie, die auf ein Herausbrechen der FDP aus dem sozialliberalen Bündnis setzte, wurde wie seine Parlamentsreden als uninspiriert und zu wenig angriffslustig geschmäht. Hinzu trat ein Anerkennungsdefizit besonders bei den linksliberalen Medien, die Kohl gerne als »Birne« verspotteten und das Bild eines biederen Provinzlers zeichneten, gegenüber dem sich Bundeskanzler Schmidt als weltgewandter Staatsmann deutlich abhob. Zum vielfach reproduzierten Etikett des »Provinzlers« trat jetzt das Urteil der »Konzeptionslosigkeit« oder gar der »Inkompetenz« hinzu. Schließlich war Kohls Ansehen auch in den eigenen Reihen derart geschwächt, dass ihm nur der Verzicht auf die Kanzlerkandidatur für 1980 blieb. Ins Rennen für die Union ging stattdessen Franz-Josef Strauß, der freilich erwartungsgemäß krachend verlor.

Jetzt war die Bahn frei für den Pfälzer. Seine Stunde schlug 1982, als die Agonie der sozialliberalen Koalition die Mehrheit der Liberalen zu einem Koalitionswechsel an die Seite der Union trieb. Gegen das Votum von Franz-Josef Strauß, der das Ende der Regierung Schmidt/Genscher zur Vernichtung der FDP nutzen wollte und deshalb rasche Neuwahlen anstrebte, setzte er sein Bündnis mit der FDP durch, das er erst später durch eine Neuwahl bestätigen wollte. Um den Freien Demokraten das politische Überleben zu ermöglichen, wurden diese Wahlen auf den März 1983 verschoben.

Kohl verzichtete damit ausdrücklich auf die Chance einer absoluten Mehrheit der Union, bei der die Position seines bayerischen Rivalen sehr stark gewesen wäre. Lieber setzte er auf eine »bürgerliche Koalition der

Mitte«. So kam es dann auch: Mit dem vorzüglichen Ergebnis von 48,8 Prozent gewann die Union die Bundestagswahl 1983 und besaß zusammen mit der FDP eine komfortable Regierungsmehrheit. Strauß aber blieb in München.

Die ersten Jahre der Kanzlerschaft Helmut Kohls verliefen sachpolitisch eher wenig spektakulär. Niemand erwartete eine Kanzlerschaft von historischen Ausmaßen. Zwar sorgte sein Wort von der »geistig-moralischen Wende« für einige Aufregung. Doch bald erwies sich, dass es eher politische Kontinuität war, die das Regierungshandeln bestimmte. Zwar setzte Kohl die innenpolitisch hoch umstrittene Stationierung atomarer Mittelstreckenraketen durch. Gleichzeitig aber suchte die Außen- und Deutschlandpolitik seiner Regierung alle Chancen zu einer Begrenzung neuerlicher Spannungseskalation mit dem Osten zu nutzen. Dies galt besonders für die Deutschlandpolitik, wo es Kohl sogar gelang, Franz-Josef Strauß durch den Abschluss von Milliardenkrediten und den entsprechenden Bürgschaften zugunsten der DDR in diese Politik einzubinden. Die deutsch-deutsche Verständigung machte schließlich 1987 den Besuch Erich Honeckers in der Bundesrepublik möglich. Zwar achtete Kohl im Unterschied zu seinem Vorgänger darauf, dass das Ziel der Wiedervereinigung des Landes in der politischen Rhetorik wieder stärker betont wurde. Doch ein operatives Ziel wurde daraus nicht.

Auch innenpolitisch war von einer echten Wende in diesen Jahren wenig zu spüren. Zwar verfolgte die Regierung das Ziel einer Konsolidierung der öffentlichen Haushalte deutlich stärker als die Vorgänger und konnte dabei auch einige Erfolge vorweisen. Bis 1989 gelang es, die 1982 auf 49,8 Prozent des BIP angestiegene Staatsquote bis auf 45,3 Prozent abzusenken. Doch die von manchen befürchtete »neoliberale Wende« blieb aus. Die Regierung Kohl beschränkte sich bei Sozialkürzungen auf einige graduelle Korrekturen und unterschied sich damit deutlich von der Politik in den USA oder in Großbritannien. Der Pragmatiker Kohl achtete stets auf eine gewisse soziale Ausgewogenheit, was durch die starke Position der Unionslinken Blüm und Geißler in Partei und Regierung erleichtert wurde. Dass die groß angekündigte Steuerreform am Ende danebenging und sogar zu dem Stimmungstief beitrug, in das die Regierung ab Ende 1988 geriet, war weniger ein inhaltliches als ein politisch-kommunikatives Problem.

Kohls Grundüberzeugungen jener Zeit sind mit wenigen Stichworten ausreichend benannt: Europäische Einigung, Senkung der Staatsverschuldung, Förderung der Familie, rhetorische Offenhaltung der deutschen Frage, Hebung des historischen Bewusstseins. Alles andere blieben pragmatische Fragen des Arrangements und des Kompromisses in der »Koalition der Mitte« – was ihm freilich bald den Vorwurf der »Führungsschwäche« und des »Aussitzens« eintrug.

Zum größeren Problem dieser Jahre aber wurden Skandale und Skandälchen sowie die Ansehensdefizite des Kanzlers in den Medien. Nicht nur, dass Kohl über die Folgen des Flick-Skandals 1986 fast selbst gestolpert wäre. Nur die Großzügigkeit der Bonner Staatsanwaltschaft rettete ihm 1986 das Amt. Nachdem der Grünen-Abgeordnete Schily Strafanzeige wegen Falschaussage vor dem Untersuchungsausschuss in Mainz gegen den Bundeskanzler erstattet hatte, wurde ein Verfahren am Ende doch nicht eröffnet. Auf die Dauer ebenso problematisch waren Pleiten, Pech und Pannen. Ob sein Studienfreund Waldemar Schreckenberger das Kanzleramt nicht in den Griff bekam, ob das Vorgehen von Verteidigungsminister Wörner gegen Bundeswehrgeneral Kießling zu höhnischem Spott von Opposition und Medien führte oder Kohl mit Ronald Reagan im Mai 1985 anlässlich des 40. Jahrestages der Befreiung Deutschlands von der Nazi-Barbarei in Bitburg auch vor den Gräbern ehemaliger SS-Leute stand – das alles trug dazu bei, das Ansehen des Kanzlers in der Öffentlichkeit zu schwächen. Dabei waren die Vorwürfe nicht immer gerecht: Dass man Kohl die Äußerung von der »Gnade der späten Geburt« vor dem israelischen Parlament derart übelnahm, ist aus heutiger Sicht nur noch schwer nachzuvollziehen. Denn die Wendung stammte gar nicht von ihm (148). Andere durften so etwas sagen, Kohl dagegen nicht.

So war bald von einem »Kanzlermalus« die Rede. Tatsächlich lag das öffentliche Ansehen Helmut Kohls in den Jahren bis 1989 meist unter den Umfragewerten der Union. Kohl hatte ein Medienproblem, an dem auch die verschiedenen Wechsel der Regierungssprecher wenig ändern konnte. Als dann ab Anfang 1989 auch dramatische Einbrüche von CDU und CSU in der Wählergunst zu verzeichnen waren, stand es schlecht um die politische Zukunft des Kanzlers. Wäre die Union bei den Europawahlen 1989 von der SPD überflügelt worden, hätte es den »Kanzler der Einheit« Helmut Kohl nie gegeben. Kohl hat das in seinen Memoiren selbst eingeräumt (149). So aber überstand er auch die Putschpläne seines Generalsekretärs Heiner Geißler.

Tatsächlich ist schwer vorstellbar, wie ein Kanzler Kohl eine Bundestagswahl in der alten Bundesrepublik Ende 1990 hätte gewinnen können. Doch mit der Wende im Osten wurde plötzlich alles anders. 1990 wurde Kohl dann auch in den Medien als Staatsmann eingehend gewürdigt. »Glückwunsch Kanzler« – das Wort des langjährigen Kohl-Kritikers Rudolf Augstein im SPIEGEL brachte diese unverhoffte Anerkennung auf den Punkt (150).

Schon bald nach der Einheit aber war das alte Medienbild wieder da. Die

Vereinigungskrise lieferte hinreichend Stoff für die Kritik an einer angeblich kurzatmigen und unbedachten Gestaltung der Einheit. Ganz so provinziell wie früher wurde der Pfälzer jetzt allerdings nicht mehr gezeichnet. Als er mit der Dauer seiner Kanzlerschaft 1996 Adenauer übertroffen hatte, mochten ihm auch die linksliberalen Medien ein gewisses Wohlwollen nicht versagen. Kohl bringe Europa voran, hieß es nun (151). Im Wahlkampf 1998 wurde der Kanzler schließlich sogar in einem milden Licht gezeichnet. Aufs Ganze gesehen aber hat wohl kein Kanzler der Bundesrepublik Deutschland in den Medien des Landes derart geringen Respekt erfahren wie Helmut Kohl.

Innenpolitisch war die zweite Phase der Regierung Kohl zunächst von Vorsicht geprägt. Die ergab sich schon aus den Schwierigkeiten der Vereinigungskrise und den veränderten außenpolitischen Problemstellungen. Regelrecht elektrisiert aber war der Kanzler von der Vorstellung, er könne nach der Einheit auch noch als Architekt der europäischen Einigung in die Geschichtsbücher eingehen. Gleichwohl hat er selbst 1993 die Standortdebatte in die Bonner Diskussionen eingeführt und damit ein Startzeichen für die folgende langjährige Debatte über Anpassungszwänge der Globalisierung und die Zukunftsfähigkeit des deutschen Sozialstaats gesetzt. 1996 ließ er sich schließlich von der Notwendigkeit grundlegender Strukturreformen überzeugen.

Wahrscheinlich hat er damit die entscheidende Voraussetzung für seine eigene Niederlage von 1998 geschaffen. Ob Kohl selbst die vielen Fallstricke erkannt hat, in die sich die Reformpläne der Union alsbald verwickelten, kann eher bezweifelt werden. Ein Meister der ökonomischen Details war er nie. Und wohl auch allzu sehr absorbiert von seiner Entschlossenheit, den Euro um fast jeden Preis durchzusetzen. Dabei lag auf der Hand, dass bei der gleichzeitigen Umsetzung von Sparzwängen, Sozialkürzungen sowie Steuer- und Abgabensenkungen erhebliche Zielkonflikte auftreten mussten und kaum damit zu rechnen war, dass eine solche Politik populär werden konnte. So läuteten die Reformpläne der Union unter den Bedingungen einer ab Frühjahr 1997 entschlossen auf Blockade setzenden Opposition das Endspiel ein, das schließlich zum Machtverlust führte. Dass er mit Lafontaine und Schröder dabei auf andere Gegner traf als es Scharping 1994 gewesen war, kam ebenso hinzu wie die Dramatik der CDU-Einbrüche in Ostdeutschland.

Helmut Kohl war bei aller Verhaftung im klassischen parteipolitischen Antagonismus von Union und Sozialdemokratie doch ein politischer Pragmatiker, der sich als ein Mann der Mitte sah und deshalb den ganz großen Entwürfen eher misstrauisch begegnete. Er war weniger programmatisch interessiert und viel eher ein Organisationstalent. Kohl sei ein Politiker gewesen, der sich nicht vom »gedanklich Richtigen« habe leiten lassen, sondern vom »Machbaren«, hat Kurt Biedenkopf über ihn geurteilt (152).

Wo Helmut Schmidt eher als hervorragender Administrator in Erscheinung trat und über ausgezeichnete Akten- und Detailkenntnis verfügte, bestand Kohls besondere Fähigkeit mehr in Kommunikation und personaler Loyalitätsstiftung. Sein wichtigstes Machtmittel war das Telefon, mit dessen Hilfe er die genaue Kenntnis seiner Partei und ihrer Funktionäre besaß und als wichtige Machtressource immer wieder neu einzusetzen verstand. Entsprechend wichtig waren ihm ins Freundschaftliche gehende Verbindungen auch auf der internationalen Ebene. Dabei besaß er einen wachen Sinn für machtpolitische Konstellationen und Weichenstellungen.

Im Gegensatz zu seinem Amtsvorgänger hatte Kohl nichts von einem Cola-trinkenden und kettenrauchenden Workoholic. Als Asket hätte er schon wegen seiner Körperfülle nicht durchgehen können. Schon daraus ließ sich auf eine Vorliebe für gutes Essen, Süßspeisen und die eine oder andere Flasche Wein schließen.

In diesem Sinne entsprach Kohl ganz und gar dem Bild eines konventionellen Parteipolitikers seiner Generation, der vor allem in personellen Loyalitäten dachte, deren Mittelpunkt natürlich nur er selber sein konnte. Sorgsam auf die Sicherung seiner eigenen Machtbasis bedacht, war er zugleich hochgradig misstrauisch und achtete peinlich darauf, wer sich zu viel Eigenständigkeit herausnahm oder ihm gar gefährlich werden konnte. Der musste auch dann mit seinem Rachebedürfnis rechnen, wenn er über lange Jahre eng mit ihm zusammengearbeitet hatte. Die Tiefe seines Zerwürfnisses mit Heiner Geißler zeigt das ebenso wie der Konflikt mit Wolfgang Schäuble, der am Ende bis zum Hass eskalierte.

Gegenüber seinen engsten Mitarbeitern war Kohl jovial, hielt an den meisten lange fest, erwartete aber unbedingte Loyalität und ging davon aus, dass sie stets zur Verfügung standen, wenn Bedarf bestand. Dann und wann mussten sie auch seine Zornesausbrüche aushalten, weiß sein Biograph zu berichten (153). Wenn dem Chef danach war, hatten sie sich auch um ihn zu versammeln und – im Kanzlerbungalow oder im Restaurant – seine Monologe und Frotzeleien zu ertragen und Anekdoten aus dem politischen Bonn zu berichten. Der Verfasser hat selbst einmal einen solchen Abend beim Edelitaliener »Sassella« in Bonn vom Nebentisch aus beobachtet. In Mainz soll vor allem sein späterer Nachfolger Bernhard Vogel das bevorzugte Opfer solcher Rituale geworden sein (154). Paternalistisch wird man diesen Führungsstil nennen müssen, der davon ausging, dass gelegentliche Kränkungen durch das Bewusstsein, zum engsten Zirkel der Macht zu gehören, entschädigt würden. Vorsichtig hat Friedrich Bohl im Rückblick von einem »starken Bedürfnis nach Kameradschaftlichkeit« gesprochen (155).

Kohl war wohl der letzte Kanzler, für den bei allem Pragmatismus die Grenze zwischen Christ- und Sozialdemokraten ziemlich hermetisch verlief. »Soz bleibt Soz«, soll er häufiger einmal gesagt haben. Diese eher scharfe und heute überlebt anmutende Trennung in »wir« und »die« entsprang dabei weniger einem besonderen programmatischen Interesse, aus dem heraus es intellektuell begründbar gewesen wäre. Viel eher wurzelte es in seinem auf personelle Loyalitäten gegründeten Bild von Politik. Meinungen ließen sich ändern, Zugehörigkeiten zur politischen Familie dagegen kaum.

Helmut Kohl hat im Laufe des Vierteljahrhunderts, in dem er die CDU führte, diese Partei immer mehr nach seinem Bilde geformt. Dabei sind viele starke Figuren in Ungnade gefallen oder an den Rand geraten. Das gilt für Kurt Biedenkopf und Heiner Geißler, für Lothar Späth und für Rita Süssmuth. Auch Klaus Töpfer musste als Umweltminister weichen, als er Kohl zu unabhängig geworden war. Kohl, der einmal selbst angetreten war, für frischen Wind zu sorgen, mochte am Ende niemanden mehr aushalten, der sich seiner Autorität nicht umstandslos fügte. Dass er Biedenkopf nach der Einheit wieder respektierte, lag einzig daran, dass dieser in Sachsen über eine eigene Machtbasis verfügte. Und Lothar Späth wurde erst wieder umworben, als Kohl im Bundestagswahlkampf 1998 das Wasser bis zum Halse stand.

Kohl ist oft vorgeworfen worden, er habe eine geistige Ödnis in seiner Partei hinterlassen, weil er sich nur noch für die Imperative seiner Machterhaltung interessiert habe. An dieser Stelle finden sich interessante Parallelen zu den Vorhaltungen, die viel später auch an die Adresse von Angela Merkel gerichtet worden sind. Bei allen Unterschieden der handelnden Personen scheint es doch, als ob eine sehr lange Regierungszeit stets die Folge einer gewissen intellektuellen Auszehrung der Partei nach sich zieht. Jedenfalls unter den Bedingungen der innerparteilichen Kultur der CDU.

Kohl war der letzte Kanzler, der sich nicht wegen, sondern gegen die Medien behaupten konnte. Dass die meisten Medien ihn so kritisch sahen, dazu trug seine öffentliche Redeweise mit dem ausgeprägten Hang zum »ausladenden Vortrag von Gemeinplätzen, der sich unvermeidlich mit dem pfälzischen Idiom paarte«, bei (156). Nach seinem Amtsantritt im Oktober 1982 hatte Hellmuth Karasek von »Sprachbrei« geschrieben, weil die Deutschen jetzt einem regierungsamtlichen »Schwall von Worten« schutzlos ausgesetzt seien. Jürgen Leinemann hatte Kohl sogar als »Antityp des Zeitgeistes« bezeichnet, der für seine intellektuellen Kritiker eher eine »Lachnummer« sei (157).

Der intellektuelle Hochmut solcher Einschätzungen und der ganze mediale Spott überdeckte oft die Stärken Kohls: Seine Fähigkeit, im persönlichen Gespräch zu überzeugen, sein taktisches Geschick, seinen machtpolitischen Instinkt, seine Standfestigkeit und Robustheit, schließlich auch sein erfahrungsgesättigtes Politikverständnis, das sich weniger an abstrakten Entwürfen als an Inspiration durch den persönlichen Kontakt hielt. Obwohl er mit der Ausnahme des Einheitsjahres meist auf den hinteren Plätzen der Beliebtheitsskala rangierte, gelang ihm so eine fast überlange Amtszeit, deren historischer Rang schließlich den seines Amtsvorgängers in den Schatten stellte. Niemand hatte das 1982 erwartet.

Ein gutes Jahr nach dem Ende seiner Kanzlerschaft fiel ein Schatten auf das politische Lebenswerk von Helmut Kohl. Der Altkanzler geriet ins Zentrum einer Parteispendenaffäre. Er selbst hatte Spenden in Millionenhöhe entgegengenommen, die nicht im Rechenschaftsbericht der Partei aufgetaucht, sondern von ihm nach Gutdünken eingesetzt worden waren. War das für sich schon ärgerlich genug, so kam dann noch hinzu, dass Kohl sich hartnäckig weigerte, nachträglich die Namen der Spender zu nennen. Er habe sein Wort gegeben und das werde er halten.

Der ganze Vorgang hat nicht nur einen Untersuchungsausschuss des Bundestages beschäftigt und seiner Partei schwer geschadet, sondern auch Kohls öffentliches Ansehen kräftig und nachhaltig beschädigt. Schließlich hat es ihn auch zeitweise von der Union entzweit und ihm den Ehrenvorsitz gekostet. Die Folgen davon reichen bis über seinen Tod 2017 hinaus, wie sich in manchen kleinlichen Diskussionen über Straßenumbenennungen gezeigt hat.

Natürlich gehören auch diese Verfehlungen zur Biographie des Helmut Kohl. Es war und ist keine nachrangige Kleinigkeit, wenn sich ein Bundeskanzler dieses Landes über die Bestimmungen des Parteiengesetzes hinwegsetzt. Andererseits ist bei der Würdigung der historischen Rolle des Helmut Kohl auch auf die Ausgewogenheit und Angemessenheit des Urteils zu achten. Kann man Kohls Verstöße gegen die Regeln der Parteienfinanzierung wirklich gegen seine Rolle bei der Deutschen Einheit verrechnen oder gar ausspielen? Wohl kaum. Im historischen Abstand wird die Einheit größer und die Spendenaffäre kleiner aussehen.

Helmut Kohl war nicht nur deshalb eine historische Figur, weil er länger als jeder und jede andere das Amt des Bundeskanzlers ausübte. Mit seinem Namen verbindet sich der säkulare Vorgang der Deutschen Einheit. Das wird bleiben, auch in hundert Jahren noch. Helmut Kohl war auch der

Mann, der den Euro durchgesetzt hat. Ohne ihn hätte es den Euro so und zu diesem Zeitpunkt gar nicht gegeben. Ob auch dies in fernen Tagen noch als große historische Leistung und entscheidender Beitrag zur Schaffung eines gemeinsamen Europas gefeiert werden wird, steht einstweilen aber noch in den Sternen.

3 DEUTSCHLAND IN DEN NEUNZIGER JAHREN – WIRTSCHAFT, GESELLSCHAFT UND KULTUR

3.1 WIRTSCHAFTLICHE SCHWÄCHEZEICHEN UND STRUKTURPROBLEME DES SOZIALSTAATS

Im Ausland war die Einheit mit der Erwartung verbunden, dass die Deutschen ihre wirtschaftliche Führungsrolle in Europa nun noch weiter würden ausbauen können. Tatsächlich aber zeigte die wirtschaftliche Entwicklung schon ab 1992 deutliche Schwächezeichen. Nachdem der Einheitsboom mit seiner Sonderkonjunktur für die westdeutsche Wirtschaft im Laufe des Jahres 1992 vorüber war, blieb das Wirtschaftswachstum des vereinigten Deutschland bis zum Ende des Jahrzehnts kontinuierlich hinter den Durchschnittswerten im EU-Raum zurück. Nur 1994 und 1998 konnte überhaupt ein reales Wachstum des Bruttoinlandsprodukts von mehr als zwei Prozent erreicht werden (1).

Gleichzeitig stieg der Bruttoschuldenstand des Staates von 39,1 Prozent des jährlichen BIP in 1991 bis auf 59,4 Prozent in 1998 an (2). Einschließlich der Sondervermögen wuchs die Schuldenlast des Bundes bis 1998 auf 1453 Milliarden (3). Diese Entwicklung, die alle Erfolge der Haushaltskonsolidierung in den 1980er Jahren wieder zunichtemachte, schlug sich auch in den Arbeitslosen- und Beschäftigungsstatistiken nieder. Zwischen 1990 und 1997 stieg die Arbeitslosenquote um mehr als das Doppelte. Waren im Einheitsjahr 4,8 Prozent der Erwerbsbevölkerung ohne Arbeit, so war diese Quote bis 1997 auf 9,9 Prozent gestiegen. Erst 1998 und 1999 fiel sie allmählich wieder etwas ab. Auch die Zahl der Beschäftigten ging seit 1992 zurück. Hatte sie 1991 bei 38,9 Millionen gelegen, so war sie bis 1997 auf 37,6 Millionen gesunken. Erst 1998 sah es wieder etwas besser aus (4).

Die ökonomischen Probleme schlugen sich auf unterschiedliche Weise im Volkseinkommen nieder. Während das reale Pro-Kopf-Durchschnitts-

© Springer Fachmedien Wiesbaden GmbH, ein Teil von Springer Nature 2020
H. Kleinert, *Das vereinte Deutschland*,
https://doi.org/10.1007/978-3-658-26767-4_3

einkommen der Westdeutschen mit 25 121 DM 1989 seinen bis dahin höchsten Stand erreicht hatte und damit inflationsbereinigt das 2,3fache von 1960 betrug, sank es bis 1994 um acht Prozent, um bis 1998 nur in geringem Umfang wieder anzusteigen (5).

In der gleichen Zeit nahmen die Einkommensunterschiede zwischen West und Ost immer weiter ab. Hatte die Verdienstlücke noch 1991 bei 45 Prozent gelegen, so war der Abstand bis 1998 auf 20 Prozent gesunken – bei deutlich niedrigeren Mieten im Osten. 1998 betrug der durchschnittliche Brutto-Monatslohn im Osten 1910 Euro, im Westen 2450 Euro. Beim verfügbaren Haushaltseinkommen erreichte Ostdeutschland inzwischen 80 Prozent, kaufkraftbereinigt sogar 85 Prozent des Westniveaus (6).

Dass es durch die Deutsche Einheit niemandem schlechter gehen würde als zuvor, wie das der Kanzler 1990 verkündet hatte, entsprach dem Erleben des normalen westdeutschen Arbeitnehmers keineswegs. Die Erhöhung von Steuern und Abgaben bei gleichzeitig moderaten Tarifabschlüssen taten hier ihre Wirkung. 1993 gaben 31 Prozent der Westdeutschen an, ihre Lebensbedingungen hätten sich seit 1990 verschlechtert. 59 Prozent hielten sie für unverändert (7).

In den neunziger Jahren setzte sich der Strukturwandel der Wirtschaft fort. Waren in der alten Bundesrepublik 1989 noch 41 Prozent der Beschäftigten im industriellen Sektor tätig gewesen, so ging dieser Anteil bis zur Jahrtausendwende bis auf 34 Prozent zurück. Im Dienstleistungsbereich dagegen stieg dieser Anteil in der gleichen Zeitspanne von 55 Prozent auf 64 Prozent an (8).

In den neuen Ländern fielen diese Veränderungen noch größer aus. Hier schrumpfte der industrielle Sektor von 50 Prozent bis auf 31 Prozent, während statt 40 Prozent nun 65 Prozent der Beschäftigten im Dienstleistungsbereich tätig waren (9). Eine besondere Rolle spielte dabei die Entwicklung der Informations- und Kommunikationstechnologien. 1993 besaßen nur 18 Prozent aller deutschen Haushalte einen Personalcomputer. 1999 waren es bereits 45 Prozent. 1998 machten die Ausgaben für IuK-Technologien in Deutschland bereits mehr als vier Prozent des BIP aus. Damit lag Deutschland freilich deutlich hinter den USA und Großbritannien (10).

Die wachsende Rolle dieser Technologien in der Arbeitswelt wurde durch die Liberalisierung des Telekommunikationsmarkts unterstützt, in dessen Folge die Kosten deutlich sanken. Eng damit verbunden war auch die Entwicklung zum »Outsourcing« bestimmter Betriebsabläufe in den Unternehmen. Die Auslagerung computergestützter Informationsverarbeitung auf Fremdfirmen wurde zum Trendsetter für neue Unternehmensstrukturen, die mit der Auslagerung einzelner Unternehmens- und Fertigungsteile Effizienzsteigerungen bringen sollten (11).

Zum vielfach diskutierten Problem für die Entwicklung der deutschen Wirtschaft wurden in den neunziger Jahren die Folgen der seit etwa 1985 deutlich gewachsenen internationalen Verflechtung der Ökonomie, die durch den Zusammenbruch der Ostblocksysteme einen weiteren Schub erhalten hatte. Das sprunghafte Wachstum vor allem der inzwischen weitgehend deregulierten Finanzmärkte, die Zunahme weltweiter Direktinvestitionen und die Entstehung transnationaler Unternehmensstrukturen (»Global Player«), aber auch die anhaltende Verlagerung von industriellen Arbeitsplätzen in Schwellen- und andere Niedriglohnländer führten auch in Deutschland zu einer Grundsatzdebatte über die Notwendigkeit grundlegender Strukturveränderungen des »rheinischen Kapitalismus« mit seiner Betonung sozialstaatlicher Integration.

Während sich die Verlagerung einfacher industrieller Fertigung in Niedriglohnländer in der Abnahme der Nachfrage nach niedrig qualifizierte Arbeit in Deutschland niederschlug, zugleich aber mit der wachsenden Nachfrage aus den neuen Wachstumsregionen neue Chancen für die Exportwirtschaft entstanden, waren der Rückstand deutscher Unternehmen in der IuK-Branche und der Biotechnologie sowie der Rückgang ausländischer Direktinvestitionen in Deutschland tatsächlich ernste Probleme für den Wirtschaftsstandort Deutschland. Für die jetzt beklagte nachlassende Innovationsbereitschaft der deutschen Wirtschaft wurde zunehmend die nationale Verflechtung von Großunternehmen und Banken verantwortlich gemacht. Die hier entstandene »Deutschland-AG« habe sich vom internationalen Kapitalmarkt abgeschottet und sei träge geworden (12).

Um diese Strukturen aufzubrechen, müsse die Einmischung des Staates in die Wirtschaft zurückgefahren werden, hieß es. Notwendig sei gleichzeitig auch mehr Selbstverantwortung des Einzelnen. Dazu gehöre auch die Begründung einer neuen Aktienkultur. Die Deutschen, bislang ein Volk von Sparern, die den Aktienbesitz weitgehend der gesellschaftlichen Führungselite überlassen hatten, sollten sich der angloamerikanischen Kultur des breiten Aktienbesitzes öffnen und auf diese Weise ihren Anteil an den in den neunziger Jahren gewaltig wachsenden Gewinnmargen der internationalen Finanzmärkte erhalten.

Tatsächlich wuchs nach dem von einer großen Werbekampagne begleiteten Börsengang der Telekom die Zahl der Aktienbesitzer sprunghaft an. Bald setzte ein Großteil der Investoren nicht mehr auf die alten Industriewerte, sondern auf die »innovativen« Jungunternehmer des »neuen Marktes«. Die Entwicklung des Aktienindex schien ihnen Recht zu geben. Allein zwischen 1998 und 1999 stieg der Aktienindex um 39 Prozent. Wachstumstreiber waren Unternehmen wie die Softwarefirma Microsoft, die 2000 mit 30 000 Mitarbeitern 14,5 Milliarden Dollar Umsatz machte, aber mit einem Aktienwert von 435 Milliarden bewertet wurde – höher als die sechs umsatzstärksten Unternehmen in Deutschland zusammen. Schon im Laufe des Jahres 2000 aber platzte die immer größer gewordene Spekulationsblase. Die Aktienkurse gingen in den Keller. Hunderte von Firmen mussten Konkurs anmelden. Viele Neuanleger verloren ihr gesamtes Kapital. Der Traum vom raschen Reichtum war ausgeträumt (13).

Das schnelle Ende der Aktienhausse konnte freilich nichts daran ändern, dass auch in Deutschland der Druck auf die Deregulierung der Finanzmärkte weiter zunahm. Die wachsende »Finanzialisierung« des Kapitalismus vor allem in den USA und Großbritannien, wo immer größere Teile der Einkommen und Vermögen aus Geldanlagen stammten, begründete auch in Deutschland einen Trend zum Abbau von Finanzmarktregulierungen. Er sollte nach der Jahrtausendwende sogar zur Zulassung von Hedge-Fonds und anderen Instrumenten einer auf Spekulationsgewinne und Risikoinvestitionen begründeten Finanzwirtschaft führen (14). Damit verbreitete sich die Ideologie eines »shareholder value«, die den Nutzen unternehmerischer Tätigkeit nur noch an der zu erwartenden Wertsteigerung von Aktien maß und dabei die soziale Verpflichtung gegenüber Staaten und Gesellschaften aus dem Blick verlor. Altkanzler Helmut Schmidt nannte das schon 1998 drastisch »Raubtierkapitalismus« und meinte, »man könnte auch von Sozialdarwinismus reden« (15).

Auch die Entwicklung ursprünglich deutscher Großunternehmen zu »Global Playern« zeichnete sich in dieser Zeit bereits ab. Unternehmen wie Daimler-Benz, Siemens, SAP oder Bayer wurden mehr und mehr zu transnationalen Akteuren, die sich in ihren Aktionen als Teil globalisierter Netzwerke an weltweiten Absatzmärkten und Gewinnchancen orientierten und den Bezug auf ihre nationalen Wurzeln weitgehend einbüßten. Entsprechend schwieriger waren sie in ihren Produktions- und Investitionsentscheidungen auf traditionelle »volkswirtschaftliche« Ziele zu verpflichten. Zumal sie jetzt damit begannen, auf der Suche nach besonders rentierlichen Anlagen auch als Akteure auf den Finanzmärkten aufzutreten und das Kapital der Firmennetzwerke inzwischen von Anteilseignern aus den unterschiedlichsten Ländern gehalten wurde. Eine Folge dieser Entwicklung war ein internationaler Wettbewerb um möglichst niedrige Sätze der Unternehmensbesteuerung und ein regelrechter Dumping-Wettbewerb um die Ansiedlung von Unternehmen (16).

Zwischen 1990 und 1997 stiegen die Nettolöhne und Nettogehälter im

Durchschnitt nur um 8,4 Prozent. Gleichzeitig aber wuchs der Wert der am deutschen Aktienmarkt gehandelten Papiere um 288 Prozent. Während sich die Zahl der Vermögensmillionäre verdoppelte, stieg die Zahl der Sozialhilfeempfänger um das Zweieinhalbfache (17). Parallel dazu wuchs der Anteil der sogenannten »atypischen Beschäftigungsverhältnisse«. Waren 1990 nur 15,1 Prozent der Arbeitnehmer in Teilzeit angestellt, hatte sich dieser Anteil bis 1999 auf 19,5 Prozent erhöht. Zwar hatte das auch mit der wachsenden Erwerbsneigung von Frauen zu tun, von denen viele aus freien Stücken eine Teilzeittätigkeit anstrebten. Doch deutet besonders die Verdoppelung der Zahl der männlichen Teilzeitarbeiter innerhalb weniger Jahre darauf hin, dass nicht immer von einer selbst gewählten Beschränkung der Erwerbstätigkeit ausgegangen werden konnte (18).

Gestiegen ist in dieser Zeit auch die Zahl der befristeten Arbeitsverhältnisse – von 7,5 Prozent aller Erwerbstätigen 1991 auf neun Prozent in 1999. Ebenfalls zugenommen haben in diesen Jahren die Leih- und Zeitarbeiter sowie die »neuen Selbständigen«, die in vielen Fällen eher als »Scheinselbständige« mit nur einem einzigen Auftraggeber anzusehen waren. Eine geradezu expansive Ausdehnung erfuhr die »geringfügige Beschäftigung« mit einer Wochenarbeitszeit von weniger als 15 Stunden. Im Frühjahr 1999 waren 2,4 Millionen ausschließlich geringfügig Beschäftigte registriert (19). Das Wachstum dieser verschiedenen, vom klassischen »Normalarbeitsverhältnis« abweichenden, Jobformen und der damit verbundene Ausfall an Sozialversicherungsbeiträgen musste die institutionelle Basis des sozialen Sicherungssystems und seine am Vollzeit-Erwerbsarbeitsverhältnis orientierten Finanzierungsgrundlagen in Bedrängnis bringen (20).

Verschärft wurden diese Probleme noch durch den anhaltenden demographischen Wandel. Weil das Funktionieren des Generationenvertrags in der Rentenversicherung eine Geburtenrate von 2,1 pro Frau voraussetzt, die tatsächliche Rate in den 1990er Jahren aber nur 1,3 Geburten in den alten Ländern betrug und in den neuen Ländern zeitweise sogar noch deutlich darunterlag, musste die künftige Sicherung einigermaßen auskömmlicher Renten schwieriger werden. Zumal der Anstieg der Lebenserwartung gleichzeitig die Zeitdauer des durchschnittlichen Rentenbezugs erhöhte (21).

Entsprechend entwickelte sich die künftige Rentensicherung zu einer Kardinalfrage der innenpolitischen Reformdiskussion. Verschiedene Modelle schlugen einen Systemwandel vor, mit dem eine Rückkehr zum Kapitaldeckungsverfahren angestrebt wurde. Auch Spitzenpolitiker wie Sachsens Ministerpräsident Kurt Biedenkopf traten für einen solchen Systemwechsel ein. Die Umsetzung solcher Modelle hätte freilich die Ren-

ten in eine Abhängigkeit von der Entwicklung auf den Kapitalmärkten gebracht. Damit wären erhebliche Risiken verbunden gewesen. Hinzu kamen
die Schwierigkeiten einer Systemumstellung, die nur über ganz lange Zeit-
räume zu machen war, weil ja aus den schon geleisteten Beitragszahlungen
Ansprüche erworben worden waren.

Am Ende kam es zu der von Norbert Blüm verfochtenen Einführung
eines »demographischen Faktors«, der das Rentenniveau von maximal
70 Prozent auf 64 Prozent des letzten Nettoeinkommens zurückführen
wollte. Die Reform wurde freilich im Konflikt mit der Opposition durchgesetzt und nach dem Regierungswechsel von der rot-grünen Regierung
wieder rückgängig gemacht. Eine Lösung der langfristigen Finanzierungsprobleme der Rentenversicherung bedeutete das nicht (22).

Ähnliche Probleme stellten sich bei der Zukunft der Krankenversicherung. Nachdem im Gesundheitsstrukturgesetz von 1992 erstmals Einsparungen bei den Leistungserbringern beschlossen worden waren, wurden
1997 die Eigenbeteiligungen für die Patienten erhöht, die Einsparungsvor-
gaben bei den Erbringern von Gesundheitsleistungen aber wieder aufgehoben. Eine echte Strukturreform blieb aus. Eher handelte es sich um kurzfristige Konsolidierungsversuche ohne klare Strategie (23).

Vor dem Hintergrund der sichtbar gewordenen Zukunftprobleme der
sozialen Sicherungssysteme und der Diskussionen um Kostenentlastung
der Arbeitgeber muss man die Einführung der Pflegeversicherung als einer
beitragsfinanzierten fünften Säule der sozialen Sicherung als mutig ansehen. Und der 1997 beschlossene Ausbau der Berücksichtigung der Kindererziehungszeiten in der Rentenversicherung zeigte, dass die verbreitete
Auffassung einer nur auf Sozialabbau gerichteten Politik der letzten Regierung Kohl mindestens übertrieben ist (24).

In den neunziger Jahren sah sich die Politik vor dramatische Herausforderungen gestellt. Der gewaltige Finanzierungsbedarf für den Transfor-
mationsprozess in Ostdeutschland verband sich mit den Notwendigkeiten
grundlegender Strukturreformen in den Systemen der sozialen Sicherung.
Diese wären, weil in erster Linie Folge der demographischen Entwicklung,
auch ohne die Wiedervereinigung nur schwer zu bewältigen gewesen. Mit
der Sozialunion und der niedrigen Beschäftigungsquote in Ostdeutschland
aber mussten sich die Probleme erheblich verschärfen. Hinzu kamen die
veränderten wirtschaftlichen und finanzpolitischen Rahmenbedingungen
in der Folge von Globalisierung und »Finanzialisierung« des Kapitalismus.
Damit verbunden war ein gewaltig gestiegener Kostendruck auf die sozialen Sicherungssysteme. Unter diesen Rahmenbedingungen konnte sich
jede Reformstrategie leicht in Widersprüche verwickeln.

3.2   DIE WIRTSCHAFTLICHEN FOLGEN
DER DEUTSCHEN EINHEIT

Die Bewältigung der Folgeprobleme der deutsch-deutschen Vereinigung wurde in den Jahren nach 1990 zur größten politischen Herausforderung von Politik und Gesellschaft. Sie trug entscheidend zu den wirtschaftlichen Schwächezeichen bei, mit denen das vereinigte Deutschland fertig werden musste. Und sie hinterließ allerhand Verunsicherung in der Bevölkerung beider Teile des nun zusammengefügten Landes.

Die Bundesregierung hatte die Bevölkerung über die gewaltigen Folgelasten der Deutschen Einheit lange im Ungewissen gelassen. Später hat Helmut Kohl selbst eingeräumt, er habe Zweifel an der tatsächlichen Bereitschaft der Westdeutschen gehegt, für die finanziellen Lasten der Einheit aufzukommen (25).

Soweit die Bundesregierung 1990 überhaupt ein realistisches Bild der Lage und der damit verbundenen Finanzierungsprobleme haben konnte, gingen Simulationsrechnungen davon aus, dass die Transferleistungen vor allem über den Wegfall der teilungsbedingten Kosten aufgebracht werden konnten. Dazu zählten u. a. die Zonenrandförderung, die West-Berlin-Förderung sowie die jährlichen Zahlungen an die DDR. Hinzu kam die Hoffnung, dass aus der Privatisierung des DDR-Produktivvermögens durch die Treuhand ein dreistelliger Milliardenbetrag erlöst werden würde.

Schon 1990 zeigte sich, dass man mit diesen Summen bei weitem nicht auskam. Bereits im Einheitsjahr überwies die Bundesrepublik 64 Milliarden DM an die untergehende DDR; 42 Milliarden zur Sanierung des Haushalts und 22 Milliarden aus dem neu gegründeten Fonds »Deutsche Einheit« (26). In den Folgejahren stieg der Transferbedarf deutlich an: 1991 betrugen die Bruttotransferleistungen nach Angaben des Bundeswirtschaftsministeriums 139 Milliarden, die Nettotransferzahlungen nach Abzug der Steuer- und Abgabenrückflüsse aus Ostdeutschland immer noch 106 Milliarden DM. Einige Wirtschaftsforschungsinstitute nennen noch weit höhere Zahlen (27).

Bis einschließlich 1999 addierten sich die Netto-Transferzahlungen nach den eher zurückhaltenden Berechnungen des BMWI auf einen Gesamtbetrag von etwa 1,2 Billionen DM, die der westdeutsche Steuerzahler aufbringen musste. Geht man von einer Erwerbsbevölkerung von etwa 26 Millionen im Westen aus, so hat jeder Erwerbstätige in den alten Ländern in diesen Jahren eine Transferzahlung von etwa 5 000 DM pro Jahr geleistet, insgesamt 46 000 DM.

Die wirtschaftlichen Lasten der Einheit sind demnach vor allem vom durchschnittlichen Steuerzahler und Sozialversicherungspflichtigen im Westen geschultert worden. In diesem Sinne haben die Westdeutschen die Mahnung ihres Bundespräsidenten Richard von Weizsäcker durchaus befolgt, der am 3. Oktober 1990 davon gesprochen hatte, dass die Überwindung der Teilung »teilen bedeutet«. Die Wohlstandsverluste, die sie hinzunehmen hatten, dienten der Finanzierung der Einheit.

Der weitaus größte Teil dieser Transfers war eine Folge der deutsch-deutschen Sozialunion und ergab sich aus den nunmehr für Gesamtdeutschland geltenden Regeln der Sozialversicherungssysteme. Sie betrafen die Sozialversicherungskassen sowie die besondere Form des Länderfinanzausgleichs. Nur etwa ein Fünftel der Transfersumme entfiel dagegen auf die Sonderprogramme zum »Aufbau Ost« und kamen als Hilfen für die Sanierung der maroden Infrastruktur zum Einsatz (28). Hinzu kamen die Verluste der Treuhandanstalt. Rechnet man auch die Übernahme der Altschulden der DDR durch die Bundesrepublik hinzu, ergeben sich noch deutlich höhere Beträge (29).

Der überwiegende Teil der Transfers floss also in die soziale Absicherung des Transformationsprozesses. Nur knapp die Hälfte der ostdeutschen Renten konnte bis zur Jahrtausendwende aus den Einnahmen der dortigen Rentenkassen bezahlt werden. Ähnliches gilt für die Arbeitslosenversicherung, die Krankenversicherung und die Wohngeldzahlungen im Osten. Noch 2003 erreichten die Sozialtransfers nach Ostdeutschland ziemlich genau die Höhe der Nettolohnsumme aller Arbeitnehmer in den neuen Ländern. In den alten Bundesländern dagegen stammte nur jeder dritte Euro aus dem Transfertopf (30). Ohne die Deutsche Einheit hätten die Sozialversicherungsbeiträge der westdeutschen Arbeitnehmer in den 1990er Jahren fast sechs Prozentpunkte niedriger sein können (31). Die Diskussion über die hohen Lohnnebenkosten hätte in der alten Bundesrepublik ganz anders geführt werden können.

Die Bundesregierung übernahm etwa 340 Milliarden DM an Verbindlichkeiten aus dem DDR-Haushalt sowie die Kosten für die Sanierungsversuche des DDR-Produktivvermögens. Dazu kamen zwischen 1990 und 1994 161 Milliarden für die neuen Länder und das »Gemeinschaftswerk Aufbau Ost«, das 1991 und 1992 insgesamt ein Volumen von 24 Milliarden aufwies. Es folgte der Solidarpakt I, mit dem bis 2004 etwa 210 Milliarden DM in den Osten flossen. Allein bis 1999 waren es etwa 120 Milliarden. Dabei kam es immer wieder zu Konflikten über eine angebliche Zweckentfremdung der Solidarpaktmittel durch die Verwaltungen in den neuen Ländern (32).

Auch Steuervergünstigungen bildeten einen wichtigen Teil der Subventionierung des Ostens. Zwischen 1991 und 2000 ergaben sich daraus steuerliche Mindereinnahmen von etwa 100 Milliarden DM. Der größte Teil davon floss über Sonderabschreibungen für Investitionen in die Unternehmen und den Wohnungsbau, wo westdeutsche Privatinvestoren angelockt werden sollten (33).

Neben der Erhöhung von Steuern und Sozialabgaben sind die Transferzahlungen vor allem durch einen gewaltigen Anstieg der Staatsverschuldung finanziert worden. Bis 2004 nahm dieser Anstieg solche Formen an, dass fast jeder sechste Euro im Bundeshaushalt für Zinszahlungen aufgewendet werden musste (34).

Schon bis zur Mitte der neunziger Jahre erlebten die ostdeutschen Haushalte in der Folge dieser Transfers eine deutliche Steigerung ihres materiellen Lebensniveaus. Die durchschnittlichen Arbeitnehmereinkünfte wuchsen bis 1995 im Schnitt real um 40 Prozent, während westdeutsche Einkommensbezieher in der gleichen Zeit einen durchschnittlichen Reallohnverlust von etwa vier Prozent hinnehmen mussten (35). 1995 hatten die ostdeutschen Lohn- und Gehaltstarife etwa 90 Prozent des westdeutschen Niveaus erreicht. Allerdings differierte die Entlohnung je nach Branche beträchtlich. Während in einigen Branchen schon 100 Prozent des Westlohns gezahlt wurde, lagen andere noch bei 65–70 Prozent.

Dabei war der Niedriglohnsektor im Osten deutlich stärker ausgeprägt als im Westen. Das durchschnittliche Netto-Erwerbseinkommen pro Haushalt stieg gleichwohl im Osten zwischen 1991 und 1996 von 60 auf 77 Prozent des Westniveaus. Das Niveau der gesetzlichen Altersrenten hatte sich bis dahin immer mehr angeglichen. 2002 hatten die Ostrenten die Westrenten schon fast erreicht (36). Dass die westdeutschen Rentner im Durchschnitt noch immer über ein höheres Haushaltseinkommen verfügten, lag daran, dass die gesetzliche Rente im Westen einen geringeren Teil des Gesamteinkommens ausmachte, weil Vermögen, Pensionen und andere Einkünfte weit höher waren als im Osten.

Nachdem der Angleichungsprozess der Haushaltseinkommen bis 1996 relativ weit vorangekommen war, stockte er in den Folgejahren. Unter Berücksichtigung des niedrigeren Preisniveaus im Osten und geringerer Mieten ergab sich freilich schon 1996 ein verfügbares Haushaltsnettoeinkommen, das ungefähr 85 Prozent des Westniveaus entsprach (37).

Legt man allerdings einen gemeinsamen deutschen Einkommensschnitt zugrunde, ergibt sich ein etwas anderes Bild. Danach konnten 1998 fünf Prozent der Westdeutschen, aber nur ein Prozent der Ostdeutschen als »reich« gelten, da ihr Einkommen mehr als doppelt so hoch ausfiel wie der gesellschaftliche Durchschnitt. Unterdurchschnittlich verdienten 52 Prozent der Westdeutschen, aber 69 Prozent der Ostdeutschen. Tatsächlich war

die Einkommensarmut im Osten bis zur Jahrtausendwende deutlich höher als im Westen. 2000 lag die relative Armut derjenigen, die über weniger als die Hälfte des Durchschnittseinkommens verfügten, im Westen bei
10,2 Prozent, im Osten bei 16 Prozent. Allerdings hatten diese Werte 1991
für den Osten noch bei 30,4 Prozent gelegen. Demnach hat sich die »relative Armut« in Ostdeutschland im Laufe des ersten Jahrzehnts nach der Einheit ungefähr halbiert (38). Je nach Betrachtungsweise war das Glas halb
voll oder halb leer.

Trotz der höheren Armutsquote in den neuen Ländern ließ sich also von
einem allmählichen Angleichungsprozess im materiellen Lebensniveau
zwischen Ost und West sprechen. Bei den Vermögenseinkommen allerdings blieben die Unterschiede groß. Hier erreichten die ostdeutschen Familien bis zur Jahrtausendwende weniger als die Hälfte der Westeinkom-
men. 1997 betrug das Geldvermögen pro Haushalt im Osten nur 31,5 Prozent
des Westniveaus (39). Während sich die alte Bundesrepublik in die Richtung einer Erben- und Vermögensgesellschaft entwickelte, in der Unter-
nehmens- und Kapitaleinküfte als Einkommensquelle immer wichtiger
wurden, blieb der Osten eine »Gesellschaft der Habenichtse« (Steffen Mau).

Die Ostdeutschen hatten sich nach der Einheit in kürzester Zeit mit lang-
lebigen Verbrauchsgütern eingedeckt. Bis 1993 erwarb jeder zweite Haushalt einen neuen PKW und einen neuen Farbfernseher, jeder Dritte eine
neue Waschmaschine. Die Arbeiter zeigten sich dabei besonders konsum-
freudig. Drei von vier fuhren jetzt ein neues Auto. Der Ausstattungsgrad der
Bevölkerung mit PKWs und Telefonen hatte schon fünf Jahre nach der Einheit »Westniveau« erreicht. Allerdings zeigten sich Unterschiede in Ausstattung und Preis. Während bei den Kraftfahrzeugs-Zulassungen die Ostdeutschen Mittelklassewagen bevorzugten, blieb das obere Preissegment
eine Domäne der westdeutschen Verbraucher. BMW und Daimler waren im
Osten weitaus seltener vertreten. Umgekehrt bevorzugten mehr Ostdeutsche den Kauf fabrikneuer Fahrzeuge (40).

Auch die Wohnungsqualität hat sich in den neuen Ländern im ersten
Jahrzehnt nach der Einheit stark verbessert. Die durchschnittliche Wohn-
fläche stieg bis zur Jahrtausendwende von 27qm auf 38 qm, während sie im
Westen im gleichen Zeitraum von 38 auf 44qm zunahm. Inzwischen verfügten die meisten Wohnungen in den neuen Ländern über eine moderne
Heizung, Bad/Dusche sowie ein Innen-WC. Durch die andauernde Abwanderung, die im Laufe der neunziger Jahre die Bevölkerung der neuen Länder um etwa eine Million verminderte, und die hohe Zahl der fertiggestell-
ten modernen Wohnungen entwickelte sich bis zum Ende des Jahrtausends
sogar ein beträchtlicher Wohnungsleerstand (41).

Wirtschaftlich hat die große Mehrheit der Bevölkerung der ehemaligen DDR von der Einheit profitiert. An der Spitze der Einheitsgewinner standen dabei die Rentner. Die durchschnittliche Altersrente der Ostdeutschen, die in der alten DDR nur bei 30–40 Prozent der Arbeitseinkommen lag, hat sich zwischen 1988 und 1999 nominal etwa vervierfacht (42). Zu den Gewinnern zählten auch die Arbeitsplatzbesitzer, deren Lohn- und Gehaltstarife schon 1995 90 Prozent des Westniveaus erreicht hatten. 1991 hatte dieser Wert noch bei 60 Prozent gelegen (43). Allerdings galt das nur für die Arbeitnehmer, die nach Tarif bezahlt wurden. Ihre Zahl lag im Osten deutlich niedriger als im Westen.

Dagegen muss die relativ große Gruppe der ostdeutschen Langzeitarbeitslosen zu den Verlierern gerechnet werden – trotz der sozialen Sicherungssysteme. Der Verlust sicher geglaubter Lebensperspektiven wog schwer. Erst recht galt das für Familien, in denen beide Partner arbeitslos wurden. Dies betraf vor allem die Altersgruppe der 50–55jährigen, die zu alt für einen Neuanfang schienen, aber zu jung für den Vorruhestand waren. Die materielle Absicherung durch das Sozialsystem war für sie nur eine geringe Kompensation für den mit dem Arbeitslosigkeit verbundenen Identitätsverlust (44). Nicht alles ließ sich mit Geld heilen.

Zu den Gewinnern zählten auch die Jungen. Hatte die Abiturientenquote in der alten DDR noch bei zehn Prozent eines Jahrgangs gelegen, so stieg sie nach der Einheit rasch auf etwa 30 Prozent. Damit waren neue Chancen verbunden. Auch die häufig geäußerte These, dass die Frauen die eigentlichen Verliererinnen der Einheit gewesen seien, lässt sich empirisch nur bedingt untermauern. Die Beschäftigungsquote der Frauen sank nach der Einheit nur in begrenztem Umfang. Gleichwohl waren 1995 mehr als zwei Drittel der Frauen in den neuen Ländern der Auffassung, es gehe den Frauen im Osten heute schlechter als vor der Einheit. Freilich meinte die Hälfte der Befragten gleichzeitig, ihnen persönlich gehe es besser als vor 1990 (45).

Unterschiedlich waren die Konsequenzen der Einheit für die Mitarbeiter des Öffentlichen Dienstes und die systemnahen Eliten der DDR. Während das Lehrpersonal an den Schulen weitgehend übernommen wurde, verloren im Hochschul- und Wissenschaftsbereich viele Beschäftigte ihre Positionen, wurden entlassen oder in den Ruhestand geschickt. Nach den Angaben von Kowalczuk haben ohne Berücksichtigung der medizinischen Fachbereiche etwa drei Viertel der DDR-Hochschullehrer ihre Stellung verloren (Vgl. Kap. 2).

Die alte Machelite büßte Status und Privilegien ein. Für sie bedeutete das Ende der DDR auch eine schwere persönliche Niederlage. In materieller Hinsicht freilich gelang es vielen, sich unter den neuen Verhältnissen recht gut einzurichten. Vor allem in der Wirtschaft konnten etliche von ihnen Fuß fassen, besonders im Geschäft mit Immobilien, in der Versicherungs- und der Finanzberatungsbranche (46).

Nach den Angaben von Schroeder sind in der Folge der Überprüfung auf eine IM-Tätigkeit für die Staatssicherheit etwa 20 000 Mitarbeiter des Öffentlichen Dienstes entlassen worden. Andere Berechnungen deuten freilich auf höhere Zahlen hin. Von 80 000 überprüften Mitarbeitern im ehemaligen Ostberlin galten 5 000 als belastet; etwa die Hälfte davon musste gehen. Ähnliche Zahlen finden sich in den östlichen Flächenländern. Schätzungen gehen davon aus, dass zwischen einem und drei Prozent der Staatsbediensteten nach der Überprüfung durch die Gauck-Behörde tatsächlich gekündigt worden ist und diese Kündigung auch nach gerichtlicher Überprüfung Bestand hatte (47). Allerdings ist eine nicht geringe Zahl von Beschäftigten bereits vor ihrer Überprüfung durch die Gauck-Behörde mehr oder weniger freiwillig aus dem Dienst ausgeschieden (vgl. oben).

Die Mehrzahl der ehemaligen DDR-Bürger hat von der Einheit trotz Massenarbeitslosigkeit und Deindustrialisierung des Landes wirtschaftlich profitiert. Die Ursachen für den negativen Stimmungsumschwung im Osten, für Verdruss, Ressentiments gegen die Westdeutschen und die beginnende »Ostalgie« können jedenfalls nicht in erster Linie materielle Gründe gehabt haben.

Anders stellt sich die Bilanz für die Westdeutschen dar. Nachdem der Mauerfall mit der Öffnung der Grenzen neue Märkte geschaffen und mit dem Konsum-Nachholbedürfnis der Ostdeutschen Westprodukte reißenden Absatz gefunden hatten, profitierten zunächst viele von der vereinigungsbedingten Sonderkonjunktur. Bei der Ausdehnung bundesdeutscher Handelsketten, die schon bald ihre Filialen im Osten errichteten, entstand zeitweise sogar eine regelrechte Goldgräberstimmung. Der Vereinigungsboom führte zunächst auch zu einer spürbaren Verminderung der Arbeitslosigkeit im Westen.

Doch bereits ab Frühjahr 1991 sahen sich die Westdeutschen mit der Kehrseite des Umbruchs konfrontiert. Nicht nur, dass die Vereinigungslasten und der immense Transferbedarf der neuen Länder alle ursprünglichen Regierungspläne für Steuererleichterungen und die Senkung von Sozialbeiträgen zunichtegemacht hatten. Die alten Bundesbürger mussten jetzt auch kräftige Steuererhöhungen und einer Anhebung der Sozialversicherungsbeiträge hinnehmen. Bald folgte die Einführung des Solidaritätszuschlags. Und als 1992 der Vereinigungsboom auslief, war auch der Westen in der internationalen Wirtschaftskrise angekommen. Die Auslastung der Industrie sank und die Exportnation Deutschland geriet zeitweise in Absatzprobleme. Mit dem Anstieg der Arbeitslosigkeit und des Zinsniveaus stagnierte die Lohnentwicklung. Die Reallöhne sanken.

Da der Transferbedarf der neuen Länder über viele Jahre anhielt und zeitweise sogar noch anwuchs, mussten vor allem die westdeutschen Arbeitnehmer und Durchschnittsverdiener die Kosten der Einheit tragen. Die steigende Staatsverschuldung führte zu einem gewaltigen Bedarf an Kapitalimporten nach Deutschland. So musste die Bundesbank die Leitzinsen auf Rekordniveau anheben, was wiederum die Währungen der benachbarten Länder in Mitleidenschaft zog und Großbritannien und Italien 1992 zwang, aus dem europäischen Währungssystem auszutreten.

So hat die Deutsche Einheit nicht nur Wohlstandsverluste bei den westdeutschen Arbeitnehmern gebracht. Sie schwächte auch die Währungen unserer Partner im Westen, was 1992 dort zu einem gewaltigen Abwertungsdruck und zu Arbeitsplatzverlusten führte. Insoweit haben auch die Bürger anderer europäischer Länder die wirtschaftlichen Folgen der Einheit zu spüren bekommen (48).

Weniger betroffen waren dagegen Selbständige und »Besserverdiener« in Westdeutschland. Die umstrittene Finanzierung von arbeitsmarktpolitischen Maßnahmen im Osten aus den Kassen der Arbeitslosenversicherung ließ sie bei der Finanzierung ungeschoren. Der Anstieg der Staatsverschuldung gab den Vermögenden gleichzeitig weitere Chancen zur rentierlichen Kapitalanlage. Und die Sonderprogramme für den Aufbau Ost eröffnete vielen wohlhabenden Westdeutschen die Möglichkeit, bei privater Investitionsbereitschaft im Osten gute Renditen zu erzielen. Dass sich dabei für viele die Gewinnerwartungen nicht erfüllten, die sie mit den Sonderprogrammen für den Wohnungsbau in den neuen Ländern verbunden hatten, steht auf einem anderen Blatt. Weil mit den privaten Mitteln aus dem Westen bald ein Überangebot an Wohnungen und Geschäftsräumen entstanden war, musste so mancher Investor statt üppiger Gewinne am Ende Verluste verbuchen.

Dass in der Goldgräberstimmung des Aufbau Ost auch allerhand Schwindler und Betrüger öffentliche Fördergelder in erheblichem Umfang abgreifen konnten, hat die Untersuchung der Vorgänge bei der Treuhand gezeigt, die bald einen Bundestags-Untersuchungsausschuss beschäftigten (49). Beim Verkauf der Leuna-Werke an Elf Aquitaine hat der französische Mineralölkonzern so viele öffentliche Subventionen eingestrichen, dass er praktisch kein eigenes Kapital aufwenden musste. Schon wenige Jahre später setzten die Leuna-Werke jährlich fünf Milliarden Euro um. Für die Region waren sie ein unverzichtbarer Arbeitgeber, der die Zwangslage

deutscher Politiker, die bei der Beschaffung neuer Arbeitsplätze unbedingt
Erfolge vorweisen mussten, geschickt auszunutzen verstand (50). Die Firmen aber, die am Bau von »Leuna 2000« beteiligt waren, profitierten erheblich.

Schaden freilich nahm dabei das Demokratiebewusstsein der Ostdeutschen. Vielen erschien die Treuhand mit ihrer alles bestimmenden Rolle bei
der Zukunft der Arbeitsplätze wie die Fortsetzung der ehemaligen staatlichen Plankommission der DDR (51). Am Ende hatte sie bis 1994 aus dem
Verkauf der DDR-Volkswirtschaft ganze 34 Milliarden, nach anderen Berechnungen 40 Milliarden DM erlöst. Ihre Gesamtbilanz aber wies 245 Milliarden Verluste auf (52).

Dass viele Ostdeutsche diese Bilanz als Verschleuderung ihres Eigentums
empfanden, konnte nicht überraschen. Tatsächlich war die Modernisierung
der DDR-Infrastruktur, der Firmen und der Gebäude ein gigantisches Geschäft, an dem vor allem westdeutsche Unternehmen und Geschäftsleute
verdient haben und deren Abwicklung vom Finanzministerium in Bonn
nur mangelhaft überprüft wurde.

Dennoch bleibt fraglich, ob es eine realistische Alternative gegeben hätte. Der »Aufbau Ost« wäre ohne Mobilisierung privaten Kapitals gar nicht
möglich gewesen. Das Kapital floss aber nur, wenn Investitionen lohnend
erschienen. Das musste potentiellen Investoren von vornherein eine günstige Verhandlungsposition sichern. Ob allerdings Bundes- und Landesregierungen zwangsläufig so nachsichtig und lax kontrollieren mussten,
als würden sie Wirtschaftskriminalität als unvermeidliche Begleiterscheinung der Umbuchprozesse begreifen, steht auf einem anderen Blatt.

Gezahlt hat die Zeche schließlich auch hier der westdeutsche Durchschnittsverdiener. Er musste die wirtschaftliche Hauptlast der Einheit und
der »Wohlstandsexpansion ohne Fundament« (Schroeder) tragen.

3.3   DIE INNERE EINHEIT

Weitaus gravierender noch als die schwierigen wirtschaftlichen Folgeprobleme der Einheit wirkten sich ihre politisch-psychologischen Konsequenzen aus. Schon bald zeigte sich, dass sich Ostdeutsche und Westdeutsche
über die vierzig Jahre der Teilung fremder geworden waren als es vielen im
Einheitsjubel erschienen war. Die langen Jahre der »fürsorglichen Diktatur« (53) in der DDR hatte keineswegs nur bei denen tiefe Spuren hinterlassen, die dem System verbunden gewesen waren. Die Sozialisation in der

DDR prägte auch die Mehrheit der anderen, die dem Staats- und Gesell-
schaftssystem mehr oder weniger ferngestanden hatten.

Die vielen Zumutungen, die die völlige Veränderung ihrer Lebenswelt für
die Bürger der ehemaligen DDR bedeuten mussten, führten unter den Bedingungen einer Vereinigung, die eher der Anschluss des kleineren an den
größeren Teil war, erst zur Ausbildung einer Art von besonderer Ost-Iden-
tität, die im Laufe der Jahre mehr und mehr auch Züge einer nostalgischen
Verklärung der DDR-Vergangenheit annahm. »Die Konstitution der Region
in Form der Herausbildung eines regionalen Bewusstseins der Akteure erfolgte erst angesichts der Enttäuschungen über den Gang der ›inneren Einheit‹ ... Das Konstrukt der regionalen Schicksalsgemeinschaft stützt sich
folglich kaum auf eine kulturelle oder historisch gewachsene Einheit, sondern sucht und findet das Zusammengehörigkeitsgefühl in den Werten der
DDR, deren jetziges Fehlen für die aktuellen Missstände verantwortlich gemacht wird« (54). Der Vereinigungsprozess war in den ersten Jahren mehr
zu einem Entfremdungsprozess geworden.

Die unterschiedlichen politischen und wirtschaftlichen Ordnungen in
Ost und West hatten verschiedene Wert- und Verhaltensmuster hervor-
gebracht. Seit den späten sechziger Jahren hatte sich diese Auseinanderentwicklung durch die kulturelle Modernisierung im Westen mit ihrem
Werte- und Einstellungswandel erheblich beschleunigt. Während in der
Bundesrepublik auf der Basis eines historisch einzigartigen Wohlstandsniveaus Selbstverwirklichung und freiheitliche Lebensgestaltung die
Wertvorstellungen immer mehr bestimmten und sich die »kollektive« politische Identität vor allem über den Stolz am wirtschaftlichen und sozialen
Erfolg der Bundesrepublik, in wachsendem Maße aber auch über die Ne-
gativabgrenzung zum Nazi-Regime definierte und die DDR – wenn über-
haupt – allenfalls als abschreckendes Beispiel eine Rolle spielte, brachte die
Wirklichkeit des DDR-Sozialismus ganz andere mentale Prägungen hervor.

Trotz eigener Erfolge bei der Wohlstandsmehrung blieb die DDR eine
Mangelgesellschaft, die den Konsumenten immer wieder mit Versorgungs-
engpässen und der schlechten Qualität mancher Waren konfrontierte. Die
daraus entstehende Unzufriedenheit erhielt nicht zuletzt aus dem täglichen Vergleich mit der westdeutschen Konsumgesellschaft über das Fernsehen immer wieder neue Nahrung. So blieb die Bundesrepublik für viele
DDR-Bürger eine Positivfolie, wirkte durch die Wohlstandsattribute und
das von Freiheit und kultureller Vielfalt geprägte Leben als Anziehungs-
punkt. So war der Westen für die Mehrheit der DDR-Bürger stets wichtiger
als es der Osten für die Westdeutschen sein konnte (55).

Während im Osten konventionelle Grundwerte wie Fleiß, Ordnung, Sauberkeit und Streben nach materiellem Wohlstand weiter im Vordergrund standen, hatten sich im Westen mit dem »Postmaterialismus« Werte wie Ehrgeiz, Selbstbewusstsein und Selbstverwirklichung ausgebreitet, die unter den Bedingungen der DDR-Diktatur nicht nur schlechter gedeihen konnten, sondern auch nur selten erwünscht waren. Die autoritären Strukturen belohnten eher Anpassungsbereitschaft und passives Mitschwimmen. Eigeninitiative und Eigenverantwortlichkeit waren wenig gefragt.

Gleichzeitig aber blieb kulturell wie sozial die Gleichheit in der DDR-Gesellschaft stärker ausgeprägt. Der Einzelne war im Arbeitsleben in Kollektive eingebunden und erlebte seinen Betrieb als sozialen Raum, der weit über das Berufsleben hinausreichte und für manche sogar zu einer Art »Ersatzfamilie« wurde (56). Die Unterschiede im Lebenshaltungsniveau fielen im Osten deutlich geringer aus als in der Bundesrepublik. Zugleich war das Land stärker vom Arbeitermilieu geprägt als der Westen und schufen die Bedingungen einer zur Improvisation drängenden Mangelgesellschaft zusätzliche Notwendigkeiten zur ständigen Kooperation.

Vor diesem Hintergrund ist der vor allem vom Arbeitermilieu ausgehende Sog in Richtung Wiedervereinigung von der Hoffnung auf raschen Wohlstand bei anhaltender sozialer Sicherung geprägt gewesen. Während die Westdeutschen am Vorabend der Einheit mit Demokratie zuerst Freiheit und Mitbestimmung assoziierten, blieb das für viele im Osten eher nachgelagert. Das überwiegend obrigkeitlich orientierte Staatsverständnis erwartete einen umfassend versorgenden Staat, der zur sozialen Sicherheit jetzt noch Wohlstand und Reisefreiheit bringen sollte.

Der mit der Einheit verbundene »Zusammenprall der Kulturen« (57) führte in den Jahren danach zu einer in dieser Form kaum erwarteten Vertiefung der mentalen Spaltung. Die Wohlstandsexplosion in den neuen Ländern wurde für viele überdeckt durch die Erfahrungen von Arbeitsplatzverlust und Zukunftsangst. Hinzu kam, dass die ehemaligen DDR-Bürger nicht die Vergangenheit in der DDR zum Vergleichsmaßstab nahmen, sondern sich weiter an den Westdeutschen orientierten. Obwohl die Ostdeutschen von der Vereinigung materiell beträchtlich profitierten, wuchsen Unbehagen und Unzufriedenheit kräftig an. Selbst die ostdeutschen Rentner als Hauptprofiteure der Einheit waren in ihrer Mehrheit Mitte der neunziger Jahre unzufrieden (58). Die Mehrheit der Ostdeutschen nahm bald gar nicht mehr recht wahr, wie sehr sich ihre materielle Lebenssituation tatsächlich verbessert hatte. Stattdessen beobachtete sie mit Argusaugen, ob es den Westdeutschen nicht doch noch immer besserging (59).

Diese Unterschiede schlugen sich auch in unterschiedlichen Einstellungen zur Demokratie nieder. Während 1990 41 Prozent der DDR-Bürger Zufriedenheit darüber äußerten, »dass sich die BRD durchgesetzt hat«, hätten 39 Prozent »lieber einen neuen Staat gehabt«. 1997 dagegen waren nur noch 28 Prozent froh über den Erfolg der bundesdeutschen Staatsform, während 52 Prozent lieber eine neue Staatsform bekommen hätten. Die Vergleichswerte für Westdeutschland zeigen ein völlig anderes Bild: 1990 hätten nur 13 Prozent, 1997 12 Prozent lieber etwas Neues geschaffen (60).

Die eher geringe Wertschätzung der realen parlamentarischen Demokratie in den neuen Ländern drückte sich auch im Wahlverhalten und der Entwicklung des politischen Systems aus. Schon bald nach dem Abklingen der Einheitseuphorie vom Frühjahr 1990 lagen die Wahlbeteiligungsraten unter denen im Westen. Ein stabiles Parteiensystem mit in der Bevölkerung breit verankerten Volksparteien konnte im Osten gar nicht erst entstehen. Und während die klassischen Großparteien CDU und SPD institutionell labil blieben, gelang der PDS ein Wiederaufstieg als der angeblich einzig »authentischen« Stimme des Ostens (61). Schon 1994 zeichneten sich in den neuen Bundesländern die Konturen eines Dreiparteiensystems ab. Während sich CDU, SPD und PDS fast auf Augenhöhe begegnen konnten, scheiterten FDP und Grünen bei den Landtagswahlen fast durchweg an der 5-Prozent-Klausel. Das Parteiensystem war in Ost und West gespalten. Und die PDS blieb eine ostdeutsche Regionalpartei.

Die mentale Entfremdung der Ostdeutschen nach der Einheit war nicht allein eine Folge des industriellen Kahlschlags. Viel stärker schlugen tiefsitzende Fremdheits- und Zurücksetzungsgefühle zu Buche, die von der Bevölkerung der neuen Länder als mehrheitliche Erfahrung geteilt wurden. Mit der Vereinigung lebten die Ostdeutschen gleichsam über Nacht in einem anderen politischen und gesellschaftlichen System. In diesem galt nicht mehr, was vielen zuvor Sicherheit und Anerkennung eingebracht hatte. Hinzu trat die Erfahrung eines Elitenaustauschs, der in vielen Spitzenfunktionen von Politik und Gesellschaft Westdeutsche an die Spitze brachte und eine Aufarbeitung des DDR-Erbes, die von einer Mehrheit der Ostdeutschen als Missachtung ihrer eigenen Lebensleistung erlebt wurde.

Die Potsdamer Elitenstudie hat für die frühen neunziger Jahre einen Westanteil an den neuen Eliten von 40 Prozent ermittelt (62). Das betraf nicht nur Politik und Wirtschaft, sondern auch Universitäten, Gerichte, Behörden, Medien und die Bundeswehr. Einen derart tiefgreifenden Elitentausch hat kein osteuropäisches Land erlebt. Natürlich gab es bald Vorbehalte gegen die westlichen »Obertanen«. Sie wurden verschärft durch mentale Unterschiede zwischen alten und neuen Funktionseliten. Während die alten DDR-Kader vor allem Aufsteiger aus kleinen Verhältnissen gewesen waren, stammten die West-Importe vor allem aus dem Bürgertum und

fremdelten mit der »arbeiterlichen Lebensweise« der ostdeutschen Gesellschaft mit ihrem frühen Aufstehen und frühen Feierabend (63).

Die Ostdeutschen dagegen, denen der Aufstieg in die neuen Eliten gelang,
hatten sich bald an die bundesdeutschen Standards angepasst. Damit aber
verloren sie oft die Verbindung zu den Mentalitäten der Bürger. So blieb die
Distanz in den Orientierungen und politischen Präferenzen zwischen Eliten und Bevölkerung in Ostdeutschland größer als im Westen. Das alles hat
zur geringeren Verankerung der Parteien im Osten ebenso beigetragen wie
zur stärkeren Vorstellung einer Spaltung zwischen dem Volk und »denen
da oben« (64).

Bald stieg auch die Bereitschaft, die Vergangenheit in rosigeren Farben
zu malen. Das angeblich Sozialere, Wärmere, Gleichere der DDR wurde beschworen. Während beim Sturz der SED-Herrschaft eine große Mehrheit
kein gutes Haar am untergehenden System lassen wollte, betonte schon um
die Mitte der 1990er Jahre nur noch eine Minderheit der Ostdeutschen diese kritische Sicht. Stattdessen wurden der DDR nun mehr gute als schlechte Seiten attestiert. Nur 33 Prozent stimmten 1994 der Aussage zu, dass
die DDR ein Unrechtsstaat gewesen sei. 50 Prozent meinten dagegen, das
könne man so nicht sagen (65). 2001 meinten 61 Prozent der Ostdeutschen
gar, die Sicherheit der Renten sei nach der Vereinigung schlechter geworden. Auch die Krankenversorgung, die Erziehung der Kinder, die Schulaus-
bildung sowie die Gesetze und Vorschriften hätten sich verschlechtert (66).
Das stellte die Wirklichkeit fast auf den Kopf.

Interessanterweise ließ sich in experimentellen Untersuchungen kein
Beleg für eine größere Gemeinschaftsorientierung der Ostdeutschen finden. Die Ergebnisse spieltheoretischer Experimente deuteten wenige Jahre
nach der Einheit darauf hin, dass Ostdeutsche keineswegs eher geneigt waren, einen Gewinn mit anderen zu teilen, als Westdeutsche (67).

Das Wirtschaftssystem der Bundesrepublik hatten 1990 noch 80 Prozent
der DDR-Bürger positiv bewertet. Mitte der neunziger Jahre waren es gerade noch 20 Prozent, die an dieser Einschätzung festhielten (68). 1999 gaben
45 Prozent der DDR-Bürger an, sich als »Bürger zweiter Klasse« zu fühlen.
Bis 2002 ist dieser Anteil sogar auf 52 Prozent gestiegen (69).

Dazu kam ein im Osten deutlich stärker ausgeprägter Hang zum Auto-
ritarismus. Schon bei den ausländerfeindlichen Ausschreitungen 1991/92
waren die neuen Länder auffällig häufig vertreten. Zwar hielten sich Wahlerfolge rechtsextremer Parteien in den neuen Ländern bis 1998 in engen
Grenzen. 1990 und 1994 erhielt die NPD im Westen einen höheren Stimmenanteil als im Osten. Das änderte sich freilich 1998, als der DVU ein spektakulärer Wahlerfolg in Sachsen-Anhalt gelang (70).

Schon vor der Vollendung der staatlichen Einheit hatte sich ein auffällig breites und gewaltbereites Spektrum rechtsextremer Jugendlicher gezeigt, das im Osten auf deutlich günstigere Umfeld- und Wachstumsbedin-
gungen rechnen konnte als im Westen. Seit 1994 lag die Zahl der Straftaten
mit rechtsextremistischem Hintergrund über der im Westen (71). Die sozialen und kulturellen Umbruchs- und Entwurzelungserfahrungen nach der
Einheit spielten hier ebenso eine Rolle wie die DDR-Tradition, die zwar offiziell den Faschismus geächtet, gleichwohl keine derart breite und oft auch
schmerzhafte gesellschaftliche Auseinandersetzung mit der deutschen
Vergangenheit hinter sich hatte wie die Westdeutschen. In der alten Bundesrepublik waren über diese Auseinandersetzungen Tabuschranken entstanden, die im Osten so nicht existierten (72).

Auch diese Unterschiede wurden zur Belastung der inneren Einheit. Sie
nährten im Westen Ressentiments gegenüber den vermeintlich rückstän-
digen und engstirnigen Ostdeutschen. Schon 1990 hatte eine relative Mehrheit der Ostdeutschen angegeben, dass sie die »vielen Ausländer bei uns«
störten. Im Westen, wo die Zahl der Ausländer viel höher lag, dachte nur
ein reichliches Viertel so (73).

Während die Mehrheit der Ostdeutschen nicht recht begreifen mochte,
welche Lasten die westdeutschen Durchschnittsarbeitnehmer mit der Einheit zu schultern hatten, war der Mehrheit der Westdeutschen der Osten
bis 1990 fremd geworden. Wer keine Verwandten im Osten besaß, war allenfalls beim Ungarn-Urlaub am Plattensee oder in Bulgarien mit DDR-
Bürgern zusammengetroffen. Als die Mauer dann fiel und sich der Weg
zur Einheit öffnete, wurde das Ereignis zwar als historischer Vorgang erlebt. Gleichwohl gab es bald auch Besorgnisse wegen der möglichen sozialen Konsequenzen. Hinzu trat das Klischee vom naiven und autoritätsgläu-
bigen »Ossi mit der Banane«. Besonders in jüngeren linksintellektuellen
Kreisen wurde das mit der Sorge um den Bestand der demokratischen Kultur verbunden, wie sie in Westdeutschland nach 1968 erreicht worden war.
So blieb bei aller Partystimmung im Umfeld der Maueröffnung der Vollzug
der Einheit einem nicht unbeachtlichen Teil der jüngeren Westdeutschen
eher fremd (74).

Aus der Perspektive einer Mehrheit der Westdeutschen war die Einheit
ein singuläres Ereignis. Danach würde es im Wesentlichen so weitergehen,
wie man es in der alten Bundesrepublik gewohnt gewesen war. Das aber
konnte gar nicht sein. Zwar sind die Veränderungen ihrer Lebenswelt für
die Westdeutschen ungleich geringer ausgefallen als für die Menschen im
Osten. Zunächst waren sie kaum spürbar. Doch mit den bald folgenden Belastungen durch Steuer- und Abgabenerhöhungen begann auch in West-

deutschland die kollektive Erfahrung unerwünschter Konsequenzen. Hinzu kamen bald die Folgen der Massenzuwanderung von Asylbewerbern, Bürgerkriegsflüchtlingen und Aussiedlern, die auch in den westlichen Bundesländern 1992/93 eine Krisenstimmung aufkommen ließ, die die Bewältigung der Vereinigungskrise nicht leichter machte.

Manche der alten Bundesbürger haben durch Arroganz und Ignoranz gegenüber den Problemen der ehemaligen DDR-Bürger die Schwierigkeiten bei der inneren Einheit ihrerseits noch befeuert. Der Einzug der Marktwirtschaft in Ostdeutschland ist dort nicht selten auch als Einzug von Glücksrittern und gierigen Geschäftemachern erlebt worden. Insoweit ist die innere Einheit auch aus dem Westen erschwert worden. Angesichts des Wohlstandsverlusts, den die Finanzierung der Einheit für die meisten westdeutschen Arbeitnehmer bedeutete, erweckten freilich die hoch sensible, übellaunige Stimmung im Osten und die bald geschürten Ressentiments gegenüber den »Besser-Wessis« den Eindruck einer »Undankbarkeit« gegenüber den westdeutschen Finanziers der ansteigenden Transferzahlungen.

Dem Ziel der inneren Einheit kaum dienlich waren schließlich auch die dürftigen Ergebnisse der »Gemeinsamen Verfassungskommission von Bundestag und Bundesrat«, die nach dem Einsetzungsbeschluss im November 1991 ihre Arbeit aufnahm. In der Debatte um die Ausgestaltung der Deutschen Einheit hatte die Frage einer neuen Verfassung für das vereinigte Land eine wichtige Rolle gespielt. Viele Stimmen aus dem Osten, aber auch Sozialdemokraten und Grüne im Westen, waren für eine neue Verfassung eingetreten, wie sie der Grundgesetzartikel 146 nicht nur möglich machte, sondern für den Fall der Wiedererlangung der staatlichen Einheit eigentlich auch nahelegte.

Während die Befürworter mit einer neuen Verfassung die Möglichkeit einer »Vereinigung in Würde« verbanden, die den Ostdeutschen die Chance ließ, ihre Erfahrungen einzubringen und die das Symbol für eine echte Einheit statt eines bloßen Anschlusses werden konnte, hatten die Regierungsparteien und der Bundeskanzler vor allem pragmatische Argumente dagegengesetzt. Die Einheit müsse schnell kommen. Angesichts der unsicheren Zukunft in der Sowjetunion und des staatlichen Zerfalls der DDR sei keine Zeit für langwierige Verfassungsdiskussionen. Und schließlich habe sich das Grundgesetz ja doch bewährt. So war man den Weg über den Grundgesetzartikel 23 gegangen, der die Möglichkeit des Beitritts neuer Länder vorsah.

Mit der Einheit aber war die Frage der Verfassungsreform nicht erledigt. Schon der Text des Einheitsvertrages empfahl den Körperschaften des vereinigten Deutschlands eine Überprüfung und Reform des Grundgesetzes. Im Frühjahr 1991 legten SPD und Bündnis 90/Die Grünen Vorschläge zur Einberufung eines Verfassungsrates vor, der nicht nur aus Mitgliedern von Bundestag und Bundesrat bestehen sollte, sondern auch aus weiteren Persönlichkeiten des öffentlichen Lebens. Dieser Verfassungsrat sollte das Grundgesetz zur Verfassung für das geeinte Deutschland weiterentwickeln. Nach Ansicht der Grünen sollte die neue Verfassung am Ende in einer Volksabstimmung verabschiedet werden (75).

Solchen Vorstellungen mochten Union und FDP nicht folgen. Immerhin aber wurde die Gemeinsame Verfassungskommission beschlossen, die aus je 32 Vertretern von Bundestag und Bundesrat bestand. Bis 1993 brachte die Kommission aber nur geringfügige Korrekturen des Grundgesetzes zustande. Weitergehende Änderungswünsche scheiterten an der erforderlichen Zwei-Drittel-Mehrheit. Mit dem Gesetz zur Änderung des Grundgesetzes vom Oktober 1994 wurden dann zwar einige neue Staatszielbestimmungen wie der Umweltschutz und die staatliche Förderung der tatsächlichen Gleichstellung der Geschlechter ins Grundgesetz aufgenommen. Weitergehende Vorstellungen, die auf die Einführung sozialer Grundrechte, den Schutz ethnischer Minderheiten, den Ausbau der kommunalen Selbstverwaltung, die verbesserte Rechtsstellung von Kindern, ein Selbstauflösungsrecht des Bundestages, die Direktwahl des Bundespräsidenten oder die Einführung von Volksabstimmungen abzielten, wurden zwar intensiv diskutiert, konnten sich aber nicht durchsetzen (76).

Eine neue gesamtdeutsche Verfassung hätte die wirtschaftlichen Folgen der Einheit und die kulturellen Unterschiede nicht wettgemacht. Doch sie hätte dem kränkenden Empfinden einer bloßen »Übernahme« des Ostens durch den Westen vielleicht doch ein Stück entgegenwirken können. Insoweit war es ein Fehler, dass diese Chance nicht genutzt worden ist. Ein Verfassungsrat mit breiter Beteiligung der Gesellschaft aus beiden Teilen des Landes wäre sicher in den neuen Ländern als Aufwertung empfunden worden.

Soviel in den neunziger Jahren auch von der »inneren Einheit« die Rede war: Die mentalen Unterschiede haben sich zunächst noch vergrößert. Nach der Einheit brachen die realen Unterschiede zwischen Ost- und Westdeutschen erst so richtig hervor und wurde deutlich, wie weit Ost und West über die Jahrzehnte auseinandergerückt waren. Wann die innere Einheit kommen würde und ob überhaupt, blieb am Ende der Ära Kohl ungewisser denn je.

3.4 DIE RECHTLICHE UND POLITISCHE AUFARBEITUNG DER SED-DIKTATUR

Von Anfang an war klar, dass sich die juristische Ahndung des im und vom SED-Staat begangenen Unrechts in einem doppelten Dilemma bewegen musste. Im Unterschied zu allen anderen ehemaligen Ostblockstaaten hatte die DDR in der Folge des Zusammenbruchs der alten Herrschaftsordnung ihre eigenstaatliche Existenz verloren und sich als der kleinere Teil mit einem größeren Staat zusammengeschlossen und dabei im Wesentlichen dessen Rechts- und Gesellschaftsordnung übernommen. Da jetzt vor allem die Westdeutschen die Maßstäbe bestimmten, würde leicht der Eindruck kolportiert werden können, jetzt hielten die Sieger im Kalten Krieg über die Verlierer Gericht. Tatsächlich ist dieser Vorwurf schon bald nicht nur von denen erhoben worden, die sich als Führungselite der ehemaligen DDR strafrechtlicher Verfolgung ausgesetzt sahen. Auch in den alten Bundesländern hielten manche Juristen den rechtlichen Umgang mit DDR-Unrecht für fragwürdig (77).

Hinzu trat ein weiteres Problem: Die Bundesrepublik Deutschland war nach 1949 mit den NS-Tätern überaus großzügig umgegangen. Nur eine geringe Anzahl von ihnen wurde von der Justiz abgeurteilt. Noch milder verfuhr man in der Regel bei der Anerkennung von Pensionsansprüchen und Dienstzeiten auch bei NS-belasteten Angehörigen des Öffentlichen Dienstes. Diese großzügige Praxis war seit den sechziger Jahren immer heftiger als Geburtsfehler der Bundesrepublik kritisiert worden.

Ob und inwieweit überhaupt Gemeinsamkeiten zwischen beiden deutschen Diktaturen bestanden hatten, wurde auch im Westen kontrovers beurteilt. Aber ganz gleich, wie weit die Grundannahmen struktureller Parallelen zwischen verschiedenen »totalitären Systemen« geteilt wurden oder nicht: Niemand entkam dem Problem, dass aus den Fehlern in der Aufarbeitung der NS-Diktatur sehr unterschiedliche Schlüsse gezogen werden konnten. Wer daraus ableitete, solche Fehler dürften sich ein zweites Mal keinesfalls wiederholen, konnte den Vorwurf provozieren, mit den Kommunisten werde in Deutschland einmal mehr weit härter umgegangen als mit den Nazi-Mordgesellen und ihren vielen Helfern. Zwar konnte einer Gleichsetzung von NS-Barbarei und SED-Regime mit guten Argumenten widersprochen werden. Dass aber die Ahndung von DDR-Unrecht immer wieder vor der Folie der Aburteilung von NS-Tätern gesehen wurde, war dennoch ganz unvermeidlich. Dabei war die Inhaftierung des Untersuchungshäftlings Erich Honecker in demselben Gefängnis, in dem er schon von den Nazis eingesperrt gewesen war, von fataler Symbolik.

Der Einheitsvertrag bestimmte, dass allein nach den zur Tatzeit gelten-den DDR-Gesetzen ermittelt und bestraft werden sollte. Sondergesetze, die den Eindruck von »Siegerjustiz« fördern konnten, sollte es nicht ge-ben. Man hatte sich für die Geltung des Rückwirkungsverbots entschieden, was unter Hinweis auf die »Radbruchsche Formel« auch kritisiert worden war (78).

Tatsächlich hat die Justiz in den Prozessen gegen die Mauerschützen und die Verantwortlichen für den Schießbefehl schließlich doch auf die Rad-bruchsche Formel zurückgegriffen, was vom Bundesverfassungsgericht 1996 ausdrücklich gebilligt worden ist. Ab 1992 sind dann die entsprechen-den Verfahren geführt worden (79).

Insgesamt sind bei der rechtlichen Aufarbeitung von DDR-Unrecht bis zur Jahrtausendwende etwa 85 000 Ermittlungsverfahren gegen ca. 100 000 Personen eingeleitet worden. Nur ein Bruchteil dieser Ermitt-lungsverfahren führte allerdings zu einer Anklage, noch weniger zu einer Verurteilung. Bei den 50 000 Verfahren wegen Rechtsbeugung ge-gen Staatsanwälte, Richter und MfS-Angehörige kam es nur in 150 Fällen zu rechtskräftigen Verurteilungen. In fünf Fällen wurden Freiheitsstrafen ohne Bewährung ausgesprochen (80). Etwa 60 hauptamtliche Mitarbeiter des MfS sind strafrechtlich belangt worden.

Von den ca. 3000 Ermittlungsverfahren wegen der Schüsse an der Gren-ze wurden etwa 85 Prozent eingestellt. 450 Personen wurden angeklagt, etwa ein Drittel freigesprochen. Freiheitsstrafen ohne Bewährung erhiel-ten 18 Personen. Weitere 88 wurden zu Bewährungsstrafen verurteilt. Ins-gesamt soll es einschließlich von Delikten wie »vereinigungsbedingter Wirtschaftskriminalität« zu etwa 900 Verurteilungen gekommen sein, dar-unter 650 gegen ehemalige DDR-Bürger (81).

Die größte öffentliche Beachtung fanden die Anklagen gegen die pro-minenten Mitglieder der Staats- und Parteiführung, denen die eigentliche Verantwortung für das Grenzregime zur Last gelegt wurde. Nachdem be-reits in der alten DDR gegen 52 führende Regimevertreter Anklage erhoben worden war, kam es ab 1992 zu den Verfahren gegen Erich Honecker, Erich Mielke, Willy Stoph, Günter Schabowski, Egon Krenz, Heinz Keßler und anderen Führungskadern der ehemaligen DDR (vgl. oben). Insgesamt sind acht Vertreter der politischen Führung und 38 Mitglieder der militärischen Führung der DDR sowie achtzig Mitglieder der Grenztruppen rechtskräftig verurteilt worden (82).

Gemessen an den Schätzungen, nach denen etwa 200 000 Menschen in der DDR Opfer politischer Justiz geworden sind, spricht die Zahl von we-niger als tausend Verurteilungen und nur wenigen Fällen von Freiheitsstrafen ohne Bewährung eher für einen milden Umgang mit DDR-Unrecht. Dennoch war nicht nur bei den betroffenen ehemaligen Parteikadern rasch von »Siegerjustiz« die Rede. Während die eine Seite einen Rachefeldzug des Westens gegen die östlichen Verlierer eröffnet sah, sprachen manche Opfer von einem abermaligen »Versagen der Justiz«. Bürgerrechtlerin Bärbel Bohley wird der vieldeutige Satz zugeschrieben »Wir wollten Gerechtigkeit, aber wir erhielten den Rechtsstaat« (83).

Im Ergebnis konnte trotz allen Bemühens um angemessene Sanktionierung erlittenen Unrechts auch die Justiz kaum einen wirksamen Beitrag zur inneren Einheit leisten. Während Bürgerrechtler und ehemalige politische Häftlinge den Umgang mit den Funktionären des ehemaligen SED-Staates als allzu großzügig empfanden, lehnten 1998 70 Prozent der Ostdeutschen die Überprüfung einer möglichen Stasi-Mitarbeit ab (84). Die PDS kritisierte den Honecker-Prozess als »Tribunal über die DDR« und »politischen Schauprozess«.

Politisch-psychologisch musste der rechtlichen Aufarbeitung der Rolle der ehemaligen Mitarbeiter des MfS besonderes Gewicht zukommen. Tatsächlich hatte das »Schild und Schwert der Partei« noch im Oktober 1989 über einen Personalbestand von 91 000 hauptamtlichen und ca. 174 000 informellen Mitarbeitern verfügt. In seinen Unterlagen hatte das MfS etwa fünf Millionen Bürger der DDR erfasst. Eine Million davon waren als »operativer Vorgang« bearbeitet worden (85).

Mit dem Einigungsvertrag und dem Stasi-Unterlagengesetz gab es eine Rechtsgrundlage für die Überprüfung von Beschäftigten des Öffentlichen Dienstes. Danach sollten ehemalige Mitarbeiter der Stasi entlassen werden können, während die Mitgliedschaft in der SED oder den Blockparteien allein noch keinen Anlass zur Überprüfung boten. Das galt auch bei der Übernahme nachrangiger Funktionen. Davon ausgenommen blieben der Justiz- und Hochschulbereich, wo eine besondere Prüfung der »persönlichen Eignung« über die Weiterbeschäftigung entscheiden sollte.

Die Ergebnisse dieser Überprüfung und ihre Umsetzung sind in den verschiedenen neuen Bundesländern unterschiedlich ausgefallen. Von Massenentlassungen als Folge kann aber nicht gesprochen werden. Im Land Berlin musste ungefähr ein Fünftel der als »belastet« geltenden Lehrer gehen. In Brandenburg, wo die »Belastungsquote« mit sieben Prozent etwas höher lag, wurde 30 Prozent der betroffenen Mitarbeiter gekündigt. Unter den Beschäftigten der ehemaligen DDR-Volkspolizei gab es etwa 10 000 Personen, die durch MfS-Mitarbeit belastet waren. Von ihnen verlor etwa die Hälfte ihren Job (86).

Insgesamt sind etwa 800 000 Personen überprüft worden. Die Zahl der im Zusammenhang mit der Arbeit für das MfS entlassenen Personen wird auf etwa 20 000–22 000 geschätzt, wobei die Zahlenangaben unterschiedlich ausfallen. Nach Catenhusen gab es eine Quote von sechs Prozent von Stasi-Fällen, von denen etwa die Hälfte entlassen worden ist (87).

Bis zum Ende des Jahrzehnts sind etwa 100 MfS-Mitarbeiter wegen auch nach altem DDR-Recht strafbaren Handlungen von der Berliner Staatsanwaltschaft angeklagt, 25 von ihnen verurteilt worden. Zwölf der etwa 4 000 Offiziere im Dienst der für Spionage tätigen Hauptverwaltung A wurden vor Gericht gestellt (88).

Zwar wurde in Teilbereichen des Öffentlichen Dienstes wie den Hochschulen, der Justiz und dem Militär deutlich strenger geurteilt. An den Hochschulen der DDR sind im Zuge der Einheit mindestens 60 Prozent der Stellen abgebaut worden. Kowalczuk spricht sogar von 75 Prozent (vgl. oben)

Nachdem schon der letzte Wissenschaftsminister der DDR die Institute für Marxismus-Leninismus geschlossen hatte und im Mai 1990 257 Hochschullehrer abberufen worden waren, wurden zur Jahreswende 1990/91 zahlreiche als systemnah oder überflüssig eingestufte Forschungseinrichtungen dichtgemacht. Das Personal wurde »abgewickelt«, wobei Kommissionen über ihre Befähigung zur wissenschaftlichen Lehre und Forschung zu entscheiden hatten. In ihrer Arbeit habe es viele Irritationen, Fehlentscheidungen und individuelle Härten gegeben, stellte 1998 der Bericht der Enquete-Kommission des Bundestages »Überwindung der Folgen der SED-Diktatur im Prozeß der Deutschen Einheit« fest. Allenfalls hundert Wissenschaftler aus den verschiedenen Instituten der früheren Akademie der Wissenschaften der DDR wurden übernommen (89). Besonders betroffen war der akademische Mittelbau. Der Enquete-Vorsitzende Rainer Eppelmann hat davon gesprochen, dass »infolge des Wandels nach 1989 beinahe eine ganze Generation von Forschern« ausgefallen sei (90).

Der Umbau der DDR-Hochschullandschaft führte auf der einen Seite zu einer Vielzahl von Arbeitsplatzverlusten aufgrund der Zugehörigkeit zu systemnahen Einrichtungen. Gleichzeitig aber bot der Umbau der Wissenschaftslandschaft vielen Westdeutschen, deren akademische Karriere dort in einem durch Finanz- und Stellenknappheit verstellten Aufstiegsweg blockiert war, eine unverhoffte Chance. In den Berufungs- und Strukturkommissionen, in denen die fachliche Eignung festgestellt wurde, dominierten in der Regel westdeutsche Hochschullehrer (91). Allein in Sachsen gingen bis 1994 559 von 1762 Berufungen von Hochschullehrern an Wissenschaftler aus dem Westen. Über diesen Umbau der ostdeutschen Hochschullandschaft hat der westdeutsche Historiker Andreas Rödder 2009 ein überaus hartes Urteil gefällt. »Minderqualifizierte Westdeutsche« hätten im Osten Karrieren machen können, die ihnen im Westen »zuvor nicht ohne Grund versagt geblieben waren« (92).

Auch bei der Übernahme der NVA durch die Bundeswehr blieb die große Masse des DDR-Offizierskorps auf der Strecke. Nachdem sich von den 36 000 Offizieren der Armee der DDR ohnehin nur 11 000 für eine Weiterbeschäftigung bei der Bundeswehr beworben hatten, wurden am Ende 3 200 übernommen. Dabei mussten die Offiziere eine Herabstufung um ein bis zwei Dienstränge in Kauf nehmen, was zwar angesichts der Unterschiede in den früheren Aufgabenprofilen der Dienstränge zwischen West und Ost plausibel begründet werden konnte, aber dennoch den Eindruck einer Zurücksetzung aufkommen ließ (93).

Bei den Entscheidungen über die Weiterverwendung von Richtern und Staatsanwälten ist in den neuen Ländern sehr unterschiedlich verfahren worden. So differiert die Quote bei den übernommenen Richtern zwischen elf Prozent (Berlin) und 45 Prozent (Brandenburg). Bei den Staatsanwälten waren die Differenzen sogar noch größer (nur 4 Prozent in Berlin, aber 55 Prozent in Brandenburg). Insgesamt sind 38,3 Prozent der 1989 in der DDR tätigen Richter und 32,2 Prozent der Staatsanwälte als Beamte auf Lebenszeit in den Öffentlichen Dienst des vereinigten Deutschland übernommen worden (94).

An den Schulen dagegen konnten mehr als 95 Prozent der Lehrer weiterarbeiten. Hier fehle inzwischen die Auffrischung des noch aus DDR-Zeiten stammenden Personals ebenso wie die kritische Auseinandersetzung mit der SED-Herrschaft, monierte 1998 die Bundestags-Enquetekommission (95). Für das hohe Maß an Kontinuität des Personals sorgten auch die Gerichte, die in vielen Fällen die 1991/92 ausgesprochenen 28 000 Sonderkündigungen von Lehrern wieder aufhoben. Dabei spielten die unterschiedlichen Maßstäbe, die bei der Beurteilung einer Zusammenarbeit mit dem MfS angelegt worden waren, eine wichtige Rolle.

Im Wissenschaftssektor und bei der Integration der NVA sind zweifellos erhebliche Fehler gemacht worden und Härten entstanden, die vermeidbar gewesen wären. Die Gesamtergebnisse der Transformation aber können den in Ostdeutschland bald verbreiteten Eindruck einer »Siegerjustiz« kaum bestätigen. Allerdings haben die unterschiedlichen Maßstäbe, die bei der Auslegung der im Einheitsvertrag festgelegten Kriterien für Eignung und Sonderkündigungsrechte angelegt worden sind, das Rechtsbewusstsein in den neuen Ländern nicht gerade gefördert. Zumal unter Bedingungen, die angesichts des mit insgesamt 2,25 Millionen Beschäftigten gewaltig aufgeblähten Öffentlichen Dienstes in der DDR einen Personalabbau sowieso erforderlich machte. Im Juni 1992 waren noch 1,68 Millionen Menschen im Öffentlichen Dienst der neuen Länder beschäftigt, Ende 1993 noch 1,54 Millionen (96).

Zur rechtlichen Aufarbeitung der DDR-Vergangenheit musste auch die Entschädigung der Opfer gehören. Mit dem strafrechtlichen Rehabilitierungsgesetz verabschiedete der Bundestag im Herbst 1992 das erste von mehreren Gesetzen, die die Opferentschädigung regelten. Danach konnten die geschädigten Ostdeutschen für jeden Monat unschuldig erlittener Haftzeit in der DDR 550 DM Entschädigung erhalten, Westdeutsche 300 DM. Ende 1999 sind die Beträge auf 600 DM erhöht worden. Bis 1998 wurden etwa 130 000 Anträge auf Entschädigungsleistungen gestellt. Insgesamt ist bis 1999 etwa eine Milliarde DM ausgezahlt worden (97).

Die öffentliche politische Auseinandersetzung mit der DDR-Vergangenheit war in den ersten Jahren des vereinigten Deutschland weitgehend von spektakulären Medienenthüllungen über eine angebliche oder tatsächliche Tätigkeit führender Politiker oder anderer prominenter Ostdeutscher für den Staatssicherheitsdienst geprägt. Die wie Kriminalstücke angelegten Berichte vermittelten nur wenig über die wirkliche Funktionsweise der SED-Herrschaft und das Leben in der DDR. Das gilt auch für die Berichterstattung über das von Alexander Schalck-Golodkowski geleitete Imperium der »Kommerziellen Koordinierung« mit der Aufgabe der Devisenbeschaffung. Auch hier ging es mehr um die Entlarvung von »Schurken« und den nie gefundenen »Goldschatz« als um Information und Aufarbeitung realer gesellschaftlicher Lebensverhältnisse.

Auch um eine Gegenwirkung zur verkürzten Skandalisierung einzelner Vorgänge zu erreichen, setzte der Bundestag im März 1992 die Enquetekommission »Zur Aufarbeitung von Geschichte und Folgen der SED-Diktatur in Deutschland« ein. Die bis dahin in der Geschichte des Bundestags größte Enquetekommission befasste sich über mehr als zwei Jahre in intensiver Arbeit mit den Mechanismen und Folgen des DDR-Herrschaftssystems. Neben dem Abschlussbericht veröffentlichte sie eine Reihe von Materialbänden mit wertvollen Hinweisen zur Geschichte des zweiten deutschen Staates. Der folgende Bundestag setzte mit der Enquete »Überwindung der Folgen der SED-Diktatur im Prozess der Deutschen Einheit« diese Arbeit fort (98).

So verdienstvoll diese Anstrengungen waren, die breite Öffentlichkeit interessierte sich dafür nur am Rande. Die Medienresonanz blieb bescheiden. Zur Aufbesserung des bescheidenen Kenntnisstandes über die DDR in der Öffentlichkeit des Westens haben beide Kommissionen trotz großen Aufwands nur wenig beitragen können.

3.5 EINWANDERUNGSGESELLSCHAFT DEUTSCHLAND

Zum Zeitpunkt der Deutschen Einheit bewohnten 1990 79,8 Millionen Menschen das gerade vereinigte Land. Davon lebten 63,7 Millionen Menschen in der alten Bundesrepublik einschließlich Westberlin, 16,1 Millionen in der jetzt ehemaligen DDR einschließlich Ostberlins.

Bis zum Ende des Jahrtausends war die Einwohnerzahl auf 82,3 Millionen gestiegen. Während die Bevölkerung im Osten um eine Million geschrumpft war, hatte sie im Westen um 3,5 Millionen zugenommen. In den alten Ländern lebten jetzt einschließlich des früheren Westberlin 67,2 Millionen Einwohner. Diese beträchtliche Bevölkerungszunahme im Westen des Landes war neben der Binnenwanderung von Ost nach West die Folge einer massenhaften Migrationsbewegung aus dem Ausland.

Zwischen 1990 und 1998 stieg der Ausländeranteil an der Wohnbevölkerung der Bundesrepublik Deutschland von 5,3 bis auf 7,4 Millionen (99). Gleichzeitig veränderte sich in dieser Zeit die soziale Zusammensetzung der ausländischen Einwohner. Der überwiegende Teil der neu Zugewanderten bestand jetzt aus Flüchtlingen. Von 1990 bis 1998 stellten 1,8 Millionen Menschen einen Asylantrag, davon allein 53 Prozent aus dem ehemaligen Jugoslawien, der Türkei und Rumänien (100). Mit diesen Zahlen lag die Bundesrepublik Deutschland weit vor vergleichbaren EU-Staaten wie Großbritannien (405 000) oder Frankreich (290 000). Bei der Quote der Asylbewerber pro Einwohner wurde sie freilich noch von Schweden und der Schweiz übertroffen (101).

Bis zur Mitte der achtziger Jahre hatten die Angehörigen der einstigen Gastarbeiter-Anwerbeländer den bei weitem größten Teil der Ausländer ausgemacht. Durch den Flüchtlingszustrom änderte sich das allmählich. 1998 betrug der Anteil der ehemaligen »Gastarbeiterfamilien« nur noch etwa 60 Prozent. Ungefähr ein Viertel stammte aus anderen Staaten der EU (102).

Etwa die Hälfte der ausländischen Wohnbevölkerung lebte in Deutschland mit einem langfristig gesicherten Rechtsstatus. Gleichzeitig sah sich das Land inzwischen in größerem Umfang mit illegaler Einwanderung konfrontiert. Schätzungen gingen zu dieser Zeit von etwa 500 000 Illegalen aus, wobei die Grenzen zwischen Legalität und Illegalität fließend verliefen – etwa bei regelmäßiger Ein- und Ausreise mit Touristenvisum und de facto-Wohnsitz bei Verwandten. In manchen Branchen wie der Bauwirtschaft, bei Pflegediensten und Hauspersonal wurde die Beschäftigung von illegal oder halblegal zugewanderten Ausländern zu Dumpinglöhnen fast zur Regel (103).

Die veränderte Struktur der ausländischen Wohnbevölkerung hatte erhebliche Konsequenzen für den Arbeitsmarkt. Waren 1990 nur 10,1 Prozent der Ausländer arbeitslos gemeldet, so erhöhte sich dieser Anteil bis 1997 auf 19,7 Prozent. Allein unter den Türken stieg der Anteil der Arbeitslosen in dieser Zeit von 10,0 auf 24 Prozent. In der Gesamtbevölkerung fiel der Anstieg der Arbeitslosigkeit im Vergleichszeitraum deutlich niedriger aus; sie stieg von 6,6 auf 10,7 Prozent (104).

Auch im Bildungsniveau zeigten sich große Unterschiede. Fast ein Fünftel der Ausländer besaßen 1997 gar keinen Schulabschluss. 43 Prozent hatten einen Hauptschulabschluss erreicht, nur neun Prozent die allgemeine Hochschulreife. Demgegenüber waren nur 7,7 Prozent der Deutschen ohne jeden Abschluss und hatten 25,5 Prozent das Abitur geschafft (105). Mit der Veränderung der ausländischen Bevölkerung hatten die Unterschiede in Beschäftigungsstruktur, Wohnsituation, Ausbildungsstand und Abhängigkeit von Sozialtransfers gegenüber den 1980er Jahren wieder zugenommen. Der Soziologe Rainer Geißler hat das wenig später eine »ethnische Unterschichtung der Gesellschaft« genannt. Die Ausländer schöben sich zwar nicht unter die sozial deklassierten deutschen Randschichten. Aber in ihrer Mehrheit stünden sie mit ihrem relativ niedrigen Einkommen, geringer beruflicher Qualifikationen und ungünstiger Wohnsituation auf den unteren Stufen der sozialstrukturellen Hierarchie (106).

Vor diesem Hintergrund erhielt der schon vor der Deutschen Einheit entbrannte Streit um das Leitbild einer »multikulturellen Gesellschaft« und das »Einwanderungsland Deutschland« neue Brisanz. Zwar nahmen die öffentlichen Aufgeregtheiten nach dem Rückgang der Asylbewerberzahlen in der Folge des 1993 geänderten Asylrechts ab. Doch der politische Streit um Zuwanderung, Migration und Integration flammte schon bald wieder auf und erlebte mit der Debatte um eine »deutsche Leitkultur« zur Jahrtausendwende eine neuerliche Zuspitzung.

Dabei litt der Streit an allerhand begrifflichen Unschärfen. Ob mit der Vision einer »multikulturellen Gesellschaft« die Beschreibung der Realitäten einer gegenüber früheren Jahrzehnten deutlich geringeren ethnischen Homogenität der deutschen Gesellschaft und das Werben um die Vorzüge kultureller Vielfalt oder ein normatives Konzept der gleichberechtigten Anerkennung verschiedenster kultureller Normen- und Wertesysteme gemeint sein sollte, blieb bei den vorwiegend linken, grünen und linksliberalen Protagonisten eines »Multikulturalismus« meist unklar. Dasselbe galt freilich auch für die Gegenseite. Sie attackierte zwar die Schwächen naiver Fremdenschwärmerei, polemisierte gegen den damit verbundenen Werterelativismus und bestand auf einer »nationalen Identität«, geriet aber immer dann in Schwierigkeiten, wenn es jenseits der verbindlichen Grundwerte von Verfassung und Rechtsordnung als geltende Regeln des Zusammenlebens in der Bundesrepublik Deutschland um konkretere Definitionen dessen ging, was eine »Deutsche Leitkultur« darüber hinaus eigentlich ausmachen sollte.

So leicht den Protagonisten der multikulturellen Gesellschaft eine die Realitäten gewachsener kultureller Identität verleugnende und den Zusammenhalt der Gesellschaft womöglich gar gefährdende übersteigerte Fremdenliebe vorzuhalten war, so schwer tat sich die konservative Seite umgekehrt mit der Abgrenzung ihres Konzepts der »Staatsnation« von einem überkommenen völkischen Staats- und Kulturverständnis, das die kulturelle Homogenität einer deutschen Staatsnation unterstellte, die es in dieser Form so nie gegeben hatte (107).

In der praktischen Politik verlagerte sich die Diskussion nach 1994 auf die Frage der Einbürgerung. In der Koalitionsvereinbarung nach der Bundestagswahl 1994 war eine »umfassende Reform des Staatsangehörigkeitsrechts« vereinbart worden, die freilich bis zum Ende der Regierung Kohl nicht entscheidend vorankam. Forderungen nach einem Einwanderungsgesetz stießen in der Union auf heftigen Widerstand. Und während die FDP und dort vor allem die liberale Justizministerin Sabine Leutheusser-Schnarrenberger das Prinzip der Abstammungsgemeinschaft (»ius sanguinis«) als Grundlage des Staatsbürgerschaftsrechts zugunsten einer Öffnung zum »ius soli« verändern wollten, lehnte die Mehrheit der Union eine solche Öffnung ab.

Eine besondere Rolle spielte bald die Frage der doppelten Staatsbürgerschaft. Da viele der dauerhaft in Deutschland ansässigen Ausländer mit der Aufgabe ihrer alten Staatsangehörigkeit eine Vielzahl von Nachteilen und Risiken verbanden, schien für manche Politiker und Experten die Aufgabe der bislang restriktiven Praxis bei der Hinnahme von doppelten Staatsangehörigkeiten eine Voraussetzung für eine erleichterte Einbürgerung von Ausländern. Die aber galt ihnen als wichtige Bedingung für eine verbesserte Integration. Nach dem Regierungswechsel 1998 sollte sich der Streit um den »Doppelpass« bald zu einem besonderen Reizthema der politischen Auseinandersetzung entwickeln (108).

Die Vielfalt der Bevölkerung der Bundesrepublik Deutschland wuchs auch durch die mehr als zwei Millionen Aussiedler und Spätaussiedler, die im Laufe der neunziger Jahre eingewandert sind. Soweit sie sich als Angehörige deutschsprachiger Minderheiten in den osteuropäischen Ländern ausweisen konnten, deren Vorfahren z. T. schon vor Jahrhunderten dorthin ausgewandert waren, besaßen sie das Anrecht auf die deutsche Staatsangehörigkeit. Nachdem in den achtziger Jahren vor allem Angehörige der deutschen Minderheiten aus Polen und Rumänien gekommen waren, machten ab 1990 Menschen aus der Sowjetunion und ihren Nachfolgestaaten das Gros der Aussiedler aus. Allein im Jahr 1990 wurden 397 000 Aussiedler aufgenommen. Im Laufe der neunziger Jahre nahm diese Zahl durch die Kontingentierung der Zuwanderung auf 200 000 im Jahr und die Bindung der Einbürgerung an ein gewisses Maß an Deutschkenntnissen allmählich ab. 1999 kamen noch 104 000 Spätaussiedler nach Deutschland (109).

Auch der Zustrom der Aussiedler aus Osteuropa schuf Probleme. Die deutsche Wohnbevölkerung unterschied oft nicht zwischen Aussiedlern und Ausländern. Erst recht nicht, wenn die Sprachkenntnisse der Neubürger zu wünschen übrigließen. Das Problem mangelnder Deutschkenntnisse verschärfte sich im Laufe der neunziger Jahre, weil der Anteil »echter« Spätaussiedler mit deutscher Volkszugehörigkeit gegenüber solchen Einwanderern, die ihre Aufnahmeberechtigung allein aus bestehenden Verwandtschaftsbeziehungen ableiten konnten, immer mehr abnahm. Eine Folge waren schlechte Aussichten auf dem Arbeitsmarkt. 1999 lag die Arbeitslosenquote unter den Spätaussiedlern bei 20 Prozent (110). Bald zeigten sich auch Anzeichen einer »Gettoisierung«, gegen die auch staatliche Quotenregelungen bei der Wohnraumversorgung der Aussiedler nur bedingt etwas ausrichten konnten. Viele der Neubürger hatten auch Probleme mit der Anerkennung der in Rußland oder Kasachstan erworbenen Bildungsabschlüsse und Berufsqualifikationen. So waren sie gezwungen, in Berufsfelder auszuweichen, die unterhalb ihrer im Herkunftsland erworbenen Qualifikationen angesiedelt waren.

Ein besonderes Problem bildeten zum Ende des Jahrzehnts die jungen Aussiedler. Sie waren von den Sprachproblemen besonders betroffen, die auch mit der starken Zunahme binationaler, meist deutsch-russischer Aussiedlerfamilien zu tun hatten. Viele Jugendliche beherrschten die deutsche Sprache nicht gut genug, um in Schule, Ausbildung und Beruf mithalten zu können. So häuften sich Berichte über wachsende Spannungen zwischen jugendlichen »Deutsch-Russen«, »Deutsch-Türken« und Einheimischen. Hatten die Aussiedler zunächst oft als »überangepaßte« Gruppe gegolten, so verschob sich das im Laufe der Jahre. Der Familienbericht der Bundesregierung sprach zur Jahrtausendwende von »Zügen einer Integrationskrise« (111).

Zwischen 1990 und der Jahrtausendwende hat sich die Bevölkerungsstruktur in der Bundesrepublik deutlich verändert. Im Saldo von Fortzügen und Zuzügen sind in dieser Zeit mehr als vier Millionen Menschen mehr nach Deutschland gekommen als das Land verlassen haben. Darunter be-

fanden sich etwa 2,6 Millionen Ausländer. Da diese gewaltigen Wanderungsbewegungen mit den Problemen der inneren Einheit von Ost- und
Westdeutschland zusammenfielen, musste das für die gesellschaftliche Integration erhebliche Probleme aufwerfen. Identitätsfindung und Zusammenwachsen waren nicht nur ein Problem der Addition von Teilpopulatio-
nen aus der alten Bundesrepublik und der ehemaligen DDR (112).

3.6 MEDIENREVOLUTION UND DIGITALISIERUNG

Mit dem Aufstieg des Privatfernsehens wurden aus den drei öffentlich-
rechtlichen Fernsehprogrammen schon zu Beginn der 1990er Jahre im
Durchschnitt etwa zwanzig Sender, die von den Haushalten empfangen
werden konnten. Durch die Breitbandverkabelung und die Verbreitung der
Parabolantennen stieg diese Zahl bis 1999 auf 36 Sender. Sie boten inzwischen rund um die Uhr ihre Programme an. Mit dieser Ausweitung des TV-
Angebots verzehnfachte sich die Ausstrahlung von Werbespots: Waren 1987
noch 173 000 Spots geschaltet worden, so war diese Zahl 1997 auf 1,63 Millionen angestiegen. Zeitgenössische Analysen sprachen von einer »strukturellen Kommerzialisierung medienvermittelter Kommunikation« (113).
    Geprägt wurde die Fernsehkultur der ersten Jahre nach der Einheit von
der wachsenden Dominanz der privaten TV-Kanäle. Bis 1992 war der Sender RTL bei den Einschaltquoten zum Marktführer aufgestiegen und hatte
die öffentlich-rechtliche Konkurrenz von ARD und ZDF überholt. Gleichzeitig war der Deutsche Fernsehfunk der DDR vom Bildschirm verschwunden. Zwar waren im Osten mit der Gründung des Mitteldeutschen Rund-
funks (MDR) für die Länder Sachsen, Thüringen und Sachsen-Anhalt und
des Ostdeutschen Rundfunk Brandenburgs (ORF) zwei weitere öffentlich-
rechtliche Kanäle entstanden, während das Sendegebiet von Mecklenburg-
Vorpommern vom NDR versorgt wurde und der Westberliner SFB im ORB
aufging (114). Doch in den neuen Ländern waren die privaten Fernseh-An-
bieter von Bertelsmann und der Kirch-Gruppe mit SAT 1 und Pro 7 besonders erfolgreich. Gleichzeitig stieg der Fernsehkonsum der deutschen Bevölkerung weiter an. 1998 betrug die durchschnittliche Dauer des täglichen
TV-Konsums im Westen 194 Minuten, im Osten sogar 221 Minuten (115).
    Das kommerzielle Fernsehen, vor allem der Sender RTL, setzte auf ein
junges Publikum und entsprach damit den Wünschen der Werbewirtschaft,
die hier eine für ihre Botschaften besonders empfängliche Käuferschicht
sah. In der Folge konnte sich das Privatfernsehen als Motor einer »Spaß-

gesellschaft« gerieren und mit Sensationen und Tabubrüchen den Anschein von Frische und Dynamik erzeugen. Erotisch angehauchte Gameshows wie »Tutti Frutti« präsentierten barbusige Damen zur besten Sendezeit. Bald liefen bis zu drei »Daily Talk Shows«, in denen sich nicht mehr nur Prominente vor der Kamera versammelten, sondern auch Durchschnittsmenschen präsentiert und bald auch vorgeführt wurden, indem sie ihre Schwächen und ihr asoziales Verhalten einem sensationsgierigen Publikum zur Schau stellten. Die Daily Soap »Gute Zeiten, schlechte Zeiten« wurde Anfang der neunziger Jahre zum Trendsetter eines neuen Genres. Unterdessen sahen sich die Älteren von RTL-Geschäftsführer Helmut Thoma herablassend zu »Kukidents« abqualifiziert (116)

Mit dem Erfolg der Privaten veränderten sich auch die Programmformate der Öffentlich-Rechtlichen. Schon 1992 wurden die bislang den Regionalmagazinen vorbehaltenen ARD-Sendeplätze im Vorabendprogramm eigenen Daily Soaps zur Verfügung gestellt. Beide öffentlich-rechtlichen Programme richteten Boulevardmagazine ein, um das wachsende Interesse an »Promi-News« zu bedienen. Während das Angebot an Dokumentationen und politischen Magazinsendungen ausgedünnt, in die Nachtstunden verschoben oder in Spartenkanäle ausgegliedert wurde, konzentrierten sich auch ARD und ZDF stärker auf Unterhaltungsangebote. Eine wachsende Rolle spielte dabei die Sportberichterstattung, die sich zugleich immer mehr auf den Fußball konzentrierte. Allein zwischen 1993 und 1998 verdoppelten sich die Fußball-Übertragungszeiten im Fernsehen, während die Übertragungszeiten bei anderen Sportarten stagnierten oder gar rückläufig ausfielen (117).

Auch hier stellten die kommerziellen Anbieter eine harte Konkurrenz, mit der die Übertragungskosten steil nach oben gingen. Hatte RTL 1990 die Fußballbundesliga-Rechte noch für 50 Millionen DM erlösen können, zahlte Leo Kirch 1998 bereits 320 Millionen, um für den Bezahlsender Premiere die Exklusivrechte und für SAT 1 die Rechte zur Zweitverwertung zu sichern. ARD und ZDF mussten für die Übertragung der Fußball-WM 1998 64,7 Millionen DM aufwenden. 1990 hatten noch 45,1 Millionen gereicht (118).

Die wachsende Neigung zur Unterhaltung schlug sich auch auf die politische Berichterstattung selbst nieder. Hier ließ sich eine verstärkte Neigung zur Personalisierung erkennen, die sich nicht zuletzt in den bald immer weiter ausgreifenden Talkshow-Formaten ausdrückte. Auch die wachsende Neigung zur emotionalisierten Skandalberichterstattung gehörte zu den sichtbaren Veränderungen dieser Zeit, die durch die wachsende Konkurrenz um Aufmerksamkeit und Einschaltquoten gefördert wurde.

Zwar sind mit dem Fernsehurteil von 1996 und dem Rundfunkstaatsvertrag dem kommerziellen Fernsehen Grenzen gesetzt worden. Eine »duale Rundfunkstruktur« sollte dem öffentlich-rechtlichen Rundfunk mit der Aufgabe der »informationellen Grundversorgung« einen Bestandsschutz gewährleisten (119). Doch die kulturellen Trendsetter der 1990er Jahren blieben die Privaten. Mit ihrem Siegeszug vermehrten sich die zur Schau gestellten individuellen Befindlichkeiten, rückten Stimmungen, Konsumwünsche und private Glückserwartungen stärker in den Vordergrund. Hier wurden geheime Begierden, Ängste, Sensationsgier und Voyeurismus bedient – aus kommerziellen Interessen.

Demgegenüber nahm die kritische Auseinandersetzung mit der gesellschaftlichen Wirklichkeit in Rundfunk und Fernsehen der 1990er Jahre deutlich ab. Dazu passte die wachsende Neigung zur selbstreferentiellen Beschäftigung des Fernsehens mit sich selbst. Sie schlug sich vor allem in Sendeformaten wie »RTL Samstag Nacht« nieder, die in komödiantischer Form Themen und Personen des Fernsehens der zurückliegenden Woche noch einmal aufgriffen und damit die Rolle eines Trendsetters bei der »Comedianisierung der Fernsehunterhaltung« übernahmen (120).

Die Vervielfältigung des Sendeangebots sorgte bald auch für eine Fragmentierung des Zuschauerverhaltens. Nur noch wenige Sendeformate vermochten es, einen Großteil der Deutschen zur gleichen Sendung vor den Apparaten zu versammeln. Quotenkönig in der traditionellen Samstag-Abend-Unterhaltung blieb Thomas Gottschalk, der nach einem Abstecher zu den Privaten ab 1995 dem ZDF mit »Wetten dass« wieder zu einem zweistelligen Millionenpublikum verhalf. Außer Gottschalk und dem Sport war es bald nur noch der ARD-»Tatort«, der eine wirklich große Zuschauergemeinde versammelte.

Neben dem Erfolg der kommerziellen Fernsehkanäle und der damit verbundenen Inflationierung von Werbung hat vor allem der Beginn der Digitalisierung der Lebenswelt dieser Zeit ihren kulturellen Stempel aufgedrückt. Konnten 1990 nur neun Prozent der Einwohner der Bundesrepublik Deutschland einen Personal Computer nutzen, so war dieser Anteil bis 1999 auf 29 Prozent gestiegen. Freilich blieb die PC-Nutzung über das gesamte Jahrzehnt vornehmlich eine Angelegenheit der Jüngeren. In der Generation der über 60jährigen betrug der Anteil der PC-Nutzer auch 1999 nur 14,5 Prozent (121). Überwiegend genutzt wurden die Computer zum Schreiben, zur Textverarbeitung und für Spiele, aber auch als Nachschlagewerke und Lexika (122).

In der zweiten Hälfte der neunziger Jahre begann auch in Deutschland der Siegeszug des Internet. Mit der Entwicklung des WorldWideWeb war seit 1989 die Möglichkeit einer breiten Nutzung des Netzes für private und kommerzielle Zwecke geschaffen worden, die sich freilich aus Kostengründen in Deutschland erst später verbreitete als in den USA. Dann aber wuchs die Gemeinde der User rasch. Waren 1997 4,3 Millionen Menschen in Deutschland im Netz unterwegs, so hatte sich diese Zahl bis zur Jahrtausendwende auf 18,3 Millionen gesteigert. Jetzt nutzten 36 Prozent der Männer und 21 Prozent der Frauen über 14 Jahre mehr oder weniger regelmäßig Online-Angebote (123). Die häufigste Nutzungsform bestand im Senden und Empfangen von E-Mails, gefolgt vom »ziellosen Surfen im Netz«, vom Downloaden von Dateien und dem Aufrufen von Reiseinformationen. Nur Minderheiten nutzten zur Jahrtausendwende das Netz bereits zum Onlineshoppen oder zum Onlinebanking (124).

Für eine folgenreiche Veränderung der Alltagswelt sorgte der nach der Einführung des europäischen Mobilfunkstandards GSM 1991 beginnende Boom der mobilen Telefone. 1992 kamen die ersten GSM-Mobiltelefone auf den Markt, für die sich in Deutschland bald der Begriff »Handy« durchsetzte. Im gleichen Jahr wurden die ersten Mobilfunknetze D1 und D2 eingerichtet. Bald darauf kamen modernere Geräte auf den Markt, die leistungsfähiger, leichter und billiger waren. Seit 1995 bestand die Möglichkeit, Kurznachrichten (SMS) zu verschicken. Um die Jahrtausendwende wurden die ersten Geräte entwickelt, die mobilen Internetempfang ermöglichten.

Die immer kleiner und handlicher werdenden mobilen Telefone verbreiteten sich rasch. Gab es 1992 gerade 950 000 Mobilfunkverträge, so ist diese Zahl vor allem am Ende des Jahrzents gewaltig gestiegen. 1998 besaßen bereits 17 Prozent der Deutschen ein Handy. Bis zur Jahrtausendwende war die Zahl der Verträge auf 23,5 Millionen angestiegen. Allein zwischen 1999 und 2000 hat sich die Zahl der Teilnehmer am Mobilfunk von 28 Prozent bis auf über 50 Prozent fast verdoppelt (125).

Das mobile Telefonieren führte zu einschneidenden Veränderungen der Lebenswelt. Noch war es nur eine Minderheit vor allem junger und meist auch beruflich besonders aktiver Leute, die in den späten neunziger Jahren ihr Mobiltelefon in allen möglichen Lebenslagen mit sich führten und auch nutzten. Für viele galt es anfangs auch als Statussymbol und Ausdruck ihrer arrivierten Position. Doch bereits um die Jahrtausendwende war es zum massenhaft genutzten Konsumgut geworden, das zur Veränderung von Kommunikations- und Lebensgewohnheiten führte. Kinder und Jugendliche nutzten vornehmlich die kurzen SMS-Botschaften als Medium des Austausches und tauchten in die virtuellen Welten der Handy-Spiele ab. Eltern standen neue Möglichkeiten der sozialen Kontrolle des

Nachwuchses zur Verfügung. Bald wurde das dauernde Klingeln und Pie-
pen zur manchmal lästigen, aber selbstverständlichen Begleiterscheinung
des Alltagslebens (126).

3.7   DIE KULTURELLE EINHEIT

Vierzig Jahre deutsche Teilung hatten auch in Kunst und Kultur tiefe Spuren hinterlassen. Das zentral gelenkte staatliche Kultursystem der DDR
folgte ganz anderen Vorgaben und Mechanismen als das kulturelle System des Westens. Deshalb musste die Einheit in den neuen Ländern auch
auf diesem Gebiet zu großen Problemen führen. Zahlreiche Kultureinrichtungen wurden geschlossen, viele Künstler und Schriftsteller verloren ihre
Arbeitsmöglichkeiten. Der Wegfall staatlicher und betrieblicher Subventionen führte zu einer Verschlechterung der kulturellen Produktionsbedin-
gungen. Viele ehemalige DDR-Künstler verloren den Schutz marktregulie-
render Mechanismen wie Preisbindung, feste Aufträge und Subventionen.
Stattdessen mussten sie sich jetzt auf einem Markt unter harten Konkur-
renzbedingungen behaupten.

Um die kulturellen Einrichtungen der ehemaligen DDR zu sichern, war
im Einigungsvertrag eigens eine zeitlich begrenzte Zuständigkeit des Bundes zur Förderung der kulturellen Infrastruktur in den neuen Ländern
festgehalten worden. Entsprechend stellte man zwischen 1991 und 1994
3,3 Milliarden DM zur Förderung kultureller Sonderprogramme im Osten zur Verfügung. Der DDR-Kulturfonds wurde bis Ende 1994 unter Beteiligung des Bundes weitergeführt und dann in eine Stiftung umgewandelt
(127). Auch darüber hinaus beteiligte sich der Bund mit eigenen Mitteln an
der Förderung national bedeutsamer Kultureinrichtungen im Osten.

Schon im Einigungsvertrag geregelt worden war die Wiedervereinigung
von Sammlungen und Museen. So kehrte die Büste der Nofretete wieder
an ihren früheren Ort auf der Berliner Museumsinsel zurück. In der wissenschaftlichen Forschung, die in der DDR überwiegend in eigenständi-
gen Akademien und Forschungsinstituten stattgefunden hatte, blieben die
Einrichtungen der ehemaligen DDR dann erhalten, wenn ihnen nach einer
Begutachtung durch den Wissenschaftsrat ausreichende Leistungsfähigkeit attestiert worden war. Von den anderen Instituten getrennt wurde die
Akademie der Wissenschaften der DDR mit ihren über 20 000 Mitarbeitern (128).

Damit wurden wichtige Weichen für die Neuorganisation des kulturellen

Lebens in Deutschland gestellt. Sie betrafen freilich vor allem die Hochkultur. DDR-spezifische Kultureinrichtungen wie gewerkschaftliche Kulturhäuser überstanden dagegen die Wende nicht.

Gemessen an den schwierigen Ausgangsbedingungen haben sich zumindest Teile der Kulturlandschaft der DDR in den neunziger Jahren einigermaßen behaupten können. Zwar ist die Anzahl der öffentlichen Bibliotheken in den neuen Ländern stark zurückgegangen. Schon bis 1993 waren 4 300 von ihnen geschlossen worden. Von den 7 300 Bibliotheken, die es 1990 gab, existierten 1999 noch 2 300. Die Zahl der Theaterbetriebe war zwar ab 1992 deutlich rückläufig, blieb aber bis zur Jahrtausendwende auf einem höheren Niveau als im Westen. Die Zahl der Museen im Osten hat bis 1999 sogar zugenommen. Hier lag die Versorgungsdichte der Bevölkerung deutlich über dem Stand in Westdeutschland. Ein Viertel der Museumsbesuche entfielen 1997 auf die neuen Länder (129).

Dabei erlebte Ostdeutschland mit der Wiedervereinigung einen Kultur- und Konsumschock, der erhebliche Folgen für das kulturelle Leben und die kulturelle Einheit haben musste. Zunächst zeigte sich das in einer besonderen Konsumorientierung der Ostdeutschen. Der Fernsehkonsum der Ostdeutschen lag bald über dem der Westdeutschen, wozu freilich auch die höhere Arbeitslosigkeit beigetragen hat. Stärker noch als im Westen wurden im Osten die Sendungen der kommerziellen Fernsehsender verfolgt.

Ähnliche Entwicklungen zeigten sich bald auf dem Zeitungs- und Zeitschriftenmarkt. Während hochpreisige und ambitionierte West-Titel wie »SPIEGEL«, »STERN« oder auch die Frauenzeitschrift »Brigitte« im Osten nur wenig Resonanz fanden und auch die überregionalen Zeitungen wie die »Frankfurter Allgemeine Zeitung« oder die »Süddeutsche Zeitung« nur eine geringe Verbreitung erreichten, waren westliche Billig-Titel wie die »Blitz-Illu« deutlich erfolgreicher. Das Boulevardblatt »BILD« erreiche im Osten eine ähnliche Verbreitung wie im Westen.

Anfangs hoch im Kurs standen in den neuen Ländern die eigens für den Ostmarkt von Westverlagen konzipierten Blätter wie »Super-Illu« und »Super TV«. Nur geringe Überlebenschancen hatten dagegen die eingeführten Blätter und Fachzeitschriften des Ostens, von denen sich nur knapp ein Viertel dauerhaft behaupten konnte. Während das Satiremagazin »Eulenspiegel« sich auch ohne West-Unterstützung über Wasser hielt, war die angesehene »Wochenpost« auch durch eine Fusion mit dem Hamburger Blatt »Die Woche« nicht zu retten (130).

Die Zeit der radikalen Abkehr von Ostprodukten und Ostkultur wich bald einem Verlangen nach Bewahrung eines »ostdeutschen Lebensgefühls«. Gefördert durch die Enttäuschungen über die ausgebliebenen »blühenden

Landschaften« machte sich ein wachsendes Bedürfnis nach einer kulturellen Selbstvergewisserung bemerkbar, die vor allem in der zweiten Hälfte der neunziger Jahre auch Züge nostalgischer Verklärung der Vergangenheit annahm. Frank Schöbel, die Puhdys und viele andere Künstler der
ehemaligen DDR hatten wieder volle Veranstaltungshallen. Der MDR lockte mit seinen Wiederholungen populärer DDR-Unterhaltungssendungen
die Menschen vor den Bildschirm. DDR-Produkte lagen wieder in den Regalen der Supermärkte und wurden stark nachgefragt. Ab 1994 fanden in
den neuen Ländern zahlreiche »Ostalgie-Partys« statt, bei denen DDR-All-
tagsgegenstände Kultstatus hatten. Sogar ein Doppelgänger von Erich Honecker trat mitunter auf. Der Ansturm der als »kalt« verspürten westlichen
Konsumgesellschaft hatte ein Bedürfnis nach kuscheligen Geschichten aus
der eigenen Vergangenheit hervorgebracht, in dem die positiven Aspekte
des Lebens in der DDR wieder breiten Raum einnahmen (131).

Als Reaktion auf die Enteignung der eigenen Vergangenheit verständlich, kam dabei freilich auch eine Neigung zu Verharmlosung und Beschö-
nigung zum Ausdruck. Repression und Verfolgung des DDR-Systems traten zurück zugunsten verklärender Erinnerung. Die Diktatur wurde im
Weichzeichner abgebildet (132).

Nachdem der Film »Sonnenallee«, der 1999 das Leben in der DDR in iro-
nisierender Weise nachzeichnete und dabei Ostalgie-Motive aufgriff, auch
im Westen ein Kassenschlager geworden war, erreichte die Welle nach der
Jahrtausendwende ihren Höhepunkt. 2003 wurde »Goodbye Lenin« zum
großen Kinoerfolg auch im Westen. Der Streifen bediente ähnliche Motive wie »Sonnenallee« und fand beim gesamtdeutschen Publikum großen
Anklang. Im gleichen Jahr rückten mit ZDF, MDR und RTL gleich drei Pro-
grammanbieter Ostalgieshows in ihr Programm (vgl. oben).

Während sich im Reise- und Freizeitverhalten eine rasche Angleichung
zwischen Ost und West vollzog und die Ostdeutschen in ihrer Reiselust die
Westdeutschen zeitweise sogar noch übertrafen (133), erlitt das Theater in
den neuen Ländern nach der Wende beim Publikum einen Bedeutungsverlust. Weil das politische Spannungsfeld fast über Nacht verschwunden war,
wurde das Schauspiel als »Ersatzöffentlichkeit« nicht mehr gebraucht (134).

Dramatische Veränderungen erlebte der Buchmarkt im ehemaligen »Leseland DDR«. Wo zuvor die Buchhändler den Verlagen die gut gehenden Titel noch aus der Hand gerissen hatten, landete nun DDR-Literatur buchstäblich tonnenweise auf der Müllkippe. Viele Buchhändler in Ostdeutschland
gaben in den Jahren der Wende auf. Und in den Läden, die übrigblieben,
standen in den von DDR-Literatur leergeräumten Regalen schnell verkäufliche Westprodukte – Reiseführer, Ratgeber zum Steuerrecht, Konsalik,

Simmel, Rosamunde Pilcher. Das Verkaufs- und Vertriebssystem der alten DDR-Verlage war den Anforderungen der neuen Zeit nicht gewachsen.

3.8   GETEILTE ERINNERUNGSKULTUR, GETEILTES GESCHICHTSBILD

Als Problem der kulturellen Einheit zeigten sich schon bald nach der Wende die Unterschiede in den Geschichtsbildern und Erinnerungskulturen. Während im Westen der Nationalsozialismus und die Verbrechen des Hitler-Regimes wichtigster Bezugspunkt der Erinnerungskultur blieb, der in seiner historischen Bedeutung auch Teilung und Einheit in den Schatten stellte, war die Auseinandersetzung mit dem Nationalsozialismus für das Geschichtsbild der Ostdeutschen von weitaus geringerer Bedeutung.

Debatten um die historische Schuld der Deutschen besaßen für sie, die unter den Bedingungen eines staatlich verordneten Antifaschismus gelebt hatten, der ihnen eine Auseinandersetzung mit persönlicher Schuld erspart hatte, ein deutlich niedrigeres Emotionalisierungspotential als für die Westdeutschen (135). Die »geschichtsfeindliche Komponente« der »Ausgrenzung des Nationalsozialismus aus der DDR-Identität« beförderte einen nach der Einheit sichtbar werdenden Orientierungsmangel, der bei manchen Älteren bald zu einer Verklärung der Geschichte des SED-Staates führte. Bei den Jüngeren dagegen, in deren Erfahrungswelt die DDR nur noch eine geringe Rolle spielte, trug sie im Ergebnis zu einer Unbefangenheit im Umgang mit dem Nationalsozialismus bei, der als »Kompensationsmodell für verlorene Geschichtlichkeit« eine im Westen nicht vorstellbare Attraktivität erlangte (136). 1998 gaben 17 Prozent der ostdeutschen Jugendlichen an, dass sie sich vorstellen könnten, eine rechtsradikale Partei zu wählen. Im Westen waren es nur sieben Prozent (137).

Während in der alten Bundesrepublik eine Mehrheit der Menschen die nähere Befassung mit der Geschichte der untergegangenen DDR für entbehrlich hielt, da sie nicht als Teil einer deutschen Erinnerungskultur gesehen wurde, sorgte die etwa ab 1992 spürbare Verharmlosung der SED-Diktatur bei einer Mehrheit der Ostdeutschen für wachsenden Unwillen gegenüber Vergleichen zwischen Nationalsozialismus und Stalinismus. Sogar der Begriff einer »zweiten deutschen Diktatur« wurde von vielen zurückgewiesen (138). Exemplarisch zeigte sich das in den Kontroversen um den Umbau der Gedenkstätte Buchenwald. Hier sollte künftig nicht nur den Opfern der NS-Herrschaft gedacht, sondern auch an die Zeit erinnert wer-

den, in der Buchenwald als Speziallager der sowjetischen Besatzungsmacht
diente. Hier waren viele Häftlinge zu Tode gekommen, unter ihnen nicht
nur Nationalsozialisten, sondern auch demokratische Gegner der sowjetischen Besatzungsmacht. Gegen die Neukonzeption der Gedenkstätte, die
jetzt der Erinnerung an alle Opfergruppen gewidmet sein sollte, formierte sich Widerstand aus zwei Richtungen zugleich. Während KZ-Häftlings-
verbände gegen die vorgesehene Ausstellung über das sowjetische Speziallager protestierten, weil hier Täter zu Opfern gemacht würden, kritisierten
die Häftlinge des ehemaligen sowjetischen Lagers umgekehrt, dass der Erinnerung an das NS-Konzentrationslager mehr Platz eingeräumt wurde als
dem Gedenken an die Opfer des Stalinismus (139).

Viele Umfragen machten gravierende Unterschiede in der Bewertung
historischer Ereignisse deutlich, die die Bedeutung der DDR-Sozialisation
und den nachwirkenden Einfluss des offiziellen DDR-Geschichtsbildes auf
die Einstellungen der Menschen zeigten. Wähend die meisten Westdeutschen Konrad Adenauer als Symbolfigur für Wiederaufbau, Westintegra-
tion und Wirtschaftswunder ansahen, galt er im Osten auch nach der
Einheit vielen als Separatist, der die Deutsche Einheit auf dem Altar kapi-
talistischer Wirtschaftsinteressen geopfert habe (140). 2001 hielten 61 Prozent der Westdeutschen, aber nur 33 Prozent der Ostdeutschen die Schaffung der Bundeswehr für eine richtige politische Entscheidung. Umgekehrt
befürworteten 43 Prozent der Bewohner der neuen Länder, aber nur zehn
Prozent der Bürger Westdeutschlands die Entscheidung zur Kollektivie-
rung der Landwirtschaft in der DDR durch Gründung von landwirtschaftlichen Produktionsgenossenschaften (141).

Wohl belegen neuere Umfragen, dass diese Unterschiede im Geschichtsbild inzwischen geringer geworden sind. Doch der Weg zur »kulturellen
Einheit« war im ersten Jahrzehnt nach der Wende noch weit. »Von einem
gemeinsamen Bild der geteilten Geschichte sind wir noch weit entfernt«,
konstatierte der Historiker Jürgen Kocka 1998 (142).

Während die Westdeutschen an der Auseinandersetzung mit der DDR-
Vergangenheit und der Geschichte des Kommunismus nur mäßiges Interesse zeigten, blieb der Nationalsozialismus auch nach der Wende wichtigstes Thema der erinnerungspolitischen Debatte. Dies zeigte sich bereits
bei der Hauptstadtdiskussion unmittelbar nach der Einheit und in dem
bald folgenden Streit um das »Holocaust-Mahnmal« in Berlin. 1993 wurde Steven Spielbergs »Schindlers Liste« das Filmereignis des Jahres. 1996
sorgte das in der Fachwelt heftig kritisierte Buch des amerikanischen Historikers Daniel Goldhagen über »Hitlers willige Vollstrecker« für Furore.
Zur gleichen Zeit führte die Wanderausstellung des Hamburger »Instituts

für Zeitgeschichte« über die Verbrechen der deutschen Wehrmacht zu erregten Kontroversen. Schließlich war es die Rede von Martin Walser anlässlich der Verleihung des Friedenspreises des Deutschen Buchhandels,
die 1998 Wellen schlug.

In der Hauptstadtdebatte spielte nicht nur das Berlin gegebene Versprechen eine Rolle, nach der Einheit werde die Politik in die alte Hauptstadt
zurückkommen. Auch die Chance einer besseren Einbindung des Ostens
in das neue Staatswesen wurde betont. Die Befürworter des Umzugs führten weiter ins Feld, dass die neue Hauptstadt mit der Regierungsfunktion
auch die gewachsene politische Bedeutung Deutschlands angemessen re-
präsentieren müsse. Das aber könne nur Berlin. Die Kritiker mahnten dagegen zur Rücksicht auf die Nachbarn: Schließlich sei Berlin auch die Stadt
des preußischen Militarismus, des Herrenhauses und die Planungszentrale
des Holocaust gewesen. Demgegenüber repräsentiere Bonn gerade in seiner Kleinheit und vermeintlichen »Provinzialität« die besseren Traditionen einer erfolgreichen Demokratie. Die Berlin-Befürworter setzten sich
am Ende ganz knapp durch. 1999 zog man an die Spree.

Bald nach der Hauptstadtdebatte und der beginnenden Diskussion um
die Nutzung ehemaliger staatlicher Repräsentationsbauten der Nazi-Zeit
und der DDR lebte 1995 die schon Ende der achtziger Jahre begonnene Diskussion um ein Mahnmal für die Opfer des Holocaust wieder auf. Prominente westdeutsche Linksintellektuelle wie Günter Grass und Walter Jens
lehnten den Vorschlag ab, in der Nähe des Brandenburger Tores eine solche Stätte des Gedenkens zu errichten. Befürchtungen wurden laut, ein
Mahnmal nahe von Shopping Malls und anderen touristischen Attraktio-
nen könnte dem Anliegen der Erinnerung mehr schaden als nutzen. Am
Ende entschied der Bundestag 1999 für das Mahnmal. Bis 2005 wurde ein
Feld mit 2711 wellenförmig angelegten Betonstelen geschaffen. Der Entwurf stammte von dem Amerikaner Peter Eisenman. Die Ostdeutschen waren an der ganzen Debatte kaum beteiligt. Die blieb eine westdeutsche Angelegenheit (143).

1995 präsentierte das Hamburger Institut von Jan Philipp Reemtsma mit
der Wanderausstellung »Vernichtungskrieg – Verbrechen der Wehrmacht
1941 bis 1944« die spektakulärste zeitgeschichtliche Ausstellung der neunziger Jahre. Sie fand mehr als eine Million Besucher in vielen deutschen
Städten. Mit der Ausstellung wurde eines der letzten lange verdrängten
Tabuthemen der NS-Zeit angesprochen, die Rolle der Wehrmacht als aktiver Teil der Vernichtungspolitik und des verbrecherischen Regimes. Die
bis dahin von vielen aufrechterhaltene Legende von der ritterlich kämp-
fenden Armee, die mit dem Vernichtungsapparat von SS und Sonderein-

heiten nichts oder jedenfalls nicht viel zu tun gehabt habe, wurde öffent-
lichkeitswirksam widerlegt. Das führte zu großen Auseinandersetzungen.
Als den Ausstellungsmachern einige Fehler bei der Bildauswahl und den
Bildunterzeilen nachgewiesen werden konnten, wurde die Ausstellung zur
Überarbeitung zurückgezogen, bevor sie wieder auf Tournee ging (144). Ihr
Anliegen hatte sie freilich erreicht – trotz einzelner Schwächen.

1996 wurde die »Goldhagen-Debatte« zum Medienereignis. Der amerikanische Historiker stellte in seiner Veröffentlichung die Einstellungs-
muster der »ganz gewöhnlichen Deutschen« in den Mittelpunkt seiner Studie zum Holocaust und seinen Ursachen. Nach seiner einfachen Kernthese
ließ sich ein besonderer »eliminatorischer Antisemitismus« in Deutschland ausmachen, der als eigentliche Ursache für die Bereitschaft so vieler
»ganz gewöhnlicher Deutscher« gelten müsse, beim staatlich organisierten
Massenmord mitzutun. Zwischen Nazi-Führung und der großen Mehrheit
der Deutschen habe ein geheimes Einverständnis darüber bestanden, dass
Europa von den Juden gesäubert werden müsse (145).

Die große Mehrheit der etablierten Wissenschaftler verwarf die auf eine
Neuauflage der These von der »Kollektivschuld« der Deutschen hinaus-
laufenden Ergebnisse Goldhagens. Manche Forscher zeigten sich über die
Simplifizierungen des Autors geradezu entsetzt und sprachen dem Werk
jeden wissenschaftlichen Rang ab. Dennoch wurde seine Deutschlandtour-
nee zum Triumphzug. Goldhagen füllte die größten Vortragssäle, eine Welle der Sympathie des meist jugendlichen Publikums schlug ihm entgegen.
Die Auflage erreichte allein in Deutschland fast eine Viertelmillion. Goldhagen wurde zur Identifikationsfigur für die »Selbstbezichtiger«, die mit
dem Kauf des Buches bewiesen, wie radikal sie mit der Vergangenheit ihrer
Eltern oder Großeltern gebrochen hatten (146).

Was sich hier gegen fast alle wissenschaftliche Erkenntniskultur als »Lust
an der Schuld« (147) durchgesetzt hatte, wurde 1998 von Martin Walser in
seiner bald skandalisierten Rede in der Frankfurter Paulskirche bei der
Verleihung des Friedenspreises des Deutschen Buchhandels aufs Korn genommen. Ausgangspunkt seiner Überlegungen war die Frage, ob es sich bei
der Duldung rechtsradikaler Bestrebungen in Deutschland tatsächlich um
ein weit verbreitetes Phänomen handele. Deutschland gelte als »Straftäter
auf Bewährung«, dem immer wieder unterstellt werde, dass es schlecht um
seine politische Kultur stehe. Dabei habe sich eine »Routine des Beschuldi-
gens« herausgebildet und werde die Erblast des Holocaust für gegenwärti-
ge Zwecke instrumentalisiert. Die Erinnerung an die Gräuel der NS-Zeit sei
zu einer »Pflichtübung« verkommen, weshalb es einer neuen Sprache des
Gedenkens bedürfe (148).

Ignaz Bubis, damals Vorsitzender des Zentralrats der Juden in Deutschland, warf Walser daraufhin »geistige Brandstiftung« vor. Daraus entspann sich eine heftige öffentliche Kontroverse, an der sich auch Rudolf Augstein und Richard von Weizsäcker beteiligten. Dabei hatte Walser sehr deutlich festgestellt, dass kein vernünftiger und ernstzunehmender Mensch den Holocaust leugnen könne.

Auch an diesen Debatten blieben die Ostdeutschen nahezu unbeteiligt. Als die Wehrmachts-Ausstellung 1998 nach Dresden kam, blieb der dortige Oberbürgermeister der Eröffnung fern. Die Demonstrationen der Neonazi-Szene gegen die Veranstaltung ignorierte er (149).

1994/1995 hatte ein anderes Projekt für Schlagzeilen gesorgt. Die Verhüllung des Reichstags durch das Künstlerehepaar Christo lockte im Sommer 1995 ein internationales Publikum nach Berlin. Das Unternehmen der beiden Verpackungskünstler war zunächst umstritten gewesen. Während Bundestagspräsidentin Rita Süssmuth das Vorhaben befürwortete, gehörte Kanzler Kohl zu den Gegnern. Eine parteiübergreifende Mehrheit des Bundestags entschied sich schließlich dafür.

Der verhüllte Reichstag und die entspannte Volksfestatmosphäre, die im Sommer 1995 vor dem Bau zu beobachten war, trugen nach Auffassung vieler Kommentatoren dazu bei, dass noch vor dem Umzug des Parlaments an die Spree 1999 die historische Last, die sich mit dem Umzug in das geschichsträchtige Gebäude verband, das Teil der Wilhelminischen Geschichte und in der Weimarer Zeit Schauplatz heftiger Auseinandersetzungen gewesen war, ein wenig leichter wog. Vor diesem Deutschland, das zeigten die Bilder aus dem Tiergarten, musste die Welt keine Angst mehr haben.

3.9 DIE DEUTSCHE GESELLSCHAFT AM ENDE DES 20. JAHRHUNDERTS

Der dramatische Umbruch der Lebensverhältnisse in Ostdeutschland, der im Laufe der neunziger Jahre vier Fünftel der Erwachsenen mindestens einmal mit dem Erlebnis von Arbeitslosigkeit, Kurzarbeit oder ABM-Maßnahmen konfrontierte, schlug sich auch in der Bevölkerungsentwicklung und den Familienstrukturen nieder. Bis zum Ende des Jahrtausends verließ jeder fünfte Ostdeutsche seine angestammte Heimat, während etwa 1,3 Millionen Menschen in den Osten gingen oder dorthin zurückkehrten. Im Saldo verloren die neuen Länder in dieser Zeit 1,2 Millionen Einwohner. Da besonders junge Menschen und vor allem junge Frauen das Gebiet der ehemaligen DDR verließen, stieg das Durchschnittsalter in den neuen Ländern von 1991 bis 2003 von 36,9 bis auf 43,5 Jahre. Damit lag es nun über dem Durchschnittsalter der Westdeutschen. Vor der Wende war es umgekehrt gewesen. In Ländern wie Brandenburg oder Mecklenburg-Vorpommern erhöhte sich der Anteil der über 60jährigen in dieser Zeit sogar um 50 Prozent (150).

Hinzu kam eine große Zahl von Pendlern, die weiter im Osten wohnten, aber im Westen arbeiteten. Nach Berechnungen des IAB pendelten 1995 etwa 250 000 mehr Menschen von Ost nach West als von West nach Ost. Bis 2001 ist diese Zahl auf 320 000 gestiegen (151).

Das Ausmaß der Veränderungen und Unsicherheiten im Osten schlug sich auch in den Geburtenzahlen nieder. Hatte die Geburtenrate in den letzten Jahren der DDR mit 1,6 Kindern pro Frau noch über der westdeutschen Rate gelegen (knapp 1,4), so sank sie im Osten in den ersten Jahren nach der Einheit dramatisch ab und lag 1994/95 mit nur noch 0,8 Kindern deutlich unter den relativ konstanten Geburtenraten der Frauen in Westdeutschland (152).

Noch stärker ging die Zahl der Eheschließungen zurück. Waren in der DDR 1989 noch 130 000 Ehen geschlossen worden, so traten 1992 nur noch 43 000 Paare den Weg zum Standesamt an (153). Innerhalb von nur drei Jahren hatte sich die Zahl der neu geschlossenen Ehen auf ein Drittel vermindert. Bis zum Ende des Jahrtausends sind die Zahlen zwar wieder etwas angestiegen. Sie lagen jedoch auch 1999 mit 55 000 Eheschließungen noch weit unter dem DDR-Niveau der achtziger Jahre. Auch die Geburtenrate stieg in der zweiten Hälfte der neunziger Jahre wieder etwas an. Bis 2000 war jedoch das westdeutsche Niveau noch nicht erreicht. So hatte das vereinigte Deutschland am Ende des Jahrzehnts mit 1,2 Geburten pro Frau zusammen mit Spanien und Italien die niedrigste Geburtenrate der Welt (154).

Ein so plötzlich einsetzender Geburtenrückgang in so kurzer Zeit ist historisch einzigartig. Er zeigt wie die gewaltige Abnahme der Eheschließungen das Ausmaß der Verunsicherung, die nach der Einheit in der ostdeutschen Gesellschaft entstanden ist (155). Der »Vereinigungsschock« (Mau) hat die demographische Struktur in der »Schrumpfgesellschaft« folgenreich verändert. Verschärft wurden diese Folgen noch durch den bald anwachsenden Männerüberschuss, der als Ergebnis der besonders hohen Abwanderungsraten bei den oft besser ausgebildeten jungen Frauen das Geschlechterverhältnis in Ostdeutschland durcheinanderbrachte. Besonders betroffen davon waren später die Männer ohne Abitur. 2012 sollen im Geburtsjahrgang 1992 auf 100 partnerlose Frauen ohne Abitur nicht weniger als 300 Männer gekommen sein (156). Auch dieses Geschlechterverhältnis dürfte einmalig sein.

Auffällig gering blieb die Zahl der West-Ost-Eheschließungen, die sogar nach der Jahrtausendwende nur einen Anteil von weniger als zwei Prozent erreichten. Besonders selten war die Verbindung zwischen einer Frau aus dem Westen und einem Mann aus dem Osten (157).

Eine Angleichung der Familienstrukturen zwischen Ost und West ließ sich bei der Zunahme von Single-Haushalten und der nichtehelichen Lebensgemeinschaften feststellen. Im Osten deutlich höher lag Ende des Jahrzehnts der Anteil der allein erziehenden Mütter. Hier lebten zu dieser Zeit in etwa jedem vierten Haushalt Kinder allein mit ihrer Mutter. Wurden im Westen zur Jahrtausendwende 81 Prozent der Kinder von beiden Elternteilen gemeinsam betreut, waren das im Osten nur 62 Prozent (158).

Während die ostdeutsche Gesellschaft die schwierigen Umbrüche zu verkraften hatte, die mit der Einbindung in die Markt- und Konsumgesellschaften des Westens verbunden waren, setzten sich im Westen die kulturellen Entwicklungslinien fort, die Soziologen bereits seit den 1970er Jahren beobachtet hatten. Die Single-Haushalte nahmen zu und die Zahl der Zweipersonenhaushalte hatte schon 1992 die der Familienhaushalte erreicht (159). Das Single-Dasein war jetzt häufiger nicht mehr lebenszyklisch erzwungen, sondern beruhte bei manchen auf der bewussten Absage an Kinder und Familie, institutionalisierte Partnerschaften und etablierte soziale Rollen. Verbindlichkeit und Traditionsgebundenheit verloren weiter an Bedeutung zugunsten von autonomer Lebensführung, Selbstverwirklichung und hohen Einkommens- und Konsumansprüchen.

Was Ulrich Beck und Antony Giddens schon in den achtziger Jahren mit dem Begriff »Individualisierung« skizziert hatten, prägte die westdeutsche Gesellschaft nach der Einheit stärker noch als zuvor. Menschen definierten sich immer weniger über kollektive Identitäten, die Verbindlichkeit vorgegebener sozialer Lebensformen ging zurück. Individuen beanspruchten ein eigenes Recht, mit Werten, Traditionen und Bindungen »schöpferisch« umzugehen, frei unter einer Fülle wachsender und wechselnder Handlungsmöglichkeiten auszuwählen und sich dabei als Subjekt mit autonomer Handlungskompetenz zu erfahren.

Soziologen haben diese Entwicklungen in den neunziger Jahren mit Begriffen wie »Erlebnisgesellschaft« oder »Multioptionsgesellschaft« beschrieben (160). Tatsächlich ließ sich kaum bestreiten, dass die Steigerung der Erlebens- und Handlungsmöglichkeiten des von festen Bindungen an überkommene Konventionen, normative Verhaltenserwartungen und Gruppensolidaritäten freigesetzten Individuums ein zentrales Kennzeichen der Moderne mit ihren gewachsenen Mobilitätschancen und der Zunahme lebensweltlicher Erfahrungsräume war. Damit verband sich eine expandierende Medien- und Warenwelt, die mit der Vervielfältigung von Werbeangeboten die Menschen mit neuen Konsumchancen und Glücksverheißungen konfrontierte.

Diese »Individualisierung« und die Auflösung der Verbindlichkeit tradierter Normen und Sinndeutungen fand ihre Entsprechung in einem liberalen Zeitgeist, der mit dem desaströsen Ende der sozialistischen Systeme des Ostens auch das Ende kollektiver Orientierungsmuster und gesellschaftlicher Utopien überhaupt verbunden sah. Dagegen ist allerdings bald eingewandt worden, dass die Apologeten der »neuen Freiheiten« verkennen würden, dass es in erster Linie um die vermeintliche Freiheit von Konsumbürgern und die Steigerung von Absatzmärkten gehe.

Dass die Prägekraft von großen Kollektivakteuren in der Gesellschaft der neunziger Jahre zurückging, ließ sich freilich kaum übersehen. Die großen Volksparteien hatten mit einem wachsenden Mitgliederschwund zu kämpfen. Die Mitgliederzahlen der Gewerkschaften gingen ebenso zurück wie die Bedeutung der christlichen Religionsgemeinschaften.

Der Einflussverlust der christlichen Kirchen ließ sich schon an den nackten Zahlen ablesen. Waren in der Bevölkerung der alten Bundesrepublik 1989 noch etwa 80 Prozent der Menschen als Mitglieder der beiden großen christlichen Religionsgemeinschaften registriert, so sorgte bereits der Vollzug der staatlichen Einheit für einen deutlichen Anstieg des Anteils der Konfessionslosen. Etwa drei Viertel der Ostdeutschen gehörten keiner Religionsgemeinschaft an. So stieg der Anteil der Bürger ohne konfessionelle Bindung mit der Einheit auf 24 Prozent. 36 Prozent der gesamtdeutschen Bevölkerung gehörten Ende 1990 den protestantischen Kirchen an, 35 Prozent waren katholisch. Der Anteil der Muslime wurde zu dieser Zeit auf drei Prozent geschätzt.

Bis zum Beginn des neuen Jahrtausends hat sich der Trend zur Säkularisierung und »Entchristlichung« der Gesellschaft weiter verstärkt. 2003 betrug der Anteil der Protestanten an der Gesamtbevölkerung noch 31,3 Prozent. Ebenso hoch lag der Anteil der Katholiken. Über 30 Prozent der regligionsmündigen Menschen aber gehörten inzwischen gar keiner Religionsgemeinschaft mehr an. Etwa vier Prozent der Bevölkerung waren Muslime (161).

Die Auswirkungen dieser Veränderungen wurden kontrovers diskutiert. Während Kulturkritiker von links bis rechts einen bedrohlichen, womöglich zivilisationsgefährdenden Trend zu Egoismus und Hedonismus beschworen und davon sprachen, dass die »irreversible Auflösung von Traditionen

und die Durchdringung aller möglichen Lebensbereiche mit marktwirtschaftlichen Nützlichkeitserwägungen« »das kulturelle Fundament moderner Gesellschaften gefährden« müsse (162), wurde dieser Pessimismus
von Ulrich Beck nicht geteilt. Mit der Individualisierung und der Auflösung
von Traditionsbindung sei keineswegs das Verschwinden von sozialem und
gesellschaftlichem Engagement verbunden. Sie organisierten sich jetzt nur
in anderen Formen (163).

Tatsächlich entwickelte sich in der zweiten Hälfte der Neunziger bald
auch in Deutschland eine Debatte, die im Anschluss an die Arbeiten der
amerikanischen »Kommunitaristen« die Grundlagen von sozialer Verantwortlichkeit, Gemeinwohlorientierung und Gemeinsinn neu justieren
wollte. Im Mittelpunkt standen dabei Begriffe wie »Wohlfahrtgesellschaft«
und »sozial verantwortlicher Individualismus«. Die Organisation sozialer
Solidarität müsse sich künftig stärker auf die selbstorganisatorische Kraft
von Bürgergesellschaften stützen, hieß es. Diese Debatte hat schließlich
auch auf die Versuche zu einer neuen programmatischen Orientierung der
Sozialdemokratie eingewirkt, die am Ende des Jahrtausends unter dem von
Antony Giddens popularisierten Begriff »Der dritte Weg« öffentlich bekannt wurde (164).

Dabei hatte der Soziologe Stefan Hradil in dieser Zeit auch Gegenbewe-
gungen ausgemacht, die ihn zweifeln ließen, ob die Autonomie des Einzelnen überhaupt noch als zentraler Leitbegriff der westdeutschen Gesellschaft gelten könne. Die Jugend habe inzwischen auch die Schattenseiten
von Individualisierung und Selbstverwirklichung kennengelernt. Sie sei
der vielen Konflikte und der hohen Risiken individualisierter Lebensführung überdrüssig und wolle Gemeinschaft und stabile Ordnungen (165).

Tatsächlich ließ sich zeigen, dass auch der Wunsch nach Stabilität und Sicherheit inzwischen wieder hoch im Kurs stand. Werte wie »Treue« erfreu-
ten sich einer neuen Beliebtheit. Tradierte Konventionen wie das festliche
und aufwendig geplante Heiraten verbreiteten sich wieder. Dass damit auch
die Bindungsschwächen des modernen Menschen wieder zurückgedrängt
worden wären, lässt sich freilich bis heute nicht belegen.

Die Analysen zum Milieugefüge der Gesellschaft unterschieden auch am
Ende der neunziger Jahre noch zwischen Ost und West. Zwar hatten sich
inzwischen auch Annäherungsprozesse entwickelt. Doch blieben tradi-
tionellere und stärker auf Gemeinschaft bezogene Lebensmilieus in Ostdeutschland deutlich verbreiteter, während »individualistisch-konkur-
renzorientierte« und stark mit Selbstverwirklichungswerten verbundene
Milieus in den neuen Ländern schwächer vertreten waren. Die Menschen
im Osten lebten immer noch stärker häuslich, familien- und arbeitszen-

triert. Im Westen dagegen spielten Kreativität, Hedonismus und außer-
häusliche Freizeitgestaltung eine größere Rolle (166).

3.10 KUNST UND KULTUR IM VEREINIGTEN DEUTSCHLAND

Im letzten Jahrzehnt des 20. Jahrhunderts erlebte die Kinokultur in
Deutschland einen Aufschwung. Nachdem die Besucherzahlen in der Bundesrepublik seit den frühen 1980er Jahren zurückgegangen waren, erreichten sie im vereinten Deutschland 1992 mit nur noch 93 Millionen einen
historischen Tiefstand. Ab 1993 aber stiegen die Zahlen wieder an. 1999
wurden 149 Millionen Kinobesuche registriert (167).

Ein wichtiger Faktor war dabei die Errichtung großer und moderner
Lichtspielhäuser. In den neunziger Jahren entstanden in den Großstädten
des Landes Multiplex-Kinos, die als ganze Freizeitlandschaften konzipiert
waren. Für diese Großkinos wurden Neubauten mit bis zu 20 Kinosälen errichtet, die zusammen mehrere Tausend Zuschauer fassen konnten. Die
Säle waren großzügig gestaltet. Bequeme Sessel, viel Beinfreiheit und steil
ansteigende Zuschauerreihen sorgten für gute Sicht, modernste Soundsys-
teme für den entsprechenden Klang.

Das erste Multiplexkino in Deutschland wurde 1990 in Hürth bei Köln
eröffnet. 1999 gab es bereits 670 Leinwände in den Kinocentern von Cine-
maxx, Cinestar, Cineplex und Kinopolis. In die Center integriert waren
auch Restaurants, Bars, Bowling-Bahnen und Spielhöllen. Das Konzept
der Großkinos erwies sich bis zur Jahrtausendwende als Erfolgsmodell,
das auch noch Raum ließ für Programmkinos und die nicht-kommerziel-
len kommunalen Kinos, die mit ihrem Programm aus Filmkunst und ge-
hobenem Mainstream eine Marktnische von etwa fünf Prozent behaupten
konnten (168).

In diese Zeit fällt auch ein wachsendes Angebot deutscher Produktionen, die ein beachtliches Publikum erreichen konnten. Dabei erwies sich
die Neuorientierung der deutschen Filmförderung ebenso als hilfreich wie
eine neue Generation von Regisseuren, die sich stärker populären Genres
zuwandte.

Der beim Publikum erfolgreichste deutsche Film der neunziger Jahre
wurde Sönke Wortmanns Filmkomödie »Der bewegte Mann«, den 6,56 Millionen Zuschauer sehen wollten. Auch andere Produktionen wie »Das Su-
perweib« oder Detlev Bucks »Männerpension« erreichten ein Millionenpublikum. Mit diesen Filmen verbindet sich der Durchbruch von deutschen

Filmstars wie Till Schweiger, Katja Riemann, Joachim Krol oder Veronica Ferres.

Großen Zuspruch vor allem beim jugendlichen Publikum fanden auch »Prollkomödien« wie »Manta, Manta« von Wolfgang Büld oder »Voll Normaaal« von Tom Gerhardt (1994). Die erfolgreichsten Produktionen aus diesem Genre aber lieferten Udo Büssel und Michael Schnaack mit »Werner-Beinhart!« (1990) oder »Werner – Das muss kesseln!!!« (1994). Beide Filme wurden von fast fünf Millionen Zuschauern gesehen (169).

Resonanz fanden auch die satirischen Komödien von Helmut Dietl. Die bitterböse Persiflage der Eitelkeiten des Künstler- und Schauspielmilieus »Rossini« zog 1997 3,26 Millionen Besucher in die Kinos. Auch Dietls Verfilmung des Skandals um die gefälschten angeblichen Hitler-Tagebücher »Schtonk« wurde 1992 ein Erfolg. Vor allem mit Künstlerbiographien und Vergangenheitsthemen beschäftigte sich Joseph Vilsmaier, der mit »Schlafes Bruder«, »Comedian Harmonists«, »Marlene« und »Stalingrad« gleich mehrfach auf sich aufmerksam machen konnte. Anspruchsvolles Autorenkino, das ästhetisches Neuland beschritt, bot 1998 Tom Tykwers »Lola rennt«. Der Film wurde auch in den USA ein Erfolg. Die Hauptdarsteller Franka Potente und Moritz Bleibtreu zählten bald zu den jungen Stars des deutschen Kinos (170).

Die größten Zuschauermagneten aber blieben amerikanische Produktionen. Erfolgreichster Film dieses Jahrzehnts an deutschen Kinokassen wurde James Camerons »Titanic«. Die Geschichte vom Untergang des Luxusliners mit Leonardo DiCaprio und Kate Winslet in den Hauptrollen lockte 1998 18 Millionen Besucher an. Mit deutlichem Abstand folgte »König der Löwen« von Roger Allers, der 1994 in die deutschen Kinos kam und 11,3 Millionen Zuschauer fand. Garry Marshalls »Pretty Woman« mit Julia Roberts erreichte 1990 10,6 Millionen Zuschauer. Ziemlich gleichauf auf den nächsten Plätzen lagen Steven Spielbergs »Jurassic Park« mit 9,36 Millionen (1993) und »Independance Day« des aus Sindelfingen stammenden Hollywood-Regisseurs Roland Emmerich, den 1996 9,28 Millionen sehen wollten (171).

Auf den Theaterbühnen dieser Zeit dominierte die Klassik. In allen Spielzeiten zwischen 1990 und 2000 war William Shakespeare der meistgespielte Autor, gefolgt von Goethe, Brecht, Molière und Schiller. Unter den zeitgenössischen Autoren waren Botho Strauß und Tankred Dorst stark vertreten, von den Post-DDR-Dramatikern Volker Braun, Heiner Müller und Peter Hacks (172). Bei den Regisseuren machten Thomas Langhoff, Frank Castorf, Christoph Schlingensief, Peter Zadek, Claus Peymann und Christoph Schleef mit ihren Regiearbeiten besonders von sich reden (173).

Die höchsten Besucherzahlen aber erreichte das Musicaltheater. Von 1990 bis 1997 sahen jedes Jahr zwischen 750 000 und 1,3 Millionen Menschen »Das Phantom der Oper«. In dieser Spitzenstellung wurde es in den Folgejahren abgelöst von »Starlight Express« und »Tanz der Vampire« (174).

Insgesamt zeigt die Besucherstatistik für den Theaterbetrieb ein differenziertes Bild. Während der Besuch von Oper, Operette und Schauspiel von der Spielzeit 1991/92 bis zur Spielzeit 1999/2000 um etwa zehn Prozent zurückging, konnte das private Musicaltheater in der gleichen Zeit starke Zuwächse verzeichnen. Die Besucherzahlen stiegen hier von 1,4 auf 2.0 Millionen pro Jahr. Auch Ballett und Konzerte hatten leichte Zuwachsraten vorzuweisen (175).

Insgesamt aber muss von einer eher rückläufigen gesellschaftlichen Bedeutung des Theaters in den neunziger Jahren gesprochen werden. Das galt in erster Linie für das Schauspiel. Eine Berliner Dissertation kam 2006 zu dem Ergebnis, dass das bürgerliche Publikum dem öffentlich-rechtlichen Theater in dieser Zeit »in Scharen davongelaufen« sei. Eine »Arbeitsgruppe Zukunft von Oper und Theater in Deutschland« urteilte 2002, »dass das Theater nicht mehr den gesellschaftlichen Stellenwert hat, den es früher hatte« (176).

In der Literatur der neunziger Jahre lässt sich eine dominierende Grundtendenz schwer ausmachen. Eher war die literarische Produktion durch das Nebeneinander verschiedener Genres charakterisiert. Als Fortsetzung eines schon für die achtziger Jahre in Westdeutschland diagnostizierten Trends lässt sich eine Romanliteratur ansehen, die wie der von der Kritik gefeierte Roman »Der Liebeswunsch« von Dieter Wellershoff (2000) die handelnden Personen nahezu völlig auf ihr eigenes Innenleben reduzierte. Einen historischen Stoff behandelte dagegen Bernhard Schlinks »Der Vorleser«, der 1995 zu einem großen Erfolg und später auch verfilmt wurde.

Inhaltlich wie ästhetisch davon deutlich unterscheidbar ist die »DDR-Literatur« der neunziger Jahre, in der die Verarbeitung der Vergangenheit im Osten im Mittelpunkt stand. Jurek Beckers »Amanda Herzlos«, Volker Brauns »Der Wendehals« und viele andere können hier genannt werden. »Wendeliteratur« im Sinne einer literarischen Behandlung der Übergangszeit lieferten Günter de Bruyn (»Jubelschreie, Trauergesänge), Monika Maron (»Stille Zeile Sechs«), Hermann Kant (»Kormoran«), Volker Braun (»Die vier Werkzeugmacher«), Thomas Brussig (»Helden wie wir«) und Erich Loest (»Nikolaikirche«). Die Bedeutung dieser literarischen Arbeiten sah Werner Mittenzwei 2001 freilich skeptisch: Das Leseland DDR entledige sich inzwischen »seiner Literatur auf der Müllkippe«, formulierte er drastisch (177). »Die Ostdeutschen sahen sich ihrer Biographien beraubt und fanden keine Hilfe mehr in der Literatur« (178).

Drei der bedeutendsten Dichter der untergegangenen DDR starben in diesen Jahren: Stephan Hermlin, Erwin Strittmatter und Heiner Müller. Müller war nach dem Ende der DDR zu einem vielgefragten Dichter avanciert, der schließlich als Intendant des Berliner Ensembles Furore machte.

Von der »DDR-Literatur« deutlich unterschieden ließ sich eine »Pop-Literatur«, in der die Oberfläche jugendlicher Alltagswelten in flippiger Sprache dargestellt wurde. Dabei ging es vor allem um das eigene Ich, um Events, Rauschmittel, Selbstinszenierung – und Selbstmitleid. Zu diesem Genre lassen sich Autoren wie Benjamin von Stuckrad-Barre zählen, der 1999 »Livealbum« veröffentlichte (179).

Bestseller der 1990er Jahre aber wurden die Unterhaltungsromane von Hera Lind und Rosamunde Pilcher. 1992 waren »Der Schamane« von Noah Gordon und »Die Firma« von John Grisham große Verkaufserfolge. 1994 stand Gabriel Garcia Marquez auf den Bestsellerlisten ganz oben (»Von der Liebe und anderen Dämonen«), im Jahr darauf neben Bernhard Schlink auch »Die Apothekerin« von Ingrid Noll. »Der Alchimist« von Paulo Coelho kam 1996 in deutscher Übersetzung heraus und wurde zum großen Erfolg. Ken Follett stieß mit »Die Brücken der Freiheit« 1997 auf große Resonanz. 1998 folgte »Wüstenblume« von Waris Dirie. Der autobiographische Roman thematisierte die Beschneidung junger Mädchen in der arabischen und afrikanischen Welt.

Ende des Jahrzehnts begann dann die außergewöhnliche Erfolgsgeschichte der britischen Autorin Joanne K. Rowling, deren sieben Harry Potter-Romane bis 2008 allein in Deutschland 28 Millionen Mal verkauft wurden. Insgesamt lag der Anteil der ausländischen Titel an den Bestsellern dieser Jahre zwischen zwei Dritteln und drei Vierteln. Während sich deutsche Autoren in eitler Selbstbespiegelung ergingen, würden die Auswärtigen noch gute Geschichten erzählen, lautete ein Vorwurf an die Adresse der einheimischen Schriftsteller (180).

Sehr erfolgreich waren auch die Romane der Amerikanerin Donna Leon, die später für das Fernsehen verfilmt wurden. Einen neuen Trend verkörperten die literarisch anspruchsvollen Skandinavien-Krimis. Die Welt dieser Krimis ist melancholisch, düster und kalt. Die Helden sind oft einsam, kaputt und verloren, behalten gleichwohl ihre Identifikationskraft (181).

Während der Anteil der Menschen, die täglich oder fast täglich ein Buch zur Hand nahmen, zwischen 1990 und 2000 von 32 Prozent auf 24 Prozent zurückging und der Zeitaufwand dafür im Schnitt bei 16 bis 18 Minuten lag, erschien mit dem Hörbuch ein neues Phänomen auf dem Markt. Es sollte der Literatur neue Möglichkeiten erschließen. 1995 ging »Der Hörverlag« an den Start, zu dem sich viele verschiedene Verlage zusammengeschlossen hatten. Bis zur Jahrtausendwende lag freilich der Umsatzanteil des Hörbuchs im Buchhandel noch unter drei Prozent (182).

Von 1988 bis 2001 brachte das »Literarische Quartett« im ZDF unter Leitung von Marcel Reich-Ranicki der Literatur eine zusätzliche Öffentlichkeitswirkung. Hier wurden Neuerscheinungen spektakulär und kontrovers diskutiert und oft auch verrissen, wobei sich ein Millionenpublikum am mitunter clownesken Gehabe der Protagonisten delektieren konnte.

1999 erhielt Günter Grass den Literatur-Nobelpreis. Obgleich sein letztes Werk »Ein weites Feld« (1995) sehr umstritten war, hatte Grass diese Auszeichnung nach allgemeiner Meinung mit seinen herausragenden früheren Romanen längst verdient.

Mit der Wende in der DDR begann auch ein Streit um die politische Rolle der alten Garde von DDR-Schriftstellern. Sie hatten zwar immer wieder im Streit mit ihrem Staat gelegen, gleichwohl aber ein grundsätzlich positives Verhältnis zur DDR-Gesellschaftsordnung und den Glauben an die Möglichkeit eines sozialistischen Weges bewahrt. Zur Zielscheibe der Kritik wurde in der Nachwendezeit besonders die vor der Wende im Westen angesehenste von ihnen, Christa Wolf, der vorgeworfen wurde, sich dem Regime unterworfen zu haben. Auch Stasi-Überwachung und Spitzelwesen unter Schriftstellern waren jetzt ein Thema. Spektakulär attackierte Wolf Biermann anlässlich der Verleihung des Georg-Büchner-Preises 1991 den DDR-Schriftsteller Sascha Anderson als »Sascha Arschloch«. Anderson war als Spitzel für die Staatssicherheit der DDR tätig gewesen (183).

In der Musik der neunziger Jahre entwickelte sich deutscher Rap zum festen Bestandteil des Popmarkts. Entgegen aller Vorurteile gegenüber deutschsprachiger Musik gelang den »Fantastischen Vier« 1992 mit »Die da« der Sprung in die Spitzenränge der Hitparaden. Danach war deutscher HipHop regelrecht angesagt. Einer »neuen Schule« des Rap ging es nicht um Gesellschaftskritik und politische Inhalte, sondern um Ironie, Wortwitz und Spaß (184).

Zeitgleich entstand eine großstädtische Techno-Szene, in der sich vor allem in Frankfurt und Berlin DJs zunehmend selbst inszenierten, indem sie Musikaufnahmen kreativ montierten. Für den Bereich der elektronischen Tanzmusik stilbildend wurde vor allem die Gruppe Scooter (»Hyper, Hyper«). Techno als Weg zum Ausstieg aus der realen Welt in eine Welt der Beats und der totalen Ekstase wurde im Laufe des Jahrzehnts zu einer Bewegung, die sich mit der »Love Parade« in Berlin alljährlich selbst insze-

nierte. 1999 hatte sie mit 1,5 Millionen Teilnehmern ihren Höhepunkt erreicht. Selbst das öffentlich-rechtliche Fernsehen nahm jetzt Anteil (185).

Die Kultur der Massen-Events wurde bald auch von anderen Musikrichtungen aufgegriffen. Ab 1997 fand in Hamburg ein jährlicher »Schla-
ger-Move« statt, zu dem 1999 500 000 Menschen zusammenkamen. In
der Musik verschwammen die Grenzen zwischen klassischem Schlager,
deutschsprachiger Rockmusik und Folklore. Bald reichte das Spektrum
von der Girlie-Welle, für die Lucielectrics »Mädchen« stand, über die kom-
merziell sehr erfolgreichen ostdeutschen »Prinzen« bis zu Jeanette Biedermann. Zum erfolgreichsten Schlagerinterpret des Jahrzehnts aber wurde
Wolfgang Petry. Er führte die Singlecharts der neunziger Jahre ebenso an
wie die Albumcharts.

Neu war der ironisierende Umgang mit dem Schlager, für den jetzt vor
allem Stefan Raab und Guildo Horn standen. Horn gelang mit seiner Über-
zeichnung von Schlagerseligkeit (»Guildo hat euch lieb«) 1998 ein beachtlicher siebter Platz beim Eurovision Song Contest. Noch weiter ging Raab,
der mit dem Titel »Flaschenbier«, der vom gesampelten Satz des Bundeskanzlers Gerhard Schröder lebte, nach der Jahrtausendwende den Spitzenplatz der Hitparade eroberte. Auch die Volksmusik erlebte einen Boom, der
vor allem von Stefanie Hertel und dem ehemaligen Ski-Ass Hansi Hinter-
seer verkörpert wurde (186).

Stark ausdifferenziert präsentierte sich die deutsche Rock-Szene. Während eine Gruppe wie »Die Ärzte« als »Spaßpunk-Band« galt, obwohl Titel wie »Ein stummer Schrei nach Liebe« mit der rechtsradikalen Szene
ein ernstes und sehr politisches Thema behandelten, stand die ostdeutsche Gruppe Rammstein eher für Provokation. Mit tabulosen Texten und
einer exzessiv pyrotechnischen Bühnenshow löste die Heavy-Metal-Band
kontroverse Reaktionen aus. Von »kriegerischer Inszenierung« war die
Rede. Die Band wecke Assoziationen an die »deutsche Romantik und Richard Wagner«. Ihre »neoromantischen und nationalistischen Referen-
zen« erinnere an deutsche Kultur vor dem Zweiten Weltkrieg (187). Bald
war Rammstein auch in den USA sehr erfolgreich.

In den neunziger Jahren konnte auch der Rechtsextremismus eine eigene
Musikszene mit selbst organisierten Distributionsmechanismen etablieren. Deutsche Skinhead-Bands, deren Produkte im Land beschlagnahmt
wurden, nutzten ein dänisches Vertriebsnetz. Die Berliner Band »Landser«
nahm ihre CD in einem Berliner Studio auf, ließ sie in den USA pressen und
importierte sie über Skandinavien zurück nach Deutschland (188).

In der Erfolgsspur blieben auch nach der Einheit die Deutschrocker Marius Müller-Westernhagen und Herbert Grönemeyer. Das 1990 produzier-

te Album »Westernhagen Live« wurde 1,5 Millionen Mal verkauft. Herbert Grönemeyer erreichte mit den Alben »Chaos« und »Bleibt alles anders« die Spitzenplätze der LP-Charts. Müller-Westernhagen konnte in den 1990er Jahren in Deutschland mehr als sieben Millionen Alben verkaufen, Herbert Grönemeyer etwa fünf Millionen (189). Zu einem richtigen Welterfolg aber wurde »Wind of Change« der Hannoveraner Rockgruppe Scorpions. Der Song stand 1991/92 nicht nur 52 Wochen in den deutschen Charts, davon elf Wochen an erster Stelle. Auch in den USA und Großbritannien konnten die Niedersachsen Spitzenplätze erreichen.

Ähnlich erfolgreich waren Sarah Brightman und Andrea Bocelli 1996 mit »Time to say Goodbye«, Celine Dion, die die Filmmusik zu »Titanic« interpretierte (»My heart will go on«) und Sinead O'Connor (»Nothing Compares«). Unter den ausländischen Rockmusikern konnten Guns N' Roses, Metallica, Genesis, Nirwana, Bryan Adams, Bon Jovi, Roxette und die Cranberries die größten kommerziellen Erfolge am deutschen Markt verzeichnen. Zum Tanzhit des Jahres 1996 wurde »Macarena« von Los Del Rios. Der in Deutschland in diesem Jahrzehnt meistverkaufte Titel aber kam von Genesis, deren »We can't dance« 2,5 Millionen mal über den Ladentisch ging (190).

Die LP-Charts des Jahrzehnts wurden angeführt von Wolfgang Petry (»Alles«) vor Michael Jackson (»Dangerous«), der deutschen Band Pur (»Seiltänzerin«) und der Kelly Family (»Over the Hump«). In diesen Charts prominent vertreten blieben aber auch Altrocker wie Eric Clapton, Joe Cocker und die unverwüstlichen Rolling Stones, die auf ihrer Deutschland-Tournee 1998 Fußballstadien und Trabrennbahnen füllten. Die Alben »Vodoo Lounge« und »Bridges to Babylon« erreichten 1994 und 1997/98 Spitzenränge. Auch Whitney Houston und Madonna blieben erfolgreich.

Eine besondere Popularität bei Kindern und Jugendlichen erlangte die aus Irland stammende Kelly Family, die einige Zeit auf einem Hausboot in Köln lebte, und die »Boy Groups« Back Street Boys und Take That. Ihre Auftritte waren regelmäßig von schreienden und kreischenden Teenagern begleitet (191).

In der klassischen Musik begann nach der Deutschen Einheit vornehmlich im Osten ein Orchestersterben, das bald auch vor dem Westen nicht Halt machte. Unter dem Druck der knappen Staatsfinanzen wurden in den neuen Ländern 33 Orchester zusammengelegt, in den alten Bundesländern sieben (192). Gleichzeitig versuchte auch die Klassik, über eine »Festivalisierung« und »Eventisierung« mit neuartigen Formaten neue Musikkonsumenten anzusprechen (193). Dieser Trend erfasste auch die zeitgenössische Musik. Karlheinz Stockhausen erweiterte in seinem »Helikopter-Quartett« das traditionelle Streichquartett um vier Hubschrauber, deren Rotorblätter als Instrumente dienten (194).

Eine Revolution erlebten in den neunziger Jahren Tonträger und Distributionswege. Schon zu Beginn des Jahrzehnts wurden Musikkassetten und Schallplatten von der CD abgelöst. Der Discman trat an die Stelle des Walkman. CD-Brenner und die MP3-Technolgie führten zu Veränderungen in der Musikindustrie, aber auch zu neuem Hörverhalten und neuen Konsumformen. Als 1999 mit Napster eine erste Internet-Musiktauschbörse entstand, war damit ein kostenloser Zugang zur Musik geschaffen. Damit aber war das ganze Geschäftsmodell der Musikindustrie angegriffen. Schon bald nach der Jahrtausendwende sollten die Konsequenzen für den CD-Markt sichtbar werden.

Der mit den Videoclips in den achtziger Jahren begonnene Trend zur visuellen Erweiterung der Hörgewohnheiten verstärkte sich zu Beginn der 1990er. Ende 1992 startete der deutsche Musikvideo-Sender VIVA, 1995 der MTV-Ableger VH-1. MTV produzierte ab 1997 ein deutschsprachiges Programm. Auch die Klassik setzte bald auf Visualisierung und platzierte mit Geigern wie Nigel Kennedy, Andre Rieu oder Vanessa Mae »Populäre Klassik« (195).

Unaufhaltsam voran schritt in diesem Jahrzehnt die Versportlichung der Gesellschaft. Nicht nur, dass das Interesse an Sport und Sportübertragungen weiter stieg. Damit einher ging auch eine Zunahme der sportlichen Aktivitäten der Bürger: Hatten 1991 nur vier Prozent der Deutschen angegeben, mehrmals in der Woche Sport zu treiben, so war dieser Anteil bis zum Ende des Jahrzehnts auf über 14 Prozent gestiegen. Die Mitgliederzahl im Deutschen Sportbund, der Dachorganisation der Sportvereine, wuchs von 23,6 Millionen 1990 bis auf 26,9 Millionen 1999, die Zahl der Sportvereine von 75 000 auf 87 000. Der Sport wurde für viele zum wichtigsten Teil der Freizeitgestaltung (196).

Ein neuer Trend bestand in der gewaltigen Ausweitung der kommerziellen Fitnesssportanbieter. Die Zahl der Fitnessstudios stieg im Laufe des Jahrzehnts von 4 100 auf 6 100, die der dort angemeldeten Mitglieder von 1,7 auf 4,3 Millionen. Auch die Ausbreitung neuer Funsportarten, bei denen die Spaß- und Erlebnisqualität im Mittelpunkt standen, gehörte zu dieser Entwicklung.

Dies verband sich mit der wachsenden Rolle des Sports als Wirtschaftsfaktor. Die Umsätze der Sportartikelindustrie erreichten neue Dimensionen. Eine zunehmende Dichte von Sportübertragungen durch die Medien förderte den Aufstieg des Sports zu einem dominierenden Phänomen der Alltagskultur. Damit einher ging das Wachstum seiner wirtschaftlichen Bedeutung für die Medien. Die Entwicklung des Sports vom Kulturgut zur Wirtschaftsware erfuhr einen qualitativen Sprung.

Der Wettbewerb der Fernsehsender um attraktive Übertragungsrechte, der schon in den achtziger Jahren begonnen hatte, erhielt in den Neunzigern durch das Hinzutreten weiterer Übertragungskanäle wie das »Deutsche Sportfernsehen« (DSF), den europaweiten Sportsender »Eurosport«, vor allem aber durch den Pay-TV-Anbieter Premiere seit 1991 eine weitere Zuspitzung. Leo Kirchs Bezahlsender setzte auf Exklusivität und investierte bald dreistellige Millionenbeträge, um die Spiele der Fußball-Bundesliga live zu übertragen. So stiegen die Übertragungskosten für die Bundesliga zwischen 1991 und 1998 um das Sechsfache (197).

Nachdem sich Kirch auch die Übertragungsrechte für die Fußball-Weltmeisterschaften 2002 und 2006 gesichert hatte, geisterte die Vision von einer »WM im Bezahlfernsehen« durchs Land. Dass rief die Regierungen der Bundesländer auf den Plan, die 1998 eine nach EU-Recht mögliche Schutzliste von Sportereignissen verabschiedeten, die aufgrund ihrer besonderen kulturellen Bedeutung im frei empfangbaren Fernsehen gezeigt werden müssen. Dazu zählen u. a. die Spiele der deutschen Fußballnationalmannschaft bei einer Europa- oder Weltmeisterschaft, die Halbfinal- und Finalspiele sowie die Olympischen Spiele (198).

Im Lieblingssport der Deutschen fiel die sportliche Bilanz des Jahrzehnts eher durchwachsen aus. Franz Beckenbauers Prophezeiung am Tag nach dem WM-Triumph in Rom (»es tut mir leid für den Rest der Welt. Aber wenn jetzt auch noch die Fußballer aus dem Osten dazukommen, werden wir auf Jahre hinaus unschlagbar sein«) erwies sich als falsch. Unter dem neuen Bundestrainer Berti Vogts ging das EM-Finale 1992 gegen den Außenseiter Dänemark verloren. Zwei Jahre später scheiterte die Titelverteidigung des Weltmeisters in den USA schon im Viertelfinale an Bulgarien. Einzig bei der Europameisterschaft in England gelang 1996 der Titelgewinn. Oliver Bierhoffs »Golden Goal« besiegte die Tschechen in der Verlängerung. Zuvor hatten die deutschen Kicker in einem Elfmeter-Krimi das englische Team ausgeschaltet.

Doch eine Trendwende war das nicht. 1998 in Frankreich verlor die Mannschaft nach wenig überzeugenden Leistungen in der Runde der letzten Acht gegen Kroatien. Im Herbst musste Trainer Vogts gehen. Nachfolger Erich Ribbeck aber erging es noch schlechter. Das Aus in der EM-Vorrunde 2000 bedeutete auch das Ende der Nationalmannschaftskarriere des inzwischen 39jährigen Lothar Matthäus. Der ist zwar mit 150 Einsätzen im Laufe seiner 20 Jahre andauernden Karriere im DFB-Trikot bis heute Rekordnationalspieler, konnte aber – wohl infolge eigenartiger Medienpräsenz – nie die Popularität erreichen, wie sie anderen Fußballgrößen der Vergangenheit vergönnt war.

Auch im Vereinsfußball hielten sich die Erfolge der Bundesliga auf der europäischen Bühne in Grenzen. Einzig Borussia Dortmund gelang 1997 der Gewinn der Champions-League. Bayern München dagegen scheiterte 1999 unglücklich in letzter Minute an Manchester United. Immerhin gewannen die Bayern 1996 den UEFA-Pokal. Im Jahr darauf konnte sich überraschend auch Schalke 04 in die Siegerliste dieses Wettbewerbs eintragen. 1992 war Werder Bremen im Cup der Pokalsieger erfolgreich gewesen.

Eine Fortsetzung erfuhr zunächst die Erfolgswelle im Tennis. Boris Becker gewann 1991 und 1996 die Australien Open und wurde 1991 und 1995 Tennis-Weltmeister. In Wimbledon bestritten 1991 mit Becker und Michael Stich gleich zwei Deutsche das Finale. Überraschend konnte sich Stich durchsetzen. Beide zusammen gewannen 1992 bei den Olympischen Spielen in Barcelona die Doppelkonkurrenz. Noch erfolgreicher war Steffi Graf, die in den 1990er Jahren in Wimbledon gleich fünfmal den Titel holte. Dazu gewann sie dreimal die US-Open, zweimal die Australien-Open und dreimal die French-Open in Paris. Hier holte sie sich 1999 auch ihren letzten Grand Slam-Titel. Im gleichen Jahr beendete der Rücktritt von Becker und Graf nicht nur die Ära zweier Tennislegenden. Zu Ende ging bald auch der Tennisboom in Deutschland.

1994 wurde der Kerpener Michael Schumacher erster deutscher Formel 1-Weltmeister in der Geschichte des Automobilrennsports. 1995 und 2000 konnte er diesen Erfolg noch zweimal wiederholen. Seine Titelgewinne lösten einen gewaltigen Formel 1-Boom aus und lockten Millionen vor die Bildschirme – mitunter auch mitten in der Nacht. Schumacher wurde darüber nicht nur zur Lichtgestalt des deutschen Sports, sondern auch zum Großverdiener, der in ganze neue Einkommensregionen vorstoßen konnte. 1999 soll er 86 Millionen DM verdient haben (199).

Einer der ersten gesamtdeutschen Stars wurde in den Neunzigern auch DDR-Box-Olympiasieger Henry Maske. Nachdem er zu den Profis gewechselt war, konnte er dort 1995 den Weltmeistertitel erringen. Mit seinen Kämpfen lockte der unspektakulär boxende, aber technisch brillante Maske ein Millionenpublikum vor den Bildschirm und trug wesentlich dazu bei, dass dem zuvor kriselnden Profiboxen ein neuer Aufschwung gelang.

Ganz neue Erfahrungen brachte der olympische Sport für die Bürger der alten Länder. Bei den Olympischen Winterspielen von Albertville, zu denen 1992 erstmals seit 1964 wieder ein gesamtdeutsches Team antrat, standen die Deutschen an der Spitze des Medaillenspiegels. Es waren vornehmlich ostdeutsche Biathleten und Eisschnellläufer, denen diese Erfolge zu verdanken waren. Im Sportsystem der DDR groß geworden, fuhren sie jetzt gern gesehene Erfolge für das vereinigte Deutschland ein.

Im Wintersport konnte das neue Deutschland diese Spitzenstellung im Laufe des Jahrzehnts behaupten. Mit weltweit einzigartigen vier Rodel- und Bobbahnen und der Ingenieurskunst ostdeutscher Tüftler bei der Präparierung von Bob- und Rodelschlitten im Hintergrund, hielten die Deutschen in diesen Sportarten eine einzigartige Position. Weil dann auch noch ost- und westdeutsche Skispringer und westdeutsche Skirennläufer zu großen Erfolgen kamen, konnte die Führungsposition mit Rang drei bei den Spielen in Lillehammer 1994 und Rang eins in der Medaillenwertung von Nagano 1998 gehalten werden. Zur Symbolfigur dieser sportlich gelungenen Vereinigung avancierte der Skispringer Jens Weißflog, der seinen Sieg von Sarajewo 1984 im DDR-Trikot mit seinen beiden gesamtdeutschen Goldmedaillen von 1994 eindrucksvoll wiederholen konnte.

Zum gesamtdeutschen Eislauf-Star wurde unterdessen Doppelolympiasiegerin Kati Witt, die nach der Wende zunächst etlichen Anfeindungen wegen ihrer Rolle im SED-Staat ausgesetzt gewesen war. Noch heute aktiv ist Eisschnellläuferin Claudia Pechstein, die schon in Albertville 1992 ihre erste Bronzemedaille geholt hatte und in den Folgejahren zur erfolgreichsten deutschen Mediaillengewinnerin im Wintersport überhaupt avancierte. Stars der alpinen Skilaufszene wurden die westdeutschen Mehrfach-Olympiasieger Katja Seizinger und Markus Wasmeier.

Auch die Sommersportarten profitierten zunächst von der Hinterlassenschaft des DDR-Sportsystems. Bei den Sommerspielen in Barcelona konnten 1992 33 Olympiasiege gefeiert werden (Bundesrepublik 1988: 11, DDR: 37). Deutschland stand im Medaillenspiegel an dritter Stelle. Auch hier entfiel der Löwenanteil auf Sportlerinnen und Sportler, die dem DDR-Sportfördersystem entstammten. Im Unterschied zum Wintersport konnte dieses Niveau aber nicht dauerhaft gehalten werden. In Atlanta 1996 reichte es noch für 20, in Sydney 2000 nur noch für 13 Goldmedaillen. Am Ende des Jahrzehnts stand der deutsche Sommersport im internationalen Vergleich fast schon wieder da, wo die Bundesdeutschen vor der Wende gestanden hatten. Eine dauerhafte Spitzenstellung, die bis heute anhält, konnte allein im Kanusport behauptet werden.

Eine besondere gesamtdeutsche Ausstrahlung erreichten dabei vor allem drei Sportlerinnen. Die Weitspringerin Heike Drechsler konnte ihren WM-Sieg von Helsinki im DDR-Trikot 1983 zehn Jahre später in Stuttgart als Mitglied des gesamtdeutschen Teams wiederholen. 1992 war sie auch Olympiasiegerin geworden. In Sydney gelang es ihr 2000 dann mit 36 Jahren sogar, den Olympiasieg zu wiederholen. Erfolgreichste deutsche Olympia-Sportlerin aller Zeiten aber wurde Kanutin Birgit Fischer, die 1980 in Moskau ihre erste und 2004 in Athen ihre achte und letzte Goldmedaille gewinnen konnte. Zum Star stieg auch Franziska von Almsick auf, die zwar nie Olympiasiegerin werden konnte, aber nach ihren Medaillen in Barcelona zum Gesicht des deutschen Schwimmsports wurde und bald auch als Werbe- und Medienikone Furore machte.

Mit der Vereinigung des deutschen Sports war auch das schwierige Problem des Umgangs mit dem DDR-Dopingsystems verbunden. Da bald nach der Einheit das ganze Ausmaß der über viele Jahre betriebenen und akribisch registrierten Manipulationen öffentlich wurde, konnte eine Strategie des Vertuschens und Verharmlosens nicht durchhaltbar sein. Dafür sorgten schließlich auch einige Athleten und Trainer selbst: Der 1992 ausgelöste Doping-Skandal um Sprint-Weltmeisterin Katrin Krabbe und Vizeweltmeisterin Grit Breuer, denen die Einnahme eines Kälbermastmittels nachgewiesen wurde, machte deutlich, dass die Doping-Praxis mit der Wende keineswegs erledigt war.

Mit einer harten Haltung zur Doping-Praxis der DDR entstand freilich ein neues Problem. Da auch im Westen in den siebziger und achtziger Jahren auf breiter Front gedopt worden war, mussten sich viele Sportler aus dem Osten ungerecht behandelt fühlen. Warum standen allein sie am Pranger, wo doch auch die Konkurrenz aus dem anderen Lager tüchtig gespritzt und geschluckt hatte? Zumal ja offenbar tüchtig weiter manipuliert wurde, wie schon ein flüchtiger Vergleich von Ergebnislisten der neunziger Jahre mit den heutigen Resultaten in manchen Sportarten anzeigt. Warum sollte man plötzlich die Wahrheit über die Vergangenheit einräumen, wo doch viele andere mit ihren Lügen durchkamen, fleißig weitermachten und damit jetzt sogar viel Geld verdienen konnten? Zehnkampf-Olympiasieger Christian Schenk brauchte zwanzig Jahre, um nach vielen Unwahrheiten einzuräumen, dass auch er geschluckt hat.

Das Dopingthema hat die Einheit im deutschen Sport schwer belastet. Manche Trainer wurden entlassen, manche nicht. Wieder andere haben anderswo eine neue Anstellung gefunden – und womöglich weitergemacht. Ein Jahrzehnt hat es gedauert, bis ein besonders skrupelloser unter ihnen, Thomas Springstein, endlich aus dem Verkehr gezogen wurde.

Das war ein internationales Problem, wie im Laufe der neunziger Jahre besonders die Doping-Skandale im Radsport gezeigt haben. Davon betroffen war schließlich auch Jan Ulrich, der als erster Deutscher überhaupt 1997 die Tour de France gewonnen hatte und 2000 auch Olympiasieger geworden war. Ulrich hat vermutlich nicht einmal gelogen, als er immer wieder behauptete, er habe sich keinen Vorteil verschafft. Denn gedopt haben mut-

maßlich alle seine Konkurrenten auch. Blutwäsche war bei großen Etap-
penrennen an der Tagesordnung. Am Ende freilich hat das Doping nicht
nur Ulrichs Karriere beendet, sondern ihn auch in eine Lebenskrise gestürzt.

Das Dopingthema blieb ein Dauerthema im Sport der neunziger Jahre.
Für Deutschland galt dies in besonderer Weise. Die öffentliche Sensibilität
stieg. Ganz so einfach liefen Vertuschen und Verdrängen jetzt nicht mehr.
Der weiter wachsenden Bedeutung des Sports als Markt und Teil einer weit
überproportional wachsenden Freizeit- und Unterhaltungsindustrie tat
das freilich keinen Abbruch.

Die neunziger Jahre waren auch das Jahrzehnt expandierender Gehälter und Preisgelder. Dies galt besonders für den Fußball. Hier bedeutete das
Bosman-Urteil des Europäischen Gerichtshofs 1995 eine Zäsur. Mit diesem
Urteil musste die bis dahin geübte Praxis beendet werden, nach der Profi-
spieler auch nach Ablauf ihrer Arbeitsverträge nur gegen eine Ablösesum-
me den Verein wechseln konnten. Auch die Ausländerklauseln, die den Einsatz von EU-Ausländern bislang begrenzt hatten, fielen nun weg. Sie seien
mit der Arbeitnehmerfreizügigkeit im europäischen Binnenmarkt nicht
vereinbar, entschied der EuGH.

Das Urteil stärkte die Macht von Spielern und Spielerberatern und führte bald zu einem explosionsartigen Anstieg der Gehälter. Bis zur Jahrtausendwende waren Millionensummen selbst für Durchschnittsspieler zur
Normalität geworden. Verbände wie die FIFA bewegten nun Milliarden.
Dass damit auch Korruption, maßlose Bereicherung und Misswirtschaft
einzogen, konnte nicht sonderlich überraschen. Die Fußball-Konsumenten
waren darüber alles andere als erfreut.

Letzten Endes aber tat das dem wachsenden Fußball-Enthusiasmus keinen Abbruch. Die Zuschauerzahlen stiegen und das Merchandising-Ge-
schäft mit Trikots und alle möglichen Fan-Utensilien nahm jetzt erst so
richtig Fahrt auf. Und hatte sich ein Verein doch einmal tüchtig in die roten
Zahlen gewirtschaftet, erklang umgehend der Ruf nach Hilfen durch die
öffentliche Hand. Als Deutschland 1998 seine Bewerbung für die Fußball-
WM 2006 offiziell einreichte, war die Garantieerklärung an die FIFA, dass
der deutsche Fiskus auf die Versteuerung der Gewinne verzichten würde,
die der Weltfußballverband aus dem Turnier erlösen konnte, für die gerade
ins Amt gekommene rot-grüne Regierung selbstverständlich. Sonst würde die Bewerbung keine Chance haben. So weit ging inzwischen die Macht
des Fußballs. Natürlich war es dann auch Schröder selbst, der mit Claudia
Schiffer, Franz Beckenbauer, Boris Becker und Günter Netzer im Frühjahr
2000 die deutsche Bewerbung vorstellte. Deutschland erhielt schließlich

den Zuschlag. Dass es auch dabei womöglich nicht ganz mit rechten Dingen zugegangen ist, erfuhr die Welt erst viel später.

Zu einem kulturgeschichtlich ganz außergewöhnlichen Ereignis wurde auch in Deutschland der tragische Tod von Lady Diana Spencer, die als »Lady Di« schon bald nach ihrer Heirat mit dem britischen Thronfolger Charles 1981 zum internationalen Medienstar aufgestiegen war. Der unglückliche Verlauf ihrer Ehe und ihre Schwierigkeiten mit den steifen Ritualen des britischen Königshauses, aber auch ihr offener Umgang mit diesen privaten Problemen und ihr medial vielbeachteter weltweiter Einsatz für die verschiedensten sozialen Anliegen, schufen ihr eine ungewöhnliche weltweite Popularität. Die hielt auch nach ihrer Scheidung von Charles an. Als sie im Spätsommer 1997 auf tragische Weise durch einen Verkehrsunfall ums Leben kam, zeigte sich auch die deutsche Gesellschaft in einer ganz ungewöhnlichen Weise erschüttert und bewegt. Das Maß der Anteilnahme übertraf das übliche Interesse am Schicksal von Royals und Prominenten bei weitem. Es zeigte, wie sehr auch oder vielleicht gerade in der säkularisierten, post-heroischen, modernen Welt ein tiefes Bedürfnis nach Identifikation mit verehrungswürdigen Lichtgestalten bestand. Weltweit sollen über zwei Milliarden Menschen die Trauerfeier am Bildschirm verfolgt haben. Auch in Deutschland wurden Rekord-Einschaltquoten gemeldet.

4 ROT-GRÜN AN DER MACHT – DEUTSCHLAND 1998 – 2005

4.1 DIE KOALITION STEHT

Nicht einmal vier Wochen nach der Bundestagswahl unterzeichneten die Verhandlungsführer von SPD und Grünen am 20. Oktober 1998 die Koalitionsvereinbarung, die den Titel »Aufbruch und Erneuerung – Deutschlands Weg ins 21. Jahrhundert« trug. Als wichtigste Aufgabe der gemeinsamen Regierungsarbeit wurde der Abbau der Arbeitslosigkeit herausgestellt. In einem »Bündnis für Arbeit und Ausbildung« sollten Regierung, Gewerkschaften und Arbeitgeber konkrete Maßnahmen verabreden. Eine Steuerreform, die Senkung der Lohnnebenkosten, die Modernisierung der öffentlichen Verwaltung und eine »Innovationsoffensive in Bildung, Forschung und Wissenschaft« wurden angekündigt. Man wollte eine »nachhaltige Stärkung der Binnenkonjunktur«, gleichzeitig aber auch eine »entschlossene Fortführung der Finanzmarktgesetzgebung« angehen.

Grüne Vorstellungen kamen in der Festlegung auf eine »ökologische Steuerreform« zum Ausdruck, mit der in drei Stufen die Lohnnebenkosten auf maximal 40 Prozent gesenkt und zugleich zukunftsfähigen Produkten zum Durchbruch verholfen werden sollte. Für die Energiepolitik galt die Festlegung, dass der Ausstieg aus der Atomenergie im Laufe der Legislaturperiode »umfassend und unumkehrbar gesetzlich geregelt« werden sollte. In der Innenpolitik verpflichteten sich SPD und Grüne auf erleichterte Einbürgerungen für Zuwanderer. Um dieses Ziel zu erreichen, sollten künftig auch doppelte Staatsangehörigkeiten nicht nur im Ausnahmefall hingenommen werden.

Als Leitmotive der künftigen Außenpolitik wurden Abrüstung und die weltweite Geltung der Menschenrechte, die weitere Verrechtlichung der

© Springer Fachmedien Wiesbaden GmbH, ein Teil von Springer Nature 2020
H. Kleinert, *Das vereinte Deutschland*,
https://doi.org/10.1007/978-3-658-26767-4_4

internationalen Beziehungen und ein Interessenausgleich zwischen den Weltregionen herausgestellt. Die künftige Regierung kündigte darüber hinaus eine Initiative zur Schaffung einer Grundrechte-Charta der EU an. Ausdrücklich bekannte man sich zu friedenserhaltenden Einsätzen der UNO, die freilich unter Beachtung des Völkerrechts durchgeführt werden müssten (1).

Mit dieser Vereinbarung fand eine dreiwöchige Verhandlungsphase ihren Abschluss, in der auf SPD-Seite vor allem Parteichef Lafontaine eine Schlüsselrolle übernommen hatte. Er besaß genauere Vorstellungen vom künftigen Regierungshandeln als der designierte Kanzler Schröder, der sich aber in zwei wichtigen Fragen gegen Lafontaine und die SPD-Linke durchsetzte: Weder die Wiedereinführung der Vermögenssteuer noch die Erhebung einer Ausbildungsplatzabgabe wurden in die Koalitionsvereinbarung aufgenommen (2).

Während die Grünen-Verhandlungsführer schon in diesen Wochen intern immer wieder durchblicken ließen, sie hätten oft den Eindruck, mit zwei sozialdemokratischen Parteien zu verhandeln (3), präsentierten sie selbst sich überraschend geschlossen. Fischer und Trittin ließen keinen Zweifel an ihrem festen Willen zur Regierungsbeteiligung. Der für ein Ministeramt praktisch gesetzte Fischer ging dabei davon aus, dass eine rotgrüne Regierung nur funktionieren konnte, wenn auch Parteichef Trittin als Wortführer der Parteilinken ins Kabinett aufrücken würde.

Das war zunächst so selbstverständlich nicht. Da die durch die Wahl geschwächten Grünen bei der Ressortverteilung nur drei Ministerien erwarten konnten, wären bei Anwendung der bei den Grünen ansonsten üblichen Geschlechterquoten zwei Ministerposten an Frauen gefallen. Schließlich umschiffte man mit List und Tücke diese Klippe, indem bei der Besetzung der Parlamentarischen Staatssekretäre fast ausschließlich Frauen zum Zuge kamen. Am Ende konnte der Grünen-Parteitag überzeugt werden, das Personaltableau als Ganzes zu bewerten. Danach waren die Anforderungen der Geschlechterquote sogar übererfüllt. Einen Haken hatte die Sache freilich doch: Die alte grüne Forderung nach Abschaffung oder wenigstens deutlicher Verminderung der Zahl der Parlamentarischen Staatssekretäre verschwand klammheimlich in den Archiven (4). Joschka Fischer wurde Außenminister und Vizekanzler, Jürgen Trittin übernahm das Umweltressort. Als drittes Ministerium erhielten die Grünen das schwierige Gesundheitsressort, das künftig von der Berliner Bundestagsabgeordneten Andrea Fischer geleitet werden sollte.

Weitaus größeres Aufsehen erregten die personalpolitischen Weichenstellungen der SPD. Dabei wurden schon bald die machtpolitischen Rivalitäten an der Spitze deutlich. Parteichef Lafontaine zeigte sich zunächst interessiert, das Finanzministerium zu übernehmen. Von da aus wollte er sein großes Projekt einer stärkeren Regulierung der internationalen Finanzmärkte voranbringen. Zu diesem Zweck sollten die Kompetenzen des Finanzministers ausgeweitet werden (5).

Rudolf Scharping wollte unbedingt Fraktionsvorsitzender bleiben. Das aber wollte Lafontaine auf keinen Fall. Auch Schröder sah Scharping künftig lieber in der Rolle des Verteidigungsministers. Scharping selbst aber sah sich weiter auf Augenhöhe mit Schröder und Lafontaine und wollte sich als Teil der alten »Troika« nicht herabstufen lassen. Als er nicht nachgab, kündigte Lafontaine eine eigene Kandidatur für den Chefposten der Bundestagsfraktion an. Die Übernahme des Fraktionsvorsitzes hätte ihm die Einbindung in die Kabinettsdisziplin unter den Bedingungen der verfassungsrechtlich verankerten Richtlinienkompetenz des Bundeskanzlers erspart und zugleich eine eigenständige Machtbasis auch in der Fraktion gesichert (6). Die Lage wurde noch komplizierter, weil Parteichef Lafontaine für den Fall seines Kabinettseintritts Bundesgeschäftsführer Franz Müntefering zum Fraktionsvorsitzenden machen wollte.

Am Ende ließen sich diese Personalprobleme nur dadurch lösen, dass Schröder in einem Vierergespräch Lafontaine, Scharping und Müntefering bat, in sein Kabinett einzutreten. Jetzt musste Scharping einlenken. Vorbei aber waren die Querelen damit noch nicht. In der Frage des Fraktionsvorsitzes trat Schröder für den früheren Parlamentarischen Geschäftsführer Peter Struck ein, Lafontaine dagegen für den Sozialpolitiker Ottmar Schreiner. Wegen dieses Konflikts erwog der SPD-Vorsitzende sogar seinen Verzicht auf das Finanzministerium. Am Ende setzte sich Schröder durch. Schreiner unterlag in der Kampfabstimmung um den Fraktionsvorsitz, wurde aber Bundesgeschäftsführer.

Auch die Nominierung von Bodo Hombach als Kanzleramtsminister verärgerte Lafontaine. Der umtriebige Hombach hatte schon vor dem Abschluss der Regierungsbildung mit seinem Buch »Aufbruch – Die Politik der neuen Mitte« eine stark marktwirtschaftlich orientierte Positionsbestimmung vorgelegt, die ihn als eine Art »spiritus rector« Schröderscher Modernisierungspolitik in Anlehnung an die Politik von »New Labour« in Großbritannien auszuweisen schien (7). Die im Wahlkampf so kunstvoll überspielte Machtfrage zwischen Schröder und Lafontaine war bereits ins Zentrum der öffentlichen Aufmerksamkeit gerückt, bevor die Regierungsbildung überhaupt abgeschlossen war.

Am 27. Oktober 1998 wurde Gerhard Schröder mit 351 von 666 abgegebenen Stimmen zum siebten Bundeskanzler der Bundesrepublik Deutschland gewählt. Damit hatte er mindestens sieben Stimmen mehr erhalten als die neuen Regierungsparteien durch ihre Abgeordneten zusammenbringen konnten. Neben den Grünen-Ministern Joschka Fischer, Jürgen Trittin und Andrea Fischer, Finanzminister Oskar Lafontaine und Verteidigungsminister Rudolf Scharping trat auch Franz Müntefering als Minister für Bau und Verkehr ins Kabinett ein. Innenminister wurde der Schröder-Freund und Ex-Grüne Otto Schily, Arbeits- und Sozialminister der Gewerkschafter Walter Riester. Justizministerin war jetzt Herta Däubler-Gmelin, während die ostdeutsche Christine Bergmann das Frauen- und Familienressort übernahm. Die SPD-Linke Heidemarie Wieczorek-Zeul bekam das Ministerium für wirtschaftliche Zusammenarbeit und Entwicklung, Edelgard Bulmahn das Bildungsressort. Der Niedersachse Karl-Heinz Funke wurde Landwirtschaftsminister, Bodo Hombach Chef des Kanzleramts. Ihm zur Seite stehen würde als Staatssekretär Frank-Walter Steinmeier, der bislang Schröders Staatskanzlei in Hannover geleitet hatte. Anstelle des inzwischen hoch umstrittenen Jost Stollmann übernahm in letzter Minute der parteilose Energiemanager Werner Müller das Wirtschaftsministerium (8). Ein Novum bildete die Berufung des Verlagsleiters und ehemaligen ZEIT-Journalisten Michael Naumann zum »Beauftragten der Bundesregierung für Angelegenheiten von Kultur und Medien« im Rang eines Staatsministers (9).

Während die Koalitionsverhandlungen noch liefen, hatten Schröder und Fischer eine kurzfristig arrangierte Stippvisite in Washington absolviert. Grund dafür bot die Eskalation der Spannungen im Kosovo, wo die Vertreibungsaktionen der Serben gegen die albanischen Bevölkerungsteile zunahmen. Clinton und die NATO sahen die Notwendigkeit zum Aufbau einer militärischen Drohkulisse und wollten dazu die Zustimmung einer deutschen Bundesregierung, die zu dieser Zeit noch gar nicht im Amt war. Schröder und Fischer stellten dem US-Präsidenten diese Zustimmung in Aussicht, wollten aber eine endgültige Entscheidung erst durch den neuen Bundestag treffen lassen.

Kurz darauf aber drängten die Amerikaner auf eine rasche Festlegung. So trafen am 12. Oktober 1998 Kanzler Helmut Kohl, Außenminister Klaus Kinkel und Verteidigungsminister Volker Rühe mit Gerhard Schröder, Joschka Fischer und SPD-Außenexperte Günter Verheugen zusammen. Die alte und die hochwahrscheinliche neue Regierung verständigten sich dabei auf eine deutsche Beteiligung an einer möglichen militärischen Lösung. Am 16. Oktober trat dann noch einmal der alte Bundestag zusammen, um mit großer Mehrheit diesem »Vorratsbeschluss« zuzustimmen. In der Debatte zeigte sich Gerhard Schröder noch zuversichtlich, dass ein Militäreinsatz vermieden werden könne. Schon wenige Monate später aber sollte es anders kommen (10).

Nach den langen Jahren der Kohl-Regierung war der Regierungswechsel ein Einschnitt. Zumal jetzt erstmals in der bundesdeutschen Geschichte ein vollständiger Austausch des Regierungspersonals stattfand. Bis dahin war stets einer der Partner der alten auch in einer neuen Regierung weiter am Ruder geblieben. Und zum ersten Mal war jetzt eine eindeutig »linke Mehrheit« an der Macht. Entsprechend große Aufmerksamkeit fand die Regierungsbildung in der Öffentlichkeit. Während die Kanzlerschaft Schröders allgemein erwartet worden war und von einer Mehrheit der Bürger begrüßt wurde, blieb die Stimmung gegenüber den Grünen von Skepsis geprägt. Ob sie wirklich in der Lage sein würden, in der Regierung eines der wichtigsten Wirtschaftsmächte der Erde Vernünftiges zu bewegen, wurde von vielen bezweifelt. Einen Wechsel hatte man gewollt, einen rot-grünen aber eher nicht. Nur 35 Prozent der Deutschen hatten sich kurz vor dem Urnengang ein solches Bündnis gewünscht, 49 Prozent aber waren dagegen gewesen (11)

Gleichwohl vollzog sich die Ablösung der Kohl-Regierung unspektakulär und geschäftsmäßig. Die Union nahm ihre Niederlage im Unterschied zu 1969 ohne großes Gezeter hin. Zu deutlich war die Niederlage ausgefallen. Niemand sprach jetzt von einem Irrtum der Geschichte. Zum versöhnlichen Ton der Geschäftsübergabe passte, dass Altkanzler Kohl noch eine ganze Weile im Kanzlerbungalow wohnen bleiben konnte (12).

In der Publizistik wurde Rot-Grün vor allem unter dem Gesichtspunkt eines Generationswechsels beschrieben. Das lag weniger am Alter der Beteiligten – das Durchschnittsalter des neuen Kabinetts lag gerade einmal zwei Jahre unter dem des alten (13). Vielmehr wurde das neue Bündnis gerne als späte Machtübernahme der »68er« betrachtet. Tatsächlich ließ sich die neue Koalition als Bündnis der um 1968 politisch sozialisierten Sozialdemokraten mit den neuen sozialen Bewegungen der siebziger und achtziger Jahre deuten, deren Wurzeln ja auch auf 1968 verwiesen. War der »lange Marsch durch die Institutionen«, von dem Rudi Dutschke 1967 gesprochen hatte, jetzt am Ziel? War das, was die Wahlforscher zum »elektoralen Zufall« herabstuften, nicht doch eine historische Zäsur? Für das Historische dieses Wechsels sprach noch ein weiteres Symbol: Im Herbst 1998 stand der Umzug nach Berlin bereits vor der Tür. Im Sommer 1999 würde der Sitz von Parlament und Regierung dorthin wechseln (14).

Dass beim Start vom Rot-Grün der Machtwechsel von 1969 einen besonderen Vergleichsmaßstab bilden würde, war den Akteuren klar. So sprach Gerhard Schröder in seiner Regierungserklärung auch davon, dass »die

Hoffnungen, die auf uns ruhen, fast übermächtig« seien (15). Tatsächlich gelang es ihm auch nicht, dem Vergleich mit Brandts Antrittsrede fast drei Jahrzehnte zuvor standzuhalten. Wer auf ein suggestives Aufbruchsignal gewartet hatte, wie es Brandt mit seinem Satz »Wir wollen mehr Demokratie wagen« damals gelungen war, sah sich enttäuscht. Eher spröde referierte der neue Kanzler die Vorhaben des Koalitionsvertrages. Und als Begriffe wie »Generationswechsel« und »Berliner Republik« aufhorchen ließen, vermochte er es nicht, ihnen eine visionäre Substanz zu verleihen (16). Die Ungenauigkeiten und Unverbindlichkeiten, die schon die sozialdemokratische Wahlkampfbotschaft von »Innovation und Gerechtigkeit« offenbart hatte, wurden nicht in eine schlagkräftige Leitidee übersetzt. »Aufbruch wohin?«, fragte die Frankfurter Rundschau. Und in der Süddeutschen Zeitung vermutete Heribert Prantl, dass Schröder den Begriff der »Berliner Republik« nur deshalb benutzt habe, um ein Synonym für seine »neue Mitte« zu setzen. »Je unklarer die Politik, desto mehr Namen braucht man dafür« (17). Hatte sich die Wolkigkeit der Aufbruch-Botschaften im Wahlkampf noch als Vorteil erwiesen, drohte sie nun, zum Handicap zu werden.

4.2 EIN MISSRATENER START

Kaum war die Regierungsbildung abgeschlossen, stürzten sich die Koalitionäre in die Sacharbeit. Unter dem Druck hochgespannter Erwartungen der eigenen Klientel sollten unbedingt rasche Erfolge her. Dies galt besonders für die Sozial- und Arbeitsmarktpolitik. Die Grünen drängten auf schnelle Reformen des Staatsbürgerschaftsrechts, auf die Ökosteuer und den Atomausstieg.

Bald zeigte sich, dass der Koalition die rechte Übersicht zu fehlen schien. Hektischer Aktionismus ersetzte bedachte Planung und strategischen Weitblick. Zuerst waren es die schlampig gemachten und handwerklich fehlerhaften Gesetzentwürfe zur Neuregelung der geringfügigen Beschäftigungsverhältnisse, die für Aufregung sorgten. Die Bemühungen, auch die Jobs der Geringverdiener in die Sozialversicherungspflicht einzubeziehen und die Scheinselbständigkeit zu bekämpfen, gerieten zu einem peinlichen Hickhack um mehrfach überarbeitete Gesetzentwürfe. Schließlich musste die ganze Reform auf das Frühjahr 1999 verschoben werden (18).

Das war umso ärgerlicher, als damit auch die ökologische Steuerreform verzögert werden musste. Mit leichter Hand hatte Rot-Grün die Blümsche

Rentenreform und damit die Einführung eines »demographischen Faktors« gekippt. Ein eigenes Modell für die Zukunft der Rentenversicherung aber hatte man nicht. Umso wichtiger waren daher die Ausweitung der Beitragszahler und die Einnahmen aus einer Ökosteuer, die auch zur Auffüllung der Rentenkassen gedacht waren. Auch das erste Treffen des »Bündnis für Arbeit« im Dezember brachte keine substantiellen Ergebnisse. Enttäuschend verlief auch eine zweite Gesprächsrunde im Februar 1999 (19).

In der Energiepolitik hatte Umweltminister Jürgen Trittin die rasche Novellierung des Atomgesetzes angekündigt. Im Dezember 1998 wurden die Eckpunkte öffentlich: Trittin wollte den Atomausstieg gesetzlich festschreiben. Vorgesehen war zugleich ein Verbot der Wiederaufarbeitung abgebrannter Brennstäbe und ihre Endlagerung. Bis ein solches Endlager gefunden war, sollten die Kraftwerksbetreiber die Brennstäbe in Zwischenlagern vor Ort aufbewahren. Damit wären weitere Atomtransporte von und nach den Wiederaufbereitungsanlagen in Frankreich und Großbritannien ausgeschlossen gewesen. Dadurch aber mussten die Kapazitäten der Zwischenlager für radioaktive Brennelemente bald erschöpft sein.

Gegen das Verbot der Wiederaufarbeitung wandten sich umgehend die Regierungen in London und Paris. Sie bestanden auf der Einhaltung geltender Verträge mit der deutschen Atomwirtschaft. Auch der Koalitionspartner war verärgert. Von einer »Verstopfungsstrategie« war die Rede, die der Umweltminister fahren wolle. Trittins Entwurf wurde im Kabinett wieder einkassiert.

Wenige Tage später trafen sich Kanzler Schröder und Wirtschaftsminister Müller mit den Vertretern der Atomindustrie – ohne Trittin, was wiederum die Grünen verärgerte. Als Trittin kurz vor Weihnachten die Auflösung und Umstrukturierung der Kommissionen für Reaktorsicherheit und Strahlenschutz ankündigte, eskalierte der Streit weiter. Nun maßregelte Schröder öffentlich seinen Umweltminister. Ende Januar 1999 war Trittins Atomnovelle endgültig vom Tisch. Als Anfang Februar 1999 die ersten 100-Tage-Bilanzen der neuen Regierung gezogen wurden, wünschte sich Schröder vom grünen Koalitionspartner ausdrücklich »mehr Fischer und weniger Trittin« (20).

Eine Niederlage erlitt Rot-Grün auch mit der auf Drängen der Grünen eilig betriebenen Veränderung des Staatsbürgerschaftsrechts. Nach dem Gesetzentwurf der Koalition sollten Einbürgerungen deutlich erleichtert und den hier geborenen Kindern von Ausländern, die sich schon acht Jahre legal in Deutschland aufhielten, generell die deutsche Staatsangehörigkeit verliehen werden. Die damit verbundene Entstehung einer doppelten Staatsangehörigkeit wollte man hinnehmen.

Diese Reform rief die Unions-Opposition auf den Plan, deren Vorsitzender Wolfgang Schäuble im November auch CDU-Parteichef geworden war. Zwar waren sich CDU und CSU zunächst nicht einig. Die bayerische CSU drängte auf eine deutlich schärfere Gangart gegen die Pläne der Regierung. Der bayerische Ministerpräsident Stoiber verlangte kurz vor dem Jahreswechsel eine Volksabstimmung zur doppelten Staatsangehörigkeit. In der CDU dagegen gab es Widerstand gegen ein derart forsches Vorgehen. Die Kritiker fürchteten das Schüren ausländerfeindlicher Stimmungen. Im Januar verständigte man sich schließlich auf eine Unterschriftenaktion unter dem Motto »Integration ja – doppelte Staatsangehörigkeit nein«.

Während die Haltung der Union in den Medien überaus kritisch beurteilt wurde und auch in der CDU die Unterstützung der Unterschriftenkampagne nicht einhellig ausfiel, erwies sie sich auf den Straßen als überaus erfolgreich. Trotz aller Medienschelte konnte die CDU in kurzer Zeit fünf Millionen Unterschriften sammeln. In Hessen, wo am 7. Februar 1999 Landtagswahlen anstanden, sorgte die Kampagne sogar für einen Stimmungsumschwung. Hier hatte die Union plötzlich ein Mobilisierungsthema, das schließlich sogar die Wahl entschied. Der im Dezember 1998 noch als chancenlos eingeschätzte Roland Koch erreichte mit seiner hessischen CDU einen Stimmenzugewinn von mehr als vier Prozent und konnte mit der FDP in Wiesbaden eine neue Regierung bilden. Damit war auch die Bundesratsmehrheit für Rot-Grün dahin. Besonders schwach schnitten in Hessen die Grünen ab.

Die Debatte um die Reform des Staatsbürgerschaftsrechtsrechts endete schließlich mit einer Einigung auf das von der FDP ins Spiel gebrachte »Optionsmodell«. Danach sollten die hier geborenen Kinder von Ausländern zunächst die deutsche Staatsangehörigkeit erhalten, mussten sich aber beim Eintritt ins Erwachsenenleben entscheiden, ob sie die deutsche oder die Staatsangehörigkeit ihrer Eltern behalten wollten (21).

Auch eine großflächige und teure Anzeigenkampagne der Regierung, mit der Thomas Gottschalk, Boris Becker und Marius Müller-Westernhagen in den größten deutschen Zeitungen für den »Doppelpass« warben, hatte gegen die Grundstimmung an der Basis nichts auszurichten vermocht. Der Kosmopolitismus dieser Stars der Sport- und Unterhaltungsbranche beeindruckte die gewöhnlichen Bürger kaum. Die Kampagne hätte man sich schenken können.

Das Ergebnis der Hessen-Wahl galt freilich nicht nur als Votum gegen den »Doppelpass«, sondern auch als Quittung für den Fehlstart insgesamt. Entsprechend fielen die Hundert-Tage-Bilanzen für die neue Regierung aus. Die Hamburger ZEIT suchte vergeblich nach einer klaren Linie in der Regierungsarbeit und sprach von »oberflächlich« und »flüchtig«. Der Berliner Tagesspiegel hatte »aberwitzigen Dilettantismus« ausgemacht, die Süddeutsche Zeitung monierte eine »kraftprotzende« und »halbstarke« Politik (22).

Tatsächlich hatten die ersten politischen Gehversuche der neuen Regierungsmannschaft nicht den Eindruck wohlüberlegten und planvollen Handelns, sondern den eines nervösen Aktionismus verraten, der in seiner Sprunghaftigkeit auf schlechte Vorbereitung und unzureichende Koordination schließen ließ. Ganz offensichtlich litt die SPD an einem inhaltlichen Orientierungsdefizit. Jetzt rächte sich, dass man sich allenfalls formelhaft darüber verständigt hatte, wohin die Reise eigentlich gehen sollte. Kritisiert wurde auch die Abstimmung durch die Koordinationsarbeit im Kanzleramt, wo Amtschef Hombach auf vielen Baustellen zugleich unterwegs war und die Kompetenzverteilung mit dem eher lautlosen Staatssekretär Steinmeier Schwierigkeiten bereitete.

Dass sich die Grünen mit ihrer neuen Regierungsrolle nicht leichttaten, konnte demgegenüber nicht überraschen. Sie litten an einer Vielzahl von Rivalitäten und Abstimmungsschwierigkeiten, die sich aus der Trennung von Regierungsmitgliedern, Partei- und Fraktionsführung ergaben. Hinzu kam bald, dass Außenminister Fischer und der neue Fraktionschef Schlauch leicht Zugang zum männerdominierten Machtzentrum dieser Koalition fanden, während sich die Parteisprecherinnen Gunda Röstel und Antje Radcke damit ausgesprochen schwertaten. Verstärkt wurden die Koordinationsprobleme noch durch die Neigung der Parteibasis, ihr Unbehagen über die notwendigen Zugeständnisse in der Regierungsarbeit durch hartnäckiges Festhalten an überkommenen Organisationsstrukturen zu kompensieren. Die Trennung von Regierungsamt, Parlamentsmandat und Parteivorstand blieb und die drei Minister hatten ihre liebe Mühe, auf dem Grünen-Parteitag Ende 1998 einen Antrag abzuwehren, nach dem sie ihr Parlamentsmandat hätten abgeben müssen. Ergebnis dieser Strukturen war, dass die grünen Minister besonders stark auf ihr jeweiliges Ressort fixiert blieben und ihrer Partei kaum den Eindruck vermitteln konnten, sie seien als Übersetzer des grünen Gesamtanliegens in Regierungshandeln tätig (23).

Eher wenig berührt vom Fehlstart der Regierung war zunächst die Popularität des Kanzlers. Wohl musste Schröder, der in den ersten Wochen mehr als Moderator des Regierungshandelns und weniger als Takt- und Richtungsgeber in Erscheinung getreten war, eigentlich die Hauptverantwortung treffen, wenn von Koordinierungsmängeln die Rede war. Doch mit seinen gezielt-lässigen Medienauftritten setzte sich der neue Kanzler

vom nicht selten chaotisch wirkenden Alltagsgeschäft ab. Locker und entspannt zeigte er sich bei seinem Auftritt in Thomas Gottschalks erfolgreicher »Wetten dass« – Show. Das gefiel den Leuten durchaus. Den PR-Bo-
gen überspannt hatte Schröder allerdings mit einer Fotostrecke, die ihn mit
edlen Stoffen und teuren Zigarren inszenierte. Das trug dem »Cashmere-
Kanzler« allerhand kritische Kommentare ein. Manche befürchteten durch
ein derart leichtfüßiges »Infotainment« sogar eine Beschädigung der institutionellen Fundamente des parlamentarischen Systems (24).

Ein Hauptgrund für die Schwierigkeiten der SPD mit ihrer neuen Regierungsrolle war der Dualismus von Schröder und Lafontaine. Nachdem
Oskar Lafontaine das Finanzministerium übernommen hatte, trat er umgehend mit Forderungen für eine stärkere Regulierung des Finanz- und
Währungssystems hervor. Auch die Bundesbank sollte durch die Politik
stärker in die Pflicht genommen werden. Noch im Herbst 1998 verlangten Lafontaine und seine Staatssekretäre Zinssenkungen zur Belebung der
Binnenkonjunktur. Entsprechend sollte sich auch die Zinspolitik der EZB
ausrichten, die am 1.1.1999 die währungspolitische Zuständigkeit der Bundesbank übernahm.

Das Verlangen, die Bundesbank solle sich mit ihrer Geldpolitik der
Wirtschaftspolitik der Regierung unterordnen, wurde bald nicht nur vom
»Sachverständigenrat zur Begutachtung der gesamtwirtschaftlichen Entwicklung«, sondern auch in der Medienöffentlichkeit kritisiert. Die Unabhängigkeit der Zentralbank galt in Deutschland als hohes Gut.

Doch Lafontaine ließ nicht locker. Weil der Beginn der letzten Phase der
Euro-Einführung schon erreicht war, gewannen seine geldpolitischen Vorstellungen jetzt auch europapolitische Brisanz. Besonders in Großbritannien wurde der deutsche Finanzminister heftig attackiert. Hier hatten auch
seine Pläne für eine europäische Steuerharmonisierung allerhand Unmut
ausgelöst. Mit Lafontaines Keynesianismus habe sich die »alte Linke« wieder zurückgemeldet, hieß es. Während das Boulevardblatt »The Sun« auf
seiner Titelseite die Frage aufwarf, ob Lafontaine der gefährlichste Mann
Europa sei, fragte der »Economist«: »Who's running Germany« (25).

Wenig internationale Unterstützung fanden auch Lafontaines Pläne zur
Neuordnung des Weltfinanzsystems, mit der den wachsenden Spekulationsgeschäften auf den deregulierten Finanzmärkten begegnet werden
sollte. Dem SPD-Chef schwebten »Wechselkurszielzonen« vor, durch die
die wichtigsten Währungen aneinandergekoppelt werden sollten. Doch
die Versuche des deutschen Finanzministers, den amerikanischen Noten-
bankpräsident und den Chef der Bank of England zu überzeugen, brachten
keinen Erfolg. Alan Greenspan hielt Lafontaines Ideen für »unerwünscht,

altmodisch und nicht durchsetzbar«. Auch der Brite Eddie George, EZB-Präsident Wim Duisenberg und Bundesbankchef Tietmeyer wandten sich dagegen.

Da Lafontaine und seine Staatssekretäre ihre Vorstellungen auf der internationalen Bühne überaus forsch vertraten, kam bald der Vorwurf hinzu, die Deutschen wollten einmal mehr die Welt belehren. So geriet schon Lafontaines Antrittsbesuch in den USA im Dezember 1998 zum Fiasko. Als beim Weltwirtschaftsforum in Davos Staatssekretär Heiner Flassbeck in Vertretung seines Ministers die deutschen Ansichten von der Notwendigkeit der Regulierung der Finanzmärkte vortrug, sprach der SPIEGEL von einem »Wanderprediger der Währungspolitik« (26).

Zwar trat Lafontaine Anfang 1999 im Kreise der europäischen Finanzminister konzilianter auf. Inzwischen hatte Deutschland die EU-Ratspräsidentschaft inne. Entsprechend hatte er den Vorsitz bei den Sitzungen. Doch er war mit seinen Initiativen auf eine polarisierende Rolle festgelegt, aus der er nur schwer herauskam.

In der nationalen Politik stand für den Finanzminister ein »Steuerentlastungsgesetz« im Vordergrund, mit dem Tarifsenkungen im unteren Einkommensbereich, eine Erhöhung des Kindergeldes sowie eine Streichung von Steuervergünstigungen umgesetzt werden sollten. Die von Schröder und den Grünen vertretene Absenkung des Spitzensteuersatzes sah Lafontaine skeptisch. Ein neues Gesetz zur Unternehmensbesteuerung sollte getrennt vom Steuerentlastungsgesetz zu einem späteren Zeitpunkt eingebracht und erst einmal in einer Kommission beraten werden.

Zu einem ersten Konflikt mit dem Kanzler kam es, nachdem dieser in seiner Regierungserklärung eine stärkere Steuerentlastung für die Unternehmen angekündigt hatte als das ursprünglich verabredet worden war. Die SPD-Fraktion erlebte einen Wutausbruch ihres Finanzministers, der mit seinem Satz »So kann man nicht regieren« seinen eigenen Gestaltungsanspruch deutlich machte. In diesem Konflikt ergriff der Sachverständigenrat die Partei des Bundeskanzlers und hob die besondere Bedeutung einer Senkung der Unternehmensbesteuerung hervor (27).

Die beabsichtigte Steuerentlastung, vor allem aber die Erhöhung des Kindergeldes, musste Auswirkungen auf den Bundeshaushalt 1999 haben, dessen Entwurf der Finanzminister im Januar 1999 vorlegte. Dabei bewegte sich die vorgesehene Neuverschuldung zwar ungefähr in dem Rahmen, den auch der Entwurf von Theo Waigel im Sommer 1998 vorgesehen hatte. Eine weitere Konsolidierung der Staatsfinanzen konnte der neue Finanzminister aber nicht vorweisen. Die vorgesehenen Ausgaben addierten sich vielmehr zu einem Defizit von etwa 30 Milliarden DM. Allein der Etat des

Arbeits- und Sozialministers sollte um 12 Prozent steigen. Dazu kamen Anfang 1999 die Auswirkungen von Urteilen des Bundesverfassungsgerichts
zur steuerlichen Berücksichtigung von Erziehungs- und Betreuungskos-
ten auch für Ehepaare, die zu weiteren Einnahmeausfällen des Bundes führen mussten. Eine Glanznummer konnte der Bundeshaushalt unter diesen
Umständen nicht werden.

Lafontaines Start als Finanzminister hatte ihm auf internationaler Ebene den Ruf eines »altsozialistischen«, nachfrageorientierten und regulie-
rungswütigen Keynesianers eingetragen, der gegen den Mainstream des finanzpolitischen Zeitgeistes stand. Auf nationaler Ebene agierte er gegen
die Protagonisten einer vorrangigen Unternehmenssteuerentlastung, für
die verbesserte Angebotsbedingungen für die Unternehmen wichtiger waren als eine nachfrageorientierte Finanzpolitik. Und er lief Gefahr, sich mit
seinem Haushaltsentwurf in die Fallstricke der Familien- und Sozialpolitik
mit ihren kostenträchtigen Auswirkungen zu verfangen (28).

Inzwischen sah er sich durch die Alltagsarbeit im Finanzministerium
derart stark absorbiert, dass die Chancen zur Wahrnehmung eines inhaltlichen Führungsanspruchs für das Gesamtbild der Regierung immer mehr
erschwert waren. Als eine Art »Reservekanzler« zu Schröder dessen Führungsanspruch wirksam herauszufordern, musste auf die Dauer immer
weniger möglich sein. Nach wie vor besaß Oskar Lafontaine als Parteivorsitzender und Identifikationsfigur großes Gewicht. Aber Schröder hatte da,
wo man sich uneins war, die Mehrheit der öffentlichen Meinung hinter sich,
während Lafontaine mit seinem als konfrontativ beschriebenen Auftreten
und seinem »autoritären Gehabe« wachsender Kritik ausgesetzt war (29).

Auch das persönliche Verhältnis zwischen Schröder und Lafontaine
hatte sich spürbar verschlechtert. Wenn Lafontaine vor Fraktionsgremien
über die Notwendigkeit einer neuen Finanzpolitik dozierte und sich dabei auf seine Autorität als Parteichef berief, reagierte Schröder immer ge-
reizter. Als die Hessenwahl verlorengegangen war, klagte Lafontaine, dass
die Reform des Staatsbürgerschaftsrechts mit ihm nicht besprochen worden sei. Ähnliche Beschwerden formulierte er auch zum Atomausstieg.
Dem Kanzleramtschef Hombach unterstellte Lafontaine gar, offen gegen
ihn zu arbeiten. Tatsächlich räumte Hombach Koordinierungsmängel ein.
Besserung wurde versprochen. Er habe mit dem Bundeskanzler vereinbart,
dass alle Projekte künftig besser abgestimmt werden sollten, teilte Lafontaine Ende Februar 1999 mit (30).

4.3 DER RÜCKTRITT

Am Nachmittag des 11. März 1999 brachte ein Kurier einen verschlossenen Umschlag ins Kanzleramt. »Für den Herrn Bundeskanzler – persönlich« lautete die Aufschrift. Der Umschlag enthielt einen Brief Lafontaines, der äußerst knapp gehalten war: »Sehr geehrter Herr Bundeskanzler, ich trete hiermit als Bundesminister der Finanzen zurück. Mit freundlichen Grüßen«. Ähnlich kurz waren zwei weitere Schreiben, in denen der Saarländer den SPD-Vorsitz niederlegte und dazu auch noch sein Bundestagsmandat abgab (31).

Unmittelbar nach dem Diktat dieser Briefe hatte sich Lafontaine eilig verabschiedet und fast fluchtartig sein Ministerium verlassen. Er fuhr nach Hause, ins Saarland, und war für niemanden zu sprechen. Kanzler Schröder war völlig überrascht. Auch ihm gelang es nicht, Lafontaine zu erreichen. Außenminister Fischer erhielt die Nachricht beim Joggen in den Bonner Rheinauen. Noch im durchgeschwitzten Laufdress eilte er ins Kanzleramt, um die neue Lage zu beraten. Bereits am folgenden Tag wurden die Weichen für die Nachfolge gestellt: Das SPD-Parteipräsidium schlug Gerhard Schröder als Nachfolger im Parteivorsitz vor. Bis zum Wahlparteitag sollte er das Amt bereits kommissarisch bekleiden. Als neuer Finanzminister war der gerade abgewählte hessische Ministerpräsident Hans Eichel vorgesehen (32).

Trotz dieser raschen Weichenstellungen war die Stimmung in der SPD-Fraktion am Tag nach Lafontaines Rücktritt angespannt. Wohl mochten manche auch eine gewisse Erleichterung empfinden, dass der Machtkampf nun vorbei war. Besonders der SPD-Linken aber galt Lafontaines Rücktritt als schwerer Verlust. Viele Abgeordnete sorgten sich jetzt um die Seele der Partei. Fraktionschef Struck hatte alle Mühe, seinen Laden zusammenzuhalten. Natürlich wurden auch Schuldige gesucht. Bald richtete sich die Stimmung vor allem gegen Bodo Hombach.

Nach drei Tagen der Selbstisolation erschien Lafontaine auf dem Balkon seines Hauses. Sein Statement vor den Heerscharen lauernder Medienvertreter sprach vom »schlechten Mannschaftsspiel« der letzten Monate als Grund seines Rückzugs. Dass es dabei auch um Grundsatzfragen gegangen war, machte sein abschließender Satz deutlich, in dem er sich an die SPD wandte. Sie solle nie vergessen: »Das Herz wird noch nicht an der Börse gehandelt, aber es hat einen Standort. Es schlägt links« (33).

So offensichtlich die Spannungen zwischen Schröder und Lafontaine in den Vorwochen auch geworden waren, so wenig hatte irgendjemand mit einem solchen Ende gerechnet. Dass ein Parteivorsitzender der SPD aus dem Stand und ohne jede Vorwarnung einfach alles hinwarf, war bis dahin historisch ohne Beispiel. Umso mehr wurde jetzt über Anlässe und Beweggründe gerätselt.

Tatsächlich hatte sich die Situation einige Tage zuvor zugespitzt. Im SPD-Parteirat hatten Kanzler und Parteivorsitzender am 8. März völlig unterschiedliche Positionen in Grundfragen der Wirtschafts- und Finanzpolitik vorgetragen. Während Lafontaine von der Wiederherstellung staatlicher Gestaltungskompetenz sprach, schien Schröder im Staat eher eine Art Dienstleistungsagentur der Wirtschaft zu sehen. Am Tag darauf fehlte Lafontaine beim Treffen mit der Energiewirtschaft zum Atomausstieg.

Den unmittelbaren Anlass zum Rücktritt bot dann offenbar die Kabinettssitzung vom 10. März, in der Schröder eine Standpauke hielt. »Ich lasse mit mir keine Politik gegen die Wirtschaft machen. Es wird einen Punkt geben, wo ich die Verantwortung für eine solche Politik nicht mehr übernehmen kann«, soll er gesagt haben. Am nächsten Morgen erschien die BILD-Zeitung mit der Schlagzeile »Schröder droht mit Rücktritt« (34).

Zwar hatte Schröder damit vor allem gegen Familienministerin Christine Bergmann und Umweltminister Jürgen Trittin gezielt. Sie hatten Vorhaben ihrer Ressorts in die Medien gebracht, ohne dass zuvor das Kabinett informiert worden war. Besonders Trittin wurde vom Kanzler ermahnt, bei seiner Smog-Verordnung die Wirtschaft nicht zu verprellen. Doch Lafontaine hielt die Veröffentlichung in der BILD für eine gezielte Indiskretion zu seinen Lasten. Er vermutete, dass sie der stellvertretende Regierungssprecher Bela Anda, der von der BILD gekommen war, eingefädelt hatte (35).

Das kann durchaus so gewesen sein. Indiskretionen und Durchstechereien an die Presse hat es zu dieser Zeit von beiden Seiten gegeben. Freilich hatte Lafontaine am Vorabend bei einem feucht-fröhlichen Treffen mit SPD-Linken in seinem Büro nicht den Eindruck hinterlassen, dass hier ein resignierter und verbitterter Parteivorsitzender bereits dabei war, seinen Rückzug einzuleiten. Da Lafontaine bei dieser Gelegenheit Einiges getrunken haben soll, entstand die These, er habe womöglich aus einer Katerstimmung heraus eine Kurzschlusshandlung begangen (36). Bodo Hombach weist jedenfalls jede eigene Aktivität zur Beschädigung Lafontaines weit von sich (37).

Lafontaine selbst hat bis heute keinen genaueren Aufschluss über die Abläufe in jenen Tagen gegeben. 1999 hat er die Tatsache, dass der BILD-Zeitungs-Bericht nur zu einem lauen Dementi durch Regierungssprecher Heye geführt habe, als Anlass genannt: »Ein laues Dementi des Regierungssprechers Karsten-Uwe Heye genügte nicht mehr. Es war ja schließlich nicht alltäglich, dass in den Zeitungen stand, daß ein Kanzler mit Rücktritt

gedroht habe, weil ihm die wirtschaftsfeindliche Politik des Parteivorsitzenden und Finanzministers nicht gefiele. Am nächsten Morgen beschloss
ich, den für den Tag der Bundespräsidentenwahl fest geplanten Rücktritt
vorzuziehen. Ich wollte nicht länger einem Kabinett angehören, das nicht
zur notwendigen Zusammenarbeit fand und in dem der Regierungschef
den Grundsatz mißachtete, seine Minister vor allem in der Öffentlichkeit
zu stützen« (38)

Seine späteren Einlassungen betonten dagegen, er habe die Regierung
verlassen, als klar geworden sei, dass sie die Abkehr von einer Politik der
sozialen Gerechtigkeit begann und sich an einem Krieg beteiligen wollte
(39). In den Tagen unmittelbar nach dem Rücktritt allerdings stand das
»schlechte Mannschaftsspiel« in der Regierung im Vordergrund. Da Schröder sich an keine Verabredung gehalten habe, sei ihm nur die Alternative
geblieben, den Kanzler zu stürzen oder selber zu gehen (40). An anderen
Stellen hat er später die Ablehnung seiner Pläne zur Regulierung der Finanzmärkte durch die Regierungschefs der wichtigsten westlichen Länder
als Hauptgrund benannt (41).

Die heute gern erzählte Legende vom Protest gegen unsoziale Politik und
Kriegsbeteiligung stimmt allenfalls zum Teil. Es mag sein, dass Lafontaine
tatsächlich während der Verhandlungen im Rambouillet Anfang 1999 darauf bestanden hat, dass vor einer Entscheidung über einen Bundeswehr-
Einsatz im Kosovo-Konflikt das ganze militärische Szenario im Kabinett
noch einmal besprochen werden müsse (42). Tatsächlich aber hat die Frage
der Beteiligung der Bundeswehr an dem immer wahrscheinlicher werdenden Militäreinsatz gegen Serbien bei den wachsenden Spannungen in der
Regierung Anfang März 1999 nach Aussage aller anderen Beteiligten keine
Rolle gespielt (43).

Neben den tatsächlich grundverschiedenen Auffassungen in der Wirt-
schafts- und Finanzpolitik zwischen Schröder und Lafontaine war es wohl
vor allem der wachsende Verdruss, den Lafontaine darüber empfand, dass
es ihm nicht gelang, ja nicht gelingen konnte, seinen inhaltlichen Führungsanspruch in der rot-grünen Regierung durchzusetzen. Es sei mit
dem Amt des Kanzlers und mit ihm nicht zu machen gewesen, dass Lafontaine die politische Richtung vorgeben und ihm lediglich die Öffentlichkeitsarbeit überlassen wollte, hat Gerhard Schröder ein Jahr später dazu
ausgeführt. So habe man sich »belauert«, was für beide auf die Dauer unerträglich gewesen sei (44). Lafontaine wiederum berichtet, Schröder habe
ihm »Wochen vorher« vorgeschlagen, den Fraktionsvorsitz zu übernehmen. Peter Struck habe dem bereits zugestimmt. Schröder sei – wie er selbst
auch – zu dem Ergebnis gekommen, dass seine Verpflichtungen als Finanz-

minister ihm zunehmend Schwierigkeiten bereiten würden, der Rolle des Parteivorsitzenden in vollem Umfang gerecht zu werden (45).

Vieles spricht dafür, dass der Rücktritt mit den Erfahrungen Lafontaines als Finanzminister zu tun hatte. Da er immer stärker von den Pflichten seines Ministeriums absorbiert wurde, an vielen Fronten kämpfte, dabei aber nur wenige Erfolge einheimsen konnte und medial wegen seines »rechthaberischen« Politikstils heftig attackiert wurde, hatte sich wohl wachsender Frust aufgestaut. Der kam nun mit einem gewaltigen Donnerschlag zum Ausbruch.

Dabei dachten Lafontaine und seine Staatssekretäre mit ihren Überlegungen zur Regulierung der internationalen Finanzmärkte weiter als ihre Kritiker. Spätestens mit der Finanzkrise 2008 mussten das auch viele ihrer Kollegen eingestehen. Doch ihr Angriff gegen die herrschende neoliberale angloamerikanische Lehre widersprach dem damaligen Zeitgeist, der von Deregulierung und Beschränkung des Staates geprägt war. Sie hatten an vielen Stellen Recht, aber sie bekamen es nicht. So rannten sie – der Minister zuerst – undiplomatisch gegen Wände und schwächten im Ergebnis sich selbst. Freilich hatte dies auch mit unrealistischer Selbstüberschätzung zu tun (46).

Wie sehr Lafontaine zum Buhmann geworden war, zeigten manche Reaktionen auf den Rücktritt. Der deutsche Aktienindex stieg am Tag danach um fünf Prozent. An den Devisenmärkten legte der Euro gegenüber dem Dollar kräftig zu. Weite Teile der Wirtschaft begrüßten den Rückzug des Saarländers. Doch es gab auch andere Stimmen. Der britische »Guardian« schrieb, Deutschland werde den Rücktritt Lafontaines eines Tages noch bedauern. Die »Washington Post« lobte, dass der zurückgetretene Finanzminister den ungezügelten Kapitalismus habe eindämmen wollen (47). In der deutschen Bevölkerung waren die Ansichten geteilt; 43 Prozent begrüßten den Rücktritt, 42 Prozent bedauerten ihn. Unter den SPD-Anhängern empfand eine klare Mehrheit den Abgang Lafontaines als Verlust. Dass er auch als Parteivorsitzender gegangen war, bedauerten noch mehr (48).

Der Abgang eines solchen politischen Schwergewichts musste vor allem für die SPD, aber auch für die Regierung insgesamt, mit schwerwiegenden Konsequenzen verbunden sein. War einerseits jetzt Klarheit im innerparteilichen Machtkampf geschaffen, was Profil und Handlungsfähigkeit stärken konnte, war andererseits jener Lordsiegelbewahrer sozialdemokratischer Identität gegangen, der die Seele der Partei verkörpert hatte. Diese Lücke würde ein sozialdemokratischer Parteivorsitzender Schröder nicht füllen können. Mochte der »Medienkanzler« dem Saarländer an Ausstrah-

lung in die Gesellschaft hinein auch überlegen sein: In der für die Sozialdemokraten stets so wichtigen Sinnstiftung würde er die Wirkung Lafontaines kaum erreichen. So konnte der Ausgang des innerparteilichen
Machtkampfs sogar ein wenig an den Wechsel von Brandt zu Schmidt erinnern.

Auch für die Koalition musste Lafontaines Rückzug Folgen haben.
Schließlich galt er weit eher als Leitfigur eines politisch-programmatisch
begründeten »Reformprojekts« als der so pragmatische, wirtschaftsnähe-
re Gerhard Schröder. Die Grünen aber übten sich jetzt in Gelassenheit. Immerhin konnten ja mit dem Ende des Machtkampfs in der SPD auch neue
Chancen für eine bessere Koordination in der Regierungsarbeit entstehen.
Dass die SPD im Grunde in zwei Lager zerfallen war, hatte ihnen ja schon
bei den Koalitionsverhandlungen einiges Kopfzerbrechen bereitet.

Am 12. April 1999 wurde Gerhard Schröder vom SPD-Parteitag zum
neuen Vorsitzenden gewählt. Nun musste sich zeigen, ob und wie er die
Lücke ausfüllen würde, die der Abgang des nach Willy Brandt innerparteilich beliebtesten Sozialdemokraten der letzten Jahrzehnte hinterlassen
hatte (49).

4.4 ROT-GRÜN UND DER KOSOVO-KRIEG

Keine vierzehn Tage nach dem Rückzug Lafontaines stand Rot-Grün vor
einer neuen schweren Herausforderung. Am Abend des 24. März 1999 teilte der Bundeskanzler mit ernster Miene und getragener Stimme den Deutschen per Fernsehansprache mit: »Liebe Mitbürgerinnen und Mitbürger,
heute Abend hat die NATO mit Luftschlägen gegen militärische Ziele in Jugoslawien begonnen. Damit will das Bündnis weitere schwere und systematische Verletzungen der Menschenrechte unterbinden und eine humanitäre Katastrophe im Kosovo verhindern. Der jugoslawische Präsident
Milosevic führt dort einen erbarmungslosen Krieg ... Wir führen keinen
Krieg, aber wir sind aufgerufen, eine friedliche Lösung im Kosovo auch mit
militärischen Mitteln durchzusetzen« (50).

Erstmals seit dem Zweiten Weltkrieg befanden sich deutsche Soldaten
in einem militärischen Kampfeinsatz. Vierzehn Kampfflugzeuge, darunter
zehn ERC-Tornados, beteiligten sich am NATO-Einsatz gegen serbische
Stellungen. Sie waren Teil einer militärischen Operation, für die es keine
klare Rechtsgrundlage gab. Ein Mandat des UN-Sicherheitsrates lag nicht
vor, weil Russland und China den Einsatz ablehnten (51). Und einen Angriff

auf NATO-Staaten hatte Serbien auch nicht begonnen. Nachdem die Koalitionsvereinbarung im Herbst noch der Satz zierte, »Deutsche Außenpolitik ist Friedenspolitik«, war das für Rot-Grün so etwas wie ein Albtraum.

Es war also eingetreten, was schon seit Oktober 1998 befürchtet werden musste. Nachdem die Gewalt im Kosovo nicht aufgehört hatte und Verhandlungen zwischen den USA, Frankreich und Großbritannien einerseits und serbischen und albanischen Vertretern andererseits im Februar und März in Rambouillet bei Paris keine Ergebnisse gebracht hatten, begann die NATO mit ihren Luftschlägen. Das Mandat dazu war dem NATO-Oberbefehlshaber schon im Oktober 1998 erteilt worden. Die alte Bundesregierung hatte ebenso zugestimmt wie der Bundestag und die Spitze der zu dieser Zeit erst designierten neuen Koalition (52).

Weil der Einsatz keine einwandfreie völkerrechtliche Grundlage besaß, war er von Anfang an umstritten. Die gesinnungsethische Rechtfertigung, es gehe darum, schlimme Menschenrechtsverletzungen zu verhüten, hielt etwa der Friedensforscher Ernst-Otto Czempiel nicht für überzeugend, weil es keine Überprüfung durch eine internationale Organisation gegeben habe. »Das Argument der notwendigen humanitären Intervention ist beliebig verwendbar, solange ich selbst darüber entscheide, ob die humanitäre Notwendigkeit den militärischen Einsatz rechtfertigt« (53).

Immerhin konnten die Bundesregierung und die Befürworter des Einsatzes auf die Resolution des UN-Sicherheitsrates verweisen, der bei Zustimmung Russlands den »exzessiven Gebrauch von Gewalt« durch serbisches Militär im September 1998 verurteilt hatte. Doch ein klares Mandat für einen robusten, friedenserzwingenden Einsatz war das nicht. Allenfalls konnte man sich auf eine Art »übergesetzlichen Notstand« berufen. Dann aber musste es umso mehr darauf ankommen, dass die eingesetzten Mittel tatsächlich geeignet waren, das Ziel, eine humanitäre Katastrophe abzuwenden, auch zu erreichen (54).

Genau daran aber mussten bald Zweifel aufkommen, weil die NATO-Luftschläge gegen Serbien die Vertreibungsverbrechen an den Albanern im Kosovo erst einmal nicht stoppten, sondern eher noch verstärkten. Im Mai 1999 befand sich eine Dreiviertelmillion im Kosovo auf der Flucht. Die NATO-Luftangriffe hätten das Flüchtlingselend nur verschärft, meinten die Kritiker.

Tatsächlich hatte man darauf gesetzt, dass Milosevic schon bald nach den ersten Luftschlägen einlenken würde. Da er das aber nicht tat, geriet die NATO tatsächlich in Rechtfertigungsnöte. Weil man keine längerfristige Strategie entwickelt hatte und ein Einsatz von Bodentruppen im Kosovo unter allen Umständen vermieden werden sollte, blieb nur die Ausdehnung des Luftkrieges gegen Serbien. Bald bereitete es Probleme, geeignete militärische Ziele zu finden. So wurden die Angriffe auf zivile Objekte ausgedehnt. Damit aber entstand das Problem der »Kollateralschäden«. Im April wurde irrtümlich ein Flüchtlingskonvoi angegriffen. Und im Mai trafen die NATO-Flugzeuge die chinesische Botschaft in Belgrad (55).

Mit jedem Tag, an dem die Kriegshandlungen andauerten, stieg die Nervosität in der Bundesregierung. In beiden Parteien formierte sich Widerstand. Auf dem SPD-Parteitag Mitte April in Bonn bedurfte es der Überzeugungskraft des als Wortführer der Friedensbewegung gegen die Mittelstreckenraketen in den achtziger Jahren ausgewiesenen Erhard Eppler, um die Mehrheit für den Kurs des Kanzlers zu sichern. Natürlich werde man schuldig, wenn man Bomben wirft, hatte Eppler eingeräumt. Die Frage sei doch nur, ob man nicht auch noch schuldiger werden könne, wenn man nichts tut. Er habe den Eindruck, dass die Regierung so handelt, »dass wir ein bisschen weniger schuldig werden« (56).

Noch größere Probleme hatten die Grünen. Sie sahen sich mit einer wachsenden Zahl von Parteiaustritten konfrontiert. Tatsächlich hat Schröders Juniorpartner im Laufe dieser Wochen mehr als zehn Prozent seiner Parteimitglieder verloren. Sie mochten dem Kurs ihrer Partei nicht mehr folgen.

Im Mittelpunkt der Angriffe stand dabei der grüne Außenminister Fischer, dem im Halbjahr der deutschen EU-Ratspräsidentschaft mit der Sprecherrolle für die Außenminister der Gemeinschaft besonders Bedeutung zukam. Fischer bemühte zur Rechtfertigung des Gewalteinsatzes heikle historische Argumente. Weil manche Kriegsgegner anführten, dass nach Auschwitz nie wieder Krieg und Gewalt von deutschem Boden ausgehen dürfe, drehte er das Argument um und betonte, dass gerade die Deutschen vor dem Hintergrund ihrer Geschichte einem »Völkermord« nicht tatenlos zusehen dürften. Im Bundestag sprach er davon, dass das Europa der Demokraten »diese rohe Form des Faschismus« nicht akzeptieren könne (57). Ähnlich argumentierte auch Verteidigungsminister Scharping, der die von serbischer Seite betriebene ethnische Säuberung ganzer Landstriche als systematisch geplante Umsetzung eines »Hufeisenplans« darstellte (58).

Mochten die mit wuchtigem Moralismus herangezogenen historischen Vergleiche auch einigermaßen fragwürdig sein, so war der Außenminister gleichzeitig eifrig um diplomatische Lösungen bemüht. Den Schlüssel dazu besaßen die Russen. Als Reaktion auf Signale des russischen Präsidenten Boris Jelzin brachte Fischer Mitte April die G 8-Staaten als Forum für eine Lösung unter Einbeziehung Moskaus ins Spiel. Inhaltliche Kernpunkte des

Friedensplanes waren der Abzug aller serbischen militärischen und para-
militärischen Einheiten aus dem Kosovo, die Einstellung der Kampfhandlungen durch die albanischen Freischärler der UCK und ihre Entwaffnung,
der Einsatz einer internationalen Friedenstruppe unter Führung der NATO,
die Rückkehr der Vertriebenen sowie die Unterstellung des Kosovo unter
eine Übergangsverwaltung. Schließlich gelang es, bei einem Außenminis-
tertreffen der G 8-Staaten auf dem Petersberg bei Bonn auch Russland für
eine Friedenstruppe im Kosovo zu gewinnen, die der UNO unterstellt werden, in der aber die NATO die Kommandogewalt übernehmen sollte. Eine
UN-Resolution unter Einschluss Russlands würde dem Einsatz eine völkerrechtliche Grundlage verschaffen. Der russische Jugoslawien-Beauftragte
Tschernomyrdin und der finnische EU-Beauftragte Ahtisaari wollten mit
der Belgrader Führung darüber verhandeln (59).

Während die Hoffnungen auf eine diplomatische Lösung stiegen, ver-
anstalteten die Grünen am 13. Mai 1999 einen Parteitag, der zu einem der
denkwürdigsten ihrer Geschichte wurde. Erstmals musste ein Grünen-
Parteitag von einem massiven Polizeiaufgebot geschützt werden. Eine
hasserfüllte Menge von »Friedensaktivisten«, Autonomen und serbischen
Nationalisten machte schon den Weg in die Halle zum Spießrutenlauf. Besonderes Angriffsobjekt war Außenminister Fischer, der als »Kriegstreiber« und Handlanger von »Mördern« beschimpft wurde. Sogar als »Joschka
Goebbels« attackierte man ihn. Schließlich wurde er am Vorstandstisch von
einem Farbbeutel getroffen, der aus dem Saal heraus geworfen worden war.
Sein blutrot verschmiertes Jackett wurde dann zum Symbol des Parteitags, als er wenig später ans Mikrophon trat, mit den Worten »hier spricht
ein Kriegshetzer« begann und seinen Gegnern den Satz entgegenschleu-
derte, »den Milosevic werdet ihr wohl demnächst zum Friedensnobelpreis
vorschlagen«. So gelang es Fischer, in der nach seiner eigenen Darstellung
»wichtigsten Rede seiner politischen Laufbahn« die Farbbeutel-Attacke am
Ende noch gegen seine Kritiker zu nutzen (60).

Am Ende des Parteitags fand ein Vorstandsantrag die Mehrheit von
60 Prozent der Delegiertenstimmen. Er forderte einen befristeten Bom-
benstopp, um Spielraum für Verhandlungen zu schaffen, nicht aber das
Ende der Angriffe gegen Serbien überhaupt. Das war zwar unrealistisch,
ließ aber genug Spielraum, um in der Regierung zu bleiben. Auch ein Teil
der Linken um Jürgen Trittin hatte zugestimmt. Sie wollten weiterregieren
(61). Alles in allem aber war es eine gespenstische Veranstaltung gewesen,
die da in Bielefeld abgelaufen war.

Anfang Juni herrschte große Erleichterung, als die serbische Seite ein-
lenkte. Am 10. Juni 1999 billigte der UN-Sicherheitsrat ein militärisches

Abkommen, das die Einstellung der Luftangriffe vorsah. Am 12. Juni rückte die internationale Friedenstruppe (»KFOR«) in das Kosovo ein.

Der Kosovo-Krieg war zu einer schweren Belastungsprobe für die Regierung geworden, der sie nur mit äußerster Anstrengung standhalten konnte. In besonderer Weise galt das für die Grünen, was angesichts ihrer pazifistischen Wurzeln nicht überraschen konnte. Zumal nicht nur die völkerrechtliche Grundlage des militärischen Eingreifens fragwürdig blieb. Problematisiert wurde auch, ob in dem verworrenen ethnisch-politischen Konflikt der Kriegseinsatz nicht doch zu sehr auf eine Parteinahme zugunsten der albanischen UCK hinauslief, die das Eingreifen des Westens nutzen konnte, um eine albanische Hegemonie im Kosovo zu schaffen. Das Ziel einer Aufrechterhaltung eines ethnisch durchmischten Kosovo ist im Ergebnis dann auch nur sehr bedingt erreicht worden.

Bei der Entscheidung für die Gewaltmittel hat auch das schlechte Gewissen eine Rolle gespielt, das sich im Westen angesichts der übergroßen Zurückhaltung in Bosnien nach dem Ende des dortigen Bürgerkriegs verbreitet hatte. Ein solcher Fehler sollte ein zweites Mal unbedingt vermieden werden. 1995 hatten die Luftschläge der Amerikaner Milosevic rasch an den Verhandlungstisch gebracht. Als das diesmal nicht so funktionierte, zeigte sich allerdings, dass man keine längerfristige Strategie überlegt hatte. Die NATO-Militärs waren sich allzu sicher gewesen, dass Milosevic rasch einlenken würde. Wäre es nicht gelungen, Russland zu einer aktiven Rolle zu bewegen und die Serben darüber zum Nachgeben zu drängen, hätte sich früher oder später die Notwendigkeit eines Einsatzes mit Bodentruppen ergeben. Das aber hätte die deutsche Bundesregierung zerlegt.

Einen Beigeschmack hinterlässt im historischen Rückblick auch der argumentative Begründungsaufwand für den »gerechten Krieg«, der hier geführt wurde. Die Faschismus-Vergleiche, die im Frühjahr 1999 angestellt wurden, wirken überzogen. Zweifellos sind schreckliche Gräueltaten verübt worden. Und dass man alles tun wollte, um eine Wiederholung der bosnischen Tragödie zu verhindern, war nur allzu verständlich. Aber die Tonlage war wohl doch nicht immer angemessen. Das zeigte freilich auch ein Dilemma: In Deutschland für militärisches Eingreifen Unterstützung zu finden, war nur mit hochmoralischen und letzten Argumenten möglich.

Über den Kosovo-Konflikt hatte sich eine gewisse Veränderung im öffentlichen Bild dieser Regierung ergeben. Von der allzu großen Leichtigkeit des Cashmere-Kanzlers war nichts übriggeblieben. Kanzler, Außen- und Verteidigungsminister legten sich mächtig ins Zeug und zeigten dabei Verantwortungsvewusstsein und große Ernsthaftigkeit. Und letztlich gelang

auch ein diplomatischer Erfolg. Da agierte jedenfalls nicht mehr die »Halbstarken«-Regierung, von der Heribert Prantl Anfang 1999 noch geschrieben hatte.

4.5   DER »DRITTE WEG«: NEUE SINNSTIFTUNG ODER
PR-COUP? DAS SCHRÖDER-BLAIR-PAPIER

Am 8. Juni 1999 stellten Bundeskanzler Gerhard Schröder und der britische
Premierminister Tony Blair auf einer Pressekonferenz in London ein gemeinsames Papier vor, das den Titel »Der Weg nach vorn für Europas Sozialdemokraten« trug. Es formulierte den Anspruch, einer erneuerten
Sozialdemokratie auf der Basis ihrer alten Werte unter veränderten weltwirtschaftlichen und gesellschaftlichen Rahmenbedingungen einen neuen
Weg weisen zu können.

Dazu sei es nötig, den traditionellen Sozialstaat in einen aktivierenden
Sozialstaat mit größerer Eigenverantwortung der Bürger umzuwandeln.
Dabei müssten die Aufgaben zwischen Staat und Gesellschaft neu verteilt
werden. Flexiblere Rahmenbedingungen sollten wirtschaftliches Wachstum befördern, während die Arbeitsmarktpolitik statt auf bloße Alimentierung stärker auf die Aktivierung der Bürger zielen müsse. Bildung und
Weiterbildung kämen dabei zentrale Bedeutung zu. Ein »aktivierender
Staat« müsse keine Rundumversorgung des Bürgers organisieren, sondern Chancen für alle öffnen, wobei bürgerschaftliche Selbstorganisation
eine besondere Wichtigkeit erhalten sollte. Damit wollte man den Grund-
wert der »Solidarität« aktualisieren und einen »dritten Weg« zwischen
Neoliberalismus und altlinkem Staatsinterventionismus öffnen. Diese Politik des »Dritten Weges« und der »Neuen Mitte« sei Europas neue Hoffnung (62).

Ausgearbeitet hatten dieses Papier Blair-Berater Peter Mandelson und
Kanzleramtschef Bodo Hombach. Die beiden waren inspiriert von den
Überlegungen des britischen Soziologen Antony Giddens, der in Großbritannien zum Ideengeber bei der Umformung der traditionellen Labour-
Party geworden war, die als »New Labour« bei den Unterhauswahlen 1997
einen triumphalen Wahlsieg feiern konnte. Giddens, der mit seinem Buch
»The Third Way« einen internationalen Bestseller vorgelegt hatte, suchte
nach einer zeitgemäßen Synthese zwischen Sozialdemokratie und Liberalismus, die unter den Bedingungen der Globalisierung neue politische Ge-
staltungsperspektiven sozialdemokratischer Politik eröffnen wollte. Sol-

che Ideen, die auch im Umfeld des amerikanischen Präsidenten Bill Clinton populär waren, fanden mit Hombach einen besonders eifrigen Protagonisten. Hombach, ein Grenzgänger zwischen Wirtschaft und Politik, war Wirtschaftsminister in Nordrhein-Westfalen gewesen, bevor er das Kanzleramt übernahm. Er sah hier eine Chance, die Debatte um die Modernisierung der SPD voranzubringen – gegen die Anhänger Oskar Lafontaines (63).

Mit Kenntnis Schröders wurden seit Anfang 1999 nicht nur Kontakte mit Mandelson, sondern auch mit schwedischen, französischen und österreichischen Sozialdemokraten geknüpft. So traf sich seit Dezember 1998 ein internationaler Kreis in Bonn und Wien. Ende April hatten sich in Washington Tony Blair, der holländische Premier Wim Kok, Gerhard Schröder, Hillary Clinton in Vertretung des US-Präsidenten und andere Exponenten des »Dritten Weges« versammelt, um auf Einladung der amerikanischen Demokraten über »Progressive Governance for the 21st Century« zu diskutieren. Das Schröder-Blair-Papier war also kein bloßer Medien-Coup, sondern reihte sich ein in eine internationale Debatte um die Zukunft einer modernen sozialliberalen Reformpolitik.

Dennoch wurde die Präsentation in London letztlich ein Misserfolg. Dafür sorgte schon die schlechte Vorbereitung des allzu improvisierten Auftritts der beiden Regierungschefs, der eine Idee des Kanzleramtsmitarbeiters Michael Steiner gewesen sein soll. Hombach gibt an, vorher gar nicht konsultiert worden zu sein. Er ärgert sich noch heute über das »dilettantische Handling«, für das Michael Steiner verantwortlich gewesen sei. Ihm habe damals tatsächlich ein »zweites Godesberg« vorgeschwebt (64).

Auch das Image des Bundeskanzlers, dem viele in der SPD ein echtes Interesse an programmatischer Sinnstiftung für eine modernisierte Sozialdemokratie nicht so recht abnehmen mochten, machte die Sache nicht einfacher. Und dass das Manifest so kurz nach Lafontaines Abgang veröffentlicht wurde, bestätigte die Freunde des Saarländers in dem Glauben, dass ein beliebter Parteivorsitzender mehr oder weniger aus der Regierung herausgemobbt worden sei. Das waren keine guten Voraussetzungen für eine produktive innerparteiliche Programmdebatte, die ohne diskursive Vor- und Nachbereitung einfach von oben inszeniert worden war (65).

So wurde das international überwiegend wohlwollend kommentierte Papier in Deutschland eher skeptisch aufgenommen. Während die Frankfurter Allgemeine Zeitung darin nur einen Versuch zur Nachbesserung einer inhaltsleeren Politik sehen wollte, bemängelten andere Kommentatoren die vagen Formulierungen des Textes. In der SPD fielen die Reaktionen unterschiedlich aus. Während Sozialexperte Rudolf Dreßler von »abgegriffenen Klischees und belanglosen Floskeln« sprach und Lafontaine-Freund

und Ministerpräsident Reinhard Klimmt den Verdacht äußerte, dass bei der SPD »die Gerechtigkeit ausgemustert werde«, stieß das Papier bei jüngeren Abgeordneten wie Hubertus Heil und Carsten Schneider auf begeisterte Zustimmung. Die Ministerpräsidenten Kurt Beck und Wolfgang Clement sprachen von einer guten Grundlage für die anstehende Kursbestimmung. Im SPD-Parteipräsidium fand das Papier ein geteiltes Echo. Aus dem Realo-Lager der Grünen gab es einige Zustimmung (66).

Freilich war die Aufregung um das Schröder-Blair-Papier schon bald wieder verraucht. Bodo Hombach, der als Hauptbetreiber des wirtschaftsfreundlichen Kurses in der SPD galt, trat in der Folge einer angeblichen Finanzaffäre, die am Ende keine war, im Sommer zurück. Er wurde EU-Koordinator für den Balkan. Sein Nachfolger Frank-Walter Steinmeier bewegte sich auf der gleichen politischen Linie, betrieb dies aber weniger spektakulär und bewährte sich bald als Organisations- und Koordinationstalent im Kanzleramt. Die Debatte um den »Dritten Weg« aber verstummte allmählich. Zwar folgten noch weitere Treffen der Protagonisten. Doch mit dem Machtwechsel von Clinton zu Bush und der neuen Dominanz sicherheitspolitischer Fragen nach dem 11. September 2001 schlief das Unternehmen ein.

Wohl kam es vor allem in 2000 zu Versuchen einer konzeptionellen Neubestimmung unter der Überschrift »Zivilgesellschaft«, die in eine ähnliche Richtung gingen, wie sie die Schriften von Antony Giddens wiesen. Im Mittelpunkt standen die Möglichkeiten einer Aktivierung zivil- und sozialgesellschaftlicher Potentiale jenseits von Markt und Staat. Anfang 2000 hatte sich eine Enquete-Kommission des Bundestags »Zukunft des bürgerschaftlichen Engagements« konstituiert. Wenige Wochen später publizierte Kanzler Schröder einen Namensartikel »Die zivile Bürgergesellschaft – Anregungen zu einer Neubestimmung der Aufgaben von Staat und Gesellschaft«. Doch der Versuch, damit eine Art Markenzeichen für einen rot-grünen Reformansatz zwischen Staats- und Marktgläubigkeit zu schaffen, stieß besonders im Osten an die Grenzen praktisch nur schwach entwickelter zivilgesellschaftlicher Potentiale. Jeder Idee, den Schutz der Schwachen stärker daran zu binden, mussten schon dadurch Schranken gesetzt sein. Als dann die Demoskopen auch noch herausfanden, dass die Mehrheit der Deutschen nicht zwischen Zivilgesellschaft und Zivildienst unterscheiden konnte, gab man derlei anspruchsvolle programmatische Reformbemühungen ganz auf. Übrig blieben die Expertenzirkel in der Enquetekommission. Erst nach 2002 sah man neuen Bedarf an übergreifenden Sinnstiftungen – allerdings unter den erschwerten Bedingungen von fünf Millionen Arbeitslosen. Schröder selbst hat viele Jahre später festgestellt, dass im Papier aus dem Juni 1999 vieles vorweggenommen worden sei, was sich ab 2003 in seiner Agenda-Politik wiedergefunden habe (67).

Im Frühjahr 1999 hatte die Regierung mit der Verabschiedung der Agenda 2000 einen beachtlichen Erfolg ihrer EU-Ratspräsidentschaft erringen können. Mit ihr war eines der umfangreichsten Reformprogramme in der Geschichte der Europäischen Union beschlossen worden. Sie sollte die Reform der EU einleiten und den Finanzrahmen dafür bereitstellen. Dabei bewies Schröders Mannschaft professionelles Verhandlungsgeschick. Nach dem Ergebnis der Verhandlungen würde die anstehende Osterweiterung nicht mit weiteren finanziellen Belastungen für Deutschland verbunden sein. Und die bisherigen Nutznießer der EU-Strukturförderung aus den alten Mitgliedsländern würden mit der Osterweiterung nur geringe Einbußen erleiden. Entsprechend wohlwollend fielen die Kommentare im In- und Ausland aus (68).

An der Wahlniederlage von SPD und Grünen bei den Europawahlen im Juni änderte dies freilich nichts: Während die Union am 13. Juni 1999 mit 48,7 Prozent eine absolute Mehrheit nur knapp verfehlte, war die SPD mit 30,7 Prozent der klare Wahlverlierer. Die Grünen mussten sich mit 6,4 Prozent begnügen. Damit lagen sie nur knapp vor der PDS, die auf 5,8 Prozent der Stimmen kam. Die FDP verfehlte den Einzug ins Straßburger Parlament deutlich (69).

Am 23. Mai 1999 war Johannes Rau als Nachfolger von Roman Herzog zum Bundespräsidenten gewählt worden. Nachdem im Herbst 1998 Wolfgang Thierse Bundestagspräsident geworden war, wurden die drei höchsten Staatsämter jetzt alle von Sozialdemokraten besetzt. Die wenig bekannte Dagmar Schipanski, die von der Union als Gegenkandidatin aufgeboten worden war, blieb chancenlos.

4.6 EIN HERBST DES MISSVERGNÜGENS

Am 5. September 1999 verlor die SPD gleich zwei Landtagswahlen: Während Ministerpräsident Stolpe in Brandenburg nach einem Verlust von fünfzehn Prozentpunkten in einer Großen Koalition immerhin noch weiterregieren konnte, musste die saarländische SPD die Führung des Landes an die CDU abgeben. Mit seinem Kurs der Abgrenzung von Schröder hatte Ministerpräsident Reinhard Klimmt die Verluste zwar in Grenzen halten können. Doch in die Staatskanzlei zog jetzt Peter Müller ein.

Eine Woche später brachten die Wahlen in Thüringen der Union die absolute Mehrheit und der SPD eine krachende Wahlniederlage. Hier war sie jetzt sogar auf den dritten Platz hinter der PDS zurückgefallen. Wieder eine Woche später folgte in Sachsen ein regelrechtes Desaster. Mit 10,7 Prozent erreichten die Sozialdemokraten ein Ergebnis, das als Demütigung empfunden wurde. Auch die Wahlen zum Berliner Abgeordnetenhaus im Oktober brachten keine Trendwende: Zwar konnte hier die Große Koalition unter Eberhard Diepgen fortgesetzt werden. Doch die SPD hatte gegenüber der Union deutlich an Boden verloren. Auch die Kommunalwahlen in Nordrhein-Westfalen brachten den Sozialdemokraten im Herbst herbe Verluste. Fortan wurden auch bislang tiefrote Ruhrgebietsstädte von Christdemokraten regiert (70).

Während Oskar Lafontaine unter dem Titel »Das Herz schlägt links« eine politische Generalabrechnung in Buchform vorlegte, brachten die Wahlniederlagen das Personalkarussell in Gang. Generalsekretär Ottmar Schreiner gab seinen Job auf. Nachfolger wurde Franz Müntefering, dessen Amt als Bauminister der im Saarland abgewählte Reinhard Klimmt übernahm (71).

Obgleich Kanzler Schröder bei der Krise des Bauriesen Philipp Holzmann im November seine Qualitäten als politischer Kommunikator eindrucksvoll unter Beweis stellen konnte und die Bauarbeiter seine Intervention stürmisch bejubelten, war die Lage der Koalition ein Jahr nach Schröders großem Wahlsieg äußerst kritisch. Würde sich der Trend bis zum Frühjahr 2000 nicht wenden lassen, stand Rot-Grün womöglich schon vor dem Aus. Denn bei den Landtagswahlen in Nordrhein-Westfalen und Schleswig-Holstein mussten der Opposition gute Chancen auf einen Machtwechsel eingeräumt werden. Nach Niederlagen in Düsseldorf und Kiel aber hätte die Bundesregierung eine Zweidrittelmehrheit im Bundesrat gegen sich gehabt. Unter diesen Umständen konnte die Union jedes Gesetz der Regierung blockieren. Wenn das eintrat, war mit einem baldigen Ende der Kanzlerschaft Schröders zu rechnen. Rot-Grün würde dann nur eine Episode bleiben (72).

So sah man das in jenen Herbsttagen jedenfalls in den Unionsparteien, die nach einem Durchhänger ganz zu Anfang der Regierung Schröder wieder obenauf waren. Allen voran Altkanzler Helmut Kohl, der zum Jahrestag des Mauerfalls in Berlin wieder als »Kanzler der Einheit« gefeiert wurde und als Ehrenvorsitzender der Partei bei den Präsidiumssitzungen nicht nur regelmäßig präsent war, sondern auch rege Beteiligung zeigte – nicht immer zur Freude seines Nachfolgers Wolfgang Schäuble. Anfang November 1999 fragte der SPIEGEL: »Muss die Union früher als geplant mitregieren?« (73).

Inzwischen waren Regierung und Parlament nach Berlin umgezogen. Am 1. Juli 1999 hatten sie sich mit einem großen Bürgerfest von Bonn und dem Rheinland verabschiedet. Das politische Geschehen fand jetzt im hektischen Getriebe der deutschen Metropole statt. Näher an der Wirklichkeit würde man hier sein als im »Raumschiff Bonn«, hieß es. Bald sollte sich zeigen, dass das ein frommer Wunsch bleiben würde. Im geschäftigen Berlin stieg nicht nur der Repräsentationsaufwand der Politik, sondern auch der Abstand zum Alltag der Bürger. Dabei war es auch die Entwicklung der Medien, die zur Distanz beitrug. Mal eben so in der Kneipe nebenan auftauchen, wie das die Bonner Bürger gewohnt waren, war für die ganz Prominenten in Berlin kaum noch möglich. Die Größe der Stadt, die im Vergleich zum behaglichen Bonn gesteigerte Aggressivität, aber auch der gestiegene Voyeurismus eines an veränderten Leitbildern orientierten Medienapparates verhinderten das (74).

4.7 DER FINANZSKANDAL DER UNION

Im November 1999 sah es ganz so aus, als würde der Union weit früher als erwartet der Rückweg zur politischen Macht offenstehen. Noch ahnte niemand, welches politische Erdbeben die Staatsanwaltschaft Augsburg durch ihren Haftbefehl gegen den früheren CDU-Schatzmeister Walther Leisler Kiep wegen des Verdachts auf Steuerhinterziehung auslösen würde.

Dabei ging es um eine Millionenspende des Waffenhändlers und Lobbyisten Karl-Heinz Schreiber, die unversteuert geblieben war. Am Tag nach Bekanntwerden der Vorwürfe stellte sich Kiep der Staatsanwaltschaft, räumte ein, eine Million erhalten zu haben, und wurde gegen eine Kaution von 500 000 DM auf freien Fuß gesetzt. Mit ihm erschienen war Horst Weyrauch, Steuer- und Wirtschaftsberater der CDU. Er gab an, dass er das von Kiep erhaltene Geld gestückelt und dann auf ein Konto der CDU eingezahlt habe. Während Kiep eine Auslandsreise antrat, stellte sich bald heraus, dass das von Weyrauch angegebene Konto im offiziellen Rechnungssystem der CDU gar nicht existierte. Zwar ließ sich nicht nachvollziehen, wohin Schreibers Million am Ende geflossen war. Doch die Ermittlungen machten im Laufe des Monats klar, dass es geheime und damit gesetzeswidrige Spendenkonten gegeben haben musste (75).

Ende November wurde aus der Affäre Leisler Kiep eine Affäre Helmut Kohl. Die Süddeutsche Zeitung meldete am 26. November, dass unter dem früheren Parteivorsitzenden in der CDU ein System schwarzer Kassen unterhalten worden sei, aus denen einzelne Parteigliederungen mit bis zu sechsstelligen Beträgen an der offiziellen Parteifinanzierung vorbei gefördert worden seien. Rasch gerieten alte Verdachtsmomente über Unregelmäßigkeiten im Zusammenhang mit Panzerlieferungen an Saudi-Arabien, dem Verkauf der ehemaligen Leuna-Chemiewerke in Bitterfeld und des Minolta-Tankstellennetzes der früheren DDR in diesen Zusammenhang.

Am 30. November trat Helmut Kohl vor die Presse und räumte die Existenz solcher Nebenkonten ein. Gleichzeitig bedauerte er die damit verbundenen Verstöße gegen das Parteienfinanzierungsgesetz. Am 16. Dezember bekannte der Altkanzler im Rahmen eines denkwürdigen Fernsehauftritts, zwischen 1993 und 1998 etwa zwei Millionen DM von Spendern entgegengenommen zu haben, die anonym bleiben wollten. Dies sei nicht richtig gewesen. Er beabsichtige aber auch jetzt nicht, ihre Namen zu nennen. Schließlich habe er darauf sein Ehrenwort gegeben. Damit begann die Debatte darüber, dass Kohl sein Ehrenwort über das Gesetz stellen wollte (76).

Jetzt geriet die Union schwer unter Druck. Die neue Parteiführung mit Wolfgang Schäuble und Generalsekretärin Angela Merkel musste reagieren. So erschien zwei Tage vor Weihnachten in der FAZ ein Artikel von Angela Merkel, in dem sie sich klar von Kohl absetzte. Im Ton vorsichtig und konziliant, in der Sache aber eindeutig, äußerte sie ihr Unverständnis darüber, dass Kohl sein Ehrenwort für wichtiger hielt als die gesetzlichen Vorschriften. Es sei an der Zeit, dass die Partei »ohne ihr altes Schlachtross« laufen lerne (77).

Im Parteipräsidium fielen die Reaktionen auf Merkels Vorstoß unterschiedlich aus. Es gab Stimmen, die Merkels Vorstoß als Illoyalität gegenüber ihrem Entdecker und Förderer bewerteten. Andere aber unterstützten sie. Immerhin rang man sich am 22. Dezember zu einer Aufforderung an Kohl durch, die Namen der Spender zu nennen. Der freilich dachte gar nicht daran, der Aufforderung Folge zu leisten.

Anfang 2000 geriet auch Parteichef Schäuble in den Sog der Affäre. Er hatte von Schreiber 1994 100 000 DM in bar bekommen. Der Betrag war aber nicht ordnungsgemäß verbucht worden, wie die Schatzmeisterin Brigitte Baumeister eingestand. Jetzt begann ein Streit zwischen Schäuble und Baumeister über die Einzelheiten der Spendenabwicklung. Aussage stand gegen Aussage. War Schäuble am Ende zu sehr in das alte System Kohl verstrickt gewesen, um als künftiger Kanzlerkandidat die Union in eine erfolgreiche Zukunft führen zu können?

Am 14. Januar 2000 steuerte der Skandal auf seinen Höhepunkt zu. Die hessische CDU musste eingestehen, dass der Landesverband schon seit 1983 illegal Konten im Ausland angelegt, Gelder dahin transferiert, dort verzinst und in einzelnen Tranchen wieder nach Hessen zurückgeführt hatte. Das Eingeständnis war umso peinlicher, als man bis dahin versucht hatte, die Herkunft von nirgendwo ordnungsgemäß verbuchten Geldern auf »jüdische Vermächtnisse« zugunsten der Partei zurückzuführen. Der hessische Parteivorsitzende und frühere Innenminister Manfred Kanther übernahm die Verantwortung und zog sich aus der Politik zurück.

Der Skandal beschäftigte die Hessen noch über Jahre. Das Image des Ministerpräsidenten Roland Koch, der gerade ein gutes Jahr im Amt war, hat dadurch schwere Kratzer bekommen. Nur mit Mühe konnte er einen Rücktritt vermeiden (78).

Drei Tage später kam es in Berlin zu einer denkwürdigen letzten Aussprache zwischen Helmut Kohl und Wolfgang Schäuble. Während Schäuble den Altkanzler aufforderte, sein Bundestagsmandat niederzulegen, warf dieser ihm umgekehrt vor, erst mit seiner Annahme der Schreiber-Spende die Vorgänge zum Skandal gemacht zu haben. Nach diesem Gespräch war das Verhältnis zwischen beiden völlig ruiniert (66). In der folgenden Sitzung des CDU-Präsidiums stellte sich die Parteiführung am 17. Januar 2000 hinter Schäuble und forderte Kohl auf, die Namen der Spender zu nennen und seinen Ehrenvorsitz ruhen zu lassen. Kohl reagierte unverzüglich und legte das Amt nieder (79).

Doch Entlastung brachte dieser Schritt der angeschlagenen Partei noch längst nicht. Nachdem Roland Koch Anfang Februar einräumen musste, die Unwahrheit gesagt zu haben, stand er inmitten des Sturms. Noch mehr ins Wanken aber geriet die Position von Wolfgang Schäuble, nachdem er zugeben musste, sich ein weiteres Mal mit Schreiber getroffen zu haben. Am 15. Februar zog der Partei- und Fraktionsvorsitzende die Konsequenz und stellte beide Ämter zur Verfügung. Sein Nachfolger an der Fraktionsspitze wurde der Sauerländer Friedrich Merz.

Um den Parteivorsitz bewarb sich Generalsekretärin Angela Merkel, die sich mit ihrem Zeitungsartikel kurz vor Weihnachten 1999 von ihrem Entdecker und Förderer Helmut Kohl freigeschwommen hatte. Auf den im Vorfeld des CDU-Parteitags angesetzten Regionalkonferenzen wurde sie als neue Hoffnungsträgerin der schwer angeschlagenen Partei stürmisch gefeiert. Obgleich bislang inhaltlich eher wenig profiliert, als Ostdeutsche aus einem kleinen Landesverband in der CDU praktisch ohne eigene Hausmacht, zeigte sich bald, dass sie das Rennen machen würde. Auf dem Parteitag in Essen am 10. April 2000 stimmten 96 Prozent der Delegierten für ihre Wahl zur neuen Parteivorsitzenden (80).

Damit aber war die Krise der CDU noch längst nicht beigelegt. Zwar hielten sich ihre Verluste bei den Landtagswahlen in Schleswig-Holstein in

Grenzen. Ihre Stammwählerschaft hielt der Union die Treue. Doch an einen möglichen Machtwechsel in Kiel war unter diesen Umständen nicht zu denken. Auch bei den Landtagswahlen in Nordrhein-Westfalen zeigte sich im Mai 2000 das gleiche Bild. Profitieren von der Schwäche der Union konnten SPD und FDP, während die Grünen ihren Sinkflug von 1999 fortsetzten. Wo die Sozialdemokraten unter den Bedingungen einer stark geschwächten christdemokratischen Opposition in ihre Rolle als Regierungspartei nun allmählich hineinfanden, hatten die Grünen weiter große Probleme, als Regierungspartei bei den Wählern Anerkennung zu finden (81).

Dass die Folgen des Finanzskandals noch lange einen Schatten auf das Ansehen der Union warfen, dafür sorgte schon die Bühne des Untersuchungsausschusses des Bundestages, auf der die Parteifinanzen der CDU und das Verhalten ihres Altkanzlers in grellem Scheinwerferlicht unter Dauerbeobachtung standen. Zwar gerieten in diesen Monaten auch Sozialdemokraten wegen des Vorwurfs der Vorteilsnahme und der Verquickung von Politik und Wirtschaft unter Beschuss. So musste Niedersachsens Ministerpräsident Glogowski Ende 1999 zurücktreten. Er hatte auf Kosten der TUI Urlaub gemacht. Zwei Monate später erwischte es NRW-Finanzminister Heinz Schleußer. Selbst der gerade erst zum Bundespräsident gewählte Johannes Rau geriet in die Kritik, weil er als Ministerpräsident Flugreisen unternommen hatte, die über die NRW-Landesbank abgerechnet worden waren. Doch die Wirkungen dieser Vorwürfe reichten an die Konsequenzen des CDU-Skandals nicht heran. Schließlich war es der »Kanzler der Einheit« und sein wichtigster Mitstreiter, die hier im Blickpunkt standen. Zeitweise tauchte sogar die Befürchtung auf, der CDU könne ein ähnliches Schicksal wie der italienischen Democrazia Cristiana drohen, die Anfang der 1990er Jahre im Strudel eines Finanzskandals binnen kürzester Zeit zerfallen war (82).

So schlimm kam es für die Christdemokraten dann doch nicht. Doch der Finanzskandal hatte den Höhenflug der CDU im ersten Jahr der Rot-Grünen Regierung jäh gestoppt und der SPD und ihrem Kanzler unerwartete Stabilisierungsmöglichkeiten gebracht. Einstweilen würden von der Opposition in Berlin kaum Gefahren drohen. Entsprechend war jetzt ein politischer Neustart möglich.

Für Kohl und Schäuble hatte der Finanzskandal ein juristisches Nachspiel. Dank seiner freiwilligen Wiedergutmachungszahlungen von 6,3 Millionen DM, die der Altkanzler nach einer privaten Spendenaktion an die CDU überwies, kam Kohl in dem gegen ihn anhängigen Untreueverfahren mit einer Verfahrenseinstellung bei Zahlung einer sechsstelligen Geldbuße davon. Der Rechtsstreit zwischen Schäuble und Brigitte Baumeister zur Aufklärung der Schreiber-Zahlung wurde Ende 2001 ergebnislos eingestellt. Auch die Ermittlungen der Bundesanwaltschaft zum Leuna-Komplex ergaben keine Hinweise, dass dabei Bestechungsgelder geflossen waren (83).

Konsequenzen hatte der Skandal für die gesetzlichen Regelungen zur Parteienfinanzierung. Nach der Neuregelung von 2002 hat ein Gesetzesverstoß wie der von Helmut Kohl künftig nicht nur Konsequenzen für die Partei, die Strafzahlungen leisten muss. Bei einem derartigen Fehlverhalten können seither auch Gefängnisstrafen von bis zu drei Jahren verhängt werden (84).

4.8 ROT-GRÜN STABILISIERT SICH

Es war nicht allein die Krise der christdemokratischen Opposition, die im Laufe des Jahres 2000 die Bedingungen für das Regierungshandeln verbesserte. Jetzt funktionierte auch der Regierungsapparat deutlich geräuschloser. Gleichzeitig verbesserte sich die Arbeit der regelmäßig tagenden Koordinierungsrunden. Problematisch blieb freilich die Zusammenarbeit der beiden Koalitionsparteien. Da die regelmäßig tagenden Koalitionsrunden nur wenig Wirksamkeit erlangten, blieb der Einfluss der Grünen weitgehend auf die persönlichen Zugangsmöglichkeiten ihrer Spitzenleute begrenzt. Während Vizekanzler Joschka Fischer diesen Zugang besaß und auch Fraktionschef Rezzo Schlauch bald ein enges Verhältnis zu Kanzler Schröder unterhielt, sahen sich die Parteivorsitzenden Gunda Röstel und Antje Radcke weiterhin an den Rand gedrängt. So kam es immer wieder zu Entscheidungen, über die der kleinere Koalitionspartner erst nachträglich unterrichtet wurde.

Bald schon wurde auch mehr oder weniger offen über die Notwendigkeit eines Personalwechsels an der Spitze der grünen Bundespartei diskutiert. Vor allem Joschka Fischer plädierte dafür, Radcke und Röstel durch Renate Künast und Fritz Kuhn zu ersetzen. Doch die dazu nötige Satzungsänderung scheiterte auf dem Parteitag in Karlsruhe im März 2000 am Widerstand der Basis. Beide hatten ihre Mandate in den Landesparlamenten von Baden-Württemberg und Berlin behalten wollen. Erst nachdem sie von dieser Bedingung abgerückt waren, konnten sie im Juni 2000 in Münster gewählt werden. Gunda Röstel hatte man zuvor den Rückzug mit einem Job in der Privatwirtschaft schmackhaft gemacht. Antje Radcke trat nach der Annahme des »Atomkompromisses« nicht mehr zur Wahl an (85).

Im Frühjahr 2000 hatte der Kanzler selbst mit der »Green-Card«-Initiative einen Vorschlag für die Anwerbung ausländischer Spezialisten ins Spiel gebracht, mit dem ab August zunächst 10 000, dann noch weitere 10 000 hoch qualifizierte Arbeitnehmer nach Deutschland geholt werden sollten. Während Unions-Spitzenkandidat Jürgen Rüttgers im NRW-Landtagswahlkampf noch den Slogan »Kinder statt Inder« dagegensetzte, war mit Schröders Vorschlag eine Neubelebung der Diskussion um Ausländer- und Migrationspolitik verbunden, die im Juni zur Einsetzung einer Zuwanderungskommission führte, deren Vorsitz die frühere Bundestagspräsidentin Rita Süssmuth übernahm. Die »Green Card«-Initiative brachte zwar am Ende keine großen Erfolge. Bald aber begann eine neue Debatte über die Einwanderungspolitik, in deren Verlauf der neue Unions-Fraktionschef Friedrich Merz den Begriff einer »deutschen Leitkultur« ins Spiel brachte. Der vom Politikwissenschaftler Bassam Tibi stammende Begriff einer »europäischen Leitkultur« war von Theo Sommer in der »ZEIT« zur »deutschen Leitkultur« abgewandelt worden. Merz griff dies nun auf.

Die Positionen der Parteien in der Migrationspolitik blieben sehr verschieden. Wo die Grünen weitere Lockerungen der Asyl- und Einwanderungspolitik verlangten, hielt die Union eher ein »Zuwanderungsbegrenzungsgesetz« für nötig. Auch Innenminister Otto Schily nahm eine eher restriktive Haltung ein (86).

Bis zum Frühjahr 2000 zeichnete sich in der umstrittenen Frage des Atomausstiegs ein Kompromiss ab. Nachdem Jürgen Trittin mit seinem Ausstiegskurs in den ersten Monaten der neuen Regierung gescheitert war, waren es vor allem Trittins Staatssekretär Rainer Baacke, Wirtschaftsminister Werner Müller, Joschka Fischer und Gerhard Schröder, die an einer Lösung beteiligt waren, die auch von der Atomwirtschaft akzeptiert werden würde. Diese Akzeptanz galt als unerlässlich, weil für den Fall einer nachträglichen zeitlichen Befristung geltender Betriebsgenehmigungen für die Atomkraftwerke mit Klagen der Kraftwerksbetreiber gerechnet werden musste, die Entschädigungszahlungen in Milliardenhöhe bedeuten konnten.

Am Ende mussten die Grünen einer Lösung zustimmen, die sich nicht auf ein festes Datum für das Ende der Atomenergienutzung einließ. Vielmehr sollten bestimmte Atomstrommengen für die Zukunft möglich sein, wobei die Betreiber diese Mengen auch unter den verschiedenen Anlagen verrechnen können sollten. Gleichzeitig waren zusätzliche Fristen für die ältesten Atomkraftwerke vorgesehen, so dass der Ausstieg erst in der folgenden Legislaturperiode beginnen würde. Insgesamt ergab sich aus dem Kompromiss eine Laufzeitbefristung der Atomanlagen auf 33 bis 34 Jahre.

Nach dieser Vereinbarung würde das letzte Kraftwerk etwa 2021 vom Netz gehen. Transporte zur Wiederaufbereitung abgebrannter Brennstäbe sollten bis 2005 zulässig bleiben (87).

Als Gerhard Schröder am 15. Juni 2000 die Einigung vorstellte, sprach er von einem »vernünftigen Kompromiss« zwischen den betriebswirtschaftlichen Interessen der Energieversorgungsunternehmen und den Wünschen der Mehrheit der Gesellschaft, die den Ausstieg wolle. Vermutlich entsprach das Ergebnis tatsächlich dem, was die meisten Bürger für vernünftig hielten.

Die Grünen freilich waren enttäuscht. Ihr Parteitag billigte das Ergebnis Ende Juni 2000 nur zähneknirschend. Während Kritiker von einer »Unterwerfung unter die Atomlobby« sprachen, bewertete der Mehrheitsbeschluss das Ergebnis als den »einzigen Weg«, um unter den gegebenen gesellschaftlichen Bedingungen zu einer »befristeten Nutzung der Atomenergie« zu kommen. Erneut musste die Partei Mitgliederverluste hinnehmen (88).

Auch die Umweltverbände kritisierten die Vereinbarung als »Ausstieg de luxe«. Für die Grünen wurde jetzt die Diskrepanz zwischen dem lange vornehmlich gesinnungsethisch-moralisch vorgetragenen Protest und den Realitäten von Rechtssicherheit, Vertrauensschutz und entsprechenden Entschädigungsansprüchen im demokratischen Rechtsstaat zum Problem. Freilich hagelte es auch Kritik von der anderen Seite. Die Opposition hielt den Ausstieg für unverantwortlich. 150 000 Arbeitsplätze gingen verloren. Die Strompreise würden steigen, eine Verminderung der Treibhausgase sei ohne Atomenergie nicht zu machen, der Energiebedarf niemals allein durch erneuerbare Energien zu decken.

Wie immer man die Einigung zum Atomausstieg beurteilen mochte: Ein Konzept für die Energiewende konnte der Verzicht auf die Atomenergie allein natürlich noch nicht bedeuten. Diesem Ziel diente das auf maßgebliches Betreiben der Grünen im April 2000 verabschiedete »Erneuerbare-Energien-Gesetz« (EEG). Es verpflichtete die Betreiber der Versorgungsnetze nicht nur, die Anlagen zur Erzeugung erneuerbarer Energien an ihr Netz anzuschließen, sondern auch, diesen Strom vorrangig abzunehmen und dafür eine auf zwanzig Jahre garantierte Vergütung zu zahlen.

Einbezogen waren die verschiedenen regenerierbaren Energieformen, also Sonnen- und Windenergie, Biomasse und Erdwärme. Das Gesetz löste einen gewaltigen Boom bei den erneuerbaren Energien aus, den selbst die Optimisten in dieser Form nicht erwartet hatten. Besonders auf dem Gebiet der Photovoltaik herrschte bald Goldgräberstimmung. Dank der staatlichen Förderung über den Strompreis rentierte sich jetzt die Erzeugung von Solarstrom in besonderer Weise. Auch der Ausbau der Windkraft nahm einen rasanten Anstieg (89).

Zwar wurden bald auch kritische Stimmen laut, die vor einer »Verspargelung der Landschaft« durch die Windkraftanlagen warnten. Auch gegen großflächige Solarparks regte sich da und dort Widerstand. Eine novellierte Fassung des EEG reduzierte 2004 die Förderung der Windkraft. Auch dass mehr als die Hälfte der Ökosteuerumlage in die vergleichsweise weniger effiziente Solarenergie floss, stieß auf Kritik. Doch die Grundrichtung der rot-grünen Energiepolitik wurde auch von den nachfolgenden Bundesregierungen fortgesetzt (90).

Weniger erfolgreich waren die Grünen mit ihrem Projekt einer »ökologischen Steuerreform«. So bestechend die Grundidee auch klang, den Umweltverbrauch zu verteuern und mit den Einnahmen andere Finanzlücken zu schließen oder sie zu ökologischen Umbaumaßnahmen zu nutzen – schon in den Koalitionsverhandlungen hatten die grünen Unterhändler bei Schröder auf Granit gebissen. Über die BILD-Zeitung sprach der Kanzler sein erstes Machtwort. Es galt dem Benzinpreis, der durch die Ökosteuer nur um sechs Pfennig steigen dürfe. Mehr sei mit ihm nicht zu machen (91).

Die Grünen mussten sich fügen. Als am 3. März 1999 der Gesetzentwurf zur Ökosteuer vom Bundestag verabschiedet worden war, fielen die öffentlichen Reaktionen eher unwillig aus. Zwar hatte Finanzminister Lafontaine das Unternehmen zum »zentralen Projekt der Moderne« erklärt, doch zufrieden waren am Ende die Wenigsten. Von einem »faulen Kompromiss« und einem »Notopfer für ein marodes Sozialsystem« sprach die Presse. Die Frankfurter Allgemeine Zeitung urteilte gar: »Die Ökosteuer ist ein Irrweg« (92).

Tatsächlich war die Wahl der Steuersätze recht willkürlich geraten. Sechs Pfennig beim Benzin, vier Pfennig beim Heizöl, 2 Pfennig pro Kilowattstunde beim Strom, 0,32 Pfennig pro Kubikmeter beim Gas – die Werte waren kaum plausibel begründet. Hinzu kam die mangelnde Abstimmung mit anderen steuer- und sozialpolitischen Vorhaben. Besonders problematisch waren die vielen Ausnahmeregelungen für energieintensive Branchen. Die Einnahmen aus der Ökosteuer sollten genutzt werden, um die Rentenbeiträge von 20,3 auf 19,5 Prozent abzusenken.

Nachdem die Koalition im Laufe des Jahres 1999 beschlossen hatte, auch in den folgenden vier Jahren die Ökosteuer auf Benzin um jährlich sechs Pfennige zu erhöhen, sorgte der starke Anstieg der Benzinpreise ab 2000 dafür, dass die Ökosteuer in der Öffentlichkeit immer unpopulärer wurde. Für die Union war die Ökosteuer bald zur »K.O.-Steuer« geworden. ADAC und Bild-Zeitung äußerten sich ähnlich. Im Februar 2001 erklärte Kanzler Schröder schließlich, dass über 2003 hinaus keine weitere Erhöhung geplant sei. Im Koalitionsvertrag 2002 fanden sich zur Ökosteuer nur noch wenige Sätze. Man wolle die ökonomische und soziale Verträglichkeit überprüfen und dann entscheiden, wie die Steuer weiterzuentwickeln sei. Dazu kam es dann nicht mehr (93).

Obwohl Energiesteuern heute die drittgrößte Einnahmequelle des Staates sind und die Finanzierung der Rentenversicherung inzwischen ohne diese Einnahmen gar nicht mehr denkbar ist, wurde die Ökosteuer kein vorzeigbares Glanzstück der rot-grünen Regierung. Kommunikativ ist es jedenfalls nicht gelungen, den Nutzen dieser Steuer überzeugend im öffentlichen Bewusstsein zu verankern. Erst der Gewöhnungseffekt hat über die Jahre zu einer Beruhigung der öffentlichen Meinung geführt.

Kaum als Erfolg konnten die Versuche von Umweltminister Trittin gelten, mit einem Dosenpfand den Trend zur Einwegverpackung und zur »Verdosung unserer Getränke« zu stoppen. Zwar teilte eine Mehrheit der Bevölkerung die Absichten des grünen Ministers. Doch die Umsetzung in Form eines Dosenpfandes erwies sich vor allem wegen der vielen Ausnahmen als derart kompliziert, dass zeitweise ein regelrechtes Chaos entstand. Selbst die ordnungsliebenden Deutschen verloren den Überblick, welche Verpackungen wo zurückgegeben werden konnten und welche nicht. Das Wirtschaftsministerium schätzte, dass bis Herbst 2003 Pfandmarken in Höhe von 450 Millionen Euro nicht eingelöst worden sind. Auch die gesetzlichen Neuregelungen Ende 2003 beendeten den Wirrwarr nicht (94).

Am 4. Juli 2000 brachte Rot-Grün einen Gesetzentwurf ein, der ein neues familienrechtliches Institut schaffen wollte. Mit einer »eingetragenen Lebenspartnerschaft« sollte auch für gleichgeschlechtliche Paare ein eheähnlicher Rechtsrahmen geschaffen werden, mit dem nicht nur eine Aufwertung der Stellung gleichgeschlechtlicher Paare in der Gesellschaft verbunden sein sollte, sondern auch ihre Benachteiligungen im Steuerrecht, bei Unterhaltsregelungen, in der Altersabsicherung und der rechtlichen Stellung im Krankheitsfall der Partner abgebaut werden konnten. Damit verbunden war der Anspruch, »Toleranz in einer solidarischen Gesellschaft neu zu begründen« (95).

Mit diesem Gesetzentwurf griffen die Regierungsfraktionen ein verändertes gesellschaftliches Klima gewachsener Toleranz gegenüber gleichgeschlechtlichen sexuellen Neigungen und entsprechenden Lebensformen auf, das sich in diesen Jahren auch in den zunehmenden »Outings« von Prominenten niederschlug. 2001 war es der Regierende Bürgermeister von Berlin, Klaus Wowereit, der sich spektakulär zu seinen Neigungen bekannte (»ich bin schwul, und das ist gut so«). 2002 sprach auch Hamburgs Erster Bürgermeister Ole von Beust (CDU) offen über seine gleichgeschlechtliche Orientierung. 2004 folgte FDP-Chef Guido Westerwelle mit der Bekanntgabe seines Lebenspartners.

Dennoch war der Vorstoß auch innerhalb der Regierungsparteien nicht unumstritten. Während die Grünen auf eine umfassende Gleichstellung drängten und für die Öffnung der Ehe eintraten, wollte Justizministerin Herta Däubler-Gmelin zunächst nur eine »kleine Lösung« ohne Rechtswirkung. Danach hätten etliche Benachteiligungen gleichgeschlechtlicher Paare zunächst fortbestanden. Die Ministerin fürchtete Verfassungsklagen. Zu den Skeptikern gehörte auch Kanzler Schröder, der in der SPD-Fraktion mehrfach darauf hinwies, dass die »Homo-Ehe« kein Leib- und Magenthema der SPD-Wähler sei (96). In einem Brief an die SPD-Parteigliederungen begründete Generalsekretär Franz Müntefering schließlich ausführlich den Vorstoß der Koalition. Man habe die Chance, ein altes Vorurteil zu schleifen und Toleranz gegenüber einer Minderheit gesetzlich festzulegen. An der zentralen gesellschaftlichen Bedeutung der Institution Ehe werde dadurch nicht gerüttelt.

Der Widerstand der Unions-Opposition gegen das Lebenspartnerschaftsgesetz fiel am Ende eher leise aus. Stimmen wie die des Abgeordneten Norbert Geis (CSU), der den Gesetzentwurf »für einen Verstoß gegen unsere Kultur und für den schlimmsten Angriff auf Familie und Gesellschaft« hielt, blieben die Ausnahme (97). Trotz aller Bedenken, die schließlich zu einem Normenkontrollverfahren vor dem Bundesverfassungsgericht führten, eignete sich das Thema nicht für eine gesellschaftliche Kampagne wie beim »Doppelpass«. Umfragen zeigten, dass eine Mehrheit der Deutschen eine Aufwertung gleichgeschlechtlicher Lebensgemeinschaften inzwischen befürwortete (98).

Am 10. November 2000 wurde das Gesetz vom Bundestag angenommen. Zum 1. August 2001 trat es in Kraft. Die Klagen mehrerer Bundesländer in Karlsruhe blieben erfolglos. Das Verfassungsgericht argumentierte, dass aus der verfassungsrechtlichen Schutzgarantie für die Ehe kein Gebot folge, andere Lebensformen ihr gegenüber zu benachteiligen. Allerdings hielt Karlsruhe daran fest, dass die gleichgeschlechtliche Lebensgemeinschaft keine Ehe sein könne. Eine Ehe sei allein eine Verbindung von Mann und Frau (99).

Während das Lebenspartnerschaftsgesetz in den Folgejahren immer weniger umstritten war und eine Entwicklung eingeleitet hat, die schließlich zu der 2017 eigeführten »Ehe für Alle« führte, wurde eine andere auf Betreiben der Grünen umgesetzte innenpolitische Reform ein Misserfolg. Die

2001 durchgesetzte Aufwertung und gesetzliche Legalisierung der Prostitution hat das Ziel einer Bekämpfung des Zuhälterwesens und einer Herauslösung der käuflichen Liebe aus dem Rotlichtmilieu offensichtlich verfehlt. Mit dem liberalsten Prostitutionsgesetz der Welt hatte sich Deutschland zehn Jahre später laut einer von der EU in Auftrag gegebenen Studie »zu einem Paradies für Freier und Menschenhändler« entwickelt. Dass das Gesetz durch die gesellschaftliche Aufwertung der Prostitution zur Einrichtung unzähliger neuer Bordelle führen könnte, war offenbar gar nicht bedacht worden (100).

Trugen diese Reformgesetze vor allem die Handschrift des grünen Koalitionspartners, so war die im Frühsommer vom Bundestag verabschiedete und am 14. Juli 2000 auch durch den Bundesrat gebrachte Steuerreform ein Kernanliegen der Sozialdemokraten. Dass diese Reform nach einigem Tauziehen im Vermittlungsausschuss von Bundestag und Bundesrat die Länderkammer schließlich passieren konnte, galt angesichts der dortigen Mehrheitsverhältnisse als großer Coup des Kanzlers. Ihm war es in letzter Minute gelungen, die Zustimmung der großkoalitionär regierten Länder Berlin und Brandenburg zu gewinnen. Auch die sozialliberale Landesregierung von Rheinland-Pfalz hatte die Steuerreform am Ende unterstützt, nachdem es der FDP gelungen war, der Bundesregierung die Absenkung des Spitzensteuersatzes auf 42 Prozent abzuringen. Brandenburg bekam vom Bund zusätzliche Infrastrukturmittel, Berlin Zuschüsse für die Instandsetzung der Museumsinsel und für den Ausbau des Olympiastadions zugesagt (101).

Während Schröder und sein Finanzminister Hans Eichel sich im Glanz ihres prestigeträchtigen Erfolges sonnen und Schröder darauf hinweisen konnte, dass mit dem Erfolg seiner Steuerreform eine mehrjährige Blockade in der Finanzpolitik beendet worden sei, hatte die konfrontative Verhandlungsführung der neuen CDU-Führung mit Friedrich Merz und Angela Merkel unter Assistenz von Edmund Stoiber die Opposition in die Niederlage geführt. Politisch-kommunikativ wog das umso schwerer, weil die zentrale Ablehnungsbegründung von Friedrich Merz, die sich auf die vorgesehene Umstellung des Vollanrechnungsverfahren bei der Körperschaftssteuer auf ein »Halbeinkünfteverfahren« bezog, öffentlich kaum zu vermitteln war (102).

In der Sache ähnelte die Steuerreform an vielen Stellen den Plänen, mit denen Theo Waigel 1997 am kompromisslosen Widerstand der sozialdemokratisch regierten Länder gescheitert war. Dies galt für den vorgesehenen Anstieg des Grundfreibetrags ebenso wie für die Neuregelung der Körperschaftssteuersätze, die jetzt bei 25 Prozent liegen sollten. Lediglich bei der Absenkung des Spitzensteuersatzes hatte die Vorgängerregierung noch deutlich weitergehen wollen (103).

Zusätzlich galt jetzt das »Halbeinkünfteverfahren« bei der Besteuerung von Dividenden und für Gewinne aus der Veräußerung von Anteilen an Kapitalgesellschaften. Gewinne von Kapitalgesellschaften, die aus der Veräußerung von Beteiligungen an anderen Kapitalgesellschaften entstanden, waren ab 2002 steuerfrei gestellt. Auf der anderen Seite wurden Abschreibungsmöglichkeiten eingeschränkt. Einschnitte bei Vergünstigungen für Arbeitnehmer, wie sie Waigels Vorschläge bedeutet hätten (z. B. durch Reduzierung der Kilometerpauschale), waren allerdings nicht vorgesehen. Hier unterschied man sich von den Plänen einige Jahre zuvor. In der Gesamtsumme ergab sich eine Steuerentlastung bis 2005 in der Größenordnung von etwa 48 Milliarden Euro (104).

Besonders die Parallelen zu Waigels Reformvorschlägen sorgten für Erbitterung bei der Union. Und da die entscheidenden Stimmen im Bundesrat durch finanzielle Zugeständnisse des Bundes erlangt worden waren, war auch von »verfassungswidrigem Stimmenkauf« die Rede. Allerdings war auch die Kohl-Regierung zur Beginn der 1990er Jahre häufiger so verfahren, wenn es galt, wichtige Gesetze durch einen Bundesrat zu bringen, der damals von der SPD dominiert wurde. So blieb am Ende der Eindruck eines großen Erfolgs des verhandlungstaktisch versierteren Kanzlers. Das Ansehen Schröders stieg.

Langfristig bedeutsam wurde die mit dem neuen Finanzminister Hans Eichel verbundene Wende in der Finanzpolitik. Hatte sein Vorgänger Lafontaine noch auf konjunkturelle Belebung durch Stärkung der Binnennachfrage gesetzt und die Konsolidierung des Bundeshaushalts diesem Ziel untergeordnet, so sah Eichel bereits 1999 Kürzungen von 30 Milliarden im Etat für 2000 vor. Auch in den Folgejahren setzte Rot-Grün diese Bemühungen zur Konsolidierung fort. Sehr erfolgreich war man dabei aber nicht. Zwar konnte Eichel 100 Milliarden DM (52 Mrd. Euro) aus dem Verkauf der UMTS-Lizenzen für den Mobilfunkverkehr einnehmen, die zur Reduzierung der Staatsverschuldung genutzt wurden. Doch für 2002 sollte die Neuverschuldung des Bundes immer noch bei 21 Milliarden Euro liegen – eine Zahl, die schließlich noch deutlich übertroffen wurde. Im November 2002 musste sogar ein Nachtragshaushalt verabschiedet werden. Mit ihm erhöhte sich die Nettokreditaufnahme auf 34,6 Milliarden. Da im gleichen Jahr nur 25 Milliarden als Investitionsausgaben des Bundes vorgesehen waren, war der Haushalt eigentlich verfassungswidrig und konnte nur durch die Feststellung einer »Störung des gesamtwirtschaftlichen Gleichgewichts« in Kraft treten (105).

2002 verstieß Deutschland mit seiner Ausgabenpolitik erstmals offen gegen die Defizit-Auflagen des europäischen Stabilitäts- und Wachstumspakts. Entsprechend drohte der europäische Sanktionsmechanismus, der Strafzahlungen vorsah. Doch nachdem bei den Koalitionsverhandlungen 2002 der Finanzminister von Schröder regelrecht abgekanzelt und in die Buchhalterrolle zurückgestuft worden war und das von der Europäischen Kommission beantragte Defizitverfahren im Ministerrat nicht die nötige Zustimmung gefunden hatte, setzte sich der Anstieg der Nettokreditaufnahme in den folgenden Bundeshaushalten weiter fort. Bis 2005 verfehlte Deutschland viermal in Folge die europäischen Stabilitätskriterien. Eine deutsch-französische Achse trat nun offen für eine Aufweichung der Maastricht-Kriterien ein. Im Bundeshaushalt 2005 war sogar eine Nettokreditaufnahme von 47,6 Milliarden Euro vorgesehen (106).

Mit den Beschlüssen zur Rücknahme der Rentenreformen der Vorgängerregierung war Rot-Grün die Verpflichtung eingegangen, ein eigenes Reformkonzept zur Sicherung des künftigen Rentenniveaus vorzulegen. Nach längeren internen Debatten vor allem in der SPD legte Arbeitsminister Walter Riester einen Entwurf vor, dessen wichtigster Teil in der Einführung einer kapitalgedeckten und damit versicherungsähnlichen Zusatzrente bestand. Die bald so genannte »Riester-Rente« stieß auf den heftigen Widerstand von Gewerkschaften und Sozialverbänden. In einem Schreiben an Kanzler Schröder und seinen Arbeitsminister äußerte der IG Metall-Vorsitzende Klaus Zwickel Verwunderung und Enttäuschung über die »gänzlich inakzeptable Rentenkonzeption«, die unter der Regie seines früheren Vorstandskollegen zustande gekommen war (107).

Tatsächlich bedeutete die Riester-Rente eine Abkehr vom bislang geltenden Grundsatz, dass eine auskömmliche Alterssicherung für alle Rentenbezieher allein auf der Basis der paritätischen Beitragszahlungen von Arbeitnehmern und Arbeitgebern gesichert sein sollte. Stattdessen sollte künftig jeder Einzelne mitverantwortlich sein. Um die Beiträge zur Rentenversicherung einigermaßen stabil zu halten, wollte nun auch Rot-Grün das Leistungsniveau der gesetzlichen Rentenversicherung absenken. Kompensiert werden sollten die Ausfälle durch eine kapitalgedeckte private Altersvorsorge, für die staatliche Zuschüsse gezahlt oder steuerliche Vergünstigungen gewährt wurden (108).

Walter Riester war über die Vorwürfe aus dem Gewerkschaftslager empört und konterte mit dem Hinweis, dass mit einer Politik des »Wasch mir den Pelz, aber mach mich nicht nass« die Strukturprobleme der Rentenversicherung nicht zu lösen seien. Im Mai 2001 passierte die Rentenreform, die neben der Einführung der privaten Zusatzrente auch noch andere Bestandteile hatte, Bundestag und Bundesrat. Doch populär wurde sie nie. Liberale Stimmen vermissten den großen Wurf, Linke sahen einen Systembruch, Ex-Minister Blüm eine riesige Subventionierung der Versicherungswirtschaft. Die Union stimmte im Bundestag zwar dagegen, ließ das Gesetz aber im Bundesrat durchlaufen (109).

Bis heute ist umstritten, was die Riester-Rente gebracht hat. Schon 2005 musste man am Gesetz nachbessern, um die private Zusatzrente attraktiver auszugestalten. Später trat ein »Nachhaltigkeitsfaktor« in der Rentenversicherung an die Stelle des Blümschen »demographischen Faktor«. Eine Studie des DIW kam 2011 zu dem ernüchternden Fazit, dass von der Riester-Rente tatsächlich vor allem die Versicherungswirtschaft profitiert hat, deren Riester-Produkte aber für die Sparer nur schlechte Renditen gebracht hatten. Das Grundsatzproblem der Riester-Rente bestand und besteht bis heute darin, dass gerade diejenigen, die aufgrund niedriger Rentenerwartung besonders auf eine Zusatzrente angewiesen wären, aufgrund niedriger Einkommen gar nicht in der Lage sind, größere Beträge für ihre Altersvorsorge abzuzweigen (110).

Die reformpolitische Dynamik auf einigen Politikfeldern flößte dem sozialdemokratischen Teil der Regierung ab Sommer 2000 deutlich stärkeres Selbstbewusstsein ein. Das zeigte sich besonders bei Gerhard Schröder, der bei einer Rundreise durch Ostdeutschland neue Maßstäbe medialer Inszenierungskunst setzte. Nach mühsamem Start und den verunglückten Bildern vom Brioni-Kanzler schien jetzt doch eine »Ära Schröder« angebrochen zu sein.

4.9   DAS FREMDELN DER GRÜNEN MIT DER REGIERUNGSROLLE

Weitaus schwerer taten sich noch immer die Grünen. Allein Außenminister Fischer hatte es inzwischen zu einiger Popularität gebracht, von der seine Partei aber so gut wie nicht profitieren konnte. Nachdem ihm im Kosovo-Konflikt mit der deutschen EU-Ratspräsidentschaft eine tragende Rolle zugefallen war, war er in der Folgezeit wieder etwas hinter den Bundeskanzler zurückgetreten. Im Mai 2000 machte er mit einer viel beachteten Rede zur »Finalität Europas« in der Berliner Humboldt-Universität auf sich aufmerksam, die freilich europapolitisch ohne große Folgen blieb. Hier brachte der Nizza-Gipfel zur institutionellen Reform der EU Ende 2000 nur einen mühsam als Reform verbrämten Kuhhandel zustande (111).

Noch immer mit der Regierungsrolle aber fremdelte Fischers Partei. Während der Abstand zwischen den Erwartungen der Parteibasis einerseits und den Imperativen des Regierungshandelns andererseits nur mühsam schwand, taten sich auch weite Teile der Öffentlichkeit mit der Regierungsrolle der Grünen schwer. Allzu leicht gerieten sie in Gefahr, entweder als zu radikal oder als zu angepasst beurteilt zu werden. Dabei bestand ein beträchtlicher Teil der Reformagenda der Regierung aus grünen Vorhaben, wie aus heutiger Sicht deutlicher wird als damals.

Neben internen Struktur- und Koordinationsmängeln und der anfänglich ungeschickt polarisierenden Performanz von Jürgen Trittin trug auch die Ressortverteilung zu den Schwierigkeiten bei. Während Fischer als Außenminister eine Sonderrolle spielte, konnte Andrea Fischer als Ministerin im schwierigen Gesundheitsressort kaum Glanzpunkte setzen. Ihre Pläne zur Einführung eines Globalbudgets, zur Reform der Krankenhausfinanzierung und zur Einführung einer Positivliste für Arzneimittel mobilisierten zahlreiche Widerstände. Erschwerend kam hinzu, dass der SPD-Gesundheitsexperte Rudolf Dressler ihr ständig in die Parade fuhr. Gerne wäre er selbst Gesundheitsminister geworden. Zur Jahreswende 2000/2001 geriet Andrea Fischer dann auch noch in den Strudel des BSE-Skandals, besser bekannt als »Rinderwahnsinn«. Diese Krankheit war in Großbritannien schon seit 1984 aufgetreten und wurde durch die Verfütterung von Tiermehl, das zu wenig erhitzt wird, hervorgerufen. Als Creutzfeld-Jakob-Krankheit war sie auch auf Menschen übertragbar (112).

Im Laufe des Jahres 2000 hatten sich die Fälle gehäuft. Ende Oktober wurde EU-weit über ein generelles Verbot der Verfütterung von Tierresten und Tiermehl diskutiert, was jedoch auch am Widerstand Deutschlands scheiterte. SPD-Landwirtschaftsminister Karl-Heinz Funke hielt die Sicherheitsstandards in Deutschland bei der Verbrennung von Tierkadavern für ausreichend und die Ängste vor BSE für übertrieben. Andrea Fischer dagegen wollte ein Verbot und konnte sich schließlich im November bei Schröder auch durchsetzen. Bereits am folgenden Tag starb eine Kuh in Schleswig-Holstein an BSE. Jetzt sollte eine Eilverordnung die sofortige Einstellung der Tiermehlverfütterung vorschreiben. Doch das Justizministerium stellte sich quer. Eine »Gefahr im Verzuge« sei nicht belegbar, weshalb eine Eilverordnung keine Rechtsgrundlage haben könne. Doch nur wenige Tage später kündigte der Kanzler selbst einen Kurswechsel in der Landwirtschaft an. Und ab 1. Dezember 2000 galt EU-weit ein Verfütterungsverbot (113).

Kurz vor Weihnachten wurden schwere Vorwürfe wegen des Krisenmanagements im Gesundheits- wie im Landwirtschaftsministerium erhoben.

Beide Ministerien hatten nur unzureichend kooperiert. Gleichzeitig kam die Überlegung auf, ein Verbraucherschutzministerium zu schaffen. Rasch entstand daraus die Idee, Funke und Fischer abzulösen und ein neues Ministerium für Landwirtschaft und Verbraucherschutz einzurichten. Joschka Fischer und Fritz Kuhn griffen sofort zu. Sie sahen im Verbraucherschutz ein neues Profilierungsfeld für die Grünen. Gleichzeitig konnte die Agrarwende und die ökologische Landwirtschaft als Kernanliegen grüner Politik stärker herausgestellt werden. Dafür mussten Andrea Fischer und Karl-Heinz Funke weichen. Anfang Januar 2001 wurden Ulla Schmidt Bundesgesundheitsministerin und Renate Künast neue Bundesministerin für Landwirtschaft und Verbraucherschutz (114).

Obgleich weite Teile der Öffentlichkeit den »Kulturschock« skeptisch beurteilten, den der Amtsantritt der Großstädterin Künast für die Bauern und ihre Verbandsfunktionäre bedeuten musste, ging die neue Ministerin doch mit Feuereifer an die Arbeit. Der BSE-Skandal bedeute das Ende der Landwirtschaftspolitik alten Typus. Als Ziel ihrer Arbeit gab sie die »Agrarwende« aus, wobei Verbraucherschutz, Stärkung des ökologischen Landbaus, Änderung der Kriterien bei den Agrarsubventionen und artgerechte Tierhaltung im Mittelpunkt stehen müssten. Innerhalb von zehn Jahren sollte der Anteil der ökologischen Landwirtschaft von knapp vier auf 20 Prozent ansteigen (115).

Dieses Ziel wurde klar verfehlt. Bis 2010 bewegte sich der Anteil des ökologischen Landbaus an der deutschen Landwirtschaft nur bei sechs Prozent. Verbraucherschützer kritisierten bald, dass die von Künast durchgesetzten Bio-Siegel nicht für alle Lebensmittel galten. Doch allen Halbheiten und manchen enttäuschten Erwartungen zum Trotz ließ sich kaum bestreiten, dass mit der grünen Ministerin doch ein Wandel von der klassischen Landwirtschaftspolitik als Lobbypolitik für die konventionellen Bauern zu einer Politik, die den Verbraucherschutz in den Mittelpunkt rückte, stattfand. Mit der Übernahme dieses Ressorts hatten die Grünen zumindest einen Teilerfolg erringen können, der tatsächlich neue Profilierungschancen bot.

4.10 KAMPF UM KULTURELLE HEGEMONIE

Bei allen Erfolgen blieb die rot-grüne Reformpolitik 2000/2001 im Unterschied zu den Jahren der Reformeuphorie während der Kanzlerschaft Willy Brandts von einem nüchternen Grundton geprägt, der sich kaum über den Horizont des Machbaren hinauswagte. Wo Brandt seinerzeit mit dem le-

gendären Satz »Wir wollen mehr Demokratie wagen« eine einprägsame
Formel gelungen war, mit der er über den Tag hinausreichende Sehnsüchte
wachrief und selbst die Spitze eine breiten gesellschaftlichen Demokratie-
bewegung übernahm, gelang ausgerechnet den »68ern an der Macht« eine
Sinnstiftung jenseits des pragmatischen Alltagshandelns kaum. Entsprechend bescheiden fielen die Politisierungs- und Mobilisierungsimpulse aus,
die sie in die Gesellschaft hinein ausstrahlen konnten. Von einer »Regierung ohne inneren Kompass« hat Wolfrum geschrieben (116).

Das lag gewiss auch an der Persönlichkeit des Kanzlers, der mit seinem
kühlen Blick für Macht und Machbarkeit, aber auch mit einer gewissen
»Schnoddrigkeit« beim Umgang mit moralischen und historischen Kategorien eigentlich kaum zum kulturellen Erbe von 1968 passte (117). Ein tieferes
geistiges Fundament zur Absicherung des Auftrags einer solchen Reformregierung ließ sich darauf bei allem Medientalent Schröders schwerlich
gründen.

Zu tun hatte dieser Mangel an Sinnstiftung auch mit der gewandelten
Medienwelt, die immer stärker von Hektik, Flüchtigkeit und Hysterie geprägt war und vor allem kurzatmige Erregungszustände hervorbrachte.
Öffentlich wahrnehmbare Politik wurde immer häufiger zu einer simu-
lierten Scheinwelt, die mit Pseudoereignissen um Aufmerksamkeit buhlte,
während der kritische Aufklärungsanspruch in den Hintergrund trat. Dazu
passte die wachsende Selbstvermarktung der Politiker, die immer unge-
nierter auch ihr Privatleben als Teil ihrer öffentlichen Selbstinszenierung
einsetzten und die bis in die Ära Kohl noch weitgehend gewahrte Grenze
zwischen öffentlichem Amt und privatem Lebensstil selbst in Frage stellten (118).

Freilich kam es 2000 und 2001 auch zu politischen Auseinandersetzungen, die sich als Kampfplätze für eine über den Alltagspragmatismus hinausreichende politisch-moralische Sinnstiftung eigneten und entsprechend
deuten liessen. Die erste betraf die Entschädigung der NS-Zwangsarbei-
ter, die bereits im Koalitionsvertrag von SPD und Grünen vereinbart worden war. Nachdem das Thema durch Sammelklagen von Holocaust-Opfern
in den USA besondere Brisanz bekommen hatte und auch Geschäftsinteressen deutscher Unternehmen berührt waren, hatten 16 deutsche Firmen
im Februar 1999 eine »Stiftungsinitiative der deutschen Wirtschaft« geschaffen. Für die Bundesregierung wurde zunächst Kanzleramtsminister
Bodo Hombach in den USA tätig. Nach seinem Ausscheiden ernannte der
Bundeskanzler den früheren FDP-Vorsitzenden Otto Graf Lambsdorff zum
Sonderbeauftragten der Regierung für die Frage der Zwangsarbeiterent-
schädigung.

Im Dezember 1999 einigten sich Politik und Wirtschaft, die Stiftung mit
zehn Milliarden DM auszustatten. Nach zähem Ringen hatte man sich
darauf verständigen können, dass der Bund und die Wirtschaft davon jeweils die Hälfte tragen sollten. Am Ende kamen 8,25 Milliarden für individuelle Entschädigungsansprüche zur Verteilung. Ehemalige Zwangsarbei-
ter konnten bis zu 15 000 DM erhalten. Der Bundestag schuf dafür im Juli
2000 die gesetzlichen Voraussetzungen (119).

Im Februar 2000 wurde in Österreich ein Regierungsbündnis zwischen
der ÖVP und der rechtspopulistischen FPÖ gebildet. Kanzler wurde der
ÖVP-Kandidat Wolfgang Schüssel. Obwohl der hoch umstrittene FPÖ-Chef
Jörg Haider auf einen Regierungseintritt verzichtete und die neue Regierung Garantieerklärungen zur Beachtung der tragenden EU-Grundwer-
te abgab, wurde Österreich unter maßgeblicher Beteiligung der deutschen
Bundesregierung daraufhin unter eine Art Quarantäne gestellt. Fortan
sollte jeder bilaterale Kontakt mit der Wiener Regierung durch die 14 anderen EU-Staaten unterbleiben. So sah es jedenfalls ein Maßnahmenka-
talog vor, der von Frankreich, Deutschland und Belgien angeregt worden
war. Gerhard Schröder sprach davon, dass man das »Salonfähigmachen der
politischen Positionen von Herrn Haider« nicht hinnehmen könne (120).
Außenminister Fischer begründete die EU-Sanktionen mit dem Interesse
»der gemeinsamen Werte der Freiheit, der Demokratie, der Menschenrechte und der Rechtsstaatlichkeit«. Erneut wurde auch der Holocaust als
geschichtspolitisches Argument bemüht (121). Dass man im Falle der Beteiligung der italienischen Neofaschisten an der Berlusconi-Regierung in
Rom anders verfahren war, spielte keine Rolle.

Am Ende aber ließ sich die Isolierung der Alpenrepublik nicht lange
durchhalten. Nachdem die vierzehn anderen EU-Länder mit Zustimmung
Österreichs drei Sachverständige für ein Gutachten zur FPÖ und zum Eintreten der Wiener Regierung für die gemeinsamen europäischen Werte nominiert hatten und die Gutachter keine Anhaltspunkte erkannten, die eine
Aufrechterhaltung der Sanktionen rechtfertigten, wurden sie im Herbst
wieder zurückgenommen. Wohl sei die FPÖ eine rechtspopulistische Partei
mit »radikalen Elementen«. Doch am Eintreten der Wiener Regierung »für
die gemeinsamen europäischen Werte« bestünden keine Zweifel (122). Damit war die Quarantäne beendet.

Die Folgen aber wirkten noch lange nach. Das Vorgehen Deutschlands
und Frankreichs gegen das kleine Österreich stand in einem deutlichen
Kontrast zu dem unbefangenen Pragmatismus, mit dem gerade diese beiden ihr Verhältnis zu Russland und China pflegten. Sicher, Russland und
China waren nicht Teil der EU. Das machte einen wichtigen Unterschied.

Und mit dem Amsterdamer Vertrag war ab 1999 ein höheres Integrations-niveau in der Innen- und Rechtspolitik in der EU erreicht worden. Darauf beriefen sich die Befürworter der Boykottpolitik. Gleichwohl hat der Historiker Christian Meier von einem »Akt außenpolitischer Willkür« und von »undemokratischer Erziehungsdiktatur« gesprochen (123).

Ende Juli 2000 sorgte der Sprengstoffanschlag auf einen Düsseldorfer S-Bahnhof für den Beginn einer breiten und bald ausufernden Diskussion über die Bekämpfung des Rechtsextremismus, die in die Forderung nach einem NPD-Verbot mündete. Als Anfang Oktober zunächst unbekannte Täter einen Brandanschlag auf die Düsseldorfer Synagoge verübten, brachte das eine weitere Steigerung der Aufgeregtheit. Wie selbstverständlich ging man in Berlin davon aus, dass die Täter auch hier im »braunen Sumpf« zu finden waren. Zwei Tage nach dem Anschlag forderte Gerhard Schröder einen »Aufstand der Anständigen«.

Die moralische Aufladung der Debatte sorgte dann dafür, dass ein Verzicht auf die Forderung nach einem NPD-Verbot manchen als Ausdruck mangelnder Entschlossenheit im Kampf gegen die Gefahr von rechts galt. Nüchterne Hinweise auf die juristischen Risiken eines Verbotsantrags angesichts der marginalen politischen Rolle der NPD hatten wenig Chancen. Dies galt erst recht, nachdem Bayerns Innenminister Beckstein im Sommer öffentlich ein NPD-Verbot verlangt hatte. Dass sich wenig später herausstellte, dass zwei arabische Jugendliche die Täter von Düsseldorf gewesen waren, änderte daran nichts (124).

Bald kam es zu einer Art Überbietungswettlauf, in dem alle Seiten ihre Entschlossenheit zum »Kampf gegen Rechts« durch den Beitritt zum Verbotsverfahren unter Beweis stellen mussten. Das traf besonders die Union, der gerne unterstellt wurde, ihrerseits zum Wachstum rechtsextremer Kräfte beigetragen zu haben. Schließlich entzog sich allein die FDP diesem Wettbewerb um die wehrhafteste Gesinnung und hielt ihre Bedenken gegen einen Verbotsantrag aufrecht. Anfang 2001 wurden die Verbotsanträge von Bundesregierung, Bundestag und Bundesrat eingereicht.

Das Verfahren in Karlsruhe endete freilich dann mit einem peinlichen Verfahrensabbruch. Die Bundesregierung sah sich nicht in der Lage, beim vorgelegten Beweismaterial gegen die NPD diejenigen Unterlagen herauszufiltern, die unter Beteiligung von Spitzeln des Verfassungsschutzes zustande gekommen waren (125). So blieb dem Verfassungsgericht keine andere Wahl als das Verfahren abzubrechen.

Wie weit der Empörungsfuror im Herbst 2000 reichte, wurde Ende November deutlich, nachdem die BILD-Zeitung getitelt hatte, »Neonazis ertränken Kind«. Dabei ging es um einen Badeunfall, bei dem im sächsischen

Sebnitz 1997 ein Junge ums Leben gekommen war. Obwohl die Ermittlungen längst eingestellt worden waren, hatte die Mutter des Toten nicht lockergelassen, ihre Darstellung des Sachverhalts in die Medien zu bringen. Nach der Meldung in BILD pilgerten die Medienvertreter reihenweise in die sächsische Kleinstadt. Wenige Tage nach der Veröffentlichung der angeblichen Mordtat empfing der Bundeskanzler die Eltern des Jungen. Nur zwei Tage später aber war klar, dass es keinerlei seriöse Anhaltspunkte für einen Mord gab (126).

Als Friedrich Merz im Herbst anlässlich einer Pressekonferenz zur Einwanderungspolitik der Union von einer »deutschen Leitkultur« als maßgeblichem Kriterium für die Integration von Migranten gesprochen hatte, löste er damit ein weiteres publizistisches Erdbeben aus. Was als Begriff auf den angesehenen Islamwissenschaftler Bassam Tibi zurückging, der von einer »europäischen Leitkultur« sprach und was bislang niemanden in Rage versetzt hatte, geriet vor dem Hintergrund rechtsextremistischer Anschläge und des »Aufstands der Anständigen« nun in den Geruch nationalistischer und deutschtümelnder Ideologielastigkeit. Zwar versicherte Merz umgehend, mit seiner Rede von der »freiheitlichen deutschen Leitkultur« seien Toleranz, Offenheit, die Verfassungstraditionen des Grundgesetzes, Achtung der Menschenwürde, der Persönlichkeits- und Freiheitsrechte, aber auch Bürgerpflichten und die Kenntnis der deutschen Sprache gemeint. Doch dass die Union damit publizistisch in die Defensive geraten war, zeigte sich bei der Großdemonstration von 200 000 Menschen gegen Fremdenfeindlichkeit und Rassismus in Berlin am 9. November. Ziemlich düpiert musste CDU-Chefin Angela Merkel am Podium mit anhören, dass der Vorsitzende des Zentralrats der Juden, Paul Spiegel, ausrief: »Was soll das Gerede um die Leitkultur? Ist es etwa deutsche Leitkultur, Fremde zu jagen, Synagogen anzuzünden, Obdachlose zu töten?« (127).

Bei der Verschränkung der Zuwanderungsdebatte mit der Auseinandersetzung um den Rechtsextremismus prallten unterschiedliche Gesellschaftsvorstellungen aufeinander. Ein moralisch aufgeladener, nicht immer realistischer Multikulturalismus stand einem überkommen wirkenden Begriff von nationaler Identität gegenüber. Zwischen diesen beiden Polen den Weg in eine offene, zugleich aber auch integrationsfähige Gesellschaft zu finden, die sich ihrer unverzichtbaren Grundwerte gewiss war, fiel Deutschland schwer. Bundespräsident Rau war es, der darauf hinwies, dass sich hinter diesen Kontroversen das Bedürfnis der Deutschen verberge, sich über ihr Selbstverständnis als Nation bewusst zu werden (128). Moralisch aber schienen in diesem Herbst die Rot-Grünen die besseren Karten zu besitzen.

Anfang 2001 kam es dann an einer ganz anderen Frontlinie zu einer hoch aufgeladenen Debatte um das Geschichtsbild der Bundesrepublik. War noch im Wahlkampf 1998 die militante Vergangenheit von Joschka Fischer trotz der wenig schmeichelhaften Biographie eines früheren Frankfurter Szene-Mitläufers kaum Gegenstand ernsthafter Attacken gewesen (129), so änderte sich das mit dem Beginn des Prozesses gegen den Ex-Terroristen Hans-Joachim Klein, der in den 1970er Jahren zu Fischers engerem Bekanntenkreis gehört hatte.

Bis dahin hatte Fischers über die Jahre sorgfältig ausgestellter Läuterungsprozess vom gewaltbereiten Staatsfeind zum Staatsmann in Nadelstreifen gerade das bürgerliche Publikum mehr fasziniert als abgeschreckt. Den Außenminister umgab die Aura des verlorenen Sohnes, dem man sein jugendliches Revoluzzertum gerne verzieh, wenn nicht gar neidete. Wie weit Fischer dabei tatsächlich in den Sumpf der Gewalt eingetaucht war, wollte man so genau meist gar nicht wissen. Allenfalls die, die ähnliche Wurzeln hatten wie er, nahmen dann und wann Anstoß an Fischers biographischen Selbststilisierungen.

Im Klein-Prozess war auch der Minister als Zeuge geladen. Die Kumpels von einst begegneten sich jetzt in denkbar ungleichen Rollen vor Gericht. Außenminister und Vizekanzler der eine, Terrorist der andere – das musste nicht nur die Phantasien der Medienbeobachter beflügeln. Klar war auch, dass es bei Fischer mit wolkigen Andeutungen über seine zeitweise Gewaltbereitschaft nicht abgehen würde. Was er wann und wem dabei getan hatte – alles würde jetzt aufgerollt werden.

So entschloss sich Fischer zur Flucht nach vorn und bekannte zum Jahreswechsel im Stern: »Ja, ich war militant«. Er habe bei Straßenkämpfen Steine geworfen. Ein Terrorist aber sei er nie gewesen. Und werfen könne er auch nicht gut, fügte er süffisant hinzu (130).

Kurz nach dem Stern-Interview kündigte die Journalistin Bettina Röhl, Tochter von Ulrike Meinhof, an, den Außenminister wegen versuchten Mordes an einem Polizisten im Mai 1976 anzuzeigen. Inzwischen kursierten Pressebilder, die einen vermummten Fischer mit Helm im Handgemenge mit einem Polizisten zeigten. Sie stammten aus 1973. Fischer, der die Echtheit der Bilder bestätigte, entschuldigte sich umgehend. Doch das genügte jetzt nicht mehr, um die öffentliche Debatte zu beenden. Fieberhaft wurde nach neuen Erkenntnissen über seine Gewaltkarriere gesucht.

Schließlich wurde die Rolle zum Thema, die Fischer bei den gewaltsamen Auseinandersetzungen vor dem spanischen Konsulat in Frankfurt im Herbst 1975 gespielt hatte. Ob er selbst Molotow-Cocktails geworfen hatte oder nicht, ob er sogar eine Art Einsatzleiter beim massenhaften Einsatz solcher Brandsätze gewesen war, das wurde jetzt zur großen Frage. Hektisch suchten Presseleute nach glaubhaften Zeitzeugen. Bis in Krankenhäuser und an Krankenbetten drangen Journalisten auf der Suche nach den entscheidenden Belegen vor. Allein, das entscheidende Bild, das Fischer als Brandsatz-Werfer hätte überführen können – es tauchte nicht auf (131).

Bald war auch Umweltminister Trittin in die Debatte um die Vergangenheit verwickelt. Nachdem er bei einem zufälligen Zusammentreffen mit dem Sohn des 1977 von der RAF ermordeten Generalbundesanwalts Siegfried Buback von diesem auf einen Nachruf angesprochen worden war, in dem ein anonymer Autor in einer von Trittin mitverantworteten Göttinger Studentenzeitschrift seinerzeit seine »klammheimliche« Freude über diesen Mord nicht verhehlen mochte, hatte Trittin unwirsch reagiert. Buback machte den Vorgang öffentlich. Trittin sah sich daraufhin zu einer entschuldigenden Klarstellung veranlasst.

Am Tag nach seinem Prozessauftritt, den der Außenminister eher spröde hinter sich gebracht hatte, ging es im Bundestag hoch her. Die Debatte um Fischers Biographie nahm besonders die Union zum Anlass eines Deutungsstreits um die Rolle der Protestbewegung von 1968 für die Geschichte der Bundesrepublik. Genau das aber half dem Außenminister. Das als Versuch der Opposition gedeutete Unterfangen, eine ganze Generation auf die Anklagebank zu setzen und damit deren Selbstbild von der Teilnahme an einer »freiheitlichen Bewegung« zu attackieren, beförderte die Solidarisierung mit dem angeschlagenen Außenminister, der jetzt stellvertretend für alle im Feuer stand (132). Neue Details über das Ausmaß seiner Verwicklung in die Gewalt hätten Fischer wirklich gefährlich werden können. Ein Kulturkampf um die Deutung von 1968 aber ließ sich überstehen.

Zumal Fischer bald Unterstützung von ungewohnter Seite bekam. Nachdem der frühere BILD-Chefredakteur Peter Boenisch, dessen Blatt 1968 den protestierenden Studenten hart zugesetzt hatte, davon sprach, dass man das Vergangene Vergangenheit lassen und die Akteure nach ihrem heutigen Tun beurteilen solle, wurde deutlich, dass die Deutschen in ihrer Mehrheit an einer neuerlichen Uminterpretation von 68 wohl gar nicht mehr interessiert waren.

Noch einmal geriet der Außenminister in Bedrängnis, als im Februar 2001 bekannt wurde, dass er 1969 an einer PLO-Solidaritätskonferenz in Algier teilgenommen hatte. Da er eine solche Teilnahme zuvor stets kategorisch ausgeschlossen hatte, war seine Glaubwürdigkeit jetzt beschädigt. Zugleich blitzte eine Vergangenheit auf, in der auch er mit einem Antizionismus zu tun gehabt hatte, dessen Abgrenzung vom Antisemitismus stets heikel geblieben war. Zugleich sah er sich mit der Aussage der Ex-Terroristin Margit Schiller konfrontiert, die versicherte, wenigstens einmal bei Fischer und Daniel Cohn-Bendit übernachtet zu haben. Fischer dagegen hatte stets darauf bestanden, niemals »Herbergsvater für Terroristen« gewesen zu sein (133). Doch wirklich Neues kam danach nicht mehr. So ebbte die Aufregung allmählich ab.

Zwar war der Versuch der Union, mit dem Angriff auf 1968 auch Rot-Grün als die Regierung der Achtundsechziger-Generation zu treffen, zum Scheitern verurteilt. Die Bilder des vermummten Steinewerfers Fischer änderten letztlich nichts an der Bereitschaft des Publikums zur Aussöhnung. Aber zur Mythenbildung über eine heldenhafte Freiheitsbewegung luden sie nun auch nicht ein. Fischer bekam die Quittung für seinen mitunter koketten Umgang mit einer gewaltsamen Vergangenheit, den der Historiker Götz Aly als »Gestus der historischen Verniedlichung« bezeichnet hat (134). Auch die linksliberale Überhöhung von 68 mit ihrer Stilisierung dieser Zeit zur »zweiten Republikgründung« erhielt jetzt einen Dämpfer (135).

So blieb der Kampf um die kulturelle Hegemonie am Ende ohne klaren Sieger. Die Sanktionen gegen Österreich wurden aufgehoben, das NPD-Verbotsverfahren endete peinlich. Fischer überstand die Debatte um seine Vergangenheit nicht ohne Blessuren. Eine überlegene Moralität konnte Rot-Grün für sich dann doch nicht in Anspruch nehmen.

4.11 DER 11. SEPTEMBER 2001 UND ROT-GRÜN

Am Morgen des 11. September 2001 steuerten islamistische Terroristen des Netzwerks Al Qaida zwei entführte Passagiermaschinen in die beiden Türme des World Trade Center in New York. Anderthalb Stunden später waren die Türme eingestürzt. Sie begruben unter sich mehr als 3000 Menschen aus 115 Ländern der Erde. Ganz Manhattan war von einer Staubwolke umhüllt. Zur gleichen Zeit wurde das Pentagon in Washington mit einem Flugzeug angegriffen. Eine vierte Maschine stürzte auf einem Acker in Pennsylvania ab, nachdem mutige Passagiere die Entführer hatten überwältigen können. Ihr Ziel war wohl das Weiße Haus gewesen (136).

Der Angriff des islamistischen Terrornetzwerks löste Schockwellen in der ganzen Welt aus. Nicht nur, dass die USA erstmals seit Pearl Harbour zum unmittelbaren Ziel einer bewaffneten Attacke aus dem Ausland geworden waren. Zugleich kamen Befürchtungen hoch, die Welt könne am Beginn womöglich noch schrecklicherer terroristischer Angriffe mit nuklearen, biologischen oder chemischen Massenvernichtungswaffen stehen.

Der 11. September, soviel schien sicher, hatte die Welt grundlegend verändert (137).

Am Tag darauf sprach ein sichtlich mitgenommener Bundeskanzler Gerhard Schröder im Bundestag von einer »Kriegserklärung gegen die gesamte zivilisierte Welt«. Zugleich betonte er die »uneingeschränkte Solidarität« Deutschlands mit den Vereinigten Staaten. Eine Woche später wiederholte er die Bereitschaft, den USA beizustehen, verband sie freilich mit der Einschränkung, dass die Bundesrepublik zu »Abenteuern« nicht bereitstehe. Und er fügte hinzu, dass die Bekämpfung des Terrorismus nicht nur mit militärischen Mitteln verfolgt werden müsse. Ein umfassendes Konzept, das auch politische, wirtschaftliche und kulturelle Zusammenarbeit einbeziehen müsse, sei nötig (138).

Am 28. September rief der UN-Sicherheitsrat die Weltgemeinschaft dazu auf, den Terrorismus mit politischen, wirtschaftlichen, polizeilichen und gesetzgeberischen Mitteln zu bekämpfen. Am 4. Oktober 2001 stellte die NATO erstmals in ihrer Geschichte den Bündnisfall nach Artikel 5 des NATO-Vertrags fest und deutete den Angriff von Al Qaida damit als Kriegshandlung. Nachdem man über Jahrzehnte hinweg davon ausgegangen war, dass es in einem Bündnisfall um die Hilfe der USA für einen angegriffenen europäischen NATO-Staat gehen würde, hatte sich jetzt die umgekehrte Situation ergeben. Die Europäer – und damit auch die Deutschen – waren aufgerufen, den USA beizustehen.

Amerika war fest entschlossen, mit aller Härte zurückzuschlagen. In seiner Rede vor dem US-Kongress hatte Präsident Bush bereits am 20. September den afghanischen Taliban, auf deren Gebiet Al Qaida frei agieren konnte, ein Ultimatum gestellt. Sie sollten ihren Führer Osama Bin Laden und andere ausliefern und den Amerikanern freien Zugang zu den Ausbildungsstätten von Al Qaida gewähren. Gleichzeitig klagte er 60 Länder an, in denen islamistische Terroristen vermutlich aktiv waren. Man würde die Terroristen überall auf der Welt jagen und all denen, die ihnen Unterschlupf gewährten, den Krieg erklären (139).

Nachdem die Taliban diesen Forderungen nicht nachgekommen waren, begannen am 7. Oktober die Kampfhandlungen. US-Kampfflugzeuge und britische Geschwader bombardierten Stellungen in Afghanistan. Es begann die Mission »Enduring Freedom«. Die Luftunterstützung galt den Truppen eines afghanischen Anti-Taliban-Bündnisses, das »Nordallianz« genannt wurde. Zwei Wochen später griffen US-Bodentruppen in die Kämpfe ein. Das Taliban-Regime war bald gestürzt und der Krieg zu Ende. Osama Bin Laden wurde jedoch nicht gefasst. Er hatte sich mit 800 Kämpfern aus den Höhlenverstecken in der Bergregion von Tora Bora nach Pakistan absetzen können. Hier wurde er erst am 2. Mai 2011 von US-Spezialeinheiten aufgespürt und getötet (140)

Deutsche Truppen waren zunächst nicht beteiligt. Unterstützung gab es nur in Form von Überflugrechten und der Bewachung amerikanischer Einrichtungen. Doch schon in den Tagen unmittelbar nach den Terrorangriffen begannen auch in Deutschland die Debatten über die Notwendigkeit einer Beteiligung an militärischen Aktionen gegen den Terrorismus. Am 19. September unterstützte der Bundestag durch einen entsprechenden Beschluss die Bereitschaft der Bundesregierung, »konkrete Maßnahmen des Beistandes« folgen zu lassen und bezog dabei militärische Mittel ausdrücklich mit ein. Zwar betonten Kanzler Schröder wie Außenminister Fischer immer wieder, dass die Antwort auf den Terrorismus »umfassend« sein müsse und nicht nur militärischer Natur. Man dürfe sich auch nicht in einen »Kampf der Kulturen« ziehen lassen. Die Tonlagen blieben besonnen. Doch allen Beteiligten war klar, dass die Frage eines deutschen Militärbeitrags zur eigentlichen Nagelprobe für die Bündnissolidarität werden würde (141).

In diesen von Hektik, Unruhe und Anschlagängsten geprägten Wochen waren in der SPD, vor allem aber bei den Grünen, bald Stimmen zu hören, die vor einem »Solidarisierungszwang« mit den USA warnten. Die PDS, soviel war von Anfang an klar, würde ohnehin abseitsstehen. Und während auch in der Bevölkerung die »uneingeschränkte Solidarität« keineswegs unumstritten war, lehnten Teile der Grünen eine Beteiligung an militärischen Operationen rundheraus ab. In vielen Landesverbänden der Partei wurden entsprechende Beschlüsse gefasst. Die Bundesvorsitzende Claudia Roth forderte sogar einen Stopp der amerikanischen Luftoffensive (142). In der Bundestagsfraktion war von bis zu fünfzehn »Abweichlern« die Rede (143).

Zeitweise sah es so aus, als könnte Rot-Grün an dieser Frage scheitern. Planspiele für Neuwahlen wurden bereits angestellt. Am 7. November reichte die Bundesregierung offiziell den Antrag ein, deutsche Soldaten für den Kampf gegen den Terrorismus bereitzustellen. Tags darauf führte der Bundeskanzler vor dem Bundestag aus, dass auf entsprechende amerikanische Anfragen bis zu 3900 Soldaten der Bundeswehr zur Verfügung stehen sollten. Darunter befand sich auch das Kommando Spezialkräfte (KSK) der Bundeswehr, das 1996 vornehmlich zur Terrorbekämpfung aufgestellt worden war. Das größte Kontingent sollten freilich die Seestreitkräfte stellen, etwa 1800 Mann. Dazu waren 800 ABC-Abwehrkräfte vorgesehen, 500 Mann Lufttransportkräfte, 250 Sanitäter, 450 Mann Unterstützungskräfte und eben 100 Spezialkräfte. Das Einsatzgebiet wurde weit gefasst und erstreckte sich auf das NATO-Gebiet, die arabische Halbinsel, Mittel- und Zentralasien sowie Nordostafrika und die angrenzenden Seegebiete (144).

Zwar konnte bei näherer Betrachtung von einem groß angelegten Kampfeinsatz der Bundeswehr kaum die Rede sein. Jürgen Trittin hat den Einsatz rückblickend gar als »bewaffnete Kriegsdienstverweigerung« beschrieben. Doch wie beschränkt das Mandat auch immer bleiben würde: Es ging um die Zustimmung zum Einsatz deutscher Soldaten im Kampf gegen den Terror und es war fraglich, ob die Regierung dafür eine ausreichende Unterstützung der Abgeordneten von SPD und Grünen bekommen würde. In der Fraktionssitzung der Grünen kam es zu heftigem Streit zwischen Außenminister Fischer und Bundestagsvizepräsidentin Antje Vollmer. Dabei drohte Fischer mit Rücktritt (145). Inzwischen hatten etliche Landesverbände der Grünen die Fraktion aufgefordert, dem Antrag der Regierung die Zustimmung zu verweigern. In der SPD sorgte man sich über den Bestand der Regierung.

Nach heftigen Debatten beschloss der Parteirat der Grünen am 12. November zwar die Zustimmung. Man sei gegen eine bedingungslose Loyalität mit den USA, die in Abenteurertum münden könne, aber für eine Koalition gegen den Terror. Acht grüne Abgeordnete hatten jedoch bereits am Tag zuvor öffentlich versichert, einen entsprechenden Antrag im Bundestag keinesfalls mittragen zu wollen. Auch zwei sozialdemokratische Abgeordnete wollten eine Beteiligung an der Militärmission ablehnen. Die von Gerhard Schröder für nötig gehaltene »eigene Mehrheit« würde unter diesen Umständen nicht zustande kommen. Zwar würden die Oppositionsfraktionen von Union und FDP dem Antrag der Regierung sicher zur Mehrheit verhelfen. Doch das Fehlen einer eigenen Mehrheit würde die Regierung gerade in dieser schwierigen Frage empfindlich schwächen.

Hier spielte jetzt die Erfahrung eine Rolle, die Schröder Ende August bei der Abstimmung über den Einsatz der Bundeswehr in Mazedonien gemacht hatte. Obwohl der zeitlich befristete Einsatz im Rahmen eines von Mazedonien erbetenen NATO-Engagements zur Entwaffnung albanischer UCK-Kämpfer unproblematisch erschien, hatten 19 Sozialdemokraten und fünf Grüne dagegen gestimmt. Schröder hatte erstmals die Kanzlermehrheit verfehlt und sich kurzzeitig sogar mit Rücktrittsgedanken getragen (146).

So entschloss er sich am 13. November, zum letzten Mittel zu greifen, das einem deutschen Regierungschef zur Verfügung steht: Er verknüpfte die Abstimmung mit der Vertrauensfrage nach Artikel 68 des Grundgesetzes. Damit war klar, dass die Opposition nicht mitstimmen würde. Wer dem Antrag der Bundesregierung die Zustimmung verweigerte, würde damit zugleich Gerhard Schröder stürzen und die rot-grüne Koalition beenden. Am 16. November 2001 stand die Regierung tatsächlich auf der Kippe.

Am Ende erreichte Schröder sein Ziel. Drei Tage nach der Besetzung Kabuls durch die Truppen der Nordallianz beschloss der Bundestag mit 236 zu 226 Stimmen die Zustimmung zum Antrag der Bundesregierung. Dabei kam es zu einem denkwürdigen Vorgang. Da insgesamt acht Abgeordnete der Grünen gegen den Antrag stimmen wollten, aber nur vier Nein-Stimmen abgegeben werden duften, sollte die Kanzlermehrheit nicht verfehlt werden, ließen die Acht das Los darüber entscheiden, wer »aus Gewissensgründen« beim Nein bleiben durfte. So wurden im Ergebnis aus acht grünen Gewissen vier. Von einer »Umfallertruppe« und einem »beschämenden Schauspiel« war nun die Rede (147).

Nach der Zustimmung der Parteitage von SPD und Grünen Ende November konnte sich die Bundeswehr in Afghanistan engagieren. Deutschlands Sicherheit werde auch am Hindukusch verteidigt, wie der neue Verteidigungsminister Peter Struck im Dezember 2002 feststellte. Er hatte Rudolf Scharping im Sommer 2002 ersetzt. Die Grünen aber waren einmal mehr durch eine schwere Zerreißprobe gegangen. Erneut musste die Partei Mitgliederverluste hinnehmen. An der Schwelle des Wahljahres 2002 sahen die Wahlforscher die Ökopartei um die fünf Prozent.

Dabei spielte ihr Außenminister Fischer bei der vom 27. November bis zum 5. Dezember auf dem Petersberg bei Bonn abgehaltenen Afghanistan-Konferenz eine wichtige Rolle. Nach neun Tagen des heftigen Ringens einigte man sich hier unter Beteiligung verschiedener afghanischer Gruppen auf eine Übergangsregierung, deren Chef der Paschtunenführer Hamid Karsai werden sollte. Deutschland war der Initiator der Konferenz und konnte sich neben der Beteiligung am Militäreinsatz auch als Zivilmacht profilieren, die den Wiederaufbau des zerstörten Landes organisierte. Gerhard Schröder sprach von einer »historischen Vereinbarung« (148). Freilich zeigte sich bald, dass der Aufbau von stabilen Strukturen in Afghanistan weitaus schwerer werden würde als man sich das auf dem Petersberg vorgestellt hatte. Dabei erwies sich die anfängliche Konzentration der Kräfte auf Kabul als Fehler. Wer Afghanistan befrieden wollte, musste viel stärker auch auf dem Land vertreten sein. Als das Jahre später korrigiert wurde, war es zu spät.

Im Anschluss an die Konferenz wurde eine internationale Schutztruppe vorbereitet (ISAF). Die UNO fasste am 20. Dezember den entsprechenden Beschluss. Diese Schutztruppe, an der 16 europäische Staaten und Neuseeland beteiligt waren, erhielt den Auftrag, die afghanische Regierung bei der

Herstellung und Aufrechterhaltung von Sicherheit zu unterstützen. Diesmal warf die Beteiligung der Bundeswehr im Regierungslager keine Probleme auf. Kein einziger Abgeordneter der Grünen stimmte dagegen, als der Bundestag am 22. Dezember seine Zustimmung erteilte.

In den Folgejahren legten die Regierungen in Deutschland großen Wert auf die Trennung der beiden Mandate »Enduring Freedom« und »International Security Assistance Force«. Schröder selbst hatte das im Bundestag herausgestellt. Das entsprach zwar kaum den Realitäten vor Ort. Doch im öffentlichen Bewusstsein setzte sich in Deutschland die Auffassung durch, dass ISAF einem sanften, dem Aufbau und der Sicherheit dienenden Auftrag folge, während »Enduring Freedom« den Kampf gegen Taliban und Al Qaida führe. Entsprechend defensiv wurden die Einsatzregeln für das deutsche ISAF-Kontingent ausgelegt, das zunächst aus 1200 Soldaten bestand. Bis 2011 sollte diese Zahl auf den Höchststand von 5350 anwachsen (149). Deutschland stellte damit das drittstärkste Truppenkontingent in Afghanistan. Bis 2011 waren dort insgesamt 98 000 deutsche Soldaten eingesetzt. 52 verloren dabei ihr Leben (150).

Nachdem die Truppen der Nordallianz am 8. Dezember Kandahar erobert hatten, zogen sich die verbliebenen Einheiten der Taliban in die kaum zugänglichen Bergregionen zurück. In den befreiten Gebieten begann der Wiederaufbau. Die erste Schlacht gegen den Terrorismus schien gewonnen. Doch dieser Anschein trog. Weite Teile des Landes wurden von Warlords kontrolliert. Afghanistan blieb eine unruhige Konfliktregion.

Es war nicht nur der Kampf gegen den Terror und die »uneingeschränkte Solidarität« mit den Vereinigten Staaten, die die Regierung nach dem 11. September 2001 in Schwierigkeiten brachte. Mit den Angriffen des Terrornetzwerks war auch die Frage nach den Konsequenzen für den Schutz der inneren Sicherheit in Deutschland aufgeworfen. Dies war umso wichtiger, als bald klar wurde, dass drei der Attentäter lange unerkannt in Deutschland gelebt und von Hamburg aus ihre Taten geplant und vorbereitet hatten.

Zwei Wochen nach dem 11. September beschloss die Regierung ein Anti-Terror-Programm, das drei Milliarden DM u. a. für Ausbau und Erweiterung von Bundesgrenzschutz, Bundeskriminalamt, Nachrichtendienste sowie den Zivil- und Katastrophenschutz vorsah. Zur Finanzierung wurden Versicherungs- und Tabaksteuern erhöht. Dazu kam bald ein »Sicherheitspaket 1«, das auch die Streichung des Religionsprivilegs im Vereinsrecht vorsah, womit nun auch Vereinigungen verboten werden konnten, die unter dem Deckmantel der Religion aktiv-kämpferisch gegen die freiheitlich-demokratische Grundordnung operierten. Ein neuer § 129b StGB bewehrte die Mitgliedschaft in einer terroristischen Vereinigung fortan auch dann mit Strafe, wenn sich die Vereinigung im Ausland befand. Hinzu kamen gesetzliche Regelungen, die darauf zielten, die Finanzströme international operierender terroristischer Vereinigungen transparenter werden zu lassen.

Eine zentrale Rolle bei diesen Gesetzen spielte Innenminister Otto Schily. Ausgerechnet Schily, der als Anwalt der Linksterroristin Ulrike Meinhof in den späten siebziger Jahren die Anti-Terror-Gesetze der Regierung Schmidt scharf kritisiert hatte, profilierte sich jetzt als Anwalt einer verstärkten Inneren Sicherheit, der sich die Maxime von Helmut Schmidt zu eigen gemacht hatte, dass, wer den Rechtsstaat zuverlässig schützen wolle, auch bereit sein müsse, bis an die Grenze dessen zu gehen, was der Rechtsstaat zulässt (151).

Kurze Zeit später legte er noch ein »Sicherheitspaket 2« vor, das in 17 Einzelgesetzen u. a. eine Ausweitung der Kompetenzen für Verfassungsschutz, Bundeskriminalamt und Bundesgrenzschutz, die Einführung biometrischer Merkmale in Reisepässen und Personalausweisen und die erleichterte Abschiebung von Terroristen vorsah. Auch Einschränkungen des Brief-, Post- und Fernmeldegeheimnisses sollten jetzt möglich werden (152).

Schily stieß bei den Grünen auf schwerste Bedenken. Ihnen gingen die Vorstellungen des Innenministers zu weit. Erst nach mühsamen Verhandlungen gelang eine Einigung. Auch die Verhandlungen mit den unionsgeführten Ländern, deren Zustimmung benötigt wurde, gestalteten sich schwierig. Ihnen reichten die vom Innenminister vorgeschlagenen Maßnahmen nicht. Dass der Kraftakt am Ende doch gelang, lag an dem guten Einvernehmen, das Schily mit dem bayerischen Innenminister Beckstein pflegte. So konnten die Neuregelungen bereits zum Jahresanfang 2002 in Kraft treten (153).

So schwer sich die Grünen mit Otto Schily taten, der ja einmal einer der ihren gewesen war: Für das öffentliche Ansehen der Regierung erwies sich der Innenminister jetzt als überaus hilfreich. Dass der ehemalige RAF-Anwalt nun als Law and Order-Mann auftrat, war schon deshalb nützlich, weil der »rote Sheriff« kaum als rechter Scharfmacher zu denunzieren war. Zugleich aber half er, Rot-Grün gegen mögliche Angriffe von konservativer Seite abzusichern. Wäre die Bundesregierung auf dem Felde der Inneren Sicherheit angreifbar gewesen, hätte das nach dem 11. September leicht den Machtverlust bedeuten können. Joschka Fischer hat das so ausgedrückt: »Otto Schily stand da wie ein altdeutscher Eichenschrank. Die Tür war für die Rechten nicht aufzumachen, nicht einen Spalt« (154).

Rechtspolitisch war es eine Gratwanderung, die diese Regierung jetzt unternahm. Dass der Rechtsstaat sich zum Präventionsstaat entwickeln würde, war ein Einwand von Bürgerrechtlern, den man ernst nehmen musste. Weniger begründet dagegen waren Vorhaltungen, die Regierung plane den Weg in den Polizeistaat. Politisch musste die Regierung handeln. Und wie sehr das Sicherheitsbedürfnis der Menschen die öffentliche Stimmungslage prägte, hatte sich schon wenige Tage nach dem 11. September gezeigt. Bei den Landtagswahlen in Hamburg konnte die rechte »Partei Rechtsstaatliche Offensive« des Ronald Schill (»Richter Gnadenlos«) aus dem Stand 19,4 Prozent der Stimmen erreichen. Mit Schily aber bot die Regierung tatsächlich keine offene Flanke. So wurde der divenhafte Innenminister ein wichtiger Aktivposten der Regierung Schröder.

Wie akut die Terrorismusgefahr blieb, zeigte sich schon wenige Monate später. Beim Anschlag auf die al-Ghriba-Synagoge im tunesischen Djerba starben im April 2002 19 Menschen, darunter 14 Deutsche. 202 Opfer forderte der islamistische Bombenanschlag im Oktober auf der indonesischen Ferieninsel Bali. Gleich zehn Bombenanschläge auf Vorortzüge in der spanischen Hauptstadt Madrid unternahmen islamistische Terroristen im März 2004. 191 Menschen starben, mehr als 2000 wurden verletzt. Im Juli 2005 forderte eine ganze Serie von islamistischen Selbstmordattentaten in London 56 Todesopfer. Nur zwei Wochen später verübte eine mit Al Qaida verbundene Gruppe im ägyptischen Sinai-Badeort Sharm al Sheikh Bombenanschläge. 88 Menschen fanden den Tod.

Wiederholt zum Ziel terroristischer Angriffe wurde auch die indische Metropole Mumbai. Nachdem schon 2003 44 Menschen durch zwei Bombenexplosionen ums Leben gekommen waren, starben 2006 209 Menschen durch die Detonation von Bomben, die Terroristen mitten im dichten Berufsverkehr in den vollbesetzten Zügen der Stadt deponiert hatten. Zwei Jahre später kam es zwischen dem 26. und 29. 11. 2008 zu Terrorangriffen auf verschiedene Ziele der Stadt, darunter das weltbekannte Taj Mahal-Hotel. 174 Menschen verloren ihr Leben. Und die Blutspur des islamistischen Terrorismus ging weiter. Sie hörte auch nicht auf, nachdem Bin Laden ausgeschaltet und Al Qaida seine Rolle als Symbol für Terror und Schrecken verloren hatte.

4.12 DIE AUSSENPOLITIK DER ERSTEN REGIERUNG SCHRÖDER

Zu den großen außenpolitischen Herausforderungen der Koalition gehörte neben dem Kosovo-Konflikt auch die Europapolitik, in der grundlegende Weichenstellungen anstanden. Die Einführung der europäischen Gemeinschaftswährung war zu meistern. Dazu kamen die Ost-Erweiterung der Gemeinschaft und die nötigen strukturellen Reformen für eine absehbar deutlich größere Gemeinschaft. Dabei musste Deutschland mit der Übernahme der EU-Ratspräsidentschaft im ersten Halbjahr 1999 eine Schlüsselrolle zukommen.

Nach den europaskeptischen Äußerungen des neuen Bundeskanzlers, der 1997 noch eine Verschiebung der Euroeinführung angeregt hatte, und der Kritik von Oskar Lafontaine an der Fixierung der Gemeinschaft auf eine »neoliberale« Wirtschafts- und Finanzpolitik konnte erwartet werden, dass die Regierung Schröder auch auf diesem Gebiet neue Akzente setzen würde (155).

Tatsächlich verfolgte Finanzminister Lafontaine zunächst das Ziel, in Abstimmung mit Frankreich einen geldpolitischen Paradigmenwechsel in Europa durchzusetzen. Durch einen Mix aus Lohn-, Geld- und Haushaltspolitik, bei dem Zinssenkungen durch die gerade geschaffene Europäische Zentralbank eine wichtige Rolle zugedacht waren, sollte ein wachstumsfreundliches Umfeld entstehen, dass dann Erfolge in der Beschäftigungspolitik versprechen würde. Da auch die Grünen eine Europäisierung der Beschäftigungspolitik, die Steuerharmonisierung, die Festlegung sozialer und umweltpolitischer Mindeststandards und eine Koordinierung der Wirtschafts- und Finanzpolitik forderten und das Ziel einer Weiterentwicklung der EU zu einer Sozial- und Umweltunion Eingang in den Koalitionsvertrag gefunden hatte, sah es zunächst nach einem europapolitischen Kurswechsel aus (156).

Doch nachdem Lafontaine bei seinen europäischen Amtskollegen wenig Unterstützung gefunden hatte, seine Vorstellungen zur Steuerharmonisierung in Großbritannien sogar auf aggressive Abwehr gestoßen waren und der Machtkampf mit Gerhard Schröder durch den Rückzug des Saarländers sein Ende gefunden hatte, war es damit vorbei. Von einer »makroökonomischen Koordinierung« war nun nicht mehr die Rede. Auch der beim Kölner Gipfel im Juni 1999 beschlossene »europäische Beschäftigungspakt« blieb in den Folgejahren ohne große Bedeutung (157).

Während der mit dem Beginn der Währungsunion verbundene Verzicht der meisten EU-Mitgliedsstaaten auf eine eigene Währung bald vom Kosovo-Krieg und dem Rücktritt der Europäischen Kommission überschattet wurde, die mit Korruptionsvorwürfen konfrontiert worden war, sah sich die deutsche Ratspräsidentschaft auch durch die Verhandlungen zur Agenda 2000 gefordert, mit der ein neuer EU-Finanzrahmen für die Zeit nach der Osterweiterung geschaffen werden sollte. Nach den Agenda-Verhandlungen gelang ihr auch mit der raschen Einigung auf den neuen Kommissionspräsidenten Romano Prodi beim Gipfel Anfang Juni 1999 ein beachtlicher Erfolg. Dabei war die Einigung zur Agenda 2000 nach den verschiedenen Äußerungen Schröders, dass die deutsche Nettobelastung erheblich vermindert werden müsse, nicht unbedingt zu erwarten gewesen (158). Für Irritationen freilich sorgten die Deutschen mit ihrer ablehnenden Haltung zur Altauto-Richtlinie der EU. Sie wollte die Automobilfirmen verpflichten, Altautos künftig kostenlos vom letzten Besitzer zurückzunehmen. Umweltminister Trittin aber wurde in Brüssel in letzter Minute vom »Autokanzler« Schröder zurückgepfiffen. VW-Chef Piech hatte Schröder vor den Kosten gewarnt, die auf die deutsche Automobilwirtschaft zukämen (159). Der Termin für die Umsetzung der Verordnung wurde in letzter Minute verschoben.

Mit den laufenden Verhandlungen zur EU-Osterweiterung begann auch eine kontroverse Debatte über eine mögliche EU-Mitgliedschaft der Türkei. Dabei trat die Bundesregierung für eine Türkei-Mitgliedschaft ein, während die Opposition einen Kandidatenstatus der Türkei ablehnte und sich für eine »privilegierte Partnerschaft« einsetzte. Den Beschluss des EU-Gipfels vom Dezember 1999, den Türken den Beitrittsstatus zu verleihen, hielt sie für falsch (160).

Zum Misserfolg geriet Ende 2000 der EU-Gipfel in Nizza, der Weichenstellungen für die angestrebten Strukturreformen bringen sollte. Zwar gelang die Proklamierung der EU-Grundrechtecharta, was ein wichtiges Ziel der deutschen Europapolitik gewesen war. Doch beim Versuch einer Neuregelung der Stimmverteilung bei den künftigen Mehrheitsabstimmungen im Ministerrat der Europäischen Union kam es schon im Vorfeld zu Streit mit Frankreich. Die zunächst vorgesehene Anhebung der deutschen Stimmenanteile bei der Berechnung der qualifizierten Mehrheit, die angesichts der größeren Bevölkerungszahl nahelag, stieß in Paris auf heftigen Widerstand. Und während der Konferenz setzte sich Staatspräsident Chirac derart vehement gegen die Einführung einer »doppelten Mehrheit« bei den Abstimmungen im Ministerrat zur Wehr, dass der niederländische Ministerpräsident Kok von einer »richtigen Krise« sprach. Die doppelte Mehrheit sollte das Prinzip einer nötigen Staatenmehrheit mit dem einer Bevölkerungsmehrheit verbinden. Inzwischen gilt sie. Ende 2000 aber sah Frankreich darin noch eine Abkehr von der Parität zwischen Deutschland und Frankreich, die in Paris als existentielle Grundlage der Gemeinschaft betrachtet wurde (161). Auch auf anderen Gebieten wie der künftigen Größe der Kommission kam man in Nizza nicht entscheidend voran.

Immerhin wurde festgelegt, dass eine Regierungskonferenz 2004 eine genauere Kompetenzabgrenzung zwischen der EU und ihren Mitgliedstaaten vornehmen würde. Damit entsprach man den Forderungen, die besonders von den deutschen Bundesländern erhoben worden waren.

Bei der Umsetzung dieser Kompetenzabgrenzungen war dem »Europäischen Verfassungskonvent« eine zentrale Rolle zugedacht, dessen Einsetzung der EU-Gipfel im belgischen Laeken Ende 2001 beschloss. Vertreter von Regierungen, der Europäischen Kommission, des Europäischen Parlaments und der nationalen Parlamente erhielten den Auftrag, eine europäische Verfassung auszuarbeiten. Sie sollte die Abgrenzung der Zuständigkeiten klarer fassen, den Grundsatz der Subsidiarität bekräftigen und der Gemeinschaft den Status einer eigenen Rechtspersönlichkeit sichern. Präsident des Verfassungskonvents wurde der frühere französische Staatspräsident Valery Giscard d'Estaing. Der Entwurf, der schließlich 2003 unter der Überschrift »Verfassung für Europa« vorgelegt wurde, signalisierte schon im Titel einen bundesstaatsähnlichen Charakter der Gemeinschaft, die im Verfassungstext sogar mit eigener Fahne und eigener Hymne ausgestattet war (162).

Die Bundesregierung unterstützte dieses Initiative nach Kräften. Sie war im Konvent vom sozialdemokratischen Vorzeige-Intellektuellen Peter Glotz vertreten, nachdem Schröders erste Idee, Wolfgang Schäuble zu nominieren, auf den Widerstand seines Außenministers gestoßen war (163). Dieser übernahm dann nach den Bundestagswahlen 2002 diese Aufgabe selbst.

Fischer war es auch, der mit seiner Rede zur »Finalität Europas« in der Berliner Humboldt-Universität im Mai 2000 neue europapolitische Impulse setzen wollte. Er entwarf darin eine auf einem »Verfassungsvertrag« gründende Souveränitätsteilung zwischen Europa und den Nationalstaaten, bei der »nur das unbedingt notwendig europäisch zu Regelnde der Föderation« übertragen werden sollte. Dies ließ schon deshalb aufhorchen, weil Fischer als maßgeblicher Vertreter einer postnationalen Linken galt, die den Nationalstaat als zu überwindenden »Irrweg« begriff. Jetzt aber hatte er die tragende Rolle der Nationen im Prozess der europäischen Integration ausdrücklich anerkannt (164).

Weniger überzeugend fielen seine Vorschläge zur Umsetzung aus. Institutionell sollten die Mitgliedstaaten in zwei Kammern repräsentiert sein.

Eine erste Kammer sollte aus den gewählten Abgeordneten bestehen, die zugleich Mitglieder nationaler Parlamente bleiben würden. Eine zweite sollte nach einem Senats- oder Bundesratsmodell besetzt werden (165). Wie aber die effektive Kontrolle einer europäischen Regierung zu sichern war, wenn die Parlamentsabgeordneten gleich zwei Mandate auszuüben hatten, blieb dabei ebenso offen wie der Weg zur Umsetzung dieser neuen europäischen Institutionen (166).

Fischers Rede fand im In- und Ausland viel Beachtung. Darunter war Unterstützung, aber auch viel Kritik, vornehmlich aus dem Ausland. Weiterführende Bedeutung erlangte sein Vorstoß am Ende freilich nicht. Bereits der Umgang mit dem Verfassungsentwurf im Kreise der Staats- und Regierungschefs führte nach 2003 zu Problemen. Einige störten sich schon an den Symbolen einer europäischen »Staatlichkeit«. Der schließlich im Frühjahr 2004 vom Europäischen Rat verabschiedete »Verfassungsvertrag«, in dem von Fahne und Hymne schon keine Rede mehr war, scheiterte schließlich an der mehrheitlichen Ablehnung bei den Volksabstimmungen in Frankreich und den Niederlanden.

Neben der Europapolitik und der deutsch-amerikanischen Bündnissolidarität, die mit der Drohkulisse gegenüber dem Irak und der Bereitschaft Amerikas zum Krieg gegen das Regime von Saddam Hussein im Laufe des Jahres 2002 in eine Krise geriet, spielte nach dem Amtsantritt des neuen Präsidenten Wladimir Putin im Jahr 2000 die Russland-Politik eine wachsende Rolle. Dies galt vor allem für den Kanzler selbst, während sich der Außenminister hier spürbar zurückhielt. Dabei verstand Schröder Außenpolitik in erster Linie als Außenwirtschaftspolitik, was auch die Ziele seiner bald zahlreicher werdenden Auslandsreisen bestimmte, die ihn mehrfach auch nach China führten.

Fischer dagegen sah im Nahen Osten einen besonderen Handlungsschwerpunkt, wo er sich als Vermittler in den Friedensprozess einzuschalten versuchte. Nachdem er während eines Israelbesuchs im Sommer 2001 selbst Zeuge eines palästinensischen Terroranschlags geworden war, erntete er für seine spontanen Bemühungen um Vermittlung viel Anerkennung. Doch durchschlagende Erfolge waren ihm letztlich nicht vergönnt. Am Ende musste Europa die aufs Neue anwachsenden Spannungen zwischen Israel und den Palästinensern mehr oder weniger machtlos zur Kenntnis nehmen.

Schon bald nach dem ersten Deutschland-Besuch des russischen Präsidenten im Juni 2000 entwickelte sich eine enge Beziehung zwischen Schröder und Putin. Dabei zeigte der Kanzler großes Verständnis für russische Sicherheitsinteressen. Zwar unterstrich er im Herbst 2001 das Recht der baltischen Staaten, einem Verteidigungsbündnis ihrer Wahl beizutreten. Ein russisches Vetorecht dürfe es dabei nicht geben. Die amerikanischen Pläne für ein Raketenabwehrsystem (NMD) aber lehnte der Bundeskanzler ab (167).

Das besondere Interesse Schröders an Russland hatte vor allem mit dessen riesigen Vorkommen an fossilen Brennstoffen zu tun. Schon bei Putins erstem Deutschlandbesuch wurde eine Reihe von gemeinsamen Projekten zwischen dem russischen Gasmonopolisten Gazprom und deutschen Energieunternehmen beschlossen, darunter der Bau von Pipelines in Russland. Im Oktober 2003 verwandte sich Gerhard Schröder im russischen Jekaterinburg für die Unterzeichnung einer Absichtserklärung, in der die deutschen Konzerne Ruhrgas und Wintershall mit Gazprom den Bau einer sechs Milliarden teuren Erdgaspipeline durch die Ostsee vereinbarten. Wenig später wurde die Pipeline »Nord Stream« genannt. Sie sollte Schröders Leben weit über das Ende seiner Kanzlerschaft hinaus begleiten (168).

Die Leitlinien des Koalitionsvertrages mit ihrer Betonung von Krisenprävention, friedlicher Konfliktregelung, der universellen Geltung der Menschenrechte, Zivilisierung und Verrechtlichung der internationalen Beziehungen hatten neue außenpolitische Akzentsetzungen erwarten lassen, wie sie angesichts der betont zivilen und gewaltlosen, jedenfalls gewaltarmen Traditionen der Grünen und eines Teils der SPD auch nahelagen. Doch bald sorgte nicht nur die zeitweilige Überlagerung aller anderen außenpolitischen Themen durch den Kosovo-Konflikt für den Eindruck weitgehender Kontinuität zur Außenpolitik der Regierung Kohl. Zwar wurden die im internationalen Vergleich ohnehin restriktiven Regeln deutscher Rüstungsexportpolitik unter Beteiligung der Grünen noch strenger ausgelegt – zum Leidwesen des Kanzlers, der aus industriepolitischen Gründen gerne weniger restriktiv vorgegangen wäre. Aber solche Unterschiede blieben bis 2002 nur gradueller Natur. Auch unter Rot-Grün wurde außenpolitische Realpolitik betrieben und dominierte zum Leidwesen der grünen Menschenrechtsbeauftragten Claudia Roth der Pragmatismus die menschenrechtliche Moral. Während im Fall Österreich ein Exempel statuiert wurde, spielten die menschenrechtlichen Standards in den Beziehungen mit Russland und China nur eine untergeordnete Rolle. Auch nach dem Wechsel von Clinton zu Bush blieb das enge Verhältnis zu den Vereinigten Staaten zunächst erhalten. Erst das Jahr 2002 sollte hier gravierende Veränderungen bringen.

Auch europapolitisch überwog schließlich die Kontinuität. Hatte Schröder anfänglich unbefangener als seine Vorgänger von »deutschen Interessen« gesprochen und eine Reduzierung der Kosten für den Nettozahler

Deutschland verlangt, Finanzminister Lafontaine sogar den Konflikt mit der wirtschaftsliberalen Wettbewerbsphilosophie in Brüssel gesucht, so unterschied sich die Europapolitik seit dem Rückzug des Saarländers kaum noch von der Grundlinie der Kohl-Regierung. Allein die Entschiedenheit, mit der die Regierung Schröder den EU-Beitritt der Türkei verfocht, markierte hier eine klare Differenz (169).

Am 1. Januar 2002 war mit der Einführung des Euro-Bargeldes die letzte Phase der Umsetzung der Währungsunion abgeschlossen. Nach einem halbjährigen Übergangszeitraum, in dem Preise doppelt ausgewiesen wurden, war die DM Geschichte.

Die Deutschen arrangierten sich ziemlich rasch mit dem neuen Zahlungsmittel. Allerdings wurden mit der Währungsumstellung verbundene Preiserhöhungen sensibel registriert. Noch lange rechneten viele Bürger die neuen Preise in DM-Beträge um. Vielerorts wurde geklagt, dass der Euro in Wahrheit ein »Teuro« sei, weil seine Einführung zu kräftigen Preisaufschlägen genutzt werde. Statistisch ließ sich das freilich nicht beweisen. Im Großen und Ganzen aber verlief das Ende der DM ziemlich unspektakulär.

4.13 KONJUNKTUREINBRUCH UND DIE POLITIK DER RUHIGEN HAND

Nicht nur Terrorismus und Afghanistan-Einsatz verdunkelten im Spätherbst 2001 die Zukunftsperspektiven der Bundesregierung. An der Schwelle des Wahljahres bekam sie es auch mit den Folgen eines Konjunktureinbruchs zu tun, der die Arbeitslosigkeit ansteigen ließ und neue Löcher in die Staatskasse riss. Die Folgen der Terroranschläge sorgten für eine Eintrübung der Weltwirtschaft. Die Staatseinnahmen gingen zurück, was die Nettoneuverschuldung auf 2,6 Prozent des BIP ansteigen ließ. Damit lag sie in gefährlicher Nähe zur nach dem europäischen Stabilitätspakt erlaubten Schuldenrate. Die Europäische Kommission empfahl im Januar 2002, Deutschland einen »Blauen Brief«, eine Art Abmahnung, zu schicken.

Inzwischen war die Zahl der Arbeitslosen bis auf 4,3 Millionen angestiegen. Wenige Monate vor der Bundestagswahl lief der Kanzler Gefahr, an seinen eigenen Maßstäben gemessen zu werden. Er selbst hatte seit dem Herbst 1998 immer wieder davon gesprochen, dass er nicht verdiene, wiedergewählt zu werden, wenn es nicht gelinge, eine deutliche Senkung der Arbeitslosenzahlen herbeizuführen. Weil er noch im Herbst 2001 im Interview von einer »Politik der ruhigen Hand« gesprochen hatte, war bald der Vorwurf des »Aussitzens« in der Welt. Als dann auch noch der Begriff vom »Reformstau« auftauchte, wurden Erinnerungen an Helmut Kohl 1998 wach. Die Lage war kritisch geworden (170).

Politisch katastrophal wirkte sich Anfang Februar 2002 auch der Skandal um geschönte Vermittlungsstatistiken der Arbeitsämter aus. Der Präsident der Bundesanstalt für Arbeit, Bernhard Jagoda, musste seinen Abschied einreichen. Mit Nachfolger Florian Gerster begann ein Reformprozess der ursprünglichen Anstalt, die zu einem modernen Dienstleistungsunternehmen umgebaut werden sollte (171). Zwei Jahre später war freilich auch Gerster schon wieder gescheitert (172).

Um den Eindruck von Tatenlosigkeit zu korrigieren, den Schröders missratener Begriff von der »Politik der ruhigen Hand« hinterlassen hatte, griff er im Frühjahr 2002 zu einem schon in anderen Zusammenhängen wie der Zuwanderung und der Bundeswehrreform erprobten Mittel: Er setzte eine Expertenkommission ein, die den unspektakulären Titel »Kommission moderne Dienstleistungen am Arbeitsmarkt« bekam. In ihr versammelten sich insgesamt 15 Arbeitgeber- und Arbeitnehmervertreter, Politiker, Wissenschaftler und weitere Fachleuten. Sie sollten Vorschläge für Arbeitsmarktreformen ausarbeiten. Vorsitzender wurde VW-Personalvorstand Peter Hartz (173).

Im August 2002 legte die Kommission ihren Bericht vor. Darin wurde eine vollständige Neuorganisation der Arbeitsmarktpolitik angeregt, deren Leitmotiv der Grundsatz »fördern und fordern« wurde. Vorgeschlagen wurde eine Erhöhung des Drucks auf die Arbeitslosen, eine Beschäftigung anzunehmen. Die entsprechenden Zumutbarkeitsregeln sollten verschärft werden. Die Regelungen zur Schaffung von »Ich-AG's«, mit deren Hilfe Arbeitslose in den Arbeitsmarkt zurückgeführt werden sollten, widersprachen im Kern den seit 1998 eingeführten Bestimmungen zur Bekämpfung der Scheinselbständigkeit. In ihren Konsequenzen kaum absehbar war die Idee, Arbeitslose als Zeitarbeiter öffentlich anzustellen und dann an private Zeitarbeitsfirmen auszuleihen, um sie leichter in reguläre Beschäftigungsverhältnisse bringen zu können. Bereits vier Wochen zuvor hatte das Kabinett die flächendeckende Einführung eines Kombilohn-Modells beschlossen, mit dem künftig Niedriglohnempfänger aus öffentlichen Mitteln bezuschusst werden konnten (174).

4.14 DIE OPPOSITION AM VORABEND DES BUNDESTAGS-
WAHLKAMPFS 2002

Inzwischen hatte sich die CDU/CSU-Opposition von den schweren Rück-
schlägen durch ihre Finanzskandale einigermaßen erholt. Zwar funktionierte die Doppelspitze mit der neuen Parteichefin Angela Merkel und
Fraktionschef Friedrich Merz nicht immer harmonisch und hatte die Niederlage der Union im Streit um die Steuerreform 2000 zu einigen Verwerfungen geführt. Angela Merkel sah sich mit dem Vorwurf konfrontiert, sie
habe die Partei nicht im Griff und verfüge auch nicht über ein klares politisches Profil. Trotz solcher Anfeindungen aber konnte sie sich als Parteivorsitzende behaupten. Unterstützung erfuhr sie vor allem vom starken
NRW-Landesverband unter Führung von Jürgen Rüttgers. Der Dresdner
CDU-Parteitag Ende 2001 stärkte ihr sogar den Rücken. Nachdem Friedrich
Merz vorzeitig aus dem Rennen um die Kanzlerkandidatur ausgeschieden
war, gewann auch er an Gewicht (175).

Entscheidend für die Aufstellung zur Bundestagswahl 2002 aber wurden
die Zweifel an der politischen Führungsstärke Angela Merkels, die sich unter den meist männlichen Altersgenossen in der CDU-Führung hartnäckig
hielten. Dazu zählten Roland Koch und Christian Wulff. Als ernsthafte Alternative zu Angela Merkel kam freilich nur der bayerische Ministerpräsident Edmund Stoiber in Betracht.

Anfang Januar 2002 hatte Merkel per Zeitungsinterview ihre Bereitschaft zur Kanzlerkandidatur erklärt (176). Nachdem sich Stoiber nach einigem Zögern ebenfalls zu einer Kandidatur bereitfand, machten die Merkel-
Skeptiker in der CDU ihrer Vorsitzenden klar, dass sie für ihre Kandidatur
nicht mit großer Unterstützung rechnen könne. Eine besondere Rolle soll
dabei das Telefonat gespielt haben, das der Urlauber Roland Koch von der
Skipiste aus mit Angela Merkel geführt hat. Wenn sie Vorsitzende bleiben wolle, müsse sie verzichten, soll er ihr eindringlich nahegebracht haben (177).

So entschied sich Merkel, die Kanzlerkandidatur 2002 nicht weiter anzustreben. Noch im Januar traf sie den bayerischen Ministerpräsidenten
in dessen Wohnort Wolfratshausen, um ihn bei einem gemeinsamen Frühstück offiziell von ihrem Verzicht zu unterrichten und ihm selbst die Kandidatur anzutragen (178).

Trotz seiner bayerischen CSU-Verwurzelung, die bundesweit traditionell
eher ein politisches Handicap darstellte, lag Stoiber bei den Demoskopen
schon kurz nach seiner Nominierung vorne. Die Versuche, ihn zum polarisierenden »Rechten« zu stilisieren, verfingen kaum. Und die Nachteile, die

Stoiber in der medialen Selbstdarstellung gegenüber Schröder hatte, wurden geschickt durch das Herausstellen seiner Wirtschaftskompetenz kompensiert. Auch die demonstrative Betonung seiner Treue zu seiner ersten Ehefrau, mit der er kokettierend die vermeintliche rot-grüne Missachtung traditioneller Werte herausstellte (Schröder und Fischer lebten zu dieser Zeit in vierter Ehe), schadete ihm nicht. Im Frühjahr 2002 sah vieles nach einem Machtwechsel aus.

Auch die FDP hatte sich verändert. Am Ende der Kohl-Ära mit dem Image einer bloßen »Funktionspartei« behaftet, war ihr in der Opposition ein schwerer Weg vorausgesagt worden. Doch ihr umtriebiger Generalsekretär Guido Westerwelle mühte sich nach Kräften, die Liberalen im Gespräch und oberhalb der Wahrnehmungsschwelle zu halten. 2001 drängte er den Partei- und Faktionsvorsitzenden Wolfgang Gerhardt zum Rücktritt (179).

Schon 2000 war Jürgen Möllemann als Chef der zwischenzeitlich außerparlamentarischen NRW-FDP ein spektakuläres Comeback gelungen. Mit knapp zehn Prozent der Stimmen wäre er auch der eigentliche Lieblings-Koalitionspartner von NRW-Ministerpräsident Clement gewesen, wenn nicht bundespolitische Rücksichtnahmen eine Fortsetzung der Koalition mit den Grünen verlangt hätten.

Westerwelle und Möllemann stimmten bei aller Rivalität darin überein, den politischen Erfolg auch mit Mitteln unkonventioneller Öffentlichkeitsarbeit anzustreben. Diese Strategie hat Guido Westerwelle bald ins »Big Brother-Haus« und zu einer Deutschlandtour mit einem »Guidomobil« geführt, mit dem er in T-Shirts und kurzen Hosen im Sommer 2002 auf Campingplätzen zu sehen war. Möllemann tauchte mit Flyern und Medientross auch schon mal vor Grünen-Parteitagen auf. Westerwelle ließ sich schließlich sogar zum Kanzlerkandidaten nominieren. Als Wahlziel für die Bundestagswahlen 2002 wurden unrealistische »18 Prozent« genannt (180). Auch Pornostars wie Dolly Buster wurden in die Öffentlichkeitsarbeit der Freidemokraten eingebaut, der bald der Vorwurf einer »Spaßguerilla« gemacht wurde, der Spaßfragen wichtiger seien als Sachfragen (181).

Während beide FDP-Spitzenleute einen stärker wirtschaftsliberalen Kurs der FDP präferierten, hielt Möllemann im Unterschied zu Westerwelle auch das Lancieren von antijüdischen Ressentiments und scharfen Angriffen gegen die Politik Israels für vertretbar. Entsprechende Flugblätter, in denen der frühere Bundeswirtschaftsminister den israelischen Premierminister Ariel Scharon und den Journalisten Michel Friedman, Vizepräsident des Zentralrats der Juden in Deutschland, scharf attackierte, konnten den Eindruck einer Rechtsverschiebung der FDP aufkommen lassen und sorgten im Bundestagswahlkampf 2002 schließlich für Streit. Da sich bald herausstellte, dass Möllemann bei der Finanzierung seiner Kampagne gegen die Regeln der Parteienfinanzierung verstoßen hatte und kurz darauf ein Steuerstrafverfahren gegen ihn anhängig wurde, kam es Ende 2002 zu einem Parteiausschlussverfahren gegen den NRW-Landesvorsitzenden. Im März 2003 verließ Möllemann die FDP.

Das Ende der »Affäre Möllemann« verlief dann tragisch. Am Tage der Aufhebung seiner Immunität als inzwischen parteiloser Bundestagsabgeordneter verunglückte er im Juli 2003 tödlich. Der geübte Fallschirmspringer hatte seinen Fallschirm nicht geöffnet. Alle Indizien deuteten auf Selbstmord (182).

In der PDS fühlten sich die Reformkräfte nach der Bundestagswahl 1998 soweit gestärkt, dass sie auf ein neues Grundsatzprogramm drängten, das als Signal für eine Öffnung der Partei zu einer realistischen Reformpolitik und zum möglichen Partner linker Regierungsbündnisse dienen sollte. Die alte Führungsmannschaft um Parteichef Bisky, Fraktionschef Gysi und Bundesgeschäftsführer Dietmar Bartsch unterschätzte jedoch das Ausmaß des innerparteilichen Widerstands. Beim Parteitag in Münster im April 2000 wurde die Programmdiskussion verschoben. Gleichzeitig wies der Parteitag einen Antrag zurück, in dem Partei- und Fraktionsführung vorgeschlagen hatten, künftig in jedem Einzelfall zu prüfen, ob vom UN-Sicherheitsrat sanktionierte Militäreinsätze zum »Stopp eines Völkermordes« im »Ausnahmefall« gebilligt werden könnten. Nach dieser Niederlage kündigten Bisky und Gysi ihren Rückzug an. In der Öffentlichkeit wurde die Niederlage des Reformflügels in der PDS aufmerksam registriert. Selbst die linke »Frankfurter Rundschau« sprach von einer »politikunfähigen Träumertruppe« (183).

Der Abgang von Bisky und Gysi brachte die PDS in große Nöte. Den Nachfolgern Gabi Zimmer und Roland Claus an der Partei- und Fraktionsspitze mangelte es an medialer Ausstrahlung. Und in der Programmdebatte tat sich die Partei weiterhin schwer, sich aus den Fängen einer verharmlosenden DDR-Nostalgie zu lösen. Machtpolitisch trat sie freilich im Land Berlin 2001 in der neuen Rolle einer Regierungspartei auf, nachdem die Große Koalition unter Eberhard Diepgen an einem Bau- und Immobilienskandal gescheitert und Klaus Wowereit (SPD) Nachfolger Diepgens geworden war. Im rot-roten Senat übernahm Gregor Gysi das Wirtschaftsressort.

Doch Gysis Zeit als Senator währte kaum länger als ein halbes Jahr. Sein Rücktritt im August 2002 beschwerte mitten im Bundestagswahlkampf die PDS zusätzlich. Gysi war in die sogenannte »Bonusmeilenaffäre« verwickelt, bei der es um persönliche Vorteilsnahmen von Abgeordneten ging. Da der Rückzug Gysis nicht unbedingt zwangsläufig erschien, wurde bald vermutet, er habe wohl an dem Job in Berlin nicht genügend Gefallen gefunden. Wie auch immer seine Motivlage aussah: Die PDS hatte kurz vor der Bundestagswahl noch ein weiteres Problem (184).

4.15 DIE BUNDESTAGSWAHL 2002

Am Abend der Landtagswahlen in Sachsen-Anhalt im April 2002 stand es nicht gut um die Chancen für Rot-Grün bei der Bundestagswahl im September. Mit ihrem Ergebnis von 20 Prozent hatten die Sozialdemokraten gegenüber 1998 fast 16 Prozent verloren. Während die Union ihr Stimmenergebnis um 15 Prozent verbessert und die FDP mit über 13 Prozent sogar eine Verdreifachung ihres Stimmenanteils erreicht hatte und beide jetzt mit komfortabler Mehrheit zusammen regieren konnten, waren die Grünen auf ganze zwei Prozent gekommen. Für sie war diese letzte Landtagswahl der Legislaturperiode ein Desaster. Damit hatten sie bei allen vierzehn Landtagswahlen seit der Bildung der rot-grünen Bundesregierung mehr oder weniger deutlich verloren (185). Nahm man die Europawahl 1999 hinzu, war das Magdeburger Ergebnis ihre fünfzehnte Wahlniederlage in Folge.

Zwar sah die Bilanz der SPD, abgesehen vom Katastrophenherbst 1999, wenigstens durchwachsen aus. Doch überall da, wo sie sich gut oder einigermaßen hatte behaupten können, war das auf Kosten der Grünen gegangen. Für die Möglichkeit einer Fortsetzung der rot-grünen Allianz sprach in diesen Frühjahrstagen fast nichts.

Die Christdemokraten konnten angesichts der wirtschaftlichen Lage und der schlechten arbeitsmarktpolitischen Daten der Regierung Schröder die Wirtschafts-, Finanz- und Beschäftigungspolitik mit einiger Aussicht auf Erfolg in den Mittelpunkt ihrer Wahlkampagne rücken. Das Thema »Deutschland, Schlusslicht in Europa« eignete sich gut für Attacken. Da sich der Kandidat Stoiber zudem überaus moderat präsentierte, hatte eine Wahlkampfführung der SPD, die ihn zum polarisierenden Rechtsaußen in der Nachfolge von Franz Josef Strauß stilisieren wollte, kaum eine Chance.

So stiegen die Umfragewerte der Union im Frühjahr ständig an. Im Juni lagen CDU/CSU und FDP in den Umfragen um acht bis zehn Prozent vor Rot-Grün (186). Die SPD tat sich schwer. In den vorgelegten Bilanzen ihrer Regierungsjahre nahmen plötzlich die grünen Reformthemen einen zentralen Stellenwert ein. Erst mit dem Wahlparteitag der Sozialdemokraten im Juni besserte sich die Stimmung. Doch bald wurde sie durch den Konflikt um Rudolf Scharping wieder eingetrübt.

Der Verteidigungsminister war schon im Sommer 2001 in Ungnade gefallen, nachdem eine Illustriertenstory über Urlaubsfreuden mit seiner neuen Lebensgefährtin im direkten Umfeld zur Entsendung von Bundeswehrsoldaten nach Mazedonien aufgetaucht waren. Zunächst hatte Schröder an ihm festgehalten. Doch als im Sommer 2002 Meldungen auftauchten, nach denen ein Frankfurter PR-Berater Scharping beträchtliche Vorschüsse auf ein Buchhonorar gezahlt und auch schon mal seine Rechnungen bei einem Herrenausstatter beglichen hatte, setzte ihm der Kanzler den Stuhl vor die Kabinettstür. Nachdem Scharping einen Rücktritt als »Schuldeingeständnis« abgelehnt hatte, wurde er von Schröder regelrecht gefeuert. Zwar stellte sich später heraus, dass weder der Verdacht auf Steuerhinterziehung noch der Korruptionsvorwurf gegen Scharping aufrechterhalten werden konnte. Doch da war der Fall politisch längst erledigt (187).

Acht Wochen vor dem Wahltermin sah alles nach einer Niederlage für Rot-Grün aus. Die SPD-Wahlkampfstrategie versuchte jetzt, »weiche Themen« wie die Familienpolitik in den Mittelpunkt ihrer Kampagne zu rücken. Da Stoiber bei den Wirtschaftsthemen und der Inneren Sicherheit kaum zu schlagen war, wollte man jetzt die Sozialdemokraten stärker als die Partei mit dem moderneren Familienbild herausstellen. Renate Schmidt hatte Schröder schon im Frühjahr überzeugen können, dass es hier um mehr gehe als um eine Fußnote oder das »Gedöns«, von dem der Kanzler einmal gesprochen hatte. So trat Schröder im Wahlkampf mit dem Versprechen auf, vier Milliarden Euro für den Auf- und Ausbau von Einrichtungen zur Kinderbetreuung bereitzustellen (188).

Tatsächlich zeigten die Daten der Forschungsinstitute auf diesem Gebiet einen deutlichen Kompetenzvorsprung für die Sozialdemokraten (189). Eine thematische Zuspitzung an dieser Stelle würde sich auch die unterschiedlichen Images der beiden Kandidaten zunutze machen können. Während Stoiber hohe Sachkompetenz vor allem bei den »harten Themen« zugeschrieben wurde, bot er zugleich nur wenig emotionalen Zugang, wirkte distanziert und allzu kontrolliert. Schröder dagegen galt als offen, kommunikativ und humorvoll (190). Damit kam er bei den jüngeren Frauen deutlich besser an. Obgleich die Union ihre familienpolitische Schwachstelle erkannt hatte und Stoiber im Juli die unverheiratete Mutter Katharina Reiche als Familienexpertin ins Wahlkampfteam holte, hielt Schröder bei den jüngeren Frauen einen deutlichen Vorsprung. Der kopfgesteuerte Asket Stoiber blieb ihnen fremder als der lockere und unverkrampfte Schröder (191).

Das alles aber hätte nicht gereicht, wäre der Regierung nicht der Zufall in Gestalt einer Flutkatastrophe und die im Sommer 2002 beginnende De-

batte um einen militärischen Angriff Amerikas auf den Irak zu Hilfe gekommen. Der große Regen im Sommer 2002 half beiden Koalitionsparteien: Den Sozialdemokraten, in dem es das Thema der sozialen Solidarität
auf die Tagesordnung setzte und dem Medienkanzler Gelegenheit gab, seine Fähigkeiten als telegener Krisenmanager unter Beweis zu stellen. Und
den Grünen, indem jetzt das Thema Klimaschutz eine Rolle spielte (192).

Anfang August regnete es in Ostdeutschland, Österreich, Norditalien
und einigen Balkanländern fast ununterbrochen. Die Meteorologen meldeten die heftigsten Regenfälle seit Beginn der Wetteraufzeichnungen. In
Sachsen verwandelten sich kleine Flüsschen in reißende Ströme. Mitte
des Monates begann in Pirna und Heidenau die größte Evakuierung in der
deutschen Nachkriegsgeschichte. In Dresden mussten die Anstrengungen,
die Semperoper und den historischen Zwinger vor den Fluten der Elbe zu
schützen, aufgegeben werden. Der Pegel der Elbe erreichte immer neue Rekordstände. Bald waren über 20 000 Bundeswehrsoldaten im Kampf gegen die Wassermassen aufgeboten. Dennoch brachen an vielen Stellen die
Deiche. 19 Menschen starben. Im südlichen Russland, in Prag und anderen Teilen Osteuropas war die Lage noch schlimmer. In der tschechischen
Hauptstadt mussten 40 000 Menschen aus ihren Häusern geholt werden.
In Deutschland waren Sachsen, Thüringen und Ostbayern besonders betroffen (193). Die Europäische Kommission bezifferte die Gesamtschäden
der Hochwasserkatastrophe in Deutschland Ende August auf 15 Milliarden
Euro (194).

Jetzt schlug die Stunde des Kanzlers. Mit Regenmantel und Gummistie-
feln stapfte er durch Schlammlandschaften, begleitet von Kamerateams,
die die Bilder allabendlich in die Wohnzimmer transportierten. Instinkt-
sicher erfasste er die Stimmung der Menschen, sprach Trost zu und versprach unbürokratische Hilfe. Am 15. August verkündete er, dass bereits am
nächsten Tag die erste Hälfte von 100 Millionen Soforthilfe bei den betroffenen Städten und Gemeinden eintreffen werde. Im September folgte mit
dem »Flutopfersolidaritätsgesetz« das bis dahin größte Hilfsprogramm in
der Geschichte der Bundesrepublik Deutschland. Die für 2003 vorgesehene
nächste Stufe der Steuerreform wurde um ein Jahr verschoben. Die dadurch
frei gewordenen sieben Milliarden Euro flossen in einen Solidaritätsfonds.
Von den drei Milliarden Bundesgeldern war eine Milliarde für die Infrastruktur, eine weitere Milliarde als Soforthilfe für kleine und mittlere Ge-
werbebetriebe gedacht. Die dritte Milliarde ging an die betroffenen Kommunen. Dazu kamen Sonderkredit- und Sonderabschreibungsprogramme
des Bundes. Das gesamte Programm wurde von einer Spendenkampagne
begleitet, die den nationalen Solidaritätsappell unterfütterte. Durch Spen-

denaufrufe und Benefizveranstaltungen, an denen die großen Fernsehanstalten und große Zeitungen beteiligt waren, kamen weitere 350 Millionen zusammen (195).

Gegen das rasche und entschlossene Handeln des Bundeskanzlers kam
der christdemokratische Kanzlerkandidat nicht an. Erst verspätet trat er
die Reise nach Ostdeutschland an und legte dann auch noch einen ziemlich verunglückten Auftritt hin. Er tat sich schwer damit, auf die Menschen
zuzugehen. Und wenn er es tat, wirkte er ungelenk und gehemmt. Zuwen-
dung gegenüber Geschädigten und das Zeigen von Gefühlen, das lag Stoiber nicht. »Sicherlich ging ihm das Leid der Menschen nahe, aber den Mut
zum Gefühl, und sei es nur das gestellte Gefühl, den zeigte nicht Stoiber,
sondern Schröder« (196).

Auch die Kritik der Union an der Verschiebung der nächsten Stufe der
Steuerreform kam nicht gut an. Zwar war ihr Gegenvorschlag, den Bundes-
bankgewinn zur Behebung der Schäden einzusetzen, eigentlich plausibel.
Doch ihm fehlte der Solidaritätsappell, was prompt von Schröder gerügt
wurde (197). Wie sehr die Flutkatastrophe den Wahlausgang beeinflusst hat,
zeigte das Wahlergebnis im Osten wenige Wochen später in aller Deutlichkeit (198).

Dass Schröder im Osten so gut abschneiden konnte, hatte auch mit einem zweiten Ereignis zu tun, das der Koalition in die Karten spielte. Seit
dem Frühjahr häuften sich die Anzeichen, dass die amerikanische Regierung auf einen Krieg gegen den Irak zusteuerte. Kanzler Schröder und
Außenminister Fischer aber legten sich am 30. Juli in einem Strategie-
gespräch auf eine ablehnende Haltung fest. Nochmals seine Partei und
Fraktion auf eine »Kriegslinie« festzulegen, erschien Schröder unmöglich.
Für den grünen Koalitionspartner galt das erst recht.

Zum Wahlkampfauftakt der Sozialdemokraten Anfang August wandte
sich der Kanzler deutlich gegen die »Spielerei mit Krieg und militärischer Intervention«. Druck auf Saddam Hussein zur internationalen Überprüfung seiner Waffenproduktion und seiner Atomanlagen sei nötig, aber
»für Abenteuer stehen wir nicht zur Verfügung« (199). Wenige Tage später sprach Schröder in der BILD-Zeitung sogar von unserem »deutschen
Weg«, was der Absage an einer Kriegsbeteiligung einen merkwürdig nationalen Beiklang gab, wie ihn Außenminister Fischer nicht für richtig hielt
(200).

Es dauerte einige Zeit, bis das Irakthema tatsächlich in der letzten Wahlkampfphase zum Thema wurde. Aber dann begann es zu wirken. Dies galt
vor allem für Ostdeutschland, wo Schröders Worte auf besonders frucht-
baren Boden fielen. In der Hochwasserkatastrophe als tatkräftiger Krisen-

manager ausgewiesen, erzielte er mit seinen amerikakritischen Bemerkungen starke Resonanz und konnte der PDS ein zentrales Thema aus der Hand schlagen (201).

In Schwierigkeiten geriet jetzt auch Kanzlerkandidat Edmund Stoiber. Nachdem Schröder im ersten Fernsehduell mit ihm unmissverständlich ausgedrückt hatte, dass es eine deutsche Unterstützung für militärische Mittel gegen den Irak unter seiner Führung nicht geben werde, tat sich der Unionskandidat mit einer ähnlichen Festlegung schwer. Er lavierte. Zwar stellte er in den Wochen danach immer wieder auf die entscheidende Rolle eines Votums des UN-Sicherheitsrates ab und wandte sich damit gegen einen amerikanischen Alleingang oder eine »Koalition der Willigen«. Doch zu einer klaren Position der Absage, wie Schröder sie bezogen hatte, konnte er sich als Vertreter einer traditionell auf die transatlantische Gemeinschaft fixierten Partei nicht durchringen (202).

Zwar gab es zur vorzeitigen Festlegung von Rot-Grün in der Öffentlichkeit auch kritische Stimmen, die sie als Absage an Bündnisverpflichtungen und Multilateralismus interpretierten. Auch die Franzosen ließen zu dieser Zeit Skepsis durchblicken, mochten sich aber noch nicht endgültig festlegen. Chirac wollte die Entscheidungsprozesse weiter beeinflussen können. Doch die Mehrheit des Wahlvolks war mit Schröders Haltung einverstanden. Das galt besonders für die neuen Länder.

Das änderte sich auch nicht, als Justizministerin Herta Däubler-Gmelin wenige Tage vor der Wahl die Methoden des amerikanischen Präsidenten George Bush mit denen Adolf Hitlers verglich. Bush wolle mit seiner Kriegsrhetorik von innenpolitischen Schwierigkeiten ablenken. So sei auch schon »Adolf Nazi« vorgegangen. Die Amerikaner waren empört. Am Ende wurde Däubler-Gmelin bei der Kabinettsbildung nach der Wahl nicht wieder berücksichtigt. Ihr Brief an Schröder, in dem sie noch am Wahltag erklärt hatte, für ein neues Ministeramt nicht mehr zur Verfügung zu stehen, wurde als Ergebnis beträchtlichen Drucks innerhalb und außerhalb der Regierung interpretiert (203).

Zu Hochwasser und Irak-Kriegsdrohung trat in der heißen Wahlkampfphase der Einsatz der Wahlkämpfer Schröder und Fischer. Beide erwiesen sich als Zugpferde für ihre Parteien und lockten Tausende zu ihren Wahlveranstaltungen auf die großen Plätze der Republik.

Der Wahlkampf der Grünen war ganz auf ihren Vizekanzler zugeschnitten. Über vier Jahre war das öffentliche Ansehen Fischers seiner Partei bei den Wahlgängen kaum zugutegekommen. In diesem Bundestagswahlkampf, wo er selbst in die Arena stieg, war das nun anders. Nachdem die Grünen die ganze Legislaturperiode hinweg demoskopisch um die fünf

Prozent herumgekrebst hatten, war ihnen bereits Anfang des Jahres eine gewisse Konsolidierung gelungen. Im März hatte die Partei ein neues Grundsatzprogramm beschlossen, das deutlich realistischer angelegt war als seine Vorgänger.

Im Wahlkampf selbst avancierte Fischer in bislang noch nicht gekannter Weise zum Politstar. Massen strömten, um ihn zu sehen und zu bejubeln. Auch die Zweitstimmenkampagne der Grünen (»Zweitstimme ist Joschka-Stimme«) erwies sich als klug. Wirkungsvoll war sie deshalb, weil Schröder sich klar festgelegt hatte, nur mit den Grünen weitermachen zu wollen. Ein gemeinsamer Auftritt der beiden bei einem Rockkonzert vor dem Brandenburger Tor unterstrich das eindrucksvoll (204).

So wurde aus dem anfänglich aussichtslos scheinenden Kampf um die Wiederwahl von Rot-Grün in den letzten Wahlkampfwochen ein Kopf-an-Kopf-Rennen der beiden politischen Lager. Der Wahlabend selbst verlief dann am 22. September 2002 dramatisch. Die Prognosen der Wahlforscher sahen um 18 Uhr die Unionsparteien mit 39 Prozent vor den Sozialdemokraten, für die 37 Prozent vorausgesagt wurden. Stoiber sah sich bereits als Wahlsieger und gab kurz vor 19 Uhr entsprechende Erklärungen ab. Doch im Laufe des Abends wendete sich das Blatt. Stündlich schrumpfte der Vorsprung der Union und gegen Mitternacht hatte die SPD die Nase knapp vorn. Tatsächlich lagen nach dem amtlichen Endergebnis die Sozialdemokraten um ganze 6 000 Stimmen vor CDU und CSU.

Bei einer Wahlbeteiligung von 79,1 Prozent hatte die SPD ebenso 38,5 Prozent der Stimmen erreicht wie CDU und CSU. Da jedoch die Grünen mit 8,6 Prozent stärker abgeschnitten hatten als die FDP mit 7,4 Prozent und die Sozialdemokraten vier Überhangmandate erreichen konnten, die Union aber nur eines, verfügten SPD und Grüne über eine knappe Parlamentsmehrheit von vier Sitzen (205).

Sie konnten freilich nur deshalb weiterregieren, weil die PDS diesmal nur auf 4,0 Prozent gekommen war und lediglich zwei Direktmandate gewinnen konnte. Damit würde sie weder als Fraktion noch als parlamentarische Gruppe künftig im Bundestag vertreten sein. Wäre die PDS wieder ins Parlament eingezogen, hätte Rot-Grün nicht fortgesetzt werden können (206). So aber konnte man zusammen weiterregieren.

Im neuen Parlament stellten die Sozialdemokraten mit 251 Abgeordneten erneut die stärkste Fraktion. Trotz eines überragenden Abschneidens von Edmund Stoiber in Bayern blieb die Union mit 248 Mandaten nur zweiter Sieger. Die Grünen würden künftig von 55 Angeordneten vertreten werden. Die FDP erreichte 47 Sitze. Dazu kamen die beiden Vertreterinnen der PDS.

SPD und Grünen war es gelungen, den großen Vorsprung der Opposition doch noch einzuholen. Entsprechend erleichtert wirkten die Matadore Schröder und Fischer am Wahlabend. Wie wichtig Fischer für den Wahlerfolg gewesen war, zeigte sich, als er bei seinem Auftritt vor der SPD-Fraktion in der Wahlnacht stürmisch bejubelt wurde (207).

Gegenüber 1998 hatte die SPD 2,4 Prozent verloren, während die Union 3,4 Prozent hinzugewann. Die FDP erreiche einen bescheidenen Zuwachs von 1,2 Prozent, während die Grünen die seit 1998 andauernde Serie von insgesamt 15 Wahlniederlagen ausgerechnet bei der wichtigsten aller Wahlen beenden und gegenüber 1998 zwei Prozent hinzugewinnen konnten.

Die entscheidende Rolle der Ostdeutschen bei diesem Wahlgang zeigt das Ergebnis der SPD, die in Westdeutschland vier Prozent verloren, in Ostdeutschland aber fast fünf Prozent Prozent hinzugewonnen hatte. Die Union konnte mit 40,8 Prozent der Stimmen ihr Wahlziel im Westen durchaus erreichen. Im Osten aber gewann sie gegenüber 1998 nur ein Prozent dazu und lag damit noch deutlicher als 1998 hinter der SPD. Die PDS verlor in Ostdeutschland 4,6 Prozent und fiel noch hinter ihr Ergebnis von 1994 zurück. Die Grünen gewannen im Osten geringfügig hinzu, deutlicher dagegen im Westen (9,4 Prozent). Bei der FDP verlief diese Entwicklung genau umgekehrt. Geringe Gewinne im Westen standen deutliche Zuwächse in den neuen Ländern gegenüber. Die Gewinne der SPD wie die parallelen Verluste der PDS lassen deutlich erkennen: Die Bundestagswahl 2002 ist in Ostdeutschland entschieden worden. Im Westen hatte Rot-Grün die Wahl verloren (208).

4.16 DER ZWEITE FEHLSTART

Nur drei Wochen nach ihrem knappen Wahlsieg unterzeichneten die Spitzen von SPD und Grünen den neuen Koalitionsvertrag. Das Dokument trug den Allerweltstitel »Erneuerung – Gerechtigkeit – Nachhaltigkeit« (209). Sein Inhalt stieß in der Öffentlichkeit fast einhellig auf heftige Kritik. Nicht nur, dass das Fehlen der großen Linien kritisiert und das Werk als uninspirierte »Wurstelei« und Flickwerk abgetan wurde. Schlimmer noch wirkte sich aus, dass sich die Wähler regelrecht über den Tisch gezogen fühlen mussten. Denn die Regierung hatte plötzlich ein Haushaltsloch von über 14 Milliarden Euro ausgemacht und wollte 11,6 Milliarden einsparen. Der Rest sollte durch eine weitere Erhöhung der Nettokreditaufnahme ausgeglichen werden (210).

Mit den Plänen der Regierung stiegen die Lohnnebenkosten ebenso wie die Belastung der Bürger durch indirekte Steuern. Ausgerechnet zum Winteranfang wurde die Erdgasbesteuerung angehoben und stiegen die Rentenversicherungsbeiträge – trotz Ökosteuer. Gleichzeitig wurde die Beitragsbemessungsgrenze in der Rentenversicherung angehoben, was für viele eine zusätzliche Beitragserhöhung mit sich brachte. Ökonomen sprachen von »Gift« für die Konjunktur. FDP-Chef Westerwelle sah ein »Programm für eine handfeste Rezession«. Die CDU-Vorsitzende Angela Merkel erkannte ein »fatales Signal an die Leistungsträger der Gesellschaft« (211). Und sie setzte noch eins drauf, indem sie das Wort »Wahlbetrug« verwendete.

Tatsächlich fiel es schwer zu glauben, dass die Regierung und vor allem Finanzminister Eichel nicht schon vor dem Wahldatum bemerkt haben mussten, dass die Rahmendaten für den Haushalt 2003 nicht stimmten. Hatte man aus Rücksicht auf den Wahltermin den Bürgern wider besseren Wissens die tatsächliche Lage verschleiert, nur um danach die Katze aus dem Sack zu lassen? Tatsächlich setzte der Bundestag kurz vor Weihnachten einen Untersuchungsausschuss ein, der den Vorwurf des Wahlbetrugs aufklären sollte. Als sein Bericht ein Jahr später vorlag, gaben Regierungs- und Oppositionsfraktionen sehr unterschiedliche Antworten (212).

Dass Schröders Regierungserklärung Ende Oktober einen wenig stringenten Eindruck hinterließ und der Kanzler dabei müde und fahrig wirkte, machte die Dinge nicht besser. Das BIP war 2002 mit 0,2 Prozent Wachstum fast unverändert geblieben, die Arbeitslosigkeit aber bis zum Jahresende auf 4,8 Millionen gestiegen. Das Haushaltsdefizit lag deutlich über der Drei-Prozent-Marke, die der europäische Stabilitätspakt zuließ (213).

Es sah nicht gut aus für die Regierung Schröder. Als hätten sich die Wähler von singulären Ereignissen wie Hochwasser und Kriegsdrohungen an den Irak fälschlicherweise dazu verleiten lassen, von einer Ablösung der Regierung Schröder abzusehen und bereuten das jetzt, war die Grundstimmung zum Jahresende verheerend. In der SPD ging es drunter und drüber. Die ZEIT eröffnete ihr Kanzler-Interview mit der Frage: »Herr Bundeskanzler, wann treten sie zurück?« (214). Am Tag zuvor hatte der Berliner Historiker und Publizist Arnulf Baring einen Aufruf zum zivilen Widerstand gegen die gerade gewählte Regierung veröffentlicht. Unter der Überschrift »Bürger, auf die Barrikaden« wähnte er Deutschland auf dem Weg in eine westliche »DDR-Light«. Die Deutschen dürften nicht zusehen, wie »hilflose Politiker unser Land verrotten lassen« (215).

Anfang 2003 gingen die Wahlen in Hessen und Niedersachsen für die Berliner Regierungsparteien krachend verloren. Dass die Sozialdemokraten in Hessen Opposition bleiben würden, war allgemein erwartet worden. Dass sie aber in Niedersachsen die Macht abgeben mussten und Christian Wulff dort jetzt Ministerpräsident wurde, schmerzte besonders. Schließlich hatte Gerhard Schröder hier zweimal die absolute Mehrheit der Mandate geholt.

Die Zusammenstellung der neuen Regierungsmannschaft brachte einige Veränderungen. Mit großen Erwartungen verbunden wurde das neue Doppelministerium für Arbeit und Wirtschaft. Das übernahm Wolfgang Clement, der aus Düsseldorf nach Berlin wechselte und am Rhein von Peer Steinbrück ersetzt wurde. Dem als wirtschaftsfreundlich geltenden Clement wurde einiges zugetraut. Freilich sollte sich bald zeigen, dass die Zusammenlegung der Ministerien keine gute Idee gewesen war. Da Clement stets mehr als Wirtschafts- denn als Sozialminister auftrat, unterstrich das bald noch den für die SPD folgenreichen und im Ergebnis verheerenden Eindruck, dass für sie das Soziale nicht mehr so wichtig sei. Für Clement weichen mussten Walter Riester und Werner Müller, der freilich ohnehin wieder in die Wirtschaft zurückwollte.

Neu im Kabinett waren auch Familienministerin Renate Schmidt und Justizministerin Brigitte Zypries, die Herta Däubler-Gmelin ersetzte, die nach ihren Ausfällen gegen George Bush nicht mehr in Frage kam. Verkehrsminister wurde überraschend der ehemalige brandenburgische Ministerpräsident Manfred Stolpe. Ansonsten waren die neuen Minister und Ministerinnen auch die alten. Für die Grünen rückten Joschka Fischer, Jürgen Trittin und Renate Künast in die gleichen Funktionen ein, die sie zuvor bereits wahrgenommen hatten. Unbestrittener Anführer im grünen Regierungspersonal und zentral für die Stabilität der Regierung blieb Fischer, dessen Verhältnis zum Kanzler nicht spannungsfrei, aber von beiderseitigem Respekt geprägt war.

Am 22. Oktober 2002 wurde Gerhard Schröder als Kanzler der Bundesrepublik wiedergewählt. Von den 306 Stimmen, die die Koalition aufbieten konnte, erhielt er 305. Freilich waren die Aussichten für seine Regierung alles andere als komfortabel. Breite Zustimmung fand der Kanzler in diesen Wochen nur in der Außenpolitik.

4.17 »I AM NOT CONVINCED« – DAS DEUTSCHE NEIN ZUM IRAK-KRIEG

Im Dezember 2001 hatte Richard Perle, Vordenker der amerikanischen Außen- und Sicherheitspolitik unter George Bush jr., einen Militärschlag gegen den Irak gefordert. Es gebe acht oder zehn Staaten, die Terroristen unterstützten. Unter ihnen stelle der Irak Saddam Husseins die größte Bedrohung dar. Er besitze Massenvernichtungswaffen und hatte die Inspektoren der UNO, die die Einhaltung der nach dem Golf-Krieg 1991 verhängten Beschränkungen bei der Waffenproduktion des Landes überwachen sollten, aus dem Irak ausgewiesen. Das Regime Saddam Husseins müsse also etwas zu verbergen haben (216).

Am 29. Januar 2002 reihte US-Präsident Bush in seiner Rede vor dem Kongress den Irak in die »Achse des Bösen« ein, die vom Irak über den Iran bis nach Nordkorea reiche. Das Regime Saddam Husseins unterstütze den Terrorismus und versuche seit Jahren, Atomwaffen, Nervengas und Milzbranderreger zu entwickeln. Deshalb seien die Inspektoren hinausgeworfen worden. Das Land bedrohe den Frieden in der Welt (217).

Offenbar bahnte sich hier ein neuer Konflikt an, der auch die Verbündeten der USA vor schwierige Entscheidungen stellte. Zwei Tage nach der Rede des US-Präsidenten erklärte Gerhard Schröder in Washington gegenüber Bush, dass für den Irak das Gleiche zu gelten habe wie für Afghanistan und nur eine eindeutig nachgewiesene Verbindung zum Terrorismus eine Rechtfertigung für militärisches Eingreifen sein könne. Das müsse dann auf der Grundlage von Entschließungen des UN-Sicherheitsrates erfolgen. Bush versicherte im Gegenzug, dass noch nichts entschieden sei und die Bündnispartner selbstverständlich vor einer Entscheidung konsultiert würden.

Was darüber hinaus bei dieser Gelegenheit zwischen Schröder und Bush besprochen worden ist, lässt sich nicht mehr zweifelsfrei klären. Bush will in seinen Erinnerungen eine Zustimmung des Bundeskanzlers zu einem Militäreinsatz gegen den Irak herausgehört haben und fühlte sich später von ihm getäuscht. Schröder dagegen ist bis heute bei der Darstellung geblieben, er habe nur für den Fall eine deutsche Unterstützung in Aussicht gestellt, dass eine direkte Unterstützung des Al Qaida-Terrorismus überzeugend bewiesen werden könne (218).

Die Auftritte des stellvertretenden US-Verteidigungsministers Paul Wolfowitz und von Senator John McCain bei der Münchener Sicherheitskonferenz im Februar konnten bald darauf Zweifel am Multilateralismus der Amerikaner aufkommen lassen. Es gebe keine festgefügten Koalitionen mehr, sondern »verschiedene Koalitionen für verschiedene Aufgaben«. In Bagdad regiere ein Terrorist (219).

Das klang zwar besorgniserregend. Aber noch immer schien es möglich, dass es nur um eine Drohkulisse ging, die Saddam Hussein dazu bringen könnte, die Waffeninspektoren wieder ins Land zu lassen. So klang dann auch Bushs Rede von dem Bundestag im Mai, in der er moderate Töne anschlug. Kanzler Schröder nutzte die Gelegenheit, um seinerseits zu betonen, dass Deutschland weiter zur »uneingeschränkten Solidarität« im Kampf gegen den Terror stehe, wenn feststehe, dass der Irak ein Schutzraum und Zufluchtsort für Al Qaida-Kämpfer sei. Die Nachrichtendienste müssten eng zusammenarbeiten, um darüber gesicherte Erkenntnisse zu gewinnen. Die Amerikaner versprachen, die Deutschen zu informieren, sobald eine Entscheidung getroffen sei (220).

Am 1. Juni 2002 legte Präsident Bush in einer Rede vor der Militärakademie in West Point die Grundlagen einer neuen amerikanischen Sicherheitsstrategie dar, die bald »Bush-Doktrin« genannt wurde. Danach war der Krieg gegen den Terror nicht aus einer defensiven Grundhaltung heraus zu gewinnen. »Wir müssen die Schlacht zum Feind bringen, seine Pläne durchkreuzen und den schlimmsten Bedrohungen begegnen, bevor sie auftreten. In der Welt, in der wir leben, ist der einzige Weg zur Sicherheit der Weg des Handelns. Und dieses Land wird handeln«. Amerika müsse bereit sein, zum Schutz der Freiheit und des Lebens »preemptive action« zu praktizieren (221).

Was Bush hier ankündigte, lief auf eine Selbstermächtigung der USA zu souveränem Handeln hinaus, das keiner Bestätigung durch den UN-Sicherheitsrat oder der Zustimmung durch die NATO-Partner bedurfte. Das wurde mit der »nationalen Sicherheitsstrategie« noch deutlicher, die Bush am 20. September vor dem Kongress erläuterte. Danach würden sich die USA ständig um die Unterstützung der internationalen Organisationen bemühen. Sie würden ihr Handeln aber davon nicht abhängig machen, sondern jederzeit das Recht auf Selbstverteidigung »vorbeugend« wahrnehmen. »Wir müssen darauf vorbereitet sein, Schurkenstaaten und ihre terroristische Klientel aufzuhalten, bevor sie in der Lage sind, die Vereinigten Staaten und ihre Bündnispartner mit Massenvernichtungswaffen zu bedrohen und gegen sie einzusetzen« (222).

Trotz dieser Rhetorik schien die Irak-Frage im Sommer 2002 noch offen. Die Rede des amerikanischen Präsidenten vor der UNO-Vollversammlung Anfang September ließ verschiedene Deutungen zu. Inzwischen aber hatten sich Schröder und Fischer entschieden, die Irak-Frage zum Wahlkampfthema zu machen. Beide waren sich einig, dass es unmöglich sein würde, SPD und Grüne zum dritten Mal »auf Kriegslinie« zu bringen (223). Fischer soll Schröder bei der Besprechung im Kanzleramt am 30. Juli aufgefordert haben, »du musst das hochziehen« (224). Die USA gingen sicher auf Kriegskurs und eine skeptische Haltung könne helfen, die politische Stimmung im Lande noch zu drehen. Zu dieser Zeit schien der Vorsprung von Union und FDP uneinholbar (225). Fischer hat später bestritten, dass wahlpolitische Motive für die Entscheidung eine wesentliche Rolle gespielt hätten. Sicher habe man auch über die Auswirkungen einer Entscheidung auf den Bundestagswahlkampf gesprochen. Schröder und er aber hätten genauso entschieden, wenn keine Bundestagswahl angestanden hätte (226).

Am 1. August 2002 nutzte Schröder eine Sondersitzung des SPD-Präsidiums, um im ZDF-Interview am Rande des Treffens von einer »Kriegsgefahr« im Nahen Osten zu sprechen. Deutschland werde zwar mit seinen Partnern weiterhin solidarisch bleiben, »aber für Abenteuer nicht zur Verfügung stehen«. Das werde sicher auch noch ein Wahlkampfthema werden. (227). Parallel dazu hatte Franz Müntefering ein vorwiegend innenpolitisches Wahlkampkonzept vorgelegt, das von einem »deutschen Weg« sprach und damit das deutsche Sozialstaatsmodell meinte, das gebührend herausgestellt werden sollte. Müntefering war überzeugt, dass die Außenpolitik keinen entscheidenden Einfluss auf die Wahlauseinandersetzung nehmen würde (228).

Genau diesen Begriff vom »deutschen Weg« aber nahm Schröder auf, als er beim Wahlkampfauftakt der SPD am 5. August die Irak-Frage in den Mittelpunkt rückte. Druck auf Saddam Hussein sei zwar nötig, damit die Waffeninspekteure wieder in den Irak einreisen könnten. »Aber Spielerei mit Krieg und militärischer Intervention – das ist mit uns nicht zu machen. Für Abenteuer stehen wir nicht zur Verfügung« (229). Das sei der deutsche Weg.

Der Begriff ist dann bald stark kritisiert worden. Wissenschaftler erinnerten an die verhängnisvollen historischen Konsequenzen des »deutschen Sonderwegs«. Auch Joschka Fischer war damit nicht glücklich. Für bedenklich hielten auch viele, dass jetzt gewissermaßen regierungsamtlich an antiamerikanische Gefühle appelliert wurde. Kritiker des Kanzlers wie Rudolf Scharping sprachen später von einer »Grenzüberschreitung«. Doch Schröder ließ sich nicht davon abbringen. Wenige Tage später wiederholte er den Begriff in der BILD. Bald wurde er zum zentralen Slogan des SPD-Wahlkampfs. Er sollte eine Zuspitzung gegen »Kriegstreiber« bringen, die von den hohen Arbeitslosenzahlen und der Rekordverschuldung ablenken konnte (230).

Am Ende half das Thema tatsächlich, um die Stimmung im Lande noch zu drehen. Zumal sich die Opposition schwertat, zu einer klaren Position zu finden. Einerseits lehnte Stoiber einen amerikanischen Alleingang ab. Deutschland müsse sich in Abstimmung mit seinen europäischen Partnern positionieren. Andererseits kritisierte er Schröder, weil der mit seiner Ablehnung Saddam Hussein in die Hände spiele (231). Erfolgreich war das nicht. Auch die Kritik an dem nationalen Zungenschlag ließ die Wähler kalt.

Entsetzt waren freilich die Amerikaner. Erst recht nach den Äußerungen der Justizministerin über Bush. Der Präsident warf Schröder vor, die Voraussetzungen für solche Entgleisungen erst geschaffen zu haben. Am Tag nach dem knappen Wahlsieg von Rot-Grün erklärte Verteidigungsminister Donald Rumsfeld, dass der Wahlkampf die deutsch-amerikanischen Beziehungen vergiftet habe. George Bush fand sich nicht einmal bereit, den diplomatischen Usancen zu folgen und Gerhard Schröder zum Wahlsieg zu gratulieren (232).

Dabei war Schröder und Fischer klar, dass sie ein hohes Risiko gingen. In seiner Regierungserklärung versicherte Schröder am 29. Oktober 2002, Deutschland werde sich »an einer militärischen Intervention im Irak nicht beteiligen«. Noch vor dem Wahltag hatte er sich festgelegt, dass Deutschland auch dann nicht dabei sein würde, wenn der Sicherheitsrat dafür ein Mandat erteilte (233). Das war riskant. Hätten sich überzeugende Beweise für eine direkte Unterstützung des Terrorismus durch das Regime von Saddam Hussein gefunden – Schröder hätte wohl zurückrudern müssen.

Auch so blieb die Lage schwierig: Man brauchte Partner innerhalb des NATO-Bündnisses, die die amerikanische Haltung ebenfalls nicht mittragen mochten. Entscheidend kam es dabei auf Frankreich an, dessen Präsident sich noch nicht so eindeutig festlegen wollte wie die Deutschen das bereits getan hatten. Allerdings hatte Chirac die Bush-Doktrin auf einem EU-Gipfel in Kopenhagen scharf kritisiert, weil eine solche Rechtfertigung vorbeugender Militärschläge zu »schlimmsten Exzessen« führen könne (234).

Anfang Oktober erhielt der amerikanische Präsident vom Kongress eine Blankovollmacht für den Krieg. Mehr als zwei Drittel der Abgeordneten des Repräsentantenhauses und 77 der 100 Senatoren billigten eine Resolution, die Bush ermächtigte, zur Verteidigung der Sicherheit der USA gegenüber der vom Irak ausgehenden Gefahr das Militär so einzusetzen, wie er es für notwendig und angemessen hielt (235).

Am 8. November 2002 beschloss der UN-Sicherheitsrat, dem zu dieser Zeit auch Deutschland als nicht-ständiges Mitglied angehörte, die Waffeninspektionen im Irak unter der Leitung des Schweden Hans Blix zu verstärken. Gleichzeitig wurde der Irak mit der Resolution 1441 ultimativ aufgefordert, diese und alle früheren Resolutionen einzuhalten. Anderenfalls müsse er mit »ernsten Konsequenzen« rechnen. Das Land hatte den Beauftragten der UN-Waffeninspektionskommission und der internationalen Atomenergiebehörde die Wiederaufnahme ihrer Tätigkeit binnen 45 Tagen zu ermöglichen.

Deutschland und Frankreich sahen in dieser Resolution einen Erfolg ihrer Politik. Denn damit stand fest, dass für einen von der UNO legitimierten Militärschlag noch eine weitere Resolution notwendig sein würde. So interpretierten es neben Deutschen und Franzosen auch Russen und Chinesen und damit immerhin drei ständige Mitglieder des Sicherheitsrates (236).

Am 27. November nahmen die beiden Expertengruppen unter Leitung von Hans Blix und des Ägypters Mohammed el-Baradei ihre Arbeit auf. Ein vom Irak im Dezember vorgelegter Dokumentenband mit z. T. veraltetem Material bewies gar nichts und wurde von den verschiedenen Seiten auch verschieden bewertet. Anfang Januar teilte Bush seinem Verteidigungsminister Rumsfeld mit, dass er sich zum Krieg entschlossen habe. Am 13. Januar unterrichtete er darüber Außenminister Colin Powell.

Für die Bundesregierung blieb weiter die Haltung Frankreichs von entscheidender Bedeutung. Anderenfalls wären Schröder und Fischer im westlichen Bündnis isoliert geblieben. Am 22. Januar 2003 fand sich der französische Präsident Jacques Chirac zu der Versicherung bereit: »Deutschland und Frankreich beurteilen die Krise gleich«. Außenminister Villepin hatte inzwischen angedeutet, dass Frankreich im UN-Sicherheitsrat sein Veto einlegen könnte, wenn eine Resolution vorgelegt werden würde, die ein militärisches Eingreifen rechtfertigen sollte (237).

Bereits am Tag zuvor hatte sich Gerhard Schröder auf einer Wahlkampfveranstaltung im niedersächsischen Goslar noch eindeutiger festgelegt: »Ich sage das hier jetzt ein Stück weitergehend als das, was ich in dieser Frage sonst formuliert habe: Rechnet nicht damit, dass Deutschland einer den Krieg legitimierenden Resolution zustimmt« (238). Dies habe er auch seinen französischen Gesprächspartnern deutlich gesagt (239).

Drei Wochen zuvor hatte das bei Außenminister Fischer noch etwas anders geklungen. Im Spiegel-Interview ließ er am 30. Dezember 2002 auf eine entsprechende Interview-Frage alles offen. Niemand könne genau vorhersagen, was im Sicherheitsrat passieren werde, »da niemand weiß, wie und unter welchen Begleitumständen der Sicherheitsrat sich hiermit befassen wird« (240). Der Außenminister fürchtete wohl, im westlichen Bündnis isoliert dazustehen und in seinem Handlungsspielraum im Sicherheitsrat eingeschränkt zu werden. Später hat er geschrieben, er habe testen wollen, wie die deutsche Öffentlichkeit reagieren würde (241).

Jedenfalls war Schröders Vorstoß in Goslar nicht mit dem Außenminister abgestimmt. Wolfrum berichtet sogar von einem »Ausbruch« Fischers
nach der beinharten Festlegung des Kanzlers (242). Dieser wiederum soll
über Fischers Interview irritiert gewesen sein (243). Bereits am Folge-
tag aber sahen die Dinge wieder anders aus: Anlässlich der Feierlichkei-
ten zum 40. Jahrestag des deutsch-französischen Vertrages wurde auch der
deutsch-französische Schulterschluss in der Irakfrage demonstrativ bekräftigt. Auf einer Sondersitzung der SPD-Fraktion erhielt Schröder nahezu einhellige Rückendeckung für seine Politik. Nur Hans-Ulrich Klose monierte, Deutschland habe sich international ins Abseits gestellt (244).

Der Bericht der Waffeninspektoren vom 27. Januar brachte keine Klarheit. Zwar bezweifelte Hans Blix die Aufrichtigkeit der Iraker bei der Erfüllung ihrer Verpflichtungen. Doch Beweise konnte er nicht vorlegen.
El-Baradei war sich dagegen ziemlich sicher, dass der Irak sein Atomwaf-
fenprogramm nicht erneut aufgenommen hatte (245).

Anfang Februar lag im Kanzleramt ein Papier mit dem Titel »Wie weiter
im Irak?« vor, das eine gemeinsame deutsch-französische Initiative anreg-
te, mit der beide Länder aus der befürchteten Defensive herausfinden könnten. Danach sollten die Waffeninspektionen im Irak fortgesetzt und inten-
siviert werden. Im Falle einer Kooperationsverweigerung des Irak müsste
das Inspektionsregime zu einem echten Abrüstungsregime erweitert werden, für das Deutschland Mittel und auch Truppen zur Verfügung stellen
sollte, um »Abrüstung ohne Krieg« erreichen zu können – etwa durch Luftraumüberwachung (246).

Am 5. Februar 2003 wollte der amerikanische Außenminister Powell vor
dem UN-Sicherheitsrat Beweise für die Existenz von Massenvernichtungswaffen vorlegen. Doch der Multimedia-Auftritt lieferte solche überzeugenden Beweise nicht. Stattdessen geriet er durch absichtsvolle Fehlinterpretationen von Satellitenbildern und die Präsentation von windigen und
wenig glaubwürdigen Kronzeugen eher zur Peinlichkeit. Zwar zeigte sich
die amerikanische Bevölkerung von der Präsentation beeindruckt. Doch
die Vertreter der skeptischen Regierungen im Sicherheitsrat überzeugte
der Auftritt nicht. Der Versuch, vor der Weltöffentlichkeit die zwingende
Notwendigkeit eines Militärschlages zu begründen, ging gründlich daneben. Nachdem Colin Powell vor Beginn der zweiten Amtszeit von George
Bush Anfang 2005 als Außenminister ausgeschieden war, gab er das auch
unumwunden zu. Dieser Tag sei ein »Schandfleck« in seiner Karriere gewesen (247).

Dennoch setzten die Amerikaner ihre Vorbereitungen für eine militärische Operation fort. Wenn schon eine Unterstützung im UN-Sicherheits-

rat immer weniger zu erwarten war, dann setzte man eben jetzt auf eine »Koalition der Willigen«. Verteidigungsminister Rumsfeld hatte im Blick auf die deutsch-französische Achse gegen den Krieg schon im Januar vom »alten Europa« gesprochen, von dem sich ein »neues Europa« absetze, das vor allem im Süden und Osten des Kontinents beheimatet sei. Tatsächlich unterstützten die Regierungen Großbritanniens, Spaniens, Italiens, Portugals, Dänemarks, Polens, Ungarns und Tschechiens die amerikanische Politik und veröffentlichten in großen europäischen Tageszeitungen am 30. Januar 2003 eine Solidaritätsanzeige mit den USA. Auch Japan trat zunächst an die Seite der Vereinigten Staaten (248). Bald darauf kamen zehn weitere Regierungen osteuropäischer Länder hinzu, darunter die der drei baltischen Staaten (249). Belgien und Luxemburg traten dagegen an die Seite Deutschlands und Frankreichs.

Den meisten dieser Regierungschefs an der Seite Amerikas sind später Zweifel gekommen, ob ihre Haltung richtig war. Viele von ihnen standen damit im Gegensatz zur öffentlichen Meinung in ihren Ländern. Wie die aussah, zeigte sich bei Massendemonstrationen im Februar. Allein in London, Madrid und Barcelona demonstrierten etwa eine Million Menschen gegen den drohenden Krieg. In Rom waren es sogar noch mehr. Auch in Berlin gingen mehr als 100 000 Menschen auf die Straße und bildeten eine Lichterkette durch die Stadt (250).

Während im UN-Sicherheitsrat das Ringen um eine mögliche weitere Resolution bereits im Gange war, konnte Gerhard Schröder seine guten Kontakte zu Russlands Staatschef Wladimir Putin zum Aufbau einer »Achse Berlin – Paris – Moskau« nutzen, wie sie die deutsche Presse bald nannte (251). Ergebnis intensiver Abstimmungen zwischen den drei Regierungen bildete schließlich die gemeinsame Erklärung vom 10. Februar, in der die Fortsetzung der Waffeninspektionen und die »substanzielle Aufstockung ihrer menschlichen und technischen Kapazitäten« als Alternative zum Krieg herausgestellt wurden. Der Einsatz von Gewalt könne nur ein letztes Mittel sein. »Russland, Deutschland und Frankreich sind entschlossen, der friedlichen Entwaffnung des Iraks alle Chancen zu geben« (252). Bis in den März hinein versuchten George Bush und Tony Blair, Putin umzustimmen – vergeblich (253).

Am 10. März 2003 stand fest, dass es eine weitere Resolution des Sicherheitsrats definitiv nicht geben würde. Der französische Präsident hatte offiziell sein Veto angekündigt. Auch Mexiko, Chile und Pakistan als nicht-ständige Mitglieder des Sicherheitsrates hatten sich festgelegt, eine Resolution zur Rechtfertigung des Krieges nicht zu unterstützen. Freilich wusste die Welt inzwischen, dass der Krieg in jedem Fall stattfinden würde – ob mit oder ohne UN-Mandat. Am gleichen Tag gab der Bundeskanzler dem französischen Fernsehen ein Interview, in dem er sich fast wortgleich den Ausführungen von Chirac anschloss. Vier Tage später hielt Gerhard Schröder vor dem Bundestag seine Rede »Mut zum Frieden und Mut zur Veränderung«, in der er die Agenda 2010 ankündigte, aber auch die deutsche Haltung zum bevorstehenden Irakkrieg mit Grundsätzen der deutschen Außenpolitik begründete. Am 17. März 2003 erklärte George Bush, der UN-Sicherheitsrat sei seiner Verantwortung nicht gerecht geworden, weshalb »wir der unseren gerecht werden müssen« (254). Gleichzeitig stellte er Saddam Hussein ein auf 48 Stunden begrenztes Ultimatum, das Land zu verlassen.

Am 21. März 2003 begannen die Kampfhandlungen. 38 Länder beteiligten sich an der »Koalition der Willigen«, die meisten aber nur mit symbolischen Kontingenten. Militärisch stark beteiligt war an der Seite der USA allein Großbritannien, das 45 000 Soldaten aufbot. Die Amerikaner stellten mit 245 000 Soldaten das Gros der Streitkräfte. Australien schickte 2000 Mann, die Polen entsandten 200 (255).

Am Beginn des Krieges standen gezielte Luftangriffe auf Bagdad. Begleitet von massiver Luftunterstützung drangen dann amerikanische und britische Bodentruppen von Kuweit aus auf irakisches Gebiet vor. Militärisch gelang der Allianz ein rascher Sieg. Als amerikanische Panzerverbände am 9. April ins Zentrum Bagdads einrückten, war das Regime praktisch bereits zusammengebrochen. Am 1. Mai erklärte Präsident Bush die »Hauptkampfhandlungen« im Irak für beendet. Im Dezember 2003 wurde Saddam Hussein in seinem Versteck aufgespürt, zum Tode verurteilt und schließlich hingerichtet. Massenvernichtungswaffen aber wurden im Irak nicht gefunden, ebenso wenig Beweise für eine Kooperation mit dem Terrornetzwerk Al Qaida (256). Das säkulare Regime des irakischen Diktators und die fundamentalistische Terrororganisation hatten außer ihrer Skrupellosigkeit wenig gemein.

Der militärische Sieg brachte dem Land zwar das Ende des Saddam-Regimes, einen Frieden jedoch nicht. In weiten Teilen des Landes herrschte bald danach das Chaos. Bis 2011 dauerte die amerikanische Truppenpräsenz an. Bis dahin haben etwa 4700 Soldaten der Allierten ihr Leben verloren, darunter 4370 Amerikaner. Die irakischen Opfer des Krieges werden mit 120 000 angegeben (257).

Die Entwicklung im Irak nach dem militärischen Sieg der Allianz bestätigte die Kritiker der militärischen Intervention. Dies galt im Blick auf die chaotischen Lebensverhältnisse und das neuerliche Aufblühen des Terrorismus. Hinzu kamen bald die Nachrichten über Übergriffe und Folterungen der Besatzungstruppen. Außer der Entfernung Saddam Husseins sei eigentlich »alles danebengegangen«, stellte Wladimir Putin bei einem Treffen mit Schröder und Chirac im September 2003 fest (258).

Die Bundesregierung hat, soviel steht fest, mit ihrer ablehnenden Haltung Recht behalten. Sie war zwar bemüht, eine Eskalation des Konflikts mit den USA zu vermeiden. So billigte man dem NATO-Partner trotz der Ablehnung des Krieges Überflugrechte in Deutschland zu. Die Bundeswehr schützte amerikanische Militäreinrichtungen. Man beließ sogar zwei Mitarbeiter des BND im Irak, als das Personal der deutschen Botschaft in Bagdad ausgeflogen wurde. Sie kooperierten mit den Amerikanern. Unterstützungsleistungen deutscher Soldaten bei der Überwachung des Luftraums in der Türkei sind vom Verfassungsgericht 2008 sogar als Verletzung des Beteiligungsrechts des Bundestags eingestuft worden. Ganz vermeiden ließen sich Formen der indirekten Unterstützung für den NATO-Partner nicht (259).

Man wird Joschka Fischer kaum widersprechen können, wenn er feststellt, dass die Entscheidung gegen die USA »in der Geschichte unseres Landes seit 1945 einer kleinen Revolution glich« (260). Schröder war sogar so weit gegangen, das deutsche Nein als prinzipielles außenpolitisches Votum darzustellen, indem er von einem »deutschen Weg« gesprochen hatte. Entsprechend vergiftet war hernach das deutsch-amerikanische Verhältnis bis zum Ende der Ära Schröder – allen professionellen Gesten von diplomatischer Normalität zum Trotz.

Die Haltung der Bundesregierung besaß die Unterstützung einer breiten Mehrheit der Bevölkerung. Die Demoskopen vermeldeten Zustimmungsraten, die im Bereich zwischen zwei Dritteln und drei Vierteln lagen. Doch unter Historikern und außenpolitischen Experten stießen Schröder und Fischer auch auf allerhand Skepsis und Ablehnung.

Kritik kam auch von der parlamentarischen Opposition, für die Unionschefin Angela Merkel im Rahmen ihres Amerikabesuches im Februar 2003 in einer Rede an der Georgetown-Universität in Washington erklärte, Schröder habe den »falschen Weg« eingeschlagen und im Zeitungsinterview kundtat, der Kanzler spreche nicht für alle Deutschen (261). Ähnliche Töne waren auch von der FDP zu hören. Und in seiner eigenen Partei hielt Hans-Ulrich Klose Schröder vor, in der Irak-Krise ausschließlich als Innen- und Parteipolitiker agiert zu haben (262).

Tatsächlich wurde der Vorhalt ungeeigneter wahlkampfstrategischer Überlegungen als Motiv für Entscheidungen allerhöchster Bedeutungsstufe auch von Manchen erhoben, die die Haltung der Bundesregierung im Grundsatz teilten. Dass man eine drohende Kriegsgefahr nicht gut dadurch abwenden kann, dass man Bündnispartner, deren Weg man für falsch hält, auf innenpolitischen Wahlkampfbühnen attackiert, erscheint erst einmal plausibel. Dies gilt schon für das »Hochziehen« des Themas im Bundestagswahlkampf 2002.

Freilich waren es ja nicht Schröder oder Fischer, die das Thema auf die politische Agenda gesetzt haben, sondern der amerikanische Präsident. Hätte man das Thema im Wahlkampf gezielt aussparen oder herunterspielen sollen? Eine solche Erwartung wäre politisch ziemlich weltfremd. Und schließlich wollten die Wähler ja auch wissen, wie ihr politisches Spitzenpersonal diese Fragen einschätzte.

Nicht so einfach liegen die Dinge im Blick auf den Zeitpunkt von Schröders Verschärfung der Tonlage im niedersächsischen Wahlkampf etliche Wochen später. Zu einem Zeitpunkt, an dem die französische Haltung noch nicht definitiv feststand und auch noch nicht ersichtlich sein konnte, welches Material Colin Powell vor der UNO wirklich ausbreiten würde, eine derart endgültige Festlegung vorzunehmen, wie er es in Goslar getan hat, musste Schröder den Vorhalt eintragen, dass man Äußerungen von dieser weltpolitischen Tragweite nicht mal so eben in einer niedersächsischen Wahlveranstaltung tätigen dürfe (263).

Das Entlastungsargument von Schröder-Biograph Schöllgen, der Kanzler habe doch gewusst, dass man mit Außenpolitik keine Wahlen gewinnen könne und schon deshalb könne es nicht zuerst um die Hoffnung gegangen sein, das Ergebnis in Hannover in letzter Minute noch drehen zu können, überzeugt nicht. Denn Schröder hatte doch gerade im Bundestagswahlkampf erst die Erfahrung gemacht, dass das Thema sehr wohl Einfluss hatte nehmen können. In Wahrheit hat Schröder in Goslar alles auf eine Karte gesetzt. Er kannte die Grundstimmung im Lande. Natürlich wollte er die Chance nutzen, die er damit verbunden sah.

Er hatte Glück, weil Frankreich beim Nein blieb und die spätere Entwicklung seine Haltung voll bestätigte. Aber was wäre gewesen, wenn Chirac nicht so fest geblieben wäre? Genau das befürchtete ja Fischer. Und was wäre geschehen, wenn womöglich auch Russland und China von Bush umgestimmt worden wären? Deutschland und Libyen im Sicherheitsrat allein gegen eine UN-Resolution, die von allen anderen getragen worden wäre? Was Schröder da machte, war zu diesem Zeitpunkt zumindest gewagt.

Weitaus härter ist die Bundesregierung in der wissenschaftlichen Publizistik kritisiert worden. Unübertroffen blieb dabei Hans-Ulrich Wehler, der Schröders »Nein« als einen auf »wilhelminischer Großmannssucht« und »Selbstüberschätzung« gründenden »Amoklauf« qualifizierte, der Deutschland von den USA entfremdet und Europa gespalten habe (264).

Henry Kissinger sprach von der schwersten Krise der atlantischen Allianz seit ihrer Gründung (265). Robert Kagan sah den Anfang vom Ende der europäisch-amerikanischen Beziehungen, weil keine gemeinsame strategische Kultur mehr sichtbar bleibe. Während Europa im Reich der Träume lebe, der Machtpolitik entsagt habe und nur noch auf eine »weiche« Außenpolitik in Form von Diplomatie, Verträgen und internationalen Organisationen setze, bewegten sich die Amerikaner in der von Anarchie geprägten realen Welt. Er brachte das auf die einprägsame Formel: »Americans are from Mars, Europeans are from Venus« (266). Auch Eckard Conze moniert einen »zumindest temporär(en, d. Verf.) Bruch der Regierung Schröder/Fischer mit den Traditionen einer multilateralistischen Außenpolitik, als sie aus wahltaktischen Gründen eine Beteiligung am Irak-Krieg selbst für den Fall eines UN-Mandats ausschloss« (267). Eine »populistische Wahlkampfführung« habe ganz bewusst auf einen »nationalistisch eingefärbten Antiamerikanismus« gesetzt und sei damit erfolgreich gewesen.

Häufig kritisiert wurde auch, dass das deutsche Nein entscheidend zum Scheitern einer gemeinsamen europäischen Außen- und Sicherheitspolitik beigetragen habe. Sie hätte sich »stärker um eine einheitliche europäische Position« bemüht, hat Angela Merkel Jahre später dazu bemerkt (268). Schärfer kritisierte Christian Hacke, dass die Bundesrepublik Deutschland, die früher als ehrlicher Makler zwischen Washington, London und Paris aufgetreten sei und sich dabei im Streitfall in der Regel auf die Seite Amerikas geschlagen habe, mit ihrem »deutschen Weg« nun zum Juniorpartner Frankreichs geworden wäre (269).

Tatsächlich ließ sich Schröders Wort als Absage an jenen Multilateralismus verstehen, die man Amerika gerade vorhielt. Dabei wurde Schröders Äußerung, sich ganz unabhängig von einem UN-Mandat auf jeden Fall auf ein »Nein« festzulegen, auch von den Diplomaten aus dem Hause Fischers kritisiert. Ob eine vorsichtigere Tonlage freilich bei den Amerikanern irgendetwas bewirkt hätte, erscheint überaus zweifelhaft. Immerhin haben auch die Staaten, die an der »Allianz der Willigen« teilnahmen, die amerikanische Irak-Politik nur wenig beeinflussen können – selbst die Briten nicht, wie Tony Blair später geklagt hat (270).

Bleibt die Frage, ob mehr Vorsicht und Zurückhaltung der Deutschen den Zusammenhalt der Europäer gefördert hätte. Auch hier sind Zweifel angebracht. Tony Blair war bereits nach dem 11. September 2001 in die alte Vorstellungswelt der amerikanisch-britischen Sonderbeziehungen eingetaucht. Die Polen hätten schon aufgrund alter emotionaler Bindungen an die USA als Förderer ihres Freiheitswillens diesen den Vorrang gegeben. Für andere osteuropäische Staaten war Amerika die Führungsmacht schlechthin. Hinzu kam die Versuchung für einige westeuropäische Länder, der deutsch-französischen Achse die Rolle als Sprecher Europas streitig zu machen.

Schließlich lässt sich das Argument auch genau umkehren. Demnach wäre die entschiedene Gegnerschaft Deutschlands zu einem solchen militärischen Abenteuer erst die Voraussetzung dafür gewesen, dass sich eine ernsthafte Gegenposition zu den amerikanischen Plänen überhaupt aufbauen konnte.

Es ist kaum zu bestreiten, dass sich im Handeln der maßgeblichen Akteure ein hohes Maß an innen- und wahlpolitischen Motiven auffinden ließ. In der Sache aber hatten Schröder und Fischer Recht. Sicher wurde ihre Entscheidung dadurch erleichtert, dass sie wussten, dass eine direkte Beteiligung Deutschlands an diesem Feldzug für diese Regierung politisch gar nicht durchzuhalten gewesen wäre. Sie hatten demnach auch keine Alternative, wollten sie nicht vor dem heranrollenden Donner einfach kapitulieren.

Hatten sich in der US-Regierung anfänglich noch zwei Lager gegenübergestanden, so waren nach der Entscheidung des Präsidenten die Würfel gefallen. Man wollte diesen Krieg unter allen Umständen und schreckte schließlich auch nicht vor Falschaussagen zurück, um die internationale Unterstützung für das eigene Vorgehen zu verbreitern (271).

Nachdem der rasche militärische Sieg der Allianz im Frühjahr 2003 noch den Trugschluss hervorgebracht hatte, man stehe vor einer Neuordnung des Nahen Ostens nach den Vorstellungen der USA, wendete sich das Blatt schon wenige Monate später. Schon die ausbleibenden Funde von Massenvernichtungswaffen hatten die amerikanischen Rechtfertigungen des Krieges immer fragwürdiger werden lassen. Schließlich sorgte das amerikanische Debakel bei der Neuordnung des Irak bald dafür, dass der deutschen Ablehnung das Verdienst von Weitblick und Vorausschau zugebilligt wurde. Tatsächlich hatte die Bundesregierung immer wieder darauf hingewiesen, dass die Amerikaner kein Konzept für den Tag nach dem militärischen Sieg hätten. Sie wüssten zwar, wie sie in den Irak hineinkämen, aber nicht, wie sie wieder herauskommen würden. Eine Fülle von Fehlern in der amerikanischen Besatzungspolitik, die auch mit ideologischer Verblendung und völlig verfehlten Analogien zum Sieg gegen Hitlerdeutschland und der folgenden Entnazifizierung zusammenhingen, waren schließlich 2004 mitverantwortlich für den Ausbruch eines Bürgerkriegs (272).

Als Schröders Formel vom »deutschen Weg« wieder in der Versenkung verschwunden war, Deutschland sich am Wiederaufbau im Irak beteiligte

und der Kanzler vor der UN-Vollversammlung mit dem »Lob des Multilateralismus« sogar die Überschrift »Den Westen neu erfinden« verband, erschien die Haltung Deutschlands auch vielen einsichtig, die sich am militärischen Vorgehen der Amerikaner beteiligt hatten. Geschickt verstand es
der Kanzler auch, die deutsch-amerikanischen Gemeinsamkeiten herauszustellen, nachdem man in der Irak-Frage verschiedener Auffassung gewesen war (273).

Mit dem deutsch-amerikanischen Konflikt vom Tisch war freilich die
Hoffnung der Deutschen, im Rahmen einer UN-Reform einen ständigen
Sitz im Weltsicherheitsrat zu bekommen. Solche Ambitionen, die von der
Regierung mit Nachdruck vertreten worden waren, trafen nun auf den ent-
schiedenen Widerstand der Bush-Regierung.

Die unter großem Druck und mit beträchtlichen Risiken getroffene Entscheidung Schröders und Fischers hat – jenseits mancher fragwürdigen
Motive – die politische und moralische Stellung Deutschlands in der Welt
im Ergebnis aufgewertet. Sie gehört damit zu den Aktivposten der rot-grünen Jahre.

4.18 DIE AGENDA 2010

Mit der öffentlichen Präsentation des Berichts der Hartz-Kommission hatte die Bundesregierung vier Wochen vor der Bundestagswahl am 16. August
2002 nicht nur einen öffentlichkeitswirksamen Akzent gesetzt, den die Koalitionäre angesichts der schlechten Umfragewerte bitter nötig hatten. Der
Kanzler versprach bei dieser Gelegenheit auch, die Vorschläge der Kommission »im Verhältnis 1:1« umzusetzen. Mit der Umsetzung der Vorschläge werde sich die Arbeitslosigkeit innerhalb von drei Jahren halbieren lassen, hatte Peter Hartz hinzugefügt (274).

Im Mittelpunkt des Berichts standen 13 »Innovationsmodule«, darunter
die Zusammenlegung von Arbeitslosenhilfe und Sozialhilfe zu einem
neuen »Arbeitslosengeld 2« sowie der Umbau der Bundesanstalt für Arbeit
zu einem modernen Dienstleistungszentrum. Zur besseren Umsetzung im
Gesetzgebungsverfahren wurden die Maßnahmenpakete in Einzelgesetze
aufgeteilt und mit Kurzbezeichnungen von »Hartz I« bis »Hartz IV« versehen. Hartz I umfasste Änderungen im Leistungsrecht wie die Flexibilisierung von Sperrzeiten und die Verschärfung von Zumutbarkeitsregeln
für Arbeitssuchende. Hartz II behandelte Existenzgründerzuschüsse für
Arbeitslose, die Förderung haushaltsnaher Dienstleistungen, die Reform

der geringfügigen Beschäftigungsverhältnisse u. a. Hartz III sah die Reform der Bundesanstalt für Arbeit und Änderungen bei der Altersteilzeit vor. Hartz IV schließlich sollte die Anpassung der Leistungen für Langzeitarbeitslose an das Niveau der Sozialhilfe in Form des neuen Arbeitslosengelds II regeln. Eine Einigung über die Höhe der künftigen Grundsicherung hatte man freilich nicht erzielen können. Das blieb der Bundesregierung überlassen. Überaus erfindungsreich zeigte sich die Hartz-Kommission bei schwungvollen Wortschöpfungen, die dem Ganzen einen innovativen Anstrich geben sollten: Job-Floater, Beschäftigungsradar, Ich-AG, Kompetenz-Center – das klang modern, kreativ und gar nicht nach bürokratischer Verwaltungsroutine im Arbeitsamt (275).

Schon im November passierten Hartz I und Hartz II den Bundestag, zum Jahresende auch den Bundesrat. Doch der Optimismus, den Hartz und der Kanzler im August ausgestrahlt hatten, war im Herbst schon wieder verflogen. Die weitere Zunahme der Arbeitslosigkeit, düstere Konjunkturaussichten und der Anstieg des Haushaltsdefizits ließen dafür keinen Raum. Schon in seiner Regierungserklärung hatte Gerhard Schröder am 29. Oktober 2002 Leistungskürzungen angekündigt (276).

Ende 2002 wurde im Arbeitsbereich »Planung« des Kanzleramts ein Grundsatzpapier ausgearbeitet, das den Titel »Auf dem Weg zu mehr Wachstum, Beschäftigung und Gerechtigkeit« trug und kurz vor Weihnachten fertiggestellt war. Es sprach von der Notwendigkeit tiefgreifender Reformen der sozialen Sicherungssysteme. Sie seien erforderlich, um Deutschland für die von der Globalisierung ausgehenden Veränderungen zu rüsten. Empfohlen wurde eine Verringerung der Steuer- und Abgabenbelastung, besonders die Absenkung der Lohnnebenkosten. Auch die Effizienz der sozialen Sicherungssysteme müsse dringend verbessert werden. Die als »Geue-Papier« gehandelte Ausarbeitung wurde dann zur Keimzelle der späteren Agenda 2010 (277).

Das Papier, von Schröder gebilligt, nahm auf der Klausurtagung des SPD-Parteipräsidiums Anfang Januar 2003 breiten Raum ein. Großen Widerspruch fand es nicht. Auch in den Medien tauchten entsprechende Berichte auf. Mit einer kurzfristigen Umsetzung rechneten allerdings die Wenigsten (278).

Doch im Januar 2003 häuften sich die Hiobsbotschaften: Während die Irak-Krise auf ihren Höhepunkt zusteuerte und der Streit mit Amerika an Schärfe gewann, leitete die EU-Kommission ein Verfahren gegen Deutschland ein, weil das Land im abgelaufenen Haushaltsjahr die Drei-Prozent-Grenze des Stabilitäts- und Wachstumspakts überschritten hatte. Wenige Tage später erlitt die SPD bei den Landtagswahlen in Hessen und Niedersachsen zwei schwere Wahlniederlagen. Damit verfügte die Union über die Mehrheit im Bundesrat. Das Ansehen des Kanzlers befand sich im Sinkflug.

In dieser Zeit erreichte der »Steuersong« des Stimmenimitators Elmar Brandt den Spitzenplatz der deutschen Charts. In ihm ließ er eine Gummi-puppe mit Schröder-Gesicht den Refrain vortragen: »Ich erhöh' euch die Steuern, gewählt ist gewählt. Ihr könnt mich jetzt nicht mehr feuern, das ist ja das Geile an der Demokratie« (279).

Schröder selbst erwähnt in seinen Erinnerungen, dass er noch vor Weih-nachten 2002 mit Kanzleramtschef Steinmeier die Lage schonungslos ana-lysiert habe. Beide seien sich einig gewesen, dass es Zeit für ein offensives Reformprogramm sei, das über das hinausreichen müsse, was im Koali-tionsvertrag vereinbart war (280). Anfang 2003 war die Lage noch schwie-riger geworden. In den Medien wurde über die Notwendigkeit »befreien-der« Reformen spekuliert.

Unter diesen Rahmenbedingungen entschloss sich der Kanzler zur Flucht nach vorn. Eine Arbeitsgruppe um Steinmeier arbeitete bald auf Hoch-touren an einem Reformprogramm. Schröder selbst band Fraktionschef Müntefering und Wirtschafts- und Arbeitsminister Clement ein. Beide ver-standen sich nicht eben gut, zogen aber in dieser Sache an einem Strang. Anfang März 2003 wurde die Abstimmung mit dem Koalitionspartner ge-sucht. Nach kurzer Debatte stimmten die Grünen der Zusammenlegung der Arbeitslosenhilfe mit der Sozialhilfe ebenso zu wie den vorgesehenen Lo-ckerungen beim Kündigungsschutz (28!).

Schon zuvor war in Steinmeiers Arbeitsgruppe die Idee entstanden, das Konzept in Form einer Regierungserklärung im Bundestag einzubringen. In dieser Rede sollten die großen innen- und außenpolitischen Heraus-forderungen für die Bundesrepublik Deutschland zusammengeführt wer-den. So kam es zum Arbeitstitel »Mut zum Frieden – Mut zur Veränderung« (282). Als Termin wurde der 14. März 2003 gewählt.

Wenige Tage zuvor hatte Gerhard Schröder das Ende 1998 mit großen Hoffnungen gestartete »Bündnis für Arbeit« für gescheitert erklärt. Der Versuch, in einer solchen Spitzenrunde von Politik, Wirtschaft und Gewerk-schaften den Korporatismus der siebziger Jahre wiederaufleben zu lassen, hatte von Anfang an nur magere Ergebnisse gebracht. Letztlich blieben alle Seiten in ihrer Routine gefangen und konnten nicht über ihren Schatten springen. Später hieß es, Schröder habe diese letzte Runde bewusst schei-tern lassen, um ohne Rücksicht auf die Gewerkschaften seine Linie durch-ziehen zu können (283).

Bevor er am 14. März 2003 an das Rednerpult des Bundestages trat, führ-te der Kanzler noch zahlreiche Gespräche mit sozialdemokratischen Spitzenpolitikern unterschiedlicher innerparteilicher Ausrichtung. Auch ehemals führende Leute waren dabei. Der »Seeheimer Kreis« wurde ebenso einbezogen wie die »Parlamentarische Linke« oder der ehemalige Parteivorsitzende Hans-Jochen Vogel. Auch mit der DGB-Führung suchte der Kanzler den Kontakt. Vollkommen überraschend kam Schröders Vorstoß nicht (284).

Die Verknüpfung des innenpolitischen Teils der Rede mit dem Friedensthema war geschickt gewählt, schließlich stand die Welt an der Schwelle eines Krieges. Schröders Bemerkungen dazu halfen, die Reihen seiner SPD-Fraktion zu schließen. Im Mittelpunkt der Rede aber stand das, was nach einer Wortschöpfung von Schröder-Gattin Doris bald nur noch »Agenda 2010« genannt werden sollte.

Schon am Beginn seines Vortrags sprach der Kanzler davon, dass man »Leistungen kürzen, Eigenverantwortung fördern und mehr Eigenleistung von jedem Einzelnen abfordern« müsse (285). Dies sei nötig, um die Substanz des Sozialstaates zu erhalten. Es folgte die Aufzählung mehr oder weniger gut verbundener Einzelmaßnahmen, die zum Teil schon umgesetzt oder bereits eingeleitet waren. Neues kam hinzu. Auch die geplante Zusammenlegung von Arbeitslosenhilfe und Sozialhilfe sparte Schröder nicht aus. Man werde das machen »und zwar einheitlich auf einer Höhe, die in der Regel dem Niveau der Sozialhilfe entspricht«. Es gehe darum, die wirtschaftlichen Wachstumskräfte zu steigern, um die Arbeitslosigkeit abzubauen. Das werde ohne Senkung der Lohnnebenkosten nicht möglich sein. Die Chancen derer, die »arbeiten wollen und arbeiten können«, müssten verbessert werden. »Niemandem wird es künftig gestattet sein, sich zu Lasten der Gesellschaft zurückzulehnen. Wer zumutbare Arbeit ablehnt – wir werden die Zumutbarkeitskriterien verändern –, der wird mit Sanktionen rechnen müssen« (286).

Ein großer Wurf war die Rede nicht, eher ein Sammelsurium verschiedener Einzelpunkte. Zwar applaudierte die SPD-Fraktion artig, aber Begeisterung löste die 90minütige Rede nirgends aus. Populär war die Agenda nie, konnte sie wohl auch nicht sein, da sie allerhand Zumutungen enthielt. Die Vertreter der Opposition hielten sich in ihren Antworten auffallend zurück. Merkel und Stoiber ließen dabei Kompromissbereitschaft erkennen. Ohne Verständigung mit der Union war die Agenda auch gar nicht zu machen, waren doch viele der 30 Einzelmaßnahmen nur mit der Zustimmung des Bundesrates umzusetzen.

Die Agenda 2010 umfasste ein ganzes Bündel von Maßnahmen in den Bereichen Arbeitsmarktpolitik, Steuern, Rente, Gesundheit, Familien- und Bildungspolitik. In der Arbeitsmarktpolitik sollte eine »Zeitenwende«

möglich werden, um Menschen wieder leichter in Beschäftigung zu bringen. Dazu dienten die von der Hartz-Kommission vorgesehen Maßnahmen, die jetzt konkretisiert wurden. Danach sollte die maximale Bezugsdauer von Arbeitslosengeld von 32 auf 12 Monate abgesenkt werden. Nur
für die über 55-jährigen sollte sie 18 Monate betragen. Das Leistungsniveau
im »Arbeitslosengeld II« wurde auf einen Regelsatz von 345 Euro (West)
und 331 Euro (Ost) festgelegt. Die damit verbundene Zusammenlegung von
Arbeitslosenhilfe mit der Sozialhilfe zielte auch darauf ab, diejenigen ar-
beitsfähigen Sozialhilfeempfänger wieder in den Arbeitsmarkt zu integrieren, die aus dem Vermittlungssystem der alten Arbeitsämter herausgefallen waren. Kurzfristig würde das freilich den Nebeneffekt haben, dass
die Zahlen der Arbeitslosenstatistik weiter ansteigen mussten (287).

Dazu traten Lockerungen beim Kündigungsschutz und Öffnungsklauseln im Tarifrecht. Um neue Chancen im Handwerk zu schaffen, wollte man
den Meisterzwang als Voraussetzung für eine Unternehmensgründung
stark einschränken. Eine Reform des Gesundheitswesens sollte mit Leistungskürzungen Einsparungen ermöglichen. Teil der Agenda waren auch
die stufenweise Anhebung des Renteneintrittsalters auf 67 Jahre und die
Förderung von Ganztagsschulen und Ganztagsbetreuung von Kindern, um
die Vereinbarkeit von Familie und Beruf zu verbessern (288).

Bei der Vorstellung der gesetzgeberischen Einzelheiten sprach Wolfgang Clement vor der SPD-Fraktion von einem »zweiten Godesberg« und
erinnerte damit an den historischen Parteitag von 1959, mit dem die SPD
stärker in die politische Mitte gerückt war. Um Vollbeschäftigung zu erreichen, seien auch befristete Beschäftigungsverhältnisse nötig, ebenso Leiharbeit und Minijobs.

Clement, der als »Macher« nach Berlin gekommen war, galt als Zentralfigur bei der Umsetzung des Reformprojekts. Der umtriebige Superminister stieg freilich bald zum Lieblingsfeind der SPD-Linken und der Gewerkschaften auf. An ihm schieden sich die Geister noch mehr als an Schröder
selbst. Galt er den einen als überaus kreativer Kopf, kritisierten andere eine
intellektuelle Arroganz, mit der er Menschen »nicht mitnehmen« könne
(289).

Einige Beobachter nannten Schröders Agenda eine »Preisgabe sozialdemokratischer Werteorientierung« (290). Gemessen daran blieb es in der
SPD zunächst erstaunlich ruhig. Das Parteipräsidium stellte sich hinter
den Kanzler. Auf vier Regionalkonferenzen kämpfte Schröder im Frühjahr
für seine Politik. Zwar zeigte sich dort auch Widerstand – vor allem in Hessen und in Bayern, wo viele die kürzere Bezugsdauer von Arbeitslosengeld
und die Zusammenlegung von Arbeitslosen- und Sozialhilfe kritisierten.

Doch da die vor allem auf Medienwirkung zielende Anlage der Veranstaltungen nur wenig Raum für echte Diskussionen ließ, war damit noch nicht entschieden, ob die Partei in ihrer Breite die Agenda-Politik wirklich tragen würde (291).

Im Frühsommer rumorte es in der SPD dann doch. Immer mehr Bezirksvorstände der Partei äußerten Kritik. Zwar scheiterte der Anlauf zu einem Mitgliederbegehren an mangelnder Unterstützung der Basis. Auf dem Sonderparteitag am 3. Juni 2003 bekam der Leitantrag 90 Prozent der Stimmen. Allerdings war es zuvor zu heftigen Kontroversen über einzelne Vorhaben gekommen. Umstritten blieb besonders die stark gekürzte Bezugsdauer des Arbeitslosengeldes (292). Am Ende musste der Bundeskanzler hinnehmen, dass in den Leitantrag auch Forderungen der Parteilinken wie die Wiedereinführung der Vermögenssteuer eingefügt wurden (293).

Zum Anführer des innerparteilichen Widerstands entwickelte sich jetzt immer mehr der saarländische Bundestagsabgeordnete Ottmar Schreiner, mit dem Schröder schon bei den Jusos aneinandergeraten war und der inzwischen als Vorsitzender der sozialdemokratischen »Arbeitsgemeinschaft für Arbeitnehmerfragen« amtierte. Ins gleiche Horn stießen Andrea Nahles und Michael Müller, der spätere Regierende Bürgermeister von Berlin.

Während die Grünen auf ihrem Sonderparteitag im Juni die Agenda-Politik mit großer Mehrheit billigten, geriet jetzt SPD-Generalsekretär Olaf Scholz in die Kritik. Er hielt die Agenda-Politik in der SPD schon für »gelaufen« und regte an, den Begriff des »demokratischen Sozialismus« aus den Programmdokumenten der SPD zu streichen. Das missfiel vielen Genossen. Auf dem Parteitag in Bochum im November 2003 wurde er dafür abgestraft. Bei seiner Wiederwahl erhielt er nur 52,6 Prozent der Stimmen, was fast einem Misstrauensvotum gleichkam. Eine ähnliche Schlappe erlitt auch Wolfgang Clement, dessen Wiederwahl zum Partei-Vize nur 56,7 Prozent der Delegierten unterstützen mochten (294).

Zwar wurde Gerhard Schröder in Bochum mit 80 Prozent der Delegiertenstimmen wiedergewählt. Doch zeigte die Stimmung des Parteitags deutlich, dass sich etwas ändern musste. Im Laufe des Jahres 2003 hatten 100 000 SPD-Mitglieder ihre Parteibücher zurückgegeben. So reifte bei Schröder der Plan, den Parteivorsitz abzugeben. Franz Müntefering, in der SPD sehr beliebt, zugleich mit Schröder eng verbunden, schien ihm besser geeignet, die Partei bei der Umsetzung der Agenda-Politik mitzunehmen. Müntefering musste freilich regelrecht überredet werden. Anfang Februar 2004 wurde der geplante Wechsel dann öffentlich bekanntgegeben. Am 21. März 2004 wählte der SPD-Parteitag den Sauerländer zum Nachfolger Gerhard Schröders als SPD-Parteivorsitzender (295).

Auf heftige Kritik stieß die Agenda von Anfang an bei den Gewerkschaften. Besonders die IG Metall und ver.di taten sich dabei hervor. Nachdem ein Gespräch des Bundeskanzlers mit DGB-Chef Sommer über die Reformen kein Ergebnis gebracht hatte, fand am 24. Mai 2003 in 14 Städten ein gewerkschaftlicher Aktionstag gegen die Agenda 2010 statt, an dem sich 90 000 Menschen beteiligten (296).

Dass Schröders Reformen trotz aller Parteitagszustimmung in der SPD umstritten blieben, zeigte sich bei den ersten Abstimmungen im Bundestag. Bei Probeabstimmungen zur Gesundheitsreform stimmten 17 SPD-Abgeordnete und vier Grüne dagegen. Auch in der Schlussabstimmung versagten sechs Sozialdemokraten und ein Grüner ihre Zustimmung. Freilich hatte die Union ohnehin zustimmen wollen, so dass das Gesetz nicht gefährdet war. Auch bei der Abstimmung über die Hartz-Gesetze drohten sieben Sozialdemokraten und vier Abgeordnete der Grünen mit Ablehnung. Am Ende aber blieb es am 17. Oktober bei einer Stimmenthaltung (297). Mit den gesetzlichen Neuregelungen galt künftig praktisch jede Arbeit als zumutbar, wenn dafür die ortsüblichen Löhne gezahlt wurden.

An vielen Stellen war auch die Zustimmung des Bundesrates erforderlich. Erwartungsgemäß hatte die Länderkammer mit ihrer Mehrheit unionsregierter Länder zahlreiche Einwände und lehnte das Gesetzgebungspaket zunächst ab. Nun war der Vermittlungsausschuss am Zug. Seine Verhandlungen gerieten dann zu einem Machtpoker, in dem die CDU-Vorsitzende Angela Merkel und Hessens Ministerpräsident Koch unterschiedliche Strategien verfolgten. Während Merkel eine Einigung anstrebte, weil sie es für unmöglich hielt, das Reformwerk scheitern zu lassen, setzte Koch auf weitere Verschärfungen der Agenda-Politik, um Schröder in seiner eigenen Partei zu schwächen und die Regierung in den Machtverlust zu treiben (298).

Der in den Detailfragen bestens präparierte Koch überraschte mit einem eigenen Vorschlag, der bei der Vergabe von Sozialleistungen noch restriktiver verfahren wollte als es die Agenda-Gesetze vorsahen. Nach seinem »Existenzgrundlagengesetz« sollten die Kommunen selbst die Trägerschaft dafür übernehmen. Freilich stieß er damit auch auf Gegenwehr bei ostdeutschen CDU-Ministerpräsidenten, die die Kostenbelastungen fürchteten. Am Ende legte er mit dem »Optionsmodell« einen Kompromissvorschlag vor, das den Kommunen ein Wahlrecht bei der Trägerschaft der neuen Jobcenter einräumte. So wurde es dann auch umgesetzt.

Auch bei der Gegenfinanzierung für die angestrebte vorgezogene Steuerreform lag man zunächst weit auseinander. Am Ende aber kam eine Einigung zustande. Die Linie von Angela Merkel hatte sich bei den Vertretern der Union durchgesetzt. Die Arbeitsmarktreformen trugen weiter die Handschrift der Regierung. Die Union hatte aber einige Änderungen durchsetzen können. Der Kündigungsschutz wurde noch stärker gelockert als es zunächst vorgesehen war. Ohne Erfolg blieben CDU und CSU dagegen beim Tarifrecht, während sie die zunächst vorgesehene Auflösung der Landesarbeitsämter verhindern konnten. Bei der Trägerschaft der Jobcenter und der Steuerreform wurden Kompromisse vereinbart. Die vorgesehene Rentenreform wurde verschoben. Zunächst sollte 2004 ein »Nachhaltigkeitsfaktor« beschlossen werden, der den Rentenanstieg bremsen würde. So hatte es die »Rürup-Kommission« vorgeschlagen. Sie war im Dezember 2002 von Gesundheitsministerin Ulla Schmidt mit dem Auftrag eingesetzt worden, Vorschläge für eine nachhaltige Sicherung der Finanzierung der sozialen Sicherungssysteme vorzulegen. Ende August 2003 hatte sie ihren Bericht präsentiert (299).

Am 16. Dezember 2003 lag das Ergebnis des Vermittlungsausschusses vor. Ein großer Teil der Reformmaßnahmen konnte in Kraft treten. Wie dramatisch es zugegangen war, zeigt die Tatsache, dass in der entscheidenden Nachtsitzung die Parteivorsitzenden Merkel, Stoiber und Westerwelle, Kanzler Schröder, Vizekanzler Fischer und die Minister Eichel, Clement sowie Fraktionschef Müntefering dabei waren. Erstmals in der Geschichte des Vermittlungsausschusses hatten sich eine Reihe der ordentlichen Mitglieder des Ausschusses von ihren eigenen Parteivorsitzenden vertreten lassen (300).

4.19 DIE PROTESTWELLE – MONTAGSDEMONSTRATIONEN, WASG UND LINKSPARTEI

Die Einigung zum Agenda-Paket im Vermittlungsausschuss brachte keine Beruhigung der zunehmend aufgeregten Öffentlichkeit. Mit dem 1. Januar 2004 fiel bei Arztbesuchen jetzt eine Praxisgebühr von zehn Euro im Quartal an. Krankenhausaufenthalte erforderten Zuzahlungen, der Eigenanteil bei den Kosten für Arzneimittel, Rollstühle und Hörgeräte stieg, die Zuschüsse für Zahnersatz wurden gekürzt, das Sterbegeld fiel weg. Das alles sorgte für Unmut.

Tüchtig angeheizt wurde der jetzt auch von der Boulevardpresse. BILD-Titel wie »Hartz IV: die großen Ungerechtigkeiten« oder »Regierung will an die Sparbücher der Kinder« trugen dazu bei, dass sich die öffentliche Stimmungslage verschlechterte (301).

Vor allem in Ostdeutschland gingen jetzt immer mehr Menschen aus Protest auf die Straße. Kamen zunächst nur ein paar Hundert zu den Demonstrationen, so waren daraus kurze Zeit später Tausende geworden. Anfang August 2004 protestierten in Leipzig 40 000 Menschen. Das waren Größenordnungen, die seit den Demonstrationen Anfang 1991 in den neuen Ländern nicht mehr erreicht worden waren. Dass die Organisatoren dabei den Namen »Montagsdemonstrationen« wählten und ausgerechnet die Nachfolgepartei der SED ganz vorne dabei war, empörte zwar besonders im Westen viele. Schließlich ging es ja nicht um den Protest gegen eine Diktatur. Aber das änderte nichts.

Tatsächlich waren die Menschen im Osten besonders betroffen. Denn die Grundlinie der neuen Arbeitsmarktpolitik »fördern und fordern« machte an vielen Stellen im Osten schon deshalb wenig Sinn, weil es die Stellen einfach nicht gab, für die man Willige qualifizieren und in die man Unwillige hätte drängen können. So äußerten bald auch SPD-Ministerpräsidenten wie Matthias Platzeck Verständnis für den Unmut der Menschen (302).

Die Proteste brachten auch Oskar Lafontaine wieder auf die politische Bühne. Schon unmittelbar nach Schröders Agenda-Rede hatte er den Genossen in seiner BILD-Kolumne zugerufen: »Die SPD darf nicht tatenlos zusehen, wie Schröder ihr Haus einreißt und orientierungslos von Wortbruch zu Wortbruch stolpert« (303). Der frühere SPD-Chef, der jetzt Schröders Politik regelmäßig in Zeitungskolumnen geißelte, trat am 30. August 2004 bei der Leipziger Montagsdemonstration vor 60 000 Teilnehmern auf. Leipzig stehe für Freiheit und Demokratie, begann er seine Rede. Die Demokratie aber sei heute gefährdet, weil über die Köpfe der Menschen hinweg regiert werde. Die Oberen würden entlastet, die Unteren immer mehr belastet. Als er ausrief »stoppt diese Politik«, riefen Tausende »Schröder muss weg« und »wir sind das Volk« (304).

Auch Unionspolitiker aus dem Osten beteiligten sich an den Protestaktionen. Die BILD-Zeitung nannte die Reformen »Murks IV«. Schröder empörte sich darüber und sprach von einem »abartigen Bündnis«, das Züge einer »neuen Volksfront« trage (305).

Eine besondere Rolle bei den Protesten spielten von Anfang an die Gewerkschaften. IG-Metall-Chef Klaus Zwickel erklärte schon im März 2003, dass man alles tun werde, um die Menschen gegen diese Politik zu mobilisieren. In die gleiche Kerbe schlugen sein Stellvertreter Jürgen Peters und der Verdi-Vorsitzende Frank Bsirske. Bei der zentralen Maikundgebung der Gewerkschaften wurde der Bundeskanzler am 1. Mai 2003 von der aufgebrachten Menge regelrecht ausgepfiffen (306).

Über die Agenda-Politik kam es bald auch zu einem tiefen persönlichen Zerwürfnis zwischen Schröder und DGB-Chef Michael Sommer. An der DGB-Kundgebung zum 1. Mai 2004 nahm der Kanzler gar nicht mehr teil. Im April hatten die Gewerkschaften zu einem europäischen Aktionstag gegen Sozialabbau fast eine halbe Million Menschen mobilisieren können. Von »sozialem Kahlschlag«, von »Lohndumping« und einer »asozialen Politik« war jetzt die Rede (307). Viele der Adressaten von Hartz IV »sahen sich in ihrer Ehre als sozialversicherte Arbeitnehmer, die durch ihre Beitragszahlungen einen Rechtsanspruch auf Sozialleistungen erworben haben, verletzt … Wer viele Jahre lang in die Arbeitslosenversicherung eingezahlt hatte, würde bei längerer Arbeitslosigkeit mitunter gleich oder schlechter behandelt als ein Antragsteller, der nicht berufstätig war und keine Ersparnisse beseitegelegt hatte« (308). Zugleich würde jetzt ein Niedriglohnsektor entstehen, ohne dass das durch einen gesetzlichen Mindestlohn begrenzt wurde.

Die beiden wichtigsten deutschen Einzelgewerkschaften IG Metall und Ver.di wirkten schließlich auch bei der Gründung des Vereins »Wahlalternative Arbeit und soziale Gerechtigkeit« mit, der am 3. Juli 2004 aus der Taufe gehoben wurde. Den Anstoß dazu gab das Papier eines ver.di-Funktionärs, das erste Treffen fand im März 2004 im Haus des Deutschen Gewerkschaftsbundes in Berlin statt. Zu den Initiatoren zählten u.a. die IG-Metall-Funktionäre Klaus Ernst und Thomas Händel sowie der Wirtschaftswissenschaftler Axel Troost, unter dessen Führung schon Anfang 2004 eine »Wahlalternative 2006« entstanden war (309).

Das Zerwürfnis mit den Gewerkschaften und die Massenproteste vor allem in Ostdeutschland wirkten zurück auf die Stimmungslage in der SPD. Bei der Sitzung des Parteirats im April 2004 hieß es, das »Selbstbewusstsein« der SPD sei beschädigt, die Partei drohe »auseinanderzubersten«. Im Sommer prangerte Thüringens Landesvorsitzender Christoph Matschie eine »Gerechtigkeitslücke« an und forderte die Einführung eines Mindestlohns sowie die Erhöhung der Erbschaftssteuer. Schröder, Parteichef Müntefering und Clement hielten dagegen. Doch die Lage für die SPD wurde noch schwieriger. Die BILD-Zeitung zitierte Ottmar Schreiner mit dem Satz, Hartz IV sei eine »Bestrafungsaktion für unverschuldete Arbeitslosigkeit« (310). Schließlich machte die Regierung ein paar Konzessionen in den Regelungsdetails. In der Substanz aber wollte man den eingeschlagenen Weg fortsetzen.

Dass dieser inzwischen unpopulär geworden war, ließ sich an den Zahlen der Meinungsforscher und den Wahlergebnissen ablesen: Bei den elf Landtagswahlen zwischen 2003 und 2005 verlor die SPD im Durchschnitt sieben Prozentpunkte. Deutlich zulegen konnte dagegen im Westen die Union, während in Ostdeutschland PDS und NPD (in Sachsen) vom Unmut über die Regierung profitierten. Bei den Europawahlen 2004 mussten die Sozialdemokraten einen Verlust von 9,2 Prozent hinnehmen und kamen nur noch auf 21,5 Prozent der Stimmen. Zwar verlor auch die Union Stimmenprozente (– 4,2 Prozent). Sie erreichte jedoch mit 44,5 Prozent einen mehr als doppelt so hohen Stimmenanteil wie die sozialdemokratischen Konkurrenten. Sehr gut schnitten die Grünen ab (11,9 Prozent) (311). Sie waren an den Wahlurnen von der Schwäche der Regierung bis Ende 2004 erstaunlich wenig berührt und konnten überall mehr oder weniger deutliche Gewinne erzielten. Erst 2005 brach diese Erfolgskurve ab (312).

Nach einer Urabstimmung unter ihren Mitgliedern gründete sich im Januar 2005 die Partei »Wahlalternative Arbeit und soziale Gerechtigkeit« (WASG). Sie beschloss, an den Landtagswahlen in Nordrhein-Westfalen teilzunehmen und erreichte trotz der Kürze der Vorbereitungszeit bei den Wahlen im Juni mit 2,2 Prozent einen Achtungserfolg (313).

Die Entscheidung von Gerhard Schröder und Franz Müntefering, eine vorzeitige Bundestagswahl herbeizuführen (vgl. unten), führte dann rasch zu neuen Weichenstellungen im linken Protestspektrum. Nachdem Oskar Lafontaine Ende Mai 2005 aus der SPD ausgetreten war und angeboten hatte, im bevorstehenden Bundestagswahlkampf gemeinsam mit Gregor Gysi eine Wahlplattform aus WASG und PDS anzuführen, nahm die PDS noch im Juli eine Umbenennung ihrer Partei in »Linkspartei PDS« vor. Weil eine gemeinsame Wahlplattform aus rechtlichen Gründen nicht möglich war, bot man der WASG an, dass ihre Kandidaten auf den Listen der umbenannten Partei kandidieren könnten.

So führte Oskar Lafontaine schließlich die Landesliste in Nordrhein-Westfalen an und kandidierte zugleich als Direktkandidat in Saarbrücken. Sein Comeback in der aktiven Politik löste eine Beitrittswelle aus, die den Mitgliederbestand der WASG im Westen bis zum September 2005 auf 11 000 ansteigen ließ (314). Lafontaines Beispiel folgte auch der frühere SPD-Landesvorsitzende von Baden-Württemberg, Ulrich Maurer. Im November 2004 war es zu einem letzten Versuch gekommen, Oskar Lafontaine in der SPD zu halten. Doch ein mit Wissen des Parteivorsitzenden Müntefering geführtes Gespräch von Heidemarie Wieczorek-Zeul und der Parteilinken Andrea Nahles mit ihm hatte keine konkreten Ergebnisse gebracht (315).

Mit der Hilfe von Lafontaine und dem Potential der WASG konnte die umbenannte PDS bei den Bundestagswahlen im September auch in Westdeutschland beachtliche Stimmenergebnisse erreichen. 4,9 Prozent der

Wähler in den alten Ländern ermöglichten ihr ein Gesamtergebnis von 8,6 Prozent und damit den Einzug in den Bundestag als drittstärkster Partei. Schon vor dem Wahldatum hatten die Parteivorsitzenden Lothar Bisky und Klaus Ernst versichert, der Fusionsprozess von WASG und PDS werde nach der Wahl rasch vollzogen. Tatsächlich wurde die Fusion im Juni 2007 mit der offiziellen Gründung der Partei »Die Linke« abgeschlossen (316).

Der Zusammenschluss mit der PDS war unter den Mitgliedern der WASG nicht unumstritten. Minderheiten wehrten sich gegen das Zusammengehen mit den ostdeutschen Postkommunisten. Besonders heftige Auseinandersetzungen gab es darüber in Berlin. Doch der Sog der möglichen Wahlerfolge ließ den Kritikern keine Chance. Bei der Urabstimmung im Frühjahr 2007 stimmten 84 Prozent der WASG-Mitglieder (bei der PDS 97 Prozent) der Fusion zu. Die medienwirksame Rolle der Spitzenkandidaten Lafontaine und Gysi im Bundestagswahlkampf 2005 und die gemeinsame Bundestagsfraktion hatten die Weichen längst gestellt (317).

In der Ausdehnung der PDS auf die alte Bundesrepublik über die Protestbewegung bestand die politisch folgenreichste Konsequenz der Agenda 2010. Die Tiefe der Entfremdung der Schröder-SPD besonders gegenüber der mittleren Funktionärsschicht der Gewerkschaften schuf eine Konstellation, in der sogar die Rückkehr von Oskar Lafontaine auf die politische Bühne möglich wurde. Dass der selbst erklärte Bewahrer sozialdemokratischer Identität nun als Co-Chef einer linken Konkurrenzpartei auf die große Bühne zurückkehren konnte, musste die SPD empfindlich treffen. Von den damit verbundenen Identitätsproblemen hat sie sich bis heute nicht erholt.

4.20 ROT-GRÜN IN DER ZWEITEN LEGISLATURPERIODE

Die Auswirkungen der Agenda-Politik haben das politische Profil der zweiten rot-grünen Legislaturperiode derart geprägt, dass neben ihr und dem Irak-Konflikt alle anderen Themen deutlich in den Hintergrund getreten sind. Das galt auch für die Umwelt- und Energiepolitik, die in den ersten Jahren von Rot-Grün eine so prominente Rolle gespielt hatte. Bei der umstrittenen Ökosteuer konnte sich die Koalition 2003 nicht auf eine weitere Erhöhung einigen (318). 2003 wurde das noch von der Regierung Kohl stammende nationale Reduktionsziel für Treibhausgase aufgegeben, das bis 2005 eine Verminderung um ein Viertel gegenüber 1990 vorgesehen hatte (319). Immerhin kam es 2004 zur Neuregelung des Erneuerba-

re-Energien-Gesetzes und zum Treibhausgas-Emissionsgesetz, das das
Ziel der Emissionsminderung durch den Handel mit Zertifikaten erreichen
wollte (320). Doch entscheidend vorangekommen war man in der Klimapolitik nicht. Gemessen an den anspruchsvollen Zielen blieb das Erreichte
hinter den Erwartungen zurück. Die umweltpolitische Dynamik der ersten
Legislaturperiode war erlahmt.

Im März 2002 war das Zuwanderungsgesetz auf spektakuläre Weise im
Bundesrat gescheitert. Nachdem sich die Große Koalition in Brandenburg
über das Votum des Landes nicht einigen konnte, versuchte die Landesregierung, mit einem Trick dem Gesetz zu den entscheidenden Stimmen zu
verhelfen, ohne die Koalition in Potsdam zu gefährden. Ministerpräsident
Stolpe überstimmte während des laufenden Abstimmungsvorgangs im
Bundesrat seinen Innenminister, der zuvor ein »Nein« erklärt hatte. Bun-
desratspräsident Wowereit stellte daraufhin gegen den wütenden Protest
von Unions-Ministerpräsidenten die Zustimmung Brandenburgs fest. Das
Bundesverfassungsgericht aber sah das anders. Brandenburgs Stimmabga-
be sei nicht einmütig erfolgt und hätte demnach als ungültig gezählt werden müssen (321).

Das nach zähen Verhandlungen neu aufgelegte Gesetz hatte bei seiner
Verabschiedung 2004 nicht mehr viel mit den ursprünglichen Zielen einer
Öffnung des Arbeitsmarktes nach einem Punktsystem zu tun. Immerhin
wurde die Zahl möglicher Aufenthaltstitel für Ausländer in Deutschland
begrenzt und die Tatsache, dass Deutschland zum Einwanderungsland geworden war, parteiübergreifend nicht mehr geleugnet (322).

In der Europapolitik war die im Dezember 2002 in Kopenhagen beschlossene und zum 1. Mai 2004 vollzogene Osterweiterung das folgenreichste
Ereignis dieser Zeit. Die Aufnahme von gleich zehn neuen Mitgliedsstaaten, darunter acht osteuropäischen Ländern, musste nicht nur das Gesicht
der Gemeinschaft grundlegend verändern, sondern auch das europäische
Institutionensystem vor neue Herausforderungen stellen. Hinzu kam das
nun stark gewachsene wirtschaftliche Gefälle. Um die damit verbundenen
sozialen Probleme abzufedern, sollte die Arbeitnehmerfreizügigkeit für
die Bürger der neuen Mitgliedsstaaten aus Osteuropa in Deutschland erst
nach einer Übergangsfrist von sieben Jahren gelten.

Während die größte Erweiterungsrunde in der Geschichte der europäischen Gemeinschaft trotz mancher Befürchtungen in der Gesellschaft wegen der Gefahr möglicher Dumpinglöhne ohne große Verwerfungen verlief,
war der Beschluss vom Oktober 2005, offizielle Beitrittsverhandlungen mit
der Türkei aufzunehmen, auch in Deutschland sehr umstritten (323). Dabei galt die Skepsis nicht nur dem Zweifel an den gelebten rechtsstaat-

lichen Standards in der Türkei. Historiker verwiesen auch auf die tief in der Geschichte wurzelnden Scheidelinien zwischen der christlich-abend-ländischen Zivilisation und der muslimischen Welt. Eine Aufnahme der Türkei müsse zu einer Überdehnung der Europäischen Union führen. Da-gegen wurden vor allem strategische Argumente ins Feld geführt. Gerhard Schröder verwies auf die »einzigartige geopolitische Lage der Türkei an der Schnittstelle zwischen Asien und Europa«. Eine in der EU verankerte Tür-kei könne eine maßgebliche Rolle in den Beziehungen zur islamischen Welt spielen (324).

Umstritten war auch der Umgang der Regierung mit den Stabilitäts- und Defizitkriterien der europäischen Währungsunion. Unumwunden setzten sich Deutschland und Frankreich, die beide die Defizitkriterien nicht ein-halten konnten, für ihre Neuinterpretation ein. Sie wollten die Verschul-dungsgrenze für die öffentlichen Haushalte bei ausbleibendem Wirtschafts-wachstum künftig weniger streng anwenden. Weil beide Länder auch über 2003 hinaus die Obergrenzen nicht einhalten konnten, leitete die Europä-ische Kommission im Herbst 2003 ein Defizitverfahren ein. Doch im Euro-päischen Rat erhielt sie dafür nur die Unterstützung von sechs Mitglieds-staaten. Das Defizitverfahren wurde »ausgesetzt« und für die Absenkung des Defizits eine Frist bis Ende 2005 eingeräumt (325). Der Beschluss, die großen und mächtigsten Mitgliedsländer von der Anwendung der eigent-lich für alle geltenden Regeln zu verschonen, musste Auswirkungen haben auf die Finanzpolitik der anderen. In der Euro- und Finanzkrise späterer Jahre sollte sich das noch zeigen (326).

Einen Rückschlag erlitt die deutsche Europapolitik durch das Schei-tern des europäischen Verfassungsvertrages bei den Volksabstimmun-gen in Frankreich und den Niederlanden im Frühjahr 2005. Nachdem sich Deutschland und Frankreich vergeblich dafür eingesetzt hatten, den seit Sommer 2003 vorliegenden Entwurf des Verfassungskonvents auf einer Regierungskonferenz unverändert zu beschließen, war nach zähem Ringen im Herbst 2004 in Rom nur ein modifizierter »Vertrag« zustande gekom-men, den die Staats- und Regierungschef unterzeichnet hatten. Anfäng-lich hatten sich Spanien und Polen mit dem Verfassungsentwurf gar nicht erst befassen wollen. Sie kämpften vehement gegen die künftig vorgesehe-ne »doppelte Mehrheit« im Ministerrat. Doch auch das zum Vertrag modi-fizierte Abkommen fand nicht die Billigung der Bürger in Frankreich und den Niederlanden. 54,7 Prozent der Franzosen und sogar 69,3 Prozent der Niederländer stimmten mit »Nein« (327). In Deutschland war der Verfas-sungsvertrag von einer überwältigenden Mehrheit in Bundestag und Bun-desrat gebilligt worden.

Die Verfassungsidee war mit dem Votum in Frankreich und den Niederlanden im Grunde bereits gescheitert. Gleichzeitig wurden die europäischen Zukunftsaussichten auch vom andauernden Streit über die künftige Finanzverteilung und die Agrarpolitik getrübt (328). Europa müsse
eine Denkpause einlegen, hieß es jetzt bei den Staats- und Regierungschefs. Eine Niederlage war das auch für die Bundesregierung, in der sich
besonders Außenminister Fischer für die Idee einer europäischen Verfassung stark gemacht hatte. Er war 2002 nicht nur selbst Mitglied des Verfassungskonvents geworden, sondern wurde in den deutschen Medien
auch immer wieder als Kandidat für das Amt eines europäischen Außenministers gehandelt, das im Verfassungsentwurf ursprünglich vorgesehen
war. Da Fischer in der Machtarchitektur von Rot-Grün als unverzichtbar
galt, sah er sich schließlich gezwungen, solche Spekulationen selbst zu dementieren (329).

Am 23. Mai 2004 wurde der frühere Staatssekretär im Finanzministerium und Direktor des Internationalen Währungsfonds, Horst Köhler, zum
Nachfolger von Johannes Rau als Bundespräsident gewählt. Seiner Kandidatur ging ein längeres Tauziehen voraus. Angesichts der Mehrheitsverhältnisse in der Bundesversammlung war ein rot-grüner Kandidat nicht
durchsetzbar, so dass nach Kompromisslösungen Ausschau gehalten wurde. In der Union galt zunächst Wolfgang Schäuble als Favorit. Am Ende aber
setzte sich das strategische Kalkül Stoibers und Merkels durch, die im Blick
auf die nächste Bundestagswahl eine Allianz mit der FDP anstrebten. Für
FDP-Chef Westerwelle war der Kandidat Köhler, eine Idee Angela Merkels, akzeptabel. Damit war Schäuble aus dem Rennen. Auch die sozialdemokratische Gegenkandidatin Gesine Schwan hatte keine Chance. So wurde mit Horst Köhler ein Mann Bundespräsident, der zum Zeitpunkt seiner
Wahl den meisten Bundesbürgern gar nicht bekannt war. »Horst wer?« hatte die BILD-Zeitung getitelt, nachdem sich Union und FDP auf ihn verständigt hatten (330).

Bereits am 25. Juni 1999 hatte der Bundestag bei einer seiner letzten Sitzungen in Bonn beschlossen, in Berlin ein Mahnmal zu errichten, das ausschließlich den jüdischen Opfern des Nationalsozialismus gewidmet sein
sollte. Während Sozialdemokraten, Grüne und PDS fast geschlossen dem
Projekt zustimmten, stimmten die meisten Abgeordneten von Union und
FDP dagegen. Als nach langen Debatten die Gedenkstätte in der Nähe des
Brandenburger Tores am 10. Mai 2005 endlich eingeweiht werden konnte,
hatte längst die finale Phase der Ära Schröder begonnen.

4.21 DAS ENDE VON ROT-GRÜN

Anfang 2005 erreichten die Zahlen der Arbeitslosenstatistik ihren Höchststand. Kurz nachdem die Tsunami-Katastrophe in Asien und Afrika eine beispiellose Welle der Hilfsbereitschaft in Deutschland ausgelöst hatte, sorgte die Meldung von 5,2 Millionen Arbeitslosen im Februar für eine weitere Eintrübung der Stimmungslage. Zwar war der letzte Anstieg nur die paradoxe Konsequenz der eingeleiteten Arbeitsmarktreformen, weil jetzt auch zuvor längst »abgeschriebene« Sozialhilfeempfänger in der Statistik auftauchten. Doch für die Stimmung im Lande änderte das nichts (331).

Zu diesem Ungemach kam jetzt noch hinzu, dass auch dem bislang so populären Außenminister der Wind ins Gesicht blies. Mitte Dezember 2004 hatte der Bundestag einen Untersuchungsausschuss eingesetzt, der die massenhafte Erteilung von Touristenvisa in den Nachfolgestaaten der ehemaligen Sowjetunion zwischen 1998 und 2004 überprüfen sollte. In dieser Zeit waren 5,6 Millionen Visa erteilt worden, davon allein 1,3 Millionen durch die deutsche Vertretung in Kiew. Als bekannt wurde, dass die auf einen Erlass von Staatsminister Volmer zurückgehende laxe Praxis der Visaerteilung besonders in Kiew schon in 2000 zu einer Kontroverse mit dem Innenministerium geführt hatte, das negative Konsequenzen für die Sicherheitslage in Deutschland befürchtete, heizte das den Rechercheeifer der Journalisten zusätzlich an. Bald sah sich Fischer mit dem Vorwurf konfrontiert, Schwarzarbeit, Schleuserkriminalität und Zwangsprostitution in Deutschland indirekt gefördert und Korruption in der Kiewer Botschaft geduldet zu haben. Inzwischen war klargeworden, dass Fischers Ministerbüro mindestens seit 2002 von unhaltbaren Zuständen in Kiew gewusst haben musste. Dort hatten fliegende Händler Ausreisepapiere zu Preisen von bis zu 1 000 Dollar verhökert. Doch erst im Oktober 2004 war der Erlass durch einen neuen ersetzt worden (332).

Vor allem im Januar und Februar sah sich Medienliebling Fischer ungewohnt heftiger Kritik ausgesetzt. Mit seinen pampigen, gelegentlich selbstherrlich-arroganten Reaktionen trug er zunächst selbst dazu bei, die Krise zu verschärfen. Wer wie Fischer in langen Jahren als Oppositionspolitiker mit aller Härte wirkliches oder vermeintliches Fehlverhalten von Regierenden attackiert hatte, musste eigentlich damit rechnen, dass an ihn nun dieselben Maßstäbe angelegt wurden. Umso erstaunlicher fielen seine süffisanten Reaktionen zunächst aus (»Sie können mich ja zum Rücktritt auffordern«). Man konnte den Eindruck gewinnen, sein viel gerühmter politischer Instinkt hätte den Außenminister verlassen (333).

Hinzu trat, dass er im eigenen Haus in Konflikte um die Gedenkpraxis des Auswärtigen Amtes verwickelt wurde. Hatte er für seine Verordnung, nach der künftig früheren Diplomaten, die Mitglied der NSDAP gewesen waren, im Todesfall kein ehrendes Gedenken mehr in der Mitarbeiterzeitung des Auswärtigen Amtes gewährt werden sollte, eigentlich gute Argumente, so kamen mit dem Konflikt über das Totengedenken auch jahrelang aufgestaute Konflikte über seinen Führungsstil zum Vorschein. Es sei unehrlich, wenn Fischer einem Diplomaten die Möglichkeit des demokratischen Wandels abspreche, für seine eigene Wandlung vom linksradikalen Straßenkämpfer zum demokratischen Staatsmann aber das Recht auf politischen Irrtum in Anspruch nehme, hieß es (334). Am Ende nutzte Fischer den Konflikt zur Einsetzung einer Historikerkommission, die die Geschichte des Auswärtigen Amtes und die Rolle ehemaliger Nationalsozialisten untersuchen sollte (335). Das war ein kluger Schachzug und überfällig zugleich. Dennoch: Fischers Stern sank. In der Beliebtheitsskala der wichtigsten deutschen Politiker fiel er zurück.

Auch das trug dazu bei, dass Rot-Grün bei den Landtagswahlen in Schleswig-Holstein am 20. Februar die Mehrheit im Kieler Landtag verlor. Während die Verluste der SPD mit 4,4 Prozent eher unter dem Durchschnitt der Landtagswahlergebnisse seit 2003 lagen, konnten erstmals seit der Bundestagswahl 2002 die Grünen ihre Position nicht verbessern. Stärkste Partei im hohen Norden wurde jetzt erstmals seit dem Politskandal um Uwe Barschel 1987 wieder die CDU (336).

Schlimmer noch als das Ergebnis wirkte bundespolitisch der 17. März 2005. An diesem Tage versuchte eine rechnerische Mehrheit von Sozialdemokraten, Grünen und den beiden Abgeordneten des südschleswigschen Wählerverbandes (SSW), der die dänische Minderheit repräsentierte, die Wiederwahl der Ministerpräsidentin Heide Simonis und die Etablierung einer vom SSW tolerierten Minderheitsregierung durchzusetzen. Die drei Gruppierungen verfügten im Kieler Landtag über eine rechnerische Mehrheit von 35 Sitzen – gegenüber 34 für Union und FDP.

Doch die Wahl geriet zum Drama und schließlich zum »Heidemord«. Viermal trat Heide Simonis an – und viermal fehlte ihr eine Stimme. Wer der »Heidemörder« war, konnte nie geklärt werden. Parteichef Müntefering sprach von »Debakel« und »Verrat«. Die psychologischen Wirkungen dieser Niederlage auf die ohnehin angeschlagene Regierung in Berlin waren verheerend. Ende April wurde in Kiel Peter Harry Carstensen (CDU) Ministerpräsident einer Großen Koalition (337).

Am gleichen 17. März, an dem Heide Simonis im Kieler Landtag ihr Waterloo erlebte, kamen Angela Merkel und Edmund Stoiber mit Gerhard

Schröder und Joschka Fischer im Kanzleramt zu einem »Jobgipfel« zusammen. Den Anstoß dazu lieferte ein von der Union vorgeschlagener »Pakt für Deutschland«. Nachdem der Bundeskanzler am Vormittag im Bundestag in einer Regierungserklärung noch einmal die Ziele seiner Agenda-Politik herausgestellt hatte, suchte die Regierung jetzt auch nach Zustimmung der Opposition für eine Politik, die zugunsten von Wachstumsimpulsen eine höhere Neuverschuldung und damit die Verletzung der europäischen Defizitkriterien einkalkulieren wollte. Schon im Herbst 2004 hatte Schröder mit dem Plan Schiffbruch erlitten, durch die Verschiebung des »Tags der Deutschen Einheit« auf ein Wochenende einen zusätzlichen Arbeitstag zu gewinnen. Sogar Bundespräsident Köhler hatte dagegen öffentlich Stellung bezogen. Das Gespräch im Kanzleramt mit der Opposition brachte freilich keine greifbaren Ergebnisse (338).

Die folgenden Wochen standen bereits im Zeichen des Landtagswahlkampfs von Nordrhein-Westfalen am 22. Mai 2005. Am 7. April teilte der Bundeskanzler seinem Außenminister und Stellvertreter bei einem Abendessen in Rom seinen Plan mit, im Falle einer Wahlniederlage in Düsseldorf Neuwahlen im Bund anzustreben. Wichtigstes Argument Schröders war dabei der Zustand der SPD. Es sei ungewiss, ob sie bis zum regulären Wahltermin 2006 durchhalten werde, wenn auch diese Wahl verlorengehe.

Fischer zeigte sich von Schröders Argumenten nicht überzeugt und versuchte seinerseits, ihn umzustimmen. Bis 2006 werde die Agenda-Politik greifen und würden sich die Wirtschaftsdaten spürbar verbessern. Und warum sollten die Wähler einen Kanzler Schröder erneut wählen, wenn der gerade selbst das Handtuch geworfen hatte?

Fischer befürchtete, dass Schröder in Wahrheit einen durch Neuwahlen legitimierten Koalitionswechsel anstrebte und selbst als Kanzler einer Großen Koalition weiterregieren wollte. Auch Kanzleramtschef Steinmeier soll zumindest anfänglich gegen Schröders Plan gewesen sein. Die entscheidende Rolle beim weiteren Vorgehen spielten am Ende freilich die Gespräche des Kanzlers mit Franz Müntefering. Der Parteichef war wie Schröder davon überzeugt, dass eine Niederlage in der alten SPD-Bastion an Rhein und Ruhr zu einer unkalkulierbaren Situation in Partei und Bundestagsfraktion der SPD führen würde. Demnach war Handeln angesagt. Sein Biograph Schöllgen meint, letztlich entscheidend sei Schröders Angst gewesen, von den Parteilinken zum Nachgeben gezwungen und hernach »vom Hof gejagt zu werden« (339). Am 5. Mai verständigten sich Schröder und Müntefering, am Wahltag selbst die definitive Entscheidung zu treffen.

Während Schröder als erster deutscher Bundeskanzler an den Gedenkfeiern zum 60. Jahrestag der deutschen Kapitulation in Moskau teilnahm, ließen die demoskopischen Daten in Deutschland keinen Zweifel, dass die Wahlen in Nordrhein-Westfalen verlorengehen würden. »Die Stimmung im Lande ist grottenschlecht«, hieß es in einem Papier des Kanzleramtschefs. Vom Kabinett gehe kein Aufbruch aus, es wirke »ermattet, lustlos ... leider auch manchmal zu uneinsichtig, ... zu überheblich oder zu ideologisch«; »eigentlich wollen die Deutschen mehrheitlich keinen anderen Kanzler, aber die Ablösung der SPD ist ihnen wichtiger, als den Kanzler zu behalten« (340).

So kam, was in diesem Stimmungsumfeld kommen musste. Am 22. Mai verlor die SPD krachend die Landtagswahlen an Rhein und Ruhr. Während die CDU 7,8 Prozent zulegen konnte und mit 44,8 Prozent deutlich stärkste Partei wurde, verlor die SPD 5,7 Prozent und kam nur noch auf 37,1 Prozent. Auch die Grünen erlitten Stimmenverluste und erreichten wie die FDP nur noch 6,2 Prozent. Nach 39 Jahren mussten die Sozialdemokraten die Macht in Düsseldorf an Jürgen Rüttgers abgeben. Und was noch stärker wog: Mit diesem Ergebnis besaß die Union im Bundesrat jetzt eine Zweidrittelmehrheit. Nur noch 18 Stimmen SPD-regierter Länder würden 51 Stimmen der unionsgeführten Regierungen gegenüberstehen. Wichtige Gesetze durchzubringen, war jetzt nicht mehr möglich. Zugleich war die letzte rot-grüne Landesregierung in Deutschland abgelöst worden (341).

Nach diesem Ergebnis war so gut wie sicher, dass die SPD-Parteilinke eine Änderung der Agenda-Politik verlangen würde. Auch mit Attacken gegen Superminister Clement musste gerechnet werden. Der Fall war da, den Schröder seit Wochen durchgespielt und mehrfach mit Franz Müntefering besprochen hatte. Noch vor der Wahlprognose um 18 Uhr legten sich die beiden fest, bereits am Abend vor den Kameras der Fernsehanstalten anzukündigen, dass man Neuwahlen herbeiführen wolle (342).

Um kurz vor halb sieben sprach Müntefering im Willy Brandt-Haus, dass es Zeit sei, »dass in Deutschland die Verhältnisse geklärt werden ... Die Menschen sollen sagen, von wem sie regiert werden wollen«. Er habe mit dem Kanzler vereinbart, vorgezogene Bundestagswahlen anzustreben (343). Um 20 Uhr erklärte Schröder, dass mit dem Ergebnis von Nordrhein-Westfalen »die politische Grundlage für die Fortsetzung unserer Arbeit« in Frage gestellt sei. »Für die aus meiner Sicht notwendige Fortführung der Reformen halte ich eine klare Unterstützung durch die Mehrheit der Deutschen gerade jetzt für erforderlich. Deshalb betrachte ich es als Bundeskanzler der Bundesrepublik Deutschland als meine Pflicht und Verantwortung, darauf hinzuwirken, dass der Herr Bundespräsident von den Möglichkeiten des Grundgesetzes Gebrauch machen kann, um so rasch wie möglich, also realistischerweise für den Herbst dieses Jahres, Neuwahlen zum Deutschen Bundestag herbeizuführen« (344). Noch vor der Erklärung, aber nach Müntefering Vorstoß kurz nach Schließung der Wahllokale, hatte Schröder Bundespräsident Horst Köhler unterrichtet. Der war von Müntefering Erklärung zunächst überrascht worden und entsprechend pikiert (345).

Ebenso überrascht reagierte die Öffentlichkeit. Trotz der Stimmungslage und der düsteren Zukunftsaussichten für Rot-Grün war ein solcher Coup nicht erwartet worden. Schröder hatte das Gesetz des Handelns an sich gezogen und war damit möglichen Neuwahlforderungen der Opposition ebenso zuvorgekommen wie einer quälenden innerparteilichen Debatte in der SPD. Und vielleicht ließ sich mit dem eigeschlagenen Tempo auch die rechtzeitige Formierung einer neuen Linkspartei noch vor der Wahl verhindern.

Verärgert reagierten die Grünen, die außer Fischer gar nicht informiert worden waren und sich entsprechend überrollt fühlten. Viele von ihnen nahmen Schröders Vorstoß auch als Aufkündigung des Bündnisses wahr. Tatsächlich hielten manche Sozialdemokraten und wohl auch der Kanzler selbst ein Weiterregieren in einer von Schröder geführten Großen Koalition eher für möglich als einen rot-grünen Wahlerfolg in 2006 nach einer quälenden Hängepartie und dauernder Kompromisssuche mit der Opposition bei der Verabschiedung eines Bundeshaushalts (346).

Bis heute gehen die Ansichten der Protagonisten über Schröders »Flucht nach vorn« auseinander. Fischer glaubt, Schröder habe die Nerven verloren. Man hätte nach dem zu erwartenden Anspringen der Wirtschaft in der vermutlich guten Stimmung im Lande nach der Fußball-Weltmeisterschaft 2006 eine realistische Chance auf einen Wahlsieg gehabt. Diese Auffassung wird auch von Angela Merkel gestützt, die Ende 2014 meinte, Schröder habe doch nur warten müssen, bis die Reformen gegriffen hätten und das »fußballselige Land mit sich und seiner Regierung im Reinen ist« (347).

Dagegen steht der Zustand der SPD im Frühjahr 2005 und das auch durch Fischers Visa-Affäre weiter geschwächte Ansehen von Rot-Grün. Ohne seine Initiative zur Neuwahl hätte Schröder nicht nur schwerste Zerreißproben um die Agenda-Politik in der SPD mit unsicherem Ausgang erlebt, sondern wäre womöglich sogar zur Entlassung von Clement gezwungen worden. Gleichzeitig hätte die Union mit ihrer Zweidrittelmehrheit im Bundesrat die Regierung regelrecht vor sich hertreiben können. Wie das ein gutes Jahr hindurch noch hätte gutgehen sollen, erschließt sich kaum. Wahrscheinlicher ist da eher, dass auch noch die Landtagswahlen in Rheinland-Pfalz im Frühjahr 2006 für die SPD verlorengegangen wären. Zwar ist die Kalkulation nicht aufgegangen, mit einer raschen Neuwahl die rechtzeitige Bildung einer neuen Linkspartei verhindern zu können. Auch bei der Union löste die jetzt notwendige schnelle Nominierung einer Kanzlerkandidatin keine nennenswerten innerparteilichen Verwerfungen aus. Dennoch erscheint Schröders Vorgehen stimmig. Die einzige Chance, seine Kanzlerschaft zu behaupten, lag in einem neuen Wählervotum, das sich als Vertrauensbeweis für ihn und seine Agenda-Politik interpretieren ließ. So arg viel hat dazu am Ende auch gar nicht gefehlt. Ein Prozent mehr für die SPD bei den Wahlen im September und er wäre im Kanzleramt geblieben.

Wie vor ihm die Kanzler Brandt und Kohl suchte Schröder den Weg zu vorgezogenen Bundestagswahlen über eine verlorene Vertrauensabstimmung, wie ihn der Artikel 68 des Grundgesetzes möglich macht. Am 1. Juli 2005 war es soweit. Mit einer staatspolitisch angelegten, getragenen Rede setzte Schröder den Schlussakkord der rot-grünen Regierungszeit. Als Hauptgrund für die nötige Parlamentsauflösung führte er die mangelnde Unterstützung in den eigenen Reihen an, wo angeblich manche inzwischen mit der Unterstützung einer neuen »linkspopulistischen Partei« drohten. Etwa die Hälfte der Abgeordneten von SPD und Grünen sprachen Schröder dennoch das Vertrauen aus, die andere Hälfte enthielt sich. Darunter waren nur acht Abgeordnete der Grünen (348).

Am 21. Juli 2005 gab Bundespräsident Köhler seine Entscheidung bekannt, das Parlament vorzeitig aufzulösen. Nachdem das Bundesverfassungsgericht die Klagen der Abgeordneten Jelena Hofmann (SPD) und Werner Schulz (Grüne) gegen die Auflösung abgelehnt hatte, stand fest: Am 18. September 2005 würde ein neuer Bundestag gewählt werden. Der Wahlkampf konnte beginnen.

4.22 WAHLKAMPF IN AUSSICHTSLOSER LAGE

Am 30. Mai verständigten sich die Unionsparteien rasch auf die Kanzlerkandidatur von Angela Merkel. Damit schien die neue Kanzlerin der Bundesrepublik Deutschland schon so gut wie festzustehen. Die Demoskopen sahen die SPD im Juni bei 25 Prozent, den Grünen wurden allenfalls sieben Prozent zugetraut. In fast allen wichtigen Medien des Landes hielt man die Wahl bereits für gelaufen. Im Juli standen die Genossen bei 26 Prozent, während schwarz-gelb mit satten 53 Prozent gehandelt wurde. Der Union wurden acht Wochen vor der Wahl 47 Prozent vorausgesagt. Das neue Linksbündnis stand bei elf Prozent (349).

Was von Schröder und anderen Spitzenleuten von Rot-Grün später als eine Art Verschwörung der Medien gegen die Regierung gedeutet wurde, hatte allenfalls zum kleineren Teil mit einer besonderen Enttäuschung von Journalisten über Rot-Grün zu tun, die sie veranlasst hätte, die Regierung »wegschreiben« zu wollen, wie das später von Bernd Ulrich in der ZEIT geschrieben worden ist (350). Tatsächlich waren es die Umfragedaten, die die Lage für die Regierenden aussichtslos erscheinen ließen. Und wie wollte man für eine Mehrheit werben, die doch gerade eben erst gescheitert war? Bei allem Respekt vor den Wahlkämpferqualitäten eines Gerhard Schröder: Allein damit würde sich ein Rückstand von 20 Prozentpunkten in wenigen Wochen sicher nicht aufholen lassen. Man musste Schröder die Niederlage nicht herbeiwünschen, um sie als so gut wie sicher anzusehen. Und ein neues Jahrhundert-Hochwasser war ebenso wenig zu erwarten wie neuerliche Kriegsdrohungen aus dem Weißen Haus.

Als im Juli auch noch Peter Hartz wegen einer schlüpfrigen Schmiergeldaffäre als VW-Personalvorstand seinen Hut nehmen musste, schien das einen neuen Tiefschlag für Schröder zu bedeuten. Schließlich kämpfte er für eine gesellschaftliche Mehrheit zugunsten seiner Agenda-Reformen, die eng mit dem Namen Hartz verknüpft waren (351).

Doch am Ende kam alles ganz anders. Nicht nur, dass sich der Wahlkämpfer Schröder in Hochform präsentierte, täglich bis zu drei Veranstaltungen absolvierte und das TV-Duell mit Angela Merkel vierzehn Tage vor der Wahl haushoch gewann. Zum weitaus größeren Problem für die Unionskandidatin wurde, dass im Laufe des Wahlkampfs immer weniger Schröders Politik im Mittelpunkt stand, sondern der Zweifel an der Kompetenz der Herausforderin und die Angst vor der »sozialen Kälte« der Union. Viele Deutsche fürchteten, dass eine Merkel-Regierung die Agenda-Politik des Kanzlers noch verschärfen würde.

Als Anhaltspunkt dafür diente zunächst die von der CDU/CSU angekündigte Mehrwertsteuererhöhung, die von den Sozialdemokraten umgehend zur »Merkelsteuer« deklariert worden war. Zur regelrechten Katastrophe für die Union aber wurde die Nominierung des ehemaligen Bundesverfassungsrichters und Steuerexperten Paul Kirchhof zum Mitglied des Merkelschen »Kompetenzteams« und Kandidaten für das Amt des Bundesfinanzministers. Denn die Vorschläge des politisch unerfahrenen Kirchhof zu Rentenversicherung, Steuerreform und Streichung von Subventionen lieferten Schröder eine Steilvorlage nach der anderen. Bald war kaum noch von seiner Agenda-Politik die Rede, sondern nur noch von der angeblichen sozialen Kälte des »Professors aus Heidelberg«. Die von Kirchhof angekündigte Streichung der Steuerfreiheit von Schicht- und Nachtzuschlägen für

Arbeitnehmer sorgten sogar für eine gewisse Wiederannäherung zwischen SPD und Gewerkschaften (352).

In der letzten Wahlkampfphase rückte der Wahlkämpfer Schröder spürbar nach links. Wohl blieb die Agenda-Politik bei seinen Auftritten nicht unerwähnt. Im Mittelpunkt aber stand die Warnung vor dem »Abschied von der sozialen Marktwirtschaft«, die mit einer Regierung Merkel/Westerwelle verbunden sei. Der Schulterschluss mit der Parteilinken wurde auch im SPD-Wahlmanifest deutlich, das eine neue »Reichensteuer«, einen gesetzlichen Mindestlohn und die Einführung einer »Bürgerversicherung« verlangte, die an die Stelle des dualen Systems der Krankenversicherung treten sollte. Bereits im Frühjahr hatte Franz Müntefering gegen die Profitmaximierung des internationalen Kapitals polemisiert, das wie »Heuschreckenschwärme« über Unternehmen herfalle, sie abgrase und dann weiterziehe (353).

Mit der Nominierung Kirchhofs und der linken Rhetorik der Sozialdemokraten wuchs die Polarisierung und schwand der Vorsprung der Union von Woche zu Woche. Da auch der grüne Wahlkampf besser lief als befürchtet und Fischer erneut Massen auf die Beine brachte, konnte Rot-Grün nach den letzten Umfragen eine Woche vor dem Wahlgang mit etwa 40–41 Prozent rechnen. Infratest Dimap und die Forschungsgruppe Wahlen sahen die SPD inzwischen bei 33–34 Prozent, acht Punkte über dem Wert aus dem Juni. Doch noch immer schien der Sieg der Union ungefährdet: Beide Institute prognostizierten ihr 41–42 Prozent. Zusammen mit der FDP, für die sieben Prozent vorausgesagt wurden, musste das für eine Regierungsbildung reichen (354).

Aber der Wahlabend brachte dann doch eine ganz unerwartete Zuspitzung. Schon bald nach 18 Uhr war klar, dass Angela Merkel ein angesichts der Umstände miserables Wahlergebnis eingefahren hatte. Mit gut 35 Prozent lag die Union weit hinter allen Prognosen und mehr als zehn Prozent unter den Werten, die man der Partei noch im Sommer zugetraut hatte. Gerhard Schröder und die SPD dagegen waren die »gefühlten Sieger«. Mit 34,2 Prozent hatten sie die Wahl zwar rechnerisch verloren, sich aber weitaus besser behauptet als ihnen das in der öffentlichen Meinung zugetraut worden war.

Gut abgeschnitten hatte die FDP, die mit 9,8 Prozent einen Zuwachs von 2,4 Prozent verbuchen konnte. Auch die Grünen hatten sich bei geringen Verlusten achtbar aus der Affäre gezogen (8,1 Prozent). Sieger der Wahl aber wurde die neu formierte Linke, die auf 8,7 Prozent kam und das Ergebnis der PDS aus 2002 mehr als verdoppeln konnte (355).

Angesichts des nur knappen Vorsprungs der Union vor der SPD schien auch kurz vor 20 Uhr noch gar nicht ausgemacht, ob die Union auch nach Mandaten vor den Sozialdemokraten liegen würde. Von Überhangmandaten war plötzlich die Rede, die der SPD noch einen knappen Vorteil bringen könnten. Damit wäre Schröder womöglich Kanzler geblieben.

In dieser Lage entschloss sich der Regierungschef entgegen seiner früheren Absicht, doch an der »Berliner Runde« von ARD und ZDF teilzunehmen. Und so erlebte das deutsche Fernsehpublikum den denkwürdigen Auftritt eines hochgradig adrenalingesteuerten Schröder, der zu Beginn der Runde die sichtlich verdutzten Moderatoren Nikolaus Brender und Hartmann von der Tann heftig zur Brust nahm und namentlich Brender direkt vorhielt, er arbeite gegen seine Kanzlerschaft. Kaum, dass er die Chefredakteure von ARD und ZDF derart abgewatscht hatte, bekam die Öffentlichkeit seine eigenwillige politische Lagebeurteilung zu hören: »Niemand außer mir ist in der Lage, eine stabile Bundesregierung zu führen ... Glauben Sie im Ernst, dass meine Partei auf ein Gesprächsangebot von Frau Merkel bei dieser Sachlage einginge, in dem sie sagt, sie will Bundeskanzlerin werden. Ich meine, wir müssen die Kirche doch auch einmal im Dorf lassen ... Die Deutschen haben doch in der Kandidatenfrage eindeutig votiert, das kann man doch nicht ernsthaft bestreiten ... Ich sage Ihnen: Ich führe Gespräche. Und ich sage ihnen voraus: Die werden erfolgreich sein ... Sie (Angela Merkel, d. Verf.) wird keine Koalition unter ihrer Führung mit meiner sozialdemokratischen Partei hinbekommen« (356). Schröder war an diesem Abend nicht zu bremsen. »Am Ende von Schröders Kanzlerschaft stand eine politische Talkshow, die in ihrer Art seither nicht mehr übertroffen wurde« (357).

Tatsächlich ist über diesen finalen Auftritt des »Medienkanzlers« viel diskutiert und noch mehr spekuliert worden. Was immer Schröders Motive gewesen sein mögen, die Fehlinformation von Forsa über die Überhangmandate, die Wut über die angebliche Medienkampagne, Schröders letzthin »unbürgerliche« Art, ein Übermaß von wurschtigem »mir kann keiner« und »ich schaffe auch das noch« oder was immer: Tatsache ist, dass er mit diesem Auftritt die Position der schwer angeschlagenen, gefühlten Wahlverliererin Angela Merkel eher stabilisiert hat.

Merkel, zunächst bleich, unsicher, wie eine Verliererin in sich zusammengesunken, ließ den Auftritt Schröders über sich ergehen – und hatte das Glück, dass alle Welt hernach nur noch darüber sprach. Nachdem manche Unionsgranden am Wahlabend schon die Faust in der Tasche geballt hatten, mussten sie nach Schröders Auftritt eben diese Faust doch in der Tasche lassen. Wenn der politische Gegner die eigene Kandidatin derart anging, war das nicht die Stunde, sie auch noch aus den eigenen Reihen anzugreifen.

So kam es, dass sie bereits am folgenden Tag erneut zur Vorsitzenden der Bundestagsfraktion gewählt wurde. Wie selbstverständlich übernahm dann die Fraktions- und Parteivorsitzende die Führungsrolle bei den anstehenden Koalitionsverhandlungen. Ebenso unbestritten blieb schließlich auch ihre Rolle als Kandidatin der Union für die Kanzlerschaft. Ende November 2005 wurde sie dann auch zur Nachfolgerin Gerhard Schröders im Kanzleramt gewählt. Eine Aufarbeitung der Gründe für das enttäuschende Wahlergebnis der Union hatte sie zwar bereits kurz nach dem Wahlgang angekündigt. Bei dieser Ankündigung aber blieb es. Wie so oft in der Politik, hatte man keine Zeit für rückblickende Analysen (358).

Für Schröder folgte ein Rückzug in Raten. Rasch wurde klar, dass Hoffnungen auf eine rot-gelb-grüne Ampelkoalition vergeblich bleiben würden. Guido Westerwelle war dafür nicht zu haben. Da Jamaika-Bündnisse zu dieser Zeit noch nicht realistisch waren, blieb nur die Große Koalition. Anfänglich nahm Schröder auch noch an den Gesprächen darüber teil. Nachdem aber klargeworden war, dass es die von manchen Sozialdemokraten ins Spiel gebrachte »Rotation« im Kanzleramt – zwei Jahre Schröder, zwei Jahre Merkel – nicht geben würde, gab er am 13. Oktober beim Gewerkschaftstag der IG Bergbau, Chemie und Energie öffentlich bekannt, dass er der nächsten Bundesregierung definitiv nicht angehören werde (359). Am 10. Dezember 2005 meldete die BILD-Zeitung, dass Gerhard Schröder Aufsichtsratsvorsitzender der deutsch-russischen Gesellschaft für Entwicklung und Bau der Ostseepipeline werden würde. So kam es dann auch (360).

Bereits 48 Stunden nach der Wahl hatte Joschka Fischer seinen Rückzug aus der Grünen-Führung angekündigt. Ein Jahr später gab er auch sein Bundestagsmandat auf. Rot-Grün war Geschichte.

4.23 ROT-GRÜN UND DIE KANZLERSCHAFT GERHARD SCHRÖDERS – EINE BILANZ

Als am 27. September 1998 die lange Regierungszeit Helmut Kohls zu Ende ging, herrschte für eine Weile so etwas wie Aufbruchstimmung im Lande. Wohl war die neue rot-grüne Mehrheit nicht unbedingt das, was eine Mehrheit der Wähler sich gewünscht hatte. Aber dass es Zeit für einen Wechsel war, stand für viele Menschen außer Frage.

So hatten die Sozialdemokraten zum zweiten Mal überhaupt seit 1949 die Union in der Wählergunst übertreffen können. Diesmal war ihr Vor-

sprung sogar weit größer ausgefallen als bei Brandts triumphaler Wiederwahl von 1972. So groß, dass auch das schwache Abschneiden der Grünen
nicht weiter ins Gewicht fiel. Erstmals in der Geschichte der Bundesrepublik war eine amtierende Regierung vollständig abgewählt worden.

Viele Zeitgenossen erwarteten einen Einschnitt. Zwar hatte Gerhard
Schröder im Wahlkampf versprochen, vieles besser, aber nicht alles anders zu machen. Doch waren nicht mir Schröder und Lafontaine, mit Fischer und Trittin jetzt die 68er an der Macht? Was würde aus Deutschland
werden, wenn nun Leute den Ton angaben, die einstmals eine andere Republik gewollt, Helmut Schmidts Nachrüstungspolitik bekämpft und die rasche Wiedervereinigung so gar nicht gewünscht hatten? Sicher, Schröder
warb inzwischen für eine »neue Mitte« und hatte sich in Niedersachsen den
Ruf eines Wirtschaftsmanns erworben. Aber Bangen gab es schon. Auf der
anderen Seite standen viele Hoffnungen auf Veränderung.

Auch 1969 war der Machtwechsel nicht das Ergebnis eines eindeutigen
Wählerauftrags gewesen, sondern eher Folge eines elektoralen Zufalls. Wäre die NPD damals ins Parlament eingezogen, hätte es den Kanzler Willy
Brandt nie gegeben. Und doch hatten die sozialliberalen Koalitionäre ganz
unbescheiden eine Art demokratische Umgründung des Landes in Aussicht
gestellt. Gewiss, die Zeitumstände hatten sich geändert. Aber musste jetzt
nicht doch mit ähnlichen Ansprüchen einer »Reformregierung« gerechnet
werden?

Die Aufbruchstimmung hielt nicht lange an. Bereits in den Koalitionsverhandlungen präsentierte sich eine zerrissene Sozialdemokratie, die nicht
geklärt hatte, wohin sie in den Grundfragen der Finanz-, Wirtschafts- und
Sozialpolitik steuern wollte. Auch nach dem Rückzug von Oskar Lafontaine
blieb die erste Phase der Rot-Grünen Regierungszeit bis zum Herbst 1999
von allerhand Durcheinander geprägt: Unfertige Gesetzesvorlagen, immer
neue Korrekturen, programmatische Widersprüche. Die Folge war ein rapi-
der Vertrauensverlust in der Bevölkerung. »Rot-Grün wirkte, als wäre es in
den politischen Alltag hineingestolpert« (361).

Erst mit der schweren Krise der Union begann sich das zu verändern. Es
folgte eine zweite Phase, in der tatsächlich bemerkenswerte Reformleis-
tungen gelangen – von der Energiepolitik bis zur Steuerreform. Gleichzeitig besserte sich die Wirtschaftslage. Mit einiger Verspätung schien die Reformregierung doch Tritt gefasst zu haben.

Nach dem 11. September 2001 war es damit aber bald wieder vorbei. Mit
der neuerlichen Eintrübung der Konjunktur stand die Regierung im Wahljahr 2002 mit dem Rücken zur Wand. Mit einigem Glück gelang ihr vor dem
Hintergrund singulärer Ereignisse wie der amerikanischen Kriegsdrohung

gegen den Irak und dem Jahrhunderthochwasser im Osten die knappe Wiederwahl.

In der zweiten Legislaturperiode konnte von Aufbruch keine Rede mehr
sein. Die Regierungserklärung wirkte, als hätte nicht einmal die Regierung
selbst mehr Lust auf eine zweite Runde (362). Rot-Grün sei das sinn- und
begründungsloseste Regierungsbündnis seit Bestehen der Bundesrepublik Deutschland, kommentierte der Politologe Franz Walter (363). Doch
ganz gegen den lustlosen Anfangseindruck brachte die Regierung mit der
Agenda 2010 dann doch die größte Arbeitsmarktreform seit der Deutschen
Einheit zustande. Fortan entzündeten sich daran die politischen Geister.
Schließlich entstand daraus sogar eine neue politische Partei.

Als die rot-grüne Regierungszeit im Herbst 2005 zu Ende ging, gab es
viel Kritik. Nicht nur, dass mangelnde politische Linienführung, abrupte
Richtungsschwenks und die verspätete Einleitung der sozial- und wirt-
schaftspolitischen Reformpolitik moniert wurden. Die Kritik galt auch
einem allzu selbstgewissen Regierungsstil der führenden Protagonisten,
die sich selbst wichtiger genommen hätten als die Aufgabe einer vernünftigen Steuerung des Gemeinwesens. Die ganze Generation tauge nichts, hatte Wilhelm Hennis schon 2004 polemisiert. Viel zu selbstsüchtig, könnten
sie in Wahrheit gar nicht führen. Kaum milder urteilte Jürgen Leinemann
wenig später, den 68ern gehe es mehr um Wirkung als um Wirklichkeit. Sie
hätten sich selbst und sonst nichts, weder inneres noch äußeres Geländer.
Ihre Droge sei öffentliche Aufmerksamkeit (364). In ihrer Selbstbesessen-
heit hätten sie gesellschaftliche Wirklichkeit »nur als Kulisse für die eigene
Bedeutung wahrzunehmen gelernt« (365).

Auch der Verfasser hat damals den Politikstil der rot-grünen Ära kritisiert. In lebensweltlichen Fragen beachtlich, in der Außenpolitik nur bei
der EU-Mitgliedschaft der Türkei auf falschem Kurs, in den erwerbswirt-
schaftlichen Fragen freilich weniger erfolgreich, sei die sachpolitische Bilanz zwar insgesamt ganz achtbar ausgefallen. Ausgerechnet die Vertreter
einer mit einem emphatischen Begriff von politischer Aufklärung sozialisierten 68er Generation aber seien dabei zu »Trendsettern eines Poli-
tainments« geworden, die fast kein Stilmittel aus der Welt des Boulevards
ausgelassen hätten. Weil diese Politikergeneration wie keine zuvor mit der
eigenen Selbstinszenierung zu tun gehabt habe, sei bei ihr der Eindruck
entstanden, es käme auf klare politische Linien und Richtungsentscheidungen gar nicht mehr an. Als es dann bei Schröders Agenda-Politik tatsächlich um Richtungsentscheidungen, um Kampf und Konflikt ging, habe
der Politikmanager Schröder seine Partei so schnell nicht mehr überzeugen können (366).

Aus dem Abstand von anderthalb Jahrzehnten wird diese Kritik nicht falsch, wirkt freilich doch etwas überzogen. Tatsächlich hatte sich gerade unter den Meinungsmultiplikatoren der Republik nach viel Bewunderung für die rot-grünen Kommunikationsmatadore auch allerhand Missmut über Selbstgerechtigkeit und Anmaßung aufgestaut, der sich besonders im Laufe des Jahres 2005 entladen hat. Daher rührte vermutlich auch Schröders Eindruck einer »Medienkampagne« gegen seine Regierung. Ähnliches gilt für Fischer, der im Streit um die »Visa-Affäre« erleben musste, dass sein überaus selbstgewisses Auftreten und sein bonapartistischer Stil nun von vielen als unziemliche Arroganz wahrgenommen wurde (367).

Dass in der Ära Schröder Mediatisierung und Boulevardisierung von Politik ein neues Ausmaß erreicht haben und die Akteure sich diesem Trend nicht nur anverwandelt, sondern ihn auch gefördert haben – von Schröders »Krönungsmesse« 1998 bis zu Fischers langem Lauf zu sich selbst –, gehört zu den besonderen Merkmalen dieser Zeit. Allein daran aber kann sich das Urteil nicht festmachen.

Immer wieder ist in den Betrachtungen zu Rot-Grün von einer Machtübernahme der »68er« die Rede gewesen. Tatsächlich waren im Regierungspersonal jetzt viele vertreten, deren prägende politische Sozialisationserfahrungen in diese Zeit des Protests zurückreichten. Dies galt für Fischer, Schily, Trittin, Wieczorek-Zeul und andere, mit Einschränkungen auch für Schröder und Lafontaine.

Freilich lagen diese politischen Jugendzeiten lange zurück. Die Deutsche Einheit und die veränderte Rolle des Landes in der Welt hatte eine ganz andere Problemagenda geschaffen. Dass es nicht um die Realisierung der sanften Ökorepublik Deutschland gehen würde, war den Protagonisten durchaus klar. Übrig geblieben war ein Stück unbürgerlicher Attitüde, ein stärker moralisierender Impuls im »Kampf gegen Rechts« und ein vages linksreformerisches Selbstverständnis.

Insoweit ist die Deutung dieser Zeit als »Regierung der 68er« jenseits von Stilfragen nicht sehr ertragreich. Das »situationistische« Politikverständnis von Kanzler Schröder, das großen programmatischen Entwürfen eher mit Misstrauen begegnete und durch und durch pragmatisch angelegt war, lässt sich sogar als Gegenbild zur politischen Kultur einer Protestbewegung auffassen, in der das Verfassen und Diskutieren endloser theoretischer Konzepte zentrales Merkmal gewesen war. »Gerhard Schröder hasste Grundsatzdebatten« und hat auf die Frage, ob er sich als »68er« sehe, geantwortet: »Ich bin es nicht« (368). Die biographischen und autobiographischen Zeugnisse zu Schröder lassen das Motiv eines zähen Kampfes um den eigenen Aufstieg aus ganz kleinen Verhältnissen erkennen, nicht aber irgendein weltumstürzendes Sendungsbewusstsein (369).

So blieb die Prägung der rot-grünen Protagonisten durch die Geschichte der neuen Linken vor allem in den Neigungen zu Hybris und Selbstüberschätzung spürbar. In der Außenpolitik war das freilich produktiv. Keine Bundesregierung zuvor hatte derart selbstverständlich eine Normalität »deutscher Interessenvertretung« beansprucht. Und es galt schließlich auch gegenüber der Schutzmacht USA. Dass eine unionsgeführte Bundesregierung so eindeutig gegen eine amerikanische Regierung Stellung bezogen hätte wie Schröder und Fischer das im Irak-Konflikt getan haben, ist kaum vorstellbar. An dieser Stelle erwies sich diese Regierung als weitsichtig und wurde ihre Chuzpe sogar zum Glücksfall für das Land. Im Blick auf weltpolitische Verantwortungsübernahme schneidet die rot-grüne Regierung besser ab als manche der Nachfolger.

Dass in so vielen Deutungen der Bezug zu 1968 eine so wichtige Rolle spielt, hat vor allem mit der schillernden Figur des Außenministers zu tun. Tatsächlich ist Fischer zur Personifizierung einer Aussöhnung zwischen den Generationen geworden. Wenn der Straßenkämpfer und linksradikale Outcast von damals nun als Außenminister mit Nadelstreifen Bella Figura machen konnte, war die Ära des Kulturkampfs endgültig vorbei. Entsprechend konnte er mitunter auch auf gönnerhaftes Wohlwollen in konservativen Kreisen rechnen.

Fischer selbst hat daraus gewaltigen Nutzen gezogen. Dabei hatte sich die Aussöhnung eigentlich schon längst vollzogen, bevor er ins Amt kam. Die Stilisierung von 68 zur zweiten Republikgründung war eher eine Angelegenheit der späten achtziger Jahre. Wäre es anders gewesen, wären die Attacken aus der Union wohl kaum verpufft, als der Außenminister um die Jahrtausendwende von seiner Vergangenheit eingeholt wurde.

Fischers Verdienst liegt vor allem darin, dass er seine Partei regierungsfähig gemacht und als informeller Chef sieben Jahre in dieser Regierung gehalten hat. Ohne Fischer hätte es das rot-grüne Bündnis 1998 nicht gegeben, ohne Fischer wäre es am Kosovo-Krieg gescheitert und ohne ihn hätte es schon 2002 ein Ende gefunden. Das gilt bis 2002 allerdings auch für Fischers innerparteilichen Widersacher Trittin. Ohne ihn hätten die Grünen den Atomkompromiss so wenig akzeptiert wie die deutsche Beteiligung in Afghanistan. Dass die Partei für den selbstbezogenen, autoritären Führungsstil ihres Vormanns, der immer nur in Kategorien von Gegnern oder Gefolgschaft denken konnte, auch einen Preis bezahlen musste, steht auf einem anderen Blatt (370). Außer Fischer selbst war so gut wie niemand davon überzeugt gewesen, dass die Grünen unbedingt das Außenministerium anstreben mussten, nicht einmal manche seiner engeren Realo-Freunde. Er allein hat das so gewollt.

Dabei bleibt Fischers über den Tag hinauswirkende Gestaltungsleistung im Außenministerium überschaubar. Gewiss, in den großen Krisen wie Kosovo, Afghanistan und Irak war sein Beitrag beachtlich. Dem Nahen Osten galt sein besonderes Interesse – freilich ohne großen nachhaltigen Erfolg. Kaum eine Rolle hat Fischer dagegen in der Russlandpolitik gespielt, die praktisch allein vom Kanzler betrieben wurde. Überhaupt blieb die Rollenverteilung zwischen Kanzler und Außenminister klar. In der Regel war es Schröder, der die entscheidenden Akzente setzte (371). Auch im Irak-Konflikt war das so. Und in der Europapolitik, wo Fischer mit der Humboldt-Rede früh für Aufsehen gesorgt hatte. Freilich wussten beide, dass enge Abstimmung Voraussetzung für den gemeinsamen Erfolg war.

In der Sache konnte Rot-Grün bei allen Kurswechseln und allem zeitweiligen Durcheinander auf einigen Politikfeldern durchaus beachtliche Ergebnisse vorweisen. Das gilt für die um die Jahrtausendwende begonnenen Reformen in der Energiepolitik und den Einstieg in eine ökologisch ausgestaltete Steuerpolitik. Der Atomausstieg, vor allem aber die Förderung des Ausbaus erneuerbarer Energien, haben einen Umbau in Gang gebracht, der die Grundstrukturen der deutschen Energiewirtschaft verändert hat. So umstritten die Reformen zunächst waren – schon nach wenigen Jahren fanden sich ihre Grundlinien auch in den Regierungsprogrammen nachfolgender Koalitionen wieder. Das galt ab 2011 auch für den Verzicht auf die Atomenergie. So stotternd und manchmal ungeschickt die Projekte in Gang gebracht wurden, haben sie doch einen Paradigmenwechsel in Gang gesetzt, der hernach nicht mehr dauerhaft rückgängig gemacht werden konnte (372).

Beachtlich war auch der Liberalisierungsschub, der sich mit der zunächst umkämpften Einführung der eigetragenen Lebenspartnerschaft verbindet, gegen die unionsgeführte Länder zunächst nach Karlsruhe gezogen waren. Zehn Jahre später war die »Homo-Ehe« gesetzliche Normalität und waren steuer- und versorgungsrechtliche Regelungen angepasst worden. Inzwischen können auch gleichgeschlechtliche Paare heiraten. Auch auf diesem Gebiet hat Rot-Grün ein Projekt begonnen, das letztlich wegweisend wurde. In ähnlicher Form gilt dies auch beim Staatsbürgerschaftsrecht, auch wenn die Reformen nicht die erhofften integrationsfördernden Schübe ausgelöst haben (373). Auch auf anderen Gebieten haben Politikfeldanalysen bemerkenswerte Veränderungen ausgemacht (374).

Weniger positiv sind die Bilanzen in der Sozial- und Steuerpolitik. Zwar wurden gleich nach der Übernahme der Regierungsverantwortung verschiedene Maßnahmen der Regierung Kohl zurückgenommen, so z.B. die Kürzungen bei der Lohnfortzahlung im Krankheitsfall, die Zuzahlungen zu Medikamenten und der Demographiefaktor in der Rentenformel. Freilich sind etliche dieser Leistungskürzungen später in ähnlicher Form von Rot-Grün erneut beschlossen worden, so die Praxisgebühr und die Absenkung des Leistungsniveaus in der Rentenversicherung.

Vielen gilt die Steuerreform von 2000 heute als allzu unternehmerfreundlich. Und an der Riester-Rente scheiden sich noch immer die Geister. Ob der Einstieg in die private Altersvorsorge nicht doch vor allem als Förderprogramm für die private Versicherungswirtschaft gewirkt hat, wird noch immer kontrovers diskutiert.

Prägend für das Bild der Regierung in der Nachwelt aber wurde neben Irakkrieg, Afghanistan und Kosovo Schröders Reformpolitik der Agenda 2010, an der sich schließlich auch ihr Schicksal entschied. Vieles spricht dafür, dass Schröder mit diesem Kraftakt wesentlich zu Kostenentlastungen und Einspareffekten bei den Sozialhaushalten beigetragen hat, in deren Folge die Wirtschaftsentwicklung bald mit neuen Wachstumsimpulsen in ein besseres Fahrwasser geriet. Davon konnte dann Schröders Nachfolgerin profitieren.

Wirklich populär wurde die größte arbeitsmarktpolitische Reform im vereinigten Deutschland aber nie; nicht nur wegen des zeitweiligen Sozialpopulismus der BILD-Zeitung. Entscheidend für das Schicksal der Regierung Schröder war das Missbehagen in seiner eigenen Partei und das Wachsen einer Protestbewegung, die sich aus sozialdemokratischem Urgestein nähren konnte. Während eine mit sich hadernde SPD in weiten Teilen die Verletzung angestammter Politikidentität empfand und in der Folge eigener Mobilisierungsschwächen ab 2003 eine Wahlniederlage nach der anderen einstecken musste, war es am Ende Oskar Lafontaine, der mit Hilfe dieser Protestbewegung die Ära Gerhard Schröders beendete. Das eine Prozent, das Schröder im September 2005 zur Verlängerung seiner Kanzlerschaft in einer großen Koalition fehlte, wäre ohne das Comeback des Saarländers an der Spitze eines neuen Linksbündnisses wohl zu holen gewesen.

Man kann es eine Ironie des Schicksals nennen, dass Schröder machtpolitisch am Ende mit einer Politik gescheitert ist, die im Kern ähnliches wollte wie das, was Helmut Kohl Jahre zuvor zum Verhängnis geworden war: Absenkung der Lohnnebenkosten, Reform der Rentenversicherung durch Absenkung des Leistungsniveaus, Entlastung der Sozialhaushalte, Eindämmen der Staatsverschuldung. Gescheitert war Kohl am hartnäckigen Widerstand einer sozialdemokratischen Opposition, die den Vorgänger Schröders am Ende als reformunfähig aussehen ließ.

Gewiss, es gab Unterschiede. Die Steuerentlastung sollte bei Kohl großzügiger ausfallen, der »Nachhaltigkeitsfaktor« in der Rentenversicherung
hieß bei Norbert Blüm »demographischer Faktor«. Eine Kürzung der Lohnfortzahlung im Krankheitsfall war in Schröders Agenda-Politik nicht vorgesehen. Dafür freilich eine deutliche Absenkung des Leistungszeitraums
für die Arbeitslosen. Bei allen Unterschieden im Detail unterschied sich die
Grundrichtung doch eher in Nuancen.

Insoweit war Schröders Niederlage auch eine Spätfolge seines eigenen
Wahlsieges von 1998. Weil niemals wirklich geklärt worden war, was »Innovation und Gerechtigkeit« zwischen den Hoffnungen einer »neuen Mitte«
auf Steuersenkungen und Kostenentlastungen einerseits und dem Schließen einer sozialen »Gerechtigkeitslücke« nach Kohls Reformplänen ande-
rerseits eigentlich bedeuten sollte, wurden die Sozialdemokraten nach dem
Wahlsieg 1998 zum Opfer ihrer eigenen Oppositionsrhetorik. Als mit dem
Ausscheiden Lafontaines auch eine politische Richtungsentscheidung zugunsten eines Dritten Weges zwischen Neoliberalismus und klassischem
Staatsinterventionismus gefallen schien, verließ Schröder der politische
Mut, als viele innerparteiliche Reaktionen auf das schlecht vorbereitete
Schröder/Blair-Papier ungnädig ausfielen. Und als mit Hilfe der in Finanzskandale verstrickten Union die Herbstkrise 1999 überstanden war, setzte sich in der Koalition ein Politikverständnis durch, das eine neue Sinngebung sozialdemokratischer Politik ganz für verzichtbar hielt. Schröder
verließ sich lieber auf Intuition, öffentliches Standing und situatives Hand-
lungsgeschick. Dass er dabei beachtliches Format entwickeln konnte, steht
außer Frage. Das aber war kein Ersatz für Richtung und Linienführung, wie
sich schon im Wahljahr 2002 zeigte. Die Hartz-Kommission konnte das so
rasch nicht ausbügeln.

Besonders deutlich wurde dieser Mangel beim verpatzten Start in die
zweite Legislaturperiode. Jetzt hätte die Agenda kommen müssen. Stattdessen ging ein weiteres halbes Jahr mit zwei bitteren sozialdemokratischen Wahlniederlagen ins Land. So kam spät, was in der Sache im Grundansatz wohl unausweichlich war. Im Detail freilich gab es manchen Fehler.
Die völlige Abkoppelung des Anspruchszeitraums beim Arbeitslosengeld
von der Dauer der Einzahlungen in die Arbeitslosenversicherung bei Arbeitnehmern unter 55 hat das Gerechtigkeitsempfinden vieler Menschen
verletzt. Ein Fehler war es sicher auch, die Agenda-Politik nicht mit der
Einführung eines gesetzlichen Mindestlohns zu verbinden. Das allerdings
wollten auch die Gewerkschaften damals noch nicht.

Niemand kann wissen, ob es Schröder gelungen wäre, seine Partei mit
einer veränderten politischen Agenda zu versöhnen, hätte er früher da-

mit begonnen. Ob die SPD tatsächlich ein »neues Godesberg« gebraucht und damit hätte leben können, ist schwer zu sagen. Schließlich war Schröder, wenngleich Parteivorsitzender, nie ein Mann der Partei. Und am Ende ist auch vom »Dritten Weg«, wie ihn Blair und Giddens angesteuert hatten, nicht viel übriggeblieben. Spätestens mit der Finanzkrise hat das Vertrauen in die segensreichen Wirkungen der Marktkräfte einen empfindlichen Dämpfer bekommen. Nach einer überzeugenden Sinngebung zwischen Neoliberalismus und linkem Staatsinterventionismus sucht die internationale Sozialdemokratie heute mehr noch als zu Beginn des Jahrhunderts.

Rot-Grün ist zu keiner Zeit mit der Emphase aufgetreten, mit der die Kanzlerschaft Willy Brandts begann. Es gab keine Formeln, in die sich ein reformerischer Zeitgeist bündeln ließ und die als Richtschnur Identifikation stiften konnten. Jenseits vieler beachtlicher Leistungen und einzelner Reformwerke ist es nicht gelungen, das Ganze zu einer nachvollziehbaren Gesamtkomposition moderner Reformpolitik zu verbinden. Dass das nicht einmal versucht wurde, hatte natürlich auch mit Politikvorstellung und Führungsstil Schröders zu tun, der als »Führungsstil ohne ideologischen Grundboden« bezeichnet worden ist (375).

Eine große Belebung des politischen Raumes hat Rot-Grün nicht auslösen können, im Gegenteil. Am Ende ihrer Regierungszeit hatte die SPD gegenüber 1998 ein Viertel ihrer Mitgliedschaft verloren, die Grünen ein Siebtel. Hier wird der Kontrast zur Reformära Brandts besonders deutlich. Damals waren Hunderttausende in die SPD geströmt, darunter vor allem junge Akademiker. Dass Menschen wegen eines versuchten Kanzlersturzes die Arbeit niederlegten wie im April 1972 beim konstruktiven Misstrauen gegen Brandt, wäre dreißig Jahre später nicht vorstellbar gewesen. Hier müssen freilich auch die veränderten Rahmenbedingungen berücksichtigt werden. Die mediatisierte Spaß- und Erlebnisgesellschaft der Schröder-Jahre lässt sich nur schwer mit der politisierten Gesellschaft der frühen siebziger Jahre vergleichen.

Ganz unvergleichlich zur Ära Brandt waren schließlich auch die Rahmenbedingungen, unter denen diese Regierung zu arbeiten hatte. Die vor allem auf die Innenpolitik eingestellten Akteure hatten sich neben dem alles überwölbenden Thema Globalisierung mit Fragen von Krieg und Frieden zu beschäftigen, in die Deutschland nach dem Ende der historischen Sonderrolle der Bundesrepublik unmittelbar verwickelt war. Dazu kam der internationale Terrorismus, der mit dem 11. September 2001 eine neue Dimension erreichte und auch auf die Innenpolitik zurückwirkte.

In der rot-grünen Zeit veränderte sich auch das Gesicht Europas ungleich stärker als in den Zeiten früherer sozialdemokratischer Kanzler. In Schröders Kanzlerschaft fielen die Währungsumstellung zum Euro und die Osterweiterung der Gemeinschaft. Schließlich ließen sich die strukturellen Probleme des Sozialstaats im Zeitalter verschärfter wirtschaftlicher Wettbewerbsbedingungen und der demographischen Zukunftsperspektiven auch kaum mit den Bedingungen beim Ausbau des Sozialstaats zu Beginn der 1970er Jahre vergleichen.

Eine Reformagenda, die sich wie »Ostpolitik« und »Innere Reformen« bei Willy Brandt überzeugend zu zwei eingängigen Schlüsselbegriffen verdichten ließ, war nicht zu haben. Dennoch bleibt der Vorhalt mangelnder Konsistenz: »An einer durchgreifenden Reformagenda hat es der Regierung ungeachtet politikfeldbezogener Erfolge insgesamt gemangelt, ihre Stärken lagen in ihrem situativen Geschick und Behauptungswillen. Mit plötzlichen Herausforderungen kam sie besser zurecht als mit der Erarbeitung und Durchsetzung eines langfristigen Programms« (376).

Pragmatiker durch und durch, tief überzeugt von der Priorität der wirtschaftlichen Fragen, hat auch Schröder der Außenwirtschaft große Aufmerksamkeit gewidmet. Insoweit konnte seine Kanzlerschaft mitunter an Helmut Schmidt erinnern. Wie Schmidt misstraute auch Schröder den visionären Entwürfen und ärgerte sich über die vermeintlichen Realitätsverkennungen eines in seinen Augen ideologielastigen sozialdemokratischen Funktionärskörpers. So lassen sich auch beim komplizierten Verhältnis zur eigenen Partei Parallelen entdecken, obwohl Schröder auch Parteichef war, Schmidt dagegen nicht. Wie Schmidt wurde auch Schröder in seiner Partei eher respektiert als geliebt. Auch das Ende der Kanzlerschaft zeigt Gemeinsamkeiten. In fast aussichtsloser Lage konnten beide noch einmal ihre Stärken demonstrieren.

Doch der Vergleich zeigt auch die Grenzen dieser Gemeinsamkeit. Schmidt war auch ein Meister des Details, ein hervorragender Administrator und ein Politiker mit eigener ökonomischer Expertise. Schmidt war kein visionärer Sinnstifter, ein konzeptioneller Kopf aber durchaus. Das lässt sich so über Gerhard Schröder nicht sagen. Sein Biograph nennt ihn einen »mündlichen Menschen«, dem das akribische Studium der Akten weniger lag. Dafür aber war er auch als Kanzler ein hervorragender Kommunikator, der in dieser Hinsicht Schmidt nicht nachstand. Er war dann, wenn es darauf ankam, auch gut vorbereitet. Gerühmt wird seine schnelle Auffassungsgabe. Er konnte zuhören und war für Rat zugänglich (377). Auch Kontakte ins intellektuelle Milieu hat Schröder durchaus gepflegt. Zu seinen Gesprächspartnern gehörte der altlinke Sozialwissenschaftler Oskar Negt ebenso wie der renommierte Soziologe Ulrich Beck.

Schröders größte Stärke aber war sein Talent zur mediendemokratischen Inszenierung. Er verfügte über das größte Medientalent aller Kanzler, die die Bundesrepublik bislang gehabt hat. Das verführte ihn freilich auch einige Zeit zu der Fehleinschätzung, zum Regieren käme es vor allem darauf an, sich »BILD, BamS und Glotze« gewogen zu halten. Und es verführte ihn dazu, die Bedeutung mediendemokratischer Inszenierung zu überschätzen. Auch ein virtuos in Szene gesetzter Alltagspragmatismus ist dann am wirksamsten, wenn er sich mit einer überzeugenden Idee in Verbindung bringen lässt.

Schröder begann seine Karriere in der SPD als Linker. Das ergab sich aus dem Zeitgeist der sechziger und siebziger Jahre, besonders aber aus seiner Rolle bei den Jungsozialisten. Wer wie der Juso-Chef von 1978 zwei Jahre später in den Bundestag einzog, konnte nur auf dem linken Flügel beheimatet sein. So stand er früh auf der Seite der Nachrüstungs-Kritiker. Auch in der Atomenergie-Frage opponierte er gegen Helmut Schmidt. Als Teil der »Enkelgeneration« behielt er auch in den achtziger Jahren diese innerparteiliche Verortung. Dafür sorgte schon die Art und Weise, wie er das niedersächsische Parteiestablishment mit seiner Spitzenkandidatur 1986 überrollte, aber auch seine Offenheit gegenüber den Grünen und ihren Themen. Dabei akzeptierte er zunächst die Führungsrolle von Oskar Lafontaine im Kreise der »Enkel«. Diese innerparteiliche Rolle galt zunächst auch noch nach seinem Wahlsieg in Niedersachsen 1990. Dafür sprach nicht nur die Koalition mit den Grünen, sondern auch seine Haltung zur Wiedervereinigung. Mit Argumenten von Jürgen Habermas stimmte der neue niedersächsische Ministerpräsident an der Seite von Lafontaine im Bundesrat gegen die rasche Währungsunion mit der DDR (378).

In den Jahren als Ministerpräsident aber änderte sich seine Rolle. Er entwickelte einen gouvernementalen und präsidialen Politikstil und trat immer mehr wie ein fast überparteilicher Vertreter niedersächsischer Wirtschaftsinteressen auf. Dazu passten seine bald guten Kontakte zur bayerischen Staatsregierung ebenso wie seine Rolle als SPD-Verhandlungsführer bei der Suche nach einem parteiübergreifenden Energiekonsens (379). Bald gab es aus seiner Sicht nur noch »gute« und »schlechte«, aber keine »linke« und »rechte« Wirtschaftspolitik.

Seine Interviews dazu schadeten seinem Standing in der Bundes-SPD, förderten aber seine Beliebtheit in den Medien und der Öffentlichkeit. Weil er als Chef einer »Niedersachsen AG« trotz mancher Kursschwankungen erfolgreich gewesen war, ging Schröder zunächst von einer Übertragbarkeit dieses Modells auch auf den Bund aus. Die praktische Demonstration konkreter Interessenvertretung und die gelungene mediale Präsentation schienen dabei wichtiger als die Klärung der vielen programmatischen Widersprüche, mit denen die SPD in den Bundestagswahlkampf 1998 zog (380).

Die Fähigkeit Schröders zu einem derart lockeren Umgang mit ideologischen Grundüberzeugungen, die gerade unter Sozialdemokraten seiner Generation tief verwurzelt waren, lässt sich als Folge prägender politischer Sozialisationserfahrungen deuten, dass bedrucktes Papier und Parteitagsresolutionen am Ende so wichtig nicht sind. Gerade weil er die ideologisierten Flügelkämpfe der SPD-Nachwuchsorganisation selbst erlebt hatte, wurde er zum professionellen Spezialisten für innerparteiliche Macht- und Organisationsfragen, ohne dabei von der politischen Rhetorik seiner Jugend allzu sehr geprägt zu bleiben. Dieser Realismus sicherte ihm gegenüber all jenen Generationsgenossen einen beträchtlichen Vorteil, die an der »riesigen Diskrepanz zwischen ihren hohen linksromantischen Ansprüchen und der gesellschaftlichen Realität gescheitert« sind (381). Schröder verdankt seinen Aufstieg nicht irgendwelchen visionären Ideen, sondern seinem zähen Willen und seinem machtpolitischen Talent.

Dabei hatte er schon als Ministerpräsident in Hannover große Lernfähigkeit bewiesen. Kaum ein Jahr nach seinem Einzug in die Staatskanzlei war der vormalige Parteilinke Schröder bereits zum geschickten Aquisiteur der heimischen Wirtschaft geworden. Der grüne Koalitionspartner galt ihm dabei stets als Anwalt interessanter Minderheitenthemen. Sie mochten ruhig mitregieren. Freilich nur soweit, wie sie ihre Neben- und seine Hauptrolle akzeptierten. Diese Vorstellung von Rot-Grün kam schließlich auch in jenem Doppelinterview mit dem STERN zum Ausdruck, als Schröder im Gespräch mit Joschka Fischer das Bild vom »Koch« und vom »Kellner« erfand, um die Rollenverteilung zu bezeichnen, die Voraussetzung für Rot-Grün sei (382).

Mit seinen niedersächsischen Erfahrungen und der Nähe zu Wirtschaftsleuten wie Roland Berger oder Ferdinand Piech geriet Schröder fast wie von selbst in die Rolle eines deutschen Tony Blair. Eine zentrale Rolle spielte dabei der mediale Zeitgeist, der eine marktwirtschaftsfreundliche Sozialdemokratie geradezu einforderte. Auch deshalb verhielt sich Parteichef Lafontaine in der Frage der Kanzlerkandidatur lange abwartend und zögerlich. Dabei hätte ihm innerparteilich wohl niemand sein erstes Zugriffsrecht bestritten. Als schließlich mit Hilfe der Medien Schröders Spielregeln galten und die niedersächsischen Wähler über den Kandidaten bestimmten, musste das Schröders medienfixierten Politikstil noch verstärken. Zumal für die sozialdemokratische Identitätspflege der Parteivorsitzende Lafontaine ja noch da war und es der »Kampa« im Wahlkampf sogar gelang, die gegensätzlichen Vorstellungen von Schröder und Lafontaine als Vorzug der Partei auszuweisen (383).

Im Kanzleramt stieß Schröder dann an die Grenzen dieses Politikbildes. Die macht- und richtungspolitische Rivalitäten mit Lafontaine ließen sich ebenso wenig mit telegenem Schwung überspielen wie der Dilletantismus der ersten Gesetzgebungsentwürfe. Die teure Medienkampagne zur Reform des Staatsbürgerschaftsrechts mit Boris Becker, Thomas Gottschalk und Marius Müller-Westernhagen geriet zum Flop. Schröders kumpelhaftes Auftritt bei »Wetten dass« löste ein geteiltes Echo aus. Der Kanzler als Dressman im Brioni-Mantel war eher peinlich. Hernach freilich folgte bald der Staatsmann Schröder.

Machtpolitisch folgenreicher wurde die Überdehnung des medialen Politikstils mit der Agenda-Politik. Einmal musste die Erhöhung der Agenda zur programmatischen Leitidee einer ganzen Legislaturperiode für die sozialdemokratische Politikidentität jedenfalls dann als Überforderung wirken, wenn sie nur als ein Programm der Zumutungen und Opfer ausgewiesen wurde. Es fehlte das Gegenstück. Der gesetzliche Mindestlohn hätte das sein können. Zum anderen ging der Versuch, durch den Verzicht auf den Parteivorsitz zugunsten Franz Müntefering den Dualismus Schröder/Lafontaine wiederherzustellen, schief. Zwar entlastete die Rochade im Frühjahr 2004 den Kanzler. Doch auch der sozialdemokratische Stallgeruch des bodenständigen und innerparteilich beliebten Genossen Franz Müntefering konnte den Unmut in Teilen der Partei nicht aus der Welt schaffen. Der Symbolismus stieß an die Grenzen der Wirklichkeit.

Schröders stark auf Personen fixiertes Politikverständnis erinnert in mancher Hinsicht auch an Helmut Kohl. Doch wo bei Kohl seine Partei fast immer eine sichere Machtbasis bildete, die Medien dagegen Risiko und Gefahr, verhielt sich das bei Schröder meistens genau umgekehrt. Und während bei Kohl das politische Weltbild vom Kampf zweier gegnerischer Lager bestimmt blieb, war für Schröder gutes Regieren die Umsetzung mehr oder weniger alternativloser Lösungen, die sich nicht mehr einfach den alten politischen Lagern zuordnen ließen. Um die Jahrtausendwende war der Kanzler damit nicht schlecht gefahren. Nach der Bundestagswahl 2002 zeigte sich freilich, wie inhaltliche Akzeptanz und Identifikationsfähigkeit dieser Politik in der eigenen Partei zu seinem eigentlichen Problem wurden (384).

»Die Generation Schröder vollendet die Medienfixierung der Macht«, hat Richard Meng 2002 geschrieben. Das »System Schröder« galt ihm als der Versuch, Politik »schrittweise umzudefinieren zum so empfundenen Optimierungsprozess für gesellschaftliche Zufriedenheiten«. Mit klassischer linker Politik des offenen Austragens von Interessenkonflikten habe das wenig zu tun gehabt (385).

Gerhard Schröder verkörperte einen neuartigen Kanzlertypus, zu dessen wichtigstem Referenzpunkt die Medien und vornehmlich das Fernsehen wurde. Als Medienkanzler bewies er großes Geschick, stieß aber auch an die Grenzen der dadurch möglichen Legitimationsbeschaffung.

Schröders Personalpolitik in seinem unmittelbaren Umfeld war von Kontinuität geprägt. Dafür spricht schon die geringe Fluktuation. Viele wichtige Mitarbeiter in zentralen Rollen wechselten mit ihm von Hannover nach Berlin. Der heutige Bundespräsident Frank-Walter Steinmeier, der 1991 Schröders Büroleiter wurde, meinte 2013, er habe in der Politik nie mehr sonst einen Mann mit so viel »Grundvertrauen« erlebt wie Gerhard Schröder (386). Auch viele andere schildern ihn als »hochgradig loyal«, ja »treu«. Geradezu rührend habe er sich als Kanzler um seinen krebskranken Redenschreiber Reinhard Hesse gekümmert, schreibt Biograph Schöllgen (387). Tatsächlich ist über den persönlichen Umgang Schröders aus seinem Umfeld kaum Abfälliges zu hören gewesen, was man etwa über Fischer nicht sagen kann.

Heikel wurde sein enges Verhältnis zu Russlands Staatspräsident Wladimir Putin. Was schon bald nach Putins Amtsantritt mit einer Reihe von gegenseitigen Besuchen begann, hatte zunächst vor allem mit den beiderseitigen wirtschaftlichen Interessen zu tun. Dass sich die Beziehungen über die Irak-Krise und die gemeinsame Ablehnung der von Amerika angeführten kriegerischen Intervention im Irak intensivierten, lässt sich Schröder kaum vorhalten. Dass er dabei aber immer wieder übergroßes Verständnis für Putins »gelenkte Demokratie« erkennen ließ und den russischen Staatschef sogar zum »lupenreinen Demokraten« erklärte (»ich glaube, dass er das ist«), schon eher (388).

Dass Schröder nur wenige Wochen nach dem Ende seiner Kanzlerschaft als Aufsichtsratsvorsitzender der deutsch-russischen Gesellschaft für Entwicklung und Bau der Ostsee-Pipeline wurde und damit praktisch in die Dienste des staatlichen Energieriesen Gazprom eintrat, sorgte in Deutschland für Irritationen. Auch manche engeren Freunde Schröders reagierten bestürzt (389). Schließlich war es Schröder selbst gewesen, der noch als Kanzler mitten im Bundestagswahlkampf zusammen mit Putin den Pipeline-Vertrag unterschrieben hatte. Besonders verärgert über das Projekt und Schröders Rolle zeigten sich die Polen. Dort war sogar von einem »Schröder-Putin-Pakt« die Rede (390).

Die Jahre der Regierung Schröder verliefen turbulent, waren voller Wenden und Volten, zeigten Ungeschick und Übereifer, ließen klare Richtungsbestimmungen oft vermissen, brachten aber auch wichtige Neuausrichtungen der deutschen Politik. Die ökologischen Impulse der Grünen sind dabei über den Tag hinaus prägender gewesen als es vielen Zeitgenossen damals schien. In Erinnerung bleiben werden auch auf längere Sicht Kosovo-Krieg, Irak-Konflikt sowie 9/11 und Afghanistan. Vor allem aber die Agenda-Politik.

Nach den sechzehn Jahren von Helmut Kohl verkörperte Gerhard Schröder einen neuartigen Kanzlertypus, der ohne festen ideologischen Grundboden regierte und bei dem auch der flexible Positionswechsel zur Grundausstattung seines situativen Regierungsstils gehörte. Dabei wurden die Medien und besonders das Fernsehen zum zentralen Referenzpunkt. Der »Pragmatiker des Augenblicks« (391) war der erste Bundeskanzler, der das Land ohne festen parteienstaatlichen Kompass zu regieren versuchte. Als dann seinem alten Rivalen Lafontaine an der Spitze einer neuen Linkspartei ein Comeback gelang, war Schröders Hoffnung auf eine Verlängerung seiner Kanzlerschaft in einer Großen Koalition gescheitert.

Besonders sein Russland-Engagement hat Schröder hernach angreifbar gemacht. Vor allem deshalb ist er heute umstritten. Als Kanzler aber war er populär. In einer Direktwahl hätte er Angela Merkel 2005 deutlich geschlagen.

5 DEUTSCHLAND AM BEGINN DES NEUEN JAHRTAUSENDS

5.1 DIE WIRTSCHAFTLICHE ENTWICKLUNG IN DEN JAHREN DER REGIERUNG SCHRÖDER

Für den Aufstieg der Sozialdemokraten seit 1997 wie für den klaren Wahlsieg Gerhard Schröders am 27. September 1998 hatte die schwierige Wirtschaftslage des Landes eine wichtige Rolle gespielt. 1997 waren 4,4 Millionen Menschen ohne Job. 1998 hatte sich die Lage nur unwesentlich verbessert (1).

Zu Beginn der Rot-Grünen Ära hellten sich die wirtschaftlichen Zukunftsaussichten wieder auf. Mit der Überwindung der Asienkrise durch die Geldpolitik der amerikanischen Notenbank zog die Weltwirtschaft an. Die chinesischen Wachstumsmärkte waren ohnehin vom Strudel der Krise in Ostasien verschont geblieben. In Deutschland konnten 1999 zwei Prozent, in 2000 sogar 3,2 Prozent Wirtschaftswachstum erreicht werden. Die Arbeitslosigkeit sank unter die Vier-Millionen-Grenze. Die Zahl der Erwerbstätigen stieg zwischen 1998 und 2000 von 38,1 auf 39,3 Millionen. 2001 waren im Jahresdurchschnitt noch 3,85 Millionen Menschen arbeitslos gemeldet. Das entsprach 10,3 Prozent (2).

Doch nach dem 11. September 2001 trübte sich die Weltwirtschaft erneut ein. Noch am gleichen Tag verlor der DAX 8,5 Prozentpunkte. Die amerikanischen Aktienmärkte blieben eine ganze Woche geschlossen. Zwar waren die wirtschaftlichen Effekte der Anschläge am Ende doch begrenzt. Aber Terrorangst und Krieg brachten Unsicherheiten und Ängste in den Welthandel. Mit dem Irakkrieg begann dann eine neuerliche Talfahrt.

Vor diesem Hintergrund verdunkelten sich auch die wirtschaftlichen Perspektiven in Deutschland erneut. Das Wachstum sank schon 2001 auf 1,2 Prozent. Im Wahljahr 2002 fiel es sogar ganz aus. 2003 schrumpfte

329

© Springer Fachmedien Wiesbaden GmbH, ein Teil von Springer Nature 2020
H. Kleinert, *Das vereinte Deutschland*,
https://doi.org/10.1007/978-3-658-26767-4_5

das BIP um 0,2 Prozent. Die Arbeitslosigkeit nahm wieder zu und hatte 2003 mit 4,4 Millionen den historischen Höchststand von 1997 erreicht. Die Zahl der Beschäftigten lag um eine halbe Million unter der des Jahres 2001 (3).

Vor diesem wirtschaftlichen Hintergrund entstand Schröders Agenda-Politik, die freilich kurzfristig die Lage nicht verbessern konnte. Im Gegenteil stieg die Arbeitslosigkeit zunächst noch weiter an. Anfang 2005 war der Rekordstand von 5,2 Millionen erreicht. Im Jahresdurchschnitt waren 2005 4,9 Millionen ohne bezahlte Beschäftigung. Eine Arbeitslosenrate von 13 Prozent – das war die höchste Quote seit der deutschen Einheit. Ein nennenswertes Wirtschaftswachstum konnte mit 0,8 Prozent auch 2005 nicht verzeichnet werden (4).

Erst 2006 und 2007 ging es wirtschaftlich wieder bergauf. Mit Wachstumsraten von 3,7 und 3,3 Prozent sank auch die Arbeitslosigkeit, die 2007 mit 9 Prozent und 3,8 Millionen erstmals unter dem Stand von 2001 lag. Allein zwischen 2005 und 2007 stieg die Zahl der Beschäftigten um fast eine Million von 38,9 auf 39,8 Millionen. Da war freilich Rot-Grün nicht mehr im Amt (5).

Neben der Arbeitsmarktlage entwickelten sich auch die Staatsfinanzen zum Dauerproblem. Zwar fand mit dem neuen Finanzminister Hans Eichel nach dem Rücktritt von Oskar Lafontaine ein finanzpolitischer Paradigmenwechsel statt. Für 2000 entwickelte Eichel ein ehrgeiziges Sparprogramm. Doch mit den zurückgehenden Steuereinnahmen als Ergebnis der Steuerreform und der nachlassenden Konjunktur geriet die Konsolidierungspolitik ins Stocken. Zwar hatte der Finanzminister das Glück, dass mit der Versteigerung der UMTS-Lizenzen für die Mobilfunkbetreiber 100 Milliarden in die Staatskasse kamen, die zur Schuldentilgung verwendet wurden. Doch mit den dadurch eingesparten fünf Milliarden Zinszahlungen waren die Löcher in den Staatshaushalten 2002 und 2003 nicht zu schließen. So musste die vorgesehene Nettokreditaufnahme schon für 2002 deutlich erhöht werden. Am Ende lag sie mit 34,6 Milliarden Euro über den Investitionsausgaben des Bundes von 25 Milliarden, eigentlich ein verfassungswidriger Zustand (vgl. oben) (6).

Noch schlimmer wog, dass die Deutschen von nun an den europäischen Stabilitätspakt nicht mehr einhalten konnten, auf den gerade sie so viel Wert gelegt hatten. Hatte der Finanzminister im September 2001 noch getönt, Deutschland werde das auf jeden Fall schaffen, sah die Welt Anfang 2003 ganz anders aus. Ein reguläres Defizitverfahren im Ministerrat verhinderte nur die enge Abstimmung mit Frankreich. Bei der Abstimmung im Europäischen Rat im November 2003 fanden sich die von der Sanktionsdrohung betroffenen Deutschen und Franzosen mit einigen andern Ländern zusammen und blockierten die Kommissionsempfehlung, der am Ende nur sechs von zwölf stimmberechtigten Staaten des Euroraums zustimmten (7).

Bei den Koalitionsverhandlungen 2002 sah sich Eichel mit seinen Vorschlägen zur Haushaltskonsolidierung zum Statisten degradiert. Angesichts der Kriegsgefahr im Irak und den Folgen des Jahrhundert-Hochwassers könne man doch nicht ermäßigte oder volle Mehrwertsteuersätze für Schnittblumen in den Vordergrund rücken. »Lass mal gut sein, Hans« wurde der Kanzler zitiert (8). Durch einen Nachtragshaushalt summierte sich die Nettoneuverschuldung für 2003 schließlich auf 43 Milliarden Euro. Die Opposition sah in Eichel den »größten Schuldenmacher aller Zeiten« und sprach von »Wahlbetrug« (9).

Bis 2005 wurden die Maastricht-Kriterien viermal in Folge verfehlt. Trotz der Einsparungen durch die Hartz-Reformen war bei einer Nettokreditaufnahme von 47,6 Milliarden die Rekordverschuldung der Vorgängerregierung aus 1995 zehn Jahre später fast wieder erreicht. Zwischen 1998 und 2005 sind die Gesamtschulden des Bundes um weitere 150 Milliarden Euro gestiegen. Die Schuldenbelastung von Bund, Ländern und Gemeinden insgesamt wuchs in dieser Zeit von 1,16 auf 1,49 Billionen Euro. Als die rotgrüne Ära zu Ende ging, war sie von 59,3 Prozent auf 66,4 Prozent des BIP angestiegen. Damit lag Deutschland um mehr als sechs Prozent über der nach den Euro-Stabilitätskriterien zulässigen Obergrenze. Die finanzpolitische Bilanz dieser Jahre war ziemlich düster (10).

In die Anfangszeit der Regierung Schröder fiel auch der Zusammenbruch des sogenannten »Neuen Markts«, der 1997 als Segment der Deutschen Börse gestartet war. Im Zuge der Euphorie um die Wachstumschancen der »New Economy« bildete nach dem Vorbild der amerikanischen Technologiebörse Nasdaq ein »Nemax 50« ab Mitte 1999 die 50 nach Marktkapitalisierung und Börsenwert größten Titel in den sogenannten Zukunftsbranchen wie Informationstechnik und Telekommunikation ab. Sie sollten durch Börsengänge an Eigenkapital gelangen. Bald setzte ein beispielloser Run auf Aktien ein. Die Kurse explodierten. Innerhalb weniger Jahre vervielfachte sich der Börsenwert kleiner und kleinster Unternehmen, ohne dass reale wirtschaftliche Werte dahinterstanden. Im März 2000 erreichte der Nemax-Wert sein Allzeithoch. Doch bald darauf platzte die Spekulationsblase. Schon 2003 gab es den Nemax-Wert nicht mehr. Allein im Jahr 2001 verloren deutsche Aktionäre etwa 160 Milliarden Euro. Waren die späten neunziger Jahre noch von einem wahren Aktienhype geprägt gewesen, flohen die Anleger nun aus dem Aktienmarkt (11).

Eine wichtige Rolle spielte dabei das Debakel der Telekom-Aktie. Der Börsengang der Telekom hatte schon 1996 dazu geführt, dass eine Nation von Sparern und »Aktienmuffeln« plötzlich massenhaft auf die Märkte drängte (vgl. oben). Allein im Jahre 2000 kamen 3,6 Millionen Aktionäre neu hinzu. Im Mittelpunkt stand dabei die T-Aktie, für deren Ausgabe Telekom-Chef Ron Sommer allein bei der ersten von drei Tranchen 20 Milliarden von Anlegern einsammeln konnte. Beworben von den populären »Tatort«-Kommissaren Manfred Krug und Charles Brauer, erreichte die Aktie das Zutrauen von Millionen Deutschen, die auf große Rendite hofften.

Doch das dicke Ende kam bald. Nachdem die Aktie noch um die Jahrtausendwende bei 100 Euro gehandelt worden war, stürzte sie bald darauf ab. Riskante Firmenzukäufe des Konzernchefs und fehlerhafte Unternehmensstrategien trugen zu diesem Absturz bei. Im Juni 2002 war der Aktienkurs bei 8,14 Euro angekommen. Als Sommer trotz dieser Verluste zur gleichen Zeit eine Erhöhung der Managerbezüge ankündigte, drängte Kanzlerkandidat Stoiber den Bundeskanzler zum Eingreifen. Immerhin hielt der Bund noch 43 Prozent der Anteile des ehemaligen Staatsunternehmens. Im Sommer 2002 musste Sommer gehen (12).

Einen kräftigen Wachstumsschub erlebte in diesen Jahren der Außenhandel. Betrug der Gesamtwert der aus Deutschland exportierten Waren und Dienstleistungen 1998 noch umgerechnet 468 Milliarden Euro, so lag er sieben Jahre später schon bei 786 Milliarden. Im gleichen Zeitraum wuchs der Exportüberschuss von 65 auf 156 Milliarden Euro (13).

Kaum davon profitieren konnten die Arbeitnehmer. Die strukturbereinigte Lohnquote, also der Anteil der abhängig Beschäftigten am Gesamteinkommen, ging zwischen 1998 und 2005 von 71,9 Prozent auf 68 Prozent zurück. Die durchschnittlichen Reallöhne der Arbeitnehmer sanken in diesen Jahren um 0,9 Prozent. Geringe Lohnsteigerungen wurden durch höhere Abgabenbelastungen aufgefressen. Demgegenüber haben sich die Jahresgehälter der Vorstandsmitglieder der 30 führenden DAX-Unternehmen in der gleichen Zeit verdoppelt (ohne Bonuszahlungen) (14). Wohl hat die Regierung Schröder in ihrer ersten Legislaturperiode die umfangreichsten steuerpolitischen Entlastungen seit 1965 umgesetzt (15). Die durchschnittlichen Arbeitnehmer aber haben davon in ihrem Geldbeutel kaum etwas gemerkt.

5.2 ENDE DES RHEINISCHEN KAPITALISMUS?

Nicht nur die spekulative Gier der Anleger auf dem neuen Markt und das exorbitante Wachstum der Gehälter von Spitzenverdienern zeigten, dass sich die deutsche Wirtschaft gegenüber den Zeiten des korporatistischen »Modell Deutschland« gehörig veränderte. Die »Schlacht« um die Übernahme von Mannesmann und der bald darauf folgende Prozess gegen den früheren Vorstandschef Klaus Esser, in den auch der Vorstandssprecher der Deutschen Bank, Josef Ackermann, verwickelt war, machten das auf besonders spektakuläre Weise deutlich.

Im November 1999 wurde bekannt, dass der Mobilfunk-Anbieter Vodafone den Stahlriesen Mannesmann kaufen wollte. Das traditionsreiche Unternehmen, inzwischen selbst im Mobilfunk-Geschäft tätig, galt als Herzstück der alten »Deutschland-AG« mit ihren engen Vernetzungen von Wirtschaft, Politik, Banken und Gewerkschaften (16).

Mit der Publizität der geplanten »feindlichen Übernahme« schoss der Aktienkurs des Unternehmens in die Höhe. Vodafone legte ein Angebot vor, das sich auf 100 Milliarden Euro belief. Nachdem Esser die Offerte als »völlig unangemessen« zurückgewiesen hatte, stieg der Aktienwert immer weiter. Im Februar 2000 kam es dann doch zu einer Einigung. Danach zahlte Vodafone 190 Milliarden. Bereits einen Tag später bewilligte der Mannesmann-Aufsichtsrat unter Beteiligung von Josef Ackermann und IG Metall-Chef Klaus Zwickel Sonderzahlungen an Esser und den Aufsichtsratsvorsitzenden Funk in Höhe von 48 Millionen Euro. Wieder zwei Wochen später wurde Esser von seiner Funktion als Mannesmann-Vorstandschef entbunden und erhielt 30 Millionen als Abfindung (17).

Nachdem die Staatsanwaltschaft Düsseldorf einen Verdacht auf Untreue zunächst verneint hatte, kam es im Frühjahr dann doch zur Anklageerhebung. Im Mittelpunkt stand der Vorwurf, Esser und Funk hätten den Übernahmekampf um Mannesmann zur eigenen Bereicherung genutzt. Später wurde die Anklage auch auf Zwickel und Ackermann ausgeweitet, weil sie den Sonderzahlungen zugestimmt hatten. Das Bild des breit grinsenden Ackermann mit V-Zeichen vor dem Gerichtssaal wurde bald noch mehr als der Prozess selbst zum Symbol einer Ära des »Raubtierkapitalismus«, in der die Gier der Spitzenmanager anscheinend maßlos geworden war. Zu den von der Staatsanwaltschaft beantragten Freiheitsstrafen gegen Funk, Esser, Ackermann und Zwickel kam es allerdings nicht.

Vielmehr wurden die Angeklagten freigesprochen. Sie hätten zwar gegen das Aktienrecht verstoßen, die Pflichtverletzung sei jedoch nicht gravierend genug. Darüber hinaus habe ein Verbotsirrtum vorgelegen. Der Bundesgerichtshof hob das Urteil 2005 wieder auf und stellte fest, dass Sonderzahlungen für eine Leistung, die dem Unternehmen keinen Vorteil bringe, in jedem Fall eine »treuepflichtwidrige Schädigung des anvertrauten Gesellschaftsvermögens« darstellten. Den Verbotsirrtum habe das Landgericht zu Unrecht angenommen. So musste das Verfahren 2006 ein zweites Mal aufgenommen werden. Ende 2006 wurde es schließlich gegen die Zahlung von 5,8 Millionen Euro durch die Angeklagten eingestellt. Josef Ackermann zahlte 3,2 Millionen, Klaus Esser 1,5 Millionen (18).

Bereits 1998 hatte Daimler-Benz durch eine spektakuläre Fusion mit dem amerikanischen Automobilkonzern Chrysler für großes Aufsehen gesorgt. Das deutsche Traditionsunternehmen wollte unter der Führung von Jürgen Schrempp in der ersten Liga der »Global Player« ganz vorne mitspielen. Doch die hochfliegenden Pläne des Managements ließen sich nicht wie gedacht verwirklichen. Die vor allem für das gehobene Verbrauchersegment produzierenden schwäbischen Autobauer und das größte amerikanische Automobilunternehmen mit ihren weniger qualitätvollen Produkten passten nicht gut zusammen. 2007 kam die Scheidung – mit angeblich 74 Milliarden Verlust.

Mit dem »Investmentmodernisierungsgesetz« der Bundesregierung waren ab 2004 die hochspekulativen »Hedgefonds«, die auf den internationalen Finanzmärkten eine wachsende Bedeutung erlang hatten, auch in Deutschland zugelassen. Zwar war die Bundesregierung auch nach dem Rückzug Lafontaines im internationalen Rahmen für eine stärkere Regulierung solcher Anlagefonds eingetreten, konnte sich damit jedoch nicht durchsetzen. Weil ansonsten Nachteile für den Finanzplatz Deutschland befürchtet wurden, entschied man sich dann, diese Anlageform auch in Deutschland für professionelle Anleger unbeschränkt zu ermöglichen, um den Kapitalzustrom zu fördern. Dazu wurden großzügige Regelungen bei »Leerverkäufen«, also dem Einsatz von Aktienkapital, das dem Anleger gar nicht gehört, geschaffen. Allerdings war diese Zulassung mit allerhand Kontrollauflagen verbunden. Private Anleger sollten nur in Dachfonds mit breiter Risikostreuung investieren können (19).

Deutschland war bei der Deregulierung der Finanzmärkte nicht die treibende Kraft. Aber auch in Berlin sah man zu dieser Zeit keine andere Chance, als auf der vom Zeitgeist angetriebenen Deregulierungswelle mit zu schwimmen (20). Als dann Franz Müntefering im Frühjahr 2005 von den »Heuschrecken« sprach, die wahllos Firmen kaputt sanierten, den Aktienwert hochtrieben und sie dann gewinnbringend veräußerten, ohne sich für das Schicksal der betroffenen Arbeitnehmer zu interessieren, attackierte er das Geschäftsmodell jener Fonds, deren Tätigkeit in Deutschland seine eigene Regierung erst möglich gemacht hatte (21).

5.3   DAS DEUTSCHE BILDUNGSSYSTEM AM BEGINN DES 21. JAHRHUNDERTS

2004 besuchten 41 Prozent der deutschen Siebtklässler ein Gymnasium oder eine integrierte Gesamtschule. Allein 33 Prozent gingen zum Gymnasium, das inzwischen zu einer »heimlichen Hauptschule« geworden war. Die alte Volksschule dagegen, die in den 1950er Jahren in Westdeutschland noch vier Fünftel der Schüler aufgenommen hatte, wurde nur noch von 23 Prozent der Kinder und Jugendlichen besucht. 27 Prozent eines Jahrgangs erwarben 2003 mit dem Abitur die Allgemeine Hochschulreife. Der kleine, exklusive Kreis von 1960 (sechs Prozent) war um das 4,5fache gewachsen (22).

Noch höher lag die Zunahme bei den Studienanfängern. 2003 nahmen 26 Prozent der Westdeutschen des entsprechenden Jahrgangs ein Universitätsstudium, 14 Prozent ein Fachhochschulstudium auf. 1960 waren das sechs bzw. zwei Prozent gewesen (23). 1997 studierten an Universitäten und Fachhochschulen 1,8 Millionen Studierende. Bis 2006 war diese Zahl bis auf zwei Millionen gestiegen. An den Universitäten übertraf 2002 der Anteil der Frauen erstmals den der Männer.

Der gewaltigen Zahl der Studienanfänger stand freilich ein beträchtlicher Prozentsatz an Studienabbrechern gegenüber. Nachdem in den 1980er Jahren fast 40 Prozent der Immatrikulierten die Hochschulen ohne Abschluss verlassen hatten (24), lag dieser Anteil auch 2002 noch bei 25 Prozent (25). Bis 2008 wuchs er sogar wieder an und erreichte 33,2 Prozent. Damit lag Deutschland über dem Durchschnitt von 31 Prozent in den OECD-Ländern (26).

Auch im Blick auf diese hohen Zahlen sollte der »Bologna-Prozess« eine Verbesserung bringen, mit dem kurz vor der Jahrtausendwende der größte Strukturumbruch im deutschen Hochschulwesen seit Wilhelm von Humboldt eingeleitet wurde. 1999 hatten 29 europäische Bildungsminister in der norditalienischen Stadt eine gemeinsame Erklärung verabschiedet, die auf eine europäische Harmonisierung von Studiengängen und Studienabschlüssen zielte. Hervorgegangen war das Ganze aus einer Initiative, die schon 1998 von den Bildungsministern Frankreichs, Deutschlands, Italiens und Großbritannien in Paris begonnen worden war (27). Für

Deutschland war damals noch Forschungsminister Jürgen Rüttgers dabei-gewesen.

Der Bologna-Prozess sah vor, dass bis 2010 überall in Europa ein zwei-stufiges System berufsqualifizierender Abschlüsse (Bachelor und Master) und die durchgängige Etablierung eines einheitlichen Leistungspunkte-systems (European Credit Transfer System) umgesetzt werden sollte. In Deutschland besonders hervorgehoben wurde dazu das Ziel einer stärker am Arbeitsmarkt orientierten Ausrichtung der Studiengänge.

Mit dem Bologna-Prozess verband sich eine stärkere Verschulung des Hochschulwesens und eine Ausweitung und Formalisierung von Prü-fungen. In den Folgejahren haben sich die Strukturen der Hochschule in Deutschland gründlich verändert. Über 13 000 oft sehr spezialisierte Stu-diengänge sind darüber entstanden. Das enge Gerüst des Kreditpunkte-systems hatte und hat eine Ausweitung des Prüfungsaufwands und der Leistungsbewertung zur Folge, die bald auch viel Kritik ausgelöst haben. Gleichzeitig konnte sich der »Bachelor« als berufsqualifizierender Ab-schluss nicht im gedachten Ausmaß an den Arbeitsmärkten durchsetzen, so dass die Mehrheit der Studierenden in Deutschland inzwischen einen »Master« anstrebt. Auch die hohe Zahl der Studienabbrecher hat sich nicht relevant vermindert. 2017 lag sie in Deutschland noch immer bei 29 Pro-zent (28).

Viele Analysen des Strukturwandels der deutschen Hochschullandschaft sind entsprechend kritisch ausgefallen und bewerten die Reform als »Öko-nomisierung der Bildungslandschaft« und Ausdruck eines »Akademischen Kapitalismus«, in dem um die wissenschaftliche Qualität der Hochschul-einrichtungen gefürchtet werden müsse (29).

Auf Kritik stieß auch das wachsende wirtschaftliche Gewinn- und Ren-ditedenken, das an den Hochschulen Einzug hielt. Jetzt trafen Fakultäten Zielvereinbarungen mit den Hochschulleitungen, wurde Bildung zum Pro-dukt. Quantifizierbare Indikatoren entschieden über die Vergabe von Mit-teln. Nur wer viele »Drittmittel« einwarb, konnte auch auf hohe staatliche Förderung rechnen. Aus dem nach Wahrheit und Erkenntnisfortschritt strebenden Hochschullehrer wurde ein neuer Typus des akademischen Kleinunternehmers. Die »Audit-Universität« mache aus dem »homo aca-demicus« einen »homo oeconomicus«, wandten Kritiker ein (30).

Dass im deutschen Bildungswesen trotz der Zahlen über die beständi-ge Ausweitung höherer Bildungsabschlüsse nicht alles in Ordnung sein konnte, zeigten die Ergebnisse der PISA-Studie, die die OECD am 4. De-zember 2001 der Öffentlichkeit vorstellte. Sie lösten in Deutschland regel-rechte Schockwellen aus. Tatsächlich hatte das Land im weltweiten Test von

15jährigen Schülern unter 32 beteiligten Ländern nur den 22. Platz erreicht. In Mathematik und Naturwissenschaften lagen Deutschlands Schüler an 20. Stelle, im »Lesen und Verstehen« nur auf dem 21. Rang. Jeder vierte 15jährige konnte Texte nur auf Grundschulniveau lesen und verstehen. Der Abstand zwischen guten und schlechten Schülern war in Deutschland so groß wie nirgendwo sonst. Auch gravierende Defizite in den schulischen Leistungen von Migrantenkindern wurden festgestellt (31).

Die lange verbreitete Vorstellung, in Deutschland existiere eines der besten Schulsysteme der Welt, verflog fast über Nacht. So bedeutete die Veröffentlichung der PISA-Studie auch einen Einschnitt in der Bildungspolitik. Jetzt wurden Bildung und Ausbildung ein Großthema der öffentlichen Debatte. Dabei sorgten die Ergebnisse auch für eine Wiederbelebung alter bildungspolitischer Konfrontationslinien. Die Befürworter der Gesamtschulidee einer langen gemeinsamen Beschulung aller Kinder sahen sich durch das Ergebnis von PISA-Sieger Finnland bestätigt. Hier wurden die Kinder bis zur neunten Klasse gemeinsam beschult. Freilich hatte auch Korea sehr gut abgeschnitten. In den dortigen Schulen aber wurden pädagogische Methoden eingesetzt, die hierzulande als antiquiert galten (Pauken, Frontalunterricht, Auswendiglernen).

Am 13. Juni 2002 gab Kanzler Schröder eine Regierungserklärung zu »Bildung und Innovation« ab. Die Koalition, gedrängt durch ihre Bildungsministerin Edelgard Bulmahn, versprach, dass bis 2007 ein Viertel aller Schulen in Deutschland zu Ganztagsschulen werden sollten. An den Hochschulen wollte man eine Dienstrechtsreform verwirklichen und mit einer »Exzellenzinitiative« zusätzliche finanzielle Anreize schaffen, um in der Konkurrenz mit außeruniversitären Forschungseinrichtungen besser bestehen zu können (32). Kurz darauf stellte der Kanzler in der ZEIT publikumswirksam sogar den deutschen Bildungsföderalismus in Frage (33).

Tatsächlich floss bald mehr Geld. Bei der Umsetzung von Reformen erwies sich freilich immer wieder der Föderalismus als Problem. Vor dem Bundesverfassungsgericht erlitt die Bundesregierung bei der Überprüfung verschiedener Änderungen des Hochschulrahmengesetzes gleich mehrere Niederlagen. Die Klage der Länder gegen die Einführung der Juniorprofessur war ebenso erfolgreich wie die Klage gegen das Verbot von Studiengebühren. Der Gestaltbarkeit von Hochschulpolitik durch den Bund waren damit enge Grenzen gesetzt (34). Immerhin gelang eine Einigung zwischen Bund und Ländern, die die Umsetzung der Exzellenzinitiative ermöglichte (35).

Einschneidende Veränderungen waren kurzfristig nicht zu erreichen. Während die Zahlen von Abiturienten und Studienanfängern weiter an-

wuchsen, stieg auch der Wildwuchs immer neuer Studiengänge. Er sorgte für zusätzliche Orientierungsprobleme. Und bald beschäftigten neue
Streitthemen alle Beteiligten. Die vorgesehene Verkürzung der gymnasia-
len Schulzeit auf acht Jahre erhitzte die Gemüter ebenso wie die in manchen Bundesländern betriebene Einführung von Studiengebühren an den
Hochschulen. Beide Reformen aber hatten keinen dauerhaften Bestand und
wurden schließlich wieder zurückgenommen.

5.4 DER AUFBAU OST IN DEN ROT-GRÜNEN JAHREN

1998 hatte Gerhard Schröder den »Aufbau Ost« zur Chefsache erklärt und
mit Rolf Schwanitz eigens einen Staatsminister dafür ernannt. Doch dieser
Aufbau stockte. Nach dem Auslaufen der Sonderförderprogramme war die
ostdeutsche Bauwirtschaft schon 1997 in eine Krise geraten. Die Investitionen ausländischer Unternehmen gingen zurück, das Bruttoinlandsprodukt
wuchs im Osten nur noch schwach, das Wirtschaftswachstum fiel niedriger
aus als in den alten Ländern (36).

Die Arbeitslosigkeit stieg nach 1995 wieder an und hatte 1997 19,1 Prozent erreicht. Nach einer kurzen Erholung wuchs sie ab 2002 erneut.
2005 lag sie in den neuen Ländern bei dem Rekordwert von 20,6 Prozent
(Gesamtdeutschland 13,0 Prozent) (37). Am Ende der Ära Schröder war das
Bruttoinlandsprodukt pro Einwohner in Ostdeutschland mit 68 Prozent
des Westniveaus exakt auf dem Wert von 1995 (38). Der wirtschaftliche Angleichungsprozess zwischen Ost und West hat in den rot-grünen Jahren
keine entscheidenden Fortschritte gemacht.

Der durchschnittliche Bruttomonatsverdienst im Osten betrug 2000 mit
1970 Euro 80 Prozent des westdeutschen Niveaus. Bis 2005 hat sich diese
Relation nicht verändert. Die starke Angleichung der Einkommen war bereits um die Mitte der 1990er Jahre zum Stillstand gekommen. In der ersten
Hälfte der 2000er Jahre ist der Abstand bei den durchschnittlichen äquivalenzgewichteten Jahresnettoeinkommen sogar wieder etwas größer geworden. Entsprechend wuchs die Armutsrisikoquote in Ostdeutschland
von 15 bis auf 20 Prozent (39).

Immerhin stieg das reale Bruttoinlandsprodukt je Einwohner in den
neuen Ländern zwischen 1995 und 2005 von 58 Prozent bis auf 63 Prozent
des westdeutschen Niveaus. Verdoppelt hat sich in der gleichen Zeit die Exportquote der ostdeutschen Wirtschaft. Das verfügbare Einkommen der
privaten Haushalte pro Einwohner stieg zwischen 2000 und 2005 mini-

mal von 79 auf 80 Prozent der Durchschnittseinkommen in den alten Ländern (40).

Unvermindert hoch blieb der Transferbedarf von West nach Ost. 1999 lagen die Nettotransferleistungen bei 73,6 Milliarden Euro, 2003 bei 82,3 Milliarden. Insgesamt sind zwischen 1991 und 2006 netto ca. 1,4 Billionen Euro an Transfers gezahlt worden (41). Etwa 27 Prozent der gesamten ostdeutschen Inlandsnachfrage wurde 2005 von den Transfers gestützt. Ohne diese Leistungen hätte das ostdeutsche BIP nur etwa die Hälfte der westdeutschen Wirtschaftsleistung betragen (42). Deutlich wird die Bedeutung der Transferzahlungen auch bei den Steuereinnahmen. Bis 2005 lagen die Einnahmen der neuen Länder pro Steuerzahler unter 50 Prozent der Einnahmen in den alten Ländern (43).

Trotz des spektakulären »Flutopfersolidaritätsgesetzes« nach der Hochwasserkatastrophe von 2002 ist die Deutsche Einheit in diesen Jahren nicht so recht vorangekommen. Während die Höhe der Transferzahlungen eine wichtige Ursache für die Schwächezeichen der Wirtschaftsentwicklung auch im Westen blieb, ist die Angleichung des Wohlstandsniveaus zwischen West und Ost in dieser Zeit eher ins Stocken geraten. Zwar lässt sich dies zu einem Teil auf Fehlentwicklungen zurückführen, die vor allem mit Überkapazitäten in der Bauwirtschaft zusammenhingen, die in der Folge von Programmen der Regierung Kohl entstanden waren. Gleichzeitig schlugen aber auch die im Vergleich mit den alten Ländern höheren Lohnstückkosten zu Buche. Das Produktivitätswachstum hatte mit dem Anstieg der Löhne nicht Schritt halten können, was auch mit der Branchenstruktur zu tun hatte. In Ostdeutschland spielten Produktionszweige mit niedrigerer Produktivität eine größere Rolle als in den alten Ländern. Die im Vergleich zu Westdeutschland niedrigeren Betriebsgrößen und die eher mittelständische Struktur der ostdeutschen Wirtschaft wirkten sich hier besonders aus (44).

Zwar ließ sich dafür kaum die Bundesregierung verantwortlich machen. Doch die Regierung Schröder schaffte es auch nicht, bei der Angleichung der Lebensverhältnisse wahrnehmbare eigene Akzente zu setzen. Die Talfahrt der Wirtschaft nach 2001 traf die Ostdeutschen dann besonders hart. Blühende Landschaften hatte auch Gerhard Schröder nicht zu bieten. So konnte es kaum verwundern, dass vor allem die neuen Länder nach 2003 zu Brennpunkten der Proteste gegen die Agenda-Politik der Bundesregierung wurden.

5.5   DAS PARTEIENSYSTEM UM DIE JAHRTAUSENDWENDE

Dass die rot-grünen Jahre keine Zeit der großen Aufbrüche und des politischen Engagements in der Gesellschaft waren, zeigt schon die Entwicklung der Mitgliederzahlen der politischen Parteien. Der seit 1990 rückläufige Trend ging weiter. Waren 1998 noch mehr als 1,8 Millionen Menschen
in Parteien organisiert, so ist diese Zahl bis zum Ende der Ära Schröder auf
1,5 Millionen gefallen (45).

Besonders betroffen waren davon die beiden Regierungsparteien. Die Sozialdemokraten verloren in ihrer Regierungszeit im Saldo knapp 200 000
Mitglieder. Hatte die Partei 1998 noch 775 000 Mitglieder, so waren es 2005
nur noch 590 000. Allein zwischen 2002 und 2005 verließen 100 000 Menschen die SPD. Auch der Mitgliederbestand der Grünen dünnte sich in ihrer Regierungszeit aus. Allein zwischen 1998 und 2000 fiel die Mitgliederzahl von knapp 52 000 auf 45 000. Danach blieb sie ungefähr auf diesem
Stand (46).

Weniger betroffen von Mitgliederverlusten war die Union. Hatte die CDU
am Ende der Regierung Kohl 1998 626 000 Mitglieder, so waren es 2005 immerhin noch 571 000. Die CSU konnte ihre Mitgliederzahl zwischen 1998
und 2000 sogar leicht vergrößern (von 178 000 auf 181 000) und hatte mit
dem Rückgang auf 170 000 2005 im Saldo nur relativ geringe Verluste zu
beklagen. Während die Zahl der FDP-Mitglieder sich in diesen Jahren nur
geringfügig veränderte (1998: 68 000, 2005: 65 000), verlor die PDS praktisch jeden Dritten. Hatte die Partei 1998 noch 94 000 Mitglieder gezählt,
waren es 2005 nur noch 61 000. Nach der Vereinigung zur Partei DIE LINKE
stieg diese Zahl freilich wieder bis auf 78 000 an (47).

Auch die Wahlbeteiligung ging zurück. War bei der Bundestagswahl 1998
mit 82,2 Prozent noch einmal die 80-Prozent-Marke überschritten worden,
so brachte die Wahl 2005 mit 77,7 Prozent die bis dahin niedrigste Wahlbeteiligung bei Bundestagswahlen seit 1949. Auch bei Landtags- und Kommunalwahlen gingen immer weniger Wähler zur Urne. Hatte die durchschnittliche Beteiligung bei Landtagswahlen in der alten Bundesrepublik
zu Beginn der 1980er Jahre noch über 80 Prozent gelegen, so erreichte sie
z.B. in Nordrhein-Westfalen 2000 nur noch 56,7 Prozent. In Thüringen
gingen 2004 sogar nur 53,8 Prozent zu den Urnen. Bei den Europawahlen
1999 war die Beteiligung von 60 Prozent 1994 gleich auf 45 Prozent gefallen. 2004 mochten noch weniger Bürger wählen gehen. 43 Prozent Wahlbeteiligung bedeuteten einen neuen Negativrekord. Ähnlich niedrig war
inzwischen die durchschnittliche Beteiligung an Kommunalwahlen. In
Hessen etwa, wo sie 1989 noch bei 78 Prozent gelegen hatte, beteiligten sich

2001 52,9 Prozent und 2006 sogar nur noch 45,8 Prozent der Wahlberechtigten.

Während es den Sozialdemokraten nicht gelang, eine klare politische Linie zu finden, die auch unabhängig vom beträchtlichen öffentlichen Ansehen ihres »Medienkanzlers« und jenseits situativer Handlungskonstellationen politische Identifikation stiften konnte (vgl. oben), stand auch die Union nach dem Machtverlust 1998 vor der Aufgabe einer programmatischen Neuausrichtung. Dies galt umso mehr, nachdem ihre Spendenskandale um die Jahrtausendwende den wahlpolitischen Höhenflug der Partei beendet hatten, der sich vor allem aus den Schwächen und Fehlern der Bundesregierung gespeist hatte. Jetzt musste die Partei begreifen, dass die Wahlniederlage 1998 nicht nur als Plebiszit gegen Kohl nach einer als überlang verstandenen Amtszeit verstanden werden konnte. Vielmehr waren auch langfristige gesellschaftliche Wandlungsprozesse zum Ausdruck gekommen, auf die es zu reagieren galt. »Die Mobilisierungskraft des kirchlichen Umfelds und des Antikommunismus hatte stark nachgelassen, und die CDU wurde auch nicht mehr in Erinnerung an ihre Verdienste hinsichtlich der Wiedervereinigung gewählt« (48). Besonders bedrohlich im Blick auf die Zukunft der Union konnte es werden, wenn die SPD jetzt eine »neue Mitte« nicht nur für sich reklamierte, sondern damit auch Zuspruch fand.

In der Auseinandersetzung um die Zukunft der Union ließen sich bald unterschiedliche Linien erkennen. Während eine vor allem von Friedrich Merz und Roland Koch repräsentierte Richtung für einen stärker wirtschaftsliberal ausgerichteten Kurs eintrat, setzte NRW-Chef Jürgen Rüttgers andere Akzente. In einem Papier warf er Anfang 2001 der SPD vor, bei ihrer Orientierung auf Globalisierung und Modernisierung die soziale Gerechtigkeit aus den Augen verloren zu haben. Ihre Reden von Zivilgesellschaft und Teilhabe seien nur leere Worthülsen und böten keine Lösungen. Die Union dagegen dürfe nicht aus Angst vor dem Verlust von Wirtschaftskompetenz »den Neokapitalismus zum Programm erheben, wie manche das empfehlen« (49). Um einen Modernisierungsvorsprung zurückzugewinnen, müsse sie sich vielmehr für ein breites Spektrum an Biographien und Lebensstilen öffnen und eine »Auffrischung« ihrer geistigen Ressourcen vornehmen. Widersprüche im Programm müssten beseitigt werden. So könne man nicht Mobilität predigen und gleichzeitig »das hohe Lied von Heimat und Familie singen«. Wer für die Vereinbarkeit von Familie und Beruf eintrete, müsse Ganztagsschulen anbieten. Zuwanderung dürfe sich nicht nur an den Bedürfnissen des Arbeitsmarkts orientieren (50).

Doch zunächst bestimmten die wirtschaftsliberalen Kräfte das öffentliche Bild der Opposition. Friedrich Merz vertrat ein Konzept der radikalen Steuervereinfachung und Steuersenkung. Bei den nötigen Reformen der Gesundheitsversicherung trat die Union für ein bald als »Kopfprämie« gehandeltes Versicherungssystem gleicher Beitragszahlungen (»Gesundheitsprämie«) ein, bei dem die sozial Schwächeren durch staatliche Zuschüsse gefördert werden sollten. Mit dem Leipziger Parteitag 2003 wurden diese Vorstellungen zur offiziellen Programmatik der Partei. Auch die Parteivorsitzende Angela Merkel vertrat inzwischen diesen Kurs. Kritiker wie Norbert Blüm schienen isoliert. Auch die Ablehnung dieser gesundheitspolitischen Vorstellungen durch Horst Seehofer und die bayerische CSU änderte daran nichts.

Inzwischen regierte die Union mit ihrer nach den Erfolgen bei Landtagswahlen erreichten Bundesratsmehrheit praktisch mit. Bei der Umsetzung ihrer Agenda-Politik war Rot-Grün im Vermittlungsausschuss zu Kompromissen gezwungen. Dabei suchte sich die Union als politische Kraft zu profilieren, die Schröders Linie eher noch verschärfen wollte. Im November 2004 brachte Parteichefin Angela Merkel den Begriff der »deutschen Leitkultur« erneut in die Diskussion und erklärte die »multikulturelle Gesellschaft« für gescheitert.

Bei den Bundestagswahlen 2005 erwies sich dieser »neoliberale« Kurs freilich als schweres Handicap. Als mit dem Steuermodell des designierten Finanzministers Paul Kirchhof sogar eine »Flat Tax« von 25 Prozent ohne Ausnahmeregelungen, aber mit hohen Freibeträgen für Niedrigverdiener und Familien, vorgeschlagen wurde, entstand der Eindruck, dass eine Unionsregierung den von manchen als allzu wirtschaftsliberal gedeuteten Kurs von Rot-Grün noch verschärfen würde. Dies bot dann Schröder die oben geschilderte Gelegenheit, gegen den »Professor aus Heidelberg« heftig zu Felde zu ziehen, ohne die eigene Reformagenda dementieren zu müssen. Ergebnis war, dass Angela Merkel den sicher geglaubten klaren Wahlsieg und das Ziel eines Regierungsbündnisses mit der FDP verfehlte (51). Hernach war von den Beschlüssen des Leipziger Parteitags praktisch nicht mehr die Rede.

Bei den Grünen musste der Regierungseintritt im Herbst 1998 als Praxisschock erlebt werden. Weder ihre offizielle Parteiprogrammatik noch ihre internen Parteistrukturen waren für die Übernahme bundespolitischer Regierungsverantwortung geeignet. Und ihr reformpolitischer Eifer erwies sich schon bei der Änderung des Staatsbürgerschaftsrechts Anfang 1999 als Problem. Die heftigen Konflikte um den Militäreinsatz im Kosovo und den Zeithorizont des Atomausstiegs zeigten, dass weite Teile der Partei auf die realpolitischen Gegebenheiten allzu wenig vorbereitet waren. Während man beim Kosovo-Konflikt angesichts der pazifistischen Traditionen der

Grünen dafür Verständnis haben konnte, sah die Sache beim Atomthema anders aus. Dass die Partei es versäumt hatte, realistische Ausstiegsszenarien zu entwickeln, die auch die Problematik möglicher Entschädigungsregelungen berücksichtigten, erscheint schwer nachvollziehbar (52).

Hinzu kamen die vom Misstrauen gegenüber Führungsverantwortung geprägten Parteistrukturen. Die in der Grünen-Tradition fest verankerten Prinzipien der Unvereinbarkeit vom Amt und Mandat hatten dazu geführt, dass der Partei ein echtes strategisches Zentrum kaum zur Verfügung stand. Eher war die bundespolitische Spitze von einer Vielzahl rivalisierender Zentren geprägt, wobei die Rivalität der informellen »Strömungsfürsten«, also der einflussreichsten Repräsentanten der Parteiflügel, ebenso eine Rolle spielte wie die Konkurrenz zwischen Partei- und Fraktionsführung.

Unter den Bedingungen bundespolitischer Regierungsverantwortung musste das zu großen Reibungsverlusten führen. Nachdem die Grünen mit Ach und Krach die Hürde des von der Basis gewünschten und in der grünen Tradition fest verankerten Mandatsverzichts der Minister genommen hatten, wählte sich die Partei im Herbst 1998 eine Führung, die ohne Mandat und bei nur schwacher Einbindung in den Alltag der Regierungspolitik kaum über echten Einfluss auf Regierungshandeln verfügte. Zusätzlich gefördert durch die zur Männerbündelei neigenden wichtigsten Entscheidungsträger von SPD und Grünen sowie den auswärtigen Verpflichtungen des Vizekanzlers ohne Parteiamt entstand zunächst eine eher chaotische Führungsstruktur. Während Fischer und der Fraktionsvorsitzende Rezzo Schlauch über gute Zugänge zum Entscheidungszentrum der Regierung verfügten, blieben die Parteivorsitzenden Antje Radke und Gunda Röstel ebenso am Rande wie die Co-Vorsitzende der Fraktion, Kerstin Müller (53). Eine Sonderrolle spielte Jürgen Trittin, der zwar nach langjähriger Zusammenarbeit schon in Niedersachsen vom Kanzler respektiert wurde, in der Anfangszeit der Koalition aber öffentlich oft in die Rolle des Buhmanns geriet und auch von Schröder mehrfach öffentlich abgekanzelt wurde.

Anfänglich wurde den Grünen immer wieder vorgeschlagen, sie mögen doch ihre Identifikationsfigur Fischer auch zum Parteivorsitzenden machen. Ganz abgesehen davon, dass solche Vorstellungen auf einem Grünen-Parteitag von damals niemals durchsetzbar gewesen wären, ist fraglich, ob Fischer dies überhaupt gekonnt hätte. Fischers auf Gefolgschaft gegründeter Politikstil sei stets mehr auf Eigenprofil als auf Zusammenführen gerichtet gewesen, hat Grünen-Kenner Joachim Raschke 2001 geschrieben. »Fischer möchte Führungsautorität ohne Verpflichtung zu Verantwortung«, so hat er einen ungenannten damaligen Spitzengrünen zitiert (54). Fischers Eigenarten seien auf einen Alleinherrscher-Anspruch hinausgelaufen, den er aber zugleich als Außenminister faktisch gar nicht hätte einlösen können (55).

Mit einiger Mühe haben die Grünen schließlich in einer neuen Parteiführung einen Ausweg gefunden. Ab Mitte 2000 wurde die Partei von Renate Künast und Fritz Kuhn geführt. Beide mussten dafür freilich ihre Parlamentsmandate niederlegen. 2001 wurde Künast durch Claudia Roth ersetzt, nachdem die Berlinerin zur Ministerin aufgerückt war. Parallel dazu war im Juni 2000 die Einrichtung eines »Parteirates« beschlossen worden, in dem die wichtigsten Politiker der Partei ohne Beschränkung von Amt und Mandat regelmäßig zusammenkommen sollten. Nachdem Roth und Kuhn 2002 in den Bundestag gewechselt waren, scheiterte der Versuch, die »heilige Kuh« der Unvereinbarkeit von Amt und Mandat abzuschaffen, ein zweites Mal. So wurde die Parteispitze Ende 2002 von Angelika Beer und Reinhard Bütikofer übernommen. Während Beer als Verlegenheitslösung galt und schon 2004 ins Europaparlament entschwand, konnte sich Bütikofer einige Meriten als integrative Kraft und »echter Parteiführer« erwerben. Vor allem er hatte schon in seiner Zeit als Bundesgeschäftsführer das Projekt eines neuen Grundsatzprogramms vorangetrieben, das die Grünen im März 2002 in Berlin verabschiedet haben. Mit diesem Programm verkürzte sich die Spanne zwischen programmatischen Ansprüchen und realpolitischen Möglichkeiten (56).

Bei der Reform ihrer Parteistrukturen konnten die Grünen bis zum Ende ihrer Regierungszeit zwar Fortschritte erzielen. Insgesamt aber blieben sie auf halber Strecke stecken. Noch immer machte ihnen der Anti-Parteien-Partei-Impuls ihrer Gründerjahre zu schaffen, der von der naiven Grundannahme geprägt war, mit möglichst wenig Macht für einzelne Repräsentanten ließe sich dennoch ein Maximum an politisch gestalterischem Erfolg erzielen. Immerhin waren die Grünen am Beginn der zweiten Legislaturperiode der Regierung Schröder organisatorisch deutlich besser aufgestellt als Ende 1998. Im Wahlkampf hatten sie mit der Nominierung Fischers zum alleinigen Spitzenkandidaten sogar die sonst üblichen Quotenregelungen durchbrochen. Deutlich milder als 2001 urteilte Joachim Raschke drei Jahre später, dass der Partei ein »nachholender Aufbau an Strategiefähigkeit« gelungen sei (57).

Auch den Medien und der politischen Öffentlichkeit fiel es nicht leicht, den Grünen in der Regierungsrolle mit einem realistischen Anforderungsprofil zu begegnen. Für die einen gaben sie ihre Grundsätze und Prinzipien zugunsten des Mitregierens auf. Für die anderen blieben sie übermäßig radikal und für das Regieren eines der wichtigsten Industrieländer der Erde im Grunde ungeeignet. Festgemacht wurde das am Anfang vor allem an der Person von Umweltminister Trittin, dem von manchen Medien das Image eines arroganten und blasierten Bürgerschrecks verpasst wurde. Ausgenommen blieb meist nur Außenminister Fischer, dessen bald hohe öffentliche Sympathiewerte der Partei bis 2002 freilich kaum zugutekamen. Zu der anhaltenden Randlage der Grünen im Bewusstsein der Öffentlichkeit trug indirekt auch Kanzler Schröder bei, wenn der den Grünen die Vertretung »interessanter Minderheitenthemen« bescheinigte und »mehr Fischer und weniger Trittin« verlangte (58).

Auch die Wähler hatten ihre Schwierigkeiten mit der Regierungsrolle der Grünen. Bei den Landtagswahlen in Hessen, Bremen und Berlin verloren die Grünen 1999 mit etwa vier Prozent jeweils ein gutes Drittel ihrer Stimmen. Bei den Europawahlen sah das ähnlich aus. In Ostdeutschland schrumpften sie im Herbst 1999 sogar zur Randpartei. In Thüringen verloren die Grünen mehr als die Hälfte ihres Stimmenanteils. Auch die Wahlen in Schleswig-Holstein, Nordrhein-Westfalen und Baden-Württemberg bestätigten 2000/2001 diesen Trend. Bei den Bürgerschaftswahlen in Hamburg verlor die Partei über fünf Prozentpunkte. Nachdem sie 1999 aus dem saarländischen Landtag herausgefallen waren, wären die Grünen auch in Rheinland-Pfalz fast an der 5-Prozent-Hürde gescheitert. Insgesamt verloren die Grünen bei allen 14 Landtagswahlen zwischen 1998 und 2002 mehr oder weniger deutlich. Dazu kam noch die Niederlage bei den Europawahlen (59).

Ganz anders dagegen fiel das Wahlergebnis bei den Bundestagswahlen 2002 aus. Mit 8,6 Prozent konnten die Grünen ihr Stimmenergebnis von 1998 um fast zwei Prozentpunkte verbessern. Sicher hatte diese situative Trendwende auch mit der erstmals stark personalisierten Wahlkampfstrategie zu tun, die sich auf den Außenminister und Spitzenkandidaten fokussierte. Freilich gelang es bei dieser Wahl auch Fischer-Kritiker Ströbele, in Berlin-Kreuzberg das erste Direktmandat bei Bundestagswahlen in der Geschichte der Grünen zu holen. Es kann demnach nicht allein die singuläre Ausstrahlung ihres Spitzenmannes gewesen sein, die sich hier niederschlug. Nachdem die Partei in den Umfragen zu Beginn des Wahljahres um fünf Prozent herum gehandelt worden war, hat im Laufe des Jahres 2002 ein öffentlicher Anerkennungsgewinn stattgefunden, der auch mit den Bilanzen der ersten rot-grünen Jahre zu tun hatte. Nicht nur, dass sich die Öffentlichkeit an die Regierungsrolle der Grünen zu gewöhnen begann. In den Leistungsbilanzen der Wahlperiode hoben nun auch die Sozialdemokraten die vermeintlichen »Minderheitenthemen« der Grünen hervor:

Energiewende, Atomausstieg, Lebenspartnerschaftsgesetz. Die damit verbundene Aufwertung hat der Partei genutzt.

Die öffentliche Akzeptanz der Grünen hat sich in der zweiten Legislaturperiode der Regierung Schröder verbessert. Jetzt waren es sogar die
Grünen, die bei allen Wahlen in 2003 und 2004 mehr oder weniger deutliche Gewinne einfuhren, während die Wählerzustimmung zur SPD stark
zurückging. Erst als der Ansehensverlust Fischers durch die Visa-Affäre
Wirkung zeigte, mussten auch die Grünen 2005 wieder Einbußen hinnehmen (60).

Angesichts der Tatsache, dass die Grünen die Agenda-Politik des Kanzlers mittrugen und in der zweiten Legislaturperiode deutlich weniger
umweltpolitische Akzente setzen konnten, mag dieses Ergebnis erstaunen. Erklärbar wird es, wenn man die unterschiedliche Wahrnehmung
der Agenda-Politik in beiden Parteien berücksichtigt. Weil für das grüne
Mittelschichtsklientel mit der Agenda 2010 keine »Identitätsfragen« aufgeworfen waren, blieb die Partei von Einbrüchen in der Wählergunst verschont. Die schwachen Wahlergebnisse der SPD aber sorgten dafür, dass
die Grünen nach dem Mai 2005 in keiner Landesregierung mehr vertreten waren.

Die Grünen gingen strukturell wie inhaltlich schlecht vorbereitet in ihre
erste Bundesregierung. Nicht eingestellt auf eine grüne Regierungsbeteiligung war auch die Mehrheit der Bevölkerung, die die Grünen noch immer in einer Randlage sahen und den Wechsel gewollt hatten, nicht aber
die Regierungsrolle der Grünen. Nach schweren Verwerfungen sind dann
über die Jahre Professionalismus und Realismus in der Partei gewachsen.
Der Verlust von 7 000 Mitgliedern war freilich ein hoher Preis, der dafür
gezahlt werden musste. Als die Partei 2005 den Rückweg in die Opposition antrat, war sie stärker in die Mitte gerückt. Schon das Wahlprogramm
2002 war deutlich realistischer angelegt gewesen als der Vorgänger von
1998. Dennoch sahen viele die Grünen nach dem Verlust der Regierungsrolle und dem Abtritt der Gallionsfigur Fischer vor einer unsicheren Zukunft.

Für alle Parteien galt, dass klare Richtungsführung und Lagerbildung in
diesen Jahren an Bedeutung verloren hatten. Auch wenn sich im Bundestagswahlkampf 2002 noch einmal Zuordnungen zum »bürgerlichen« oder
zum »linken« Lager ergaben, nahm die Bedeutung dieser Lager ab. Schon
im Herbst 2001 war angesichts der Afghanistan-Krise unverhohlen über
die Bildung einer sozialliberalen Regierung spekuliert worden.

Bis zu Schröders Politik der Agenda 2010 hatte sich die PDS nur als ostdeutsche Regionalpartei etablieren können. Zwar konnte sie in den ost-

deutschen Ländern den Status einer dritten Großpartei erreichen und war seit 1998 in Mecklenburg-Vorpommern auch an einer Landesregierung beteiligt – 2001 kam Berlin hinzu. Doch die Ausdehnung nach Westen gelang ihr nicht. Aufgrund der Schwäche von Grünen und FDP in Ostdeutschland ließ sich bis zur Jahrtausendwende sogar von einem gespaltenen Parteiensystem sprechen. Zu dem in den achtziger Jahren entstandenen Vierparteiensystem im Westen trat jetzt ein Dreiparteiensystem im Osten, wobei für die Sozialdemokraten allmählich auch die PDS als Koalitionspartner in Frage kam. Trotz aller immer häufiger diagnostizierten Profilschwächen der Parteien aber blieb es bis zu Schröders Agenda-Politik im Kern bei der Zweiteilung des Parteiensystems in einen eher linken und einen »bürgerlichen« Block.

Mit dem Erfolg der Linkspartei und der damit verbundenen Westausdehnung der um die Protestbewegung gegen Schröders »Agenda 2010« verstärkten PDS war dieser Dualismus Geschichte. Da die Linkspartei als Koalitionspartner 2005 nicht in Betracht kam, blieben als mögliche Auswege nur lagerübergreifende Regierungen. So kam es 2005 zu einer Großen Koalition – mit nachhaltigen Folgen besonders für die SPD.

Allen Parteien gemein war in dieser Zeit ein starker Zug zur Mediatisierung von Politik, der durch das Aufkommen der neuen Medien zusätzlich gefördert wurde. Hekatomben von Beratern wollten inzwischen dem politischen Personal die Bedeutung ihrer medialen Inszenierung nahebringen. Immer neue Umfragedaten sollten beweisen, was beim Bürger ankam und was nicht. Zugleich sorgte eine Enttabuisierung des Privaten in der Politik für eine Verstärkung des schon mit der Talk-Show-Demokratie begonnenen Trends zur Boulevardisierung des Politischen. Während der Volkspartei SPD das Volk in Form von Parteimitgliedern davonlief und auch die CDU von diesem Trend betroffen war, sank die Wahlbeteiligung und stieg der Verdruss gegenüber der Politik in der Gesellschaft. Dies galt besonders für die neuen Länder.

Zum großen Problem für die klassischen Volksparteien wurde der Rückgang ihrer Stammwählerschaft. Während ihr Anteil an der SPD-Wählerschaft in den fünfziger Jahren bei 60 Prozent lag, war er schon bis 1998 auf 30 Prozent zurückgegangen. Bestanden 1953 die sozialdemokratischen Wähler noch zu 26 Prozent aus gewerkschaftlich organisierten Arbeitnehmern, so war dieser Anteil bis 1998 auf 14 Prozent geschrumpft (61). Machten die kirchengebundenen Katholiken, bei denen traditionell eine hohe Präferenz für die Union besteht, in den 1950er Jahren noch 40 Prozent der Unionswähler aus, so betrug ihr Anteil an der Wählerschaft von CDU und CSU 1998 nur noch 13 Prozent (62).

Nach der Jahrtausendwende hat sich dieser Trend weiter verstärkt. Für die Union wurden der Wertewandel, die veränderten Geschlechterrollen und der Verlust des Antikommunismus und Antisozialismus als integrativer Klammer zwischen verschiedenen bürgerlichen Milieus nach dem Ende des Kalten Krieges zum besonderen Problem. So entstand eine offenere Wettbewerbssituation zwischen den Parteien, in der situative Faktoren, Meinungs- und Empörungskonjunkturen, vor allem aber das medial vermittelte Politikbild wachsenden Einfluss auf Einstellungen und Wahlverhalten der Bürger erhielten.

Als Ursache für die wachsenden Anzeichen von Entfremdung und Verdruss ließ sich vor allem der Wertewandel und der Rollenwandel der Medien heranziehen. In der individualisierten Moderne existieren nicht mehr nur wenige Klassen oder Schichten mit hoher Verbindlichkeit der jeweiligen Wertesysteme, sondern zerfällt Gesellschaft in immer unterschiedlichere Facetten. Für die Großparteien war das mit dramatischen Konsequenzen verbunden: »Die Individualisierung destabilisiert das Großparteiensystem von innen her, weil sie Parteibindung enttraditionalisiert, entscheidungsabhängig oder, von der Parteiseite her betrachtet, herstellungsabhängig macht, was bei der Zersplitterung der Interessen, Meinungen und Themen dem Versuch gleichkommt, einen Sack Flöhe zu hüten« (63).

Die »Logik der Mediendemokratie« dränge die Parteien an den Rand des Geschehens. Die Medienlogik sorge für eine Abkoppelung der Mitgliederparteien von den Kommunikationsstrategien der Spitzenakteure, weil der »gebieterische Medien-Präsentismus« unvereinbar sei mit den Diskursformen und Diskurszeiten von Mitgliederparteien. Daraus ergäbe sich eine »Marginalisierung der Parteien«, schrieb Thomas Meyer schon 2001 (64).

Hinzu kam, dass in der modernen »Erlebnisgesellschaft« weniger der Gebrauchswert von Produkten im Mittelpunkt steht, sondern ihr »Erlebniswert« eine immer stärkere Rolle spielt. Wo Leben zum »Erlebnisprojekt« wird (65) und in der »Multioptionsgesellschaft« (66) die alltägliche Wahl zwischen verschiedenen Alternativen des Warenkonsums, des Lebensstils und sogar der Familienformen wachsende Bedeutung erhält, konnten Rückwirkungen auf die Wahrnehmung von Politik, auf Entstehung und Stabilität politischer Einstellungen, nicht ausbleiben. In der Konkurrenz mit einer wachsenden Fülle von Erlebnismöglichkeiten musste sich diskursive und argumentierende Politik mit ihren Zumutungen an intellektueller Anstrengung, langen Sitzungen und schwierigen Kompromissbildungen schwerer tun.

Die Veränderungen der Medienwelt trugen das Ihre dazu bei, die Aufmerksamkeit für politische Sachfragen zu schmälern und eher flüchtige

Meinungstrends hervorzurufen. Hier spielte neben der Kommerzialisierung des Fernsehens, dem immer härteren Wettbewerb um Quoten und Auflagenzahlen und dem in Richtung Unterhaltung und Werbung veränderten Angebot auch der Wandel vom Richtungsjournalismus früherer Jahrzehnte zum modernen »Dekonstruktivismus« des »investigativen« Journalismus eine zentrale Rolle. Wo bis in die achtziger Jahre Qualitätszeitungen und politische Redaktionen von TV-Sendern eine gewisse politische Linie erkennen ließen, entstand eine Art »postmoderne« Medienlandschaft, die sich vor allem auf die »Enthüllung« von Machenschaften und Skandalen kaprizierte und immer häufiger ein ironisch-distanziertes Verhältnis zu Politik und Politikern entwickelte. Bald gingen Maßstäbe verloren und verschwammen in der Wahrnehmung des Publikums die Grenzen zwischen echten Skandalen, Fehlern und aufgebauschten Lappalien. Während der sachliche Informationsgehalt der Angebote zurückging, stieg die Personalisierung und verschwand die frühere Zurückhaltung gegenüber dem Privatleben von Politikern, die sich als »Promis« der unterschiedlichen Kategorien in der öffentlichen Aufmerksamkeit nun der Konkurrenz von Schauspielern, Sportlern und anderen Berühmtheiten ausgesetzt sahen. So nahm die Öffentlichkeit des beginnenden Jahrtausends immer mehr Züge einer elektronischen BILD-Zeitung an (67).

Parteien und Politiker suchten sich dieser Entwicklung anzuverwandeln, indem sie selbst stärker auf die Mittel des Boulevards setzten. Sie maßen sich selbst jetzt noch mehr als zuvor am öffentlichen Eindruck, den sie hinterließen, als am faktischen Ergebnis ihres Tuns. Das fatale Ergebnis ihres Irrglaubens, das Spiel mit den Medien zu beherrschen, bekamen die Rot-Grünen 2005 zu spüren. Als die Macht verlorenging, erschien das den Akteuren schließlich als Resultat einer Kampagne gerade jener Medien, auf die man zuvor gesetzt hatte (68).

5.6 KULTUR AM BEGINN DES NEUEN JAHRTAUSENDS

Die folgenreichsten kulturellen Veränderungen jener Jahre wurden von der Digitalisierung ausgelöst. Nicht nur, dass das Mobiltelefon und seine ständige Nutzung immer mehr zum selbstverständlichen Bestandteil des Alltagslebens wurden. Die digitale Technik revolutionierte auch das Hören von Musik. Mit der Software iTunes konnten ab 2001 ganze persönliche Musiksammlungen digital erstellt werden. Auf dem Apple iPod, das im gleichen Jahr auf den Markt kam und von dem bis 2005 weltweit 67 Mil-

lionen verkauft wurden, ließen sich bereits über 1000 Songs speichern. Die
»User« hatten ihre Dateien auf der kleinen Festplatte eines Gerätes, das sich
leicht in die Tasche stecken ließ. Und mit der Plattform »Napster« schoben
sich immer mehr junge Menschen kostenlos MP3-Dateien zu – von Computer zu Computer. Bald war der Download von Raubkopien zum Massen-
phänomen geworden. Die Folgen für die Musikindustrie waren gewaltig:
Zwischen 1997 und 2005 ging der Umsatz um 40 Prozent zurück (69). Waren 2001 in Deutschland noch 185 Millionen CDs verkauft worden, waren es
2017 nur noch 63 Millionen (70).

Während die schon berühmten Pop-Gruppen darauf mit einer deutlichen Steigerung ihrer Live-Auftritte reagierten, traf der dramatische Einbruch der Tonträgerverkäufe vor allem die nicht ganz so arrivierten Interpreten, die mit ihren Konzerten nicht so einfach riesige Hallen oder
Fußballstadien füllen konnten. Gleichzeitig stieg die Multimedia-Nutzung
bei den Jugendlichen rasant an (71).

1998 nutzten erst 15 Prozent der unter 40jährigen das Internet. Bis 2006
war dieser Anteil 2006 auf 80 Prozent angewachsen (72). Mit der Versteigerung der UMTS-Lizenzen entstand ab 2002 auch eine Infrastruktur für das
mobile Internet. 2007 brachte Apple das erste iPhone auf den Markt (73).
2004 gründete der Harvard-Student Mark Zuckerberg das Datennetzwerk
Facebook, das wenige Jahre später auch in Deutschland seinen Siegeszug
antrat und bald ältere Kontaktplattformen wie »StudiVZ« verdrängt hatte. Was als »Spielzeug« für amerikanische Studenten entstanden war, verfügte schon 2009 über die Daten von weltweit 250 Millionen Nutzern (74).
2005 entstand das Videoportal YouTube, auf dem Benutzer kostenlos Videos hochladen, ansehen und bewerten konnten. Für viele junge Leute war
das Portal schon wenige Jahre später zum Fernsehen des 21. Jahrhundert
geworden. 2006 wurde das Unternehmen zur Tochtergesellschaft des In-
ternet-Suchmaschinen-Marktführers Google, der schon wenige Jahre nach
seiner Gründung 1997 Marktanteile in Deutschland und Europa von über
90 Prozent erreicht hatte (75). Seit 2000 ersetzten USB-Sticks mit vielfa-
chem Datenvolumen die primitiveren Disketten früherer Jahre. Ab 2002
sorgten elektronische Navigationssysteme, die auch im Auto nutzbar waren, für einfachere Orientierung.

Nutzten 1997 zehn Prozent der Deutschen ein Mobiltelefon, so war die
Handyquote zehn Jahre später auf 78 Prozent gestiegen. Aus zehn Millionen Mobilfunkanschlüssen 1998 wurden bis 2006 85 Millionen (76) Und mit
der sprunghaft gestiegenen Verbreitung des Internet wurde jetzt das Netz
auch als vorrangige Informationsquelle immer wichtiger, was seit der Jahrtausendwende allmählich auf Kosten von Büchern und Zeitungen ging.

Dabei fielen die Rückgänge zunächst noch moderat aus. Zwischen 1998 und 2005 ging die Verkaufsauflage der BILD-Zeitung von 4,4 Millionen auf 3,8 Millionen zurück. Auch die Frankfurter Allgemeine Zeitung und das Handelsblatt verloren Leser. Von der FAZ wurden 2005 noch 377 000, vom Handelsblatt 140 000 Exemplare verkauft. 1998 hatten die Zahlen bei 400 000 bzw. 161 000 gelegen. Dagegen konnten DIE WELT und die Süddeutsche Zeitung ihre Auflagen noch einmal steigern (von 218 000 auf 244 000 bei der WELT und von 414 000 bis auf 437 000 bei der SZ). Die WAZ-Mediengruppe verlor in dieser Zeit etwa 100 000 Leser und konnte 2005 noch etwa eine Million Tageszeitungen absetzen. Insgesamt ging die Verkaufsauflage der Tageszeitungen zwischen 1998 und 2005 von knapp 25 Millionen bis auf 21,7 Millionen zurück (77). Die ganz großen Einbrüche sollten erst später folgen.

Gut behaupten konnten sich die Wochenzeitungen. SPIEGEL und Focus erreichten 2005 mit etwa 1,1 Millionen bzw. 780 000 verkauften Heften ungefähr die Verkaufszahlen von 1998. Auch der STERN hatte bis 2005 nur relativ bescheidene Einbußen zu verzeichnen (von 1,1 auf 1,05 Millionen). DIE ZEIT konnte ihre Auflage sogar leicht steigern. Hatte sie 1998 bei 453 000 gelegen, so wurde das Hamburger Wochenblatt 2005 467 000 Mal verkauft (78).

Insgesamt lässt sich von einer rasanten Mediatisierung als prägendem Element der kulturellen Entwicklung sprechen. SPIEGEL, FAZ, ZEIT, SZ, Focus und BILD waren nun auch mit eigenen Online-Formaten vertreten. Das Informationstempo und die Informationsdichte nahmen gewaltig zu, Nachrichten wechselten jetzt in rascherer Folge. Die weltweit verfügbare Datenmenge hatte sich schon in den neunziger Jahren etwa verhundertfacht. Und die Entwicklung ging weiter, weil die Computerleistung ständig anstieg.

Die Qualität der Informationen konnte damit nicht Schritt halten. Sie nahm eher ab. Kurzatmigkeit, Zuspitzung, Verkürzung und Personalisierung dagegen nahmen zu (79). Auch der Journalistenberuf veränderte sich, weil die Zeit zur Recherche mehr und mehr fehlte, die Journalisten ihre Texte bald selbst einzurichten hatten und die Onlineredakteure weitaus schlechter bezahlt wurden. Die mit dem Internet verbundene Umsonst-Mentalität wirkte sich allmählich auch auf diesem Gebiet aus. Besonders vorangetrieben wurde die Mediatisierung der Kultur von den jungen Leuten, die die wachsende internationale Vernetzung als Vergemeinschaftung empfanden. Bilderwelten spielten im Alltagsleben eine immer größere Rolle. Bald dominierten sie die Nachrichten aus Politik, Sport und Unterhaltung. Weil Bilder primär Affekte auslösen und allenfalls sekundär Informationscharakter haben, lässt sich auch von einer »Affektintensivierung« sprechen, die vom digitalen Netz ausgelöst worden ist (80).

Der traditionsreiche Grand Prix Eurovision de la Chanson wurde nach 1991 immer mehr gesamteuropäisch ausgerichtet. Als »Eurovision Song Contest« wurde er schließlich zu einem der größten und publikumswirksamsten transnationalen Medienereignisse überhaupt. Während die seit Beginn der Neunziger Jahren immer mehr zum Massenspektakel gewordene »Love Parade« in Berlin nach der Jahrtausendwende ihren Höhepunkt überschritten hatte und schließlich mit dem Entzug der Gemeinnützigkeit durch das Land Berlin nach 2001 in eine Krise geriet, feierte sich die Massenkultur auch in unzähligen anderen Festivals am Nürburgring, auf der Loreley oder beim Hip-Hop-Summer-Festival in Kehl (81). Schließlich kam das Heavy-Metal-Festival im norddeutschen Wacken dazu.

Um die Jahrhundertwende begann der Boom der Casting-Shows. Mit ihm verband sich eine neue Form der Popularisierung eines Kurzzeit-Starkults, zu dem anscheinend fast jeder Zugang besaß. Waren die ersten Produktionen im »Big Brother«-Haus, wo eine Gruppe von Menschen bei ihrem »Alltag« annähernd 24 Stunden unter TV-Dauerbeobachtung stand, zu Beginn des Jahrtausends noch auf allerhand Kritik gestoßen, so begann sich die Öffentlichkeit bald an diese Formate zu gewöhnen. Die im kommerziellen Fernsehen verbreiteten Shows nahmen das Selbstdarstellungsbedürfnis einer jungen Generation auf, der ein »exhibitionistischer Sozialtypus« zugeschrieben wurde, der sich selbst als Bestandteil eines mehr und mehr auf Stars fixierten Weltbildes sah (82).

Im März 2000 wurde die erste Folge der Reality-Show »Big Brother« auf RTL 2 ausgestrahlt. 2002 ging »Deutschland sucht den Superstar« (RTL) an den Start. 2006 folgte »Germanys Next Topmodel« (Pro7), 2007 »Das Supertalent«. Alle Formate blieben hoch umstritten. Während sie vor allem beim jugendlichen Publikum großen Anklang fanden, sahen Kritiker zynische Geschäftemacherei mit Neigungen zur Selbstentblößung und voyeuristischen Instinkten. Besonders »DSDS«, bei dem das Vergnügen des Publikums am gezielten Niedermachen von »Versagern« durch umstrittene Mediengrößen wie Dieter Bohlen zum Erfolgsrezept gehörte, blieb vielen ein Dorn im Auge. Bald warnten Wissenschaftler vor einem »Medien-Darwinismus«, der die Entwicklung realistischer Selbstbilder erschwere und Mobbing-Phänomene an den Schulen fördere (83). Die Kritik galt auf andere Weise auch für Heidi Klums Topmodel-Show. Sie liefere jungen Mädchen völlig falsche Orientierungsmuster und vergrößere das ohnehin wachsende Problem der jugendlichen Magersucht. 1999 lief im Kommerzsender ProSieben erstmals Stefan Raabs Show »TV Total«.

So heftig das Unverständnis vieler Kritiker auch ausfiel, die den hemmungslosen Exhibitionismus und die geschäftsmäßige Manipulation des Bewusstseins durch die Produzenten monierten: Gegen den Traum so vieler junger Leute, wenigstens einmal ein Star zu sein, ließ sich wenig ausrichten. Der Erfolg ähnlicher Sendungen im Ausland zeigte, dass es sich hier um ein internationales Phänomen handelte.

Eine Sonderrolle spielte nach 1995 die »Harald Schmidt-Late-Night«-Show, die nach dem Vorbild der amerikanischen Late-Show mit David Letterman konzipiert und bis 2003 bei SAT 1 zu sehen war. Trotz eher durchwachsener Einschaltquoten erreichte die Sendung, in der Schmidt mit gezielten Tabuverletzungen und Provokationen eine ganz eigene Art von Humor kreierte, zeitweise eine Art Kultstatus und erhielt auch im intellektuellen Milieu einige Anerkennung. 2003 wechselte Schmidt zur ARD, konnte dort aber nicht mehr ganz an seine früheren Erfolge anknüpfen.

Mit der Digitalisierung war nicht nur der Siegeszug einer Vielzahl von Anglizismen verbunden. Auch die vielen Kürzel in den per Handy versandten SMS-Nachrichten ließ Puristen bald um die Zukunft der deutschen Sprache fürchten. Mit dem Mobiltelefon entstanden auch neue Möglichkeiten der Kontrolle der Kinder durch allzu besorgte Eltern. Begriffe wie »Helikoptereltern«, »Nesthocker« und »overprotecting« zielten auf das neuartige Phänomen überversorgter und in ihrer Selbstständigkeit womöglich behinderter Kinder durch Eltern, denen Sorge um das Wohlergehen ihrer Sprößlinge leicht die Form übersteigerter sozialer Kontrolle annehmen konnte.

Die Musikszene des beginnenden Jahrhunderts zeigte unterschiedliche Trends. Der »Mainstream« sei in den vergangenen zehn Jahren »ein für allemal verschwunden«, heißt es in einer kulturgeschichtlichen Betrachtung von Judith-Maria Gillies 2009 (84). Das hatte auch mit den neuen technischen Möglichkeiten zu tun. Das Internet bot nun die Chance, alles Mögliche zu hören, auch zuvor Randständiges. In der Folge gab es weniger Musik, die jeder kannte.

Bei allen großen Unterschieden zwischen Gangsta-Rap, punkiger Rockmusik, Heavy-Metall und dem an Tony Marshall erinnernden Erfolg der Kirmes-Musik eines DJ Ötzi (»Anton aus Tirol«) ließen sich freilich doch Trends ablesen. Dazu zählten neben einer wachsenden Bedeutung deutschsprachiger Musik vor allem die Rolle der Frauen in der Pop-Musik. Unter den erfolgreichsten Interpreten dieser Zeit dominierten sie eindeutig. Nicht mehr nur Madonna zählte jetzt zu den großen Stars in Deutschland, sondern auch Britney Spears, Christina Aguilera, Nora Jones, Nelly Furtado, Shakira, Rihanna, Mariah Carey, Kate Perry, Lady Gaga, Pink und

Amy Winehouse. Amy Winehouse wurde mit ihrer ganz außergewöhnlichen Mischung aus schwarzer Stimme, Rhytm & Blues und Soul eine der großen Entdeckungen dieser Zeit, versank freilich bald in der Drogenszene und starb früh (85). Zu den erfolgreichen Frauen dieser Jahre muss auch die aus einer Casting-Show hervorgegangene deutsche Gruppe »No Angels« gerechnet werden, die mit ihrem »Daylight in Your Eyes« 2000 die Spitze der Verkaufscharts erreichten (86).

Demgegenüber traten die männlichen Pop-Interpreten etwas in den Hintergrund. Zur Jahrtausendwende ganz oben waren auch in Deutschland Bon Jovi (»It's my Life«). Um die Mitte des Jahrzehnts war Robbie Williams aus der ehemaligen Boy-Group »Take That« zum Superstar avanciert. Den Hit des Jahres 2001 lieferte Enya (»Only Time«). Neu auf dem Markt waren Justin Timberlake, die britische Gruppe »Coldplay« und ab 2005 die Leipziger Band »Tokio Hotel«, die bald zu Welterfolgen kamen (87).

Unter den deutschsprachigen Interpreten ragten vor allem Herbert Grönemeyer und Xavier Naidoo heraus. Seinen Durchbruch schaffte Naidoo 2000 mit dem Song »Geh davon aus«. Grönemeyer gelang mit dem Album »Mensch« 2002 ein außergewöhnliches Comeback. Mit 3,15 Millionen verkaufter Exemplare ist »Mensch« bis heute das am besten verkaufte Album aller Zeiten in Deutschland. Der Mannheimer Naidoo erreichte mit »Dieser Weg« 2005 seinen bis dahin größten Erfolg. Neu war auch die Resonanz für einen deutschen HipHop. Rapper wie Bushido, Sido oder Fettes Brot machten dabei besonders von sich reden. Sie sorgten freilich mit provokanten und mitunter als geschmacklos empfundenen Texten auch für Skandalisierungen. 2003 wurde das Debütalbum von Sido von vielen Kritikern gelobt (88).

Auch der Erfolg von Gruppen wie Silbermond oder Rosenstolz zeigten die neue Beliebtheit deutschsprachiger Pop-Musik. In den Hitparaden zurück war 2005 auch Rockröhre Nena (»Liebe ist«). Rockgruppen wie »Die Ärzte« und »Die Toten Hosen« blieben weiter in der Erfolgsspur. Hervortrat in dieser Zeit auch Peter Fox. Ein erstaunliches Comeback gelang Annette Humpe, die mit »Ideal« schon in den Achtzigern ein Star der »Neuen Deutschen Welle« gewesen war. Mit Adel Tavil kam sie als Duo »Ich und Ich« ab 2005 zu großen Erfolgen (89). Stars dieser Zeit blieben auch die Hardrocker von »Rammstein«. Anfang des Jahrzehnts hatte Sarah Connor ihre größten Erfolge gefeiert. Sie sang freilich in englischer Sprache. Auch Udo Lindenberg machte wieder stärker von sich reden.

Pop- und Rockmusik machten zur Jahrtausendwende etwa 60 Prozent des Gesamtumsatzes auf dem deutschen Musikmarkt aus, während der Anteil klassischer Musik nur noch bei acht Prozent lag. Oper und Konzert waren zu Kunstformen geworden, die die nachwachsenden Generationen nur noch eingeschränkt erreichten (90). Die damit verbundenen Befürchtungen vor einem Verfall der Musikkultur in Deutschland wurden freilich durch die Statistiken zum bürgerschaftlichen Engagement in der Kultur nicht bestätigt. Danach waren zu dieser Zeit 4,4 Millionen Menschen in Gesangsgruppen oder instrumentalen Musikgruppen aktiv, 900 000 musizierten in Musikschulen (91).

Nachdem die Zahl der Kinobesuche schon zu Beginn der 1990er Jahre wieder angestiegen war, lag sie 2000 mit 152,5 Millionen auf dem höchsten Stand seit der Wiedervereinigung. 2001 wurden sogar 178 Millionen gezählt. Danach aber gingen die Zahlen wieder zurück. 2005 lagen sie mit 127,3 Millionen wieder auf dem Stand von 1995. Die inzwischen überall in den Großstädten entstandenen Multiplex-Kinos erreichten 2000 einen Anteil von 44 Prozent am Gesamtumsatz der Kinobranche (92).

Im neuen Jahrtausend füllten die Verfilmungen von »Harry Potter« und »Herr der Ringe« die Kinosäle. »Harry Potter und der Stein des Weisen« wollten 2001 12,6 Millionen sehen; nur knapp dahinter rangierte Tolkiens »Herr der Ringe«. Auch 2002 und 2003 lagen die Nachfolgeproduktionen auf den Spitzenplätzen der deutschen Kinocharts. Der Hype um »Harry Potter« und »Herr der Ringe« nahm Formen an, die Kritiker von »Wirklichkeitsflucht« und »Eskapismus« sprechen ließen.

Während die einen von den Harry Potter-Büchern als »Weltkulturgut«, dem »ersten großen Buch der Globalisierung« sprachen und der amerikanische Erfolgsautor Stephen King die Bücher von Joanne Rowling mit »Huckleberry Finn« und »Alice im Wunderland« verglich, tat die New York Times Rowlings Universum als »zweitklassige Patchwork-Welt« ab. Sie sei geschrieben »für Leute, deren Vorstellungskraft sich aus Zeichentrickserien, Soaps, Reality-TV und VIP-Schwachsinn speist«. Der amerkanische Literaturpapst Harold Bloom wertete den Erfolg der Harry Potter-Bücher, von denen bis 2007 weltweit immerhin 350 Millionen verkauft worden sind, 2003 als »Beleg für die fortschreitende Verdummung und das bevorstehende Ende von Literatur und Kultur« (93). Das Publikum aber sah das ganz anders. Und es waren keineswegs nur Kinder und Jugendliche, die es in diese Filme zog.

Erfolgreich war in dieser Zeit auch der deutsche Film, der seinen Marktanteil gegenüber 9,4 Prozent in 1995 bis auf 23 Prozent in 2004 ausbauen konnte. Zu der mit Abstand erfolgreichsten Produktion wurde dabei Bully Herbigs Komödie »Der Schuh des Manitu«, der zwölf Millionen Besucher anlockte (94). Ein Millionenpublikum fand auch Sönke Wortmanns »Das Wunder von Bern«, der zur 50. Wiederkehr des WM-Erfolgs von 2004 einen Gründungsmythos der Bundesrepublik in Szene setzte. 2001 war mit Caroline Links »Nirgendwo in Afrika« zum zweiten Mal überhaupt ein deutscher Film mit einem Oscar ausgezeichnet worden.

Zum Kinoereignis wurde 2004 Bernd Eichingers »Der Untergang«, der die letzten Tage des Nazi-Regimes im Führerbunker unter der Reichskanzlei im April 1945 nacherzählte. Zum ersten Mal in der deutschen Filmgeschichte wurde Hitler, grandios gespielt von Bruno Ganz, zur Hauptfigur eines historischen Films. In der Öffentlichkeit deshalb kontrovers diskutiert, wurde der Streifen gleichwohl ein Publikumserfolg und erreichte 4,5 Millionen Zuschauer (95).

2003 bereits hatte ein Film Furore gemacht, der auch international weite Verbreitung fand und in Frankreich wie in Spanien 2003 und 2004 als bester Film aus dem europäischen Ausland ausgezeichnet wurde: »Goodbye Lenin« gelang es, auf geistreich-ironische Weise die DDR-Vergangenheit zu thematisieren, ohne dabei in sentimentale Ostalgie zu verfallen. Der geniale Einfall von Regisseur Wolfgang Becker ließ die Mutter des Helden kurz vor dem Ende der DDR ins Koma fallen. Als sie wieder erwacht, befindet sie sich in einem neuen Land. Weil das schwache Herz der überzeugten Kommunistin der Konfrontation mit der Wirklichkeit nicht gewachsen wäre, müssen die Kulissen der untergegangenen DDR in der Plattenbauwohnung wiedererstehen. 6,6 Millionen Menschen wollten den Film mit Daniel Brühl und Katrin Sass in den Hauptrollen sehen.

2006 kam Florian Henckel von Donnersmarcks Regiedebüt »Das Leben der Anderen« in die Kinos. Mit großer Besetzung (u. a. Ulrich Mühe und Ulrich Tukur) wurde die Tätigkeit des Stasi-Apparates in der DDR zu einem mit großer Ernsthaftigkeit und Eindringlichkeit erzählten Filmstoff. Auch wenn die Geschichte vom Stasi-Agenten, der sich am Ende dem Bespitzelungsopfer verbunden fühlt, unwahrscheinlich erschien, gelang es dem Regisseur, ein Stück DDR-Wirklichkeit in beeindruckender Dichte und Genauigkeit zu treffen. Der Film erhielt den deutschen Filmpreis, erreichte aber mit 2,3 Millionen Besuchern nicht ganz den Publikumserfolg von »Goodbye Lenin«. International fand der Streifen große Anerkennung. 2007 wurde er sogar mit dem Oscar für den besten fremdsprachigen Film ausgezeichnet (96).

1999 erhielt Günter Grass den Nobelpreis für Literatur. 27 Jahre nach Heinrich Böll war die Wahl wieder auf einen Deutschen gefallen. Der politisch engagierte Schriftsteller, der sich noch immer tagespolitisch einmischte und sich selbst nur zu gerne als moralische Instanz begriff, erhielt den Preis für sein Lebenswerk. Sein Hauptwerk »Die Blechtrommel« lag inzwischen 40 Jahre zurück; seine neueren Werke wie »Ein weites Feld«, das die Deutsche Einheit zum Thema machte, hatte bei der Literaturkritik wenig Begeisterung ausgelöst. Der Nobelpreis brachte einen Aufmerksamkeitsgewinn für die deutsche Literatur. Der Preisträger selbst aber trat mehr denn je in der Pose des Mahners und Warners auf. 2002 erschien seine Novelle »Im Krebsgang«, die von der Versenkung der »Wilhelm Gustloff« 1945 handelte. 2006 musste Grass eingestehen, selbst Mitglied der SS gewesen zu sein. Der späte Zeitpunkt dieses Eingeständnisses schwächte seine moralische Autorität (97).

Trotz Technisierung und Digitalisierung konnte sich das Buch in diesen Jahren in Deutschland noch gut behaupten. Im Fernsehen erzielte Marcel Reich-Ranickis »Das literarische Quartett« bis 2001 hohe Einschaltquoten (vgl. oben). Auch Elke Heidenreichs Sendung »Lesen« lief im ZDF bis 2008 durchaus erfolgreich.

Immer wichtiger aber wurden Erfolgsautoren, die zunehmend wie Markenlabels gehandelt wurden. Das galt für Rosamunde Pilcher in den späten Neunzigern, noch mehr aber für die »Harry Potter«-Romane von Joanne K. Rowling. Bei ihrer Vermarktung wurde eine bis dahin ungekannte Marketing-Maschinerie geschaffen und bedient, die nicht nur bis ins Kino reichte, sondern auch in Kinderzimmer und die Lego-Kisten.

Die Bestsellerlisten widerspiegelten das eindrucksvoll. 2000 besetzte Joanne Rowling gleich die ersten drei Plätze der Spiegel-Charts, 2001 sogar die ersten vier (98). Zwar konnte Günter Grass mit seinem »Krebsgang« 2002 die britische Erfolgsautorin überflügeln. Doch schon im Folgejahr besetzte die Erfinderin des Harry Potter wieder die beiden ersten Ränge (99).

Auch sonst dominierten Autoren aus dem englischsprachigen Raum: Dan Brown, Noah Gordon, John Grisham. Viel gelesen wurden auch Paulo Coelhos »Alchimist«, die Kriminalromane des schwedischen Autors Henning Mankell oder der in Venedig lebenden Amerikanerin Donna Leon. 2005 tauchte Daniel Kehlmanns »Die Vermessung der Welt« auf den vorderen Plätzen auf (100).

Zum kulturgeschichtlichen Signum der Zeit wurden neben der Digitalisierung auch Eventisierung und Kommerzialisierung des Kulturbetriebs. Kunstausstellungen wie die Kasseler Documenta waren nicht mehr nur Treffpunkte für die Kulturszene, sondern Ziele einer wachsenden Kunst-Tourismusindustrie. Kunst und Kunstmessen wurden zum »Event« für ein immer größer werdendes Publikum. Als in der Neuen Nationalgalerie in Berlin 2004 212 Werke aus dem New Yorker Museum of Modern Art gezeigt wurden, war der Andrang so groß, dass viele Menschen auf dem Vorplatz des Museums übernachteten, um am nächsten Morgen Einlass zu erhalten (101).

Die Zahl der Stadtfeste, Musikfestivals und Kunstmessen vermehrte sich ständig. Tradierte kulturelle Veranstaltungs- und Vermittlungsformen wurden mit zusätzlichen Unterhaltungs- und Erlebniselementen verbunden. Immer häufiger wurde die Schaffung solcher »Events« auch als Bestandteil einer auf Tourismuswerbung zielenden kulturpolitischen Stadtentwicklungsstrategie eingesetzt. Dazu zählten bald auch Sport-Events wie die sich in großer Zahl ausbreitenden Stadtmarathons. Soziologen sprachen jetzt von »situativen Event-Vergemeinschaftungen« als Ausdrucksform »posttraditionaler Gemeinschaften«. Hartmut Häußermann und Walter Siedel hatten bereits 1993 eine »Politik der Festivalisierung« ausgemacht (102).

Zur Jahrtausendwende sprach der Soziologe Bernd Guggenberger von einer »fortschreitenden Entgrenzung zwischen Kultur und Warenwelt«. Die Ästhetisierung ziehe sich als zentrale Zeitgeistfigur durch alle Daseinsfelder (103). 2001 hat Naomi Klein in einer vielbeachteten Untersuchung herausgearbeitet, wie die Stilisierung von Marken zum Ausdruck einer Sehnsucht nach Glück und Erfolg und zugleich zum Ersatz für verloren gegangenen Sinn geworden sei (104). In der »Signalkultur der Warenwelt« bildeten sich alltagskulturelle Attitüden aus, die als Ausdruck von Sinnsuche begriffen werden müssten. Während in der Kultur das Ende von Stilverbindlichkeiten erreicht und die Grenzen zwischen unterschiedlichen Ausdrucksformen verwischt seien, wären vornehmlich die jungen Leute zu »Sinnbastlern« geworden, die aus dem Katalog der Warenästhetik in einem entgrenzten »Schweifen zwischen traditionellen und neuen Kunstgattungen« nach Sinnangeboten suchten (105).

Zum prägenden Symbol kultureller Eventisierung im Schnittpunkt zwischen Jugendkultur, Selbststilisierung und professioneller Kommerzialisierung wurde die Berliner Love Parade. Aus bescheidenen Anfängen um 1990 entwickelte sich bald eine Mega-Veranstaltung mit Umzügen und Partyveranstaltungen, bei der sich das Bedürfnis nach dem Herausstellen individueller Attitüden mit jugend- und minderheitenkulturellen Vergemeinschaftungswünschen im wahrsten Sinne »rauschhaft« verbanden. Bis zum Ende der 1990er Jahre war die Zahl der Teilnehmer bis auf eine Million angewachsen. »Auf dem größten Techno-Event lebten im Jahr 2000 mehr als eine Million junge Menschen in schrillen Outfits und mit ausdauernder Fröhlichkeit ihre Sehnsucht nach ›love and peace‹ im Rausch der Sinne aus« (106).

Freilich war damit auch der Höhepunkt erreicht. Mit der vom Verfassungsgericht gebilligten Entscheidung des Landes Berlin, der Veranstaltung den Charakter der »politischen Demonstration« abzusprechen und die Kosten der »kommerziellen Tanzveranstaltung« für Straßenreinigung etc. den Veranstaltern aufzubürden, begann der Abstieg. 2010 wurde die »Love Parade« nach Duisburg verlegt und erlebte dort mit Toten und Verletzten nach einer Massenpanik ihr trauriges Ende (107).

Während sich die Zahl der Oper- und Theaterbesucher leicht rückläufig entwickelte und ein weiter nachlassendes Interesse der Jüngeren am konventionellen Betrieb der Hochkultur festgestellt wurde (108), kamen Cross-Over-Produktionen in Mode. Der Schriftsteller Benjamin von Stuckrad-Barre hielt Lesungen in Clubs und Kinos im Stile von Pop-Konzerten. Zum »Enfant terrible« der deutschen Kulturszene aber avancierte Christoph Schlingensief. Der Theaterregisseur, der mit allerhand spektakulären und provokanten Kunstaktionen auf sich aufmerksam gemacht hatte (z. B. bei der Documenta 2002), übernahm ab 2004 Operninszenierungen in Bayreuth und im brasilianischen Manaus. Als Schlingensief 2010 starb, war aus dem ehemaligen »Schund-Filmemacher« und Provokationstheatermann ein allseits anerkannter Künstler geworden, dessen öffentliches Sterben große Anteilnahme hervorrief und dem posthum sogar ein »Bambi« verliehen wurde (109).

Malerfürst der Zeit um die Jahrhundertwende war Gerhard Richter, der zu dieser Zeit schon auf ein halbes Jahrhundert des künstlerischen Schaffens zurückblicken konnte. Als Grenzgänger zwischen der abstrakten Malerei westlicher Machart und dem sozialistischen Realismus des Ostens hatte er schon seit den achtziger Jahren große Erfolge feiern können. Seine Bilder wurden in den internationmalen Kunstrankings ganz oben gehandelt. Weltweit gefragt war auch der Leipziger Maler Neo Rauch, dessen großformatigen Bilder alle möglichen Stilelemente der deutschen Malerei vermischten und auf den Kunstmärkten Höchstpreise erzielten (110).

Leitmedium der Deutschen blieb auch um die Jahrtausendwende trotz Internet und Multimedia das Fernsehen. Obwohl der Siegeszug der Casting-Shows und allerhand Trash-Produktionen im kommerziellen Fernsehprogramm die Sehgewohnheiten vornehmlich der Jüngeren mehr und mehr bestimmten, konnten die Öffentlich-Rechtlichen immer noch beachtliche Gegenakzente setzen. Viel gefeiert wurde 2000 die dreiteilige ARD-Serie über die Familie Thomas Manns. Allsonntäglich hatte sich die Polit-Talkrunde »Sabine Christiansen« inzwischen fest etabliert. Zum festen Programmbestandteil gehörte weiter Thomas Gottschalks »Wetten dass«. Die Sendung galt bald als letztes Format in der Tradition der Samstagabend-Unterhaltung, das noch die ganze Familie vor dem Bildschirm versammeln konnte.

Sichere Quotenbringer im Fernsehen waren auch die Sportübertragungen. Das galt besonders für den Fußball. Nachdem in den 1990er Jahren
die Bundesliga-Exklusivrechte von den privaten Fernsehkanälen gekauft
worden waren, gelang es der ARD 2003, die Rechte wieder zurückzuholen.
Gemeinsam mit dem Bezahlsender Premiere, der seit 2000 alle Bundes-
ligaspiele direkt übertrug, zahlte man dafür 290 Millionen Euro. 2007
mussten bereits 400 Millionen aufgewendet werden (111).

Sprunghaft entwickelten sich in diesen Jahren die Umsatzzahlen im
Fußballgeschäft. Hatte 1996 der Gesamtumsatz der 18 Vereine der ersten
Fußball-Bundesliga in Deutschland noch bei umgerechnet 444 Millionen
Euro gelegen, so war bereits in der Spielzeit 2001/2002 die Milliarden-
grenze überschritten. In der Saison 2005/2006 setzten die Top-Vereine
1,3 Milliarden Euro um (112). Der Löwenanteil dieser Gelder floss in die
Spielergehälter, die seit dem Bosman-Urteil 1995 und der Aufhebung der
Beschränkungen beim Einsatz ausländischer Spieler sprunghaft angestie-
gen waren.

Sportlich konnte der deutsche Fußball in diesen Jahren nicht immer
überzeugen. Zwar gelang der Mannschaft um Teamchef Rudi Völler 2002
der Gewinn der Vizeweltmeisterschaft. Die Finalniederlage gegen Brasilien war nach einem Fehler des bis dahin besten deutschen Spielers, Tor-
wart Olli Kahn, sogar ausgesprochen unglücklich gewesen. Doch auf dem
Weg ins Endspiel hatte die Mannschaft wenig Glanz verbreitet. Den Vier-
telfinalsieg gegen die USA hatte die Mannschaft allein ihrem überragenden
Torhüter zu verdanken.

Nur wenig besser als beim desaströsen Abschneiden vier Jahre zuvor
präsentierte sich die Mannschaft bei der Europameisterschaft 2004 in Portugal. Nach einem torlosen, dabei noch glücklichen Remis gegen Lettland
und der Niederlage gegen eine tschechische B-Elf (Tschechien war schon
eine Runde weiter) musste die Mannschaft die Heimreise antreten. Beendet
war damit auch die Nationalmannschaftskarriere von Trainer Rudi Völler.

Immerhin gelang Bayern München 2001 der Sieg in der europäischen
Champions-League. Am Rande einer Niederlage hatte im Finale im Jahr
darauf Bayer Leverkusen den europäischen Rekordchampion Real Madrid.
Danach aber folgte für den deutschen Vereinsfußball in den europäischen
Wettbewerben erst einmal eine Durststrecke.

Mit dem Rücktritt der beiden Tennis-Ikonen Graf und Becker war zur
Jahrtausendwende auch der große Tennis-Boom in Deutschland zu Ende
gegangen. Fortan musste der Tennissport wieder kleinere Brötchen ba-
cken. Bald verschwand die Sportart aus den Hauptsendungen der öffentlich-rechtlichen Kanäle.

Nachdem Michael Schumacher bereits 1994/1995 zweimal Grand Prix-Weltmeister geworden war, gelang ihm zur Jahrtausendwende mit Ferrari der dritte Triumph. Das aber war nur der Auftakt einer beispiellosen Siegesserie: Bis 2004 errang der Kerpener gleich fünf WM-Titel in Folge. Als Michael Schumacher 2006 zurücktrat, war er mit sieben WM-Titeln der erfolgreichste Rennfahrer aller Zeiten. Sein Comeback-Versuch bei Mercedes verlief von 2010 bis 2012 aber nicht sehr erfolgreich. Ein Skiunfall gab Schumachers Leben dann Ende 2013 eine tragische Wende.

Während die Sportnation Deutschland ihre mit dem Ende der DDR errungene Spitzenstellung im Wintersport auch nach der Jahrtausendwende erhalten konnte und bei den Olympischen Spielen in Salt Lake City 2002 und Turin 2006 zu großen Erfolgen kam, konnte die Spitzenstellung in den Sommersportarten nicht behauptet werden. Bereits die Ergebnisse der Spiele in Sydney 2000 hatten das Ende des vereinigungsbedingten Höhenflugs angezeigt. In den Folgejahren gerieten traditionelle Kernsportarten wie Leichtathletik und Schwimmen sogar in eine Krise. Bei den Spielen von Athen 2004 hatten es die Deutschen »Randsportarten« wie Kanu und Schießen zu verdanken, dass sie nicht sogar gegenüber EU-Partnerländern wie Frankreich oder Italien ins Hintertreffen gerieten. In Peking 2008 konnte die traditionsreiche deutsche Leichtathletik gerade noch eine einzige Bronzemedaille gewinnen.

Mit den wachsenden ganztägigen Wintersport-Übertragungsblöcken im TV einher ging der Aufstieg einer neuen Lieblingssportart der Deutschen. Seit Beginn des Jahrtausends erfreute sich Biathlon einer wachsenden Zuschauergemeinde. Vor dem Hintergrund neuer fernsehtauglicher Wettkampfformate und begünstigt durch die sportlichen Erfolge deutscher Athleten entwickelte sich aus dem in den Anfangsjahren eher belächelten und aus dem Militär-Patrouillenlauf entstandenen Zweikampf aus Laufen und Schießen die führende Wintersportart in Deutschland. Mit den Erfolgen von Kati Wilhelm, Magdalena Neuner, Michael Greis, Sven Fischer und vielen anderen hatte Biathlon den Alpinen Skilauf in der Beliebtheit bald ebenso in den Schatten gestellt wie das Skispringen, wo Deutschland um die Jahrtausendwende mit Martin Schmitt und Sven Hannawald zu großen Erfolgen gekommen war. Sicherste Medaillenbank im Wintersport freilich blieb der Bob- und Rennschlittensport.

Dauerproblem des immer stärker kommerzialisierten Leistungssports blieb die Dopingthematik. Verbesserte Nachweismethoden und die Möglichkeit, eingefrorene Urinproben auch später noch auf die Einnahme verbotener Substanzen überprüfen zu können, sorgten nicht nur für eine Häufung spektakulärer Fälle. Bald konnten auch versierte Sport-Statistiker den Überblick über die Siegerlisten von Weltmeisterschaften und Olympischen Spielen verlieren, weil sie aufgrund nachträglicher Disqualifikationen ständig verändert werden mussten. Besonders betroffen waren Sportarten wie Straßenradrennen, Leichtathletik und Ski-Langlauf. Unter den ertappten Sündern waren auch deutsche Sportler. Die treuherzige Versicherung des Leichtathletik-Olympiasiegers von 1992, Dieter Baumann, es müsse jemand seine Zahnpasta manipuliert haben, mochte kaum jemand glauben.

Beachtliche Erfolge errangen deutsche Sportler zu Beginn des Jahrtausends im Handball. Nachdem die Schützlinge von Bundestrainer Heiner Brandt 2003 Vizeweltmeister geworden waren, gelang im Jahr darauf der Gewinn des Europameistertitels. Bei der Olympiade in Athen im Sommer 2004 holte das Team die Silbermedaille. Der ganz große Wurf folgte dann 2007: Bei der WM im eigenen Land wurde Deutschland erstmals seit 1978 Weltmeister.

Die weiter wachsende Rolle des Sports in der Gesellschaft fand seinen Ausdruck nicht nur in den entsprechenden TV-Einschaltquoten. Jung und Alt mühten sich in den immer zahlreicheren Fitnesszentren an den unterschiedlichsten Geräten, um mit oder ohne Fitnessplan von erfahrenen Trainern ihre persönliche Fitness zu steigern. Bald ließ sich diese Anstrengungen von Millionen als Teil eines umfassenden Programms zur »Selbstoptimierung« der Einzelnen verstehen, das zum kulturellen Trend wurde. Auch das Thema »gesunde Ernährung« erlangte wachsende Bedeutung. Immer mehr Ratgeber warnten vor übermäßigem Fleischkonsum. Vegetarische und bald auch vegane Ernährung galten bald als Trend.

Die wachsende Bedeutung des eigenen Körpers kam auch an ganz anderen Stellen zum Ausdruck. Die »Selbstoptimierung« als kulturelles Ideal sorgte für einen Boom von Schönheitsoperationen, die inzwischen nicht mehr nur Angelegenheit von Leinwandstars und besonders zahlungsfähiger Kundschaft waren. Das Bedürfnis nach schönerem Busen, aufgespritzten Lippen und begradigter Nase drang über die Schönheitsideale der Medien bald auch in ganz gewöhnliche Familien und Elternhäuser. Als Kehrseite des Strebens nach Selbstoptimierung zeigten sich bald die vermehrten Krankheitsbilder von Anorexie und Bulimie (113).

Seit den 1990er Jahren sprunghaft gestiegen war auch das Bedürfnis vor allem jüngerer Menschen, den eigenen Körper mit Tätowierungen und Piercings zu verzieren. Was in den europäischen Kulturkreisen lange Zeit nur in Subkulturen von Matrosen, Zuhältern oder Kriminellen verbreitet gewesen war, erfuhr über die Jugendkulturen jetzt immer stärkere Verbreitung. Bis 2003 war der Anteil der tätowierten Männer in der Altersgruppe zwischen 25 und 34 in Deutschland bereits auf 22 Prozent angestiegen. Bis 2009 wuchs er bis auf 26 Prozent.

Erstaunlicher noch fiel der Anstieg bei den jüngeren Frauen aus. Lag der Anteil der tätowierten Frauen bis 2003 mit 14 Prozent noch deutlich unter dem der Männer, so hatten die Frauen die Männer bis zum Ende des Jahrzehnts überflügelt. 2009 trugen 29 Prozent der Frauen in dieser Altersgruppe eine Tätowierung. Im Unterschied zu Piercings, die sich als modische Accessoires einfach entfernen lassen, ist die Beseitigung von Tätowierungen freilich eine aufwendige Sache.

Die Gründe für diesen Trend geben Kulturforschern bis heute Rätsel auf. Provokation, Protestgestus und Tabuverletzung junger Leute gegenüber den Eltern werden als Motive genannt, aber auch Selbstfindung, Gruppenzugehörigkeit und Schmerzerfahrung als »Weg zu sozialer und spiritueller Identität«. Offensichtlich spielt das Bedürfnis nach bestimmten Formen von Körpererfahrung und Beschäftigung mit der eigenen Körperlichkeit eine in dieser Form neuartige Rolle (114).

5.7   WIR SIND PAPST

Am 19. April 2005 wurde mit Joseph Kardinal Ratzinger erstmals seit 1523 wieder ein Deutscher zum Papst gewählt. Ratzinger, früherer Erzbischof von München und Freising, als Präfekt der Kongregation für die Glaubenslehre seit 1982 bereits eine Art Chefdenker der katholischen Kirche in Fragen der christlichen Lehre, seit 2002 einflussreicher Dekan des Kardinalkollegiums in Rom, wurde als Benedikt XVI. Nachfolger des wenige Tage zuvor verstorbenen Johannes Paul II., der das Amt 27 Jahre innegehabt hatte.

In Deutschland löste diese Wahl euphorische Reaktionen aus. Nachdem bereits das Sterben des trotz seiner betont konservativen theologischen Ansichten hochgeschätzten Johannes Paul große öffentliche Anteilnahme erfahren hatte, ließ die Wahl Ratzingers das öffentliche Interesse noch weiter ansteigen. Am 20. April 2005 erschien die Titelseite der BILD-Zeitung mit der Schlagzeile »Wir sind Papst«. Die Idee dazu stammte vom damaligen Politik-Chef Georg Streiter (115).

Bereits am Abend zuvor hatte Bundespräsident Köhler erklärt, die Wahl erfülle »uns in Deutschland mit besonderer Freude und auch ein wenig Stolz«. Bundeskanzler Schröder bezeichnete sie als »große Ehre für unser Land« (116).

Ratzinger war bereits 78 Jahre alt, als er das Amt antrat. Acht Jahre später sorgte er dann für eine echte Sensation, als er im Februar 2013 ankündigte, zum Ende des Monats von seinem Amt zurückzutreten. So geschah es dann auch. Benedikt XVI. übersiedelte als Emeritus in ein italienisches Kloster. Er war damit der erste Papst seit 1294, der freiwillig zu Lebzeiten auf das Amt verzichtete.

Schon seine erste Auslandsreise führte den deutschen Papst in seine Heimat. Anlässlich des Weltjugendtages kam er im August 2005 nach Köln. Das Interesse war riesig. Auf dem Marienfeld bei Köln feierte Benedikt zum Abschluss seiner Reise mit einer Million Menschen eine Heilige Messe. Zuvor hatte er mit dem Besuch der Kölner Synagoge für ein weltweit beachtetes Zeichen der Verständigung mit dem Judentum gesorgt.

Die Bilanz seines Pontifikats insgesamt aber fiel durchwachsen aus. Der in theologischen Fragen überaus konservative Ratzinger löste mit seiner Regensburger Rede zum Islam 2006 heftige Kontroversen aus, nachdem er von einer Nähe zur Gewalt und einer übergroßen Distanz zur Vernnft im Islam gesprochen hatte. Auch seine Äußerungen zur Christianisierung in Südamerika fanden Widerspruch. Unverständnis lösten bei Manchen auch seine Versöhnungsgesten gegenüber erzkonservativen Kräften in der katholischen Kirche aus.

Gewürdigt wurden dagegen seine Anstrengungen im Umgang mit dem Missbrauchsskandal, der der katholischen Kirche weltweit zu schaffen machte und die Kirche schwer in Mißkredit brachte. Früh traf er sich mit Opfern sexueller Gewalt durch Priester und andere Würdenträger der katholischen Kirche. 2008 sprach der Papst von »tiefer Beschämung« über die aufgedeckten Fälle des sexuellen Mißbrauchs in der Kirche Australiens (117).

Seinem Vorgänger in seinen konservativen theologischen Grundhaltungen ähnlich, kam der intellektuelle Papst Benedikt in seiner charismatischen Ausstrahlung doch nicht an die öffentliche Wirkung von Johannes Paul II. heran. In seinen politischen Äußerungen hielt er sich auch stärker als dieser zurück.

So konnte auch die katholische Kirche in Deutschland auf Dauer nur wenig davon profitieren, dass nun eine Landsmann die Nachfolge von Petrus als Bischof von Rom angetreten hatte. Als Benedikt im April 2005 gewählt wurde, gehörten 25,9 Millionen Deutsche der katholischen Kirche an. Als er sich 2013 aus Altersgründen zurückzog, waren es nur noch 24,2 Millionen (118).

Das hatte nicht unerheblich mit den immer neuen Enthüllungen über Missbrauchsfälle zu tun, die seit Anfang 2010 vermehrt auch in Deutschland auftauchten. Nachdem bereits in den Vorjahren immer wieder einzelne Fälle an die Öffentlichkeit gekommen waren, rückte das Thema jetzt auch in Deutschland in den Vordergrund des Interesses. Damit verband sich bald eine schwere Vertrauenskrise der Kirche. Nach einer von der Deutschen Bischofskonferenz im September 2018 veröffentlichten Studie »sexueller Mißbrauch an Minderjährigen durch katholische Priester, Diakone und männliche Ordensangehörige im Bereich der Deutschen Bischofskonferenz« gab es zwischen 1946 und 2014 bei insgesamt 38 156 ausgewerteten Personalakten in 1 670 Fällen Hinweise auf sexuellen Mißbrauch Minderjähriger.

Die Vorwürfe wegen sexuellen Missbrauchs beschränkten sich nicht auf die katholische Kirche. Auch andere gesellschaftliche Einrichtungen gerieten in den Fokus. Einige Beachtung fand nicht zuletzt der über Jahrzehnte an der »linken« Odenwaldschule praktizierte Missbrauch. Die Enthüllung der skandalösen Vorgänge führte zur Schließung der Privatschule. Im Zentrum der öffentlichen Aufregung aber blieb die katholische Kirche. Bis heute trägt sie an den Folgen.

6 DIE ÄRA MERKEL – AUFSTIEG UND ERFOLG (2005 – 2013)

6.1 DIE ERSTE REGIERUNG MERKEL

Am 18. November 2005 unterzeichneten die Verhandlungsführer von CDU/CSU und SPD einen 140 seitigen Koalitionsvertrag. Zuvor waren die Vereinbarungen auf den Parteitagen der Partner mit großen Mehrheiten gebilligt worden. Damit war der Weg frei für die zweite Große Koalition in der Geschichte der Bundesrepublik Deutschland. Am 22. November 2005 wurde Angela Merkel als erste Frau überhaupt zur Regierungschefin gewählt. Sie war damit der achte Bundeskanzler(in) in der deutschen Nachkriegsgeschichte und der fünfte, den die Union stellen konnte (1).

Dabei stand die Regierungsbildung von Anfang an im Zeichen einer »elektoralen Notlösung« (2). Da die FDP für ein Ampelbündnis nicht zu gewinnen war, eine »Jamaikakoalition« für die Grünen zu dieser Zeit nicht in Betracht kam und die Linkspartei als Koalitionspartner auch für die Sozialdemokraten von vornherein ausschied, gab es zur Bildung dieser Koalition schon arithmetisch keine Alternative. Im Wahlkampf war eine Große Koalition noch von beiden Seiten ausgeschlossen worden (2).

Obwohl Gerhard Schröder am Wahlabend ein Regierungsbündnis unter Führung von Angela Merkel noch kategorisch zurückgewiesen hatte, setzte sich in der Parteiführung der SPD bald die Einsicht durch, dass es keine andere realistische Option geben würde. Wohl waren in den Tagen nach der Wahl auch Rotationsmodelle ins Spiel gebracht worden, die eine Teilung der Kanzlerschaft vorsahen: Zwei Jahre Schröder, zwei Jahre Merkel. Doch die Union wollte sich auf solche Gedankenspiele nicht einlassen. Sie bestand darauf, dass nach alter demokratischer Tradition die stärkste Fraktion den Regierungschef stellte. In dieser Frage mussten die Sozialdemokraten zurückstecken. Mitte Oktober war auch klar, dass Gerhard Schröder

© Springer Fachmedien Wiesbaden GmbH, ein Teil von Springer Nature 2020
H. Kleinert, *Das vereinte Deutschland*,
https://doi.org/10.1007/978-3-658-26767-4_6

einer neuen Regierung nicht mehr angehören würde. Dennoch beanspruchten die Koalitionsverhandlungen den vergleichsweise langen Zeitraum von 65 Tagen (3).

Vizekanzler und Minister für Arbeit und Soziales wurde Franz Müntefering, der noch während der Koalitionsverhandlungen sein Amt als SPD-Vorsitzender an den brandenburgischen Ministerpräsidenten Matthias Platzeck abgegeben hatte. Nachdem er mit seinem Personalvorschlag für den Posten des SPD-Generalsekretärs an den Ambitionen der Parteilinken Andrea Nahles gescheitert war, zog er sich aus der Parteiführung zurück. Generalsekretär wurde schließlich Hubertus Heil (4).

Zum Außenminister der neuen Bundesregierung rückte mit Frank-Walter Steinmeier der frühere Chef des Bundeskanzleramtes und langjährige Schröder-Vertraute auf. Mit dem Finanzministerium erhielten die Sozialdemokraten ein drittes Schlüsselressort. Es würde von Peer Steinbrück geführt werden, der im Frühjahr als Ministerpräsident in NRW abgewählt worden war.

Bei den Personalfragen der Union stand im Mittelpunkt, ob Edmund Stoiber nach Berlin wechseln würde. Lange liebäugelte der bayerische Ministerpräsident und CSU-Vorsitzende mit einem solchen Wechsel. In Bayern war er durch eine rigorose Kürzungs- und Sparpolitik, die von kommunikativen Mängeln begleitet war, auch in den eigenen Reihen in Bedrängnis gekommen. Als er sich in letzter Minute dann doch anders entschied und an seiner Stelle Michael Glos das Wirtschaftsministerium übernahm, hatte Stoiber sich selbst mit seinem langen Taktieren empfindlich geschwächt. Nachdem sich in München die potentiellen Nachfolgekandidaten bereits in Stellung gebracht hatten, war sein Ansehen in der CSU-Landtagsfraktion deutlich gesunken. Schließlich erwies sich das Hin und Her um den Wechsel nach Berlin als Anfang vom Ende des Ministerpräsidenten Edmund Stoiber, der Anfang 2007 von den eigenen Leuten zum Rücktritt gedrängt wurde (5).

Innenminister wurde Wolfgang Schäuble, der dieses Amt schon unter Helmut Kohl innegehabt hatte. Da das Verhältnis von Merkel und Schäuble als spannungsreich galt, wurde diese Personalie besonders stark beachtet. Verteidigungsminister wurde der Hesse Franz Josef Jung. Als Minister für Landwirtschaft, Ernährung und Verbraucherschutz übernahm der erfahrene Horst Seehofer die Nachfolge von Renate Künast. Dritter CSU-Vertreter im Kabinett wurde der aufstrebende Karl-Theodor Freiherr zu Guttenberg als Forschungsminister, während das Bildungsressort von Annette Schavan (CDU) übernommen wurde. Ministerin für Familien, Senioren und Jugend wurde Ursula von der Leyen, die Tochter des früheren CDU-Ministerpräsidenten Ernst Albrecht. Als Kanzleramtsminister war Thomas de Maizière vorgesehen. Er wechselte aus der sächsischen Landesregierung nach Berlin.

Von den weiteren sozialdemokratischen Ministern hatten die meisten schon der alten Regierung angehört. Das galt für die Gesundheitsministerin Ulla Schmidt ebenso wie für Heidemarie Wieczorek-Zeul, die ihr Ministerium für wirtschaftliche Zusammenarbeit und Entwicklung behielt. Auch Justizministerin Brigitte Zypries blieb. Anstelle von Manfred Stolpe übernahm der ehemalige Leipziger Oberbürgermeister Wolfgang Tiefensee das Ministerium für Bauen und Verkehr. Neu im Bundeskabinett war Umweltminister Sigmar Gabriel.

Personalpolitisch hatte die Union erhebliche Zugeständnisse machen müssen. So erhielt die SPD in der neuen Regierung nicht weniger als acht Fachressorts, während die Union sich mit sechs begnügen musste. Etwa zwei Drittel des Bundeshaushalts würde in den Kompetenzbereich der sozialdemokratischen Minister fallen (6)

Die neue Bundesregierung war alles andere als eine Wunschkoalition. Doch hatten die Koalitionsverhandlungen bereits gezeigt, dass die politischen Vorstellungen von Union und SPD keineswegs soweit auseinanderlagen wie das im Wahlkampf noch ausgesehen hatte. Nachdem Angela Merkel mit den Reformkonzepten von Paul Kirchhof und einem als wirtschaftsliberal attackierten Kurs nur ein enttäuschendes Ergebnis erzielt hatte, war die Neigung zu großen Reformexperimenten in der Union geschwunden. Mit den Sozialdemokraten wären sie ohnehin nicht zu machen gewesen. So verschwand die öffentlich als »Kopfpauschale« gehandelte »Gesundheitsprämie« ebenso in den Schubladen wie Kirchofs Pläne für eine grundlegende Reform der Einkommensbesteuerung.

Der Koalitionsvertrag, von Gerhard Schröder in seiner Abschiedsrede auf dem SPD-Parteitag als »gemäßigt sozialdemokratisches Programm« bezeichnet (7), sah vor, die Reformpolitik der Agenda 2010 fortzusetzen. Verabredet wurde eine Politik der Haushaltskonsolidierung durch Einsparungen und Steuererhöhungen. Zu diesem Zweck sollte die Mehrwertsteuer ab 2007 auf 19 Prozent erhöht werden. Dieser Punkt löste öffentlich einige Irritationen aus, hatte doch die SPD eine Mehrwertsteuererhöhung zuvor noch kategorisch ausgeschlossen und auch die Union nur eine Erhöhung auf 18 Prozent vorgesehen.

Einsparungen bringen sollte die Streichung der Eigenheimzulage. Die ebenfalls vorgesehene Kürzung der Pendlerpauschale allerdings scheiterte Ende 2008 am Widerstand des Bundesverfassungsgerichts (8). Beide Seiten stimmten überein, dass der Stabilitätspakt im Euro-Währungsraum ab

2007 von Deutschland wieder eingehalten werden sollte. Auch eine Reform des Föderalismus wurde verabredet (9). Nachdem ein erster Anlauf dazu gerade gescheitert war, hatte sich durch die Große Koalition mit ihrer absoluten Mehrheit jetzt ein neues Gelegenheitsfenster geöffnet (10).

6.2 DIE GROSSE KOALITION 2005–2009

In ihrer Regierungserklärung vom 30. November 2005 gab Angela Merkel als zentrales Ziel ihrer Regierung an, Rahmenbedingungen zu schaffen, damit Deutschland in den kommenden zehn Jahren »wieder unter den ersten Drei in Europa« zu finden sei. Man wolle den Föderalismus neu ordnen, den Arbeitsmarkt fit machen, die Verschuldung bändigen, das Sozialsystem in Ordnung bringen sowie Schulen und Hochschulen wieder zu Spitzenleistungen befähigen. Dabei fügte sie in Anlehnung an Willy Brandts Wort vom »mehr Demokratie wagen« noch hinzu: »Lasst uns mehr Freiheit wagen« (11). Wachstumsbremsen sollten gelöst, die Menschen von allzu viel Bürokratie und Verordnungen befreit werden.

Große Reformwerke aber wurden mit Ausnahme der Föderalismusreform weder verkündet noch in der Folgezeit angepackt. Im Mittelpunkt der Regierungsarbeit stand eher eine Politik der kleinen Schritte. Die neue Kanzlerin hatte das in ihrer Regierungserklärung zur Tugend erklärt: »Viele werden sagen: Diese Koalition geht ja viele kleine Schritte und nicht den einen großen. Ich erwidere ihnen: Ja, genauso machen wir das. Denn wir glauben, dass das auch ein moderner Ansatz sein kann« (12).

Ein einschneidendes und umstrittenes Großvorhaben war freilich die schon im Koalitionsvertrag festgelegte Absicht, das Renteneintrittsalter auf 67 Jahre anzuheben. Die Gewerkschaften wehrten sich dagegen heftig. Ältere Arbeitnehmer hätten ohnehin bereits Schwierigkeiten, einen Arbeitsplatz zu fnden. In der SPD wurde bald über flexiblere Lösungen diskutiert. Schon im Frühjahr 2006 aber sorgte Arbeits- und Sozialminister Müntefering für den Kabinettsbeschluss, der eine schrittweise Erhöhung des Rentenalters auf 67 Jahre ab 2012 vorsah. Ausnahmen sollte es nur für diejenigen geben, die 45 Versicherungsjahre vorweisen konnten. Im Frühjahr 2007 wurde das Rentenversicherungs-Altersanpassungsgesetz vom Bundestag beschlossen (13).

In der Arbeitsmarktpolitik ging es vor allem um die Fortsetzung der Agenda 2010. Nicht die Alimentierung der Arbeitslosen sollte im Mittelpunkt stehen, sondern der Anreiz zur Aufnahme einer Beschäftigung. Die

Große Koalition knüpfte hier an die Vorgängerregierung an. Freilich fand man sich zu einigen Korrekturen an der Agenda-Politik bereit. So wurde die Bezugsdauer des Arbeitslosengeld 1 für ältere Arbeitnehmer verlängert. Nachdem NRW-Ministerpräsident Jürgen Rüttgers 2006 eine längere Bezugsdauer für diejenigen Arbeitnehmer gefordert hatte, die länger in die Arbeitslosenversicherung einbezahlt hatten, griff auch SPD-Chef Kurt Beck 2007 diesen Vorschlag auf und setzte sich damit gegen den Widerstand von Franz Müntefering durch. Der befürchtete eine Abkehr von der Agenda-Politik. Seit 2008 lag die Bezugsdauer des ALG I je nach Lebensalter und Dauer der vorherigen Beschäftigungsverhältnisse bei bis zu 24 Monaten (14).

Die Wirtschaftsdaten sprachen bald für den Erfolg dieser Politik. Tatsächlich verminderte sich die Zahl der Arbeitslosen bis 2008 auf einen Jahres-Durchschnittswert von 3,3 Millionen. Anfang 2005 hatte sie noch bei 5,2 Millionen gelegen. Im November 2008 sank sie erstmals seit 1991 wieder unter drei Millionen (15). Allmählich ebbten die Proteststürme ab, die 2005 mit der Partei »Die Linke« sogar einen neuen politischen Machtfaktor hervorgebracht hatten.

Dennoch tat sich die SPD schwer, zu einem klaren Verhältnis zu ihrer eigenen Regierungsgeschichte zu finden. Unter dem Druck der neuen parteipolitischen Konkurrenz von links, die dazu noch von ihrem eigenen Ex-Vorsitzenden angeführt wurde, zeigte sich in der Breite der Partei immer wieder ein »schlechtes Gewissen«, das die Chancen für den eigenen politischen Erfolg mindern musste. Im Kern standen jetzt in der SPD drei unterschiedliche strategische Optionen mehr oder weniger unverbunden gegenüber: Während die verbliebenen Protagonisten aus der Ära Schröder wie Vizekanzler Franz Müntefering die Agenda-Strategie offensiv propagieren und ihre Erfolge selbstbewusst vertreten wollten, trat der Parteivorsitzende Kurt Beck, der schon 2006 den gesundheitlich angeschlagenen Matthias Platzeck abgelöst hatte, eher für Teilkorrekturen ein. Die Parteilinken wiederum hielten schon den »maktliberalen« Denkansatz der Agenda-Politik für falsch und wollten eine Generalrevision. Der Parteiführung gelang es kaum, diese sehr unterschiedlichen Orientierungen zusammenzuführen (16).

Dabei hatte sich die aufgeregte Grundstimmung der Gesellschaft am Ende der Schröder-Jahre bald beruhigt. Publikumswirksame Kontroversen kamen nun seltener vor. Von der Großen Koalition schien doch eine befriedende Wirkung auszugehen.

Die Abkehr von der wirtschafts-, finanz- und sozialpolitischen Agenda, die seit den Reformversuchen in der Spätphase der Ära Kohl das Profil der

Union auf diesem Gebiet bestimmt und auf mehr wirtschaftliche Freiheit, weniger Staat und mehr Selbstverantwortung der Bürger gesetzt hatte, war in der Union bald erkennbar. Rückte zunächst der Abbau der Staatsverschuldung an die erste Stelle und traten Steuersenkungen demgegenüber zurück, so war es dann ab 2008 die Bekämpfung der durch die Finanzkrise hervorgerufenen wirtschaftlichen Krisenerscheinungen, die das politische Handeln bestimmte. Der Zwang zur Großen Koalition, die Erfahrung mit dem von den Wählern im Wahlkampf 2005 als »zu kalt« wahrgenommenen Profil von CDU/CSU und die Entwicklung der politischen Agenda haben gleichermaßen zu diesen Veränderungen beigetragen (17).

Seit den Reformplänen des damaligen Fraktionsvorsitzenden Wolfgang Schäuble am Ende der Ära Kohl hatte die Union auf einen Umbau der sozialen Sicherungssysteme, eine Deregulierung beim Kündigungsschutz und eine Steuerreform mit niedrigeren und einfacheren Tarifen gesetzt. Die Forderung nach weniger Staat und mehr wirtschaftlicher Freiheit war dabei das zentrale Bindeglied zur FDP. Angela Merkel, die selbst diesen Kurs als CDU-Vorsitzende propagiert hatte, verabschiedete sich nun als Bundeskanzlerin von dieser Orientierung, die in einer Koalition mit der SPD nicht nur nicht umsetzbar, sondern ganz offensichtlich auch von den Wählern im Bundestagswahlkampf nicht gewollt worden war.

Das fand auch seinen Niederschlag im CDU-Programm, das 2007 in Hannover verabschiedet wurde. Fortan spielte die Senkung der Staatsquote eine weniger zentrale Rolle und wurde der Sicherheitsaspekt des Sozialstaats wieder stärker in den Vordergrund gerückt. Die Union vollzog keinen radikalen Wandel, wohl aber verschoben sich Akzente und Prioritäten (18).

Im Sommer 2006 beschloss die Große Koalition die Föderalismusreform I. Durch verschiedene Grundgesetzänderungen wurden die Zuständigkeiten von Bund und Ländern neu geregelt. Die bisherige Rahmengesetzgebung verschwand. Die entsprechenden Materien waren jetzt Teil der konkurrierenden Gesetzgebung, wo Bund und Länder zuständig sein können. Während die Länder auf Gesetzgebungskompetenzen etwa bei der Bekämpfung des internationalen Terrorismus verzichteten, erhielten sie in anderen Bereichen die alleinige Zuständigkeit. Neu waren jetzt auch Öffnungsklauseln, mit denen die Länder auf einigen Gebieten von Bundesgesetzen abweichende Regelungen treffen konnten. Die »Erforderlichkeitsklausel« zur Rechtfertigung gesetzgeberischer Zuständigkeit des Bundes würde künftig nur noch in genau bestimmten Fällen im Einzelnen begründet werden müssen. Der Aufhebung der »Politikverflechtungsfalle« sollte die Reduzierung der Zahl der zustimmungspflichtigen Gesetze dienen. Zwar sind die Ergebnisse der Föderalismusreform als nicht weitreichend genug kritisiert worden (19). Wohl aber hat sich die Zahl der zustimmungspflichtigen Gesetze bis heute tatsächlich vermindert. Und mit der »Abweichungsgesetzgebung« haben sich die Gesetzgebungskompetenzen der Länder vergrößert.

Ende 2006 wurde die »Föderalismusreform II« auf den Weg gebracht, mit der die Finanzbeziehungen von Bund und Ländern neu geregelt werden sollten. Zu ihrem Kernstück wurde 2009 die »Schuldenbremse«, die Bund und Länder per Grundgesetzänderung auf eine sparsame Haushaltspolitik festlegt und eine größere Staatsverschuldung nur noch für Ausnahmefälle schwerwiegender Krisen zulässt (20). Den Ländern wurde eine Nettokreditaufnahme ab 2020 ganz verboten. 2009 lag die Staatsverschuldung in Deutschland 2009 in der Folge der Finanzkrise mit 75,7 Prozent des Bruttoinlandsprodukts deutlich über den EU-Konvergenzkriterien, die nur eine Obergrenze von 60 Prozent erlaubten.

Um die Sanierung der Staatsfinanzen ging es auch bei der Erhöhung des Spitzensteuersatzes auf 45 Prozent und der Anhebung der Mehrwertsteuer von 16 auf 19 Prozent zum 1.1.2007. Anfang 2008 trat eine Unternehmenssteuerreform in Kraft, die einen Körperschaftssteuersatz von 30 Prozent und eine »Abgeltungssteuer« für Kapitalerträge von 25 Prozent vorsah. Fortan wurden Gewinne aus Kapitalanlagen niedriger besteuert als Arbeitseinkommen.

Schwer taten sich die Partner der Großen Koalition in der Gesundheitspolitik. Verständigen konnte man sich schließlich auf die Einrichtung eines Gesundheitsfonds, in den Beiträge zu den gesetzlichen Krankenversicherungen ebenso flossen wie Zuschüsse des Bundes. Aus diesem Fonds erhielten die Versicherungen jetzt »Risikozuschläge«. Man hoffte auf Kostendämpfung und die Förderung des Wettbewerbs zwischen den Kassen (21). Die von den Sozialdemokraten favorisierte »Bürgerversicherung« dagegen, die die Einnahmebasis der Gesetzlichen Krankenversicherung durch Einbeziehung auch der Beamten und Selbständigen verbreitern und damit auch Kapitaleinkommen in die Beitragsbemessung einbeziehen wollte, traf auf den Widerstand der Union. Umgekehrt aber hatte auch die im Wahlprogramm der Union noch vertretene »Gesundheitsprämie«, wie sie von Bert Rürup in der nach ihm benannten Reformkommission entwickelt worden war, keine Chance auf Realisierung.

Nicht durchsetzen konnte sich die SPD auch mit ihrer Forderung nach Einführung eines flächendeckenden Mindestlohnes. Einstweilen lehnte die Union ein solches Vorhaben als Eingriff in die Autonomie der Tarifpartner ab.

Zu einem vielbeachteten Schwerpunkt reformerischer Regierungstätig-
keit entwickelte sich bald die Familienpolitik. Ursula von der Leyen brachte hier eine ganze Reihe unterschiedlicher Maßnahmen voran, die alle darauf abzielten, Familie und Beruf besser in Einklang bringen zu können. Mit
dem 2007 eingeführten »Elterngeld« sollte verhindert werden, dass be-
rufstätige Eltern durch die notwendigen Aus-Zeiten eines Elternteils nach
der Geburt finanzielle Einbußen erlitten. Bis 2013 wollte man sogar einen
Rechtsanspruch auf einen Krippenplatz für Kleinkinder unter drei Jahren
umsetzen (22).

In den Reformvorhaben der Familienministerin war die Anerkennung
eines modernen Geschlechterrollenbildes, in dem Frauen erwerbstätig und
wirtschaftlich unabhängig waren, schon keine Frage mehr. Von der Kanzlerin in ihren Absichten gefördert, konnte sich von der Leyen auch gegen
mancherlei Widerstände aus konservativen Unionskreisen durchsetzen. In
ihrem neuen Grundsatzprogramm verabschiedete sich die CDU 2007 von
ihrer langen Fixierung auf ein traditionelles Familienbild. Ehe wurde jetzt
nicht mehr mit Familie gleichgesetzt, sondern Familie über Kinder de-
finiert (23). Für die CDU mit ihrer konservativen Wertetradition war das ein
bemerkenswerter Schritt.

Schwer hatte sie es allerdings mit der CSU, die sich gegen die vermeintliche Abwertung der Hausfrauenmütter wandte. Schließlich verkoppelte
die CSU den Anspruch auf einen Krippenplatz mit der Einführung eines
Betreuungsgeldes für solche Familien, die das öffentliche Angebot nicht
wahrnehmen mochten. Kritiker polemisierten dagegen bald mit dem Begriff der »Herdprämie«. Die SPD war strikt dagegen. Auch die Familienministerin selbst wandte sich gegen die Forderung der CSU. Schließlich
fand man 2008 einen Kompromiss. Der Rechtsanspruch auf frühkindliche
Betreuung kam ins Gesetz. Ab 2013 aber sollte es auch das Betreuungsgeld
geben (24). Ursula von der Leyen musste nachgeben. Dass es das Betreuungsgeld am Ende doch nur in Bayern gab, lag am Verfassungsgericht, das
die gesetzliche Regelung kippte.

Die familienpolitische Modernisierung der Union strahlte auch auf andere Gebiete aus. Hatten CDU/CSU 2001 die Einführung des Lebenspartnerschaftsgesetzes noch bekämpft, so war davon jetzt keine Rede mehr.
Nachdem das öffentliche Outing des Regierenden SPD-Bürgermeisters von
Berlin, Klaus Wowereit, Anfang des Jahrtausends noch große öffentliche
Aufmerksamkeit hervorgerufen hatte, gingen mittlerweile auch Spitzenpolitiker der Union mehr oder weniger offen mit ihren gleichgeschlechtlichen Neigungen um.

Zum wichtigen Unterschied zwischen Schröder und Merkel aber wurde der Regierungsstil. Während für Schröder der mediale Auftritt im Mittelpunkt stand, er eine »öffentlichkeitsorientierte Attitüde« pflegte und seine Richtlinienkompetenz mitunter fast demonstrativ herausstellte, präsentierte sich die neue Kanzlerin mit einer von nüchterner Sachlichkeit geprägten Bescheidenheit. Zwar fehlte ihren Auftritten meist jeder Glanz und konnte ihre Rhetorik kaum je begeistern. Die Medien hatten die leutselige Art Schröders geschätzt und den Unterhaltungswert des »Medienkanzlers« meist auch goutiert. Vergleichbares fand sich bei der neuen Kanzlerin nicht. Von einer »Inszenierung der Nichtinszenierung« und »kalkulierter Unauffälligkeit« hat der Politikwissenschaftler Karl-Rudolf Korte geschrieben. »Statt rot-grüner Kraftmeierei erleben wir seit Beginn der Großen Koalition nunmehr Armutsästhetik« (25).

Doch die Bevölkerung mochte diesen zurückgenommenen, sachlichen Stil von Angela Merkel, die auch ihr Privatleben weitgehend aus der Öffentlichkeit heraushielt. Hatte noch im Wahlkampf 2005 der Zweifel an ihrer Führungskompetenz eine wichtige Rolle gespielt, so waren derlei Bedenken schon im ersten Jahr ihrer Kanzlerschaft wie verflogen. Rasch hatte sich Angela Merkel im In- und Ausland den Ruf einer kompetenten und durchsetzungsstarken Politikerin erworben.

Dabei kamen ihr die Besonderheiten der Großen Koalition entgegen. Da die Wahrnehmung ihrer Richtlinienkompetenz in einer Regierung, in der ein Koalitionsausschuss die zentralen Entscheidungen treffen sollte, beschränkt sein musste, spielte die Kanzlerin über weite Strecken eine eher moderierende Rolle. Dabei verstand sie es, vorschnelle und prinzipielle Festlegungen zu vermeiden. Was bald von Kritikern als Hang zum richtungslosen Taktizismus attackiert wurde, bot der Kanzlerin gleichzeitig gute Chancen, sich politische Flexibilität und Anpassungsfähigkeit zu bewahren. Einerseits war dieser Politikstil durch die Große Koalition erzwungen. Andererseits entsprach er den Neigungen von Angela Merkel, deren Politikansatz durch einen nüchternen Pragmatismus bei allenfalls geringer weltanschaulich-ideologischer Bindung geprägt war. Bald konnte Merkel nicht nur von einem Kanzlerbonus profitieren, sondern auch von einer eher harmonistischen Neigung in der Bevölkerung, die diesen unaufgeregten Kompromisskurs mehr schätzte als Polarisierung und Streit. Die Chefin, die sich in der Männerwelt erfolgreich behauptete, flexibel und mit hoher Sachkompetenz als Problemlöserin auftrat und dabei ohne jeden Glamour-Faktor auskam – so sah die Mehrheit der Deutschen ihre Kanzlerin (26).

Gefördert wurde ihr Ansehen durch die Außenpolitik, wo Angela Merkel bald internationale Anerkennung erlangt hatte. Schon 2006 wurde sie

vom US-Magazin »Forbes« zur »Most Powerful Woman of the World« ge-
kürt (27). Auch in der Europapolitik, wo Deutschland durch den Ratsvor-
sitz in der ersten Hälfte des Jahres 2007 besonders gefordert war, konnte
sie sich hervortun. Tatsächlich gelang es in dieser Zeit, einen Ausweg aus
der schweren Krise zu finden, in die die EU nach dem Scheitern des Verfassungsvertrages bei den Referenden in Frankreich und den Niederlanden geraten war. Zwar waren die großen Meinungsunterschiede über die
Zielperspektiven der europäischen Integration zwischen den 27 Mitgliedsstaaten nur mit Mühe zu kaschieren. Doch mit dem jetzt ins Auge gefass-
ten Plan, das Verfassungsprojekt auf den Status eines neuen Vertrages her-
unterzustufen, schien ein gangbarer Lösungsweg gefunden, mit dem die
Gemeinschaft zusammengehalten werden konnte. Ende Juni 2007 saß
die Kanzlerin in Brüssel dem EU-Gipfel vor, der sich auf Eckpunkte einer
EU-Reform verständigte (28).

Wenige Tage zuvor hatte sich Angela Merkel im Ostseebad Heiligen-
damm auch als Gastgeberin des G8-Gipfeltreffens der Regierungschefs
der wichtigsten Industriestaaten der Welt profilieren können. Abgeschirmt
von der Öffentlichkeit, aber medial perfekt inszeniert, machte die Bundeskanzlerin hier auch den Klimaschutz zum Thema (29). Sie präsentierte sich
als Politikerin von europäischem Rang, die mit dem mächtigen Präsidenten der Vereinigten Staaten auf Augenhöhe verkehrte.

Schon bald nach ihrem Amtsantritt hatte Merkel versucht, die seit dem
Irak-Krieg schwer belasteten Beziehungen zu den USA zu verbessern (30).
Bereits bei ihrem ersten Treffen mit George Bush war eine sachliche Ge-
sprächsbasis entstanden, die es ihr auch erlaubte, kontroverse Themen wie
das US-Gefangenenlager Guantanamo, den Fall des aus Bremen stammenden Häftlings Murat Kurnaz oder die Verschleppung des Deutsch-Libane-
sen al-Masri durch den US-Geheimdienst CIA anzusprechen (31).

Zur Frage eines möglichen EU-Beitritts der Türkei, den die Union immer abgelehnt hatte, äußerte sich Merkel jetzt kaum noch. Dabei liefen
seit Oktober 2005 offizielle Beitrittsverhandlungen, nachdem der Europäische Rat im Dezember 2004 einen entsprechenden Beschluss gefasst hatte. Zunächst wurde die türkische Haltung in der Zypernfrage zum größten Hemmnis der Gespräche. Die Türken lehnten eine Öffnung ihrer Häfen
und Flughäfen für Schiffe und Flugzeuge der von ihr nicht anerkannten
Republik Zypern ab. Nach 2006 sorgte die innenpolitische Entwicklung in
der Türkei dafür, dass sich das Thema mehr oder weniger von selbst erledigte (32).

Der Mehrheit der Deutschen gefiel, wie ihre Kanzlerin auf internationalem Parkett aufzutreten verstand. Schließlich konnte sie wesentlich dazu

beigetragen, dass im Dezember 2007 der Vertrag von Lissabon von den Staats- und Regierungschefs der inzwischen 27 EU-Mitgliedsstaaten unterzeichnet werden wurde. Dieser Vertrag verzichtete auf alle Elemente, die der EU einen staatsähnlichen Charakter verliehen hätten. So konnten nicht nur die unterschiedlichen Vorstellungen der Mitgliedsländer von der Zukunft der Gemeinschaft unter einen Hut gebracht werden. Zugleich schien auch das Risiko weiterer Referenden mit ungewissem Ausgang vermieden.

Zwar machte der Eigensinn der Iren – in Irland war auch zur Ratifizierung dieses Vertrags eine Volksabstimmung verfassungsrechtlich notwendig – den Staats- und Regierungschefs im Mai 2008 erst einmal einen weiteren Strich durch die Rechnung. Eine Mehrheit stimmte für »No«. Doch in einer zweiten Abstimmung votierte die irische Bevölkerung im Herbst 2009 schließlich doch für Zustimmung. Nachdem auch die Regierungen von Polen und Tschechien ihren hinhaltenden Widerstand aufgegeben hatten, konnte der Vertrag von Lissabon am 1. Dezember 2009 endlich in Kraft treten (33).

Zuvor hatte das Bundesverfassungsgericht mit seinem Urteil vom 30.6. 2009 den Weg für die Ratifizierung des Vertrags durch den Bundestag freigemacht. Dabei zogen die Karlsruher Richter zugleich aber auch Grenzlinien für die weitere Vertiefung der Gemeinschaft. Nach diesem Urteil blieb Europa das Werk souveräner demokratischer Staaten. Aus den Zuständigkeiten der EU erwachse, so die Verfassungsrichter, keine eigene Volkssouveränität der Unionsbürger. Vielmehr musste es weiter einen Kernbereich deutscher Politik geben, der nicht vollständig in die Verantwortung europäischer Institutionen überführt werden durfte. Der ehemalige Außenminister Fischer schrieb dazu, dass das Verfassungsgericht der vertieften Integration einen »nationalen Riegel« vorgeschoben habe (34).

Mit dem Lissaboner Vertrag wurde die Zahl der Parlamentsabgeordneten in Brüssel und Straßburg auf 750 begrenzt. Durch die Ausdehnung des Mitentscheidungsverfahrens bei der Beschlussfassung bestand künftig zwischen Parlament und Ministerrat Gleichberechtigung bei einem Großteil der EU-Rechtsvorschriften. Gleichzeitig war die Aufgabenteilung zwischen der Union und den Mitgliedstaaten klarer fixiert. Das Subsidiaritätsprinzip wurde gestärkt und die nationalen Parlamente sollten künftig mehr Einflussmöglichkeiten auf die Brüsseler Gesetzgebung bekommen. Zum ersten Mal in der Geschichte der Gemeinschaft bekam der Europäische Rat jetzt auch einen gewählten Präsidenten. Das wurde am Ende nicht der britische Kandidat Tony Blair, sondern der deutlich weniger prominente Belgier Herman van Rompuy. Fortan besaß die EU auch eine Art Außenminister, der freilich nicht so heißen durfte. Erste »Hohe Vertreterin der

Europäischen Union für Außen- und Sicherheitspolitik« wurde die Britin Catherine Margaret Ashton (35).

In den außenpolitischen Fragen gab es zwischen Union und SPD nur wenig Dissens. Dass Angela Merkel mit US-Präsident Bush im Gegensatz zu ihrem Vorgänger ein fast freundschaftliches Verhältnis pflegte, führte ebenso wenig zu Streit wie die deutlich größere Distanz der Kanzlerin zu Wladimir Putin. Als es 2008 um eine von den Amerikanern gewünschte NATO-Mitgliedschaft von Georgien und der Ukraine ging, widersprach die Kanzlerin ebenso wie ihr Außenminister Steinmeier. Nicht umstritten in der Koalition war auch die Beteiligung der Bundeswehr an den UN-Missionen im Kosovo und im Libanon sowie die Verlängerung des Einsatzes in Afghanistan (36).

Allerdings wurde bald die steigende Zahl der Einsätze und das immer robustere Engagement, zu dem die Bundeswehr von ihren Partnern gedrängt wurde, zum Problem für die Koalition. Im Herbst 2006 begannen die NATO-Verbündeten, allen voran die USA, eine Ausweitung der deutschen Beteiligung an der Afghanistan-Mission auch auf die umkämpften Regionen im Süden und Osten des Landes zu fordern. Die deutschen Truppen verschanzten sich in ihren Lagern und seien nicht zur Beteiligung an systematischer Aufstandsbekämpfung bereit, hieß es. Auch nach Bereitstellung einer »Quick Reaction Force« und der Entsendung deutscher Tornados riss diese Debatte nicht ab. Je mehr die Bündnispartner Deutschland abverlangten, umso skeptischer reagierte die Öffentlichkeit. Diese Skepsis wurde durch die Neigung der Regierenden, eine realistische Debatte über den Charakter und die Gefahren militärischer Einsätze in der Öffentlichkeit möglichst zu vermeiden, nicht geringer. Dass die Bundeswehr in Afghanistan nicht nur Brunnen baute und Mädchen in die Schule fuhr, wurde dann im September 2009 einer breiten und darüber irritierten Öffentlichkeit schlagartig bewusst, nachdem ein deutscher Oberst einen Luftschlag gegen zwei von den Taliban entführte Tanklastzüge angeordnet hatte und dabei mehr als 100 Menschen zu Tode gekommen waren. Der Vorgang führte zu heftigen öffentlichen Reaktionen und schließlich sogar zum Rücktritt des ehemaligen Verteidigungsministers Jung, der im Herbst 2009 gerade ins Arbeits- und Sozialministerium gewechselt war (37).

Insgesamt aber trug die außenpolitische Rolle Angela Merkels ebenso zur Beruhigung der innenpolitischen Stimmung bei wie die allmähliche Aufhellung der wirtschaftlichen Lage. Eine besondere Rolle spielte dabei die Fußball-Weltmeisterschaft 2006 in Deutschland, die bald als »Sommermärchen« galt. Bei meist herrlichem Wetter wurde das sportliche Großspektakel zu einer gelungenen Werbeveranstaltung für das Land. Nicht nur, dass die Deutschen in ausgelassener Stimmung ihre Gastgeberrolle so vorzüglich spielten, dass die ganze Welt beeindruckt war. Auch die spielerischen Leistungen der DFB-Auswahl, die es immerhin auf den dritten Platz schaffte, lösten eine Begeisterung aus, die sich auch in einem unverkrampften Umgang mit nationalen Symbolen ausdrückte. Die Deutschen in Ost und West schmückten ihre Autos, Gärten und Balkone mit schwarz-rot-goldenen Fahnen. Auf den Fanmeilen der Großstädte und beim allgegenwärtigen Public Viewing herrschte eine selten erlebte, dabei kaum aggressive Ausgelassenheit. Ein ganzes Land feierte ein Fest – und die Welt feierte mit.

Die WM bot auch den Spitzenpolitikern reichlich Gelegenheit, sich medienwirksam in Szene zu setzen. Die Kanzlerin ließ kaum ein Spiel der Deutschen aus und zeigte sich als ebenso unprätentiöse wie begeisterte, aber keineswegs anbiedernde Unterstützerin der Mannschaft. Auch das kam an. Kaum ein Jahr nach dem Ende der rot-grünen Ära hatte sich die Stimmung im Lande schon wieder gewandelt.

Dabei hatten sich auch die Deutschen weiter mit beunruhigenden Gefährdungslagen auseinanderzusetzen. Anfang 2006 zeigten die wütenden Massenproteste in der islamischen Welt gegen Karikaturen in dänischen Zeitschriften, die den Propheten Mohammed zeigten, wie akut die Gefahren von Islamismus und Terrorismus aus der muslimischen Welt blieben.

In Deutschland kam es jetzt zu einer neuen Belebung der Auseinandersetzung um Einwanderung, Integration und den hier geltenden Wertekonsens. Dabei schien erstmals nach langen Jahren eine gewisse Annäherung der politischen Lager in Reichweite. Während die Unionsparteien den Charakter des Landes als »Einwanderungsland« nicht mehr rundheraus leugneten, zeigten sich jetzt umgekehrt auch manche Grüne und Linke bereit, von allzu idyllischen Vorstellungen einer multikulturellen Gesellschaft Abschied zu nehmen. Fragen praktischer Integrations- und Sprachförderung rückten in den Mittelpunkt. Wie »Parallelgesellschaften« von Einwanderern verhindert und Bildungszugänge für Migrantenkinder verbessert werden könnten, interessierte jetzt mehr als der alte ideologische Grundsatzstreit (38).

2006 beschloss die Bundesregierung die Einführung von Einbürgerungstests, bei dem es um Sprachbeherrschung und Integrationsbereitschaft ging. Im gleichen Jahr verständigten sich die Innenminister der Länder auf ein Bleiberecht für geduldete Ausländer, wenn diese seit sechs Jahren in Deutschland lebten und in einem dauerhaften Beschäftigungsverhältnis standen. Mit der »Deutschen Islamkonferenz« wurde im Herbst 2006 erstmals ein Rahmen für einen strukturierten Dialog zwischen Staat und den

Vertretern des Islam geschaffen. Die Kanzlerin selbst erklärte Integration zu einer »Aufgabe von nationaler Bedeutung« (39).

Dabei hatte der Zustrom der Migranten nach Deutschland seit Mitte der 1990er Jahre deutlich nachgelassen. Waren 1995 noch 1,1 Millionen nach Deutschland gekommen, so war diese Zahl bis 2000 auf 840 000 gefallen. 2006 wurde mit 660 000 Zuwanderern der tiefste Stand seit vielen Jahren erreicht. Bis 2008 blieben diese Zahlen etwa auf gleichem Niveau. Stellte man die Zahl der Fortzüge aus Deutschland im gleichen Zeitraum dagegen, ergab sich 2005 eine »Nettozuwanderung« von gerade noch 40 000, 2006 und 2007 sogar nur von 20 000 Personen. Mit anderen Worten: Waren in der ersten Häfte der 1990er Jahre deutlich mehr Menschen eingewandert als im gleichen Zeitraum das Land wieder verliessen, so nahm die Nettozuwanderung danach bis 2008 kontinuierlich ab.

Auch die Asylbewerberzahlen waren inzwischen auf den niedrigsten Stand seit den 1970er Jahren zurückgegangen. Hatten 2000 noch 120 000 Personen einen Asylantrag gestellt, so war diese Zahl 2005 bis auf 43 000 gefallen. 2006 und 2007 wurden sogar nur knapp 30 000 Anträge registriert. Die Zahl der Erstantragssteller lag sogar noch deutlich darunter. Demnach hatte der Zuwanderungsdruck deutlich nachgelassen. So ließ sich über Migration und Integration in den Anfangsjahren der Regierung Merkel entspannter diskutieren als bei den Zahlen der frühen 1990er Jahre (40).

Allerdings machten zu dieser Zeit auch besorgniserregende Berichte über die unterschiedlichsten Ausdrucksformen missratener Integration die Runde. Unhaltbare Zustände an Berliner Schulen mit hohem Anteil von Migrantenkindern oder die Rolle von sogenannten »Friedensrichtern«, die in regelrechten »Parallelgesellschaften« die Stelle des Rechtsstaates beansprüchten, erregten öffentliche Aufmerksamkeit. Viel diskutiert wurde jetzt auch der im Durchschnitt allzu geringe Bildungserfolg von Migrantenkindern der zweiten und dritten Generation, die wachsende Bandenkriminalität arabischer Großclans und die wiederholten Hinweise auf nahezu »rechtsfreie Räume« in gettoisierten Migrantenvierteln. Die Rolle von islamistischen »Hasspredigern« in deutschen Moscheen und Berichte über sogenannte »Ehrenmorde« an muslimischen Frauen, die in der archaischen Vorstellungswelt ihrer männlichen Familienmitglieder die »Ehre der Familie« besudelt hatten, sorgten für einen kritischeren Blick auf manche Teile der muslimischen Welt in Deutschland. Zwar überwogen die Stimmen, die vor vorschnellen Verallgemeinerungen und vor allem davor warnten, die muslimischen Gemeinschaften insgesamt an den Pranger zu stellen. Doch die diagnostizierten Probleme waren allemal gewichtig genug, um nicht nur vermehrte Anstrengungen zur Integrationsförderung zu verlangen. Offenbar bedurfte es auch eines klareren und selbstbewussteren Bekenntnisses zu den Leitwerten der deutschen Gesellschaft, mussten die »Grenzen der Toleranz« klarer gefasst werden. So verlor der Begriff der »Leitkultur« seinen vermeintlich so ideologielastigen Gehalt. Auch wenn er vielen Grünen und Linken nur schwer über die Lippen kam: Dass die Werte des Grundgesetzes und die deutsche Sprache die Grundlage des Zusammenlebens in Deutschland darstellten, die von allen anerkannt werden mussten, die hier dauerhaft leben wollten, wurde in diesen Jahren zu einem Grundkonsens, dem sich nur noch wenige nicht anschließen mochten. Im Landtag von Nordrhein-Westfalen hatten die Parteien 2001 sogar einen »Integrationskonsens« beschlossen, in dem sich alle Seiten verpflichteten, in der Integrationspolitik gemeinsam vorzugehen (41).

Öffentliche Beachtung erfuhr auch das 2006 verabschiedete »Allgemeine Gleichbehandlungsgesetz« (AGG). Damit sollten verschiedene Richtlinien der Europäischen Union in nationales Recht umgesetzt werden, die auf die Bekämpfung von Ungleichbehandlung wegen rassischer Merkmale, ethnischer Herkunft, Behinderung, Alter, sexuelle Identität und Geschlecht zielten. Die FDP hielt der Regierung vor, mit ihrem Regelungsvorschlag weit über das europarechtlich Gebotene hinausgegangen zu sein. Die CDU dagegen stimmte zu. In der Opposition hatte sie 2005 ebenfalls Bedenken wegen einer angeblich allzu großen Einschränkung der Vertragsfreiheit erhoben (42).

In der Umweltpolitik folgte die Große Koalition im Wesentlichen den Weichenstellungen der Vorgängerregierung. Dabei tat sich der neue Umweltminister Sigmar Gabriel öffentlich hervor, als er einen ›New Deal‹ von Wirtschafts-, Umwelt- und Beschäftigungspolitik propagierte. Auch Angela Merkel selbst nutzte ihre EU-Ratspräsidentschaft 2007 wie den G 8-Vorsitz 2008 zur Profilierung von Umweltschutz und Klimapolitik als wirtschaftlichen Erfolgsstrategien. Als Ziele galten die deutliche Reduzierung des Flächenverbrauchs, der Ausbau der erneuerbaren Energien, vor allem aber eine aktive Rolle Deutschlands in der Klimapolitik.

Die Bilanz der Umweltpolitik des ersten Kabinetts Merkel fiel freilich am Ende sehr durchwachsen aus. Während der Ausbau der erneuerbaren Energien die im EEG festgelegten Ziele schon bis 2009 deutlich übertraf, blieb das in Meseberg 2007 vereinbarte Klimaschutzprogramm hinter den zuvor anvisierten Zielen zurück. 2009 resümierte das Umweltministerium, dass das Ziel der Minderung der Treibhausgasemissionen um 40 Prozent bis 2020 nicht erreichbar sein werde. Immerhin erhielt Gabriel in der Fachwelt recht positive Bewertungen. Das Überschreiten der im Kyoto-Protokoll festgelegten Emissionsminderungsziele schon bis 2007 wurde ihm ebenso als Erfolg angerechnet wie das starke Wachstum einer wettbewerbsstarken Ökoindustrie und die Thematisierung des Artenschutzes auf der internationalen politischen Bühne (43).

Die Landtagswahlen dieser Zeit brachten den beiden Regierungsparteien im Bund unterschiedliche Ergebnisse. Die SPD musste in Mecklenburg-Vorpommern und Baden-Württemberg 2006 hohe Verluste hinnehmen, konnte aber im gleichen Jahr in Rheinland-Pfalz ihre Position als führende landespolitische Kraft sogar noch ausbauen. Fortan regierte Ministerpräsident Kurt Beck das Land mit absoluter Mehrheit. Beck war 2006 auch SPD-Bundesvorsitzender geworden, nachdem Brandenburgs Regierungschef Matthias Platzeck dieses Amt schon ein halbes Jahr nach seiner Wahl aus gesundheitlichen Gründen wieder aufgegeben hatte (44).

In Hessen gelang es der SPD mit ihrer Spitzenkandidatin Andrea Ypsilanti im Januar 2008 sogar, der allein regierenden Union mit Ministerpräsident Roland Koch eine herbe Niederlage beizubringen. Während die CDU gegenüber 2003 fast zwölf Prozentpunkte verlor (36,8 Prozent), hatten die Sozialdemokraten mit einem Zugewinn von knapp acht Prozent fast gleichgezogen (45). Auch die Linkspartei konnte erstmals in den Hessischen Landtag einziehen.

Doch ihr gefühlter Wahlsieg sollte für die Sozialdemokraten bald zum Pyrrussieg werden. Da sich die SPD-Spitzenkandidatin vor der Wahl darauf festgelegt hatte, keinesfalls mit den Stimmen der Linkspartei Ministerpräsidentin werden zu wollen, dieses Versprechen jedoch nach der Wahl nicht mehr gelten sollte, wurden die Sozialdemokraten von einem Glaubwürdigkeitsproblem eingeholt. Interviewäußerungen von Parteichef Beck sorgten dafür, dass das auch auf die Bundespartei ausstrahlte.

Während sich Beck im Herbst 2008 zum Rücktritt als SPD-Parteivorsitzender mehr oder weniger gedrängt fühlte, scheiterten schließlich auch Ypsilantis Pläne für eine von der Linkspartei tolerierte rot-grüne Minderheitenregierung an vier Abweichlern in ihrer eigenen Partei (46). Die schon angesetzte Wahl der Ministerpräsidentin im November 2008 wurde kurzfristig abgesetzt. Rasch einigten sich die Parteien auf die Selbstauflösung des Landtags. Die Neuwahl Anfang 2009 brachte dann eine Mehrheit für die Neuauflage einer schwarz-gelben Koalition. Roland Koch konnte weiterregieren. Die hessischen Sozialdemokraten aber waren schwer geschlagen (47).

Spektakulär verlief auch der Ausgang der Landtagswahlen in Bayern. 2003 hatte Edmund Stoiber mit 60,7 Prozent noch eine Zwei-Drittel-Mehrheit für die CSU eingefahren. Mit dieser absoluten Mehrheit im Rücken begann er einen landespolitischen Reform- und Sparkurs, der Bayern bis 2030 schuldenfrei machen sollte. Diese Politik aber mutete auch vielen Parteifreunden derart viel zu, dass sich bald Kritik regte. Auch Stoibers langes Taktieren um einen Wechsel nach Berlin schadete seinem Ansehen in der CSU-Landtagsfraktion.

Nach einem schlecht gemanagten Disput mit einer Landrätin kam es Anfang 2007 schließlich zum Sturz des Ministerpräsidenten und Parteichefs durch die eigene Partei. Jetzt übernahm eine »Doppelspitze« mit Günther Beckstein als Ministerpräsident und Erwin Huber als Parteichef die Führung. Doch den beiden war politisch wenig Erfolg beschieden. Die Landtagswahl im September 2008 brachte der CSU mit dem Verlust der absoluten Mehrheit ihr schlechtestes Wahlergebnis seit den 1950er Jahren. Für das Selbstverständnis der erfolgsverwöhnten Partei war das Ergebnis von 43,4 Prozent (minus 17,3 Prozent) ein Desaster, das nicht ohne Konsequenzen bleiben konnte. Schon wenige Tage nach der Wahl erklärte Erwin Huber seinen Rücktritt. Einen Tag später gab auch Günther Beckstein auf. Neuer Ministerpräsident wurde als Chef einer Koalitionsregierung mit der FDP Horst Seehofer, der sein Berliner Ministeramt aufgab und nach München wechselte (48).

Auffälligster Trend der Landtagswahlen dieser Jahre war der Rückgang der Wahlbeteiligung. Von Hessen und Bayern 2008 abgesehen, sank sie bei allen Wahlgängen in den Bundesländern von 2006 bis 2008 deutlich. Hatten in Berlin 2001 noch 68,1 Prozent der Wahlberechtigten ihre Stimme abgegeben, waren es fünf Jahre später zehn Prozent weniger. In Sachsen-Anhalt kam es bei den Landtagswahlen 2006 zur geringsten jemals in der Geschichte von Landtagswahlen seit 1946 gemessenen Wahlbeteiligung: Nur 44,4 Prozent der wahlberechtigten Bürger mochten sich dort an der Wahl beteiligen. 2002 waren es noch 56,6 Prozent gewesen (49). Auch bei den Landtagswahlen in Baden-Württemberg fiel die Wahlbeteiligung am gleichen Tag auf einen Rekord-Tiefstand von nur noch 53,4 Prozent – mehr als neun Prozentpunkte weniger als 2001. Besonders stark betroffen von diesem Rückgang waren die Jüngeren. In der Altersgruppe unter Dreißig hatte sich nur ein Drittel an der Wahl beteiligt (50).

2007 gelang es der Partei Die Linke, erstmals auch in ein westdeutsches Landesparlament einzuziehen. Mit 8,4 Prozent konnte sie in Bremen die Fünfprozenthürde deutlich überspringen. Bald war die Partei auch in den Landtagen von Hessen, Hamburg und Niedersachsen vertreten (51).

Nachdem die Union ihre absolute Mehrheit verloren hatte, kam es in Hamburg im Frühjahr 2008 zur ersten Schwarz-Grünen Regierungsbildung auf Landesebene. Größerer Erfolg war dem Bündnis freilich nicht beschieden. Nachdem die von den Grünen durchgesetzte Einführung einer gemeinsamen sechsjährigen Grundschule für alle Kinder in einem Volksentscheid gescheitert war, erklärte der lange erfolgreiche Regierungschef der Union, Ole von Beust, 2010 seinen Rücktritt. Das war praktisch schon das Ende. Nachdem die Grünen Ende 2010 die Koalition aufgekündigt hatten, regierte nach der Neuwahl 2011 die SPD mit absoluter Mehrheit. Auch im Saarland hielt sich die 2009 gebildete schwarz-grün-gelbe »Jamaika-koalition« nicht sehr lange (52).

Die Grünen konnten nach dem Ende ihrer Regierungsrolle im Bund ihre Position besser behaupten als in der Öffentlichkeit vielfach angenommen worden war. Wohl zerfiel nach Fischers Rückzug erst einmal die seit 2002 mühsam erreichte Einheit an der Parteispitze und brachen alte Strömungskonflikte ebenso wieder stärker auf wie personelle Konkurrenzen. Gleichzeitig zeigte sich ein Bedürfnis der Parteibasis, sich von der Außenpolitik der Regierungsjahre zu distanzieren. Höhepunkt dieser Entwicklung war der Afghanistan-Parteitag im September 2007, als die Parteibasis den von allen Spitzenleuten unterzeichneten Leitantrag durchfallen ließ. Das Debakel von Göttingen aber hatte eine heilsame Wirkung. In der Folgezeit gelang es, die Konkurrenzen an der Parteispitze in geordnetere Bahnen zu lenken (53).

Zwar ließ sich die marginale Position der Grünen in den neuen Ländern zunächst kaum verbessern und musste die Partei mit ihrem Scheitern an der Fünf-Prozent-Hürde auch in Rheinland-Pfalz 2006 eine herbe Enttäuschung hinnehmen. Bis zur Bürgerschaftswahl in Bremen 2007 gab es kein rot-grünes Regierungsbündnis auf Bundes- oder Landesebene mehr. Auf der anderen Seite konnten die Grünen mit guten Ergebnissen in Berlin, Baden-Württemberg, Bremen und Bayern ihre Position dort ausbauen. Ihre Bundestagsfraktion wurde jetzt von Renate Künast und Fritz Kuhn geführt. Parteivorsitzende blieben Claudia Roth und Reinhard Bütikofer.

In der Regel gut behauptete sich die FDP. Von Ausnahmen wie Sachsen-Anhalt abgesehen, konnten die Liberalen bei den Landtagswahlen nach der Bildung der Regierung Merkel zulegen, in Bayern und Baden-Württemberg sogar deutlich. Eine Oppositionsstrategie, die unter Führung von Guido Westerwelle die FDP als wirtschaftsliberale Kraft der Steuersenkung und Steuervereinfachung gegen eine angeblich »sozialdemokratisierte« Merkel-CDU zu profilieren suchte, öffnete der Partei neue Chancen.

Mit Sorge wurden die Erfolge rechtsradikaler Parteien in den neuen Ländern gesehen. Während in Sachsen-Anhalt die DVU nach ihren Wahlerfolgen Ende der 1990er Jahre aufgrund interner Streitereien 2002 nicht mehr angetreten war und auch 2006 nur auf drei Prozent kam, konnte die NPD im Herbst 2006 mit 7,3 Prozent in den Landtag von Mecklenburg-Vorpommern einziehen. 2004 war der Partei bereits der Einzug in den sächsischen Landtag gelungen (54).

6.3   DIE FINANZKRISE UND IHRE FOLGEN

Im September 2008 sorgte der Zusammenbruch der amerikanischen Lehmann-Brothers-Bank für internationale Schockwellen. Kurz darauf, am 5. Oktober, erfuhr die breite deutsche Öffentlichkeit auf ganz ungewöhnliche Weise, dass die Welt am Rande einer tiefen Finanzkrise steckte, die auch das Geld der deutschen Sparer gefährden und eine tiefe Rezession auslösen konnte, die Erinnerungen an die Weltwirtschaftskrise heraufbeschwor. Nachdem den ganzen Tag über Krisengespräche zur Rettung der vor der Pleite stehenden »Hypo Real Estate Bank« (HRE) stattgefunden hatten, traten Bundeskanzlerin Angela Merkel und Finanzminister Peer Steinbrück vor die Presse und versicherten den Bürgern, dass ihr bei den Banken angelegtes Geld sicher sei. Die Bundesregierung verbürge sich dafür. Niemand müsse in Panik geraten und sein Guthaben abheben (55).

Tatsächlich erfüllte die Versicherung ihren Zweck. Der befürchtete Ansturm auf die Banken blieb aus. Doch schon bald war klar, dass sich die Welt in einer Finanzmarktkrise befand, die Kapitalmärkte und Investmentbanken aller Industrieländer betraf und tiefe Auswirkungen auch auf die Realwirtschaft haben würde.

Ausgelöst wurde die Krise durch einen spekulativ aufgeblähten Immobilienmarkt in den USA. In der Folge ständig steigender Immobilienpreise und leichtfertiger Kreditvergaben an eigentlich gar nicht solvente Kreditnehmer hatte sich eine Immobilienblase entwickelt. Bei steigenden Kreditzinsen in der Folge einer Erhöhung der Leitzinsen und fallenden Wiederverkaufswerten konnten ab 2006 viele Kreditnehmer ihre Schulden nicht mehr bezahlen. Das führte zu Zwangsverkäufen und weiterem Preisverfall.

Zuvor aber waren die Kreditrisiken in Wertpapieren gebündelt und weltweit gehandelt worden. Die Spekulation mit Kreditderivaten hatte die Investitionsrisiken zusätzlich vergrößert. Eine wichtige Rolle übernahmen dabei die amerikanischen Rating-Agenturen, die an die in den Finanzanlagen verbrieften Subprime-Kredite falsche Top-Ratings vergeben und damit den Handel mit »toxischen« Papieren zusätzlich angeheizt hatten. 2017 hat die weltweit führende Rating-Agentur Moodys eine Mitverantwortung für die Finanzkrise und eine Strafzahlung von 864 Millionen Dollar akzeptieren müssen (56).

Die Auswirkungen der krisenhaften Entwicklung wurden durch die Existenz praktisch unregulierter Schattenbanken weiter verschärft, an die die Banken diese Geschäfte ausgelagert hatten und die kaum Eigenkapital dafür hinterlegen mussten. So wussten die Großbanken oft selbst nicht, wie sehr sie sich mit Finanzprodukten eingedeckt hatten, die mittlerweile so gut wie wertlos geworden waren.

Kaum übersehen ließ sich auch der Beitrag der Geldpolitik der amerikanischen Notenbank, die mit ihrer Erhöhung der Geldmenge bei niedrig gehaltenen Zinsen ein Übermaß an Liquidität geschaffen hatte. Das verleitete die Banken, Anlagen in vermeintlich sichere Wertpapiere, die über Immobilienkredite abgesichert schienen, als lohnendere Einnahmequelle zu betrachten als das klassische Kreditgeschäft mit der Realwirtschaft (57)

Mehrere große amerikanische Finanzunternehmen mussten im Zuge der Krise Insolvenz anmelden oder konnten nur durch die Regierung gerettet werden – oft durch staatliche Beteiligungen. 2008 zeigte sich dann, dass auch fast alle europäischen Großbanken betroffen waren. In Deutschland waren es neben der HSE vor allem die Deutsche Bank und die Commerzbank, aber auch Landesbanken. Auch sie hatten sich im Rennen um vermeintlich hoch rentierliche Anlagen mit wertlosen Papieren eingedeckt (58). Schon im August 2007 stand die sächsische Landesbank vor dem Zusammenbruch, nachdem sie massiv in den Subprime-Markt investiert hatte. In der Folge wurde sie von der Landesbank Baden-Württemberg aufgekauft (58). Die Abschreibungsverluste der deutschen Landesbanken summierten sich bis zum Februar 2009 auf 26,9 Milliarden Euro, was fast 45 Prozent der bis dahin aufgelaufenen Abschreibungsverluste der deutschen Finanzwirtschaft ausmachte. 12,1 der insgesamt 60 Milliarden entfielen auf die Deutsche Bank (60).

Bald wurden auch die Auswirkungen auf die Realwirtschaft spürbar. Der globale Aktienmarkt erlebte starke Kurseinbrüche. Schon 2007 war der »Interbankenmarkt« fast zum Erliegen gekommen. Banken verliehen untereinander praktisch kein Geld mehr. Auch die üblichen Kreditabsicherungsgeschäfte fanden kaum noch statt, was bald die Gefahr einer »Kreditklemme« heraufbeschwor. Geld stellten jetzt nur noch die Notenbanken zur Verfügung. Im Herbst 2008 brachen auch die Rohstoffpreise ein. Von 2008 auf 2009 ging der weltweite Warenexport um 11,2 Prozent, der deutsche Export sogar um 23,1 Prozent zurück (61).

Bereits 2007 hatte die amerikanische Notenbank die Leitzinsen deutlich abgesenkt. In den anderthalb Jahren zwischen Frühjahr 2007 und Herbst

2008 fiel er dann von 5,25 auf 0,25 Prozent (62). 2008 folgten in einer konzertierten Aktion alle sieben weltweit führenden Notenbanken. Bis Anfang 2009 senkte die EZB den Leitzins auf 1,5 Prozent, die Bank of England sogar auf 0,5 Prozent (63).

Im Februar 2008 war die britische Northern Rock Bank verstaatlicht worden. Die Notenbanken pumpten jetzt Hunderte von Milliarden in die Finanzmärkte, um ihren totalen Kollaps zu verhindern. Mit Bankschuldverschreibungen und der Schaffung von »Bad Banks«, in die die »toxischen Papiere« ausgelagert werden konnten, suchte man gegenzusteuern. Bis 2011 setzten die Staaten der EU 1,6 Billionen Euro ein, um ihre Banken zu retten, davon allein 1,2 Billionen für Liquiditätshilfen oder Garantien (64). Der IWF schätzte 2009 die weltweiten Gesamtverluste durch die Finanzkrise auf 4,1 Billionen Dollar, wovon allein 2,7 Billionen auf die »toxischen« US-Papiere entfielen (65). Von 2008 bis 2009 ging die Industrieproduktion in Europa um fast 20 Prozent zurück (66). Erstmals seit dem zweiten Weltkrieg schrumpfte das Bruttoinlandsprodukt der ökonomisch entwickelten Länder um 3,4 Prozent. In Deutschland fiel das BIP in dieser Zeit sogar um 5,6 Prozent.

Im Oktober 2008 verständigten sich die Finanzminister der G 7-Staaten auf einen Fünf-Punkte-Plan, der das globale Bankensystem mit Steuergeldern stützen und den Kreditfluss wieder in Gang bringen sollte. Ein Rettungsplan der US-Regierung mit einem Volumen von 700 Milliarden Dollar sah allein 250 Milliarden für Staatsbeteiligungen an kriselnden Banken vor. Ende des Jahres versprach Präsident Bush den großen US-Automobilkonzernen General Motors, Ford und Chrysler 17,4 Milliarden aus diesem Fonds. Die amerikanischen Autobauer hatten inzwischen mit dramatischen Umsatzeinbußen zu kämpfen (67).

Im November 2008 fand der erste »Weltfinanzgipfel« der G 20-Staaten in Washington statt. Im Frühjahr 2009 folgte ein zweites Treffen in London. Im Mittelpunkt der Diskussion um die richtigen Konsequenzen standen die Forderung nach einer besseren Überwachung der Ratingagenturen, die Erhöhung der Eigenkapitalquoten der Banken und eine stärkere Regulierung von Hedgefonds (68).

Mit der Finanzkrise war die neoliberale Vorstellungswelt eines Finanzkapitalismus, der sich mehr oder weniger unreguliert unter dem Primat der Marktfreiheit und der Selbstregulierungskraft der Märkte entfalten sollte, schlagend widerlegt. Die vielen Mahner und Warner vor den Konsequenzen eines »Kasinokapitalismus«, in dem nicht mehr vorrangig Qualität und Nachfrage nach Produkten, sondern Spekulation und Wetten über den wirtschaftlichen Erfolg entscheiden, hatten Recht behalten. Die geringe Regulierung des Bankensektors galt jetzt als ordnungspolitischer Fehler, wie selbst der langjährige US-Notenbankchef Alan Greespan einräumte (69).

Überall erklang der Ruf nach der ordnenden Hand des Staates. Tatsächlich haben in allen entwickelten Ländern die Regierungen mit den größten Rettungspaketen der Geschichte und dem Geld der gewöhnlichen Steuerzahler die Verlustrisiken von Spekulanten abgesichert, die sich verspekuliert hatten. Eigentlich war das ein ordnungspolitischer Sündenfall, der nur deshalb zu rechtfertigen war, weil anderenfalls noch Schlimmeres in Form von wirtschaftlichen Zusammenbrüche wie in den Zeiten der Weltwirtschaftskrise um 1930 gedroht hätten. Die Gesamtsumme der weltweit geschnürten Banken-Rettungspakete summierte sich 2009 auf 4,1 Billionen Euro in Form von Bürgschaften, Krediten, Subventionen und Eigenkapitalhilfen. In Deutschland wurden Hilfsmaßnahmen in der Größenordnung von 578 Milliarden beschlossen. Der weitaus größte Teil dieser Summe bestand aus Bürgschaften (70).

Hoch im Kurs standen plötzlich wieder staatliche Konjunkturprogramme. Der über lange Zeit in Misskredit geratene Keynesianismus mit seinem »deficit spending« galt wieder als Gebot der Stunde. Die verschiedenen Konjunkturprogramme der G 20-Staaten erreichten zwischen 2008 und 2010 ein Volumen von 1,13 Billionen Euro. Davon entfiel mit 529 Milliarden fast die Hälfte auf die USA. In Deutschland waren es 91 Milliarden, in der EU insgesamt 157 Milliarden (71).

2007 hatte die Subprime-Krise in den USA nicht nur die sächsische Landesbank in eine Existenzkrise gestürzt. Auch die halbstaatliche Deutsche Industriebank (IKB) geriet tief in die Krise, da sie ihre angekauften Schuldentitel nicht mehr auf dem Geldmarkt refinanzieren konnte. Die Bayerische Landesbank und die Westdeutsche Landesbank mussten Milliardenverluste hinnehmen. Auch Privatbanken wie die Deutsche Bank und die Commerzbank waren bedroht. Im Sommer 2008 verabschiedete der Bundestag ein Gesetz zur Begrenzung der mit Finanzinvestitionen verbundenen Risiken, das die Gestaltung von Kredit- und Sicherungsverträgen und die Abtretung von Kreditforderungen regelte (72).

Ende September stand die Hypo Real Estate vor der Insolvenz, den sie nur mit massiver staatlicher Unterstützung abwenden konnte. Allein für sie wurden staatliche Bürgschaften und Hilfen von 100 Milliarden zur Verfügung gestellt (73). Wenige Tage nach der Garantieerklärung von Merkel und Steinbrück an die Adresse der Sparer gab der Finanzminister bekannt, dass der geplante Börsengang der Deutschen Bahn AG wegen der Unsicherheiten auf den Finanzmärkten verschoben werden müsse. Bis heute hat er nicht stattgefunden (74).

Mit der Verabschiedung des Finanzmarktstabilisierungsgesetzes wurde im Oktober 2008 ein Sonderfonds Finanzmarktstabilisierung (SoFFin) geschaffen. Der Fonds wurde ermächtigt, für Schuldtitel und Verbindlichkeiten von Banken, Versicherungsunternehmen, Finanzdienstleistern, Pensionsfonds und Kapitalanlagegesellschaften Bürgschaften bis zu 400 Milliarden Euro zu vergeben (75). Der bald als »Bankenrettungspaket« bezeichnete Fonds wurde von der EU-Kommission genehmigt. Organisiert war er als Sondervermögen des Bundes, so dass die Gelder nicht unmittelbar haushaltswirksam verbucht werden mussten. 20 Milliarden wurden allerdings direkt in den Bundeshaushalt eingestellt.

Aus diesem Fonds wurden 100 Milliarden für die Mitbeteiligung des Staates am Kapital der Geschäftsbanken zur Verfügung gestellt. Allerdings wurden diese Mittel von den deutschen Banken nur sehr zurückhaltend in Anspruch genommen. Die Summe der tatsächlich von den Banken abgerufenen Mittel bewegte sich bis 2010 etwa bei 30 Milliarden. Bis dahin war es vor allem die Commerzbank, die diese staatlichen Beteiligungen in Anspruch nahm. Vollständig vom Staat übernommen wurde die Hypo Real Estate.

Die Deutsche Bank, die deutsche Geschäftsbank mit den größten Verlusten, wehrte sich dagegen heftig gegen staatliche Kapitalhilfen. Mit der staatlichen Beteiligung waren nämlich Bedingungen verbunden, so die Begrenzung der Gehälter für die Bankenvorstände auf 500 000 Euro im Jahr. Bei einem damaligen Durchschnittssalär der Vorstände von 2,2 Millionen wäre das auf eine deutliche Einkommensminderung hinausgelaufen. Die wollte man tunlichst vermeiden. Auch die Aktionäre von Banken, die schwer angeschlagen waren, hatten kein Interesse an staatlichen Beteiligungen, weil die dem Staat die Möglichkeit schufen, für einen verhältnismäßig niedrigen Preis – die Kurse waren ja gewaltig gesunken – große Aktienpakete zu erwerben. Sie fürchteten eine Beschneidung ihrer Rendite. Stattdessen präferierte etwa die Deutsche Bank eine drastische Absenkung ihres gesamten Geschäftsvolumens, was zu einer deutlichen Absenkung des Niveaus der Kreditvergaben führen musste. Diese ganz eigennützigen Überlegungen wusste Vorstandschef Josef Ackermann geschickt zu verbrämen: Er würde sich schämen, wenn seine Bank auf staatliche Hilfen angewiesen wäre, ließ er medienwirksam verlauten (76).

Im Juli 2009 verabschiedete der Bundesrat das »Finanzmarktstabilisierungsfortentwicklungsgesetz«, mit dem die Basis für die Gründung von »Bad Banks« zur Auslagerung von »toxischen« Papieren durch die Kreditinstitute geschaffen wurde. Gleichzeitig stimmte die Länderkammer dem »Gesetz zur Stärkung der Finanzmarkt- und Versicherungsaufsicht« und dem »Versicherungsaufsichtsgesetz« zu. Damit erhielt die Bundesanstalt für Finanzdienstleistungsaufsicht (BaFin) zusätzliche Befugnisse zur Finanzmarktregulierung. Künftig sollte sie eine höhere Liquiditätsausstattung der Banken verlangen und leichter Gewinnausschüttungen verbieten können, wenn sich krisenhafte Entwicklungen abzeichneten. Die Abberufung von Mitgliedern der Kontrollgremien von Banken und Versicherungen wurde erleichtert. Zugleich war eine Verschärfung der Informationspflichten der Banken vorgesehen. Künftig sollten Zahlungen von in der Bundesrepublik ansässigen Tochtergesellschaften an ausländische Mutterhäuser in Krisenzeiten untersagt werden können, um den Abfluss von Liquidität zu verhindern (77).

Die Notwendigkeit einer stärkeren Regulierung der Finanzmärkte war in der deutschen Politik jetzt praktisch Konsens geworden. Höhere Eigenkapitalquoten für Banken, stärkere Überwachung, Bändigung der Hedgefonds, Verbot von Leerverkäufen (Handel mit geliehenen Papieren zur Manipulation von Aktienkursen), neue Geschäftsmodelle für Rating-Agenturen, Verbot von Wetten auf den Untergang von Firmen im Rahmen von »Credit Default Swaps« (»Friedhofsversicherungen«), für solche Ideen konnte sich die Bundesregierung jetzt durchaus erwärmen. Sogar eine »Finanztransaktionssteuer«, die durch die Abführung eines minimalen Steuersatzes auf jede Finanztransaktion einen Großteil der reinen Spekulationsgeschäfte unrentabel machen würde, weil die bei minimalen Gewinnmargen nur durch den riesigen Kapitaleinsatz rentabel sind, wurde jetzt regierungsamtlich unterstützt. Deutschland wollte sich für eine solche Steuer einsetzen und fand dafür in der EU auch einige Unterstützung. Sie stieß jedoch bald auf Widerstand aus den USA und Großbritannien. Bis 2019 ist aus diesen Plänen trotz verschiedener Verabredungen der meisten EU-Finanzminister nichts geworden (78). Zehn Jahre später, Ende 2019, legte Finanzminister Scholz dann den Entwurf für eine »Börsensteuer« vor, der mit dem ursprünglichen Ziel einer Eindämmung von reinen Spekulationsgeschäften nur noch wenig zu tun hat.

Die Finanzmarktkrise und die Stützungsmaßnahmen zugunsten inländischer Finanzinstitute mussten die nach 2005 begonnenen Anstrengungen zur Verringerung der Staatsverschuldung zunichtemachen. Statt einer Absenkung stieg die deutsche Staatsschuldenquote bis 2010 auf 82 Prozent des Bruttoinlandsprodukts an und lag damit mehr als 20 Prozent über den für den Euroraum festgelegten Konvergenzkriterien (79). Im Februar 2009 hatte der Bundestag einen Nachtragshaushalt für das laufende Haushaltsjahr in einer Größenordnung von 36,8 Milliarden Euro verabschiedet. Die seit 2008 kumulierten Wirkungen der Finanzmarktstützung auf den

Schuldenstand in Deutschland wurden 2013 mit 285 Milliarden Euro angegeben. Hierbei ist allerdings zu berücksichtigen, dass nur ein geringerer Teil der den Banken zur Verfügung gestellten Mittel tatsächlich auch abgerufen wurde und entsprechend haushaltswirksam zu Buche schlug. Weltweit berechnete der IWF 2013 einen Anstieg der Schuldenquote in den Industrieländern als Folge der Finanzkrise um 37 Prozent. Tatsächlich ist die durchschnittliche Staatsschuldenquote zwischen 2008 und 2018 im Euroraum im von 71 Prozent auf über 85 Prozent gestiegen. Nur in Deutschland konnte der Schuldenstand nach 2014 zurückgeführt werden. Im Gesamtraum der G7-Staaten ist die Quote sogar von 90 auf 117 Prozent angewachsen (80).

Ausgabenwirksam waren auch die Konjunkturpakete, die der Bundestag seit dem Herbst 2008 aus Sorge um die negativen Auswirkungen der Finanzkrise für die Realwirtschaft beschloss. Anfang November war ein Maßnahmenpaket »Beschäftigungssicherung durch Wachstumsstärkung« vom Bundeskabinett beschlossen worden. Im Februar 2009 billigte der Bundestag ein zweites Konjunkturpaket. Tatsächlich lag das nicht preisbereinigte Bruttoinlandsprodukt im ersten und zweiten Quartal 2009 um 6,4 bzw. sieben Prozent unter den Werten des Vorjahres. Die OECD-Statistik weist für 2009 einen Rückgang des BIP um 5,5 Prozent aus (81). Andere Zahlen liegen noch etwas höher. Damit war der Einbruch nicht nur der tiefste in der deutschen Nachkriegsgeschichte überhaupt. Er lag auch noch über dem in den USA.

Das Konjunkturprogramm I vom Herbst 2008, dessen Volumen vom BMF mit 32 Milliarden beziffert wurde, sah die Verlängerung der Zahlung von Kurzarbeitergeld aus Mitteln der Bundesangentur für Arbeit von 12 auf 18 Monate vor, um Entlassungen zu vermeiden oder ihre Zahl zu begrenzen. Vor allem kleine und mittlere Unternehmen sollten Abschreibungserleichterungen bekommen. Die von der »Kreditanstalt für Wiederaufbau« (KfW) vergebenen Mittel für Infrastrukturprogramme zugunsten des ländlichen Raumes wurden ebenso aufgestockt wie die Mittel für das CO_2-Gebäudesanierungsprogramm. Dringliche Verkehrsprojekte wollte man beschleunigen und der deutschen Automobilindustrie durch KFZ-Steuerbefreiungen für Neufahrzeuge helfen. Gleichzeitig wurden die Beträge für die steuerliche Absetzbarkeit von handwerklichen Dienstleistungen im Haushalt verdoppelt (82).

Das zweite Konjunkturpaket vom Februar 2009 galt als das bis dahin größte Konjunkturprogramm in der deutschen Nachkriegsgeschichte. Insgesamt umfasste es ein Ausgabenvolumen für die Jahre 2009 und 2010 von 50 Milliarden Euro. Dieses »Gesetz zur Sicherung von Beschäftigung und

Stabilität in Deutschland« bündelte eine Fülle von Einzelmaßnahmen von der Unterstützung der Weiterbildung von Arbeitnehmern und steuerlichen Entlastungen bis zu zusätzlichen Maßnahmen bei der Förderung der Infrastruktur.

Heftig diskutiert wurde die vorgesehene »Abwrackprämie«. Danach konnte jeder, der ein 2009 mindestens neun Jahre altes Auto verschrottete und ein Neufahrzeug erwarb, das mindestens die Euro-4-Abgasnorm erfüllte, eine Prämie von 2500 Euro erhalten. Zugleich sollte die KFZ-Steuer künftig nicht mehr nach dem Hubraum berechnet werden, sondern nach dem CO_2-Ausstoß.

Kritiker bemängelten, dass die Prämie vor allem ausländischen Herstellern zugutekäme und die Bezuschussung der Vernichtung wirtschaftlicher Werte sowohl ökonomisch als auch ökologisch unsinnig sei. Dazu wurden allerhand Rechnungen angestellt, die beweisen sollten, dass der Energieverbrauch für die Herstellung von Neufahrzeugen weitaus höher sei als der durch den Einsatz effizienterer Motoren erreichte Einspareffekt. Der Ersatz eines alten VW Golf durch einen neuen erhöhe den jährlichen CO_2-Ausstoß um fast zwei Drittel (83).

Der Streit um den Nutzen der Abwrackprämie ließ die anderen Maßnahmen in den Hintergrund treten. Beschlossen wurden auch die Anhebung des steuerlichen Grundfreibetrags und die Absenkung des Eingangssteuerersatzes von 15 auf 14 Prozent, die Senkung der Beiträge zur gesetzlichen Krankenkasse, für die zum Ausgleich der Bundeszuschuss erhöht werden sollte, und die Erhöhung der Sätze für die Kinder von Hartz-IV-Beziehern. 17,3 Milliarden wurden für zusätzliche Investitionen in Schulen, Hochschulen, Krankenhäuser, für Städtebau, Straßen und Schienen zur Verfügung gestellt. Das zentrale Investitionsprogramm Mittelstand wurde um fast eine Milliarde aufgestockt. Schließlich sollte die Kreditvergabe für die Wirtschaft durch ein Bürgschaftsvolumen von 100 Milliarden Euro gesichert werden (84).

Die Wirkungen der Abwrackprämie sind bis heute umstritten. Als gesichert kann gelten, dass mit ihr kein positiver ökologischer Lenkungseffekt verbunden war. Klimapolitisch war die Abwrackprämie ein Fehler. Ökonomisch dagegen fällt die Bilanz etwas anders aus. Tatsächlich hatte die deutsche Automobilindustrie im ersten Quartal 2009 Umsatzrückgänge in Größenordnungen von 32,5 Prozent gegenüber dem Vorjahr zu verkraften. Als aber im März 2009 die ersten Anträge auf die Prämie eingegangen waren, stiegen die Zahlen rasch wieder an. Im Mai waren die ursprünglich vorgesehen 1,5 Milliarden für die Abwrackprämie praktisch bereits ausgegeben, so dass das Volumen des Programms bis auf 5 Milliarden aufgestockt wurde. Nachdem bis zum August 2009 1,7 Millionen Anträge eingegangen waren, wurde es zum Herbst eingestellt.

Tatsächlich sprechen etliche Indizien dafür, dass ausländische Hersteller von der Abwrackprämie stärker profitiert haben als die einheimischen Unternehmen. So ist der Marktanteil der ausländischen Hersteller in 2009 gegenüber 2008 von 36 Prozent bis auf 46 Prozent gestiegen. Andererseits aber hat auch VW mit einem Anteil von fast 25 Prozent an den prämienbegünstigten Zulassungen von Neuwagen nicht unerheblich profitiert. Nimmt man Ford und Opel mit ihren Fertigungsstätten in Deutschland hinzu, so kommt man auf einen Gesamtanteil von über 40 Prozent, die zur Arbeitsplatzsicherung in Deutschland beigetragen haben. Unter Berücksichtigung der Jahreswagen, deren Absatz durch die Abwrackprämie erheblich gesteigert wurde, wird das Bild noch etwas günstiger. Zwischen Januar und August 2009 wurden 560 000 mehr Neuwagen zugelassen als im Jahr davor. Zwar ging die Zahl der Neuzulassungen nach Auslaufen der Förderung in 2010 deutlich zurück (um 28 Prozent). Doch war inzwischen der Einbruch beim Export wieder überwunden, so dass die deutsche Automobilwirtschaft den Rückgang der Inlandsnachfrage einigermaßen kompensieren konnte. Die Abwrackprämie habe als »Brücke« gewirkt, die den dramatischen Einbruch beim Export abfangen konnte, meinen deshalb manche Wirtschaftsexperten (85).

Staatshilfen wurden jetzt auch anderswo gefordert. Die Krise der Automobilindustrie hatte auch den amerikanischen Konzern General Motors schwer gebeutelt, der schließlich in die Insolvenz gehen musste. Davon in Mitleidenschaft gezogen war auch die Firma Opel. Im März 2009 forderte die SPD, die Zukunft des Unternehmens durch eine staatliche Beteiligung zu sichern. Zwar lehnte Kanzlerin Merkel eine direkte Beteiligung des Staates ab, versprach aber, auch sie wolle Opel helfen. Der hessische Ministerpräsident Roland Koch arbeitete schon an Plänen, durch staatliche Kreditbürgschaften die Zukunft des Unternehmens abzusichern (86).

Ende Mai sah es so aus, als sei man zu einer Lösung gekommen. Bund und Länder hatten sich in Verhandlungen mit General Motors und der amerikanischen Regierung auf den Einstieg des Zulieferers Magna zusammen mit der russischen Sber-Bank geeinigt. Der Bund wollte Bürgschaften für Kredite von bis zu 4,5 Milliarden übernehmen.

Kaum war die Einigung öffentlich geworden, führte das zur Forderung nach ähnlichen Hilfen bei der Rettung des bedrohten Warenhauskonzerns Arcandor. Nun aber mehrten sich auch die kritischen Stimmen. Nicht nur FDP-Chef Westerwelle kritisierte das Ergebnis der Opel-Verhandlungen. Schon die Bereitschaft des Staates, bei Opel einzugreifen, sei ein ordnungspolitischer Sündenfall gewesen, weil ein wirtschaftliches Scheitern von Opel kein existentielles Problem für die Wirtschaft sei wie das bei einem Bankenzusammenbruch zu erwarten gewesen wäre. Jetzt drohe ein Dammbruch. Nicht jedes große Unternehmen, das in Schwierigkeiten stecke, müsse durch den Staat gerettet werden (87). Bald war auch von »billigem Populismus« die Rede. Die SPD wolle das Thema für den Bundestagswahlkampf nutzen, der im September bevorstand.

Die Finanzkrise konfrontierte die Welt mit den Folgen der Entfesselung der Finanzmärkte, deren Anfänge bis in die 1970er Jahre zurückreichten und die durch die Deregulierungs- und Entstaatlichungspolitik vor allem in den USA und Großbritannien seit den 1980er Jahren massiv vorangetrieben worden war. Dass die Politik der Deregulierung im Finanzsektor letztlich auf eine Kapitulation des Staates vor den ins Riesenhafte aufgeblähten Finanzmärkten hinausgelaufen war und nun dramatische Konsequenzen hervorgebracht hatte, war offensichtlich. Die Krise war Folge eines Politikversagens. Die Rückkehr des Staates erfolgte freilich erst, nachdem die Krise eskaliert war.

Gemessen an der Dramatik der mit Finanzkrise und Bankenrettung aufgeworfenen Grundfragen zum Verhältnis von Politik und Ökonomie im Zeitalter der Globalisierung und der Defizite bei der politischen Regulierung der Finanzmärkte blieb die politische Grundstimmung in Deutschland im Vorfeld der Bundestagswahl 2009 erstaunlich ruhig. Wohl ließ sich die Krise als Bestätigung einer lange schon von links artikulierten Kritik an der Selbstabdankung der Politik gegenüber den Finanzmärkten deuten, wie sie z. B. von Oskar Lafontaine schon in den neunziger Jahren formuliert worden war. Doch die Linkspartei konnte von der veränderten politischen Agenda dieser Zeit nur wenig profitieren. Eine echte Meinungsführerschaft in diesen Fragen erlangte sie trotz der Prominenz und öffentlichen Ausstrahlung ihrer Fraktionsführung mit Lafontaine und Gregor Gysi nicht. Ihr Markenzeichen blieb auch jetzt vor allem der besonders in Ostdeutschland verbreitete Protest gegen die Agenda-Politik. Hinzu trat ihre kompromisslose Ablehnung von Auslandseinsätzen der Bundeswehr, was besonders den in der Gesellschaft umstrittenen Afghanistan-Einsatz betraf. Diese Themen sicherten der Partei eine beachtliche Wählerresonanz, nicht ihre Haltung in der Finanzkrise. Damit aber war die Linkspartei auf eine bundespolitische Oppositionsrolle festgelegt. Sie kam als Regierungspartei im Bund auf absehbare Zeit nicht in Betracht.

Hinzu kam die nur schwer in eingängige und mobilisierungsfähige Forderungen übersetzbare Komplexität des Themas. Zwar verstanden die Bürger sehr genau, dass hier eine eigentlich systemwidrige Rettung von Spekulanten stattfand, die letztlich vornehmlich von denen bezahlt werden musste, die von den großen Gewinnmargen auf den Finanzmärkten selber nie profitiert hatten. Doch ebenso klar war auch, dass die gesamtwirtschaftlichen Risiken eines Zusammenbruchs im Bankensektor wahrscheinlich noch schwerer wiegen würden als der ordnungspolitische Sündenfall und deshalb das Handeln der Regierung im Grundsatz wohl unvermeidlich war.

Dass eine stärkere Regulierung der Finanzmärkte dringend geboten war, entsprach bald einem zumindest rhetorisch von fast allen Seiten geteilten Grundkonsens. Welche Instrumente dazu geeignet sein und wie sie international durchsetzbar sein konnten, war aber selbst von Fachleuten nicht einfach zu beurteilen und entzog sich der einfachen Rückübersetzung in griffige und allgemeinverständliche politische Botschaften.

Weil es der Bundesregierung zudem gelang, mit Hilfe von staatlichen Ausgabenprogrammen die realwirtschaftlichen Krisenerscheinungen einigermaßen zu begrenzen, hat die Finanzkrise im Ergebnis keine großen Verschiebungen der politischen Kräfteverhältnisse zur Folge gehabt. Die Mehrzahl der Deutschen zeigte sich mit dem Krisenmanagement der Regierung im Herbst 2009 durchaus zufrieden (88). Nachdem die Große Koalition noch im Jahr zuvor international gescholten worden war, sie reagiere zu zögerlich und schrecke mit falschen Sparzielen vor fiskalpolitischer Nachfragesteuerung zurück, hatte sich vor allem der Beschluss zur Verlängerung der maximalen Bezugsdauer von Kurzarbeitergeld als kluger Schachzug herausgestellt. Trotz des starken Rückgangs der gesamtwirtschaftlichen Leistungsbilanz fiel der Anstieg der Arbeitslosenzahl in keinem Industrieland der Welt 2009 so gering aus wie in Deutschland. Während die Arbeitslosenrate in den USA zwischen 2008 und 2009 um 3,5 Prozent anstieg, fiel dieser Anstieg in Deutschland mit 0,2 Prozent sehr viel geringer aus (89). Wie sehr das mit der Verlängerung des Kurzarbeitergeldes zusammenhing, zeigte die Statistik: Ende 2009 waren in Deutschland 1,6 Millionen Menschen in Kurzarbeit (90).

Einen Stimmungswandel hat die Finanzkrise freilich doch herbeigeführt. Mit ihr war der auf Markt, Deregulierung und Rückzug des Staates gerichtete Zeitgeist der neunziger Jahre und des beginnenden neuen Jahrtausends an Grenzen gestoßen. Die »Selbstabdankung« des Staates hatte an einen Abgrund geführt. Das konnte nicht ohne Konsequenzen bleiben.

6.4 DIE PARTEIEN VOR DER BUNDESTAGSWAHL 2009

Bereits vor der im Juni 2007 in Berlin vollzogenen offiziellen Fusion mit der WASG hatte DIE LINKE auf einem gemeinsamen Parteitag mit der WASG »programmatische Eckpunkte« verabschiedet. Darin wurden »soziale, demokratische und friedensstiftende Reformen zur Überwindung des Kapitalismus« zum zentralen Ziel der Partei erklärt (91). Zum Zeitpunkt der Fusion hatte die Partei etwa 70 000 Mitglieder. Bis 2009 stieg diese Zahl durch Parteieintritte in den alten Bundesländern bis auf 78 000 an. Danach ging sie wieder zurück (92).

Bei den Regionalwahlen zwischen 2006 und 2009 legte die Linkspartei mit Ausnahme von Berlin, wo sie für ihre Regierungsbeteiligung »abgestraft« wurde, und Sachsen überall zu. Außer in Bayern gelang ihr auch im Westen überall der Einzug in die Landesparlamente. In Thüringen erhielt sie im September 2009 mit 27,4 Prozent ihr bis dahin stärkstes Ergebnis bei Landtagswahlen überhaupt. Da sich die SPD aber für eine Koalition mit der Union entschied, konnte das angestrebte Ziel einer rot-rot-grünen Regierung nicht erreicht werden. Auch im Saarland hatte die neue Partei mit ihrem Spitzenkandidaten Lafontaine 2009 ein ähnliches Ergebnis eingefahren. Mit 21,3 Prozent lag man hier nur knapp hinter der SPD. Weil aber die Grünen überraschend die Bildung einer »Jamaika-Koalition« mit Union und FDP vorzogen, kam es auch hier nicht zu einem Regierungsbündnis mit SPD und Grünen (93).

An der Landesregierung beteiligt aber wurde die Linke in Brandenburg. Die parallel zur Bundestagswahl durchgeführte Landtagswahl bescherte ihr mit 27,2 Prozent einen großen Erfolg. Fortan regierte in Potsdam eine rot-rote Koalition (94).

Die Erfolge der Linkspartei in dieser Zeit konnten allerdings nicht über die internen Differenzen hinwegtäuschen, die sich bald zwischen den radikaleren Tendenzen in den alten Bundesländern und den stärker pragmatischen Kräften im Osten auftaten. Während im Westen nicht nur von der SPD enttäuschte Gewerkschafter, sondern auch zahlreiche versprengte Linksradikale das Gesicht der Partei prägten, war im Osten ein pragmatisch-reformerischer Ansatz stärker vertreten. Zum besonderen Protagonisten der »Reformer« wurde in dieser Zeit Bundesgeschäftsführer Dietmar Bartsch, der diese Rolle bis 2002 schon bei der PDS innegehabt hatte. Parteichef Bisky hatte ihn 2005 zurückgeholt. Auf dem anderen Flügel der Partei existierte weiter eine »Kommunistische Plattform«, deren prominenteste Vertreterin bis 2010 Sahra Wagenknecht war.

Bei der politischen Verortung der Linkspartei gab es in dieser Zeit noch

große Differenzen. 2006 sah das Bundesamt für Verfassungsschutz An-
haltpunkte für verfassungsfeindliche Bestrebungen. 2008 ordnete Innenminister Schäuble die Fortsetzung der Beobachtung an. Während die Lan-
desämter für Verfassungsschutz in Ostdeutschland eine Beobachtung nur
bei der »Kommunistischen Plattform« für angebracht hielten, setzten die
Ämter in vielen westdeutschen Ländern die Beobachtung der ganzen Partei noch länger fort. 2013 entschied das Bundesverfassungsgericht, dass die
Beobachtung des thürinigischen Linken-Politikers Bodo Ramelow verfassungswidrig sei. Im Jahr darauf wurde Ramelow zum Ministerpräsidenten
gewählt. Erst seit 2014 ist die Beobachtung von Bundestagsabgeordneten
der Linken durch den Verfassungsschutz kein Thema mehr. Der bayerische
Landesverband wurde freilich noch 2015 von Innenminister Herrmann als
»extremistisch« eingestuft (95).

Während der demokratische Charakter der Partei von den Innenminis-
tern noch kontrovers diskutiert und die Linkspartei damit in einer Grauzone gehalten wurde, ließ sich nicht übersehen, dass die neue Konkurrenz
in der SPD-Programmatik einen gewissen Druck nach links auslöste. Das
zeigte sich in der Bereitschaft des Parteivorsitzenden Beck zu Kurskorrekturen bei der Agenda-Politik ebenso wie bei der Einführung einer »Reichensteuer« oder dem immer stärker werdenden Drängen auf die Einführung eines gesetzlichen Mindestlohns. Allerdings blieb das Verhältnis
der Sozialdemokraten zur Linkspartei widersprüchlich. Die Kooperation
mit ihr wurde auf Landesebene für den Westen zunächst kategorisch ausgeschlossen, schließlich aber doch für möglich gehalten. Auf Bundesebe-
ne blieb sie ausgeschlossen. 2009 warb die SPD für eine Koalition mit FDP
und Grünen, was angesichts des wirtschaftsliberalen Profils der Westerwelle-FDP öffentlich kaum zu vermitteln war (96).

In der Linkspartei kam es im Vorfeld der Bundestagswahl 2009 zu einer
Debatte um den künftigen Kurs. Ob die Linke sich dauerhaft als Opposi-
tionskraft einrichten oder sich zu einer Reformpartei mit dem Anspruch
auf Regierungsbeteiligung auf gesamtstaatlicher Ebene entwickeln sollte, war umstritten. Sichtbar wurde das in den Diskussionen um das Bundestagswahlprogramm. Vertreter des Reformerlagers versuchten erfolglos,
den Programmentwurf des Vorstands abzumildern (97).

Unter den drei Oppositionsparteien nach 2005 am stärksten in Erscheinung trat die seit Beginn der Ära Westerwelle 2001 deutlich verjüngte FDP
mit ihrem medienpräsenten Chef. Obwohl in der Bundestagsfraktion keineswegs unumstritten, konnte Westerwelle auch hier Wolfgang Gerhardt
2006 aus der Führungsrolle verdrängen (98). Gerhardt erreichte zwar mit
seiner Kritik an der »One Man Show« 2008 einige innerparteiliche Reso-

nanz. Doch die Machtstellung von Westerwelle blieb unangefochten. 2009 wurde er mit einem Rekordergebnis zum Parteivorsitzenden wiedergewählt (99).

Obgleich sich die Finanzkrise kaum als Bestätigung der wirtschaftsliberalen Grundpositionen der FDP interpretieren ließ, konnte der FDP-Vorsitzende mit seiner Kritik an der vermeintlichen »Sozialdemokratisierung« der Union in der Kanzlerschaft Angela Merkels und seinen Warnungen vor »ordnungspolitischen Sündenfällen« wie bei Opel Aufmerksamkeit erlangen. Thematisch bestimmend blieb die Ausrichtung der FDP als wirtschaftsliberaler Reformpartei, die sich auf die Themen Steuersenkung und Bürokratieabbau konzentrierte und andere Fragen wie Bürgerrechte, Bildung oder Sozialstaat in den Hintergrund treten ließ.

Hinzu kam ein politischer Stil, der sich von den Traditionen einer betulichen liberalen Honoratiorenpartei entfernt hatte. Nach dem tragischen Scheitern von Möllemanns Sammelpartei-Projekts einer »Protestpartei der Mitte« (100) zeigte sich Westerwelle zwar um größere Seriosität bemüht. Das Bündnis, das er mit Merkel und Stoiber zur Wahl Horst Köhlers schloss, sollte auch klarmachen, dass die alten »bürgerlichen« Frontlinien noch existierten. Doch auch weiterhin spielten mediale und provokante Zuspitzungen eine wichtige Rolle im öffentlichen Bild der FDP.

Das blieb nicht ohne Ausstrahlung vor allem auf die Jüngeren unter Dreißig, die in den ersten Jahren des neuen Jahrhunderts in der FDP-Mitgliedschaft prozentual doppelt so stark vertreten waren wie in den Volksparteien Union und SPD (101). Hier machte sich auch die früh herausgestellte Internet-Affinität der Partei bemerkbar. So wurden »leistungsorientierte Individualisten« aus der jüngeren Generation zur besonderen Zielgruppe der Partei, wobei das weibliche Geschlecht stark unterrepräsentiert blieb (102). Diese vornehmlich männliche, »post-alternative Kohorte« der Geburtsjahrgänge nach 1967 spielte beim Aufstieg der FDP bis 2009 eine wichtige Rolle.

In Mecklenburg-Vorpommern 2006 und in Bremen 2007 konnten die Liberalen ihre Position ebenso verbessern wie in Hessen, Niedersachsen und Bayern 2008. Hier rückte sie genauso in die Regierung ein wie nach den Neuwahlen in Hessen 2009, wo die Partei mit 16,2 Prozent sogar ein Rekordergebnis einfuhr. In Thüringen und Brandenburg gelang ihr der Wiedereinzug in die Landtage. In Sachsen konnte sie eine Koalitionsregierung mit der Union bilden. Im Herbst 2009 waren die Liberalen an acht Landesregierungen beteiligt. Dass die Partei in Sachsen-Anhalt 2006 die Hälfte ihres Stimmenanteils verloren hatte, galt als Ergebnis regionaler Besonderheiten.

Dass eine als Steuersenkungspartei profilierte und vielen als »markt-radikal« geltende FDP ausgerechnet in der Zeit des großen Crash des Fi-nanzkapitalismus einen Aufschwung erlebte und vor dem größten Wahl-erfolg ihrer Geschichte stand, hatte vor allem mit der Union zu tun. Hatte sich Angela Merkel schon seit Beginn ihrer Kanzlerschaft immer mehr von den wirtschaftsliberalen Vorstellungen aus der Zeit vor 2005 entfernt und damit einen Teil ihres wirtschaftsnahen Klientels verprellt, so sammelten sich in einer Zeit, die Banker und Manager in bis dahin ungekannter Wei-se auf die Anklagebank rückte, die Anhänger des Wirtschaftsliberalismus erst recht bei der FDP (103).

Die Aussichten der Grünen schienen in der Oppositionskonkurrenz mit Linken und FDP zunächst nicht sonderlich gut. Hatte die Linkspartei im Sozialprotest auf Jahre hinaus ihr Oppositionsthema und dazu öffent-lichkeitswirksame Sprecher und galt das umgekehrt auch für die Libera-len auf der anderen Seite, so mussten die Grünen mit einer neuen Füh-rung zugleich damit zurechtzukommen, dass Rot-Grün als Auslaufmodell galt. Erst nach der Bürgerschaftswahl in Bremen kam die bis dahin prak-tisch einzige Machtoption der Partei auf überregionaler Ebene zu einem Comeback.

Tatsächlich tat sich die Führung der Partei mit Reinhard Bütikofer und Claudia Roth an der Partei- sowie Renate Künast und Fritz Kuhn an der Fraktionsspitze zunächst nicht leicht. Die Beziehungen der Spitzenleute waren von Rivalitäten und Spannungen mitgeprägt, was besonders für das Verhältnis von Renate Künast und Jürgen Trittin galt (104). Und große grü-ne Profilierungsthemen waren nicht in Sicht. Dazu kam noch, dass die Grü-nen nach ihrer Regierungsrolle der vorangegangenen Jahre ihre eigene Po-litik von gestern nicht einfach dementieren konnten. Immerhin hatten sie die viel kritisierte Agenda-Politik ebenso mitgetragen wie den Bundes-wehreinsatz in Afghanistan, der auch nach 2005 immer wieder für Debat-ten sorgte.

Einen Tiefpunkt erlebte die neue Parteiführung, als sie 2007 für eine Ver-längerung des Afghanistan-Einsatzes der Bundeswehr bei den Delegierten des Bundesparteitags keine Zustimmung fand. Jürgen Trittin, ansonsten ein gewiefter Taktiker, der das Bedürfnis nach oppositioneller Rhetorik oft wirkungsvoll mit letztlich doch pragmatischen Ergebnissen zu verbinden verstand, hatte sich gar nicht erst in die Debatte eingemischt. Die Süddeut-sche Zeitung urteilte daraufhin hart: »Künast, Kuhn, Bütikofer, Roth und Trittin haben sich in Politzwerge verwandelt (105).

Die Agenda-Politik dagegen, die der SPD so viele Schwierigkeiten berei-tete, wurde für die Grünen nie zum großen Problem. Seltsam unberührt

von dieser weite Teile der Gesellschaft und besonders die linke Szene um-
treibende Auseinandersetzung, führten die Grünen zwar allerhand Debatten über soziale Gerechtigkeit und fanden sich bei ihnen jetzt auch viele
Befürworter eines »garantierten Mindesteinkommens«. Doch an den Nerv
der Partei rührte das nicht.

Während die Wahlergebnisse der Partei bei den Landtagswahlen bis
2008 durchwachsen ausfielen, gewannen Debatten in der Partei über mögliche Bündnisse mit der Union an Bedeutung. Mit der Entscheidung der
Hamburger Grünen wurde Schwarz-Grün auch zu einer realistischen Option auf Länderebene.

Im Vorfeld der Bundestagswahl 2009 waren die Grünen dann wieder im
Aufwind. In Hessen konnten sie sich Anfang des Jahres deutlich verbessern,
bei den Europawahlen im Frühjahr ihr gutes Ergebnis von 2004 halten. In
Thüringen und Brandenburg gelang der Partei im Herbst die Rückkehr in
die dortigen Landtage. Auch in Sachsen konnten die Grünen ihre Position
deutlich ausbauen. Die lange Durststrecke in Ostdeutschland schien jetzt
allmählich überwunden. Ende 2008 hatte Cem Özdemir die Nachfolge von
Reinhard Bütikofer als Bundesvorsitzender übernommen. Den langjährigen Parteichef zog es ins Europaparlament.

Für die Stabilisierung Partei, die jetzt die immer wieder geäußerte Verortung der Grünen als einer »Generationenpartei« (106) zu widerlegen
schien, wurden unterschiedliche Ursachen genannt. Die Grünen profitierten nicht nur vom Generationswechsel, sondern auch vom »Verbürger-
lichungsprozess« der Partei, der ja auch eine »Verbürgerlichung« der Anhängerschaft war. So sah es jedenfalls der Politikwissenschaftler Franz
Walter. Der gewachsene Pragmatismus und Professionalismus der Partei
entspreche der Lebensgeschichte ihrer älter gewordenen Anhängerschaft
der frühen Jahre.

Tatsächlich waren die Grünen inzwischen eine Partei der urbanen, gebildeten Mittelschichten mit überdurchschnittlichen Einkommen und verkörperten ein sozialökologisch-liberales Lebensgefühl, das in den großen
Städten kulturell hegemonial zu werden begann. Das Milieu der Rebellion, das vor allem in den Anfangsjahren die Grünen getragen hatte, war
inzwischen zum »Statusmilieu des avancierten Bürgertums der 1950er
und 1960er Geburtsjahrgänge« geworden (107). Hier setzte man auf Um-
welt und Gesundheit, aber auch auf Technik und Lifestyle. Das als LO-
HAS (»Lifestyle of Health and Sustainability«) bezeichnete Milieu sah die
Marktforschung jener Jahre bereits in der Rolle einer das kulturelle Klima
prägenden Trendsettergruppe (108).

Die Partei profitierte auch von ihrer allmählichen Abnabelung von den

Sozialdemokraten als dem einzig möglichen Bündnispartner. Zwar zeigten sich Teile ihrer Wählerschaft gegenüber schwarz-grünen Flirts lange skeptisch. Manchen erschienen sie als Zumutung, die nicht ins angestammte politische Weltbild passen wollte. Doch die damit verbundene größere Eigenständigkeit konnte auch gewachsenes Selbstbewusstsein vermitteln. Immerhin blitzten noch immer Elemente des Unangepassten auf und wurden in Sonntagsreden gerne die Gründungsmythen der Partei beschworen. Die Grünen waren inzwischen etabliert. Aber sie galten als die am wenigsten etablierte unter allen etablierten Parteien.

Grundsätzliche Alternativen zur Krisenbewältigungspolitik der Großen Koalition herauszustellen, gelang den Oppositionsparteien freilich kaum. Dabei half der Regierung Merkel, dass die Auswirkungen der Krise auf Arbeitsmarkt und Beschäftigung deutlich weniger dramatisch ausfielen als zunächst befürchtet worden war. Zwar schrumpfte das reale Bruttoinlandsprodukt in 2009 gegenüber 2008 deutlich. Die Rückwirkungen dieses Einbruchs auf den Arbeitsmarkt blieben jedoch erstaunlich gering. Die Zahl der Erwerbstätigen konnte 2009 ungefähr auf dem Stand des Vorjahres gehalten werden. Auch die Zahl der sozialversicherungspflichtig Beschäftigten verminderte sich nur geringfügig. Zwar stieg die Zahl der Arbeitslosen von Ende 2008 bis Ende 2009 um 173 000 an. Nachdem sie seit 2006 deutlich gefallen war, lag sie jetzt bei 3,42 Millionen. Doch dieser Anstieg fiel weitaus moderater aus als angesichts der gesamtwirtschaftlichen Rahmenbedingungen zu erwarten gewesen war (109).

Ohne die Entlastung des Arbeitsmarkts durch Kurzarbeit und die staatlichen Unterstützungsleistungen bei ihrer Finanzierung und die beschlossenen arbeitsmarktpolitischen Maßnahmen zur Weiterbildung hätten die Zahlen freilich ganz anders ausgesehen. Die Bundesagentur für Arbeit hat berechnet, dass die Zahl der Arbeitslosen ansonsten um weitere 540 000 auf knapp vier Millionen im Jahresdurchschnitt 2009 angestiegen wäre (110). Vom Anstieg der Arbeitslosigkeit betroffen war allein Westdeutschland, während im Osten die Arbeitslosenzahl 2009 sogar leicht abnahm. »Der massive Einsatz der Arbeitsmarktpolitik half also, den Anstieg der Arbeitslosigkeit zu begrenzen« (111).

Für das Ansehen der Merkel-Regierung hilfreich war auch der Vergleich zur rot-grünen Vorgängerregierung. Im wirtschaftlich besten Jahr der Regierung Schröder (2000) hatte die Arbeitslosigkeit bei 3,85 Millionen gelegen. Am Ende war diese Zahl 2005 auf fünf Millionen gestiegen. Demgegenüber schienen die 3,4 Millionen des Jahres 2009 gar nicht so dramatisch. Im Osten war die Zahl der Arbeitslosen von 2005 bis 2009 sogar von 1,6 bis auf 1,1 Millionen gefallen. Auch im Westen lag sie trotz des Anstiegs 2009 mit 2,3 Millionen deutlich unter den 3,25 Millionen im Jahres-durchschnitt 2005 (112).

Das alles trug zu dem erstaunlich unaufgeregten politischen Grundkli-ma bei, in dem der Bundestagswahlkampf 2009 stattfand. Dabei setzte die Union ganz auf das öffentliche Ansehen der Kanzlerin, ihre pragmatische Handlungskompetenz in Krisenzeiten und eine Strategie, die polarisieren-de inhaltliche Konflikte möglichst zu vermeiden suchte. Bald wurde das »Strategie der asymmetrischen Demobilisierung« genannt. Sie rückte An-gela Merkel in eine eher präsidiale Rolle (113). Dagegen erwiesen sich ihre ungelösten inhaltlichen und personellen Konflikte bald als schweres Han-dicap für die Mobilisierungskraft des sozialdemokratischen Koalitions-partners.

Schon der Start in die Große Koalition war für die SPD unglücklich ver-laufen. Nach seinem Rückzug als Parteichef versuchte Franz Müntefering als Vizekanzler, über seine Rolle in der Regierung ein eigenes Machtzen-trum aufzubauen. Dabei konnte er sich in der Großen Koalition rasch eini-gen Einfluss sichern. Gleichzeitig aber musste sich die Partei nach einem neuen Vorsitzenden umsehen. Den fand man im brandenburgischen Mi-nisterpräsidenten Matthias Platzeck, der als Seiteneinsteiger in der Par-tei aber nicht verwurzelt war, wenig Akzente setzen konnte und das Amt nach einem knappen halben Jahr wieder abgab, freilich Ministerpräsident blieb (114).

Im Mai 2006 wurde der rheinland-pfälzische Ministerpräsident Kurt Beck zum Nachfolger Platzecks gewählt. Auch er aber hatte als SPD-Chef nicht immer eine glückliche Hand. Zwar versuchte Beck, mit einem vermit-telnden und integrierenden Führungsstil die Partei zusammenzuhalten. Doch hatte er mit öffentlichen Zuschreibungen und Etiketten zu kämpfen, die in jeder Kurskorrektur eine Aufweichung der Agenda-Politik sahen. So musste er mit Müntefering aneinandergeraten, der Änderungen der Agen-da-Politik kategorisch ablehnte. Also blieben die Fronten in der Partei ver-härtet. Die Verabschiedung eines neuen SPD-Grundsatzprogramms 2007 änderte daran nichts. Das Programm war ein Kompromiss, der keinen wirklichen Neuanfang möglich machte (115).

Erschüttert wurde die Autorität Becks dann vor allem durch seine er-ratische Rolle in der Frage des Umgangs mit der Linkspartei. Im Juli 2007 hatte er selbst einen Parteibeschluss durchgesetzt, der Koalitionen mit der Linkspartei in den westlichen Bundesländern kategorisch ausschloss. Als dann aber Andrea Ypsilanti die Chance nutzen wollte, durch Unterstüt-zung der Linken Ministerpräsidentin in Hessen werden zu können, rück-te Beck von dieser Position ab und gab ihr im Februar 2008 freie Hand –

ohne Rücksprache mit dem Parteivorstand. Das musste seine Position schwächen.

Hinzu kam sein unglückliches Agieren im Vorfeld der Bundespräsidentenwahl 2009. Obwohl Beck sich mit Müntefering, Steinmeier und Steinbrück bereits verständigt hatte, bei der anstehenden Wiederwahl Horst Köhlers auf einen eigenen sozialdemokratischen Kandidaten zu verzichten, gab er dann doch dem Drängen derjenigen in der Partei nach, die in einem eigenen Kandidaten ein Gebot sozialdemokratischer Identitätspflege sahen. Nominiert wurde erneut Gesine Schwan, die dann voraussehbar ein zweites Mal scheiterte.

Zum Anlass für den Rückzug vom Amt des Parteivorsitzenden aber wurde die Kanzlerkandidatur 2009. Nachdem im September 2008 durch eine Indiskretion durchgesickert war, dass Außenminister Frank-Walter Steinmeier diese Aufgabe übernehmen sollte, trat Beck überraschend zurück. Zwar war auch er seit längerer Zeit für Steinmeiers Kandidatur eingetreten. Doch als SPD-Parteichef wollte er selbst das Gesetz des Handelns bestimmen und den Kandidaten öffentlich präsentieren. Das aber war ihm nun durch »Durchstechereien« und mediale Indiskretionen aus der Hand genommen worden. Ohnehin durch Rivalitäten und Intrigen schon mitgenommen, sah er sich jetzt in seiner Autorität als Parteivorsitzender entscheidend geschwächt und warf das Handtuch (116). Für die »Episode Beck« sei ein »Mangel an Vordenken, Gestaltungswillen, Durchsetzungskraft in einer heterogenen, an sich zweifelnden Partei« charakteristisch gewesen, resümierte Joachim Raschke 2010 (117).

Nachfolger wurde sein Vor-Vorgänger Franz Müntefering, der sich 2007 aus der Bundesregierung zurückgezogen hatte, um seine krebskranke Frau zu pflegen. Nach ihrem Tod stand er jetzt wieder für Führungsaufgaben zur Verfügung. Als Arbeits- und Sozialminister war Müntefering durch Olaf Scholz ersetzt worden.

Auch Müntefering aber vermochte es nicht, im Bund mit dem Kanzlerkandidaten Steinmeier der Partei eine überzeugende und die verschiedenen Seiten einbindende inhaltliche und strategische Orientierung zu geben. Er setzte auf den Erfolg sozialdemokratischer Regierungsarbeit. Da ließ sich zwar einiges vorweisen. Eine gewisse Linksverschiebung in die Richtung sozialdemokratischer Politikvorstellungen war in der Politik der Bundesregierung kaum zu übersehen. Daraus folgte aber kein breit wahrnehmbarer Profilierungsgewinn der SPD. Der in der Innenpolitik unerfahrene Kandidat Steinmeier konnte da auch nicht viel ausrichten. So geriet die SPD in »eine unklare Position zwischen sozialdemokratisierter Merkel-CDU, unter Rot-Grün eingeschlagener marktliberaler Linie und dem egalitären

Interventionismus der Parteilinken sowie der Linkspartei« (118). Die politische Agenda war zwar mit der Finanzkrise sozialdemokratisch geprägt. Aber der SPD gelang keine Profilierung, die das als ihre Leistung nachvollziehbar gemacht hätte. Soweit die Öffentlichkeit der Großen Koalition Erfolge zuschrieb, galten sie als Erfolge der Kanzlerin – selbst wenn eigentlich die SPD dafür verantwortlich war.

Es waren keineswegs nur die immer wieder aufbrechenden Personalquerelen, die den Sozialdemokraten das Leben schwermachten. Zwar hatte sich die Partei mehrheitlich zur Großen Koalition durchgerungen. Doch so recht anfreunden mochten sich manche Teile der Partei damit nicht. Dabei spielte die innerparteilich weit verbreitete Skepsis gegenüber Schröders Politik der »Agenda 2010« weiter eine zentrale Rolle. Während sich die Wirtschaftslage aufhellte, die Arbeitsmarktzahlen besser wurden und außerhalb der SPD viele das auch als Verdienst der Politik Schröders würdigten, gelang den Sozialdemokraten ein selbstbewusster Umgang mit der eigenen Vergangenheit nicht. Man dementierte und revidierte nichts, man nahm nichts zurück – und doch sorgte das schlechte Gewissen, mit dem viele auf die eigene Regierungsarbeit zurückschauten, für eine Selbstlähmung der Genossen.

So kam es, dass die SPD zwar in der Großen Koalition einiges bewegen und für sich in Anspruch nehmen konnte, die Union stärker in die Mitte gedrängt zu haben. Doch offensiv damit punkten konnten die Sozialdemokraten schon deshalb nicht, weil das Hadern mit der eigenen Rolle die Selbstwahrnehmung als erfolgreicher Partner in einer Bundesregierung entscheidend erschwerte. Gefördert wurde das durch die Existenz der Linkspartei, die jetzt mit einigem Erfolg auch im Westen auftrat und mit Oskar Lafontaine eine Führungsfigur präsentieren konnte, der es leichtfiel, das schlechte Gewissen vieler Genossen wegen ihrer angeblichen Abkehr von sozialdemokratischen Grundsätzen immer wieder wachzurufen.

Hinzu kam noch, dass der Kanzlerkandidat Frank-Walter Steinmeier zwar ein beliebter Außenminister war, aber nach einer Karriere als politischer Beamter, Kanzleramtsminister und geräuschloser Administrator der Regierung Schröder gar nicht die Idealbesetzung eines politischen Mittelstürmers sein konnte, der in einem Bundestagswahlkampf öffentlichkeitswirksam kontroverse Themen setzen und im Angriffsmodus die Schwachstellen der Amtsinhaberin bloßstellen würde. Zumal er schon wegen seiner langjährigen engen Verbundenheit mit Schröder in der SPD gar nicht unumstritten sein konnte. Schließlich hatte er selbst zu den Vätern der Agenda gehört.

Weil auch die Einbindung von Finanzminister Peer Steinbrück nicht gelang, der als zentraler Akteur in der Finanzkrise eine wichtige Rolle im SPD-Wahlkampfkonzept hätte spielen können, fiel auch die Chance, die Finanzkrise als Gerechtigkeitsthema zur gesellschaftspolitischen Debatte zu machen, der Selbstblockade der SPD zum Opfer (119).

So endete auch die zweite Übernahme des Parteivorsitzes durch Franz Müntefering in Mißerfolg und Enttäuschung. Sein eigener Anspruch »Wir können Wahlkampf« blieb uneingelöst (120). Am Ende fühlte sich Steinmeier von Müntefering sogar im Stich gelassen. Die SPD-Wahlkampagne sei ein »Nicht-Ereignis« gewesen, schrieb Matthias Machnig hinterher (121).

Solche Probleme hatte die Union im Vorfeld der Wahl nicht. Zwar musste die »Linksverschiebung« ihres politischen Profils auf längere Sicht auch für sie ein politisches Profilierungsproblem hervorbringen. Aber schon ihre traditionelle Fixierung auf die politische Macht- und Gestaltungsrolle bewahrte die Union vor größeren innparteilichen Kontroversen. Nach den sieben Jahren der Schröder-Regierungen war die Regierungsrolle für viele schon ein Wert an sich. Und dass eine Modernisierung des Frauen- und Familienbildes der Partei angesichts der gesellschaftlichen Veränderungen eher überfällig war, wenn sie ihre strukturelle Mehrheitsfähigkeit behalten wollte, ließ sich schwer bestreiten. Natürlich war zu fürchten, dass die Kurswechsel in der Wirtschafts- und Finanzpolitik der Konkurrenz durch die FDP neue Chancen bieten würden. Aber ein Erstarken der FDP würde andererseits die Chancen für ein »bürgerliches Bündnis« verbessern und war demnach nicht nur von Nachteil.

Sorgen bereiten musste allerdings das ungewohnte Schwächeln der CSU. Mit dem Ende der Ära Stoiber war die erfolgsverwöhnte bayerische Schwesterpartei der CDU in eine Krise geraten, die mit dem Wechsel Horst Seehofers nach München nicht einfach überwunden war.

Die Union setzte 2009 ganz auf ihre Kanzlerin, die einen präsidialen Wahlkampf führen würde. Programmatisch blieben ihre Ziele eher verschwommen. Konfliktträchtige Themen sollten möglichst vermieden werden. Gleichwohl ging man im Sommer 2009 davon aus, dass CDU und CSU ein deutlich besseres Ergebnis als 2005 erreichen könnten. Bei den Europawahlen vom 7. Juni 2009 lag die Union mit 37,9 Prozent weit vor den Sozialdemokraten, die nur auf 20,8 Prozent kamen. Gut behaupten konnten sich Grüne und FDP mit 12,1 bzw. 11 Prozent der Stimmen. Im August meldeten die Demoskopen Werte bis zu 38 Prozent. Bei der Messung der politischen Stimmungslage sah die Forschungsgruppe Wahlen die Union zu dieser Zeit sogar noch darüber (122).

6.5 DIE BUNDESTAGSWAHL 2009

Die Bundestagswahl am 27. September brachte den von den Demoskopen fast einhellig vorausgesagten Wahlsieg für CDU/CSU und FDP. Nach einem themenarmen und wenig aufregenden Wahlkampf ohne echte Kontroverse und polarisierende Auseinandersetzung und der mit nur 70,8 Prozent niedrigsten Wahlbeteiligung in der Geschichte der Bundesrepublik lag das »bürgerliche Lager« klar vorn und konnte jetzt das von beiden als »Wunschkoalition« angestrebte Regierungsbündnis schließen.

Nicht unbedingt erwartet worden aber war die Verteilung der Stimmen auf Union und FDP. Während die Union mit 33,8 Prozent gegenüber dem schwachen Ergebnis der Bundestagswahl 2005 noch einmal 1,4 Prozentpunkte eingebüßt hatte, konnte die FDP mit 14,6 Prozent einen geradezu triumphalen Wahlsieg und das beste Ergebnis ihrer Geschichte feiern. Besonders schwach hatte die CDU in den westlichen Bundesländern abgeschnitten. Hier erreichte sie nur 26,7 Prozent, während sie im Osten 4,5 Prozent zulegen konnte und mit 29,8 Prozent der Stimmen stärkste Partei wurde (123). Die deutlichsten Verluste im Unionslager aber hatte die CSU eingefahren, deren Stimmenanteil in Bayern von 49,2 auf nur noch 42,5 Prozent geschrumpft war.

Westerwelles Wahlkampfstrategie, die FDP gegen eine angeblich »sozialdemokratisierte« Union als einzige nicht-sozialdemokratische Partei in Deutschland wirtschaftsliberal zu profilieren und den liberal gesonnenen Mittelschichten kräftige Steuersenkungen in Aussicht zu stellen, war voll aufgegangen. Die Wählerwanderungsbilanzen bestätigten das eindrucksvoll: Danach hatte die FDP einen Zuwachs von mehr als 1,1 Millionen ehemaliger CDU-Wähler verbuchen können. Dazu kamen 530 000 Menschen, die 2005 die SPD gewählt hatten (124).

Zum großen Verlierer des Wahltags aber wurden die Sozialdemokraten. Mit 23,0 Prozent erzielten sie das bis dahin schlechteste Wahlergebnis ihrer Geschichte seit 1949. Das bedeutete einen Verlust von 11,2 Stimmenprozenten. Künftig würden nur noch 146 Abgeordnete die Partei im Bundestag vertreten – 76 Mandate weniger als 2005.

Die Wählerwanderungsbilanzen zeigten, dass die Sozialdemokraten in alle Richtungen Wähler verloren hatten. 1,4 Millionen SPD-Wähler von 2005 blieben diesmal den Urnen fern. 1,1 Millionen waren zur Linkspartei abgewandert, 880 000 präferierten diesmal die Union. Fast ebenso viele (870 000) waren zu den Grünen gewechselt. Sogar die FDP profitierte von der sozialdemokratischen Schwäche (125). Dieses Ergebnis war keine Niederlage, es war ein Desaster.

Im Vergleich dazu hielten sich die Verluste der Union noch in Grenzen. 1,14 Millionen ihrer Wähler von 2005 waren diesmal zur FDP gegangen, etwa gleich viele zuhause geblieben. Zugleich aber konnten CDU und CSU 880 000 Menschen von der SPD zu sich herüberziehen. Das wieder stärker sozialstaatliche Profil der ersten Regierung Merkel war in der Wählerschaft vor allem der Union zugutegekommen.

Mit 239 Mandaten würden CDU und CSU fortan die bei weitem stärkste Fraktion stellen. Durch die Rekordzahl von 24 Überhangmandaten für die beiden Unionsparteien hielten sich ihre Mandatsverluste in Grenzen und wuchs der Abstand zur SPD-Fraktion auf 93 Abgeordnete. Erstmals seit 1957 konnte jetzt nicht mehr von zwei ähnlich starken politischen Gruppierungen im Bundestag gesprochen werden.

Profitiert von der Schwäche der SPD hatten neben der Linkspartei auch die Grünen, die mit 10,7 Prozent der Zweitstimmen erstmals in ihrer Geschichte bei Bundestagswahlen ein zweistelliges Ergebnis erzielen konnten. Ihre Zuwächse gingen fast ausschließlich auf das Konto ehemaliger SPD-Wähler, während der Wähleraustausch mit den anderen Parteien eher gering ausfiel. Fortan würden 68 Abgeordnete die Partei im Bundestag vertreten, ein Zuwachs von 17 Mandaten.

Während die Liberalen künftig 93 Mandatsträger stellen würden, was bei einem Stimmengewinn von 4,8 Prozent einen Zuwachs von 32 Abgeordneten bedeutete, waren auch die Linken mit ihren Spitzenkandidaten Lafontaine und Gysi kräftig gestärkt worden. 11,9 Prozent bedeuteten einen Zugewinn von 3,2 Prozent und 22 Mandaten. Künftig vertraten 76 Abgeordnete die Partei.

Besonders bemerkenswert waren die Erfolge der Linkspartei in Ostdeutschland ausgefallen, wo sie gleich 16 Direktmandate holen konnte. In Sachsen-Anhalt und Brandenburg waren die Linken sogar zur stärksten politischen Kraft geworden. Insgesamt konnten sie im Osten 28,5 Prozent der Stimmen erreichen und lagen damit nur knapp hinter der CDU, aber weit vor den Sozialdemokraten, die in den neuen Ländern nur auf 17,9 Prozent kamen (126).

Merkels »Vermeidungswahlkampf auf Samtpfoten« hatte ihr strategisches Ziel einer Demobilisierung der SPD voll erreicht (127). Der Deeskalationsansatz der CDU ließ alle Anläufe der Sozialdemokraten, im Wahlkampf aggressivere Töne anzuschlagen, verpuffen. In der Wissenschaft ist das als »reduzierter Parteienwettbewerb durch kalkulierte Demobilisierung« bezeichnet worden (128). Demgegenüber erschienen aus Sicht der Kanzlerin und anderer führender Unionsleute die vielen Wählerwanderungen zur FDP zwar unschön, aber doch zu verschmerzen.

Schwieriger war das Wahlergebnis dagegen für die CSU, die mit fast sieben Prozent weitaus stärker verloren hatte als ihre Schwesterpartei. Die Erosion, die die CSU mit dem Ende der Ära Stoiber erleben musste, hatte ihre Ausstrahlung auch auf die Bundestagswahl gehabt.

Keine großen Probleme warf der Umgang mit dem Wahlergebnis auf. Mit 332 von 622 Mandaten für Union und FDP würde es für die von beiden angestrebte schwarz-gelbe Regierungsbildung bequem reichen.

Bereits am 28. Oktober 2009 konnte das zweite Kabinett Merkel vereidigt werden. Bei der Kanzlerwahl bekam die alte und neue Kanzlerin 323 Stimmen – neun weniger als Union und FDP an Abgeordneten aufbieten konnten. Vier Tage zuvor hatten Angela Merkel, Guido Westerwelle und Horst Seehofer den Koalitionsvertrag vorgestellt, der den Titel »Wachstum, Bildung, Zusammenhalt« trug. Hauptaufgabe der kommenden Legislaturperiode sei die Überwindung der Wirtschaftskrise. Dazu sollte rasch ein »Wachstumsbeschleunigungsgesetz« verabschiedet werden, mit dem u.a. die Erhöhung der steuerlichen Kinderfreibeträge, Erleichterungen in der Unternehmensbesteuerung und die Absenkung von Erbschaftssteuersätze für Geschwister vorgesehen waren. Für Hotelübernachtungen sollte künftig der ermäßigte Mehrwertsteuersatz von sieben Prozent gelten. Ab 2011 waren Steuersenkungen geplant, deren Größenordnung von 24 Milliarden freilich unter »Finanzierungsvorbehalt« gestellt war. Dieser Vorbehalt galt auch für andere Vorhaben. Festgelegt wurde ferner die Revision des Atomausstiegs durch eine Laufzeitverlängerung für »sichere« Atomreaktoren. Im Gegenzug sollten die Betreiber der Anlagen Gewinne für die Erforschung erneuerbarer Energien bereitstellen (129).

So rasch die Regierungsbildung auch lief – ohne Komplikationen war sie nicht. Dafür sorgte schon die FDP, die nach ihrem großen Wahlerfolg besonders darauf festgelegt war, dass die vollmundig versprochenen Steuersenkungen auch umgesetzt wurden. Politisch-programmatisch freilich hatten sich die beiden »bürgerlichen Parteien« seit 2005 voneinander entfernt (130). Als Oppositionspartei hatte die FDP im Wahlkampf mit einem pointiert wirtschaftsliberalen Kurs klare Kante zeigen können (»mehr Netto vom Brutto«), während die Union in der Koalition mit der SPD nicht nur zu Kompromissen gezwungen war, sondern sich ihrerseits wieder auf den Weg in eine »bürgerliche Sozialstaatspartei« begeben hatte (131).

Auch die Stimmungslage in der Union war schwierig. Hier herrschte jetzt der Eindruck vor, die FDP habe bei den Wahlen auf ihre Kosten viel zu gut abgeschnitten. Deshalb müsse man sie jetzt bremsen. Tatsächlich konnten Steuersenkungen in einem Ausmaß, wie sie die FDP vorschlug, in einer Zeit hoher Staatsverschuldung, von Konjunkturprogrammen und Krisenbekämpfung kaum machbar sein. Auch in der Union sahen das jetzt viele so. Aus ihrer Sicht war die FDP ein wenig aus der Zeit gefallen. So konnten sich die Liberalen mit ihrer Forderung nach einer umfassenden Steuersenkung nicht durchsetzen. Angesichts der »dilatorischen Formelhaftigkeit« des Koalitionsvertrags wirkte die auch danach anhaltende, kraftmeierische Rhetorik der Liberalen wie potentielle Realitätsverweigerung. Anfang Januar 2010 sprach Parteichef Westerwelle sogar von einer »geistig-moralischen Wende« (132).

Dabei waren sich die Freidemokraten anfänglich gar nicht einig gewesen, welche Ressorts man anstreben sollte. Während Guido Westerwelle ähnlich wie Joschka Fischer 1998 ganz auf den Außenministerposten festgelegt war, sahen andere in der Partei eher im Finanzministerium das zentrale Ressort, das für die FDP reklamiert werden sollte. Immerhin konnte von dort aus die Umsetzung des zentralen Wahlziels der FDP betrieben werden. Und als Finanzminister schien der frühere Fraktionschef Hermann Otto Solms der richtige Kandidat zu sein.

Schließlich aber setzte Westerwelle sich durch. Er würde Außenminister und Vizekanzler werden. Neben ihrem Parteichef sollten noch vier weitere FDP-Minister der Bundesregierung angehören: Rainer Brüderle als Wirtschaftsminister, Philipp Rösler als Gesundheitsminister, Sabine Leutheusser-Schnarrenberger als Justizministerin und Dirk Niebel im Ressort für wirtschaftliche Zusammenarbeit und Entwicklung. Leutheusser-Schnarrenberger kehrte damit in ein Ministerium zurück, das sie schon unter Helmut Kohl noch in Bonn einige Jahre geleitet hatte, bis sie im Streit um den »Großen Lauschangriff« zurückgetreten war.

Die übrigen Bundesminister wurden von der Union gestellt. Als Finanzminister amtierte jetzt Wolfgang Schäuble. Sein Amt als Innenminister übernahm Thomas de Maizière. Franz Josef Jung wurde Minister für Arbeit und Soziales, trat aber schon nach wenigen Wochen wegen der Informationspolitik seines Ministeriums im Zusammenhang mit der Militäraktion in Afghanistan, die viele zivile Opfer gekostet hatte, zurück. Zur Nachfolgerin rückte Ende November 2009 Ursula von der Leyen auf, die ihr Ressort als Familienministerin an Kristina Schröder abgab. Bildungsministerin wurde wieder Annette Schavan. Das Umweltressort übernahm Norbert Röttgen.

Prominentestes Gesicht der CSU im Kabinett war jetzt der »Senkrechtstarter« Karl-Theodor Freiherr zu Guttenberg, der 2009 die Nachfolge von Michael Glos als Wirtschaftsminister übernommen hatte, öffentlich viel Aufsehen erregte und nun das Verteidigungsministerium erhielt. Er galt bereits als der »kommende Mann« der CSU. Ilse Aigner wurde Landwirtschaftsministerin, Peter Ramsauer rückte ins Ressort Bauen und Verkehr. Nachfolger von Thomas de Maizière im Kanzleramt wurde Ronald Pofalla (133).

6.6 DIE REGIERUNG MERKEL UND DIE EUROKRISE

Bereits Anfang 2010 geriet das »bürgerliche Regierungsbündnis« erstmals unter Druck, nachdem man die im Koalitionsvertrag verabredete Einführung des ermäßigten Mehrwertsteuersatzes für Hotelübernachtungen rasch umgesetzt hatte. Inzwischen war bekannt geworden, dass die FDP von der Firma Mövenpick, die auch in der Hotelbranche tätig war, eine Millionenspende bekommen hatte. Daraus entstand nicht nur der Eindruck klassischer Klientelpolitik. In den Medien wie von der Opposition wurde bald auch der Vorwurf einer verbotenen »Einflussspende« erhoben (134).

Obgleich sich auch die CSU vehement für die Absenkung eingesetzt hatte, ging die Sache ausschließlich zu Lasten der FDP. Parteichef Seehofer verstand es geschickt, die CSU aus den öffentlichen Aufgeregtheiten herauszuhalten. Dabei soll vor allem er es gewesen sein, der in den Koalitionsverhandlungen auf dem ermäßigten Mehrwertsteuersatz bestanden hatte (135).

Weil auch Außenminister Westerwelle am Beginn seiner Amtsführung als Außenminister einige Ungeschicklichkeiten unterliefen, hatten die Liberalen eine ganz schlechte Presse. Als der FDP-Parteichef im Februar dann auch noch im Zusammenhang mit Sozialhilfe und Hartz IV von »spätrömischer Dekadenz« sprach, rutschte das Ansehen der Freien Demokraten weiter in den Keller. Was bei einem Oppositionspolitiker als polemische Überspitzung noch durchgegangen wäre, erschien als Ausdrucksweise eines amtierenden Außenministers ungehörig. Der Start der FDP in der Regierung war gründlich mißlungen.

In welchem Umfang sie mit ihrer Kernforderung nach umfassenden Steuersenkungen zum Zuge kommen würde, blieb einstweilen offen. Weil im Frühjahr eine wichtige Landtagswahl im größten Bundesland NRW anstand, wurden definitive Entscheidungen darüber auf die Zeit danach verschoben.

Kurz vor dem Wahlgang an Rhein und Ruhr traf der Europäische Sondergipfel in Brüssel Anfang Mai 2010 eine folgenschwere Entscheidung, die auch für die deutsche Innenpolitik nachhaltige Konsequenzen haben musste. Der Europäische Rat schuf die »Europäische Finanzstabilisierungsfazilität«. Sie sollte mit einem Volumen von 440 Milliarden Euro ausgestattet werden, um die Zahlungsfähigkeit von Eurostaaten durch Kredite abzusichern und damit die Finanzstabilität im Euroraum sicherstellen zu können. Garantien der Eurostaaten in einer Größenordnung von 750 Milliarden Euro dienten zur Absicherung.

Nachdem sich die Einschätzung der Finanzlage Griechenlands auf den Finanzmärkten schon Anfang 2010 drastisch verschlechtert hatte, hatte der EU-Gipfel im Februar Griechenland zu einschneidenden Sparmaßnahmen angehalten. Anderenfalls sei der Staatsbankrott unvermeidlich und müsse das land den Euroraum verlassen. Zu dieser Zeit wollte die Bundeskanzlerin noch an der »no bail out«-Klausel des Maastricht-Vertrages festhalten, die ein Verbot der Übernahme der Staatsschulden eines EU-Landes durch andere Mitgliedsländer vorsah. Für ihren Koalitionspartner galt das erst recht. Wirtschaftsminister Brüderle versicherte Ende Januar im Bundestag, dass es in der EU keine gemeinsamen Rettungsmaßnahmen und keine Reform in Richtung einer gemeinsamen europäischen Wirtschaftsregierung geben werde (136).

Unterdessen aber hatte sich die Lage verändert. Beim EU-Gipfel am 25. März war auf deutsch-französische Initiative hin bereits ein Notfallplan beschlossen worden, der die Möglichkeit von Milliardenhilfen für Griechenland und andere hochverschuldete Mitgliedsstaaten durch IWF und Europa doch vorsah. Im April 2010 bat dann die griechische Regierung offiziell um finanzielle Unterstützung der EU.

Inzwischen war bekannt, dass sich die griechischen Staatsschulden, die lange deutlich niedriger gemeldet worden waren, für 2009 in Wahrheit auf 130 Prozent des Bruttoinlandsprodukts addierten. Rasch verbreitete sich nun die Befürchtung, dass ein griechischer Staatsbankrott nur der Auftakt für eine ganze Serie von weiteren Krisen in anderen Mitgliedsländern werden könne.

Mit der Finanzkrise waren ja auch die Staatsschulden in vielen anderen Mitgliedsländern deutlich gestiegen. Im Dezember 2009 verletzten 23 EU-Staaten die Defizitkriterien, darunter auch Deutschland (137). Besonders bedroht waren Irland, Portugal, Spanien, Italien und Zypern. Irland hatte wie Spanien die Folgen einer geplatzten Immobilienblase zu tragen, Portugal musste nach der Herabstufung seiner Kreditwürdigkeit durch die amerikanischen Rating-Agenturen Risikoaufschläge auf Staatsanleihen zahlen, Italien wies die nach Griechenland höchste Staatsverschuldung bezogen auf das BIP auf (138).

Die Sorge vor einem Lawineneffekt, die das Ausscheiden eines Landes aus dem Euroraum auslösen könnte, die Angst, dass die Finanzmärkte gegen andere Länder spekulieren und damit am Ende den Euro ruinieren könnten sowie die Furcht vor einer Bankenkrise in Ländern wie Deutschland und Frankreich, deren Banken sich in Griechenland besonders engagiert hatten – das alles trug dazu bei, dass die Staatschefs jetzt für notwendig hielten, was eigentlich immer ausgeschlossen bleiben sollte: Die Haftung der anderen Mitgliedsstaaten für die Schulden einzelner Mitgliedsländer des Euroraumes.

So verständigten sich EU, EZB und IWF schon in den ersten Maitagen auf ein Hilfsprogramm in Form von Krediten und Bürgschaften mit einem Volumen von 110 Milliarden Euro. Davon sollten der IWF 30 Milliarden und die Eurostaaten 80 Milliarden übernehmen. Bis Ende 2010 sind davon 73 Milliarden an Griechenland ausgezahlt worden, bis das Programm durch ein zweites ersetzt wurde (139). Rechtsgrundlage wurde eine EU-Verordnung, die die Kommission ermächtigte, Kredite an Mitgliedsstaaten zu vergeben, die in Schwierigkeiten geraten waren. Die Auszahlung wurde an strenge Auflagen gebunden.

Zusätzlich begann die EZB mit dem Ankauf griechischer Staatsanleihen. Sie erwarb auf Schrottniveau heruntergestufte Papiere und finanzierte damit indirekt den griechischen Staat (140). Weil der Lissabon-Vertrag den direkten Erwerb von Schuldtiteln der Eurostaaten verbot, kaufte die EZB die Staatsanleihen über Geschäftsbanken und Versicherungen – ein rechtlich wie politisch bis heute hoch umstrittenes Verfahren. Ebenso umstritten war das sogenannte »Target 2« – System, mit dem die Deutsche Bundesbank zinslose Kredite an andere Notenbanken vergab. Bis Ende 2010 addierten sich die daraus entstandenen Forderungen der Bundesbank auf einen Betrag von 300 Milliarden Euro (141).

Die Beschlüsse zum Griechenland-Rettungspaket und zur Einrichtung der europäischen Finanzstabilisierungsfazilität hatten erhebliche Folgen für die deutsche Innenpolitik. Nachdem die Bundeskanzlerin diese Politik als »alternativlos« bezeichnet hatte, stieß das in der Öffentlichkeit auf ein geteiltes Echo. Viele Experten widersprachen. Ökonomen sahen ihre Befürchtungen bestätigt, die sie schon bei der Einführung des Euro formuliert hatten. Unter den Bedingungen einer gemeinsamen Währung würden die Länder mit einer eher laxen Haushaltsdisziplin durch günstigere Zinssätze zu weiterer Schuldenmacherei animiert. Genau das war jetzt in Griechenland eingetreten. Fachleute warfen auch die Frage auf, ob ein Austritt der Griechen aus dem Euroraum nicht die bessere Lösung für alle Beteiligten wäre (142). Die EU habe sich jetzt vertragswidrig auf den Weg in eine Schuldenunion begeben.

Auch innerhalb der Regierungsparteien stieß die Entscheidung Angela Merkels auf Kritik. CSU-Politiker forderten im Frühjahr 2010 den Ausschluss Griechenlands aus dem Euroraum. Und ein entsprechender Antrag auf dem FDP-Parteitag verfehlte die Mehrheit nur knapp (143). Weniger Probleme damit hatte dagegen die SPD-Opposition. Dass sich die Fraktion bei der Bundestagsabstimmung am 7. Mai 2010 der Stimme enthielt, lag daran, dass Verhandlungen mit der Bundesregierung um eine Verknüpfung der Abstimmung mit konkreten Schritten bei der Einführung einer Finanzmarkttransaktionssteuer ergebnislos geblieben waren. Prinzipiell aber befürworteten auch die Sozialdemokraten die Rettungsmaßnahmen und die Einrichtung des Finanz-Stabilisierungsmechanismus (144).

Konsequenzen hatte die Eurokrise auch für die Steuersenkungspläne der FDP. Unter den Rahmenbedingungen der sich abzeichnenden finanziellen Belastungen für Deutschland war Spielraum für weitreichende Steuersenkungen aus Sicht von Finanzminister Schäuble nicht mehr vorhanden. Zähneknirschend musste die FDP hinnehmen, dass sie ihre Versprechungen aus dem Bundestagswahlkampf 2009 nicht würde halten können.

Die Auswirkungen dieser veränderten Lage bekamen Union und FDP bald zu spüren. Auch deshalb verloren sie die Landtagswahlen an Rhein und Ruhr. Nachdem noch bis Anfang des Jahres eine Bestätigung der schwarz-gelben Koalition in Düsseldorf durch die Wähler erwartet worden war, kam es am 9. Mai 2010 dann doch anders. Zwar blieb die CDU mit 34,6 Prozent knapp stärkste Partei, musste aber Stimmenverluste von mehr als zehn Prozent hinnehmen. Da auch die Linken ins Parlament einzogen waren und die FDP schwächer abschnitt als die Grünen, hatten weder Schwarz-Gelb noch Rot-Grün die für eine Regierungsbildung nötige Mehrheit. Nach komplizierten Sondierungsgesprächen kam es im Juni zu einer Verständigung zwischen SPD und Grünen über die Bildung einer Minderheitsregierung, die bei der Wahl der sozialdemokratischen Kandidatin Hannelore Kraft zur Ministerpräsidentin auf die Stimmen der Linken rechnen konnte. So wurde Kraft im Juli 2010 zur Nachfolgerin von Jürgen Rüttgers gewählt. Die Niederlage in NRW war eine schwere Schlappe für Union und FDP, die auch auf die Stimmung in Berlin ausstrahlte (145).

Dort hatte man sich inzwischen mit einem weiteren Problem zu beschäftigen, das Ende Mai überraschend aufgetaucht war. Der im Jahr zuvor wiedergewählte Bundespräsident Horst Köhler war nach heftiger Kritik an einem Interview zurückgetreten. Darin hatte er davon gesprochen, dass es auch wirtschaftliche Interessen geben könne, die einen Einsatz von militärischen Gewaltmitteln rechtfertigen könnten. Daraufhin war ihm von verschiedenen Seiten widersprochen worden. Köhler empfand die Reaktionen als eine so schwerwiegende Beschädigung des Amtes, dass er einen Rück-

tritt für geboten hielt. Grünen-Fraktionschef Trittin hatte Köhlers Äußerungen mit der historischen »Kanonenbootpolitik« verglichen. Mit einer
solchen Äußerung stünde Köhler nicht mehr auf dem Boden des Grundgesetzes. Auch andere Politiker sprachen von einem »präsidialen Fehltritt«,
»missverständlichen Formulierungen« und »extremen Positionen« (146).

Nun musste kurzfristig ein Nachfolger gefunden werden. Nachdem die
Grünen die Sozialdemokraten für die Idee gewonnen hatten, gemeinsam
den angesehenen ehemaligen Präsidenten der Behörde für den Umgang
mit den Akten der DDR-Staatssicherheit, Joachim Gauck, für das Amt vorzuschlagen, ergab sich für die Regierung eine schwierige Lage. Gauck war
ein auch in der Union respektierter Kandidat und konnte vor allem in der
ostdeutschen CDU auf einige Zustimmung rechnen. Angela Merkel aber
wollte einen Kandidaten der Union durchsetzen. Dabei fiel die Wahl auf
den niedersächsischen Ministerpräsidenten Christian Wulff.

Gegen ein öffentliches Meinungsklima, das überwiegend Gauck für den
besseren Kandidaten hielt, setzte sich Merkel am Ende durch. Am 30. Juni
2010 wurde Christian Wulf im dritten Wahlgang zum neuen Bundespräsidenten gewählt. Nahezu alle Vertreter der Linkspartei enthielten sich
dabei. Für sie war der frühere Chef der »Gauck-Behörde« nicht wählbar
(147).

Bald aber bestimmten wieder Eurokrise und Griechenland-Rettung die
politische Agenda. Während die breitere Öffentlichkeit zunächst gespalten
war, hatte die Kanzlerin die parlamentarische Opposition kaum zu fürchten. Sozialdemokraten und Grünen teilten im Grundsatz ihre Haltung.

Wesentlich umstrittener aber war diese Politik in den Regierungsparteien selbst. In der FDP fand sich bald eine ganze Reihe von grundsätzlichen
Kritikern. Auch innerhalb der Union mochten etliche Abgeordnete diese
Politik nicht mittragen. Schon bei der ersten Abstimmung über die Griechenland-Rettung am 7. Mai verweigerten ihr sechs Koalitionsabgeordnete
die Unterstützung. Bei der ersten EFSF-Abstimmung am 21. Mai waren es
zehn, bei der EFSF-Aufstockung im September 2011 15 Abgeordnete, die
der Kanzlerin nicht folgten. Als im Sommer 2012 über die Fiskalunion abgestimmt wurde, war die Zahl der Kritiker in den Reihen der Regierungsfraktionen bis auf 29 angestiegen. Den Schuldenschnitt für Griechenland
im November 2012 mochten dann sogar 33 Abgeordnete von CDU/CSU
und FDP nicht mittragen. Inzwischen war Angela Merkel für ihre Politik
auf die Stimmen der Opposition angewiesen (148). Schon bei der Abstimmung über die Hilfen für Irland, das als erstes Land den »provisorischen
Rettungsschirm« in Anspruch nahm, hatte die Regierung im Haushaltsaus-
schuss keine eigene Mehrheit erreicht (149).

Griechenland-Rettungspakete und Eurokrise wurden schließlich auch zum Kristallisationspunkt für eine neue Partei, die wenige Jahre später das deutsche Parteiensystem folgenreich verändern sollte. Aus dem Kreis der Ökonomen, die die Merkel-Politik ablehnten, entstand der wichtigste Impuls, der nach einem wenig erfolgreichen Versuch der Zusammenarbeit mit den Freien Wählern 2013 zur Gründung der AfD führte. Eine zentrale Rolle spielte dabei von Anfang an der Hamburger Wirtschaftswissenschaftler Bernd Lucke, der bis 2015 auch das öffentlich prägende Gesicht der neuen Partei wurde. Dass sie sich den Namen »Alternative für Deutschland« gab, soll unmittelbar auf Merkels Wort von der »Alternativlosigkeit« ihrer Politik zurückgehen (150).

Während im Frühjahr 2011 Portugal den Iren folgte, zeichnete sich bereits ab, dass Griechenland ein zweites Hilfsprogramm benötigen würde. Im Juli 2011 beschlossen die Euroländer dann das zweite Hilfspaket, mit dem EU und IWF bis 2014 109 Milliarden Euro an Kreditmitteln zur Verfügung stellten. Darüber hinaus sollten noch 17 Milliarden durch Privatbanken aufgebracht werden – in Form eines Teilverzichts auf bestehende Forderungen. Für diese Hilfen waren weitere drastische Sparmaßnahmen in Griechenland zur Bedingung gemacht worden. Trotz heftiger Proteste auf den Straßen und eines zeitweiligen Generalstreiks fand das Paket im griechischen Parlament eine Mehrheit (151).

Freilich zogen sich die Verhandlungen um das zweite, inzwischen noch weiter aufgestockte, Hilfspaket bis Anfang 2012 hin. Erst nach einem vierten Sparprogramm der Griechen empfahlen die Finanzminister der Euro-Zone den Mitgliedsstaaten die Ratifizierung. Am 27. Februar 2012 stimmte der Bundestag dem Gesetz zu. Während auch Sozialdemokraten und Grüne dafür votierten, kamen viele der 90 Gegenstimmen aus dem Regierungslager (152). Ende 2011 hatte die Regierungskoalition sogar am Abgrund gestanden, nachdem die Rebellen in der FDP einen Mitgliederentscheid über die Euro-Rettungspolitik durchgesetzt hatten. Nur eine knappe Mehrheit folgte der Linie der Parteiführung (153).

Schon im Laufe des Jahres 2010 hatten die Arbeiten an einem Konzept begonnen, mit dem aus der provisorischen »Finanzstabilisierungsfazilität« und dem »Finanzstabilisierungsmechanismus« ein dauerhafter »europäischer Stabilitätsmechanismus« gemacht werden sollte. Bei den Verhandlungen darüber spielte die von Frankreich unterstützte Idee der Europäischen Kommission, durch die Einführung von »Eurobonds« die Schulden von einzelnen Mitgliedsstaaten zu vergemeinschaften, eine wichtige Rolle. Zwar stieß diese Idee auch in Deutschland bei den Oppositionsparteien auf einige Zustimmung. Doch die Regierung Merkel war dafür nicht zu haben.

Eine so offene Schuldenhaftungs- und Transferunion hätte nicht nur den öffentlichen Widerstand gegen die ganze Euro-Rettungspolitik verstärkt, sondern wohl auch das Bundesverfassungsgericht auf den Plan gerufen, das schon das erste Hilfspaket für Griechenland im Herbst 2011 nur unter strengen Auflagen hatte durchgehen lassen. Der Bundestag dürfe seine Budgetverantwortung »nicht durch unbestimmte haushaltspolitische Entscheidungen auf andere Akteure übertragen«, hatten die Karlsruher Richter bestimmt (154).

Im Ergebnis kamen also die Eurobonds nicht. Es blieb aber bei der Praxis der Europäischen Zentralbank, durch den Ankauf von Staatsanleihen der Krisenländer praktisch eine Schulden- und Haftungsunion durch die Hintertür zu schaffen. Im März 2012 verabschiedeten die EU-Staaten einen Vertrag über einen »europäischen Stabilitätsmechanismus«, der im Wege eines zwischenstaatlichen Vertrages der beteiligten Länder eine dauerhafte Rechtsgrundlage für die Inanspruchnahme von Hilfsmitteln durch Krisenländer schuf. Dazu wurde eigens der Artikel 136 des Lissabon-Vertrages verändert. Stammkapital und Garantiesumme des ESM betrugen 700 Milliarden Euro. Der deutsche Anteil belief sich auf 190 Milliarden.

Teilnehmen konnten nur Staaten, die auch den »Fiskalpakt« ratifizierten. Damit legten sich die beteiligten Staaten auf eine Begrenzung ihrer Schulden und – nach deutschem Vorbild – auf die Einführung einer Schuldenbremse fest (155). Im Sommer 2012 freilich erreichten die spanische und die italienische Regierung eine Lockerung dieser Bedingungen, was als Niederlage für Angela Merkel interpretiert wurde. Dennoch stimmten Bundestag und Bundesrat dem europäischen Stabilisierungsmechanismus ESM wie dem Stabilitätspakt zu. Im Bundestag konnte sich die Regierung am 29. Juni 2012 auf eine fraktionsübergreifende Zweidrittel-Mehrheit stützen. Gleichzeitig aber zeigten die 29 Neinstimmen und Enthaltungen aus dem Regierungslager, wie umstritten Merkels Europapolitik dort war. Erneut war die Kanzlerin ohne eigene Mehrheit geblieben (156). Die SPD hatte ihre Zustimmung wieder an die Bereitschaft der Bundesregierung gebunden, an der Einführung einer europäischen Finanztransaktionssteuer mitzuwirken. Die FDP opponierte heftig dagegen, musste aber schließlich einlenken. Am 26. Juli verkündete EZB-Chef Draghi, dass man den Euro retten werde, »koste es, was es wolle«. Sein spektakulärer Auftritt galt in erster Linie den Spekulanten auf den Finanzmärkten.

Inzwischen hatten die drastischen Sparauflagen dazu geführt, dass jeder dritte Grieche unter die Armutsgrenze abgesunken war. Löhne und Renten wurden gekürzt, Tausende von Angestellten des öffentlichen Dienstes entlassen, der Mindestlohn um 22 Prozent gekürzt. Das Budget für das Gesundheitswesen sank um ein Fünftel (157). Das führte zu Massenprotesten, deren Zielscheibe vor allem Bundeskanzlerin Angela Merkel war.

Am 12. September 2012 gestattete das Bundesverfassungsgericht, bei dem mehrere Verfassungsbeschwerden eingegangen waren, dem Bundespräsidenten die Unterzeichnung der Verträge. Freilich war das Urteil an Bedingungen geknüpft: So durfte der auf 190 Milliarden Euro festgelegte Anteil Deutschlands ohne Zustimmung des Bundestages nicht erhöht werden (158).

Schon 2011 hatten sich 189 Professoren für Volkswirtschaftslehre in einer gemeinsamen Erklärung gegen das Vorhaben ausgesprochen, den Rettungsschirm zu einem dauerhaften Mechanismus auszubauen. Eine Vergemeinschaftung der Schulden habe fatale Auswirkungen für das Projekt der europäischen Integration. Der Ankauf riskanter Staatsanleihen aus Krisenländern durch die EZB gefährde deren Reputation. Gleichzeitig würden die Haftung der Staatengemeinschaft und günstige Konditionen dazu verführen, die Fehler der Vergangenheit zu wiederholen und die Schuldenkrise mittelfristig verschärfen (159).

Tatsächlich waren die finanziellen Risiken für Deutschland beträchtlich. Beim zweiten Hilfspaket für Griechenland war Deutschland mit einer Haftungssumme von 38 Milliarden beteiligt. Unter Einschluss der IWF-Mittel, des Ankaufs von Staatsanleihen durch die EZB, der Rettungspläne für Griechenland und der sogenannten »Target-Verbindlichkeiten« der Krisenstaaten Griechenland, Portugal, Portugal und Spanien gegenüber der EZB betrug das Volumen aller Rettungspakete und Stützungsmaßnahmen 2012 1,5 Billionen Euro. Davon entfielen etwa 380 Milliarden auf Deutschland. Bald kam mit Zypern noch ein weiterer Krisenstaat hinzu, der um finanzielle Hilfen bat.

Tatsächlich aber ist der zur Verfügung gestellte Kreditrahmen gar nicht ausgeschöpft worden. Bis 2018 wurden etwa 278 Milliarden Euro an Griechenland überwiesen bzw. als Kredite zur Verfügung gestellt. Sorgenvoll betrachten allerdings viele Ökonomen die Target-Verbindlichkeiten der Schuldenstaaten besonders gegenüber Deutschland (160).

Eurokrise und Griechenland-Rettungsprogramme haben die deutsche Öffentlichkeit bis weit über das Ende der Regierung Merkel/Westerwelle hinaus bewegt. Im Sommer 2015 beschlossen die Staats- und Regierungschefs der Euro-Zone ein drittes Griechenland-Hilfspaket. Es sah weitere Kredite in der Größenordnung von 86 Milliarden Euro vor. Nur nach heftigem Ringen fanden sich die Griechen bereit, die damit verbundenen neuen Sparauflagen zu akzeptieren. Inzwischen hatte dort die Regierung gewechselt. Der neue Premierminister Tsipras und sein schillernder Finanzminister Varoufakis sahen mit den Sparauflagen einen selbstzerstörerischen Sparkreislauf verbunden, der keine Perspektive einer wirtschaftlichen Gesundung böte. Unter dem Druck aus Brüssel und Berlin änderte Tsipras seine Haltung, während Varoufakis sein Amt aufgab. Inzwischen hatte man in Athen zwar eine Haushaltskonsolidierung erreicht. Die riesige Altschuldenlast aber lag weiter drückend auf dem Land.

Auch Italien, wo die Wirtschaftsleistung seit Beginn der Finanzkrise um 25 Prozent gesunken war, erlebte die längste Rezession seiner Nachkriegsgeschichte. Die Staatsverschuldung lag hier 2011 bei 132,3 Prozent des Bruttoinlandsprodukts und damit mehr als doppelt so hoch wie es die EU-Konvergenzkriterien eigentlich gestatteten. Folge war eine wachsende politische Instabilität.

Während im Mittelpunkt der öffentlichen Debatte in Deutschland meist die Zahlungen für Griechenland standen, die zu 85–90 Prozent dazu dienten, die Ansprüche der europäischen Großbanken zu bedienen, den Griechen aber direkt kaum zugutekamen, wurden der gewaltige Machtzuwachs der EZB, die damit verbundenen Risiken und die Frage der demokratischen Legitimation deutlich weniger thematisiert. Dabei war die Versicherung von EZB-Chef Draghi im Sommer 2012, man werde es schaffen, den Euro zu bewahren, nur mit Hilfe der Geldpolitik zu realisieren. Die EZB konnte das Geld drucken, das sie brauchte, um ansonsten unverkäufliche Staatsanleihen zu finanzieren. Und als Herrin des Leitzinses konnte sie selbst dafür sorgen, dass der Kreditfluss nicht zum Erliegen kam. Die Banken konnten ihr Geld direkt bei der EZB beziehen.

Eigentlich war Draghi so der heimliche Regierungschef von Europa geworden. Keine Regierung und keine Europäische Kommission verfügten über eine derartige Macht. Die Beschlüsse des EZB-Rates konnten Regierungen stürzen. Ein demokratisches Mandat für diese Ausweitung ihrer Kompetenzen aber besaß die EZB nicht. Hinzu kam, dass die Zinspolitik der EZB, die bis 2013 den Leitzins bis auf 0,5 Prozent abgesenkt hatte, zu einer Entwertung der Sparer-Guthaben führte. Die Durchschnittsverdiener mit Geldanlagen in Form von Sparguthaben zahlten die Zeche.

An dieser Stelle zeigte sich der Zusammenhang von Finanz- und Eurokrise. Die Finanzkrise hatte seit 2007 nicht nur dazu beigetragen, dass durch die Aufwendungen für Bankenrettung und Konjunkturprogramme die Staatsschulden drastisch anstiegen. Sie führte auch zu einer Politik des »leichten Geldes«, mit der die Zentralbanken der ganzen Welt riesige Geldsummen in die Wirtschaft pumpten. Vor diesem Hintergrund blieb die Sorge um die längerfristige Geldwertstabilität ebenso naheliegend wie die Befürchtung, womöglich könnte der mit dieser Politik erreichte Anstieg der Aktienwerte in einer neuerlichen, bald zerplatzenden Spekulationsblase enden (161).

Bis heute wird gestritten, ob die Eurokrise eher als »Krise der Staatsfinanzen« oder als »Finanzmarktkrise« interpretiert werden muss. Im Fall Griechenland, das sich schon den Zugang zur Eurozone mit Manipulationen erschlichen hatte, schlugen tatsächlich die Folgen einer leichtfertigen Schuldenmacherei besonders zu Buche. Sie war nur möglich durch den erschwindelten Beitritt der Griechen zum Euroraum. Bei den anderen Krisenländern wie Italien, Spanien und Portugal aber lagen die Zusammenhänge zwischen Finanzkrise, wirtschaftlicher Rezession und Anstieg der Staatsverschuldung auf der Hand. Der Ökonom Hans-Werner Sinn hatte schon 2009 gefragt: Müssen wir Italien freikaufen? Und anschließend bereits das Thema der Euro-Anleihen antizipiert. Dabei war zu dieser Zeit von Griechenland-Rettungspaketen noch gar keine Rede (162).

Mit der Eurokrise zeigte sich in aller Deutlichkeit, dass eine Währungsunion ohne begleitende Harmonisierung der Fiskal- und Wirtschaftspolitiken der Mitgliedsländer nicht dauerhaft funktionieren kann. Die Gefahr, dass die in ihrer Wettbewerbsfähigkeit sehr unterschiedlichen nationalen Volkswirtschaften immer weiter auseinanderdrifteten, wenn sie sich in einem gemeinsamen Währungsraum entwickelten, war lange Zeit durch die niedrigen Kapitalmarktzinsen verdeckt worden, die es Ländern wie Griechenland oder Italien ermöglichten, ihre Konsumausgaben über wachsende Staatsschulden zu finanzieren. Die Banken- und Schuldenkrise setzte dem ein Ende. Jetzt mussten die vom Euro profitierenden starken Volkswirtschaften den südeuropäischen Ländern mit Rettungsschirmen zu Hilfe kommen, die mit harten Sparauflagen verbunden waren. Das aber verstärkte auf beiden Seiten den Eindruck einer von Brüssel und der Europäischen Zentralbank ausgehenden Fremdbestimmung. Dies wiederum begünstigte den Aufstieg europakritischer und nationalistischer politischer Kräfte in vielen europäischen Ländern – auch in Deutschland.

Die breite öffentliche Diskussion hierzulande aber wurde lange beherrscht von der Frage nach den wirtschaftlichen Möglichkeiten der Griechen, den Bildern vom Protest gegen die von Europa auferlegten, restriktiven Sparpläne und von der Frage, was das alles den deutschen Steuerzahler kosten würde. Ob ein Austritt der Griechen aus dem Euroraum nicht die bessere Lösung wäre, blieb bis 2015 ein Dauerthema in den öffentlichen Debatten.

Unter den Bedingungen einer weitgehenden Unterstützung von SPD und Grünen für die Europapolitik der Kanzlerin blieben die innenpolitischen Folgen der Eurokrise trotz aller koalitionsinternen Widerstände beherrschbar. Die Skepsis eines Teils der Öffentlichkeit schlug sich vornehmlich in Form der Dissidenten in den Regierungsparteien nieder. Das war unschön für die Kanzlerin, aber kein allzu großes Problem, solange die Regierung selbst auf Kurs blieb und im Zweifel auch die Unterstützung der Opposition bekam. Die machtpolitisch bedenklichsten Zweifel galten der Haltung der FDP. Sie, die nur kurze Zeit nach ihrem Wahltriumph in eine schwere Ansehenskrise geraten war, konnte womöglich versucht sein, einen europapolitischen Kurswechsel vorzunehmen. Tatsächlich vermied sie das nur mit Mühe. Praktisch aber bestand in der Eurokrise eine informelle Große Koalition, die meist auch noch die Grünen einschloss.

Beim Umgang mit der Eurokrise hatte die deutsch-französischen Achse entscheidende Bedeutung. Vor allem die Fiskalunion war ein deutsch-französisches Projekt, mit dem sich Merkel und Staatspräsident Sarkozy gegen die Bedenken von Kommissionspräsident Barroso und dem Präsidenten des Europäischen Rates, Herrman van Rompuy, durchsetzen konnten. In den französischen Zeitungen ist im Herbst 2011 sogar von »Merkozy« geschrieben worden (163).

Die SPD und die große Mehrheit der Union teilten das Mantra der Kanzlerin, dass das Scheitern des Euro den Untergang Europas bedeuten würde. Deshalb waren beide bereit, die offensichtlichen Abweichungen von den EU-Vertragsbestimmungen mitzutragen. Letztlich aber war es vor allem die Kanzlerin, die von der Haltung der SPD profitierte. Am Ende der Legislaturperiode sollte sie den Bonus der Wähler für ihr Krisenmanagement einstreichen können.

6.7 GUTTENBERG, FUKUSHIMA UND DER ATOMAUSSTIEG II

Im Juni 2010 sorgte Verteidigungsminister Karl-Theodor Freiherr zu Guttenberg für einen Paukenschlag. Der inzwischen schon als potentieller Merkel-Nachfolger gehandelte Nachwuchsstar und Medienliebling, der auch in den bunten Blättern des Landes für Furore sorgte, kündigte fast handstreichartig eine Bundeswehrreform an, mit der die Bundeswehr bis 2011 in eine Freiwilligenarmee von 180 000 Mann verwandelt werden sollte. So sei sie besser für »Out of Area«-Einsätze unter dem Dach von UNO oder Nato gerüstet (164).

Diese Ankündigung stand nicht nur im Widerspruch zur Koalitionsvereinbarung, in der von einer Verkürzung, aber nicht von der Abschaffung oder »Aussetzung« der Wehrpflicht die Rede gewesen war. Sie brach auch mit der programmatischen Tradition der Unionsparteien, für die die Wehrpflicht seit den 1950er Jahren zum festen Bestandteil ihres politischen Selbstverständnisses gehört hatte. Ohne große innerparteiliche Debatte wurde dieser programmatische Eckpunkt jetzt abgeräumt. Auch die CSU, in der Guttenberg anfänglich noch auf Widerstand gestoßen war, lenkte schließlich ein. Dabei hatte Markus Söder noch im August 2010 festgestellt, er sei froh, »dass es einen Konsens darüber gibt, dass die Wehrpflicht erhalten bleibt«. Vier Wochen später war das nicht mehr aktuell. Die Spitzengremien von CDU und CSU erklärten gemeinsam, »dass eine sicherheitspolitische Notwendigkeit für die allgemeine Wehrpflicht nicht mehr gegeben ist« (165).

Die FDP war schon länger für eine Freiwilligenarmee eingetreten. Am 24. März 2011 beschloss der Bundestag mit großer Mehrheit, die Wehrpflicht »auszusetzen« (166). Das Gesetz galt dabei als Teil einer umfassenden Reform der Bundeswehr.

Da war Guttenberg aber schon nicht mehr im Amt. Mitte Februar 2011 waren Vorwürfe laut geworden, seine Doktorarbeit bestünde in weiten Teilen aus einer Collage von Textbestandteilen, die aus anderen Veröffentlichungen entnommen, aber in vielen Fällen nicht entsprechend kenntlich gemacht worden seien. Nachdem der Minister zunächst alle Vorwürfe zurückgewiesen hatte, musste er bald darauf doch erhebliches Fehlverhalten einräumen. Während die Opposition im Bundestag seinen Rücktritt verlangte und ihn zum »akademischen Hochstapler« erklärte, wollte Angela Merkel zunächst an ihm festhalten. Sie habe keinen wissenschaftlichen Assistenten berufen. Es gehe vielmehr um die Arbeit eines Verteidigungsministers. Die erfülle er hervorragend und das zähle (167).

Mit dieser Stellungnahme vom 21. Februar 2011 rief die Kanzlerin empörte Reaktionen in der wissenschaftlichen Welt hervor. Angesichts der erdrückenden Beweislage, die für einen Betrug sprach, bezeichnete der Präsident des Deutschen Hochschulverbandes »die Marginalisierung wissenschaftlichen Fehlverhaltens durch höchste Repräsentanten unseres Staates« als empörend. Der Wissenschaftsrat sah das Ansehen der deutschen Forschung bedroht. In einem von 60 000 Doktoranden und Wissenschaftlichen Hilfskräften online unterschriebenen offenen Brief war von einer »Verhöhnung aller Doktorandinnen und Doktoranden« die Rede (168).

Nun mehrte sich die Kritik an Guttenberg auch innerhalb des Regierungslagers. Dabei spielte eine Rolle, dass Guttenberg auch sechs Ausarbeitungen des Wissenschaftlichen Dienstes des Bundestages benutzt hatte, ohne das entsprechend kenntlich zu machen. Bundestagspräsident Norbert Lammert kritisierte das scharf.

Innerhalb weniger Tage wurde die Position des in den Medien bald als »Lügenbaron« gehandelten Ministers unhaltbar. Im Unterschied zu einigen späteren Fällen, wo Plagiatsvorwürfe am Ende ebenfalls zu Rücktritten führten, aber die Sachlage weniger eindeutig war, betrafen die Vorwürfe bei Guttenberg den weit überwiegenden Teil der ganzen Arbeit. Nach den Berichten einer eigens eingerichteten Internet-Plattform »GuttenPlagWiki« waren auf 94 Prozent der Seiten der Dissertation Plagiate entdeckt worden (169).

Zwar blieb die öffentliche Meinung lange gespalten. Es gab sogar Solidaritätsdemonstrationen für den populären Minister. Doch der Vorwurf des Betrugs wog allzu schwer, als dass sich die Affäre hätte aussitzen lassen. So blieb Guttenberg nur der Rücktritt, den er schließlich am 1. März 2011 auch erklärte. Er verzichtete auch auf sein Bundestagsmandat und legte den Vorsitz seines CSU-Bezirksverbandes nieder. Als Bundesverteidigungsminister wurde er durch Thomas de Maizière ersetzt, dessen Innenressort der CSU-Politiker Hans-Peter Friedrich übernahm. Guttenbergs Stern war schon verglüht, noch ehe er richtig aufgegangen war.

Zuvor war zu Guttenberg mit tatkräftiger Unterstützung der BILD-Zeitung zu Deutschlands beliebtestem Politiker aufgestiegen und führte die Politiker-Charts im ZDF-Politbarometer an. In der CSU handelte man ihn längst als Nachfolger für Parteichef Seehofer. Manche Journalisten sahen in ihm bereits den kommenden Kanzler (170).

Nach dem Bericht der von der Universität Bayreuth, die die Arbeit angenommen hatte, eingesetzten Prüfungskommission besteht sie zu 65 Prozent aus Wortlaut- und Inhaltsplagiaten, mit denen der Verfasser fremde Leistungen als eigene ausgegeben und das zu verschleiern versucht habe. Von Bagatellverstößen oder dem einen oder anderen Versehen könne keine Rede sein. Die Staatsanwaltschaft Hof erkannte im November bei 23 Textpassagen strafrechtlich relevante Urheberrechtsverletzungen. Das Ermittlungsverfahren gegen Guttenberg wurde gegen eine Zahlungsauflage von 20 000 Euro eingestellt (171).

Angesichts der Eindeutigkeit der Sachlage blieb der Umfang der öffentlichen Sympathien für Guttenberg erstaunlich. Infratest dimap ermittelte am 23. 2. noch eine Mehrheit von 72 Prozent der Deutschen, die für seinen Verbleib im Amt eintraten. Zwar fanden eine Woche später 60 Prozent den Rücktritt richtig. Die meisten Befragten aber hofften auf ein späteres Comeback des gescheiterten Ministers (172).

Sehr umstritten war die Entscheidung der Bundesregierung, aus dem von Rot-Grün beschlossenen Ausstieg aus der Atomenergie ihrerseits »auszusteigen«, wie es im Koalitionsvertrag vereinbart worden war. Die

Umsetzung folgte im Oktober 2010. Dieser Zeitpunkt war gewählt worden, um diese gesellschaftlich so strittige Frage aus dem Landtagswahlkampf in Nordrhein-Westfalen heraushalten zu können. Doch nachdem Umweltminister Röttgen nur für eine moderate Laufzeitverlängerung bis zum Jahr 2030 eingetreten war, unionsregierte Länder wie Bayern, Hessen und Baden-Württemberg aber deutlich längere Fristen anstrebten, war das Thema doch schon im Frühjahr zum öffentlichen Streitgegenstand geworden (173).

Im Herbst 2010 wurden dann mit dem neuen Energiekonzept der Bundesregierung die Laufzeiten aller 17 aktiven Atomkraftwerke in Deutschland verlängert. Die älteren Reaktoren erhielten jeweils acht, die nach 1980 entstandenen »jüngeren« Anlagen eine Laufzeitverlängerung um 14 Jahre zugestanden. Im Gegenzug sagten die Energieversorgungsunternehmen zu, Milliardenbeträge aus den zusätzlichen Gewinnen für die Erforschung alternativer Energiequellen zur Verfügung zu stellen. Nicht nur bei der Opposition stieß diese Entscheidung auf heftige Kritik. Auch eine Mehrheit der Deutschen befürwortete den rascheren Verzicht auf die Atomkraftnutzung. Populär war es nicht, was die Koalition vereinbart hatte.

Das Energiekonzept sah nicht nur eine Verlängerung der Laufzeiten vor, die damit begründet würde, dass für einige Jahre noch eine »Brückentechnologie« benötigt würde, bis das Zeitalter der erneuerbaren Energie erreicht sei. Vereinbart wurde auch eine Vielzahl weiterer Maßnahmen, so die Förderung der energetischen Gebäudesanierung und der Aufbau gewaltiger neuer Kapazitäten an Offshore-Windkraftanlagen (174).

Im Herbst 2010 eskalierte der Bürgerprotest gegen das Bahnprojekt »Stuttgart 21«, das eine Verlegung des Stuttgarter Hauptbahnhofes unter die Erde vorsah. Bei einer Großdemonstration von Gegnern des Projekts kam es Ende September zu Zusammenstößen mit der Polizei. Die Breite der Protestbewegung brachte die Landesregierung unter dem wenig beliebten Ministerpräsidenten Mappus derart in Schwierigkeiten, dass in Stuttgart ein Machtverlust für die Union bei den im Frühjahr 2011 anstehenden Landtagswahlen nicht mehr auszuschließen war. Zwar gelang es der Landesregierung, mit der Bestellung eines Schlichters im Rahmen eines Mediationsverfahrens die aufgeheizte Atmosphäre etwas zu beruhigen. Als Schlichter wirkte der langjährige frühere Generalsekretär der CDU, Heiner Geißler. Doch ob die unionsgeführte Landesregierung in Stuttgart die Landtagswahl erfolgreich überstehen würde, war mittlerweile fraglich geworden.

Wenige Tage nach dem Guttenberg-Rücktritt sorgte ein Tsunami vor der Küste des nordöstlichen Japan für eine Katastrophe, die schließlich zu einem Paradigmenwechsel in der deutschen Innenpolitik führte. Der Tsunami hatte eine Kernschmelze in vier Reaktoren des Atomkraftwerkes Fukushima ausgelöst. Die Bilder von den Folgen waren fortan allabendlich auf den Bildschirmen in Deutschland zu sehen und brachten bald Massen zu neuerlichen Protesten gegen die Nutzung der Atomkraft auf die Straße. Weil das Thema in die Landtagswahlkämpfe von Rheinland-Pfalz und Baden-Württemberg hineinplatzte, erhielt es zusätzliche machtpolitische Brisanz (175).

Bereits drei Tage nach dem weltweit größten Atomunfall seit Tschernobyl ergriff die Kanzlerin die Initiative. Zwei Wochen vor den Wahlen in Baden-Württemberg suchte sie nach Wegen, um das Atomthema aus der Konfliktzone zu bringen. Unter den Bedingungen der Laufzeitverlängerung durch schwarz-gelb konnte die Frage wahlentscheidende Bedeutung bekommen. Eile war geboten.

In Abstimmung mit Umweltminister Nobert Röttgen (CDU) und Wirtschaftsminister Rainer Brüderle (FDP) kündigten Angela Merkel und FDP-Chef Westerwelle umgehend ein Atom-Moratorium an. Die älteren Atomkraftwerke mussten zunächst für die Dauer von drei Monaten, Ende Mai dann endgültig abgeschaltet werden. Als Rechtsgrundlage für die Sofort-Abschaltung wurde eine umstrittene Interpretation des Atomgesetzes herangezogen, was im Ergebnis zu aussichtsreichen Klagen der Betreiber auf Entschädigungszahlungen führte.

Gleichzeitig rückte die Bundesregierung von der eben erst beschlossenen Laufzeitverlängerung auch für die moderneren Kraftwerke wieder ab. Im Unionslager waren selbst bislang vehemente Befürworter einer Laufzeitverlängerung nun ins Lager der Atomkraftkritiker gewechselt. Am 22. März setzte die Regierung eine »Ethikkommission für eine sichere Energieversorgung« ein, die Vorschläge für einen energiepolitischen Konsens bei Verzicht auf die Atomkraftnutzung machen sollte. In dieser Kommission waren nicht nur Wissenschaftler und Energieexperten vertreten, sondern auch Kirchen, Gewerkschaften und andere gesellschaftliche Gruppen. Gleichzeitig sollte die Reaktorsicherheitskommission die Sicherheit der noch laufenden Anlagen neu überprüfen (176).

Am 30. Mai 2011 legte die Ethikkommission ihren Abschlussbericht vor. Er empfahl einen vollständigen Atomausstieg bis 2022. Eine sichere Energieversorgung in Deutschland sei ohne Einbußen beim Klimaschutz auch ohne die weitere Nutzung der Atomenergie zu erreichen (177).

Die Bundesregierung machte sich die Empfehlung zu eigen und legte den Entwurf für eine Änderung des Atomgesetzes vor, der nicht nur die im Vorjahr beschlossenen Laufzeitverlängerungen zurücknahm, sondern die Stilllegung auch der neueren Kraftwerke bis 2022 vorsah. Da in diesem

Plan die Möglichkeit einer Übertragung von Reststrommengen auf andere Anlagen durch die Betreiber nicht vorgesehen war, ging diese Änderung sogar noch über den von Rot-Grün 2000 beschlossenen Ausstieg hinaus. Während dieser wegen der Übertragbarkeit von Strommengen kein definitives Enddatum festlegen konnte, stand das Ende bei Merkels Atomausstieg fest. Zum Jahresende 2022 würde das Zeitalter der Atomkraftnutzung in Deutschland definitiv zu Ende gehen. Zugleich sollte die Nutzung alternativer Energien beschleunigt vorangetrieben werden (178).

Am 30. Juni 2011 nahm der Bundestag die Vorlagen der Bundesregierung mit großer Mehrheit an. Auch Sozialdemokraten und Grüne stimmten zu. Anfang August erloschen die Betriebsgenehmigungen für acht Atomanlagen endgültig.

Kostenberechnungen ergaben, dass die Laufzeitverkürzung für die Betreiber Gewinneinbußen von etwa 22 Milliarden Euro bedeuten würde. So kündigten sie bald darauf Schadensersatzklagen an. Im Dezember 2016 entschied das Bundesverfassungsgericht, dass den betroffenen Unternehmen ein Recht auf Schadenersatz zustehe, soweit sie im Vertrauen auf die 2010 beschlossene Laufzeitverlängerung Investitionen vorgenommen hatten. Demnach würde der energiepolitische Zickzackkurs der Bundesregierung zusätzliche Belastungen für die Staatskasse mit sich bringen.

Der Ausstieg aus der Atomenergie stieß in der Gesellschaft auf breite Unterstützung. Umfragen ermittelten Zustimmungsraten von 80 Prozent. Doch ihr strategisches Ziel, mit Hilfe einer solchen drastischen Kursänderung die Regierungsmehrheit für schwarz-gelb in Baden-Württemberg halten zu können, erreichte die Kanzlerin nicht.

Ähnlich wie die Aussetzung der Wehrpflicht erfolgte auch die energiepolitische Kurskorrektur handstreichartig. Mochten auch viele Unionsmitglieder und Unionswähler die Änderung der energiepolitischen Linie in der Sache begrüßen, so musste der ganze Ablauf auch einen Haken haben. Einmal mehr hatte die Kanzlerin aus der Regierungszentrale heraus einen grundlegenden Positionswechsel ihrer Partei mehr dekretiert als kommuniziert. Die Entscheidung war nicht das Ergebnis einer breiten innerparteilichen Debatte. Sie war eine Führungsentscheidung der Bundeskanzlerin und CDU-Vorsitzenden – in Absprache mit den Chefs von FDP und CSU (179).

6.8 DAS WAHLJAHR 2011

Die schwere Wahlniederlage im Herbst 2009 bedeutete das Ende der Führungsrolle von Franz Müntefering in der SPD. Zum Nachfolger wurde beim Parteitag in Dresden im November 2009 Sigmar Gabriel gewählt, der in Niedersachsen als Ministerpräsident gescheitert, schließlich Umweltminister in der Großen Koalition geworden war. Er galt als unstet, wurde gleichwohl mit seinen rhetorischen Fähigkeiten und manchmal aufblitzender intellektueller Brillanz als größtes Talent der SPD gehandelt. Fraktionschef wurde Frank-Walter Steinmeier, der sich damit trotz seines enttäuschenden Abschneidens bei der Bundestagswahl in der Spitze der SPD halten konnte.

Gabriel hatte nach der Wahl davon gesprochen, dass sich die SPD in einem »miserablen Zustand« befinde. Sie werde lange brauchen, um aus diesem Zustand herauszukommen. Zunächst aber schien sich die Sache ganz gut anzulassen. Der Machtwechsel an Rhein und Ruhr stärkte auch die bundespolitische Position der Partei. In den Meinungsumfragen lag die SPD 2010 deutlich über ihrem Ergebnis bei den Bundestagswahlen. Die Forschungsgruppe Wahlen sah sie Anfang 2011 bundesweit bei 29 Prozent (180).

Kurz zuvor waren die Hamburger Wähler nach dem Scheitern von Schwarz-Grün vorzeitig zu den Urnen gerufen worden. Die Hoffnung der Grünen, auch für eine Neuauflage von Rot-Grün gebraucht zu werden, erfüllte sich dabei nicht. Zwar gewannen sie Stimmen dazu. Doch großer Wahlsieger wurde die SPD, die nach einem Zuwachs von 14,3 Prozent auf 48,4 Prozent der Stimmen kam und fortan alleine regieren konnte. Erster Bürgermeister wurde der frühere Arbeits- und Sozialminister Olaf Scholz. Während sich der Stimmenanteil der Union halbierte, gelang der FDP trotz bundespolitischen Gegenwinds die Rückkehr in die Bürgerschaft (181).

Politisch-programmatisch war es Gabriel rasch gelungen, einen pragmatischen Kurs durchzusetzen, der zwar keine generelle Abkehr von der Agenda-Politik Schröders, wohl aber nennenswerte Korrekturen vorsah. Zugleich sollte das sozialpolitische Profil der Partei geschärft werden.

Eine besondere Rolle spielten dabei die Forderung nach einem gesetzlichen Mindestlohn von 8,50 Euro, die Einschränkung der Leiharbeit und die Abschaffung der sachgrundlosen Zeitarbeitsverträge. In der Europapolitik unterstützten die Sozialdemokraten die Euro-Rettungspolitik der Bundesregierung. In einzelnen Fragen wie bei der Befürwortung von Eurobonds ging die SPD noch darüber hinaus (182). Gemeinsam mit den Grünen wurden wiederholt auch wachstumsfördernde Impulse für die südeuropäischen Länder angeregt. Für die breite Öffentlichkeit aber blieben diese Differenzen zur Regierung kaum wahrnehmbar (183).

Auch die Grünen, deren Bundestagsfraktion jetzt von Renate Künast und Jürgen Trittin geführt wurde, konnten ihre Position unter den Bedingungen einer schwarz-gelben Koalition weiter verbessern. Bei den Landtagswahlen in NRW erzielten sie im Mai 2010 mit 12,1 Prozent ein Rekordergebnis und waren fortan wieder in der Regierung vertreten. Im Herbst 2010 vermeldeten die Demoskopen bundesweite Umfrage-Rekordwerte von 20 Prozent und darüber. Zwar gingen diese Zahlen im Winter wieder etwas zurück. Im Politbarometer des ZDF lagen die Grünen Ende Februar bei 15 Prozent. Doch nach der Katastrophe von Fukushima stiegen die Umfragewerte wieder steil nach oben. Im April 2011 erreichten sie mit 23 Prozent ihren bis dahin höchsten Stand in der Geschichte der Partei (184).

Während die Union in der Wählergunst in der ersten Hälfte der Legislaturperiode nur im Herbst 2010 kurzzeitig abfiel, sah die Entwicklung für die FDP völlig anders aus. Hatten die Demoskopen die Partei noch Ende 2009 bei etwa zwölf Prozent eingestuft, so folgte bald ein regelrechter Absturz. Bis zum Frühsommer 2010 hatten sich die Werte praktisch halbiert. Im Herbst gingen sie noch weiter nach unten, so dass die Liberalen bei den Frühjahrswahlen 2011 um ihr parlamentarisches Überleben fürchten mussten. Jetzt stand Parteichef Westerwelle im Kreuzfeuer auch der innerparteilichen Kritik.

Deutlich zurück gingen ab Mitte 2010 die Werte für die Linkspartei, die bis April 2011 auf sieben Prozent gefallen waren (185). Obwohl die Partei den Kurs der Bundesregierung bei der Eurorettung ablehnte, vor dem Glauben warnte, die Krise ließe sich durch drastische Sparauflagen für die Krisenländer lösen und stattdessen eine Beseitigung der Leistungsbilanzunterschiede der Wirtschaften der Eurozone und damit verbundene Lohnerhöhungen in Deutschland verlangte, brachte ihr das keine neue Profilierungschancen. Die Wähler sahen die Linken weiter als Partei des sozialen Protests und billigten ihnen praktisch keine Kompetenz zur Lösung der Eurokrise zu (186).

Immer dramatischer aber entwickelte sich die Lage der Freien Demokraten. Hatte bereits die öffentliche Debatte um die Mehrwertsteuersätze für Hotelübernachtungen den alten Vorwurf der »Klientelpartei« wiederbelebt, so setzte sich die Negativ-Spirale im öffentlichen Ansehen der Partei auch danach weiter fort. Während Guido Westerwelle als Außenminister deutlich hinter den Popularitätsraten zurücklag, die deutsche Außenminister gewöhnlich erreichen können, war mit der Eurokrise auch klargeworden, dass die Liberalen ihr zentrales Wahlversprechen beachtlicher Steuersenkungen nicht würden halten können. Mitte 2010 erhielt die FDP in der Wählerschaft die schlechteste Bewertung, die bis dahin jemals an eine Regierungspartei vergeben worden war (187).

Der Partei mangelte es an Profil ebenso wie an vorzeigbaren Erfolgen. Der Außenminister stand in der Europapolitik im Schatten der Bundeskanzlerin. Das undankbare Gesundheitsministerium bot kaum Chancen für wählerwirksame Profilierung. Der Wirtschaftsminister bewegte sich im Schatten des Finanzministers und der Parteivorsitzende war als Außenminister zu strategischer Führung nur bedingt in der Lage. Hinzu kam ein Meinungsklima, dass die Abwärtsspirale der Liberalen zusätzlich vorantrieb. Der Wahlerfolg der »leistungsorientierten Individualisten« war als Erfolg »kalter« Marktradikaler in einer Zeit der tiefen Krise des Finanzkapitalismus in weiten Teilen der Öffentlichkeit als unverdient und viel zu hoch empfunden worden. So war in den Medien die Abneigung gegenüber der FDP weit verbreitet.

Politische Misserfolge und schlechtes Medienklima verstärkten sich gegenseitig. Aus Kritik wurden bald Häme, Hohn und Spott. Ein Parteichef wie Westerwelle konnte mit seinem Image dagegen kaum ankommen. Zumal er sich anfänglich auch im Ton vergriff, als er mit der »spätrömischen Dekadenz« einen Gegensatz von »Leistungswilligen« und »Leistungsunwilligen« beschreiben wollte. Da er das Gesicht der Partei geworden war und selbst erheblich zum Wahlerfolg beigetragen hatte, galt das jetzt auch für den Misserfolg. So nahm die innerparteiliche Kritik am Vorsitzenden zu (188).

Dabei hatte sich die wirtschaftliche Lage im Lande besser entwickelt als 2009 allgemein erwartet worden war. Nach dem tiefen Konjunktureinbruch in 2009 konnte schon 2010 wieder ein Wirtschaftswachstum von 4,1 Prozent erreicht werden. 2011 setzte sich diese Entwicklung fort (plus 3,7 Prozent). 2010 war die Arbeitslosigkeit bereits leicht zurückgegangen, 2011 fiel sie erstmals seit den frühen neunziger Jahren wieder auf einen Durchschnittswert von knapp unter drei Millionen (189). Allerdings waren die Befürchtungen im Lande groß, dass mit Finanzkrise und Eurorettung drastische Steuererhöhungen auf die Bürger zukommen würden. Im Mai 2010 lehnte eine Mehrheit der Bevölkerung das Schnüren von Rettungspaketen für Krisenstaaten ab (190).

Mit der Eurokrise fiel das Ansehen der Bundesregierung zunächst etwas ab. Da freilich auch Sozialdemokraten und Grüne diesen Kurs mittrugen, lässt sich kaum davon ausgehen, dass der dramatische Einbruch der FDP davon entscheidend beeinflusst worden ist. Eher wirkte sich aus, dass nun klar wurde, dass die steuerpolitischen Vorschläge der FDP nicht realisiert werden würden. Und als Krisenmanagerin konnte in der Folge allein die Bundeskanzlerin punkten, nicht aber ihr Außenminister. Dass die FDP in dieser Lage gleichwohl auf ihre Steuersenkungsvorstellungen nicht verzichten mochte, konnte jetzt wie ein Stück Realitätsverweigerung wirken (191).

Bei den Landtagswahlen in Sachsen-Anhalt am 20. März 2011 halbierte sich der Stimmenanteil der FDP noch einmal, nachdem die Partei schon 2006 tüchtig geschrumpft war. Mit 3,8 Prozent blieb sie deutlich unter der Fünf-Prozent-Hürde. Umgekehrt konnten die Grünen ihren Stimmenanteil verdoppeln und waren dort erstmals seit 1998 wieder im Landtag vertreten. Bei den Großparteien CDU, SPD und Linkspartei ergaben sich dagegen nur geringe Verschiebungen. Das Land wurde weiter von einer Großen Koalition regiert (192).

Ganz anders fielen die Wahlergebnisse eine Woche später aus. In Rheinland-Pfalz verlor die SPD mit Kurt Beck fast zehn Prozentpunkte und lag nur noch knapp vor der CDU. Hier spielten freilich auch landespolitische Faktoren eine Rolle. Großer Sieger aber wurden wenige Wochen nach Fukushima die Grünen, die ihren Wähleranteil von 4,6 Prozent bis auf 15,4 Prozent mehr als verdreifachen konnten. Nach fünf Jahren außerparlamentarischer Opposition würden sie künftig sogar mitregieren. Eine schwere Schlappe musste dagegen auch hier die FDP hinnehmen, die mit 4,2 Prozent den Wiedereinzug in den Landtag klar verfehlte. 2006 hatten die Liberalen noch acht Prozent erreicht (193).

Die Ergebnisse in Mainz wurden noch überstrahlt vom Wahlausgang in Baden-Württemberg. Hier verlor die CDU erstmals seit mehr als einem halben Jahrhundert die zur Regierungsbildung notwendige Mehrheit. Nach dem Verlust von 5,2 Prozentpunkten kam die Union nur noch auf 39 Prozent. Da sich gleichzeitig der Stimmenanteil der FDP mit 5,3 Prozent halbiert hatte, war eine Fortsetzung der schwarz-gelben Koalition nicht möglich.

Der dramatische Abfall der FDP in der Wählergunst verschärfte die Kritik an Parteichef Westerwelle in der FDP. Was zuvor meist nur hinter den Kulissen zu hören gewesen war, wurde jetzt offen geäußert: Westerwelle sollte gehen. Im Mai 2011 wählte der FDP-Parteitag einen neuen Vorsitzenden. Die Wahl fiel auf Gesundheitsminister Philipp Rösler, der gleichzeitig ins Amt des Bundeswirtschaftsministers wechselte. Der bisherige Amtsinhaber Rainer Brüderle übernahm den Fraktionsvorsitz von Birgit Homburger, die in dieser Funktion blass geblieben war. Das Gesundheitsressort fiel jetzt an den FDP-Politiker Daniel Bahr. Westerwelle blieb freilich Außenminister (194).

Die Grünen in Baden-Württemberg aber hatten mit 24,2 Prozent nicht nur ihren Wähleranteil mehr als verdoppeln können. Sie lagen damit auch vor der SPD, die mit 23,2 Prozent etwa zwei Prozentpunkte eingebüßt hatte. Bei einer Koalitionsbildung von SPD und Grünen würden die Grünen künftig den Ministerpräsidenten stellen. Das galt als echte Sensation (195).

Wenige Wochen später wurde Winfried Kretschmann zum ersten grünen Ministerpräsidenten überhaupt gewählt. Kretschmann, der schon 1980 mit der ersten Grünen-Fraktion in den Landtag eingezogen war, galt als bedächtiger und abwägender Wertkonservativer, der mit Mentalität und Habitus recht gut ins »Ländle« passte.

Dass die Grünen besonders von der Stimmungslage im Lande profitierten, zeigten auch Kommunalwahlergebnisse vom gleichen Tag. Erstmals wurde in Hessen ein Grüner zum Oberbürgermeister einer Großstadt gewählt. Jochen Partsch konnte sich in Darmstadt künftig auf ein grün-schwarzes Bündnis stützen. In den folgenden Wochen beschäftigte die politische Öffentlichkeit die Frage, ob die Grünen bereits auf dem Wege zu einer Volkspartei seien. Sogar in Mecklenburg-Vorpommern schaffte die Partei den Einzug in den Landtag. Anfang September 2011 konnten sie dort ihr Wahlergebnis von 2006 mehr als verdoppeln. Klarer Sieger wurden hier die Sozialdemokraten, die über fünf Prozent der Stimmen dazugewannen und nun mit klarem Abstand stärkste Partei waren. Im Landtag behaupten konnte sich die NPD (196).

Dass die Bäume für die Grünen nicht in den Himmel wuchsen und die Erfolge im Frühjahr auch mit einer außergewöhnlichen Themenkonjunktur nach der Reaktorkatastrophe in Japan zu tun gehabt hatten, zeigten dann die Wahlen zum Abgeordnetenhaus von Berlin im September. Nachdem die Partei unter dem Eindruck der Frühjahrserfolge eine realistische Chance sah, mit einer bekannten Spitzenkandidatin wie Renate Künast auch die nächste Regierungschefin im Roten Rathaus stellen zu können, hatten sie den Wahlkampf voll darauf abgestellt. Doch gemessen an den hohen Erwartungen fiel das Ergebnis mit 17,5 Prozent am Ende enttäuschend aus. Ein Zuwachs von 4,5 Prozent – das war weit weniger als sich die Grünen ausgerechnet hatten. Regierungschef in der Hauptstadt blieb Klaus Wowereit, nachdem die Verluste der SPD in Grenzen gehalten werden konnten. Verhandlungen mit den Grünen über eine Zusammenarbeit scheiterten. Schließlich gingen die Sozialdemokraten ein Bündnis mit der Union ein. Die FDP war bei der Wahl fast marginalisiert worden und fiel von 7,6 auf kümmerliche 1,8 Prozent (197).

Ein Überraschungserfolg gelang in Berlin der Piratenpartei, die mit 8,9 Prozent ins Abgeordnetenhaus einziehen konnte. Erst 2006 gegrün-

det, hatte sie mit ihrer besonderen Internet-Affinität einige Anziehungs-
kraft vor allem für junge Wähler gewonnen. Neben Forderungen nach Abschaffung des Urheberrechts und möglichst uneingeschränkter Freiheit im
Netz trat der Anspruch einer neuen, basisdemokratischen Form von Politik. Auch damit entsprach sie dem Bedürfnis mancher Junger, die mit den
etablierten Parteien nicht viel anfangen konnten. In dieser Hinsicht erinnerten sie an die frühen Grünen. In Berlin wurden sie auch zum Sammelbecken für allerhand Proteststimmungen. An der Tatsache, dass sie im Osten Berlins noch häufiger gewählt wurden als im Westen, ließ sich das gut
zeigen. Schließlich war das sicher nicht irgendeiner besonderen Netzaffini-
tät im Osten zuzuschreiben.

Ihr Wahlerfolg in Berlin wurde zum Auftakt für eine kurzzeitige politische Erfolgsstory der Piraten. Anfang 2012 schafften sie auch den Einzug
in die Parlamente im Saarland, in Schleswig-Holstein und in Nordrhein-
Westfalen. Doch bald darauf war dieser Siegeszug auch schon wieder vorbei. Ständige interne Reiberein und Konflikte, Skandale und irritierende
öffentliche Auftritte führten rasch zu öffentlichem Ansehensverlust der
Partei. Was zunächst als unfertiger, dabei aber sympathischer politischer
Amateurismus, der nach neuen Politikformen suchte, eher wohlwollend
bewertet worden war, galt nur wenig später vielen als Dilettantismus, den
man nicht wählen konnte. Beim nächsten Wahlgang fielen die Piraten aus
allen Landesparlamenten, in die sie 2011/2012 einziehen konnten, wieder
heraus (198).

Im November 2011 wurde Deutschland von der Entdeckung einer drei-
köpfigen Terrorzelle aufgeschreckt, die bald unter dem Kürzel NSU (»na-
tionalsozialistischer Untergrund«) firmierte. Sie bestand aus Uwe Mund-
los, Uwe Böhnhardt und Beate Zschäpe. Nachdem die beiden Männer tot in
einem ausgebrannten Wohnmobil aufgefunden worden waren, hatte sich
Beate Tschäpe den Behörden gestellt. Alle drei hatten sich in rechtsradikalen Kreisen bewegt und waren abgetaucht, nachdem 1998 Haftbefehle gegen sie ausgestellt worden waren. Ihnen wurden mindestens neun Mordtaten zur Last gelegt.

Die Vorgänge sorgten nicht nur für neue Debatten über das Ausmaß der
Gefahren des Rechtsextremismus. Erschrecken löste auch die Tatsache aus,
dass die drei über mehr als ein Jahrzehnt unbehelligt blieben und ihre Taten planen konnten, obwohl immer wieder Hinweise auf ihren Aufenthalt aufgetaucht waren. Bald standen Versäumnisse von Polizei und Verfassungsschutz im Mittelpunkt der Aufmerksamkeit. Dass die drei über so
viele Jahre keine Helfer und Unterstützer gehabt haben sollten, erschien
reichlich unwahrscheinlich. Untersuchungsausschüsse im Bundestag und

in acht Landtagen untersuchten den Einsatz von V-Leuten, Ermittlungspannen und organisatorische Defizite bei den staatlichen Stellen. Auch die
Frage einer Mitwisserschaft und Unterstützung durch V-Leute spielte immer wieder eine Rolle. Von vielen Seiten wurde die Frage aufgeworfen, ob
der Staatsschutz möglicherweise »auf dem rechten Auge blind« sei.

Die Untersuchung dieser Vorgänge, die zu zahlreichen Rücktritten bei
den verantwortlichen Staatsschützern führte, zog sich über viele Jahre.
Ebenfalls sehr lange dauerte der Prozess gegen die mutmaßliche Kompli-
zin Beate Zschäpe, die 2018 zu lebenslanger Haft verurteilt wurde (199).

6.9 NEUE WELLEN DES PROTESTS

Der Erfolg der Piratenpartei ließ sich auch als Teil einer um diese Zeit deutlich wahrnehmbaren Proteststimmung im Lande deuten, die sich vor allem in gebildeten Mittelschichtmilieus ausbreitete und vornehmlich in den
mittleren Altersjahrgängen Unterstützer fand. Bundesweit Furore machte
dabei die Bewegung gegen den Bau des Tiefbahnhofs in Stuttgart.

Das Projekt »Stuttgart 21«, von der Bahn seit vielen Jahren geplant, von
der Politik längst beschlossen, sorgte erst dann, als die Bagger tatsächlich
anrückten, für eine gewaltige Mobilisierungswelle in Stuttgart und Umgebung. Dabei mischten sich pragmatische Einwände gegenüber dem Nutzen
der gewaltigen Kosten, die das Projekt verschlingen würde, mit Gefühlen
von Traditions- und Heimatverlust. Bund, Land und die Stadt Stuttgart beteiligten sich an dem Bauvorhaben, das 1994 erstmals in dieser Form öffentlich vorgestellt worden war. 2006 hatte der Landtag von Baden-Württemberg beschlossen, der entsprechenden Rahmenvereinbarung mit dem
Bund zuzustimmen. Anfang 2010 begann die DB mit den Baumaßnahmen.

Der vorgesehene Abriss betraf Areale und Gebäudesubstanzen, die im
schwer kriegszerstörten Stuttgart als Traditionsbestand angesehen wurden.
Mit der Großdemonstration vom 30. September 2010, bei der in der Folge
eines harten und heftig kritisierten Polizeieinsatzes auch zwei Schwerver-
letzte zu beklagen waren, erreichte der Protest seinen aktionistischen Höhepunkt. Am Tag darauf versammelten sich 50 000, nach anderen Angaben sogar 100 000 Menschen, um auf den Schlosswiesen gegen den Beginn
der Baumfällarbeiten zu protestieren (200).

Die Auseinandersetzung um dieses Projekt wurde auch ein Großthema
im Wahlkampf. Weil die Grünen das Projekt ablehnten, war davon auszugehen, dass sie davon profitieren würden. Als geschickter Schachzug

der Landesregierung erwies sich dann die Berufung eines Schlichters, der alle Seiten an einen Tisch brachte und den Anspruch formulierte, unvoreingenommen nach einer befriedenden Lösung zu suchen. Der dazu berufene frühere CDU-Generalsekretär Heiner Geißler, der inzwischen als scharfer Kritiker des Finanzkapitalismus von sich reden machte und dem globalisierungskritischen Netzwerk »Attac« beigetreten war, legte Ende November 2010 seinen Schlichterspruch vor. Der sah zwar Korrekturen vor, befürwortete aber im Grundsatz das Projekt. Im Sommer 2011 präsentierte Geißler einen weiteren Kompromissvorschlag, nach dem der Nahverkehr weiterhin überirdisch abgewickelt werden sollte und der deutlich kostengünstiger kalkuliert war. Die Bahn aber lehnte diesen Vorschlag ab (201).

Im Frühjahr 2011 beschloss die neue grün-rote Landesregierung eine Volksabstimmung. Die Bürger im ganzen Bundesland sollten über einen möglichen Rückzug des Landes aus dem Projekt entscheiden. Ende November 2011 stimmten 59 Prozent gegen einen solchen Rückzug. Ministerpräsident Kretschmann erklärte, selbstverständlich werde man das Votum akzeptieren. Inzwischen ist die Fertigstellung des Projekts auf 2025 verschoben worden. Die Kostenschätzungen bewegen sich 2020 offiziell auf über acht Milliarden Euro. Andere gehen von mehr als zehn Milliarden aus (202).

Die Bewegung gegen das Projekt »Stuttgart 21« war kein Einzelfall. In Hamburg wie in anderen Großstädten galt der Protest jetzt einer »Gentrifizierung«, die als Folge von Sanierungs- und Stadtentwicklungsmaßnahmen mit der Konsequenz der Verdrängung der weniger zahlungsfähigen Bevölkerung aus bestimmten Stadtteilen befürchtet wurde. Im Umland Münchens spielte beim Widerstand gegen den Bau einer dritten Landebahn am Großflughafen sogar die Kirche eine Rolle. Der Bürgerprotest zwang die Stadt München sogar zu einer Ablehnung des Vorhabens. Der Unfall in Fukushima schließlich brachte im ganzen Land Atomkraftgegner auf die Beine. Und im Herbst 2011 war es der Protest einer weltweit agierenden »Occupy«-Bewegung gegen die Macht der Finanzmärkte und die Geschäftspolitik der Banken, der auch in Deutschland Tausende mobilisierte. Dabei kam es in der Bankenmetropole Frankfurt auch zu Krawallen und heftigen Auseinandersetzungen mit der Polizei (203).

Ließ sich die Occupy-Bewegung noch in der Tradition eines linken Antikapitalismus interpretieren und spielten beim Protest gegen die »Gentrifizierung« in Hamburg auch »kampferprobte« Aktivisten aus der linken und linksradikalen Szene eine wichtige Rolle, so war das keineswegs durchgängig so. Vielerorts waren es eher »bürgerliche« Leute aus den reiferen Jahrgängen, die das Gesicht des Protests prägten. Keineswegs grundsätzlich »systemfeindlich« eingestellt, vertraten sie eigentlich eher pragmatische Ansichten. Das galt für die Gegner des Stuttgarter Bahnhofsprojekts ebenso wie für die Initiativen gegen den Flughafenausbau in Freising bei München (204).

Um 2010/2011 ließ sich an vielen Stellen des Landes ein Aufschwung von Bürgerprotesten beobachten. Während die Wahlbeteiligung deutlich zurückging und das Ansehen von Parteien und etablierten Politikern neue Tiefstände erreichte, erlebten unkonventionelle Formen des politischen Engagements einen Aufschwung.

Dass die Bindungskraft der großen Volksparteien schwand, zeigte auch ein ganz anderer Vorgang. Im Herbst 2010 erreichte der frühere Berliner Finanzsenator Thilo Sarrazin, inzwischen Vorstandsmitglied der Bundesbank, mit seinem überaus pointierten und in der Titelzeile zugespitzten Buch »Deutschland schafft sich ab« einen sensationellen Verkaufserfolg. Bis Weihnachten waren bereits 1,2 Millionen Exemplare über den Ladentresen gegangen. Sarrazin, der schon zuvor mit Interviews zu »Kopftuchmädchen« und angeblicher Integrationsverweigerung von »70 Prozent der türkischen und 90 Prozent der arabischen Bevölkerung in Berlin« Aufmerksamkeit erregt hatte, versuchte in seiner von den Feuilletons überwiegend verrissenen und in der etablierten Welt der Politik empört aufgenommenen Schrift zu belegen, dass Deutschland in der Folge von Massenmigration aus anderen Kulturkreisen und der im Vergleich zu den Migranten niedrigeren Fortpflanzungsrate der im Lande geborenen Deutschstämmigen auf dem Wege sei, ein anderes Land zu werden. Um die Mitte des 21. Jahrhunderts werde die angestammte Kultur der Deutschen in eine Minderheitenposition geraten sein (205).

Soviel Widerspruch Sarrazin auch fand: Die Reaktion in Teilen der Gesellschaft zeigte, dass er einen Nerv getroffen hatte. Tausende strömten zu seinen Veranstaltungen. In Umfragen gaben 18 Prozent der Befragten an, sie könnten sich vorstellen, eine »Sarrazin-Partei« zu wählen (206). Sarrazin selber aber wollte Sozialdemokrat bleiben. Seine Genossen freilich wollten ihn loswerden, scheiterten aber letztlich mit ihrem Ausschlussverfahren. Bundesbankdirektor allerdings blieb er nicht.

Der Hamburger Ökonom Bernd Lucke, ein scharfer Kritiker der Euro-Rettungspolitik, hätte Sarrazin gerne für sein Projekt einer neuen Partei gewonnen. Der ehemalige Finanzsenator aber lehnte ab. Erfolgreich wurde die Neugründung dennoch, die auf Luckes maßgebliches Betreiben 2013 ins Leben gerufen wurde und auch die migrationskritischen Töne des Bestsellerautors von Anfang an mit aufnahm.

Piratenpartei, Stuttgart 21, Occupy, Großflughafen Freising, Sarrazin und anderes – so disparat Anlässe und Anliegen auch waren, eine Gemeinsamkeit verband sie doch: Sie ließen sich als Ausdrucksform gewachsener Entfremdung von den etablierten Parteien und den eingefahrenen Streitritualen der repräsentativen Demokratie verstehen. Während Angela Merkel mit sicherer Mehrheit das Land regierte und im Parlament in Grundfragen wie Eurokrise und Energiewende kaum auf ernsthaften Widerspruch stieß, drängte es die Gesellschaft auseinander – in viele Richtungen zugleich.

6.10 DIE PRÄSIDENTSCHAFTSKRISE

Christian Wulff blieb auch nach seiner Wahl ein nicht unumstrittener und in einem Teil der Medien wenig geliebter Präsident. Im September 2010 wurde er in vielen Blättern kritisiert, nachdem er Thilo Sarrazins Buch heftig attackiert und die Bundesbank mehr oder weniger direkt aufgefordert hatte, den Vertrag mit ihm aufzulösen. Dabei hatte der Bundespräsident offenbar übersehen, dass er es war, der einen Aufhebungsvertrag würde unterschreiben müssen. Dass er sich selbst zur Partei gemacht hatte, war demnach ungeschickt und angreifbar. Tatsächlich wurde Sarrazins Vertrag dann einvernehmlich aufgelöst (207).

Am 3. Oktober reagierte der Bundespräsident auf die in diesen Wochen aufgeheizte Migrations- und Integrationsdebatte. In seiner Rede bei der Feierstunde zum Tag der Deutschen Einheit ging er ausführlich darauf ein und fasste seine Auffassung schließlich so zusammen: »Das Christentum gehört zweifelsfrei zu Deutschland. Das Judentum gehört zweifelsfrei zu Deutschland. Das ist unsere christlich-jüdische Geschichte. Aber der Islam gehört inzwischen auch zu Deutschland« (208).

Der letzte Satz stieß auf viel Zustimmung, löste aber auch Irritation und Ablehnung aus. Die BILD-Zeitung meldete, eine klare Mehrheit der Deutschen lehne diesen Satz ab. Die Frankfurter Allgemeine Zeitung kritisierte, dem Bundespräsident fehle das nötige Sensorium, »wie sehr sich die alteingesessene Bevölkerung vom vorrückenden Islam bedroht fühlt« (209). Auch CSU-Chef Seehofer mochte dem Präsidenten nicht folgen, während Angela Merkel von einer »Weichenstellung für die Zukunft« sprach. Lob erhielt Wulff auch von Hans-Ulrich Jörges im STERN: »Christian Wulff hat seine erste Bewährungsprobe als Staatsoberhaupt bestanden ... es krönt die durch Fahrlässigkeiten, Fehlinterpretationen und Verdrehungen entstellte Debatte um Thilo Sarrazin, dass er dafür auch noch kritisiert wird«. Als Wulff einige Wochen später im türkischen Parlament ausführte, »das Christentum gehört zweifelsfrei zur Türkei«, war ihm dagegen die breite Zustimmung der deutschen Öffentlichkeit sicher (210).

Am 13. Dezember 2011 berichtete die BILD-Zeitung erstmals über angebliche Merkwürdigkeiten bei der Finanzierung des Hauses, das das frisch verheiratete Ehepaar Wulff 2008 erworben hatte. Demnach war der Hauskauf 2008 über einen Privatkredit finanziert worden, der von der Frau des seit Jahrzehnten mit der Familie Wulff befreundeten Unternehmers Geerkens zur Verfügung gestellt worden war. Gleichzeitig hatte BILD herausgefunden, dass Wulff als Ministerpräsident im Februar 2010 auf eine Anfrage der Grünen-Fraktion im niedersächsischen Landtag nach Geschäftsbeziehungen zwischen ihm und dem Ehepaar Geerkens solche Beziehungen verneint hatte. Jetzt wurde der private Kredit als geschäftliche Beziehung interpretiert. Demnach hätte Wulff im Landtag die Unwahrheit gesagt.

Nun brach ein medialer Sturm los. SPIEGEL und STERN hatten schon länger recherchiert, ob es beim Hauserwerb in Großburgwedel mit rechten Dingen zugegangen war. Der SPIEGEL hatte sogar Einblick in die Grundbuchakten nehmen können. Unter Journalisten hielt sich das Gerücht, Finanzier sei der umstrittene Unternehmer Carsten Maschmeyer gewesen. Nachdem das Interesse des SPIEGEL mangels entsprechender Belege zunächst erlahmt war, hatte sich die BILD-Zeitung der Sache verstärkt angenommen (211).

In den Tagen nach dem 13. Dezember stiegen dann fast alle anderen Blätter ein. Auch für das öffentlich-rechtliche Fernsehen war die Causa Wulff jetzt ein Aufmacherthema. Am 18. Dezember befragte ARD-Moderator Günther Jauch vor einem Millionenpublikum den stellvertretenden BILD-Chefredakteur Nikolaus Blome, der in dieser Zeit fast täglich in den Talk-Shows der Republik auftrat, nach den »Gerüchten« über eine angebliche Vergangenheit von Bettina Wulff im Rotlicht-Milieu. Zwei Tage zuvor hatte ein Redakteur der Berliner Zeitung die im Internet kursierenden Gerüchte in ein seriöses Blatt gerückt und die Vermutung geäußert, die BILD-Zeitung unterdrücke die ihr vorliegenden Informationen. Zwar verneinte Blome die Frage. Doch Jauch hatte mit seinem Vorstoß dem Gerücht eine gewaltige Publizität verliehen, das die Integrität auch der Ehefrau des Präsidenten in ein abträgliches Zwielicht rückte (212).

Am Tag zuvor war auf dem Titelbild des SPIEGEL Christian Wulff zu sehen gewesen. Daneben stand: »Der falsche Präsident«. Wulff habe den niedersächsischen Landtag belogen und damit schweren Schaden für das Amt angerichtet, hieß es im Blatt. FAZ-Mitherausgeber Frank Schirrmacher urteilte, Wulff sei »eine ganze moralische Kategorienwelt abhanden gekommen« (213).

Kurz vor Weihnachten entließ Wulff seinen Pressesprecher Glaeseker. Zur Beruhigung der Lage trug das freilich nicht bei. Inzwischen wurde von allen möglichen Seiten die Vergangenheit des Bundespräsidenten nach Anzeichen von Vorteilsnahmen und möglicher Bestechlichkeit untersucht. Bis ins kleinste Detail errechnete man mögliche finanzielle Vorteile der Familie Wulff durch die Art der Kreditgewährung. Weil der Unternehmer Geerkens Wulff auf Auslandsreisen begleitet hatte, klassifizierte man jetzt vielerorts seine Antwort im Landtag als »Lüge«. Renommierte Verfassungsrechtler bejahten Verstöße Wulffs gegen das niedersächsische Ministergesetz.

Trotz des medialen Trommelfeuers, bei dem BILD, SPIEGEL und Frankfurter Allgemeine Zeitung in bis dahin seltenem Gleichklang auftraten, war die Mehrheit der Deutschen bis zum Jahreswechsel nicht überzeugt, dass der Bundespräsident zurücktreten müsse. Im ARD-Deutschlandtrend-Extra vom 19. Dezember sahen 70 Prozent der Befragten keinen Anlass für einen Amtsverzicht (214).

Am Neujahrstag 2012 aber verschärfte sich die Lage. Die »Frankfurter Allgemeine Sonntagszeitung« berichtete ausführlich, dass Wulff mit einem Telefonanruf bei BILD-Chefredakteur Kai Diekmann am 12. Dezember 2011 diesen habe davon abbringen wollen, die Geschichte über die angeblichen Merkwürdigkeiten beim Hauskauf überhaupt zu veröffentlichen. Da Diekmann nicht erreichbar war, hatte Wulff ihm auf seine Mailbox gesprochen (215).

Dieser Anruf wurde ihm jetzt zum Verhängnis. Zwar weigerte sich der BILD-Chef, eine Mitschrift der Nachricht zu veröffentlichen. Doch längst hatte er Abschriften anfertigen lassen, die jetzt auch in anderen Redaktionen kursierten. Von »Nötigung« und einem »Angriff auf die Pressefreiheit« war die Rede. Ein Bundespräsident, der die Pressefreiheit bedroht – natürlich wäre der untragbar gewesen (216). Zwar hatte sich Wulff längst bei Diekmann entschuldigt und dieser die Entschuldigung angenommen. Doch das hinderte ihn und seine Zeitung nicht daran, ihr Doppelspiel weiterzutreiben. Am 5. Januar 2012 veröffentlichte BILD schließlich den Text der Mailbox-Mitteilung.

Auch ARD und ZDF waren inzwischen in großem Stil eingestiegen. In »Brennpunkten« und diversen Sondersendungen ging es um den Bundespräsidenten. Sogar in Sportsendungen hinein wurden die neuesten Entwicklungen der Causa Wulff gemeldet. Im gemeinsamen Interview bei ARD und ZDF war dann am 4. Januar nicht nur der vermeintliche Angriff auf die Pressefreiheit ein Thema, sondern auch angebliche Vorteilsnahmen des niedersächsischen Ministerpräsidenten durch mehrere Urlaubsreisen in Feriendomizile von befreundeten Unternehmern. Tatsächlich ging es um sechs Aufenthalte, drei davon beim Ehepaar Geerkens. Als Wulff dabei der ZDF-Interviewerin Bettina Schausten die Gegenfrage stellte, ob sie immer dafür bezahle, wenn sie bei Freunden übernachte, behauptete diese, ja, sie zahle dafür (217).

Auch die Aufregung um die Diekmann-Nachricht aber brachte noch keine Entscheidung. Ebensowenig die immer neuen Vorhaltungen, die allerdings immer unbedeutendere Sachverhalte betrafen. Sogar ein Bobby-Car für den kleinen Sohn der Wulffs und die Leasing-Konditionen für das Auto von Bettina Wulff schafften es in die Schlagzeilen. Nun häuften sich die Rücktrittsforderungen und begann die öffentliche Meinung zu kippen. Irgendwann konnte ein Bundespräsident, der nicht aus den Negativ-Schlagzeilen kam, auch dann nicht mehr tragbar sein, wenn die Vorwürfe der Substanz entbehrten.

Allerdings liefen sich die Angriffe wegen der Hausfinanzierung im Januar allmählich tot. Die niedersächsische Landesregierung hatte nach Prüfung des Sachverhalts festgestellt, dass es beim Privatkredit »keine Amtsbezogenheit« gegeben habe (218). Aber entschieden war noch nichts.

Die Entscheidung fiel dann Anfang Februar 2012. Nachdem die BILD-Zeitung die Frage aufgeworfen hatte »Wer zahlte Wulffs Sylt-Urlaub?« stand der Einsatz des früheren Ministerpräsidenten zugunsten des Filmproduzenten David Groenewold im Mittelpunkt. Tatsächlich hatte sich Wulff für Groenewold, der nach Geldgebern für sein Filmprojekt »John Rabe« suchte, stark gemacht. Da Belege für zwei gemeinsame Reisen nach Sylt und einen gemeinsamen Oktoberfestbesuch in München mit Hotelübernachtung vorlagen, wurde der Vorwurf erhoben, Groenewold habe als Gegenleistung für den Einsatz des Ministerpräsidenten diesem Sylt-Reisen und einen Oktoberfestbesuch bezahlt (219).

Der gewaltige öffentliche Druck machte auch vor der Staatsanwaltschaft Hannover nicht halt. Sie war es dann, die die Causa Wulff am Ende entschied. Nach ihrem Antrag zur Aufhebung der Immunität des Bundespräsidenten vom 16. Februar 2012, um ein Verfahren gegen ihn eröffnen zu können, blieb Wulff nur noch der Rücktritt. Ein Bundespräsident, gegen den strafrechtlich ermittelt wird, war nach den ungeschriebenen Regeln der deutschen Demokratie nicht tragbar. Als Grund für die Eröffnung des Verfahrens nannte der Generalstaatsanwalt später einen Bericht der BILD-Zeitung, nach dem David Groenewold versuche, Beweismittel aus der Welt zu schaffen. Am Morgen des 17. Februar 2012 gab Christian Wulff das Amt des Bundespräsidenten auf (220).

Die aufgeregte Stimmung dieser Tage sorgte auch noch für ein Nachspiel. Zunächst war es der Streit um den »Ehrensold«, der einem ehemaligen Bundespräsidenten als »Pension« zusteht und daran geknüpft ist, dass er nicht aus persönlichen, sondern aus politischen Gründen zurücktritt, an dem sich die Gemüter erhitzten. Dass sich Verfassungsrechtler fanden, die Wulff durch ihre Einschätzung, der Ehrensold stünde ihm nicht zu, gleichsam »vorverurteilten«, weil ja eine juristische Bewertung noch gar nicht stattgefunden hatte und von einem schweren Fehlverhalten im Amt, die eine Präsidentenanklage, wie sie die Verfassung vorsieht, hätte begründen können, gar nicht die Rede sein konnte, warf ein merkwürdiges Licht auch auf die wissenschaftliche Würdigung der Vorgänge.

Befremdlich waren dann auch die Vorgänge bei der Verabschiedung des scheidenden Bundespräsidenten mit einem »Großen Zapfenstreich« Anfang März. Dass viele Repräsentanten des öffentlichen Lebens der Veranstaltung fernblieben, ließ sich noch als ihre Privatsache verstehen. Dass aber aufgebrachte Bürger mit Vuvuzelas und ähnlichen lärmenden Gerätschaften die Veranstaltung zu stören versuchten, war kein Ruhmesblatt für die politische Kultur des Landes (221).

Wie unrühmlich die ganze Sache gewesen war, zeigte dann ihre juristische Aufarbeitung. Bereits im Mai 2012 stellte die Staatsanwaltschaft Berlin ihre Ermittlungen, die den Verdacht der Vorteilsnahme durch günstige Leasing-Konditionen und Kleider-Sponsering zugunsten von Bettina Wulff betrafen, ein. Die Staatsanwaltschaft Hannover, die den entscheidenden Anlass zum Rücktritt des Bundespräsidenten geliefert hatte, prüfte minutiös 21 Verdachtsfälle der Vorteilsnahme oder Bestechlichkeit. 28 Ermittler, darunter vier Staatsanwälte, waren beteiligt. Nur in einem einzigen Fall – Groenewold – sah sie überhaupt einen ausreichenden Tatverdacht.

Nachdem sie im März 2013 Wulff angeboten hatte, das Verfahren gegen die Zahlung von 20 000 Euro einzustellen, dieser aber auf dem Verfahren bestand, klagte sie im April den ehemaligen Bundespräsidenten wegen Vorteilsnahme und Bestechlichkeit an. Im Verfahren selbst, das im August begann, wurde der Vorwurf der Bestechlichkeit gar nicht erst erhoben. Lediglich »Vorteilsnahme« stand im Raum. Ende 2013 regte der Richter die Einstellung des Verfahrens an. Erneut lehnte Wulff ab. Er wollte einen Freispruch. Den bekam er dann auch. Und nicht nur das: Das Gericht verband den Freispruch am 27. Februar 2014 mit der Erklärung, dass dem ehemaligen Bundespräsidenten für die erlittenen Durchsuchungen seines Hauses eine Entschädigung zustehe (222).

Sicher hat Christian Wulff bei seinen Entscheidungen nicht immer eine glückliche Hand gehabt. Ob man als Ministerpräsident beim Hauskauf nicht besser daran tut, einen gewöhnlichen Bankkredit aufzunehmen, um jeden Anschein einer geschäftlichen Beziehung zu vermeiden, lässt sich sicher einwenden. Ein Fehler war gewiss auch, dass er seine privaten Verbindungen zum Ehepaar Geerkens vor dem niedersächsischen Landtag nicht erwähnt hat. Und natürlich hat er eine gewaltige Dummheit begangen, als er einem Chefredakteur der BILD-Zeitung eine solche Nachricht auf die Mailbox sprach. Doch justiziabel war das alles nicht. Wenn Journalisten Politiker in Grund und Boden kritisieren dürfen, müssen sich Politiker selbstverständlich auch wehren dürfen. Daraus einen Angriff auf die Pressefreiheit zu konstruieren, der den Tatbestand der Nötigung erfülle, war grotesk.

Erst recht gilt das für die moralischen Maßstäbe, die in dieser Sache von Berliner Journalisten angelegt wurden, die ihrerseits Rabatte beim Autokauf und alle mögliche andere Vergünstigungen nur zu gerne mitnahmen. Ein Höhepunkt dieser Hypermoral war die Behauptung von Frau Schausten, sie zahle dafür, wenn sie bei Freunden übernachte.

Der Journalist Robert Leicht hat wenige Tage vor dem Rücktritt des Bundespräsidenten von einem »beträchtlichen Anteil an medialer Heuchelei« geschrieben. Schließlich würden es die Medien mit den roten Linien im Verhältnis zur Wirtschaft auch nicht immer so genau nehmen – etwa dann, wenn Verlagsempfänge von Unternehmen gesponsert würden, über die man kritisch berichten müsse (223).

In der Skandalgeschichte der Bundesrepublik hat die Wulff-Affäre schon deshalb ihren besonderen Platz, weil sie eigentlich eher ein Medienskandal war. Dass sich ein inzwischen zum Bundespräsident avancierter Ministerpräsident eine halbe Million von der Frau eines befreundeten Unternehmers geliehen hatte, war jounalistisch zweifellos von Interesse. Erst recht, wenn dieser Ministerpräsident im Landtag Geschäftsbeziehungen zu diesem Unternehmer geleugnet hatte. Aber das sich dann in der »nervösen Zone« der Hauptstadt in rasender Geschwindigkeit ein Jagdfieber ausbreitete, dem kaum jemand widerstehen konnte, war mehr als irritierend. Eine ungewöhnliche Koalition von SPIEGEL, Springer, FAZ, ARD und ZDF brachte ein Medienklima hervor, das bald auch die meisten unter den Bedächtigeren mitriss. Sicher fanden sich Ausnahmen. Die ZEIT etwa pflegte eine gewisse Zurückhaltung, die SZ war zunächst vorsichtiger als andere, wurde dann aber doch ein Stück mitgerissen. Dagegen gehalten hat die kleine TAZ, die fast als einzige skandalisierte, dass ausgerechnet der trickreiche Dieckmann mit seiner BILD-Zeitung die Opferrolle im Spiel um die Freiheit der Presse beanspruchte. Problematisch war auch die Rolle der öffentlich-rechtlichen Fernsehanstalten, die doch eigentlich in besonderer Weise zu einer »ausgewogenen Berichterstattung« verpflichtet sind. Erstaunen konnte auch die Rolle der seriösen Frankfurter Allgemeinen.

Der Fall Wulff zeigte nicht nur das Ausmaß, das der mediale Herdentrieb im Zeitalter des »investigativen« Journalismus inzwischen erreicht hatte. Die Tatsache, dass sich angesichts der eigentlich bescheidenen Dimension der Vorwürfe gegen den Bundespräsidenten dennoch praktisch niemand fand, der der Jagd offensiv entgegentrat, warf ein befremdliches Bild auf die Pressefreiheit im Zeitalter der rasend gestiegenen Konkurrenz um Aufmerksamkeit, Quote und Auflage.

»Jeder wollte den größten Stein werfen«, hat Hans Leyendecker später geschrieben, der mindestens seit der Flick-Affäre in allen Skandalen der Republik präsent und bewandert war. Er hat dann die Verleihung des renommierten Henri-Nannen-Preises an die BILD-Zeitungs-Rechercheure zum Anlass genommen, seinerseits diese Auszeichnung abzulehnen. Seine Süddeutsche Zeitung hat mit einer eher wohlwollenden Berichterstattung über den Wulff-Prozess versucht, ein wenig zu korrigieren, was zuvor falsch gelaufen war. Die damit indirekt verbundene Selbstkritik war achtbarer als das Verhalten der vielen anderen, die bis heute nicht einräumen wollen, dass sie weit überzogen hatten.

Einen besonders irritierenden Punkt der Präsidentschaftskrise hat Heribert Prantl im Februar 2014 herausgestellt, als er im Kommentar zum Wulff-Freispruch schrieb: »Bei einem schweren Verbrechen eines Bundespräsidenten hat laut deutscher Verfassung das Bundesverfassungsgericht in Karlsruhe darüber zu entscheiden, ob er des Amtes enthoben wird. Bei vergleichsweise leichteren angeblichen Vergehen, die sich dann sogar als Nichtvergehen herausstellen, reicht es aus, wenn irgendein Staatsanwalt daherkommt. Das darf nie wieder sein« (224).

Michael Götschenberg hat in seiner Analyse der Präsidentschaftskrise resümiert: »Zumindest ein Teil der Medien war damals mit einer Mission unterwegs. Meines Erachtens ging es darum, den Mann aus dem Amt zu entfernen. Ich würde nicht alle über einen Kamm scheren, aber zumindest der BILD-Zeitung würde ich attestieren, dass sie eine Kampagne gegen Wulff gefahren hat« (225). Der Medienwissenschaftler Hans Mathias Kepplinger nannte die »Skandalisierung in der Causa Wulff« »einzigartig und zugleich exemplarisch«. Die Mechanismen dieses Falles zeigten beispielhaft die gestiegene und dabei problematische Macht der Medien (226).

Mit dem Rücktritt hatte die Regierung ein Problem. 21 Monate nach dem überraschenden Amtsverzicht von Horst Köhler war ein zweites Mal ein amtierender Präsident vorzeitig aus dem Amt geschieden. Diesmal unter

Umständen, die auch das Amt selbst beschädigten. Deshalb musste rasch eine überzeugende Lösung für die Nachfolge gefunden werden.

Am 19. Februar trafen sich die Spitzen der Koalition. Zum Unwillen der Kanzlerin hatte sich die FDP rasch auf den von SPD und Grünen erneut zum Kandidaten auserkorenen Joachim Gauck geeinigt. Angela Merkel wollte Gauck auch diesmal zunächst nicht. Personelle Alternativen wurden ins Spiel gebracht, doch von den Liberalen verworfen. Schließlich kam es zu einer lautstarken Auseinandersetzung zwischen Merkel und dem neuen FDP-Chef Philipp Rösler. Sogar der Fortbestand der Koalition stand dabei auf dem Spiel. Am Ende gab die Kanzlerin nach. Schließlich kam es am Abend zu einem Novum: Bei einer gemeinsamen Pressekonferenz der Vorsitzenden von CDU, CSU, SPD, FDP und Grünen wurde Joachim Gauck als Kandidat aller vier Fraktionen und fünf Parteien vorgestellt (227).

Am 18. März 2012 wurde der frühere Chef der Stasi-Unterlagenbehörde mit großer Mehrheit von der Bundesversammlung zum Bundespräsidenten gewählt. Nur 21 Monate nach seiner knappen Niederlage hatte der Pfarrer und Bürgerrechtler aus Rostock nun doch den Einzug ins Schloss Bellevue geschafft.

6.11 DAUERSTREIT UMS WAHLRECHT

Der Bundestag wird seit 1949 nach einem »personalisierten Verhältniswahlrecht« gewählt, das seit 1953 im Kern unverändert geblieben war. Danach haben die Wähler zwei Stimmen. Mit der Erststimme wählen sie einen Wahlkreiskandidaten, mit der Zweitstimme die Landesliste einer Partei. Über die Mandatsverteilung entscheidet die Höhe des erreichten Zweitstimmenanteils. Wer die Mandate bekommt, ergibt sich aus einer Verrechnung zwischen der Anzahl der erreichten Direktmandate und dem Mandatsanteil, der einer Partei pro Bundesland zusteht. Dabei genießen die Wahlkreisgewinner den Vorzug. Sie erhalten ihr Mandat in jedem Fall auch dann, wenn der rechnerische Mandatsanteil einer Partei in einem Bundesland niedriger ist als die Zahl der errungenen Direktmandate.

Aus diesem Wahlrecht ergab sich immer wieder das Problem der sogenannten »Überhangmandate«. Von Überhangmandaten sprach man, wenn die Zahl der erreichten Direktmandate höher lag als der Mandatsanteil, der nach den Zweitstimmen auf eine Partei in dem betreffenden Bundesland entfiel. In einem solchen Fall erhielt die betreffende Partei ein Mandat mehr als ihr nach ihrem Zweitstimmenergebnis eigentlich zugestanden hätte. In der alten Bundesrepublik tauchte das Problem gelegentlich auf, führte aber im Ergebnis nicht zu gravierenden Verzerrungen im Verhältnis zwischen Stimmen- und Mandatsanteil der Parteien. Die durch die Überhangmandate ausgelöste Vergrößerung des Bundestages beschränkte sich in der Regel auf wenige Mandate.

Nach der Deutschen Einheit aber hatte sich das Problem der Überhangmandate vergrößert. Das ergab sich einmal aus den besonderen Bedingungen im Wahlgebiet Ost, wo durch die Existenz dreier relativ großer Parteien leichter der Fall auftreten konnte, dass eine Partei mit einem nicht besonders hohen Anteil an Zweitstimmen zugleich alle oder fast alle Direktmandate in einem Bundesland erlangte. Zugleich verschärfte die allmählich wachsende Zersplitterung des Parteiensystems diese Problematik weiter, was dann auch die alten Bundesländer stärker betraf als zuvor. Schon 1994 war der Fall eingetreten, dass der Mandatsvorsprung von Union und FDP ohne Überhangmandate nur minimal gewesen wäre. Eine Klage der SPD-Opposition gegen das Wahlrecht, die den damit verbundenen Verzerrungseffekt als Verstoß gegen das Gebot der Gleichheit des Gewichts jeder Wählerstimme rügte, hatte jedoch beim Bundesverfassungsgericht keinen Erfolg. Die Verletzung dieses Gleichheitsgebots sei nicht so erheblich, dass das Wahlrecht geändert werden müsse, urteilten die Karlsruher Richter (228).

Auch bei den folgenden Bundestagswahlen spielten die Überhangmandate eine wichtige Rolle. 1998 hatten sie sogar entscheidende machtpolitische Bedeutung. Nur durch die ungewöhnlich hohe Zahl von Überhangmandaten für die SPD überstieg die Mehrheit für Rot-Grün jene Grenze von 20 Mandaten Vorsprung, die Gerhard Schröder intern als Voraussetzung für ein Bündnis mit den Grünen genannt hatte. Auch 2002 profitierte Rot-Grün nach dem äußerst knappen Wahlausgang von diesem Wahlrecht.

Bei der Bundestagswahl 2005 ergab sich freilich eine Konstellation, die zu einer Neubewertung dieser Problematik durch das Bundesverfassungsgericht führen musste. Durch den Tod eines Kandidaten kurz vor der Wahl in Dresden entstand die Notwendigkeit einer Nachwahl. Da die Wähler in diesem Wahlkreis das Ergebnis der Bundestagswahl in den übrigen 298 Wahlkreisen bereits kannten, wurden jetzt taktische Überlegungen möglich, die unter normalen Umständen gar nicht hätten auftreten können. Aus den Eigenheiten der Mandatsberechnung ergab sich unter den besonderen Bedingungen des Wahlgebiets Sachsen der Fall, dass die Union zwar von der Wahl ihres Wahlkreisbewerbers profitieren konnte, nicht aber von einem hohen Zweitstimmenanteil. Weil die Partei in Sachsen bereits drei Überhangmandate erreicht hatte, war es für sie am besten, wenn sie zwar

ein weiteres Direktmandat gewann, nicht aber besonders viele Zweitstimmen. Denn im ersten Fall kam zu den drei Überhangmandaten ein viertes
hinzu, während im zweiten Fall der Mandatsanteil über die Zweitstimme
dazu geführt hätte, dass der erhöhte Stimmenanteil der Union wieder zum
Verlust dieses zusätzlichen Mandats geführt hätte. Zwar blieb in diesem
Fall die Zahl der sächsischen CDU-Abgeordneten unverändert. Aber in der
Konsequenz hätte ein CDU-Landeslistenkandidat aus einem anderen Bundesland ohne Überhangmandate sein Mandat wieder eingebüßt. Die Partei
konnte demnach nicht daran interessiert sein, allzu viele Zweistimmen zu
bekommen. Entsprechend verhielt sie sich im Vorfeld der Nachwahl. Tatsächlich ging ihre Rechnung auf. Die CDU gewann das Direktmandat, erhielt aber ungewöhnlich wenig Zweitstimmen, während der Zweitstimmenanteil der FDP erstaunlich hoch lag.

Damit war eingetreten, was den Sinn einer Wahl auf den Kopf stellt:
Wähler schadeten ihrer Partei, wenn sie sie wählten und nutzten ihr, wenn
sie sie nicht wählten. Es konnte demnach nicht verwundern, dass das Bundesverfassungsgericht in seinem Urteil vom Juli 2008 die Möglichkeit des
»negativen Stimmengewichts« für verfassungswidrig erklärte und dem Gesetzgeber aufgab, das Wahlrecht bis zum Sommer 2011 zu ändern (229).

Damit aber taten sich die Bundestagsparteien überaus schwer. So viele
Modelle auch diskutiert wurden, einig wurde man sich nicht. So kam es,
dass kurz vor Ablauf des Termins ein verändertes Wahlrecht verabschiedet wurde, das die Oppositionsparteien nicht mittrugen. Da es nicht alle
Möglichkeiten von Verzerrungseffekten beseitigte und nach Auffassung
der Opposition vor allem der Union Vorteile bot, landete auch das neue Gesetz in Karlsruhe.

Am 25. Juli 2012 erklärte das Bundesverfassungsgericht auch dieses
Wahlrecht für verfassungswidrig. Das Problem des negativen Stimmengewichts sei nicht gelöst. Vor allem aber bemängelten die Richter die zu hohe
Zahl von Überhangmandaten, die möglich blieben. Sie könnten in einem
Umfang anfallen, »der den Grundcharakter der Bundestagswahl als Verhältniswahlrecht aufhebt«. Als absolute Obergrenze hielt das Gericht allenfalls 15 Überhangmandate für zulässig (230).

Jetzt war Eile geboten, denn das Wahljahr stand vor der Tür. Schließlich
verständigten sich die Bundestagsparteien auf ein kompliziertes und nicht
einfach verständliches Wahlrecht, mit dem über Sitzkontingente für die jeweiligen Bundesländer alle möglichen Verzerrungseffekte zwischen Stimmenergebnis und Sitzverteilung ausgeschlossen bleiben sollten. Künftig
würden die anfallenden Überhangmandate durch Ausgleichmandate ausgeglichen werden. Da dies sowohl zwischen den Parteien wie auch zwi-

schen den einzelnen Bundesländern geschehen sollte, war klar, dass dieser Ausgleich zu einem sehr viel größeren Bundestag führen konnte als er mit 598 Abgeordneten gesetzlich vorgesehen war. Tatsächlich hielt sich dieser Effekt bei der Bundestagswahl 2013 noch in Grenzen. Aufgrund des außergewöhnlich guten Zweitstimmenergebnisses für die CDU blieb es bei den vier Überhangmandaten der CSU. Sie allein aber führten bereits zu 29 weiteren Ausgleichsmandaten. Der neue Bundestag hatte 631 Abgeordnete (231).

Unter den Bedingungen eines Bundestages mit sechs Fraktionen und eines deutlich schwächeren Zweitstimmenergebnisses der gleichwohl eindeutig stärksten Partei stieg die Mandatszahl aber 2017 auf 709. Dass das deutlich zu viele waren, ließ sich von keiner Seite ernsthaft bestreiten. So begann bald die nächste Wahlrechtsdebatte. Eine Initiative von Bundestagspräsident Schäuble aber scheiterte im Frühjahr 2019. Im Herbst 2019 lagen zwar Vorschläge auf dem Tisch. Die Grünen etwa wollen die Zahl der Wahlkreise reduzieren. Eine Verständigung zwischen den Parteien aber war auch zum Jahresende noch nicht in Sicht (232). Derzeit scheint ein kommender Bundestag mit mehr als 800 Abgeordneten keineswegs ausgeschlossen.

6.12 DAS PARTEIENSYSTEM VOR DER BUNDESTAGS-WAHL 2013

Trotz der unterschiedlichen Anzeichen eines wachsenden Bindungsverlusts der Volksparteien wuchs das Ansehen der Bundesregierung bei den Wählern im Laufe des Jahres 2011 wieder an. Dies kam aber allein der Union zugute, die zusehends vom Ansehen der Bundeskanzlerin profitierte. Obwohl die Eurokrise weiter Anlass zur Sorge bot, die politische Agenda über weite Strecken von diesem Großthema dominiert wurde und die Rettungspakete für Griechenland im Lande keineswegs unumstritten waren, litt das Ansehen von Angela Merkel darunter nicht. Im Gegenteil wurde ihre führende Rolle im Kreis der europäischen Staats- und Regierungschefs zum Aktivposten für ihr öffentliches Renomee. Und weil auch die parlamentarische Opposition keine grundlegende Alternative zur Europapolitik formulierte, blieb für ein in der Sache vielfach unsicheres Wählervolk der positive Eindruck einer starken Stimme Deutschlands in Europa.

So hatte sich die CDU an der Regierung ein weiteres Mal zum Kanzlerwahlverein entwickelt. Gefördert durch den traditionellen Etatismus der

Parteibasis, der im Unterschied zur SPD-Mitgliedschaft dazu neigt, Machterwerb und Machtbesitz an sich für das wichtigste politische Ziel zu halten und die mit machtpolitischem Pragmatismus auch dann wenig Probleme hat, wenn er ideologisch und programmatisch kaum unterfüttert ist, war die innerparteiliche Machtposition der Kanzlerin noch stärker geworden. Das hatte nicht nur mit dem präsidialen Regierungsstil von Angela Merkel zu tun, sondern auch mit einem gewachsenen Zentralismus in der CDU, der sich aus der Schwächung der traditionell starken Position der Landesfürsten ergab. Dies war vor allem eine Folge von verlorenen Landtagswahlen und verschiedener Personalwechsel: Jürgen Rüttgers hatte seine Mehrheit in Nordrhein-Westfalen eingebüßt, Christian Wulff war ins Amt des Bundespräsidenten gewechselt. Roland Koch gab sein Amt in Hessen 2010 an Volker Bouffier weiter. Günther Oettinger war von Stuttgart nach Brüssel gewechselt, sein Nachfolger Mappus bei den Landtagswahlen gescheitert. Peter Müller wechselte vom Saarland ins Bundesverfassungsgericht, Ole von Beust zog sich ganz aus der Politik zurück. Schon durch diese personellen Veränderungen vergrößerte sich das Gewicht der Kanzlerin in den Führungszirkeln der CDU. Potentielle Herausforderer waren weit und breit nicht mehr in Sicht. Das half Angela Merkel nicht nur, den auch in den eigenen Reihen nicht unumstrittenen Europakurs durchzusetzen (233). Auch ihre Stellung an der Spitze von Regierung und Partei war so gut wie unangefochten.

Stärker wurde auch wieder die CSU, die zwar im öffentlichen Ansehen deutlich hinter der CDU zurücklag, mit Ministerpräsident Horst Seehofer aber wieder eine starke Führungsfigur besaß, mit der es der bayerischen Schwesterpartei bei den Landtagswahlen 2013 gelang, die absolute Mehrheit zurückzugewinnen (234).

Dabei war Seehofer nach dem schwachen CSU-Ergebnis von 2009 innerparteilich zunächst umstritten gewesen. Die CSU-Landesgruppe im Bundestag wehrte sich mit ihrem Vorsitzenden Hans-Peter Friedrich heftig gegen die bundespolitischen Führungsansprüche aus München. Zeitweise schien Seehofers Ablösung durch zu Guttenberg auf dem CSU-Parteitag 2011 bereits beschlossene Sache (235). Doch Guttenbergs Plagiatsaffäre änderte die Lage. Nachdem Seehofer beim notwendigen Wechsel im Kabinett Hans-Peter Friedrich als neuen Innenminister durchgesetzt hatte, war ein Seehofer-Kritiker in die Kabinettsdisziplin eingebunden. Und da seine Nachfolgerin im Vorsitz der CSU-Landesgruppe, Gerda Hasselfeldt, das Eigengewicht der CSU-Landesgruppe in der Partei nicht so stark herausstellte wie ihr Vorgänger, fügten sich fortan auch die CSU-Minister dem Münchner Führungsanspruch (236).

Seehofer und die bayerische Parteizentrale legten von Anfang an besonderen Wert auf eine eigenständige Profilierung der CSU. Schon im Wahlkampf 2009 war das Steuerkonzept der Liberalen von der CSU als »sozial ungerecht« attackiert worden. Wenn man mit der FDP zusammengehe, werde die CSU die Rolle der »Schutzmacht der kleinen Leute« übernehmen.

Im Koalitionsvertrag durchgesetzt hatte die CSU das öffentlich umstrittene »Betreuungsgeld«. Auch Widerstand aus der CDU vermochte die bayerische Schwesterpartei nicht davon abzubringen. Seehofer drohte sogar mit Koalitionsbruch, wenn dieses Projekt, mit dem die CSU »die vernachlässigte konservative Seele« der Partei »streicheln« wollte, nicht realisiert würde (237). Mehrfach rüttelte der bayerische Ministerpräsident sogar an der bereits von der Vorgängerregierung beschlossenen »Rente mit 67«, was ihm prompt den Vorwurf des »Sozialpopulismus« eintrug. Scharfe Kritik aus den Reihen der CSU kam anfänglich auch an der Euro-Rettungspolitik der Kanzlerin. Erst 2012 stellte sich die Parteiführung mit einem europapolitischen Leitantrag eindeutig hinter Angela Merkel. Freilich brachte Seehofer die Kanzlerin kurz vor der Wahl 2013 in Schwierigkeiten, als er die alte CSU-Forderung nach einer PKW-Maut wieder ins Spiel brachte. 2011 hatte sich die Kanzlerin ausdrücklich dagegen ausgesprochen (238).

Im Ergebnis aber gelang es Seehofer, die CSU wieder in die Erfolgsspur zu bringen. Die seit den Zeiten von Franz Josef Strauß erfolgreiche Strategie »zeitgleicher gouvernementaler Mitgestaltung und oppositioneller Attacke« brachte zwar der Kanzlerin immer wieder Probleme, funktionierte aber unter den Bedingungen der schwarz-gelben Koalition insgesamt recht gut. Und nachdem Karl-Theodor zu Guttenberg die bundespolitische Bühne verlassen hatte, waren auch die Gewichte zwischen München und Berlin wieder geklärt. Dass Seehofer dabei mit seiner Mischung aus Umarmung und Eigenwilligkeit gegenüber Angela Merkel im Medienbild mühelos die zweite Geige spielen und den unglücklichen FDP-Vorsitzenden Rösler überspielen konnte, nutzte den Christsozialen zusätzlich – und schadete der FDP (239).

Dank ihrer überragenden innerparteilichen Machtposition konnte sich Angela Merkel programmatische Kurskorrekturen erlauben, die politisch-kommunikativ allenfalls dürftig untermauert wurden. Ohne große innerparteiliche Diskussion wurde die Wehrpflicht ausgesetzt und ein Atomausstieg geradezu dekretiert, der wenige Monate zuvor erst korrigiert worden war. Ende 2011 folgte die nächste Volte. Jetzt trat auch die CDU für einen gesetzlichen Mindestlohn ein. Diesmal allerdings war dem neuen Kurs eine innerparteiliche Debatte vorausgegangen, die auf dem Parteitag in Leipzig

2011 in einen entsprechenden Parteitagsbeschluss einmündete. Vor allem die CDU-Sozialausschüsse hatten sich, unterstützt von der Kanzlerin, dafür eingesetzt (240). An eine Umsetzung war freilich mit dem Koalitionspartner FDP erst einmal nicht zu denken.

Die rhetorischen Schwächen der Kanzlerin und der oft nur geringe kommunikative Begründungsaufwand, den sie für die Richtigkeit ihrer Politik einsetzte, mochten manch programmatisch orientierten Intellektuellen entsetzen und die verbliebenen Konservativen in der CDU verärgern. Treffend ist von »erklärungsarmem Pragmatismus« als Signum der Kanzlerschaft Angela Merkels gesprochen worden (241). Eine empirische Fallanalyse zum Führungsstil der Kanzlerin kam zu dem Befund, dass sie vor allem reagierte und Entscheidungen erst traf, wenn andere politische Akteure bereits agiert hatten. Angela Merkel, so ließ sich zeigen, ergriff kaum einmal selbst die Initiative zur Themensetzung. »Merkel ist keine Entscheiderin, sondern eine Virtuose des Verhandelns mit dem Ziel des Machterhalts« (242).

Dennoch saß sie fest im Sattel. Daran änderten auch die schwachen Unionsergebnisse bei den Landtagswahlen 2012 in Schleswig-Holstein und Nordrhein-Westfalen nichts. Die Verantwortung für den Absturz an Rhein und Ruhr, wo die Union im Mai nur 26,3 Prozent der Stimmen bekam, musste Spitzenkandidat Norbert Röttgen allein übernehmen. Darüber verlor er sogar sein Amt als Umweltminister in Berlin. Nachdem er mit ungeschicktem Taktieren in der Frage eines Wechsels nach Düsseldorf auch als Oppositionsführer zum Wahldebakel der Union an Rhein und Ruhr selbst beigetragen hatte, wurde er von Angela Merkel kurzerhand entlassen. Zum Nachfolger bestimmte die Kanzlerin ihren Vertrauten Peter Altmaier (243).

Anhaltend schwierig blieb dagegen auch nach dem Wechsel zu Rösler die Lage des Koalitionspartners FDP. Schon bald nach seinem Amtsantritt gab Geschäftsführer Christian Lindner sein Amt auf. Er zog sich nach Nordrhein-Westfalen zurück, wo ihm als Spitzenkandidat bei den Landtagswahlen 2012 ein beachtlicher Wahlerfolg gelang. Von diesem durch Schwächen der regionalen CDU begünstigten Erfolg konnte die Bundespartei FDP freilich so wenig profitieren wie vom Abschneiden der Liberalen in Schleswig-Holstein, wo Wolfgang Kubicki im Landtagswahlkampf genauso einen Bogen um die Berliner FDP-Spitze gemacht hatte wie Christian Lindner zuvor (244).

So wuchs bald das innerparteiliche Murren auch über den neuen Vorsitzenden. Auch Röslers Erfolg im Streit mit Angela Merkel um die Nominierung von Joachim Gauck zahlte sich in der Wählergunst nicht aus. Durch sein allzu demonstratives Auftreten noch am Tag dieses Erfolges machte er eben diesen Erfolg in der öffentlichen Wahrnehmung wieder kaputt. Das Publikum mochte mehrheitlich das Ergebnis in Form der Kandidatur von Joachim Gauck, mokierte sich aber über den politischen Stil des vermeintlichen Newcomers gegenüber der angesehenen Bundeskanzlerin. Bald sollten seine öffentlichen Zustimmungswerte noch unter die seines Vorgängers als Parteivorsitzendem sinken (245).

Außenminister Westerwelle hatte zwar inzwischen besser in seine Rolle als deutscher Chefdiplomat hineingefunden. Doch große Erfolge, die der FDP zugutegekommen wären, konnte er nicht vorweisen. Im März 2011 sorgte er mit seiner Stimmenthaltung in der Debatte des UN-Sicherheitsrates über die Resolution gegen das libysche Gaddafi-Regime für Schlagzeilen. Das Regime war dabei, die Rebellen im Lande zu vernichten.

Dass Deutschland bei einer Resolution im Abseits stand, die im Ergebnis mit dem Sturz Gaddafis auch zu einer Destabilisierung aller staatlichen Strukturen des Landes führte, erscheint aus heutiger Sicht nachvollziehbar. Angesichts des fortdauernden Bürgerkriegs in Libyen zweifeln heute viele an der Weisheit der damaligen Entscheidung, die zur Legitimation für die Bombenangriffe wurde, die den Sturz des Gaddafi-Regimes im Herbst 2011 erst möglich gemacht haben. Dass sich Deutschland damit aber gegen seine NATO-Partner stellte, löste damals heftige Kritik nicht nur bei den Bündnispartnern aus (246).

Auch in der Europapolitik konnte die FDP nicht wirklich punkten. Zwar artikulierte sich bei den Liberalen die Ablehnung der »bail out«-Politik durch Rettungsschirme und Bürgschaften noch stärker als in der Union und konnte der Bundestagsabgeordnete Schäffler sogar eine Mitgliederbefragung durchsetzen, in der 45 Prozent der abstimmenden FDP-Mitglieder diese Politik ablehnten. Es mag sein, dass ohne diese Kritiker die AfD-Gründerkreise für viele Liberale attraktiver geworden wären. Aber in der breiten Öffentlichkeit wirkte sich auch das kaum zum Vorteil für die FDP aus. Ein Streit, bei dem sich am Ende doch die Merkel-Linie durchsetzte und die Kritiker kein rechtes Gewicht in der Öffentlichkeit erlangten, nutzte der Partei nicht viel.

2013 führte das gute Stimmenergebnis der FDP bei den Landtagswahlen in Niedersachsen zu dem Trugschluss, notfalls ließe sich noch immer auf die Bereitschaft »bürgerlicher« Wähler zum Stimmensplitting als Existenzsicherungsgarantie für die Liberalen setzen. Tatsächlich war die FDP mit einer Zweitstimmenkampagne in Hannover auf nie erwartete 9,9 Prozent gekommen. Doch regiert wurde Niedersachsen jetzt wieder von einer rot-grünen Koalition. Und in der Union setzte sich die Überzeugung durch:

Das lassen wir nicht noch einmal mit uns machen. Gemeint war die Zweit-stimmenkampagne der FDP.

Die anhaltende Kritik an Rösler, dem es nie gelang, in der Öffentlichkeit das rechte Standing zu erlangen, sorgte schließlich im Wahljahr 2013 für die Bildung einer Doppelspitze: Rösler blieb Parteichef, zum Spitzenkan-didaten für die Bundestagswahl aber wurde Fraktionschef Rainer Brüderle gewählt (247).

Für die Sozialdemokraten brachte das Wahljahr 2012 einige Erfolge. Nachdem am 6. Mai die Landtagswahlen in Schleswig-Holstein nicht nur einen Stimmenzuwachs von fünf Prozent, sondern auch einen Macht-wechsel im nördlichsten Bundesland gebracht hatte, das künftig von einer Koalition aus SPD. Grünen und SSW regiert wurde, verlief auch die Wahl in NRW eine Woche später erfolgreich. Die SPD konnte ihr Stimmenergebnis auf 39,1 Prozent ausbauen und Rot-Grün mit klarer Mehrheit weiterregie-ren. Die CDU dagegen hatte mit ihrem Spitzenkandidaten Norbert Röttgen 8,3 Prozentpunkte eingebüßt (248).

Gestärkt fühlten sich auch die Sozialdemokraten an der Saar. Hier war zum Jahreswechsel die Jamaika-Koalition geplatzt, nachdem in der FDP ein regelrechtes Führungschaos ausgebrochen war. Zwar konnte die CDU mit Annegret Kramp-Karrenbauer ihre Position als stärkste Partei behaupten, doch regierte sie fortan mit der SPD. Die hatte über sechs Prozent dazuge-wonnen, was vor allem auf Kosten der Linken ging. Auch in Schleswig-Hol-stein und Nordrhein-Westfalen waren die Stimmenanteile für die Links-partei stark zurückgegangen. Während sie aus beiden Landesparlamenten herausfiel, war der Piratenpartei überall der Einzug gelungen. Nachdem sie auch im Saarland Mandate erreicht hatten, waren die Piraten im Sommer 2012 in vier Landesparlamenten vertreten (249).

Trotz mäßiger Umfragewerte im Bund lagen die Sozialdemokraten 2012 und Anfang 2013 in den Ländern in der Erfolgsspur. Nach dem Machtwech-sel in Niedersachsen im Januar 2013 waren sie an 13 Landesregierungen be-teiligt. In acht Ländern stellten sie den Regierungschef. Ohne Große Koali-tion ließen sich offenbar von links Stimmen zurückholen. So machte man sich Hoffnungen, 2013 Angela Merkel mit Aussicht auf Erfolg herausfor-dern zu können.

Im Herbst 2012 entschied sich die Kandidatenfrage. Freilich auf andere Weise, als es die Parteispitze ursprünglich vorgesehen hatte. Nachdem man über Monate stets von drei möglichen Kandidaten – Peer Steinbrück, Sig-mar Gabriel und Frank-Walter Steinmeier – gesprochen hatte, erzähl-te Steinmeier Journalisten am 30. September unvermittelt davon, dass er schon länger entschieden sei, aus privaten Gründen gar nicht anzutreten. Nachdem Steinmeiers Verzicht tags darauf durchgesickert war, setzte Parteichef Sigmar Gabriel eilends eine Pressekonferenz an, erklärte, dass auch er nicht antreten wolle und lobte Steinbrück zum Kandidaten aus. Der musste nun mit einer Situation umgehen, die ihn wie eine Verlegenheitslösung aussehen lassen konnte. Die Inszenierung der Kandidatenkür war gründlich missraten. Dass Steinmeier eine Woche später in einer großen Boulevardzeitung ausbreitete, warum er gar nicht mehr Kanzler werden wollte, machte die Sache für Steinbrück nicht einfacher (250).

Die Sozialdemokraten gingen davon aus, mit dem Thema »soziale Gerechtigkeit« die entscheidende Trumpfkarte für die Herausforderung von Angela Merkel zu besitzen. Verbunden mit der wirtschafts- und finanzpolitischen Kompetenz ihres Kandidaten rechnete man sich 2013 eine echte Chance aus. Freilich stand inzwischen die Eurorettung ganz oben auf der Agenda. Während die »soziale Gerechtigkeit« im Urteil der Wähler im Laufe des Jahres 2012 zurückfiel, war Europa für die Kanzlerin zum Gewinnerthema geworden. Im Vorwahljahr beurteilten bis zu 69 Prozent der Befragten das Krisenmanagement Angela Merkels als gut (251).

Die Grünen hatten 2012 ihre Rekordergebnisse vom Vorjahr nicht halten können. Auch für sie wurde der Schatten der Eurokrise, in der sie die Grundhaltung der Regierung unterstützten, zum Problem. Gleichwohl ließen die zweistelligen Resultate in NRW und Schleswig-Holstein für die Bundestagswahl 2013 Zuwächse erwarten. Nachdem die Landtagswahl in Niedersachsen im Januar 2013 ein Spitzenergebnis von 13,7 Prozent gebracht hatten, stiegen die Erwartungen noch weiter. Längst machte Ministerpräsident Kretschmann in Baden-Württemberg eine gute Figur. Seine klaren Worte, dass man das Ergebnis der Volksabstimmung zum umstrittenen Projekt Stuttgart 21 natürlich akzeptiere, trugen dazu ebenso bei wie seine Bemerkungen über die Bedeutung der Automobilindustrie für den Wirtschaftsstandort Baden-Württemberg und seine ruhige, bedächtige Art. Das kam im deutschen Südwesten gut an. Problematisch freilich blieb sein Verhältnis zur Bundesspitze der Grünen.

Im März 2013 bestimmten die Grünen in einer Mitgliederurabstimmung ihre Spitzenkandidaten für die Bundestagswahl. Dabei konnte sich Katrin Göring-Eckardt gegen Renate Künast und Claudia Roth durchsetzen. Männlicher Spitzenkandidat wurde Jürgen Trittin, der als einziger prominenter Mann ins Rennen gegangen war (252).

Die Linkspartei war mit ihren schwachen Ergebnissen bei den Landtagswahlen im Westen tüchtig in die Bredouille geraten. Eine Reaktion darauf war die Nominierung eines Spitzenteams für die Bundestagswahl. In diesem Team waren neben Gregor Gysi auch Sahra Wagenknecht und Dietmar

Bartsch vertreten. Nicht dazu gehörten die Parteichefs Katja Kipping und Bernd Riexinger. Ursprünglich war an eine Doppelspitze mit Gysi und Wagenknecht gedacht worden, was Gysi freilich zurückwies.

Wenige Monate zuvor waren Kipping und Riexinger auf einem stürmischen Parteitag in Göttingen zu neuen Parteivorsitzenden gewählt worden. Sie hatten Gesine Lötzsch und Klaus Ernst abgelöst, deren Zeit an der Parteispitze nach dem Rückzug von Lothar Bisky und Oskar Lafontaine 2010 wenig glücklich verlaufen war. Bei diesem Wechsel waren heftige Konflikte zwischen pragmatischen Ostlinken und radikaleren Westlinken aufgebrochen. Nachdem Oskar Lafontaine sein »Angebot«, nochmals an die Spitze der Partei zu rücken, nach Widerstand aus Ostdeutschland zurückgezogen hatte, konzentrierten sich die Linken aus dem Westen vor allem darauf, den Pragmatiker Dietmar Bartsch als Parteivorsitzenden zu verhindern. Der Streit nahm bösartige Formen an und gipfelte in einem Disput zwischen Gregor Gysi und Oskar Lafontaine, bei dem Gysi von »Hass« und »unerträglicher Arroganz« der Westlinken sprach, der ihn an die Deutsche Einheit erinnere. Lafontaine suchte sich seinerseits mit heftigen Ausfällen zu wehren. Am Ende des Parteitags gab es keinen klaren Sieger, wohl aber Erbitterung bei vielen Ostdeutschen. Die aufgebrochenen Gräben zu überwinden, musste schwer werden (253). Zumal das neue Grundsatzprogramm nur wenig zur Profilschärfung der Partei beitragen konnte. In dem Maße, in dem die SPD in der Opposition einige ihrer Forderungen übernahm, sank die Aufmerksamkeit der Wähler für die Linkspartei (254).

Am 6. Februar 2013 versammelten sich auf Einladung des Hamburger Ökonomen Berd Lucke 16 Personen in Oberursel bei Frankfurt. Es waren Sprecherrat und Landesbeauftragte des im Herbst 2012 vor allem aus Merkel-Kritikern in der Union entstandenen Vereins »Wahlalternative 2013«. Darunter fanden sich neben Lucke auch der frühere FAZ-Journalist Konrad Adam und der ehemalige Chef der hessischen Staatskanzlei und spätere Herausgeber der »Märkischen Allgemeinen Zeitung« in Potsdam, Alexander Gauland. Zur Wahlalternative dazu gestoßen waren bald auch der Hochschullehrer und langjährige Euro-Kritiker Joachim Starbatty und der frühere BDI-Chef Hans-Olaf Henkel.

Nachdem die zunächst anvisierte Zusammenarbeit mit den Freien Wählern bei den Wahlen in Niedersachsen im Misserfolg geendet hatte (Lucke und Adam hatten auf der Liste der Freien Wähler kandidiert, die aber nur auf 1,1 Prozent der Stimmen gekommen war), hatte eine Versammlung des Vereins noch im Januar die Gründung einer eigenen Partei beschlossen. Dabei war auch Frauke Petry.

In Oberursel wurde dieser Beschluss nun umgesetzt. Man verabschiedete eine Satzung und einige programmatische Eckpunkte und legte die Struktur eines Bundesvorstands fest. Diskutiert wurde auch der Name, den die neue Partei tragen sollte. Schließlich fiel die Entscheidung für die Bezeichnung »Alternative für Deutschland«. Die Parteigründer wollten damit ganz bewusst auf Angela Merkels Äußerung vom März 2010 Bezug nehmen, als die Kanzlerin nach ihrer Zustimmung zum ersten Griechenland-Rettungspaket davon gesprochen hatte, dass diese Entscheidung »alternativlos« gewesen sei (255).

Damit war auch angesprochen, was die Initiatoren in erster Linie verband. Es war die Kritik an einer Euro-Rettungspolitik, die auf eine vertraglich eigentlich verbotene Verantwortungsübernahme für die Schuldenpolitik anderer Mitgliedsländer hinauslief. Dass unter den Versammelten auch viel Kritik an der Zuwanderungs- und Integrationspolitik bestand, spielte erst einmal keine entscheidende Rolle.

Die Parteigründung fand große mediale Aufmerksamkeit. So traten bis zum offiziellen Gründungsparteitag am 13./14. April in Berlin bereits 7 000 Menschen der neuen Gruppierung bei. 1300 kamen schließlich in die Hauptstadt und wählten Bernd Lucke, Konrad Adam und Frauke Petry zu den ersten Parteisprechern der AfD. Einer der Stellvertreter wurde Alexander Gauland. Gleichzeitig beschloss man, an der Bundestagswahl 2013 teilzunehmen (256).

In den Wochen danach konnte die Partei einen beachtlichen Mitgliederzustrom verzeichnen. Das sorgte freilich schon bald für Probleme. Kontakte und Berührungspunkte zur rechten und ganz rechten Szene wurden in der Öffentlichkeit aufmerksam registriert. Als frühere Beziehungen eines Bundestagskandidaten zu rechtsradikalen Kreisen bekannt wurden, erklärte der Bundesvorstand, dass alle Aufnahmeanträge sorgfältig geprüft würden und ehemaligen Mitgliedern der NPD und der rechtsradikalen DVU die Aufnahme verweigert werde (257).

Von Anfang an war die Neugründung in der Öffentlichkeit umstritten. Der Verdacht, hier bilde sich eine neue Partei rechts von der Union mit fließenden Übergängen ins rechtsradikale Spektrum, begleitete die AfD schon in ihrer Gründungsphase. Bald tauchte das Etikett des »Rechtspopulismus« auf. Konrad Adam hatte den Mitgliedern schon beim Gründungsparteitag zugerufen, das Etikett »Populist« als Ehrentitel zu betrachten.

Tatsächlich ließen sich die Euro-Kritiker um Lucke ebenso wenig dem rechtsradikalen Milieu zurechnen wie etwa der frühere BDI-Chef Hans-Olaf Henkel. Das galt auch für viele Konservative, die früher die Union unterstützt hatten oder dort sogar aktiv gewesen waren. Andererseits aber war nicht zu übersehen, dass die neue Partei einige Attraktion für die ganz rechte Szene hatte.

Zum besonderen Problem musste die AfD-Gründung für die Union werden. Wenn jetzt nationalliberale und nationalkonservative Kreise davon angezogen würden, drohten CDU und CSU ein ähnliches Schicksal wie der SPD bei der Entstehung der Grünen. Das alte strategische Credo von Franz Josef Strauß, nach dem es rechts von der Union keine demokratisch legitimierte Partei geben dürfe, geriet in Gefahr. Dies galt umso mehr, als die Entwicklung in vielen anderen europäischen Ländern bereits gezeigt hatte, dass die christdemokratischen Parteien an Integrationskraft nach rechts einbüßten. In Deutschland würde sich eine solche Rechtspartei aufgrund der deutschen Geschichte deutlich schwerer tun, hatte man lange geglaubt. Jetzt musste sich zeigen, ob das wirklich so war.

6.13 BILANZ DER ZWEITEN REGIERUNG MERKEL

Nur wenig von dem, was einstmals die Handschrift einer schwarz-gelben Wunschkoalition hatte ausmachen sollen, ist von der zweiten Regierung Merkel tatsächlich verwirklicht worden. Die große Steuersenkung ist ausgeblieben, weil die finanziellen Rahmenbedingungen dafür in der Eurokrise nicht gegeben waren. Und 2009 war ja gerade erst die »Schuldenbremse« in die Verfassung aufgenommen worden. Sie sah vor, dass die Haushalte der Länder ab 2020 grundsätzlich ausgeglichen sein mussten und für den Bund – abgesehen von besonderen Notlagen – nur noch eine maximale Kreditaufnahme in Höhe von 0,35 Prozent des BIP erlaubt sein sollte (258).

Dazu kam, dass der Eifer in der Union, Kurs auf wirtschaftsliberale Reformen zu nehmen, seit 2005 längst erlahmt war. So blieb die steuerpolitische Bilanz der Regierung am Ende weit hinter den im Koalitionsvertrag vereinbarten 24 Milliarden Steuersenkung zurück. Ganz im Gegensatz zu den vollmundigen Versprechungen der FDP im Wahlkampf hat keine Regierung seit 1969 eine derart niedrige steuerliche Entlastung erreicht wie die schwarz-gelbe Koalition zwischen 2009 und 2013 (259). Dass es gleichzeitig gelang, die Nettokreditaufname des Bundes deutlich zurückzufahren, hatte in erster Linie mit den anhaltend niedrigen Zinsen infolge der Zinspolitik der EZB zu tun, die zu einer deutlichen Absenkung der Kosten für den Schuldendienst führte. Hinzu kam das Auslaufen der Konjunkturprogramme der Vorgängerregierung und die verbesserte Konjunkturlage, die zu einem starken Anstieg der Steuereinnahmen führte (260).

Wieder gekippt wurde der vereinbarte Ausstieg aus dem Ausstieg aus der Atomenergie. Bei den Reformen im Gesundheitswesen wurde der Anstieg der Gesundheitskosten allein den Versicherten zugeschoben, während die Beiträge der Arbeitgeber nun eingefroren waren. Die 2009 in der Koalition überlegte Aufhebung von branchenspezifischen Mindestlöhnen wurde niemals umgesetzt. Im Gegenteil kamen auch unter Schwarz-Gelb neue Vereinbarungen dazu. Die CDU hielt ja inzwischen auch gesetzliche Mindestlöhne für richtig.

Die politisch wichtigsten Entscheidungen dieser Legislaturperiode waren im Koalitionsvertrag gar nicht vereinbart worden. Von einem Aussetzen der Wehrpflicht war dort nicht die Rede gewesen. Im Gegenteil war die Weitergeltung einer verkürzten Wehrpflicht dort sogar noch bekräftigt worden. Umgesetzt wurde dagegen das umstrittene Betreuungsgeld.

Außenpolitisch prägend für die Legislaturperiode blieb neben der Europapolitik die internationale Zurückhaltung der wichtigsten europäischen Macht. Beim Militäreinsatz in Libyen stimmte Deutschland mit China und Russland und zur Verärgerung der NATO-Partner der Resolution des Sicherheitsrats nicht zu. Auch bei einem denkbaren militärischen Engagement in Syrien würde Deutschland nicht mitmachen, hatte Außenminister Westerwelle schon im Frühjahr 2011 erklärt. An dieser Stelle entsprach die deutsche Haltung allerdings der Linie ihrer Bündnispartner. Der Afghanistan-Einsatz dagegen wurde fortgesetzt – mit Unterstützung der Opposition mit Ausnahme der Linkspartei. Gleichzeitig aber weigerten sich die Deutschen, den internationalen Forderungen nach einer verstärkten Teilnahme an Kampfeinsätzen in Afghanistan nachzukommen (261).

Seit etwa 2007 befanden sich die deutschen Truppen dort praktisch in offener Konfrontation mit den Taliban. Gleichwohl hatte die Große Koalition mit ihrem Verteidigungsminister Franz Josef Jung lange an der Sprachregelung festgehalten, die Bundeswehr führe in Afghanistan keinen Krieg, sondern beteilige sich an einem von der UNO mandatierten »Stabilisierungseinsatz« zur Unterstützung des Aufbaus demokratischer Strukturen. Damit wurden die von Rot-Grün getroffenen Sprachregelungen fortgeführt. Alle Bundesregierungen seit Gerhard Schröder hatten auf der strikten Trennung des ISAF-Einsatzes von der unter amerikanischer Führung stehenden Operation »Enduring Freedom« bestanden. Damit sollten Vorbehalte in der deutschen Bevölkerung gegen den Militäreinsatz beschwichtigt und die Risiken des Engagements minimiert werden (262).

Mit dieser Zurückhaltung, die von den westlichen Partnerländern wiederholt kritisiert wurde, liess sich aber das Erstarken des afghanischen Widerstands nicht aufhalten. Außenpolitische Experten warfen der Bundesregierung sogar vor, dass die einseitige Konzentration auf die zivilen Aspekte des Einsatzes eine realistische Lageeinschätzung eher verhindere und dazu beigetrage, dass man keine effektiven Maßnahmen zur Aufstandsbekämpfung ergreifen könne. Der amerikanische ISAF-Kommandeur McCrystal kritisierte 2010 sogar, dass die Zurückhaltung der Deutschen im Norden Afghanistans die Taliban erst stark gemacht hätte (263).

Die auf die Initiative des Bundeswehr-Oberst Klein zurückgehende, missratene Militäraktion mit der Bombardierung von zwei Tanklastzügen in Kunduz und über 100 Todesopfern, darunter auch Zivilisten und Kinder, sorgte nicht nur für eine heftige innenpolitische Debatte, die Ende 2009 den Rücktritt des früheren Verteidigungsministers Jung als Sozialminister nach sich zog. Im April 2010 bezeichnete der neue Verteidigungsminister Karl-Theodor zu Guttenberg die Bombardierung rückblickend als falsch. Die tatsächliche Bedrohungslage habe einen Einsatz, der auch zivile Opfer in Kauf nahm, nicht gerechtfertigt (264).

Während in der SPD-Opposition zunehmend Zweifel an der Zukunft des Bundeswehr-Einsatzes geäußert wurden, hatte Angela Merkel im Sommer 2009 dann doch davon gesprochen, dass in Afghanistan ein »Kampfeinsatz« durchgeführt werde. Umgangssprachlich könne man durchaus »von Krieg sprechen«, meinte zu Guttenberg im April 2010. Auch Außenminister Westerwelle sprach nun von einem »bewaffneten Konflikt im Sinne des humanitären Völkerrechts«. Jetzt wollte man der Öffentlichkeit doch ein realistischeres Bild von den afghanischen Verhältnissen und den damit verbundenen Risiken vermitteln (265).

Die Befürwortung eines offensiveren Einsatzes deutscher Truppen aber änderte sich bald wieder. Mit den Korrekturen der amerikanischen Afghanistan-Politik, die im Laufe des Jahres 2010 immer mehr auf einen baldigen Abzug aus der Krisenregion setzte, mussten auch die Deutschen über Abzugspläne nachdenken. Im Januar 2010 hatte die Londoner Afghanistan-Konferenz beschlossen, verstärkt auf die Ausbildung einheimischer Sicherheitskräfte am Hindukusch zu setzen, um bis 2015 der afghanischen Regierung die alleinige Verantwortung für die Sicherheitslage im Lande übertragen zu können – ohne NATO-Kampftruppen (266).

Populär war der Afghanistan-Einsatz in der Gesellschaft nie gewesen. Wurde er anfänglich gleichwohl doch von einer knappen Mehrheit der Bevölkerung unterstützt, so hatte sich das über die Jahre verändert. In den Jahren der Schwarz-Gelben Koalition schwankte die Ablehnung des Krieges in Umfragen zwischen 52 und 71 Prozent. Im Mai 2010 traten 48 Prozent der Befragten für einen sofortigen Abzug der deutschen Truppen ein.

Nur 32 Prozent meinten, das Land müsse zuvor erst noch weiter stabilisiert werden (267).

Die eher pazifistische, auch gegenüber humanitär motivierten Militäreinsätzen skeptische Grundhaltung der deutschen Bevölkerung hat mit einiger Sicherheit auch eine Rolle bei der deutschen Enthaltung im UN-Sicherheitsrat gespielt, als im März 2011 über die Libyen-Resolution abgestimmt wurde, die eine Gefährdung des Weltfriedens und der internationalen Sicherheit feststellte. Mit Deutschland, das zu dieser Zeit als nicht-ständiges Mitglied dem Gremium angehörte, enthielten sich Russland, China, Indien und Brasilien. Die übrigen zehn Länder, darunter die USA, Großbritannien und Frankreich, stimmten zu. Während Deutschland im westlichen Ausland dafür heftig kritisiert wurde, begründete Angela Merkel im Bundestag den deutschen Standpunkt damit, dass man »Zweifel an der militärischen Umsetzung der Resolution« habe (268). Die Bevölkerung teilte überwiegend die Ansicht der Kanzlerin. In der Fachwelt dagegen sprachen manche von »Prinzipienlosigkeit als Prinzip« und vom »größten diplomatischen Desaster seit Jahrzehnten« (269).

Dabei stellten sich die Bedenken der Bundesregierung als keineswegs unbegründet heraus. Im Laufe des Jahres wurde klar, dass vor allem Frankreich und Großbritannien das Mandat des Sicherheitsrates als Ermächtigung zur militärischen Intervention mit dem Ziel eines Regimewechsels interpretierten. Die direkte militärische Unterstützung durch Luftangriffe gegen das Gaddafi-Regime trugen entscheidend zum Sieg der Rebellen bei, der im Ergebnis einen Zerfall der staatlichen Strukturen im Lande zur Folge hatte. Die Folgen davon bekamen die Europäer vor allem in der Flüchtlingskrise zu spüren.

Gleichwohl blieb ein schaler Nachgeschmack. Nicht nur, weil sich Deutschland gegen seine Bündnispartner gestellt hatte. Problematisch war auch der vielfach verbreitete Eindruck, dass der innenpolitisch bedrängte Guido Westerwelle mit seiner Stimmenthaltung vor allem auf Sympathiegewinne in der deutschen Bevölkerung gesetzt hatte (270). An die Stelle der Selbstverständlichkeit, mit der die Regierung Schröder einen Kurs der »außenpolitischen Normalisierung« betrieben hatte, war inzwischen wieder die Kultur der militärischen Zurückhaltung getreten.

Anfang Juni 2013 sorgte der NSA-Abhörskandal für Verstimmungen im deutsch-amerikanischen Verhältnis. Nachdem der amerikanische Whistleblower und Ex-Geheimdienstmitarbeiter Edward Snowden durch die Veröffentlichung zahlreicher Geheimdokumente enthüllt hatte, wie der amerikanische und der britische Geheimdienst in großem Umfang Telekommunikationsdaten aus Deutschland und vielen anderen Staaten überwacht hatten, löste das erhebliche diplomatische Spannungen aus. Erstmals in der deutschen Nachkriegsgeschichte wurde der US-Botschafter offiziell einbestellt. Der Bundestag setzte einen Untersuchungsausschuss ein. So kam heraus, dass die NSA an manchen Tagen bis zu 60 Millionen Telefonverbindungen in Deutschland abgehört hatte. Gerechtfertigt wurde die umfassende Abhörpraxis, die auch vor einem Handy der Bundeskanzlerin nicht zurückschreckte, mit den vermeintlichen Notwendigkeiten der Terrorismusbekämpfung.

Schon die Weigerung der Schröder-Regierung, sich am Irak-Krieg zu beteiligen, hatte zu einer Eintrübung der deutsch-amerikanischen Beziehungen geführt, die so ganz seither nicht wieder bereinigt worden war. Die amerikanische Politik im Cyberspace hat dann wesentlich dazu beigetragen, dass sich die Entfremdungserscheinungen auch unter Schwarz-Gelb forsetzten. Sogar von einem »politisch-kulturellen Bruch mit den USA« war schließlich die Rede (271).

Bereits 2010 hatte die Nichtregierungsorganisation »Wikileaks« geheime Infomationen über Kriegsverbrechen des amerikanischen Militärs in Afghanistan und dem Irak verbreitet. Als dann am Ende des Jahres 250 000 als vertraulich oder geheim eingestufte Dokumente des amerikanischen Außenministeriums veröffentlicht wurden, sorgte das auch für diplomatische Verwicklungen. Während in den USA große Aufregung im Blick auf die nationale Sicherheit herrschte und in den deutschen Medien heftig debattiert wurde, wiegelte die Bundesregierung eher ab. Man werde auch weiter eng und freundschaftlich mit der US-Regierung zusammenarbeiten, versicherte Guido Westerwelle (272).

Mit den Enthüllungen von Edward Snowden wurde diese Zusammenarbeit erneut auf eine Probe gestellt. Unter dem Druck heftiger Kritik in der Öffentlichkeit kündigte die Bundesregierung im August 2013 eine Verwaltungsvereinbarung zum G 10-Gesetz, mit der den USA und Großbritannien Sonderrechte bei der Sicherung ihrer Truppen mit geheimdienstlichen Mitteln eingeräumt worden waren. Kanzleramtsminister Pofalla forderte im Herbst 2013 ein internationales »No Spy«-Abkommen. Insgesamt aber blieb man doch bemüht, die Auswirkungen auf das deutsch-amerikanische Verhältnis in Grenzen zu halten.

Bald wurde allerdings deutlich, dass auch der deutsche Auslandsgeheimdienst mit der NSA kooperierte und an der Weitergabe von Daten beteiligt war. Das Thema beschäftigte die Öffentlichkeit über Jahre und führte zu zahlreichen Protesten. Anhaltenden Einfluss auf die deutsch-amerikanischen Beziehungen hatte es am Ende aber nicht. Zwar war eine Mehrheit der Bundesbürger im Sommer 2013 mit den Aktivitäten der Bundesregierung zur Aufklärung der NSA-Tätigkeit unzufrieden. Doch der Bundestagswahlkampf 2013 wurde durch das Thema nicht nachhaltig beeinflusst (273).

Die Außenpolitik der schwarz-gelben Regierung ist in der Fachwelt überwiegend kritisch beurteilt worden. Von »Orientierungslosigkeit« wurde gesprochen, von »internationaler Isolierung« oder von »außenpolitischer Identitätskrise« und dem »Fehlen einer Gesamtstrategie« (274). Treffender aber war ein Aufsatz, in dem Eberhard Sandschneider von Deutschland als »Gestaltungsmacht in der Kontinuitätsfalle« sprach (275). Danach litt die deutsche Außenpolitik nicht am Mangel an Orientierungen wie Multilateralismus, Einbettung in die europäische Politik und weitgehendem Verzicht auf militärische Instrumente. Ihr eigentliches Problem sei eine zu starke Orientierung an historischer Kontinuität und ein »überfrachteter Wertediskurs«. Macht- und Interessenspolitk werde hierzulannde allzusehr tabuisiert. So sei Deutschland zwar eine Gestaltungsmacht, schrecke aber davor zurück, sich entsprechend zu verhalten. Das schwäche auch Europa insgesamt, weil dessen Gestaltungsmacht an seiner größten Volkswirtschaft hänge. Eine »überzogene Wertegebundenheit« deutscher Außenpolitik verkomme wegen »doppelter Standards« dabei oft zur Unkenntlichkeit. »Wer den Eindruck vermittelt, Werte zu propagieren, sie aber bei Bedarf gegen ›wichtigere‹ Interessen zurückzustellen, bekommt ein Glaubwürdigkeitsproblem« (276).

Wichtigstes Thema aber der zweiten Regierung Merkel wurde die Eurorettung, die 2009 noch gar nicht auf der politischen Agenda gestanden hatte. Am Ende dieser Legislaturperiode hatte die deutsche Kanzlerin in Europa an entscheidender Stelle eine Politik durchgesetzt, die sich an der unbedingten Stabilisierung des Euroraumes orientierte. Um die Exportchancen der deutschen Wirtschaft ebenso wenig zu gefährden wie den Schuldendienst der Krisenstaaten gegenüber den Großbanken, wurden großzügige Rettungspakete geschnürt und – zunächst durch die Hintertür – das Bail-Out-Verbot der europäischen Verträge missachtet. Begleitet war das von harten Sparauflagen für die Krisenstaaten, von denen sich bis 2013 kaum absehen ließ, ob sie nicht – jedenfalls im Fall Griechenlands – eher zum Kaputtsparen führen würden. Mit ESM und Fiskalunion verband sich ab 2012 auch eine institutionelle Vertiefung der Gemeinschaft, an die so noch wenige Jahre zuvor niemand gedacht hatte. Am 29. Juni 2012 stimmte der Bundestag der Einrichtung eines Stabilitätsmechanismus zu, der eine Änderung des AEU-Vertrags vorsah und damit eine Ausnahme von der No-bail-out-Klausel billigte. Am 12. September lehnte das Bundesverfassungsgericht die Klagen gegen das Gesetz zur Ratifizierung des ESM-Vertrages ab. Das Urteil überliess die politischen Grundsatzentscheidungen zur Lösung der Eurokrise der Politik. Zugleich aber forderte es eine stärkere prozedurale Kontrolle durch das Parlament und die Einhaltung des Haushaltsrechts durch den Bundestag, der jeder Erhöhung des deutschen Anteils zustimmen musste (277).

Welche realen finanziellen Lasten jenseits von Garantien und Bürgschaften für die Bundesrepublik am Ende tatsächlich entstehen und wie lange die Niedrigzinspolitik der EZB das Vermögen der deutschen Sparer schmälern würde – all das war noch nicht absehbar, als die Parteien in den Bundestagswahlkampf gingen.

Mit der Ausnahme von sechs Verordnungen zur Verstärkung der haushaltspolitischen Überwachung und Kontrolle der Mitgliedsstaaten, die vom Ministerrat und dem Europäischen Parlament verabschiedet wurden, sind alle wesentlichen Entscheidungen im Zusammenhang mit der Eurokrise von den Staatschefs der Eurozone und ihren Finanzministern ohne Beteiligung des Europäischen Parlaments getroffen worden. Dass diese Machtverschiebung zur Exekutive auch Kritik an einem »postdemokratischen Exekutivföderalismus« nach sich zog, war naheliegend (278).

Bundeskanzlerin Angela Merkel aber war es gelungen, über die anfänglich umstrittene Politik der Rettungsschirme in Deutschland beträchtliches Ansehen als gewiefte Krisenmanagerin und Vertreterin deutscher Interessen zu gewinnen. Mochte sie in südeuropäischen Staaten noch so sehr beschimpft und ein angeblich deutsches Diktat bekämpft werden, mochten europapolitische Akteure wie Kommissionspräsident Barroso oder IWF-Chefin Christine Lagarde die Politik der Bundesregierung auch kritisieren: Die Rolle Merkels in Europa und die informelle Superkoalition in dieser Kernfrage im Bundestag ließ die Union bis zum Sommer 2013 in allen Umfragen auf lange nicht mehr gekannte Rekordwerte enteilen (279).

Gestützt wurde das durch eine deutlich verbesserte Wirtschaftslage. Zwar war die Wirtschaft 2012 und 2013 nur geringfügig gewachsen. Aber trotz Eurokrise lag die Arbeitslosigkeit mit 6,9 Prozent 2013 deutlich unter den Zahlen von 2009 (8,1 Prozent). Hatte die Zahl der Arbeitslosen 2009 im Jahresdurchschnitt noch bei 3,41 Millionen gelegen, waren jetzt noch 2,95 Millionen ohne Beschäftigung (280). Und da jeder Bericht über Überschuldung, steigende Arbeitslosigkeit und hohe Jugendarbeitslosigkeit bei den meisten europäischen Nachbarn den Deutschen auch vor Augen führte, wie vergleichsweise gut es ihnen ging, mussten die sozialen Probleme mit Leiharbeit und der gewachsenen Anzahl prekärer Beschäftigungsverhältnisse im eigenen Land in einem milderen Licht erscheinen. Insoweit hat die mit der Eurokrise verbundene stärkere Aufmerksamkeit für die gesamt-europäischen Verhältnisse für die Regierung Merkel sogar noch einen positiven Nebeneffekt hervorgebracht.

Auch gesellschaftspolitisch hatte die Regierung ihren Modernisierungs-kurs mit dem neuen Koalitionspartner fortgeführt. Beim Ausbau der Kindertagesstätten, der Aufteilung des elterlichen Sorgerechts für unverheiratete Paare oder bei der Umsetzung der vom Bundesverfassungsgericht angeordneten steuerlichen Gleichstellung gleichgeschlechtlicher Lebens-partnerschaften – überall wuchs die Distanz zu einem traditionell-konser-vativen Familien- und Geschlechterrollenbild.

Der hochgradig flexible und pragmatische Regierungsstil mit wechseln-den politischen Konstellationen und Herausforderungen, wie er für die Regierung Angela Merkel charakteristisch geworden war, musste freilich in Verbindung mit der anhaltenden kommunikativen Schwäche der Kanz-lerin, die auf überzeugende argumentative Begründungen ihrer Politik meist verzichtete, auf die Dauer für die Union auch ein großes Risiko mit sich bringen. Die CDU wirkte zunehmend »normativ entkernt« (281). Einst-weilen aber gab der machtpolitische Erfolg der Kanzlerin Recht.

Nicht einmal Brosamen von dem gegen Ende der Legislaturperio-de wachsenden Ansehen der Regierung fielen für die Liberalen ab. Wäh-rend die Union in den Befragungen zur Zufriedenheit mit der Arbeit der Regierung im Laufe des Wahljahres 2013 auf mehrheitlich positive Werte kam, lag die FDP durchweg ganze zwei Punkte schlechter (282). In der De-moskopie ist das ein gewaltiger und bei Regierungspartnern einzigartiger Abstand. Als »Wunschkoalition« angetreten, war das schwarz-gelbe Re-gierungsbündnis schon seit dem Frühjahr 2010 eine höchst ungleiche Ver-bindung geworden, in dem der eine Partner im Sommer 2013 von Rekord-ergebnissen träumen konnte, während den anderen die nackte politische Existenzangst gepackt hatte.

6.14 DIE BUNDESTAGSWAHL 2013

Als die Sozialdemokraten auf so gründlich missratene Weise am 1. Oktober 2012 Peer Steinbrück zum Kanzlerkandidaten ausriefen, lag die Partei in den bundesweiten Umfragen bei 31 Prozent, die Union bei 38 Prozent. Der Abstand war beträchtlich, schien aber nicht uneinholbar (283). Danach al-lerdings ging vieles schief. Der bislang in den Medien durchaus geschätz-te Steinbrück geriet dort bald heftig unter Druck. Seine Vortragshonorare, die er als ein aus der ersten Reihe der Politik eigentlich bereits ausgeschiedener Ex-Finanzminister bekommen hatte, wurden medial ebenso ungnädig thematisiert wie eine Interviewäußerung, dass man als Bundeskanzler eigentlich zu wenig verdiene. Ende 2012 lag die Popularität der Kanzlerin schon weit über der des Herausforderers. Im Januar 2013 gaben 65 Prozent der Deutschen an, Angela Merkel als Bundeskanzlerin zu bevorzugen. Nur 25 Prozent waren für Steinbrück (284).

Hinzu kamen strategische Probleme in der SPD-Wahlkampfführung. Die Sozialdemokraten setzten auf »soziale Gerechtigkeit« als zentrales Thema ihrer Angriffsstrategie gegen die Regierung. Dabei sollte Steinbrück seine ökonomische Kompetenz als zusätzliches Element einer eher »linken« Wahlkampfstrategie zur Geltung bringen. Ließ sich schon das Thema und der als Befürworter der Agenda-Politik ausgewiesene Kandidat nicht passgenau zusammenbringen, so schuf die Debatte um die Vortragshonorare noch ein zusätzliches Glaubwürdigkeitsproblem. »Linksschwenk eines charakterlosen Kandidaten, so lauteten die medialen Stigmatisierungen« (285).

So war Steinbrück schon in die Defensive geraten, bevor der Angriff auf die Kanzlerin überhaupt begonnen hatte. Seine demoskopischen Werte gingen ebenso nach unten wie die seiner Partei. Im Januar 2013 war die SPD im Politbarometer auf 28 Prozent gefallen, die Werte für die Union dagegen waren auf 42 Prozent angestiegen (286). Zum Nachteil wurde jetzt auch, dass Steinbrück innerparteilich keineswegs unumstritten und in der Parteiführung auch nicht recht vernetzt war.

Noch einmal kam Hoffnung auf, als die Werte für die SPD nach der Niedersachsen-Wahl wieder anzogen. Im Februar 2013 lag die Partei wieder bei 30 Prozent. Doch bis Juni war sie erneut auf 26 Prozent abgerutscht, während die Union einen Rekordwert von 43 Prozent erreichte. Inzwischen hatten sich Meinungsverschiedenheiten zwischen Steinbrück und Parteichef Gabriel gezeigt. Und immer wieder sorgten auch Stilfragen für mediale Aufgeregtheiten. Der »Stinkefinger«, den Steinbrück auf der Titelseite des SZ-Magazins gezeigt hatte, beschäftigte die Öffentlichkeit mehr als das Steuerkonzept der SPD. Die Sozialdemokraten bekamen das ganze Ausmaß der medialen Boulevardisierung zu spüren, die sich im Lande inzwischen durchgesetzt hatte. Am Ende nutzte es wenig, dass der Kandidat auf den SPD-Parteitagen bemerkenswerte politische Reden hielt und auch sonst immer dann keine schlechte Figur machte, wenn mit Argumenten um ernsthafte politische Fragen gerungen wurde. Noch bevor die heiße Wahlkampfphase begonnen hatte, war im Grunde bereits entschieden, dass Angela Merkel Kanzlerin bleiben würde.

Der diesmal noch mehr auf die Person Angela Merkels zugeschnittenen Wahlkampfstrategie der Union kam die Defensive des sozialdemokratischen Herausforderers entgegen. Die asymmetrische Demobilisierung als Grundmuster christdemokratischer Wahlkampfstrategie in der Ära Merkel fand 2013 geradezu ideale Bedingungen vor. Die in der Wählerschaft verhalten positiv bewertete wirtschaftliche Lage des Landes lieferte der Opposition wenige Angriffspunkte. Und in den soziokulturellen und ökologischen Fragen hatte die Merkel-CDU einiges dafür getan, um die Gegner durch eigene Positionsveränderungen zu entwaffnen. Auf dieser Grundlage ließen sich die Vorteile, die Merkel im persönlichen Vertrauensfundament bei den Wählern besaß, voll ausreizen. Dass sie im TV-Duell mit Steinbrück meist weitschweifig und ungenau blieb und nur bei der Maut eine Festlegung vornahm, die sie später gar nicht einhielt, fiel da praktisch nicht ins Gewicht. Im Grunde genügte der Satz »Sie kennen mich, meine Damen und Herren«, um die Botschaft zu verkünden, die der Mehrheit der Deutschen einleuchtete: Dieser Kanzlerin können wir vertrauen, sie soll bleiben. Für Experimente gibt es keinen Grund.

Diesmal musste die Kanzlerin auch nicht fürchten, wirtschaftliberale Unionsanhänger an die FDP zu verlieren. Dazu war die Missstimmung gegenüber den Freien Demokraten einfach zu groß. Da die Liberalen von den Versprechen der letzten Wahl nur wenig hatten umsetzen können und ihr mediales Image seit 2010 ausdauernd im Keller war, blieb ihnen zur Wählermobilisierung wenig mehr als das Funktionsargument, zum Regieren gebraucht zu werden. Tatsächlich sah es im Spätsommer so aus, als könne die Partei wenigstens den Wiedereinzug in den Bundestag schaffen. Die meisten Umfragen sahen sie kurz vor der Wahl bei fünf, einige sogar bei sechs Prozent (287).

Doch auch die Hoffnung auf den Erfolg einer früher vielfach erprobten Zweitstimmenkampagne, mit der die Parteiführung nach dem FDP-Desaster bei den bayerischen Landtagswahlen in der letzten Wahlkampfphase geradezu verzweifelt an die Öffentlichkeit trat, trog. Die Union dachte gar nicht daran, den Liberalen jetzt den Spielraum zu lassen, den sie bei Helmut Kohl noch bekommen hatten. Stattdessen beantwortete sie die FDP-Leihstimmenwerbung mit einer eigenen Gegenmobilisierung. Dabei spielte die Erfahrung der Niedersachsenwahl ebenso eine Rolle wie das neue Wahlrecht, das mit dem Ausgleich von Überhangmandaten die Attraktivität des Stimmensplittings für Unionsanhänger reduzierte. Und viele bürgerliche Wähler waren auch einfach zu enttäuscht von den Freidemokraten. Eine Woche vor der Wahl kam dieser strategische Zug der unpopulären FDP-Führung wohl auch zu spät (288).

Die Grünen hatten in der ersten Jahreshälfte 2013 in den Umfragen stabil bei 12–15 Prozent gelegen. Ende April verabschiedeten sie ihr Wahlprogramm, das in der Steuerpolitik deutlich linke Akzente setzte. So waren Steuererhöhungen für besser Verdienende ebenso vorgesehen wie die Wiedereinführung einer Vermögenssteuer, eine Anhebung der Erbschaftssteuersätze und die Abschaffung des Ehegattensplittings. Strategisch setzten die Grünen auf Rot-Grün. Ein »Jamaika«-Bündnis wurde ausdrücklich ausgeschlossen (289).

Bereits nach ihrem Programmparteitag wurde öffentlich bezweifelt, ob sich die Partei mit diesem Programm einen Gefallen getan hatte. Immerhin ließ die Addition der Forderungen vermuten, dass ihre Umsetzung auch eine zusätzliche Steuerbelastung für die grün geneigten Mittelschichten bedeuten würde (290). Zunächst aber blieben die Umfragen stabil. Noch im August sah das ZDF-Politbarometer die Grünen bei 13 Prozent (291).

Dann aber brach die Partei in der Wählergunst ein. Der eigentlich harmlose Vorschlag eines fleischlosen »Veggie-Days« in öffentlichen Kantinen wurde als versuchter Eingriff in die Freiheit der individuellen Lebensführung gedeutet. Plötzlich stand wieder das Bild von der »Verbotspartei« im öffentlichen Raum. Natürlich nutzten die politischen Gegner das nach Kräften aus. Vor diesem Hintergrund ließ sich jetzt auch gut gegen die Steuererhöhungspläne der Grünen polemisieren. Zur Verbotspartei trat die Steuererhöhungspartei.

Schließlich wurden die Grünen dann auch noch von einer Pädophilie-Debatte kalt erwischt, die sich aus politischen Fehlern nährte, die die Partei in ihrer Anfangszeit Jahrzehnte zuvor begangen hatte. Den Auslöser dazu bildete die Absage des Präsidenten des Bundesverfassungsgerichts, Andreas Voßkuhle, zur Verleihung des Theodor-Heuss-Preises an den Grünen-Europaabgeordneten Daniel Cohn-Bendit die Laudatio zu halten. Voßkuhle begründete das mit lange zurückliegende Äußerungen des Ex-Spontis zu sexuellen Erfahrungen mit Kindern und seiner früheren Haltung zur Pädophilie (292).

Die Vorwürfe gegen Cohn-Bendit waren nicht neu und schon 2001 im Umfeld der Auseinandersetzung um Fischers militante Vergangenheit öffentlich thematisiert worden. Tatsächlich ließen sich in Cohn-Bendits früheren Schriften und Interviews aus den 1970er Jahren entsprechende Belege finden. Dass der die Äußerungen als Mischung aus Fiktion und Wirklichkeit zu relativieren suchte, konnte nicht alle überzeugen (293).

Bald aber ging es nicht mehr nur um die Vergangenheit von Cohn-Bendit. Thematisiert wurde jetzt die grüne Gründerzeit, in der eine sogenannte »Indianerkommune« auf Grünen-Parteitagen aufgetreten war und eine

»Entkriminalisierung von freiwilligen sexuellen Beziehungen mit Kindern« verlangt hatte. Dass es eine »Bundesarbeitsgemeinschaft Schwule,
Lesben und Päderasten« bis 1985 tatsächlich gegeben hatte, die nicht nur
für die Gleichstellung gleichgeschlechtlicher Paare eigetreten war, sondern
auch den Päderasten das Ausleben ihrer Neigungen gestatten wollte, ließ
sich nicht dementieren. Schließlich tauchte auch das Wahlprogramm der
NRW-Grünen von 1985 auf, in dem diese »Entkriminalisierung« zunächst
jedenfalls tatsächlich gefordert worden war. Auch ein Buchbeitrag des
schwulen Bundestagsabgeordneten Volker Beck aus dem Jahr 1988 geriet in
die Debatte. Beck hatte sich dort für eine solche »Entkriminalisierung« ausgesprochen, verwies aber jetzt darauf, dass Teile seines Beitrags unabge-
sprochen verändert worden seien. Diese Angaben aber erwiesen sich als
unrichtig, so dass Beck sich entschuldigen musste (294).

Die Grünen versuchten, mit Selbstkritik und einer Untersuchung dieser
Vergangenheit den Angriffen die Spitze zu nehmen. Mit der Untersuchung
beauftragt wurde eine Wissenschaftlergruppe aus Göttingen unter Leitung
des Politologen Franz Walter. Dieser veröffentlichte noch vor der Bundestagswahl einen Zwischenbericht, was den Grünen erneut Negativ-Schlagzeilen einbrachte.

Ihren Höhepunkt erreichte die Debatte kurz vor dem Wahlgang. Jetzt
wurde bekannt, dass auch Spitzenkandidat Jürgen Trittin als Verantwortlicher der grün-alternativen Liste in Göttingen an einem Kommunalwahl-
programm beteiligt gewesen war, in dem zu Beginn der 1980er Jahre die
Forderungen zur Entkriminalisierung der Päderastie enthalten gewesen
waren. So setzte sich der grüne Sinkflug fort: Anfang September meldete
das Politbarometer einen Stimmenanteil der Grünen von nur noch zehn
Prozent, kurz vor dem Wahldatum waren es dann neun (295). Am Ende
wurden es noch etwas weniger.

Eine Woche vor dem bundesweiten Wahlgang wurde in Bayern der Landtag gewählt. Der Erfolg der CSU, die mit 47,7 Prozent der Stimmen ihre
2008 verlorene absolute Mehrheit zurückgewann, zeigte bereits deutlich
den Aufwärtstrend der Union. Die leichten Stimmengewinne für die SPD
entsprachen ebenso dem Bundestrend wie die Verluste der Grünen, die mit
ihrem Ergebnis von 8,6 Prozent nicht zufrieden sein konnten. Katastrophal
fiel das Wahlergebnis für die FDP aus, die aus der Regierung heraus ganze
3,3 Prozent erreichte. Jetzt mussten die Liberalen bei den Bundestagswahlen wirklich mit dem Schlimmsten rechnen (296).

Als dann am 22. September gewählt worden war, schien das Ergebnis
gleich mehrere vermeintliche Gewissheiten über die Trends der modernen
Demokratieentwicklung in Deutschland zu widerlegen (297). CDU und CSU

hatten mit einem gewaltigen Stimmenzuwachs und 41,5 Prozent erstmals seit 1994 wieder einen Stimmenanteil von mehr als 40 Prozent erreicht. Das sprach dafür, dass die These vom allmählichen Ende der Hegemonie der Volksparteien falsch oder zumindest vorschnell gewesen war.

Die Union hatte gegenüber 2009 nicht nur stolze 7,7 Prozent hinzugewonnen. Mit 311 von 631 Mandaten fehlten ihr auch nur ganze fünf Sitze zur absoluten Mehrheit. Ein derart gutes Ergebnis hatte man der Merkel-Union kaum zugetraut. Wäre die FDP nicht völlig abgestürzt – die Regierung hätte mit komfortabler Mehrheit weitermachen können. Sehr gut abgeschnitten hatte dabei auch die CSU, die wenige Tage nach ihrem Erfolg bei den bayerischen Landtagswahlen jetzt sogar auf 49,3 Prozent gekommen war. Auch sie profitierte von einem »Merkel-Effekt«.

Eine zweite Regel, die zuvor stets gegolten hatte, war gleichfalls widerlegt: Dass es der FDP dank »bürgerlicher« Wechselwähler bei Bundestagswahlen immer gelingt, die parlamentarische Existenzgrenze zu überspringen, wenn sie zuvor als gefährdet eingeschätzt worden war. Diesmal funktionierte diese Regel nicht mehr. Das Angebot der Liberalen war von der Wählerschaft als derart schwach eingeschätzt worden und die Abneigung gegen die FDP so groß gewesen, dass auch das taktische Argument, die Fortsetzung einer »bürgerlichen Koalition« möglich zu machen, nicht mehr zog. Noch nie in der Geschichte des bundesdeutschen Parlamentarismus ist eine Regierungspartei derart abgestraft worden. Und niemals haben die Partner einer Koalition so unterschiedliche Beurteilungen erhalten. Während die einen Bestnoten bekamen, mussten die anderen nicht nur die Regierungssessel freimachen, sondern ihre Abgeordnetenbüros gleich noch dazu. Ob die FDP überhaupt noch eine Zukunft haben würde, schien an diesem Abend völlig ungewiss. Keine politische Zukunft mehr haben würde sicher die alte Führungsriege.

Wahlverlierer war trotz bescheidener Zugewinne von 2,7 Prozent auch die SPD. Trotz der Oppositionsrolle der Sozialdemokraten hatten die Christdemokraten ihren Vorsprung gegenüber der SPD von 10,8 auf 15,8 Prozent weiter ausbauen können. Wenn es zur Neuauflage einer Großen Koalition kommen sollte, würde das im Unterschied zu 2005 keine Koalition auf Augenhöhe mehr sein. Zwar konnte die Partei jetzt 193 Abgeordnete im Bundestag stellen, 47 mehr als in der abgelaufenen Legislaturperiode. Aber viele Mandatsträger verdankten das weniger einem Zuwachs an Wählerstimmen als dem neuen Wahlrecht und der Tatsache, dass diesmal die Rekordquote von fast 16 Prozent der Wählerstimmen auf Parteien entfielen, die den Einzug ins Parlament verfehlt hatten.

Das schwache Abschneiden der Genossen zeigte, dass das Fiasko der SPD bei der Bundestagswahl 2009 nicht nur an ihrer Rolle als Juniorpartner in einer Großen Koalition gelegen haben konnte. Noch immer schwelte innerparteilich der Konflikt um die Agenda-Politik von Gerhard Schröder. Das Gerechtigkeitsthema als sozialdemokratisches Kernthema im Wahlkampf hatte nicht gezündet und der Kandidat dazu auch nicht so recht gepasst. Hinzu kam ein ungnädiges Medienklima. Und wären die Grünen in den letzten Wochen vor der Wahl nicht so abgestürzt, hätten die Sozialdemokraten vermutlich noch weniger Stimmen erhalten (298).

Wahlverlierer waren auch die Grünen, die sich wenige Monate zuvor noch so viel ausgerechnet hatten. Nur zwei Jahre nach ihrem Höhenflug in 2011 bedeuteten ihre 8,4 Prozent eine schwere Niederlage. Immerhin hatten sie 2,3 Prozent und etwa eine Million Wählerstimmen eingebüßt. Zwar sorgten die Eigenheiten des Wahlrechts dafür, dass der Mandatsverlust erträglich ausfiel. Statt aus 67 Abgeordneten würde die neue Grünen-Fraktion aus 63 Mandatsträgern bestehen. Doch das war ein schwacher Trost. Nachdem das Gesicht der Partei vor den Wahlen noch immer maßgeblich von den Politikern geprägt worden war, die schon unter Schröder wichtige Rollen gespielt hatten, war jetzt mit einem Generationswechsel zu rechnen.

Die Grünen hätten einen Wahlkampf »jenseits ihres Markenkerns« geführt und seien dann auch noch von einer Pädophilie-Debatte erwischt worden, die »ihre wertvollste Ressource: Glaubwürdigkeit« beschädigt habe. Dadurch hätten sich schließlich auch Stammwähler von der Partei abgewandt, analysierte Infratest-Geschäftsführer Richard Hilmer (299).

Einigermaßen behauptet hatte sich die Linkspartei. Zwar musste die Partei ein Minus von 3,1 Prozent gegenüber der Wahl 2009 einstecken und verlor zwölf ihrer damals gewonnenen 16 Direktmandate. Aber gemessen an den Tiefpunkten, die die Partei in der Zwischenzeit erlebt hatte, konnten die 8,8 Prozent als relativer Erfolg gelten. Der Protest gegen die Agenda-Politik als Markenkern der Partei begann freilich allmählich zu verblassen. Wesentlicher Faktor für den relativen Erfolg der Linkspartei wurde einmal mehr Gregor Gysi, der im Wahlkampf zu großer Form aufgelaufen war.

Glatt gescheitert war die Piratenpartei, die nur zwei Jahre nach dem Beginn ihres kurzzeitigen Höhenflugs nur 2,3 Prozent der Stimmen erhielt (300). Bemerkenswert dagegen fiel das Ergebnis der AfD aus. Nur ein halbes Jahr nach ihrer Parteigründung scheiterte die eurokritische Protestpartei mit 4,7 Prozent nur knapp an der Fünf-Prozent-Hürde. In Ostdeutschland lag die AfD sogar deutlich darüber. Trotz des großen Erfolgs der Union zeigte sich hier, dass der Erosionsprozess des alten Parteiensystems keineswegs gestoppt war. Eher waren es die günstigen Kontextbedingungen, die für den Politikstil dieser Kanzlerin und die Personalisierungsstrategie der Union geradezu ideal waren, die den Erfolg in dieser Form möglich gemacht hatten. Addierte man die Ergebnisse von Union und FDP, so hatten die Koalitionspartner zusammen sogar zwei Prozent weniger bekommen als 2009. Für die Zukunft musste die Union mit einer Herausforderung rechnen, die eher von rechts kommen würde. Enttäuschend niedrig blieb die Wahlbeteiligung. Nachdem sie 2009 mit 70,8 Prozent einen historischen Tiefpunkt erreicht hatte, lag sie mit 71,5 Prozent auch diesmal nur unwesentlich höher.

Die Wählerwanderungsbilanzen lieferten interessante Befunde. Danach verdankte die Union mehr als die Hälfte ihrer Stimmengewinne den FDP-Wählern von 2009. Gleich 2,1 Millionen von ihnen unterstützten diesmal CDU und CSU. Das allein waren bereits mehr als die gut zwei Millionen, die 2013 noch die FDP wählen mochten. Gewonnen hatte die Union auch bei ehemaligen Grünen-Wählern. Immerhin 420 000 von ihnen wechselten zur CDU. Nur gut 200 000 Unionswähler kamen von der SPD.

Die Sozialdemokraten hatten etwa zu gleichen Teilen frühere Grünenwähler und ehemalige FDP-Anhänger dazugewonnen (550 000 und 530 000). Umgekehrt aber musste sie Abgänge zur CDU und zu den Nichtwählern hinnehmen.

Die Grünen verloren in der Summe fast eine Million Anhänger an Union und SPD. Umgekehrt konnten sie 170 000 frühere FDP-Wähler von sich überzeugen. Die Linkspartei hatte 370 000 Stimmen an die Sozialdemokraten, aber auch 120 000 an die Merkel-CDU verloren.

Die Wanderungsbilanzen wiesen auch aus, dass die AfD-Wählerschaft aus allen möglichen Richtungen kam. Allein 430 000 ihrer gut zwei Millionen Wähler gaben an, 2009 die FDP gewählt zu haben. 340 000 kamen aus der früheren Anhängerschaft der Linkspartei. 300 000 hatten zuvor die Union unterstützt, 200 000 die SPD. Sogar 90 000 ehemalige Grünen-Anhänger votierten diesmal für die neue Protestpartei.

Die Union hatte einmal mehr im Westen besser abgeschnitten (42,2 Prozent), aber im Osten mit 38,5 Prozent noch höhere Zuwächse erreicht. Die Sozialdemokraten konnten im Westen zulegen, stagnierten dagegen in den neuen Ländern. Hier kamen sie nur auf 17,9 Prozent. Während die Linkspartei im Westen ein Drittel ihres Stimmenanteils einbüßte, fielen ihre Verluste im Osten niedriger aus. Groß blieben die Unterschiede bei den Grünen, die im Westen 9,4, im Osten aber nur 5,1 Prozent erreichten. Noch größer aber war das Ost-West-Gefälle bei der FDP, die in der alten Bundesrepublik auf 5,4 Prozent kam, in den neuen Ländern aber mit 2,7 Prozent fast zur Splitterpartei mutierte. Umgekehrt kam die AfD in den neuen Ländern auf 5,8, im Westen aber nur auf 4,4 Prozent (301).

Die Bundestagswahl 2013 brachte den persönlichen Triumph der Kanzlerin und den bei Berücksichtigung der gründlich veränderten Rahmenbedingungen größten wahlpolitischen Erfolg der Union seit Helmut Kohl 1983. Von einem »taktisch optimal angelegten Wahlkampf und einer strategischen Meisterleistung der Parteivorsitzenden in Bezug auf die längerfristige programmatische Positionierung der CDU« sprachen die Wahlanalytiker der Forschungsgruppe Wahlen (302). Angela Merkel stand im Zenit ihrer politischen Laufbahn.

7 MERKELDÄMMERUNG

7.1 DIE DRITTE GROSSE KOALITION

So eindeutig der Wahlsieg der Merkel-Union auch ausgefallen war – die Regierungsbildung wurde schwierig. Da CDU und CSU die absolute Mehrheit knapp verpasst hatten, kamen nach dem Ausscheiden der FDP aus dem Bundestag eigentlich nur zwei Mehrheitsoptionen in Betracht: Schwarz-Grün oder die Neuauflage einer Großen Koalition. In den Sondierungsgesprächen zeigte sich bald, dass eine Regierungsbildung mit der SPD schwierig werden würde. Die Aussicht, wieder als Juniorpartner in eine Regierung Merkel einzurücken, löste bei den Sozialdemokraten wenig Begeisterung aus (1).

So wären manche in der Union vielleicht doch lieber das Wagnis einer schwarz-grünen Verbindung eingegangen. Tatsächlich, so wird kolportiert, hätte die Kanzlerin diese Option gerne ernsthaft verfolgt. Zwar stießen solche Überlegungen auf den Widerstand der CSU. Aber völlig ausgeschlossen schien ein solches Bündnis diesmal nicht mehr.

Schwierig war die Lage für die Grünen. Sie hatten sich derart fest auf Rot-Grün als einzige Machtperspektive festgelegt, dass ein Abrücken davon nur schwer vermittelbar gewesen wäre. Hinzu kamen die Personalwechsel an der Spitze. Jürgen Trittin war als Fraktionsvorsitzender ebenso ausgeschieden wie Renate Künast. Zuvor hatte Ex-Parteichef Bütikofer Trittin öffentlich attackiert. Er sei im Wahlkampf wie ein Sprecher des linken Flügels aufgetreten.

Katrin Göring-Eckardt war zwar Fraktionsvorsitzende geworden, hatte aber ihre Rolle als Spitzenkandidatin zur Bundestagswahl in den Augen vieler Realos nicht so ausgefüllt wie man sich das gedacht hatte. Als gänzlich unerfahren galt der neue Fraktionsvorsitzende Anton Hofreiter. Auch

© Springer Fachmedien Wiesbaden GmbH, ein Teil von Springer Nature 2020
H. Kleinert, *Das vereinte Deutschland*,
https://doi.org/10.1007/978-3-658-26767-4_7

der Parteivorsitzende Cem Özdemir verfügte noch nicht über die Autorität späterer Jahre. Und Winfried Kretschmann war zwar mit seinem öffentlichen Gewicht eine Figur, an der man auch bei den Grünen in Berlin nicht einfach vorbeikam. Aber besonders gelitten war er deshalb dort noch lange nicht (2).

Unter diesen Bedingungen war von der Führungsgruppe nicht zu erwarten, dass sie das Wagnis eingehen würde, ihrer Partei Koalitionsverhandlungen mit der Union zu empfehlen. Zumal die Grünen nach ihrem schwachen Wahlergebnis nicht auf besondere Zugeständnisse rechnen konnten. So blieben die Sondierungen ohne konkretes Ergebnis. Sie hatten zwar insoweit Konsequenzen, als bei vielen Grünen die Einsicht reifte, dass man sich künftig besser nicht mehr so kategorisch nur auf eine Machtperspektive festlegen sollte. Praktische Konsequenzen für die Regierungsbildung aber hatte das erst einmal nicht.

Bis heute halten sich unterschiedliche Darstellungen über den Ausgang der Sondierungen. Die Grünen hätten sich nicht getraut, heißt es in Unionskreisen. Vor allem Jürgen Trittin habe eine Verständigung mit CDU und CSU unter keinen Umständen gewollt. Trittin selbst weist das zurück. Bei den Grünen wiederum wird auf die CSU verwiesen, die ein Bündnis nicht zugelassen hätte. Auch die Kanzlerin habe eine Große Koalition von Anfang an vorgezogen (3).

Bis es zu dieser Großen Koalition wirklich kam, vergingen noch viele Wochen. Insgesamt 54 Tage verhandelten Politiker von Union und SPD über einen Koalitionsvertrag, bis der dann am 27. November 2013 endlich stand. So lange hatte der neue Bundestag seine Arbeit noch gar nicht richtig aufnehmen können, was allerhand Kritik auslöste. Und als der Vertrag dann von den Parteichefs Merkel, Gabriel und Seehofer vorgestellt wurde, musste noch der Mitgliederentscheid abgewartet werden, von dem die Sozialdemokraten ihren Eintritt in die Regierung abhängig gemacht hatten.

Anfang Dezember konnten die 475 000 deutschen Sozialdemokraten abstimmen. Bei einer Beteiligung von 78 Prozent stimmten knapp 76 Prozent dem Vertrag zu. Nachdem in den Wochen nach der Wahl viel Unmut an der Basis über ein neuerliches Bündnis mit der Union geäußert worden war, hatten viele mit einem knapperen Ergebnis gerechnet. Die deutliche Mehrheit an der Parteibasis galt auch als persönlicher Erfolg von Parteichef Gabriel, der sich vehement für die Koalition eingesetzt hatte. Am 17. Dezember 2013 wurde Angela Merkel mit 462 von 631 Stimmen zum dritten Mal zur Bundeskanzlerin der Bundesrepublik Deutschland gewählt. Die bis dahin längste Regierungsbildung in der Geschichte des Landes seit 1949 war abgeschlossen (4).

Der Koalitionsvertrag trug an etlichen Stellen eine sozialdemokratische Handschrift. Dass sich die Partner auf die Einführung eines gesetzlichen Mindestlohnes einigen konnten, der ab 2015 gelten und bei 8,50 Euro liegen sollte, war nach der veränderten Beschlusslage der CDU keine Überraschung mehr, wurde aber viel beachtet. Am 16. August 2014 trat das »Tarifautonomiestärkungsgesetz« in Kraft, das im Artikel 1 ab 1.1.2015 diesen Mindestlohn vorsah. Ende 2016 wurde im Bundeskabinett seine Erhöhung auf 8,84 Euro beschlossen (5).

Vereinbart wurde auch eine »Rente mit 63«, die jedem abschlagsfrei zustehen sollte, der 45 Beitragsjahre vorweisen konnte. Freilich stieß das Vorhaben öffentlich auch auf Kritik. Es entspräche nicht der notwendigen »Generationengerechtigkeit«. Das galt auch für die »Mütterrente«, in der Kindererziehungszeiten auch für Kinder berücksichtigt werden sollten, die vor dem 1.1.1992 geboren waren. Ebenfalls als Erfolg der SPD galten die beschlossenen Einschränkungen bei der Leiharbeit (6).

Die Förderung der Vereinbarkeit von Familie und Beruf sollte ausgebaut werden. Mit einem »Elterngeld plus« wollte man Eltern die Möglichkeit schaffen, auch bei Teilzeitarbeit länger Elterngeld zu beziehen. Sechs Milliarden aus Bundesmitteln waren für den Ausbau von Kindertagesstätten gedacht. Während der Ausstieg aus der Atomenergie festgeschrieben wurde, wollte die Koalition die Förderung erneuerbarer Energien nach dem EEG reformieren. Vorgesehen waren »Wachstumskorridore«, nach denen ein Ökostromanteil von 40–45 Prozent bis 2025 als Ziel galt. Überprüft werden sollte bis 2014 die Maximal-Einspeisevergütung für Ökostrom. Kürzen wollte man die Subventionierung von Strom aus Windkraftanlagen auf dem Festland. Umweltverbände kritisierten die Vereinbarung als »Begrenzung« der Förderung (7). »Fracking« als Möglichkeit der Erdgasgewinnung wurde abgelehnt. Die Koalitionspartner vereinbarten ferner die Förderung der Elektromobilität. Bis 2020 sollten eine Million Elektroautos auf die Straße gebracht werden.

Der Koalitionsvertrag bekräftigte auch die klimapolitischen Ziele, die schon 2007 vom damaligen Kabinett beschlossen worden waren. Bis 2020 sollten die CO_2-Emmissionen gegenüber dem Referenzjahr 1990 um 40 Prozent reduziert werden. Ausgespart blieben freilich Festlegungen zum Termin für einen Kohleausstieg, was angesichts der Bedeutung der emissionsreichen Kohleverstromung auf Kritik stieß. Es fehlte nicht an Stimmen, die schon deshalb das Klimaziel für unerreichbar hielten (8).

Die Krankenkassenbeiträge für Arbeitgeber wurden auf 7,3 Prozent eingefroren. Zusatzbeiträge waren vom Arbeitnehmer allein aufzubringen, wobei die Zahlungen einkommensabhängig ausgestaltet werden sollten.

Eine »Mietpreisbremse« sollte Gemeinden mit Engpässen in der Woh-
nungsversorgung die Möglichkeit schaffen, den Mietpreisanstieg zu begrenzen.

Wenig beachtet wurde die Abschaffung der im Staatsbürgerschaftsrecht
seit der Jahrtausendwende geltenden Optionspflicht für in Deutschland geborene Kinder von Ausländern. Künftig sollten sie ihre doppelte Staatsbürgerschaft behalten können und nicht mehr gezwungen sein, sich nach Vollendung ihres 18. Lebensjahres für eine der beiden zu entscheiden.

Viel Beachtung fand dagegen die PKW-Maut. Nachdem Angela Merkel
noch im TV-Duell mit Peer Steinbrück unmissverständlich festgestellt hatte, dass es eine solche Maut mit ihr nicht geben würde, war klar, dass an
der Stelle ganz genau hingeschaut werden würde. Weil die CSU aber zu keinem Einlenken bereit war, musste Merkel zurückstecken. Ab 2015 sollte die
Mautgebühr kommen. Festgelegt wurde freilich auch, dass es keine zusätzlichen Belastungen für deutsche Autofahrer geben dürfe (9).

Ab 2015 wollten die Koalitionspartner keine neuen Schulden mehr machen. Da sich bei der Umsetzung des Vertrages finanzielle Mehrbelastungen in der Größenordnung von 23 Milliarden addieren ließen, zweifelten
viele an der Erreichbarkeit dieses Ziels (10).

Als Angela Merkel, Horst Seehofer und Sigmar Gabriel am 27. November 2013 den Koalitionsvertrag der Öffentlichkeit vorstellten, gab es Einwände von vielen Seiten. Umweltverbände kritisierten, dass die neue Koalition mit den vorgesehenen Maßnahmen die Energiewende eher drosseln
statt beschleunigen würde. Das Magazin »Focus« sah »planwirtschaftliche
Tendenzen« von der Energieumlage über den Mindestlohn bis zur vorgesehenen Mietpreisbremse. Und in der Frankfurter Allgemeinen Zeitung
war schon einige Tage zuvor heftige Kritik an den vielen Zugeständnissen der Union gegenüber den Sozialdemokraten formuliert worden: »Der
vielbeschworene Markenkern besteht fast nur noch aus dem Satz der Bundeskanzlerin: ›Wir wollen regieren‹. Es ist überhaupt kein Tafelsilber der
Union mehr erkennbar, für das irgendein Politiker kämpfte« (11).

Bei der Ressortverteilung gingen neben der Funktion der Regierungschefin neun weitere Kabinettsposten an die Union, sechs an die SPD. Finanzminister blieb Wolfgang Schäuble. Nicht erwartet worden war die
Berufung Ursula von der Leyens als Verteidigungsministerin. Dafür wechselte Thomas de Maizière ins Innenressort. Der bisherige Amtsinhaber Hans-Peter Friedrich wurde Minister für Landwirtschaft und Ernährung. Dazu kamen Alexander Dobrindt (CSU) als Verkehrsminister sowie
Gerd Müller (CSU) als Ressortchef für wirtschaftliche Zusammenarbeit.
Neuer Kanzleramtschef wurde Peter Altmaier, nachdem es Ronald Pofalla

in den Vorstand der Deutschen Bahn AG drängte. Bildungsministerin blieb Johanna Wanka, die dieses Amt 2013 von Annette Schavan übernommen hatte. Auch Schavan war Fehlern zum Opfer gefallen, die sie bei der Anfertigung ihrer Dissertation begangen hatte. Die waren zwar weit weniger schwerwiegend als bei zu Guttenberg, genügten aber, um sie als für Wissenschaft zuständige Ministerin so in Bedrängnis zu bringen, dass sie aufgeben musste (12).

Für die Sozialdemokraten rückte ihr Parteivorsitzender Sigmar Gabriel als Vizekanzler und Chef eines neu zusammengesetzten Ressorts für Wirtschaft und Energie in die Regierung ein. Außenminister wurde Frank-Walter Steinmeier, das Ministerium für Arbeit und Soziales übernahm Andrea Nahles. Justizminister war jetzt der Saarländer Heiko Maas, Familienministerin Manuela Schwesig, die auch als eine Stimme Ostdeutschlands galt. Das Umweltressort erhielt Barbara Hendricks.

7.2   GRIECHENLAND-RETTUNG UND UKRAINE-KRISE

Auch die dritte Regierung Merkel wurde von der Eurokrise in Atem gehalten. Nach einem Regierungswechsel in Griechenland und den heftigen Debatten um die Konditionen eines dritten Hilfsprogramms flammte der Streit darum erneut auf. Dabei spielte die Kritik des vom Mainstream der deutschen Medien wenig gelittenen, vielfältig schillernden griechischen Finanzministers Varoufakis eine wichtige Rolle. Das strikte Beharren der Deutschen auf eine strenge Austeritätspolitik in den Krisenländern bot aus seiner Sicht keinen Ausweg aus dem wirtschaftlichen Dilemma der Griechen. Im Frühsommer 2015 hing das Hilfspaket am seidenen Faden, nachdem die Griechen eine Zahlung an den IWF nicht geleistet und in einem Referendum das zwischen der Europäischen Kommission, dem IWF und Griechenland ausgehandelte Reformpaket abgelehnt hatten (13).

Die Griechen standen mit dieser Kritik auf internationaler Ebene keineswegs allein. So kritisierte etwa Nobelpreisträger Paul Krugman das kompromisslose Bestehen der Deutschen auf harte Sparauflagen gleich mehrfach heftig. Er sprach dabei sogar von einem »grotesken Verrat« europäischer Werte (14). Vielerorts im Ausland wurde das deutsche Bestehen auf einen strengen Austeritätskurs in den Krisenländern attackiert.

Freilich hätte schon die innenpolitische Stimmung in Deutschland eine andere Haltung gar nicht zugelassen. So drängte die EU unter Führung von Angela Merkel auf die weitere Verschärfung der Sparpolitik in Griechenland. Allerdings verlangten die Sozialdemokraten eine größere soziale Ausgewogenheit bei der Konzipierung des dritten Hilfspakets (15)

Dabei waren sich Angela Merkel und ihr Finanzminister Wolfgang Schäuble zeitweise nicht ganz einig, ob ein Austritt Griechenlands aus der Euro-Zone nicht doch der bessere Weg wäre. Jedenfalls drohte Schäuble den Griechen eine »Auszeit« im Euroraum an, sollte die Athener Regierung ihre Reformvorschläge nicht nachbessern (16). Am Ende beugte sich die Tsipras-Regierung den Forderungen. Varoufakis ging. Während sich die harte Haltung der Bundesregierung im Inland breiter Unterstützung erfreute, war das Echo in anderen Länder geteilt. Hier wurden jetzt auch Ressentiments gegenüber einer angeblichen deutschen Hegemonie in Europa verbreitet (17).

Während sich die Arbeitsmarktdaten weiter verbesserten und die Wirtschaft florierte, geriet zu Beginn der Legislaturperiode ein anderer außenpolitischer Konflikt in den Mittelpunkt, der das Verhältnis zu Russland nachhaltig beeinflussen sollte. Als Ende November 2013 der ukrainische Präsident Viktor Janukowitsch und die Regierung seines Ministerpräsidenten Mykola Asarow die Vorbereitungen für die Unterzeichnung eines Assoziierungsabkommens mit der EU unter massivem Druck Russlands kurzfristig abbrachen und einen Kurswechsel in die Richtung einer stärkeren Annäherung an den östlichen Nachbarn vornahmen, provozierten sie damit einen schweren innenpolitischen Konflikt in dem zwischen Ost und West zerrissenen Land. Nach ersten prowestlichen Protesten riefen die Oppositionsparteien ihre Anhänger zu Demonstrationen auf die Straße. Hunderttausende folgten Julia Timoschenko, dem Ex-Boxweltmeister Vitali Klitschko und dem radikalen Nationalisten Oleg Tjagnibok.

Im Dezember eskalierten die Auseinandersetzungen. In der Hauptstadt Kiew errichteten Oppositionsgruppen Barrikaden, besetzten Verwaltungsgebäude und forderten den Rücktritt der Regierung. Die Staatsmacht schlug zurück, schaffte es aber nicht, die Demonstranten vom Unabhängigkeitsplatz, dem Maidan, zu entfernen. Auch das Rathaus von Kiew blieb besetzt. Endlich schien Janukowitsch einzulenken. Die Regierung kündigte an, das Assoziierungsabkommen möglicherweise doch zu unterzeichnen. Doch Verhandlungen mit der Opposition brachten keine konkreten Ergebnisse. Nach Gesprächen mit dem russischen Staatspräsidenten Putin sprach Janukowitsch erneut von der Möglichkeit eines ukrainischen Beitritts zu der von Russland, Weißrussland und Kasachstan gebildeten Eurasischen Zollunion. Putin hatte wirtschaftlich verlockende Angebote gemacht.

Nachdem das ukrainische Parlament im Januar 2014 massive Einschränkungen des Demonstrationsrechts beschlossen hatte, eskalierte die Gewalt.

Diesmal gab es auch Tote. Die Opposition begann mit gezielten Besetzungs-aktionen auch in anderen Regionen des Landes. Erneut sah sich Januko-witsch zu Zugeständnissen veranlasst. Ende Januar entließ er seinen Mi-nisterpräsidenten. Die gerade beschlossenen Gesetze zur Einschränkung der Demonstrationsfreiheit wurden wieder aufgehoben. Eine allgemeine Amnestie aber machte der Staatspräsident von der Räumung von besetzten Gebäuden und dem Abbau der Barrikaden abhängig.

Dazu aber war die Opposition nicht bereit. Sie beharrte auf dem Rücktritt des Staatspräsidenten und verlangte vorgezogene Neuwahlen. Während in Russland noch die olympischen Winterspiele von Sotschi liefen, begannen die Sicherheitskräfte am 18. Februar 2014 mit dem Sturm auf den Maidan. In den folgenden beiden Tagen kamen 88 Menschen ums Leben. Wer dafür verantwortlich war, ist bis heute nicht geklärt.

Am 20. Februar beschloss die EU Sanktionen. Am gleichen Tag reisten die Außenminister von Deutschland, Frankreich und Polen nach Kiew. Lau-rent Fabius, Frank-Walter Steinmeier und Radoslav Sikorski handelten eine Einigung aus, nach der die von Janukowitsch beseitigte Verfassung von 2004 wiederhergestellt und eine Übergangsregierung gebildet werden soll-te. Die Präsidentenwahl wollte man auf den Dezember 2014 vorziehen. Das Parlament billigte die Vorschläge.

Dann aber überschlugen sich die Ereignisse. Als Vitali Klitschko auf dem Maidan über das Verhandlungsergebnis berichtete, wurde er niederge-schrien. »Die Revolte schlug in eine Mischung aus Revolution und Putsch um« (18). Der Anführer einer extrem nationalistischen Minderheit, die auf dem Maidan aber stark vertreten und zum Teil auch bewaffnet war, rief für den nächsten Tag zum Sturm auf den Präsidentenpalast auf, falls Januko-witsch bis dahin nicht zurückgetreten war. Der trat daraufhin überstürzt die Flucht an. Einige Tage später war er in Russland.

Die Flucht entschied den Machtkampf. Viele Anhänger von Januko-witsch wechselten nun die Fronten. Am 24. Februar 2014 wurde der Amts-sitz des Präsidenten von Regierungsgegnern besetzt. Teile der Polizei von Kiew liefen zur Opposition über. Das Parlament setzte Janukowitsch ab und bestimmte den 25. Mai als Termin für eine Neuwahl. Übergangsprä-sident wurde mit Oleksandr Turtschinow ein Gefolgsmann der gerade aus der Haft entlassenen ehemaligen Ministerpräsidentin Julia Timoschenko (19).

Wladimir Putin reagierte auf seine Niederlage mit der Besetzung der überwiegend russischsprachigen Halbinsel Krim, die 1954 der ukrainischen Sowjetrepublik angegliedert worden war und seit 1991 eine autonome Re-publik im Staatsverband der Ukraine bildete. Hier war auch die russische Schwarzmeerflotte stationiert. Am 1. März 2014 erteilte die russische Duma Putin die Vollmacht für ein militärisches Eingreifen. Bald tauchten auch Berichte über Zusammenstöße zwischen prorussischen und prowestlichen Demonstranten in Städten der Ostukraine auf (20).

Der Westen reagierte umgehend. Putin werde einen Preis für sein Vorgehen zahlen müssen, erklärte US-Präsident Barack Obama. Angela Merkel reagierte ähnlich. Schon am 3. März wurden die Vorbereitungen für den G 8-Gipfel, der im Juni in Sotschi stattfinden sollte, ausgesetzt. Freilich fielen auch die Aktienkurse. Und die Spielräume für Wirtschaftssanktionen waren begrenzt. Europas Energieversorgung war zu einem guten Drittel von russischem Öl und russischem Erdgas abhängig (21).

Putin zeigte sich unbeeindruckt. Auf der Krim seien keine russischen Soldaten, sondern ukrainische »Selbstverteidigungskräfte« tätig geworden. Auch der gemeinsame NATO-Russland-Rat brachte keine Annäherung. Am 6. März beschloss das Parlament auf der Krim den Anschluss an Russland. Dabei standen die Abgeordneten unter dem Druck von Bewaffneten, die schon Tage zuvor in das Parlamentsgebäude eingedrungen waren. Zehn Tage später wurde das Votum in einer Volksabstimmung bestätigt, die freilich im Westen nicht anerkannt wurde (22). Gleichzeitig nahmen die blutigen Zusammenstöße in der Ostukraine zu.

Russlands Präsident hatte den Regimewechsel in Kiew als »Staatsstreich von Nationalisten, Neonazis, Russophoben und Antisemiten« bezeichnet. Er wies die Kritik aus Europa und Amerika zurück und konterte mit dem Gegenvorwurf, dass der Westen jetzt seine »Eindämmungspolitik« gegenüber Russland fortsetze, die er schon seit dem 18. Jahrhundert praktiziere (23).

Noch im März beschlossen USA und EU Sanktionen gegen Russland. Dazu gehörten Einreiseverbote und Kontensperrungen. Der Ukraine dagegen wurde ein Hilfsprogramm von 12 Milliarden Euro angeboten. Am 20. März hatte sich die EU mit der neuen Führung auf die Unterzeichnung des politischen Teils des Assoziierungsabkommens geeinigt.

In den folgenden Wochen wandte sich die internationale Aufmerksamkeit stärker dem Geschehen in der Ostukraine zu. Städte wie Donezk im Kohlerevier Donbass wurden zu Brennpunkten der immer gewaltsamer ausgetragenen Auseinandersetzung zwischen prorussischen Kräften und Unterstützern der Regierung in Kiew. Im April verständigten sich die Außenminister von Russland, den USA, die Außenbeauftragte der EU und der Außenminister der Ukraine auf die Entwaffnung aller »illegalen« Kräfte in der Ostukraine. Verhandlungen am Runden Tisch sorgten im Mai dafür, dass sich das Kampfgebiet nicht noch weiter ausdehnte. Doch eine Lösung war noch nicht in Sicht. Bei der Präsidentenwahl in der Ukraine setzte sich Ende Mai der prowestlich orientierte Kandidat Poroschenko durch, der zu den reichsten Männern des Landes zählte. Vitali Klitschko hatte zu seinen Gunsten auf eine Kandidatur verzichtet.

Die Annexion der Krim war ein klarer Bruch des Völkerrechts. Russland verstieß damit nicht nur gegen die UN-Charta, sondern auch gegen die Garantien, die es selbst 1994 für die territoriale Integrität und Unabhängigkeit der Ukraine gemeinsam mit den USA und Großbritannien abgegeben hatte. Erstmals seit 1945 hatte sich ein europäischer Staat gewaltsam auf Kosten eines anderen ausgedehnt. Das musste schwerwiegende Folgen für das Verhältnis zwischen Russland und dem Westen haben. Auch die deutsche Politik war gefordert.

Während die Bundesregierung eine Politik der Sanktionen gegenüber Russland unterstützte und keinen Zweifel daran ließ, dass man auch schärferen Maßnahmen zustimmen werde, wenn Russland seine Politik der Destabilisierung der Ukraine fortsetze, war die Stimmung im Lande eher geteilt. Bald meldeten sich »Putin-Versteher« zu Wort, die wie die Altkanzler Helmut Schmidt und Gerhard Schröder oder auch Erhard Eppler den russischen Völkerrechtsbruch zwar nicht bestritten, aber zugleich darauf verwiesen, dass auch der Westen sein 1990 gegebenes Versprechen nicht gehalten habe, die NATO nicht weiter nach Osten auszudehnen. Die bekannte Fernsehmoderatorin und ehemalige Russland-Korrespondentin Gabriele Krone-Schmalz vertrat öffentlichkeitswirksam eine Haltung, die den westlichen Ländern eine Mitschuld an der Spannungsverschärfung gab, die jetzt zur Sorge vor einem »neuen Kalten Krieg« Anlass böte. Verständnis für Russland äußerten darüber hinaus auch so unterschiedliche politische Kräfte wie die Linkspartei oder der stellvertretende AfD-Vorsitzende Alexander Gauland (24).

Auf der anderen Seite war den Polen wie den baltischen Staaten die Reaktion des Westens noch nicht deutlich genug. Aus leidvoller historischer Erfahrung und in Sorge vor einem möglichen russischen Ausgriff auch auf ihr Territorium drängten sie auf die Stationierung von integrierten NATO-Kampftruppen. Die Merkel-Regierung suchte dagegen einen Mittelweg, der die Sanktionspolitik und eine Fortsetzung des Gesprächsfadens mit Moskau miteinander verbinden und den Sorgen der ostmitteleuropäischen Staaten mit einer weniger demonstrativen Bekundung von Solidarität durch zeitweilige Truppenverstärkungen begegnen wollte.

Die Lage war explosiv. Barack Obama richtete im Juni 2014 aus Warschau eine deutliche Warnung an die russische Adresse, dass der Angriff auf ein Mitgliedsland der NATO ein Angriff auf alle Staaten der Allianz darstelle.

Er kündigte an, 2015 würden eine Milliarde Dollar an zusätzlichen Mitteln für die amerikanische Truppenpräsenz in Osteuropa bereitgestellt. Auch die Entwicklung in der Ukraine bot Anlass zur Sorge. Die russische Propaganda vom angeblich »faschistischen« Umsturz in Kiew wurde durch den Beschluss des ukrainischen Parlaments, den amtlichen Gebrauch der russischen Sprache zu erschweren, kräftig befördert. Auch die zeitweise Einbindung einer rechtsradikalen Partei in die Übergangsregierung lieferte Angriffspunkte (25).

Während die bewaffneten Auseinandersetzungen in der Ostukraine andauerten, unterzeichnete Präsident Poroschenko Ende Juni 2014 in Brüssel auch den wirtschaftlichen Teil des Assoziierungsabkommens mit der EU. Das Drängen des Präsidenten auf eine baldige EU-Mitgliedschaft der Ukraine aber stieß bei wichtigen Mitgliedsländern wie Frankreich auf Ablehnung. Tatsächlich war nicht nur zu befürchten, dass ein solcher Schritt das Land noch stärker zwischen Ost und West zerreißen könnte. Gleichzeitig war auch nicht zu erkennen, wie die Ukraine in irgendeiner absehbaren Zeit die EU-Beitrittskriterien würde erfüllen können (26).

Den Sommer über hielten die Bemühungen um einen Waffenstillstand und eine diplomatische Lösung für die Ostukraine an. Zeitweise stand die Gefahr einer direkten militärischen Konfrontation zwischen russischen und ukrainischen Truppen im Raum. Im Juli erreichte der Konflikt durch den Abschuss einer malaysischen Passagiermaschine, bei dem 298 Menschen getötet wurden, eine neue Qualität. Viele Indizien sprachen dafür, dass der Abschuss das Werk prorussischer Separatisten war, die das Flugzeug für eine ukrainische Militärmaschine gehalten hatten. Zweifelsfrei geklärt werden konnte die Urheberschaft bis heute nicht (27). Immerhin besteht inzwischen Hoffnung auf Aufklärung durch den internationalen Gerichtshof in Den Haag.

Anfang September 2014 wurde in Minsk ein Abkommen erreicht: Ab 5. September sollte ein Waffenstillstand in der Ostukraine in Kraft treten. Der Waffenstillstand erwies sich zwar als brüchig, wurde aber doch im Großen und Ganzen erst einmal eingehalten. Am 20. September wurde bekannt, dass sich die ukrainische Regierung und die Separatisten auf eine zusätzliche Abmachung geeinigt hatten, nach der ausländische Kämpfer und schwere Waffen abgezogen werden und ein weiteres Vorrücken der jeweiligen Truppen nicht mehr stattfinden sollten. Zwischen den Fronten wurde eine Pufferzone gebildet (28).

Im Kern war das ein Eingeständnis, dass die ukrainische Regierung sich zumindest einstweilen mit dem Verlust ihres Kontrollanspruchs über das Donbass-Gebiet abgefunden hatte. Im November ordnete Poroschenko den

Abzug der staatlichen Einrichtungen aus dem Rebellengebiet und die Einstellung von Transferleistungen dorthin an (29).

Unterdessen war man sich in der EU über neue Sanktionen gegenüber Russland einig geworden. Sie wurden Mitte September 2014 verhängt und erfassten jetzt auch den Finanz- und Rüstungssektor. Vor allem aber betrafen sie die Energiewirtschaft. Betroffen war damit auch eine »Tochter« des Staatsunternehmens Gazprom (30). Im November trafen Angela Merkel und Wladimir Putin beim G 20-Gipfel im australischen Brisbane zusammen. Kurz darauf sprach die Kanzlerin in einer Rede in Sydney davon, dass Putin die gesamte europäische Friedensordnung in Frage gestellt habe. Es bestehe die Gefahr eines Flächenbrandes, der auch Staaten wie Georgien und Moldawien erfassen könne (31). Bereits 2008 hatte eine russische Militäraktion in Georgien dramatische Spannungen hervorgerufen.

Die Ukraine-Krise hat zur schärfsten Ost-West-Konfrontation seit dem Ende des Kalten Krieges geführt. Zu einer wechselseitigen atomaren Vernichtungsdrohung wie in der Kuba-Krise von 1962 ist es darüber zwar nicht gekommen. Sie war auch nicht zu erwarten, solange beide Seiten die Demarkationslinie respektierten, die in Minsk vereinbart worden war. Doch Russland hatte aufgehört, ein kalkulierbarer »strategischer Partner« des Westens zu sein. Dass auch die innenpolitische Entwicklung Russland unübersehbar von einer Demokratie nach westlichen Maßstäben wegführte, musste die Entfremdung weiter vertiefen.

Amerika, die EU und die NATO versuchten, in ihrer Reaktion Russland mit einer Mischung aus Konflikt- und Kooperationsbereitschaft zu begegnen. Das entsprach auch der Linie der Bundesregierung. Was das im Einzelnen heißen würde, darüber kam es freilich immer wieder zu Meinungsverschiedenheiten.

Dass die NATO oder die EU einen derart zerrissenen Staat aufnehmen würden, wie das die nach Westen orientierten ukrainischen Politiker anstrebten, blieb freilich sehr unwahrscheinlich. Für Putin konnte dieses Ergebnis wie eine gewisse Entschädigung dafür wirken, dass die Majdan-Bewegung sein Projekt einer »Eurasischen Union« mit der Ukraine vereitelt hatte.

Gleichzeitig aber litt Russland bald unter den Folgen der Sanktionen, die dort wirtschaftlich stärker ins Gewicht fielen als im Westen. Weil auch die Erdölpreise in den Keller gingen, verschlechterte sich die ökonomische Lage im Lande deutlich. Vor diesem Hintergrund spricht vieles dafür, Putins aggressives Auftreten nach außen und seine deutlich härtere Gangart gegenüber oppositionellen Minderheiten nach innen als Kompensation enttäuschter wirtschaftlicher Erwartungen durch eine Politik des nationalen Prestigegewinns zu verstehen. Tatsächlich stieg Putins Popularität in Russland durch die handstreichartige Rückgewinnung der Krim deutlich an. Nach den Daten des unabhängigen russischen Meinungsforschungs- institut Lewada sind die Zustimmungswerte für Putin zwischen Dezember 2013 und März 2014 von knapp über 60 bis auf über 85 Prozent gewachsen (32).

Dass auch Angela Merkel und ihre Regierung eine harte Reaktion zeig- ten und eine Politik der Sanktionen befürworteten, war konsequent und unvermeidlich. Man mochte sich freilich auch fragen, warum die EU nicht schon etwas früher eingegriffen hatte. Vielleicht hätte sich die Eskalation vermeiden lassen, wenn Steinmeier und seine Amtskollegen zeitiger nach Kiew geflogen wären. Und dass der Westen nach dem Zerfall der Sowjet- union nicht alles getan hatte, um die Demütigungs- und Erniedrigungs- gefühle, die die chaotischen Zustände im Russland der Jelzin-Ära mit sich brachten, in eine Strategie der Kooperation mit Russland einzubeziehen, ließ sich allemal einwenden. Dass man den NATO-Beitrittswunsch der Po- len und Balten aber nicht einfach übergehen konnte, weil 1990 Zusagen ge- macht worden waren, deren Existenz ohnedies umstritten ist, kann auch kaum bestritten werden.

Beträchtliche Teile der deutschen Öffentlichkeit sahen die Eintrübung der Ost-West-Beziehungen mit Skepsis und Sorge. Die Sanktionspolitik war nicht unumstritten – nicht nur in der erstaunlichen außenpolitischen Koalition von Linkspartei und AfD-Mainstream.

7.3   DIE FLÜCHTLINGSKRISE

In den Anfangsjahren der Regierung Merkel war der Problemdruck in der Asylpolitik deutlich zurückgegangen. 2005 erreichte die Zahl der Asyl- bewerber mit 29 000 Erstanträgen den niedrigsten Stand seit 1990. 2008 wurden gar nur 19 000 Erstanträge registriert. Auch unter Berücksichti- gung von Folgeanträgen lagen die Zahlen noch unter 30 000. Danach stie- gen sie allmählich wieder an (33).

Gleichzeitig hatte der Streit um die Zuwanderung an Schärfe verloren. Unter den politischen Eliten schien sich sogar eine Art »Integrationskon- sens« herauszubilden, der Einwanderung als Realität begriff und sich auf die Bedingungen und Chancen zur »Integration« konzentrierte. »Aus einem Diskurs über ›unerwünschte Ausländer‹, in dem der Begriff ›Inte- gration‹ nicht vorkam, ist ein Diskurs über das Wie der als notwendig anerkannten Migration und Integration geworden« (34). Soweit sich die politische Debatte nicht völlig auf vermehrte Anstrengungen bei der sozialen und kulturellen Eingliederung der in Deutschland schon ansässigen Zuwanderer und ihrer Familien konzentrierte, ging es um Chancen und Möglichkeiten für die Gewinnung von qualifizieren Fachkräften aus Mangelberufen (35).

Nach 2010 aber änderte sich die Lage erneut. Bereits 2012 wurden wieder 80 000 Asylanträge gezählt, 2013 stieg diese Zahl auf 130 000. Dabei spielte der Bürgerkrieg in Syrien in der Folge der Rebellion gegen das Assad-Regime und die instabile Lage im Irak wie in Afghanistan eine wesentliche Rolle. In Syrien machten sich die Auswirkungen der in Europa zunächst mit großen Hoffnungen begleiteten Massenproteste der »Arabellion« bemerkbar. Nach Angaben des UNHCR haben bis Mitte 2015 vier Millionen Syrer das Land als Flüchtlinge verlassen (36). Fatal wirkte sich auch der staatliche Zerfall Libyens nach dem Sturz der Gaddafi-Diktatur aus. Im politischen Chaos dieses nordafrikanischen Landes hatten jetzt die Schleuserbanden leichtes Spiel, die Flüchtlinge der gefährlichen Überfahrt nach Europa auszusetzen (37). Auch aus Eritrea und Somalia kamen immer mehr Migranten.

Dazu trat eine große Zahl von Antragstellern aus Nachfolgestaaten des ehemaligen Jugoslawien und aus Albanien. Insgesamt war die Zahl der Asylbewerber aus den Balkanländern 2014 höher als die Zahl der Syrer, die in diesem Jahr nach Deutschland kamen (38).

Die deutsche Politik schenkte dem wachsenden Problem zunächst keine besondere Aufmerksamkeit. Die in der EU seit 1997 geltende »Dublin-Regelung« sah vor, dass die Flüchtlinge dort ihren Asylantrag zu stellen hatten, wo sie zuerst EU-Boden betraten. In vielen Fällen lehnte das BAMF eine Bearbeitung von Anträgen unter Hinweis auf diese Regelung ab. Auch das war ein Grund, warum der Anteil derjenigen, die einen Schutzstatus nach der Genfer Flüchtlingskonvention oder den minderen »subsidiären« Schutz erhielten, nur bei einem knappen Viertel der Antragsteller lag.

Deutschland schien auch von den wachsenden Zahlen der Menschen nicht besonders betroffen, die mit Booten über das Mittelmeer nach Europa drängten. Das war nach dem Dublin-Verfahren erst einmal ein Problem von Ländern wie Italien, Spanien oder Griechenland (39). Die Zahl dieser Menschen stieg, seitdem die italienische Marine mit dem Programm »Mare Nostrum« damit begonnen hatte, im Mittelmeer gezielt nach Flüchtlingen zu suchen, die in Seenot geraten waren.

2014 wuchs die Zahl der Asylbewerber auf 203 000 und bewegte sich damit auf Größenordnungen zu, wie sie Anfang der 1990er Jahre verzeichnet worden waren und damals zu heftigen Auseinandersetzungen in der deutschen Gesellschaft geführt hatten (40).

Die durch die Bootsflüchtlinge besonders geforderten EU-Partnerländer erhielten weiterhin nur wenig Unterstützung. Dabei war inzwischen unübersehbar, dass Italien eine große Zahl von Flüchtlingen einfach nach Deutschland weiterreisen ließ, was der Rechtslage eigentlich widersprach. Während Italien 2014 rund 64 000 Asylbewerber registrierte, kamen dreimal so viele nach Deutschland (41).

Italien und auch Griechenland kümmerten sich praktisch nicht mehr um die Regeln des Dublin-Verfahrens. Das krisengeschüttelte Griechenland war mit dem Flüchtlingsproblem ohnehin völlig überfordert. Immer mehr Flüchtlinge kamen mit Hilfe von Schlepperbanden auf kaum seetüchtigen Schiffen von der türkischen Küste auf die nahegelegenen griechischen Inseln und wurde von dort aufs Festland gebracht. Praktisch unbehindert zogen sie von da aus auf der »Balkanroute« nach Norden. Ihr Ziel waren Länder wie Deutschland, Österreich oder Schweden. Bis zum Spätsommer 2015 führte ihr Weg über Ungarn.

Auf der politischen Agenda der Regierung Merkel schlug sich das Problem lange nicht entsprechend nieder. Auch die finanziellen Probleme des UN-Flüchtlingshilfswerks UNHCR bei der Versorgung der Flüchtlinge in den Lagern der Nachbarstaaten der Krisenregionen im Nahen Osten hatten in der deutschen Politik keine besondere Priorität (42). Dabei hätten vergleichsweise geringe Mittel ausgereicht, um die z. T. katastrophalen Bedingungen in den Flüchtlingslagern im Nahen Osten zu verbessern.

Auch die personellen Kapazitäten im Bundesamt für Migration und Flüchtlinge waren völlig unzureichend, um die gewaltig ansteigende Zahl der Asylanträge zu bearbeiten. Vorbereitet auf das, was dann ab Spätsommer 2015 kommen sollte, war man in Deutschland nicht.

Dabei waren die Zahlen der Migranten bereits in den ersten Monaten des Jahres 2015 immer weiter angestiegen. Allein im Mai kamen 40 000. Während in vielen Bundesländern die Zahl der Unterkünfte bereits knapp wurde, war im Auswärtigen Amt ein Schreiben der deutschen Vertretung im Kosovo eingegangen, in dem berichtet wurde, dass sich täglich 800 bis 1000 Kosovaren auf den Weg machten, um über Serbien und Ungarn nach Deutschland zu kommen. Immer neue Informationen über Sozialleistungen in Deutschland hätten eine Dynamik erzeugt, die kaum noch zu stoppen sei. Noch immer aber ging das BAMF von 250 000 Asylbewerbern für das Jahr 2015 aus. Erst im Sommer wurde die Prognose nach oben korrigiert. Im August sprach Innenminister Thomas de Maizière von 800 000. Im Juni hatte Nordmazedonien den Flüchtlingen erlaubt, mit Drei-Tage-

Visa das Land zu durchqueren. Anfang September reisten täglich 7000 Menschen nach Deutschland ein (43).

Bis zum Sommer 2015 hielt sich die Kanzlerin beim Flüchtlingsthema stark zurück. Ende Oktober 2014 hatte sie in der Kirche von Templin öffentlich erklärt, Migranten ohne Aufenthaltsgenehmigung abzuschieben, sei »auf den ersten Blick vielleicht nicht christlich, aber es ist vielleicht noch weniger christlich, wenn wir zu viele aufnehmen und dann keinen Platz mehr finden für die, die wirklich verfolgt sind« (44). Nichts sprach zu dieser Zeit für eine politische Kurskorrektur, die zumindest zeitweise auf eine Politik der offenen Grenzen hinauslaufen würde.

Angela Merkel habe es lange vermeiden wollen, sich »mit Flüchtlingen sehen zu lassen«, schreibt Robin Alexander. Sie habe die polarisierende Wirkung einer solchen Geste gefürchtet (45). Erst die Erfahrung in einer Rostocker Schule, wo ein 14-jähriges Mädchen im Gespräch mit der Kanzlerin vor laufenden Fernsehkameras am 16. Juli 2015 über ihre Angst vor der Abschiebung berichtete und die kühl wirkende Reaktion Merkels zum kommunikativen Desaster für die Regierungschefin im Internet wurde, habe dann wohl zu einer Korrektur geführt. Tatsächlich bewegten die fast täglich gesendeten Bilder von den in Seenot geratenen Flüchtlingsschiffen im Mittelmeer und die Meldungen über die Opfer viele Menschen. Als am 19. April 2015 ein Flüchtlingsschiff sank und 950 Menschen ertranken, war ganz Europa schockiert. Vor diesem Hintergrund erklärte die Kanzlerin im ZDF-Sommerinterview, sie werde in naher Zukunft ein Asylbewerberheim besuchen.

Der mediale Druck verstärkte sich, als im Spätsommer Nachrichten über ausländerfeindliche Ausschreitungen die Öffentlichkeit beschäftigten. Nachdem im sächsischen Heidenau Ende August 2015 rund tausend Menschen einen leerstehenden Baumarkt blockiert hatten, in dem der CDU-Bürgermeister Asylbewerber unterbringen wollte, kam schließlich die Kanzlerin persönlich an den Ort des Geschehens. Kurz zuvor war bereits SPD-Chef und Vizekanzler Gabriel dorthin geeilt und hatte die Demonstranten als »Pack« angegriffen. Auch Angela Merkel traf dort auf ein aufgeheiztes Klima. Nach ihrem Besuch in der provisorisch hergerichteten Flüchtlingsunterkunft wurde sie von hasserfüllten Demonstranten als »Volksverräterin« beschimpft. Auch diese Erfahrung hat in den folgenden Tagen bei Angela Merkel zu der Entscheidung beigetragen, einen anderen Weg zu suchen als ihn die Regierung Kohl 1992/93 mit Unterstützung der SPD gegangen war. Sie wollte den wachsenden politischen Druck durch den Anstieg der Asylbewerberzahlen nicht durch Einschränkungen des Asylrechts abfangen. Überlegungen von Parteifreunden, das individuelle Grundrecht durch eine neuerliche Grundgesetzänderung weiter zu beschränken, stießen jedenfalls auf ihre entschiedene Ablehnung. Merkel habe sich nach Heidenau festgelegt, der neuen Rechten, die sich gerade formierte, keinesfalls inhaltlich entgegenzukommen, meint jedenfalls der Chronist jener Tage (46).

Am 31. August 2015 sprach die Kanzlerin vor der Bundespressekonferenz den legendären Satz, den sie später noch mehrfach wiederholen sollte. Im Blick auf die große Herausforderung, die mit den ständig steigenden Flüchtlingszahlen verbunden waren, äußerte sie: »Wir schaffen das«. Bereits am 25. August hatte das BAMF bekannt gegeben, dass bei Flüchtlingen aus Syrien künftig keine Einzelfallprüfung mehr vorgenommen werde. Sie würden auch dann als Asylbewerber eingestuft, wenn sie zuvor bereits in Ungarn oder Österreich registriert worden waren. Damit war die Dublin-Regelung für die zahlenmäßig größte Gruppe von Flüchtlingen außer Kraft gesetzt.

In der Nacht zum 5. September 2015 traf Angela Merkel dann jene »Richtungsentscheidung«, die weitreichende Folgen haben sollte und die politische Landschaft nicht nur in Deutschland stärker verändert hat als jede andere Entscheidung in der Zeit ihrer Kanzlerschaft.

An diesem Tag erreichten die Kanzlerin Nachrichten, dass sich in Ungarn Tausende von Flüchtlingen, die am Bahnhof von Budapest gestrandet waren und nicht weiterkamen, auf eigene Faust in Richtung österreichische Grenze aufgemacht hatten. Hunderte zogen zu Fuß über die Autobahn. Der ungarische Ministerpräsident Viktor Orban, der den Wandel der europäischen Länder zu multikulturellen Gesellschaften unbedingt verhindern will, hatte noch Tage zuvor Sonderzüge eingesetzt, um Menschen nach Wien und München weiterreisen zu lassen. Nachdem Deutschland und Österreich gegen diese Praxis des Durchwinkens protestiert hatten, fuhren diese Züge nicht mehr. Noch immer aber strömten die Menschen, die auf die Weiterreise hofften, aus den Lagern im Osten Ungarns. Wenige Tage später würde der Grenzzaun zu Serbien fertig sein, mit dem Orban die Flüchtlinge künftig daran hindern wollte, auf ungarisches Gebiet zu kommen.

Schon am Vortag hatte Angela Merkel ihren Regierungssprecher Seibert beauftragt, Orban öffentlich an seine Verpflichtung zu erinnern, die Flüchtlinge im Lande zu versorgen. Schließlich sei das Land Teil der westlichen Wertegemeinschaft (47). Folgen hatte das nicht.

Am Abend des 4. September kam es zu einem telefonischen Kontakt zwischen der Kanzlerin und dem österreichischen Regierungschef Werner Faymann. Letzterer stand gewaltig unter Druck, nachdem ihm Orban den Sachstand in Ungarn mitgeteilt und gleichzeitig angefragt hatte, was er denn jetzt tun solle. Faymann, der die Flüchtlinge nicht im Land haben, aber auch nicht als Partner von Orbans Flüchtlingspolitik gelten wollte, sah nur den Ausweg, mit Hilfe von Angela Merkel eine Lösung zu finden. So schlug er der deutschen Regierungschefin vor, Deutschland solle die Hälfte der Flüchtlinge übernehmen. Gleichzeitig übermittelte er ihr einen Lagebericht, der noch dramatischer ausfiel als die Lage tatsächlich war (48).

Angela Merkel, die an diesem Tag auf Terminen im Lande unterwegs und nur zeitweise telefonisch aktionsfähig war, kontaktierte Außenminister Steinmeier und SPD-Parteichef Gabriel. Ein Austausch mit CSU-Chef Seehofer kam nicht zustande. Innenminister Thomas de Maizière lag mit Fieber im Bett. Die EU-Kommission informierte sie nicht.

Die von Faymann vorgeschlagene Lösung warf große rechtliche Probleme auf. Schließlich stand sie in offenem Widerspruch zum Dublin-Verfahren. Entsprechende Bedenken äußerte Außenminister Steinmeier. Ein ad-hoc-Gutachten des Auswärtigen Amtes kam freilich noch in der Nacht zu dem Ergebnis, dass Abholung und Aufnahme von Flüchtlingen, die sich ja eigentlich in einem »sicheren Drittland« aufhielten, in einer solchen Notlage »ausnahmsweise« möglich seien (49).

Kurz vor Mitternacht gab Angela Merkel dem österreichischen Ministerpräsidenten ihre Zustimmung. Die Österreicher verständigten daraufhin die Ungarn, die inzwischen längst Busse in Marsch gesetzt hatten. Dabei nutzten sie die Gelegenheit, um jetzt auch die Flüchtlingslager in Ostungarn zu leeren. Nach ungarischer Darstellung sind 104 Busse an der Grenze zu Österreich angekommen. Österreichische Grenzer behaupteten dagegen, es seien sehr viel mehr gewesen. Da am folgenden Tag etwa 12 000 Menschen in München ankamen, müssen sie wohl recht gehabt haben.

Die Busse stoppten kurz vor der Grenze. Die Menschen mussten aussteigen und zu Fuß oder in österreichischen Fahrzeugen die Grenze überqueren. Österreich hat die Leute selbst ins Land geholt – so sollte die Botschaft lauten. Eine Woche später war der Grenzzaun fertig, mit dem Viktor Orban künftig Flüchtlingsströme aufhalten wollte.

Am folgenden Tag informierte Kanzleramtsminister Peter Altmaier die Chefs der Staatskanzleien der Bundesländer. Sie mögen sich auf die Aufnahme der Flüchtlinge vorbereiten. Die bayerische Staatsregierung äußerte dabei die Anregung, die Flüchtlinge so rasch wie möglich auf die einzelnen Länder zu verteilen und nicht erst zeitaufwendig an der Grenze oder in München zu registrieren. Altmaier stimmte zu. Durch diese Vereinbarung sind bald Zehntausende ins Land geströmt, von denen niemand wusste, wer sie waren und woher sie kamen (50).

Noch hoffte die Kanzlerin, einen Teil der Flüchtlinge in EU-Partnerländer weiterreichen zu können. Die Franzosen wollten 1000 aufnehmen, Belgien und Dänemark jeweils 250. Sonst zeigte sich niemand dazu bereit. Auch in den folgenden Wochen und Monaten biss Merkel in den Partnerländern auf Granit, wenn es darum ging, eine gerechtere Verteilung der Flüchtlingsströme zu erreichen (51).

Am Abend des 5. September telefonierten Merkel und Orban endlich direkt. Man vereinbarte eine Sprachregelung, nach der die deutsche Grenzöffnung eine Ausnahme aufgrund einer Notlage an der ungarischen Grenze gewesen sei. Merkel und Faymann sprachen von einer »humanitären Einzelentscheidung«. In der Pressemitteilung der Bundesregierung über Merkels Telefonat mit Orban war tatsächlich von einer »Ausnahme« die Rede (52). Orban aber hielt die Entscheidung der Deutschen für verrückt: Ein Land ohne Grenzen sei eigentlich gar kein Land (53).

Im Laufe des Tages liefen am 5. September stündlich Sonderzüge in den Münchner Hauptbahnhof ein. Am gesamten Wochenende sind etwa 22 000 Flüchtlinge dort eingetroffen, meist Syrer, Iraker und Afghanen. Von der zwischen Faymann und Merkel vereinbarten Aufteilung zwischen Deutschland und Österreich konnte in Wirklichkeit keine Rede sein. Zunächst war man nur von 10 000 Menschen ausgegangen, die nach Deutschland weiterreisen würden.

Empfangen wurden die meist erschöpften Flüchtlinge, in ihrer Mehrzahl junge Männer, von einer jubelnden Menge, die ausgelassen den Eindruck erweckte, als habe sie die Ankunft der Flüchtlinge geradezu herbeigesehnt. Zu Tausenden waren Menschen zum Hauptbahnhof geströmt. Sie brachten Lebensmittel, Kleidung, Süßigkeiten und Geschenke. »Kein Kind, das aus einem dieser Züge aussteigt und nicht beschenkt wird. Die Hilfsbereitschaft ist so groß, dass sie logistische Probleme bereitet: Am Bahnhof stapeln sich Kuscheltiere und Spielzeug« (54).

Die Stimmung, von den Fernsehkameras aufgenommen, verbreitete sich bald auch anderswo. Auch in Frankfurt und Dortmund, wohin einige Züge weitergeleitet wurden, waren viele Menschen zu den Bahnhöfen gekommen. Die Bilder erreichten auch die Flüchtlinge, die sich noch auf dem Weg befanden, sie noch fernab in den Lagern von ihren Verwandten und Freunden übermittelt bekamen oder über Satellitensender wie Al Jazeera sahen. Für eine Weile schien Deutschland geradezu berauscht von der eigenen Humanität. Und Angela Merkel war sich sicher, das Richtige getan zu haben.

Ganz anders sah das Horst Seehofer. »Das werden wir nicht beherrschen können«, meinte er, als es endlich zum Telefongespräch mit Angela Merkel kam. Er würde sich für die Folgen dieser Entscheidung nicht in Mithaftung nehmen lassen. »Die Kanzlerin hat sich meiner Überzeugung nach für eine Vision eines anderen Deutschland entschieden«, soll er einen Tag später in einer Telefonkonferenz der CSU-Spitze gesagt haben (55). Merkel gab eine Woche später zurück: »Ich muss ganz ehrlich sagen: Wenn wir jetzt noch anfangen, uns noch entschuldigen zu müssen dafür, dass wir in Notsituationen ein freundliches Gesicht zeigen, dann ist das nicht mein Land« (56). Das war deutlich.

Trotz dieser Grundsatzkritik ging die bayerische Staatsregierung in den folgenden Tagen und Wochen mit all ihren Möglichkeiten daran, die riesigen organisatorischen Folgeprobleme zu lösen, die sich aus dem Flüchtlingsstrom ergaben. Sie wurde unterstützt von Bürgermeistern, Kommunalbeamten und Verwaltungsstellen überall im Land, die mit viel Improvisationskunst dafür sorgten, dass kein Chaos entstand. Unterdessen sah sich die deutsche Botschaft im Libanon veranlasst, das Gerücht zu dementieren, Angela Merkel habe Schiffe losgeschickt, um syrische Flüchtlinge in Beirut abholen zu lassen.

In der Konsequenz des 5. September war das Dublin-System endgültig zusammengebrochen. Warum sollten osteuropäische Politiker oder Polizisten Flüchtlinge an der Durchreise in ein Land hindern, in dem ihre Ankunft begeistert gefeiert wurde? Es begann die »Kultur des Durchwinkens« (57).

Bereits wenige Tage nach der Grenzöffnung war der Flüchtlingsstrom derart angeschwollen, dass die Behörden kapitulieren mussten. An die Eröffnung eines geordneten Asylverfahrens für jeden einzelnen Flüchtling war nicht mehr zu denken. Die Bundespolizei sah sich an der bayerisch-österreichischen Grenze gezwungen, die Flüchtlinge ohne Registrierung einfach weiterziehen zu lassen – in der Hoffnung, dass sie sich später in einer Erstaufnahmeeinrichtung irgendwo melden würden. Inzwischen hatten die Dänen die Autobahn an der deutschen Grenze gesperrt und den Zugverkehr unterbrochen. Die schwedische Regierung fürchtete, dass viele Flüchtlinge weiter nach Schweden wollten und verlangte von den Dänen, alle zu registrieren. Dazu sah sich die Polizei des kleinen Landes nicht in der Lage. So beschloss die dänische Regierung, die Grenze zu schließen (58).

Währenddessen feierte Deutschland seine eigene Hilfsbereitschaft. In der Haushaltsdebatte des Bundestages trug der Vizekanzler einen Button der BILD-Zeitung mit der Aufschrift »Wir helfen. Refugees welcome«. Die grüne Fraktionsvorsitzende Katrin Göring-Eckardt sprach vom »Weltmeister der Hilfsbereitschaft und Menschenliebe« und dem »Geburtstag eines neuen Deutschland« (59). Niemand kritisierte die Grenzöffnung als europäischen Alleingang, keiner artikulierte die Sorgen der europäischen

Nachbarn, niemand fragte die Bundesregierung, »wie sie neue Regeln in Europa durchsetzen will, wenn sie die alten schnöde missachtet« (60). Die Opposition aus Grünen und Linken hätte die Kanzlerin in der Flüchtlingspolitik am liebsten noch übertrumpft. Kritiker fanden sich nur in den Reihen der Union. Sie aber schwiegen aus Rücksicht auf Partei- und Koalitionsdisziplin.

Am 10. September besuchte Angela Merkel ein Flüchtlingsheim in Spandau. Dort entstanden die Selfies, die das Bild von Angela Merkel in aller Welt in der Flüchtlingskrise so nachhaltig geprägt haben. Wange an Wange mit fröhlichen Flüchtlingen wirkte Merkel jetzt wie die Schutzpatronin der Verfolgten. »Mutter Teresa im Kanzleramt«, hat Robin Alexander geschrieben (61). In einem Zeitungsinterview erklärte sie eine Woche nach der Grenzöffnung, »das Grundrecht auf Asyl kennt keine Obergrenze« (62).

Dabei galt eigentlich noch immer das Wort von der »Ausnahmesituation«. Eine Ausnahmesituation aber musste irgendwann beendet sein. So drängten die Innenminister der Union in den Bundesländern auf die Einführung von Grenzkontrollen. Es gäbe keine Unterkünfte mehr für die 40 000 neuen Flüchtlinge, die allein am Wochenende nach dem 5. September erwartet wurden. In einem Interview sprach der 2014 von Merkel entlassene ehemalige CSU-Innenminister Friedrich von einer »beispiellosen politischen Fehlleistung«, die die Kanzlerin zu verantworten habe und die »verheerende Spätfolgen« befürchten lasse. Ins gleiche Horn stieß Horst Seehofer jetzt auch öffentlich. Die Grenzöffnung sei ein Fehler, »der uns noch lange beschäftigen wird«. Gleichzeitig gab er bekannt, dass die CSU-Landtagsfraktion Viktor Orban zu ihrer nächsten Klausurtagung einladen werde (63).

Am 12. September beschloss die Runde der Spitzenpolitiker der Koalition im Kanzleramt auf Vorschlag von Innenminister de Maizière, angesichts der Überforderung der Bundesländer wieder zeitlich befristete Grenzkontrollen an der Grenze zu Österreich einzuführen. Parallel dazu sollte der Zugverkehr mit dem Nachbarland für zwanzig Stunden unterbrochen werden. Demnach würde der »Ausnahmezustand« am folgenden Tag beendet sein. Fortan würden Flüchtlinge auch wieder zurückgewiesen werden.

Während die Bundespolizei angewiesen wurde, die Vorkehrungen für eine Grenzschließung zu treffen, tauchten Unklarheiten auf: Sollten alle Flüchtlinge an der Grenze abgewiesen werden oder nur solche, die aus sicheren Herkunftsländern stammten? Danach hätten Syrer einreisen dürfen, die meisten Balkan-Flüchtlinge dagegen nicht.

Am folgenden Tag verbreitete sich die Meldung, dass ab 18 Uhr die Grenze nach Österreich geschlossen werde. Im Innenministerium aber war man sich uneins, welche Wirkungen davon ausgehen würden. Würde man die Bilder politisch aushalten, die entstehen mussten, wenn Mütter mit Kindern mit polizeilicher Gewalt am Grenzübertritt gehindert würden? Der Innenminister ging davon aus, dass die Zurückweisung einen Dominoeffekt mit weitreichenden Wirkungen bis nach Griechenland auslösen würde. Aber einige Tage würde es dauern, bis der Ansturm der Flüchtlinge nachließ. Würde man das solange durchhalten?

Mehrfach suchte de Maizière den telefonischen Kontakt mit der Kanzlerin, bevor der Einsatzbefehl für die Bundespolizei konkret ausformuliert wurde. Auch Bedenken aus der SPD spielten eine Rolle. Am Ende entschied der Innenminister, auf Zurückweisungen zu verzichten. Es würde zwar kontrolliert, aber jeder, der Asyl sagte, würde hereingelassen – ganz gleich, ob er aus einem sicheren Drittstaat kam oder nicht, egal, ob Papiere vorgewiesen werden konnten oder nicht. Warum man unter diesen Umständen den ganzen Aufwand überhaupt betrieb, blieb offen (64).

Unter den Flüchtlingen wie bei Schleuserorganisationen hatte sich zunächst die Nachricht herumgesprochen, Deutschland werde die Grenzen schließen. Doch bald kam Entwarnung. Die Zahlen stiegen wieder an.

Wer bei der Entscheidung, die Ausnahmesituation des 5. September zum Dauerzustand werden zu lassen, den Ausschlag gegeben hat, lässt sich nicht sicher klären. Im Kanzleramt galt bald die Sprachregelung, der Minister habe den Beschluss der Koalitionsspitzen nicht umgesetzt. Innenministerium und Sicherheitsbehörden sahen dagegen die Verantwortung bei Angela Merkel. Tatsächlich gab es auch juristische Einwände. Rechtlich aber wäre eine Zurückweisung möglich gewesen.

Wahrscheinlich ist, dass sowohl Angela Merkel wie Thomas de Maizière vor den Risiken zurückschreckten, die eine Grenzschließung mit sich bringen musste. Der Innenminister konnte der Kanzlerin die Zusicherung nicht geben, dass keine unpopulären Bilder entstehen würden, die die »Flüchtlingskanzlerin« in ein anderes Licht rücken würden. Also blieb die Grenze offen. »Es findet sich in der entscheidenden Stunde schlicht niemand, der die Verantwortung für die Schließung übernehmen will« (65).

Tatsächlich war das öffentliche Meinungsklima dieser Tage von einer breiten Sympathiewelle für die Flüchtlinge geprägt, die in ihrem Ausmaß erstaunlich und einzigartig war. Während die Asyldebatte der frühen neunziger Jahre noch von einer regelrechten Kampagne der BILD gegen »Scheinasylanten« und »Asylbetrüger« begleitet gewesen war, hatte jetzt sogar das Springer-Blatt eine ganz andere Kampagne mit der Überschrift »Refugees Welcome« begonnen. Der SPIEGEL suggerierte, unterlegt mit Bildern aus Heidenau, es gebe nur die Wahl zwischen »Dunkeldeutschland« und einem

»hellen Deutschland« der Hilfs- und Aufnahmebereitschaft. Den Begriff
»Dunkeldeutschland« hatte erstmals Bundespräsident Joachim Gauck beim
Besuch einer Flüchtlingsunterkunft in Berlin verwendet (66).

Bald war das Wort von der »Willkommenskultur« ebenso in aller Munde
wie Angela Merkels Satz »Wir schaffen das«, den sie schon vor dem 5. September im ZDF-Interview erstmals geäußert hatte und nun mehrfach wiederholte (67).

Dabei wurden immer schönere Bilder von den Chancen gemalt, die mit
den Neuankömmlingen verbunden sein würden. Die Flüchtlinge seien
höchst willkommen in einem Land, das Zuzügler schon wegen der eigenen Überalterung dringend brauche, meinte der SPIEGEL. Auch die Wirt-
schaftsbosse stießen ins gleiche Horn. Eine Woche nach der Grenzöffnung
sah Daimler-Chef Dieter Zetsche mit den Flüchtlingen »eine Grundlage
für das nächste deutsche Wirtschaftswunder« verbunden. Und der Präsident des Bundesverbandes der Deutschen Industrie, Ulrich Grillo, sprach
von gewaltigen Chancen durch neue, teilweise qualifizierte Mitarbeiter
(68). »In diesen Wochen entsteht in vielen Köpfen die Vorstellung, dass es
sich bei den Flüchtlingen … um eine Armee von fröhlichen Landärzten und
künftigen Facharbeitern (handele, H.K.), die sich im Anmarsch befindet,
um die Deutschen gerade rechtzeitig noch aus der demographischen Falle zu retten« (69).

Bedächtigere Stimmen hatten es da nicht leicht. Zwar traf die Massenmigration von Anfang an auch auf Skepsis und Widerstand, aber der
Medien-Mainstream blieb von Euphorie geprägt. Gleichzeitig mussten
Skeptiker, die nüchtern auf einer realistischen Sicht der Probleme bestanden, die sich Deutschland einhandeln werde, fürchten, in die rechte Ecke
gestellt zu werden. Als der Historiker Heinrich August Winkler in der
Frankfurter Allgemeinen Zeitung vorsichtig vor einem moralischen Über-
soll warnte, das man auf Dauer gar nicht erfüllen könne, und vor der Gefahr einer »moralischen Selbstüberschätzung« warnte, war das für manche
schon fast zu viel (70).

Nachdem der Ausnahmezustand eine Woche nach der Grenzöffnung zum
Normalzustand geworden war, setzte die Kanzlerin auf eine europäische
Lösung. Zwar wurde in Brüssel schon länger über neue Wege bei der Verteilung von Flüchtlingen nachgedacht, weil sich das Dublin-System angesichts der rapide gewachsenen Migrantenzahlen als allzu löchrig erwiesen
hatte. Doch für die deutsche Hoffnung auf ein neues europäisches Verteil-
system nach Quoten gab es gerade nach dem 5. September keine realistische Grundlage mehr. Gegen den Widerstand der osteuropäischen Staaten
hatte Kommissionspräsident Jean-Claude Juncker Ende August einen Not-

fallplan entwickelt, nach dem 120 000 Flüchtlinge aus Syrien, Afghanistan und Eritrea europaweit verteilt werden konnten. Davon sollten 54 000 aus Ungarn kommen. So wollte der listige Juncker die Zustimmung von Viktor Orban erreichen. Doch schon einen Tag, nachdem Orban Verhandlungsbereitschaft angedeutet hatte, war die deutsche Grenze offen und der Druck für die Ungarn weg. Als dann Thomas de Maizière am 14. September in Brüssel auf eine europäische Lösung drängte, hatten andere EU-Staaten ihre Position längst wieder verhärtet.

Auch Kompromissvorschläge, die von »freiwilligen« Beiträgen sprachen, blieben chancenlos. Am folgenden Tag sprach der deutsche Innenminister in einem Fernsehinterview davon, dass Juncker vorgeschlagen habe, Quoten-Verweigerern die Mittel aus dem europäischen Strukturfonds zu kürzen. Keine Flüchtlinge, kein Geld. Damit aber hatte de Maizière gegen eine europäische Grundregel verstoßen, nach der man solche Erpressungsmanöver zwar starten, das aber niemals öffentlich so deutlich sagen darf. Auch die Kommission war jetzt verstimmt. Der Schuss ging nach hinten los (71).

Deutschland versuchte dann, die Verteilung der Flüchtlinge per Mehrheitsbeschluss im Ministerrat durchzusetzen – ein zulässiges, aber bei so wichtigen Themen selten praktiziertes Verfahren. Tatsächlich kam gegen den Widerstand vieler osteuropäischer Staaten ein solcher Mehrheitsbeschluss zustande. Doch er führte im Ergebnis nur zur Verhärtung der Fronten. Die liberale polnische Regierung, die zugestimmt hatte, geriet im Wahlkampf in die Defensive und wurde im Oktober 2015 von einer neuen, konservativen Mannschaft abgelöst, die sich umgehend weigerte, die zugesagte Aufnahme von Flüchtlingen auch umzusetzen. Die Slowakei und Ungarn zogen vor den europäischen Gerichtshof.

So wurde die beschlossene Umverteilung der Flüchtlinge nie Realität. Die von den Staats- und Regierungschefs der EU-Länder am Tag nach dem Ministerrat festgelegte Einrichtung von Flüchtlings-Hotspots erwies sich als wenig praktikabel. Und die Flüchtlinge wollten auch gar nicht umverteilt werden. Die meisten drängte es nach Deutschland – zu Verwandten, die es hierhin schon geschafft hatten. Zudem hatte es sich herumgesprochen, dass auch abgelehnte Asylbewerber hier meist lange oder sogar dauerhaft bleiben konnten. In der EU sind bis zum Frühjahr 2016 anstelle der vorgesehenen 160 000 Menschen gerade einmal 1 500 umgesiedelt worden. Winkler nennt sogar eine noch niedrigere Zahl (72).

Während Angela Merkel in den folgenden Wochen einen bislang ungekannten »Glamour-Faktor« erwarb und von Celebrities wie Bono, Angelina Jolie oder George Clooney aufgesucht wurde, begann sich die Lage im

Lande allmählich zu verändern. Viele Kommunen sahen sich an der Grenze ihrer Unterbringungskapazität. Und weil alle verfügbaren Kräfte auf die Organisation des Flüchtlingsmanagements verwendet wurden, blieben andere Aufgaben liegen. Dass es trotz großen Einsatzes vieler ehrenamtlicher Helfer nicht immer so toll lief wie das viele Medien gerne berichteten, war den Verantwortlichen bald klar. Alle sechzehn Ministerpräsidenten übten inzwischen heftige Kritik. Von den 164 000 Asylbewerbern, die allein im September nach Deutschland gekommen waren, hatte nicht einmal jeder vierte einen Termin für seinen Asylantrag bekommen. Syrer wurden zu dieser Zeit gar nicht befragt, sondern füllten lediglich einen Fragebogen aus. Anfang Oktober kam eine Einschätzung aus dem Innenministerium an die Öffentlichkeit, nach der bis Jahresende noch weitere 920 000 Asylbewerber zu erwarten seien. Während weite Teile der oberen Mittelschicht wie der Medien-Mainstream noch an der Euphorie der Willkommenskultur festhielten, kam in anderen sozialen Schichten der Gesellschaft zunehmend das Verlangen nach einer Wende der Asylpolitik zum Ausdruck (73).

Nicht nur die AfD versuchte jetzt, den Widerstand gegen die »Massenimmigration« zu organisieren. Im Internet kursierten Verschwörungstheorien, die Regierung betreibe planvoll eine Veränderung der ethnischen Zusammensetzung der deutschen Bevölkerung. Von »Umvolkung« war da die Rede. Auch im Spektrum der etablierten Parteien wuchs die Kritik. Auf CDU-Funktionärskonferenzen schlug Merkel zunehmend Widerstand entgegen. 34 Kreisvorstände, Bürgermeister und Landtagsabgeordnete kündigten ihr in einem Brandbrief die Gefolgschaft. Bundespräsident Joachim Gauck warf Ende September die Frage auf, »ob der Zug uns irgendwann überfordern würde«, um dann in seiner Rede zum Tag der Deutschen Einheit hinzuzufügen: »Unser Herz ist weit, doch unsere Möglichkeiten sind endlich« (74). Das klang anders als bei der Kanzlerin. Auch im intellektuellen Milieu tauchten kritische Stimmen auf. Der Philosoph Peter Sloterdijk warnte, es gebe »keine moralische Pflicht zur Selbstzerstörung«.

Doch Angela Merkel hielt an ihrem Kurs fest. Die Deutschen würden Bilder nicht ertragen, wie sie in diesen Wochen vom Eurotunnel bei Calais zu sehen waren, wo die Menschen vor dem abgesperrten Tunnel campierten und die französische Regierung sie ihrem Schicksal überließ. Anfang Oktober ließ sie sich eine Stunde lang von Anne Will interviewen. Dabei präsentierte sie ihre Politik der offenen Grenze als einzig mögliche Option, was in dem Satz mündete: »Sie können die Grenzen gar nicht schließen« (75).

Diese Äußerung widersprach nicht nur dem Grundverständnis von staatlicher Souveränität, das die Kontrolle über die eigenen Grenzen als selbstverständlichen Bestandteil einschließt und als Wesensmerkmal von Staatlichkeit begreift. Sie galt vielen merkeltreuen Abgeordneten auch als Zumutung. Dass sich ausgerechnet die Kanzlerin einer Partei, für die Sicherheit, Ordnung und Staatsautorität stets zum programmatischen Identitätskern gezählt hatte, derart äußerte, musste Irritationen auslösen. Vor Abgeordneten der Regierungsfraktionen ließ der Chef der Bundespolizei keinen Zweifel daran, dass eine Grenzschließung machbar sei, wenn man sie denn wolle (76).

Natürlich musste der Kontrollverlust an den deutschen Grenzen weitreichende Konsequenzen nicht nur für Flüchtlinge aus Syrien, dem Irak und Afghanistan haben. Wenn an den deutschen Grenzen niemand prüfte, ob die Ankömmlinge überhaupt eine Chance auf Asyl haben würden, konnten alle möglichen Einwanderer aus ärmeren Weltgegenden jetzt die Chance erkennen, in den Schengen-Raum zu kommen. Und waren sie erst einmal da, würden sie aus rechtsstaatlichen Gründen nur schwer wieder abzuschieben sein. Wenn sie ohne Papiere kamen, war bereits ihre Identitätsfeststellung eine schwierige und oft langwierige Angelegenheit.

In der Sendung bei Anne Will war die Kanzlerin kurz ins Straucheln gekommen, als sie gefragt worden war, ob sie denn ihrerseits einen Plan habe, wie es weitergehen könne. Erst auf Nachfrage versicherte sie, es gebe diesen Plan. Bei diesem Plan spielte der türkische Ministerpräsident Erdogan eine entscheidende Rolle. Die Türkei sollte – mit viel Geld ausgestattet – verhindern, dass die Flüchtlinge auf EU-Territorium gelangten.

In diesen Oktobertagen wurde Kanzleramtsminister Altmaier zum Flüchtlingskoordinator der Bundesregierung bestimmt. Das musste als Zurücksetzung des Innenministers verstanden werden, der seine Distanz zur Flüchtlingspolitik der Kanzlerin kaum noch verbergen konnte und sich inzwischen auch kritisch über die angebliche »Anspruchlichkeit« mancher Flüchtlinge geäußert hatte. Vor allem aber zeigte diese Personalie, wie sehr die Kanzlerin das ganze Thema inzwischen als Managementproblem auffasste. Dazu passte auch die Ernennung von Frank-Jürgen Weise, der neben seinen Aufgaben als Chef der Bundesagentur für Arbeit nun zusätzlich das BAMF in die Lage versetzen sollte, bis zu einer Million Asylanträge pro Jahr zu bearbeiten. 2014 hatte man nicht einmal 100 000 geschafft (77). Bald wurde McKinsey zu einer Art Generalberater des BAMF. Bis zu 15 Millionen Euro soll die Agentur dafür bekommen haben (78).

Zwar gelang die Organisation der Flüchtlingsunterbringung und Flüchtlingsbetreuung im Großen und Ganzen recht gut. Doch die Reduzierung der Flüchtlingsfrage auf Organisationsmanagement stieß in der Union auf wachsenden Widerstand. Ihre Innenminister verlangten, auch Deutschland müsse Asylbewerber abweisen, wenn die Nachbarstaaten die Praxis des Durchwinkens fortsetzten. In der CDU/CSU-Bundestagsfraktion kam es im Oktober zu einer denkwürdigen Sitzung, in der Angela Merkel auf heftigen Widerspruch stieß. Der CSU-Innenpolitiker Hans-Peter Uhl stellte dabei sogar den Fortbestand ihrer Kanzlerschaft in Frage (79).

Anfang November 2015 stieg der innerparteiliche Druck weiter. Nach einem irritierenden Hin und Her um die Absicht des Innenministers, im Falle von Flüchtlingen mit »subsidiärem Schutzanspruch« das Anrecht auf Familiennachzug auszusetzen, griff Finanzminister Schäuble ein und nutzte sein innerparteiliches Gewicht für eine scharfe Kritik an den eingetretenen Zuständen. Die öffentliche Rücknahme der Einschränkung des Familiennachzugs für Syrer sei das falsche Signal. Bei Kriegsflüchtlingen könne man das Recht auf Familiennachzug ausschließen (80). Schäuble erfuhr breite Zustimmung in seiner Partei. Angela Merkel musste schließlich nachgeben.

Wolfgang Schäuble hatte schon im Spätsommer einen eigenen Plan zum Flüchtlingsproblem entwickelt, in dem der Türkei eine zentrale Rolle zugedacht war. Während er offene Kritik an der Kanzlerin vermied und zur Finanzierung der Kosten des Flüchtlingsstroms sogar vom Ziel der »schwarzen Null« abrückte, drängte er die aus seiner Sicht zu zögerliche Kanzlerin immer wieder zum »Deal« mit Erdogan.

Angewachsen war inzwischen auch der Widerstand der CSU. Dabei war die Kanzlerin der CSU im Oktober entgegengekommen, als sie die Idee der bayerischen Schwesterpartei, Transitzonen einzurichten, in denen die Flüchtlinge an der Grenze warten sollten, bis ihr Antrag entschieden war, verbal aufgriff. Bei der von der CSU geforderten »Obergrenze« für Flüchtlinge aber blieb sie in zähen Verhandlungen mit Seehofer bei ihrer Ablehnung. Die Idee von den Transitzonen stieß dann auf den Widerstand des Koalitionspartners SPD (81).

Am Abend des 13. November 2015 verübten islamistische Gewalttäter fünf Attentate an verschiedenen Orten von Paris und der Vorstadt Saint-Denis. Die koordinierte Angriffsserie richtete sich gegen die Zuschauer des Fußballländerspiels Frankreich – Deutschland, gegen die Besucher eines Rockkonzerts im Bataclan-Theater sowie gegen die Gäste in verschiedenen Bars und Restaurants. Bei den Schusswaffenattentaten, einem Massaker mit Geiselnahme und insgesamt sechs Sprengstoffdetonationen wurden 130 Menschen getötet und 683 verletzt, davon 97 schwer. Allein bei dem Massaker im Bataclan-Theater, wo die Attentäter Handgranaten warfen und mit Kalaschnikow-Gewehren in die Menge schossen, starben 90 Menschen. Auch sieben Attentäter fanden im Zusammenhang mit den

Anschlägen den Tod. Zu ihnen bekannte sich die Terrororganisation »Islamischer Staat« (82).

Die beiden Detonationen am Stade de France fanden während des laufenden Spiels statt und waren von dem Millionenpublikum an den Fernsehgeräten auch in Deutschland deutlich zu vernehmen. Zwar wurde das Spiel fortgesetzt, um eine Massenpanik zu vermeiden. Doch die Erfahrung, am Bildschirm Zeuge einer solchen terroristischen Bedrohung geworden zu sein, musste auch in Deutschland beklemmende Rückwirkungen haben. Die deutsche Fußball-Nationalmannschaft war gezwungen, die Nacht im Stadion zu verbringen und wurde am Morgen direkt zum Flughafen gebracht.

Vier Tage später wurde das Fußball-Länderspiel gegen die Niederlande, das in Hannover stattfinden sollte, kurz vor Spielbeginn aus Sicherheitsgründen abgesagt. Hinweise von Geheimdiensten hatten auf die Gefahr von weiteren Anschlägen gedeutet.

Viele Deutsche hatten jetzt das Gefühl, der Terror sei näher gerückt. Als Innenminister de Maizière davon sprach, dass er nicht alles über die Hinweise auf Anschläge öffentlich äußern könne, weil ein Teil der Antworten »die Bevölkerung verunsichern« würde, provozierte er genau das, was er eigentlich hatte vermeiden wollen. Als sich dann noch herausstellte, dass sich unter den Attentätern von Paris auch ein syrischer Flüchtling befunden hatte, der auf der griechischen Insel Lesbos sogar registriert worden und von dort über die Balkanroute weitergereist war, wurde der Öffentlichkeit bewusst, in welchem Ausmaß der Kontrollverlust bei der Zuwanderung auch zu neuen Gefahren führen konnte (83).

Inzwischen hatte das »Asylpaket 1« die Bedingungen für Flüchtlinge vom Balkan deutlich verschlechtert. Mit Albanien und dem Kosovo waren zwei der wichtigsten Herkunftsländer auf die Liste der sicheren Herkunftsstaaten gesetzt worden. Dazu kam noch Montenegro. Antragsteller aus diesen Ländern würden künftig kaum noch eine Chance auf Asyl haben. Für alle Bewerber galt, dass in den Erstaufnahmeeinrichtungen künftig in der Regel nur noch Sach- statt Geldleistungen geboten werden würden (84). Doch gegen die wachsende öffentliche Verunsicherung nutzte das wenig, weil der Zustrom aus der arabischen Welt und aus Afghanistan weiter anhielt. Die Verabschiedung eines »Asylpakets 2«, in dem die Aussetzung des Anspruchs auf Familiennachzug für Flüchtlinge mit subsidiärem Schutzstatus vorgesehen war, verzögerte sich bis zum Frühjahr 2016.

In dieser Lage trat Angela Merkel am 20. November auf dem CSU-Parteitag in München auf. Ihre Rede wurde von den CSU-Granden als Zumutung empfunden. Die von den Delegierten gerade einmütig beschlossene »Obergrenze« hatte die Kanzlerin kurz mit der Bemerkung abgetan, dass »Abschotten und Nichtstun« im 21. Jahrhundert keine Lösungen sein könnten. Niemand verlasse seine Heimat leichtfertig.

Seehofer nahm den mit spärlichem Applaus bedachten Auftritt der Regierungschefin zum Anlass für eine spontane Intervention, die freilich dreizehn Minuten dauerte. In dieser Zeit ließ er Angela Merkel auf der Bühne stehen. Seine Worte sollten versöhnlich klingen (man habe noch immer eine gemeinsame Lösung gefunden), wirkten aber durch die Inszenierung wie das Gegenteil. Als er zur Obergrenze ausführte, »wir sehen uns zu diesem Thema wieder«, konnte das auch für eine Drohung gehalten werden (85). Während Seehofer Merkel auf der Bühne stehen ließ, kippte im Saal die Stimmung. Die meisten teilten die Empfindung, die Kanzlerin sei gekränkt worden.

Den CDU-Parteitag im Dezember überstand Angela Merkel leichter. Dabei unterstützten auch hier viele die Forderung nach einer Flüchtlingsobergrenze. Die Junge Union und die Mittelstandsvereinigung hatten entsprechende Anträge vorbereitet. Angela Merkel musste auf die Kritiker zugehen, ohne dass dabei der Begriff »Obergrenze« fiel. Schließlich konnten die Merkel-Kritiker die Formulierung durchsetzen, dass die CDU die Flüchtlingszahlen »spürbar verringern« wolle. Das genügte, um die Anträge zurückzuziehen. Der Antrag der Bundestagsabgeordneten Bosbach und Schuster, der die »Rückkehr zur Rechtsordnung« verlangte, blieb ohne Chance.

Gefeiert dagegen wurde die Kanzlerin, der eine ausgezeichnete Rede gelang. Sie erinnerte an das »C« im Parteinamen, das die Würde jedes einzelnen Menschen betone. Daraus ergäbe sich die Verpflichtung, das Schicksal jedes Einzelnen, der nach Deutschland komme, zu berücksichtigen. Zugleich konnte sie auf den Ende November unterzeichneten »Türkei-Aktionsplan« verweisen. Es gehe voran mit der von ihr angestrebten europäischen Lösung (86).

Während Sigmar Gabriel bei der Wiederwahl als SPD-Vorsitzender mit 74 Prozent der Delegiertenstimmen geradezu abgestraft worden war, schien die Kanzlerin wieder fest im Sattel zu sitzen. In ihrer Neujahrsansprache 2016 wiederholte sie sogar ihren inzwischen legendären Satz »Wir schaffen das«.

Da wusste sie noch nicht, was sich in der Neujahrsnacht in Köln zutragen sollte. Mehr als tausend junge Männer, in der großen Mehrheit Araber und Nordafrikaner, versammelten sich an der dortigen Domplatte. Die Männer waren bald angetrunken und aggressiv. Über Stunden hinweg kam es zu massiven sexuellen Belästigungen von Frauen. In 71 Fällen wurden Personalien festgestellt. In der Regel handelte es sich um Asylbewerber (87).

Waren die Vorgänge für sich genommen schon ärgerlich genug, so wurde die öffentliche Reaktion noch durch die Tatsache verschärft, dass die überregionalen Medien erst ab 4. Januar über die Vorgänge berichteten. Dadurch entstand der Eindruck, dass der Medien-Mainstream, der über Monate hinweg die Euphorie der Willkommenskultur nach Kräften gefördert hatte, Straftaten habe vertuschen wollen, weil die Täter Flüchtlinge waren. Das in der rechten Szene längst geläufige böse Wort von der »Lügenpresse« – hatte es vielleicht doch einen realen Kern? Auch die Kölner Polizei sah sich heftiger Kritik ausgesetzt. Am Neujahrsmorgen hatte ihre Pressemitteilung zur Silvesternacht noch den Titel getragen »Ausgelassene Stimmung – Feiern weitgehend friedlich« (88).

Jetzt kippte die Stimmung im Lande endgültig. Die Willkommenskultur war in der Defensive. Merkel begriff das umgehend. Sie befand sich jetzt im Wettlauf mit der Zeit. Dringend musste eine Lösung gefunden werden, die den Flüchtlingszustrom eindämmte (89).

Das war umso mehr geboten, als inzwischen auch die letzten internationalen Mitstreiter, die dem deutschen Kurs gefolgt waren, aufgegeben hatten. Schweden führte zu Jahresbeginn Grenzkontrollen ein. Und in Österreich grassierte die Befürchtung, auch Deutschland werde die Grenze bald schließen. 44 Unionsabgeordnete forderten Merkel in einem Brief genau dazu auf (90).

Bei der Klausurtagung der CSU im Wildbad Kreuth wurden die Gegensätze der Unionsparteien einmal mehr deutlich. Während Horst Seehofer formulierte, die Bevölkerung wolle nicht, »dass das ein anderes Land wird« und Merkel-Anhänger von einer »Pogromstimmung« in der CSU sprachen, warb die Kanzlerin defensiv für »ein bisschen Unterstützung« bei ihren Bemühungen um eine europäische Lösung (91). Inzwischen forderten auch immer mehr CDU-Verbände eine Obergrenze. Auch manche SPD-Ortsvereine wandten sich gegen die Aufnahme weiterer Flüchtlinge in ihren Stadtteilen. Im Landtagswahlkampf in Rheinland-Pfalz setzte CDU-Spitzenkandidatin Julia Klöckner auf Abgrenzung von der Flüchtlingspolitik der Kanzlerin.

2015 sind 1,8 Millionen Menschen nach Deutschland zugezogen, 568 000 Menschen haben in dieser Zeit das Land verlassen. Daraus ergab sich ein Wanderungssaldo von 1,23 Millionen. Darunter befanden sich etwa 900 000 Flüchtlinge. Zwar verzeichnet die Asylstatistik nur 476 000 Antragsteller, darunter 442 000 Erstanträge. Doch das lag daran, dass in der Zeit des unkontrollierten Zustroms Ende 2015 Hunderttausende noch gar keinen Antrag hatten stellen können. 2016 werden 722 000 Menschen einen Asylantrag stellen (92).

Das konnte nicht so weitergehen. Aber eine Vereinbarung mit der Türkei musste schwierig werden. Das Verhältnis zwischen der Kanzlerin und Recep Tayyip Erdogan war denkbar schlecht und in den vorangegangenen Jahren nicht besser geworden, im Gegenteil. Angela Merkel hatte verschiedentlich Menschenrechtsverletzungen des autoritären Regimes in der Türkei deutlicher noch kritisiert als andere. Und Erdogan, der im Wahlkampf stand, würde sich ein Agreement mit der EU nicht nur materiell teuer bezahlen lassen.

Schon nach den ersten Kontakten im Herbst war deutlich geworden, dass die Türkei als Gegenleistung die Visafreiheit für ihre Bürger bei Reisen in die EU ebenso verlangen würde wie Fortschritte in den offiziell noch immer laufenden EU-Beitrittsverhandlungen. Mindestens drei Milliarden Euro sollte die EU an die Türkei zahlen. Juncker und Ratspräsident Daniel Tusk hatten zunächst eine Milliarde angeboten. Und Angela Merkel musste in die Türkei reisen. Mitten im türkischen Wahlkampf wurde sie damit Teil einer Inszenierung, die ganz nach den Regeln Erdogans stattfand und ihm bei der Wiedergewinnung der absoluten Mehrheit im Parlament helfen sollte – eine Rechnung, die am Ende auch aufging (93).

Als der Aktionsplan der EU Ende November beschlossen wurde, sah er vor, dass die Türken mehr als 4,2 Milliarden bekommen sollten. Dazu würden künftig zweimal im Jahr EU-Gipfel unter Beteiligung der Türkei abgehalten werden.

Nachdem durch die Silvesterereignisse der Druck auf Merkel noch gewachsen war, machte die Regierung weitere Zugeständnisse. Ende Januar 2016 reiste die gesamte Kernmannschaft des türkischen Kabinetts zu offiziellen Regierungskonsultationen nach Berlin – ein Format, das sonst eng befreundeten Staaten oder Großmächten vorbehalten ist. Dabei wurde nicht nur ein »gemeinsamer Mechanismus« zur Terrorbekämpfung vereinbart. Erdogan verlangte jetzt auch, dass der Bundestag davon absehen müsse, die Verbrechen der Türken an den Armeniern zu Beginn des 20. Jahrhunderts als »Völkermord« zu bezeichnen.

Genau dazu aber lag längst ein gemeinsam erarbeiteter Parlamentsantrag vor. Vor der Parlamentsdebatte am 27. Februar kam es darüber zu heftigen Auseinandersetzungen in der Unionsfraktion. Erst die Bereitschaft der Grünen, die Abstimmung auf die Zeit nach der Unterzeichnung der Vereinbarung zwischen der EU und der Türkei zu verschieben, verhinderte einen Eklat (94).

Wie weit sich Angela Merkel mit dem angestrebten Türkei-Deal in die

Hand Erdogans begeben hatte, wurde vielen Deutschen freilich erst mit der Affäre um das Schmähgedicht des Satirikers Jan Böhmermann im April 2016 deutlich. Böhmermann hatte einen bewusst ehrverletzenden Text über Erdogan in seiner Sendung verlesen, was den türkischen Präsidenten zu einer Strafanzeige in Deutschland brachte und Angela Merkel zwang, ihn in dieser Sache zu unterstützen (95).

Seit November 2015 arbeitete der österreichische Außenminister Sebastian Kurz an einer anderen Lösung. Er war überzeugt, dass die Schließung der Balkanroute durch einen Zaun an der Grenze zu Mazedonien der effektivste Weg sein würde, um die Flüchtlingszahlen drastisch zu senken. Nachdem Österreich zunächst im Schlepptau der deutschen Flüchtlingspolitik gesegelt war und sich anfänglich auch dort eine Willkommenskultur ausgebreitet hatte, die am Wiener Hauptbahnhof Flüchtlinge bejubelte, die freilich meistens umgehend nach Deutschland weiterreisten, war auch im Nachbarland die Stimmung umgeschlagen. Weil Flüchtlingskoordinator Altmaier in Wien durchgesetzt hatte, dass nur noch eine bestimmte Anzahl von Flüchtlingen an festgelegten Grenzübergängen nach Deutschland einreisen konnten, war die Zahl der Asylbewerber, die in Österreich bleiben wollten, von fünf auf zehn Prozent gestiegen. Insgesamt verzeichnete die kleine Alpenrepublik 2015 90 000 Asylanträge (96). Als dann Kanzler Faymann eine heftige Attacke gegen Viktor Orban wegen des ungarischen Grenzzauns abfeuerte, widersprach ihm Kurz mit dem Hinweis, dass es viele Beispiele dafür gebe, dass solche Zäune doch funktionierten.

Im Januar 2016 beschloss die Regierung in Wien eine Flüchtlingsobergrenze, die »Richtwert« genannt wurde. Sie sollte bis 2019 bei 1,5 Prozent der Bevölkerung liegen und würde demnach bei etwa 127 000 Menschen erreicht sein (97). Die Österreicher hatten damit genau das beschlossen, was Horst Seehofer vergeblich bei der Bundeskanzlerin durchzusetzen versuchte. Merkels Bemühungen, einen solchen Beschluss in Wien zu verhindern, blieben vergeblich. Gleichzeitig trat Kurz mit seinem Mazedonien-Plan aus der Deckung. Dort wurde schon seit Ende November ein Grenzzaun nach ungarischem Vorbild errichtet.

Jetzt versuchte die deutsche Diplomatie, die Regierungen der Balkanstaaten von einer Grenzschließung abzuhalten. Merkels Hauptargument war: Wenn die Balkanroute zwischen Griechenland und Mazedonien gesperrt würde, stauten sich die Flüchtlinge in dem sowieso schon gebeutelten Griechenland (98).

Am Ende aber setzte Kurz sich durch. Zwar zeigten sich die Türken kooperativer, als sie erkannten, dass eine erfolgreiche Schließung der Balkanroute ihnen alle Trümpfe aus der Hand nehmen würde. Für eine Weile sah es so aus, als könne die EU mit einer »Koalition der Willigen« ein Abkommen mit der Türkei schließen, mit dem dieser Flüchtlinge abgenommen würden, wenn die Türkei im Gegenzug die illegale Migration über die Ägäis stoppte. Doch das anberaumte Treffen mit dem türkischen Ministerpräsidenten Davotoglu im Rahmen des EU-Gipfels im Februar 2016 in Brüssel kam in der Folge eines Terroranschlags in Ankara nicht zustande. Gleichzeitig beschloss die österreichische Regierung, künftig nur noch 80 Asylanträge pro Tag anzunehmen. Auch die Zahl derer, die nach Deutschland weiterreisen durften, wurde auf 3 200 begrenzt (99).

In der Folge beschloss der EU-Rat zwar, die Türkei-Lösung »prioritär« zu verfolgen. Die deutsche Absicht aber, gleichzeitig einen Beschluss gegen die Schließung der Balkanroute zu erwirken, setzte sich nicht durch.

Am 24. Februar 2016 landete Sebastian Kurz, der in der deutschen Union längst vielen als Hoffnungsträger galt, seinen Coup. Bei einer »Westbalkan-Konferenz«, zu der er die an der Flüchtlingsroute liegenden Staaten nach Wien eingeladen hatte, bei der Deutschland und Griechenland aber ebenso wenig dabei waren wie die EU-Kommission, beschlossen die Außen- und Innenminister Österreichs, Sloweniens, Kroatiens, Serbiens und Mazedoniens, dass künftig nur noch Syrer und Iraker sowie Afghanen, die nachweislich aus einem Kriegsgebiet kamen, an der mazedonischen Grenze durchgelassen würden (100).

Am 27. Februar wurde die Grenze bei Idomeni gesperrt. Zwei Tage später kam es zum Versuch, den Zaun gewaltsam zu durchbrechen. Inzwischen saßen dort 7 000 Menschen fest. Im Prinzip herrschte hier nun eine ähnliche Situation wie in Ungarn Anfang September 2015. So kursierten auch jetzt unter den Flüchtlingen Gerüchte, Angela Merkel werde eine Grenzöffnung erzwingen oder die Flüchtlinge direkt nach Deutschland holen.

Die war von einem solchen Gedanken inzwischen weit entfernt. Zwar kritisierte sie heftig, was in Idomeni vor sich ging. Zugleich aber profitierte sie davon. Denn weil die Griechen nun fürchteten, die Flüchtlinge nicht mehr weiterleiten zu können, fanden sie sich bereit, bei der Kontrolle der Ägäis wirksam zu kooperieren. Gleichzeitig war das türkische Erpressungspotential soweit reduziert, dass auch hier eine Einigung möglich wurde.

Am Vorabend des entscheidenden EU-Gipfels in Brüssel präsentierte der türkische Ministerpräsident im März 2016 Bundeskanzlerin Merkel den entscheidenden Vorschlag. Danach verpflichtete sich die Türkei, alle Flüchtlinge zurückzunehmen, die Griechenland über die Ägäis erreichten – unabhängig davon, ob es sich um Bürgerkriegsflüchtlinge handelte oder nicht. Im Gegenzug sollte die EU für jeden zurückgebrachten Syrer einen anderen Syrer legal in die EU einreisen lassen.

Was auf den ersten Blick wie ein sinnloses Hin- und Hergeschiebe von Menschen aussehen mochte, war auf den zweiten Blick listig bedacht und würde allen Beteiligten Vorteile bringen. Denn wenn sich unter den Flüchtlingen herumsprach, dass man über die Ägäis nicht mehr nach Deutschland kam, sondern in die Türkei zurückgeschickt wurde, riskierte bald kaum jemand mehr die riskante Überfahrt auf einem Schlauchboot. Lieber wartete man in der Türkei auf die legale Einreise nach Europa. Die aber würde in dem Maße unwahrscheinlich werden, in dem immer weniger Flüchtlinge die Überfahrt nach Griechenland riskierten. So würden die Flüchtlinge in der Türkei bleiben, wo sie mit den insgesamt sechs Milliarden der EU versorgt werden konnten (101).

Allerdings hatten die Türken noch eine zweite Forderung. Die EU sollte sich verpflichten, ein festes Kontingent von Flüchtlingen aus der Türkei nach Europa einreisen zu lassen. Das offizielle Beschlussdokument sprach vage von einer »freiwilligen Aufnahme aus humanitären Gründen«, sobald die »irregulären Grenzübertritte« zwischen EU und Türkei »enden oder zumindest in ihrer Zahl erheblich und nachhaltig zurückgegangen« sind. Im Gespräch zwischen dem türkischen Ministerpräsidenten, Angela Merkel und dem niederländischen Ministerpräsidenten Rutte soll eine Zahl von 150 000 bis 250 000 mündlich verabredet worden sein. Über ihre Auswahl würde die Türkei befinden. Gleichzeitig sollten ab Juni 2016 türkische Staatsbürger problemlos visafrei in Europa reisen dürfen, wenn die Türkei zuvor die Liste von 72 Bedingungen erfüllte, die die Europäer schon Jahre zuvor aufgestellt hatten (102).

Noch bevor am 7. März 2016 die eigentlichen Beratungen des EU-Gipfels begannen, hatte Angela Merkel die anderen Staats- und Regierungschefs mit einem Interview irritiert, das als Ablehnung der Schließung der Balkanroute verstanden werden musste. Es könne nicht sein, dass »irgendetwas geschlossen« würde. Da sie zu Beginn der Flüchtlingskrise erklärt hatte, Grenzen könnte man heutzutage gar nicht mehr schließen, konnte die Krise auch nicht mit einer Schließung enden (103).

Im Verlauf der Gespräche wurde freilich klar, dass sich die Schließung der Balkan-Route und ein Türkei-Abkommen in der Wirkung ergänzen würden. Trotzdem bestand Merkel darauf, dass der Satz »der irreguläre Strom von Migranten auf der Westbalkanroute kommt zu Ende. Diese Route ist jetzt geschlossen« durch eine deutlich vagere Formulierung ersetzt wurde, die sich auf die Feststellung beschränkte: »Bei den irregulä-

ren Migrationsströmen entlang der Westbalkan-Route ist nun das Ende erreicht« (104). Das ließ offen, wodurch dieses Ende herbeigeführt worden
war. Angela Merkel hatte ihr Gesicht gewahrt. Abgestimmt wurde der Türkei-Deal erst auf dem nächsten Gipfel zwei Wochen später.

Am 9. März 2016 beschlossen Kroatien, Serbien, Slowenien und Mazedonien, nur noch Flüchtlinge mit gültigen Reisepässen einreisen zu lassen,
die in dem jeweiligen Land Asyl beantragen wollten. Einen Tag später meldete der österreichische Grenzübergang Spielfeld: Keine Flüchtlinge. Die
Balkanroute war wirklich geschlossen. Am 20. März 2016 trat das Abkommen mit der Türkei in Kraft (105).

Das Türkei-Abkommen hat nur teilweise funktioniert. Die Griechen haben das Abkommen zwar mitgetragen, ihre Asylbehörden aber nicht danach gehandelt. Die wenigen Rückkehrer in die Türkei gingen freiwillig, als
ihnen klar wurde, dass eine Weiterreise über die Balkanroute unmöglich
sein würde. Schon im Mai 2016 war klar, dass die Türkei die Bedingungen
für den visafreien Reiseverkehr auf absehbare Zeit niemals erfüllen würde.
Inzwischen hatte Erdogan den Europäern zugerufen: »Ihr geht euren Weg,
wir gehen unseren«. Das Thema Visafreiheit für die Türken verschwand von
der Tagesordnung. Neue Kapitel der Beitrittsverhandlungen wurden nicht
eröffnet. Seit der Niederschlagung des Militärputsches gegen Erdogan und
der Reaktion des Staatsapparates ist das Thema auf absehbare Zeit erledigt.
Nicht einmal das Geld soll so geflossen sein wie verabredet. Und von der
Übernahme von Kontingenten syrischer Flüchtlinge war bald auch nicht
mehr die Rede. Erdogan hat den Ministerpräsidenten, der in Brüssel noch
türkischer Verhandlungsführer gewesen war, ohnehin wenig später abgesetzt (106).

Dennoch hatten sowohl die Schließung der Balkan-Route als auch das
EU-Türkei-Abkommen erhebliche Auswirkungen. Die Flüchtlingszahlen
gingen im Laufe des Jahres 2016 zurück. Obwohl die Migranten vermehrt
andere Wege suchten, erreichte der Zustrom nicht mehr die Rekordzahlen
vom Herbst 2015. Wohl stiegen die Asylbewerberzahlen 2016 auf 745 000
an, aber das hatte mit dem Kontrollverlust im Herbst 2015 zu tun (vgl. oben).
Die Wanderungsbilanz des Jahres 2016 zeigt die Veränderungen deutlich.
Lag des Wanderungssaldo 2015 bei 1,24 Millionen, so verminderte sich 2016
der Bevölkerungszuwachs gegenüber dem Vorjahr um etwa die Hälfte, was
fast ausschließlich auf den Rückgang der Flüchtlingszahlen zurückging.
Diese lagen freilich auch 2016 noch weit über dem aus früheren Jahren gewohnten Stand (107).

Nach dem Bericht der europäischen Grenzschutzagentur Frontex im Juni
2016 war der Rückgang der Flüchtlingszahlen vor allem auf die Schließung

der Balkanroute zurückzuführen (108). Anfang 2017 stellte Frontex freilich auch die Bedeutung des Türkei-Abkommens stärker heraus (109).

2018 wurden in Deutschland 186 000 Asylanträge gestellt, darunter 162 000 Erstanträge. In den ersten neun Monaten des Jahres 2019 waren es 128 000, darunter 110 000 Erstanträge (110). Etwa ein Viertel der Anträge in 2019 sind von Syrern gestellt worden, etwa zehn Prozent von Menschen aus dem Irak. Nimmt man die 8 500 Anträge von Afghanen und die 7 500 Iraner hinzu, dann machten Flüchtlinge aus dem Nahen Osten im Herbst 2019 etwa die Hälfte der Asylbewerber aus. An dritter und vierter Stelle in der Statistik tauchten die Herkunftsländer Türkei und Nigeria auf. Auch Somalia, Eritrea und Georgien befanden sich in der Spitzengruppe. 3200 Anträge wurden 2019 von Menschen gestellt, deren Heimat als »ungeklärt« galt.

Die Anerkennungsquote ist sehr unterschiedlich. Während etwa 84 Prozent der Syrer und 74 Prozent der Menschen aus Eritrea einen Schutzstatus erhalten haben, liegt die Quote bei Türken, Afghanen und Irakern deutlich niedriger (45, 38 und 35 Prozent). Nigerianer erhalten nur selten eine Anerkennung (7 Prozent), Georgier haben fast keine Chance (0,6 Prozent) (111).

Ende 2019 stellte sich die Lage wieder deutlich kritischer dar. Nachdem Staatspräsident Erdogan auf die europäische Kritik an der türkischen Militäroperation in Nordsyrien mit der Drohung einer Grenzöffnung reagiert hatte, stand nicht nur die Befürchtung im Raum, dass es zu einer neuen Flüchtlingswelle in ähnlichen oder sogar noch größeren Ausmaßen wie 2015 kommen könnte. Innenminister Seehofer hatte schon Anfang Oktober 2019 ausdrücklich davor gewarnt (112). Erneut zeigte sich auch das Erpressungspotential, über das der autokratische Herrscher der Türkei durch das Abkommen verfügt. Tatsächlich sind die Flüchtlingszahlen in Griechenland bis zum Herbst 2019 stark angestiegen. Allein auf den fünf griechischen Inseln hielten sich im Oktober 2019 mehr als 30 000 Flüchtlinge auf – unter katastrophalen Bedingungen (113). Bis zum Jahresende hatte sich die Situation dort weiter verschärft.

Im Februar 2020 drohte die Lage noch weiter zu eskalieren, nachdem Erdogan die türkische Grenze tatsächlich für Flüchtlinge geöffnet hatte. Nach hektischen diplomatischen Bemühungen und weiteren Finanzzusagen wurde die Grenze zwar bald wieder geschlossen. Eine Lösung für die überfüllten Lager auf den griechischen Inseln war nicht in Sicht. Mit Mühe konnte man sich die EU darauf verständigen, eine größere Zahl unbegleiteter Kinder in verschiedene Mitgliedsländer einreisen zu lassen. Kurz darauf verdrängte die Corona-Pandemie das Flüchtlingsthema aus den Schlagzeilen.

7.4   DIE FOLGEN DER FLÜCHTLINGSKRISE

Deutschland hat 2015/2016 und auch noch danach mit der Flüchtlingshilfe und der Aufnahmebereitschaft eine außergewöhnliche humanitäre Leistung vollbracht. Hunderttausende freiwilliger Helfer von Hilfsorganisationen, von Sozialverbänden, Kirchen, aber auch die vielen Tausend Mitarbeiter der öffentlichen Verwaltung – sie haben es geschafft, die gewaltige Herausforderung einigermaßen zu bewältigen, die die Aufnahme so vieler Menschen in so kurzer Zeit bedeuten musste. Sie sind untergebracht, versorgt und verpflegt worden. Viele haben sich gewaltig angestrengt, um den Menschen nicht nur eine Zuflucht zu bieten, sondern auch eine Perspektive zu eröffnen. Dass das eine gewaltige soziale und humanitäre Leistung war und ein beeindruckendes Maß an mitmenschlicher Hilfsbereitschaft der deutschen Gesellschaft von heute gezeigt hat, ist unbestreitbar.

Auf einem ganz anderen Blatt aber steht der politische Preis, der für den Herbst 2015 bezahlt werden musste. Kein politisches Ereignis seit der Deutschen Einheit hat das Land und seine Bürger so bewegt und aufgewühlt wie die Flüchtlingskrise und keines hatte derart viele politische Konsequenzen. Das Parteiensystem hat sich folgenreich verändert. Der Aufstieg einer neuen rechten Partei wie der AfD wäre in dieser Form ohne die Legitimationslücke, die im Herbst 2015 entstanden ist, nicht denkbar gewesen. Damit einher gingen gewaltige Verschiebungen im ganzen Parteiensystem, die auch schwarz-grüne Koalitionen oder Jamaika-Bündnisse zur realistischen Möglichkeit werden ließen. Manchmal erhielten nicht einmal mehr Union und SPD zusammen genug Stimmen, um gemeinsam regieren zu können. Die Flüchtlingskrise und ihre Folgen hat den Abstiegssog der beiden klassischen Volksparteien gewaltig verschärft.

In Europa hat die Flüchtlingskrise das Gewicht Deutschlands im Ergebnis geschwächt. In der Eurokrise noch die eindeutige politische Führungsmacht, konnte die Merkel-Regierung eine europäische Lösung des Flüchtlingsproblems nicht erreichen. Im Gegenteil: Nachdem auch Schweden und Österreich ihren Kurs geändert hatten, stand Deutschland in der Flüchtlingspolitik ziemlich alleine da. Das Wort von der Gefahr eines deutschen Sonderweges, das Winkler schon im September 2015 gebraucht hatte, war demnach so falsch nicht. Auch Wolfrum spricht von einem »deutschen Sonderweg in der Flüchtlingspolitik« (114). Zwei Monate nach der Grenzöffnung wurde in Polen die liberale Regierung abgewählt. Jetzt kamen Nationalisten an die Macht. Einige Monate später stimmte eine Mehrheit der Briten für den Austritt aus der EU. Es ist gar keine Frage, dass die Flüchtlingskrise dazu beigetragen hat. »Breaking Point« und »Take back control«

waren die zentralen Botschaften der Leave-Kampagne. Sie knüpften an den Eindruck an, die Behörden hätten die Kontrollen über die europäischen Grenzen verloren.

Die Europäische Union ist darüber nachhaltig geschwächt worden. »Der Schengen-Raum wurde de facto aufgelöst. Europas Grenzkontrollen wurden outgesourct, zu erniedrigenden Bedingungen, an einen nichteuropäischen Staat mit einem autoritären Staatsoberhaupt« (115). Selbst im Wahlkampf von Donald Trump spielte die Polemik gegen die Flüchtlingspolitik Angela Merkels eine Rolle.

Folgenreich verändert hat der Herbst 2015 auch die Rolle von Angela Merkel in der deutschen Politik. Sie, die bis dahin eher abwartend und moderierend regiert hatte, bei Kontroversen gerne zuwartete, bis sich das Ergebnis abzeichnete, um es dann selbst zu formulieren, wurde nun für jedermann sichtbar zur Hauptverantwortlichen einer Politik, an der sich bald die Geister schieden. Sie allein hatte die Entscheidungen im September und danach zu verantworten. An ihr musste demnach auch die Kritik hängen bleiben, die bald reichlich kam. Vor allem aus Ostdeutschland, wo sich die Kritik nicht selten bis zum blanken Hass steigerte. Die Zeit von »Mutti Merkel« und des wohligen »Sie kennen mich, meine Damen und Herren« war vorbei. Und sie kam auch nicht mehr wieder, wie die Bundestagswahl 2017 zeigen sollte.

»Die Flüchtlingspolitik markiert bis heute die Machtfragen bei der Ausdifferenzierung des gesamten Parteienspektrums ... Für viele Bürgerinnen und Bürger war die Bundeskanzlerin persönlich verantwortlich, mithin ursächlich haftbar für den zeitweiligen Kontrollverlust an den Grenzen. Ihr Popularitäts-Panzer schrumpfte binnen weniger Wochen ... Für andere wiederum wurde Merkel zur Ikone des humanitären Helferstolzes« (116).

Dass die CDU ihr trotz wachsenden Murrens über Kontrollverlust und offene Grenzen gefolgt ist, war alles andere als selbstverständlich. Eine christlich-demokratische Union, die eine Politik der offenen Grenzen mittrug, wäre bei den 438 000 Asylbewerbern von 1992 noch völlig ausgeschlossen gewesen. Ob ein anderer CDU-Kanzler im Herbst 2015 ebenso entschieden hätte wie Angela Merkel, lässt sich bezweifeln. Zur Tradition einer Union, der zwar programmatisch wenig heilig war, für die aber eine funktionierende Staatsautorität und geordnete Verhältnisse stets zum Identitätskern gehört hatten, passte das nur schwer, allen Geboten zur christlichen Nächstenliebe zum Trotz. Dass die Union in der Folge nach rechts ein gewaltiges Integrationsproblem in der Wählerschaft bekam, konnte niemanden verwundern.

Der verzweifelte Versuch der Seehofer-CSU, Dissens in der Sache anzumelden, aber Merkel dennoch machtpolitisch zu stützen, half da wenig. Bald brachte er die CSU selbst in ein Dilemma. Und kostete Glaubwürdigkeit. Wer den Mund spitzt, muss auch pfeifen, sagt man. Im Ergebnis hat ihr Drahtseilakt in der Flüchtlingspolitik auch die CSU und vor allem Parteichef Seehofer selbst empfindlich geschwächt.

Dass Angela Merkel die Entscheidung im September 2015 überhaupt so getroffen und den damit begonnenen Weg über Monate fortgesetzt hat, war nach ihrem bis dahin praktizierten Regierungsstil überraschend. Bis zum Sommer 2015 hatte sie sich in der Asyl- und Migrationsdebatte zurückgehalten. Von einer besonderen deutschen Aktivität im Angesicht der wachsenden Flüchtlingszahlen konnte bis dahin gar nicht gesprochen werden (vgl. oben). Dazu kam, dass ihr politischer Erfolg bis 2015 ja vor allem darauf beruht hatte, dass sie politische Polarisierung möglichst vermied und ihrer Politik gerne den Anschein überparteilicher Ausrichtung verlieh. Dass sie nicht führungsschwach war, hatten ihre Vorstöße in der Atompolitik oder bei der Abschaffung der Wehrpflicht bewiesen. Sie schreckte nicht davor zurück, ihrer Partei auch Kurskorrekturen in Grundsatzfragen geradewegs zu verordnen, wenn sie es für nötig hielt. Aber sie hatte das immer nur dann getan, wenn sie sich von der öffentlichen Stimmungslage getragen fühlte.

Im Sommer 2015 war diese Stimmungslage von Empathie und Hilfsbereitschaft für die Flüchtlinge geprägt, die in der medialen Darstellung ganz überwiegend als syrische Familien identifiziert wurden, die vor Krieg und Terror flüchteten. Die Bilder von ertrunkenen Kindern rührten an und Emotionen auf. Die Kanzlerin und ihr Umfeld hatten nicht ohne Besorgnis auf die Reaktionen auf ihren Fernsehauftritt mit dem Flüchtlingskind in Rostock geschaut. Hatte sie nicht zu wenig Mitgefühl gezeigt? Diese Stimmungslage verschärfte sich noch durch die beschämenden Vorgänge im sächsischen Heidenau. Und selbst die BILD-Zeitung stand ja zunächst in der Front der »Refugees Welcome«-Kultur.

Es kann nicht darum gehen, humanitär motivierten Entscheidungen von großer Tragweite allein machtpolitische Motive unterzuschieben. Es ist gut möglich, dass die Kanzlerin auch aus religiöser Überzeugung gehandelt hat, wie das Winkler vermutet (117). Aber sicher hat eine wichtige Rolle gespielt, dass Angela Merkel in der Situation des 5. September 2015 den Eindruck haben konnte, in Übereinstimmung mit der deutlichen Mehrheit der Bevölkerung zu handeln. Also schien die innenpolitische Rückendeckung dafür zunächst auch nicht weiter schwierig. Die im intellektuellen Milieu nicht selten allzu großer Zögerlichkeit und inhaltlicher Profillosigkeit gescholtene Kanzlerin, die jetzt entschlossen und tatkräftig der Welt das Bild eines humanen, hilfsbereiten Deutschland zeigte, das so ganz anders war als das Deutschland unseligen Angedenkens – das schien ihr nicht nur in der Sache geboten, sondern würde auch gut ankommen.

Eine andere Entscheidung wäre vermutlich auch von den Medien heftig gescholten worden. Die Analyse des Medienwissenschaftlers Hans Mathias Kepplinger kommt sogar zu dem Ergebnis, dass dem Medien-Mainstream eine ausschlaggebende Rolle bei der Flüchtlingspolitik der Kanzlerin im Herbst 2015 zugekommen ist (118).

Die Fernsehnachrichten, so hat Kepplinger ermittelt, stellten schon seit 2014 die Migranten nahezu ausschließlich als Opfer dar, die unabhängig von Herkunft und Motivation Mitleid und Unterstützung verdienten. Die Talkshows hätten diesen Eindruck verstärkt. Es ging nicht um Steuerung der Einreise oder Prüfung von Bleibeaussichten, nicht um die Lösung eines praktischen Problems, sondern um Rettung vor Tod und Leid, also um die Erfüllung einer moralischen Aufgabe. Vor diesem Hintergrund riskierte man den Vorwurf von menschlicher Kälte, von Unmenschlichkeit und Unmoral, wenn man nüchtern darauf verwies, dass das Land auf Dauer gar nicht in der Lage sein würde, alle potentiell Hilfsbedürftigen aufzunehmen. Das, so Kepplinger, habe in Verbindung mit einer Fehleinschätzung der Wirkungen von Medienberichterstattung auf die Bürger Angela Merkel zur Korrektur ihrer Haltung und zum Verzicht auf Grenzkontrollen bewegt (119).

Das Problem war allerdings, dass die Folgen nicht ausreichend bedacht wurden. Die in der Sache unsinnige Entscheidung eine Woche später, Grenzkontrollen einzuführen, gleichzeitig aber niemanden zurückzuschicken, machte aus der humanitären Ausnahmesituation eine Normalität, die sie eigentlich nicht sein konnte. Schon der 5. September hatte ja von Viktor Orban dazu genutzt werden können, weit mehr Flüchtlinge »loszuwerden« als nur die, die am Budapester Bahnhof gestrandet waren. Gleichzeitig hatte das seine Bereitschaft, eine europäische Quotenlösung zu akzeptieren, schwinden lassen.

Jetzt gingen viele Bilder um die Welt, die bei den Flüchtlingen als Einladung verstanden werden konnten. Die Selfies, die mit der Kanzlerin in der Spandauer Flüchtlingsunterkunft entstanden sind, hat man ihr später zum Vorwurf gemacht. Sie habe damit die falschen Signale gesetzt und den Menschen in den Lagern im Nahen Osten und der Türkei erst suggeriert, sie seien eingeladen, nach Deutschland zu kommen. Sicher hat das eine Rolle gespielt. Nützlich im Sinne von Begrenzung und Regulierung waren diese Bilder gewiss nicht. Es ist aber gut möglich, dass die Fernsehbilder vom Münchner Hauptbahnhof und die jubelnden Menschen beim Empfang der

Flüchtlinge noch weit mehr Wirkung erzielten bei jenen, die sich erst dann auf den Weg machten.

Hier liegt der Unterschied zu anderen wichtigen Entscheidungen, die in der Ära Merkel aus situativen Handlungskontexten heraus getroffen wurden. Auch wenn sich die aufgeregte Stimmung nach dem Atomunfall von Fukushima wieder legte, würde die große Mehrheit der Deutschen bei ihrer Ablehnung der Atomkraftnutzung bleiben. Und bei der Aussetzung der Wehrpflicht war nicht zu erwarten, dass sie Monate später zu großen Widerständen führen würde. In der Flüchtlingspolitik aber sah die Sache anders aus. Es konnte ja nur eine Frage der Zeit und der Entwicklung der Zahlen sein, bis die »Willkommenskultur« in Gefahr und die mitunter romantischen Vorstellungen von der »bunten Republik« und den gewaltigen Chancen, die mit den Flüchtlingen verbunden wurden, ins Wanken gerieten.

Es fragt sich, was geschehen wäre, hätte es eine Woche nach der Öffnung jene mit Zurückweisungen verbundene Grenzschließung, wie sie Innenminister de Maizière, Seehofer und auch der Chef der Bundespolizei wollten, gegeben. Niemand kann wissen, ob dabei tatsächlich die Fernsehbilder entstanden wären, die alle vermeiden wollten. Sicher aber wäre die Kanzlerin medial angegriffen worden. Vor allem deshalb hat man es gelassen.

Andererseits aber hatte man sich jetzt auf einen gefährlichen Weg begeben. Jeder halbwegs erfahrene Politiker musste wissen, dass die Stimmung im Lande irgendwann kippen würde, wenn der Zustrom anhielt und die absehbaren Folgeprobleme auch die Flüchtlingssolidarität schwächen würden. Geschwächt aber waren auch die Chancen auf eine europäische Lösung. Warum sollten die Staaten, die das Flüchtlingsthema anders angingen oder am liebsten überhaupt keine Flüchtlinge ins Land lassen wollten, ausgerechnet in dem Moment ihre Haltung ändern, in dem Deutschland die Menschen bereits aufnahm und das Dublin-Abkommen nicht mehr anwandte?

Der Versuch, eine Lösung mit finanziellem Druck zu erzwingen, konnte nur scheitern. Und das moralische Beispiel, auf das so viele wohlmeinende Deutsche hofften, war kein starkes Argument. Die Liste der unmoralischen Taten der Deutschen im 20. Jahrhundert ist einfach zu groß, als dass man sich in Sachen Moral anderswo in Europa von ihnen belehren lassen würde.

Während sich immerhin nachvollziehen ließ, warum die eigentlich vorgesehene Grenzschließung am 13. September am Ende doch nicht kam, konnte das für Merkels Auftritt bei »Anne Will« im Oktober nicht gelten. Durch den wachsenden Zustrom von Flüchtlingen und den offensichtlichen Kontrollverlust schon gehörig unter Druck, wurde Merkel gefragt, ob sie die Grenzen nicht doch schließen müsse. Ihre Antwort, das könne man gar nicht, war nicht nur unbedacht, sondern eigentlich eine Kapitulationserklärung. Statt zu erklären, wir wollen das vermeiden, weil das das Ende jeder gemeinsamen europäischen Flüchtlingspolitik wäre, sprach eine deutsche Bundeskanzlerin davon, dass eine Grenzschließung gar nicht möglich sei. Ein souveräner Staat, der nicht mehr darüber bestimmen kann, wen er ins Land lässt, ist aber kein souveräner Staat mehr. Es ist und bleibt nicht nachvollziehbar, wie einer deutschen Bundeskanzlerin ein solcher Satz unterlaufen konnte.

Auch die Lösungen, mit denen sich 2016 die Zuwanderung schließlich doch begrenzen und besser regulieren ließ, waren und sind nicht sehr überzeugend. Moralisch sind sie sogar überaus fragwürdig. Schließlich waren sie verbunden mit allerhand Verbeugungen gegenüber einem autoritären Regime in der Türkei und mit einem Grenzzaun, der nur nicht in Passau steht, sondern an der Grenze zwischen Griechenland und Mazedonien. Gewiss, die Kanzlerin widersprach der Schließung der Balkanroute. Ohne diese Schließung aber hätte das Türkei-Abkommen kaum funktioniert, wäre es womöglich gar nicht zustande gekommen. Deutschland blieb moralisch sauber und vermied unschöne Bilder, indem es die Abschottung anderen überließ. Man kann das auch einen Selbstbetrug nennen.

Eine große gestalterische, gar vorbildliche, Leistung war die Flüchtlingspolitik 2015/2016 demnach sicher nicht. Sie war gut gemeint, aber nicht gut gemacht. Hätte Merkel tatsächlich eine europäische Lösung durchsetzen wollen, die vom Geist der Humanität und der solidarischen Lastenteilung zwischen den Europäern geprägt gewesen wäre, hätte sie sich vor dem 5. September 2015 in der EU dafür stark machen müssen. Nachdem die Deutschen vorgeprescht waren, mussten die Chancen dafür schlechter stehen.

Dabei hat die deutsche Politik auch verkannt, dass nahezu alle anderen europäischen Mitgliedsländer ihre jeweils eigenen Gründe hatten, einer Umverteilung von Flüchtlingen skeptisch gegenüberzustehen. In Polen, Ungarn und Tschechien hatte man 1945 die deutschen Minderheiten vertrieben, um eine größere ethnische Homogenität zu erreichen und die leidigen Konflikte mit nationalen Minderheiten künftig vermeiden zu können. Dazu kam, dass vierzig Jahre einer durch die Sowjetunion faktisch beschränkten nationalen Souveränität hinter diesen Ländern lagen. Slowenen und Kroaten wiederum mussten mit den Spätfolgen der Bürgerkriege beim Zerfall der Bundesrepublik Jugoslawien zurechtkommen, wo nationale Identitätsfragen von zentraler Bedeutung gewesen waren. Und die

baltischen Staaten hatten erst vor einem Vierteljahrhundert ihre Unabhängigkeit zurückgewonnen und mit ihren russischen Minderheiten im Lande Probleme genug.

Ihre ganz eigenen Probleme besaßen auch etliche westeuropäische Staaten. Großbritannien hatte 1947 rund 800 Millionen Einwohnern des Com-
monwealth das Recht zugebilligt, ohne Visum einreisen und arbeiten zu
können. Seit den 1960er Jahren war man dann bestrebt, die Einwanderung
zu erschweren. Gleichwohl lebten 2006 vier Millionen Einwanderer aus
Asien, Afrika und der Karibik im Land. Für besondere Probleme sorgten
dabei immer wieder Konflikte mit fundamentalistischen Muslimen aus
Pakistan. Hinzu kam nach 2004 die starke Zuwanderung von EU-Arbeits-
migranten aus Osteuropa, die zwar in manchen Bereichen der britischen
Gesellschaft bald unverzichtbar waren, gleichwohl auch Ressentiments
auslösten. In Frankreich lebten Migranten aus Algerien und Afrika schon
länger häufig in Parallelgesellschaften. Und auch die Migrationsgeschich-
te der Niederlande hatte jede Menge Probleme hinterlassen. In Spanien gab
es viele Migranten aus den Maghreb-Staaten und Portugal hatte einen großen Anteil von Menschen aus den ehemaligen Kolonien wie Angola und
Mosambik.

Es ist erstaunlich, wie wenig diese Faktoren hierzulande reflektiert worden sind. Ob das auf »überheblichen Moralismus« oder auf »Ahnungs-
losigkeit« gegenüber den ethnischen Spannungen, denen manche unserer
Nachbarstaaten seit vielen Jahrzehnten ausgesetzt sind, zurückging, wie
Hans-Peter Schwarz das vermutet hat, mag dahinstehen. Sicher ist, dass
das endlose Gerede über eine »europäische Lösung« in deutschen Talk-
Shows am Ende zu nichts geführt hat (120).

Man musste keine Schmälerung der Leistung vieler Tausender bei der
Flüchtlingsunterbringung darin sehen, wenn einige in der Euphorie der
Willkommenskultur und im Jubel der Menschen auch irritierende Töne
heraushören wollten. Dass man Menschen helfen wollte, die sich in Not befanden, war nobel und anständig. Dass viele der Meinung waren, Deutschland sei reich genug, um auch noch mehr Flüchtlinge aufzunehmen, darüber ließ sich immerhin diskutieren. Aber warum der Jubelsturm? Warum
die Begeisterung, wo doch auch schon im September 2015 niemand bestreiten konnte, dass mit den Migranten auch viele Probleme verbunden
sein würden? Warum diese Redensarten von dem »Glück«, das die Zuwanderer bedeuten würden, von dem »Geschenk«, das wir Deutschen nun
bekämen? Woher kam diese gewaltige moralische Emphase, dieser moralische Ausnahmezustand, der für einige Zeit sogar die BILD-Zeitung einschloss?

Ein Teil der Erklärung mag in der Frontstellung liegen, die im Umgang mit Zuwanderern bestand. Demnach entlud sich in München und anderswo auch die Begeisterung darüber, dass Heidenau in Sachsen tatsächlich nicht Deutschland war. Das Engagement für die Zuwanderer war demnach auch ein Kampf gegen die wirklichen oder vermeintlichen Nazis. Das mochte und mag naheliegend sein – angesichts der deutschen Geschichte besonders. Aber es führt auch leicht zu Übertreibungen – im Kampf gegen Fremdenfeindlichkeit und Rassismus ebenso wie in Form der Idealisierung des Fremden als Opfer.

Es ist geschrieben worden, manche Deutsche wollten durch übertriebene Fremdenliebe ein Stück von dem wiedergutmachen, was im Namen Deutschlands in früheren Zeiten geschehen ist. Damit aber würden die Ausgebombten von Aleppo letztlich für die Sehnsüchte der Deutschen funktionalisiert. So etwas könne auf Dauer nicht funktionieren, weil es dann aufbrechen müsse, wenn sich zeigt, dass die Geflüchteten dem Idealbild des Opfers gar nicht entsprechen. Zuweilen wirke das deutsche Handeln »wie die Sehnsucht nach Erlösung von der historischen Schuld«, hat der Verfassungsrechtler Frank Schorkopf 2016 geschrieben (121). Darüber kann man streiten.

Kaum zu bestreiten aber ist, dass eine vernünftige Balance zwischen gesinnungsethischer Moral und verantwortungsethischem Blick auf die Folgen des eigenen Tuns Politik und Gesellschaft heute zunehmend schwerer fällt. Das zeigt sich im Umgang mit dem Flüchtlingsproblem noch viel deutlicher als in Fragen machtpolitischer Interessen oder gar militärischer Gewaltanwendung. Dabei liegt doch eigentlich auf der Hand, dass die globalen Gerechtigkeitsprobleme dieser Welt nicht durch eine Politik der offenen Grenzen in Europa zu lösen sind. Auch die Möglichkeit der Umsetzung des grundgesetzlich garantierten Asylanspruchs ist, wie das Verfassungsgericht in seinem Urteil zur Asylrechtsänderung in den 1990er Jahren festgestellt hat, selbstverständlich an das Funktionieren einer staatlichen und gesellschaftlichen Ordnung gebunden. Wenn diese im Chaos versinkt, weil der Zuwanderungsdruck zu groß wird, ist auch das Asylrecht nichts mehr wert. Der gesinnungsethische Überschwang hat in vielen Flüchtlingsdebatten der letzten Jahre diese einfachen Einsichten allzu weit in den Hintergrund treten lassen.

Die Deutschen hätten im Herbst 2015 die Erfahrung einer »Ambivalenz des Guten« gemacht, hat Winkler geschrieben. Tatsächlich unterscheiden sich die Grundeinstellungen gegenüber Flüchtlingen und Asylbewerbern hierzulande deutlich von denen in anderen europäischen Ländern. Eine französische Vergleichsuntersuchung hat im Oktober 2015 herausgefunden, dass 46 Prozent der Befragten in Großbritannien und Frankreich den Satz zurückwiesen, es sei »unsere Pflicht, Migranten aus Krieg und Elend Asyl zu gewähren«. In Deutschland waren es dagegen nur 21 Prozent. Mit dem Satz »Unser Land hat die wirtschaftlichen und finanziellen Mittel, Migranten aufzunehmen«, waren 78 Prozent der befragten Italiener, 73 Prozent der Franzosen und 64 Prozent der Spanier nicht einverstanden. 56 Prozent der Deutschen aber stimmten ihm zu. Gleichzeitig plädierten nur 12 Prozent der Deutschen für ein militärisches Eingreifen in Syrien, aber 29 Prozent der Franzosen (122). Mit diesen Zahlen ließe sich die These durchaus stützen, nach der sich Deutschland tatsächlich schon wieder auf einem Sonderweg befindet.

Hätte die Regierung Merkel vor der vermeintlichen Ausnahmeentscheidung des 5. September 2015 eine Initiative zur Veränderung des Dublin-Abkommens ergriffen und sich für eine deutlich offenere Flüchtlingspolitik in der EU eingesetzt, wäre sie vermutlich gescheitert. Sie könnte dann freilich für sich beanspruchen, einen gestalterischen Ansatz wenigstens versucht zu haben. So aber, wie sich die Dinge im Herbst 2015 entwickelt haben, handelten die Akteure tatsächlich wie die »Getriebenen«, von denen der Buchtitel von Robin Alexander spricht.

In der Einwanderungs- und Integrationspolitik hat die Flüchtlingskrise den Konsens, der sich in den Jahren zuvor allmählich durchzusetzen schien, wieder beseitigt. Während die Grünen am liebsten noch mehr Flüchtlinge ins Land gelassen hätten, gewann auf der anderen Seite des politischen Spektrums eine AfD an Bedeutung, die die Grenzen ganz dichtmachen und das Asylrecht stark einschränken wollte (123).

Im Ergebnis ist die politische Polarisierung im Lande gewaltig angewachsen. Mehr noch, als es die Veränderungen im Parteiensystem widerspiegeln. Dabei hat sicher auch der Einfluss veränderter Medien- und Kommunikationsgewohnheiten im Internet-Zeitalter eine Rolle gespielt, die Extreme aller Art begünstigen. Aber die Flüchtlingskrise war ein zentraler Motor. Zumal sich bald zeigte, dass diese gesellschaftliche Spaltung auch schichtenspezifische Elemente hatte. Während die bürgerlichen Mittelschichten in ihrer Mehrheit Angela Merkels Kurs mindestens bis zu den Vorgängen in Köln unterstützten, brach sich die Ablehnung bei den weniger Privilegierten sehr viel früher ihre Bahn. Die angeblich so schöne, bunte Welt der Globalisierung war dort weit weniger attraktiv als in den »kosmopolitischen« Eliten. Der Zustrom von Migranten löste hier eher Ängste aus. Der Abstieg der SPD hat auch hier eine seiner Ursachen. Und in Ostdeutschland war die Willkommenskultur von Anfang an umstrittener als im Westen.

Ein ganz schlechtes Zeugnis erhielt Angela Merkels Flüchtlingspolitik von namhaften Staatsrechtlern, die sich Ende 2015 in Bonn trafen. Otto Depenheuer sprach in seinem Beitrag von einem »Rückzug auf die reine Moral« als »billigster Form der Solidarität« und von »moralischer Entscheidungsflucht«. Dabei sei doch nichts so riskant wie die Gründung politischer Entscheidungen auf reiner Gesinnung statt auf geltendem Recht. Moralisch ganz unerträglich sei zudem die Externalisierung unangenehmer Ausgrenzungsentscheidungen mit Hilfe von Potentaten, »die es mit westlichen Werten eher etwas lax zu halten pflegten« (124). Und er erinnerte, dass schon Kirchenvater Augustinus im 4. Jahrhundert die Frage nach der praktischen Realisierbarkeit der christlichen Nächstenliebe so beantwortet hat, dass zwar grundsätzlich die Nächstenliebe für alle Menschen gelte. »Da man aber nicht für jedermann sorgen kann, so muß man vornehmlich für jene Sorge tragen, die einem durch die Verhältnisse des Ortes, der Zeit oder irgendwelcher anderer Umstände gleichsam durch das Schicksal näher verbunden sind« (125). »Brüderlichkeit« entfaltet sich nach Depenheuer in abgestufter Intensität: Den »leiblichen Brüdern« ist sie mehr geschuldet als dem eigenen Volk, diesem mehr als dem Kulturraum Europa, jenem mehr als der ganzen Menschheit (126). Dietrich Murswiek sah in der Politik der offenen Grenzen eine Gefährdung der deutschen Nationalstaatlichkeit und der Identität des Staatsvolkes. Dies aber sei einer Regierung verboten. »Nationalstaatlichkeit und Identität des Staatsvolks sind für die verfassten Staatsgewalten unantastbar. Wer darüber verfügen dürfte, ist allein das Volk selbst« (127).

In Europa mochte am Ende niemand mehr dem deutschen Beispiel folgen. Im Gegenteil fragten sich manche, ob Merkels Flüchtlingspolitik womöglich ein neuer Beweis für die alte Neigung der Deutschen zum Schwanken zwischen den Extremen sein könne. So hat der niederländische Sozialdemokrat René Cuperus Anfang 2016 geschrieben: »Wie konnte es passieren, dass die eben noch so vorsichtige Merkel Hals über Kopf und gegen den Geist Max Webers Gesinnungs- über Verantwortungspolitik stellte? Kann es sein, dass Deutschland die Stabilität seiner Gesellschaft aufs Spiel setzt für seine ewige Vergangenheitsbewältigung, für die Wiedergutmachung der Kriegsschuld?« (128)

7.5   DER AUFSTIEG DER AFD

Die Flüchtlingspolitik wurde im Herbst 2015 zu einem idealen Wachstums-
motor für die AfD. Innerhalb weniger Wochen verdoppelten sich ihre Umfragewerte. Hatte die Partei in Sachsen-Anhalt im Spätsommer 2015 noch
bei fünf Prozent gelegen, so konnte sie diese Werte bis zur Jahreswende
verdreifachen (129).

Dabei hatte sie gerade den bislang schwersten Konflikt ihrer jungen Geschichte erlebt, der schließlich in eine Parteispaltung führte. Auf dem Essener Parteitag war Anfang Juli der Parteigründer Bernd Lucke, bis dahin
das öffentlich prägende Gesicht der AfD, im Kampf um den Parteivorsitz
seiner Ko-Vorsitzenden Frauke Petry unterlegen gewesen. Da der Kampf
um den Parteivorsitz auch als Richtungsstreit zwischen konservativ-wirt-
schaftsliberalen und weiter rechts angesiedelten Strömungen ausgetragen
worden war, wurde mit dem Sieg Petrys zugleich eine Richtungsentscheidung für einen weiteren Rechtsruck verbunden. Kurz nach dem Parteitag verließ Lucke die AfD. Mit ihm gingen andere bekannte Gesichter wie
Hans-Olaf Henkel und der Ökonom Joachim Starbatty. Von den sieben Abgeordneten, die die AfD seit der Europawahl 2014 stellen konnte, blieben
nur zwei der Partei treu. Innerhalb weniger Wochen verlor sie 2000 Mitglieder. Und Lucke sprach öffentlich davon, dass die AfD nicht zu retten sei.
Die »rechten Demagogen« um »Gauland und Petry« hätten alles im Griff.
Der Hamburger Volkswirtschaftler und seine Gefährten gründeten bald
darauf die »Allianz für Fortschritt und Aufbruch«, die freilich keine größere politische Bedeutung erlangen konnte (130).

Tatsächlich waren die Spannungen in der AfD schon 2014 deutlich gewachsen. Für Konflikte sorgte immer wieder die Abgrenzung der Partei
nach Rechtsaußen. Während Lucke hier für deutliche Trennlinien eintrat,
sahen viele AfD-Politiker vor allem aus Ostdeutschland das anders. Zum
Zankapfel wurde bald auch das Verhältnis der Partei zur PEGIDA-Bewegung, die in Dresden ab Ende 2014 jeden Montag Tausende auf die Straße
brachte. Während Lucke in einem Mitgliederrundbrief vor einem »Schulterschluss mit Rechtsradikalen« warnte, sah Alexander Gauland nach seinem Besuch eines PEGIDA-Demonstrationszugs mit 15 000 Menschen im
Dezember 2014 keine Rechtsradikalen, sondern »Bürger, die auf die Straße
gehen aus Sorge um Entwicklungen in Deutschland« (131).

Im Frühjahr 2015 eskalierte die Auseinandersetzung, nachdem der Bundesvorstand den Aufnahmeantrag des »Chefideologen der neuen Rechten«, Götz Kubitschek, abgelehnt hatte. In der Folge entstand eine »Patriotische Plattform«, die sich gegen zu viele Kompromisse mit der etablierten

politischen Welt wandte und zum Sammelbecken der Lucke-Kritiker wurde. Nachdem dieser taktische Fehler gemacht und mit der Gründung eines »Weckrufes« sich selbst den Vorwurf der Parteispaltung eingehandelt hatte, kam zum Richtungsstreit noch die Kritik am »autoritären« Gebaren Luckes. So siegte in Essen ein unerklärtes Bündnis von Parteirechten und einer innerparteilichen Mitte, die sich am Führungsstil Luckes störte. Geschickt zurückgehalten hatte sich dabei Lucke-Rivalin Petry, die nur Luckes Führungsstil monierte. Als Ko-Vorsitzender hinzu gewählt wurde der Hochschullehrer Jörg Meuthen (132).

Bis zum Sommer 2015 war die AfD nicht nur ins Europaparlament eingezogen, sondern hatte auch den Einzug in fünf Landesparlamente geschafft. Besonders beachtet wurden ihre Wahlerfolge in Ostdeutschland, wo sie im Herbst 2014 in Brandenburg mit 12,2 Prozent ihr Spitzenergebnis erreichen konnte. In Thüringen hatten 10,6 Prozent die Partei gewählt, in Sachsen 9,7 Prozent. In Hamburg und Bremen fielen die Ergebnisse zwar schwächer aus. Aber in den Parlamenten saß die Partei jetzt auch hier (133).

Nach der Spaltung vom Sommer 2015 sackte die AfD in den Wählerumfragen zunächst deutlich ab. Womöglich war die Partei schon am Ende, an ihren internen Kämpfen politisch gescheitert. Mit der Flüchtlingspolitik aber entstanden im Herbst optimale Voraussetzungen für ein neuerliches und diesmal stürmisches Wachstum. Weil die im Zuge des zeitweise kaum kontrollierten Flüchtlingszustroms wachsenden Ängste und Vorbehalte eines Teils der Bevölkerung mit Ausnahme der CSU von keiner Bundestagspartei aufgenommen wurden, entstand eine »Repräsentationslücke«, durch die die AfD mit ihrer zugespitzt artikulierten Fundamentalkritik an der Zuwanderung zum einzigen Adressaten wurde, der diesen Befürchtungen Ausdruck verlieh (134).

Während sich die Partei im Zuge dieser gesellschaftlichen Auseinandersetzung weiter radikalisierte und ihre Programmatik zur Asyl- und Einwanderungspolitik verschärfte, erhielt sie verstärkten Zulauf. Die Mitgliederzahlen wuchsen wieder an, der Streit um Bernd Lucke rückte in den Hintergrund. Bei den Landtagswahlen im März 2016 gelangen der AfD dann spektakuläre Erfolge. In Baden-Württemberg lag sie mit 15,1 Prozent vor der SPD. Auch in Rheinland-Pfalz kam die Rechtspartei auf 12,6 Prozent. In Sachsen-Anhalt ließ sie mit 24,3 Prozent sogar Linkspartei und SPD hinter sich und stellte fortan die zweitstärkste Parlamentsfraktion. Sie erzwang damit sogar ein parteipolitisch ganz neues Experiment: Ein Bündnis von CDU, SPD und Grünen (135).

Damit wurde die AfD erst recht zum Großthema der deutschen Innenpolitik. Mit dem Wachstum der Partei verschärfte sich auch die Abgrenzung von ihr. Doch alle Warnungen vor den »Rechtspopulisten« oder gar »neuen Nazis« änderten zunächst nichts daran, dass die AfD politische Konjunktur hatte.

Sie hielt auch an, als nach dem Türkei-Deal und der Schließung der Balkan-Route die Flüchtlingszahlen zurückgingen. Bei den Wahlen im Herbst 2016 erreichten die Rechten in Berlin 14,1, in Mecklenburg-Vorpommern sogar 20,8 Prozent der Stimmen. Auch die erneut wachsenden Querelen in der Führung, wo sich Frauke Petry zu isolieren begann, bescherten der Partei zwar eine schlechte Presse, vermochten aber ihrer Attraktion für eine beachtliche Wählerklientel kaum etwas anzuhaben. Mit ihrem im Mai verabschiedeten Grundsatzprogramm präsentierte sich die AfD als Partei, die auch jenseits von Europakritik und Fundamentalopposition in der Zuwanderungsfrage einen umfassenderen Politikansatz zu vertreten beanspruchte. Breiten Raum nahm dabei auch die Forderung nach »Volksabstimmungen nach dem Vorbild der Schweiz« ein (136).

Im Vorfeld der Bundestagswahl 2017 suchte die AfD die Annäherung an andere, meist ältere europäische Rechtsparteien. Hatte man in der Lucke-AfD noch sorgsam auf Abgrenzung etwa zum französischen »Front National« geachtet, so war es damit jetzt vorbei. Im Januar 2017 präsentierte sich Frauke Petry bei einer Veranstaltung der europäischen Rechten demonstrativ an der Seite von Marine Le Pen. Das stieß freilich im Bundesvorstand auf Kritik (137).

Bald deutete sich an, dass auch der Stern von Petry allmählich verglühte. Nachdem sich die Partei geweigert hatte, sie zur alleinigen Spitzenkandidatin bei der Bundestagswahl 2017 auszurufen, war sie schon beim Parteitag im Frühjahr 2017 praktisch an den Rand gedrängt worden. Inzwischen waren auch die Umfrageergebnisse der AfD gefallen. Ihre Wahlergebnisse in Nordrhein-Westfalen, Schleswig-Holstein und dem Saarland fielen eher ernüchternd aus. Sie lagen zwischen 5,9 Prozent im hohen Norden und 7,4 Prozent an Rhein und Ruhr. So entstand der Eindruck, ein Wahlerfolg der AfD bei der Bundestagswahl werde sich in Grenzen halten. Das kam dann anders.

An der Wiege der AfD stand der Protest gegen die Euro-Rettungspolitik und deren vermeintliche Alternativlosigkeit. Freilich spielten auch einwanderungskritische Töne von Anfang an eine Rolle. Diese Rolle wuchs, als das Thema zum Kardinalthema der deutschen Politik wurde und allein die AfD sich zum Sprachrohr derer machte, die Merkels Politik grundsätzlich ablehnten.

Das Beispiel vieler anderer westeuropäischer Staaten zeigt freilich, dass auch ohne einen derart spektakulären Vorgang rechte Parteien in den letzten Jahren zu Erfolgen gekommen sind. Triebkraft dieses Erfolgs sind viele Erscheinungen der modernen Welt, nicht nur die Flüchtlinge. Vieles spricht dafür, die AfD als Sammelbecken des Protests gegen den grün-multikulturell-kosmopolitisch-genderisierten Zeitgeist zu verstehen. Freilich wäre die Partei nicht so rasch aus ihrer Krise heraus- und zu derart großen Wahlerfolgen gekommen, hätte es die Flüchtlingskrise und die »Legitimationslücke« des etablierten Parteiensystems in dieser Form nicht gegeben.

7.6   DIE INNENPOLITIK DER GROSSEN KOALITION

So mühsam die Bildung der Koalition auch gewesen war, im Bundestag verfügte sie über eine komfortable Mehrheit. Mit dieser Mehrheit konnte sie auch jederzeit Einsprüche des Bundesrates zurückweisen. Lediglich bei zustimmungspflichtigen Gesetzen, deren Zahl nach der Föderalismusreform 2006 gesunken war, konnte sie in Schwierigkeiten geraten, weil die Grünen in vielen Bundesländern mitregierten. Politisch wirklich bedeutsam wurde das aber nur in der Flüchtlingspolitik, wo die vom Bundestag beschlossene Ausweitung der »sicheren Herkunftsländer« auf Marokko, Algerien und Tunesien am Widerstand der Grünen scheiterte. Die Aufnahme der Balkanländer auf die Liste dieser Staaten war im Bundesrat noch durchgegangen, nachdem Ministerpräsident Kretschmann im Gegenzug Liberalisierungen des Asylrechts für die hier lebenden Asylbewerber durchgesetzt und Baden-Württemberg daraufhin ebenso zugestimmt hatte wie die meisten anderen Landesregierungen, an denen die Grünen beteiligt waren (138).

Auf der politischen Agenda durch die Flüchtlingskrise zeitweise in den Schatten gerückt, setzte sich die günstige Wirtschaftsentwicklung fort. Zwischen 2005 und 2017 hat sich die Zahl der Erwerbstätigen in Deutschland um fünf Millionen auf 44 Millionen vergrößert – trotz des Einbruchs in der Folge der Finanzkrise. Die Zahl der sozialversicherungspflichtig Beschäftigten stieg sogar um sechs Millionen (139). Das schlug sich auch in der Arbeitsmarktstatistik nieder: Die Zahl der Erwerbslosen erreichte den niedrigsten Stand seit der Deutschen Einheit. Im Sommer 2017 waren noch 2,5 Millionen Menschen arbeitslos gemeldet, was einer Quote von 5,7 Prozent entsprach (140). Ungefähr eine Million galten als Langzeitarbeitslose. Sie waren länger als ein Jahr ohne Erwerbsarbeit (141).

Die günstige Entwicklung der Beschäftigung verdankte sich freilich in erheblichem Maße der Zunahme der Teilzeitbeschäftigung, die gegenüber 2005 um ein Drittel gewachsen war. Überwiegend lag diese Beschäftigung

im Dienstleistungssektor und im Niedriglohnbereich. So war der Aufwärtstrend auf dem Arbeitsmarkt auch mit größeren Einkommensunterschie-
den verbunden. Die seit Beginn des Jahrtausends durchgesetzten Deregu-
lierungen des Arbeitsmarkts und die mit der Agenda-Politik verschärften
Zumutbarkeitsregelungen führten zwar zu rascheren Übergängen zwischen Arbeitslosigkeit und Erwerbstätigkeit, aber auch zu einer größeren
Lohnspreizung und einer Zunahme der Zahl derjenigen, die trotz Erwerbsarbeit als arm gelten mussten (142). Es zeigte sich eine Tendenz zur Seg-
mentierung des Arbeitsmarkts. Einer starken Nachfrage nach Fachkräften, die in manchen Bereichen inzwischen händeringend gesucht wurden,
stand die Verfestigung der Langzeitarbeitslosigkeit gegenüber.

Diese Entwicklungen schlugen sich auch in der Politik der Bundesregierung nieder. Die nach 2013 beschlossenen Arbeitsmarktreformen zielten
auf eine wieder stärkere Regulierung des Arbeitsmarkts. Dazu zählten neben dem gesetzlichen Mindestlohn auch das »Tarifautonomiestärkungsgesetz«, mit dem die Geltung von Tarifverträgen ausgeweitet werden sollte,
und das Gesetz gegen den Missbrauch von Leiharbeit und Werkverträ-
gen (143).

Auch in der Sozialpolitik ließ sich eine gewisse Trendwende erkennen.
Die Große Koalition hatte sich von den Liberalisierungs- und Deregulie-
rungsvorstellungen früherer Jahre abgewandt und rückte die staatliche
Verantwortung wieder mehr in den Mittelpunkt (144). Dies zeigte sich am
neuerlichen Anstieg der Sozialleistungsquote ebenso wie bei einzelnen sozialpolitischen Reformvorhaben. Hier rückten neben Mindestlohn und der
allerdings kaum wirksamen Mietpreisbremse vor allem die Leistungsverbesserungen in der Rentenversicherung (»Rente mit 63«, »Flexi-Rente«) sowie die Pflegereform in den Blickpunkt. Mit ihr war eine Ausweitung von
Leistungen und ein verbesserter Zugang zu ihnen verbunden (145). Zwar
stießen diese ausgabenwirksamen Leistungsverbesserungen auch auf Einwände, die auf die gewaltigen Finanzierungslasten für die jüngere Generation hinwiesen. Doch im gesellschaftlichen Mainstream waren sie durchaus populär.

Die beiden Sozialstaatsparteien Union und SPD haben sich in dieser
neuen Großen Koalition noch weiter angenähert. Das wurde durch den
Umstand gefördert, dass ein wirtschaftsliberaler Gegenpol wie die FDP auf
der bundespolitischen Bühne nicht vertreten war und die Oppositionsrolle
von Parteien eingenommen wurde, die eher zur politischen Linken zählten.

Ein ähnliches Bild zeigte sich auch in der Familien- und Gleichstellungspolitik, wo die Gleichstellung am Arbeitsmarkt und Quotenregelungen in
Führungspositionen eine wachsende Rolle spielten. Am 1. Juli 2015 trat das

Elterngeld Plus in Kraft, mit dem sich die Bezugszeit von Elterngeld bis auf 28 Monate verdoppeln lässt, wenn in Teilzeit gearbeitet wird (146). Kurz darauf kippte das Bundesverfassungsgericht das umstrittene Betreuungsgeld, weil der Bund damit in die Länderkompetenz zur Ausgestaltung der frühkindlichen Bildung eingreife (147). Gezahlt wurde es schließlich nur in Bayern. Ab Januar 2016 galt für Aufsichtsräte von börsennotierten und mitbestimmungspflichtigen Unternehmen eine Frauenquote von 30 Prozent (148).

Aktiv wurde der Bund auch bei der Förderung der frühkindlichen Betreuung in Kindertagesstätten und Kindergärten. Um Länder und Gemeinden bei der Umsetzung des seit August 2013 bestehenden Rechtsanspruchs auf Kinderbetreuung ab dem ersten Lebensjahr zu unterstützen, wurden nach dem ersten und zweiten Investitionsprogramm, die die Große Koalition seit 2008 verabschiedet hatten, noch zwei weitere Programme aufgelegt. Das letzte Programm sah vor, dass zwischen 2017 und 2021 zur Schaffung weiterer 100 000 Betreuungsplätze 1,1 Milliarden Euro zur Verfügung stehen sollten. Tatsächlich war die Tagesbetreuung zwischen 2008 und 2014 von 360 000 auf 600 000 Plätze gestiegen und hatte sich der Anteil der Kleinkinder, die eine solche Einrichtung besuchten, fast verdoppelt – von 17,6 auf 32,3 Prozent (149).

Zum Streitpunkt in der Koalition wurde am Ende der Legislaturperiode die »Ehe für alle«. Nachdem in der Folge des von Rot-Grün 2001 durchgesetzten Lebenspartnerschaftsgesetzes die rechtliche Gleichbehandlung von gleichgeschlechtlichen Verbindungen mit konventionellen Ehen bereits weit fortgeschritten war, blieben die noch bestehenden Unterschiede im Adoptionsrecht ein Streitpunkt zwischen den Regierungsparteien. Seit 2015 lag ein Entwurf zur Änderung von 23 Einzelgesetzen vor, der aus dem Haus von Justizminister Heiko Maas stammte. Mit ihm sollte die völlige Gleichstellung schwuler und lesbischer Paare erreicht werden. Inzwischen unterstützten das auch manche CDU-Politiker. Doch die Verabschiedung des Gesetzentwurfes scheiterte lange am Widerstand ihrer in diesen Fragen konservativeren Kollegen. Auch Angela Merkel wollte die »Ehe für alle« nicht. Als freilich SPD und Grüne diesen Punkt zur Bedingung eines möglichen Regierungseintritts nach der Bundestagswahl 2017 gemacht hatten, brachte die Kanzlerin bei einem öffentlichen Auftritt die Möglichkeit ins Spiel, dass bei einer Abstimmung über dieses Thema der Fraktionszwang aufgehoben werden könne.

SPD und Grüne nahmen den Ball umgehend auf. Sie sorgten dafür, dass im Rechtsausschuss des Bundestages über den von der Bundesratsmehrheit längst verabschiedeten Gesetzentwurf abgestimmt wurde. In der letz-

ten Sitzung des Bundestages vor der Sommerpause 2017 stimmte dann eine
Mehrheit der angestrebten Öffnung der Ehe für gleichgeschlechtliche Paare zu. Dafür votierte neben den Abgeordneten von SPD, Grünen und der
Linkspartei auch ein Viertel der Mitglieder der CDU/CSU-Fraktion. Am 1.10.
2017 trat das Gesetz in Kraft (150).

Die Fortsetzung einer Frauen- und Familienpolitik, die sich am Bild der
erwerbstätigen, dabei in Beruf und Familie vollständig gleichberechtigten Frau orientierte, sah sich freilich jetzt auch mit einer konservativen
Kritik konfrontiert, die mit dem Erfolg der AfD wieder an Bedeutung gewann. Sie attackierte den »Genderwahn«, geißelte die angebliche »Früh-
sexualisierung« in den deutschen Schulen und setzte der vermeintlichen
»Propagierung von minoritären Lebensformen« ein eher konventionelles
Familienbild entgegen, das die verbesserte Anerkennung familiärer Kinderbetreuung und den »Schutz des ungeborenen Lebens« in den Mittelpunkt rücken wollte (151).

Eine weitreichende Entscheidung traf das Bundesverfassungsgericht im
November 2017. Mit seinem Urteil zum »dritten Geschlecht« forderte das
höchste deutsche Gericht die Aufnahme einer dritten Kategorie im Per-
sonenstandsrecht neben »männlich« und »weiblich«. Was als Beseitigung
einer Diskriminierung intergeschlechtlicher Menschen nachvollziehbar
erschien, ließ sich freilich auch als Öffnung zu einer varianten Geschlech-
tervorstellung verstehen, die sich nicht mehr an biologischen Kriterien
orientiert. Wie weit das auch zu Problemen führen kann, lässt sich bis heute noch nicht genau absehen (152). Inzwischen gibt es allerdings viele staatliche Stellen, die die Anrede »Sehr geehrte Damen und Herren« nicht mehr
verwenden. Stattdessen wird man in offiziellen Schreiben mit einem lapi-
daren »Guten Tag« angesprochen.

Die Vorgänge in der Kölner Silvesternacht beschleunigten die Arbeiten
an einer Verschärfung des Sexualstrafrechts, das von den Opfern sexueller
Übergriffe künftig nicht mehr eine aktive körperliche Widerstandshand-
lung verlangte, damit der Tatbestand der Vergewaltigung erfüllt war. Auch
sexuelle Übergriffe und Belästigungen unterhalb dieser Schwelle wurden
fortan härter bestraft (153).

Politische Folgen hatte auch die Anschlagserie, die Deutschland im Sommer 2016 beschäftigte. Vier Tage nach dem Anschlag von Nizza, wo am
18. Juli ein islamistischer Gewalttäter mit einem LKW in eine Menschen-
menge fuhr und dabei 86 Menschen tötete, waren die Deutschen auch im
eigenen Land mit Terror und Gewalt konfrontiert. Nach dem Anschlag in
einer Regionalbahn bei Würzburg war es der Amoklauf am 24. Juli in München und kurz darauf ein Anschlag im bayerischen Ansbach, die für Angst

und Schrecken sorgten und zu neuen Gesetzespaketen zur »Erhöhung der Inneren Sicherheit in Deutschland« führten (154).

Zwar formulierte der Koalitionspartner SPD zunächst Bedenken. Doch nachdem am 19. Dezember 2016 der islamistische Attentäter Anis Amri mit einem gestohlenen LKW einen Anschlag auf den Weihnachtsmarkt am Berliner Breitscheidplatz verübt hatte, der in seiner Ausführung dem Attentat von Nizza ähnelte und bei dem zwölf Menschen getötet und 55 zum Teil schwer verletzt wurden, gab sie ihren Widerstand auf. Fortan galten im Umgang mit sogenannten »Gefährdern« härtere Regeln. Sie durften nun auch in gewöhnlichen Vollzugsanstalten für drei Monate, bei Gefahr für die Innere Sicherheit sogar für zwölf Monate in Abschiebehaft genommen und mit einer Fußfessel versehen werden. Generell wurden asyl- und aufenthaltsrechtliche Regelungen verschärft und die Möglichkeiten ausgeweitet, bei der Identitätsfeststellung von Asylbewerbern Datenträger auszulesen (155).

Im Vorfeld des Anschlags auf den Weihnachtsmarkt in Berlin war es zu schwerwiegenden und haarsträubenden Versäumnissen verschiedener deutscher Behörden gekommen. So hatte man Warnungen des marokkanischen Geheimdienstes vor dem tunesischen Staatsbürger Amri nicht weiter beachtet. Anfang 2017 stellte sich heraus, dass das Berliner Landeskriminalamt die Möglichkeit versäumt hatte, den registrierten Gefährder Amri, der im Rauschgifthandel tätig gewesen war, rechtzeitig festzunehmen. Als dann noch klar wurde, dass die Berliner Ermittler versucht hatten, ihr Versagen zu vertuschen, sorgte das für zusätzliche Empörung. Auch die staatlichen Stellen in NRW gerieten ins Kreuzfeuer der Kritik, nachdem man eine Duldungsbescheinigung des Ausländeramtes Kleve im Führerhaus des LKWs gefunden hatte, mit dem die Tat verübt worden war.

Amri war 2011 über Lampedusa nach Italien eingereist. Dort war er bald darauf wegen Brandstiftung und schwerer Körperverletzung zu vier Jahren Haft verurteilt worden. In seiner Haftzeit soll er sich radikalisiert haben. Die nach seiner Haftentlassung eigentlich zu erwartende Rückführung nach Tunesien unterblieb jedoch. Stattdessen landete Amri in Deutschland, wo er unter verschiedenen Namen Asylanträge stellte und Leistungen beantragte. Gleichzeitig nahm er Kontakte zur radikalen salafistischen Szene auf und betätigte sich im Drogenhandel. Bereits im Frühjahr 2016 war den Behörden bekannt, dass er verschiedene Identitäten nutzte. Im Mai 2016 wurde sein Asylantrag als offensichtlich unbegründet verworfen. Zu einer Abschiebung kam es jedoch nicht, weil die Beschaffung der nötigen Papiere auf Schwierigkeiten stieß. Die deutschen Behörden hatten den tunesischen Stellen gegenüber unvollständige Angaben zur Identitätsfeststellung gemacht. Im Sommer 2016 wurde Amri in Abschiebehaft genommen. Ein Richter ordnete jedoch seine Freilassung an. Im Herbst 2016 stellte der Berliner Staatsschutz die Observation des Gefährders Amri wegen Überlastung ein. Später kam auch noch heraus, dass durch die Telefonüberwachung seit Frühjahr 2016 eigentlich bekannt war, dass Amri über gültige tunesische Papiere verfügte.

Behördenwirrwarr, Naivität, Schlampigkeiten, Überlastung, Koordinationsmängel – alles das hatte zu schrecklichen Konsequenzen geführt. Der Anschlag auf den Weihnachtsmarkt an der Gedächtniskirche hätte verhindert werden können, ja müssen. Amri wurde auf der Flucht bei einer Personenkontrolle in der Nähe von Mailand am 23. Dezember 2016 erschossen.

Dass ein Straftäter und islamistischer Gefährder fast anderthalb Jahre problemlos in Deutschland herumreisen, die Behörden an der Nase herumführen und trotz Observation den Anschlag hatte vorbereiten können, führte bald zu Untersuchungsausschüssen und trug wie die Kölner Vorgänge in der Silvesternacht mit dazu bei, dass die rot-grüne Landesregierung von NRW im Frühjahr 2017 abgewählt wurde. Als im Dezember 2017 eine Gedenkfeier zum Jahrestag des Anschlags und zum Gedenken an die Mordopfer stattfand, übten die Angehörigen heftige Kritik am Verhalten der Bundesregierung nach dem Anschlag. Viele hätten sich alleine gelassen und durch bürokratische Hemmnisse beschwert gefühlt. Besonders heftig attackiert wurde dabei Angela Merkel. Sie habe es versäumt, die »wirren behördlichen Strukturen« zu reformieren. Der eigens eingesetzte Beauftragte der Bundesregierung für die Hinterbliebenen, der ehemalige SPD-Chef Kurt Beck, äußerte teilweise Verständnis für die Kritik (156). Das war eine Ohrfeige für die ganze Bundesregierung. Die Kanzlerin gelobte Besserung.

In der Umwelt- und Energiepolitik stand das Management der Energiewende im Vordergrund. Zunächst ging es um die Neuordnung der Förderung erneuerbarer Energien. Der Ausbau von Windkraft und Biomasse sollte reduziert, die feste Einspeisevergütung durch gleitende Marktprämien ersetzt werden. Das musste den Widerstand diverser Lobbygruppen auf den Plan rufen, die sich im Zuge des Windkraft-Booms herausgebildet hatten. Ob die vom Ministerium des Vizekanzlers ausgearbeitete doppelte Reform der Jahre 2014 und 2016 den Ausbau der erneuerbaren Energien behindert oder in die richtigen Bahnen gelenkt hat, darüber wurde heftig gestritten (157).

Ein kleines Stück voran kam man bei der Jahrhundertfrage der Endlagerung des radioaktiven Mülls. 2017 wurde eine Regelung für den Ablauf des Verfahrens bei der Standortwahl beschlossen. Für Stilllegung, Rückbau und Verpackung der radioaktiven Abfälle blieben weiter die Betreiber der Atom-

kraftwerke zuständig. In der Landwirtschaft sollten Änderungen von Dün-
gegesetzen und Düngeverordnungen die Nitratbelastung von Luft, Wasser
und Böden vermindern.

In der Klimapolitik aber blieben die Erfolge dürftig. Im Koalitionsvertrag war zwar die Senkung der CO_2-Emissionen bis 2020 um 40 Prozent
gegenüber 1990 bekräftigt worden. Die Reduzierung der dafür so wichtigen Kohleverstromung traf jedoch auf große Widerstände. Ein erster Plan
des Wirtschafts- und Energieministers zur Stilllegung von 28 Kraftwer-
ken verschwand wieder in den Schubladen. Auch eine freiwillige Vereinbarung mit den großen Energieunternehmen über die Reduzierung von
22 Millionen Tonnen Kohlendioxid bis 2020 kam nicht zustande. Der Vorschlag einer Abgabe für Altanlagen nach dem Vorbild der Emissionszertifi-
kate stieß auf den Widerstand einiger Bundesländer. Hier wurden Befürchtungen laut, dass Arbeitsplätze verloren gehen würden und der Strompreis
noch weiter steigen müsse (158). So blieb auch der »nationale Klimaschutz-
plan 2050« eine Ansammlung wohlklingender Absichtserklärungen, dem
aber die konkreten Ziele und Maßnahmenpläne für die einzelnen Sekto-
ren fehlten (159).

Als der Bundestag im Juni 2016 eine restriktive Regelung zum »Fracking«
beschloss, beschäftigte bereits der »Abgasskandal« die Öffentlichkeit. Im
September 2015 war in den USA aufgedeckt worden, dass mehrere VW-Die-
selmodelle ein Mehrfaches der erlaubten Strickoxide emittierten, auch der
CO_2-Ausstoß über den Grenzwerten lag und diese Tatsachen durch eine
manipulierte Testsoftware verborgen wurden. Bald stellte sich heraus, dass
die gleichen Befunde auch für in Europa zugelassene Fahrzeuge galten. Davon betroffen waren auch Autos von Daimler, Audi und Porsche.

In den folgenden Monaten ging es immer wieder um das Verhalten der
Automobilhersteller, aber auch um die Rolle der Bundesregierung und des
Kraftfahrtbundesamtes. Bald wurde hier eine wichtige Ursache für die in
vielen Großstädten festgestellten Überschreitungen der Stickoxid-Grenz-
werte gesehen. Umweltministerin Hendricks stellte noch im Herbst 2015
einen Neun-Punkte-Plan für bessere Luft in Städten und Ballungsräumen
vor. Dabei tauchte auch die Möglichkeit von Fahrverboten auf (160). Die EU-
Kommission hatte bereits im Sommer ein Mahnschreiben an die Bundesregierung gerichtet, nachdem festgestellt worden war, dass die Grenzwer-
te in vielen deutschen Großstädten seit Jahren nicht eingehalten wurden.

In der Folgezeit kam es wiederholt zu Kontroversen zwischen Hendricks
und Verkehrsminister Dobrindt, der vor »mobilitätsfeindlichen Maßnahmen« warnte. Beide setzten dann im Sommer das »Nationale Forum Diesel«
ein, das Maßnahmen zur Reduzierung der Schadstoffemissionen umsetzen

sollte. Ab 2017 erwiesen sich dann Klagen der »Deutschen Umwelthilfe« als wirkungsvoll. Im Sommer 2017 verpflichtete das Verwaltungsgericht Stuttgart die Kommune, schon 2018 Fahrverbote für Altfahrzeuge und solche Diesel-PKWs auszusprechen, die die Anforderungen der Euronorm 6 nicht erfüllten. Anderen Städten drohten ähnliche Urteile (161). Beim »Dieselgipfel« im August 2017 sagten die Automobilfirmen zwar eine Aktualisierung der Abgas-Software zu. Auf die vom Umweltministerium geforderte Nachbesserung der Hardware ließen sie sich jedoch nicht ein. Während die Umweltministerin damit nicht zufrieden war, wollte der Verkehrsminister erst einmal die Ergebnisse der vereinbarten Maßnahmen abwarten (162).

In der Umwelt- und Energiepolitik fielen die Erfolge der dritten Regierung Merkel trotz des Engagements der Umweltministerin bescheiden aus. Die von der Regierung selber formulierten klimapolitischen Ziele würden wohl 2020 deutlich verfehlt werden. Und mit dem Abgasskandal war nicht nur die Luftschadstoffbelastung vieler Innenstädte ein Thema geworden. Die Schummelei der Automobilkonzerne und die Ängste der Dieselfahrer vor möglichen Fahrverboten machten es auch zu einer öffentlichkeitswirksamen Streitfrage.

7.7   VERSCHIEBUNGEN IN DER PARTEIENLANDSCHAFT

Am 22. September 2013 war parallel zur Bundestagswahl auch in Hessen ein neuer Landtag gewählt worden. Zwar gelang hier der FDP mit Ach und Krach und wenigen Stimmen über der Sperrklausel die Rückkehr in den Landtag. Doch für die Fortsetzung der Koalition mit der CDU reichte es nicht. Das Wahlergebnis in Wiesbaden ließ mehrere Optionen zu: Eine Große Koalition wie im Bund würde rechnerisch ebenso gehen wie rot-rot-grün, schwarz-grün oder eine Ampelkoalition von SPD, Grünen und FDP.

Nachdem die FDP für eine Ampelkoalition nicht zu haben war, blieben die ersten drei Möglichkeiten übrig. Nach einer längeren Sondierungsphase fiel dann kurz vor Weihnachten die Entscheidung für eine schwarz-grüne Allianz. Was in Berlin nicht möglich gewesen war, in Wiesbaden wollte man es machen. Unter Führung von Volker Bouffier, der als Nachfolger des intellektuell versierten, aber in der Wirkung oft polarisierenden Roland Koch eine andere Tonlage in die hessische Landespolitik gebracht und sich bald ein landesväterliches Image verschafft hatte, bevorzugte die Union ein Zusammengehen mit den Grünen. Die stimmten ihrerseits überraschend deutlich dem Bündnis mit ihrem einstigen politischen Hauptgegner zu. In

Wiesbaden waren die politischen Frontlinien über Jahrzehnte besonders hermetisch und die Gegnerschaften besonders hart gewesen.

Nachdem die ersten beiden Schwarz-Grünen Koalitionen in Hamburg und im Saarland ziemlich unrühmlich gescheitert waren, musste dem hessischen Anlauf auch bundespolitisch große Bedeutung zukommen. Tatsächlich sollte sich bald zeigen, dass die Koalition in Wiesbaden erstaunlich ruhig und fast reibungslos funktionierte (163).

Trotz mancher Sorgen der Deutschen in der Ukraine-Krise blieb das Ansehen der Kanzlerin zunächst hoch. Vor allem ihr hatte es die Union zu verdanken, dass sie im März 2014 von den Demoskopen bei 41 Prozent eingestuft wurde. Zwar gingen die Werte im Umfeld der Europawahlen im Frühjahr etwas zurück. Doch das Ansehen der Kanzlerin erreichte weiterhin Spitzenwerte. Im Juli wollten zwei Drittel der Befragten Angela Merkel auch über 2017 hinaus als Kanzlerin behalten. Die Bewertung mit plus 2,8 entsprach der höchsten Zustimmungsrate, die für einen Regierungschef jemals gemessen worden ist (164). Kurz zuvor war Deutschland Fußball-Weltmeister geworden, was die Stimmung im Land sicher beeinflusst hat.

Ohne Angela Merkels Kanzlerbonus wäre das Ergebnis für die Union bei der Europawahl im Juni nicht so gut ausgefallen. Mit 35,3 Prozent der Stimmen lagen CDU und CSU dennoch deutlich knapper vor der SPD als bei den Bundestagswahlen wenige Monate zuvor. Mit ihrem umtriebigen Spitzenkandidaten Martin Schulz hatten die Sozialdemokraten einen Stimmenanteil von 27,3 Prozent erreicht. Ansonsten fiel das Wahlergebnis in Deutschland weniger spektakulär aus als in Großbritannien und Frankreich, wo rechte und europakritische Parteien die höchsten Stimmenanteile erreicht hatten. Dass die AfD auf 7,1 Prozent kam, entsprach den allgemeinen Erwartungen ebenso wie die Verluste der Grünen, die freilich nicht sehr hoch ausfielen. Sie erreichten mit 10,7 Prozent erneut ein zweistelliges Ergebnis. Die Linken konnten mit 7,4 Prozent etwa den gleichen Stimmenanteil einfahren wie 2009. Dramatisch blieb die Lage für die FDP, die nur 3,4 Prozent erreichte (165).

Dass sie überhaupt weiter im europäischen Parlament vertreten blieb, hatte sie den Karlsruher Verfassungsrichtern zu verdanken. Die hatten entschieden, dass eine Sperrklausel bei Europawahlen allzu sehr gegen den Grundsatz der Erfolgswertgleichheit jeder Stimme verstoße und daher verfassungswidrig sei. Was bei Bundestagswahlen im Interesse handlungsfähiger Mehrheitsbildung und Stützung einer Regierungsmehrheit hingenommen werden müsse, sei im europäischen Parlament nicht nötig, da hier gar keine Regierung existiere, die auf die regelmäßige Unterstützung von parlamentarischen Mehrheiten angewiesen sei (166). Schon 2011 hatte das Verfassungsgericht die bis dahin geltende Fünf-Prozent-Sperrklausel gekippt. Daraufhin beschloss der Bundestag eine Drei-Prozent-Hürde. Auch die war jetzt vom Tisch.

Durch die Wahlrechts-Entscheidung konnten neben den drei Liberalen auch noch fünf weitere deutsche Abgeordnete aus Kleinparteien ins Parlament einziehen. Sie vertraten dort die ÖDP, die Tierschutzpartei, die Freien Wähler und die NPD. Dazu kam der Satiriker Martin Sonneborn, der für eine Ulkpartei angetreten war, die sich »Die Partei« nannte (167).

Im September 2014 brachten die Wahlen in drei ostdeutschen Bundesländern überall bemerkenswerte Stimmenergebnisse für die AfD. Freilich konnte sich auch die CDU relativ gut behaupten. In Brandenburg und Thüringen gewann sie sogar hinzu. Die neue Konkurrenz durch die AfD ging – jedenfalls in Brandenburg – auch auf Kosten der Linkspartei, die dort aus der Regierungsrolle heraus 8,6 Prozent der Stimmen verlor, die Koalition mit der SPD aber fortsetzen konnte. In Sachsen regierten fortan wieder Union und SPD.

Spektakulär waren die Konsequenzen der Ergebnisse in Thüringen. Hier übernahm eine Koalition aus Linkspartei, SPD und Grüne die Regierung. Zwar war die CDU stärkste Partei geblieben und hatte sogar Stimmenanteile dazugewonnen. Doch weil auch die Linkspartei ein Rekordergebnis erzielt hatte und die FDP aus dem Landtag herausgefallen war, ergab sich die Chance für eine rot-rot-grüne Allianz. Mit dem Gewerkschafter Bodo Ramelow, der nach der Deutschen Einheit vom Westen in den Osten gewechselt war, wurde erstmals ein Politiker der Linkspartei Ministerpräsident eines deutschen Bundeslandes (168).

Die Wahl Ramelows war ein auch bundesweit viel beachteter Vorgang. Schließlich zeigte er eine demokratische Normalisierung im Umgang mit einer Partei, die aufgrund ihrer DDR-Erbschaften lange eine Außenseiterexistenz geführt hatte. Einzelne ihrer Gliederungen wurden vom Verfassungsschutz überwacht. Auch Ramelow selbst war über Jahre Objekt der Observation gewesen.

So gab es jetzt den einen oder anderen Protest. Vor dem Landtag wurde demonstriert, als die Wahl des Ministerpräsidenten anstand. Aber im Großen und Ganzen lief die Regierungsbildung erstaunlich unspektakulär. Ramelow fand sich sogar bereit, in die Vereinbarung mit SPD und Grünen einen Passus aufzunehmen, in dem die DDR als »Unrechtsstaat« charakterisiert wurde. Darauf hatten die künftigen Koalitionspartner bestanden. Die Linkspartei war ins Spektrum der etablierten Parteien hineingewachsen – jedenfalls im Osten.

In den Folgemonaten blieb die bundespolitische Stellung der Union mit ihrer populären Kanzlerin unangefochten. Im März 2015 sah die Forschungsgruppe Wahlen CDU und CSU bei 43 Prozent. Die SPD lag unverändert bei 24–26 Prozent, Grüne und Linkspartei um zehn Prozent. Die AfD wurde bei sechs Prozent eingestuft, die FDP befand sich am Rande der Wahrnehmungsschwelle. Nach ihrem Essener Spaltungsparteitag meldete das Politbarometer vom August nur noch drei Prozent für die AfD. Sogar die FDP hatte nun die Rechtspartei überholt. Weit vorn war weiterhin die Union mit 42 Prozent (169).

Mit der Grenzöffnung vom September aber begann ein deutlicher Rückgang der Zustimmungsraten für die führende Regierungspartei. Von September 2015 bis März 2016 verlor die Union in der »Sonntagsfrage« sechs Prozentpunkte und fiel von 41 auf nur noch 35 Prozent. Noch dramatischer verlief der Einbruch der Popularitätskurve von Angela Merkel. Hatte die Kanzlerin im Frühjahr 2015 von den Befragten noch die Traumnote plus 2,8 erhalten, so bekam sie im Januar 2016 nur noch die Durchschnittsnote 1,0.

Schon in der Euphorie der Willkommenskultur im September 2015 hatten 43 Prozent ihre Politik kritisch gesehen. Von Anfang an war die Flüchtlingspolitik umstrittener als es die Jubelbilder aus München suggerierten (170). Im Oktober fällte dann schon eine Mehrheit ein kritisches Urteil über den Flüchtlingskurs der Kanzlerin. Im Januar 2016 war die Zustimmungsrate für diese Politik auf 39 Prozent gefallen. Inzwischen sah fast jeder zweite Wähler die kulturellen Werte des Landes durch das Ausmaß der Zuwanderung bedroht, 60 Prozent hielten die Menge der Flüchtlinge nicht mehr für verkraftbar. Die Popularitätskurve für Angela Merkel war abgestürzt und die Kanzlerin nun so umstritten wie nie zuvor in ihrer langen Amtszeit (171).

Ihr Koalitionspartner SPD konnte davon nicht profitieren, im Gegenteil. Auch die Umfragewerte der Sozialdemokraten gingen zurück, wenngleich nicht so dramatisch. Zwischen Herbst 2015 und Frühjahr 2016 hat die Berliner Koalition gemeinsam etwa zehn Prozent verloren.

Die Landtagswahlen im März zeigten dann, wer die Profiteure dieses Vertrauensverlustes waren. Die AfD stieg in Baden-Württemberg zur drittstärksten, in Sachsen-Anhalt sogar zur zweitstärksten Partei auf. Gleichzeitig wurde die SPD in diesen Bundesländern geradezu marginalisiert. In Sachsen-Anhalt verlor sie mehr als die Hälfte, in Baden-Württemberg fast die Hälfte ihres Stimmenanteils. Im Südwesten waren die Grünen neben der AfD die großen Wahlsieger. Mit ihrem angesehenen Ministerpräsidenten Winfried Kretschmann erreichten sie 30,3 Prozent und hatten damit mehr als sechs Prozent dazugewonnen. Sie waren jetzt stärkste Partei im neuen Landtag. Die Union dagegen verlor ungefähr so viel wie die Grünen hinzubekamen. Im Ergebnis bedeutete das, dass sie künftig als Juniorpartner in einer grün-schwarzen Regierung mitregieren würde. Ob das angesichts der traditionellen Stärke der CDU in diesem Bundesland eine Chance oder eher eine Demütigung war, musste sich noch zeigen.

Während in Sachsen-Anhalt der Erfolg der AfD besonders spektakulär ausfiel und zu einer schwarz-rot-grünen Regierung führte, in die die SPD als großer Wahlverlierer eintrat, hatten die Sozialdemokraten in Rheinland-Pfalz mit ihrer populären Ministerpräsidentin Malu Dreyer ihre Position am Ende behaupten können. Geschlagen war hier die Union mit ihrer Spitzenkandidatin Julia Klöckner, deren Versuche einer inhaltlichen Abgrenzung zur Flüchtlingspolitik der Kanzlerin letztlich wenig genutzt hatten. Dabei ging der SPD-Erfolg vor allem zu Lasten der Grünen. Sie verloren zwei Drittel ihres Stimmenanteils von 2011 und konnten froh sein, dass sie mit 5,3 Prozent überhaupt wieder in den Landtag gekommen waren (172).

Recht gut hatten dagegen die Freien Demokraten abgeschnitten, die in Stuttgart und Mainz zwei bzw. drei Prozent der Wählerstimmen zulegten und in Rheinland-Pfalz jetzt wieder mitregieren konnten. Vielleicht würden die Freien Demokraten, deren Chef Christian Lindner sich inzwischen als Kritiker der Flüchtlingspolitik Angela Merkels profilierte, doch die Chance auf ein Comeback in der Bundespolitik bekommen.

Auch die Grünen waren von den Veränderungen der politischen Agenda betroffen. Nachdem sie zunächst die Folgen des Generationswechsels nach dem Rücktritt von Renate Künast, Jürgen Trittin und Claudia Roth aus der ersten Reihe verarbeiten mussten, hatten sie auf die wachsende Bedeutung der Flüchtlingsthematik mit einer demonstrativen Betonung ihrer traditionellen Flüchtlingsfreundlichkeit reagiert. Mitunter wurden sie jetzt die stärksten Unterstützer von Angela Merkel. Zeitweise schien es gar, als habe die Partei pragmatische Einsichten aus der Integrationsdebatte vergangener Jahre in der Euphorie der Willkommenskultur wieder aufgegeben. In vielen Statements und Vorschlägen dieser Wochen galten die Flüchtlinge als »Riesenchance« und »Glück« für die Deutschen. Besonders Fraktionschefin Göring-Eckardt betonte ein ums andere Mal, wie schön es doch sei, dass Deutschland sich jetzt verändern werde. Solche und andere Äußerungen wurden nur zu gerne von der aufstrebenden neuen Rechten aufgegriffen, um als Beleg für ihre krude These von der angeblich beabsichtigten »Umvolkung« zu dienen.

Nur vereinzelt waren bei den Grünen im Herbst 2015 auch andere Töne zu hören. Bald meldete sich der Tübinger Oberbürgermeister Boris Palmer zu Wort. Seine Einlassung, dass die Aufnahmekapazität Deutschlands begrenzt sei und das Land nicht alle, die kommen wollten, auch aufnehmen könne, blieb aber eine Einzelstimme (173). Immerhin stimmten die meisten Landesregierungen mit grüner Beteiligung dem Asylpaket I im Bundesrat zu. Dabei war der Einsatz von Ministerpräsident Kretschmann von entscheidender Bedeutung.

Mit der wachsenden Ernüchterung zum Jahresende und den Vorfällen von Köln gerieten auch die Grünen stärker in die Defensive. Die Wahlergebnisse mit den Verlusten in Sachsen-Anhalt und den dramatischen Einbußen in Rheinland-Pfalz zeigten das überaus deutlich. Unter diesen Umständen war der Erfolg der Kretschmann-Grünen im deutschen Südwesten umso erstaunlicher. Dass die Grünen in Baden-Württemberg unter diesen Rahmenbedingungen mehr als sechs Prozentpunkte dazugewinnen und die CDU als stärkste Partei überrunden konnten, hatte neben der Schwäche der SPD vor allem mit der Person des Ministerpräsidenten zu tun, der mit seinem konservativen Habitus den Wünschen und Bedürfnissen auch vieler potentieller Unionswähler besser entsprach als die Kandidaten der CDU selber (174).

Auch für die Linkspartei entstand mit der Flüchtlingskrise und dem Aufstieg der AfD eine veränderte Situation. Die Wählerwanderungen in Ostdeutschland zeigten, dass ein beträchtlicher Teil der Wählerschaft der neuen Rechtspartei aus dem Lager früherer Linken-Wähler stammte. Das hatte natürlich damit zu tun, dass die Linkspartei als Sammelbecken für Proteststimmungen in Ostdeutschland jetzt Konkurrenz bekommen hatte. Eine Rolle spielte aber auch, dass viele ideologisch der Linkspartei nahe Wähler in kulturellen Fragen eher konservative Positionen vertraten und dem Multi-Kulti-Ideal wenig abgewinnen konnten. Im Westen dagegen sah das ganz anders aus.

In den programmatischen Beschlüssen überbot die Linkspartei mit ihrem Plädoyer für offene Grenzen und der strikten Ablehnung jeder Obergrenze bei der Zuwanderung noch die flüchtlingsfreundliche Grundhaltung der Grünen. Die Fraktionsvorsitzende im Bundestag, Sahra Wagenknecht, die inzwischen zum neben Gregor Gysi bekanntesten Gesicht der Partei aufgestiegen war, sah jedoch die damit verbundenen Probleme für die Partei sehr deutlich. Sie mühte sich, andere Akzente zu setzen.

Daraus ergaben sich mehr oder weniger offen ausgetragene Konflikte. Vor allem Wagenknecht formulierte nun häufiger Merkel-kritische Positionen in der Zuwanderungsfrage, die die Bedenken und Ängste vieler Menschen vor einer in ihren Augen allzu großen Zahl der Flüchtlinge aufzunehmen versuchten. Ins gleiche Horn stieß Ex-Parteichef Oskar Lafontaine. Er wollte das Problem grundsätzlicher angehen und hielt die Masseneinwanderung aus kulturell fernen Ländern nach Europa für einen grundsätzlich falschen Weg zum Abbau des Wohlstandsgefälles auf der Welt. Im Juni 2018 eskalierte der Streit auf dem Linken-Parteitag in Leipzig. Zuvor hatte Wagenknecht in einem ZEIT-Beitrag von einer »linken Doppelmoral« gesprochen. Weite Teile der Linken pflegten »ihr eigenes gutes Gefühl in einer Willkommenskultur, um dann die realen Verteilungskämpfe in ein Milieu zu verbannen, das sich weit weg vom eigenen Leben befindet« (175). Doch mit dieser Haltung hatte sie auf dem Parteitag keine Chance. Die Linke bekräftigte ihre Positionen zur Migrationspolitik.

Auch die Initiative von Wagenknecht und Lafontaine zur Schaffung einer linken Sammlungsbewegung über die Parteigrenzen hinaus wurde von vielen in der Partei kritisch beurteilt. Der Initiative war schließlich auch kein großer Erfolg beschieden. 2019 kündigte Sarah Wagenknecht an, sich aus der Fraktionsführung zurückzuziehen. Sie sei »ausgebrannt« und immer häufiger krank, gab sie zur Begründung an (176). Dabei waren die anderen Akzente, die sie und ihr Ehemann Lafontaine gesetzt hatten, durchaus gehört worden. Bald genoss die Frontfrau der Linken sogar in AfD-Kreisen eine erstaunliche Reputation (177).

In der Union war schon der Koalitionsvertrag mit der SPD auf Kritik gestoßen. Der wirtschaftsliberale Flügel monierte eine allzu sozialdemokratische Handschrift der Vereinbarung. Auch Kritiker der Euro-Rettungspolitik und der Griechenland-Hilfspakete wie der Innenpolitiker Wolfgang Bosbach artikulierten ihr Unbehagen. Mit kritischen Anmerkungen tat sich auch Nachwuchspolitiker Jens Spahn hervor, der gleichwohl im Dezember 2014 ins Parteipräsidium gewählt wurde und dabei den von der Regierungschefin unterstützten Gesundheitsminister Hermann Gröhe ausstach (178).

Freilich blieben die Zeichen der Kritik am »Profilverlust« der CDU zunächst vereinzelt. Das ergab sich schon aus der überragenden Rolle von Angela Merkel beim Wahlsieg 2013, der ihr innerparteiliches Ansehen weiter verstärkt hatte. Hinzutrat, dass die Skeptiker der Übernahme sozialdemokratischer Positionen bei der Einführung eines gesetzlichen Mindestlohns durch den Konjunkturverlauf widerlegt wurden. Die befürchteten Verluste bei der Wettbewerbsfähigkeit der Wirtschaft blieben aus.

Auch die Flüchtlingskrise brachte die Position der Kanzlerin in der CDU nicht ins Wanken. Wohl nahm die Kritik zu, zumal die ausschlaggebenden Entscheidungen von der Kanzlerin praktisch im Alleingang getroffen worden waren und der »Kontrollverlust« von der CSU hart attackiert wurde. Doch offene Ablehnung blieb in der CDU selten. Zwar gelang es beim Parteitag im Dezember 2016 den Konservativen, mit knapper Mehrheit einen Antrag durchzusetzen, der eine Rückkehr zur im Koalitionsvertrag aufgegebenen Optionspflicht für im Lande geborene Kinder von Ausländern verlangte. Doch als Merkel in mehreren Fernsehinterviews den Beschluss als mehr oder weniger bedeutungslos abtat, blieben alle Erinnerungen an die Rolle von Parteitagen bei der innerparteilichen Willensbildung wirkungslos. Dass die Kanzlerin sich an den Beschluss offenbar nicht gebunden fühlte, wurde hingenommen. Beim sozialdemokratischen Koalitionspartner wäre das so kaum möglich gewesen. Kurz zuvor hatte Angela Merkel ihre neuerliche Kandidatur für die Bundestagswahl 2017 angekündigt und war mit 90 Prozent der Delegiertenstimmen als Parteivorsitzende bestätigt worden (179).

Dass der Ministerpräsident von Sachsen-Anhalt, Reiner Haseloff, im Mai 2016 beklagt hatte, dass die Union »inhaltlich und personell zu schmal« geworden sei und verlangte, dass die CDU auch das »rechte demokratische Spektrum« abdecken müsse, blieb ohne Konsequenzen. Zwar entstand im Frühjahr 2017 in der CDU ein Dachverband mit dem Namen »Werteunion. Freiheitlich-konservativer Aufbruch«, der sich für eine Obergrenze bei der Aufnahme von Flüchtlingen aussprach und auch sonst programmatisch vieles bündelte, was konservative Kritiker schon länger an der Politik Angela Merkels moniert hatten. Aber großen innerparteilichen Einfluss erlangte dieser Verband erst einmal nicht (180).

Immer schwieriger wurde dagegen das ohnehin spannungsreiche Verhältnis zwischen CDU und CSU. Schon bei der Einführung der PKW-Maut hatten sich beide Parteien im Wahlkampf unterschiedlich positioniert. Finanzminister Schäuble zweifelte angesichts des bürokratischen Aufwands und der nur bescheidenen Einnahmen, die zu erwarten waren, am Sinn des ganzen Projekts. Nachdem aber Parteichef Horst Seehofer die Maut zur Koalitionsfrage erhoben hatte, trugen CDU und SPD den Gesetzentwurf von Verkehrsminister Dobrindt dann doch mit. Er wollte den inländischen Autohaltern die Mautgebühren über die KFZ-Steuer erstatten, um die deutschen Autofahrer von Mehrbelastungen zu verschonen. Der Widerstand der europäischen Kommission führte freilich dazu, dass das Projekt zunächst auf Eis lag (181). Mit dem Urteil des EuGH im Frühsommer 2019 ist es inzwischen endgültig gescheitert. In der Folge geriet Dobrindts Nachfolger Scheuer über das Maut-Projekt sogar in große Schwierigkeiten. Seit Dezember 2019 überprüft ein Bundestags-Untersuchungsausschuss die möglichen Schäden für die Steuerzahler durch das gescheiterte Projekt, vorschnelle Vertragsabschlüsse mit Maut-Betreibern und die Verantwortlichkeiten dafür. Anfang 2020 wurde in den Medien über eine Ablösung Scheuers spekuliert.

Zum offenen Streit zwischen CDU und CSU aber kam es mit der Flüchtlingskrise im Herbst 2015. Die CSU sah nicht nur ihre Ablehnung einer
»multikulturellen Gesellschaft« bedroht. Auch die Anzeichen eines staatlichen Kontrollverlustes sowie die befürchtete Zunahme von Terrorismus
und Kriminalität berührten die Grundfesten ihres Selbstverständnisses als
einer Ordnungspartei, die auf Innere Sicherheit und die Durchsetzung von
Recht und Gesetz immer schon besonderen Wert gelegt hatte (182).

War der Streit bereits beim CSU-Parteitag im November 2015 auf offener
Bühne für jedermann sichtbar geworden, so gab ihm Angela Merkel noch
neue Nahrung durch ein Zeitungsinterview, in dem sie die alte strategische
Maxime von Franz Josef Strauß, nach der es rechts von der CSU keine demokratisch legitimierte Partei geben dürfe, relativierte. Für sie gelte dieser
Satz nicht mehr, wenn seine Umsetzung die Abkehr von Prinzipien bedeute,
die den »Kern unserer Überzeugungen« berührten (183). Dass die Kanzlerin
damit zugleich implizit ihre Politik als Umsetzung christlicher Grundprinzipien definierte, ließ den Ärger in der CSU nur weiter anschwellen.

Ab Mitte 2016 kam es zu einer gewissen Entspannung, nachdem der
Rückgang der Flüchtlingszahlen auch den Streit um eine Flüchtlingsobergrenze etwas entschärfte. Zugleich zeigte sich die Kanzlerin bemüht, der
CSU auf anderen Gebieten entgegenzukommen. Umgekehrt zwang der bevorstehende Bundestagswahlkampf auch die CSU zur Abrüstung. Ob freilich die Doppelstrategie Seehofers, Merkel machtpolitisch zu stützen, sie
aber gleichzeitig in einer Kernfrage ihrer Politik inhaltlich zu kritisieren,
erfolgreich sein würde, musste zweifelhaft bleiben (184).

Nachdem die SPD bei den Koalitionsverhandlungen relativ gut abgeschnitten und der Parteivorsitzende Sigmar Gabriel durch sein erfolgreiches Management beim Mitgliederentscheid öffentlich an Ansehen
gewonnen hatte, schienen die Voraussetzungen für eine Erholung der Sozialdemokraten eher günstig. Der Zugewinn von 6,5 Prozentpunkten bei
den Europawahlen 2014 deutete zunächst auch auf einen Aufwärtstrend.
Doch dieser Trend hielt nicht an. Bis zum Sommer 2015 war die Partei in
den Umfragen über ihr Ergebnis bei der Bundestagswahl 2013 kaum hin-
ausgekommen. Und die Landtagswahlen im Herbst 2014 hatten vor allem
Verluste gebracht. Besonders schmerzlich war das Ergebnis in Thüringen,
wo die Partei ein Drittel ihrer Anhängerschaft verloren hatte. Vielen Wählern galt hier offenbar die Linkspartei von Bodo Ramelow als die bessere
sozialdemokratische Partei (185).

Mit der wachsenden Bedeutung des Flüchtlingsthemas bekam auch
die SPD ein zusätzliches Problem. Während die SPD-Parteiführung wie
die Parteifunktionäre in ihren Grundhaltungen zur Einwanderung eher li-

bertäre kulturelle Grundhaltungen vertraten, war ein Teil ihrer potentiellen Wählerschaft aus den sozial weniger privilegierten Gruppen der Gesellschaft von Vorstellungen geprägt, die auf Beschränkung und Eindämmung der Migration zielten. Dabei spielte natürlich eine Rolle, dass diese Gruppen sich in ihrer Lebenswelt von möglichen negativen Wirkungen der Zuwanderung weitaus stärker betroffen sahen und um ihre angestammten Lebensverhältnisse fürchteten. Bereits vor dem Höhepunkt der Flüchtlingskrise hatte sich die »Akademiker- und Facharbeiterpartei« deutlich von Empfindungen, Positionen und Präferenzen der weniger Privilegierten entfernt (186).

Die Entwicklung im Herbst 2015 verstärkte diese Entfremdungsprozesse. Die Problemwahrnehmung in der akademisierten Mittelschichtsklientel, die den Kern der aktiven Mitgliederbasis der SPD ausmachte, unterschied sich jetzt noch stärker von der eines Teils ihrer traditionellen Wählerschaft. Zur Schwäche der Partei trugen irritierende Volten und Kehrtwenden des Führungspersonals zusätzlich bei. Hatte Sigmar Gabriel im Januar 2015 noch Dialogbereitschaft gegenüber PEGIDA herausgestellt, während seine eigene Generalsekretärin das völlig anders sah, sprach der gleiche Gabriel im Blick auf die Demonstranten im sächsischen Heidenau ein halbes Jahr später nur noch von »Pack«. Während der Parteichef im Februar 2015 noch meinte, dass es ein »demokratisches Recht« gebe, »rechts oder deutschnational« zu sein und manche Politiker und Journalisten ein »leicht gestörtes Verhältnis zur Wirklichkeit« besäßen, wollten die öffentlichen Sprecher der Sozialdemokratie von einer solchen Tonlage schon im Herbst 2015 nichts mehr wissen (187).

Solche Positionswechsel mussten auch für die innerparteiliche Stellung des Vizekanzlers und Parteivorsitzenden Folgen haben. Bald wurde ihm das Image des Unsteten, Unberechenbaren und Sprunghaften angeheftet. Beim Parteitag im Dezember 2015 folgte die Quittung: Nur 74 Prozent der Delegierten stimmten für seine Wiederwahl (188).

Im Frühjahr 2016 fielen die Werte für die SPD sogar deutlich unter das Wahlergebnis von 2013. Im März lag die Partei nur noch bei 23 Prozent. Die Landtagswahlen vom 16. März brachten den Sozialdemokraten in Sachsen-Anhalt wie in Baden-Württemberg Verluste in zweistelligen Größenordnungen. In beiden Ländern waren sie jetzt nur noch die viertstärkste Partei. Dass das Ergebnis in Rheinland-Pfalz deutlich besser ausfiel, hatte mit dem Duell der Spitzenkandidatinnen Malu Dreyer und Julia Klöckner zu tun (189).

Schon Ende 2016 begann sich der Rückzug Gabriels abzuzeichnen, der von den innerparteilichen Querelen genervt wirkte und es anscheinend leid war, für die Probleme der SPD verantwortlich gemacht zu werden. Im Januar 2017 trat er schließlich vom Amt des Parteivorsitzenden zurück. Als Nachfolger schlug er den ehemaligen Präsidenten des europäischen Parlaments und langjährigen Europaabgeordneten Martin Schulz vor. Schulz sollte auch Kanzlerkandidat für die Bundestagswahl 2017 werden. Innerhalb der Bundesregierung wechselte Gabriel ins Außenministerium. Der Posten war mit der Wahl von Frank-Walter Steinmeier zum Bundespräsidenten Anfang 2017 frei geworden (190).

Wie bei der Ausrufung des Kanzlerkandidaten Steinbrück vier Jahre zuvor gelang auch diesmal das sozialdemokratische Handling bei der Kandidatenauswahl nicht gut. Zwar verband Gabriel und Schulz ein enges politisches Vertrauensverhältnis. Bereits im Sommer 2016 hatten sie Gespräche über die künftige Rollenverteilung und eine mögliche Kanzlerkandidatur geführt. Wenn er es nicht mache, käme nur Martin Schulz in Betracht, hatte der Parteichef gesagt. Doch Gabriel hielt sich in den entscheidenden Wochen zu Beginn des Jahres 2017 lange bedeckt und konfrontierte Schulz schließlich so kurzfristig mit seinen Überlegungen, dass dem kaum Zeit blieb, sich auf die kommenden Aufgaben richtig einzustellen. Die Parteizentrale war auf eine Schulz-Kandidatur gar nicht vorbereitet (191).

7.8 DIE POLARISIERTE GESELLSCHAFT – PEGIDA UND DIE FOLGEN

Mit den steigenden Flüchtlingszahlen und der wachsenden Aufmerksamkeit für die Konsequenzen der Zuwanderung aus der islamischen Welt war schon vor der Zuspitzung im Herbst 2015 vor allem in Ostdeutschland eine gesellschaftliche Polarisierung verbunden, die in der Öffentlichkeit große Besorgnisse auslöste. Im Oktober 2014 hatte sich in Dresden ein Verein gebildet, der sich den Namen »Patriotische Europäer gegen die Islamisierung des Abendlandes« (PEGIDA) gab. Zu seinen Kundgebungen und Demonstrationen, die in den folgenden Monaten jeden Montag durchgeführt wurden und bewusst an die Traditionen der Montagsdemonstrationen im Wendeherbst 1989 anknüpfen wollten, erschienen bald 15 000 Teilnehmer und mehr. Am 12. Januar 2015 beteiligten sich nach Polizeiangaben mehr als 25 000 Menschen (192).

Dabei traten verschiedene Vertreter des rechten und ganz weit rechten Spektrums auf. Die Veranstalter verzichteten auf jede Abgrenzung zum rechtsextremistischen Milieu, was in der AfD zu der schon geschilderten

Kontroverse über das Verhältnis zu PEGIDA führte. Die Redner geißelten auf den Kundgebungen nicht nur heftig die Masseneinwanderung als Bedrohung der angestammten kulturellen Identität Deutschlands. Ihre oft beleidigende Pauschalkritik am Islam und den Zuwanderern trug meist auch eindeutig ausländerfeindliche Züge. Sie verbanden sich mit grundsätzlichem Misstrauen gegenüber den etablierten Parteien und Institutionen. Dazu wurden auch die Medien gezählt, die unter dem Begriff der »Lügenpresse« firmierten.

Zwar trug ein im Dezember 2014 veröffentlichtes Thesenpapier von PEGIDA mit 19 Punkten eher gemäßigte Züge. Darin war von »geregelter Zuwanderung« nach einem Punktesystem ebenso die Rede wie von »konsequenter Abschiebepolitik«. Die Verfasser betonten sogar, »für die Aufnahme von Kriegsflüchtlingen und politisch oder religiös Verfolgten« einzutreten. Nötig sei allerdings eine »Null-Toleranz-Politik gegenüber straffälligen Asylbewerbern und Migranten« (193) Im Januar 2015 wurden sechs Forderungen formuliert, unter denen sich auch das Verlangen nach einem Ende der Sanktionspolitik gegenüber Russland befand (194).

Doch der Gesamtcharakter der PEGIDA-Veranstaltungen mit ihren wiederkehrenden Ausfällen und Polemiken und der aktiven Rolle bekannter Vertreter der ganz rechten Szene widersprach einem pragmatischen Grundansatz diskutabler Forderungen.

Die etablierte politische Welt tat sich im Umgang mit PEGIDA nicht leicht. Erste Studien zu den Vorstellungen der Teilnehmer kamen zu unterschiedlichen Ergebnissen. Ob es sich überwiegend um besorgte Bürger handele oder um ressentimentgeladene Vertreter xenophobischer Ängste, blieb ebenso umstritten wie die Frage, ob ein Dialog mit PEGIDA Sinn mache. Während Angela Merkel in ihrer Neujahrsansprache 2015 davor warnte, jenen zu folgen, die heute wieder »Wir sind das Volk« riefen, weil sie in Wahrheit auf Hass und Abgrenzung setzten, traf Vizekanzler Sigmar Gabriel im Januar 2015 in Dresden PEGIDA-Anhänger zum Gespräch (195).

Es war schließlich die Person des PEGIDA-Organisators Bachmann, die die Protestbewegung Anfang 2015 massiv weiter diskreditierte. Medienberichte über sein Vorstrafenregister, Ausfälle im Netz gegen Flüchtlinge (»Dreckspack«, »Gelumpe«) und ein Bild, das ihn mit Hitlergruß zeigte, sorgten für interne Zwistigkeiten innerhalb des Vereins und für eine Distanzierung der AfD. Zwar setzten die Veranstalter ihre regelmäßigen Kundgebungen bald wieder fort. Doch die Zahl der Teilnehmer lag mit 2 000 bis 4 000 nun deutlich niedriger. Im Herbst stieg sie aber wieder auf 6 000 bis 8 000.

Noch einmal versammelten sich am auf dem Höhepunkt der Flüchtlingskrise am 19. Oktober 2015 20 000, nach anderen Angaben sogar 30 000 Menschen, um die Rede des deutsch-türkischen Schriftstellers Akif Pirinci zu hören. Die Veranstaltung geriet zum Skandal. Nachdem Pirinci von den Flüchtlingen als »Invasoren« und einer »Umvolkung« gesprochen hatte, die dem Austausch von Bevölkerungen durch die Rassenpolitik der Nationalsozialisten kaum fernläge, verstieg er sich zu Attacken gegen »grüne Kinderficker«, sprach von einem moslemischen »Vergewaltigungsfrühling« und von »geisteskranken Linken, Grünen und Perversen«. Schließlich erwähnte er auch den 2019 ermordeten Kasseler Regierungspräsidenten Walter Lübcke, der bei einer Bürgerversammlung Kritikern der Flüchtlingspolitik zugerufen haben soll, dass, wer die Werte einer offenen Gesellschaft nicht vertrete, das Land jederzeit verlassen könne. Man habe in der Führung des Landes den Respekt vor dem eigenen Volk derart verloren, dass man ihm die Ausreise empfehlen könne, »wenn es nicht pariert«, meinte Pirinci. Und verstieg sich dann zu der Äußerung: »Es gebe natürlich auch andere Alternativen. Aber die KZs sind ja leider derzeit außer Betrieb«. Das war dann auch den Pegida-Demonstranten zu viel. Unter lauten Buhrufen musste Pirinci seine Rede abbrechen.

Zwar hatte er nicht verlangt, Flüchtlinge ins KZ zu schicken, wie das einige Medien verbreiteten. Doch seine geschmacklosen Ausfälle hatten gravierende Folgen. Zunächst für ihn, der nicht nur wegen Volksverhetzung rechtskräftig verurteilt wurde, sondern auch berufliche Konsequenzen hinnehmen musste. Seine Verlagsgruppe stellte den Vertrieb seiner Bücher ein. Aber auch für Pegida, weil man diesen Auftritt zugelassen hatte. In der Folge ging die Zahl der Teilnehmer deutlich zurück. Ab März 2016 pendelte sie sich bei 2 000 bis 3 000 ein. Jetzt legte die sächsische AfD großen Wert auf Distanz (196).

Die ab Anfang 2015 unternommenen Versuche einer Ausdehnung von PEGIDA über Dresden hinaus verliefen wenig erfolgreich. Die Teilnehmerzahlen erreichten selbst im sächsischen Leipzig bei weitem nicht die Dresdener Größenordnungen. Erst recht galt das in den alten Bundesländern. Hier übertraf die Zahl der Gegendemonstranten, die durch die entsprechenden Aufrufe mobilisiert worden waren, in der Regel die Zahl derjenigen, die den Impuls der PEGIDA-Bewegung auch in ihre Stadt tragen wollten.

Hatte sich im Protest der PEGIDA-Demonstranten schon von Anfang an ein starkes Misstrauen gegenüber den etablierten Politikern und fast allen etablierten Institutionen gezeigt, so war mit der Krise von PEGIDA in Dresden eine weitere Radikalisierung verbunden. Während weite Teile der AfD-Funktionäre Wert auf Abgrenzung legten, freilich einige namhafte ostdeutsche AfD-Politiker diese Abgrenzung immer wieder unterliefen, zeigte sich die Radikalisierung bei den Kundgebungen immer deutlicher. Vor allem die »Volksverräterin« Angela Merkel wurde zur Zielscheibe kaum noch gezügelten Hasses. Von »gesteuerter Zuwanderung nach kanadischem Vorbild« war jetzt kaum noch die Rede. Stattdessen skandierten die Demonstrationsteilnehmer immer wieder »Festung Europa – Macht die Grenzen dicht« (197).

Derart offensive Attacken, die vom ganz rechten »Narrensaum« bis weit in die Mitte der Gesellschaft vordringen konnten, hatte Deutschland lange nicht mehr erlebt. Nachdem im südpfälzischen Kandel nahe der französischen Grenze Ende 2017 eine junge Frau von einem afghanischen Asylbewerber erstochen worden war, kam es in der pfälzischen Kleinstadt über viele Monate zu regelmäßigen Kundgebungen und Gegenkundgebungen. Auch nach der rechtskräftigen Verurteilung des Täters kam der Ort nicht zur Ruhe (198).

Die gesellschaftliche Polarisierung fand ihren Ausdruck freilich auch auf der anderen Seite. Eine in einigen Fällen tatsächlich übertriebene Medienberichterstattung lieferte der pauschalen Medienkritik von rechts gelegentlich auch Anhaltspunkte (199). Ein Übermaß an Skandalisierung, dem vorschnell jede Grundsatzkritik an der deutschen Migrationspolitik als Ausdruck von »Rassismus« galt, konnte zur Versachlichung der Auseinandersetzung ihrerseits nicht beitragen. Eine besondere Rolle spielte dabei die verzögerte Berichterstattung über die Vorgänge in der Kölner Silvesternacht.

Wo die einen rasch mit der Skandalisierung von Protest als »rassistisch« oder »rechtsradikal«, »frauenfeindlich«, »fremdenfeindlich« oder »rechtsextremistisch« zur Stelle waren, sahen sich die so Etikettierten von einem »Kartell aus schwarz-rot-grüner Politik« attackiert, das im Bündnis mit einer angeblichen »Lügenpresse« die Wahrheit unterdrücke und verfälsche und »Kämpfer für Freiheit und Demokratie« zu Nazis stigmatisierte.

Für den Aufstieg der AfD hat der Empörungsfuror, mit dem nicht nur die etablierte Politik, sondern auch der Medien-Mainstream die neue Rechte begleitete, die Rolle eines unfreiwilligen Wachstumsmotors gespielt. Mitunter gerieten AfD-Politiker dabei in die Rolle der Verfolgten, denen man selbstverständliche Rechte nicht zubilligen mochte. Dass Spitzenkandidaten aus demokratischen Parteien sich weigerten, mit den Sprechern der AfD in Kandidatenrunden zusammenzutreffen, dass Geschäftsordnungen und Satzungen verändert wurden, um AfD-Politiker fernzuhalten, war nicht nur Ausdruck einer gewachsenen politischen Polarisierung. Es sicherte der AfD mancherorts auch eine Art Mitleidsbonus für Ausgegrenzte.

Der Empörungsfuror hat das Wachstum der neuen Rechten jedenfalls nicht nur nicht behindert, sondern eher verstärkt (200).

Das gilt besonders für Ostdeutschland, wo das klassische Parteiensystem ohnehin nie so fest verankert werden konnte wie im Westen und in den Tiefenschichten des Bewusstseins von Vielen noch die Kränkungen weiterlebten, die die Erfahrungen der Wendezeit mit sich gebracht hatten.

7.9   DIE DEUTSCHE AUSSENPOLITIK, EUROPA UND DER BREXIT

Die Große Koalition hatte sich zu Beginn ihrer Amtszeit mit einer besonderen Verschränkung von Innen-, Europa- und Außenpolitik herumzuschlagen. Hatte schon für die Ukrainekrise das Verhältnis des Landes zur EU eine ursächliche Rolle gespielt, was den Europäern und damit auch Deutschland eine besondere Verantwortung auferlegte, so rückte 2015 erneut die Eurokrise in den Mittelpunkt. In den Verhandlungen über ein drittes Griechenland-Rettungspaket kam der Bundesregierung eine Schlüsselrolle zu.

Dabei stieß ihre Grundposition, nach der die Krise in erster Linie eine Staatsschuldenkrise und Folge leichtfertiger Haushaltspolitik von Ländern an der südlichen Peripherie der Eurozone war und deshalb nur durch strenge Ausgabendisziplin und eine Austeritätspolitik in diesen Staaten gelöst werden könne, in Europa auf heftige Kritik (vgl. oben). Was innenpolitisch auf breite Unterstützung rechnen konnte, schürte in anderen europäischen Staaten Ressentiments gegenüber einer deutschen Hegemonie. So blieb die Politik der Bundesregierung ein schwieriger Balanceakt.

Während sich die Vorstellungen der Deutschen in den Verhandlungen um das dritte Hilfspaket für Griechenland weitgehend durchsetzten, sah das in der Migrationskrise ganz anders aus. Der deutsche Anlauf zu einem gesamteuropäischen System der Verteilung der Migranten wurde ein Fehlschlag. Auch das Türkei-Abkommen blieb umstritten. Und nachdem mit Schweden und Österreich die beiden Staaten, die Deutschland in der Flüchtlings- und Asylpolitik bis dahin am nächsten gestanden hatten, Ende 2015 bzw. Anfang 2016 einen Kurswechsel beschlossen und von ihrer großzügigen Flüchtlingspolitik abrückten, war Deutschland in der EU praktisch isoliert. So etwas hatte es in der Geschichte der Gemeinschaft kaum einmal gegeben (201).

Gleichzeitig sah sich Europa im Frühjahr 2016 mit einem weiteren Problem für die Zukunft der europäischen Integration konfrontiert. Der britische Premierminister David Cameron hatte nach seinem Sieg bei den Unterhauswahlen im Mai 2015 sein schon 2010 abgegebenes Versprechen wahrgemacht, ein Referendum über den weiteren Verbleib Großbritanniens in der Gemeinschaft anzusetzen. Seit dem Beitritt des Landes zur EG 1973 war diese Mitgliedschaft in der britischen Öffentlichkeit immer wieder umstritten gewesen. Auch die Zugeständnisse der Partnerländer, durch die Großbritannien wiederholt eine Sonderrolle einnahm, konnten die kritische Grundstimmung in Teilen der britischen Gesellschaft nicht dauerhaft besänftigen. Weder der Beitragsrabatt, den Margaret Thatcher 1984 durchsetzen konnte, noch Sonderregelungen für Großbritannien im Lissaboner Vertrag vermochten das zu ändern. Inzwischen nahmen auch viele alteingesessene Bewohner der Insel Anstoß an einer aus ihrer Sicht zu hohen Zuwanderung aus anderen EU-Ländern. Anfang 2016 meinten das jedenfalls 69 Prozent der Bevölkerung. Sie verlangten, Sozialleistungen für Migranten aus Europa zu kürzen (202)

Cameron wollte vor der anstehenden Volksabstimmung in Neuverhandlungen mit der EU über die Bedingungen einer künftigen EU-Mitgliedschaft des Landes wichtige Zugeständnisse erreichen. Tatsächlich konnte er im Februar 2016 ein Verhandlungsergebnis präsentieren, nach dem Großbritannien das Recht erhalten sollte, an weiteren Integrationsschritten Europas nicht teilnehmen zu müssen. Der Einfluss der nationalen Parlamente auf die Brüsseler Gesetzgebung sollte verstärkt, die EU-Mitglieder, die nicht der Eurozone angehörten, sollten nicht benachteiligt werden und die Briten in den Genuss von Ausnahmeregelungen bei der Zahlung von staatlichen Lohnkostenzuschüssen an Geringverdiener aus dem europäischen Ausland kommen (203).

Für Cameron galt das als Erfolg. Damit, so glaubte er, könne er an der Spitze der »Remainer« die Abstimmung über die EU-Mitgliedschaft gewinnen. Er rechnete fest damit, dass sich die Wähler letztlich für den Status quo entscheiden würden.

Doch seine Verhandlungsergebnisse wurden von der europakritischen Boulevardpresse weit kritischer bewertet als er gehofft hatte. Und bald erwuchs ihm mit dem Londoner Bürgermeister Boris Johnson ein gefährlicher Konkurrent, der in Camerons eigener konservativer Partei zum Wortführer der Europa-Gegner wurde. Das war ein schlechter Auftakt für die Referendumskampagne, in der die Zuwanderung vor allem aus den osteuropäischen EU-Staaten zum beherrschenden Thema wurde. Die Behauptung, das britische Gesundheitssystem werde von »Gesundheitstouristen ausgeblutet«, diente als wichtigstes Argument der »Leave«-Protagonisten, zu deren führenden Köpfen Boris Johnson und UKIP-Chef Nigel Farage wurden. Johnson betonte besonders die »Wiederherstellung der staatlichen Souveränität« und die »Rückgabe demokratischer Rechte« von Brüssel nach London (204)

Der Versuch einer breiten Koalition von Politikern, Ökonomen und Unternehmern, mit einem düsteren Schreckensbild von den negativen wirtschaftlichen Konsequenzen eines EU-Austritts dagegenzuhalten, verfing so recht nicht. Die »Leave«-Befürworter konterten, die Menschen hätten die Nase voll von Experten, die doch immer falsch lägen. Ihr wichtigstes Argument aber blieb die fehlende Kontrolle über die Migration aus Europa.

Obwohl die Kampagne der »Remainer« nicht glatt lief und David Cameron persönlich nach der Veröffentlichung der »Panama-Papers« auch noch mit Vorwürfen wegen angeblicher Steuerhinterziehung zu tun bekam, deuteten die meisten Umfragen in den letzten Tagen vor der Abstimmung auf eine knappe Mehrheit für den Verbleib des Landes in der EU (205).

Doch am 23. Juni 2016 entschieden die Bürger Großbritanniens dann doch anders. 51,9 Prozent der Teilnehmer am Referendum sprachen sich für einen Austritt des Landes, nur 48,1 Prozent für die Fortsetzung der EU-Mitgliedschaft aus. 72,2 Prozent der Abstimmungsberechtigten hatten sich beteiligt. Die Beteiligungsrate lag damit höher als bei den vorangegangenen Unterhauswahlen.

Während Cameron unmittelbar nach dem Referendum zurücktrat und nach kurzem internen Machtkampf Theresa May die Nachfolge übernahm, reagierte man in Brüssel schockiert. Ein Ausscheiden Großbritanniens bedeutete nicht nur die Trennung von einem der wichtigsten Mitgliedsländer. Es würde auch Auswirkungen in den übrigen EU-Ländern haben. Wollte man diese begrenzen, musste der britische Austrittswunsch akzeptiert werden. Zugleich aber kam es darauf an, die Reihen der verbleibenden Staaten zu schließen. Eine »Bestrafung« Großbritanniens durfte es bei den anstehenden Austrittsverhandlungen demnach ebenso wenig geben wie ein besonderes Entgegenkommen.

Nun war auch die Bundeskanzlerin gefordert. Tatsächlich hob Angela Merkel schon in der ersten Bundestagsdebatte nach der britischen Volksabstimmung Ende Juni 2016 die besondere Verantwortung der Bundesregierung hervor, ein Auseinanderbrechen der EU zu vermeiden. Die Hoffnungen britischer Politiker, die Interessen der exportorientierten deutschen Wirtschaft würden dafür sorgen, dass die Bundesregierung Großbritannien beim Zugang zum europäischen Binnenmarkt entgegenkommen würde, erfüllten sich nicht. Die Kanzlerin blieb auch in der Folgezeit ihrer Position treu, nach der es Sonderrechte für das Vereinigte Königreich nicht geben könne (»keine Rosinenpickerei«) (206).

Die Anstrengungen Merkels und ihrer Regierung konzentrierten sich jetzt darauf, eine gemeinsame Linie der anderen 27 EU-Mitgliedsländer gegenüber Großbritannien aufrechtzuerhalten. Zugleich wollte Deutschland gemeinsam mit Frankreich Vorschläge zur weiteren Vertiefung der europäischen Integration vorlegen (207).

Im Januar 2017 gab Theresa May den Rahmen für den britischen Austritt bekannt. Danach wollte das Land nicht nur den Binnenmarkt verlassen, sondern auch die Zollunion. Am 29. März teilte die Regierung dem Präsidenten des Europäischen Rats, Daniel Tusk, offiziell den Austrittswunsch mit. Damit stand fest, dass Großbritannien bis zum 29. März 2019 ausscheiden würde. Nun begannen langwierige Verhandlungen, die bis Ende 2018 zwar ein Ergebnis brachten, für das aber Theresa May in verschiedenen Anläufen im Unterhaus keine Mehrheit bekam. Im Sommer 2019 musste sie ihren Platz räumen.

Nachfolger wurde Boris Johnson. Ihm gelang zwar eine neue Übereinkunft mit der EU über den »Backstop«, bei dem es um die schwierige Frage der künftigen Grenzregelung zwischen dem britischen Nordirland und der Republik Irland ging. Im Unterhaus gab es aber auch dafür keine Mehrheit, so dass der Weg schließlich zu einer Neuwahl des Parlaments im Dezember 2019 führte. Ihr Ausgang sorgte dann am 12. Dezember 2019 endlich für klare Verhältnisse. Nach dem deutlichen Wahlsieg der Konservativen hatte Boris Johnson endlich die Mehrheit, die die Weichen für den definitiven Austritt Großbritanniens aus der Gemeinschaft zum 31. Januar 2020 stellen konnte. Der dann vollzogene Austritt bildete freilich nur den Anfang für komplizierte Detailverhandlungen. Wie das künftige Verhältnis Großbritanniens zur Europäischen Union genau aussehen wird, ist bislang noch nicht geklärt.

Während die Regierung Merkel in den Brexit-Verhandlungen eine Führungsrolle übernahm und sich auch im Ukraine-Konflikt stark engagierte, spielte sie im Syrien-Konflikt nur eine nachgeordnete Rolle. Zwar korrigierte sie ihre Haltung der militärischen Nichteinmischung, wie sie in der Zeit von Außenminister Guido Westerwelle eingenommen worden war. Anfang 2014 erklärte Berlin sich bereit, einer Anfrage der Vereinten Nationen nachzukommen und sich an der Zerstörung der Chemiewaffen des Assad-Regimes zu beteiligen. Im Sommer 2014 beschloss die Große Koalition, die kurdischen Peschmerga im Norden Iraks mit Waffen und Munition zu versorgen. Die Peschmerga spielten eine zentrale Rolle im Kampf gegen die islamistische Terrororganisation »Islamischer Staat«, der inzwischen weite Teile des syrischen Staatsgebiets kontrollierte. Seit November 2015 unterstützte man auch die Luftschläge Frankreichs gegen den »IS« mit Tornado-Aufklärungsflugzeugen und einer Fregatte der Bundesmarine (208). Doch das Ausmaß des militärischen Engagements blieb bescheiden und trug eher symbolische Züge.

Das hatte auch mit einem Kernproblem deutscher Außenpolitik zu tun, das in den öffentlichen Debatten dieser Zeit eine wachsende Rolle spielte: Die stärkere Übernahme weltpolitischer Verantwortung durch die europäische Führungsmacht Deutschland. Schon länger sah sich die deutsche Außenpolitik mit der Kritik ihrer Partnerländer konfrontiert, die Deutschland als »Trittbrettfahrer« sahen, der vom Engagement seiner Verbündeten für die internationale Ordnung profitierte, ohne einen eigenen Beitrag zu leisten, der der Bedeutung Deutschlands entsprach (209). Diese Frage gewann noch an Bedeutung, weil Frankreich durch seine wirtschaftlichen Schwierigkeiten international an Gewicht verlor und Großbritannien durch die Brexit-Debatte gelähmt war. Hinzu kam, dass die deutsche Geschichte als zentrales Argument zur Begründung weltpolitischer Zurückhaltung des Landes von den Bündnispartnern immer weniger akzeptiert wurde. Die Neigung der Deutschen, die weltpolitische Sonderrolle einer »Zivilmacht« in Anspruch zu nehmen, war gegenüber den rot-grünen Jahren inzwischen wieder größer geworden.

Vor diesem Hintergrund sprachen sich führende deutsche Politiker für ein stärkeres internationales Engagement der deutschen Politik aus. Bundespräsident Gauck warf in seiner Rede zum Tag der Deutschen Einheit am 3. Oktober 2013 die Frage auf, ob Deutschlands internationales Engagement der »Bedeutung unseres Landes« entspreche und wandte sich dagegen, dass Deutschland »sich klein macht, um Risiken und Solidarität zu umgehen«. Deutschland sei keine Insel und »wir sollten uns nicht der Illusion hingeben, wir könnten verschont bleiben von den politischen und ökonomischen, den ökologischen und den militärischen Konflikten, wenn wir uns an deren Lösung nicht beteiligen« (210).

In eine ähnliche Richtung wiesen bald auch andere prominente Stimmen. Deutschland sei zu groß, um Weltpolitik nur von der Außenlinie aus zu kommentieren, meinte Außenminister Steinmeier. Im Übrigen sei das Land wie kein zweites »auf eine regelbasierte internationale Ordnung« angewiesen. Demnach war die Akzeptanz einer stärkeren weltpolitischen Verantwortungsübernahme innerhalb der politischen Eliten recht groß.

Diese Bereitschaft stand freilich in wachsendem Kontrast zur öffentlichen Meinung. Nach verschiedenen Umfragen lehnten Mehrheiten eine stärkere weltpolitische Verantwortungsübernahme Deutschlands ab. Ende 2019 veröffentlichte das Allensbach-Institut Zahlen, nach denen zwar eine Mehrheit der Bevölkerung heute davon ausgeht, dass auf den Schutz durch

Amerika nicht mehr vertraut werden könne. Zugleich aber befürworteten nur 20 Prozent ein stärkeres weltpolitisches Engagement der Deutschen. Die Frage, wer das dann übernehmen soll, scheinen die meisten zu verdrängen.

Besonders kritisch wurden und werden inzwischen die Auslandseinsätze der Bundeswehr beurteilt. Ende 2014 traten 82 Prozent der Deutschen für eine Reduzierung dieser Einsätze ein (211). Der Anteil derjenigen, die eine größere Verantwortung Deutschlands in der internationalen Politik bejahten, ist gegenüber den ersten Jahren nach der Deutschen Einheit sogar zurückgegangen. Das sprach nicht für die Notwendigkeit einer Gewöhnungsphase, sondern eher für Bequemlichkeitsattitüden einer wohlstandsverwöhnten Gesellschaft. Auch ein Übermaß an politischem Moralismus, der die Existenz des Militärischen und militärisch gestützter Machtpolitik in der internationalen Politik am liebsten verdrängte, mochte hier eine Rolle spielen. Wo immer die Ursachen lagen: Die Diskrepanz zwischen den realpolitischen Vorstellungen der politischen Entscheidungsträger und den Einstellungen der Öffentlichkeit war beträchtlich (212).

Diese Diskrepanz wirkte sich auch auf das Verhältnis Deutschlands zur NATO aus. Zwar hatte sich die Bundesregierung 2014 dazu bekannt, »einen Beitrag zur Bewältigung des Ungleichgewichts bei der Lastenteilung« in der Allianz zu leisten. Das in der NATO vereinbarte Ziel, nach dem die Mitgliedsländer bis 2024 zwei Prozent ihres BIP für ihre Verteidigungshaushalte aufwenden sollten, wurde grundsätzlich auch in Berlin anerkannt. Doch nachdem mit der Wahl Donald Trumps zum Präsidenten der USA 2016 die Ressentiments gegenüber der Führungsmacht der Gemeinschaft stark gewachsen waren, musste das auch die Rolle Deutschlands in der NATO beeinflussen. Das galt umso mehr, als die Trump-Administration bald damit drohte, das amerikanische Engagement in der NATO zurückzufahren, sollten die Bündnispartner ihren Verpflichtungen nicht nachkommen (213). Bis heute belasten diese Probleme die künftige Rolle Deutschlands in der NATO und einer globalen Sicherheitsarchitektur der Zukunft. Äußerungen führender SPD-Politiker zu den amerikanischen Atomwaffen in Deutschland haben im Mai 2020 die Brisanz, die darin steckt, erneut gezeigt.

Die Außenpolitik der dritten Merkel-Regierung hat unterschiedliche Ergebnisse gebracht. Während Deutschland in der Eurokrise ebenso eine Führungsrolle übernahm wie im Ukraine-Konflikt und in den Konsequenzen des britischen Brexit-Votums seine Politik am Zusammenhalt der 27 verbleibenden Länder ausrichtete, erlebte die Merkel-Regierung bei ihren Versuchen, eine europäische Lösung der Migrationsfrage zu erzwingen, eine Niederlage. Kaum eine Rolle gespielt hat Deutschland im Syrien-Konflikt.

Unsicherer denn je blieb die Zukunft des Landes in der nordatlantischen Verteidigungsgemeinschaft und die Entwicklung des Verhältnisses zu den Vereinigten Staaten. Und die in den letzten Jahren vor allem von Frankreich wieder aktualisierten Überlegungen zu einer gemeinsamen europäischen Verteidigungspolitik könnten in ihrer realpolitischen und nicht nur symbolischen Umsetzung dabei leicht in Widerspruch zu einer öffentlichen Meinung geraten, die sich mit einem pragmatischen Blick auf das Militärische schwerer tut als unsere Nachbarn.

7.10 DIE BUNDESTAGSWAHL 2017

Bis zum Herbst 2016 hatte sich an der politischen Grundstimmung im Lande wenig verändert. Trotz rückläufiger Migrantenzahlen blieb das Flüchtlingsthema ganz oben auf der politischen Agenda der Bürger. Zumal die Folgeprobleme immer wieder für Aufregung sorgten. Im Herbst erregte die Ermordung einer Freiburger Studentin durch einen afghanischen Migranten, der bereits in Griechenland wegen eines Vergewaltigungsdelikts inhaftiert worden war, die Öffentlichkeit. Kurz vor Weihnachten war es der Fall Anis Amri, der Kontrollverlust und Überforderung der Behörden zu demonstrieren schien.

Bei den Wahlen zum Berliner Abgeordnetenhaus im September verloren beide Großparteien fast gleich viele Stimmen. Zwar blieb die SPD in der Hauptstadt stärkste politische Partei. Doch mit 21,6 Prozent der Stimmen war der Regierende Bürgermeister Michael Müller nur ein schwacher Wahlsieger. Nie zuvor in der Geschichte der Bundesrepublik ist eine Partei bei Landtagswahlen mit einem derart bescheidenen Ergebnis stärkste politische Kraft geworden. Fortan wurde die Hauptstadt von einer rot-rot-grünen Koalition regiert. Die CDU lag mit 17,6 Prozent nur drei Prozentpunkte vor der AfD, die im Osten der Stadt die Union sogar hinter sich ließ (214).

Ähnlich verlief auch die Landtagswahl in Mecklenburg-Vorpommern. Auch hier verloren CDU und SPD deutlich. Die Sozialdemokraten büßten fünf Prozent ein, die Union verlor vier. Die AFD wurde zweitstärkste Kraft. Deutlich verloren hatte auch die Linkspartei. Die Grünen schafften nicht einmal die Rückkehr in den Landtag, den auch die NPD jetzt wieder verlassen musste. Wie in Berlin war erstmals seit Jahrzehnten die Wahlbeteiligung wieder angestiegen (215).

Zum Jahresende vermeldeten die Demoskopen einen Anstieg der Umfragewerte für die Union. Dagegen stagnierten die Sozialdemokraten bei

21 bis 22 Prozent. Im Januar 2017 trafen dann die Parteispitzen der SPD eine wichtige Personalentscheidung. Parteichef Gabriel verzichtete am 24. Januar nicht nur auf die Spitzenkandidatur für die bevorstehende Bundestagswahl. Er gab zugleich auch den Parteivorsitz auf. Neuer Parteichef und zugleich auch Kanzlerkandidat sollte der Europaabgeordnete und inzwischen ehemalige EU-Parlamentspräsident Martin Schulz werden, der schon im November 2016 seinen Wechsel in die Bundespolitik bekannt gegeben hatte (216) (vgl. oben).

Dafür wollte Gabriel als Amtschef ins Außenministerium wechseln. Dieser Posten würde in den nächsten Wochen frei werden, da Frank-Walter Steinmeier für das Amt des Bundespräsidenten kandidierte. Gabriel hatte ihn im Oktober 2016 vorgeschlagen. Als von beiden Koalitionspartnern unterstützter Kandidat konnte Steinmeier sicher davon ausgehen, von der Bundesversammlung auch gewählt zu werden. Zuvor waren auch Bundestagspräsident Norbert Lammert, Ministerpräsident Winfried Kretschmann und die frühere DDR-Bürgerrechtlerin und Grünen-Vorsitzende Marianne Birthler, die als Chefin der Stasi-Unterlagenbehörde schon einmal Nachfolgerin von Joachim Gauck geworden war, im Gespräch gewesen. Birthler wäre es womöglich auch geworden. Sie hatte aber Angela Merkel im letzten Moment abgesagt (217). Damit war der Weg für Steinmeier frei. Tatsächlich erhielt er am 12. Februar 2017 eine Dreiviertelmehrheit. Joachim Gauck hatte im Herbst 2016 mitgeteilt, aus Altersgründen für eine zweite Amtszeit nicht mehr zur Verfügung zu stehen (218).

Am 29. Januar nominierte der SPD-Parteivorstand Schulz zum Kandidaten für Parteivorsitz und Kanzlerkandidatur. Am 19. März wählten die Delegierten des Parteitags Schulz einstimmig zu ihrem neuen Parteichef. 100 % der Delegiertenstimmen – so viel Unterstützung hatte noch keiner seiner Vorgänger seit 1945 bekommen (219). In der Euphorie der Nominierung ging unter, wie kurzfristig die Schulz-Kandidatur eingefädelt worden war. Als Schulz Ende Januar ins Willy-Brandt-Haus in Berlin einzog, waren die wichtigsten Entscheidungen für die Wahlkampagne längst gefallen. Schulz hatte nur zwei Mitarbeiter seines Vertrauens dabei. Die Parteizentrale war ihm so gut wie unbekannt (220).

Dennoch schien die SPD mit der Nominierung endlich wieder auf Erfolgskurs. In den fünf Wochen bis Anfang März verzeichnete die Partei mehr als 10 000 Neueintritte. In den Umfragen gewannen die Sozialdemokraten allein im Februar durchschnittlich sechs Prozentpunkte dazu. Mit 30 Prozent lagen sie jetzt nur noch knapp hinter der Union (34 Prozent). In der Frage nach der Kanzlerpräferenz hatte Martin Schulz bereits Anfang Februar Angela Merkel überholt und konnte diesen Vorsprung bis zum Monatsende weiter ausbauen. Im Ranking des ZDF-Politbarometer war er zum beliebtesten deutschen Politiker aufgestiegen. Im März erreichte die SPD mit 32 Prozent ihren höchsten Umfragewert seit dem Rückzug von Gerhard Schröder 2005 (221). Ein Bundeskanzler Schulz schien möglich.

Doch mit den Niederlagen der Sozialdemokraten bei den folgenden Landtagswahlen im Saarland, in Schleswig-Holstein und Nordrhein-Westfalen kam der »Schulz-Zug«, von dem die Medien inzwischen sprachen, zum Halten. Gegen den Bundestrend hatte die Union im Saarland mit ihrer Ministerpräsidentin Annegret Kramp-Karrenbauer ihre Position ausbauen können, während die SPD, Koalitionspartner auch an der Saar, leichte Verluste hinnehmen musste. Stimmenanteile verlor auch die Linkspartei, die mit Oskar Lafontaine hier noch immer eine Wahllokomotive aufbieten konnte. An der Fünfprozenthürde gescheitert waren Grüne und FDP. Die AfD konnte zwar in den Landtag einziehen, war aber mit 6,2 Prozent unter den Erwartungen geblieben (222).

Ließ sich das Ergebnis an der Saar noch mit regionalen Besonderheiten erklären, so sah das nach den Landtagswahlen in Schleswig-Holstein und Nordrhein-Westfalen im Mai anders aus. Im hohen Norden mussten die Sozialdemokraten nicht nur Stimmenverluste hinnehmen, sondern verloren auch ihre Stellung als Regierungspartei. SPD-Ministerpräsident Thorsten Albig wurde durch Daniel Günther (CDU) ersetzt, dessen Partei leicht hinzugewonnen hatte. Stark blieben in Kiel auch die Grünen. Weil auch die Liberalen mit ihrem eloquenten Spitzenkandidatin Wolfgang Kubicki zugelegt hatten, regierte künftig eine Jamaika-Koalition aus CDU, Grünen und FDP. Auch in Schleswig-Holstein blieb das Wahlergebnis der AfD mit 5,9 Prozent in bescheidenen Größenordnungen (223).

Viel spektakulärer noch aber fiel die Wahlniederlage der Sozialdemokraten an Rhein und Ruhr eine Woche später aus. In Nordrhein-Westfalen verlor die SPD mit ihrer lange so populären Ministerpräsidentin Hannelore Kraft fast acht Prozent der Stimmen. Da auch die Grünen knapp fünf Prozent einbüßten und nur noch auf 6,4 Prozent kamen, war die Mehrheit für Rot-Grün dahin. Eindeutige Wahlsieger waren CDU und FDP. Die Union gewann fast sieben, die FDP vier Prozent hinzu. Das Land wurde jetzt von einer schwarz-gelben Koalition mit Armin Laschet an der Spitze regiert (224). Auch in Düsseldorf gelang der AfD mit 7,4 Prozent der Einzug in den Landtag.

Für das Ergebnis von Nordrhein-Westfalen hatten landespolitische Faktoren eine große Rolle gespielt. Die Vorgänge in der Kölner Silvesternacht, Ermittlungspannen in der Sache Anis Amri und die Existenz von »Parallelgesellschaften« in manchen Stadtvierteln des Ruhrgebiets beeinflussten

die Entscheidung der Wähler ebenso wie die von den Grünen verantworte-
te Schulpolitik. Die Bewertung der Arbeit der Landesregierung durch die
Wähler lag im Frühjahr 2017 auf einem für Landesregierungen ungewöhnlich niedrigen Wert (225).

Mochten sich auch noch so viele landespolitische Faktoren zur Erklärung
der Schlappe finden lassen: Die Diskrepanz zwischen dem Wahlergebnis und der bundespolitischen Stimmungslage vom März war derart frap-
pierend, dass die Strategie der Sozialdemokraten für die Bundestagswahl
schon empfindlich beschädigt war, bevor der Wahlkampf überhaupt richtig begonnen hatte.

Dabei sollte das Thema »soziale Gerechtigkeit« im Mittelpunkt stehen.
Geplant war, dass der Kandidat bis zum Frühsommer die Berliner Bühne
und die dortige mediale »Kommunikationsblase« möglichst meiden und
sich auf Touren durch das übrige Deutschland ein eigenes Profil verschaffen sollte. Das ließ sich zunächst auch recht gut an. Die einfachen Botschaften von der »Würde der Arbeit« und den kleinen Leuten, die von ihrer Arbeit endlich wieder anständig leben können sollten, verfingen zunächst
durchaus.

Ein erstes strategisches Problem entstand, als Martin Schulz allzu deutlich mit der Möglichkeit einer rot-rot-grünen Allianz im Saarland liebäugelte. Damit plädierte er für ein Koalitionsmodell, das von der großen
Mehrheit der Wähler abgelehnt wurde. So geriet er selbst ohne Not in die
Position eines Wahlverlierers in Saarbrücken (226). Hernach verschwand
der Kandidat praktisch für eine Weile von der großen öffentlichen Bühne,
um erst in der Schlussphase der Wahlkämpfe in Schleswig-Holstein und
NRW wiederaufzutauchen. Inzwischen aber war die Stimmung bereits gekippt (227).

Nach der NRW-Wahlniederlage sorgten Kommunikationspannen und
nicht immer sattelfeste Auftritte von Schulz für eine weitere Schwächung.
Dass der Leitantrag für den SPD-Parteitag Ende Juni nicht von ihm selbst
vorgestellt wurde, wurde in den Medien ebenso kritisch aufgenommen wie
die Tatsache, dass es Schulz nicht gelingen wollte, das Kernthema der sozialen Gerechtigkeit anschaulich und konkret durchzubuchstabieren und mit
der Lebenswelt der Wähler zu verknüpfen. Hatte seine Berliner Unerfah-
renheit anfangs noch als Vorteil gegolten, so schlug dies jetzt ins Gegenteil
um. Dazu trat ein Übermaß an »strategischer Politikberatung« des Kandidaten. Die ständige Auseinandersetzung um die richtigen Begriffe im umfangreichen Beraterkreis und die immer neuen Umfragen, ob dieser oder
jener Begriff oder diese oder jene Forderung beim Bürger auch ankommen
würden, führten allenfalls zu seiner Verunsicherung (228).

Beim SPD-Wahlparteitag in Dortmund machte Schulz dann mit einem Frontalangriff auf die Kanzlerin Schlagzeilen. Ihre Wahlkampfstrategie der »asymmetrischen Demobilisierung« sei ein »Anschlag auf die Demokratie«, weil darin eine Verweigerung des demokratischen Streits um die richtigen Lösungen zum Ausdruck komme. Ob man diese polemische Zuspitzung nun als Übertreibung bewertete oder nicht – dass darin ein Stück Wahrheit lag, ließ sich kaum bestreiten. Doch die Attacke verpuffte weithin folgenlos. Im Folgenden kam Schulz darauf nicht mehr zurück und zog den Angriff im handzahm verlaufenden TV-Kandidatenduell praktisch wieder zurück (229).

Folgen freilich hatte die Aussage des Kanzlerkandidaten, die SPD werde nach der Wahl mit niemandem koalieren, der nicht für die »Ehe für alle« eintrete. Nachdem die Kanzlerin schon einen Tag später geäußert hatte, im Bundestag solle über diese Frage ohne Fraktionszwang beraten werden, sah man in der SPD die Chance, an dieser Stelle in die Offensive zu kommen. In völliger Verkennung der Bedeutung dieses Themas für die große Mehrheit der Wähler feierten die Sozialdemokraten den Ad-hoc-Erfolg über die CDU-Mehrheit am letzten Tag der Parlamentsberatungen vor der Sommerpause 2017, als hätten sie die Bundestagswahl gewonnen (230).

Davon aber war die Partei inzwischen weit entfernt. Ende Mai war sie in Umfragen wieder auf 27 Prozent gefallen, vier Wochen später stufte das Politbarometer des ZDF sie nur noch bei 25 Prozent ein. Andere Institute lagen noch darunter. Nachdem Martin Schulz im Februar/März zum beliebtesten Politiker in Deutschland aufgestiegen war, hatte Angela Merkel ihn im Ranking der Kanzlerkandidaten längst wieder überholt. Auch die Vorlage seines »Deutschlandplans« Mitte Juli brachte ihn nicht in die Offensive, zumal der Plan sehr wirtschaftszentriert ausgefallen war und das Zentralthema der sozialen Gerechtigkeit nur eine Nebenrolle spielte. Bis August fiel die SPD sogar auf 22 Prozent. In der Wahlanalyse aus der Friedrich-Ebert-Stiftung hieß es später: »Die SPD rannte in ihrem Wahlkampf ihrem Markenkern soziale Gerechtigkeit hinterher, ohne diesen mit einem modernen, sozialpolitisch lebensweltlich verankerten Programm zu untermauern« (231).

Anfang August 2017 zerbrach die rot-grüne Landesregierung in Hannover. Eine Abgeordnete der Grünen war zur CDU gewechselt. Damit war die Ein-Stimmen-Mehrheit weg. Zur gleichen Zeit sorgte der Dieselskandal für Aufregung. Für den Wahlkampf der Sozialdemokraten hatte beides keine entscheidenden Konsequenzen. Martin Schulz blieb in seinen Äußerungen zum Dieselthema vorsichtig. Nach einem sehr versöhnlichen und allgemein als blass bewerteten Auftritt des Kandidaten beim TV-Duell Anfang

September stand praktisch fest, dass auch die letzte Phase des Wahlkampfs keine großen Überraschungen mehr bringen würde. Am 14. September 2017 sah Infratest Dimap (ARD) die SPD bei 20 Prozent, die Forschungsgruppe Wahlen (ZDF) prognostizierte kurz vor der Wahl 21,5 Prozent (232).

Am 20. November 2016 hatte Angela Merkel vor dem CDU-Parteivorstand ihre Entscheidung bekannt gegeben, sich ein viertes Mal um die Kanzlerschaft zu bemühen. Sie habe »unendlich viel darüber nachgedacht«, schließlich sei eine weitere Kandidatur nach elf Jahren im Amt »alles andere als selbstverständlich« (233).

Dass der Parteitag sie im Dezember mit großer Mehrheit nominierte und auch als Parteivorsitzende bestätigte, war keine Überraschung. Nicht so einfach aber musste es mit der Unterstützung der Kandidatur durch die CSU bestellt sein. Schließlich hatten sich die beiden Schwesterparteien in der Hauptfrage dieser Zeit, der Flüchtlingspolitik, tüchtig beharkt. Unvergessen war der CSU-Parteitag, wo Horst Seehofer die Kanzlerin »vorgeführt« hatte.

Doch die CSU lenkte ein. Anfang Februar 2017 machte eine gemeinsame Tagung der Parteivorstände von CDU und CSU den Weg frei für eine von beiden Parteien getragene Spitzenkandidatin. Freilich betonte Horst Seehofer bei dieser Gelegenheit auch, dass es eine neuerliche CSU-Regierungsbeteiligung nur bei einer Einigung auf eine jährliche Flüchtlingsobergrenze geben könne (234).

In den Folgewochen rückte Seehofer immer näher an die Seite der Kanzlerin. Ende März bezeichnete er Angela Merkel sogar als den »größten Trumpf der Union«. Wenige Tage später ging er noch weiter: »Wir werden nur mit Angela Merkel diesen Wahlkampf gewinnen« (235). Im gemeinsamen Wahlprogramm wurde das Flüchtlingsthema heruntergespielt. Themen wie Wirtschaftsentwicklung und Innere Sicherheit, wo man sich einig war, spielten eine größere Rolle. Allerdings bestand die CSU auf einem eigenen Wahlprogramm. In ihrem »Bayernplan« sprach sie sich klar für die Obergrenze aus (236).

Der Unionswahlkampf war nach dem Vorbild der vorangegangenen Kampagnen 2009 und 2013 ganz auf die Person der Kandidatin zugeschnitten. Politische Streitfragen sollten möglichst ausgeklammert oder konsensual »weichgespült« werden, wichtigster Aktivposten das Vertrauen in die Führungskraft und Führungskompetenz Angela Merkels sein. Nachdem die Landtagswahlen im Frühjahr ein Stimmungshoch für die CDU gezeigt hatten und die Bedeutung des Migrationsthemas in der tagespolitischen Auseinandersetzung zurückgegangen war, schien diese Strategie auch diesmal einigen Erfolg zu versprechen. Zumal die Erfolgskurve der AfD offenbar abfiel, was nicht nur die bescheidenen Ergebnisse der Rechtspartei bei den Frühjahrswahlen gezeigt hatten. Auch in den Wahlumfragen waren die Werte für die AfD bundesweit deutlich gefallen – von zwölf Prozent im Dezember 2016 bis auf sieben Prozent Ende Mai 2017 (237). Und schließlich waren auch die Beliebtheitswerte von Angela Merkel trotz aller Besorgnisse über den Migrantenzustrom wieder gewachsen (238).

Der Wahlkampf aber zeigte, dass sich die Lage in Deutschland gegenüber 2013 grundlegend verändert hatte. Besonders im Osten war Angela Merkel zu einer polarisierenden Reizfigur geworden, an der sich viele Emotionen festmachten. Jetzt, wo sie selbst zur Abstimmung stand, kam alles zum Ausbruch, was sich bei denen aufgestaut hatte, die ihre Flüchtlingspolitik grundsätzlich ablehnten. Bei Wahlveranstaltungen schlugen der Kanzlerin Wut, Hass und Verachtung entgegen (239). Offenbar hatte sich eine Grundemotion verbreitet, nach der Angela Merkel die Flüchtlinge aus fernen Kulturkreisen angeblich mehr mochte als ihre Landsleute aus Ostdeutschland. So wurde schon im Sommer bei aller Schwäche des sozialdemokratischen Herausforderers auch klar, dass eine Wiederholung des Unionsergebnisses von 2013 ausgeschlossen war. Immerhin aber lag die Union in allen Wahlumfragen in der Woche vor der Wahl zwischen 34 und 38 Prozent. Ein Ergebnis von 36 oder 37 Prozent schien möglich (240).

Bei den Grünen hatten sich in einer Mitgliederbefragung Ende 2016 die Fraktionsvorsitzende Katrin Göring-Eckardt und der Parteivorsitzende Cem Özdemir als Spitzenkandidaten für die Bundestagswahl durchgesetzt. Dabei war der Erfolg Özdemirs gegen Robert Habeck aus Schleswig-Holstein nur äußerst knapp ausgefallen. Den Landesminister aus Kiel drängte es in die Bundespolitik (241).

Die politische Stimmungslage war für die Grünen nicht günstig. Ende 2016 bewegte sich die Partei in den bundesweiten Umfragen bei acht Prozent, um in der Zeit des Schulz-Hypes sogar noch weiter abzufallen. Auch die Landtagswahlen im Frühjahr brachten überwiegend Misserfolge. Nur in Schleswig-Holstein konnte sich die Partei recht gut behaupten, was allgemein mit der Popularität von Habeck in Verbindung gebracht wurde. Bundesweit entspannte sich die Lage für die Grünen erst, nachdem die Zustimmungswelle zu Martin Schulz abgeebbt und klargeworden war, dass die SPD auch mit diesem Kandidaten keine Siegchance haben würde (242).

In ihrem im Juni verabschiedeten Wahlprogramm vermieden die Grünen radikalere steuerpolitische Forderungen, die sie wie vier Jahre zuvor angreifbar gemacht hätten. Stattdessen sollte die ökologische Kompetenz der Partei in den Mittelpunkt des Wahlkampfs gerückt werden. Die migra-

tionspolitischen Vorstellungen wurden freilich von der Basis weiter verschärft. Jede Einschränkung des Asylrechts wurde abgelehnt, ebenso jede
Ausweitung von sicheren Herkunftsländern. Stattdessen sollten sichere
Fluchtwege geschaffen und der Familiennachzug für alle Zuwanderer mit
legalem Aufenthaltsstatus ermöglicht werden. Die im Programmentwurf
noch vorgesehene Einschränkung, dass »nicht jeder, der zu uns kommt,
bleiben kann«, tauchte im verabschiedeten Programm nicht mehr auf. Auf
die Festlegung auf Rot-Grün verzichteten die Grünen freilich diesmal (243).

Im Wahlkampf tat sich die Partei schwer. Auch wenn die Konkurrenz
durch die SPD keine große Gefahr mehr darstellte, kamen die Grünen kaum
in die Offensive. Ihre Themen hatten keine große Konjunktur. Erst mit der
Abgas-Affäre rückte im August ein Problem nach vorn, das die Kernkom-
petenz der Partei berührte. Dennoch lag die Partei in den Prognosen kurz
vor der Wahl nur zwischen sieben und acht Prozent (244).

Die FDP hatte bei den Landtagswahlen seit Herbst 2016 Zugewinne erreichen können. In Berlin war die Partei ins Abgeordnetenhaus zurückgekehrt.
In Schleswig-Holstein und in Nordrhein-Westfalen regierte sie sogar wieder mit. Dennoch lag sie in den bundesweiten Umfragen bis zum Frühjahr
2017 in Größenordnungen von 5 bis 6 Prozent. Sicher war der Wiedereinzug
in den Bundestag also nicht.

Die Liberalen hatten nach ihrer schweren Wahlniederlage von 2013
praktisch die gesamte alte Führung ausgetauscht. Das neue Gesicht der
FDP wurde Christian Lindner, der fast im Alleingang versuchte, die Partei wahrnehmbar zu halten. Neben ihm trat einzig sein Stellvertreter Wolfgang Kubicki dann und wann öffentlich in Erscheinung.

Die Lindner-FDP versuchte, sich von der am Ende auf Steuersenkung re-
duzierten, als allzu wirtschaftsliberal geltenden Westerwelle-FDP abzuset-
zen und die Partei programmatisch breiter aufzustellen. Besonders betont
wurde die Digitalisierung. Freilich blieb in der starken Konzentration auf
Wirtschaftsthemen und in der besonderen Rolle des Vorsitzenden auch ein
Stück Kontinuität erkennbar.

Als das Wahldatum näher rückte, konnten die Freidemokraten auf die Unterstützung aus Wirtschaftskreisen hoffen, die beim letzten Mal die Union
gewählt, aber in den vergangenen vier Jahren die liberale Position vermisst
hatten. Mit der Forderung nach einer »Bildungsrevolution« wollte man zugleich auch an vergangene sozialliberale Programmbestände anknüpfen.
Der Parteitag vom Mai 2015 hatte »weltbeste Bildung für jeden« gefordert.
Dazu kamen die Qualitäten ihres Spitzenmannes, der mit seinem öffentlichen Auftreten durchaus Eindruck hinterließ und geschickt seine Affini-
tät zu den modernen Kommunikationstechnologien an die jüngeren Inter-

net-User zu bringen vermochte. Entsprechend war der FDP-Wahlkampf wie eine »One-Man-Show« ganz auf Christian Linder zugeschnitten. Das kam offenbar an. Die letzten Umfragen vor der Wahl sahen die Partei bei 8 bis 10 Prozent (245).

In diesen Regionen wurde auch die Linkspartei eingeschätzt, deren Führung sich Ende 2016 darauf geeinigt hatte, mit den Fraktionsvorsitzenden Sahra Wagenknecht und Dietmar Bartsch als Spitzenkandidaten zur Bundestagswahl anzutreten. Beide hatten sich zuvor geweigert, ein Quartett mit den Parteivorsitzenden Katja Kipping und Bernd Riexinger zu bilden. Dietmar Bartsch galt als erklärter Befürworter einer rot-rot-grünen Koalition.

Das Wahlprogramm der Linken enthielt wenig Überraschendes. Betont wurde die Absage an jede Art »neoliberaler Politik« und das Eintreten für einen »Politikwechsel«. Auskömmliche Löhne, armutsfeste Renten und ein Mindesteinkommen von 1050 Euro seien dabei von besonderer Bedeutung. Auslandseinsätze der Bundeswehr wurden weiter kategorisch abgelehnt (246).

Im Laufe des Wahljahres schwanden die Aussichten auf eine theoretisch mögliche rot-rot-grüne Machtoption. Schon die Schwäche der SPD würde eine solche Mehrheitsbildung, so sie überhaupt politisch in Betracht kam, unmöglich machen. In den Umfragen lagen die Linken seit dem Frühjahr stets zwischen acht und neun Prozent.

Die AfD war in den demoskopischen Daten seit dem Jahresanfang 2017 deutlich abgefallen. Mit dem Rückgang der Zahl der Migranten schien auch ihr inhaltliches Hauptthema an Bedeutung zu verlieren. Auch die bescheidenen Wahlergebnisse der Partei bei den Frühjahrswahlen konnten als Anhaltspunkt dafür gelten, dass die Partei ihre stürmische Wachstumsphase bereits hinter sich hatte. Dazu kamen die immer wiederkehrenden innerparteilichen Streitereien und öffentlichen Skandalisierungen, wenn namhafte Vertreter der Partei einmal mehr die Grenze zu rassistischen und rechtsradikalen Ausdrucksweisen und Sprachbildern überschritten oder zumindest berührt hatten.

Immer weiter an den Rand der Partei geriet Parteichefin Frauke Petry, die sich mit ihrem Ko-Vorsitzenden Jörg Meuthen schon 2016 im Konflikt um den Ausschluss eines Landtagsabgeordneten aus Baden-Württemberg überworfen hatte. Die Auseinandersetzung zwischen den beiden trug auch dazu bei, dass ein Parteiordnungsverfahren gegen den thüringischen Fraktionsvorsitzenden Björn Höcke ohne Ergebnis blieb. Höcke war wiederholt mit skandalösen Aussagen öffentlich auffällig geworden. So hatte er das Berliner Holocaust-Mahnmal doppeldeutig als »Denkmal der Schande« bezeichnet und eine »Wende in der Erinnerungskultur um 180 Grad« verlangt (247).

Der Anspruch von Frauke Petry auf die Spitzenkandidatur war schon Anfang 2017 im Bundesvorstand auf wenig Gegenliebe gestoßen. Inzwischen hatte sie in der »grauen Eminenz« der Partei, dem einflussreichen Alexander Gauland, einen entschiedenen Gegner. Auf dem Kölner Parteitag vom April 2017 zeigte sich dann, dass Frauke Petry kaum noch über großen Einfluss verfügte. Ihre Anträge, mit denen sie sich als Vertreterin eines gemäßigten und realpolitischen Flügels ausweisen wollte, wurden nicht einmal behandelt. Zu Spitzenkandidaten für die Bundestagswahl wählte der Parteitag Alexander Gauland und Alice Weidel, die als Vertreterin wirtschaftsliberaler Positionen galt und ursprünglich zum Lucke-Flügel gehört hatte (248).

Das in Köln verabschiedete Wahlprogramm der AfD stellte den »gescheiterten Euro« besonders heraus, der zu einer Transferunion führen müsse. Die Deutschen sollten in einer Volksabstimmung über ihren Verbleib in der Eurozone befinden. Im Mittelpunkt aber standen die Flüchtlingspolitik und die Haltung gegenüber dem Islam. Der Islam gehöre nicht zu Deutschland. Migranten sollten künftig nur noch dann einen Asylantrag stellen dürfen, wenn sie ihre Identität zweifelsfrei nachweisen konnten. Breiten Raum nahm auch die Kritik am Zustand der Demokratie ein. Das »Machtmonopol einer kleinen politischen Elite« müsse durch Einführung von Volksabstimmungen nach Schweizer Vorbild aufgebrochen werden (249).

Im Bundestagswahlkampf zeigte sich bald, dass die Themen der AfD auch im Sommer und Herbst 2017 eine wichtige Rolle spielten. Schon das Ausmaß der Ablehnung, auf das die Bundeskanzlerin in Ostdeutschland stieß, ließ ahnen, dass die AfD auf ein sehr gutes Wahlergebnis rechnen konnte. Auch die Häufung der Berichterstattung über innerparteiliche Querelen und Konflikte konnte daran nichts ändern.

Tatsächlich stiegen die Umfragewerte der Partei an. Im September lag sie im Politbarometer wieder bei zehn Prozent. Andere Institute sagten ihr eine Woche vor der Wahl ein noch besseres Stimmenergebnis voraus. Die letzten Prognosen bewegten sich zwischen zehn und 13 Prozent (250).

Am Abend der Wahl vom 24. September waren dann beide Partner der Großen Koalition die großen Verlierer. Entgegen der letzten Prognosen, die die Unionsparteien deutlich besser eingestuft hatten, erreichten CDU und CSU zusammen nur 32,9 Prozent der gültigen Zweitstimmen. In den Parteizentralen in Berlin und München sorgte das für lange Gesichter. Zwar waren alle darauf eingestellt, dass das gute Ergebnis von 2013 diesmal nicht wiederholt werden konnte. Aber mit 36 Prozent hatte man doch gerechnet, auf 37 oder 38 Prozent gehofft. Jetzt aber hatte die Union nicht nur 8,6 Prozent verloren, sondern auch ihr schlechtestes Ergebnis seit 1949 eingefahren. Das war eine schwere Niederlage. Besonders betroffen davon war die CSU, die nur auf 38,8 Prozent gekommen war und damit noch mehr verloren hatte als die CDU. Nach monatelanger heftiger Kritik an der Bundeskanzlerin im Wahlkampf den Schulterschluss mit Angela Merkel zu suchen – diese Strategie war gründlich danebengegangen und hatte die CSU Glaubwürdigkeit sowohl in der Mitte als auch nach rechts hin gekostet (251).

Das schwache Abschneiden der CDU war eindeutig eine Folge der Flüchtlingsentscheidungen von Angela Merkel im Herbst 2015. Die Kanzlerin hatte einen Teil der Anhängerschaft der Union gegen sich aufgebracht. Dahinter lagen Gefühle von Angst und Unsicherheit und eine Sehnsucht nach Begrenzung und normativer Übersichtlichkeit. Wahlanalytiker Korte brachte die Sache auf den Punkt: »Flüchtlinge bestimmten den Ausgang der Bundestagswahl 2017 ... Die Bundestagswahl war ein für Schlüsselentscheidungen typisch(es) nachgelagertes Plebiszit über die Grenzöffnung im Sommer 2015. Für viele Bürgerinnen und Bürger war die Bundeskanzlerin persönlich verantwortlich, mithin ursächlich haftbar für den zeitweiligen Kontrollverlust an den Grenzen« (252).

Schwer geschlagen aber war auch die SPD. Sie kam nur auf einen Stimmenanteil von 20,5 Prozent und lag damit noch unter dem damals als Tiefpunkt empfundenen Resultat von Frank-Walter Steinmeier 2009. Noch nie in der Geschichte der Bundesrepublik hatten die Sozialdemokraten bei Bundestagswahlen ein derart schlechtes Wahlergebnis eingefahren. Es war noch früh am Wahlabend, als Kanzlerkandidat Martin Schulz eine spektakuläre Konsequenz zog. Er erklärte die Große Koalition für beendet und erteilte allen Spekulationen über ihre Neuauflage eine Absage (253).

Die beiden Volksparteien, die die Geschicke der Bundesrepublik über viele Jahrzehnte so maßgeblich bestimmt haben, hatten zusammen gerade noch 53,4 Prozent der Stimmen erhalten – noch weniger als 2009. Besonders heftig geschlagen war die Union in den neuen Ländern, wo ihre Verluste fast elf Prozent betrugen. Schwer verloren hatte hier auch die SPD, die in Ostdeutschland jetzt nur noch die viertstärkste Partei war (254).

Eindeutig dritte Kraft und klarer Wahlsieger aber war die AfD. Vier Jahre, nachdem sie den Einzug in den Bundestag noch knapp verpasst hatte, konnte die Partei einen Stimmenanteil von 12,6 Prozent erreichen. Mehr als sechs Millionen Menschen hatten sie gewählt. In den östlichen Bundesländern war sie zweitstärkste Partei geworden, noch vor Linkspartei und SPD. In Sachsen lag die AfD mit 27 Prozent sogar knapp vor der CDU. Hier hatten die Rechten auch drei Direktmandate errungen. Eines davon fiel an Frauke Petry (255).

Als zweiter Wahlsieger konnte auch die FDP jubeln. Nur vier Jahre nach der schwersten Niederlage ihrer Geschichte war die Partei mit 10,7 Prozent der Stimmen geradezu triumphal nach Berlin zurückgekehrt. Der ganz auf Parteichef Lindner zugeschnittene Wahlkampf war erfolgreich gewesen. In den Bundestag einziehen würde jetzt eine junge Mannschaft, in der nur wenige der Fraktion angehört hatten, die 2013 so desaströs gescheitert war. Auch Vizechef Kubicki wechselte jetzt nach Berlin.

Gut behauptet hatte sich auch die Linkspartei, die mit 9,2 Prozent besser abschnitt als viele das erwartet hatten. Die Linken konnten auch fünf Direktmandate erringen, eines mehr als vier Jahre zuvor. Besser als von manchen befürchtet fiel das Ergebnis für die Grünen aus, die nicht auf sechs oder sieben Prozent absackten, sondern mit 8,9 Prozent gegenüber 2013 sogar leicht zulegten. Die Erleichterung über das Wahlergebnis war Parteichef Özdemir am Gesicht abzulesen, als er am Wahlabend vor die Kameras trat.

Die Gründe für das schwache Abschneiden der Union bedurften keiner langen Analyse, sondern lagen auf der Hand. Die Flüchtlingspolitik wog schwerer als alles andere, sogar schwerer als die relativ gute Wirtschaftslage. Eine Million Unionswähler von 2013 hatten diesmal die AfD gewählt. Noch mehr, 1,34 Millionen, waren zur FDP abgewandert. Viele von denen, die 2013 von den Liberalen zur Union gewechselt waren, hatten jetzt den Weg wieder zurückgefunden.

Die SPD musste an alle vier kleineren Parteien Stimmen abgeben: Eine halbe Million an die AfD, mehr als 400 000 jeweils an FDP, Grüne und Linkspartei. Ohne die Schwäche der Sozialdemokraten im Laufe des Wahljahres hätten die Grünen wohl große Probleme bekommen.

Die AfD hatte nicht nur Unterstützung durch frühere Wähler der Union bekommen. Eine halbe Million Stimmen kamen von ehemaligen SPD-Anhängern, 420 000 Wähler waren früher Unterstützer der Linkspartei gewesen. Dazu hatte die AfD auch eine Million ehemaliger Nichtwähler mobilisieren können (256).

Erstmals seit 1998 war die Wahlbeteiligung wieder deutlich gewachsen. Mit 76,2 Prozent lag sie 4,7 Prozent über der Beteiligungsrate von 2013. Die gestiegene politische Polarisierung hatte demnach nicht nur eine hitzigere Debattenkultur gebracht, sondern auch die politische Beteiligung ansteigen lassen.

7.11 DIE SCHWIERIGE REGIERUNGSBILDUNG

Nachdem SPD-Chef Martin Schulz schon am Wahlabend das Wählervotum als Plebiszit gegen eine Fortsetzung der Großen Koalition gedeutet und die SPD im neuen Bundestag auf die Oppositionsrolle festgelegt hatte, blieb für eine Regierungsbildung mit einer eigenen Mehrheit erst einmal nur die schwierige Alternative einer schwarz-gelb-grünen Jamaika-Koalition. Öffentliche Stimmen, die die Position der Genossen als »Verweigerungshaltung« kritisierten und »staatspolitische Verantwortung« einforderten, änderten daran nichts. Die Absage an die neuerliche Rolle eines Juniorpartners in einer Regierung Merkel entsprach der Seelenlage der großen Mehrheit der SPD-Funktionäre. Zumal Schulz aus dem Wahlerfolg der AfD noch ein weiteres Argument herauslas: Man dürfe der rechten Partei nicht die Rolle der stärksten Oppositionsfraktion überlassen.

Bis zur Aufnahme von offiziellen Sondierungsgesprächen zwischen CDU/ CSU, FDP und Bündnis 90/Die Grünen vergingen allerdings noch weitere vier Wochen. Zwar stellten alle Seiten ihre Gesprächsbereitschaft heraus. Doch zunächst wollte man das Ergebnis der vorgezogenen Landtagswahl in Niedersachsen abwarten.

Am 15. Oktober 2017 konnte sich die niedersächsische SPD als führende Regierungspartei gut behaupten. Mit 36,9 Prozent hatten die Sozialdemokraten sogar noch 3,4 Prozent zulegen können, was auch als Bestätigung für den eingeschlagenen Kurs im Bund galt. Neuer Koalitionspartner wurde die CDU, nachdem die Grünen von 13,7 auf 8,7 Prozent abgesackt waren und die rot-grüne Mehrheit damit dahin war. Auch FDP und AfD zogen in den Landtag ein (257).

Erst danach ging es auch in Berlin endlich los. Nach drei Treffen der Parteiführungen traf man sich am 20. Oktober 2017 erstmals in großer Runde in den Räumen der Parlamentarischen Gesellschaft. Zuvor hatte die Union ihren Streit um die Obergrenze bei der Aufnahme von Flüchtlingen mit einem semantischen Kompromiss gelöst. Statt »Obergrenze« sprach man fortan von einem »Richtwert«.

Bis Mitte November kamen die Vertreter der beteiligten Parteien in verschiedenen Runden mit unterschiedlicher Besetzung zu einer ganzen Reihe von intensiven, dabei oft zähen, Gesprächen zusammen. Dabei wurden insgesamt zwölf verschiedene Themenkomplexe z. T. derart detailliert behandelt, dass man eigentlich eher von Koalitionsverhandlungen als von Sondierungen sprechen konnte (258). Die Treffen fanden stets große öffentliche Beachtung, was durch die Wahl des Veranstaltungsorts noch gefördert wurde. Die größten Kontroversen wurden allgemein zwischen CSU und Grünen erwartet. Besonders in der Migrationspolitik schien eine Verständigung zwischen diesen beiden wenn nicht unmöglich, so doch äußerst schwierig.

Nachdem man eigentlich schon bis Anfang November ein Ergebnis haben wollte, musste der Termin für den Abschluss der Gespräche am Ende gleich mehrfach verschoben werden. Schließlich wurde der 19. November zum Entscheidungstag. Im Laufe der ganztägigen Beratungen drangen widersprüchliche Signale nach draußen. Am frühen Abend machten Nachrichten von einer Einigung in der Flüchtlingsfrage die Runde. Allerdings war bald auch von einer Verhärtung der Position der FDP die Rede (259).

Am späten Abend dieses Sonntags waren es schließlich die Liberalen, die die Gespräche abbrachen. Kurz vor Mitternacht trat der Parteivorsitzende Christian Lindner vor die wartenden Journalisten und erklärte: »Wir werden unsere Wählerinnen und Wähler nicht im Stich lassen, indem wir eine Politik mittragen, von der wir im Kern nicht überzeugt sind. Es ist besser, nicht zu regieren, als falsch zu regieren« (260).

Die anderen Parteien erklärten übereinstimmend ihr Bedauern über den Gesprächsabbruch durch die FDP. Man sei sehr weit gekommen, hieß es sowohl bei CDU/CSU wie bei den Grünen. Eine Lösung sei möglich gewesen, aber nun leider doch nicht zustande gekommen. Die Tonlage in den Erklärungen von Angela Merkel und Horst Seehofer ließ ebenso echtes Bedauern erkennen wie die Äußerungen der Grünen-Vertreter. Horst Seehofer sprach davon, dass eine Einigung »zum Greifen nahe« gewesen sei. Die Fernsehbilder dieser Nacht zeigten schwarze und grüne Spitzenpolitiker, die sich anscheinend tatsächlich recht nahegekommen sein mussten (261).

Bis heute ist die Darstellung der Abläufe durch die Beteiligten ebenso unterschiedlich wie ihre Interpretation. Es habe sich in den langen Stunden der Gespräche keine gemeinsame Vertrauensbasis herausbilden können, stellte FDP-Vize Wolfgang Kubicki in den Tagen danach immer wieder heraus. Ähnlich hatte sich Lindner schon Sonntagnacht geäußert und von 134, an anderer Stelle sogar von 237 Dissenspunkten gesprochen, die auf dem 61-seitigen Gesprächspapier noch enthalten gewesen wären. Die Grünen wiederum erklärten, sie seien bis an die »Schmerzgrenze« gegangen, um eine Lösung zu ermöglichen. Sogar die neuerdings Richtwert genannte Obergrenze habe man als »atmenden Rahmen« akzeptieren wollen, wenn dafür der Familiennachzug künftig nicht mehr beschnitten würde (262). Demnach hätte es in der Flüchtlingspolitik eine Einigung geben können, wie auch Ministerpräsident Armin Laschet (CDU) bestätigte.

Vor allem die FDP hatte allerdings auf der Verlängerung des Familien-Nachzugsstopps für Flüchtlinge mit subsidiärem Aufenthaltsstatus bestanden. Genau das wollten die Grünen nicht. Auch bei der Kohleverstromung hatten die Liberalen die zwischen Union und Grünen gefundene Einigung nicht mittragen wollen. Und schließlich hatte man sich auch in der Steuerpolitik verhakt. Der Abbau des Solidaritätszuschlags bis 2021, den die Union der FDP anbot, reichte den Liberalen nicht. Die Position der CDU aus ihrem Wahlprogramm der FDP als Kompromissvorschlag anzubieten, sei unredlich gewesen, erklärte Christian Lindner hinterher (263).

Tatsächlich hat es den einen großen inhaltlichen Knackpunkt, an dem es nicht mehr ging, wohl gar nicht gegeben. Eher ging es um den Gesamteindruck, den die von ihrer desaströsen Regierungserfahrung mit Angela Merkel bis 2013 noch immer mitgenommenen Liberalen in den Gesprächen gewonnen hatten. Während die Kanzlerin stets bemüht gewesen sei, auf die Grünen zuzugehen, wäre ein ähnliches Entgegenkommen gegenüber der FDP kaum zu erkennen gewesen, hieß und heißt es seither immer wieder bei den freidemokratischen Spitzenleuten. Tatsächlich hat die Befürchtung Lindners, der neu aufgestellten FDP könne ein ähnliches Schicksal blühen wie der Westerwelle-FDP vier Jahre zuvor, für den Abbruch der Gespräche eine wichtige Rolle gespielt (264). Lindner hatte auch zuvor öffentlich mehrfach über die Möglichkeit eines Scheiterns gesprochen. Während die Medien überwiegend auf das Thema CSU und Grüne fixiert waren, hatte er im Oktober verkündet, aus seiner Sicht stehe es »fifty-fifty« (265).

Zudem sorgte sich die FDP-Parteiführung, das gerade erst wiedererlangte Vertrauen zugunsten eines Koalitionskompromisses aufs Spiel zu setzen, von dem nicht klar war, ob er für den politischen Alltag wirklich tragen würde (266).

Mit dem Ende der Jamaika-Sondierungen stand die Möglichkeit von Neuwahlen im Raum. Erstmals in der Geschichte der Bundesrepublik konnte sich jetzt eine echte innenpolitische Krise anbahnen. Längst war das Parlament zu seiner konstituierenden Sitzung zusammengetreten und hatte Wolfgang Schäuble zum Bundestagspräsidenten gewählt. Und mit der Präsenz der AfD hatte sich auch eine Verschärfung der parlamentarischen Auseinandersetzung eingestellt. Obwohl die Geschäftsordnung des Bundestages jeder Fraktion das Anrecht auf den Posten eines Vizepräsidenten zusichert, war der Kandidat der AfD gleich dreimal durchgefallen. Er habe die Geltung der Religionsfreiheit für Muslime bestritten, wurde als Argument gegen ihn herangezogen. Allerdings fielen auch andere Kandidaten der AfD für dieses Amt bis zum Frühjahr 2020 gleich mehrfach durch.

Das Scheitern der Regierungsbildung wäre Wasser auf die Mühlen der Protestpartei gewesen. Und der Weg zu einer Neuwahl war verfassungsrechtlich schwierig, setzte eine mehrfach gescheiterte Kanzlerwahl und vor allem die Mitwirkung des Bundespräsidenten voraus. Von ihm hing nach der Verfassung der Vorschlag für die Wahl einer Bundeskanzlerin oder eines Bundeskanzlers ab. Und auf ihn würde es ankommen, wenn in einem dritten Wahlgang die Kandidatin oder der Kandidat die absolute Mehrheit verfehlen würde, aber eine relative Mehrheit erreichte. In diesem Fall konnte der Bundespräsident Neuwahlen herbeiführen.

Frank-Walter Steinmeier war also jetzt am Zuge. Schon bald nach dem Scheitern von Jamaika ließ er keinen Zweifel daran, dass er die Möglichkeiten für die Bildung einer stabilen Regierung keineswegs für ausgeschöpft hielt. Das ging vor allem an die Adresse seiner eigenen Partei.

Die klare Haltung Steinmeiers ließ den Versuch von Martin Schulz, die Partei auch nach dem Scheitern der Jamaika-Gespräche auf die Opposition festzulegen, ins Leere laufen. Dass der SPD-Chef noch vor Steinmeiers Reaktion Fakten schaffen wollte, indem er übereilt mit einer neuerlichen Absage an eine Regierungsbeteiligung an die Öffentlichkeit ging, erwies sich bald als schwerer Fehler, der seine eigene, ohnehin nach der Wahlniederlage angeschlagene Position schwächte.

Steinmeier hatte der Kanzlerin schon am Montag nach dem Scheitern der Jamaika-Sondierungen klargemacht, dass eine rasche Neuwahl mit ihm nicht zu machen sei. Diese Neuwahl hatte Angela Merkel zunächst angesteuert. Zwar blieb sie für eine Fortsetzung der Großen Koalition offen, rechnete sich aber kaum eine Chance aus, die Sozialdemokraten dafür gewinnen zu können. Der Bundespräsident aber hielt davon nichts. Stattdessen gab er eine öffentliche Erklärung ab, in der er von allen Parteien Gesprächsbereitschaft forderte, »um eine Regierungsbildung möglich zu machen«. Die Parteien seien dazu verpflichtet. »Wer sich in Wahlen um politische Verantwortung bewirbt, der darf sich nicht drücken, wenn man sie in den Händen hält« (267). Auch in einem Telefonat mit Martin Schulz brachte er das zum Ausdruck.

Inzwischen gärte es in der SPD. Der zunächst einstimmig gefasste Beschluss des Parteipräsidiums gegen die Aufnahme von Gesprächen mit der Union stieß in der Bundestagsfraktion auf heftigen Widerstand. In einer Fraktionssitzung wandten sich die meisten Redner gegen rasche Neuwahlen. Auch Hamburgs Regierender Bürgermeister Olaf Scholz trat für Gespräche mit der Union ein.

Unter dem Druck der Verhältnisse musste Schulz seine Haltung schließlich revidieren. Nach dem offiziellen Gespräch des Parteivorsitzenden mit dem Bundespräsidenten trat der SPD-Parteivorstand nun für »ergebnisoffene« Gespräche mit der Union über eine mögliche Regierungsbildung ein (268).

Für diese Haltung bekam der Vorstand beim SPD-Parteitag eine klare Mehrheit. Zwar war der Unmut vieler Delegierter unübersehbar. Der Parteivorstand verstand es allerdings, auch einen Teil der Kritiker einzubinden. Einen Automatismus in Richtung Große Koalition gebe es nicht. Außerdem sollte nach dem Abschluss der Sondierungen ein weiterer Bundesparteitag über die förmliche Aufnahme von Koalitionsverhandlungen befinden.

Schulz selbst hatte keinen leichten Stand. Sein Wahlergebnis bei der Wiederwahl zum Parteivorsitzenden fiel mit 81,9 Prozent eher bescheiden aus. Zuvor hatte er sich bei den Delegierten für seinen Anteil am miserablen Wahlergebnis seiner Partei entschuldigt. Es dürfe keinen Automatismus zugunsten einer Regierungsbeteiligung geben, aber auch keine automatische Festlegung auf die Opposition. Entscheidend seien die konkreten Ergebnisse der Gespräche. Das klang deutlich anders als unmittelbar nach der Wahl und anders als bei seiner Kommentierung der gescheiterten Jamaika-Sondierungen (269).

Tatsächlich war die SPD in ein Dilemma geraten. Die Hoffnung ihres Parteivorsitzenden, mit der raschen Ankündigung einer künftigen Oppositionsrolle die SPD nach der schweren Wahlniederlage einig halten, den Unmut kanalisieren und Zeit für eine Neuaufstellung gewinnen zu können, war gescheitert. Die Neuwahl, auf die er noch am 20. November setzte, war nicht nur schwer herbeizuführen. Sie bot für die SPD auch kein einleuchtendes strategisches Ziel. Mit welchem Ziel sollte eine Partei, die sich einer aktiven Rolle bei der Regierungsbildung gerade verweigert hatte, in diesen Wahlkampf ziehen? Sollte man den Wählern sagen, gebt uns fünf Prozent mehr, dann machen wir die Große Koalition doch? Und würde Martin Schulz überhaupt der richtige Kandidat für einen zweiten Anlauf sein?

Dass Jamaika scheitern würde, konnte Schulz nicht wissen. Aber dass er sich bereits wenige Stunden nach dem Auszug der FDP auf ein zweites kategorisches Nein eingelassen hatte, das sich schon bald nicht mehr aufrechterhalten ließ, war ein schwerer Fehler.

Noch vor Weihnachten begannen die Sondierungsgespräche. Am 12. Januar 2018 wurden sie abgeschlossen. Dass der SPD-Parteivorstand dann beschloss, dem SPD-Sonderparteitag in Bonn wenige Tage später die Aufnahme von Koalitionsverhandlungen vorzuschlagen, war keine Überraschung. Der Parteitag selbst zeigte einen schwachen, allerdings erkrankten, Parteivorsitzenden, der in seiner langen Rede niemanden zu begeistern wusste. Das konnte die Fraktionsvorsitzende Andrea Nahles deutlich besser, als sie sich in einem kämpferischen Beitrag gegen die innerparteiliche Opposition zur Wehr setzte, die vor allem in Juso-Chef Kevin Kühnert ihren Sprecher fand. Am Ende stimmten 56 Prozent der Delegierten der Aufnahme förmlicher Koalitionsverhandlungen zu (270).

Am 7. Februar bereits waren die Verhandlungskommissionen am Ziel. Unter dem Titel »Ein neuer Aufbruch für Europa – Ein neuer Aufbruch für Deutschland – Ein neuer Zusammenhalt für unser Land« präsentierten Angela Merkel, Martin Schulz und Horst Seehofer die Ergebnisse. Auf den 177 Seiten des Koalitionsvertrages fand sich vieles, was sich als Erfolg der Sozialdemokraten lesen ließ. So etwa die Vereinbarung, dass bei den Beiträgen zur Gesetzlichen Krankenversicherung künftig wieder die volle Parität von Arbeitgebern und Arbeitnehmern gelten sollte. Die Bildung von Betriebsräten wollte man erleichtern und Mitbestimmungsrechte sichern. Das Rentenniveau dürfe unter keinen Umständen auf weniger als 48 Prozent des früheren Lohnniveaus sinken. Auch die Einführung eines Rechts auf befristete Teilzeitarbeit und die Öffnung des Familiennachzugs bei Flüchtlingen mit geringerem Schutzstatus auf 1 000 Personen im Monat konnten als Erfolg der SPD gelten (271).

Doch das interessierte die Öffentlichkeit erst einmal weniger als die Vereinbarungen zu den Personalfragen. Danach sollte Martin Schulz Vizekanzler und Außenminister werden. Sigmar Gabriel, der es gerade als Außenminister zu einiger Beliebtheit gebracht hatte, war in diesem Tableau nicht mehr vorgesehen. Gleichzeitig wollte Martin Schulz seine Aufgaben als Parteivorsitzender an Andrea Nahles abgeben. Nachdem er mehrfach angekündigt hatte, für eine von Angela Merkel geführte Regierung nicht zur Verfügung zu stehen, musste diese Personalplanung für Schulz zu Glaubwürdigkeitsproblemen führen. Diese Probleme hoffte er durch den Verzicht auf den Parteivorsitz auffangen zu können (272),

Doch damit hatte sich Schulz ein weiteres Mal verkalkuliert. In der SPD kam es zu empörten Reaktionen. Die Absprache mit Andrea Nahles half Schulz da jetzt auch nicht weiter. In der Parteispitze kam die Sorge auf, die vorgesehene Personalrochade könne die anstehende Urabstimmung über den Koalitionsvertrag belasten. So blieb nur ein Weg: Schulz musste verzichten. Damit war er binnen weniger Tage nicht nur seinen Job als Parteichef los, sondern auch die Aussicht, Außenminister zu werden. Ein gutes Jahr, nachdem seine Nominierung zum Kanzlerkandidaten einen regelrechten »Hype« ausgelöst hatte und Martin Schulz mit einem Wahlergebnis von 100 Prozent vom SPD-Parteitag zum neuen Hoffnungsträger auserkoren worden war, war alles schon wieder vorbei. Höher und tiefer ist in so kurzer Zeit selten jemand auf- und gleich wieder abgestiegen (273). Gabriel profitierte davon übrigens nicht: Er hatte sich in der SPD-Führung zu viele Feinde gemacht.

Die Urabstimmung unter den SPD-Mitgliedern brachte ein eindeutiges Ergebnis. Anfang März 2018 stimmten 66 Prozent der teilnehmenden SPD-Mitglieder dem Vertrag zu. Die Unionsparteien hatten bereits zuvor das Abkommen gebilligt. Jetzt endlich war der Weg zur Regierungsbildung frei. Am 14. März 2018, fast ein halbes Jahr nach der Bundestagswahl, wählte der Bundestag Angela Merkel ein weiteres Mal zur Bundeskanzlerin (274).

Ins vierte Kabinett Merkel zogen neben der Kanzlerin sechs Minister der CDU und drei Minister der CSU ein. Sechs Ressortchefs stellte die SPD. Vizekanzler und Finanzminister wurde der bisherige Hamburger Erste Bürgermeister und frühere Sozialminister Olaf Scholz. Das Außenministerium übernahm Heiko Maas. Ministerin für Justiz und Verbraucherfragen wurde Katharina Barley, die 2017 das Familienressort von Manuela Schwesig weitergeführt hatte. Minister für Arbeit und Soziales war jetzt der frühere SPD-Generalsekretär Hubertus Heil. Auch das Umwelt- und das Ministerium für Familie, Frauen und Jugend fielen an die SPD. Hier amtierten jetzt Svenja Schulze und die frühere Bezirksbürgermeisterin von Berlin-Neukölln, Franziska Giffey.

Neben der Kanzlerin war die CDU durch Wirtschaftsminister Peter Altmaier, Verteidigungsministerin Ursula von der Leyen, Gesundheitsminister Jens Spahn, Landwirtschaftsministerin Julia Klöckner, Bildungsministerin Anja Karliczek und Kanzleramtsminister Helge Braun vertreten. Während Ursula von der Leyen ihr Ressort behielt, wechselte Altmaier vom Kanzleramt ins Wirtschaftsministerium. Viel beachtet wurde die Ernennung von Jens Spahn, der bei verschiedenen Gelegenheiten als Kritiker der Kanzlerin in Erscheinung getreten war und jetzt in die Kabinettsdisziplin eingebunden wurde. Julia Klöckner war als Chefin der rheinland-pfälzischen CDU bei der Landtagswahl 2016 unterlegen gewesen. In der Partei aber war sie recht beliebt. Während Helge Braun jetzt vom Staatsminister zum Amtschef aufrückte, galt Anja Karliczek in der Bildungspolitik als unbeschriebenes Blatt.

Für die Personalauswahl der CSU hatten die innerparteilichen Debatten nach dem schwachen Abschneiden der Partei bei den Bundestagswahlen eine entscheidende Rolle gespielt. Dabei war Ministerpräsident und Parteichef Horst Seehofer derart in Bedrängnis geraten, dass er seine ursprüngliche Absicht, nochmals als Spitzenkandidat für die bayerische Landtagswahl 2018 anzutreten, aufgeben und den Weg für Markus Söder als Nachfolger im Amt des bayerischen Ministerpräsidenten freimachen musste. Anfang Dezember gab Seehofer bekannt, dass der Wechsel im ersten Quartal 2018 vollzogen werden sollte. CSU-Chef aber würde er bleiben, um künftig mit Markus Söder eine »Doppelspitze« zu bilden. Freilich war Söder in der CSU keineswegs unumstritten. Erst der Verzicht von Innenminister Joachim Herrmann öffnete den Weg für eine einvernehmliche Lösung. Zuvor waren auch der stellvertretenden Ministerpräsidentin Ilse Aigner Ambitionen auf die Seehofer-Nachfolge nachgesagt worden. Vergeblich hatte sie eine CSU-Mitgliederbefragung ins Spiel gebracht (275).

Mit der Einigung zwischen Seehofer und Söder stand auch fest, dass der CSU-Chef eine führende Rolle in Berlin anstrebte. Nach der heftigen Kritik an der Migrationspolitik der Kanzlerin lag es nahe, dass er das Innenressort übernahm. Genauso kam es dann auch. Parallel zur Regierungsbildung in Berlin kündigte Seehofer Anfang März seinen Rücktritt in München an. Während er neuer Bundesinnenminister wurde, wählte der bayerische Landtag Markus Söder am 16. März 2018 zum Ministerpräsidenten.

Seehofer führte jetzt ein um weitere Zuständigkeiten erweitertes Ministerium. Hinzugekommen war mit dem Bauressort ein Kompetenzbereich, der angesichts des wachsenden Mangels an preisgünstigem Wohnraum in den Ballungszentren des Landes besondere Bedeutung erlangt hatte. Dazu kam ein ganz neues Aufgabenfeld, von dem man nicht recht wusste, worin genau es eigentlich bestehen sollte. Das Innenministerium wurde jetzt auch zum »Heimatministerium« erweitert. Wohl war klar, dass damit die Sorgen der Bevölkerung im ländlichen Raum, vom stürmischen Wandel der Zeit abgehängt zu werden, mindestens symbolhaft aufgegriffen werden sollten. Was dies freilich in der konkreten gesetzgeberischen Arbeit bedeuten würde, blieb ungewiss (276).

Neben diesen spektakulären Begleitumständen beim Wechsel von Horst Seehofer nach Berlin spielten die übrigen CSU-Personalien im neuen Bundeskabinett nur eine Nebenrolle. Der frühere CSU-Generalsekretär Andreas Scheuer wurde neuer Minister für Verkehr und digitale Infrastruktur. Als solcher würde er auch für die Einführung der umstrittenen PKW-Maut zuständig sein. Seinen Posten als Minister für wirtschaftliche Zusammenarbeit behielt Gerd Müller.

Als Verlierer bei der Regierungsbildung galt Thomas de Maizière, der bis dahin in unterschiedlichen Rollen allen Kabinetten von Angela Merkel angehört hatte. Die SPD-Fraktionschefin Andrea Nahles trat nicht in die Regierung ein. Sie wurde bald darauf auch zur Parteivorsitzenden gewählt. Vorsitzender der Bundestagsfraktion der CDU/CSU war im Herbst erneut Volker Kauder geworden, der dieses Amt schon seit Beginn der Ära Merkel 2005 innehatte. Freilich hatte er bei seiner Wiederwahl mit einem mäßigen Wahlergebnis den Unmut der Fraktion zu spüren bekommen, in der ihm viele seine »lammfromme« Haltung gegenüber der Regierungschefin inzwischen übelnahmen. Und die Wahl galt auch nur für ein Jahr. Dass hier auch eine wachsende Unzufriedenheit mit Merkel selbst eine Rolle spielte, lag auf der Hand (277).

7.12 MERKEL UND SEEHOFER – EIN SOMMER
DES MISSVERGNÜGENS

Neben der mühsamen Regierungsbildung war es die neue Bundestagsfraktion der AfD, die auf großes öffentliches Interesse stieß. Bereits am Morgen nach der Bundestagswahl hatte die Spitze der Rechtspartei für ein Novum in der deutschen Parteiengeschichte gesorgt: Die amtierende Parteivorsitzende Frauke Petry nutzte die Gelegenheit der Pressekonferenz zum Wahlausgang, um der erstaunten Öffentlichkeit zu verkünden, dass sie der neuen AfD-Fraktion nicht angehören wolle. Damit verbunden war ihr Rücktritt von der Parteispitze. Mit Petry ging ein weiterer Kollege. Die Parlamentsfraktion war geschrumpft, noch bevor sie sich überhaupt konstituiert hatte (278).

Die Reaktionen der anderen Parteien wie die der meisten Medienvertreter auf die Präsenz der Rechten im wichtigsten Verfassungsorgan der Bundesrepublik Deutschland waren von schroffer Ablehnung geprägt. Die oft provokanten, manchmal auch beleidigenden und ausländerfeindlichen Äußerungen von AfD-Vertretern stießen auf einen Empörungsfuror, der auch Erinnerungen an Weimar und den Aufstieg der Nationalsozialisten heraufbeschwor und damit seinerseits die Polarisierung zuspitzte (279). Dass von parlamentarischer Normalität nicht die Rede sein konnte, hatte schon die erste Sitzung des neuen Bundestages klargemacht, als der Kandidat der AfD für die Position eines Bundestagsvizepräsidenten gleich mehrfach durchgefallen war. Auch in einigen anderen Gremien blieb die AfD entgegen der Parlamenttradition unberücksichtigt. Die drei Ausschussvorsitzenden, die der Fraktion zustanden, wurden allerdings nach einigem internen Gerangel doch gewählt (280). Inzwischen ist einer von ihnen wieder abgewählt worden.

Ihre Führungsfragen klärte die AfD auf einem Parteitag in Hannover im Dezember 2017. Dabei kam es zu einem Abstimmungspatt zwischen dem Vertreter des gemäßigten Flügels, Georg Pazderski, und der radikaleren Doris von Sayn-Wittgenstein. Pazderski hatte in seiner Bewerbungsrede eine klarere Abgrenzung nach rechts gefordert. In einem dritten Wahlgang zogen schließlich beide zugunsten von Alexander Gauland zurück, der wenige Wochen zuvor zusammen mit Alice Weidel bereits zum Fraktionschef gewählt worden war. Der ehemalige CDU-Politiker war nun auch formell die wichtigste Führungsfigur der Partei. Als Ko-Vorsitzender wurde Jörg Meuthen vom Parteitag wiedergewählt (281).

Dem Wählerzuspruch konnten die Auseinandersetzungen um die AfD erst einmal nichts anhaben. Anfang 2018 lag die Partei in den Umfragen noch über ihrem Wahlergebnis bei der Bundestagswahl. Auch die langwierige Regierungsbildung trug nicht dazu bei, das gewachsene Misstrauen vieler Wähler gegenüber den etablierten Parteien zu mindern.

Eine neue Mannschaftsaufstellung wählten sich Anfang 2018 die Grünen. Nachdem Cem Özdemir auf eine neuerliche Kandidatur als Parteivorsitzender verzichtet hatte, übernahm jetzt der mit viel Vorschusslorbeeren bedachte Robert Habeck die Führungsrolle. An seiner Seite stand fortan Anna-Lena Baerbock, die damit die glücklose Parteivorsitzende Simone Peter beerbte (282). Die Grünen hatten in den Verhandlungen um die Bildung einer Jamaika-Koalition eine gute Figur gemacht. Nach allgemeiner Meinung hatten sie sich redlich bemüht, Kompromisse zustande zu bringen. So war die Partei im öffentlichen Ansehen gestiegen. Die FDP-Spitze dagegen befand sich auch Anfang 2018 noch in Erklärungsnot. Dass sie zuerst vom Verhandlungstisch aufgestanden war, wurde ihr vielerorts verübelt (283).

Die neue Regierung war erst wenige Wochen im Amt, als es bereits zu einer schweren Zerreißprobe kam, die das Fundament der ganzen Koalition tüchtig durchschüttelte und sogar die Kanzlerin in Gefahr brachte. Innenminister Seehofer hatte im Juni die Veröffentlichung eines »Masterplans« angekündigt, mit dem eine verbesserte Beschränkung der Zuwanderung und eine beschleunigte Abschiebung abgelehnter Asylbewerber möglich werden sollten. Der Plan sah u. a. vor, dass Asylbewerber, die bereits in einem anderen EU-Land einen Asylantrag gestellt hatten, künftig an der Grenze zurückgewiesen werden konnten. Dem widersprach aber Angela Merkel, so dass der Innenminister die schon für den 11. Juni anberaumte Pressekonferenz kurzfristig wieder absagen musste. Die Kanzlerin sah im Vorhaben Seehofers einen nationalen Alleingang der Deutschen, der ihre Bemühungen um eine europäische Lösung der Migrationsfrage schwächen würde. Auch für diese Menschen müsse der Rechtsweg in Deutschland offenbleiben. Seehofer hielt dagegen, dass schon lange vergeblich um eine europäische Lösung gerungen worden sei. Jetzt müsse gehandelt werden (284).

Während Seehofer die CSU hinter sich hatte, war Merkels Haltung auch in der CDU zunächst umstritten. Der sächsische Ministerpräsident Kretschmer stellte sich hinter Seehofer. In der Bundestagsfraktion der Union erlebte Angela Merkel am 12. Juni eine böse Überraschung, als auch viele Redner der CDU für Seehofers Position eintraten. Zwei Tage später stellte sich das CDU-Präsidium dann hinter die Kanzlerin. Nach dem Scheitern einer Kompromisslösung bei einer Krisensitzung im Kanzleramt aber eskalierte der Konflikt weiter. Am 14. Juni wurde die Bundestagssitzung um mehrere Stunden unterbrochen, weil die Abgeordneten von CDU und CSU zu getrennten Sitzungen zusammenkamen. Sofort schwirrten allerhand Gerüchte durch das politische Berlin. Vielleicht stünde Merkels Sturz unmittelbar bevor, hieß es. In der Sitzung der CDU-Abgeordneten stellten sich dann viele hinter Merkel, die um einen Aufschub bis nach dem EU-Gipfel Ende Juni warb. Dort wolle sie versuchen, eine europäische Lösung zu erreichen. Im Lichte des Ergebnisses von Brüssel sollte es danach eine Neubewertung geben. Mit einiger Mühe setzte sich diese Linie durch. Der Konflikt war vertagt (285).

In den folgenden Tagen verbreitete sich der öffentliche Eindruck, Seehofer und die CSU hätten überzogen. Dem CSU-Chef gehe es in Wahrheit allein um die bevorstehenden bayerischen Landtagswahlen, wo die absolute Mehrheit der CSU in Gefahr war. Auch Unionspolitiker, die in der Sache eigentlich Seehofer zustimmten, verwahrten sich gegen den Stil der Auseinandersetzung. So gewann Merkel in den eigenen Reihen wieder an Boden. Tatsächlich brachte der Europäische Rat einige Absichtserklärungen. So sollten u. a. kontrollierte Zentren für Migranten in der EU geschaffen und der Schutz der Außengrenzen verbessert werden (286).

Während die Führung der CDU das Ergebnis als Erfolg für Merkels Bemühungen betrachtete und sich fast einhellig hinter die Kanzlerin stellte, sah man das in der CSU-Führung viel kritischer. Seehofer kommentierte, die Beschlüsse böten »keinen wirkungsgleichen Ersatz für Zurückweisungen von Flüchtlingen an der Grenze«. Einen ganzen Sonntag lang brütete die CSU-Spitze darüber, was nun zu tun sei. Gegen Abend wurde die Lage dramatisch, als Meldungen die Runde machten, Seehofer habe seinen Rücktritt angeboten. Das wiederum wollten andere CSU-Größen nicht hinnehmen. Bis in die Nacht wurde debattiert. Schließlich sorgte Seehofer selbst noch einmal für Verwirrung, als er seine Rücktrittsabsichten bestätigte, gleichzeitig aber hinzufügte, er wolle zuvor noch einmal mit der CDU sprechen (287).

In den folgenden Tagen gelang eine Einigung dann doch noch. Künftig sollte es Transitzentren für Flüchtlinge an der Grenze zu Österreich ebenso geben wie Zurückweisungen von Asylbewerbern, für die andere EU-Länder zuständig waren. Als Rechtsgrundlage dafür wollte man bilaterale Verwaltungsabkommen mit den betreffenden Staaten schließen (288).

Am Ende der mehr als dreiwöchigen Auseinandersetzung, bei der der sozialdemokratische Koalitionspartner nur Zuschauer war, zeigte sich Seehofer mit dem Ergebnis zufrieden. Doch war der Preis dafür vor allem für den Innenminister hoch: Mehr als zwei Drittel der Deutschen sahen in ihm den Hauptverantwortlichen für die Regierungskrise (289). Die CSU steckte noch immer in einem Dilemma, das kaum aufzulösen war. Zeigte sie sich im Streit um eine härtere Haltung in der Migrationspolitik konsequent, so bedrohte sie die Position von Angela Merkel. Das brachte sie in weiten Teilen der Öffentlichkeit in Misskredit. Tat sie das nicht, hätte man ihr und vor allem ihrem Vorsitzenden »Maulheldentum« vorgeworfen. Aus dieser Zwickmühle gab es kaum einen Ausweg.

Der Sommer war noch nicht vorbei, als schon der nächste Koalitionskrach ins Haus stand. Auslöser waren diesmal die Vorkommnisse im sächsischen Chemnitz. Hier war am frühen Morgen des 26. August 2018 am Rande des Stadtfestes ein deutscher Staatsangehöriger durch Messerstiche getötet worden. Zwei weitere wurden schwer verletzt.

Nachdem bekannt geworden war, dass es sich bei den Tatverdächtigen um Asylbewerber handelte, nahmen rechte und rechtsextreme Gruppen die Vorfälle zum Anlass für Protestkundgebungen, Demonstrationen und Trauermärsche. Schon am Tag nach der Mordtat versammelten sich zu einer von der Gruppe »Pro Chemnitz« angemeldeten Kundgebung ca. 6 000 Personen. Auch am folgenden Tag gingen die Proteste weiter. Dabei kam es nicht nur zu Straftaten wie das Zeigen des Hitler-Grußes, sondern auch zu Angriffen auf ausländisch aussehende Personen (290). Nach Polizeiangaben sind 43 Strafanzeigen gestellt worden, darunter aber auch Anzeigen gegen linke Gegendemonstranten.

Die Reaktion der Politik fiel unterschiedlich aus. Während viele Bundespolitiker die Instrumentalisierung des Mordes durch die rechte Szene verurteilten, mochte Sachsens Ministerpräsident Kretschmer weder Hetzjagden noch einen Pogrom erkennen. AfD-Chef Gauland erklärte am 29. August: »Wenn eine solche Tötungstat passiert, ist es normal, dass Menschen ausrasten« (291).

Am 1. September 2018 riefen die Chefs der AfD-Landesverbände Thüringen, Sachsen und Brandenburg gemeinsam mit PEGIDA zu einem Schweigemarsch auf, mit dem den »Opfern der illegalen Migrationspolitik« gedacht werden sollte. Am Rande dieser und einer zweiten von rechten Gruppen angemeldeten Veranstaltung, an denen insgesamt etwa 6 000 bis 7 000 Personen teilgenommen haben sollen, kam es zu ausländerfeindlichen Ausschreitungen. Gleichzeitig fand eine linke Gegendemonstration statt. Insgesamt waren nach Polizeiangaben an diesem Tag in Chemnitz mehr als 11 000 Menschen an Demonstrationen beteiligt.

Einige Tage später tauchte im Internet ein Video auf, in dem zu sehen war, wie mehrere Personen auf afghanische Asylbewerber zustürmten, die daraufhin die Flucht ergriffen. Das Video war von einer »Antifa Zeckenbiss« ins Netz gestellt worden und bald in allen Nachrichtensendungen zu sehen (292). Zur selben Zeit wurde ein Anschlag auf ein jüdisches Restaurant bekannt, der mutmaßlich von Neonazis begangen worden war.

Die Vorgänge in Chemnitz hatten auch zur Gegenmobilisierung geführt. Verwandte des getöteten Opfers verwahrten sich gegen die »Instrumentalisierung« dieser Tat für »Hetze, Rassismus und Hass«. Zu einer Gegenveranstaltung »Herz statt Hetze« kamen am 1. September etwa 3 500 Menschen. Bald beschäftigten die Vorgänge auch den Bundestag. Nicht nur hier geriet die AfD unter starken Druck. Viele Medien sahen im »Schulterschluss mit der offen rechtsradikalen Szene« sogar eine neue Strategie der AfD. Das gemeinsame Auftreten der ostdeutschen AfD-Landeschefs mit PEGIDA und der rechtsextremen Szene sorgte auch innerparteilich für Kritik. Aus Protest dagegen erklärte der Fraktionschef der AfD in der Hamburger Bürgerschaft seinen Parteiaustritt (293).

Anfang September 2018 wurde die Auseinandersetzung mit der ganz rechten Szene und der dort betriebenen Instrumentalisierung von Mordtaten für Ausländerfeindlichkeit und pauschale Diffamierung von Migranten einmal mehr ein öffentliches Großthema. In vielen Städten des Landes kam es zu Kundgebungen und Demonstrationen gegen Rassismus und Hetze.

In dieser stimmungsmäßig aufgeheizten Situation äußerte der Präsident des Bundesamtes für Verfassungsschutz, Hans-Georg Maaßen, in einem BILD-Interview Zweifel daran, dass es während der Demonstrationen tatsächlich zu Hetzjagden gegen ausländisch aussehende Menschen gekommen sei. Dem Verfassungsschutz lägen hierüber »keine belastbaren Informationen« vor. Vielmehr gäbe es gute Gründe für die Annahme, dass es sich bei dem Video um eine »gezielte Falschinformation« handele, »um möglicherweise die Öffentlichkeit von dem Mord in Chemnitz abzulenken« (294).

Maaßens Äußerungen stießen umgehend auf heftige Kritik. Während Seehofer ihm zunächst sein »volles Vertrauen« aussprach, reagierte Angela Merkel überrascht und irritiert. Da sie sich längst der öffentlichen Empörung über die »Jagdszenen aus Chemnitz« angeschlossen hatte, konnte Maaßens Äußerungen auch als Kritik an der Kanzlerin verstanden werden.

Überall wurden jetzt Beweise für die Einschätzungen des Verfassungsschutzpräsidenten gefordert. Da er aber keine überzeugenden Belege vorweisen konnte, nahm die Kritik zu. Die ersten Rücktrittsforderungen tauchten auf. Bei den Oppositionsparteien Grüne und Linke, aber auch bei vielen Sozialdemokraten, stand Maaßen ohnehin im Verdacht, den »Kampf gegen Rechts« nicht konsequent genug zu führen. Dass er auch AfD-Abgeordneten Hinweise und Informationen geliefert hatte, war ihm von manchen übelgenommen worden (295).

Am 10. September 2018 legte der Verfassungsschutzpräsident einen Bericht vor, in dem er seine Aussagen relativierte und von der Behauptung abrückte, dass es sich bei dem Video um eine Fälschung handele. Allerdings zeige es einen Einzelfall und könne nicht als Beleg für eine »Hetzjagd« angesehen werden.

Jetzt wuchs die Kritik an Maaßen erst recht weiter an. Die Sozialdemokraten hielten ihn nicht mehr für tragbar. Die Kanzlerin äußerte sich zwar zunächst vorsichtig. Doch auch in der CDU rückten viele von Maaßen ab. Eine eigentlich zweitrangige Personalie, die im Bereich der Ressortverantwortung des Innenministers lag, war zum erstrangigen Nachrichtenthema und zur Koalitionsfrage geworden. Am 18. September einigten sich die Regierungsparteien auf Maaßens Abberufung als Präsident des Bundesamtes für Verfassungsschutz. Er sollte stattdessen als Staatssekretär im Innenministerium weiterverwendet werden und dort den bisherigen SPD-Staatssekretär ablösen (296).

Diese Lösung, zu der die Partei- und Fraktionschefin Andrea Nahles ihre Zustimmung gegeben hatte, sorgte dann für neuerliche Empörung. Leicht ließ sich einwenden, dass Maaßen für seine von vielen als Verharmlosung der Gefahr von rechts gedeuteten Äußerungen noch befördert werde. Auch die SPD-Vorsitzende geriet nun massiv unter Druck. Schließlich revidierte die Koalition bereits drei Tage später ihre Entscheidung. Jetzt sollte Maaßen als Sonderberater im Rang eines Abteilungsleiters beschäftigt werden.

Am 5. November 2018 wurde er schließlich doch in den einstweiligen Ruhestand versetzt. Den Anlass dazu bot für Maaßens Dienstherr Horst Seehofer die Abschiedsrede des Verfassungsschutzpräsidenten vor seinen europäischen Kollegen. Darin hatte er nicht nur seine Behauptung wiederholt, dass es gar keine Hetzjagden auf Flüchtlinge gegeben habe. Er hatte auch von »linksradikalen Kräften in der SPD« gesprochen, die die Chemnitzer Vorgänge dazu nutzen wollten, den Bruch der Großen Koalition herbeizuführen (297).

Die Vorgänge zeigten, dass das Management der Koalition an vielen Stellen nicht gut funktionierte. Offenbar gab es in der Union unterschiedliche Bewertungen der Sachlage. Dass dabei auch verschiedene Haltungen zur Migrationsfrage eine Rolle gespielt haben dürften, liegt nahe. Auch das Führungsmanagement der Kanzlerin funktionierte erkennbar schlecht.

Wieder waren dabei Differenzen zwischen ihr und Horst Seehofer offensichtlich geworden. Diesmal waren sie freilich anders gelagert als im Frühsommer. Eine solche Personalie ließ sich nicht einfach zu einer Frage aufwerten, bei der die Richtlinienkompetenz der Kanzlerin gefragt war. Demnach konnte Merkel das von manchen geforderte »Machtwort« so einfach gar nicht sprechen. Solche verfassungsrechtlichen Details ließen sich freilich einer aufgeregten Medienöffentlichkeit kaum vermitteln.

Schließlich zeigte die Zuspitzung nach der Koalitionsentscheidung zur Abberufung Maaßens auch die Schwäche der SPD-Vorsitzenden. Dass sie bei einer solchen Frage derart massiv unter Druck geriet, konnte kein gutes Zeichen sein für die Handlungsfähigkeit dieser Koalition. Weiter geschwächt war schließlich auch Horst Seehofer, dessen Loyalitätsbekundungen für Maaßen von diesem selbst mit seiner Abschiedsrede widerlegt wurden. Das waren für alle Beteiligten keine guten Vorzeichen für die Landtagswahlen in Bayern und Hessen, die im Oktober anstanden.

7.13 DEUTSCHLAND, AMERIKA UND DIE KRISE DER EUROPÄISCHEN UNION

Die schwierige innenpolitische Situation in Deutschland blieb für die krisengeplagte europäische Union nicht ohne Auswirkungen. Nachdem im Frühsommer 2017 Emmanuel Macron mit einer dezidiert proeuropäischen Position zum französischen Präsidenten gewählt worden war, legte der fast über Nacht zum Hoffnungsträger für die Zukunft Europas aufgestiegene Newcomer mit einer Rede in der Pariser Sorbonne Ende September 2017 ein vielbeachtetes Reformprogramm vor. Die Europäische Union sei in ihrer jetzigen Form zu schwach, zu langsam und zu ineffizient. Deshalb seien konkrete Veränderungen notwendig.

Macron regte die Bildung einer europäischen militärischen Eingreiftruppe und einen gemeinsamen europäischen Verteidigungsfonds sowie einen eigenen Haushalt für die Eurozone an. Auch ein Programm zur Steuer- und Sozialkonvergenz sei dringend erforderlich. Migrationspolitik müsse endlich als gemeinsame Aufgabe der Europäer begriffen werden. Dies gelte sowohl für Aufnahme und Integration von Flüchtlingen wie für die effektive Grenzsicherung und Rückführung derjenigen, die keinen Asylanspruch hatten (298).

Die besonders auf Deutschland gezielte Initiative des französischen Präsidenten stieß in Berlin zunächst nur auf verhaltene Reaktionen. Macrons

Vorstellung von einem neuen deutsch-französischen Vertrag anlässlich des 55. Jahrestages der Unterzeichnung des Elysee-Vertrags im Januar 2018 erledigte sich durch das Scheitern der Jamaika-Sondierungen ohnehin von selbst. Erst im Jahr darauf kam es zu der symbolträchtigen Erneuerung der deutsch-französischen Allianz mit dem Vertrag von Aachen. In den insgesamt 28 Artikeln dieses Vertrages spielten die gemeinsamen Verteidigungsanstrengungen eine herausgehobene Rolle (299).

In seiner Ansprache vor dem Europäischen Parlament erneuerte Macron im April 2018 seine Initiative. Dabei rückte er sie in einen weltpolitischen Kontext. Gerade weil die Vereinigten Staaten von Amerika, mit denen man so vieles teile, in Versuchung geraten seien, sich zurückzuziehen und den Multilateralismus aufzugeben, komme es besonders auf ein gemeinsames Europa an. Bei der Verleihung des Karlspreises wiederholte er vier Wochen später in Aachen seine Vorschläge (300).

Während Macron ein rhetorisches Feuerwerk abbrannte, blieb die Reaktion in Deutschland weiter zurückhaltend. Erst im Juni 2018 fand sich Angela Merkel zu einer bedingt positiven Antwort bereit. Sie befürwortete zwar die Aufstellung einer gemeinsamen europäischen Eingreiftruppe. Gleichzeitig aber schwächte sie ihre Zustimmung mit dem Hinweis ab, dass dies nur im Rahmen der vorhandenen Strukturen der verteidigungspolitischen Zusammenarbeit möglich sei. Ein »Investivhaushalt für Europa« sei zwar vernünftig. Damit sollten wirtschaftliche Unterschiede zwischen den Ländern der Eurozone ausgeglichen werden. Ihre Vorstellungen von der finanziellen Ausstattung eines solchen Haushalts bewegten sich aber nur in bescheidenen Größenordnungen. Im Interview mit der Frankfurter Allgemeinen Sonntagszeitung sprach sie sich gleichzeitig für den Ausbau des ESM zu einem Europäischen Währungsfonds aus, blieb aber bei ihrer Ablehnung einer »Schuldenunion« (301). In Frankreich löste die deutsche Zurückhaltung Enttäuschung aus. Angela Merkel habe eine große Chance verpasst, hieß es dort in Regierungskreisen (302).

Während in Italien im Frühjahr 2018 die Regierungsübernahme einer ungewöhnlichen Koalition aus der Rechtspartei Lega Nord und der eher linkspopulistischen, freilich europakritischen Bewegung der »Fünf Sterne« für eine weitere Schwächung der Pro-Europäer sorgte, hatte die europäische Führungsmacht Deutschland die Führungsrolle in der Europapolitik erst einmal an Frankreich abgegeben. Trotz des beiderseitigen Bemühens um den Erhalt der deutsch-französischen Achse war die deutsche Antwort auf die Versuche Macrons, der europäischen Idee neuen Glanz zu verleihen und den wachsenden nationalistischen Kräften in Europa die politische Initiativrolle zu entreißen, allzu mager und defensiv ausgefallen.

Ein Beitrag zur Neubelebung der europäischen Integration war das nicht. Macron war enttäuscht.

Zwar wurde die Unterzeichnung des Vertrags von Aachen im Januar 2019 zu einer symbolträchtigen Demonstration deutsch-französischer Gemeinsamkeiten. Gleichzeitig aber zeigten sich da, wo die Reformüberlegungen praktisch wurden, immer wieder Risse. Die französische Kritik an der restriktiven Haltung der Bundesregierung bei Rüstungsexporten nach Saudi-Arabien machte beispielhaft die realpolitischen Schwierigkeiten einer gemeinsamen europäischen Verteidigungspolitik deutlich. Und Macrons Aussage, die Europäische Union sei für die Aussöhnung innerhalb ihrer Grenzen geschaffen worden, habe darüber aber den Blick für die Realitäten in der Welt verloren, ließ sich leicht als Kritik an Deutschland verstehen. Offen attackierte der französische Staatspräsident im Frühjahr 2019 die deutsche China-Politik, die ihm zu nachsichtig war. Trump habe im Grundansatz seiner Politik gegenüber den Chinesen eher recht als die Deutschen, die zu sehr auf ihre eigenen Exportinteressen fixiert seien (303).

Inzwischen war Macron allerdings selbst innenpolitisch geschwächt. Seit dem Herbst 2018 setzten ihm die Proteste der »Gelbwesten« im eigenen Lande mächtig zu. Zwar schien im Frühjahr 2019 eine gewisse Beruhigung einzutreten. Doch die z. T. hasserfüllten Attacken gegen seine Person machten deutlich, dass auch dieser französische Präsident nur einen begrenzten innenpolitischen Handlungsspielraum besitzt. Immerhin wandte er sich im Frühjahr 2019 direkt mit einem Aufruf zur »Erneuerung Europas« an die europäischen Bürger und fand bei CDU-Chefin Annegret Kramp-Karrenbauer eine positive Resonanz (304). Ihre Idee eines gemeinsamen Flugzeugträgers fanden freilich viele eher eigenartig. Ende 2019 geriet Macron innenpolitisch erneut unter Druck. Seine Rentenreformpläne sorgten in Frankreich für Streikaktionen, die das ganze öffentliche Leben in Mitleidenschaft zogen.

Europapolitisch stand 2019 der Austritt Großbritanniens aus der EU und seine Modalitäten ganz oben auf der Agenda. Mit einiger Mühe war es gelungen, ein Abkommen über die Bedingungen des »Brexit« mit der britischen Regierung unter Theresa May zustande zu bringen. Doch im britischen Unterhaus fand sich trotz wiederholter Anläufe dafür keine Mehrheit (vgl. oben). Zeitweise konnte man den Eindruck gewinnen, das Unterhaus sei mit der Umsetzung des Votums der Briten überfordert. Dabei zeigten sich die Europäer sehr kooperationsbereit. Der EU-Gipfel Anfang April 2019 akzeptierte sogar die Verschiebung des Austrittsdatums auf den 31. Oktober (305). Am Ende wählten die Briten im Mai 2019 auch noch Abgeordnete für das Parlament einer Gemeinschaft, der sie eigentlich schon gar nicht mehr angehören wollten. Klarheit über den Austritt hat erst die Neuwahl vom Dezember 2019 gebracht.

Keine realpolitisch bedeutende Rolle hat Europa in der Syrien-Krise gespielt. Zwar haben die Europäer fleißig Assads Kriegsführung gegen weite Teile seines eigenen Volkes verurteilt. Doch die entscheidenden Akteure im syrischen Bürgerkrieg und beim militärischen Sieg über die IS-Milizen waren andere, allen voran Russland und die Türkei. Darüber hat sich Assads Position wieder festigen können. Das politische Gewicht Europas in der Weltpolitik dagegen war schwächer geworden.

Das hatte viel mit Deutschland zu tun. Behindert durch innenpolitische Schwierigkeiten, konfrontiert mit einer gegenüber weltpolitischer Verantwortungsübernahme skeptischen Öffentlichkeit, ist die Debatte über die Notwendigkeit einer aktiveren Rolle für die deutsche Außen- und Sicherheitspolitik bislang ohne große Folgen geblieben. Stattdessen machten immer wieder Nachrichten über allerhand Ausrüstungsmängel bei der Bundeswehr die Runde, die an ihrer Einsatzfähigkeit große Zweifel aufkommen ließen. Deutschlands Beitrag zum Kampf gegen den »Islamischen Staat« bestand aus der Bereitstellung von zwei alten Tornados mit Aufklärungskameras, einem Tankflugzeug und einigen Militärausbildern.

Erst im Herbst 2019 ließ die neue Verteidigungsministerin Kramp-Karrenbauer aufhorchen, als sie nach dem Einmarsch türkischer Truppen in die Kurdengebiete Nordsyriens eine internationale Schutztruppe forderte, die Schutzzonen für die Flüchtlinge einrichten und absichern sollte. Zwar wurde dieser Vorschlag rasch durch die Entwicklung in der Krisenzone und die russisch-türkischen Vereinbarungen überholt. Immerhin aber war aus Deutschland ein Vorstoß gekommen, der eine Bereitschaft zu praktischer Verantwortungsübernahme signalisierte. Die vielen Bedenken, auf die der Vorstoß umgehend stieß und die namentlich Außenminister Maas sofort formulierte, zeigten freilich auch, wie schwer sich Deutschland mit weltpolitischer Verantwortung tut, wenn sie mit Risiken verbunden ist und nicht nur deklamatorischen Charakter besitzt.

Dass auch das Verhältnis zu den USA nach der Wahl von Donald Trump schwieriger wurde, konnte nicht überraschen. So gut wie niemand innerhalb der politischen Eliten hatte sich einen solchen Präsidenten im Weißen Haus gewünscht. Tatsächlich mussten schon der politische Stil und die Sprunghaftigkeit Trumps Zweifel an der Berechenbarkeit der Politik des wichtigsten NATO-Partners aufkommen lassen. Während dieser Präsident eine neue Welle amerikafeindlicher Stimmungen auslöste, die das Ausmaß der Ablehnung noch weit übertrafen, das sich in der Amtszeit von George Bush im Lande ausgebreitet hatte, spielte die Frage, welche politischen

Konsequenzen die wachsende Distanz zwischen Amerika und Europa haben musste, in der Öffentlichkeit nur eine untergeordnete Rolle.

Nachdem Trump die meisten europäischen NATO-Partner gerügt hatte, sie würden mit ihren Militärausgaben ihren Bündnisverpflichtungen nicht ausreichend nachkommen, sorgte die Aufkündigung des Pariser Klimaschutz-Abkommens durch die USA für einen weiteren Konfliktpunkt. Beim G 7-Gipfel im sizilianischen Taormina im Mai 2017 kamen die Differenzen offen zum Ausdruck. Kurze Zeit später stellte die Kanzlerin in einem bayerischen Festzelt fest: »Die Zeiten, in denen wir uns auf andere verlassen konnten, die sind ein Stück vorbei, das habe ich in den letzten Tagen erlebt. Wir Europäer müssen unser Schicksal wirklich in die eigene Hand nehmen« (306). Ob sie das überhaupt können, erscheint jedoch derzeit fraglich.

Bei dem von heftigen Krawallen überschatteten G 20-Gipfel von Hamburg im Juli 2017 blieben neue Zuspitzungen zwar aus. Doch ab Frühjahr 2018 wurden die Beziehungen zwischen Amerika und Deutschland durch die angedrohten Handelsboykotte und Strafzölle überschattet. Die Handelskonflikte zwischen den USA und China mussten die starke deutsche Exportwirtschaft besonders treffen.

Im Februar 2019 trat Angela Merkel in ihrer Rede bei der Münchener Sicherheitskonferenz der Politik von Donald Trump offen entgegen. Die Abkehr vom Multilateralismus und die angedrohte Beschränkung weltpolitischer Verantwortungsübernahme durch die USA seien ebenso schwere Fehler wie der von Trump praktizierte wirtschaftspolitische Protektionismus, stellte sie unter dem Beifall der Versammlung fest (307).

Im Sommer 2019 befanden sich die deutsch-amerikanischen Beziehungen an einem Tiefpunkt. Trotz aller diplomatischen Verbrämungen reichte das Ausmaß der Entfremdung noch tiefer als nach dem Irak-Krieg. Ob der Westen darüber zerbrechen kann, ist eine inzwischen häufiger diskutierte Frage (308). Im Herbst 2019 hat Emmanuel Macron sogar davon gesprochen, dass die NATO »hirntot« sei. Immerhin hat der NATO-Gipfel Ende 2019 in London keine weitere Verschärfung gebracht.

Dass die Regierung Merkel mit ihrer vorsichtigen Haltung auf eine ganz breite Unterstützung der Wählerschaft rechnen kann, ist vielfach belegt. Auf der anderen Seite bleiben die Konsequenzen einer Abnabelung von der jahrzehntelang unbestrittenen Führungsmacht der westlichen Wertegemeinschaft vollkommen unklar. An eine echte gemeinsame europäische Außen- und Sicherheitspolitik mag man angesichts der Krise der europäischen Integration derzeit kaum glauben.

Die schwierigen Perspektiven der europäischen Integration sind auch durch das Urteil des Bundesverfassungsgerichts nicht einfacher geworden, das mitten in der Corona-Krise im Mai 2020 zur rechtlich umstrittenen Praxis des Ankaufs von Staatsanleihen durch die EZB verkündet worden ist. Zwar hat das Gericht diese Praxis nicht grundsätzlich verworfen, wohl aber die Beachtung der Verhältnismäßigkeit und eine besondere Begründungsbedürftigkeit angemahnt. Nur so seien die Mitwirkungsrerchte der deutschen Verfassungsorgane zu wahren. Dass Karlsruhe sich derart weit in den Bereich der Auslegung des europäischen Rechts vorgewagt hat, wirft nicht nur Grundsatzfragen zum Verhältnis zwischen deutschem Verfassungsgericht und EuGH auf. Sie berührt auch Grundsatzfragen des Verhältnisses zwischen nationalem und europäischem Recht.

7.14 ENDE EINER ÄRA IN SICHT

Am 14. Oktober 2018 kam der erwartete Paukenschlag: Bei der bayerischen Landtagswahl verlor die CSU nicht nur ihre absolute Mehrheit. Mit 37,2 Prozent der Stimmen erlebte sie ein regelrechtes Debakel. Das Ergebnis lag um 10,5 Prozent unter dem von 2013. Das war das schlechteste Abschneiden der Partei seit den 1950er Jahren. Der Wechsel von Seehofer zu Söder hatte sich bei den Wählern so wenig ausgezahlt wie Seehofers Konfliktstrategie in Berlin.

Fast noch ärger aber traf der Wahlsonntag den Berliner Koalitionspartner. Mit nur noch 9,7 Prozent hatten die Sozialdemokraten mehr als die Hälfte ihres Stimmenanteils abgeben müssen und waren jetzt nur noch fünftstärkste Partei in Bayern. Noch vor ihnen lagen AfD (10,2 Prozent) und Freie Wähler (elf Prozent), die zu den Gewinnern der Wahl zählten.

Die eigentlichen Sieger aber waren die Grünen, die mit 17,6 Prozent der Stimmen ihr Ergebnis von 2013 mehr als verdoppeln konnten. Die Querelen in Berlin, die Probleme der CSU, die politische Agenda des Sommers mit Dieselskandal und dem Aufstieg des Klimathemas, die Konfrontation mit der AfD, eine mediengängige Parteiführung mit freundlicher Ausstrahlung – das alles hatte zu diesem Erfolg beigetragen (309).

Nach den Befunden der Wahlforscher hatte die CSU an drei Parteien jeweils ungefähr gleich viele Wähler abgegeben: An die Freien Wähler und an die AfD, aber auch an die Grünen. Das machte die Interpretation schwierig. Mit ihrer Kritik an Merkel in der Migrationspolitik hatte die Partei die Abwanderung an die AfD nicht relevant verhindert, zugleich aber auch Wähler an die Grünen verloren (310).

Während in München bereits die Zeichen auf eine rasche Koalitionsbildung der CSU mit den Freien Wählern hindeuteten, bestätigte die hessische Landtagswahl zwei Wochen später den bayerischen Trend. Auch hier musste die Union mit ihrem Spitzenkandidaten, Ministerpräsident Volker Bouffier, schwere Verluste hinnehmen. Sie kam nur noch auf 27 Prozent und hatte damit noch etwas mehr verloren als ihre bayerische Schwesterpartei. Dass die hessische CDU in der schwarz-grünen Koalition den Kurs der Kanzlerin voll mitgetragen hatte, war von den Wählern genauso wenig honoriert worden wie die Kritik der CSU.

Auch in Hessen waren die Grünen die Wahlsieger. Sie konnten mit 19,8 Prozent das bei weitem beste Ergebnis ihrer Geschichte erzielen und damit fast neun Prozent zulegen. Nachdem ihnen bei der Koalitionsbildung mit der Union fünf Jahre zuvor manche noch einen Einbruch in der Wählergunst bei der nächsten Wahl vorausgesagt hatten, war jetzt das glatte Gegenteil eingetreten.

Während die AfD mit 13,1 Prozent zum zweiten Wahlsieger wurde, hatte die SPD auch in Wiesbaden das schwächste Ergebnis ihrer Geschichte seit 1945 eingefahren. Jetzt lagen die Sozialdemokraten sogar noch knapp hinter den Grünen. Mit Gewinnen erneut in den Landtag einziehen konnten FDP und Linkspartei (311).

Auch in Hessen zeigte die Wählerwanderung, dass die Union gleichermaßen nach links wie nach rechts Stimmen verloren hatte. Knapp 100 000 ehemalige CDU-Wähler waren zu den Grünen gewandert, etwa die gleiche Zahl aber auch zur AfD. Die Sozialdemokraten hatten ebenfalls etwa 100 000 Wähler an die Grünen abgeben müssen (312). Dabei lag die Wahlbeteiligung in Hessen mit 67,3 Prozent fünf Prozent unter der in Bayern.

Das Wahlergebnis ließ die Möglichkeit zur Fortsetzung der Koalition aus CDU und Grünen zu. Im Januar 2019 wurde Volker Bouffier erneut zum Ministerpräsidenten gewählt. Er führte jetzt ein Kabinett, in dem die deutlich gestärkten Grünen gleich vier Minister stellten.

Dass die Ursachen für den Einbruch der Union in Hessen wie in Bayern in erster Linie in Berlin zu suchen waren, lag auf der Hand (313). Und dass sich auch in der hessischen Parteiorganisation der CDU mittlerweile einiger Unmut über die Kanzlerin aufgestaut hatte, war ein offenes Geheimnis. Wenn Merkels innerparteiliche Position nicht schweren Schaden nehmen sollte, musste etwas geschehen.

Und das geschah dann auch. Bereits am Tag nach der Wahl kündigte Angela Merkel an, dass sie sich beim bevorstehenden CDU-Parteitag nicht erneut um den CDU-Vorsitz bewerben werde. Sie werde auch zur nächsten Bundestagswahl 2021 nicht noch einmal als Kanzlerkandidatin antreten und auch kein anderes politisches Amt mehr anstreben. Sie habe sich stets gewünscht, ihre staatspolitischen wie ihre parteipolitischen Ämter in Würde zu tragen und eines Tages auch zu verlassen. Jetzt sei der Zeitpunkt gekommen, ein neues Kapitel aufzuschlagen. Nach den Wahlergebnissen in Bayern und Hessen könne man nicht einfach zur Tagesordnung übergehen. Deshalb habe sie sich entschlossen, schon jetzt ihre Überlegungen zur Zukunft mitzuteilen. Für den Rest der Legislaturperiode stehe sie freilich als Kanzlerin weiter zur Verfügung (314).

Mit dieser Ankündigung gelang es Angela Merkel, das Gesetz des Handelns in der Hand zu behalten. Die Wahlergebnisse waren zu eindeutig, als dass nicht ein einschneidender Schritt nötig gewesen wäre. Hätte sie ihn aufgeschoben, weil sie stets die Auffassung vertreten hatte, Kanzleramt und Parteivorsitz gehörten in eine Hand, hätte sie beim Parteitag der Union ein mäßiges Stimmenergebnis riskiert – auch ohne prominente Gegenkandidatur. Bereits Ende September hatte sie eine schwere innerparteiliche Niederlage erlebt, als ihr langjähriger Vertrauter und Vorsitzender der CDU/CSU-Fraktion, Volker Kauder, bei der Neuwahl des Fraktionsvorsitzenden überraschend gegen den eher wenig bekannten Ralf Brinkhaus unterlegen gewesen war. Vergeblich hatte sie sich für seine Wiederwahl eingesetzt. Überall wurde Kauders Abwahl auch als Niederlage für die Kanzlerin bewertet (315).

Während Angela Merkel mit ihrem Teilrückzug jetzt aus der innerparteilichen Gefahrenzone rückte und viel Anerkennung für diesen Schritt fand, begann bereits am selben Tag der Kampf um die Nachfolge im Parteivorsitz. Schon am Nachmittag des 29. Oktober wurde verbreitet, dass Friedrich Merz, bis 2002 Fraktionsvorsitzender in Berlin, danach von Angela Merkel aus diesem Amt gedrängt, 2009 aus dem Bundestag ausgeschieden, sich um die Merkel-Nachfolge bewerben wolle. Zwei Tage später trat er vor die Bundespressekonferenz und verkündete offiziell, dass er antreten werde (316).

Die Kandidatur von Merz musste die Ambitionen einer Saarländerin ernsthaft gefährden, die als Generalsekretärin der CDU einige Monate zuvor von Angela Merkel nach Berlin geholt worden war: Annegret Kramp-Karrenbauer. Dass eine erfolgreiche Ministerpräsidentin die Führung einer Landesregierung nur deshalb aufgab, um in den Dienst einer Parteivorsitzenden zu treten, konnte als einigermaßen unwahrscheinlich gelten. Also lag es nahe, mit dieser Personalie auch die mögliche Nachfolge im Amt der Bundeskanzlerin zu verbinden. Annegret Kramp-Karrenbauer, die gerade eine Tour an der Parteibasis absolviert hatte, musste demnach auch die Favoritin der Kanzlerin für den Parteivorsitz sein. Merkel aber konnte, umstritten wie sie inzwischen geworden war, den Ambitionen von Kramp-

Karrenbauer keinen Dienst erweisen, hätte sie sich allzu deutlich hinter sie gestellt. Aber natürlich war Kramp-Karrenbauer »ihre« Kandidatin.

Nach der Bewerbung von Friedrich Merz war freilich nicht mehr sicher, wie das Rennen ausgehen würde. Denn Merz hatte mächtige Unterstützer – allen voran Wolfgang Schäuble. Und er war nach wie vor an der Basis bekannt und durchaus beliebt. Gerade Kritiker, die sich an Merkels »Beliebigkeit« und dem Fehlen jeder konservativen Grundierung der Unionspolitik störten, würden ihn wohl wählen. Dritter im Bunde der aussichtsreichen Kandidaten war Jens Spahn. Er besaß zwar nur eine Außenseiterchance, konnte aber auf die Unterstützung der Jungen in der Union bauen. Als ambitionierter Merkel-Kritiker musste auch er jetzt seinen Hut in den Ring werfen (317).

Zum ersten Mal nach 47 Jahren würde also über den CDU-Vorsitz in einer Kampfabstimmung entschieden werden. Nachdem die formalen Fragen der Kandidatur und des innerparteilichen Wettbewerbs geklärt waren, tingelten die Kandidaten durchs Land. Auf acht Regionalkonferenzen in allen deutschen Regionen hatten die Parteimitglieder im November 2018 die Gelegenheit, sie näher kennenzulernen. Bei den sehr gut besuchten Veranstaltungen war es oft Friedrich Merz, der sich am besten in Szene setzen konnte. Freilich hinterließen auch die beiden Konkurrenten meist einen guten Eindruck. Dass die Union einen solchen Wettbewerb überhaupt zuließ, war ein Novum in ihrer Parteigeschichte und fand große öffentliche Aufmerksamkeit.

Für Kramp-Karrenbauer sprach, dass sie die Kandidatin der Sozialausschüsse, also der Linken, der Frauen und eines beträchtlichen Teils des Parteiestablishments war. Gegen sie sprach, dass sie als Kopie von Angela Merkel und als »ihre Kandidatin« wahrgenommen werden konnte. Wer auf Neuanfang und Kurskorrektur setzte, konnte sie kaum unterstützen. Für Friedrich Merz sprachen Eloquenz, wirtschaftspolitische Kompetenz und die Hoffnung auf ein Stück Richtungswechsel nach Merkel. Gegen ihn sprachen seine lange Abwesenheit und seine Wirtschaftsnähe. Seine berufliche Tätigkeit bei einem amerikanischen Vermögensverwalter galt als angreifbar, auch wenn ihm persönlich keine anrüchigen Geschäftspraktiken zur Last gelegt werden konnten. Gegen ihn sprach schließlich auch sein Verhältnis zu Angela Merkel. Die Vorstellung einer kooperativen oder auch nur leidlichen Zusammenarbeit zwischen einem Parteichef Merz und einer Kanzlerin Merkel fiel schwer. Für Spahn sprachen Jugend, die ganz eigene Mischung aus bekennendem Schwulen und Konservatismus und die Möglichkeit eines Kompromisses, der nicht für ein »Weiter so« stand, aber auch nicht so sehr für wirtschaftsliberale Positionen.

Als der Parteitag im Dezember 2018 in Hamburg begann, galt als sicher, dass Spahn keine Chance haben würde. Womöglich würden seine Wähler in einem zweiten Wahlgang das Zünglein an der Waage bilden. Merz und Kramp-Karrenbauer wurden etwa gleiche Chancen eingeräumt. Lag die Saarländerin beim Parteiestablishment vielleicht knapp vorn, galt Merz als der bessere Redner, dem man zutraute, noch auf dem Parteitag die entscheidenden Punkte zu sammeln.

Am Ende aber kam es anders. Annegret Kramp-Karrenbauer hielt die Rede ihres Lebens und schaffte es, einen Großteil der Delegierten auch emotional zu bewegen. Friedrich Merz dagegen lieferte einen allzu nüchternen, etwas »verkopft« wirkenden Vortrag, dem die persönliche Botschaft und Ansprache fehlte. Überraschend gut, aber letztlich chancenlos blieb Jens Spahn.

Dass Kramp-Karrenbauer dennoch in die Stichwahl musste, zeigte, wie breit die Resonanz für Merz im Vorfeld schon gewesen war und wie viele in der CDU die Hoffnung bewegte, mit ihm wieder stärker an alte Traditionen der Union anknüpfen zu können. Am Ende siegte Annegret Kramp-Karrenbauer denkbar knapp: 52 Prozent der Stimmen entfielen auf sie, 48 Prozent auf Friedrich Merz. Die Reaktionen gerade der Frauen zeigten deutlich, dass inzwischen auch bei der CDU das Geschlechterargument eine ganz wichtige Rolle spielte (318).

Alles in allem hatte die CDU der deutschen Öffentlichkeit ein spannendes Ringen um die Merkel-Nachfolge geboten. Da die Kandidaten grobe Fouls vermieden und zumindest nach außen das Bild eines fairen Wettstreits dominierte, ließ sich von einem Gewinn für die Partei sprechen. Auch die befürchteten Frust-Reaktionen bei den Verlierern hielten sich in Grenzen. Zwar fand sich Merz nicht zur Kandidatur für andere Parteiämter bereit und verließ den Parteitag noch vor dessen Abschluss. Gleichwohl schien ein politisches Comeback des Sauerländers nicht ausgeschlossen.

Im Laufe des Jahres 2019 zeigte sich freilich bald, dass mit der Wahl der neuen CDU-Vorsitzenden noch keine Vorentscheidung über die Kanzlerfrage gefallen war. Nachdem Annegret Kramp-Karrenbauer zunächst versucht hatte, mit »Werkstattgesprächen« ein Stück auf die innerparteilichen Kritiker der Flüchtlingspolitik Angela Merkels zuzugehen, bewies sie bei ihren öffentlichen Auftritten nicht immer eine glückliche Hand. Eine verunglückte Büttenrede aus dem Karneval fand im Zeitalter von YouTube breite öffentliche Aufmerksamkeit. Auch bei anderen Gelegenheiten traf sie nicht immer den richtigen Ton. So ging ihr öffentliches Ansehen bedenklich zurück. Auch innerparteilich war Murren zu vernehmen. Kramp-Karrenbauer fand sich bald in einer schwierigen Lage, zumal die Kanzlerin kei-

ne Anzeichen einer Amtsmüdigkeit erkennen ließ. Im Gegenteil stieg ihre
öffentliche Popularitätskurve allmählich wieder an. Während sich Merkel im Ranking des ZDF-Politbarometers deutlich verbessern konnte und
im Juli 2019 wieder an der Spitze der beliebtesten Politiker in Deutschland
stand, zeigte die Kurve von »AKK«, wie sie jetzt genannt wurde, in die umgekehrte Richtung. Von Ende 2018 bis zum Sommer 2019 waren ihre Werte
um einen ganzen Punkt bis in den Negativbereich abgesunken. Im November 2019 wurde sie mehr als anderthalb Punkte schlechter eingestuft als die
Kanzlerin (319).

Im gleichen Monat meldeten die Demoskopen, dass die Deutschen sich
Friedrich Merz am besten als Merkel-Nachfolger vorstellen könnten. Sogar
Jens Spahn erhielt einen besseren Wert als die Parteivorsitzende. Zwar
konnte Kramp-Karrenbauer auf dem CDU-Parteitag in Leipzig ihre innerparteiliche Position stabilisieren. Anträge, über die Kanzlerkandidatur in
einer Urabstimmung der Mitglieder zu entscheiden, fanden keine Mehrheit. Zum Jahresende schien völlig offen, wer Angela Merkel nachfolgen
würde. Die Konsequenzen der Regierungskrise in Thüringen im Februar
2020 sorgten aber dann für den Rückzug der Saarländerin. Aber dazu
später.

7.15 KLIMAPOLITIK, AUFSTIEG DER GRÜNEN UND EUROPAWAHLEN 2019

Mit dem Dieselskandal und dem Streit um Schadstoffbelastungen und
Fahrverbote in den Innenstädten war die Klimapolitik bereits stärker in
den Fokus gerückt. Durch die Kampagne »Fridays for Future«, die nach ihren Anfängen in Schweden im Spätsommer 2018 seit Anfang 2019 auch weite Teile der Schüler an Deutschlands Schulen erreichte, trat sie noch weiter
in den Mittelpunkt des öffentlichen Interesses. Da sich zugleich der Eindruck festsetzte, die Koalition in Berlin zeige hier zu wenig Initiative und
werde auch die für 2030 gesetzten Klimaziele deutlich verfehlen, stieg auch
die von Verdruss geprägte Grundstimmung im Vorfeld der Europawahlen
2019 weiter an.

Auch der Ende Januar gefasste Beschluss der von der Bundesregierung
eingesetzten Kohlekommission, der ein Auslaufen des klimaschädlichen
Kohleabbaus in Deutschland bis 2038 empfahl und als Kompensation für
die betroffenen Regionen mehr als 40 Milliarden Euro für Anpassungs-
maßnahmen vorsah, vermochte daran nur wenig zu ändern. Dabei war die

Festlegung, den von der Pariser Klimakonferenz erst für 2050 als verpflich-
tend vorgesehenen Kohleausstieg in Deutschland um zwölf Jahre vorzuziehen, eigentlich ein großer Erfolg der Umwelt- und Klimaschutzbewegung.
Dies galt umso mehr, als parallel zur Abschaltung der letzten Atomkraftwerke schon bis 2022 die Abschaltung von Kohlekraftwerken mit einer
Leistung von sieben Gigawatt vorgesehen war (320). Im Januar 2020 ist
es dann auch zu einer detaillierteren Vereinbarung zwischen dem Bund,
den betroffenen Ländern und der Energiewirtschaft gekommen, die auch
Entschädigungszahlungen an die Energiewirtschaft vorsieht. Die Vereinbarung sah freilich auch noch die Inbetriebnahme eines neuen, modernen
Kohlekraftwerks vor, was von vielen Seiten gerügt wurde.

Trotz dieses insgesamt ehrgeizigen und in der Umsetzung teuren Ergebnisses, das auch die Erhaltung des umkämpften Hambacher Forstes bedeutete, stand in der medialen Öffentlichkeit 2019 fast ausschließlich der Eindruck mangelnder Handlungsbereitschaft der Politik im Vordergrund. Viel
gefeiert wurde dagegen die Bewegung der Schüler, die das »Versagen der
etablierten Politik« anprangerte und für die Greta Thunberg zum internationalen Star aufstieg, der bald überall herumgereicht wurde. Sie galt als
Initiatorin der Schulstreiks, die in Schweden 2018 ihren Anfang genommen
hatten.

Dass viele Schüler jetzt freitags nicht mehr zum Unterricht erschienen,
sorgte zwar auch für einige kritische Stimmen. Der weit überwiegende Teil
der öffentlichen Meinung aber begrüßte das neu erwachte politische Interesse der Jugendlichen, die wohl doch nicht ganz in der digitalen Welt
untergegangen waren. Dass den überaus freundlichen Reaktionen etwa
der Bundeskanzlerin auch etwas Gönnerhaft-Pädagogisches anhaftete,
weil ja schließlich gegen ihre eigene Politik demonstriert wurde, hat den
SPIEGEL zu der ironischen Oberzeile »Betreutes Demonstrieren« gebracht
(321).

Obwohl die Problematik der Erderwärmung und ihrer Konsequenzen für
das Leben auf unserem Planeten seit den späten 1980er Jahren nicht nur
von den Grünen immer wieder auf die politische Agenda gebracht worden
war und die verschiedenen Weltklimakonferenzen auch breite mediale Beachtung gefunden hatten, hatte das Thema bis dahin doch nie eine auch für
Wahlentscheidungen entscheidende Bedeutung erlangt. Im Frühjahr 2019
schien sich dies in Deutschland erstmals wirklich verändert zu haben. Im
Umfeld der Europawahlen gab fast die Hälfte der Bürger an, die Klimafrage
sei das wichtigste politische Thema überhaupt.

Bereits im Vorfeld dieser Wahlen hätte eigentlich der britische EU-Aus-
tritt über die Bühne gebracht werden müssen. Doch nach der Verschiebung

des Austrittstermins waren auch die Briten zur Wahl eines Parlaments aufgerufen, dem sie eigentlich gar nicht mehr angehören wollten (322).

Kurz vor den Wahlen am 26. Mai 2019 erlebte das deutsch-französische Verhältnis weitere Eintrübungen. Nicht nur, dass Präsident Macron zu seinen neuen Vorschlägen für eine Weiterentwicklung der Gemeinschaft kaum Reaktionen aus Deutschland erhielt, die ihn befriedigen konnten. Kurz vor Ostern wurden auch die deutsch-französischen Spannungen in der Frage der Rüstungsexporte nach Saudi-Arabien öffentlich deutlich (323). Erst im Herbst trat in dieser Frage eine Entspannung ein, nachdem sich Merkel und Macron darauf geeint hatten, dass Deutschland bei Gemeinschaftsprojekten die großzügigere französische Exportpolitik dann nicht mehr behindern wollte, wenn weniger als 20 Prozent der Bauteile aus Deutschland kommen (324).

Der EU-Wahlkampf selbst fand in einer eigenartigen Atmosphäre statt. Wohl versicherten alle politischen Lager, wie wichtig das Votum der Bürger sei. Und alle Etablierten warnten vor einem Erstarken von Nationalismus und Rechtspopulismus in Europa. Vor allem das Desaster um den Brexit hatte die Stimmungslage in Deutschland wieder europafreundlicher eingefärbt. So war mit steigender Wahlbeteiligung zu rechnen. Andererseits aber blieb der Wahlkampf seltsam themenarm. Keine der großen Parteien machte mit größeren Entwürfen und Ideen über die künftige Ausgestaltung der Europäischen Union auf sich aufmerksam. Ein Austausch kontroverser Gestaltungsideen fand im Wahlkampf kaum statt.

Auch die Ambitionen des Spitzenkandidaten der EVP, Manfred Weber, auf den Spitzenposten des Chefs der europäischen Kommission führten nicht dazu, dass sich daran etwas verändert hätte. So war davon auszugehen, dass auf der Grundlage einer europafreundlichen Mehrheitsstimmung zumindest im Westen der Bundesrepublik die innenpolitische Agenda in Deutschland den Ausgang der Wahlen prägen würde.

Das Wahlergebnis vom 26. Mai wurde dann zu einer eindrucksvollen Bestätigung dafür. Eindeutiger Sieger wurden dabei die Grünen, während die beiden Parteien der Berliner Koalition erneut herbe Verluste erlitten. Dabei mussten die Sozialdemokraten noch deutlich stärker Federn lassen als die Union.

Bei einer von 48,1 Prozent in 2014 auf 61,4 Prozent 2019 erheblich gestiegenen Wahlbeteiligung verloren CDU und CSU mit 28,9 Prozent gegenüber der letzten Europawahl 6,4 Prozent der Stimmen. Während die CSU dabei ihr Ergebnis sogar verbessern konnte und gegenüber 2014 nicht weniger als 800 000 Wähler hinzugewann, musste die CDU auch in absoluten Zahlen Verluste hinnehmen.

Weitaus dramatischer noch fiel die Niederlage der SPD aus. Trotz der deutlich gestiegenen Wahlbeteiligung verlor sie mehr als zwei Millionen Stimmen. Das bedeutete gegenüber 2014 ein Minus von 11,5 Prozent. Nur noch 15,8 Prozent der Wähler mochten diesmal den Sozialdemokraten ihre Stimme geben (325).

Während Linke und FDP mit 5,5 und 5,4 Prozent unter ihren Erwartungen blieben, wurden die Grünen mit 20,5 Prozent nicht nur erstmals zweitstärkste Kraft bei einer gesamtdeutschen Wahl und hatten damit ihren Stimmenanteil fast verdoppelt. Es war es ihnen auch gelungen, fast 4,5 Millionen Wähler dazuzugewinnen. Hatten 2014 3,14 Millionen Menschen grün gewählt, so war diese Zahl jetzt bis auf 7,7 Millionen angestiegen.

Diese Wähler kamen aus allen möglichen Richtungen: Aus dem Nichtwählerbereich ebenso wie von früheren Unionswählern oder von enttäuschten Sozialdemokraten. Im jüngeren Teil der Gesellschaft hat am 26. Mai 2019 jeder dritte Wähler grün gewählt. Hier waren die Grünen jetzt die stärkste Partei. Nur bei den älteren Wählern über 60 lag die Union noch vorn.

Das beste Landesergebnis erzielten die Grünen in Hamburg, wo sie mit 31,2 Prozent alle anderen Parteien hinter sich ließen. Den höchsten Stimmenanteil in einem Flächenland erreichte die Partei in Schleswig-Holstein mit 29,1 Prozent. Auch hier lagen sie jetzt vor allen anderen. Dass dabei auch die Popularität von Parteichef Robert Habeck eine Rolle gespielt haben musste, zeigten die Wahlkreisergebnisse. Dass die Grünen in Kiel mit 37 Prozent der Stimmen das nach Freiburg (38,5 Prozent) zweitbeste Ergebnis aller deutschen Wahlkreise erreichen konnten, musste auch mit dem Herkunftsland des grünen Spitzenmanns zu tun haben. Schließlich war Schleswig-Holstein früher nie eine Hochburg der Grünen gewesen. Jetzt aber blieben die Hessen mit 23,4 Prozent ebenso hinter den Nordlichtern zurück wie die Grünen in Winfried Kretschmanns Baden-Württemberg (23,3 Prozent) (326).

Im Osten freilich lagen die Wähleranteile der Grünen erwartungsgemäß deutlich niedriger. Zwischen 8,6 Prozent in Thüringen und 12,3 Prozent in Brandenburg erreichten sie dort. Verglichen mit früheren Wahlgängen waren freilich auch das beachtliche Werte.

Im Vergleich zur Bundestagswahl vom Herbst 2017 zeigten sich im Mai 2019 geradezu tektonische Verschiebungen in der Wählerschaft. Dass eine der wichtigen und eingeführten Parteien innerhalb von gut 20 Monaten ihre Wählerschaft mehr als verdoppeln konnte, ist jedenfalls bei gesamtstaatlichen Wahlen in der Geschichte der Bundesrepublik ohne Beispiel.

Dagegen hatte die AfD im Osten deutlich besser abgeschnitten als im

Westen. Während die Partei bundesweit mit 11 Prozent nicht ganz an ihr Bundestagswahlergebnis herankam und in den alten Bundesländern zwischen 6,5 (Hamburg) und zehn Prozent (Baden-Württemberg) lag, wurde die Rechtspartei in Sachsen und Brandenburg stärkste Partei. In Sachsen lag ihr Prozentanteil bei 25,2, in Brandenburg bei 19,9 Prozent. Deutlich abgefallen waren dagegen die Stimmenanteile der Linkspartei, die in Sachsen-Anhalt mit 14,4 Prozent noch ihr bestes Ergebnis erzielte.

Neben dem Triumph der Grünen und der Schwäche der Berliner Koalitionsparteien war auch der hohe Stimmenanteil der vielen Kleinparteien ein auffälliges Merkmal dieser Europawahlen. Unter den Bedingungen einer fehlenden Prozenthürde entschieden sich fast 13 Prozent der Wähler für solche Gruppierungen. Besonders heraus stach dabei die Satirepartei »Die Partei« des früheren Titanic-Mitarbeiters Martin Sonneborn, der auch für die »Heute-Show« tätig gewesen war. 2,4 Prozent der Wähler gaben ihr die Stimme, fast 900 000 Menschen. Bei den Jungwählern erreichte sie mit 9 Prozent einen höheren Anteil als die SPD (327).

Die Europawahlen 2019 bedeuteten einen Einschnitt für Europa, weil mit ihnen die seit der ersten Direktwahl des europäischen Parlaments 1979 unangefochtene Mehrheit der europäischen Volkspartei zusammen mit den Sozialdemokraten nicht mehr gegeben war. Das musste Folgen auch für die Wahl der nächsten europäischen Kommission und ihres Vorsitzenden haben. Zwar ist auch die Position der Grünen im Europäischen Parlament stärker geworden. Deutlich größer aber fielen europaweit die Zugewinne rechter Parteien aus. Der grüne Aufstieg blieb erst einmal vor allem ein deutsches Phänomen. Im Herbst 2019 gelangen freilich auch den Grünen in Österreich und der Schweiz deutliche Zugewinne bei den nationalen Parlamentswahlen. In Österreich regiert seit Januar 2020 eine schwarz-grüne Regierung unter Führung von Sebastian Kurz.

In Deutschland trafen die unmittelbaren Folgen des Wahlergebnisses zunächst vor allem die SPD. Nachdem in den ersten Reaktionen auf das Wahlergebnis noch zu hören gewesen war, dass die ständigen Personalwechsel an der Spitze keinen Ausweg aus der Krise der Partei böten und personelle Konsequenzen demnach nicht schon wieder anstünden, geriet Andrea Nahles' Position dann doch binnen weniger Tage ins Rutschen. Dabei speiste sich die innerparteiliche Kritik nicht nur aus dem neuerlichen Misserfolg bei der Europawahl. Auch verunglückte öffentliche Auftritte wurden ihr vorgehalten. Ihr Versuch, die innerparteiliche Kritik durch ein Vorziehen der Neuwahl der Fraktionsvorsitzenden abzufangen, konnte ihre angeschlagene Position nicht mehr stabilisieren. Zwei Tage vor der angekündigten Abstimmung in der Fraktion gab sie auf und trat vom Partei- und

Fraktionsvorsitz zurück. Die Bedingungen für eine erfolgreiche Weiterführung ihrer Arbeit seien nicht mehr gegeben, teilte sie der Öffentlichkeit am 2. Juni 2019 mit. Auch aus dem Bundestag wolle sie ausscheiden (328). Im November 2019 hat sie diese Ankündigung dann auch wahrgemacht.

Der Parteivorstand beschloss daraufhin, von der raschen Nominierung eines Nachfolgers abzusehen. Darüber sollte nach einer breiten innerparteilichen Diskussion erst Ende des Jahres entschieden werden. Denkbar sei jetzt auch eine »Doppelspitze« in der Parteiführung. Bis zum Parteitag im Dezember wollte ein Dreigestirn die Partei kommissarisch führen, das aus den Ministerpräsidentinnen Malu Dreyer und Manuela Schwesig sowie aus dem hessischen SPD-Parteivize Thorsten Schäfer-Gümbel bestand. Bereits wenige Wochen später musste Malu Dreyer die Partei alleine führen, nachdem Schwesig krankheitshalber ausfiel und Schäfer-Gümbel aus der Politik ausgeschieden war.

Im Spätsommer begann der innerparteiliche Diskussionsprozess um die neue Parteiführung. Dabei traten eine ganze Reihe von Kandidaten-Duos an. Die Idee einer Tandem-Lösung war in der Partei auf breite Zustimmung gestoßen. Im Oktober endete die Urwahl an der Basis ohne klares Ergebnis. Bei einer enttäuschend niedrigen Beteiligung der SPD-Mitglieder lagen Olaf Scholz und Klara Geywitz knapp vor dem Team Norbert Walter-Borjans und Saskia Esken. Da freilich nur Scholz und Geywitz deutlich für den Fortbestand der Großen Koalition eintraten und alle im ersten Wahlgang ausgeschiedenen Bewerber eine mehr oder weniger kritische Position zur Politik des Partei-Establishments eingenommen hatten, war keineswegs sicher, dass Scholz und Geywitz auch in der folgenden Stichwahl vorne liegen würden.

Auch die Union musste sich fragen, wie es weitergehen sollte. Merkels designierte Nachfolgerin Annegret Kramp-Karrenbauer war bis zum Sommer im öffentlichen Ansehen schon derart ramponiert, dass man zweifeln konnte, ob sie überhaupt noch in Betracht kam.

Im Juli sorgte eine unerwartete Personalrochade für eine veränderte Lage. Nachdem sich im neu gewählten Europaparlament keine Mehrheit für den EVP-Spitzenkandidaten Manfred Weber abzeichnete und seine Ambitionen im Europäischen Rat auf den Widerstand des französischen Staatspräsidenten Macron und anderer Staats- und Regierungschefs gestoßen waren, kam es zur überraschenden Nominierung von Verteidigungsministerin Ursula von der Leyen als künftiger Chefin der Europäischen Kommission. Gegen den Widerstand der deutschen Sozialdemokraten wurde sie dann auch vom Europäischen Parlament mit knapper Mehrheit gewählt (329).

Damit war eine neuerliche schwere Krise Europas zwar gerade noch verhindert worden. Doch das zuvor noch als Demokratiegewinn gefeierte Verfahren von 2014, nach dem der Spitzenkandidat der europäischen Parteienfamilie, die als Wahlsieger gelten konnte, auch Kommissionspräsident wurde, hatte sich diesmal nicht durchsetzen können. Das war eine schwere Niederlage für das Europäische Parlament und für all jene, die an der Idee der immer tieferen Integration Europas festhielten. Dass ausgerechnet Emmanuel Macron daran entscheidend mitwirkte, der zuvor mit seinen Initiativen für eine »europäische Neugründung« so viel Aufsehen erregt hatte, machte die Sache eher schlimmer. Freilich waren auch die Abgeordneten des Europäischen Parlaments daran nicht unschuldig. Sie hatten sich nicht auf Manfred Weber festlegen wollen. Stattdessen hofften viele Sozialdemokraten, ihren Spitzenmann Frans Timmermans auf den europäischen Chefsessel hieven zu können.

Ebenso überraschend wie die Wahl von Ursula von der Leyen zur Kommissionspräsidentin kam dann auch die Nachfolgeregelung an der Spitze des Verteidigungsministeriums. Neue Ministerin wurde im Juli Annegret Kramp-Karrenbauer, die damit entgegen ihrer ursprünglichen Planung als CDU-Vorsitzende jetzt doch in die Kabinettsdisziplin eingebunden war. Ob das ihre Position wieder stärken würde, blieb ebenso offen wie die Frage, wie und wann der Wechsel an der Spitze der Bundesregierung vollzogen werden sollte. In der Nachfolgefrage machte im Herbst Friedrich Merz wieder von sich reden, als er nach der CDU-Niederlage bei den Landtagswahlen in Thüringen Angela Merkel öffentlich hart attackierte (330).

Anfang September 2019 zeigten die Landtagswahlen in Sachsen und Brandenburg, dass die Uhren in Ostdeutschland anders gingen als im westlichen Teil des Landes. Zwar konnte sich die CDU in Sachsen als stärkste Partei behaupten und erhielt mehr Stimmen als die AfD. Doch in allen Altersgruppen unter Sechzig erreichte die Rechtspartei größere Stimmenanteile als die Union (331). Und die 27,5 Prozent der AfD zeigten, dass diese Partei im Osten inzwischen auch in der Mitte der Gesellschaft breit verankert war (332).

War es in Sachsen die CDU, die mit ihrem Ministerpräsidenten Michael Kretschmer davon profitieren konnte, dass viele Wähler verhindern wollten, dass die AfD zur stärksten Kraft aufstieg, so kam dieser Effekt in Brandenburg der dort seit 1990 regierenden SPD zugute. Während die SPD in Potsdam trotz starker Verluste ihre Führungsposition behauptete, wurde auch hier die AfD zur zweitstärksten Kraft im Landtag (333). Beide Länder wurden jetzt von einer sogenannten »Kenia-Koalition« aus CDU, SPD und Grünen regiert.

Die Grünen konnten trotz beachtlicher Zugewinne vor allem in Brandenburg nicht ganz zufrieden sein. 8,6 Prozent in Sachsen, 10,8 Prozent in Brandenburg – die Zahlen zeigten, dass ihr Wachstum im Osten deutlich bescheidener ausfiel als im Westen. Auf dem flachen Land befand sich die Partei in den neuen Ländern weiter in einer marginalen Rolle.

Hatten die Grünen immerhin noch deutlich zugelegt, so waren Sozialdemokraten und Linke in Sachsen die eigentlichen Verlierer. Die Linkspartei hatte sich fast halbiert und kam nur noch knapp über zehn Prozent. In Brandenburg fielen ihre Verluste ähnlich groß aus.

Dramatischer noch wurde der Ausgang der Landtagswahlen in Thüringen Ende Oktober. Hier fiel die Niederlage der Berliner Koalitionsparteien noch weitaus deutlicher aus als in Brandenburg und Sachsen. Während die Linkspartei vom Amtsbonus ihres Ministerpräsidenten Bodo Ramelow wie von der Sogwirkung zur stärksten Anti-AfD-Partei profitieren konnte und das beste Wahlergebnis ihrer Geschichte erreichte, erlebten Union und SPD ein Desaster. Die Union, die über lange Jahre die führende Kraft im Lande gewesen war, büßte ein Drittel ihres Stimmenanteils ein und kam mit 21,7 Prozent nur noch auf den dritten Platz. Ähnlich schwer fiel die Niederlage der SPD aus, die nur 8,2 Prozent erhielt. Der Stimmenanteil der Berliner Koalitionsparteien zusammen machte in Thüringen gerade noch knapp 30 Prozent aus. So etwas hatte es in den siebzig Jahren der Geschichte der Bundesrepublik Deutschland noch nicht gegeben.

Wahlsieger war auch hier die AfD, die mit ihrem auch innerparteilich umstrittenen Rechtsaußen Björn Höcke an der Spitze mit 23,4 Prozent auch in Thüringen fortan die zweitstärkste Fraktion im Landtag stellen konnte. Sehr enttäuschend fiel das Ergebnis für die Grünen aus, die erstmals seit 2017 bei Landtagswahlen wieder Verluste hinnehmen mussten und mit 5,2 Prozent nur knapp überhaupt wieder in den Landtag kamen (334).

Mit dem Wahlergebnis war in Erfurt eine politische Konstellation entstanden, die sowohl die CDU wie die Linkspartei unbedingt vermeiden wollten. Eine Mehrheitsbildung im Landtag ohne die AfD würde künftig ohne eine Zusammenarbeit von Linkspartei und CDU kaum möglich sein. Allenfalls kam dafür noch die FDP in Betracht, die aber ein Bündnis mit der Linkspartei umgehend ausschloss.

So begann in den Tagen nach der Wahl eine innerparteiliche Diskussion in der Union, bei der die Berliner Parteiführung andere Akzente setzte als die Akteure in Thüringen. Tatsächlich befand sich die CDU in einem Dilemma. Lockerte sie nach ihrer Öffnung zu Schwarz-Grün auch die bislang hermetische Abgrenzung zur Linkspartei, musste der ohnehin immer häufiger erhobene Vorwurf inhaltlicher Beliebigkeit aus machtpolitischen Gründen und des mangelnden Eigenprofils noch lauter werden. Gleichzeitig riskierte die Partei weitere Verluste nach rechts. Andererseits war die Union für das Argument staatspolitischer Verantwortungsübernahme immer offener gewesen als andere und stand gerade Ramelows thüringische Linkspartei nicht im Verdacht radikaler sozialistischer Experimente. Wäre es nur um die Einzelfragen der Landespolitik und nicht auch um politische Symbolik und Identitätsbehauptung durch Abgrenzung gegangen, hätten sich Kompromisse wohl finden lassen.

Das Dilemma der Union wurde noch größer, weil bei einer Öffnung zu den Linken auch der Kurs der scharfen Abgrenzung zur AfD schwieriger werden musste. Bis dahin galt für sie eine Art Äquidistanz gegenüber beiden Parteien. Einzelne Stimmen von Thüringer CDU-Politikern hatten auch schon unmittelbar nach der Wahl die Möglichkeit einer Kooperation mit der AfD nicht ausschließen wollen, was wiederum in der Bundespartei mit Empörung aufgenommen wurde. Wie sich die CDU zu diesen Fragen verhalten würde, blieb einstweilen offen. Eine Koalition mit der Linkspartei, soviel war klar, würde es aber in Erfurt auf keinen Fall geben (335). Möglicherweise aber doch eine Kooperation in einzelnen Sachfragen. Erst einmal aber blieb Ramelows Regierung geschäftsführend im Amt.

Anfang Februar 2020 sorgten die Mehrheitsverhältnisse in Erfurt dann für einen politischen Eklat mit weitreichenden Auswirkungen im ganzen Land. Ohne eigene politische Mehrheit und ohne klare Absprachen mit CDU und FDP stellte sich der geschäftsführende Ministerpräsident der Wiederwahl. Gegen ihn schickte nur die AfD einen eigenen Kandidaten ins Rennen. Nachdem der von SPD und Grünen unterstützte Ramelow im ersten und zweiten Wahlgang erwartungsgemäß die nötige absolute Mehrheit verfehlt hatte, trat im dritten Wahlgang neben dem AfD-Bewerber auch der FDP-Fraktionsvorsitzende Kemmerich an. Was nicht auszuschließen war, aber doch kaum jemand erwartet hatte, trat nun ein. Die AfD-Abgeordneten ließen ihren eigenen Kandidaten fallen und stimmten geschlossen für Kemmerich. Mit dieser taktischen Volte verhalf die AfD dem auch von der CDU unterstützten FDP-Kandidaten zur Mehrheit. Kemmerich nahm die Wahl zunächst auch an.

Die Entscheidung für einen Ministerpräsidenten mit den Stimmen der AfD wurde im politischen Berlin wie im Mainstream der Medien als skandalöser Tabubruch empfunden. Innerhalb von CDU und FDP kam es zu heftigen Konflikten. Sogar fragwürdige historische Analogien zur Weimarer Republik machten jetzt die Runde. Aus dem fernen Südafrika verlangte Angela Merkel, die Entscheidung müsse rückgängig gemacht werden.

Unter dem gewaltigen öffentlichen Druck und angesichts der Unmöglichkeit, Partner für eine Regierungsbildung zu finden, änderte Kemmerich seine Haltung und trat schon einen Tag nach seiner Wahl wieder zurück. Mitverantwortlich für diesen Sinneswandel war Parteichef Lindner, der nach einer unklaren ersten Stellungnahme zur Entwicklung in Erfurt gehörig unter Druck geraten war.

Auch der thüringische CDU-Chef Mike Mohring wurde zum Opfer der Erfurter Vorgänge und kündigte bald darauf seinen Rückzug an. Nur wenige Tage später teilte CDU-Chefin Kramp-Karrenbauer mit, dass sie als Bewerberin für die Kanzlerschaft nicht mehr zur Verfügung stehe und ihr Amt als Parteivorsitzende aufgeben wolle. Es war ihr nicht gelungen, die Meinungsverschiedenheiten zwischen Berliner CDU-Bundesspitze und der Landtagsfraktion in Erfurt auszuräumen. Da ihre innerparteiliche Position ohnehin schon geschwächt war und sie nun mit weiterer Kritik an ihrem Führungsmanagement rechnen musste, gab sie auf.

Kurz darauf bereits grassierten die Spekulationen über ihre Nachfolge. Noch am gleichen Tag tauchte erneut der Name Friedrich Merz auf. Die Lage in Thüringen freilich blieb verworren. Der formal geschäftsführende Ministerpräsident Kemmerich, der nach Morddrohungen gegen ihn und seine Familie aus der Öffentlichkeit verschwunden war, sorgte dann für ein Novum in der Deutschen Geschichte seit 1949. Erstmals überhaupt blieben die Sitze für ein Bundesland in der folgenden Bundesratssitzung unbesetzt.

Die Regierungskrise in Thüringen fand schließlich mit der Wiederwahl von Bodo Ramelow am 4. März 2020 ihr vorläufiges Ende. Bei Stimmenthaltung von CDU und FDP setzte sich der Politiker der Linkspartei im dritten Wahlgang, in dem die relative Mehrheit ausreichte, gegen den AfD-Rechtsaußen Björn Höcke durch.

Inzwischen zeichnete sich ab, dass es in der CDU zu einem Dreikampf um die Nachfolge von Kramp-Karrenbauer kommen würde. Neben Friedrich Merz und dem früheren Umweltminister Norbert Röttgen würde sich auch NRW-Ministerpräsident Armin Laschet um das Amt bewerben. Er trat im Team mit Jens Spahn an, der für den Posten des stellvertretenden Parteivorsitzenden kandidieren wollte. Eigentlich sollte ein Sonderparteitag der CDU am 25. April 2020 die Frage entscheiden. Doch nach dem Ausbruch der Corona-Pandemie ließ sich der Termin nicht halten. Die Wahl wird erst beim regulären Parteitag Ende 2020 stattfinden.

Am 19. Februar 2020 wurde das Land von einem Anschlag mit offenbar rassistischem Hintergrund erschüttert. Im südhessischen Hanau erschoss ein bewaffneter Mann in und vor zwei Shisah-Bars sowie auf dem Weg dahin neun Menschen mit Migrationshintergrund. Stunden später wurden die Leichen des Täters und seiner Mutter in der Wohnung der Familie aufgefunden. Ein beim Täter gefundenes wirres Pamphlet und ein entsprechendes Video deuteten auf Wahnvorstellungen, enthielten aber auch rassistische Passagen. Nachdem bereits 2019 der Mord am Kasseler Regierungspräsidenten Walter Lübcke durch einen Täter aus der rechtsterroristischen Szene große Betroffenheit ausgelöst hatte und im Herbst ein antisemitisch motivierter Anschlag auf die jüdische Synagoge in Halle nur durch glückliche Umstände vereitelt worden war, gleichwohl zwei Menschen getötet worden waren, war dies nun der dritte Gewaltanschlag binnen eines Jahres, der einem gewaltbereiten Rechtsterrorismus zugeschrieben wurde.

Der Anschlag von Hanau löste nicht nur allgemeines Entsetzen aus. Er führte auch zu Diskussionen über das geistige Klima im Land. Verschiedene Politiker aus unterschiedlichen Parteien sahen eine Mitverantwortung von AfD-Politikern, die mit heftigen Attacken, »hetzerischen« und polemischen Ausfällen gegen Zuwanderer und Migranten den »geistigen Nährboden« für solche Gewalttaten mit bereitet hätten. Während sich die AfD-Führung vergeblich gegen solche »parteipolitische Instrumentalisierungen« von Mordtaten zur Wehr zu setzen versuchte, forderten jetzt auch Medien wie die liberalkonservative Frankfurter Allgemeine Zeitung eine härtere Gangart des Verfassungsschutzes im Umgang mit angeblich demokratiefeindlichen Bestrebungen der AfD. Mitte März kündigte der Verfassungsschutz-Präsident an, die als »Flügel« bezeichnete Rechtsaußen-Fraktion in der Partei offiziell unter Beobachtung zu stellen.

Auch innerhalb der Rechtspartei kam es nun zu Debatten. Dass die AfD auf einer so breiten medialen Front in Verbindung mit Terroranschlägen gebracht werden konnte, sorgte auch für selbstkritische Stimmen, die eine Überprüfung der eigenen Rhetorik anmahnten. Schließlich beschloss der Parteivorstand, den »Flügel« aufzufordern, sich selbst aufzulösen. Die Exponenten dieser Richtung teilten mit, man wolle dieser Aufforderung nachkommen. Ende März 2020 machte dann ein Online-Interview von Parteichef Meuthen Schlagzeilen. Darin regte er eine Diskussion über eine Spaltung der AfD an. Eine deutlich gemäßigtere Partei im Westen, eine radikalere im Osten, das böte doch beiden Seiten politische Vorteile.

Meuthens Überlegungen führten in der Parteispitze zu allerhand Irritationen. Neben den beiden Fraktionsvorsitzenden Gauland und Weidel war es auch Meuthens Ko-Vorsitzender Tino Chrupalla, der Ende 2019 Alexander Gauland an dieser Stelle nachgefolgt war, der seine Ideen zurückwies. Zwar ist bekannt, dass Vorstellungen einer solchen Trennung etwa nach dem Vorbild von CDU und CSU in der Breite der Partei bereits früher immer wieder aufgekommen waren. Doch Meuthen ließ wenige Tage später verlauten, er habe einen Fehler gemacht und wolle diese Überlegungen nicht weiterverfolgen. Im Mai setzte er freilich im Bundesvorstand den Parteiausschluss des brandenbuirgischen AfD-Chefs Kalbitz durch. Er hatte bei der Aufnahme in die AfD frühere Engagements bei rechtsradikalen Gruppen verschwiegen. Ende Mai 2020 deutete vieles auf einen neuen Machtkampf in der AfD.

Ende November 2019, fast ein halbes Jahr nach dem Rückzug von Andrea Nahles, fand endlich die Stichwahl um den SPD-Parteivorsitz statt. Bei einer wiederum enttäuschend niedrigen Beteiligung der Mitgliederbasis von 53 Prozent brachte sie ein angesichts der innerparteilichen Stimmungslage nicht überraschendes Ergebnis. Norbert Walter-Borjans und Saskia Esken konnten sich durchsetzen. Finanzminister und Vizekanzler Olaf Scholz und seine Kollegin Klara Geywitz dagegen unterlagen. Der SPD-Parteitag Anfang Dezember bestätigte diese Entscheidung.

Damit hatte sich die Partei nicht nur gegen ihren prominentesten Mann entschieden, der als Finanzminister und Vizekanzler dadurch derart geschwächt wurde, dass man sogar mit seinem Rücktritt rechnen musste. Der freilich unterblieb. Die SPD hatte sich zugleich für ein bundespolitisch vollkommen unerfahrenes Team entschieden. Ob und wie es überhaupt ein politisches Gewicht erlangen konnte, wie es zum Ausfüllen einer solchen Führungsrolle notwendig ist, musste fraglich sein.

Obgleich sich das Mitgliedervotum nur als Plädoyer für einen Neuanfang jenseits der Großen Koalition interpretieren ließ, wurde bereits in den Tagen unmittelbar nach der Wahl klar, dass die designierte neue Führung keineswegs auf ein sofortiges Ende der Koalition setzte. Vielmehr wolle man ergebnisoffen mit der Union verhandeln. Der Parteitag bestätigte diese Haltung. Die Bundeskanzlerin zeigte sich zwar zu Gesprächen bereit. Eine Veränderung des Koalitionsvertrages komme aber nicht in Betracht.

In der Öffentlichkeit wurde das Ergebnis des SPD-Mitgliederentscheids überwiegend kritisch aufgenommen. Tatsächlich erschloss sich der politische Sinn dieser Personalentscheidung allenfalls aus der politischen Befindlichkeit der sozialdemokratischen Parteibasis, nicht aber durch einen nüchternen Blick auf politische Erfolgschancen.

Dabei hatte die Koalition im November mit der Einigung bei der künftigen Grundrente ein beachtliches soziales Reformwerk zustande gebracht. Dennoch erschien nachvollziehbar, dass führende Sozialdemokraten im Herbst ihre Zweifel äußerten, ob es überhaupt Sinn mache, für die Bundestagswahl 2021 einen eigenen Kanzlerkandidaten zu nominieren (336). Ob die Koalition überhaupt bis 2021 fortgesetzt werden würde, blieb auch Anfang 2020 noch ungewiss. Freilich war die Bundestagsfraktion der SPD fest gewillt, das Bündnis weiterzuführen. Bei einer vorgezogenen Neuwahl im Frühjahr oder Frühsommer 2020 hätten die Sozialdemokraten auch wenig Gutes zu erwarten gehabt.

Auch diese strategischen Fragen sind im März 2020 durch die Corona-Krise in den Hintergrund gedrängt worden. In dem Krisenmodus, in den Deutschland dann binnen weniger Tage eintauchte, wurde fast täglich Vizekanzler und Finanzminister Olaf Scholz zum Gesicht der SPD. Und zum Hoffnungsträger für die vielen, die bald auf Sonderprogramme und rasche finanzielle Hilfen hoffen mussten. Im August 2020 hat ihn die SPD-Führung dann doch zum Kanzlerkandidaten ausgerufen.

Viele Fragen stellten sich auch für die Union. Wer Angela Merkel als Kanzler oder Kanzlerin nachfolgt, war im Februar 2020 ebenso ungewiss wie der Zeitpunkt, zu dem das geschehen sollte. Immerhin war inzwischen klar, dass die SPD einen Kanzlerwechsel noch während der laufenden Legislaturperiode wohl nicht mitmachen würde. Und Angela Merkel verriet keine Anzeichen einer Amtsmüdigkeit.

Das galt erst recht, nachdem die Ausbreitung des neuen Virus die politische Agenda zu bestimmen begann. Nachdem sich die Kanzlerin anfänglich noch zurückgehalten hatte, hielt sie es angesichts der Dramatik der Krise erstmals in ihrer Amtszeit für geboten, sich in einer längeren Fernsehansprache aus einem besonderen Anlass direkt an die Deutschen zu wenden. Eindringlich appellierte sie am 18. März 2020 an die Bürger, die notwendigen Einschränkungen des öffentlichen Lebens im Interesse der Solidarität und der Funktionsfähigkeit des Gesundheitssystems zu befolgen.

Im Lande wurde die Übernahme der Führungsrolle in der Krise durch die Kanzlerin ganz überwiegend goutiert. Binnen einer Woche stiegen die Umfragezahlen der Union um nicht weniger als sieben Prozent. Der Notstand sei die Stunde der Exekutive, heißt es. Das gilt im Frühjahr 2020 auch für Angela Merkel.

7.16 CORONA UND DIE FOLGEN

Seit Anfang 2020 nahmen auch in der deutschen Öffentlichkeit Meldungen über den Ausbruch einer neuartigen Atemwegserkrankung einen allmählich breiter werdenden Raum ein. Die Krankheit war Ende Dezember 2019 in der Millionenstadt Wuhan in der chinesischen Provinz Hubei erstmals festgestellt worden. Inzwischen gibt es Hinweise, dass das Virus bereits im November 2019 im französischen Elsass aufgetreten sein könnte.

Im Januar 2020 breitete sich das bis dahin unbekannte Virus SARS-CoV-2, bald Covid 19 genannt, in China epidemisch aus. Berichte über rigorose Abwehrmaßnahmen der chinesischen Behörden bis hin zur vollständigen Abriegelung einer ganzen Region tauchten auch in den deutschen Medien auf. Größere Besorgnisse lösten sie zunächst nicht aus.

Ende Januar 2020 rief die Weltgesundheitsorganisation WHO die »internationale Gesundheitsnotlage« aus. Schon Mitte des Monats war in Thailand der erste Infektionsfall außerhalb Chinas festgestellt worden. Ende Januar wurde der erste Ansteckungsfall in den USA registriert, Mitte Februar in Frankreich der erste Todesfall in Europa. In allen Fällen handelte es sich um Chinesen.

Größere Befürchtungen kamen hierzulande erst auf, nachdem am 23. Februar die ersten Todesfälle aus Italien bekanntgeworden waren. Die dort getroffenen Maßnahmen zur Quarantäne und zu Ausgangsbeschränkungen in einzelnen Regionen Norditaliens sorgten auch in Deutschland dafür, dass das Thema auf der politischen Agenda nach oben rückte. Doch die Fachleute stuften zu dieser Zeit mehrheitlich die Risiken noch immer als »schwach bis mäßig« ein. Unser Gesundheitssystem sei einer möglichen Herausforderung gewachsen, versicherte Gesundheitsminister Spahn auch noch, nachdem im Kreis Heinsberg bei Aachen nach Bekanntwerden einer großen Zahl von Infektionen erste Notmaßnahmen notwendig geworden waren. Schon zuvor war das Virus bei Mitarbeitern eines bayerischen Unternehmens festgestellt worden, die sich offenbar in China angesteckt hatten.

Auch als am 7. März die Zahl der festgestellten Infektionen weltweit die Grenze von 100 000 überschritten hatte, war die politische Diskussion in Deutschland noch stärker von der neuerlichen Verschärfung der Flüchtlingsproblematik durch die Grenzöffnung der Türkei nach Griechenland, dem syrischen Bürgerkrieg, den Gefahren durch den Rechtsterrorismus, den Nachwirkungen der Regierungskrise in Thüringen und der Nachfolgediskussion in der Union bestimmt.

Innerhalb weniger Tage danach aber veränderte sich die politische Agenda in einem derart atemberaubenden Tempo, wie das nicht einmal durch die Schockwellen nach dem Terroranschlag vom 11. September 2001 der Fall gewesen war. Während die ersten Championsleague-Geisterspiele ohne Zuschauer abliefen, verschärften sich die Besorgnisse wegen der ansteigenden Zahl der Infektionen fast täglich. Immer mehr Messen, Konzerte und andere Großveranstaltungen wurden abgesagt. Mitte März

2020 musste erstmals in der Geschichte der Fußball-Bundesliga ein ganzer Spieltag aus Gründen des Seuchenschutzes ausfallen. Gleichzeitig wurden Museen, Theater, Kinos, Clubs und Diskotheken geschlossen. Es folgten Schulen, Hochschulen, Kitas und Kindergärten. Auch Gottesdienste mussten abgesagt werden. Sportstätten und Spielplätze wurden gesperrt, Kneipen und Restaurants mussten schließen. Nur eine Woche nach dem Beginn der Welle von Beschränkungen des öffentlichen Lebens folgte eine drastische Kontaktsperre, die den Aufenthalt im Freien nur noch zwei Personen gleichzeitig gestattete. Wege außerhalb des häuslichen Bereichs sollten nur noch zum Einkauf, zum Arzt, zur Arbeit oder zur Hilfe für andere angetreten werden. Auch wenn der deutsche Föderalismus dafür sorgte, dass sich die Regelungen zwischen den einzelnen Bundesländern in einigen Details unterschieden: Derartige Beschränkungen der Bewegungsfreiheit der Bürger und derart tiefe Eingriffe in Grundrechte hatte es in Deutschland seit 1949 noch nicht gegeben. Andere europäische Länder beschlossen zum Teil sogar noch drastischere Eingriffe. Kurz darauf folgten auch die USA, wo man die Gefahren lange unterschätzt hatte. Anfang April schossen die Infektionszahlen vor allem in New York derart in die Höhe, dass das Gesundheitssystem zu kollabieren drohte. Bis Anfang Mai 2020 waren in den USA bei 1,2 Millionen Infizierten bereits 67 000 Todesfällr registriert worden. Im Sommer waren es doppelt so viele.

Das Motiv für diese einzigartigen Beschränkungen der Freizügigkeit, der allgemeinen Persönlichkeitsrechte und vieler anderer Grundrechte lieferte der dramatische Anstieg der Infektionszahlen, die in Deutschland Ende März bereits über 30 000 lagen. Bis Anfang April stiegen sie weiter deutlich an. Noch weit stärker betroffen war Italien, wo zu dieser Zeit schon mehr als 6 000 Todesfälle registriert waren (in Deutschland ca. 780). Die drastischen Maßnahmen sollten die Ausbreitung der Krankheit zumindest verlangsamen und dazu führen, dass das Gesundheitssystem dem erwarteten Ansturm der schwer Erkrankten, die eine medizinische Intensivbehandlung benötigten, gewachsen sein konnte. Am 11. März 2020 hatte die WHO die Epidemie offiziell als »Pandemie« mit weltweiter Verbreitung eingestuft.

Tatsächlich war bis Ende März das Virus bereits in mehr als 180 Ländern der Erde festgestellt worden. Nachdem bereits die Fußball-Europameisterschaft abgesagt worden war, sahen sich das IOC und die japanische Regierung am 24. März dazu gezwungen, die Olympischen Spiele in Tokio auf das Jahr 2021 zu verschieben. Sie hatten Ende Juli beginnen sollen.

Anfang/Mitte April 2020 begann sich der Anstieg der Infektionszahlen in den meisten europäischen Ländern allmählich zu verlangsamen. Nach den Zahlen der Johns-Hopkins-Universität hatten sich in Deutschland bis zum 4. Mai 2020 165 000 Menschen mit dem Virus infiziert. Fast 7 000 waren gestorben, 133 000 waren als »wieder gesund« erfasst. Insgesamt waren in Europa bis dahin 144 000 Todesfälle registriert worden, weltweit 248 000.

Dass sich die Wachstumskurve der Neuinfektionen in den Apriltagen allmählich verlangsamte und die Kapazitäten des Gesundheitssystems in Deutschland für intensivmedizinische Betreuung dem Anstieg der schwerer Erkrankten im Gegensatz zu einigen Nachbarländern gewachsen waren, schien die Richtigkeit und Wichtigkeit der drastischen Beschränkungen des öffentlichen Lebens zu unterstreichen. Deshalb zeigte sich die deutsche Politik auch überaus vorsichtig, als es nach Ostern darum ging, die Einschränkungen allmählich wieder zu lockern. Nur schrittweise sollte das Wirtschaftsleben wieder hochgefahren werden. Noch Anfang Mai wurden nur die Abschlussklassen wieder in den Schulen unterrichtet und blieben die Kitas geschlossen. Mit den weiteren Beschlüssen vom 6. 5. wurden dann die Beschränkungen für weitere Teile des öffentlichen Lebens gelockert, was freilich bei den Virologen auf viele Bedenken stieß. In der zweiten Maihälfte waren in den meisten Bundesländern Geschäfte und Restaurants wieder geöffnet – allerdings mit strengen Abstands- und Hygienevorschriften. Auch die Fußball-Bundesliga durfte wieder spielen – ohne Zuschauer.

Die wirtschaftlichen Folgen dieser gewaltigen Einschnitte in das öffentliche Leben und das Alltagsleben der Bürger waren dramatisch und in ihren Konsequenzen unabsehbar. Zahlreiche Unternehmen hatten bald ihre Pforten geschlossen. Bis Anfang Mai befanden sich zehn Millionen Arbeitnehmer in Kurzarbeit und erhielten ihre Einkünfte über die Kassen der Bundesagentur für Arbeit. Die Touristikbranche, das Hotel- und Gaststättengewerbe, die Fluggesellschaften, die Taxiunternehmen, zahllose Ladenbesitzer und viele andere Gewerbetreibende standen ohne Einnahmen da. Der Kultur- und Sportbetrieb ruhte vollständig.

Im Mai 2020 konnte niemand genau sagen, wie sich die Ausbreitung der Infektion weiter entwickeln würde. Zwar hatte sich die Lage in Deutschland und vielen anderen Ländern Europas entspannt, so dass die Diskussion um die Aufhebung und Lockerung von Beschränkungen der Grundrechte deutlich kontroverser geführt wurde als in den Wochen zuvor. Bis Impfstoffe oder zumindest wirksame Medikamente vorhanden sind, würde es aber sicher auch weiter starke Beschränkungen des öffentlichen Lebens geben.

An den Börsen kam es binnen weniger Tage zu dramatischen Kursverlusten. Der Weltwirtschaft, soviel war bald klar, drohte ein schlimmerer Einbruch als bei der Finanzkrise 2008. Anfang Mai 2020 hatten in den Vereinigten Staaten bereits 30 Millionen Arbeitnehmer ihre Jobs verloren. Überall erklang der Ruf nach der Hilfe des Staates.

Der hatte in Deutschland ziemlich rasch reagiert. Unbürokratisch sollte jetzt nicht nur das Instrument der Kurzarbeit für die Unternehmen zur Verfügung stehen, das schon in der Finanzkrise geholfen hatte, den Anstieg der Arbeitslosigkeit zu begrenzen, versicherte Finanzminister Scholz schon Mitte März. Großzügige Hilfsprogramme wollte man auch für kleine und mittelständische Betriebe zur Verfügung stellen. Sofortmaßnahmen sollten die Existenz von Kleinselbständigen sichern, denen über Nacht die Einnahmen wegbrachen. 153 Milliarden Euro umfasste der Nachtragshaushalt, den der Bundestag Ende März dafür zur Verfügung stellte. Gleichzeitig beschloss die EU-Kommission eine Aussetzung der Defizitkriterien für die Länder des Euroraumes.

In den folgenden Wochen häuften sich die wirtschaftlichen Hiobsbotschaften. Hatte der Sachverständigenrat den bevorstehenden Wirtschaftseinbruch in zwei Alternativszenarien noch relativ optimistisch auf ein Jahresminus des BIP von 2,4 bzw. 4,8 Prozent geschätzt und für 2021 sogar ein kräftiges Wachstum für möglich gehalten, so waren bald auch deutlich schlechtere Prognosen zu vernehmen. Die Welthandelsorganisation WTO rechnete am 8. April 2020 mit der schlimmsten Rezession seit vielen Jahrzehnten und befürchtete eine Schrumpfung des Welthandels um bis zu einem Drittel. IWF-Direktorin Kristalina Georgiewa sagte am 10. April voraus, die Lage werde so schlimm werden wie nie seit der Weltwirtschaftskrise zu Beginn der 1930er Jahre. Anfang Mai rechnete Wirtschaftsminister Altmaier für 2020 mit einem Schrumpfen des Bruttoinlandsprodukts in Deutschland um 6,3 Prozent. Die europäische Kommission prognostizierte für 2020 ein Minuswachstum von 7,7 Prozent in den EU-Ländern.

Angesichts der dramatischen Entwicklung besonders in Italien, Frankreich und Spanien war auch die Europäische Union jetzt besonders gefordert. Zumal in diesen Ländern die Staatsverschuldung schon vor der Corona-Krise Rekordstände weit über der Grenze aufwiesen, die die Defizitkriterien der Gemeinschaft vorsehen. Besonders Italien machte sich jetzt für gemeinsame »Eurobonds« stark und nahm damit einen Vorschlag auf, der schon in der Eurokrise nach 2010 kontrovers diskutiert worden war. Vor allem Deutschland und die Niederlande wollten sich auf die damit verbundene europäische Teilung von Staatsschulden aber nicht einlassen.

Kurz vor Ostern einigten sich die Finanzminister auf ein Hilfspaket von etwa 500 Milliarden Euro. Der Euro-Rettungsschirm ESM soll Kredite von maximal 240 Milliarden anbieten. Bis zu 100 Milliarden Euro an

Kredithilfen wollte die Europäische Kommission gewähren, wenn die Ausgaben für Kurzarbeitergeld die finanziellen Möglichkeiten der Mitgliedsländer übersteigen. Schließlich sollte die Europäische Investitionsbank (EIB) 200 Milliarden als Darlehen für Mittelständler ermöglichen. Der Streit um die Eurobonds wurde erst einmal vertagt. Im Mai kam ein neuer Vorschlag ins Spiel, der als Kompromiss dienen könnte. Danach würden die Mitgliedsländer nur in der Höhe ihres Anteils am EU-Haushalt haften müssen.

Niemals seit 1949 hat die deutsche Politik in so kurzer Zeit einen derartigen Paradigmenwechsel erlebt. Die »schwarze Null« als wichtigstes Ziel der Finanzpolitik war umgehend vom Tisch. Alle zuvor geltenden Ziele der Fiskalpolitik waren im Angesicht der veränderten Realität Makulatur geworden. Der Staat als Wirtschaftsakteur wurde jetzt dringend gebraucht. Selbst die eben noch so vielbeachteten Themen der Flüchtlingspolitik rangierten jetzt unter ferner liefen.

Dabei hat die erste Phase der Corona-Krise das Ansehen der Regierenden erst einmal gestärkt. Der Notstand war nicht die Stunde der Nörgler und chronisch Unzufriedenen. Jedenfalls soweit die Regierenden es verstanden, den Eindruck verantwortlicher Entschlossenheit zu hinterlassen und das Krisenmanagement leidlich funktionierte.

Tatsächlich fand die polarisierte Gesellschaft im Zeichen von neuartigen Ansteckungsgefahren, die bald mit der »Spanischen Grippe« vor einem Jahrhundert vergleichen wurde, erst einmal zusammen. Selbst der rhetorisch sonst selten überzeugenden Kanzlerin gelang im Zeichen der Krise eine staatsfraulich beachtliche Ansprache an die Bevölkerung. Ihr eindringliches »Es ist ernst« wirkte dabei überzeugender als die martialische Kriegsrhetorik, mit der Macron den Franzosen die Notwendigkeit der Ausgangssperren klarmachen wollte. Die in dieser Form nie dagewesenen Beschränkungen der persönlichen Freiheitsrechte fanden dann auch breite Akzeptanz. Für einige Zeit konnte es fast so aussehen, als ließe sich mit dem Argument der Seuchenbekämpfung nahezu jedes Grundrecht fast beliebig einschränken. Selbst die Ostergottesdienste der Kirchen mussten ausfallen. So etwas hatte es nicht einmal zu Kriegszeiten gegeben. Soweit die Beschränkungen der persönlichen Freiheitsrechte überhaupt beklagt wurden, segneten die Gerichte in der Regel die behördlichen Anordnungen ab. Erst zu Ostern erinnerte eine Entscheidung des Landesverwaltungsgerichts in Mecklenburg-Vorpommern daran, dass auch solche Anordnungen an die strikte Beachtung der Verhältnismäßigkeit gebunden sind. Kurz darauf hielt das Bundesverfassungsgericht ein Demonstrationsverbot der Stadt Gießen für unverhältnismäßig.

Solange die Infektionszahlen so rapide anstiegen wie in der zweiten Märzhälfte, ließ sich die Verhältnismäßigkeit unschwer anhand der Funktionsfähigkeit des Gesundheitswesens entscheiden. Gegen die Überlegungen, eine rasche Ausbreitung der Krankheit führe auch schneller zur Ausbildung einer »Herdenimmunität« stand das überzeugende Argument der unkalkulierbaren Risiken mit womöglich gewaltigen Opferzahlen. Doch mit dem Abflachen der Ansteckungskurven gewannen auch andere Argumente an Gewicht. Würden die riesigen wirtschaftlichen Schäden durch Corona nicht womöglich noch schlimmere Auswirkungen haben, würden Arbeitslosigkeit und Not auf der Welt nicht auch viele Opfer kosten? Was war mit den sozialen Konsequenzen von Isolation und Ausgangsbeschränkungen? Und wie sollte man ein leistungsfähiges Gesundheitswesen dauerhaft finanzieren, wenn die Wirtschaft stillstand?

Die nach Ostern begonnene Debatte über eine schrittweise Lockerung der drastischen Maßnahmen zeigte bereits, dass das ganz breite Einvernehmen nicht bleiben würde. Nicht nur, dass die deutschen Bundesländer von der Ausbreitung des Virus unterschiedlich betroffen waren und deshalb Vorschläge zur Öffnung von Schulen und Geschäften regional unterschiedlich ausfielen. Warum das Infektionsrisiko in kleineren Ladengeschäften geringer sein sollte als in größeren, erschloss sich so wenig wie die Tatsache, dass Autohäuser rasch wieder geöffnet werden durften, Möbelgeschäfte aber nicht. Der Weg zurück in eine gewisse Alltagsnormalität musste viele kontroverse Debatten mit sich bringen.

Erstaunlich gut ist es zunächst gelungen, den Konfliktstoff einzudämmen, der sich hinter der unterschiedlichen Verteilung der Risiken auf die verschiedenen Alters- und Risikogruppen verbirgt. Wo manche Länder besondere Restriktionen für Ältere vorsahen, hat man in Deutschland davon weitgehend abgesehen. Ein verfassungsrechtlich besonders gravierendes Problem aber blieben die Kontaktbeschränkungen in Alten- und Pflegeheimen. Wenn Eltern ihre Kinder nicht mehr sehen können, ist der Kern des allgemeinen Persönlichkeitsrechts berührt.

Politisch hat die Krise zunächst das Ansehen der Union und der Kanzlerin deutlich gestärkt. Fast über Nacht schien auch eine gewisse Wertschätzung klassischer politischer Tugenden wie Verantwortung und Augenmaß zurückgekehrt. Es ging um die Sache, nicht um Polittheater und Inszenierung. Sogar die SPD erzielte wieder etwas bessere Werte. Der Höhenflug der Grünen dagegen war erst einmal zu Ende. Doch je mehr Normalität zurückkehrt, umso mehr Raum wird auch wieder sein für Streit und Konflikt. Schon die Debatte über die Lockerungen Anfang Mai zeigte bereits wieder die journalistische Neigung, immer zuerst Macht- und Personalfragen her-

vorzuheben. Ob die vorsichtige Kanzlerin gegen die forscheren Ministerpräsidenten verloren hatte oder nicht, ob Söder und Laschet mit Meinungsverschiedenheiten über die Verantwortbarkeit von Lockerungen auch einen
Machtkampf um die künftige Kanzlerschaft austrügen, erschien dem einen
oder anderen Journalisten schon wieder bedeutsamer als Verantwortbarkeit der getroffenen Entscheidungen.

Ob über diese Krise wieder mehr Wertschätzung für politische Verantwortungsübernahme in der Gesellschaft zurückkehrt, wird sich freilich
erst noch zeigen. Und was es bedeutet, wenn die YouTube-Spaßgesellschaft
der Jüngeren plötzlich und wie aus heiterem Himmel mit einer ernsthaften und existentiellen Krise mit tiefen Auswirkungen auf das Alltagsleben
konfrontiert wird, ebenso.

Die Folgen der Corona-Krise werden entscheidend von den wirtschaftlichen Konsequenzen bestimmt werden. Diese müssen dramatisch und ein-
schneidend ausfallen. Und sie werden auch die Europäische Union vor Probleme stellen, die das Ausmaß der Eurokrise übersteigen. Wie dramatisch
diese Folgen ausfallen, kann derzeit niemand genau abschätzen.

Die CDU hat ihren für den 25. April vorgesehenen Parteitag abgesagt.
Erst im Dezember werden wir wissen, wer für die Union ins Rennen um die
Merkel-Nachfolge gehen wird. Auf dem Höhepunkt der Krise konnte man
den Eindruck haben, die Deutschen wollten eigentlich gar keinen Wechsel.
Das Ansehen der Kanzlerin ist wieder deutlich gestiegen. Nach ihrer ein-
dringlichen Anprache vom 18. März erhielt sie Lob von fast allen Seiten. So-
gar Friedrich Merz fand anerkennende Worte für ihr Krisenmanagement.
Vom »Comeback der Krisenkanzlerin« sprach Der SPIEGEL Anfang April.
Und am 1. Juli übernahm Deutschland den EU-Ratsvorsitz. Damit erhielt
Merkel auch eine zentrale Führungsrolle beim Umgang der Europäer mit
der Krise.

So war es kein Wunder, dass in diesen so ungewöhnlichen Frühlingstagen
2020 Gerüchte über eine weitere Amtszeit der Kanzlerin auftauchten. Doch
davon ist nicht auszugehen. Der Wechsel wird kommen. Wie immer er in
2021 dann aussieht, es wird ein tiefer Einschnitt sein. Für die Union, aber
auch für das Land. Angela Merkel wird dann genauso lange Kanzlerin gewesen sein wie Helmut Kohl. In diesen Jahren hat es immer wieder viel Kritik gegeben, dass sie nicht wirklich geführt, sondern immer nur reagiert
habe. Aber dass sie der deutschen Politik dieser langen Jahre ihren Stempel
aufgedrückt, dass sie eine Ära geprägt hat, kann niemand bestreiten.

7.17 »ICH RESPEKTIERE SIE, ABER ICH KANN SIE NICHT RICHTIG ERKENNEN« – ANGELA MERKEL UND IHRE BILANZ

Dass die 1954 als Tochter eines protestantischen Pfarrers im märkischen Templin geborene Angela Merkel seit anderthalb Jahrzehnten an der Spitze der Bundesregierung steht, war das Ergebnis einer ganz ungewöhnlichen Häufung von politischen Umbrüchen und biographischen Zufällen. Die in der DDR aufgewachsene promovierte Physikerin geriet nach einem bis dahin eher unauffälligen Lebensweg und einer beruflichen Tätigkeit am Zentralinstitut für Physikalische Chemie der Akademie der Wissenschaften der DDR in Berlin-Adlershof erst durch die Umbrüche im Herbst 1989 in die Politik. Sie selbst hat mehrfach davon gesprochen, dass es im Grunde ein biographischer Zufall gewesen ist, der sie in jenen Tagen zum »Demokratischen Aufbruch« gebracht hat, der dann im Winter 1990 Teil des Wahlbündnisses »Allianz für Deutschland« wurde. Mit dieser Allianz wollte die West-CDU die Probleme umgehen, die sich aus der Verbindung mit der als Blockpartei belasteten Ost-CDU für die Volkskammerwahl im März 1990 ergaben. Ebenso gut hätte Angela Merkel bei einer anderen Bürgerrechtsgruppe oder in der Ost-SPD landen können. Dann wäre ihr weiterer Lebensweg ganz anders verlaufen (337).

So aber geriet sie über die Tätigkeit im Umfeld des bald darauf als Stasi-Spitzel enttarnten DA-Vorsitzenden Wolfgang Schnur in die Nähe der Union und wurde schließlich nach dem Wahlsieg der Allianz für Deutschland stellvertretende Pressesprecherin von Ministerpräsident Lothar de Maizière. In dieser Funktion begleitete sie ihren Ministerpräsidenten bei zahlreichen Verhandlungsrunden zur Einheit.

Nachdem der Demokratische Aufbruch im August 1990 die Fusion mit der CDU beschlossen hatte, machte Angela Merkel als Delegierte des gesamtdeutschen Vereinigungsparteitags der Union Anfang Oktober 1990 die Bekanntschaft von Helmut Kohl. Ihr erster Förderer in der CDU war zunächst Günther Krause, Staatssekretär bei Regierungschef Lothar de Maizière und Chefunterhändler der DDR bei den Verhandlungen zum deutsch-deutschen Einigungsvertrag.

Nach der Wiedervereinigung mit einer Planstelle im Bundespresseamt versehen, kandidierte Merkel nach Vermittlung von Krause zur ersten gesamtdeutschen Bundestagswahl im Dezember 1990 im Wahlkreis Rügen. Dort als Direktkandidatin in den Bundestag gewählt, wurde sie von Helmut Kohl überraschend ins Bundeskabinett berufen. Als Bundesministerin für Frauen und Jugend profitierte sie von der Dreiteilung des alten Ressorts für

Jugend, Familie, Frauen und Gesundheit, führte freilich nur ein kleines Ministerium mit bescheidenen Kompetenzen. Ihr rascher Quereinstieg gründete vor allem auf der Gunst des Bundeskanzlers, was sich in medialen Zuschreibungen wie »Kohls Mädchen« niederschlug (338).

Merkel suchte folgerichtig nach einer stärkeren eigenen innerparteilichen Machtbasis, unterlag aber bei der Kandidatur um den Parteivorsitz in Brandenburg gegen Ulf Fink. Dennoch wurde sie beim Bundesparteitag der CDU in Dresden im Dezember 1991 zu einer von drei stellvertretenden Parteivorsitzenden gewählt. Sie vertrat damit als Nachfolgerin des aus der Politik ausscheidenden Lothar de Maizière die Ostdeutschen an der Spitze der Partei. Nach dem Rückzug von Günther Krause wurde sie im Juni 1993 Vorsitzende des Landesverbandes Mecklenburg-Vorpommern.

Im Anschluss an die Bundestagswahl 1994 folgte ihr nächster Karrieresprung. Als Umweltministerin wurde sie von Helmut Kohl zur Nachfolgerin von Klaus Töpfer berufen. Merkel tat sich mit der Nachfolge des öffentlich anerkannten Umweltfachmanns Töpfer zunächst nicht leicht. Als Gastgeberin der ersten UN-Klimakonferenz in Berlin 1995 und bei den Verhandlungen zum Kyoto-Protokoll 1997 konnte sie jedoch einige Anerkennung erlangen (339).

Nach der verlorenen Bundestagswahl 1998 und dem Ende der Ära Kohl wurde sie vom neuen CDU-Vorsitzenden Wolfgang Schäuble als Generalsekretärin vorgeschlagen und vom Parteitag im November 1998 auch gewählt. Zur entscheidenden Wegmarke für sie wurde dann die CDU-Spendenaffäre im Winter 1999/2000. In einem Gastbeitrag kritisierte sie am 22.12.1999 in der Frankfurter Allgemeinen Zeitung die Haltung Kohls in der Spendenaffäre und forderte die Partei zur Abnabelung von ihrem »alten Schlachtross« auf. Diese mit Schäuble nicht abgesprochene, offene Kritik am Altkanzler trug ihr innerparteilich den Vorwurf der Illoyalität, umgekehrt aber auch viel Zustimmung ein. Nach Schäubles Rücktrittsankündigung im Februar 2000 wurde diese Abnabelung von ihrem großen Förderer zur wichtigen Voraussetzung dafür, dass sie als Nachfolgekandidatin in Betracht kam. Weil sie in der Öffentlichkeit wie beim Parteivolk als unbelastet galt, konnte sich jene breite Unterstützung ihrer Kandidatur für den Parteivorsitz bilden, die bei den Regionalkonferenzen der CDU im Frühjahr 2000 sichtbar wurde. Bald war diese Unterstützung für die als neue Hoffnungsträgerin der krisengeschüttelten Partei gefeierte Merkel so groß geworden, dass die in Teilen der Parteiprominenz durchaus vorhandenen Widerstände dagegen zurückstehen mussten. So wurde Angela Merkel am 10. April 2000 vom CDU-Parteitag in Essen zur Parteivorsitzenden gewählt. Neuer Generalsekretär wurde

Ruprecht Polenz, als neuer Fraktionschef amtierte inzwischen Friedrich Merz (340).

Das Führungstrio hatte anfangs einen schweren Stand. Bei der Abstimmung über die Steuerreform der Schröder-Regierung erlitt die Union im Bundesrat im Sommer 2000 eine schwere Niederlage. Schon Ende 2000 wurde Polenz durch Laurenz Meyer ersetzt. 2001 begannen die internen Debatten um die Kanzlerkandidatur für 2002. Dabei war der Rückhalt für die Ambitionen von Merkel in der Parteiführung gering. Eine starke Hausmacht besaß die Ostdeutsche aus dem kleinen Landesverband Mecklenburg-Vorpommern nicht. Viele einflussreiche CDU-Politiker favorisierten den bayerischen Ministerpräsidenten Edmund Stoiber. Schließlich verzichtete Merkel bereits im Vorfeld der entscheidenden CDU-Vorstandssitzung im Januar 2002 auf ihren Anspruch, reiste nach Bayern und bot beim »Wolfratshauser Frühstück« Stoiber die Kanzlerkandidatur an. Nach einem Telefonat mit Roland Koch war sie zu der Überzeugung gekommen, dass eine mögliche Abstimmungsniederlage gegen Stoiber ihre eigene Position an der CDU-Spitze gefährden könne (341).

Nach der knapp verlorenen Bundestagswahl 2002 beanspruchte die Parteivorsitzende auch das Amt der Vorsitzenden der CDU/CSU-Bundestagsfraktion. Damit würde sie Friedrich Merz verdrängen, der den Posten zunächst auch nicht räumen wollte. Doch Merkel hatte sich die Unterstützung von Stoiber gesichert, den sie im Wahlkampf loyal mitgetragen hatte. Dessen Einsatz für Merkel spielte schließlich eine entscheidende Rolle dafür, dass Merz zurückzog. Das auch zuvor schon belastete Verhältnis von Merkel und Merz gilt seither als vollends zerrüttet (342).

Ab 2003 gelangen der Union eine Reihe von Wahlerfolgen bei Landtagswahlen. Jetzt konnte die Partei über ihre Bundesratsmehrheit auch Einfluss auf Gesetzgebung und Regierungshandeln nehmen. So war Kanzler Schröder bei der Umsetzung der Agenda-Politik von Rot-Grün zu Kompromissen gezwungen. Auf ihrem Leipziger Parteitag profilierte sich die CDU zur gleichen Zeit als wirtschaftsliberale Kraft, die den sozial- und arbeitsmarktpolitischen Reformkurs von Gerhard Schröder noch weitertreiben wollte (343).

Im November 2004 griff die Parteivorsitzende auch den Begriff der »deutschen Leitkultur« ein weiteres Mal auf, den Friedrich Merz einige Jahre zuvor geprägt hatte. Sie erklärte die »multikulturelle Gesellschaft« für gescheitert. Im Mai hatte sie gegen den Willen von Koch und Merz die Nominierung von Horst Köhler als Kandidat für das Amt des Bundespräsidenten durchgesetzt und damit die Ambitionen von Wolfgang Schäuble vereitelt (344).

Nachdem Gerhard Schröder seine Absicht verkündet hatte, eine vorgezogene Neuwahl des Bundestages herbeizuführen, war die Nominierung von Angela Merkel zur Kanzlerkandidatin durch die Parteipräsidien von CDU und CSU am 30. Mai 2005 unumstritten. Doch der Wahlkampf verlief alles andere als glücklich für die Kandidatin, deren Sieg nach dem Scheitern von Rot-Grün als so gut wie sicher galt. Der wirtschaftsliberale Kurs der Union und besonders die steuerpolitischen Reformvorschläge des als Finanzminister vorgesehenen Paul Kirchhof erwiesen sich als schweres Handicap und Steilvorlage für eine sozialdemokratische Strategie, die vor der »sozialen Kälte« einer Merkel-Regierung warnte. So schmolz ihr komfortabler Vorsprung im Rennen um die Kanzlerschaft allmählich dahin. Am Ende fiel der Sieg viel knapper aus als erwartet. Merkel hatte für die Union das zweitschlechteste Wahlergebnis seit 1949 eingefahren (345).

Doch trotz der gefühlten Wahlniederlage konnte sie unter Mithilfe des skurrilen, zugleich legendären Fernsehauftritts von Gerhard Schröder am Wahlabend ihre angeschlagene Position wieder stabilisieren. Bereits am Tag danach wurde Angela Merkel als Vorsitzende der CDU/CSU-Bundestagsfraktion wiedergewählt. Auf die Bildung einer Großen Koalition folgte am 22. November 2005 ihre erste Wahl zur Bundeskanzlerin. Sie war nun mit 51 Jahren die jüngste Amtsinhaberin in der Geschichte der Bundesrepublik Deutschland.

Der Weg ins Kanzleramt war für die norddeutsche Protestantin alles andere als einfach gewesen. Ohne den biographischen Hintergrund ihrer westdeutschen Parteikollegen, ohne große Hausmacht in einer bis dahin männerdominierten Partei, hatte sie gleichwohl die sich ihr bietenden Chancen entschlossen zu nutzen vermocht. Die anfänglich noch wegen ihrer Garderobe und der Frisur mitunter belächelte Frau aus dem Osten hatte auch die Distanzierung von ihrem großen Förderer Helmut Kohl mit strategischem Kalkül durchgezogen. Was manchem in der Union als illoyaler Akt einer undankbaren Frau erschien, die ihren Entdecker einfach abservierte, zeigte die machtpolitische Kaltblütigkeit, zu der Merkel fähig war und ist. Ähnliche Verhaltensmuster tauchten auch später immer wieder auf. Friedrich Merz wurde einfach zur Seite gedrängt, als Merkel den Anspruch auf den Fraktionsvorsitz erhob. Norbert Röttgen bekam 2012 den Stuhl als Umweltminister vor die Tür gestellt, nachdem er den Wahlkampf in Nordrhein-Westfalen vergeigt hatte. Der FDP zeigte die Kanzlerin die kalte Schulter, als sie in ihrer Not im Bundestagswahlkampf 2013 um christdemokratische Leihstimmen bettelte. Wer den bescheidenen Politikstil von Angela Merkel, den die Deutschen an der neuen Kanzlerin schon bald nach ihrem Amtsantritt zu schätzen begannen, mit einem Mangel an machtpoli tischer Entschlossenheit und Härte verwechselt, täuscht sich. An Machtwillen hat es Merkel nie gefehlt.

Wo Männer in der Politik oft zu Seilschaftsbildungen neigen und das Bedürfnis nach Kameradschaft personellen Loyalitäten eine besondere Rolle verleiht, kommt Merkel anscheinend ohne so etwas aus. In der biographischen Literatur ist denn auch immer wieder ein geschlechtsspezifischer Aspekt dieses »kalten Machtwillens« betont worden. Ihre männlichen Machtrivalen wären zu einem derart kalkulierten Vatermord an ihrem Entdecker und Förderer Helmut Kohl gar nicht fähig gewesen, hat Gertrud Höhler geschrieben (346).

Viel gerühmt werden Merkels Verhandlungsgeschick und Durchhaltevermögen. Auch nächtliche Verhandlungsmarathons in Brüssel scheinen ihrer Kondition wenig auszumachen. Auch deshalb ist sie bei den europäischen Gipfeln bald in eine Rolle hineingewachsen, die eine Zeit lang an die des Helmut Kohl der späten Jahre erinnerte. Dabei war ihr die europäische Bühne zunächst fremd gewesen. Mit der deutschen Ratspräsidentschaft 2007, der Krise um den Verfassungsvertrag und der Eurokrise aber wuchs sie hier in eine Führungsrolle hinein.

Vielen politischen Beobachtern hat die Persönlichkeit der ersten deutschen Kanzlerin bis heute Rätsel aufgegeben. Obgleich umgänglich, mitunter auch zu Späßen aufgelegt, blieb doch meist unergründlich, was sie wirklich bewegte, was sie fühlte und plante. Ihre Neigung zu floskelhaften Aussagen und Allgemeinplätzen hat diesen Eindruck ebenso verstärkt wie ihre häufige Weigerung zu eindeutigen programmatischen Festlegungen. »Ihre Kanzlerschaft war bisher eine große Verweigerung, sich über Worte zu erkennen zu geben«, hat der SPIEGEL-Journalist Dirk Kurbjuweit schon 2009 geurteilt (347). Noch prägnanter hat sich Joachim Gauck 2011 geäußert: »Ich respektiere sie. Aber ich kann sie nicht richtig erkennen« (348).

Tatsächlich hat es noch keinen Bundeskanzler gegeben, dessen politischer Standort und Koordinatensystem so schwer zu beschreiben sind wie die von Angela Merkel. Hatte sie nach ihrer Wahl zur Generalsekretärin 1998 noch erklärt, sie wolle die Union zur modernsten Volkspartei Europas machen und war sie als Vorsitzende der Union auf einen wirtschaftsliberalen Reformkurs eingeschwenkt, so war davon mit dem Beginn ihrer Kanzlerschaft keine Rede mehr. Ohne sich von den Programmbeschlüssen vorangegangener Jahre zu verabschieden, nutzte Merkel die Koalition mit der SPD zu einer Verschiebung des Unionsprofils in die gesellschaftliche Mitte. In der Frauen- und Familienpolitik vertrat die Partei jetzt moderne Leitbilder der berufstätigen Frau und suchte deren Lebensbedingungen nachhaltig zu verbessern. Die Kopfpauschale in der Gesundheitspolitik verschwand ebenso in der Mottenkiste wie die zuvor angekündigten Schritte zu einer stärker auf das Kapitaldeckungsprinzip ausgerichteten Alterssicherung. Auch der ordnungspolitische Pragmatismus in der Finanzkrise konnte gestandene Ordoliberale irritieren. Die fachliche Seite vertrat dabei der sozialdemokratische Finanzminister Steinbrück. Die politischen Lorbeeren aber erntete die Kanzlerin.

Zwar fiel das Wahlergebnis 2009 nicht so aus wie gewünscht. Eine im Kern schon überparteilich ausgerichtete, ganz auf die Person zugeschnittene Wahlkampfstrategie konnte nicht verhindern, dass die FDP-Kritik an der angeblichen »Sozialdemokratisierung« der Union durchdrang und den Liberalen das beste Wahlergebnis ihrer Geschichte bescherte. Doch auch das ertrug Angela Merkel mit Gelassenheit, konnte sie jetzt doch das angebliche Wunschbündnis mit der FDP schmieden.

Auch in dieser Regierung aber veränderte sich ihr politischer Kurs kaum. Die Hoffnungen der FDP auf eine große Steuerreform blieben vergeblich. Finanzkrise und Euro-Rettung bremsten die Ambitionen der Freidemokraten. Mit der Finanzkrise war 2008 die Hegemonie des neoliberalen Denkens ohnehin vorbei. Zu welchen Volten die Kanzlerin fähig war, zeigte sich dann beim Atomausstieg 2011. Hatte man eben noch den rot-grünen Ausstiegsplan gekippt und eine deutliche Verlängerung der Laufzeiten der Atommeiler in Deutschland beschlossen, so setzte Merkel nach Fukushima im Angesicht einer drohenden Wahlniederlage in Baden-Württemberg fast im Alleingang einen Atomausstieg durch, mit dem die frühere Atombefürworterin über Nacht ihrer Partei eine neue Grundrichtung in der Energiepolitik verordnete. Wenig später wurde die Wehrpflicht ausgesetzt – auch ein programmatischer Traditionsbestand von CDU und CSU.

Nicht einmal Gerhard Schröder ist derart bedenkenlos mit den Programmtraditionen seiner Partei umgesprungen. Natürlich musste das die Frage provozieren, auf welchem Wurzelboden die Politik von Angela Merkel eigentlich stand. Was wollte sie noch außer der konsequenten Absicherung ihrer eigenen Machtposition? Schon bald fanden sich Kritiker, die von »Beliebigkeit« und »Entkernung der Union« sprachen. Doch der Erfolg schien ihr zunächst Recht zu geben. Und in programmatisch nur mäßig interessierten Parteien wie CDU und CSU galten und gelten nun einmal Wahlsiege als die überzeugendsten Argumente.

Diesen Wahlsieg konnte sie 2013 einfahren. Mit einer noch stärker personalisierten Wahlkampagne, in der inhaltliche Themen nur noch eine Nebenrolle spielten, gelang der beliebten »Volkskanzlerin« ein grandioser Erfolg. 41,5 Prozent – ein solches Ergebnis für eine Partei war von vielen Politikprofis angesichts einer zunehmend »fragmentierten« Gesellschaft

inzwischen für unmöglich erklärt worden. Mit einer Strategie des Raub-
zugs bei den im Wählervolk attraktiven Programmangeboten der anderen
Parteien war Angela Merkel zur unangefochtenen Führungsfigur der deutschen Politik aufgestiegen. Kein sozialdemokratischer Herausforderer hatte da nur die geringste Chance gehabt. Der wurde schon von den Medien
zerlegt, bevor der Wahlkampf überhaupt auf Touren kam.

Mit der Bundestagswahl 2013 war freilich auch der Höhepunkt der politischen Karriere von Angela Merkel erreicht. Als die Kanzlerin nach langer
deutscher Zurückhaltung gegenüber dem wachsenden Migrationsproblem
2015 ohne Abstimmung mit den europäischen Partnern die Öffnung der
deutschen Grenzen für die Flüchtlinge aus Ungarn beschloss, führte dies
im Ergebnis nicht zur weiteren Stärkung ihres überparteilichen Ansehens,
sondern über den Eindruck wachsenden Kontrollverlusts an den Grenzen
zu einer gesellschaftlichen Polarisierung, die ihr mit erbitterter Gegnerschaft eines Teils der Bevölkerung auch einen Ansehensverlust einbrachte.

Im Bundestagswahlkampf 2017 erwies sich die Strategie der »asymmetrischen Demobilisierung« zwar gegenüber den Sozialdemokraten einmal mehr als erfolgreich. Martin Schulz' verzweifelter Ausruf, dies sei ein
Anschlag auf die Demokratie, weil Merkel die inhaltliche politische Auseinandersetzung verweigere, konnte daran nichts ändern (349). Gleichwohl zeigten die herben Verluste, die auch die Union einstecken musste,
dass das Erfolgsmodell einer präsidialen Volkskanzlerschaft nicht mehr
funktionierte. Die mühsame Regierungsbildung, der kakophonische Streit
mit der CSU und die Wahlergebnisse im Herbst 2018 taten dann ein Übriges.
Angela Merkel gab den Parteivorsitz ab und wird auch ihre Kanzlerschaft
2021 auslaufen lassen.

Inzwischen hat Angela Merkel in der Länge ihrer Amtszeit Konrad Adenauer übertroffen. Bis zum Ende der Legislaturperiode wird sie Helmut
Kohl erreicht haben. Die Bilanz dieser langen Regierungszeit fällt extrem
zwiespältig aus. Auf der Habenseite steht die Bedeutung dieser Kanzlerschaft für die Sache der Frauen. Dass die erste Frau in diesem Spitzenjob
derart viel Anerkennung erlangt hat und sich über so lange Zeit dort behaupten konnte, hat für die Geschlechtergleichheit in Führungspositionen
eine gewaltige Ausstrahlungswirkung gehabt. Das kann nur geringschät-
zen, wer sich nicht mehr an die offen oder hinter vorgehaltener Hand geäußerten Zweifel an der Führungskompetenz von Angela Merkel noch im
Wahlkampf 2005 erinnert.

Dass die Union in vielen gesellschaftspolitischen Fragen in der Merkel-
Ära liberaler und moderner geworden ist, hat nicht nur ihrer Partei genutzt.
Dass sie mit ihrer Politik den Anschluss an die Lebenswirklichkeit und die

Orientierungsmuster gerade der jüngeren Frauen geschafft hat, bleibt ein Verdienst. Viele Menschen profitieren davon. Und mit den konservativen Familienbildern früherer Jahrzehnte hätte die Union ihre Machtchancen erheblich geschmälert. Auch in der Energie- und Umweltpolitik waren Korrekturen überfällig. Nicht so eindeutig ist dagegen der Kurswechsel bei der Wehrpflicht einzuordnen. Die Aufgabe der Wehrpflicht war zwar populär. Aber ob sie im Blick auf die Zukunft einer Verteidigungspolitik, bei der den Europäern ein größeres Maß an weltpolitischer Verantwortung zukommt, auch richtig war, kann man durchaus bezweifeln.

Auch das Aufgreifen der sozialdemokratischen Forderung nach einem gesetzlichen Mindestlohn erscheint folgerichtig. Nicht nur, dass seine Einführung angesichts rückläufiger Tarifbindung und eines wachsenden Niedriglohnsektors in der Sache geboten war. Die Forderung erfreute sich auch bei weiten Teilen der Unionsanhänger großer Beliebtheit.

Der Pragmatismus im Umgang mit der Finanzkrise hat dazu beigetragen, dass die Realwirtschaft in Deutschland weniger von ihren Folgen heimgesucht wurde als anderswo. Umstrittener bleibt dagegen die Eurorettungspolitik und die Fixierung Merkels auf eine strenge Sparpolitik im gesamten Euroraum. Vor allem im Ausland hat ihr die harte Haltung gegenüber den Krisenländern auch viel Kritik eingetragen.

Als Angela Merkel ins Amt kam, lag die Arbeitslosenquote doppelt so hoch wie Anfang vor 2020 vor der Corona-Krise. Zwar darf nicht übersehen werden, dass mit der gewaltigen Zunahme der Beschäftigungsquote auch der Anstieg unsicherer und »prekärer« Beschäftigungsverhältnisse verbunden war. Alles in allem aber sieht die wirtschaftliche Bilanz der Regierungszeit Merkels deutlich besser aus als die ihres Vorgängers.

Diesen Leistungen der Kanzlerschaft Angela Merkels steht freilich gegenüber, dass es darüber tatsächlich zu einer inhaltlichen »Entkernung« der CDU gekommen ist, die das gesamte politische System verändert hat. Was unter Gesichtspunkten des Machterhalts vielfach von Vorteil war, hat zugleich eine nachhaltige Schwächung des parteipolitischen Profils der Union und wachsende Unzufriedenheit im konservativen Spektrum hervorgerufen. Dazu hat auch der wenig diskursive, eher autoritäre Stil, in dem ihrer Partei gleichsam über Nacht politische Richtungswechsel verordnet wurden, beigetragen. Die kommunikativen Schwächen Merkels, die ihre Richtungswechsel kaum je überzeugend begründet hat und programmatische Reden möglichst meidet, kommen hinzu.

Dabei war das Problem der Union nicht ihre Öffnung zu den Grünen. 2005 war ja noch eine Sensation, dass sich Merkel und sie überhaupt zu einem Sondierungsgespräch trafen. Heute wirkt das Lichtjahre entfernt.

Das eigentliche Problem der Annäherung war eher, dass die CDU darüber keine neue Erzählung von sich selbst entwickelt hat. Was es bedeutet, manches zu übernehmen, was man vorgestern noch abgelehnt hat, und dabei doch einen unverwechselbaren Kern als Christdemokraten zu bewahren, der den Unterschied ausmacht – das zu verdeutlichen, ist ihr nicht wirklich gelungen. Dazu kommt, dass sie allzu oft auch den Eindruck vermittelt hat, dass sie das nicht einmal für nötig hielte.

Wenn man Schröders Kanzlerschaft als situatives Regieren mit nur schwacher ideologischer Bodenhaftung charakterisieren kann, so erscheint Angela Merkel als Kanzlerin fast ganz ohne eine solche Bindung auszukommen. Als Erklärung dafür ist oft auf ihre Sozialisation als Naturwissenschaftlerin und ihre Herkunft aus der DDR hingewiesen worden (350). Dort habe sie gelernt, sich möglichst nicht festzulegen oder jedenfalls nicht am Anfang einer streitigen Debatte. Lieber schweigen und warten, bis sich die Dinge auf sie zubewegten. Schließlich fehlten ihr die Prägungen der West-Rivalen durch die Kämpfe mit den 68ern. Höhler nennt das »Bindungslosigkeit« und »Verzicht auf Bekenntnisse«. Genau dies aber mache das eigentliche Erfolgsgeheimnis von Angela Merkel aus (351).

Darin steckt ein wahrer Kern. Merkels Misstrauen gegenüber großen programmatischen Entwürfen war und ist unverkennbar. Schon in ihrer allerersten Regierungserklärung stellte sie ihre Politikvorstellung der »vielen kleinen Schritte« gegen den vermeintlich fehlenden großen Entwurf. Wo Schröder zumindest zeitweise noch die Notwendigkeit sah, nach programmatischen Leitplanken für seine Reformpolitik Ausschau zu halten und Begriffe wie der »Dritte Weg« und die »aktive Bürgergesellschaft« nicht nur Plastikworte und Propagandaformeln sein sollten, fehlt dergleichen bei Merkel völlig. Jürgen Rüttgers meinte im Januar 2019, Angela Merkel habe nie einen Plan gehabt, sie arbeite stets nur auf Sicht. Sie agiere stets situativ und setze keine eigenen Initiativen. Gleichwohl verglich er die Bilanz ihrer Kanzlerschaft mit der von Helmut Schmidt (352).

Pragmatische Politik, die Gelegenheitsräume nutzt, aber keine eigenen Initiativen setzt, die nur reaktiv angelegt ist und dabei allein machtpolitischen Imperativen verpflichtet bleibt, muss aber auf die Dauer für die Demokratie zum Problem werden. Denn Demokratie lebt von der Auseinandersetzung unterschiedlicher Richtungen. Das Wort der Kanzlerin von der »Alternativlosigkeit« ihrer Politik war schon deshalb fatal, weil es in der Demokratie immer Alternativen gibt. Dass eine Politikerin, zu deren Stärken die scharfzüngige argumentative Auseinandersetzung mit kontroversen Positionen nicht zählt, dazu neigen wird, diese Auseinandersetzung tunlichst zu vermeiden, mag verständlich sein. Ganze Wahlkämpfe aber darauf anzulegen, einer echten Kontroverse um Standpunkte möglichst auszuweichen und stattdessen ein diffuses Wohlgefühl zu verbreiten, kann der Demokratie nicht guttun. Erstaunlich genug bleibt dabei, dass die ansonsten eher bissiger gewordenen Medien dieses Spiel so lange mitgespielt haben.

Es mag sein, dass, wie Henry Kissinger das einmal formuliert hat, sich heute nur noch »Menschen ohne Eigenschaften« so lange an der Spitze halten können. Freilich ist die Demokratie keine Veranstaltung zum Zwecke des Machterhalts einzelner.

Bis zur Flüchtlingskrise 2015 verhalf der »erklärungsarme Pragmatismus« als Signum der Merkelschen Kanzlerschaft in Verbindung mit einem postheroischen Regierungsstil des »wandelnden Understatement«, der nur das Amt wichtig zu nehmen schien, nicht aber sich selber und damit in deutlichem Gegensatz zur Vorgängerregierung stand, Angela Merkel trotz aller Volten in der Sache zu einer Popularität, die Manfred Güllner 2013 »Popularitätspanzer« genannt hat. Die »ruhige Stärke der Amtsinhaberin« erschien den meisten Deutschen als Soliditätsgarantie. Von einem »ikonographischen Wert der Merkel-Raute« hat Karl-Rudolf Korte nach der Bundestagswahl 2013 gesprochen (353).

Doch der Flüchtlingsstrom im Herbst 2015 hat alles verändert. Ob es der mediale Druck war, ob christliche Grundüberzeugungen eine Rolle gespielt haben oder ob die Kanzlerin, was am wahrscheinlichsten ist, einfach zur Gefangenen ihrer allzu sehr auf situative Handlungskontexte fixierten Politikvorstellung geworden ist: Mit ihrem Kurswechsel in der Migrationspolitik hat Angela Merkel selbst entscheidend zu einer gesellschaftlichen Polarisierung beigetragen, die zum Verlust ihrer uneingeschränkten präsidialen Dominanz führte. Dabei hatte sich schon viele Monate vor dem September 2015 voraussehen lassen, welche gewaltigen Probleme mit dem Anstieg der Flüchtlingszahlen auf Deutschland zukommen würden. An dieser Stelle muss man fast von einem Attentismus der Merkel-Regierung sprechen.

So ist es gar nicht die mangelnde Verhaftung in ideologischen Grundüberzeugungen der Union gewesen, die Angela Merkel wirklich in Schwierigkeiten gebracht hat. Es war die fatale Unterschätzung der verantwortungsethischen Konsequenzen einer gesinnungsethisch ehrenwerten Entscheidung. Das Mantra des »Wir schaffen das« wich dann bald dem hektischen Bemühen um eine Lösung ausgerechnet mit Hilfe der Türkei, die viele Züge moralischer Doppelzüngigkeit aufwies. Die Migrationspolitik war ein Beispiel für gute Absichten, ganz sicher aber kein Beispiel für gutes Regieren.

Am Ende der Schröderschen Kanzlerschaft stand die Entstehung der Linkspartei und die damit verbundene Westausdehnung der PDS. Das vor allem hat ihn die Kanzlerschaft gekostet. Bis heute konnte sich die SPD davon nicht erholen. Merkels Flüchtlingspolitik hat die AfD nicht geschaffen. Aber sie hat der im Sommer 2015 nach dem Auszug des Lucke-Lagers schwer angeschlagenen Partei ideale Gelegenheitsräume geschaffen, ohne die sie kaum so schnell so stark geworden wäre. Im Ergebnis hat sich das ganze Parteiensystem in Deutschland folgenreich verändert.

Verändert hat sich auch die Rolle Deutschlands in Europa. Von einer Führungsrolle Angela Merkels kann seither nicht mehr gesprochen werden. Nicht nur, dass die Bemühungen der Bundesregierung, Europa auf die deutschen Vorstellungen in der Flüchtlingspolitik festzulegen, gescheitert sind. Vielmehr sind uralte Diskussionen über die Neigung der Deutschen, zwischen Extremen zu schwanken und Maß und Mitte dabei zu verlieren, wiederbelebt worden.

So ist die Kanzlerschaft Angela Merkels trotz beachtlicher Erfolge und z. T. atemberaubender Modernisierungen der Unionsparteien keine glanzvolle Zeit der deutschen Demokratie gewesen. Im Herbst ihrer Regierungzeit scheint die politische Stabilität der Bundesrepublik Deutschland gefährdeter als je zuvor seit den 1950er Jahren. Und ob die Union diese überlange Periode als Volkspartei überleben wird, ist keineswegs sicher.

Es kann sein, dass Angela Merkel über die Corona-Krise noch einmal die Chance auf einen glanzvolleren Abschluss ihrer Zeit bekommt. Ob sie sich dabei als »europäische Krisenmanagerin« noch einmal wirklich bewähren kann, wird sich freilich noch zeigen müssen.

8 DIE DEUTSCHE GESELLSCHAFT IN DER ÄRA MERKEL

8.1 DIE WIRTSCHAFT WÄCHST

Nachdem die Wachstumsraten der deutschen Wirtschaft in den rot-grünen Jahren unter den Durchschnittswerten der Eurozone gelegen hatten, hat sich dieser Trend nach 2005 umgekehrt. Bereits 2006 war das BIP wieder deutlich gestiegen. Nach dem tiefen Einbruch von 2009 ist die Wirtschaftsleistung in Deutschland von 2010 bis 2018 mit einer durchschnittlichen jährlichen Wachstumsrate von zwei Prozent deutlich stärker gewachsen als im Euroraum insgesamt (1). In den Merkel-Jahren zwischen 2006 und 2018 wuchs das BIP in Deutschland um fast eine Billion auf 3,39 Billionen Euro. In der Zeit zwischen 1998 und 2005 war dagegen nur eine Steigerung von 300 Milliarden erreicht worden (2). Freilich hat sich die Konjunktur im Laufe des Jahres 2019 eingetrübt. Und welche Einbußen in der Folge der Corona-Krise 2020 zu verzeichnen sein werden, ist derzeit noch nicht genau zu beziffern.

Trotz Finanz- und Eurokrise sahen auch die Haushaltszahlen bis zum Frühjahr 2020 deutlich besser aus als zu Beginn der Regierungszeit Angela Merkels. Deutschland erfüllte im Gegensatz zu den meisten Nachbarländern inzwischen wieder die Defizitkriterien der Europäischen Union. Nach den Zahlen der Bundesbank sank die Schuldenquote in Deutschland 2018 auf 60,9 Prozent des BIP, 2019 sogar auf 59,2 Prozent. 2010 waren es noch 81,8 Prozent gewesen (3).

Möglich wurde diese Entwicklung vor allem durch den anhaltenden Exportüberschuss, der von 2006 bis 2018 von 136,8 Milliarden bis auf 230 Milliarden angestiegen ist. Das nominale Bruttoinlandsprodukt pro Einwohner hat sich von 29 483 Euro 2006 auf 40 339 Euro im Jahr 2018 erhöht. Deutschland liegt damit knapp auf der Höhe von Dänemark, den Nieder-

© Springer Fachmedien Wiesbaden GmbH, ein Teil von Springer Nature 2020
H. Kleinert, *Das vereinte Deutschland*,
https://doi.org/10.1007/978-3-658-26767-4_8

landen und Österreich, aber hinter Luxemburg und Irland. Die anderen großen EU-Länder wie Frankreich, Italien und Spanien liegen deutlich dahinter. Der BIP-Wert kann allerdings nur bedingt als Anhaltspunkt für den materiellen Wohlstand der Durchschnittsbevölkerung herangezogen werden. So beträgt in Irland der Anteil der Arbeitnehmerentgelte am BIP nur 29 Prozent, was mit der Globalisierung und der Ansiedlungspolitik von Unternehmen zu tun hat. In Deutschland und Frankreich dagegen entfällt über die Hälfte der wirtschaftlichen Gesamtleistung auf Löhne und Gehälter (4).

Die bei bescheidenen Wachstumsraten insgesamt positive wirtschaftliche Entwicklung hat sich auch in der Beschäftigungsstruktur und auf dem Arbeitsmarkt niedergeschlagen. Nachdem die Zahl der Arbeitslosen schon 2006/2007 deutlich zurückgegangen war, ist nach dem Einbruch durch die Finanzkrise ab 2010 ein weiterer Rückgang eingetreten. Im Jahresdurchschnitt waren 2018 2,34 Millionen Menschen und 5,2 Prozent der Erwerbstätigen arbeitslos gemeldet (5). 2019 sind die Zahlen noch weiter gesunken. 2018 waren 800 000 offene Stellen gemeldet, was gegenüber 2006 eine Verdoppelung bedeutete. Auch für den Arbeitsmarkt hat die Wirkung der Corona-Krise einen neuen Rückschlag gebracht.

Stark angestiegen ist auch die Zahl der Erwerbstätigen – von 40,9 Millionen 2008 auf knapp 45 Millionen Anfang 2019 (6). Bei einer seit 2011 von 80,3 bis auf 83 Millionen angestiegenen Bevölkerung entspricht das heute einer vergleichsweise hohen Beschäftigungsquote.

Der oft kolportierte Eindruck, dass die Zunahme der Beschäftigung überwiegend oder doch in hohem Maße auf einen Anstieg der »atypischen Beschäftigungsverhältnisse« wie Teilzeitarbeit, geringfügige Beschäftigungsverhältnisse oder Zeitarbeit zurückzuführen sei, lässt sich statistisch nur teilweise bestätigen. Die Zahl der atypischen Beschäftigungsverhältnisse ist von 2006 bis 2017 nur um 100 000 gestiegen. Dieser Anstieg liegt allein am Wachstum der Zeitarbeitsverhältnisse. Dagegen ist die Zahl der »ausschließlich geringfügigen Beschäftigungsverhältnisse« ebenso leicht zurückgegangen wie die Zahl der Teilzeitarbeitskontrakte und der befristeten Beschäftigungsverhältnisse. Nach den Zahlen der Bundesagentur für Arbeit gab es 2008 fünf Millionen ausschließlich geringfügig Beschäftigte, 2018 dagegen 4,7 Millionen (7). Die Zahlenangaben des Bundesamts für Statistik liegen noch darunter (8).

Um über fünf Millionen gestiegen ist zwischen 2008 und 2018 die Zahl der sozialversicherungspflichtig beschäftigten Arbeitnehmer. Im April 2019 waren es 33,2 Millionen, 26 Millionen davon »Normalarbeitnehmer« mit unbefristetem Vollzeit-Beschäftigungsverhältnis (9). Rechnet man auch diejenigen hinzu, die in Teilzeit mehr als 20 Stunden arbeiten, ergeben sich noch deutlich höhere Zahlen.

Gesunken ist dagegen die Zahl der Selbständigen. Nachdem sie von 2005 bis 2012 gestiegen war, ist sie bis 2017 wieder zurückgegangen (10). Stark gewachsen ist dabei allerdings die Gruppe der Freiberufler. 2005 wurden 857 000 Freiberufler registriert, 2018 waren es bereits 1,4 Millionen (11). Mit einer Selbständigenquote von knapp 10 Prozent der Erwerbstätigen liegt Deutschland im EU-Vergleich dennoch auf den hinteren Rängen. Nur Dänemark, Schweden und Luxemburg haben eine niedrigere Quote (12).

Der Strukturwandel hat sich in diesen Jahren fortgesetzt, aber in seinem Tempo abgeschwächt. Waren 2008 rund 670 000 Menschen im primären Sektor tätig, so waren es 2018 noch 620 000. Im produzierenden Gewerbe hat die Zahl der Beschäftigten in diesem Zeitraum um eine halbe Million zugenommen. Die Steigerung auf 10,26 Millionen entspricht einer Zunahme von 5,3 Prozent. Noch stärker gewachsen ist der Dienstleistungssektor, in dem 2008 29,86 Millionen Menschen beschäftigt waren, 2018 aber 33,35 Millionen (13). Einschließlich des Baugewerbes trägt aber das produzierende Gewerbe in Deutschland noch immer fast ein Drittel zur gesamten Wertschöpfung des Landes bei (14). Damit liegt Deutschland deutlich vor den anderen großen EU-Ländern.

Die Nominallöhne haben sich von 2006 bis 2018 um 29,6 Prozent erhöht; in den Ländern der alten Bundesrepublik um 28,9, in den neuen Ländern um 36,1 Prozent. Dabei ist der Anstieg für die Arbeitnehmer in leitender Stellung deutlich stärker ausgefallen als die Einkommensverbesserung bei Fachkräften oder Ungelernten (15).

Der Anstieg der Reallöhne war freilich deutlich bescheidener. Nach Abzug von Preissteigerungen zeigt der Reallohnindex zwischen 2008 und 2018 eine Zunahme von 11,4 Prozent (16). Die Arbeitnehmereinkommen sind demnach durchschnittlich nur halb so stark gewachsen wie die gesamte Wirtschaftsleistung des Landes.

Der durchschnittliche Bruttomonatsverdienst pro vollzeitbeschäftigtem Arbeitnehmer ist von 2006 bis 2018 von 2 950 auf 3 880 Euro gestiegen. Nennenswerte Anstiege sind aber erst in den Jahren nach 2010 erreicht worden. Zusätzlich muss berücksichtigt werden, dass mehr als zwei Drittel der Beschäftigten unter diesem Durchschnittswert liegen und die Tarifbindung der Arbeitsverhältnisse rückläufig ist.

Nach dem »bereinigten Gender Pay Gap«, der die unterschiedliche Qualifikationsstruktur und Verteilung der Jobs zwischen den Geschlechtern zu berücksichtigen versucht, hat sich dabei der Abstand zwischen den Einkommen von Männern und Frauen zwischen 2006 und 2014 von acht auf

5,8 Prozent vermindert. Damit hat Deutschland EU-weit den nach Belgien niedrigsten Wert aufzuweisen (17). Unbereinigt ist der Abstand in diesem Zeitraum von 24 auf 21 Prozent zurückgegangen.

Das durchschnittliche Haushaltseinkommen hat in der Ära Merkel von monatlich 3 489 Euro 2006 bis auf 4 474 Euro im Jahr 2018 zugenommen. Gewachsen ist allerdings auch die Abgabenbelastung durch Steuern und Sozialversicherungsbeiträge (18).

Gestiegen ist in dieser Zeit auch die Armutsquote. Hatte sie 2002 noch bei 12,7 Prozent gelegen, so ist sie ausweislich des 5. Armuts- und Reichtumsberichts der Bundesregierung bis 2017 auf 15,7 Prozent gewachsen. Damit liegt Deutschland unter den EU-Mitgliedsländern im Mittelfeld (19).

Sehr stark gestiegen sind die Einkommen der Spitzenverdiener. Verdiente 2005 der Vorstandsvorsitzende des Daimler-Konzerns etwa das 50-fache seiner Arbeitnehmer, so hat sich das bis 2018 mehr als verdoppelt. Noch stärker gewachsen sind die Vorstandsbezüge z.B. beim VW-Konzern. 2018 verdienten die Vorstände der deutschen DAX-Unternehmen im Durchschnitt das 71-fache ihrer Arbeitnehmer, die Vorstandsvorsitzenden sogar das 97-fache. 1980 hatten sich die Spitzenmanager noch mit dem 15-fachen begnügt. Ähnliche Entwicklungen lassen sich auch in der Kultur- und Unterhaltungsbranche feststellen, wo die Spitzengehälter expandierten. Die größte öffentliche Beachtung fand dieser Trend im Spitzensport. Inzwischen sind Millionengehälter auch für Durchschnittskicker in der Fußball-Bundesliga üblich (20).

Angesichts der gewaltigen Zunahme des Reichtums weniger Spitzenverdiener ist es fast überraschend, dass sich die Reichtumsverteilung bei den Einkommen deutlich weniger verändert hat als zu Beginn des Jahrtausends. In Deutschland verdienten die oberen 20 Prozent der Einkommensbezieher 2017 etwa das 4,5-fache des unteren Fünftels. 2008 war es noch das 4,8-fache gewesen. Ähnliche Zahlen wiesen Frankreich und Österreich aus. Etwas gleichmäßiger ist das Einkommen in den Niederlanden verteilt, deutlich gleicher in Nordeuropa. Die geringsten Einkommensunterschiede in der Eurozone hat Slowenien aufzuweisen. Deutlich größer als in Deutschland aber sind die Unterschiede in Italien (21).

Anders sieht die Entwicklung der Vermögensverteilung aus. Zwischen 2000 und 2012 ist der Anteil des obersten Zehntels der Vermögensbesitzer am Gesamtvermögen der deutschen Haushalte von 45 auf 51 Prozent gestiegen. Nach anderen Berechnungen soll dieser Anteil schon 2007 61 Prozent betragen haben. Der »Gini-Koeffizient«, der zwischen 0 (alle sind gleich) und 1 (einer besitzt alles) liegt, ist von der Jahrtausendwende bis 2016 von 0,67 auf 0,79 angestiegen. Damit wird Deutschland in der EU nur von Schweden übertroffen, wo freilich das exorbitante Vermögen der Familie Wallenberg die Statistik wesentlich beeinflusst (22).

Problematisch für die Einkommensverteilung wirken sich auch die in vielen großstädtischen Ballungsräumen in den letzten Jahren überproportional gestiegenen Mieten aus. Für viele Gering- und Normalverdiener ergeben sich daraus erhebliche Zusatzbelastungen.

Auch in Deutschland stand die Wirtschaftsentwicklung im Zeichen der großen Internetgiganten, zu denen nach Google und Apple bald auch Facebook kam. In eine Krise geriet nach dem Diesel-Skandal 2015 dagegen die deutsche Automobilindustrie. Die bekannt gewordenen Manipulationen bei der Software zur Messung der Abgaswerte hatten einen massiven Vertrauensverlust zur Folge. Bald beschäftigten mögliche Diesel-Fahrverbote in deutschen Innenstädten aufgrund zu hoher Schadstoffbelastung der Luft Verbraucher, Justiz und Politik. Zum Großthema rückten schließlich auch mögliche Entwicklungsrückstände der deutschen Automobilwirtschaft bei der Mobilitätsalternative Elektroauto auf.

Ihren Höhepunkt überschritten hatte mit der Finanzkrise die Entwicklung zu immer größeren Unternehmenszusammenballungen. Nachdem die Fusion von Daimler mit dem amerikanischen Chrysler-Konzern nicht den erhofften Erfolg gebracht hatte, konzentrierten sich die Schwaben bald wieder auf ihr Kerngeschäft qualitativ hochwertiger Automobile. Die 1998 mit großen Erwartungen verbundene Fusion endete schon 2007 mit der Scheidung (23). Besonders engagierte sich Daimler fortan auf dem chinesischen Markt, der mit der Entstehung einer leidlich situierten Mittelklasse im Reich der Mitte gewaltige Absatzchancen versprach (24). Die Handelskonflikte zwischen den USA und China bedrohen freilich inzwischen auch die Absatzchancen im Fernen Osten. Auch der mit Corona eingetretene Rückgang des Welthandels belastet die Automobilwirtschaft in besonderer Weise. Schwer mit den Folgen der Finanzkrise zu kämpfen haben bis heute Großbanken wie die Deutsche Bank oder die Commerzbank.

Die Liste der umsatzstärksten Unternehmen in Deutschland hat sich in den langen Jahren der Ära Merkel erstaunlich wenig verändert. Spitzenreiter blieb, auf die Wertschöpfung im Inland bezogen, stets Volkswagen. In der Spitzengruppe vertreten war auch nach der Scheidung von Chrysler der Daimler-Konzern. Nach den Umsatzzahlen lag 2018 mit BMW ein weiterer Automobilkonzern an dritter Stelle, gefolgt von der Deutschen Bahn, Telekom, Post AG und Siemens.

Der private Arbeitgeber mit den meisten Arbeitnehmern in Deutschland aber war 2019 Edeka mit 327 000 Mitarbeitern. Der VW-Konzern beschäftigte im Inland 284 000 Menschen, während Daimler mit 170 000 Arbeitnehmern noch hinter dem REWE-Konzern (225 000) und der Deutschen Bahn (186 000) zurückblieb. Mehr als 100 000 Mitarbeiter waren auch bei der Bosch AG, der Deutschen Post DHL und Siemens tätig (25).

Wichtigster Produktionszweig in Deutschland und Lokomotive des Wirtschaftswachstums zwischen 2006 und 2018 blieb die Automobilindustrie. Der Umsatz ist in dieser Branche von 307,7 Milliarden Euro 2006 auf 496 Milliarden 2018 angestiegen. Dabei ist das Wachstum auf dem Inlandsmarkt deutlich geringer ausgefallen als im Export. Während der Umsatz in Deutschland in dieser Zeit um 23,5 Milliarden auf 149,6 Milliarden zunahm, lag das Wachstum bei den Exporten deutlich darüber (von 181,6 auf 275,4 Milliarden) (26).

Gegenüber der Automobilindustrie nimmt sich das Wachstum der IT-Branche bescheiden aus. Zwar sind die Umsätze seit 2006 um gut ein Drittel gestiegen. Doch mit 92 Milliarden bleiben sie bis heute weit hinter der Fahrzeugbranche zurück. Unter den großen deutschen Unternehmen befindet sich mit SAP nur ein einziger Konzern aus diesem Sektor (27).

Die Zahl der Handwerksbetriebe hat gegenüber 2006 um etwa 50 000 auf eine Million zugenommen, was sich allerdings in den einzelnen Bereichen sehr unterschiedlich darstellt. So ist etwa die Zahl der Bäckereien und Metzgereien deutlich rückläufig. Die Umsätze sind nach Jahren der Stagnation und des Rückgangs in den vergangenen Jahren wieder angestiegen und lagen nach neuesten Zahlenangaben 2018 bei 581 Milliarden. Bei der Zahl der Beschäftigten ist nach zwischenzeitlicher Abnahme mit 5,5 Millionen inzwischen wieder die Größenordnung von 2006 erreicht (28).

Im Ganzen und Großen konnten die Deutschen mit der wirtschaftlichen Entwicklung nach 2005 durchaus zufrieden sein. Zwar blieb von der günstigen Konjunkturentwicklung im Portemonnaie der Arbeitnehmer lange nicht viel übrig. Die Zufriedenheit wuchs dennoch. Hatten 2008 nur 8,8 Prozent der Deutschen ihre eigene wirtschaftliche Lage als »sehr gut« und 24,2 Prozent als »gut« betrachtet, so waren diese Werte 2018 auf 12,8 und 32,2 Prozent gestiegen. Als »schlecht« oder »sehr schlecht« stuften sie 2018 gerade einmal 6,1 Prozent ein. Auch dieser Anteil hatte zehn Jahre zuvor deutlich höher gelegen. Nach dem Vermögensbarometer des Deutschen Sparkassen- und Giroverbandes betrachteten 43 Prozent der Deutschen im Herbst 2019 ihre finanzielle Lage als gut oder sehr gut. Die wirtschaftliche Zufriedenheit der Deutschen lag im Herbst der Merkel-Ära deutlich über den Werten zu Beginn ihrer Kanzlerschaft (29).

8.2 GESELLSCHAFTLICHES ENGAGEMENT
IN DER ÄRA MERKEL

Als Angela Merkel 2005 zum ersten Mal zur Bundeskanzlerin gewählt wurde, gehörten 1,5 Millionen Einwohner politischen Parteien an. 2018 waren es nur noch 1,2 Millionen – ein Rückgang um 20 Prozent (30). Die schon seit den späten achtziger Jahren erkennbare Tendenz zur Abnahme des parteipolitischen Engagements hat sich demnach in der Merkel-Ära kontinuierlich fortgesetzt.

Die Abnahme betraf in besonderer Weise die klassischen Volksparteien. Hatten sich 2005 noch 571 000 Menschen in der CDU organisiert, so war diese Zahl trotz einer um über zwei Millionen angewachsenen Gesamtbevölkerung 2018 auf 415 000 gefallen. Die CDU hat in dieser Zeit mehr als ein Viertel ihres Mitgliederbestandes eingebüßt. Ganz ähnlich verlief diese Entwicklung in der SPD. Hier ist die Mitgliederzahl von 590 000 auf 437 000 zurückgegangen. Noch dramatischer stellt sich dabei heute die Altersstruktur der Parteimitgliedschaften dar. Der Altersdurchschnitt der Mitglieder der beiden Großparteien liegt inzwischen über Sechzig (31).

Während auch die CSU einen Rückgang der Mitgliederzahlen von 170 000 auf 138 000 hinnehmen musste, verlief die Entwicklung für die kleineren Parteien günstiger. Die FDP konnte bei einigen Auf- und Abschwüngen ihre Mitgliederzahl von 2005 (65 000) ungefähr behaupten. Anfang 2019 organisierte sie 64 000 Mitglieder. Die Linkspartei hatte in der Ära Merkel sogar einen leichten Anstieg zu verzeichnen. Waren es 2005 61 000 Menschen, die sich dort organisierten, so ist diese Zahl bis 2019 auf 62 000 angewachsen. In der Zwischenzeit waren es allerdings bis zu 78 000 gewesen. Ganz anders verlief die Entwicklung bei den Grünen, die ihre Mitgliederzahl von 45 000 bis auf 80 000 im Frühjahr 2019 steigern konnten. Inzwischen sollen es mehr als 100 000 sein (32). Bei der erst 2013 gegründeten AfD organisierten sich 2018 etwa 34 000 Menschen.

Die schon seit 1987 sichtbare Tendenz zum Rückgang der Wahlbeteiligung, die nur bei der Bundestagswahl 1998 unterbrochen wurde, hat sich zunächst auch in der Ära Merkel fortgesetzt. Waren bei der Bundestagswahl 2005 noch 77,7 Prozent der Wahlberechtigten zu den Urnen gegangen, so war die Beteiligungsrate 2009 auf 70,8 Prozent gefallen – die niedrigste Wahlbeteiligung bei Bundestagswahlen seit 1949. 2013 stieg dann die Beteiligung leicht, 2017 sogar deutlich an. 2017 gingen immerhin wieder 76,2 Prozent zur Wahl. Die unterdessen gewachsene politische Polarisierung hat sich auf die Wahlbeteiligung eher günstig ausgewirkt.

Auch die Beteiligungsraten an Landtags- und Europawahlen bestätigen diesen Trend. Nachdem die Beteiligung an Europawahlen über Jahrzehnte hinweg ständig gesunken war, stieg sie 2014 erstmals wieder an (von 43,3 auf 47,9 Prozent). 2019 gingen dann sogar 61 Prozent der Wahlberechtigten zu den Urnen. Eine ähnliche Tendenz lässt sich jenseits aller regionalen Besonderheiten auch bei den Landtagswahlen beobachten. In den ersten Jahren seit 2005 sank die Wahlbeteiligung in der Regel weiter ab, seit 2011 aber ist sie in den meisten Ländern wieder gestiegen. Hatte es in Sachsen-Anhalt 2006 mit 44,4 Prozent noch die niedrigste Beteiligungsquote an allen Landtagswahlen seit 1946 überhaupt gegeben, so gingen dort 2016 immerhin 61,1 Prozent der Stimmberechtigten zur Wahl. Ähnliche Entwicklungen finden sich auch im Westen. In Baden-Württemberg stieg die Wahlbeteiligung von 2006 bis 2016 von 58,2 auf 70,4 Prozent, in Bayern von 58,1 Prozent in 2008 bis auf 72,3 Prozent in 2018. Diese Entwicklung hat auch, aber nicht nur mit der AfD zu tun, die in erheblichem Umfang frühere Nichtwähler für sich mobilisieren konnte. Auch andere Parteien haben Stimmen von ehemaligen oder zwischenzeitlichen Nichtwählern dazugewinnen können (33).

Waren die ersten Merkel-Jahre von einer politischen Demobilisierung geprägt, die sich auch im sinkenden parteipolitischen Engagement niederschlug, so hat sich das in den allerletzten Jahren wieder verändert. Dabei hat vor allem das Migrationsthema seit 2015 eine zentrale Rolle gespielt. Für die politische Kultur des Landes mag mancherlei Gebaren der neuen Rechtspartei problematisch sein. Die Anteilnahme der Bürgerschaft am politischen Geschehen aber hat über die damit verbundenen konfrontativen Zuspitzungen wieder zugenommen.

Der Trend zum Rückzug aus fast allen Großorganisationen hat sich in den Jahren seit 2005 fortgesetzt. Konnten die DGB-Gewerkschaften 2005 noch einen Mitgliederbestand von 6,6 Millionen vorweisen, so ist diese Zahl bis 2018 auf 5,97 Millionen zurückgegangen. Sicher spielen hier auch die Folgen eines Strukturwandels eine Rolle, der den Gewerkschaften Probleme bereitet. Die industriellen Großbetriebe, die stets den Schwerpunkt gewerkschaftlicher Organisierung und Mobilisierung dargestellt haben, spielen als Faktor der gesamtwirtschaftlichen Entwicklung heute eine geringere Rolle als früher.

Nicht eindeutig zu beantworten ist die Frage, ob der Rückgang des parteipolitischen Engagements auch einem Rückgang des politischen Engagements insgesamt entspricht. Tatsächlich lässt sich in den Jahren nach 2010 eine Zunahme der Beteiligung an Bürgerinitiativen und anderen Formen des nicht-konventionellen Engagements erkennen. Eine Studie der Hanns-Seidel-Stiftung weist aus, dass die Beteiligungsrate an Bürgerinitiativen in

Bayern zwischen 1995 und 2010 von acht auf 14 Prozent gestiegen ist (34). Andere Umfragen sprechen freilich für eine niedrigere Bereitschaft zum unkonventionellen Engagement. Dazugekommen sind im letzten Jahrzehnt neue Formen der politischen Artikulation wie Flashmobs, Internet-Petitionen und Internet-Blogging.

Mit dem Siegeszug des Internet verbanden sich bald auch neue Formen von Mobilisierung. Die technischen Möglichkeiten schufen die Grundlagen für kurzfristige Kampagnen, die freilich häufig eher die Wirkung von Strohfeuern hatten. Obwohl das Netz Chancen für neue Formen der direkten Kommunikation zwischen Bürgern und Politikern bietet und die politischen und gesellschaftlichen Akteure der Internet-Kommunikation eine immer noch anwachsende Bedeutung zumessen, hat das Internet die anfänglichen Hoffnungen auf ganz neue Möglichkeiten von Bürgerbeteiligung und Partizipation nicht erfüllen können. Nach einer Studie der Konrad-Adenauer-Stiftung lag der Anteil von Webseiten mit politischen Inhalten im deutschsprachigen Netz 2011 bei unter einem Prozent (35).

Entgegen dieser anfänglichen Hoffnungen ist das Internet inzwischen vor allem ein Spielfeld für Kartelle und Monopole geworden, das der Nutzer oft gar nicht überblicken kann. Im Mittelpunkt stehen Werbung und Konsum, nicht Dialog und argumentative Auseinandersetzung über Gesellschaft und Politik. Soweit diese doch stattfindet, bleibt sie meist oberflächlich und kurzatmig. »Der schnelle Internetklick gebärdet sich als demokratisches Votum und ist doch nur Ausdruck von Oberflächlichkeit und Flüchtigkeit« (36). Nach der jüngsten ARD/ZDF-Onlinestudie nutzen nur 20 Prozent der Internet-User das Medium, um digital Artikel und Berichte zu lesen (37). Hinzu kommt, dass das Netz auch in der politischen Kommunikation eher den Rückzug in verkapselte Gemeinschaften fördert (38).

Die Freiwilligen-Surveys der Bundesregierung haben in den Jahren nach 2005 immer wieder Zahlen geliefert, die eine Zunahme des ehrenamtlichen Engagements der Deutschen beweisen sollen. Den für 2014 genannten Werten von 40 Prozent und 31 Millionen gesellschaftlich Engagierter widersprechen freilich die Angaben des Statistischen Bundesamtes, das mit 14,89 Millionen weniger als die Hälfte dieser Personenzahl nennt. Bei diesen Diskrepanzen spielen die bis heute nicht geklärten Fragen der Definition von ehrenamtlichem Engagement eine entscheidende Rolle. Was dazugerechnet werden soll und was nicht, darüber besteht auch unter den Experten keine Klarheit.

In vielen Bereichen des Vereinslebens sind die Mitgliederzahlen rückläufig. Der Mitgliederbestand bei den freiwilligen Feuerwehren ist in den Merkel-Jahren trotz stark gewachsenen Engagements von Frauen leicht gesunken – von 1,04 Millionen auf 995 000 (39). Rechnet man nur die aktiven Mitglieder, die im Einsatzfall bereitstehen können, ist der Rückgang sogar noch etwas stärker ausgefallen. Das Deutsche Rote Kreuz hatte 2012 noch 3,34 Millionen ehrenamtliche Mitglieder. Diese Zahl ist bis 2017 auf 2,89 Millionen zurückgegangen. Auch die Zahl der Ortsvereine hat um etwa 250 abgenommen (40).

Selbst die Mitgliederzahl der Sportverbände stagniert inzwischen. Waren 2006 23,7 Millionen Menschen in den Mitgliedsverbänden des DOSB organisiert, so lag diese Zahl 2019 bei knapp 24 Millionen. Größer zugelegt hat dabei eigentlich nur der Fußball, was allein auf die gestiegene Attraktivität des Frauenfußballs zurückzuführen ist. Dagegen hat die olympische Kernsportart Leichtathletik in dieser Zeit einen Mitgliederschwund um fast zehn Prozent hinnehmen müssen. Der populäre Handballsport hat zwar Zuschauer gewonnen. In den Vereinen aber organisieren sich dort heute weniger Menschen als 2005. Spitzenreiter bei den Mitgliederverlusten sind die Tennisvereine. Der Deutsche Tennisbund hat seit 2005 einen Mitgliederschwund von etwa zwanzig Prozent zu verzeichnen (41). Insgesamt ist die Anzahl der Sportvereine leicht zurückgegangen.

Auffällig gering fällt dabei der Organisationsgrad im Osten aus. Bei den Sportvereinen liegt er im Durchschnitt nur bei der Hälfte der Werte aus dem westlichen Landesteil. Während in Schleswig-Holstein 37 Prozent der Bevölkerung in Sportvereinen organisiert sind und dieser Anteil in Baden-Württemberg bei 34 Prozent liegt, sind es in Brandenburg nur 14 und in Sachsen nur 16 Prozent (42), Auch in anderen Bereichen liegt die Quote der Engagierten in den neuen Ländern deutlich unter der im Westen.

Die Merkel-Jahre haben keinen Schub des gesellschaftlichen und politischen Engagements gebracht. Zwar hat besonders nach der Flüchtlingskrise und der zunehmenden Polarisierung in der Gesellschaft die Wahlbeteiligung erstmals seit Jahrzehnten wieder zugenommen. Auch die Bereitschaft von mehr als einer halben Million Menschen, sich bei der Flüchtlingsintegration ehrenamtlich zu engagieren, spricht für ein hohes Maß an Hilfsbereitschaft und Solidarität. Aber ein dauerhafter breiter Aktivierungsschub lässt sich gesamtgesellschaftlich nicht feststellen. Wie weit das mit einem präsidialen Regierungsstil, der politische Kontroversen möglichst gar nicht führen will und Identifikation stiftende politische Konturen tunlichst vermeidet, zu tun hat, darüber mag man streiten. Noch wichtiger aber waren wohl die neuen Medien, mit denen nicht Aktivität und Beteiligung, sondern Konsum, Kauferlebnis, »Selbstoptimierung« und privatistische Lebensorientierungen noch stärker in den Mittelpunkt des Alltagslebens rücken als früher.

8.3 DIE DIGITALE GESELLSCHAFT

Keine einzelne technische Neuerung hat das Leben der Menschen in der Neuzeit in so kurzer Zeit so sehr verändert wie das Smartphone und andere Formen des mobilen Internetzugangs. Mit der Durchsetzung des Personal Computer waren seit Ende der 1980er Jahre die Möglichkeiten der Textverarbeitung revolutioniert worden. Mit dem Handy hatte ab 1992 das mobile Telefonieren schon zu einer Beschleunigung der Kommunikation und die entsprechenden Veränderungen des Alltags- und Berufslebens geführt. Der nach der Versteigerung der UMTS-Lizenzen Anfang des Jahrtausends in Deutschland mögliche Aufbau flächendeckender Mobilfunknetze hat schließlich das Alltagsleben der Menschen geradezu revolutioniert (43).

War das Internet bis zum Anfang des Jahrhunderts vor allem Mittel zur beschleunigten Recherche zu wissenschaftlichen und geschäftlichen Zwecken gewesen und hatte es mit den Möglichkeiten der E-Mail-Kommunikation neue Chancen zum raschen Austausch von Informationen auch im Alltagsleben geschaffen, so haben sich mit dem mobilen Internetzugang vor allem durch das Smartphone im letzten Jahrzehnt Veränderungen vollzogen, die in ihren Auswirkungen kaum zu überschätzen sind.

Schon die Zahlen zeigen das Ausmaß des Wandels. Verfügten zur Jahrtausendwende erst 29,8 Prozent aller Haushalte über ein Mobiltelefon und 16,4 Prozent über einen Internetzugang, so hatten sich diese Anteile schon bis 2005 auf 54,6 und 76,4 Prozent erhöht. Bis 2016 waren 88,3 Prozent der Haushalte mit einem PC versorgt, 89 Prozent hatten einen Internetzugang, 95 Prozent Handy oder Smartphone.

Die auffälligsten Veränderungen lösten die Smartphones aus, die ab 2007 auf den Markt kamen. Jetzt war eine mobile Internetnutzung fast von jedem Ort aus möglich. Waren 2011 nur acht Prozent unterwegs im Internet aktiv, so gingen 2014 bereits 40 Prozent der Deutschen zumindest gelegentlich mobil ins Netz. Bis 2019 ist dieser Anteil auf 73 Prozent gestiegen (44). Entsprechend verändert haben sich die Lebensgewohnheiten der Menschen. Überall hantieren sie heute mit ihren mobilen Endgeräten: auf der Straße, im Zug, in Straßenbahnen und U-Bahnen. Selbst in Gaststätten, beim Treffen mit Freunden oder bei Großveranstaltungen sind die Smartphones allgegenwärtig.

Auf dem Vormarsch waren bald auch Messenger-Dienste wie WhatsApp. Ihre Nutzung stieg von 29 Prozent der Bevölkerung 2010 bis auf 64 Prozent im Jahr 2016. Populär wurden auch Netzwerkplattformen wie Facebook und Multimediaplattformen wie YouTube. Nachdem Facebook die Konkurrenz durch einheimische Plattformen wie Studi-VZ schon um 2010 an den

Rand gedrängt hatte, ist der Anteil der Facebook-Nutzer von neun Prozent 2007 bis 2016 auf 40 Prozent gestiegen. Inzwischen ist ihre Zahl wieder leicht zurückgegangen (45). Stark zugenommen hat die Zahl der Nutzer der zum Facebook-Konzern gehörenden Bilderplattform Instagram. Bei den 14- bis 29-Jährigen liegt der Anteil der regelmäßigen Instagram-Nutzer inzwischen über dem der Facebook-User (46). 40 Prozent nutzen YouTube, bei den Jüngeren sind es sogar 82 Prozent (47).

2005 verbrachten die Einwohner der Bundesrepublik Deutschland ab 14 Jahren täglich durchschnittlich 46 Minuten im Netz. Bis 2018 hat sich diese Nutzungszeit mit 196 Minuten mehr als vervierfacht. Besonders stark gewachsen ist sie bei den 14- bis 29-Jährigen. Sie sind täglich 353 Minuten online. Deutlich geringer ist dagegen mit 123 Minuten das Zeitbudget, das die 50- bis 69-Jährigen dafür aufwenden (48).

Gewaltig angestiegen ist auch die Nutzung von Musikstreaming-Diensten wie Spotify und der Konsum von Filmen und Serien durch den Streaming-Dienst Netflix. Zwischen 2013 und 2016 hat sie sich bei den Jüngeren fast verdoppelt, in der Altersgruppe zwischen 30 und 49 Jahren sogar mehr als verdreifacht. 2019 gehörte für 37 Prozent die Nutzung von Netflix zum wöchentlichen Medienrepertoire (49). Kaum wahrgenommen werden dagegen Internet-Blogs.

Die Veränderungen sind derart gravierend, dass sich von einer historisch beispiellosen Mediatisierung des Alltagslebens sprechen lässt. Besonders in der jüngeren Generation sind Smartphone und Online-Kommunikation im Alltagsleben omnipräsente Begleiter geworden, die ständig genutzt werden. Meist geht es um privaten Austausch im Freundes- oder Familienkreis, aber auch um die Frequentierung und Kommentierung von Einkaufs-, Fitness- und Modetipps von »Influenzern«, deren Tätigkeit eigentlich der Werbewirtschaft zuzurechnen ist. 29 Prozent der männlichen Jugendlichen gaben 2018 an, Videos von YouTubern über aktuelle Nachrichten gesehen zu haben (50).

Die Auswirkungen der Online-Fixierung vor allem der Jüngeren sind vielfältig. Bei Sitzungen und Besprechungen, bei Smalltalks, bei Spaziergängen, beim Einkaufen und in vielen anderen Situationen, wo früher keine Medien genutzt wurden, sind sie heute ständig präsent. Weil es möglich ist, »permanently onlinie« zu sein, entsteht auch die Erwartung unmittelbarer Reaktion. Das beschleunigt Reaktionsgeschwindigkeiten, erschwert aber zugleich die konzentrierte, »analoge« Bearbeitung von Problemen, weil die Überflutung mit Informationen und kommunikativen Reizen zu Flüchtigkeiten und Oberflächlichkeiten disponiert. Auch die Medien selbst und die Politik sind betroffen: Der moderne Online-Journalismus lässt immer weniger Zeit für Sorgfalt und Differenzierung. Bis in die Sitzungen politischer Führungsgremien hinein sind Diskretion und Verschwiegenheit fast unmöglich geworden. Das begünstigt Transparenz, erschwert aber gründliches Nachdenken und vorausschauende politische Planung. Viele Anzeichen sprechen dafür, dass Bereitschaft und Fähigkeit zum Verständnis komplexer Texte und Sachverhalte darüber abnehmen.

Mit dem Siegeszug der neuen Medien hat sich der kommunikative Zugang zur Öffentlichkeit vereinfacht. Die Asymmetrie zwischen Kommunikator und Rezipient ist geringer geworden. Der professionelle Journalismus hat seine Monopolstellung als Vermittler zwischen dem Geschehen im öffentlichen Raum und den Bürgern verloren. Politiker kommunizieren direkt mit ihren Wählern, Bürger können über das Netz auch ohne große Vorkenntnisse an Kommunikationsprozessen teilnehmen.

Zugleich aber erschwert die neue Medienwelt Orientierung und rationalen Diskurs. Vielzahl und Geschwindigkeit der Informationen bieten weniger Interpretationstiefe und Kriterien zur Beurteilung komplexer Sachverhalte. Das Angebot der Suchmaschinen selektiert zuerst nach der Häufigkeit der Klicks, so dass das Spektakuläre und Schrille gegenüber dem Abgewogenen und Reflektierten dominiert. Dazu tritt die Gefahr der Filterblasen. Weil Vorlieben und Orientierungen des Nutzers dem Anbieter bekannt sind, werden ihm vorzugsweise solche Informationen angeboten, die in dieses Weltbild passen. Man muss deshalb nicht gleich in Kulturpessimismus verfallen. Aber mit der neuen Herrschaft der Bildersprache droht nicht nur eine Art Verkindlichung der Gesellschaft, in der Bilder und Symbole sprachliche Genauigkeit ersetzen. Argumentative und differenzierte Auseinandersetzung, also das, was einmal mit »rationalem Diskurs« gemeint war, finden im Netz eigentlich nur am Rande statt.

Hinzu kommen Manipulationsrisiken. 2016 nutzten 94,5 Prozent der Internetnutzer in Deutschland die Dienste der Google-Suchmaschinen. Google aber nutzt seine Monopolstellung dazu, um seine Informationsergebnisse vorrangig aus anderen Google-Diensten zu bestücken. Bereits 2010 hatte die EU-Kommission ein entsprechendes Kartellverfahren gegen den Internetgiganten eingeleitet. Google habe die Seiten anderer Suchdienste bei seinen Suchergebnissen vorsätzlich zu weit unten angezeigt und seine eigenen Dienste prominenter platziert (51).

2015 ist eine Strafe von 2,2 Milliarden Euro verhängt worden. 2018 verkündete EU-Wettbewerbskommissarin Margrethe Vestager sogar ein Rekordbußgeld von 4,3 Milliarden gegen Google wegen Missbrauchs seiner marktbeherrschenden Stellung. Dabei ging es besonders um die Voreinstellung von Google-Suchmaschinen bei Android-Smartphones.

Seit einigen Jahren treten auf Plattformen auch sogenannte »Bots« in Erscheinung. Das sind Softwareprogramme, die automatisch Mitteilungen erstellen. Damit steigt die Gefahr manipulierter Informationen (»Fake News«), über deren Einfluss auf die amerikanische Präsidentschaftswahl 2016 bis heute gestritten wird.

Mit den Neuen Medien ist ein ständiges Sammeln von Daten verbunden. Da das Geschäftsmodell der großen Internet-Unternehmen darauf beruht, dass die Daten des Nutzers als Entgelt für die kostenlose Nutzung der Plattformen dienen, ist das ganze System der Internetnutzung mit der Daten-Sammelwut der großen Anbieter untrennbar verknüpft. Dadurch aber entstehen nicht nur neue Möglichkeiten der Überwachung und manipulativen Nutzung von Informationen über Konsumenten, sondern auch eine Vielzahl von Entgrenzungsprozessen. Die Grenzen zwischen Privatheit und Öffentlichkeit, ein Essential von Aufklärung und Freiheit des Individuums in der bürgerlichen Gesellschaft, verschwimmen ebenso wie die Grenzen zwischen Journalismus und Public Relations, zwischen Fiktion und Wirklichkeit, Marketing und Produktinformation.

Mit dem Internet und den Möglichkeiten des mobilen Zugriffs haben sich die menschlichen Möglichkeiten zur Informationsbeschaffung und öffentlichen wie privaten Kommunikation gewaltig vergrößert und beschleunigt. Zugleich aber sind über die Geschäftsmodelle der Anbieter wie Google, Facebook und YouTube tragende Grundprinzipien einer freiheitlichen Gesellschaft wie der Schutz der Privatsphäre und vor manipulativer Verhaltenssteuerung durch selektive Informationsvermittlung bedroht.

Besonders trifft die neue Medienwelt das Ideal einer räsonierenden und an Partizipation interessierten Bürgerschaft. Sicher darf nicht übersehen werden, dass das Internet auch für die Mobilisierung zu politischen Kampagnen immer wieder hilfreich ist. Doch hat die rasche Geschwindigkeit, in der sich Informationen verbreiten, die zu emotionalisierten Empörungsreaktionen disponieren, auch eine Schattenseite. Mitunter sind die so rasch Empörten auch Falschinformationen aufgesessen (52).

Die problematischen Seiten des Internets und der politischen Kommunikation über YouTube hat in den Tagen um die Europawahl 2019 die Diskussion um das Video des YouTubers Rezo gezeigt, dessen Polemik »Die Zerstörung der CDU« nicht nur millionenfach verbreitet und »geliked« wurde, sondern auch Diskussionen über Regeln und Standards provozierte. Dabei wurde vielen erstmals klar, dass manche Influencer über YouTube inzwischen mehr Menschen erreichen als es klassische journalistische Formate schaffen und dabei auch Grauzonen entstanden sind, die ebenso geregelt werden müssen wie das Anpreisen von Produkten, das in Wirklichkeit bezahlte Werbung ist. Wenn die YouTuber finanzielle Interessen verfolgten, gleichzeitig aber wie authentische Nachbarsjungen wirkten, werde die Sache problematisch, schrieb dazu die Frankfurter Allgemeine Zeitung (53).

Der Ton in den »sozialen Netzwerken« ist oft gnadenlos und unerbittlich. Es fehlen Anstand und Hemmschwellen. Vieles spricht dafür, dass in der digitalen Öffentlichkeit weniger Argumente und die bessere Urteilskraft bestimmen, sondern mehr oder weniger skrupellose Kampagnenfähigkeit. Derzeit scheint es, als führe die Herrschaft der Schwarmintelligenz weniger zur Partizipationsrevolution emanzipierter Bürger mit leichtem Zugang zur öffentlichen Sphäre, sondern eher zur Erosion angestammter Standards einer bürgerlichen Öffentlichkeit aus der analogen Welt. Das tangiert auch die Maßstäbe wissenschaftlicher Erkenntnis, weil auch die Wissenschaft in den Sog eines verschärften Kampfs um Wahrnehmung und Bedeutung gerät.

Nur eine Minderheit der Internetnutzer nutzt das Internet als politisch-gesellschaftliche Informationsquelle. Im Vordergrund stehen private Informationen, Lifestyle-Tips, Filme und Serien, Musik und Konsum. Die Umsätze im Onlineshopping haben sich in Deutschland zwischen 2010 und 2016 fast verdoppelt – von 28,7 auf 52 Milliarden Euro. Und das Wachstum geht weiter. 2018 machte der Umsatz des gesamten Online- und Versandhandels 85 Milliarden Euro aus – etwa zehn Prozent des gesamten Handelsumsatzes. Drei Viertel der Kunden waren Frauen (54).

Die Begeisterung, mit der vor allem die Jüngeren im Netz unterwegs sind und ihre kompromisslose Verteidigung einer als unbegrenzt gedachten Freiheit des Netzes, wie sie in der Mobilisierung gegen die EU-Urheberrechtsrichtlinie im Frühjahr 2019 sichtbar wurde, kann nicht darüber hinwegtäuschen, dass die digitale Revolution der Massenkommunikation in Deutschland nicht zu jener demokratischen Beteiligungsrevolution geführt hat, die einige Internetpioniere einstmals versprochen hatten. Stattdessen scheinen die Gefahren manipulativer Desinformation von Staatsbürgern und gezielter Lenkung von Verbraucherverhalten deutlich größer als sie es bei den klassischen Medien jemals gewesen sind. Gegenüber der marktbeherrschenden Stellung der großen Internetgiganten heute wirkt die Diskussion über die Gefahren der Pressekonzentration durch regionale Monopole des Springer-Konzerns in den Jahren um 1968 inzwischen wie eine Bagatelle.

Während sich die Politik lange Zeit damit begnügte, den Eindruck mangelnder Internet-Affinität zu dementieren, die eigene Öffentlichkeitsarbeit den Gegebenheiten der neuen Zeit anzupassen und dabei auf steuernde Einflussnahme durch die Anpassung der Rechtsordnung an veränderte Bedingungen allzu sehr verzichtete, haben Mediziner und Kulturkritiker schon früh auf Gefahren und Probleme übermäßiger Internet- und Smartphone-Nutzung hingewiesen. Der Hirnforscher Manfred Spitzer hat bereits vor einigen Jahren ein vielbeachtetes Buch zur »Digitalen Demenz« vorgelegt, in dem er die Gefahren einer Rückentwicklung der Hirnfunktionen in der Folge zu früher und zu starker Nutzung der neuen Medien herausstellte (55). Auch andere Studien haben eine verminderte Konzentrationsfähigkeit und nachlassende Kompetenz beim Verständnis schwieriger Texte schon in der heutigen Schülergeneration ermittelt.

Solche Stimmen aber konnten die überparteiliche Netzbegeisterung kaum beeinträchtigen. Stattdessen mussten sie mit dem Vorwurf modernisierungsfeindlicher Technikskepsis rechnen. So ist inzwischen ein auf fünf Milliarden Euro dimensioniertes Investitionsprogramm auf den Weg gebracht worden, mit dem Deutschlands Schulen digital aufgerüstet werden sollen. Nach einem überzeugenden Konzept über den pädagogisch sinnvollen Einsatz der Hardware sucht man aber bislang vergeblich.

Der Soziologe Andreas Reckwitz hat 2017 die Digitalisierung in den Kontext eines epochalen gesellschaftlichen Strukturwandels gerückt. Sie ist für ihn zentraler Motor einer Entwicklung, mit der die »soziale Logik des Allgemeinen« ihre Vorherrschaft an eine »soziale Logik des Besonderen« verlöre (56). Während für die Industriegesellschaft die Produktion von Gütern für den Massenkonsum und der Subjekttypus der »angepassten Persönlichkeit« kennzeichnend gewesen seien, die industrielle Technik die Welt nur zu »mechanisieren und standardisieren vermochte«, sei mit den »Schlüsseltechnologien« der digitalen Welt eine »Singularisierung des Sozialen, der Subjekte und Objekte« verbunden. »Während die Industrietechnik ein Motor der funktionalen Rationalisierung und Versachlichung war, ist das digitale Netz ein Generator der gesellschaftlichen Kulturalisierung und Affektintensivierung« (57).

Die moderne Technologie werde zur »Kulturmaschine«, der es in erster Linie um affektive Erzeugung von Aufmerksamkeit geht. Dies ermögliche und erzeuge eine »Singularisierung« von Objekten und Subjekten, woraus diese »Gesellschaft der Singularitäten« entstehen könne. Diese Veränderung müsse auch einen Wandel des Politischen hervorbringen. Nach Reckwitz tritt an die Stelle eines »sozialdemokratischen Konsens«, den er als bestimmendes Element der Nachkriegsjahrzehnte beschreibt, ein neuer Liberalismus, den er »apertistisch-differenziellen Liberalismus« nennt und mit dem Gesellschaften kulturell heterogener und sozial differenzierter würden (58).

Die Hegemonie des neuen Liberalismus dürfe deshalb nicht allein mit der

neoliberalen Fixierung auf soziale Deregulierung und den Wettbewerbsstaat identifiziert werden. Sie drücke sich auch in einem neuen Linksli-
beralismus aus, dem es um die Berücksichtigung und Förderung von grup-
penspezifischen Rechten und Werten in ihrer Verschiedenheit gehe. »Im
Modell der kulturellen Vielfalt sollen Kulturen, kulturelle Praktiken, Objekte, Identitäten und Gemeinschaften in ihrer jeweiligen Besonderheit
wertgeschätzt und gefördert werden« (59). Abweichung werde vom Defizit zur Auszeichnung, was sich im positiv konnotierten Begriff der »Diver-
sität« ausdrücke.

Ob die Verdichtung der vielen Anzeichen einer »Krise des Allgemeinen«
in der digitalen Welt eines modernen »Kulturkapitalismus« zu einer Ge-
sellschaftstheorie der »Spätmoderne« nicht vorschnell verallgemeinert
und dabei unterschätzt, wie sehr die vermeintlichen Singularitäten bloß
vorfabrizierte Muster einer immer weiter ausgreifenden Medien-, Kultur-
und Unterhaltungsindustrie sind, darüber kann man streiten. Ganz sicher
aber öffnet die Bündelung der vielen Anhaltspunkte für einen tiefgreifenden gesellschaftlichen Wandel in der Folge der digitalen Revolution bei
Reckwitz den Blick darauf, dass mit dem Siegeszug der neuen Technologien
weitaus mehr verbunden ist als neue technische Möglichkeiten der Kommunikation. Es geht um die Veränderung einer ganzen Lebensweise westlicher Gesellschaften. Die »manipulative Formierung des Bewusstseins«
und die »Inwendigkeit von Herrschaft«, von der Herbert Marcuse schon in
den 1960er Jahren geschrieben hatte, haben jedenfalls im Kultur- und Kon-
sumkapitalismus von heute damals noch ganz unvorstellbare Möglichkeiten erlangt (60).

8.4 DIGITALISIERUNG UND WIRTSCHAFT – INDUSTRIE 4.0

Mit ethischen Grundfragen konfrontiert uns seit einigen Jahren auch die
wirtschaftliche Nutzung der digitalen Technik im Bereich der industriellen Produktion. Nachdem bereits im Zuge der Finanzkrise die Rolle von Al-
gorithmen bei der Entwicklung von hoch spekulativen Finanzprodukten
thematisiert worden war, die von Menschen nicht mehr durchschaut werden, gleichwohl gewaltige Auswirkungen auf das Leben von Millionen haben können (61), ist diese Problematik in den letzten Jahren stärker unter
dem Stichwort »künstliche Intelligenz« diskutiert worden. Damit gemeint
ist die Entwicklung immer komplexerer maschineller Systeme, deren Programmierung derart ausdifferenziert ist, dass sie eigenständige Lernerfah-

rungen machen und Menschen an den Rand von Produktionsabläufen und Produktionsketten drängen können.

Zwar ist der Begriff selbst insoweit problematisch, als er den Eindruck nahelegen kann, als ließen sich eigenständige kreative Leistungen von Maschinen hervorbringen, die sich von ihrer eigenen Programmierung emanzipieren könnten. Tatsächlich aber sind wir inzwischen mit Forschungen konfrontiert, die davon ausgehen, dass sich Hybridexistenzen als Verbindung von Robotern mit menschlichen Gehirnen hervorbringen lassen. Die Auflösung klarer Schnittstellen zugunsten einer Verschmelzung von Mensch und Maschine ist durch die Datenübertragung zwischen Bioneuronen und Elektrochips längst vollzogen und wird etwa bei Prothesen, die sich durch Gedanken steuern lassen, auch eingesetzt (62). Weitere Schritte werden folgen, die die Grenzen zwischen Mensch und Artefakt verschieben. Hier stellen sich ethische Grundfragen, die unser Bild vom Menschen fundamental berühren.

Meist wird die »künstliche Intelligenz« allerdings unter dem Gesichtspunkt ihrer Bedeutung für die Arbeitsplätze betrachtet. Demnach würde ein beträchtlicher Teil der menschlichen Arbeitskräfte künftig durch Roboter ersetzt. Allerdings gehen die Studien in ihren Prognosen sehr weit auseinander. 2013 waren Experten der Universität Oxford zu dem Ergebnis gekommen, dass in der Folge der Digitalisierung 47 Prozent aller Arbeitsplätze in den USA wegfallen müssten. Eine nach den gleichen Kriterien angelegte Untersuchung der Auswirkungen auf den deutschen Arbeitsmarkt ging 2015 sogar von 59 Prozent aus (63). Deutlich weniger dramatisch aber waren die Ergebnisse einer Studie der Bertelsmann-Stiftung. Sie sah 2016 nur bei zwölf Prozent aller Tätigkeitsprofile eine hohe Automatisierungswahrscheinlichkeit (64). Die im Auftrag des Bundesministeriums für Arbeit und Soziales im gleichen Jahr veröffentlichte Studie geht sogar von einem Beschäftigungswachstum als Folge der Digitalisierung aus: »Nach unseren Modellrechnungen führt das Szenario einer beschleunigten Digitalisierung zu höheren Einkommen, mehr Beschäftigung und höherer Produktivität ... Befürchtungen, es käme zu einer Welle technologisch begründeter Arbeitslosigkeit, erscheinen unbegründet« (65). Diese Prognose wird auch vom Institut für Arbeitsmarkt und Berufsforschung gestützt. Nach ihren Forschungsergebnissen gibt es keine Hinweise darauf, dass die technologische Entwicklung zu weniger Beschäftigung führt (66).

Viel diskutiert werden die mit den neuen Technologien aufgeworfenen ethischen Fragen am Beispiel des »selbstfahrenden Autos«. Schon in absehbarer Zeit scheint es möglich, ein mit einer entsprechenden Datenmenge gefüttertes Auto ohne Fahrzeugführer fahrtüchtig auf die Straßen zu bringen. Was einerseits als Entlastung der Menschen vom Stress des heutigen Automobilverkehrs erscheinen kann, wirft andererseits schwierige Grundfragen auf. Dies gilt vor allem für den Fall der Programmierung bei unvermeidbaren Unfallsituationen. Da nach der Rechtsprechung des Bundesverfassungsgerichts eine Abwägungsentscheidung zwischen der Menschenwürde eines älteren und der eines jüngeren Menschen nicht zulässig ist, wäre eine entsprechende Programmierung des selbstfahrenden Autos gar nicht möglich. So hat die vom Verkehrsminister berufene Ethik-Kommission »Automatisiertes und vernetztes Fahren« denn auch beschlossen: »Bei unausweichlichen Unfallsituationen ist jede Qualifizierung nach persönlichen Merkmalen strikt untersagt. Eine Aufrechnung von Opfern ist untersagt« (67).

In allen Bereichen der Gesellschaft ist die Abhängigkeit vom Funktionieren digitalisierter Systeme immer weiter angewachsen. Ob industrielle Produktionsabläufe und die Automobiltechnik, ob digitale Aktenführung, papierlose Verwaltungsvorgänge oder das Scannen im Supermarkt – überall sind wir auf elektronische Systeme angewiesen, die nicht immer reibungslos funktionieren. Die Vorstellung eines kompletten Zusammenbruchs dieser Systeme in der Folge von Hackerangriffen oder durch Angriffe auf die Stromversorgung ist darüber zu einer gerne verdrängten Horrorvision geworden.

Da die entsprechenden Systeme immer komplexer werden, hat sich auch der Aufstieg einer Berufsgruppe von IT-Spezialisten vollzogen, die immer weniger verzichtbar sind. Weil für Berufsgruppen wie z.B. Journalisten ein wachsender Teil ihrer Tätigkeit aus der Bedienung technologischer Programme und Apparaturen besteht und selbst für Hochschullehrer solche Grundqualifikationen inzwischen zum festen Bestandteil des Alltags geworden sind, hat sich zugleich eine nur wenig diskutierte Veränderung von Qualifikationsstrukturen und Qualifikationsanforderungen entlang von maschinellen Vorgaben entwickelt. Nicht selten entsteht dabei der Eindruck, als habe sich das menschliche Verhalten eher nach den Vorgaben computergestützter Systeme zu richten als umgekehrt. Ob die Maschine dem Menschen tatsächlich immer das Leben erleichtert oder nicht umgekehrt der Mensch immer mehr gezwungen ist, sich an die Vorgaben der Systeme anzupassen und dabei kulturelle Errungenschaften auf der Strecke bleiben, erscheint dabei keineswegs immer klar. Dies wird gefördert durch eine oft kritiklose Affirmation nahezu jeder Form technischer Innovation. Eine ernsthafte Diskussion über Technikfolgenabschätzung findet dagegen kaum statt.

8.5 KULTUR UND GESELLSCHAFT HEUTE

2005 betrug die Verkaufsauflage der 359 lokalen und regionalen Tageszeitungen, zehn überregionalen Abonnementzeitungen und acht Straßenverkaufszeitungen in Deutschland 21,7 Millionen Exemplare. Bis 2016 war diese Zahl um fast ein Drittel gesunken. Die 318 regionale Blätter, sieben überregionale Abonnementzeitungen und acht Straßenverkaufszeitungen hatten jetzt noch eine Verkaufsauflage von 15,3 Millionen (68).

Am stärksten betroffen waren die Straßenverkaufszeitungen. Heute verkauft die BILD-Zeitung, noch immer die bei weitem auflagenstärkste Zeitung in Deutschland, mit 1,5 Millionen nur noch ein gutes Drittel der Anzahl, die sie früher einmal verbreiten konnte.

Stark zurückgegangen sind auch die Verkaufszahlen überregionaler Qualitätsblätter wie »Frankfurter Allgemeine Zeitung« und »Welt«. Die »FAZ«, die einmal eine Auflage von fast 400 000 Exemplaren hatte, lag im dritten Quartal 2019 noch bei einer Verkaufsauflage von 227 000. Davon wurden 51 000 als E-Paper gelesen. Die ebenso traditionsreiche »Süddeutsche Zeitung« kam auf 326 000. Insgesamt ist die Auflage der überregionalen Qualitätszeitungen von 1,7 Millionen 2005 bis auf weniger als eine Million 2019 gesunken. Die regionalen und lokalen Blätter haben prozentual etwas weniger verloren. Aber auch sie sind vom Absatzrückgang der Printmedien betroffen. Die Straßenverkaufszeitungen haben seit 2005 fast die Hälfte ihrer Leser verloren (69). Dagegen ist die E-Paper-Verbreitung von 200 000 im Jahre 2012 auf 900 000 in 2016 gestiegen. Inzwischen liegt sie deutlich über der Millionengrenze.

Ähnliche Entwicklungen finden sich auch bei Wochenmagazinen wie »SPIEGEL« und »FOCUS«. Ihre verbreitete Gesamtauflage ist in dieser Zeit um etwa ein Viertel bzw. ein Drittel gesunken. Auch der Vertrieb von Fachzeitschriften geht zurück. Erstaunlich gut hat sich die Hamburger »ZEIT« behaupten können. Ihre Verkaufsauflage lag im Herbst 2019 bei 502 000. Der »SPIEGEL« erreichte mit 719 000 noch etwa drei Viertel der Heftauflage seiner Glanzzeit (70). Ökonomisch noch stärker ins Gewicht fällt für die Verlage der Rückgang des Anzeigengeschäfts durch das Internet.

Nach den Daten der Langzeitstudie Massenkommunikation von ARD und ZDF erreichten Zeitungen 2016 noch etwa 33 % der erwachsenen Bevölkerung. In der Reichweitenauswertung der Media-Analyse lagen diese Werte freilich noch immer deutlich höher. Danach waren es 2016 59 Prozent. Allerdings war für 2005 noch eine Reichweite von 75 Prozent ermittelt worden (71).

Besonders auffällig ist der Rückgang des Zeitungskonsums bei den Jüngeren. Bei den 14- bis 19-Jährigen ist der Anteil der Zeitungsleser zwischen 2005 und 2016 von 49 auf 26 Prozent gesunken, bei den 20- bis 29-Jährigen von 60 auf 38,5 Prozent (72).

Dass die Printmedien als Informationsquelle gegenüber Fernsehen, Radio und Internet inzwischen nur noch nachrangige Bedeutung haben, zeigt sich auch an der Mediennutzungszeit der Menschen. Sie betrug 2015 im Durchschnitt täglich 9 Stunden und 25 Minuten, was nur bei einem hohen Anteil von Parallelnutzung möglich ist. Von dieser Zeit entfielen lediglich 23 Minuten auf Zeitungslektüre. 19 Minuten verwandte der fiktive Durchschnittsbürger auf das Studium von Büchern, sechs Minuten auf die Lektüre von Zeitschriften (73).

Auch die Entwicklung des Buchmarkts muss als Anzeichen einer rückläufigen Bedeutung der Printmedien interpretiert werden. Zwar entsprach die Zahl der Neuerscheinungen auf dem deutschen Buchmarkt 2015 mit 89 500 ungefähr der Zahl von 2005, doch ist die Umsatzentwicklung im Buchhandel rückläufig. Allein zwischen 2010 und 2015 sind die Umsätze von 9,73 Milliarden Euro auf 9,19 Milliarden gesunken. Die größten Rückgänge finden sich bei Warenhäusern, beim Versandbuchhandel und bei Buchgemeinschaften. So hat der traditionsreiche Bertelsmann-Buchclub 2015 seinen Geschäftsbetrieb eingestellt. Auch der Sortimentsbuchhandel musste Einbußen hinnehmen. Deutlich gestiegen sind dagegen die Zahlen beim Internetbuchhandel (74). Erfolgreich entwickelt hat sich auch der Handel mit E-Books. Hatten 2010 rund 700 000 Käufer 1,9 Millionen E-Books erworben, so waren es 2015 bereits 3,9 Millionen Menschen, die 27 Millionen E-Books kauften (75).

Auf den Literatur-Bestsellerlisten der Merkel-Jahre waren Krimis und Psychothriller stark vertreten. Dan Browns »Sakrileg« führte 2005 die Listen an. 2007 waren es die Krimis von Anna Maria Schenkel (»Tannöd« und »Kalteis«), die sich am besten verkauften. Ab 2011 fanden die düsteren Psychothriller von Jussi Adler-Olsen große Resonanz. »Erlösung« war 2011 erfolgreich, 2015 folgte »Verheißung«. Auch die Krimis von Helene Neuhaus fanden reißenden Absatz. 2014 war Frank Schätzung mit dem Doku-Thriller »Breaking News« erfolgreich. Er verband die aktuelle Recherche eines Journalisten mit der Siedlungsgeschichte Israels. Die Literaturkritik beurteilte das Buch freilich weit kritischer als das Lesepublikum. Auch Simon Becketts Buch »Verwesung«, das 2011 Furore machte, ließ sich dem Genre »Krimi-Thriller mit Stil« zurechnen. Als »Psychologie-Fiktion« angepriesen wurde 2015 Dörte Hansens Erfolgstitel »Altes Land«. Stephenie Meyer führte 2009 mit Vampirromanen die Verkaufslisten an.

Mit der skurrilen Geschichte des Roadtrips eines Hundertjährigen landete Jonas Jonasson (»Der Hundertjährige, der aus dem Fenster stieg und verschwand«) 2012 einen literarischen Erfolg. Eine hochpolitische Geschichte erzählte dagegen Timur Vermes mit »Er ist wieder da«. Sein Thema war 2013 die Rückkehr von Adolf Hitler in die moderne Welt von heute. 2015 war es der französische Autor Michel Houellebecq, der mit »Unterwerfung« auch auf dem deutschen Büchermarkt erfolgreich war. Das Buch handelt von der opportunistischen Anpassung von Intellektuellen und Linken angesichts der Regierungsübernahme durch eine islamistische Partei.

Während Joanne Rowling mit ihren Harry-Potter-Geschichten auch in den Jahren nach 2005 erfolgreich blieb, machte Charlotte Roche mit autobiographisch-erotischen Stoffen von sich reden. Ihre »Feuchtgebiete« lagen 2008 gleich 30 Wochen an der Spitze der Verkaufsliste. Kaum weniger nachgefragt wurden 2011 »Schoßgebete«. Jojo Moyes »Ein ganz neues Leben« von 2015/2016 ließ sich dem Genre der romantischen Komödie zurechnen.

Einen großen Erfolg feierte Daniel Kehlmann mit dem 2005 erschienenen historischen Roman »Die Vermessung der Welt«. Mit hintergründigem Humor schildert der Autor darin das Leben Alexander von Humboldts und des Mathematikers Carl Friedrich Gauß. Zwei Jahre nach dem Erscheinen dieses »philosophischen Abenteuerromans« waren 1,5 Millionen Exemplare verkauft. 37 Wochen führte Kehlmann 2006 die Bestsellerliste an.

Dass neben Krimis, skurrilen Roadtrips und Komödien auch klassische Romanstoffe erfolgreich sein konnten, zeigten Martin Suters »Der Elefant« (2017) und Robert Seethalers »Das Feld« (2018). Seethaler hatte zuvor schon mit »Der Trafikant« auf sich aufmerksam gemacht. 2018 belegte Ferdinand von Schirachs »Strafe« Spitzenplätze in den Verkaufscharts. Bereits zwei Jahre zuvor hatte der Enkel des ehemaligen Reichsjugendführers und Wiener Gauleiters mit dem Theaterstück »Terror« große Beachtung gefunden. Es behandelte die tragische Entscheidungssituation eines Kampfpiloten der Luftwaffe, der eine von Terroristen gekaperte Lufthansa-Maschine abschießt, die Kurs auf die voll besetzte Allianz-Arena in München nimmt und zur Waffe für ein Selbstmordattentat zu werden droht. 2019 stand sein Buch »Kaffee und Zigaretten« hoch im Kurs. Einen großen Erfolg landete auch Julie Zeh 2016 mit ihrem Gesellschaftsroman »Unterleuten«. Ihr Thema war das Dorfleben in einer ländlichen Idylle Brandenburgs zwei Jahrzehnte nach der Wende mit allerhand Intrigen und schrecklichen Geschehnissen, deren Hintergründe bis in die Jahre des Umbruchs zurückreichten. Drei Geschichten aus drei Epochen erzählt Maja Lunde im Erfolgsbuch des Jahres 2017, »Die Geschichte der Bienen«.

In den Bestsellerlisten dieser Zeit fanden sich Werke der großen Erzähler aus den Jahren der alten Bundesrepublik nur noch selten. Günter Grass letztes großes Werk »Beim Häuten der Zwiebel« erreichte beim Publikum 2006 noch einmal einen großen Erfolg. Grass starb 2015. Posthum erst wurde Siegfried Lenz' »Der Überläufer« 2016 veröffentlicht und sehr erfolgreich. Siegfried Lenz war bereits 2014 verstorben (76).

Von den Kritikern hochgelobt wurden Autoren wie Uwe Tellkamp, dessen »Der Turm« auch für das Fernsehen verfilmt wurde. Auch Elena Ferrante hat sich mit ihren Büchern eine große Anhängerschaft sichern können. Das galt auch für John Irving, Philip Roth oder Haruki Murakami.

Keinen eindeutigen Trend zeigt der Musikmarkt der vergangenen anderthalb Jahrzehnte. Vielmehr hat sich die Verschiedenheit von Richtungen und Stilen noch weiter ausdifferenziert. Unübersehbar ist freilich der Bedeutungsverlust der Klassik. Ihr Anteil am Musikmarkt ist zwischen 2005 und 2015 von 7,9 Prozent auf 4,6 Prozent gefallen. Während die Rockmusik ihren Anteil in dieser Zeit leicht auf ein gutes Fünftel (20,3 Prozent) vergrößern konnte, hat Popmusik zwar an Boden verloren, stellte aber mit 26,8 Prozent Umsatzanteil immer noch das größte Marktsegment. Mehr als verdreifacht hatten sich die Anteile von HipHop und Dance (77).

Verdoppeln konnten sich auch die Werte für die Genres Deutsch Pop und den Schlager, der mit dem Erfolg von Helene Fischer wieder deutlich an Bedeutung gewonnen hatte. Sein Marktanteil ist bis 2015 auf sechs Prozent gestiegen. Jazz und Volksmusik liegen konstant bei jeweils etwa zwei Prozent (78).

Deutlich zurückgegangen ist der Absatz von CDs. Wurden zur Jahrtausendwende noch 206 Millionen Stück verkauft, so waren es schon 2005 nur noch 147,6 Millionen. 2010 war diese Zahl auf 98,7 Millionen, 2015 auf 83,6 Millionen gefallen. 2012 übertraf die Zahl der Downloads erstmals die der »physischen« Tonträger. Allerdings ist seit 2012 auch die Zahl der Downloads wieder zurückgegangen. Ein wachsender Anteil des Musikmarkts entfällt seither auf Audio-Streaming-Plattformen wie Spotify oder Napster. Die Streaming-Dienste haben ihren Anteil am Musikmarkt von einem Prozent 2010 bis auf 14 Prozent 2015 vergrößern können (79). Bis heute ist dieser Anteil noch weiter gestiegen. Kaum zu erwarten war dagegen das Comeback der Vinyl-LP. Wurden 2005 in Deutschland nur 700 000 LPs verkauft, so hat sich diese Zahl bis 2015 verdreifacht (80).

Die Liste der erfolgreichsten Single-Interpreten dieser Jahre spiegelt das Bild sehr unterschiedlicher Musikrichtungen wider, die zu großen Verkaufserfolgen gekommen sind. Zwischen 2006 und 2018 konnten gleich drei deutschsprachige Interpreten mit deutschen Titeln die Spitze der Jahrescharts erobern. Der Schweizer DJ Ötzi mit seinem Kirmes-Song »Ein Stern, der Deinen Namen trägt« 2007, 2010 die Aachener Deutschpop-Gruppe Unheilig mit »Geboren um zu leben« und schließlich Helene Fischer, deren »Atemlos durch die Nacht« ab 2014 zum bislang erfolgreichsten deutschen Song des 21. Jahrhunderts avancierte.

Auch andere Deutsch-Pop-Gruppen und einheimische Hip Hopper tauchten auf vorderen Plätzen auf: Sido und Avel Tavil, Xavier Naidoo und die Söhne Mannheims, Glasperlenspiel, Fettes Brot, die Sportfreunde Stiller, Tim Bendtzko, Silbermond, Ich und Ich, Rosenstolz, Peter Fox, Max Giesinger, Sarah Connor und die ESC-Siegerin von 2010, Lena Meyer-Landrut. Andreas Bouranis WM-Song »Auf uns« lag in der Jahreswertung 2014 an dritter Stelle. Ganz oben platzierten sich 2012 auch die Toten Hosen mit »An Tagen wie diesen«. Auch Herbert Grönemeyer gelang der Sprung in die TOP 10 der Jahreswertungen, und Udo Lindenberg war genauso in den TOP 50 vertreten wie Rammstein. Dazu kam die unverwüstliche Nena, deren »Liebe ist« 2006 ganz weit vorn stand. Der Anteil deutscher Interpreten und deutschsprachiger Musik an den Erfolgstiteln ist seit Jahrzehnten nicht mehr so hoch gewesen wie in dieser Zeit (81).

Insgesamt lässt sich eine gewisse Dominanz der Frauen und eine wachsende Bedeutung von Rap und Hip-Hop auch unter den internationalen Stars erkennen. Beispiele für die weiblichen Interpretinnen sind Lady Gaga, Adele, Shakira, Britney Spears, Jennifer Lopez, Amy Macdonald, Lara del Rey, Kate Perry, Rihanna, Pink und Nelly Fortado. Bei den Männern aus dem Ausland erzielten Justin Timberlake, Justin Bieber, Michel Telo, Gigi d'Agostino und vor allem Ed Sheeran die größten Erfolge (82).

Die hohe Repräsentanz deutscher und deutschsprachiger Musik zeigt sich besonders deutlich bei den erfolgreichsten LPs. An der Spitze der Wertung steht in der Zeit nach 2010 mit klarem Vorsprung Helene Fischers »Farbenspiel«. Fischer war gleich mit drei Produktionen unter den ersten zehn vertreten und »Farbenspiel« gehört mit 2,4 Millionen verkaufter Alben in die Spitzengruppe aller jemals in Deutschland verkauften Alben. An zweiter Stelle rangiert Adele, gleich danach Unheilig, die auch noch ein weiteres Mal in der Spitzengruppe vertreten sind. Erst an fünfter Stelle steht Ed Sheeran, gefolgt von Udo Lindenberg, Sarah Connor und den Toten Hosen. An elfter Position rangiert Herbert Grönemeyer (83).

Der durch die sinkenden CD-Verkaufszahlen angetriebene Trend zur Häufung von Live-Konzerten hat in den Jahren seit 2005 angehalten. Festivals wie am Nürburgring, auf der Loreley oder in Wacken waren inzwischen fester Bestandteil des musikalischen Jahreskalenders. Auch die Legenden der Rock- und Pop-Musik blieben fester Bestandteil der Tournee-

Szene. Während der Tod von Michael Jackson 2009 auch die deutschen Musikfans erschüttert hatte, tourten die Superstars der Rockmusik weiter um die Welt. Im Sommer 2018 begeisterten die inzwischen ins Seniorenalter eingetretenen Rolling Stones in Stuttgart einmal mehr ihr deutsches Publikum (84).

Der rückläufige Anteil der Klassik im Musikgeschäft fand seinen Ausdruck auch in den Besucherzahlen der Opernaufführungen. Hatten die Theater bei Oper- und Ballettaufführungen 2006 noch 5,94 Millionen Besuche gezählt, so war die Zahl bis zur Spielzeit 2016/2017 auf 5,4 Millionen abgesunken (85). Anfang der 1990er Jahre waren es noch 6,4 Millionen gewesen. Untersuchungen diagnostizierten eine Überalterung des Klassikpublikums (86).

Auch die Besucherzahlen des Theaterschauspiels gingen leicht zurück. Der Anteil der Bevölkerung, der einmal im Monat zu Opern- oder Theateraufführungen ein Theater besucht, ist zwischen 1992 und 2014 von 5,7 auf 3,6 Prozent der Erwachsenen zurückgegangen (87). Zwar verzeichnet das Statistische Jahrbuch 2018 die stattliche Zahl von 19 Millionen Theaterbesuchen in den öffentlichen Theatern. Doch die Kernsparten der klassischen Hochkultur – Oper und Theater – haben mit Besucherschwund zu kämpfen. Bei Jugendlichen und jungen Erwachsenen ist der Anteil derer, die wenigstens gelegentlich eine Aufführung besuchen, zwischen 1992 und 2014 von 36 auf 21 Prozent gesunken (88).

Am häufigsten aufgeführt wurden und werden die Klassiker. Bei der Zahl der Opernaufführungen lag Mozarts »Zauberflöte« in der Saison 2012/2013 ebenso an der Spitze wie 2014/2015. Häufig zu hören waren auch die Werke von Verdi und Puccini. In beiden Spielzeiten war William Shakespeare der in der Schauspielsparte meistgespielte Autor, gefolgt von Schiller, Brecht und Goethe. Am häufigsten aufgeführt aber wurde »Tschick« nach der Romanvorlage von Wolfgang Herrndorf. Das Stück um zwei jugendliche Ausreißer kam in der Spielzeit 2015/2016 802-mal auf die Bühne. Spitzenreiter in der Theaterstatistik 2016/2017 war Ferdinand von Schirachs Drama »Terror« – noch vor Goethes »Faust« (89).

Die Zahl der Museumsbesuche ist zwischen 2006 und 2017 von 102,6 auf 111,9 Millionen angestiegen. Auch die Filmbranche hat sich eher positiv entwickelt. Zwar ist die Anzahl der Kinos von 1 864 im Jahr 2005 bis auf 1 648 zehn Jahre später gesunken. Doch die Zahl der Kinobesuche ist dabei von 127,3 Millionen 2005 bis auf 139,1 Millionen 2015 gestiegen. Freilich ist sie bis 2018 wieder auf 105,4 Millionen zurückgegangen. 47 Prozent der Besuche und die Hälfte des Umsatzes entfielen dabei auf die modernen Multiplex-Filmtheater (90).

Gestiegen ist in dieser Zeit der Anteil deutscher Filme – von 17 Prozent in 2005 bis auf 27,5 Prozent ein Jahrzehnt später. Zwar dominieren weiter vor allem amerikanische Produktionen den Markt. Sie erreichten mit 253 Millionen Euro 2015 einen Umsatzanteil von 58 Prozent. Doch die einheimischen Filme haben aufgeholt. Betrug ihr Verleihumsatz 2005 erst 45 Millionen, so hatte er sich zehn Jahre später mit 104 Millionen Euro mehr als verdoppelt (91).

Erfolgreichster Film wurde in Deutschland in diesen Jahren »Harry Potter und die Heiligtümer des Todes«, der 2011 und 2012 über 12 Millionen Besucher fand. Es folgt James Camerons »Avatar – Aufbruch ins Paradies«. Mehr als 11 Millionen wollten ihn 2009 sehen. Direkt danach rangierte der Erfolgsfilm des Jahres 2012 »Ziemlich beste Freunde« des französischen Duos Oliver Nakache und Éric Toledano. Die Komödie über die ungewöhnliche Freundschaft eines an den Rollstuhl Gefesselten mit seinem Betreuer lockte 9,16 Millionen Zuschauer in die deutschen Kinos. Er lag damit noch vor »Star Wars – Das Erwachen der Macht«, den neun Millionen sehen wollten. Carlos Saldanhas »Ice Age 2« erreichte 2006 8,75 Millionen.

Von den deutschen Produktionen schaffte »Fuck Ju Göthe 2« von Bora Dagtekin mit 7,7 Millionen Besuchern den größten Publikumserfolg. Die drei Filme »Fuck Ju Göthe 1–3« zogen zwischen 2013 und 2017 21,2 Millionen in die Kinos. Große Resonanz fand auch Til Schweigers anrührender Streifen »Honig im Kopf« mit Didi Hallervorden in der Hauptrolle. Er lockte allein 2014 7,3 Millionen Besucher an. Schweigers »Keinohrhasen« erreichte 2007 6,3 Millionen Zuschauer. 5,5 Millionen sahen Tom Tykwers Verfilmung von Patrick Süskinds Erfolgsroman »Das Parfüm«. Der Film kam 2006 in die Kinos.

Unter den anspruchsvolleren Filmen ragte Dennis Gansels »Die Welle« über die autoritäre Verführbarkeit von Kollektiven heraus. 2,7 Millionen wollten ihn 2008 sehen. Heinrich Breloers Buddenbrooks-Verfilmung sahen mit 1,2 Millionen im gleichen Jahr immerhin doppelt so viele Menschen wie Woody Allens Komödie »Vicky Cristina Barcelona«. Noch deutlich erfolgreicher war Simon Verhoevens komödiantische Bearbeitung der deutschen Flüchtlingssolidarität. »Willkommen bei den Hartmanns« fand 2016 knapp vier Millionen Besucher. Nicht viel weniger strömten 2018 in »Der Junge muss an die frische Luft«. Der Streifen behandelt die Lebensgeschichte des Komödianten Hape Kerkeling. Beide Filme wurden nur knapp übertroffen von »Fifty Shades of Grey«. Der Film von Sam Taylor-Johnson lag trotz des gewaltigen Medienrummels an den Kinokassen nicht weit vor den beiden einheimischen Produktionen. Auch bei Quentin Tarantinos »Django Unchained« bewegten sich die Zuschauerzahlen auf einem ähnlichen Niveau.

Eine gewisse Beachtung fanden sogar die beiden Streifen, die das Leben des hessischen Generalstaatsanwalts Fritz Bauer und seine Rolle bei der juristischen Aufarbeitung des NS-Regimes in den Mittelpunkt rückten. Rechnet man die Besucherzahlen von »Der Staat gegen Fritz Bauer« und »Im Labyrinth des Schweigens« zusammen, liegen sie mit 540 000 noch vor Steinbichlers »Das Tagebuch der Anne Frank« (400 000). Weniger erfolgreich wurde dagegen Oliver Hirschbiegels Film über den Hitler-Attentäter Elser (92).

Richtet man den Blick über die Blockbuster an der Spitze hinaus, dann hat sich der deutsche Film in diesen Jahren auch in kommerzieller Hinsicht erstaunlich gut geschlagen. 2013, 2014 und 2017 führten deutsche Produktionen die Liste der erfolgreichsten Filme des Jahres sogar an.

Der Star der deutschen Malerei blieb in den Merkel-Jahren Gerhard Richter. Mit seinem »Slalom durch die Kunstrichtungen« von Pop-Art über Neobiedermeier und Stillleben bis zum Expressionismus wurde er zu einer Berühmtheit, die alle Kunstmarktrekorde brach und in den besten Museen und Sammlungen der Welt ausgestellt wurde. Sein Leben diente Florian von Donnersmarck 2018 auch als Vorlage für den Spielfilm »Werk ohne Autor«. Die dort geschilderte Lebensgeschichte eines aus der DDR übergesiedelten Malers erinnerte deutlich an die Biographie Richters (93).

Auch der Neoexpressionist Georg Baselitz machte die internationale Kunstszene weiter auf sich aufmerksam. Die Kritiker lobten jetzt das Verschwinden der Düsternis aus seinen Bildern. Anselm Kiefer erlebte nach einigen ruhigeren Jahren ein Comeback. 2008 erhielt er den Friedenspreis des Deutschen Buchhandels (94).

Wichtigstes Medium ist bis heute in Deutschland das Fernsehen. 99 Prozent aller Haushalte verfügen über ein TV-Gerät. 80 Prozent der Bevölkerung werden im Tagesdurchschnitt durch das Fernsehen erreicht, 74 Prozent durch das Radio. Knapp die Hälfte der Bevölkerung nutzt inzwischen das Internet auch als Informationsmedium über das Tagesgeschehen. Da die politische Kommunikation der Bürger als Face-to-Face-Kommunikation abgenommen hat und in vielen Familien selten oder gar nicht über Politik gesprochen wird, bilden die Medien inzwischen für viele Bürger die einzige Brücke zum politischen Geschehen. Dementsprechend ist ihre gesellschaftliche Bedeutung weiter angestiegen.

Bereits zwischen 1988 und 2005 hatte der durchschnittliche TV-Tageskonsum von 144 auf 211 Minuten zugenommen. Von 2005 bis 2016 hat sich diese Zeit noch einmal verlängert – von 211 auf 223 Minuten. Misst man die tatsächliche Verweildauer derjenigen, die das Gerät auch angeschaltet haben, fällt die Steigerung noch größer aus. Die »Verweildauer« betrug 2005 296 Minuten, 2016 bereits 333 Minuten. Demnach ist die Zahl derjenigen, die das Fernsehen nicht täglich nutzen, größer geworden, während gleichzeitig die Zeit des Fernsehkonsums bei den regelmäßigen Nutzern noch weiter zugenommen hat. Bis 2018 ist die tägliche Nutzungsdauer allerdings wieder etwas gesunken. Das gilt besonders für Kinder und Jugendliche. Der Hauptgrund dafür liegt in der Nutzung des Internets (95).

Die Marktanteile der Sender haben sich seit 2005 nicht entscheidend, wohl aber graduell verändert. Alle Marktführer haben Anteile verloren – Öffentlich-Rechtliche wie Private. Der Marktanteil des ZDF sank bis 2017 von 13,5 auf 13 Prozent. Das ERSTE (ARD) fiel von 13,5 auf 11,9 Prozent, alle dritten Programme der ARD zusammen gingen von 13,6 auf 12,8 Prozent zurück. Hatten die öffentlich-rechtlichen Vollprogramme 2005 einen Marktanteil von 40,5 Prozent, so war dieser Anteil bis 2017 auf 37,7 Prozent gesunken.

Die Marktführer der Privaten erlitten freilich noch größere Einbußen. RTL sank von 13,2 auf 9,2 Prozent, was neben der Einrichtung von neuen Kanälen wie RTL Nitro vor allem mit der Abwanderung des jungen Publikums zu Streaming-Diensten wie Netflix zu tun hat. SAT 1 verlor noch deutlicher – von 10,9 auf nur noch 6,7 Prozent. Auch der Marktanteil von Pro Sieben fiel von 6,7 auf 4,5 Prozent. RTL II hat ebenso Zuschauer verloren wie der Kabelkanal. Nur der Sender Vox konnte zulegen – von 2,8 bis auf 5,5 Prozent.

Profitiert haben dagegen die vielen kleineren Kanäle. Relativ erfolgreich war dabei ZDFNeo mit einem Marktanteil von 2,9 Prozent. Auch Informationskanäle wie N 24 (Die Welt), Phoenix oder ntv erreichen heute Marktanteile von über einem Prozent. Die Fernsehlandschaft hat sich noch weiter ausdifferenziert. Rechnet man auch die kleineren Kanäle hinzu, dann liegt der Anteil der Öffentlich-Rechtlichen am Fernsehmarkt heute bei etwa 44 Prozent (96).

Dabei lassen sich beim Fernsehkonsum große Unterschiede zwischen den Generationen erkennen. Während bei den 14- bis 49-Jährigen RTL klar vorn liegt und von Pro 7 gefolgt wird, die ARD mit 7,3 Prozent nur knapp vor Vox rangiert und das ZDF dahinter noch zurückbleibt, bevorzugen die Älteren weiterhin die Öffentlich-Rechtlichen. Besonders auffällig sind die Abweichungen bei den Frauen unter 50. In der Statistik fallen hier ARD und ZDF sogar noch hinter Vox zurück. Marktführer ist eindeutig RTL, während alle öffentlich-rechtlichen Sender zusammen nur auf eine Quote von 23 Prozent kommen (97).

Diese Befunde stehen in einem auffälligen Kontrast zu Umfragen, nach denen drei Viertel der Gesellschaft die Öffentlich-Rechtlichen für unverzichtbar halten, weil sie die Werte unserer Gesellschaft vermittelten. Das traut man den Privaten nicht zu. 83 Prozent der Bevölkerung halten ARD und ZDF mit Blick auf ihre politische Meinungsbildung für »sehr wichtig«. Demnach finden Jung und Alt etwas gut, was sie selbst in ihrer Mehrheit gar nicht sehen wollen.

Weit verbreitet hat sich inzwischen der Eindruck eines Niveauverlustes auch bei den Öffentlichen-Rechtlichen, die als Reaktion auf die private Konkurrenz die Informationsbestandteile des Programmangebots zugunsten von Unterhaltungsformaten deutlich reduziert hätten. Statistisch ist das nicht so einfach nachzuweisen. So weisen die Angaben für 2016 beim ZDF einen Informationsanteil am gesamten Sendevolumen von 43,8 Prozent aus, bei ARD sind es im ERSTEN etwa 39 Prozent (98). Der gefühlte Eindruck, es liefen vor allem Daily Soaps, Serien, Sport und Game Shows, lässt sich mit den Zahlen so leicht gar nicht belegen. Medienwissenschaftlich einigermaßen abgesichert ist allerdings der Befund einer »Boulevardisierung« der Nachrichtensendungen durch stärkere Personalisierung, Emotionalisierung, Skandalberichterstattung, Promi-Geschichten und Sport (99).

Sachthemen treten demgegenüber in den Hintergrund. Politik wird als Helden- und Schurkenstück aufgeführt, inhaltliche Meinungsverschiedenheiten werden zum Machtkampf stilisiert, inszenierte Ereignisse bevorzugt, Politik gerne in Form von Human-Touch-Geschichten präsentiert. Im Ergebnis entsteht ein unrealistisches Zerrbild von Politik und werden zugleich oberflächliche Anteilnahme und ein sachlich oft gar nicht begründetes Kompetenzbewusstsein der Bürger hervorgebracht. Das aber wirkt auf das Öffentlichkeitsverhalten von Politikern zurück, die ihrerseits zunehmend glauben, Politik bestünde vor allem in der Produktion von Medienereignissen. Im Ergebnis trägt das zum Verlust von Steuerungs- und Führungskompetenz der Politik bei (100). Diese Entwicklungen, die schon in den Jahren vor 2005 thematisiert worden waren, haben sich in der Merkel-Ära verschärft.

Mit der weiteren Ausdifferenzierung des Medienangebots kann das Fernsehen immer weniger der Ort von Gemeinschaftserfahrungen für eine Vielzahl von Menschen sein. Nachdem Thomas Gottschalk in der Folge des tragischen Unfalls eines Wettkandidaten im Dezember 2010 die Moderation der ZDF-Erfolgssendung »Wetten, dass« aufgegeben hatte, konnte sein Nachfolger Markus Lanz die hohen Einschaltquoten der Vergangenheit nicht halten. Ende 2014 wurde die Sendung endgültig eingestellt. Damit

gab es das jahrzehntelang erfolgreiche Format einer Samstagabendunter-
haltung, zu dem sich die ganze Familie versammelte, praktisch nicht mehr.

Dabei hatte auch Gottschalk selbst bereits die Folgen der veränderten
Sehgewohnheiten zu spüren bekommen. Während seine Show um die Jahrtausendwende noch Spitzenwerte von 20 Millionen Zuschauern erreichen
konnte, war die durchschnittliche Einschaltquote bis 2005 auf 14 Millionen, 2009 auf zehn Millionen gesunken (101).

Wirklich hohe Einschaltquoten werden inzwischen nur noch bei Sportübertragungen und Kandidatenduellen vor Bundestagswahlen erreicht.
Über lange Zeit konnte auch der ARD-Tatort am Sonntagabend durchschnittlich mehr als zehn Millionen Zuschauer erreichen. Der besonders
beliebte Tatort aus Münster mit Axel Prahl und Jan Josef Liefers erzielte
auch 2018 noch einen Spitzenwert von 12 Millionen. Im Durchschnitt aber
ist auch die Tatort-Sehbeteiligung gesunken. Versammelte die Serie 2015
im Durchschnitt noch 9,5 Millionen vor dem Bildschirm, so war diese Zahl
2018 auf 8,65 Millionen gesunken (102).

Die TV-Erfahrungen heute sind im Allgemeinen sehr verschieden geworden. Die Jüngeren finden sich vorzugsweise bei den Privaten ein, wo Casting-Shows wie »Deutschland sucht den Superstar«, »Bauer sucht Frau«,
»Germany's next Top Modell« oder »Der Bachelor« ihr Publikum finden.
Gefühliger, vorfabrizierter Emotionskitsch wird frei Haus geliefert und bedient die Träume von Millionen aus der Welt von Instagram und WhatsApp.
Die Älteren dagegen bleiben ARD und ZDF treu, schauen Talk-Shows und
Unterhaltungsfilme. Was bei Heidi Klum oder im Dschungel-Camp passiert, erreicht sie so wenig wie die Talkshows und anspruchsvollere Doku-
mentationen die Masse der Jüngeren. Hinzu kommt, dass eine wachsende
Zahl der Jüngeren Fernsehen zeitversetzt im Netz anschaut.

Dabei darf die Attraktion der Casting-Shows und Trash-Sendungen der
Privaten auch nicht überschätzt werden. »Bauer sucht Frau« (RTL) erreichte in der Spitze nie mehr als sechs Millionen, Dieter Bohlens »Deutschland sucht den Superstar« war nach anfänglichem Hype bis 2015 auf gut
vier Millionen Sehbeteiligung gefallen. In diesen Regionen der Zuschauer-
gunst bewegten sich auch »Voice of Germany« (ProSieben), oder »Der Bachelor« (RTL). Heidi Klums Show wurde 2011 im Schnitt von mehr als drei
Millionen gesehen. 2019 lag die Zuschauerzahl aber nur noch zwischen
1,9 und 2,7 Millionen (103). Auch das Interesse an Stefan Raabs »TV Total«
(Pro7) ging mit der Zeit zurück. Sein 2006 gestartetes Format »Schlag den
Raab« erreichte nur gelegentlich mehr als drei Millionen Zuschauer. 2015
zog sich Multitalent Raab, der auch als Promotor bei Lena Meyer-Landruts
Erfolg beim »Eurovision Song Contest« 2010 eine wichtige Rolle gespielt

hatte, aus dem Fernsehgeschäft zurück (104). Die Privaten sind in besonderer Weise von der wachsenden Zahl der Jungen betroffen, die vom Fernsehen zu Streaming-Diensten wie Netflix wandern und dort lieber Serien ansehen als Casting-Shows.

Auch in der Zeit nach 2005 aber hat es noch eine Vielzahl von Qualitätsprodukten im Fernsehen gegeben. Vielbeachtet wurde 2006 der Fernsehfilm »Nicht alle waren Mörder« nach dem gleichnamigen Buch des Schauspielers Michael Degen, der mit seiner jüdischen Mutter die Nazizeit dank der Unterstützung von hilfsbereiten Menschen in Verstecken überleben konnte. Mit dem Grimme-Preis ausgezeichnet wurde 2008 der Fernsehfilm »An die Grenze« über die Erfahrungen eines NVA-Soldaten. Als bester Fernsehfilm des Jahres galt »Ihr könnt euch niemals sicher sein«, der von Gewaltphantasien vereinsamter Jugendlicher handelte, die über Videospiele in einem gescheiterten Amoklauf an der Schule endeten. Ausgezeichnet wurde auch Hubert Seipels Dokumentation »Leben und Sterben für Kabul«, aus der man nicht nur vieles über die Verhältnisse in Afghanistan erfahren konnte, sondern auch über den Umgang mit Angst und Krieg in Deutschland. Die Umstände der Mannesmann-Übernahme griff der Fernsehfilm »Frau Böhm sagt Nein« auf. Hier weigert sich die von Senta Berger gespielte Sachbearbeiterin Rita Böhm, aus ihrer Sicht unbotmäßige Prämienzahlungen an Vorstandsmitglieder anzuweisen und löst damit indirekt staatsanwaltliche Ermittlungen aus. Der Film lief im Oktober 2009 in der ARD und erhielt wie die Hauptdarstellerin zahlreiche Preise.

Von der Kritik hochgelobt, bei den Zuschauern weniger erfolgreich, blieb die zehnteilige Krimiserie »Im Angesicht des Verbrechens«, die 2010 die Russen-Mafia von Berlin zum Thema machte. Die enttäuschende Sehbeteiligung führte zu einer Debatte, ob anspruchsvolle Produktionen im öffentlich-rechtlichen Fernsehen überhaupt noch möglich seien (105). Einen Grimme-Preis erhielt auch der Münchner Tatort vom Dezember 2010, in dem Recht und Gerechtigkeit im Zusammenhang mit dem Freispruch eines mutmaßlich gefährlichen Sexualtäters behandelt wurden. Hohe Einschaltquoten erreichte 2012 der Spielfilm »Der Fall Jakob von Metzler« über die Entführung und Ermordung des Jungen aus Frankfurt und die Folterandrohung des damaligen stellvertretenden Frankfurter Polizeipräsidenten. Auch die Verfilmung des Romans »Der Turm« im ZDF fand eine beachtliche Zuschauerresonanz. Grandios war im gleichen Jahr die Dokumentation über den schwarzen deutschen Boxer und Ex-Schwergewichtsmeister Charly Graf, die zu später Stunde in der ARD zu sehen war. Dass es so etwas auch noch gab, konnte fast schon überraschen.

2013 brachte die ARD das Fernseh-Drama »Eine mörderische Entscheidung« über den vom deutschen Oberst Klein ausgelösten Luftangriff auf Kundus, bei dem 2009 mehr als 100 Menschen getötet wurden. Die Hauptrolle des Obersten spielte Matthias Brandt, der dafür mehrfach ausgezeichnet wurde. Auch der an den Fall eines DDR-Kindermörders angelehnte »Mord in Eberswalde« erhielt große Anerkennung und erreichte hohe Einschaltquoten.

Die wohl beste Serie dieser Jahre, »Weißensee«, erhielt erst mit Verspätung die ihr zustehende öffentliche Anerkennung. Sie schilderte das Schicksal der Familien Kupfer und Hausmann in der DDR der Jahre zwischen 1980 und 1990. Die Geschichte der beiden Familien zeichnete die Verwicklung in das Staatssicherheitssystem der DDR ebenso nach wie Opposition, Mauerfall und Wiedervereinigung. Sie erreichte schon 2010 eine unerwartet hohe Einschaltquote, wurde später auf vier Staffeln ausgeweitet und auch im Ausland gezeigt.

Als »das TV-Ereignis des Jahres 2014« galt »Bornholmer Straße«, in dem die Maueröffnung am 9. November 1989 am Grenzübergang Bornholmer Straße geschildert wird und die Rolle des NVA-Oberstleutnants Harald Schäfer im Mittelpunkt steht. »Männertreu« mit Matthias Brandt in der Hauptrolle zeigte einen Verleger und Herausgeber einer konservativen Zeitung, der zum Kandidaten für das Amt des Bundespräsidenten aufsteigt, bis er von den tragischen Folgen seiner zahlreichen Amouren eingeholt wird. Drehbuchautorin Thea Dorn war vom Fall des französischen Spitzenpolitikers Dominique Strauss-Kahn inspiriert worden (106). Deutsche Fernsehkritiker dagegen fühlten sich an den verstorbenen FAZ-Mitherausgeber Frank Schirrmacher erinnert. Viel Anerkennung erreichte auch »Altersglühen – Speed Dating für Senioren«.

Während die weltweit verkaufte RTL-Serie »Deutschland 83« beim Publikum nur mäßige Resonanz fand, thematisierte die dreiteilige Reihe »Die Akte D« im Oktober 2014 den Umgang mit der Nazi-Vergangenheit. 2015 strahlte die ARD die Dokumentation »Die Folgen der Tat« aus, in der Julia Albrecht die Ermordung des Dresdner Bank-Chefs Jürgen Ponto im Juli 1977 unter aktiver Beteiligung ihrer Schwester behandelte. Auf beeindruckende Weise herausgearbeitet wurden dabei die Folgen der Tat für die zuvor miteinander befreundeten Familien Albrecht und Ponto. Breite Resonanz fand auch der Fernsehfilm »Das weiße Kaninchen«, der das Thema Cyber-Grooming behandelte und auch in vielen anderen europäischen Ländern lief. Preisgekrönt wurde die Dokumentation »Im Nebel des Krieges – An den Frontlinien des Islamischen Staates«.

2017 lief im ZDF der zweiteilige Fernsehfilm »Landgericht«, der über ein Familienschicksal den Umgang der Justiz im Nachkriegsdeutschland mit

der NS-Zeit zum Thema machte. Hauptdarsteller war der inzwischen viel-
beschäftigte Ronald Zehrfeld. Zu den herausragenden Produktionen zählte 2018 die Fernsehserie »Bad Banks«, in deren Mittelpunkt eine junge und
überaus ehrgeizige Investmentbankerin steht, die von Paula Beer gespielt
wurde. Beeindruckend war die im Sommer 2018 in der ARD gesendete
Schilderung der deutschen Nachkriegsgeschichte am Beispiel der Lebens-
läufe des Kölner Drogisten Schilling und der Fernsehstars Hans-Joachim
Kuhlenkampff, Hans Rosenthal und Peter Alexander durch die Tochter des
Drogisten (»Kuhlenkampffs Schule«) (105).

Eine Gemeinschaftsproduktion von ARD, dem Bezahlsender Sky und
Beta Film war die mit großem Aufwand betriebene Fortsetzungsserie
»Babylon Berlin«, die im Herbst 2017 zunächst bei Sky zu sehen war und ein
Jahr später auch in der ARD lief. Nach der für Sky ungewöhnlich hohen Zuschauerresonanz von bis zu 1,2 Millionen bereits hoch gelobt, brachte auch
die Erstausstrahlung der ersten beiden Folgen der ARD eine hohe Sehbeteiligung von 7,8 Millionen. Allerdings sank diese Quote bis zum Schluss der
ersten Staffel bis auf 4,4 Millionen ab, womit die hoch gesteckten Erwartungen nicht ganz erreicht wurden. Die Kriminalgeschichte spielt im Berlin der Weimarer Republik, wobei die politischen Entwicklungen der Zeit
eng in die Geschichte hineingewoben sind. Obwohl bei der Kritik nicht unumstritten, hat Regisseur Tom Tykwer ohne Frage ein bedeutendes Stück
fiktionaler Fernsehunterhaltung geschaffen (106). Die bei Sky Anfang 2020
gezeigte zweite Staffel konnte freilich nicht an die Qualität der ersten anknüpfen.

Fast inflationär ist inzwischen der Trend zu Comedy und Satire, zahl-
los sind die Sendungen, in denen Satiriker und Comedians das Zeitgesche-
hen aufs Korn nehmen. Nachdem das Satiremagazin »Extra Drei« bereits
2009 den Grimme-Preis erhalten hatte, folgte die »Heute Show« des ZDF
im Jahr darauf. Mit drei bis vier Millionen Zuschauern ist sie bis heute die
erfolgreichste unter den vielen Sendungen dieses Genres. 2012 wurde auch
die ZDF-Satiresendung »Die Anstalt« ausgezeichnet. Ein neuartiges Genre zwischen Ironie und Fiktion begründete schließlich – auch im ZDF – Jan
Böhmermann, der mit seinem »Erdogan-Gedicht« 2018 einen Skandal heraufbeschwor, der auch zu politischen Verwicklungen führte (107).

Die auf ironische Weise gebrochene Wahrnehmung besonders der politischen Welt hat dabei Ausmaße erreicht, die auf die politische Sozialisation der Jüngeren nicht ohne Auswirkungen bleiben kann. Wenn Politiker
ihren Bekanntheitsgrad bei der jüngeren Generation zuerst ihrer Präsentation in Satiresendungen und bei YouTube verdanken, trägt dies auch be-
denkliche Züge. So lustig ist die Welt nun auch wieder nicht und so blöd

auch die Spitzenpolitiker nicht, wie sie gelegentlich dargestellt werden. Die Zeitschrift Cicero hat deshalb die Heute-Show 2012 hart kritisiert. »Welke und den Seinen« gehe es nicht um Satire, sondern darum, »die Politikerkaste insgesamt als Ansammlung von Volltrotteln darzustellen«. Sie förderten Politikverdruss und Politikerverachtung (108). Doch die Einschaltquoten sind weiter hoch – manchmal über vier Millionen. Der Trend zur ironisch gebrochenen Sicht auf die Welt hält unvermindert an – trotz aller volksaufklärerischen und gar nicht immer lustigen Posen von Oliver Welke und seiner Mannschaft. Einen anderen Akzent setzt Dieter Nuhr, der stärker der Tradition des Kabaretts verhaftet ist und nach allen Seiten austeilt. Dass er dabei auch vor Greta Thunberg nicht Halt machte, trug ihm freilich umgehend einen Shitstorm ein. Im Sommer 2020 geriet Nuhr sogar unfreiwillig in den Mittelpunkt einer Debatte, nachdem die angesehene »Deutsche Forschungsgemeinschaft« nach Attacken von Shitstormern einen Beitrag von ihm aus dem Netz genommen hatte.

Am Ende der Merkel-Jahre ist noch immer das Fernsehen das Leitmedium der Republik. Das Internet hat aufgeholt – vor allem bei den Jüngeren und bei denen, die sich nicht mehr ausgewogen informiert fühlen. Letztere sind mehr geworden, vor allem seitdem die Migrationsdebatte das Land aufgewühlt hat. Doch noch dominieren die Nachrichtensendungen der Öffentlich-Rechtlichen die politische Information und erreichen die Talk-Show-Formate einen relevanten Teil wenigstens des älteren Publikums. Günther Jauch hatte am Sonntagabend in guten Zeiten 4,5 Millionen Zuschauer. Seine Nachfolgerin Anne Will wollten 2018 im Durchschnitt 3,5 Millionen mit ihren Gästen talken sehen. Frank Plasbergs »Hart aber fair« schnitt demgegenüber etwas schwächer ab. Maybritt Illners Runde am Donnerstag sahen 2017 im Durchschnitt 2,8 Millionen. Sandra Maischbergers Sendung verfolgten zu später Stunde etwa 1,5 Millionen (109).

Unvermindert hoch geblieben ist die Bedeutung des TV-Sports. Obwohl die Sendeanteile am Gesamtprogramm von ARD und ZDF nur 6,8 (ARD) und 5,1 Prozent (ZDF) ausmachen, hat sich inzwischen der Eindruck breitgemacht, dass sie noch weit höher lägen. Das hat sicher damit zu tun, dass der Fußball mitunter das ganze Abendprogramm eines Senders bis nach Mitternacht füllt.

Im Grunde ist es fast nur noch der Sport, der in der hochgradig pluralisierten Medienwelt von heute echte Fernseh-Gemeinschaftserlebnisse stiftet. Die höchste Einschaltquote und den höchsten Marktanteil der Fernsehgeschichte seit der Einführung des ersten ARD-Konkurrenzsenders ZDF 1963 hatte das WM-Finale 2014 Deutschland gegen Argentinien. Den WM-Triumph der Deutschen verfolgten 34,5 Millionen Menschen, was einer

Einschaltquote von 86,3 Prozent entsprach. Dazu kommen noch Millionen, die das Spiel beim »Public Viewing« sahen. An zweiter Stelle der ewigen Einschaltquoten-Hitparade steht das WM-Halbfinale gegen Brasilien wenige Tage zuvor. Zwar erreicht die ARD-Sportschau mit den wöchentlichen Bundesligaspielen auch nicht mehr als sechs Millionen. Aber Sport ist bis heute der größte und wichtigste Quotenbringer der Fernsehanstalten. Auch Übertragungen von Olympiaden, Biathlon- und Leichtathletik-Weltmeisterschaften locken in der Regel mehr Zuschauer an als Talkshow-Formate. Bei der Übertragung des Eishockey-Finales der Olympischen Winterspiele 2018, als der deutschen Mannschaft sensationell der Einzug ins Endspiel gelungen war, saßen um 5.00 Uhr morgens mehr als drei Millionen Menschen am Schirm. Im Laufe des Spieles wuchs die Zahl auf über fünf Millionen. Dabei waren alle Altersgruppen vertreten. Beim Sport im Fernsehen kann von einer Spaltung zwischen den Generationen nicht die Rede sein.

Die gesellschaftliche Bedeutung des Sports ist in den Merkel-Jahren eher noch gewachsen. Das gilt vor allem für den Fußball, wo die deutsche Mannschaft 2014 den Weltmeistertitel errang. Das entscheidende Tor gegen Argentinien, erzielt vom Dortmunder Mario Götze in der Verlängerung, sorgte für Euphorie im ganzen Land. Acht Jahre zuvor hatte sich die Mannschaft beim »Sommermärchen« im eigenen Land zwar mit dem dritten Platz begnügen müssen. Die ausgelassene Stimmung in Deutschland und die freundliche Aufnahme der Gäste aus der ganzen Welt aber trugen den Deutschen weltweit viele Sympathien ein. Auch in Südafrika 2010 landete Deutschland auf dem dritten Rang. Einen tüchtigen Dämpfer freilich erhielt Fußball-Deutschland 2018 in Russland, wo das DFB-Aufgebot nach enttäuschenden Leistungen schon in der Vorrunde ausschied.

Im Vereinsfußball dominierte Bayern München, das 2019 den siebten Meistertitel in Reihenfolge feiern konnte. Die finanzstarken Münchner mit ihrem Jahresetat von über 600 Millionen Euro zeigten sich in der Bundesliga zeitweise derart überlegen, dass Langeweile aufkam. International konnten die Bayern freilich nur einmal den höchsten Titel erringen. 2013 gewannen sie im deutschen Finale gegen Borussia Dortmund die Champions League.

Trotz Doping und den vielen Schattenseiten der immer stärkeren Kommerzialisierung des Spitzensports sind Faszination und öffentliches Interesse bis heute nahezu ungebrochen. Bei den Olympischen Winterspielen konnte der deutsche Sport seine internationale Spitzenstellung 2006 und 2010 halten. Nur in Sotschi 2014 gab es einen gewissen Einbruch, als klassische Medaillenlieferanten wie der Bobsport keine Erfolge einfahren konnten. Bei den Spielen im koreanischen Pyeunchang aber waren die Deut-

schen bereits wieder in die Erfolgsspur zurückgekehrt und lieferten sich
mit Norwegen einen harten Kampf um den Spitzenplatz in der Medaillen-
rangliste.

In den Sommersportarten waren die deutschen Mannschaften weniger
erfolgreich. Zwar konnten die deutschen Athleten bei der Sommerolym-
piade von Peking 2008 mehr Goldmedaillen erringen als in Athen vier Jahre zuvor. Aber die Bilanz in der olympischen Kernsportart Leichtathletik
fiel mit einer einzigen Medaille verheerend aus. Vier Jahre später in London
konnten sich die Leichtathleten eindrucksvoll rehabilitieren und holten
gleich acht Plaketten. Jetzt aber waren es die Schwimmer, die baden gingen
und ganz ohne Medaille nach Hause fahren mussten. Für Furore sorgte immerhin der Ruder-Achter. 2016 in Rio sicherte sich das deutsche Team zwar
17 Goldmedaillen. Den Löwenanteil daran aber holten »Randsportarten«
wie Kanu, Schießen, Rudern und Bahnradfahren, die in Deutschland jenseits der Olympischen Spiele kaum zur Kenntnis genommen werden und in
den Medien nur selten vorkommen. Wenn heute ein Deutscher Weltmeister
im Ringen oder Schießen wird, muss man selbst in den Sportteilen der Zeitungen lange nach der entsprechenden Meldung suchen.

Die Förderung des Spitzensports unter den Bedingungen des Vollzeit-
Profitums bleibt dabei ein Problem, weil nur in wenigen Sportarten der
Markt selbst für eine ausreichende oder gar luxuriöse materielle Absiche-
rung sorgt. Sportler und Sportverbände klagen, dass die Antrittsgage der
Teilnehmer einer Trash-Show wie »Dschungelcamp« höher liegt als die
Prämien für einen Olympiasieg. Der Staat fördert Spitzensportler über An-
stellungsverträge bei Bundespolizei und Bundeswehr. Doch allein auf diese
Weise sind die Probleme nicht zu lösen. So liegt der deutsche Sommersport
im Gesamtergebnis heute etwa auf dem Niveau von Frankreich und Italien.
Großbritannien dagegen hat die Deutschen längst abgehängt.

Als große Stars dieser Jahre wurden vor allem die Fußballer gefeiert. Michael Ballack, Manuel Neuer, Bastian Schweinsteiger, Lukas Podolski, Philipp Lahm, Toni Kroos, Miroslav Klose, Thomas Müller, Mats Hummels,
Sami Khedira und Mezut Özil – um nur einige zu nennen. Letzterer sorgte
freilich durch seinen Fototermin mit dem türkischen Autokraten Erdogan
2018 für einen Skandal, der zu seinem Abschied aus der Nationalmann-
schaft führte. Zu großem Ruhm kam auch der vierfache Formel 1-Welt-
meister Sebastian Vettel. Die mehrfache Grand-Slam-Siegerin Angelique
Kerber erinnerte zwar mit ihren Siegen an die Zeiten einer Steffi Graf. An
die Popularität der erfolgreichsten Tennisspielerin aller Zeiten aber kam
sie ebenso wenig heran wie an ihre sportliche Leistungskonstanz.

Beim Sportpublikum bekannt wurden auch der Turner Fabian Hambüchen, Diskuswerfer Robert Harting, Doppelolympiasiegerin Britta Steffen und ihr Freund, der Schwimm-Weltmeister Paul Biedermann. Auch Wintersportler wie die Biathletinnen Kati Wilhelm, Magdalena Neuner und Laura Dahlmeier, ihre männlichen Kollegen Sven Fischer oder Michael Greis und die Skiläufer Felix Neureuther und Maria Riesch wurden zu Stars. Kaum bekannt dagegen sind dem großen Publikum die erfolgreichsten Sommersportler der letzten Jahre: Der Kanute Sebastian Brendel und der Vielseitigkeitsreiter Sebastian Jung. Auch Uwe Gensheimer, lange Deutschlands bester Handballer, kann sich nicht mit den Stars des Fußballs vergleichen.

So gern die Deutschen Sport sehen und viele auch Sport treiben – Kosten und Risiken der Ausrichtung Olympischer Spiele mochten die Einwohner Münchens und Hamburgs nicht tragen. Obgleich die bayerische Hauptstadt gute Chancen gehabt hätte, als erste Stadt der Welt 50 Jahre nach den Olympischen Sommerspielen 2022 auch Winterspiele austragen zu können, stimmte die Mehrheit der Bürger in einer Volksabstimmung gegen eine Kandidatur. Wenige Jahre später endeten die Ambitionen Hamburgs, dessen Repräsentanten sich um die Sommerspiele 2024 bewerben wollten, ebenfalls mit einer Abfuhr durch die Bürger. Zwar waren die Mehrheiten jeweils knapp. Doch 48 Prozent sind eben keine ausreichende Unterstützung für ein solches Großvorhaben. Bei der ersten Olympiabewerbung Münchens hatten sich in Umfragen 1966 noch drei Viertel der Stadtbevölkerung dafür ausgesprochen. Der olympische Gigantismus und das schlechte Image der Sportfunktionäre sorgen dafür, dass Deutschland als Veranstalter eines solchen Mega-Events auf absehbare Zeit nicht in Frage kommt. Dass der oberste Olympier und IOC-Chef, der Wirtschaftsanwalt Thomas Bach, ein Deutscher ist, nutzt da wenig. Bach hat hierzulande keine gute Presse.

Seit dem 1.9.2007 gilt in Deutschland ein gesetzliches Rauchverbot in Zügen und allen anderen öffentlichen Verkehrsmitteln. Etwa zur gleichen Zeit untersagte der Bund das Rauchen in allen seinen Einrichtungen – bei nur wenigen Ausnahmen. 2007/2008 setzten alle 16 Bundesländer gesetzliche Rauchverbote in Gaststätten, Restaurants und Kneipen um. Zwar gelten in einigen Bundesländern bis heute Ausnahmen, die das Rauchen in abgetrennten Nebenräumen oder auch in kleinen Eckkneipen, die nur aus einem Raum bestehen, gestatten. Doch in der Summe ist das Rauchen aus öffentlichen Innenräumen weitgehend verdrängt. Raucher müssen heute ihren Süchten auch bei Wind und kaltem Wetter vor den Türen der Lokale nachgehen. Und der Trend lässt eher weitere gesetzliche Verschärfungen erwarten.

Die Gesetze waren die Folge der auch von Deutschland mitgetragenen

WHO-Tabakrahmenkonvention, die 2005 in Kraft trat und die Unterzeichnerstaaten verpflichtete, geeignete Maßnahmen zur Verminderung des Tabakkonsums, der Nikotinabhängigkeit und des Passivrauchens umzusetzen. Nachdem schon seit den 1950er Jahren eine Vielzahl von Studien über die schädlichen Wirkungen des Rauchens für ein Anwachsen der kritischen Diskussionen über den Nikotinkonsum geführt hatten, war 1975 ein Werbeverbot für Rundfunk und Fernsehen beschlossen worden. Nach Jahrzehnten des zähen Ringens um weitere Verschärfungen zugunsten des Nichtraucherschutzes bedeuteten die 2007/2008 getroffenen Maßnahmen eine historische Zäsur.

Seit dem 19. Jahrhundert war das Rauchen im öffentlichen Leben eine Selbstverständlichkeit geworden. Nahezu überall wurde geraucht, was in den Jahren um 1968 sogar noch zunahm. Dass jetzt auch auf Schulhöfen und in manchen Universitätsseminaren der Griff zur Zigarette oder Pfeife üblich wurde, galt vielen auch als emanzipatorische Errungenschaft. Rauchen schien eine besondere Form von Genuss und Lebensart zu verkörpern, gehörte zum Lebensstil von Generationen und war besonders bei Debatten und Diskussionen ein ständiger Begleiter – ob am Kneipentresen oder bei öffentlichen Veranstaltungen. Und gerade die emanzipierte Frau der Jahre nach 1968 zeigte das auch im demonstrativen Zigarettenkonsum in der Öffentlichkeit.

Damit war es jetzt vorbei. Hatten sich die Raucher über viele Jahrzehnte in der kulturell prägenden Rolle gesehen und schien etwa ein französischer Spielfilm ohne dauernden Zigarettenqualm gar nicht denkbar, so sahen sie sich nun in die Rolle einer an den Rand gedrängten Minderheit, die bald in engen Glaskäfigen auf Flughäfen ihrer Sucht nachgehen musste. Während die Gesellschaft auf anderen Gebieten einen permissiven Geist zeigte, konnten die Raucher auf Toleranz oder Verständnis immer weniger rechnen. In Verbindung mit der Fitnesswelle und der wachsenden Begeisterung für gesunde Ernährung ist dem modernen Verlangen nach einer Verdrängung des Rauchens aus dem öffentlichen Raum neuerdings sogar ein puristischer Reinheitskult unterstellt worden (110).

Tatsächlich ließ sich schwer bestreiten, dass mit anderen Formen der mutmaßlichen Selbstgefährdung wie etwa Alkohol oder den Gefahren mancher Extremsportarten duldsamer verfahren wird. Gar nicht recht zum strengen Rauchverbot passt auch die wachsende Zustimmung zur Legalisierung von Cannabis-Produkten. Wie immer: Die Lautlosigkeit, in der sich der kulturgeschichtliche Abstieg des Rauchens vollzog, war erstaunlich.

Inzwischen häufen sich die Debatten über eine Gefährdung der Meinungs- und Kunstfreiheit durch eine überbordende Political Correctness.

Eine aus Amerika stammende »Cancel Culture« verlangt neuerdings auch in Deutschland die Umbenennung von Straßen und den Abbau von Denkmälern. Gleichzeitig sorgen immer neue Forderungen nach einer »gendergerechten Sprache« für umstrittene sprachliche Konstrukte, die teilweise Eingang in die Behördensprache finden. Weil vielfach belegt ist, dass die Mehrheit der Bürger davon nur wenig hält, sprechen Kritiker inzwischen schon von einer »Sprachpolizei«. Altlinke kritisieren diesen neuen »Tribalismus«, der sich von der Gleichheitsidee der europäischen Aufklärung wegbewege. Winfried Kretschmann hat im Sommer 2020 mit sicherem Gespür für die Mehrheit von einem »Jakobinismus« gesprochen, dem man entgegentreten müsse. Man solle auch nicht »Sexus und Genus« verwechseln. Er stehe dafür, dass die Menschen so reden sollten, »wie ihnen der Schnabel gewachsen ist«.

8.6 DEUTSCHLAND – EIN MULTIKULTURELLES LAND

Nach den Angaben des Statistischen Bundesamtes lebten 2011 rund 80,3 Millionen Menschen in der Bundesrepublik Deutschland. Frühere Zahlen, die höher liegen, sind aufgrund einer anderen Datenbasis nur bedingt vergleichbar. Unter diesen 80,3 Millionen befanden sich 6,4 Millionen Ausländer, was einem Anteil von 7,9 Prozent entsprach. Knapp 15 Millionen Menschen hatten 2011 einen Migrationshintergrund. Das waren 18,5 Prozent (111).

Bis Ende 2018 ist die Gesamtbevölkerung der Bundesrepublik Deutschland auf 83,02 Millionen gewachsen. Darunter waren 10,9 Millionen oder 12,2 Prozent Ausländer. Der Anteil der Menschen mit Migrationshintergrund ist in dieser Zeit um gut sechs Millionen auf knapp 21 Millionen angestiegen. Inzwischen hat mehr als jeder vierte Bürger, der in Deutschland lebt, einen Migrationshintergrund (112).

Mit seinem Ausländeranteil liegt Deutschland deutlich vor den anderen großen EU-Mitgliedsländern. In Frankreich beträgt dieser Anteil sieben, in Italien 8,5 Prozent. Nur kleinere EU-Staaten wie Luxemburg, Zypern, Österreich oder Estland weisen einen höheren Anteil auf. Der EU-Durchschnitt liegt bei 7,7 Prozent. Das hat nicht nur mit der Abschottungspolitik der osteuropäischen Länder zu tun. Auch westliche Länder wie Portugal und Finnland haben mit 4,1 und 4,5 Prozent deutlich niedrigere Quoten (113). Beim Vergleich dieser Zahlen muss allerdings berücksichtigt werden, dass bei ehemaligen Kolonialmächten wie Großbritannien, Frankreich oder den Niederlanden schon in früheren Jahrzehnten die Anzahl der ein-gebürgerten Zuwanderer deutlich höher war als in Deutschland.

Die ethnische Zusammensetzung der Bevölkerung in Deutschland hat-te sich in den ersten Jahren der Merkel-Regierung nur wenig verändert. Die Asylbewerberzahlen lagen bis 2009 bei 20 000 bis 30 000 pro Jahr. Drei Viertel der Zuwanderer kamen aus dem mit der Osterweiterung größer ge-wordenen Europa, nur 14 Prozent aus Asien, vier Prozent aus Afrika.

Hauptzuwanderungsland war 2010 Polen, gefolgt von Rumänien und Bulgarien. Seit dem EU-Beitritt der beiden wirtschaftlich weniger ent-wickelten südosteuropäischen Länder haben sich die Wanderungsbewe-gungen aus diesen Ländern deutlich verstärkt. 2010 stieg die Zahl der Aus-länder erstmals wieder an. 475 000 kamen in diesem Jahr nach Deutschland, nur 295 000 verließen das Land.

Nach 2010 beschleunigte sich dieser Trend erheblich. 2011 lag die Netto-zuwanderung durch Nichtdeutsche bereits bei 303 000, bis 2013 war sie auf 450 000 angestiegen (114). Während die Migration aus Osteuropa an-hielt, ließen die Konflikte im Nahen und Mittleren Osten auch die Zahl der Asylbewerber aus ferneren Weltgegenden wieder anwachsen. 2012 wurden 65 000 Anträge gestellt, 2013 waren es bereits 110 000. Unter Berücksich-tigung von Folgeanträgen lag die Zahl bei 127 000. 2013 kamen die meisten Antragsteller aus Russland. Danach folgten Syrien, Serbien und Afghanis-tan. Auch Somalia und Eritrea lagen in der Spitzengruppe der Herkunfts-länder (115). Noch aber war die hohe Zahl von Zuzügen vor allem die Folge von Wanderungsbewegungen aus Osteuropa.

2014 kamen 1,34 Millionen Ausländer nach Deutschland. Weil im glei-chen Jahr nur etwa 765 000 Ausländer das Land verließen, stieg ihre Zahl binnen eines Jahres um 576 000. Allein aus Rumänen gab es 2014 eine »Nettozuwanderung« von 80 000 Menschen. 66 000 Syrer kamen in die-sem Jahr nach Deutschland, 60 000 Polen, 27 000 Kroaten, 17 000 Serben, 33 000 Bulgaren, aber auch 37 000 Italiener (116). 40 000 Syrer stellten einen der 203 000 Asylanträge, 17 000 Serben, 13 000 Eritreer, aber auch 8 000 Albaner und 7 000 Kosovaren (117).

2015 folgte der große Zuwanderungsstrom. 476 000 Asylanträge wur-den in diesem Jahr gestellt, 1,1 Millionen Asylbegehrende gezählt. Nach der Bereinigung von Mehrfachregistrierungen blieben 900 000, die nach Deutschland gekommen und hier unterzubringen waren. Die Gesamt-bilanz dieses Jahres wies über zwei Millionen Zuzüge von Ausländern aus, der 860 000 Fortzüge gegenüberstanden. Allein die Zahl der jetzt im Lande lebenden Syrer hat im Laufe dieses Jahres um 311 000 zugenommen. Dazu kamen 90 000 Afghanen und 68 000 Iraker. Gleichzeitig stieg auch die Binnenwanderung in Europa weiter. Ende 2015 lebten 86 000 Rumänen mehr in Deutschland als Anfang des Jahres. Die Zahl der Polen war um 63 000 gewachsen, die der Albaner um 47 000. Auch 20 000 Kosovaren waren hinzugekommen (118).

Weil die Registrierung der vielen Migranten und die Durchführung von Asylverfahren viel Zeit in Anspruch nahmen, kam es erst 2016 zur Rekordzahl von 722 000 Asylanträgen. Während die Nettozuwanderung 2016 wieder auf 500 000 zurückging, wobei die Zahl der Schutzsuchenden 280 000 betrug, verlagerte sich der Zustrom aus den Westbalkanländern wie Serbien, Kosovo und Albanien nach deren Aufnahme in die Liste der sicheren Herkunftsländer auf die Erlangung von Visa zur Aufnahme einer Erwerbstätigkeit.

Auch 2017 wuchs der Ausländeranteil weiter an. Freilich sank die Netto-Wanderungsbilanz auf 420 000. Zwei Drittel der Zuzüge stammten aus der EU. Nur noch 15 Prozent kamen aus Asien. Im Vorjahr waren das noch 25 Prozent gewesen. Etwa jeder Zwanzigste stammte aus Afrika. Gestiegen waren allerdings inzwischen die Zahlen des Familiennachzugs. Hatte die Ausstellung von Visa für die Zusammenführung von Familien über etliche Jahre stets im Bereich zwischen 30 000 und 50 000 gelegen, so stieg ihre Zahl jetzt auf 105 000 in 2016 und 115 000 in 2017 (119).

Unter den Asylbewerbern 2017 waren die Westbalkanländer praktisch nicht mehr vertreten. 49 000 Syrer, 22 000 Iraker, 16 000 Afghanen, 10 000 aus Eritrea, 9 000 aus dem Iran, 8 000 aus Nigeria und jetzt auch 8 000 aus der Türkei, nachdem das Land vollends Kurs auf den Umbau zu einem autoritären Regime genommen hatte – das waren die zahlenmäßig wichtigsten Gruppen (120).

Die Zahl der in Deutschland lebenden EU-Ausländer hat sich von 2004 bis 2017 mehr als verdoppelt. Rechnet man die übrigen europäischen Länder hinzu, dann ist die Gesamtzahl der europäischen Ausländer in Deutschland in dieser Zeit von 5,3 Millionen auf 7,5 Millionen gewachsen. Obwohl der Anteil der in Deutschland lebenden türkischen Staatsbürger auf 1,48 Millionen geschrumpft ist, leben heute über zwei Millionen nichtdeutsche Europäer mehr im Land als zur Zeit der EU-Osterweiterung 2004. Allein die Zahl der Rumänen ist in diesem Zeitraum von 70 000 auf mehr als 620 000 angestiegen. 2017 lebten 866 000 Polen in Deutschland. Vor der EU-Osterweiterung waren es 292 000 gewesen. Die Zahl der Bulgaren hat sich in dieser Zeit verachtfacht. Auch die ungarische Bevölkerungsgruppe ist viel größer geworden. Und lebten 2004 rund 10 000 Albaner in Deutschland, so waren es 2017 etwa 50 000. Gewachsen ist auch der Anteil der Russen. 2017 lag er bei 250 000 (121). Zwischen 1993 und 2007 waren bereits

207 000 jüdische Zuwanderer aus den Staaten der ehemaligen Sowjetunion eingewandert (122).

Verdoppelt hat sich auch der Bevölkerungsanteil der Afrikaner. In Deutschland lebt inzwischen mehr als eine halbe Million, darunter 75 000 Marokkaner und 56 000 Nigerianer. Unter den Menschen aus Asien machen die Syrer den größten Teil aus. Es sind mehr als 700 000, die sich registriert in Deutschland aufhalten. Dazu kommen 250 000 Afghaner, 240 000 Iraker, 170 000 Vietnamesen, 136 000 Chinesen, 110 000 Inder, 100 000 Iraner, 75 000 Pakistaner und 60 000 Thailänder. Dabei ist die Geschlechterverteilung sehr unterschiedlich. Während sich unter den Zuwanderern aus Thailand 87 Prozent Frauen befinden, sind die Pakistaner zu 80 Prozent Männer. Auch bei den Afghanen liegt der Anteil der Männer über 70 Prozent, bei den Syrern beträgt er 61 Prozent (123).

Regional sind die Ausländer höchst unterschiedlich verteilt. Während Berlin 2017 einen Ausländeranteil von 16,5 Prozent aufwies, Hessen bei 15,1 und Baden-Württemberg bei 14,5 Prozent lagen, bewegte sich dieser Anteil in den östlichen Bundesländern nur zwischen 4 und 4,5 Prozent. Damit waren die Anteile weit niedriger als in den alten Bundesländern, wo Schleswig-Holstein mit 7,3 Prozent den niedrigsten Anteil hatte (124).

6,9 Millionen der Menschen mit Migrationshintergrund hatten 2017 ihre Wurzeln in den Mitgliedsländern der EU, weitere sechs Millionen im übrigen Europa einschließlich der Türkei und Russland. Dazu kamen 4,2 Millionen mit asiatischen, 850 000 Menschen mit afrikanischen und 400 000 mit amerikanischen Wurzeln. Die 2,85 Millionen Spätaussiedler sind zu einem großen Teil in der Zahl der Zuwanderer aus der ehemaligen Sowjetunion enthalten (125). Die Zahlenangaben stammen aus 2017 und müssen inzwischen noch nach oben korrigiert werden.

Insgesamt sind seit 2005 mehr als fünf Millionen Menschen mehr nach Deutschland eingewandert als das Land verlassen haben. Die beiden größten Gruppen darunter sind Zuwanderer aus Ost- und Südosteuropa und Asylbewerber vor allem aus Asien und Afrika.

Die ethnische Zusammensetzung der Bevölkerung hat sich dadurch in den Jahren nach 2010 erheblich verändert. Diese Entwicklung wird schon deshalb weitergehen, weil die Altersstruktur der Zuwanderer anders ist als die der Bevölkerung ohne Migrationshintergrund. 2017 lag die Sterberate der ausländischen Bevölkerung nur bei einem Viertel der Rate der Deutschen. Die Zuwanderer sind im Durchschnitt jünger als die »eingeborenen« Deutschen. Auf Sicht wird deren Bevölkerungsanteil auch dann zurückgehen, wenn die Zahlen der Asylbewerber sinken sollten.

Niemand wird ernsthaft bestreiten können, dass mit dieser Veränderung der Gesellschaft auch große Probleme verbunden sind. Natürlich ist vor Übertreibungen zu warnen: Die meisten Zuwanderer haben ihre Wurzeln in Europa. Aber die Massenzuwanderung schafft Ängste gerade in den sozialen Milieus, wo man sich nicht zu den besser Gestellten rechnen kann. Und die Integration der Zuwanderer erfordert gewaltige Anstrengungen bei der Sprachförderung. Das Bildungssystem wird vor enorme Herausforderungen gestellt. Schon vor 2010 hatte die Bildungsstatistik große Unterschiede im Bildungserfolg zwischen Zuwanderern und den Kindern und Jugendlichen ohne Migrationshintergrund gezeigt. Diese Probleme werden sich eher verschärfen. Dies gilt besonders in den großstädtischen Zentren, wo sich der Anteil der Migranten konzentriert. Was der Soziologe Rainer Geißler einmal die »ethnische Unterschichtung der Gesellschaft« genannt hat, wird weiter zunehmen. Es ist zu befürchten, dass die Folgen der Corona-Pandemie diese Entwicklung verschärfen werden.

Hinzu kommen die Probleme der kulturellen Integration. Viele Zuwanderer aus der muslimischen Welt bringen kulturelle Prägungen und Geschlechterrollenverständnisse mit, die sich von den Wertvorstellungen der Aufnahmegesellschaft erheblich unterscheiden. Gerade viele männliche Jugendliche können dabei mit dem permissiven Geist der deutschen Gesellschaft wenig anfangen. Die hierzulande üblichen Leitbilder von Duldsamkeit und Verständnis erscheinen ihnen oft als Ausdruck von Schwäche. Bislang sind es vor allem Autoren, die selbst aus dem Migrantenmilieu stammen, die auf die damit verbundenen Probleme aufmerksam machen – und dafür manchmal von »Alteingesessenen« kritisiert werden (126). Hinzu kommt die Fremdheit des deutschen gesellschaftlichen und politischen Systems. Die Probleme der Bindungskraft von Politik und Parteien in die Gesellschaft, die heute allenthalben beklagt werden, haben auch mit gewachsener Mobilität und gestiegener Migration zu tun.

Dass in der globalisierten Welt von heute die Probleme der Migration nicht einfach durch Abschottung gelöst werden können, liegt ebenso auf der Hand wie die Tatsache, dass Deutschland Zuwanderung schon aus demographischen Gründen benötigt. Vorstellungen, man könne die relativ große ethnische Homogenität früherer Zeiten wiederherstellen, sind deshalb unrealistisch. Gleichzeitig aber gilt auch, dass der Zusammenhalt von Gesellschaften immer nur dann einigermaßen bewahrt werden kann, wenn die Integration der Zuwanderer in die Aufnahmegesellschaft gelingt. Und ob sie gelingt, ist immer auch eine Frage der Zahl und des Zeitraums, in dem Zuwanderergruppen auf Aufnahmegesellschaften stoßen. Deshalb hat noch kein Land der Welt dauerhaft darauf verzichtet, solche Prozesse steuern zu wollen. Eine Politik der offenen Grenzen, die Zuwanderung als eine Art Reichtumsausgleich zwischen Nord und Süd versteht, würde im Ergebnis nur die politische Stabilität des Gemeinwesens ruinieren.

Die Integrationsproblematik erscheint umso schwieriger, weil die kulturellen Veränderungsprozesse nicht nur der deutschen Gesellschaft zusammenfallen mit dem Bedeutungsverlust fast aller traditionellen Träger kollektiver Identitäten. Der Nationalstaat hat im Zeitalter der Globalisierung ebenso an Bedeutung verloren wie die soziale Klasse oder die identitätsstiftende Bedeutung von Religionsgemeinschaften. Daraus sind kulturelle Verunsicherungen entstanden, die den Humus bilden für das Wachstum populistischer Bewegungen, mit denen sich die gesamte westliche Welt seit einigen Jahren auseinandersetzen muss. Wenn dazu noch eine deutlich gewachsene Führungs- und Orientierungsschwäche der alten Volksparteien tritt, die den Eindruck erwecken, dass sie in ihrem Modernisierungs- und Globalisierungsoptimismus den Bedarf vieler Menschen an kollektiven Bindungen und Heimatgefühlen aus dem Blick verloren haben, verschärft sich das Problem weiter.

Die deutsche Gesellschaft ist in den Merkel-Jahren vielfältiger und bunter, aber auch polarisierter und konfliktreicher geworden. Dabei sind die Gegensätze zwischen den urbanen und gut ausgebildeten Bevölkerungsteilen, denen die Orientierung an vertrauten Gewissheiten, an Ort und Heimat, nicht so wichtig ist, und jenen, die diesen Verlust beklagen, deutlich gewachsen. Die Probleme, die sich mit der Integration so vieler Zuwanderer verbinden, die sich ja nicht einfach mit ein paar Deutschkursen lösen lassen, bilden dabei einen wichtigen Teil der Schwierigkeiten, die es heute macht, gesellschaftlichen Zusammenhalt zu wahren.

In einer Studie von Cornelia Koppetsch wird 2019 der Aufstieg des internationalen Rechtspopulismus als Reaktion auf die Zumutungen der Globalen Moderne zu deuten versucht. Die »Transnationalisierung des Sozialraums« habe neue Konfliktlinien hervorgebracht. Gegen die in ihrem Selbstbild liberalen neuen Kosmopoliten setzten die Anhänger einer neuen Rechten »die auf Gleichheit, Tradition und nationaler Souveränität beruhenden Verhältnisse der Industriemoderne«. Dazu gehört auch das Verlangen nach einer Begrenzung von Zuwanderung und der Wunsch nach einer Wiederherstellung stärkerer ethnischer Homogenität (127).

Der damit verbundene soziale und kulturelle Sprengstoff wird sich durch Tabuisierung und Schönreden realer Probleme ebenso wenig entschärfen lassen wie durch eine überdehnte Rhetorik der »klaren Kante gegen rechts«. Natürlich muss mit aller Entschiedenheit gegen Rassismus und den neuen Rechtsradikalismus vorgegangen werden. Wenn das aber dazu führt, neuen sozialen und kulturellen Konfliktlinien allein mit vergangenheitsbezogenen Reflexen zu begegnen, wird das eher eine Verschärfung der Probleme zur Folge haben.

Im Sommer 2019 war in deutschen Zeitungen zu lesen, dass die Integration der Flüchtlinge in den deutschen Arbeitsmarkt schneller vorangehe als zu erwarten gewesen sei. Als Quelle wurde das IAB in Nürnberg genannt (128).

Ein genauerer Blick in die Berichte der Bundesagentur für Arbeit zeigt freilich ein ernüchterndes Bild. Danach hatten bis zum Herbst 2019 etwa 357 000 Menschen aus den von der BA als »Asylherkunftsländer« eingestuften Staaten eine sozialversicherungspflichtige Beschäftigung gefunden. Einschließlich der allein geringfügig Beschäftigten lag diese Zahl bei knapp über 400 000. Dem standen 980 000 Zuwanderer aus Ländern wie Syrien, Afghanistan, Eritrea, Irak oder Nigeria gegenüber, die sich im Sozialhilfebezug nach dem SGB II befanden, darunter 640 000 Hartz-IV-Empfänger. Die Arbeitslosenquote betrug im September 2019 bei den Deutschen 4,7 Prozent, bei allen Ausländern insgesamt 12,2 Prozent, bei den Menschen aus den Asylherkunftsländern 33,5 Prozent. Bei den SGB II-Empfängern sah die Quote noch ungünstiger aus: 6,3 Prozent der Deutschen, aber über 60 Prozent der Zuwanderer aus Afrika und dem Nahen Osten bezogen solche Leistungen. Zwar haben sich diese Zahlen gegenüber dem Herbst 2018 leicht verbessert. Doch die Beschäftigungszunahme ist nur marginal. Von der »Chance auf ein zweites Wirtschaftswunder«, wie sie Daimler-Chef Zetsche im Herbst 2015 mit dem Flüchtlingszustrom verbunden hatte, kann jedenfalls bisher keine Rede sein (129). Bis zu einer gelungenen Integration in den Arbeitsmarkt bleibt noch ein weiter Weg. Der wird durch die Folgen der Corona-Krise nicht leichter werden.

Die Statistik zeigt weiter, dass auch die Wanderungsbewegungen aus Osteuropa im Durchschnitt eher zu weiteren Belastungen der Sozialkassen beitragen. Während der Anteil der Deutschen am Sozialhilfebezug im Herbst 2019 bei 6,3 Prozent lag, liegt die Quote der ausländischen Sozialhilfeempfänger dreimal so hoch wie die der Deutschen (130). Allein 26 Prozent der Bulgaren waren auf Sozialtransfers angewiesen. Die Probleme, die sich hinter diesen Zahlen verbergen, wird man nicht dadurch lösen, indem man sie lieber verschweigt.

8.7   DEUTSCHE EINHEIT HEUTE

Dreißig Jahre nach dem Mauerfall zog die Bundesregierung im Herbst 2019 eine positive Bilanz. Ost- und Westdeutschland hätten sich in dieser Zeit kontinuierlich aufeinander zubewegt, die Angleichung der Lebensverhältnisse sei weit fortgeschritten. Das zeige sich bei der Infrastruktur ebenso wie in den sozialen Lebensverhältnissen. Die Arbeitslosigkeit in den neuen Ländern befinde sich auf einem historischen Tiefstand, die Tariflöhne hätten 97,6 Prozent des Westniveaus erreicht und die Rentenangleichung werde bis 2024 abgeschlossen sein (131).

Tatsächlich hat die Arbeitslosigkeit in den Neuen Ländern seit 2005 kontinuierlich abgenommen. Hatte sie am Ende der Regierung Schröder in Ostdeutschland Rekordwerte von über 18 Prozent erreicht, so ist sie dort bis 2017 auf 7,5 Prozent gefallen. Damit hat sich die Differenz zum Westen bis auf 2,3 Prozent verringert. 2005 hatte der Abstand noch mehr als acht Prozent betragen (132). Ende 2017 waren sechs Millionen Beschäftigte in den neuen Ländern als sozialversicherungspflichtige Arbeitnehmer tätig. Unter ihnen lag freilich der Anteil der Teilzeitbeschäftigten mit 30,6 Prozent höher als im Westen, wo er nur 27 Prozent betrug (133).

Eine genauere Betrachtung von Erwerbstätigkeit und Einkommen zeigt allerdings, dass es noch immer allerhand Unterschiede gibt. So sind etwa Mütter mit Kindern im Osten häufiger und mit höherer Stundenzahl erwerbstätig als im Westen. In Ostdeutschland arbeiteten 2016 43 Prozent der Mütter mehr als 35 Stunden, in Westdeutschland dagegen nur 20 Prozent. Diese Schere vergrößerte sich noch, wenn man allein die Mütter mit Kleinkindern verglich (134).

Erhebliche Differenzen zeigen sich auch in der Entlohnung. Wohl trifft es zu, dass bei den Tariflöhnen eine weitgehende Angleichung erreicht ist. Doch arbeiten im Osten nur 44 Prozent der Arbeitnehmer in tarifvertraglich gebundenen Betrieben. Im Westen sind das immerhin 57 Prozent. Zwar ist der Anteil der nach Tarif Beschäftigten real höher, weil in beiden Teilen des Landes Betriebe auch freiwillig Tariflöhne zahlen. Doch lag der durchschnittliche Bruttoverdienst eines ostdeutschen Vollzeitbeschäftigten 2018 mit monatlich 2790 Euro nur bei 84 Prozent des Westniveaus.

Die Angleichung das Tariflohnniveaus verdeckt, dass sich die Angleichungsquote seit der Jahrtausendwende nur noch geringfügig verändert hat. Im Jahr 2000 lag sie bei 80, 2016 bei 82 und 2017 wieder bei 81 Prozent. Erst 2018 wurde wieder ein größerer Angleichungsschritt erreicht (135). Deutliche Unterschiede zeigen sich auch bei den Jahres-Nettoäquivalenzeinkommen (136).

Inzwischen ist das Armutsrisiko im Osten etwas geringer als im Westen, nachdem es über lange Zeit umgekehrt gewesen war (137). Das Bruttoinlandsprodukt pro Einwohner lag im Osten 2018 bei 74,7 Prozent des westdeutschen Niveaus. Nimmt man nur die Erwerbstätigen, dann wurden im Osten 80,8 Prozent erreicht (138). Deutlich dahinter zurück bleibt weiterhin das Steueraufkommen in den neuen Ländern. Es lag (ohne Berlin) 2017 noch unter 60 Prozent des Aufkommens im Westen. Und die fast schon erreichte Angleichung der Renten darf nicht darüber hinwegtäuschen, dass sich die tatsächliche Lebenssituation der Älteren in Ost und West schon deshalb unterscheidet, weil im Westen oft noch private Vermögenseinkünfte hinzukommen und die privaten Vermögen im Westen durchschnittlich viermal so hoch sind wie in Ostdeutschland. Hinzu kommt, dass Betriebsrenten im Westen häufiger gezahlt werden.

Dass die Angleichung der Einkommen nicht noch weiter vorangeschritten ist, hat vor allem mit einer Wirtschaftsentwicklung zu tun, die bei allen positiven Effekten für den Arbeitsmarkt auch besondere Probleme für den Osten mit sich bringt. So liegt die Arbeitsproduktivität in den neuen Ländern weiter unter dem Westniveau und ist das Wirtschaftswachstum dort seit 2005 meist geringer ausgefallen als in der alten Bundesrepublik. 2016 lag das Wirtschaftswachstum im Westen bei zwei, in den neuen Ländern bei 1,4 Prozent. 2017 war es ähnlich. 2018 allerdings übertraf das Wachstum im Osten das Wachstum im Westen (139).

Die Schwächen der ostdeutschen Wirtschaft haben strukturelle Ursachen. Sie haben zu tun mit einer deutlich niedrigeren Wertschöpfung im verarbeitenden Gewerbe, mit den vergleichsweise kleinteiligen Unternehmensstrukturen und mit einer Bevölkerung, in der der Anteil der Älteren noch deutlich höher liegt als in den alten Ländern. Während im Westen 24,4 Prozent der Wertschöpfung auf das verarbeitende Gewerbe entfallen, sind es im Osten nur 18,9 Prozent (140). Dazu kommt der Mangel an Großbetrieben und größeren mittelständischen Unternehmen. So waren in Westdeutschland 2018 in der Industrie 1,6 Millionen Menschen in Großbetrieben mit mehr als 1 000 Beschäftigten tätig, in Ostdeutschland aber nur 103 000. Nimmt man die Betriebsgrößen von über 500 Mitarbeitern hinzu, sind im Westen 2,4 Millionen in solchen Unternehmen beschäftigt, im Osten nur 180 000. Vor allem in den größeren Unternehmen aber liegt der Schwerpunkt von Innovationen und Investitionen (141).

Auch die Exportquote in Ostdeutschland liegt deutlich unter der westdeutschen. In den neuen Ländern beträgt sie 25,9 Prozent, im Westen dagegen 32,9 Prozent. Im verarbeitenden Gewerbe sind die Unterschiede noch größer (142). Kein einziger internationaler Konzern hat seinen Hauptsitz in den neuen Bundesländern. Das führt zu Nachteilen bei den Investitionsquoten für Forschung und Entwicklung. Zwar versucht man seit Jahren, diese Nachteile durch staatliche Förderprogramme auszugleichen. Doch bleibt die ostdeutsche Industrie stärker auf Vorprodukte mit geringerer Wertschöpfung ausgerichtet. Im Ergebnis lag die Bruttowertschöpfung im verarbeitenden Gewerbe 2017 nur bei 52 Prozent des Westniveaus (143).

Hinzu kommen die Nachteile einer demographischen Struktur, die durch einen höheren Anteil von älteren Menschen und eine stärker ländliche Besiedlung des Landes geprägt ist. Zwar haben sich die Trends der Binnenwanderung inzwischen umgekehrt. Von 2015 bis 2017 haben weniger Menschen den Osten in Richtung Westen verlassen als umgekehrt. Doch die Unterschiede in der Wirtschaftsstruktur werden sich auch auf mittlere Sicht kaum ausgleichen. Zwar liegt der Anteil der industriellen Wertschöpfung auch in den neuen Ländern inzwischen höher als etwa in Italien, Frankreich oder Spanien, wo dieser Sektor der Wirtschaft stärker geschrumpft ist als in Deutschland. Aber wenn das Ziel einer allmählichen Angleichung der Lebensverhältnisse weiterverfolgt werden soll, wird auch der Transferbedarf der neuen Länder anhalten.

Schon 2014 sind die Netto-Transferleistungen von West nach Ost seit 1990 mit etwa zwei Billionen beziffert worden; andere Berechnungen gingen von 1,5 bis 1,8 Billionen aus (144). Rechnet man alle Zuschüsse für die Sozialversicherungssysteme und die diversen Investitionsprogramme für den Aufbau Ost zusammen und zieht davon Steuern und Sozialversicherungsbeiträge ab, die im Osten gezahlt werden, hat sich der jährliche Transferbedarf zwar verringert, liegt aber noch immer in der Größenordnung von 60 bis 75 Milliarden. Auch nach dem Ende des »Solidarpakt II« 2019 und der Neuregelung des Länderfinanzausgleichs wird der Schwerpunkt der Zuweisungen und Strukturhilfen in den neuen Bundesländern liegen. Nach der volkswirtschaftlichen Gesamtrechnung für 2018 erwirtschaftete die Bevölkerung in den alten Bundesländern einen Anteil von 2 867 Milliarden am gesamten deutschen Bruttoinlandsprodukt von 3 386 Milliarden. Auf Berlin entfielen 137 Milliarden, auf die neuen Länder 372 Milliarden. Das ist ein Anteil von 11 Prozent bei einem Bevölkerungsanteil von knapp über 15 Prozent. Diese Lücke kann nur durch Finanzhilfen und Finanztransfers geschlossen werden (145).

Immerhin sehen die demographischen Zukunftsaussichten mittlerweile wieder besser aus. Im Osten werden mehr Kinder pro Frau geboren als im Westen. Im Saldo stellen sich zumindest in Sachsen, Brandenburg und Berlin auch die Wanderungsbewegungen von Ost nach West inzwischen günstiger dar als in den ersten zwanzig Jahren der Einheit. Allerdings zeigen sich besondere Probleme in vielen ländlichen Räumen, die sich von der Gesamtentwicklung inzwischen mehr oder weniger abgehängt fühlen.

Hinzu kommen die mentalen Spätfolgen einer Einheit, die für Millionen auch mit vielerlei Enttäuschungen und dramatischen biographischen Konsequenzen verbunden waren. Zwar sind die Erscheinungen verklärender Erinnerung an die angeblich solidarischen Zeiten der untergegangen DDR, wie sie in der Ostalgiewelle um die Jahrtausendwende zu beobachten waren, weitgehend verschwunden. Dafür hat sich über die besondere Resonanz, die die Rechtspartei AfD in den neuen Ländern findet, ein neuer Riss zwischen Ost und West aufgetan.

Dass das etablierte Parteiensystem des Westens im Osten zu keiner Zeit derart tiefe, feste und stabile Bindungen in der Gesellschaft gefunden hat wie das im Westen lange Jahre der Fall war, hat zu tun mit den Umbrucherfahrungen, den Enttäuschungen und dem bei vielen bleibenden Gefühl, letztlich doch mit »Westimporten« konfrontiert worden zu sein. »Gerechtigkeit ist mehr als Geld, Arbeit und soziale Sicherheit«, hat Ilko-Sascha Kowalczuk in seiner Bilanz der Einheit 2019 geschrieben (146).

Auch 30 Jahre nach der Einheit hat sich der Prozess der Elitenrekrutierung noch nicht normalisiert. 2016 wurde nur ein knappes Viertel der Führungspositionen in Politik, Medien, Wirtschaft und Wissenschaft in Ostdeutschland von im Osten geborenen Menschen eingenommen. Aus gesamtdeutscher Perspektive sind diese Unterschiede noch größer. Nur vier von 196 DAX-Vorständen hatten ihre Wurzeln im Osten (147).

Weil die geborenen Ostdeutschen in den Führungsetagen so spärlich vertreten sind, ist auch die Kluft zwischen Bürgern und Eliten größer als im Westen. Die vergleichsweise geringe Mitgliederzahl und gesellschaftliche Rückbindung, die die klassischen Volksparteien CDU und SPD im Osten erreichen konnten, zeigen diese Probleme ebenso wie der beachtliche Erfolg, den PDS und die Nachfolgepartei »Die Linke« im Osten schon bald nach der Wende gefunden haben. Wie sehr dieser Erfolg auch mit Protest, mit sozialen und kulturellen Verlustängsten zu tun hatte, machen seit einigen Jahren die Wählerwanderungen von der Linkspartei zur AfD deutlich.

Schon bei den Bundestagswahlen 2017 hatte die AfD in den neuen Ländern ein Gesamtergebnis von 22 Prozent erreicht. In Sachsen war die Partei mit 27 Prozent der Stimmen sogar vor der CDU zur stärksten Partei geworden. Die Ergebnisse der Europawahlen im Frühjahr 2019 und der Landtagswahlen im Herbst haben diesen Trend im Wesentlichen bestätigt. Während in den westlichen Bundesländern die Wachstumschancen der AfD begrenzt scheinen, ist das in Ostdeutschland anders.

Bei einem tatsächlichen Ausländeranteil, der mit knapp über vier Pro

zent nur ein gutes Viertel des Ausländeranteils etwa im Flächenland Hessen beträgt, erscheint die besondere Ausprägung kultureller Verlust- und
»Überfremdungsängste« in Ostdeutschland zunächst paradox. Warum haben Bewegungen wie »PEGIDA« im Osten nicht nur ihre Wurzel, sondern
können sogar eine Art Tradition entwickeln, während ihre Nachahmer im
Westen vor allem Gegendemonstranten mobilisierten?

Auch hier spielen die Langfristfolgen der Einheit eine wichtige Rolle. In
vielen ostdeutschen Familien war die Transformation nach 1989 mit Arbeitslosigkeit, Angst vor sozialem Abstieg und dem Gefühl einer Entwertung der privaten Lebensleistungen verbunden. So blieb die Distanz zum
staatlichen System größer als im Westen, zumal dieses System von vielen als »importiert« empfunden wurde. Mit der größeren Labilität entstand auch der Wunsch nach Eindeutigkeit und einer festen Versicherung
der eigenen kulturellen Identität. Viele Ostdeutsche hatten bereits zu viele Bedrohungen und Veränderungen ihrer gewohnten Lebenswelt erlebt,
als dass ihnen der Sinn nach neuerlichen Umwälzungen stehen konnte. Wo
im Westen zumindest ein relevanter Teil der Bevölkerung den gewachsenen multikulturellen Charakter der Gesellschaft auch als Chance begreifen konnte, galt das im Osten vielen eher als Bedrohung. Dabei haben auch
Erfahrungsunterschiede im Umgang mit Fremden eine Rolle gespielt. Den
Westdeutschen war der Umgang mit ihnen längst vertraut, als die wenigen
Vertragsarbeitnehmer aus den sozialistischen Bruderstaaten in der DDR
noch gezwungen waren, in Ghettos zu leben.

Ergebnis der Wendeerfahrungen ist ein weitaus höheres Maß an Skepsis
gegenüber der Praxis der Demokratie in Deutschland als im Westen. Diese
Skepsis, die seit vielen Jahren immer wieder gemessen wird, führt nicht nur
zu einer größeren Bereitschaft, Protestparteien zu wählen. Im Osten konnte sich auch die Hegemonie eines um die »political correctness« zentrierten
Zeitgeistes nie so entfalten wie in den alten Ländern. Entsprechend gehen
die Ostdeutschen unbefangener mit Begriffen wie »Nation« und »Volk« um.
Was im Westen leicht als »völkisch« oder »nationalistisch« ausgegrenzt
werden kann, erregt die Ostdeutschen in der Regel deutlich weniger. Das
schafft günstigere Gelegenheitsräume für den Aufstieg rechter Parteien.
Eine unter den Propagandaformeln vom »Antifaschismus« und vom »ge-
sunden Nationalbewusstsein« in der DDR kaum verarbeitete Geschichte
zeigt hier ihre Spätfolgen.

Hinzu kommen die Restbestände des im DDR-System internalisierten
autoritären Paternalismus. Weil aus ihm die Vorstellung einer Allzustän-
digkeit des Staates entsteht, erscheint es auch so besonders schlimm und
hat so viele Negativ-Emotionen aufgewühlt, dass Angela Merkel die Flücht-

linge angeblich so viel lieber waren als ihre ostdeutschen Landsleute. Die kulturelle Arroganz jener Westdeutschen mit »kosmopolitischem Geist und überschießender Moralität«, die verständnislos auf die politische Kultur in »Dunkeldeutschland« blicken, vertieft diese Gräben noch. Wohl zeigen die inzwischen besseren Wahlergebnisse der Grünen in den neuen Ländern, dass auch Gegenkräfte an Boden gewinnen. Auf mittlere Sicht aber werden die Befindlichkeitsunterschiede nicht verschwinden. Zumal sie im Gegensatz zu vielen Erwartungen mit der Generationenabfolge nicht einfach aussterben. »Die historischen Erblasten wirken in Ostdeutschland weitaus schwerwiegender und nachhaltiger fort, als noch Anfang der 1990er Jahre prognostiziert wurde« (148).

8.8   DEUTSCHLAND HEUTE

Deutschland war im Frühjahr 2020 – jedenfalls bis zum Einbruch der Corona-Krise – ein wirtschaftlich prosperierendes Land. Trotz aller Gerechtigkeitsprobleme, die sich mit niedriger Rentenerwartung für Millionen, starker Vermögenskonzentration bei wenigen und prekären Beschäftigungsverhältnissen verbinden, stand das Land wirtschaftlich besser da als zum Ende der Ära Schröder. Die Sozialsysteme funktionierten. Das Finanzsystem war nach Jahrzehnten bedenklicher Ausweitung der Staatsverschuldung einigermaßen konsolidiert. Wohl ließen sich allerhand Rückstände bei der Entwicklung der öffentlichen Infrastruktur nicht übersehen. Dies galt für den Zustand der Schulen ebenso wie für die Verkehrswege, wo vor allem die Bahn immer wieder Anlass zur Klage bot. Dazu kamen die wenig befriedigenden Ergebnisse der Klimaschutzpolitik und der wachsende Mangel an preisgünstigem Wohnraum in den Ballungsgebieten. Alles in allem aber ging es dem Land besser als vielen seiner europäischen Partner.

Gleichzeitig aber war die politische Stabilität des Landes gefährdet wie nie seit 1949. Die beiden großen Volksparteien, die erst die alte Bundesrepublik und dann das vereinigte Deutschland so nachhaltig geprägt hatten, haben bis Anfang 2020 an Stärke und gesellschaftlicher Bindungskraft dramatisch verloren. Die Sozialdemokraten erlebten die tiefste Krise ihrer Geschichte seit 1863, haben ihren Charakter als Volkspartei praktisch eingebüßt und waren im Mai 2019 erstmals bei gesamtstaatlichen Wahlen überhaupt von den Grünen auf den dritten Platz verwiesen worden. Das noch immer »Große Koalition« genannte Regierungsbündnis in Berlin hätte keine Stimmenmehrheit mehr zusammenbringen können, wäre Anfang

2020 gewählt worden. Mit dem Aufstieg der AfD und den märchenhaften Erfolgen der Grünen verband sich eine Polarisierung der Gesellschaft, wie es sie seit Jahrzehnten nicht mehr gegeben hatte.

Dass diese Polarisierung viel mit kulturellen Bedrohungs- und Verlustängsten zu tun hatte, die sich häufig mit sozialen Faktoren vermischten, davon war oben schon die Rede. Die Spaltungslinien zwischen einer gut gebildeten und wirtschaftlich abgesicherten urbanen Mittelschicht, die mit den gewachsenen Integrationsproblemen des Landes wenig Schwierigkeiten hat, und den sozialen Milieus, deren Bedarf an Sicherheit, Halt und Tradition größer ist, sind vor allem mit den Zuwanderungswellen erheblich gewachsen.

Hinzu kamen freilich auch Spaltungslinien anderer Art. Durch das Internet und vor allem mit der Herrschaft des Smartphones, mit YouTube und Netflix sind wir mit einer Revolution von Kommunikationsstrukturen konfrontiert, die sich auseinanderentwickelt haben. Die inzwischen überwiegend digitalen Kommunikationsformate der Jüngeren finden in Räumen statt, die vielen klassischen Zeitungslesern nicht einmal bekannt sind. In diesen Räumen verschwimmen die Grenzen zwischen öffentlicher und privater Kommunikation, zwischen Werbung und Produktinformation, zwischen privater Meinungsäußerung, Journalismus und Kunst. Hier werden Stars geboren, von deren Existenz viele andere noch nie etwas gehört haben.

Mit dem Abstieg des Printjournalismus und der rapiden Beschleunigung von Kommunikation im Netz verbindet sich ein wachsender Hang zu Flüchtigkeit und Oberflächlichkeit, bei dem die Verpackung oft wichtiger zu werden scheint als der Inhalt. Aufregungs- und Empörungswellen wabern durch die elektronischen Netze, deren seriöse Grundlagen manchmal zweifelhaft sind. Da im Netz weniger der Wahrheitsgehalt einer Nachricht zählt als die Anzahl der Klicks, ist auch für Scharlatane aller Art ein gewaltiges Betätigungsfeld entstanden. In einer Grauzone zwischen kommerzieller Werbung, privater Meinungsäußerung und Journalismus hat sich eine Influencer-YouTube-Szene entwickelt, die wachsenden Einfluss auf Einstellungen und Vorlieben der Jugendlichen und Heranwachsenden hat.

Zu den auffälligsten Veränderungen zählt auch der ironisierende und oft im Kern verachtungsvolle Blick auf die Welt der etablierten Politik. Er entstammt dem seit Beginn des Jahrtausends inflationär gestiegenen Angebot an Comedians und Satire. Schon seit einigen Jahren lässt sich beobachten, dass der Bekanntheitsgrad des politischen Spitzenpersonals bei den Jüngeren auch von seinem Potential zur komödiantischen Inszenierbarkeit abhängig geworden ist. Das hat Rückwirkungen auf Kraft und Chance politischer Steuerung.

Es mag sein, dass sich das politische Spitzenpersonal von heute mit Glaubwürdigkeit und überzeugender Führungskraft schwerer tut als frühere Generationen. Folgenreicher aber ist der veränderte gesellschaftliche Resonanzboden. Hatten schon die explosionsartige Ausweitung des Mediengewerbes und die verschärfte Konkurrenz um Auflage und Einschaltquoten in den 1990er Jahren eine deutlich kritischere Berichterstattung über eine immer stärker durchleuchtete politische Führungskaste hervorgebracht, die der britische Autor John Keane »Monitory Democracy« genannt hat (149), so haben sich diese Entwicklungen unter den Bedingungen des netzgestützten Journalismus weiter verschärft.

Der anscheinend unerschöpfliche Drang der Jüngeren zum spaßhaft-ironisierenden Weltverhältnis korrespondiert mit einem wachsenden Hang zur selektiven Moralisierung, der auch bei den Älteren, gefördert durch die moderne Medienwelt, gewachsen ist.

Der Aufstieg der Klimaschutzpolitik auf der politischen Agenda ist angesichts der objektiven Bedeutung des Themas gewiss nur folgerichtig. Das gilt auch für die Tatsache, dass darüber viele Junge und ganz Junge Zugänge zum politischen Geschehen gefunden haben.

Andererseits kann kaum übersehen werden, dass die geringe Erfolgsbilanz der Klimaschutzpolitik der letzten Jahrzehnte nicht allein der Politik anzulasten ist. Vielmehr zeigen sich die gleichen Bürger, die im hohen Tonfall moralischer Anklage das Versagen der Politik beklagen, bis heute immer dann wenig veränderungsbereit, wenn Klimaschutz praktische Dimensionen in Form veränderten Alltags- und Mobilitätsverhaltens annehmen soll. Die Energiewende ist solange in Ordnung, solange die Stromtrassen für den Transport des in den Offshore-Anlagen erzeugten Stroms nicht in der Nähe der eigenen Wohnung verlaufen. Und wenn die neue Straßenbahn vor der eigenen Haustür geplant wird, ist auch der so gern geforderte Ausbau des öffentlichen Personennahverkehrs plötzlich nicht mehr so vordringlich.

Die Dimension der zentralen Zukunftsfrage Klima ist seit Jahrzehnten bekannt. In der gleichen Zeit aber haben sich die Flugbewegungen in Deutschland mehr als verdoppelt. Immer mehr Menschen fliegen in den Urlaub und nutzen die Niedrigpreis-Angebote der Billigflieger. Verzehnfacht haben sich im letzten Jahrzehnt die unter CO_2-Aspekten noch schädlicheren Kreuzfahrten. Zum Jahresende 2019 konnte man lesen, dass die Neuzulassungen von SUVs mit ihrem hohen Spritverbrauch 2019 einen neuen Rekordwert erreicht haben. Es fällt schwer zu glauben, dass sich das alles plötzlich ändern wird, wenn demnächst die Grünen Teil einer neuen Bundesregierung sein werden. Die Spanne zwischen dem Anspruch einer hochmoralisch aufgeladenen Politik der gesinnungsethischen Bekenntnis-se und den realpolitischen Möglichkeiten ist jedenfalls größer geworden.

Mit einiger Berechtigung sprechen heute viele von der Hegemonie eines ökologisch-kosmopolitisch-genderisierten Zeitgeists in den meinungsbil-denden Eliten. Diese Hegemonie hat die politischen Begriffe freilich mehr verändert als die Dinge selbst. In der politischen Sprache von heute wim-melt es inzwischen von hochtönenden moralischen Ansprüchen. Da sich freilich die Wirklichkeit nicht einfach in wohlklingende Formeln zwin-gen lässt, erwachsen daraus auch zusätzliche Glaubwürdigkeitsprobleme. Es ist manchmal schwer zu verstehen, mit welchem Aufwand Politik und Gesellschaft heute die – meist berechtigten – Ansprüche auch der kleins-ten gesellschaftlichen Minderheit zu berücksichtigen versuchen, zugleich aber nicht mehr in der Lage sind, für einen halbwegs pünktlichen Bahn-verkehr zu sorgen oder den Neubau eines Hauptstadtflughafens zu einem Abschluss zu bringen. Dabei scheint ein immer weiter ausgreifender se-lektiver Moralismus inzwischen schon zur Gefahr für die Fähigkeit zu ra-tionaler Problemlösung auf der Grundlage verantwortungsethischer Fol-genabschätzung zu werden. Wenn Reckwitz' These von der wachsenden Affektgesteuertheit in der Gesellschaft der Singularitäten zutrifft, werden diese Probleme eher noch zunehmen. Die Balance zwischen Moral, Recht und Politik scheint gestört.

Mit dem Beginn der Coronakrise konnte man den Eindruck haben, als seien fast über Nacht Veränderungen eingetreten. Rasch konnte jeder spü-ren, dass Politik doch nicht bloß Bestandteil eines medialen Theaters ist, an dem sich viele mehr oder weniger delektieren. Und worauf es ankommt, was Verantwortungsethik bedeutet und welche Entscheidungslasten Politi-ker zu tragen haben. Die Verpackung war plötzlich zweitrangig geworden, der staatstragende Ton gewünscht, das nüchterne Fachchinesisch der Vi-rologen interessanter als die Witze der Comedians. Das Land machte die Erfahrung, dass von einigermaßen verantwortungsbewussten Leuten über wirklich wichtige, ja existentielle Probleme gesprochen wurde, die Exekuti-ve eine leidlich gute Figur abgab und das deutsche Gesundheitswesen offen-bar besser funktionierte als andere. Auch die befürchtete Verunsicherung der Bevölkerung durch allerhand abseitige Internet-Veröffentlichungen trat erst einmal nicht ein. Jedenfalls nicht bei den zwei Dritteln, die sich im April und Mai 2020 wieder »gut regiert« fühlten. Was das dauerhaft bedeu-tet, kann derzeit niemand sagen. So aber wird es sicher nicht bleiben.

In den weltpolitischen Großkonflikten der letzten Jahre hat Europa seit der Ukraine-Krise nur noch selten eine aktive politische Rolle gespielt. Schon deshalb ist ein möglicher Rückzug der USA aus der Übernahme weltpolitischer Verantwortung keineswegs automatisch ein Fortschritt in die Richtung einer friedlicheren Welt, wie sich das viele im Deutschland von heute vielleicht erhoffen. Denn nach den Erfahrungen der vergangenen Jahrzehnte ist es kaum wahrscheinlich, dass die Europäer diese Lücke füllen werden. Bei einem Zerfall des Westens stiege erst einmal das Gewicht Chinas und Russlands als weltpolitische Akteure. Wie Europa da wieder mehr Gewicht erlangen könnte, ist derzeit schwer zu erkennen. Die von rechts bis links eher pazifistische Grundstimmung im Lande verträgt sich nicht leicht mit der Realität wieder gewachsener Spannungen in der Welt. Dazu kommt, dass die Wahrscheinlichkeit vertiefter europäischer Gemeinsamkeit angesichts der Erfolge nationalistischer und europakritischer Parteien nicht eben größer geworden ist.

Die Union ist in der Ära Merkel weiter nach links gerückt. Sie hat ihre neoliberale Grundlinie der Oppositionsjahre in den klassischen Sozialstaatsfragen aufgegeben und sich in kulturellen Fragen dem grün angehauchten Zeitgeist zumindest angenähert. Darüber sind Integrationsprobleme im konservativeren Teil der Gesellschaft entstanden. Unter den Bedingungen einer deutlich weniger homogenen Gesellschaft, die nach vielen Seiten hin auseinanderdriftet, hat das im Ergebnis auch die integrative Kraft der Volkspartei CDU/CSU geschwächt. Eine neue Flüchtlingsbewegung in der Größenordnung von 2015 würde das Land vermutlich zerreißen.

Auch die Schattenseiten einer über Jahrzehnte allein auf die Akademisierung von Ausbildungsgängen gerichteten Bildungspolitik sind inzwischen unübersehbar. Während das Hochschulsystem jedes Jahr neue Studiengänge hervorbringt, deren Nutzen oft niemanden interessiert, und die Abiturientenzahl weiter ansteigt, fehlen immer mehr Handwerker und Fachkräfte, die sich den Anforderungen eines gewöhnlichen Berufsalltags gewachsen fühlen.

Das Sicherheitsgefühl der Bürger hat gelitten. Zwar weisen die Kriminalitätsstatistiken immer wieder aus, dass von einem Anstieg der Kriminalitätsrate insgesamt gar nicht gesprochen werden kann. Eher trifft das Gegenteil zu. Gleichwohl ist der Eindruck von Staatsversagen gegenüber der Herausforderung etwa durch Bandenkriminalität ausländischer Clans weit verbreitet.

Pragmatismus und extreme inhaltliche Flexibilität haben es Angela Merkel in Verbindung mit einem präsidialen Führungsstil ermöglicht, über eine lange Strecke die kaum angefochtene Führungsrolle in der deutschen Politik wahrzunehmen. Mit der Flüchtlingskrise ist dieser Führungsstil an Grenzen gestoßen. Die folgende Polarisierung hat die zentrifugalen Kräfte der Gesellschaft mobilisiert und im Ergebnis etliche Konstanten des Parteiensystems hinweggefegt. Daraus ist eine Konstellation entstanden, in der vor allem den Grünen eine gesellschaftliche Verantwortung zuwächst, von der noch niemand weiß, ob sie ihr eines Tages wirklich gerecht werden können.

So stellen sich bei aller (noch) anhaltenden wirtschaftlichen Prosperität, funktionierenden Sozialsystemen und gelebter freiheitlicher Ordnung am Ende der Ära Merkel doch auch Fragen, die zu Sorgen Anlass geben können. Die im Ausland lange so bewunderte politische Stabilität des Landes hat Risse bekommen, der Zusammenhalt der Gesellschaft ist schwieriger geworden. Und ein überschießender Moralismus der öffentlichen Meinung lässt häufiger Maß und Mitte vermissen.

Wahrscheinlich wird es eine schwarz-grüne Regierung sein, die die Nachfolge der Ära Merkel antreten wird. Ob diese dann den Weg in eine neue Stabilisierung des politischen Systems weisen kann, ist offen. Schwer genug wird das werden, angesichts der wirtschaftlichen Folgen der Corona-Pandamie erst recht.

9 DAS NEUE DEUTSCHLAND

Als am 9. November 1989 die Mauer fiel und sich bald darauf der Weg zur Einheit abzuzeichnen begann, hielt sich die Begeisterung darüber bei unseren westlichen Bündnispartnern in Grenzen. In weiten Teilen der politischen Eliten Frankreichs und Großbritanniens, aber auch in den Niederlanden und Italien, grassierte die Befürchtung, mit einem neuen und größeren Deutschland kehre womöglich auch ein deutscher Hegemonialanspruch in Europa zurück. Oder doch jene labile Situation, die sich in Europa aus Bismarcks Reichsgründung 1871 ergeben und die der Historiker Ludwig Dehio 1955 als die »halbhegemoniale Stellung Deutschlands« bezeichnet hatte. Es war nicht mächtig genug, um den Kontinent seinem Willen zu unterwerfen, doch allemal ausreichend mächtig, um von anderen als Bedrohung wahrgenommen zu werden (1). Allein die Amerikaner hatten die Deutsche Einheit uneingeschränkt unterstützt. Jedenfalls soweit damit die NATO-Mitgliedschaft des Landes nicht in Frage stand.

Das erste Jahrzehnt des vereinigten Deutschlands schien alle diese Befürchtungen definitiv zu widerlegen. Die Einheit vollzog sich in enger Verbindung mit der europäischen Integration und Deutschland verstand sich als Lokomotive eines supranational gedachten europäischen Einigungsprozesses. Niemand hat in diesen Jahren mehr für ein föderativ verstandenes Europa getan als Bundeskanzler Helmut Kohl. Daraus entstand der Euro, der freilich in Frankreich von vielen anders verstanden wurde als in Deutschland. War er für Kohl und die Mehrheit der politischen Eliten bei uns der entscheidende Schritt, in dessen Konsequenz früher oder später doch jene echte politische Union kommen würde, die manche der Partnerländer so recht gar nicht wollten, galt er den Franzosen in erster Linie als Gegenmittel zur ökonomischen Hegemonie der D-Mark.

In der Eurokrise hat sich spätestens seit 2010 gezeigt, dass die Gespens-

669

© Springer Fachmedien Wiesbaden GmbH, ein Teil von Springer Nature 2020
H. Kleinert, *Das vereinte Deutschland*,
https://doi.org/10.1007/978-3-658-26767-4_9

ter der Vergangenheit noch keineswegs verschwunden waren. Nicht nur, dass sich die Befürchtungen bewahrheiteten, dass mit dem Euro ohne Fiskalunion und echte politische Union die wirtschaftliche Kluft in Europa nicht kleiner, sondern größer werden würde. Gleichzeitig brachte die Krise Deutschland in genau die »halbhegemoniale« Konstellation, die Analogien zum späten 19. Jahrhundert provozieren konnte. Die ganze Eurozone blickte auf Deutschland, das in der Eurokrise seine Stellung nutzte, um den Krisenstaaten eine harte Austeritätspolitik zu verordnen. Das wiederum rief Protest und Widerstand in den betroffenen Ländern, vor allem in Griechenland, hervor. Dort war bald der Verdacht entstanden, den Deutschen gehe es in erster Linie um ihre eigenen Interessen.

So ist eine paradoxe Situation entstanden. Während Angela Merkel in griechischen Zeitungen mit Adolf Hitler verglichen wurde und beim Merkel-Besuch in Athen Demonstranten mit Nazi-Uniformen auftauchten, fühlten sich die Deutschen durch solche Vorstellungen einer Wiederkehr der Geschichte irritiert und beleidigt. Da in ihrem Selbstverständnis Deutschland aus der Geschichte gelernt hat und seine Außenpolitik heute auf das glatte Gegenteil von Hegemonialpolitik angelegt ist, konnte es sich bei solchen Analogien nur um den Versuch einer Instrumentalisierung der deutschen Geschichte für Erpressungsmanöver handeln. Weil das »postheroische Deutschland« als »Friedensmacht« gar keine konventionelle Machtpolitik mehr betreibe, könne es auch keine Probleme mehr mit einer deutschen Hegemonialpolitik geben.

Parallel zu diesen Ängsten vor einer hegemonialen Rolle Deutschlands sieht sich das Land seit einigen Jahren aber auch mit dem genau umgekehrten Vorwurf konfrontiert. Deutschland, so heißt es, sei nicht ausreichend bereit, das Maß an weltpolitischer Verantwortung zu übernehmen, das ihm aufgrund seiner Bedeutung als europäischer Führungsmacht zukomme. Lieber spiele man die Rolle eines »Trittbrettfahrers«. Als Kronzeuge gern zitiert wird dabei der frühere polnische Außenminister Radek Sikorski, der in einer Rede im November 2011 in Berlin ausgeführt hat, er habe weniger Angst vor deutscher Macht als vor deutscher Untätigkeit. Deutschland solle seine zögerliche Haltung aufgeben und die Führungsrolle in Europa übernehmen, die ihm durch seine objektive Bedeutung auch zukomme (2). Die übergroße machtpolitische Zurückhaltung Deutschlands schwäche auch das weltpolitische Gewicht Europas. Diese Auffassung ist auch im Inland in den letzten Jahren häufiger zu hören gewesen (3).

Die Frage der weltpolitischen Rolle Deutschlands und Europas hat in jüngerer Zeit schon deshalb an Brisanz gewonnen, weil die weltpolitische Ordnung aktuell immer mehr von multipolaren Kräften geprägt wird und von einer Einheitlichkeit westlicher Werte und Interessen kaum noch gesprochen werden kann. Ließ sich das erste Jahrzehnt nach dem Ende des Kalten Krieges noch als »Pax Americana« beschreiben, in der die einzig verbliebene Weltmacht sich jedenfalls in der Zeit der Clinton-Administration dem Multilateralismus verbunden fühlte und Deutschland sich durch die Angebote einer »partnership in leadership« aufgewertet sah, so haben die USA ihre hegemoniale Rolle in der Folge ihres militärischen Abenteuers im Irak faktisch eingebüßt.

Obwohl die deutsche Politik sich durchaus bemüht zeigte, die Konsequenzen des Zerwürfnisses in der NATO zu begrenzen, das über den Irak-Krieg entstanden war, ließ sich die Konstellation der neunziger Jahre nicht wiederherstellen. Unter den Bedingungen des Aufstiegs der Chinesen und eines wiedererstarkten Russlands war bald ein Einflussverlust der Vereinigten Staaten zu erkennen, den auch die demonstrative Rückkehr zu Multilateralismus und Bündnissolidarität durch die Obama-Regierung nicht wettmachen konnte. Mit dem Unilateralismus des »America first« bei geschwundener Bereitschaft zu weltpolitischer Verantwortungsübernahme durch die Trump-Administration hat sich inzwischen eine deutlich instabilere Kräftekonstellation ergeben, die auch Regionalmächten wie der Türkei oder dem Iran in Krisen mit weltpolitischer Dimension wie dem Syrien-Konflikt Einflusschancen sichert – auf Kosten einer machtpolitisch immer häufiger ohnmächtig erscheinenden westlichen Wertegemeinschaft.

Die Auswirkungen davon zeigten sich nicht zuletzt auch in den gewachsenen Flüchtlingsströmen der vergangenen Jahre. Schließlich waren und sind sie auch Ergebnis einer westlichen Politik, die sich mehr denn je ehrenwerten moralisch-menschenrechtlichen Standards verpflichtet sieht, zugleich aber nicht über die Machtmittel verfügt, diese auch durchsetzen zu können. Und die nach den durchwachsenen Erfahrungen mit humanitär und friedenssichernd verstandenen Interventionen wie in Afghanistan zunehmend davor zurückschreckt, vorhandene Machtmittel auch einzusetzen. Die Entwicklung des Bürgerkriegs in Syrien hatte auch damit zu tun, dass Medien und politische Eliten in Europa die Chancen einer echten Demokratisierung in der arabischen Welt überschätzten und sich mit einer realistischen Bewertung der politischen Kräftekonstellation in dieser Region schwertaten. Die vielen Brüsseler Beschlüsse zur Ächtung des Assad-Regimes haben nichts daran ändern können, dass ein Frieden in Syrien ohne Assad bei nüchterner Betrachtung der Kräfteverhältnisse derzeit gar nicht denkbar erscheint.

Die wachsende Diskrepanz zwischen den wohlklingenden Maßstäben einer dem Frieden in besonderer Weise verpflichteten »Zivilmacht Deutschland« und den realen Möglichkeiten führt schließlich auch zu vor allem im Ausland breiter wahrgenommenen Widersprüchen, die auch als »Doppelzüngigkeit« deutscher Außenpolitik häufiger kritisiert worden sind – zuletzt sogar von Emmanuel Macron. Einerseits übe Deutschland sich in machtpolitischer Abstinenz und fühle sich mehr noch als andere zu militärischer Zurückhaltung verpflichtet. Andererseits aber nehme Deutschland seine eigenen moralischen Grundsätze immer dann nicht besonders ernst, wenn deutsche Geschäftsinteressen auf dem Spiel stünden. Das Einknicken deutscher Wirtschaftsführer gegenüber den Wünschen ihrer chinesischen Geschäftspartner wird hier ebenso genannt wie die deutsche Rüstungsexportpolitik.

Das Scheitern einer gemeinsamen europäischen Flüchtlingspolitik und der faktische Alleingang einer moralisch-gesinnungsethisch begründeten Politik Deutschlands hat in der Flüchtlingskrise 2015/16 nicht nur die Gefahren einer moralischen Überdehnung politischer Grundsatzentscheidungen gezeigt, die auch zu einer Neuformierung der innenpolitischen Landschaft geführt haben. Sie hat in Europa auch Stimmen provoziert, die hier ein neues, »typisch deutsches« Schwanken zwischen idealistischer Machtvergessenheit und Machtbesessenheit erkennen wollen.

In den dreißig Jahren seit der staatlichen Einheit ist Deutschland nicht zu einer europäischen Hegemonialmacht geworden, die irgendjemandes Sicherheit gefährden würde. Von der Wiederkehr deutscher Hegemonialambitionen konnte entgegen mancher Befürchtungen im Jahr der Wiedervereinigung keine Rede sein. Eher haben sich die Diskrepanzen zwischen der ökonomischen, politischen und militärischen Rolle des Landes noch verschärft, die schon in den späteren Jahren der alten Bundesrepublik immer wieder angemerkt wurden: Ökonomisch sei das Land ein Riese, politisch aber ein Zwerg.

Bis dahin mochte das noch der Sonderrolle zuzuschreiben sein, die sich für das geteilte Deutschland als »postnationale Demokratie« (Bracher) aus seinem historischen Erbe und der Teilung ergab. Nach der Einheit freilich war das Land als relevanter Faktor in eine internationale Staatenwelt zurückgekehrt, die nach dem Ende des Kalten Krieges nicht nur schwere und in dieser Form lange nicht mehr dagewesene kriegerische Konflikte um nationale Identitäten und religiöse Fanatismen erlebte, sondern die auch eine Verantwortungsübernahme des wiedervereinigten Deutschlands in dem Maße erwartete, die dem Gewicht des Landes zukam.

Hatte man sich nach einigen Mühen schließlich dazu durchgerungen, dem durch Beteiligung an UN-Missionen einigermaßen Rechnung zu tragen, so sorgten nicht nur deren meist bescheidenen Erfolge dafür, dass die innenpolitische Legitimation dafür stets prekär blieb. Die in der Sache richtige Ablehnung des Irak-Krieges brachte mit problematischen Wortschöpfungen wie »Unser deutscher Weg« dann auch irritierende Signale einer Verabschiedung von multilateraler Verantwortungsübernahme hervor. Insgesamt freilich waren die rot-grünen Jahre durchaus von der Bereitschaft geprägt, in den weltpolitischen Konflikten eine aktive Rolle zu übernehmen.

Die Veränderungen der internationalen Sicherheitsarchitektur des letzten Jahrzehnts mit dem Aufstieg Chinas und dem Comeback Russlands als weltpolitischem Einflussfaktor haben in Deutschland die Tendenzen zur Abkehr von weltpolitischer Verantwortungsübernahme wieder verstärkt. Winkler hat sogar von einem »pazifistischen Sonderweg« der Deutschen gesprochen (4). Zwar wird neuerdings von vielen Seiten die Notwendigkeit einer gemeinsamen europäischen Verteidigung betont. Das Projekt einer »europäischen Armee« ist wieder aktueller geworden. Und in der Libyen-Frage ist die deutsche Politik im Januar 2020 aktiv geworden. Aber wie angesichts der bestimmenden geistigen Grundströmungen im Lande eine ausreichende innenpolitische Legitimation für eine gemeinsame europäische Sicherheitspolitik entstehen könnte, ist derzeit kaum ersichtlich.

Die in den politischen Eliten des Landes lange populäre Vorstellung, der Frage nach Identität und Rolle Deutschlands nach Auschwitz unter dem Schirm einer »supranationalen Identität Europas« eine Antwort geben zu können, hat die Probleme der Identitätsfindung der Deutschen nach dem Ende ihrer Sonderrolle im Kalten Krieg nicht lösen können. Zwar ist mit dem vereinten Deutschland tatsächlich kein deutsches Europa entstanden, sondern ein europäisches Deutschland. Aber die »postnationale Konstellation«, von der Jürgen Habermas 1998 gesprochen hatte, hat keineswegs die Überwindung des Nationalstaats gebracht, in der damals noch jüngere Linke wie Oskar Lafontaine, Peter Glotz oder Joschka Fischer in den letzten Jahren der alten Bundesrepublik die richtige Lehre aus der deutschen Geschichte gesehen hatten (5).

Die vielen Krisen, die die Gemeinschaft vor allem seit dem Beginn des 21. Jahrhunderts durchgemacht hat, haben gezeigt, dass in Deutschland die identitätsstiftende Kraft Europas als Grundlage für eine funktionierende supranationale Demokratie wohl eher überschätzt worden ist. Die Politische Union ist im Bewusstsein der meisten europäischen Bürger nicht wirklich zu einer echten Union geworden, der man auch dann Solidarität schuldete, wenn es das nationale Interesse gerade nicht gebot. Dies gilt erst recht nach der Osterweiterung. Binnenmarkt und Wirtschaftsgemeinschaft sind Erfolgsgeschichten geblieben – trotz der Probleme der Binnenmigration. Aber noch immer – und in den letzten Jahren wieder verstärkt – ist das Identifikationsgefühl als Nation und Nationalstaat in den meisten EU-Mitgliedsländern mehr oder weniger unangefochten.

Dass es einen echten europäischen Bundesstaat in absehbarer Zeit nicht geben würde, war Helmut Kohl bereits 1994 klargeworden (6). Zur gleichen Zeit zeigte der Bürgerkrieg in Jugoslawien, dass mit dem Ende des Kalten Krieges auch die Rückkehr des Nationalismus und ethnisch definierter Nationsbegriffe verbunden war. Selbst Fischers Rede zur »Finalität Europas« sprach dann 2000 den Nationalstaaten eine dauerhaft konstitutive Rolle für die europäische Integration zu (7).

Die Entwicklung der Verfassungsdiskussion nach 2003, die Krisen um den Euro und die Flüchtlinge, der Aufstieg des neuen Rechtspopulismus und der Austritt der Briten aus der Gemeinschaft – das alles sind Zeichen, dass die europäische Entwicklung auf absehbare Zeit wohl eher nicht zu einem immer engeren Zusammenwachsen führen wird.

Weil demnach der Nationalstaat jedenfalls auf mittlere Sicht die gewöhnliche Organisationsform menschlicher Großgemeinschaften bilden wird, bleibt der Ausweg versperrt, deutsche Identität, deutsche Staatsräson und deutsche Interessen einfach in europäischen Identitätskonstrukten aufgehen zu lassen. In der Euro-Krise hat die Regierung Merkel faktisch auch so gehandelt, in dem für sie die haushalts- und finanzpolitische Kultur der Deutschen zur Conditio sine qua non der »Rettungspakete« gemacht wurde. Von der Wiederkehr deutscher Hegemonialambitionen in Europa konnte gleichwohl nach 1990 nie die Rede sein.

So wird Deutschland in der Zukunft nicht daran vorbeikommen, nüchterner auch eigene Interessen zu formulieren und politisch zur Geltung zu bringen. Das Land muss seine Selbstfesselung in der »Kontinuitätsfalle« überwinden, ohne dabei irgendwelche Korrekturen des eigenen Geschichtsbildes vorzunehmen. Die unermessliche Schuld, die die Deutschen mit der Nazibarbarei auf sich geladen haben, wird noch über viele Generationen eine wichtige Rolle spielen. Sie kann aber nicht der einzige Maßstab sein, der immerzu alles überlagert und zu einer Art »Sondermoral« zwingt.

Entsprechend wird auf Sicht stets die Gefahr bleiben, dass die deutsche Vergangenheit von anderen gegen Deutschland instrumentalisiert werden kann. Insoweit bleibt die weltpolitische Verantwortungsübernahme und Interessenwahrnehmung ein Drahtseilakt. Aber dem muss sich Deutschland stellen, ohne die Flucht in idealistische Vorstellungen einer einzig moralischen Werten verpflichteten Politik anzutreten.

Das innenpolitische Großthema der Jahre seit 1990 war die Bewältigung der Einheitsfolgen und der Einheitslasten. Trotz riesigen Aufwands und insgesamt durchaus beachtlicher Erfolge bei der Angleichung der materiellen Lebensverhältnisse zwischen Ost und West lässt sich die Einheit nur bedingt als gelungen bezeichnen. Der Riss zwischen Ost und West scheint in den letzten Jahren sogar wieder gewachsen zu sein.

Ob die Einheit überwiegend als Erfolgsgeschichte bewertet werden kann oder nicht, hängt entscheidend von den Kriterien ab, an denen die Ergebnisse gemessen werden. Vergleicht man die Entwicklung der materiellen Lebensverhältnisse in den neuen Ländern mit denen in den anderen Transformationsgesellschaften Osteuropas, so war die Einheit eine Erfolgsgeschichte. Bei vielen wirtschaftlichen Parametern hat Ostdeutschland inzwischen das Niveau Frankreichs, Spaniens oder Italiens erreicht (8). Davon kann in den übrigen Staaten des früheren RGW nicht die Rede sein.

Misst man dagegen die erreichten Standards im Osten an denen des Westens – und das ist der Maßstab der meisten Ostdeutschen seit 1990 – so bleiben bis heute beträchtliche Defizite. Die Erwartung einer raschen Angleichung der Lebensverhältnisse bestimmte die Stimmungslage im Einheitsjahr 1990. Und sie wurde von vielen Versprechungen westdeutscher Politiker genährt.

Dabei gab es für die Einheit im Sinne einer Angleichung der Lebensverhältnisse nicht nur deshalb keine sicheren Planungsfundamente, weil keine Blaupausen für die Umwandlung von Planwirtschaften in Marktwirtschaften existierten und vieles nach dem Prinzip »trial and error« laufen musste. Der italienische Süden weist auch 150 Jahre nach dem Risorgimento so starke Entwicklungsrückstände gegenüber dem wohlhabenden Norden auf, dass darüber in den 1990er-Jahren sogar ein wohlstandschauvinistischer Separatismus in Form der damaligen »Lega Nord« entstanden ist. Und die Niederlage des amerikanischen Südens im Bürgerkrieg der sechziger Jahre des 19. Jahrhunderts hat Konsequenzen für die Entwicklung des dortigen Südens gehabt, die bis über die Mitte des 20. Jahrhunderts weitergewirkt haben. Insoweit waren die Maßstäbe des Jahres 1990 ziemlich unrealistisch.

Dass die Einheit mehr eine Übernahme der Gesellschaftsordnung des Westens auch im Osten war und der Mehrheit der ehemaligen DDR-Bürger eine völlige Veränderung ihrer Lebenswelt zugemutet wurde, hatte tiefgreifenden Wirkungen, die im Westen gewaltig unterschätzt worden sind. Der Eindruck einer Entwertung ihrer Lebensleistung und die damit verbundene Kränkung hat im Osten über Jahrzehnte fortgewirkt. Dies betraf auch viele, die weder Stützen noch Nutznießer des alten Systems gewesen waren. Die Schwäche des politischen Systems in den neuen Ländern findet hier eine wichtige Ursache.

Gleichzeitig mussten die westdeutschen Normalverdiener einen Großteil der Lasten tragen, die mit der Sozial- und Wirtschaftsunion und dem
Transferbedarf für die neuen Länder verbunden waren. Es ist verständlich,
dass es viele als Undankbarkeit empfunden haben, wenn im Osten gleichwohl Unzufriedenheit und Ressentiments gegen den Westen artikuliert
wurden. Auf ihre Weise hatten Ostdeutsche und Westdeutsche recht. Ergebnis war nur, dass sich beide Seiten erst einmal voneinander entfernten
und das Ziel der inneren Einheit weiter wegrückte.

Hätte man das alles anders machen können? Dass die Einheit so schnell
kam, war in erster Linie dem Drang der Ostdeutschen nach Westen zu verdanken. Ohne den Anstieg der Umsiedlerzahlen nach dem Mauerfall wäre
die Währungsunion so schnell nicht gekommen. Dazu kam die Erosion der
staatlichen Ordnung der DDR. Ein langsamerer Weg wäre für die Achtung
der Würde der Ostdeutschen sicher der bessere Weg gewesen, keine Frage. Eine neue Verfassung, verabschiedet von allen Deutschen, auch. Doch
das war unter den politischen und ökonomischen Bedingungen des Jahres
1990 nicht zu machen. Und einen Arbeitsplatz hätte auch eine neue Verfassung den Menschen nicht garantieren können, deren Betriebe nun wegen
fehlender Wirtschaftlichkeit dichtgemacht wurden. Allerdings hätte man
einen solchen Verfassungsprozess nach der Einheit sehr wohl »nachholen«
können.

Wäre es möglich gewesen, die falschen Hoffnungen der meisten DDR-
Bürger, mit der D-Mark käme zur sozialen Sicherheit auch der rasche
Wohlstand hinzu, in realistischere Bahnen zu lenken? Sicher hätte man
das versuchen können. Es war ein Fehler, mit der Erinnerung an das Wirtschaftswunder der 1950er-Jahre falsche Hoffnungen zu wecken. Aber ob
die Menschen im Osten wirklich hören wollten, dass sie mit der Währungsunion erst einmal ihre Jobs verlieren würden – wer will das sicher sagen?
Hinzu kommt, dass auch bei den Entscheidern im Westen die falschen Ana-
logieschlüsse zur Entwicklung des westdeutschen Wirtschaftswunders
nach der Währungsreform verbreiteter waren als die nüchternen und realistischen Prognosen der Ökonomen, die ziemlich präzise vorausgesagt haben, welche Wirkungen von der raschen Währungsunion ausgehen würden (9). Die Geschichte der Deutschen Einheit ist ein gutes Beispiel für die
verhängnisvolle Rolle, die historische Mythen in andersgelagerten politischen Entscheidungssituationen spielen können. Die historisch falsche
Vorstellung, es sei die Einführung der D-Mark und die Freigabe der Preise 1948 gewesen, mit denen das Wirtschaftswunder begonnen hätte, hat zu
unrealistischen Annahmen über die wirtschaftlichen Entwicklungschan-
cen des Ostens 1990 geführt. Es ist erstaunlich, welche Rolle ein kurzer Es-

say von Ludwig Erhard zu »wirtschaftlichen Problemen der Wiedervereinigung« aus dem Jahr 1953 unter den politischen Entscheidungsträgern
Anfang 1990 spielen konnte. Hinzu kamen unrealistische Annahmen über
die Bereitschaft westdeutscher Großunternehmen zu raschen Großinvesti-
tionen im Osten (10).

Mindestens unsensibel war die kulturelle Arroganz, mit der manche
Westdeutsche nach der Wende im Osten auftraten. Das Wort vom »Buschgeld«, wo es um Prämien als Anreiz für Beamte beim Aufbau von Verwal-
tungsstrukturen in den neuen Ländern ging, macht deutlich, was das praktisch bedeutete. Aber auch das war nur die eine Seite. Denn andererseits
musste es für jeden Westdeutschen zu einer Fremdheitserfahrung werden,
wenn er oder sie mit dem Ausmaß fehlender Privatinitiative und des Ab-
schiebens auf eine staatliche Leistungserwartung konfrontiert wurden,
wie das im Osten üblich war.

Zum Prügelknaben für die ökonomischen Probleme wurde bald die Treuhand. Es ist nicht zu bestreiten, dass Glücksritter und Abzocker, mitunter
richtige Betrüger, Gelder veruntreuten und mit luftigen Versprechen unerfahrene Mitarbeiter übers Ohr hauen konnten. Das alles hat es gegeben.
Gleichwohl hatte die Treuhand vor allem auszubaden, was sich aus der objektiven Realität des wirtschaftlichen Gefälles ergab. Viele Mitarbeiter haben sich nach Kräften bemüht, Arbeitsplätze zu retten und Zukunftsperspektiven zu schaffen. Manche haben sich dabei geradezu aufgerieben.
Treuhandchef Detlev Karsten Rohwedder hat seine Bereitschaft, den undankbaren Knochenjob in Berlin zu übernehmen, mit dem Leben bezahlt.
Deshalb sind viele Urteile über die Treuhand auch nicht gerecht. Jedenfalls
sind sie wohlfeil. Dass es nach der Wende im Osten auch Wildwest-Struk-
turen gab, die zum Paradies für meist westdeutsche Schnäppchenjäger und
Gauner wurden, hat auch mit dem Chaos der Umbruchjahre zu tun.

Ein Fehler war der Umgang mit den Renten für systemnahe Personen. Sicher ist nachzuvollziehen, dass die westdeutschen Rentenkassen nicht für
alle Zusatzversorgungen aufkommen wollten, in deren Genuss die ehemaligen Spitzen des DDR-Staates kommen konnten. Doch der Kreis derer, die
mit Kürzungen leben mussten, war anfangs zu weit gefasst worden. Erst im
Jahr 2000 hat das Verfassungsgericht Grenzen gezogen. Den Ärger und die
Zurücksetzungsgefühle hätte man vermeiden können. Schwere Fehler sind
auch bei der notwendigen Umgestaltung der Wissenschafts- und Hochschullandschaft in Ostdeutschland begangen worden.

Schwierig war auch, dass die DDR-Vergangenheit vor allem als endlose Medien-Enthüllungsgeschichte über die informellen Mitarbeiter der
Staatssicherheit bearbeitet wurde. Darüber sind im Westen falsche Vorstel-

lungen von der DDR-Realität entstanden. Im Osten dagegen kam bei vielen der Eindruck auf, hier richteten Menschen, die die Lebenswirklichkeit einer Diktatur gar nicht kannten.

Problematisch war auch die zu starke Ausrichtung der Förderung des Aufbaus Ost auf die Bauwirtschaft. Finanzielle Anreize zur Investition im privaten Mietwohnungsbau waren sicher nötig. Aber sie führten auch zu Überkapazitäten, die die Konjunktur zeitweise anheizten, nach Auslaufen der Förderung aber nicht mehr gebraucht wurden. Ein selbsttragendes Wachstum konnte so kaum erreicht werden.

Sicher hätte man einiges anders machen sollen. Aber wer will angesichts der gewaltigen Dimension der gesellschaftlichen Transformation den Entscheidern von damals ernsthaft vorwerfen, dass Fehler gemacht wurden und dass man den Lauf der Geschichte nicht immer richtig vorausgesehen hat? »Es ist eine unausrottbare Unart der Geschichte, sich nicht nach unseren Wünschen zu richten«, hat Richard Schröder dazu geschrieben (11).

Die strukturellen Defizite der Wirtschaftsentwicklung in Ostdeutschland – wenig Großbetriebe, unterdurchschnittliches Innovationstempo – werden sich auf Sicht kaum abstellen lassen. Schwerer aber wiegen die fortbestehenden mentalen Unterschiede. Zwar war die Welle nostalgischer Verklärung der DDR-Vergangenheit im Osten irgendwann im neuen Jahrtausend auch wieder vorbei. Es bleibt aber die Erkenntnis, dass 40 Jahre Sozialismus tiefere Prägungen hinterlassen haben als es die Akteure der Wendezeit für möglich hielten. Bis heute kommt für die meisten Ostdeutschen die Gleichheit vor der Freiheit, während es im Westen umgekehrt ist. So finden es die Soziologen regelmäßig heraus. Und noch immer ist das Ausmaß gesellschaftlicher Selbstorganisation im Osten deutlich geringer entwickelt als in den alten Bundesländern. Das gilt sogar für den Organisationsgrad in den Sportvereinen.

Deutschland hat von Anfang an als Motor der europäischen Integration zu wirken versucht. Bis zur Schaffung der Europäischen Union durch die Verträge von Maastricht galt dabei die Schaffung eines europäischen Bundesstaates als nahezu unangefochtenes Leitbild der deutschen Politik. Bundeskanzler Helmut Kohl sah darin nach der Vollendung der Deutschen Einheit sein zweites großes politisches Ziel.

Schon im Vorfeld des Maastricht-Vertrages aber musste Helmut Kohl erleben, dass die Beharrungskräfte nationalstaatlicher Politik in vielen anderen westeuropäischen Ländern stärker waren als gedacht. Dass an eine föderale Ordnung nach dem Vorbild der Bundesrepublik Deutschland in Europa erst einmal nicht zu denken war, hat der Bundeskanzler später selbst einräumen müssen. Dennoch hat er mit aller Kraft auf die Einführung des Euro gedrängt und ihn gegen alle Bedenken von Fachleuten 1998 auch durchgesetzt. Ohne Kohl hätte es den Euro so schnell nicht gegeben.

Ob die Aufgabe des Junktims, das er selbst 1991 formuliert hatte – eine gemeinsame Währung setze eine echte politische Union voraus –, ein Fehler war, ist zumindest diskutabel. Denn trotz aller Defizitkriterien sind die Befürchtungen wahr geworden, die die Kritiker der raschen Euro-Einführung in den 1990er-Jahren vorgebracht hatten. Unterschiedliche Entwicklungstempi der verschiedenen europäischen Volkswirtschaften und Unterschiede in der Haushalts- und Finanzpolitik münden tatsächlich unter den Bedingungen eines gemeinsamen Währungsraumes leicht in Finanzkrisen, die zu einer Schuldenunion führen, die einmal ausdrücklich ausgeschlossen worden war.

Dass die Vertiefung der europäischen Union nicht so einfach mit einer fast gleichzeitigen Erweiterung zusammenpassen konnte, lag auf der Hand. Die Folgen haben sich in den Jahren nach der Osterweiterung ganz praktisch gezeigt. Natürlich konnte der Beitrittswunsch den osteuropäischen Ländern nicht einfach abgeschlagen werden. Aber aus heutiger Sicht kann man schon fragen, ob die Überlegungen in Richtung eines »Kerneuropa« oder eines »Europa der zwei Geschwindigkeiten«, wie sie 1994 von Wolfgang Schäuble angestellt worden sind, nicht den besseren Weg gewiesen hätten. Mindestens leichtsinnig muss man die Aufnahme offizieller Beitrittsverhandlungen mit der Türkei nennen. Eine EU-Mitgliedschaft der Türken hätte zu einer solchen Überdehnung der Gemeinschaft geführt, dass ihre verbliebenen Legitimationsgrundlagen wohl gesprengt worden wären.

Auch so ist Europa nach der Jahrtausendwende in Krisen geraten, die auch von einer aktiven Europapolitik der Deutschen kaum ausreichend gebändigt werden konnten. Von einer europäischen Verfassung, wie sie den Initiatoren des europäischen Verfassungskonvents einmal vorschwebte, redet heute niemand mehr.

Heute scheint es, als seien die Beharrungskräfte des Nationalen unterschätzt, die verbindenden Elemente eines europäischen Bewusstseins überschätzt worden. Das hat mit der Größe dieser Gemeinschaft zu tun, mit ihrer komplizierten institutionellen Verfasstheit, vielleicht auch mit Illusionen über die Bedeutung supranationaler gegenüber nationalen Identitäten. Hinzu kommt eine Gegenbewegung von rechts, die im Nationalen einen Rettungsanker für die Verunsicherungen erblickt, die die Entgrenzungen der Globalisierung und die kulturellen Wandlungsprozesse in der modernen Gesellschaft ausgelöst haben.

So haben die Deutschen ihr eigenes Identitätsproblem nicht durch den Griff nach dem Identitätsanker »Europa« lösen können. Gleichwohl reicht die Selbstvergewisserung einer Identität als »Deutsche« zumindest im Westteil des Landes bis heute nicht annähernd an die Selbstverständlichkeit heran, mit der sie in anderen europäischen Ländern betrieben wird. Mit Patriotismus tut man sich schwer. Insoweit wirkt der lange Schatten einer düsteren Vergangenheit auch heute noch nach. Das kann auch der neudeutsche »Fußball-Nationalismus«, der in Zeiten vom WM- und EM-Großereignissen das Land in ein schwarz-rot-goldenes Fahnenmeer taucht, nicht überdecken.

Manche Deutsche wollten historische Schuld durch ein Übermaß an Fremdenliebe abtragen, ist im Umfeld der Flüchtlingskrise 2015/2016 behauptet worden. Nur so seien die Jubelstürme erklärbar, mit denen die Flüchtlingszüge empfangen wurden. Das ist ungerecht gegenüber den vielen Tausenden, die einfach nur Menschen in Not helfen wollten. Freilich fällt schon auf, dass im Deutschland von heute der Rassismus-Vorwurf besonders schnell erhoben wird.

Bis 1994 schwelte der Konflikt über die verfassungsrechtliche Zulässigkeit von »Out of Area«-Einsätzen sogar innerhalb der Regierungskoalition. Hernach hat sich Deutschland an zahlreichen Missionen im Rahmen von UNO und NATO beteiligt – in Bosnien, Mazedonien, Afghanistan, im Kosovo, in Mali und in vielen anderen Krisenherden der Welt. Doch umstritten geblieben sind die Einsätze bis heute. Sicher hat auch ihre nicht immer überzeugende Erfolgsbilanz dazu beigetragen, dass die Unterstützung dafür in der deutschen Gesellschaft in den letzten Jahren abgenommen hat. Es mag sein, dass dahinter vor allem wohlstandsverwöhnte Bequemlichkeit steckt. Doch spielen hier auch pazifistische Befindlichkeiten eine Rolle, die vor dem Hintergrund der deutschen Geschichte zwar nachvollziehbar sind, angesichts der konfliktreichen Realitäten aber auch zur Fessel für eine aktivere Rolle Europas in der Weltpolitik werden können.

Eine aktive Rolle hat das vereinigte Deutschland über lange Zeit in der internationalen Klimapolitik gespielt. Von den Konferenzen von Rio 1992 bis Paris 2015 haben deutsche Umweltminister immer zu den Antreibern gehört, wenn es darum ging, verbindliche Regeln für die Begrenzung des klimaschädlichen CO_2-Ausstoßes zu finden. Umso weniger kann heute zufriedenstellen, dass das Land seine selbst gestellten Reduktionsziele kaum noch erreichen kann. Dabei kann aber auch nicht übersehen werden, dass der moralischen Emphase, mit der in manchen Teilen der Gesellschaft heute rasches und radikaleres Handeln gefordert wird, keineswegs die Bereitschaft zu größeren Veränderungen des Reise- und Konsumverhaltens der Bürger entspricht. So kann man in der neuen Liebe der Deutschen zu den Grünen auch Züge einer Art von Ablasshandel entdecken.

Ob der soziale Zusammenhalt des Landes durch Schröders Agenda-Politik geschwächt wurde oder ob diese Politik nicht die unverzichtbare Bedingung für den wirtschaftlichen Aufschwung war, den Deutschland in der Ära Merkel genommen hat, wird bis heute kontrovers beurteilt. Wo die einen die Seele der SPD als folgenreich verletzt betrachten und auf den Anstieg der prekären Beschäftigungsverhältnisse verweisen, halten viele Fachleute diese Reformen für notwendig und unausweichlich. Tatsächlich hat Schröder damit einen politischen Grundansatz aufgegriffen, der in vielen Zügen an die gescheiterten Versuche des späten Helmut Kohl von 1996/97 erinnerte.

Man kann kritisieren, dass die Agenda-Politik das Gerechtigkeitsgefühl von Menschen verletzt hat, die nach langen Jahren des Arbeitslebens allzu schnell auf das Niveau von Hartz IV absanken. Gewiss ist bedenklich, wie schnell sich Zeitarbeit und befristete Beschäftigungsverhältnisse breitmachen konnten. Andererseits ist aber nicht zu bestreiten, dass der Aufschwung nach 2005 auch mit Schröders Agenda zu tun gehabt haben muss. Dazu sind die Zahlen einfach zu eindeutig. Ein Versäumnis aber bleibt, dass der gesetzliche Mindestlohn nicht schon damals kam. Bis heute ungelöst ist die Bewahrung der sozialen Ausgewogenheit im Zeitalter der Globalisierung und der supranationalen Wirtschaftsräume.

Das Land ist in den Jahrzehnten seit 1990 bunter und vielfältiger, aber auch schwieriger und polarisierter geworden. So freiheitlich wie heute war Deutschland nie. Aber so heterogen auch nicht. Die Realität der multikulturellen Gesellschaft ist auch eine Realität der ethnischen Unterschichtung. Ohne die Vertragsarbeitnehmer aus Osteuropa in den Schlachthöfen könnten die Deutschen ohne Migrationshintergrund heute kein Schnitzel mehr auf den Tisch bringen. Die Haushaltshilfen und Altenpfleger kommen aus Polen und der Zimmerservice in den Hotels spricht heute in der Regel ein gebrochenes Deutsch. Das spricht nicht gegen Zuwanderung, aber für einen nüchternen Blick auf die Wirklichkeit.

Dabei scheint die Zeit der Volksparteien endgültig vorbei. Das gilt trotz der neuen Blüte der Union in Coronazeien. Ihr großer Vorzug, der kompromisslerische Ausgleich in der Mitte, passt nicht mehr zu den schrillen Kommunikationsformen im Netz, wo das Spektakuläre und Provokante die größeren Aufmerksamkeitschancen besitzt. Das macht das Regieren immer schwieriger. Ulrich Beck hatte schon zu Beginn der neunziger Jahre davon geschrieben, dass das Volkspartei-Modell unter den Bedingungen einer individualisierten Gesellschaft mit geschwundenen Traditions- und Milieubindungen dem Versuch gleichkomme, einen Sack Flöhe zu hüten (12).

Einen epochalen Strukturwandel zu einer »Gesellschaft der Singularitäten« hat der schon zitierte Andreas Reckwitz diagnostiziert. In ihr sei eine
»Kulturökonomisierung mit ihren Aufmerksamkeits- und Valorisierungs-
märkten für kulturelle Singularitätsgüter … die dominante Form des Sozialen … Dinge und Dienstleistungen werden hier ebenso zu Einzigartigkeits-
gütern, die um Sichtbarkeit und Wertzuschreibung kämpfen, wie Subjekte
auf der Suche nach Arbeitsplätzen, Partnern oder allgemeiner Anerkennung …« (13). In dieser Welt lösten die kleinen Erzählungen des privaten
Erfolgs und des guten Lebens die großen Erzählungen vom gesellschaftlichen Fortschritt ab. Systematische Zukunftsbearbeitung werde dieser Gesellschaft fremd, die »momentanistisch« sei und sich an der »Affektivität
des Jetzt« orientiere (14). Während die Gesellschaft des Industriezeitalters
eine systematische Affektreduktion hervorgebracht habe, werde die Gesellschaft der Spätmoderne zu einer »Affektgesellschaft« (15). In der Folge
komme es auch zu einer Verschärfung der Krise der Politik, die bereits mit
dem Rückbau staatlicher Grundfunktionen beim Paradigmenwechsel vom
Steuerungsstaat zum innovationsorientierten Wettbewerbsstaat begonnen
habe (16).

Die Stilisierung der modernen Gesellschaft zur »Krise des Allgemeinen«
in einer »Gesellschaft der Singularitäten« zum zu einem gesellschaftstheo-
retischen Entwurf mag angreifbar sein. Aber treffend sind die Beobach-
tungen und analytischen Schlüsse in jedem Fall.

Tatsächlich lässt sich kaum bestreiten, dass die Krise der westlichen De-
mokratien inzwischen auch Deutschland erreicht hat. Galt das Land trotz
aller wiederkehrenden Anzeichen von Politikverdrossenheit lange als Hort
der politischen Stabilität, so ist auch Deutschland nach 2010 vom Aufstieg
einer neuen Rechten erreicht worden, der das Parteiensystem fast überall
in Europa durcheinandergewirbelt hat. Gleichzeitig hat der Abstieg der Sozialdemokraten ein Ausmaß erreicht, dass man von einer säkularen Krise
sprechen muss.

Die über viele Jahrzehnte vertrauten Vorstellungen eines vor allem von
sozialen Konfliktlinien durchzogenen politischen Raumes, in dem »links«
und »rechts« in letzter Instanz übersichtliche Grundkoordinaten schafften, die Orientierung ermöglichten, gelten jedenfalls heute so nicht mehr.
Nicht nur, dass kulturelle Konfliktlinien um Werte und Lebensweisen eine
deutlich gewachsene Rolle spielen. Bürger folgen eher politischen Stim-
mungslagen, die vor allem eine Funktion medienvermittelter Wahrneh-
mungsprozesse sind. Berechenbarkeit und Stabilität sind dadurch stark erschwert. Über echte politische Gestaltungsziele ist in der Ära Merkel lange
kaum noch wirklich gestritten worden. Hinzu kommt die wachsende Pro-

blematik der »Echokammern« und »Filterblasen« in den netzgestützten Kommunikationsformen.

Noch immer ist Deutschland ein wirtschaftlich erfolgreiches Land. Das soziale Sicherheitsnetz ist eng geknüpft, auch wenn das für einen Teil der Rentner in Zukunft ganz so wohl nicht mehr gelten wird. Das Fundament für diesen wirtschaftlichen Erfolg legt in erster Linie der im internationalen Vergleich hohe Anteil, den der industrielle Sektor an der Wertschöpfung des Landes hat. Dazu kommt die traditionelle Stärke der Exportwirtschaft. Sollte sich der internationale Trend zu Handels- und Zollkonflikten fortsetzen, gar zu Wirtschaftskriegen führen, ist diese Stärke bedroht. Erst recht gilt das für den Einbruch, der dem Welthandel durch die Pandemie im Frühjahr 2020 bevorsteht.

Wie sehr die wirtschaftliche Stärke des Landes auf dem Erfolg der Automobilwirtschaft beruht, drohte in den vielen Debatten um betrügerische Manöver der Firmen bei der Messung von Abgaswerten in den letzten Jahren manchmal unterzugehen. Wenn VW und Daimler auf den internationalen Märkten einbrechen, werden sich die wirtschaftlichen Folgen nicht einfach in der Heute-Show weglachen lassen.

Wer sich die Öffentlichkeit Anfang 2020 anschaute, konnte leicht den Eindruck gewinnen, das Land habe ein Stück Bodenhaftung verloren. Gesinnungsethischer Überschwang und komödiantische Formate der Politikdarstellung dominierten gegenüber dem nüchternen, verantwortungsethischen Blick auf die Wirklichkeit. Von einer »Entkoppelung von Alltagserfahrungen und politischen Weltdeutungen« und dem »Zerfall öffentlicher Meinungsbildung in einem digitalen Kaleidoskop« spricht der frühere Verfassungsrichter Udo di Fabio (17). Und während sich viele an Petitessen delektierten und sich über die Torheiten von Donald Trump amüsierten, spielen viele zentrale Zukunftsfragen jenseits der Klimafrage nur eine geringe Rolle. Auch das hat sich freilich mit Corona wieder ein Stück verschoben. Ob der gewachsene Realismus einer ganz außergewöhnlichen Krisenzeit aber tatsächlich dauerhafte Konsequenzen haben wird, ist alles andere als sicher. Das zeigte sich schon bei der Adaption der amerikanischen »Black Lives Matter«-Bewegung in Deutschland. Die Art und Weise, wie die schreckliche Mordtat eines weißen Polizisten mitunter zur wohlfeilen Gesinnungsdemonstration geriet, ließ den Münchner Wissenschaftler Michael Reder von einer »Moral to go« sprechen. Friederike Haupt schrieb über die Berliner Schlauchboot-Party-Protestaktion von Ravern von einem »obszönen Beispiel für das modern gewordene Bestreben, den eigenen Charakter zu bewerben wie eine Luxus-Handtasche. Entscheidend ist nicht, was drin ist, sondern was gut aussieht«. Ex-Sponti Reinhard Mohr hat in den Debatten der Republik seit der Flüchtlingskrise einen »narzisstisch grundierten Moralismus« ausgemacht.

Während alle Welt mehr Klimaschutz einfordert, hat sich der Anteil derer, die mit dem Flugzeug in den Urlaub fliegen, allein in den vergangenen zehn Jahren von 30 auf 41 Prozent vergrößert. Vor einigen Jahren hatte die Bundesregierung ein Programm beschlossen, durch das bis 2020 eine Million Elektrofahrzeuge zugelassen sein sollte. An der Schwelle des neuen Jahrzehnts waren es gerade einmal 100 000 geworden. Dafür haben die klimabewussten Deutschen 2019 die Rekordzahl von mehr als einer Million SUVs zugelassen.

Deutschland ist wie Europa insgesamt Anfang 2020 mit größerer Ungewissheit und Unsicherheit konfrontiert als jemals zuvor seit dem Ende des Kalten Krieges. Noch immer besteht die Sorge um die Stabilität des Bankensystems und die Angst vor einer neuen Finanzkrise. Die Migrationskrise ist zwar abgeflaut, aber die polarisierenden Folgen bleiben. Und es ist nicht zu erwarten, dass der Zuwanderungsdruck auf Europa auf längere Sicht geringer werden wird. Noch mehr Unsicherheiten im Blick auf die Zukunft hat die Corona-Krise ausgelöst. Das gilt besonders angesichts der schweren Verwerfungen in den ohnehin schon hoch verschuldeten Mitgliedsländern Frankreich, Spanien und Italien. Entsprechend viel Verantwortung liegt auf der deutschen Ratspräsidentschaft in der zweiten Jahreshälfte 2020.

74 Jahre hatte das von Bismarck geschaffene Deutsche Reich Bestand, bis es in der zivilisatorischen Katastrophe der Nazibarbarei untergegangen ist. Fast genauso lange besteht heute die Bundesrepublik Deutschland. Vierzig Jahre als westdeutscher Teilstaat, dreißig Jahre als wiedervereinigtes Land. Als die Einheit kam, war Westdeutschland eine wirtschaftlich prosperierende Republik und eine stabile Demokratie. Sie hatte eine Vielzahl von Veränderungen durchgemacht, eruptive Protestbewegungen und tiefgreifende kulturelle Wandlungsprozesse erlebt. Aber es gab ein hohes Maß an politischer Stabilität.

In den Jahren nach der Einheit ist das Land mit einer Vielzahl schwieriger und neuer Krisen und Probleme konfrontiert worden. Die Bewältigung der Folgen der Einheit erwies sich als weit schwerer, als das allgemein erwartet worden war. Die Umbrüche in Osteuropa sorgten für eine Verschärfung der Probleme, die mit einem wachsenden Zuwanderungsdruck verbunden waren. Die Zunahme des weltwirtschaftlichen Wettbewerbs im Zeichen der Globalisierung schuf zusätzlichen wirtschaftlichen Kosten- und Konkurrenzdruck. Das erhoffte immer stärkere Zusammenwachsen Europas erwies sich als überaus kompliziert und brachte auch neue Gegenkräfte hervor. Und die internationalen Erwartungen an die außenpolitische Rolle der europäischen Führungsmacht Deutschland trafen auf ein Land, das sich damit schwertat.

Dass die Vielzahl dieser Probleme 1998 in einen Machtwechsel einmündeten, konnte kaum verwundern und war eher Ausdruck demokratischer Normalität. Die Stabilität des Landes stand nicht in Frage. Eher bewies die Geschäftsmäßigkeit, mit der der Übergang von der Ära Kohl zu Rot-Grün vollzogen wurde, das Gegenteil. Die Regierung Schröder brachte neue Impulse in der Umwelt-, Energie- und Minderheitenpolitik, aber auch die Fortdauer alter Probleme. Mit dem Kosovo-Konflikt, mit Afghanistan und dem Irak-Krieg erlebte die Frage nach der weltpolitischen Rolle der Deutschen eine Zuspitzung. Eine aktive Rolle Deutschlands in der Weltpolitik wurde selbstverständlicher. Wirtschafts- und arbeitsmarktpolitisch dagegen konnte die Bilanz der Regierung Schröder nicht überzeugen. Und der Versuch einer neuen Synthese von angestammter Sozialdemokratie und Liberalismus gelang am Ende nicht. Stattdessen erwuchs der SPD mit der Linkspartei eine neue gesamtdeutsche Konkurrenz von links.

Dennoch war der Wahlsieg Angela Merkels im Herbst 2005 eher eine gefühlte Niederlage. Zu großen politischen Korrekturen kam es in der Folge erst einmal nicht. Die Union verabschiedete sich an der Macht von den stärker wirtschaftsliberalen Vorstellungen ihrer Oppositionszeit. Und ein in der Euphorie des Sommermärchens freudetrunkenes Land war mit dem ruhigen, präsidialen Regierungsstil seiner Chefin im Kanzleramt bald ganz zufrieden. Die Anteilnahme am politischen Geschehen ging zurück.

Die Finanzkrise nach 2008, immerhin die tiefste Krise des Weltkapitalismus seit der Weltwirtschaftskrise, ist in Deutschland erstaunlich unaufgeregt verarbeitet worden. Zwar waren die zuvor schon ausgemusterten keynesianischen Rezepte vom Staatsinterventionismus plötzlich wieder gefragt. Die neoliberalen Ideologen mussten sich zurückhalten. Aber große Brüche erlebte das Land nicht.

Dies gilt auch für die Eurokrise, deren Verbindung zu den Folgen der globalen Finanzkrise hierzulande nur wenig thematisiert worden ist. Nach anfänglicher Irritation verließ sich das Land auf die Führungskraft seiner Kanzlerin in Europa. Während das Ansehen Angela Merkels auf seinen Höhepunkt zusteuerte, geriet ihr Koalitionspartner, die Freien Demokraten, in eine Existenzkrise. Und den Sozialdemokraten gelang es auch in ihrer Oppositionszeit nicht, aus ihrem Abstiegssog herauszufinden.

Mit der Flüchtlingskrise war eine Krise des »überparteilichen« Regierungsstils von Angela Merkel verbunden. Die damit ausgelöste gesellschaftliche Polarisierung wurde Wasser auf den Mühlen einer neuen Rechten, die jetzt ihre Schlagzeilen bekam und das politische »Momentum« eroberte. Die Sozialdemokraten aber rutschten noch tiefer, nachdem sie erkennbar gegen einen Teil ihrer angestammten Klientel agierten.

Mit der Erosion der Volksparteien war ein Verlust an politischer Stabilität verbunden. Auf der einen Seite des politischen Spektrums steht heute eine im Kern rückwärtsgewandte Sehnsucht nach ethnischer Homogenität und Übersichtlichkeit nationalstaatlicher Ordnung, vermischt mit Skepsis und Ablehnung von Gender-Politik und aktivem Klimaschutz. Auf der anderen Seite findet sich ein oft gesinnungsethisch stark aufgeladener politischer Moralismus, der sich um Klimaschutz, Weltrettung, Genderisierung, Political Correctness, Minderheitenrechte und ein kosmopolitisches Selbstverständnis zentriert, das in seiner Bekämpfung von Nationalismus und Rassismus die Rolle des Nationalen in der Geschichte am liebsten ganz negieren würde. Richard Schröder hat davon gesprochen, dass im Westen des Landes viele Meinungsmacher heute Patriotismus bereits für Nationalismus hielten (18). Wie das noch zusammengehen soll, ist nur noch schwer zu erkennen.

Weil diese Spanne so groß geworden ist, wirkte Deutschland im Frühjahr 2020 politisch instabiler als jemals zuvor seit den 1950er Jahren. Politische Instabilität aber geht auf Kosten politischer Gestaltungskraft. Der Verlust von Gestaltungskraft und Gestaltungsmacht im Rahmen großräumiger und entgrenzter politischer und ökonomischer Systeme, mit dem wir bereits seit Jahrzehnten zu tun haben, drohte sich dadurch noch weiter zu verschärfen. Es ist nicht ausgeschlossen, dass die Erfahrung mit einer so existentiellen Krise, wie sie die Welt derzeit durchmacht, auch das politische Koordinatensystem hierzulande wieder ein Stück verschiebt. Doch wird auch ein Virus kaum dazu führen, dass strukturelle Veränderungen, die Stabilität erschweren, wieder verschwinden.

Das neue Deutschland hat seit 1990 eine wechselvolle Geschichte erlebt. Es war eine Geschichte mit Höhen und Tiefen, mit Krisen und Erfolgen, mit Kontinuität, aber auch mit Brüchen. Das Land hat sich mit vielen Problemen herumschlagen müssen. Mit den meisten ist es ganz gut fertig geworden. Eine einfache Erfolgsgeschichte aber, so wie sich die Bundesrepublik bis 1989 jedenfalls ganz überwiegend beschreiben ließ, ist das vereinigte Deutschland bis heute nicht geworden. Eher ist das Deutschland von heute noch immer auf der Suche nach dem rechten Platz in der internationalen Staatengemeinschaft und seiner Rolle im unübersichtlicher gewordenen Machtgefüge der Weltpolitik. Dass es sich damit so schwertut, hat vor allem mit der »Kontinuitätsfalle« zu tun. Die langen Schatten einer schrecklichen Vergangenheit drängen bis heute zu machtpolitischer Zurückhaltung. Zugleich aber bedroht die »ewige Vergangenheitsbewältigung der Deutschen« das Gewicht Europas in der Welt, weil die Deutschen nun einmal die stärkste Macht in Europa sind. Auf die Dauer wird Deutschland dieses Dilemma auflösen müssen – selbstverständlich ohne irgendeine Form des Geschichtsrevisionismus. Der Zerfall einer räsonierenden Öffentlichkeit und der Wandel zu einer medialen Erregungsgesellschaft wird das nicht leichter machen.

ANMERKUNGEN

VORWORT

1   Vgl. Michael Bluhm/Olaf Jacobs, Wer beherrscht den Osten? Ostdeutsche Eliten ein Vierteljahrhundert nach der deutschen Wiedervereinigung, Leipzig 2016 u. Raj Kollmorgen, Ostdeutsche in den Eliten. Problemdimensionen und Zukunftsperspektiven, in: Andreas Appelt (hrsg.), Ostdeutsche Eliten – Träume, Wirklichkeiten und Perspektiven, Berlin 2017

2   Vgl. Hans-Peter Schwarz, Die neue Völkerwanderung nach Europa, München 2017, S. 134. Eine andere Umfrage mit ähnlichen Ergebnissen zitiert Edgar Wolfrum, Der Aufsteiger, Stuttgart 2020, S. 160

3   Wolfrum, Der Aufsteiger – Eine Geschichte Deutschlands von 1990 bis heute, Stuttgart 2020

KAPITEL 1

1   Vgl. Stephan Bieling, Geschichte des Irakkriegs, München 2010, S. 9 ff. Im Mittelpunkt steht hier freilich der dritte Golfkrieg 2003. Der Krieg von 1991 ist nur Vorgeschichte. Zum Golfkrieg 1991 vgl. z. B. Wolfgang Günter Lerch, Kein Frieden für Allahs Völker, Frankfurt/M 1991, David Yergin, Der Preis – Die Jagd nach Öl, Geld und Macht, Frankfurt/M 1991. Eine andere Sicht liefert Hartmut Zehrer (Hrsg.), Der Golf-Konflikt. Dokumentation, Analyse und Bewertung aus militärischer Sicht, Herford/Bonn 1992. Autobiographisch ist Colin Powell, Mein Weg, München 1995. Vgl. auch Heinrich August Winkler, Geschichte des Westens, Bd. III – Vom Kalten Krieg zum Mauerfall, München 2014, S. 1079 ff.

2   Winkler, Vom Kalten Krieg ..., S. 1079 – 1082

© Springer Fachmedien Wiesbaden GmbH, ein Teil von Springer Nature 2020
H. Kleinert, *Das vereinte Deutschland*,
https://doi.org/10.1007/978-3-658-26767-4

3   Ebenda, S. 1084. Vgl. auch Hans-Peter Schwarz, Helmut Kohl – Eine politische Biographie, S. 631 ff.

4   Schwarz, Helmut Kohl ..., S. 634 f.

5   Ebenda, S. 635 ff.

6   Ebenda, S. 638 f.

7   Ebenda, S. 639 f.

8   Eckart Conze, Die Suche nach Sicherheit – Eine Geschichte der Bundesrepublik Deutschland von 1949 bis in die Gegenwart, München 2009, S. 895

9   Schwarz, Helmut Kohl ..., S. 634

10   Manfred Görtemaker, Die Berliner Republik, Berlin 2009, S. 69 f.

11   Ulrich Herbert, Geschichte Deutschlands im 20. Jahrhundert, München 2014, S. 1162

12   Hans Magnus Enzensberger, Hitlers Wiedergänger, in: Der SPIEGEL 6/1991 vom 4.2.1991. Vgl. auch Wolf Biermann, Kriegshetze – Friedenshetze, in: Die ZEIT 6/1991

13   Karl Kaiser/Klaus Becher, Deutschland und der Irak-Konflikt, Bonn 1992, S. 13 ff. Vgl. auch Görtemaker, Die Berliner Republik ..., S. 194, Anm. 39

14   Vgl. z. B. Gertrud Höhler, Die Patin – Wie Angela Merkel Deutschland umbaut, Zürich 2012, S. 22

15   So auch von seinem Biographen Hans-Peter Schwarz. Schwarz, Helmut Kohl ... S. 628 u. S. 630

16   Vgl. z. B. Conze, Die Suche nach Sicherheit ..., S. 776

17   Ebenda, S. 777 f.

18   Schwarz, Helmut Kohl ..., S. 642 ff.

19   Ebenda, S. 646

20   Vgl. Rüdiger Schmitt-Beck, Die hessischen Landtagswahl vom 20. Januar 1991 im Schatten der Weltpolitik – Kleine Verschiebungen mit großer Wirkung, in: Ztschr. f. Parlamentsfragen, 22. Jg., 2/1991, S. 226 ff.

21   Zur Hauptstadtdebatte vgl. u. a. Helmut Herles (Hrsg.), Die Hauptstadt-Debatte, Bonn 1991 u. Hans-Jürgen Küsters, Der Bonn/Berlin-Beschluss vom 20. Juni 1991 und seine Folgen, in: www.kas.de/c/document, abgerufen am 19.8.2019

22   Marcus Boick, Die Treuhand. Idee – Praxis-Erfahrung 1990–1994, Göttingen 2018, S. 275

23   Klaus Schroeder, Die veränderte Republik – Deutschland nach der Wiedervereinigung, Bayerische Landeszentrale f. Politische Bildungsarbeit, München 2006, S. 200

24 Ebenda, S. 203

25 Ebenda, S. 201

26 Vgl. Gerhard Ritter, Der Preis der Deutschen Einheit, München 2006, S. 119

27 Schroeder, Die veränderte Republik …, S. 201

28 Vgl. Dirk Laabs, Der deutsche Goldrausch – Die wahre Geschichte der Treuhand, 5. Aufl., München 2012, S. 196

29 Boick, Die Treuhand …, S. 181 ff.

30 Ebenda, S. 189 ff.

31 Ebenda, S. 221 ff.

32 Görtemaker, Die Berliner Republik …, S. 92

33 Vgl. Boick, Die Treuhand …, S. 266

34 Ebenda, S. 271

35 Ebenda, S. 295

36 Ebenda, S. 353

37 Ebenda, S. 307

38 Laabs, Der deutsche Goldrausch …, S. 219

39 Boick, Die Treuhand …, S. 312

40 Ebenda, S. 324

41 Ebenda, S. 324 f.

42 Laabs, Der deutsche Goldrausch …, S. 200

43 Boick, Die Treuhand …, S. 307

44 Laabs, Der deutsche Goldrausch …, S. 205. Vgl. auch Schroeder, Die veränderte Republik …, S. 255

45 Schroeder, Die veränderte Republik …, S. 221

46 Die Zahl nennt Ilko-Sascha Kowalczuk, Die Übernahme – Wie Ostdeutschland Teil der Bundesrepublik wurde, 5. Aufl., München 2019, S. 176 f.

47 Conze, Die Suche nach Sicherheit …, S. 781

48 Vgl. Alexander Thumfart, Die politische Integration Ostdeutschlands, Frankfurt/M 2002, S. 566

49 Schroeder, Die veränderte Republik …, S. 374 f.

50 Herbert, Geschichte Deutschlands …, S. 1156

51 Görtemaker, Die Berliner Republik …, S. 96

52 Schroeder, Die veränderte Republik ..., S. 360. Deutlich höhere Zahlen ergeben sich allerdings, wenn man die Berechnungen von Catenhusen zur Grundlage nimmt. Er spricht von drei Millionen Überprüfungen und sechs Prozent Stasi-Belastungen, von denen etwa die Hälfte zu Entlassungen geführt habe. Allerdings wurden nicht nur Ostdeutsche überprüft und fanden zahlreiche Mehrfachüberprüfungen statt, so dass die exakte Personenzahl der Überprüften nicht genau zu ermitteln ist. Vgl. Hanns-Christian Catenhusen, Die Stasi-Überprüfung im öffentlichen Dienst der neuen Bundesländer, Berlin 1999, S. 359f.

53 Vgl. Der SPIEGEL 52/1990 und 12/1991. Vgl. auch Schwarz, Helmut Kohl ..., S. 654–656

54 Ein Untersuchungsausschuss des brandenburgischen Landtages kam 1994 zu dem Ergebnis, Stolpe sei kein Zuträger der Stasi gewesen. Die Birthler-Behörde legte dagegen 2003 ein Dossier zu Stolpe bzw. den »IM Sekretär« vor, das ihn belastete. Vgl. dazu Der SPIEGEL 51/1993. Vgl. auch Ehrhardt Neubert, Untersuchung zu den Vorwürfen gegen den Ministerpräsidenten des Landes Brandenburg Dr. Manfred Stolpe im Auftrag der Fraktion Bündnis im Land Brandenburg, Berlin 1993

55 Erst 2016 fand der jahrelange Streit um eine mögliche Informantentätigkeit von Gregor Gysi für die Stasi mit einem Beschluss der Staatsanwaltschaft Hamburg einen gewissen Abschluss. In diesem Beschluss hieß es, dass sich zwar in den Untersuchungen durchaus Hinweise auf eine mögliche IM-Tätigkeit hätten finden lassen. Doch ließen sie unterschiedliche Schlüsse zu. Die eidesstattliche Erklärung Gysis, in der er eine Mitarbeit bei der Stasi bestritten hatte, sei nicht zu widerlegen, weshalb er auch nicht wegen einer falschen eidesstattlichen Erklärung angeklagt werden könne. Vgl. zu Gysi auch Jens König, Gregor Gysi – Eine Biographie, Berlin 2005

56 Schroeder, Die veränderte Republik ..., S. 362f.

57 Werner Weidenfeld, Geschichte und Identität, in: Karl-Rudolf Korte/Werner Weidenfeld, Deutschland-Trendbuch, Opladen 2001, S. 29ff., hier S. 44

58 Bericht des ersten Untersuchungsausschusses des 12. Deutschen Bundestages, BT-Drs. 12/7600 vom 12. Mai 1994. Vgl. auch Matthias Judt, Der Bereich kommerzielle Koordinierung. Das DDR-Wirtschaftsimperium des Alexander Schalck-Golodkowski, Mythos und Realität, Berlin 2013

59 Herbert, Geschichte Deutschlands ..., S. 1174f.

60 Der SPIEGEL vom 29.9.1991

61 Vgl. Klaus J. Bade, Ausländer – Aussiedler – Asyl. Eine Bestandsaufnahme, München 1994, S. 178ff.

62 Im Januar 1989 gelang den Republikanern der Einzug ins Berliner Abgeordnetenhaus, im Juni zogen sie ins Europaparlament ein. Bei den hessischen Kommunalwahlen im März war auch die NPD zu aufsehenerregenden Erfolgen gekommen. Vgl. Hubert Kleinert, Das geteilte Deutschland – Die Geschichte 1945–1990, Wiesbaden 2018, S. 493

63 Zahlen bei Ulrich Herbert, Geschichte der Ausländerpolitik in Deutschland, München 2001, S. 286

64 Ebenda, S. 288

65 Ebenda, S. 286

66 Ebenda, S. 298

67 Ebenda, S. 297

68 Ebenda, S. 300 ff.

69 BILD vom 14.8.1991, zit. nach Herbert, Geschichte der Ausländerpolitik …, S. 303

70 Dieter Roth, Was bewegt die Wähler?, in: Aus Politik und Zeitgeschichte 11/94 vom 18.3.1994

71 Herbert, Geschichte der Ausländerpolitik …, S. 311

72 Vgl. Landtagswahl Schleswig-Holstein 1992, wahl.tagesschau.de, https://wahl.tagesschau.de/wahlen/1992-04-05-LT-DE-SH/index.shtml, abgerufen am 22.1.2020

73 Herbert, Geschichte der Ausländerpolitik …, S. 316

74 »Das ist der Staatsstreich«, in: Der SPIEGEL vom 2.11.1992

75 Der SPIEGEL vom 7.9.1992

76 Herbert, Geschichte der Ausländerpolitik …, S. 318 ff.

77 Die Grundgesetzänderung wurde mit der großen Mehrheit von 532 gegen 132 Stimmen verabschiedet. Vgl. Herbert, Geschichte der Ausländerpolitik …, S. 314 f.

78 Ebenda, S. 320

79 Ebenda, S. 283

80 Winkler, Geschichte des Westens … Vom Kalten Krieg zum Mauerfall …, S. 1088 ff. Vgl. auch Schwarz, Helmut Kohl …, S. 649 ff. Vgl. auch Marie-Janine Calic, Geschichte Jugoslawiens im 20. Jahrhundert, München 2010

81 Schwarz, Helmut Kohl …, S. 682 f.

82 Winkler, Geschichte des Westens … Vom Kalten Krieg …, S. 1092 f.

83 Ebenda, S. 1093

84 Ebenda, S. 1094

85 Ebenda, S. 1096

86 Marie-Janine Calic, Krieg und Frieden in Bosnien-Herzegowina, Frankfurt/M 1996. Vgl. auch Herbert, Geschichte Deutschlands …, S. 1196

87 So sah es auch Bundeskanzler Helmut Kohl, der sich zum Eingreifen dennoch nicht entschließen mochte. Vgl. Schwarz, Helmut Kohl …, S. 687 f.

88 Holm Sundhaussen, Sarajewo – Geschichte einer Stadt, Wien/Köln/Weimar 2014, S. 317 ff.

89 Ebenda, S. 321 f.

90 Ebenda, S. 340

91 Helga Haftendorn, Deutsche Außenpolitik zwischen Selbstbeschränkung und Selbstbehauptung, München 2001, S. 411

92 Schwarz, Helmut Kohl …, S. 689 f.

93 Ebenda, S. 686

94 Vgl. Joschka Fischer, Die Rot-Grünen Jahre, Köln 2007, S. 212. Vgl. auch Daniel Cohn-Bendit/Bernhard Kouchner, Quand tu seras président, Paris 2004, S. 22 u. Hans-Joachim Noack, »Es zerreißt mich«, in: Der Spiegel vom 4. 10. 1993. Vgl. auch Daniel Cohn-Bendit u. a., Antrag für die Sonder-BdK von Bündnis 90/Die Grünen am 9. 10. 1993 in Bonn, zit. nach Makoto Nishida, Strömungen bei den Grünen 1980–2003, Münster 2005, S. 195

95 Am 31. 3. 1993 hatte der UN-Sicherheitsrat unter Berufung auf Kap. VII der UN-Charta mit der Resolution 816 die Durchsetzung des Flugverbots beschlossen. Die Bundesregierung stimmte am 2.4. mit Mehrheit einer Beteiligung deutscher AWACS-Flugzeuge zu. Die FDP-Minister erklärten, dass sie die Zielsetzung des Beschlusses in der Sache befürworteten, ihm jedoch aus verfassungsrechtlichen Gründen nicht zustimmen könnten

96 BVerfG-Urteil vom 8. 4. 1993, www.bundesverfassungsgericht.de/Shared Does/ Downloads, abgerufen am 20. 8. 2019

97 BVerfG-Urteil 2/BvE 3/92 vom 12. 7. 1994. Vgl. auch Der SPIEGEL vom 18. 7. 1994

98 Conze, Die Suche …, S. 876 ff. Vgl. auch Franz Lothar Altmann, Zwischen Annäherung und Ausgrenzung, Deutschlands Rolle in der europäischen Balkanpolitik, in: Werner Süß (Hrsg.), Deutschland in den neunziger Jahren, Opladen 2002, S. 337 ff.

99 Die Belagerung der Stadt dauerte freilich bis zum 29. Februar 1996. Erst an diesem Tag wurde die Blockade mit der Öffnung der Straße nach Zenica und Tuzla offiziell für beendet erklärt. Vgl. Sundhaussen, Sarajevo …, S. 326

100 Vgl. den Bericht von David Rohde, Die letzten Tage von Srebrenica, Reinbek 1997

101 Heinrich August Winkler, Die Geschichte des Westens, Bd. IV – Die Zeit der Gegenwart, München 2015, S. 59 ff.

102 Ebenda, S. 61

103 Eine starke Minderheit der Grünen einverstanden mit einem Bosnien-Einsatz der Bundeswehr, in: FAZ vom 4.12.1995. Vgl. auch die S. 3 der SZ vom 4.12.1995

104 Schwarz, Helmut Kohl ..., S. 690

105 zit. nach ebenda, S. 633

106 Sundhaussen, Sarajevo ..., S. 323

107 Winkler, Geschichte des Westens, Bd. IV-Die Zeit der Gegenwart ..., S. 19ff.

108 Ebenda. Vgl. auch Herbert, Geschichte Deutschlands ..., S. 1182 u. Michael Gehler, Europa – Ideen, Institutionen-Vereinigung, München 2005, S. 300ff. Dietmar Herz, Die Europäische Union, München 2002, S. 62ff. Vgl. auch Jacques Delors, Erinnerungen eines Europäers, Berlin 2004, S. 412ff. Jürgen Mittag, Kleine Geschichte der europäischen Union, Münster 2008, S. 225ff.

109 Winkler, Geschichte des Westens ... Zeit der Gegenwart, S. 21

110 Schwarz, Helmut Kohl ..., S. 694

111 Ebenda, S. 692

112 Vgl. Deutscher Bundestag, Stenographischer Bericht der 53. Sitzung der 12. Wahlperiode, S. 4367

113 Winkler, Geschichte des Westens ..., Die Zeit der Gegenwart ..., S. 21ff.

114 Winfried Loth, Helmut Kohl und die Währungsunion, in: Vierteljahreshefte für Zeitgeschichte 61, 2013, S. 455ff. Vgl. auch ders., Europas Einigung – eine unvollendete Geschichte, Frankfurt/M 2014, S. 297

115 Winkler, Geschichte des Westens ..., Die Zeit der Gegenwart ..., S. 22

116 Schwarz, Helmut Kohl ..., S. 704

117 Herbert, Geschichte Deutschlands ..., S. 1187f.

118 Bundesverfassungsgericht, Urteil vom 12.10.1993, AZ 2 BvR 2134, BVerfGE 89,155. Vgl. auch Ingo Winkelmann (Hrsg.), Das Maastricht-Urteil des Bundesverfassungsgerichts vom 12. Oktober 1993, Berlin 1994

119 Herbert, Geschichte Deutschlands ..., S. 1187–1191

120 Winkler, Geschichte des Westens ..., Die Zeit der Gegenwart ..., S. 30ff.

121 Ebenda, S. 34

122 Winkler, Geschichte des Westens, Bd. 3, Vom Kalten Krieg zum Mauerfall ..., S. 1101ff.

123 Schwarz, Helmut Kohl ..., S. 678

124 Ebenda, S. 676

125 Zur Auflösung der Sowjetunion vgl. Karl Hildemeier, Geschichte der Sowjetunion 1917–1991, München 1991, S. 1061 ff. Vgl. auch Gorbatschows eigenen Bericht in: Michael Gorbatschow, Alles zu seiner Zeit – Mein Leben, Hamburg 2013, S. 472 ff.

126 Haftendorn, Deutsche Außenpolitik …, S. 400 ff.

127 Ebenda, S. 393

128 Schwarz, Helmut Kohl …, S. 717

129 Haftendorn, Deutsche Außenpolitik …, S. 395

130 Schwarz, Helmut Kohl …, S. 716

131 Haftendorn, Deutsche Außenpolitik …, S. 395 f.

132 Herbert, Geschichte Deutschlands …, S. 1152

133 Vgl. die Zahlen des Statistischen Bundesamtes www.destatis.de/DE/Zahlen/Fakten/Gesamtwirtschaft/Umwelt/VGR/Inlandsprodukt.html, abgerufen am 23.8.2019

134 Winkler, Geschichte des Westens …, Die Zeit der Gegenwart …, S. 35

135 Ebenda, S. 36

136 Schwarz, Helmut Kohl …, S. 725

137 Ebenda, S. 723 f.

138 Richard von Weizsäcker im Gespräch mit Gunter Hofmann und Werner A. Perger, Frankfurt/M 1992, S. 150

139 Peter Glotz, Die Krise des Parteienstaates, in: Neue Gesellschaft/Frankfurter Hefte 6/1992, S. 510 ff.

140 Hubert Kleinert, Die Krise der Politik, in: Gunter Hofmann/Werner A. Perger, Die Kontroverse – Weizsäckers Parteienkritik in der Diskussion, S. 205 ff., hier S. 205

141 Ebenda, S. 212

142 Vgl. Der SPIEGEL 45/1991 vom 4.11.1991 (»Kluger Schritt zur falschen Zeit«) und 47/1991 vom 18.11.1991 (»Große Partei sucht Kandidaten«)

143 Rainer Burchhardt/Werner Knobbe, Björn Engholm – Die Geschichte einer gescheiterten Hoffnung, Stuttgart 1993. Zur Barschel-Affäre vgl. u.a. Hubert Kleinert, Das geteilte Deutschland …, S. 475 f.

144 Vgl. Thomas Leif/Joachim Raschke, Rudolf Scharping, die SPD und die Macht, Reinbek 1994, S. 14 ff.

145 Hubert Kleinert, Die Grünen 1990/1991 – Vom Wahldebakel zum Neuanfang, in: Aus Politik und Zeitgeschichte, Hft. 44/1991, S. 27 ff.

146 Zur Geschichte des Vereingungsprozesses vgl. ausführlich Jürgen Hoffmann, Die doppelte Vereinigung – Vorgeschichte, Verlauf und Auswirkungen des Zusammenschlusses von Grünen und Bündnis 90, Wiesbaden 1998. Vgl. auch Hubert Kleinert, Vom Protest zur Regierungspartei – Die Geschichte der Grünen, Frankfurt/M 1992, S. 427 ff. Vgl. auch Joachim Raschke, Die Grünen, S. 924 f. u. Lothar Probst, Bündnis 90/Die Grünen, in: Oskar Niedermayer (Hrsg.), Handbuch Parteienforschung, Wiesbaden 2013, S. 508 ff.

147 Hubert Kleinert, Die Grünen in Deutschland, in: Heinrich-Böll-Stiftung (Hrsg.), Die Grünen in Europa, Münster 2004, S. 58 ff., hier S. 66. Vgl. auch ders., Vom Protest zur Regierungspartei …, S. 436 ff.

148 Vgl. Der SPIEGEL 44/1992, Der rätselhafte Tod. Vgl. auch Alice Schwarzer, Eine tödliche Liebe – Petra Kelly und Gert Bastian, Hamburg 1993 sowie Saskia Richter, Die Aktivistin: Das Leben der Petra Kelly, Stuttgart 2010

149 Zur Verfassungskommission vgl. Peter Fischer, Die gemeinsame Verfassungskommission von Bundestag und Bundesrat, Berlin 1995 sowie Rupert Scholz, Zur Arbeit der gemeinsamen Verfassungskommission von Bundestag und Bundesrat, in: Klaus Stern (Hrsg.), Deutsche Wiedervereinigung, Bd. IV, Köln 1993, S. 5 ff. und Wolfgang Ullmann, Verfassung und Parlament, Bonn 1992. Vgl. auch den Bericht der gemeinsamen Verfassungskommission, BT-Drs. 12/6000 vom 5.11.1993

150 Gero Neugebauer, Die PDS: Geschichte, Organisation, Wähler, Konkurrenten, Opladen 1996. Vgl. auch Patrick Moreau, PDS – Anatomie einer postkommunistischen Partei, Bonn 1992

151 Schwarz, Helmut Kohl …, S. 656 u. 663 ff.

152 Ebenda, S. 664–668

153 Ebenda, S. 721 f.

154 Ebenda, S. 733 f. Vgl. auch Helmut Kohl, Erinnerungen 1990–1994, München 2007, S. 590 ff.

155 Hans Leyendecker im Interview mit dem DLF am 25.5.2008 sowie im Cicero vom 25.6.2013 (»Journalisten müssen Zipfel der Wahrheit suchen«)

156 Vgl. Der SPIEGEL 19/1992 vom 4.5.1992 (»Der Eimer ist voll«). Vgl. auch Schwarz, Helmut Kohl …, S. 723

157 Norbert F. Pötzl, Erich Honecker – Eine deutsche Biographie, Stuttgart/München 2002, S. 334 f. Vgl. auch die in einigen Details leicht abweichende Darstellung bei Peter Przybylski, Tatort Politbüro – Die Akte Honecker, Berlin 1991, S. 27 ff.

158 Ebenda, S. 340. Vgl. auch Pzrybylski, Tatort Politbüro …, S. 30

159 Pötzl, Erich Honecker …, S. 341 ff.

160 Ebenda, S. 343

161 Ebenda

162 Schroeder, Die veränderte Republik ..., S. 355

163 Pötzl, Erich Honecker ..., S. 346. u. Przybylski, Tatort Politbüro ..., S. 185 ff.

164 Pötzl, Erich Honecker ..., S. 347

165 Ebenda, S. 349

166 Ebenda, S. 350

167 Schwarz, Helmut Kohl ..., S. 678

168 Pötzl, Erich Honecker ..., S. 351 f.

169 Der SPIEGEL 46/1992. Vgl. auch Uwe Wesel, Ein Staat vor Gericht – Der Honecker-Prozess, Frankfurt/M 1994. Ders., Ein deutscher Prozess, in: SZ vom 21.9.2000

170 Pötzl, Erich Honecker ..., S. 360 ff.

171 Ebenda, S. 358

172 Ebenda, S. 363 ff.

173 Schroeder, Die veränderte Republik ..., S. 357

174 Ebenda, S. 353

175 Herbert, Geschichte Deutschlands ..., S. 1203

176 Ebenda, S. 1204

177 Pötzl, Erich Honecker ..., S. 39 ff.

178 Ebenda, S. 48

179 Ebenda, S. 67 ff.

180 Ebenda, S. 75

181 Ebenda, S. 78 ff.

182 Ebenda, S. 81–84. Vgl. auch Günter Agde (Hrsg.), Kahlschlag – Das 11. Plenum des ZK der SED, Berlin 1991

183 Pötzl, Erich Honecker ..., S. 89

184 Ebenda, S. 91. Vgl. auch Monika Kaiser, Machtwechsel von Ulbricht zu Honecker, Berlin 1997

185 Przybylski, Tatort Politbüro ..., S. 110–113. Vgl. auch Jochen Staadt, Walter Ulbrichts letzter Machtkampf, in: Deutschland-Archiv 5/1996 u. Pötzl, Erich Honecker ..., S. 93

186 Wolf schreibt, Honecker sei mit bewaffneten Personenschützern zu Ulbrichts Ferienhaus am Döllnsee geeilt, nachdem sein Emissär Werner Lamberz aus Moskau das Einverständnis zum Sturz Ulbrichts mitgebracht hatte. Ulbrichts Telefonleitungen seien gekappt worden. Nach anderthalb Stunden des Gesprächs habe

Ulbricht in seinen Rücktritt eingewilligt. Vgl. Markus Wolf, Spionagechef im Kalten Krieg, München 1997, S. 256

187 Stefan Wolle, Die heile Welt der Diktatur, Berlin 1998, S. 164

188 Pötzl, Erich Honecker …, S. 104

189 Hubert Kleinert, Das geteilte Deutschland – Die Geschichte 1945–1990, Wiesbaden 2018, S. 389 ff.

190 Reinhold Andert, Nach dem Sturz – Honecker im Kreuzverhör, Leipzig 2001, zit. nach Pötzl, Erich Honecker …, S. 251

191 Pötzl, Erich Honecker …, S. 165 ff.

192 Ebenda, S. 179

193 Ebenda, S. 205/206

194 Franz-Josef Strauß, Die Erinnerungen, Berlin (West) 1989, S. 492

195 Heinrich August Winkler, Der lange Weg nach Westen, Bd. 2: Deutsche Geschichte vom »Dritten Reich« bis zur Wiedervereinigung, München 2000, S. 424

196 Pötzl, Erich Honecker …, S. 213

197 Ebenda, S. 213 f.

198 Ebenda, S. 159 ff.

199 Ebenda, S. 152

200 Ebenda, S. 143

201 Vgl. Timothy Garden Ash, Im Namen Europas – Deutschland und der geteilte Kontinent, München/Wien 1993, S. 245

202 Pötzl, Erich Honecker …, S. 131

203 Ebenda, S. 153

204 Ebenda, S. 131

205 Herbert, Geschichte Deutschlands …, S. 1152

206 Schroeder, Die veränderte Republik …, S. 231

207 Statistisches Bundesamt, zit. nach Immo von Homeyer, Die Ära Kohl im Spiegel der Statistik, in: Göttrick Wewer (Hrsg.), Bilanz der Ära Kohl, Opladen 1998, S. 333 ff., hier S. 344, Schaubild 16

208 Ebenda, S. 347, Schaubild 21

209 Vgl. Jutta Hinrichs, Die Verschuldung des Bundes – Arbeitspapier, Konrad-Adenauer-Stiftung, Sankt Augustin 2002

210 Vgl. Heike Solga, Auf dem Weg in eine klassenlose Gesellschaft? Klassenlagen und Mobilität zwischen Generationen in der DDR, Berlin 1995, S. 370. Zu den Auseinandersetzungen um den Kalibergbau vgl. Ilko-Sascha Kowalczuk, Die Übernahme – Wie Ostdeutschland Teil der Bundesrepublik wurde, 5. Aufl., München 2019, S. 123 ff.

211 Herbert, Geschichte Deutschlands …, S. 1150

212 Vgl. Boick, Die Treuhand …, S. 378

213 Ebenda, S. 386

214 Vgl. u. a. Karl-Heinrich Oppenländer (Hrsg.), Wiedervereinigung nach sechs Jahren, Berlin 1997, Wolfgang Seibel, Verwaltete Illusionen – Die Privatisierung der DDR-Wirtschaft durch die Treuhandanstalt und ihre Nachfolger 1990–2000, Frankfurt/New York 2005. Vgl. auch Laabs, Der deutsche Goldrausch …, S. 243 ff.

215 Boick, Die Treuhand …, S. 479

216 Schwarz, Helmut Kohl …, S. 735

217 Ritter, Preis der Deutschen Einheit …, S. 129–131. Vgl. auch Roland Czada, Zwischen Stagnation und Umbruch – Die politisch-ökonomische Entwicklung nach 1989, in: Werner Süß (Hrsg.), Deutschland-Trendbuch …, S. 203 ff.

218 Vgl. Jan-Christoph Hauswald, Der angewandte Vetospieleransatz – Bahnstrukturreform und Postreform 2 neu analysiert, Baden-Baden 2015

219 Regierungserklärung von Bundeskanzler Helmut Kohl in der 182. Sitzung des 12. Deutschen Bundestages zur Zukunftssicherung des Standorts Deutschland, Plenarprotokoll der Sitzung des Deutschen Bundestages vom 21.10.1993

220 Ebenda

221 Herbert, Geschichte Deutschlands …, S. 1207

222 Vgl. Jörg Alexander Meyer, Der Weg zur Pflegeversicherung, Frankfurt/M 1996

223 Der SPIEGEL 35/1993 vom 30.8.1993

224 Zur Heitmann-Kandidatur vgl. Schwarz, Helmut Kohl …, S. 659 ff.; vgl. auch Der SPIEGEL vom 18.10. und vom 6.12.1993 (»Kanzler Kohl – Wie lange noch«) sowie Gunter Hofmann, Anführer ins Vorgestern, in: Die ZEIT 43/1993 vom 22.10.1993

225 Focus 49/1993 vom 6.12.1993

226 Vgl. Leif/Raschke, Rudolf Scharping, die SPD und die Macht …, S. 7 u. S. 9

227 Schwarz, Helmut Kohl …, S. 753

228 Ebenda, S. 753 f.

229 Ebenda, S. 755

230 Zu den Zahlen Homeyer, Die Ära Kohl …, S. 339 (Schaubild 9) und S. 340 (Schaubild 10)

231 Der Bundeswahlleiter, Wahlen zum 4. Europäischen Parlament am 12. Juni 1994, in: www.bundeswahlleiter.de/europawahlen/1994.html, abgerufen am 28. 8. 2019

232 Vgl. Gregor Schöllgen, Gerhard Schröder – Die Biographie, München 2016, S. 266 f.

233 Schwarz, Helmut Kohl …, S. 756 f.

234 Ebenda, S. 758

235 Der Bundeswahlleiter, Ergebnis der Wahl zum 13. Deutschen Bundestag am 16. Oktober 1994, in: www.bundeswahlleiter.de/Bundestagswahlen/1994.html., abgerufen am 28. 8. 2019. Zur Analyse vgl. Max Kaase, Wahlen und Wähler – Analysen aus Anlass der Bundestagswahl 1994, Opladen 1998. Vgl. auch Matthias Jung/Dieter Roth, Kohls knappster Sieg, in: Aus Politik und Zeitgeschichte, Hft. 51-52/1994, S. 12 ff. Zum Ergebnis der PDS vgl. Jürgen W. Falter/Markus Klein, Die Wähler der PDS bei der Bundestagswahl 1994, in: Aus Politik und Zeitgeschichte, Hft. 51-52/1994, S. 34 ff.

236 Hubert Kleinert, Bündnis 90/Die Grünen – Die neue dritte Kraft?, in: Aus Politik und Zeitgeschichte, Hft. 6/1996, S. 36 ff.

237 Vgl. z. B. Jan Priewe/Rudolf Hickel, Der Preis der Einheit. Bilanz und Perspektiven der Deutschen Einheit, Frankfurt/M

238 Vgl. z. B. die verschiedenen Jahresgutachten des Sachverständigenrates zur Begutachtung der gesamtwirtschaftlichen Entwicklung 1991 – 1994

239 Katja Neller, DDR-Nostalgie? Analysen zur Identifikation der Ostdeutschen mit ihrer politischen Vergangenheit, zur ostdeutschen Identität und zur Ost-West-Stereotypisierung, in: Jürgen Falter/Oskar W. Gabriel/Hans Rattinger (Hrsg.), Wirklich ein Volk? – Die politischen Orientierungen der Ost- und Westdeutschen im Vergleich, Opladen 2000, S. 571 ff. Volker Kurz, Einstellungen zu Wirtschaft und Gesellschaft in den alten und neuen Bundesländern, in: Ebenda, S. 509 ff.

KAPITEL 2

1   Vgl. Claudia Heine, Die Schatten der Vergangenheit, in: Das Parlament Nr. 42 – 43 vom 16. 10. 2017, Hugo Müller-Vogg, Keine Garantie gegen Peinlichkeiten, in: Cicero vom 29. 3. 2017. Vgl. auch Der SPIEGEL 46/1994 vom 14. 11. 1994 (»Immer allen gefallen«)

2   Vgl. Interview mit Antje Vollmer, in: DIE ZEIT vom 18. 11. 1994. Der neue Fraktionschef der Grünen, Joschka Fischer, war von Schäubles Angebot zunächst überrascht

3   Schwarz, Helmut Kohl …, S. 760

4   Ebenda, S. 769 f.

5   Wilhelm Hennis, Kohls Erbe, in: FAZ vom 29.9.1998

6   Wolfgang Schäuble, Mitten im Leben, München 2000, S. 38

7   Ursula Feist/Hans-Jürgen Hoffmann, Die nordrhein-westfälische Landtags-
wahl vom 14. Mai 1995, in: Zeitschrift f. Parlamentsfragen, 27. Jg., 1996, Heft 2,
S. 257. Zur hessischen Landtagswahl vgl. Hessisches Statistisches Landesamt,
Landtagswahlen in Hessen 1946–2009

8   Schöllgen, Gerhard Schröder …, S. 281 ff.

9   Interview in DIE WOCHE vom 1.9.1995

10   Vgl. Siegfried Heimann, Die SPD in den neunziger Jahren, in: Werner Süß
(Hrsg.), Deutschland in den 90er Jahren, Opladen 2002, S. 83 ff., hier S. 89

11   Vgl. Peter Lösche, Die SPD nach Mannheim, in: Aus Politik und Zeitgeschichte, Hft. 6/96, S. 20 ff. Lafontaine selbst schreibt, er sei in der festen Gewissheit nach Mannheim gefahren, »dass sich nichts ändern werde«. Vgl. Oskar
Lafontaine, Das Herz schlägt links, München 1999, S. 42

12   Lafontaine, Das Herz …, S. 43

13   Heimann, Die SPD …, S. 89

14   Schöllgen, Gerhard Schröder …, S. 306 ff.

15   Vgl. Kap. 1, Anm. 94

16   Joschka Fischer, Die Katastrophe in Bosnien u. die Konsequenzen für unsere
Partei Bündnis 90/Die Grünen. Ein Brief an die Bundestagsfraktion und an
die Partei, Bonn 30.7.1995. Manuskript im Privatarchiv d. Verf, ebenso ein Vorentwurf. Der Brief ist abgedruckt in der Zeitschrift Kommune 9/1995

17   Vgl. SZ, FAZ und TAZ vom 4.12.1995

18   Schwarz, Helmut Kohl …, S. 781

19   Ebenda, S. 786

20   Homeyer, Die Ära Kohl im Spiegel der Statistik …, S. 340 f. (Schaubilder 10 u. 11)

21   Schwarz, Helmut Kohl …, S. 788 f.

22   Ebenda, S. 787 ff.

23   Vgl. Nils C. Bandelow/Klaus Schubert, Wechselnde Strategien und kontinu-
ierlicher Abbau solidarischen Ausgleichs – Eine gesundheitspolitische Bilanz der
Ära Kohl, in: Wewer (Hrsg.), Bilanz der Ära Kohl, Opladen 1998, S. 113 ff., hier
S. 122

24 Die Wirtschaftsverbände hätten zu dieser Zeit gewaltig Druck gemacht, hat der damalige Kanzleramtsminister Friedrich Bohl im Interview am 31. 7. 2018 mitgeteilt

25 Schwarz, Helmut Kohl ..., S. 792. Vgl. auch Gesetz zur Begrenzung der Bezügefortzahlung bei Krankeit, BT-Drs. 13/4613

26 Ebenda, S. 792 f.

27 Vgl. Der SPIEGEL vom 21. 10. 1996 (»Ehrgeiziges Ziel«)

28 Heimann, Die SPD ..., S. 90 f.

29 Schwarz, Helmut Kohl ..., S. 795

30 Schroeder, Die veränderte Republik ..., S. 254 f. Vgl. auch Kerstin Schwenn, Privatisierung der volkseigenen Betriebe, in: Openländer (Hrsg.), Wiedervereinigung nach sechs Jahren ..., S. 354

31 Schroeder, Die veränderte Republik ..., S. 255

32 Vgl. Uwe Müller, Supergau Deutsche Einheit, Berlin 2005, S. 15 ff. Vgl. auch Laabs, Der deutsche Goldrausch ..., S. 326 ff.

33 Schroeder, Die veränderte Republik ..., S. 256

34 Zahlreiche Beispiele dafür finden sich bei Michael Jürgs, Die Treuhändler, München/Leipzig 1997

35 Schroeder, Die veränderte Republik ..., S. 254

36 Homeyer, Die Ära Kohl im Spiegel ..., S. 340 (Abb. 10)

37 Schroeder, Die veränderte Republik, S. 202 (Tabelle 9)

38 Ebenda, S. 201 (Abb. 14)

39 Ebenda, S. 227 ff.

40 Ebenda, S. 232

41 Ebenda, S. 264 ff.

42 Ebenda, S. 264

43 Ebenda, S. 404 ff.

44 Herbert, Geschichte Deutschlands ..., S. 1156

45 Thomas Ahbe, Ostalgie: Zum Umgang mit der DDR-Vergangenheit in den 1990er Jahren, Erfurt 2005. Thomas Bisky, Zonensucht – Kritik der neuen Ostalgie, in: Merkur 658 (2004), 58. Jg., S. 117 ff. Katja Neller, DDR-Nostalgie, Wiesbaden 2006

46 Auch ZDF, MDR und SAT 1 boten ähnliche Sendungen. Ab dem 3. 9. 2003 lief dann bei RTL die vierteilige »DDR-Show«, moderiert von Katharina Witt und Oliver Geissen. Die Sendungen wurden kontrovers aufgenommen. Der frühere

DDR-Bürgerrechtler Günther Nooke forderte sogar rechtliche Schritte gegen das Zeigen von DDR-Symbolen

47 Vgl. Schroeder, Die veränderte Republik ..., S. 750, Abb. 23

48 Vgl. Ebenda, S. 731, Tabelle A 39

49 Homeyer, Die Ära Kohl im Spiegel ..., S. 343 f. (Schaubilder 15 u. 16)

50 Vgl. das Interview in Der SPIEGEL 31/1997 vom 28. 7. 1997

51 Winkler, Geschichte des Westens, Bd. 4, Die Zeit der Gegenwart ..., S. 152 ff. Vgl. auch Gehler, Europa ..., S. 309 ff.

52 Schwarz, Helmut Kohl ..., S. 797 ff. Vgl. auch Wilfried Loth, Europas Einigung – eine unvollendete Geschichte, Frankfurt/M 2014, S. 317

53 Ebenda, S. 800 f. Vgl. auch Loth, Europas Einigung ..., S. 320

54 Loth, Europas Einigung ..., S. 318

55 Schwarz, Helmut Kohl ..., S. 805. Vgl. auch Jens Peter Paul, Zwangsumtausch – Wie Lafontaine und Kohl die DM abschafften, Mainz 2010, David Marsh, Der Euro, Hamburg 2009 u. Thomas Piketty, Die Schlacht um den Euro, München 2015. Zur Geschichte des Euro vgl. auch Klaus Wirtgen, Weg ohne Wiederkehr, in: Der SPIEGEL vom 2. 3. 1998

56 BILD-Zeitung vom 26. 3. 1998, zit. nach Winkler, Geschichte des Westens ..., S. 155

57 Schwarz, Helmut Kohl ..., S. 802

58 Loth, Europas Einigung ..., S. 322

59 Schwarz, Helmut Kohl ..., S. 804

60 Winkler, Geschichte des Westens ..., S. 155

61 Loth, Europas Einigung ..., S. 319

62 Ebenda, S. 322. Vgl. auch Winkler, Geschichte des Westens ..., S. 157 u. Schwarz, Helmut Kohl ..., S. 813–815

63 Schwarz, Helmut Kohl ..., S. 811

64 Ebenda, S. 812

65 Regierungserklärung von Bundeskanzler Helmut Kohl in der 230. Sitzung des 13. Deutschen Bundestages vom 23. 4. 1998, BT-Protokoll S. 21050 ff.

66 Schwarz, Helmut Kohl ..., S. 818 f.

67 Winkler, Geschichte des Westens ..., S. 157 f.

68 Schwarz, Helmut Kohl ..., S. 829

69 Ebenda, S. 829 ff.

70 Ebenda, S. 824

71 Schöllgen, Gerhard Schröder ..., S. 313

72 Schwarz, Helmut Kohl ..., S. 821 ff.

73 Der SPIEGEL vom 24. 2. 1997 (»Wilde Reden«)

74 Schwarz, Helmut Kohl ..., S. 825

75 Vgl. ZDF-Politbarometer ab Ende 1996

76 Jörg Hennecke, Die Dritte Republik – Aufbruch und Ernüchterung, München 2003, S. 27 f.

77 Roman Herzog, Aufbruch ins 21. Jahrhundert. Berliner Rede vom 26. 4. 1997, vgl. spiegel.de/politik/deutschland/roman-herzog-die-ruck-rede-im-wortlaut-a-1129316, abgerufen am 7. 9. 2019

78 Herbert, Geschichte Deutschlands ..., S. 1208

79 Ebenda, S. 1213 f.

80 Heimann, Die SPD ..., S. 90 f.

81 Herbert, Geschichte Deutschlands ..., S. 1216

82 Schwarz, Helmut Kohl ..., S. 757 u. 764

83 Helmut Kohl, Erinnerungen 1990–1994, München 2007, S. 739

84 Der SPIEGEL 7/1995 vom 13. 2. 1995 (»Normal mutiert«)

85 Vgl. Ulrich Reitz, Wolfgang Schäuble, Bergisch-Gladbach 1996, S. 17 ff.

86 Interview mit Jürgen Rüttgers am 9. 1. 2019

87 DER STERN vom 9. 1. 1997

88 Schwarz, Helmut Kohl ..., S. 833

89 Ebenda, S. 834

90 Ebenda, S. 835

91 Interview mit Friedrich Bohl am 31. 7. 2018

92 Schwarz, Helmut Kohl ..., S. 841

93 Interview Friedrich Bohl am 31. 7. 2018

94 Schwarz, Helmut Kohl ..., S. 844

95 Vgl. Oskar Lafontaine/Christa Müller, Keine Angst vor der Globalisierung, Bonn 1998

96 Vgl. z. B. Hennicke, Die Dritte Republik ..., S. 33 f. S. auch Schwarz, Helmut Kohl ..., S. 839 f.

97 Hennicke, Die Dritte Republik ..., S. 31. Vgl. auch Conze, Die Suche nach Sicherheit ..., S. 800

98 Lafontaine stellt die Dinge etwas anders dar. Ihm sei »praktisch keine andere Wahl geblieben, als Gerhard Schröder die Kanzlerkandidatur anzubieten« (Lafontaine, Das Herz schlägt links …, S. 85). Er habe sich eigentlich schon lange vor dem Wahlgang in Niedersachsen entschieden gehabt, selbst nicht anzutreten (S. 87). Die Abmachung mit Schröder drei Tage vor der Niedersachsen-Wahl aber bestätigt auch er (S. 90). Hätte Schröder bei der Landtagswahl Stimmen verloren, hätte die Partei entschieden, d. h. Lafontaine wäre Kandidat geworden (ebd.)

99 Schöllgen, Gerhard Schröder …, S. 334 f.

100 Ebenda, S. 335 ff.

101 Schwarz, Helmut Kohl …, S. 837

102 Heimann, Die SPD …, S. 92

103 Hennicke, Die Dritte Republik …, S. 34

104 Edgar Wolfrum, Rot-Grün an der Macht – Deutschland 1998 – 2005, München 2013, S. 26 ff.

105 Hennicke, Die Dritte Republik …, S. 34

106 Ebenda, S. 36

107 Ebenda, S. 35

108 Conze, Die Suche nach Sicherheit …, S. 801

109 Herbert, Geschichte Deutschlands …, S. 1214. Vgl. auch Conze, Die Suche nach Sicherheit …, S. 800

110 Bündnis 90/Die Grünen, Grün ist der Wechsel – Programm zur Bundestagswahl 1998, Bonn 1998

111 BILD-Zeitung vom 9. 3. 1998

112 Die für Tourismuspolitik zuständige Grünen-Abgeordnete Hannelore Saibold hatte in der BAMS vom 8. 3. 1998 eine drastische Kerosinbesteuerung gefordert. Dabei hatte sie weiter ausgeführt, dass es ausreiche, wenn die Deutschen nur alle fünf Jahre einmal eine Urlaubsreise mit dem Flugzeug unternahmen. Vor dem Hintergrund der Beschlüsse von Magdeburg lösten die Einlassungen von Frau Saibold heftige Reaktionen aus. Auch innerhalb der Grünen wurde sie heftig kritisiert (vgl. welt.de/print-welt/article 597091/Gruene-fuer-hoehere-kerosin-steuer. html, abgerufen am 8. 9. 2019)

113 Vgl. Joachim Raschke, So kann man nicht regieren – Die Zukunft der Grünen, Frankfurt/New York 2001, S. 342

114 Vgl. Christoph Egle, Lernen unter Stress: Politik und Programmatik von Bündnis 90/Die Grünen, in: Christoph Egle/Tobias Ostheim/Reimut Zohlnhöfer (Hrsg.), Das Rot-Grüne Projekt, Wiesbaden 2003, S. 93 ff. Vgl. auch Hennicke, Die Dritte Republik …, S. 39

115 Grünen-Chef Trittin hatte bei einer Demonstration gegen ein öffentliches Gelöbnis von Bundeswehrsoldaten in Berlin die Bundeswehr in die Tradition der Wehrmacht gerückt, öffentliche Gelöbnisse als »perverses Ritual« bezeichnet und damit große Empörung ausgelöst. Auch innerhalb seiner Partei war er dafür heftig angegriffen worden. Vgl. Der Tagesspiegel vom 20.6.1998. Vgl. auch das Interview mit Trittin in Der SPIEGEL 27/1998

116 Hennicke, Die Dritte Republik ..., S. 38

117 Der SPIEGEL 11/1998 vom 9.3.1998 (»Schmeißt die Kerle raus). Vgl. auch Schwarz, Helmut Kohl ..., S. 838

118 Hennicke, Die Dritte Republik ..., S. 40

119 Schöllgen, Gerhard Schröder ..., S. 364

120 Schwarz, Helmut Kohl ..., S. 847

121 Ebenda, S. 845 ff.

122 Ebenda, S. 847 ff.

123 Ebenda, S. 848

124 Interview von Bundeskanzler Helmut Kohl mit Roger de Weck, in: DIE ZEIT vom 27.8.1998

125 Schwarz, Helmut Kohl ..., S. 851

126 Ebenda, S. 852

127 Der Bundeswahlleiter, Ergebnis der Wahl zum 14. Deutschen Bundestag am 28.9.1998, www.bundeswahlleiter.de/Bundestagswahlen/1998.html, abgerufen am 7.9.2019

128 Renate Köcher, In der neuen Lage hat die CDU neue Aufgaben, in: FAZ vom 14.10.1998

129 Matthias Jung/Dieter Roth, Wer zu spät geht, den bestraft der Wähler – Eine Analyse der Bundestagswahl 1998, in: APuZG B52/1998.

130 Oscar W. Gabriel/Frank Bretschneider, Die Bundestagswahl 1998: Ein Plebiszit gegen Kanzler Kohl, in: Aus Politik und Zeitgeschichte, Hft. 52/1998

131 Schroeder, Die veränderte Republik ..., S. 208 ff., bes. S. 210 (Abb. 19 u. 20)

132 Ebenda, S. 202 f.

133 Schöllgen, Gerhard Schröder ..., S. 365 f.

134 Ebenda, S. 366

135 Zu Helmut Kohl liegt inzwischen eine ganze Fülle von Biographien vor. Neben dem hier ausführlich zitierten Opus von Hans-Peter Schwarz sind u.a. zu nennen: Klaus Dreher, Helmut Kohl – Leben mit Macht, Stuttgart 1998, Hans

Joachim Noack/Wolfram Bickerich, Helmut Kohl – Die Biographie, Berlin 2010, Jürgen Busche, Helmut Kohl – Anatomie eines Erfolgs, Berlin 1998, Karl Hugo Pruys, Helmut Kohl – Die Biographie, Berlin 1995

136 So etwa Gilbert Ziebura, Eine außenpolitische Bilanz, in: Göttrik Wewer (Hrsg.), Bilanz der Ära Kohl, Opladen 1998, S. 267 ff.

137 Vgl. Hubert Kleinert, Das geteilte Deutschland …, S. 544

138 Vgl. dazu Helmut Kohl, Berichte zur Lage 1989–1998. Der Kanzler und Partei-vorsitzende im Bundesvorstand der CDU Deutschlands. Forschungen und Quel-len zur Zeitgeschichte, hrsg. im Auftrag der Konrad-Adenauer-Stiftung von Günter Buchstab u. a., bearb. Von Günter Buchstab u. Hans-Otto-Kleinmann, Düsseldorf 2012. Vgl. bes. die Berichte vom 15.1.1990 (S. 64 ff.), 23.1.1990 (S. 76 ff.) u. 8.2.1990 (S. 92 ff.)

139 Ebenda, Bericht vom 27.11.1989, S. 60

140 Schwarz, Helmut Kohl …, S. 400

141 Ebenda, S. 397 ff.

142 Ebenda, S. 415 ff.

143 Vgl. Kapitel 1

144 Schwarz, Helmut Kohl …, S. 708 ff. Vgl. auch Kohl, Berichte zur Lage 1989–1998, Bericht vom 20.2.1994, S. 552 ff.

145 Der Ausdruck stammt vom früheren britischen Außernminister David Owen. Vgl. Schwarz, Helmut Kohl …, S. 737

146 Zu den Zahlen Wolfgang Rudzio, Das politische System der Bundesrepublik Deutschland, 9. Auflage, Wiesbaden 2015, S. 157

147 Schwarz, Helmut Kohl …, S. 193 ff. u. S. 932

148 Kleinert, Das geteilte Deutschland …, S. 452 f.

149 Helmut Kohl, Erinnerungen 1982–1990, München 2005, S. 306

150 Kleinert, Das geteilte Deutschland …, S. 589

151 Schwarz, Helmut Kohl …, S. 795

152 Klaus Dreher, Helmut Kohl – Leben mit Macht, Stuttgart 1998, S. 198

153 Schwarz, Helmut Kohl …, S. 317 ff.

154 Dreher, Helmut Kohl …, S. 117 f.

155 Friedrich Bohl im Interview am 31.7.2018

156 Andreas Wirsching, Abschied vom Provisorium – Geschichte der Bundes-republik Deutschland 1982–1990, München 2006

157 Der SPIEGEL vom 4.10.1982. Vgl. auch Wirsching, Abschied …, S. 26 u. Dre-her, Helmut Kohl …, S. 295 f.

KAPITEL 3

1   Vgl. https://de.statista.com/statistik/daten/studie/2112/umfrage/veraenderung des bruttoinlandsprodukts, abgerufen am 12.9.2019

2   https://de.statista.com/statistik/daten/studie/154800/umfrage/deutsche-schuldenquote, abgerufen am 12.9.2019

3   Nach den Berechnungen von Jutta Hinrichs, Die Verschuldung des Bundes 1962–2001 – Arbeitspapier der Konrad-Adenauer-Stiftung, Sankt Augustin 2002, S. 22

4   www.sozialpolitik-aktuell.de/tl_files/sozialpolitik-aktuell/Politikfelder/ Arbeitsmarkt/Datensammlung, abgerufen am 12.9.2019

5   Vgl. Rainer Geißler, Sozialstruktur und gesellschaftlicher Wandel, in: Karl-Rudolf Korte/Werner Weidenfeld (Hrsg.), Deutschland-Trendbuch, Opladen 2001, S. 97 ff., hier S. 98

6   Vgl. Wochenbericht des DIW Berlin 4/01, Angleichung der Markteinkommen privater Haushalte zwischen Ost- und Westdeutschland nicht in Sicht. Vgl. auch die Daten des Sozioökonomischen Panels, in: Sachverständigenrat zur Begutachtung der gesamtwirtschaftlichen Entwicklung, Jahresgutachten 2000/2001, Wiesbaden 2000, S. 419 ff. Zu den Bruttolöhnen Statista, https://de.statista.com/studie/36305/umfrage/bruttodurchschnittslohn-in-ostdeutschland, abgerufen am 16.12.2019. Etwas andere Zahlen nennt Geißler, a.a.O., S. 100

7   Geißler, a.a.O., S. 131

8   Vgl. z.B. Thomas Nickel, Der Dienstleistungssektor in Deutschland, Zentrum für europäische Wirtschaftsforschung Mannheim, in: ftp://zew.de/pub/zew-does/ documentation/1001.pdf, abgerufen am 13.9.2019

9   Geißler, Sozialstruktur und gesellschaftlicher Wandel …, S. 108

10   Vgl. Bert Rürup/Werner Sesselmeier, Wirtschafts- und Arbeitswelt, in: Korte/ Weidenfeld, Deutschland-Trendbuch …, S. 247 ff., hier S. 250 ff.

11   Ebenda, S. 254

12   Herbert, Geschichte Deutschlands …, S. 1209

13   Ebenda, S. 1217 f.

14   Vgl. z.B. Ulrich Menzel, Globalisierung versus Fragmentierung, Frankfurt/M 1998 u. Wolfgang Streeck, Gekaufte Zeit – Die vertagte Krise des demokratischen Kapitalismus, Berlin 2013, S. 81 ff. Zu den Hedgefonds in Deutschland Burkhard Erke/Ralf-M. Marquardt, Zulassung von Hedge-Fonds in Deutschland – Fluch oder Segen?, in: https://archiv.wirtschaftsdienst.eu>downloads>getfile, abgerufen am 13.9.2019

15   Helmut Schmidt, Globalisierung – Politische, ökonomische und kulturelle Herausforderungen, Stuttgart 1998, S. 32

16 Hubert Kleinert/Siegmar Mosdorf, Die Renaissance der Politik, Berlin 1998, S. 61

17 Herbert, Geschichte Deutschlands ..., S. 1219

18 Rürup/Sesselmeier, Wirtschafts- und Arbeitswelt ..., S. 263–266

19 Ebenda, S. 267

20 Ebenda, S. 269 ff.

21 Ebenda, S. 254

22 Vgl. Kap. 4

23 Wolfgang Merkel, Sozialpolitik, in: Korte/Weidenfeld, Deutschland-Trendbuch ..., S. 289 ff., hier S. 300

24 Ebenda, S. 301

25 Schroeder, Die veränderte Republik ..., S. 199

26 Ebenda, S. 230

27 Ebenda, S. 231

28 Ebenda, S. 230

29 Ebenda, S. 232

30 Ebenda, S. 237

31 Ebenda, S. 238

32 Vgl. Ulrich Busch, Die ostdeutsche Transfergesellschaft, Berlin 2002, S. 219. Vgl. auch Müller, Supergau Deutsche Einheit, S. 133

33 Busch, Die ostdeutsche Transfergesellschaft ..., S. 209. Vgl. auch Schroeder, Die veränderte Republik ..., S. 244

34 Schroeder, Die veränderte Republik ..., S. 246 ff. Vgl. auch Müller, Supergau Deutsche Einheit ...

35 Schroeder, Die veränderte Republik ..., S. 264

36 Ebenda, S. 267. Tabelle 29

37 Ebenda, S. 271, Abb. 38

38 Ebenda, S. 272 ff., bes. S. 276, Tabelle 31

39 Ebenda, S. 288, Abb. 47

40 Ebenda, S. 294, bes. Abb. 49

41 Ebenda, S. 296

42 Ebenda, S. 374

43 Ebenda, S. 377

44 Ebenda

45 Ebenda, S. 378 ff.

46 Ebenda, S. 371 ff.

47 Ebenda, S. 359. Vgl. auch Peter Eisenfeld, Zehn Jahre nach dem Mauerfall, in: Deutschland-Archiv 1/2000, S. 68 ff.

48 Winkler, Geschichte des Westens …, Die Zeit der Gegenwart, S. 35 ff. Vgl. auch Roland Czada, Zwischen Stagnation und Umbruch, in: Werner Süß (Hrsg.), Deutschland in den Neunziger Jahren, Opladen 2002, S. 203 ff., hier S. 206 f.

49 Vgl. Kap. 2

50 Laabs, Der deutsche Goldrausch …, S. 326 ff.

51 Ebenda, S. 329

52 Ebenda, S. 341

53 Die Formulierung stammt von Konrad Jarausch

54 Werner Weidenfeld, Geschichte und Identität, in: Korte/Weidenfeld, Deutschland-Trendbuch …, S. 29 ff., hier S. 52

55 Schroeder, Die veränderte Republik …, S. 586 ff.

56 Ebenda, S. 586

57 Der Begriff geht auf Schröder zurück. Vgl. ebenda

58 Ebenda, S. 376

59 Robert Böhmer, Der Geist des Kapitalismus und der Aufbau Ost, Dresden 2005, S. 161 ff.

60 Schroeder, Die veränderte Republik …, S. 492, Abb. 75

61 Ebenda, S. 469 ff.

62 Vgl. Wilhelm Bürklin/Hilke Rebenstorf, Eliten in Deutschland – Rekrutierung und Integration, Opladen 1997, zit. nach Steffen Mau, Lütten Klein – Leben in der ostdeutschen Transformationsgesellschaft, Berlin 2019, S. 178

63 Mau, Lütten Klein …, S. 178 f.

64 Ebenda, S. 162

65 Schröder, Die veränderte Republik …, S. 715, Tabelle A 15

66 Ebenda, S. 729, Tabelle A 36

67 Vgl. Mau, Lütten Klein …, S. 219

68 Vgl. Schroeder, Die veränderte Republik, S. 502 f., Abb. 78 u. 79

69 Ebenda, S. 396, Tab. 49

70 Ebenda, S. 432

71 Ebenda, S. 440, Abb. 71

72 Weidenfeld, Geschichte und Identität ..., S. 39 ff.

73 Schroeder, Die veränderte Republik ..., S. 442, Tabelle 59

74 Michael Weigl/Lars C. Colschen, Politik und Geschichte, in: Korte/Weidenfeld, Deutschland-Trendbuch ..., S. 59 ff., hier S. 75

75 Vgl. u. a. Maurer, Staatsrecht 1, 6. Auflage, München 2010, S. 344

76 Ebenda

77 Schroeder, Die veränderte Republik ..., S. 352

78 Vgl. Monika Frommel, Politisches Unrecht und Staatskriminalität, in: Ulrich Baumann/Helmut Kury, Politisch motivierte Verfolgung – Opfer von SED-Unrecht, Freiburg 1998, S. 3 ff.

79 Hansgeorg Bräutigam, Die Toten an der Berliner Mauer und an der innerdeutschen Grenze und die bundesdeutsche Justiz – Versuch einer Bilanz, in: Deutschland-Archiv 6/2004, S. 969 ff.

80 Roman Grafe, Deutsche Gerechtigkeit – Prozesse gegen DDR-Grenzschützer und ihre Befehlsgeber, München 2004. Vgl. auch Schroeder, Die veränderte Republik, S. 352 ff.

81 Schroeder, Die veränderte Republik ..., S. 353

82 Ebenda

83 Kaum ein Satz ist im Zusammenhang mit der Aufarbeitung von SED-Unrecht so häufig zitiert worden. Dabei hat ihn Bärbel Bohley allenfalls sinngemäß, nie aber wörtlich so gesagt. Das Orginalzitat ist viel differenzierter. »Ich glaube auch nicht, dass die Strafjustiz in der Lage sein wird, Gerechtigkeit herzustellen ... Recht, so erscheint es uns jedenfalls manchmal, kommt als Ungerechtigkeit in den neuen Ländern an. Unser Problem war ja nicht, den westlichen Rechtsstaat zu übernehmen, unser Problem war, daß wir Gerechtigkeit wollten. Und insofern haben wir natürlich dem Westen unsere Probleme vor die Füße gekippt in der Hoffnung, daß mit dem westlichen Rechtsstaat auch Gerechtigkeit in die neuen Länder kommt. Aber es sieht ja so aus, als ließe diese Gerechtigkeit lange auf sich warten. Und ich weiß auch nicht, ob das Recht selbst, das westliche Recht, dies überhaupt leisten kann« (Beitrag von Bärbel Bohley beim »Ersten Forum des Bundesministers der Justiz »40 Jahre SED-Unrecht – Eine Herausforderung für den Rechtsstaat« am 9. 7. 1991 in Bonn, München/Frankfurt 1991, zit. nach Kowalczuk, Die Übernahme ..., S. 163). Kowalczuk bezeichnet das in allen möglichen Reden und Festansprachen seither kolportierte angebliche Zitat als »Erfindung eines FAZ-Journalisten« (ebenda)

84 Herbert, Geschichte Deutschlands ..., S. 1204

85 Schroeder, Die veränderte Republik ..., S. 358. Kowalczuk dagegen geht von einer deutlich niedrigeren Zahl von Stasi-Mitarbeitern aus und verweist darauf, dass das MfS selbst die Zahl von 110 000 Mitarbeitern angegeben habe (Kowalczuk, Die Übernahme ..., S. 195).

86 Vgl. Herbert Reinke, »Innere Sicherheit« in beiden deutschen Staaten, in: Clemens Burrichter/Detlef Nakath/Gerd-Rüdiger Stephan (Hrsg.), Deutsche Zeitgeschichte von 1945 bis 2000, Berlin 2006, S. 674

87 Schroeder nennt »weniger als 20000« (»Die veränderte Republik«, S. 360). Herbert spricht von 22000 (»Geschichte Deutschlands«, S. 1203), führt freilich keine Belegstelle dafür an. Vgl. auch Hanns-Christian Catenhusen, Die Stasi-Überprüfung im Öffentlichen Dienst der neuen Länder, Berlin 1999, S. 359 f.

88 Schroeder, Die veränderte Republik.., S. 358 u. S. 360

89 Bericht der Enquetekommission des Deutschen Bundestages »Überwindung der Folgen der SED-Diktatur im Prozeß der Deutschen Einheit« vom 10.6.1998, BT-Drs 13/11000

90 Ebenda, S. 172

91 Ebenda, S. 171

92 Andreas Ridder, Deutschland einig Vaterland: Die Geschichte der Wiedervereinigung, München 2009, S. 347

93 Zur Übernahme von NVA-Soldaten in die Bundeswehr vgl. ebenda, S. 35/36. Vgl. auch Hans Ehlert (Hrsg.), Armee ohne Zukunft, Das Ende der NVA und die deutsche Einheit, Hamburg 2002

94 Bericht der Enquetekommission »Überwindung der Folgen ...«, S. 37

95 Ebenda, S. 36

96 Alexander Thumfart, Die politische Integration Ostdeutschlands, Frankfurt/M 2002. S. 568

97 Schroeder, Die veränderte Republik ..., S. 363

98 Vgl. den Bericht der Enquetekommission »Zur Aufarbeitung von Geschichte und Folgen der SED-Diktatur in Deutschland«, BT-Drs. 12/7820 vom 31.5.1994 und den Bericht der Enquetekommission »Überwindung der Folgen der SED-Diktatur im Prozeß der Deutschen Einheit« vom 10.6.1998, BT-Drs. 13/11000 (Vgl. Anm. 89)

99 Herbert, Geschichte der Ausländerpolitik in Deutschland ..., S. 286, Tab. 28

100 Ebenda, S. 288 f.

101 Ebenda

102 Ebenda, S. 290. Vgl. auch Tabelle 31

103 Rainer Geißler, Die Sozialstruktur Deutschlands, 4. Überarbeitete und aktualisierte Auflage, Wiesbaden 2006, S. 240

104 Herbert, Geschichte der Ausländerpolitik …, S. 294, Tabelle 33

105 Ebenda, S. 295, Tabelle 34

106 Geißler, Sozialstruktur Deutschlands …, S. 248 f.

107 Herbert, Geschichte der Ausländerpolitik …, S. 323 ff.

108 Ebenda, S. 328 ff.

109 Geißler, Sozialstruktur und gesellschaftlicher Wandel, in: Korte/Weidenfeld, Deutschland-Trendbuch …, S. 59

110 Ebenda, S. 61

111 Bundesministerium f. Familie, Senioren, Frauen und Jugend (Hrsg.), Familien ausländischer Herkunft in Deutschland, Berlin 2000, S. 60. Zu den Aussiedlern vgl. auch Klaus-Jürgen Bade, Ausländer, Aussiedler, Asyl in der Bundesrepublik Deutschland, Bonn 1994

112 Zu den Zahlen Schroeder, Die veränderte Republik …, S. 621, Abb. 94

113 Karin Knop, Zwischen Schock und Online-Werbung – Die Werbelandschaft in den 1990er Jahren, in: Werner Faulstich (Hrsg.), Die Kultur der 90er Jahre, München 2010, S. 215 ff., hier S. 228

114 Knut Hickethier, Die Fernsehkultur der 90er Jahre, in: Faulstich, Die Kultur der 90er …, S. 253 ff., hier S. 255

115 Schroeder, Die veränderte Republik …, S. 397

116 Hickethier, Die Fernsehkultur …, S. 256 f.

117 Michael Schaffrath, Vom Kulturgut zur Wirtschaftsware – Sport im ersten Jahrzehnt nach der Wiedervereinigung, in: Faulstich, Die Kultur der 90er …, S. 265 ff., hier S. 282

118 Ebenda, S. 282 f.

119 Hickethier, Die Fernsehkultur …, S. 256

120 Ebenda, S. 261

121 Kathrin Rothemund, Internet – Verbreitung und Aneignung in den 1990ern, in: Faulstich, Die Kultur der 90er …, S. 119 ff., hier S. 133

122 Ebenda, S. 134

123 Ebenda, S. 132 ff.

124 Ebenda, S. 134

125 Günter Burkart, Handymania – Wie das Mobiltelefon unser Leben verändert hat, Frankfurt/New York 2007, S. 7 ff.

126 Ebenda, S. 30

127 Manfred Görtemaker, Geschichte der Bundesrepublik Deutschland, München 1999, S. 778

128 Ebenda, S. 779

120 Rüdiger Thomas, Kultur und Gesellschaft, in: Karl-Rudolf Korte/Werner Weidenfeld (Hrsg.), Deutschland-Trendbuch, Opladen 2001, S. 461 ff., hier S. 491

130 Hans-Dieter Kübler, Ver-Einheit-lichung, Diversifikation und Digitalisierung – Die deutsche Presse in den 90er Jahren, in: Faulstich, Die Kultur der 90er …, S. 77 ff., hier S. 87

131 Vgl. Axel Schildt/Detlef Siegfried, Deutsche Kulturgeschichte. Die Bundesrepublik – 1945 bis zur Gegenwart, München 2009, S. 478 ff.

132 Schroeder, Die veränderte Republik …, S. 328 ff.

133 Vgl. Karlheinz Wöhler, Vereint in Freizeit und Reisen, in: Faulstich, Die Kultur der 90er …, S. 63 ff.

134 Fabian Baar, Das Theater als Kunst und Kulturbetrieb, in: Faulstich, Die Kultur der 90er …, S. 199 ff., hier S. 201

135 Weidenfeld, Geschichte und Identität, in: Korte/Weidenfeld, Deutschland-Trendbuch …, S. 40

136 Ebenda, S. 42

137 Forsa-Umfrage vom Mai 1998, zit. nach Weidenfeld, Geschichte und Identität …, S. 41

138 Schroeder, Die veränderte Republik …, S. 309 ff.

139 Herbert, Geschichte Deutschlands …, S. 1202

140 Felix Philipp Lutz, Das Geschichtsbewusstsein der Deutschen, Köln 2000, S. 349

141 Schroeder, Die veränderte Republik …, S. 324 f.

142 Jürgen Kocka, Zweierlei Geschichtsbewußtsein im vereinten Deutschland, in: Blätter für deutsche und internationale Politik, 43. Jg., 1998, S. 105 ff.

143 Vgl. Edgar Wolfrum, Rot-Grün an der Macht …, S. 588 ff. Gut dokumentiert ist die Kontroverse bei Michael Cullen (Hrsg.), Das Holocaust-Mahnmal – Dokumente einer Debatte, Zürich 1999. Vgl. auch Nadine Freund, Wiedervereinigung und Erinnerungspolitik: »Ostkultur« und »Westkultur« im ersten Jahrzehnt der Berliner Republik, in: Faulstich, Kultur der 90er …, S. 21 ff., hier S. 35. Vgl. auch Jan-Holger Kirsch, Nationaler Mythos oder historische Trauer? Der Streit um ein zentrales Holocaust-Mahnmal für die Berliner Republik, Köln/Weimar/Wien 2003 u. Schildt/Siegfried, Deutsche Kulturgeschichte …, S. 522 ff.

144 Zur Wehrmachtsausstellung vgl. Edgar Wolfrum, Die geglückte Demokratie – Geschichte der Bundesrepublik Deutschland von ihren Anfängen bis zur Gegenwart, Stuttgart 2006, S. 499. Hannes Heer u. a. (Hrsg.), Vernichtungskrieg. Verbrechen der Wehrmacht 1941 bis 1944, Hamburg 1995

145 Daniel Jonah Goldhagen, Hitlers willige Vollstrecker – Ganz gewöhnliche Deutsche und der Holocaust, Berlin 1996

146 Vgl. auch Julian Schoeps (Hrsg.), Ein Volk von Mördern? Die Dokumentation zur Goldhagen-Kontroverse um die Rolle der Deutschen im Holocaust, Hamburg 1996

147 Antonia Grunenberg, Die Lust an der Schuld, Berlin 2001

148 Frank Schirrmacher (Hrsg.), Die Walser-Bubis-Debatte, Frankfurt/M 1999

149 Nadine Freund, Wiedervereinigung und Erinnerungspolitik …, in: Faulstich, Kultur der 90er …, S. 39

150 Schroeder, Die veränderte Republik …, S. 408 ff., bes. Tabelle 54, S. 408

151 Stefan Hradil, Zur Sozialstrukturentwicklung der neunziger Jahre, in: Werner Süß (Hrsg.), Deutschland in den neunziger Jahren, Opladen 2002, S. 227 ff., hier S. 230

152 Mau, Lütten Klein …, S. 186 ff.

153 Schroeder, Die veränderte Republik …, S. 411

154 Hradil, Zur Sozialstrukturentwicklung …, S. 230

155 Mau, Lütten Klein …, S. 186

156 Ebenda, S. 197

157 Schroeder, Die veränderte Republik …, S. 412 f.

158 Ebenda, S. 150

159 Werner Faulstich, Einleitung, in: Faulstich, Kultur der 90er …, S. 7 ff., hier S. 15

160 Peter Gross, Die Multioptionsgesellschaft, Frankfurt/M 1994. Gerhard Schulze, Die Erlebnisgesellschaft, Frankfurt/New York 1992

161 Zur Entwicklung der Religionszugehörigkeit der deutschen Bevölkerung vgl. Forschungsgruppe Weltanschauungen in Deutschland, Religionszugehörigkeit Deutschland 1990 und 2003, https://web.archive.org/web/20151015230431/http://flowid.de/fileadmin/datenarchiv/Religionszugehoerigkeit/Religionszugehoerigkeit_Bevoelkerung_1970_2011.pdf, abgerufen am 19. 1. 2020

162 Vgl. z. B. Helmut Dubiel, Von welchen Ressourcen leben wir? Erfolge und Grenzen der Aufklärung, in: Erwin Teufel (Hrsg.), Was hält die moderne Gesellschaft zusammen, Frankfurt/M 1995 oder Amitai Etzoni, Die Verantwortungsgesellschaft – Individualismus und Moral in der heutigen Demokratie, Frankfurt/New York 1997

163 Ulrich Beck, Kinder der Freiheit, Frankfurt/M 1997

164 Anthony Giddens, Jenseits von links und rechts, Frankfurt/M 1997. Ders., Der Dritte Weg – Die Erneuerung der sozialen Demokratie, Frankfurt/M 1999

165 Hradil, Zur Sozialstrukturentwicklung ..., S. 244

166 Ebenda, S. 245 ff.

167 Ricarda Strobl, Blockbuster im Multiplex – Kino und Film in den 90er Jahren, in: Faulstich, Die Kultur der 90er Jahre ..., S. 183 ff.

168 Ebenda, S. 184

169 Ebenda, S. 191 f.

170 Ebenda

171 Vgl. Inside Kino, Die erfolgreichsten Filme in Deutschland 1990 ff, in: www.insidekino.com/DJahr/D1990 ff.htm, abgerufen am 24. 1. 2020

172 Fabian Baar, Das Theater als Kunst ..., S. 200

173 Ebenda, S. 202

174 Ebenda, S. 204

175 Ebenda, S. 209

176 Ebenda, S. 211

177 Werner Mittenzwei, Die Intellektuellen – Literatur und Politik in Ostdeutschland 1945 bis 2000, Leipzig 2001, S. 471

178 Ebenda, S. 501

179 Werner Faulstich, Varianten von Literatur im letzten Jahrzehnt des 20. Jahrhunderts, in: Faulstich, Die Kultur der 90er Jahre ..., S. 163 ff., hier S. 167

180 Ebenda, S. 172

181 Ebenda

182 Ebenda, S. 174

183 Ebenda, S. 177 ff. Vgl. auch Michael Opitz/Carola Opitz-Wiemers, Tendenzen in der deutschsprachigen Gegenwartsliteratur seit 1989, in: Deutsche Literaturgeschichte – Von den Anfängen bis zur Gegenwart, Stuttgart/Weimar 2008, S. 663 ff. u. Schildt/Siegfried, Deutsche Kulturgeschichte ..., S. 534 ff.

184 Carola Schormann, Digitalisierung und Eventisierung, Nationalisierung und Globalisierung: zur Musik der 90er Jahre, in: Faulstich, Die Kultur der 90er Jahre ..., S. 137 ff., hier S. 137

185 Ebenda, S. 138

186 Ebenda, S. 139

187 Tim Renner, Kinder, der Tod ist gar nicht so schlimm – Über die Zukunft der Musik- und Medienindustrie, Berlin 2008, S. 127

188 Schormann, Digitalisierung und Eventisierung …, S. 141 f.

189 Vgl. Bundesverband Musikindustrie, Liste der meistverkauften durch den BVMI zertifizierten Musikalben, www.musikindustrie.de/markt-bestseller/gold-platin-und-diamond-auszeichnung/datenbank, abgerufen am 27.1.2020

190 Ebenda

191 Zu den Boygroups vgl. Stern.de/kultur vom 9.8.2014. www.stern.de/kultur-die-welt-in-listen/die-welt-in-listen-kreiiisch-zehn-boygroup-hits, abgerufen am 27.1.2020. Zur Kelly Family Marc Frohner, 40 Jahre The Kelly Family, München 2017

192 Schormann, Digitalisierung und Eventisierung …, S. 183

193 Ebenda

194 Ebenda, S. 144

195 Ebenda, S. 145 f.

196 Michael Schaffrath, Vom Kulturgut zur Wirtschaftsware – Sport im ersten Jahrzehnt nach der Wiedervereinigung, in: Faulstich, Die Kultur der 90er Jahre …, S. 265 ff., hier S. 283 f.

197 Ebenda, S. 282

198 Ebenda, S. 281 f.

199 Ebenda, S. 272

KAPITEL 4

1   Vgl. Aufbruch und Erneuerung – Deutschlands Weg ins 21. Jahrhundert. Koalitionsvereinbarung zwischen der Sozialdemokratischen Partei Deutschlands und Bündnis 90/Die Grünen, Bonn 1998

2   Vgl. Hans Jörg Hennecke, Die dritte Republik – Aufbruch und Ernüchterung, München 2003, S. 51 f. Vgl. auch Christoph Egle/Tobias Ostheim/Reimut Zohlnhöfer, Eine Topographie des Rot-Grünen Projekts, in: Dies., Das Rot-Grüne Projekt, Wiesbaden 2003, S. 9 ff., hier S. 10

3   Verschiedene Mitteilungen von Joschka Fischer an den Verfasser im Oktober 1998

4   Parlamentarische Staatssekretäre, die als eine Art Vize-Minister zur Entlastung vor allem der parlamentarischen Staatssekretäre gedacht waren, gibt es erst seit 1966. Von zunächst drei war ihre Zahl vor allem im Laufe der Ära Kohl bis auf über Dreißig gestiegen. Dabei diente ihre Ernennung nach Auffassung der Grünen in der Opposition immer häufiger weniger der Erledigung von unabweisbaren Aufgaben als der Machtabsicherung des Kanzlers durch gezielte Loyalitätsstiftung

5 Edgar Wolfrum, Rot-Grün an der Macht – Deutschland 1998–2005, München 2013, S. 110 ff.

6 Hennecke, Die dritte Republik ..., S. 57

7 Ebenda, S. 50. Vgl. auch Bodo Hombach, Aufbruch – Die Politik der neuen Mitte, München 1998

8 Hennecke, Die dritte Republik ..., S. 57

9 Wolfrum, Rot-Grün an der Macht ..., S. 584 ff.

10 Ebenda, S. 70 ff.

11 Matthias Jung/Dieter Roth, Wer zu spät geht, den bestraft der Wähler – Eine Analyse der Bundestagswahl 1998, in: Aus Politik und Zeitgeschichte, Hft. 52/1998, S. 3 ff., hier S. 18

12 Wolfrum, Rot-Grün an der Macht ..., S. 56/57

13 Vgl. Heinz Bude, Die Politik der Generationen, in: Gewerkschaftliche Monatshefte 49. Jg., 1998, Hft. 11, S. 689 ff., hier S. 689. Vgl. auch Hennecke, Die dritte Republik ..., S. 65

14 Wolfrum, Rot-Grün an der Macht ..., S. 58

15 Regierungserklärung von Bundeskanzler Gerhard Schröder vom 10.11.1998, in: Plenarprotokoll der 3. Sitzung des 14. Deutschen Bundestages, BT-Drs. 3/14, S. 47 ff., hier S. 69

16 Vgl. Andrea Volkens/Thomas Bräuninger, Regierungserklärungen von 1949 bis 1998, in: Zeitschrift f. Parlamentsfragen, 30. Jg., 1999, Hft. 3/99, S. 641 ff.

17 Vgl. Heribert Prantl, Rot-Grün – Eine erste Bilanz, Hamburg 1999, S. 33

18 Hennecke, Die dritte Republik ..., S. 70 ff. Zur Ökosteuer vgl. auch Wolfrum, Rot-Grün an der Macht ..., S. 214 ff.

19 Hennecke, Die dritte Republik ..., S. 71

20 Wolfrum, Rot-Grün an der Macht ..., S. 230 ff. Vgl. auch Hennecke, Die dritte Republik ..., S. 78

21 Vgl. Andreas Busch, Extensive Politik in den Klippen der Semisouveränität – Die Innen- und Rechtspolitik der rot-grünen Koalition, in: Egle u. a., Das rot-grüne Projekt ..., S. 305 ff., hier S. 309–313

22 Vgl. z. B. Halbstarke Politik, in: SZ vom 1.2.1999 u. Der SPIEGEL 5/99 vom 1.2. 1999 (»Chaos mit Kanzler«)

23 Joachim Raschke, So kann man nicht regieren – Die Zukunft der Grünen, Frankfurt/M 2001, S. 23 ff. Vgl. auch Hennecke, Die dritte Republik ..., S. 93 ff.

24 Vgl. Nils Minkmar, Lässigkeit im Amt – Wie der Bundeskanzler immer noch Herr Schröder sein möchte, in: SZ vom 24. 2. 1999. Vgl. auch Franz Walter, Vom Betriebsrat der Nation zum Kanzlerwahlverein – Die SPD, in: Gert Pickel/Dieter Weck/Wolfram Brunner (Hrsg.), Deutschland nach den Wahlen – Befunde zur Bundestagswahl 1998 und zur Zukunft des deutschen Parteiensystems, Opladen 2000, S. 277 ff., hier S. 245 f. Vgl. auch Richard Meng, Der Medienkanzler, FfM 2002

25 Hennecke, Die dritte Republik ..., S. 83 ff.

26 Vgl. Der SPIEGEL 5/99 vom 1. 2. 1999

27 Reimut Zohlnhöfer, Rot-Grüne Finanzpolitik zwischen traditioneller Sozialdemokratie und neuer Mitte, in: Egle u. a., Das rot-grüne Projekt ..., S. 193 ff.

28 Hennecke, Die dritte Republik ..., S. 89 f.

29 Ebenda, S. 100

30 Wolfrum, Rot-Grün an der Macht ..., S. 122

31 Ebenda, S. 123

32 Vgl. Joschka Fischer, Die rot-grünen Jahre, Köln 2007, S. 150. Vgl. auch Gerhard Schröder, Entscheidungen, Hamburg 2006, S. 118 sowie Gregor Schöllgen, Gerhard Schröder – Die Biographie, München 2015, S. 413 ff.

33 Hennecke, Die dritte Republik ..., S. 99. Vgl. auch Lafontaines eigene Darstellung in: Oskar Lafontaine, Das Herz schlägt links, München 1999, S. 225 ff., bes. S. 230

34 BILD vom 12. 3. 1999. Vgl. auch Lafontaines Schilderung in Lafontaine, Das Herz schlägt links ..., S. 222 ff.

35 Wolfrum, Rot-Grün an der Macht ..., S. 126

36 Ebenda. Vgl. auch Gerd Langguth, Machtmenschen – Kohl, Schröder, Merkel. München 2009, S. 237

37 Interview mit Bodo Hombach am 8. 1. 2019

38 Lafontaine, Das Herz schlägt links ..., S. 223

39 So z. B. in der Sendung »Lanz« des ZDF am 6. 9. 2018

40 Lafontaine, Das Herz schlägt links ..., S. 226

41 Wolfrum, Rot-Grün an der Macht ..., S. 137

42 Lafontaine, Das Herz schlägt links ..., S. 242

43 Wolfrum, Rot-Grün an der Macht ..., S. 110 ff.

44 Hennecke, Die dritte Republik ..., S. 100

45 Lafontaine, Das Herz schlägt links …, S. 225. Vgl. auch Sybille Krause-Burger, Wie Gerhard Schröder agiert, Stuttgart 2000, S. 62

46 Schöllgen, Gerhard Schröder, S. 411. Vgl. auch Wolfrum, Rot-Grün an der Macht …, S. 137

47 Wolfrum, Rot-Grün an der Macht …, S. 133 f.

48 Ebenda, S. 132

49 Schöllgen, Gerhard Schröder …, S. 416 ff.

50 Fernsehansprache von Bundeskanzler Gerhard Schröder in der ARD-Tagesschau vom 24. 3. 1999, zit. nach Wolfrum, Rot-Grün an der Macht …, S. 64

51 Ebenda, S. 72. Vgl. auch Marc Woller, The Crisis in Kosovo 1998–1999, Cambridge 1999, Christoph Henke, Die humanitäre Intervention: Völker- und verfassungsrechtliche Probleme unter besonderer Berücksichtigung des Kosovo-Konflikts, München 2002 sowie Ulrich Albrecht/Sabine Riedel/Michael Kalmann/Paul Schäfer, Das Kosovo-Dilemma. Schwache Staaten und neue Kriege als Herausforderung des 21. Jahrhunderts, Münster 2001

52 Michael Herkendell, Deutschland – Zivil- oder Friedensmacht? Außen- und sicherheitspolitische Orientierung der SPD im Wandel, Bonn 2012

53 Interview in Die ZEIT vom 31. 3. 1999. Vgl. auch Günter Joetze, Der letzte Krieg in Europa? Der Kosovo und die deutsche Politik, Stuttgart/München 2001 u. Roland Friedrich, Deutsche Außenpolitik im Kosovo-Konflikt, Wiesbaden 2005

54 Wolfrum, Rot-Grün an der Macht …, S. 73 ff.

55 Hennecke, Die dritte Republik …, S. 112 f.

56 Wolfrum, Rot-Grün an der Macht …, S. 92

57 Rede des Bundesaußenministers Joschka Fischer im Dtsch. Bundestag am 15. 4. 1999, in: Stenographisches Protokoll der 32. Sitzung des 14. Deutschen Bundestages, BT-Drs. 32/14, S. 2638

58 Wolfrum, Rot-Grün an der Macht …, S. 101 ff.

59 Ebenda, S. 97 ff.

60 Fischer selbst hat diese Rede als die wichtigste Rede seines politischen Lebens bezeichnet. Fischer, Die rot-grünen Jahre …, S. 227

61 Wolfrum, Rot-Grün an der Macht …, S. 76–82

62 Gerhard Schröder/Tony Blair, Der Weg nach vorn für Europas Sozialdemokraten, in: Hans-Jürgen Arlt/Sabine Niehls, Bündnis für Arbeit. Konstruktion, Kritik, Karriere, Opladen 1999, S. 288 ff. Online auch bei www.glasnost.de/pol/schroederblair.htm, abgerufen am 11. 5. 2020. Vgl. zur Debatte u. a. Wolfgang Merkel, Der »dritte Weg« und der Revisionismusstreit der Sozialdemokratie am Ende des 20. Jahrhunderts, in: Karl Hinrichs/Herbert Kitschelt/Helmut Wiesenthal (Hrsg.), Kontingenz und Krise. Institutionenpolitik in kapitalistischen und postsozialistischen Gesellschaften, Frankfurt/New York 2000, S. 263 ff, Anthony Giddens (Hrsg.), The Global Third Way Debate, Cambridge 2001, Rene Cuperus/Karl Duffek/Johannes Kandel (Hrsg.), Multiple Third Ways. European Social Democrats facing the Twin Revolution of Globalization and the Knowledge Society, Amsterdam/Berlin/Wien 2001. Vgl. auch Roland Sturm, Der Dritte Weg: Königsweg zwischen allen Ideologien oder selbst unter Ideologieverdacht?, in: Aus Politik und Zeitgeschichte, Hft. 16-17/2001 sowie Lothar Funk, New Economy und die Politik des Dritten Weges, in: Ebenda

63 Interview mit Bodo Hombach am 8.1.2019. Vgl. auch Wolfrum, Rot-Grün an der Macht …, S. 145.

64 Interview mit Bodo Hombach am 8.1.2019

65 Wolfrum, Rot-Grün an der Macht …, S. 152

66 Ebenda, S. 154–162

67 Ebenda, S. 162

68 Peter Becker, Die Reformbereitschaft der Europäischen Union auf dem Prüfstand, in: Barbara Lippert (Hrsg.), Osterweiterung der Union – Die doppelte Reifeprüfung, Bonn 2000, S. 62 ff. Vgl. auch Loth, Europas Einigung …, S. 351

69 Der Bundeswahlleiter, Wahl zum 5. Europäischen Parlament am 13. Juni 1999, Ergebnisse in Deutschland, in: www.bundeswahlleiter.de/europawahlen/1999.html. Abgerufen am 18.9.2019

70 Hennecke, Die dritte Republik …, S. 133 ff.

71 Ebenda, S. 133

72 Ebenda

73 Der SPIEGEL 45/1999 vom 8.11.1999

74 Hennecke, Die dritte Republik …, S. 158 ff.

75 Ebenda, S. 163

76 Ebenda, S. 165. Vgl. auch Kohls eigene Darstellung in: Helmut Kohl, Mein Tagebuch 1998–2000, München 2000, S. 123 f. Vgl. auch Hans Leyendecker/Heribert Prantl/Michael Stiller, Helmut Kohl, die Macht und das Geld, Göttingen 2000

77 Angela Merkel, Die von Helmut Kohl eingeräumten Vorgänge haben der Partei schweren Schaden zugefügt, in: FAZ vom 22.12.1999

78 Martin Morlok, Durchsichtige Tatsachen oder schwarze Koffer? Die rechtliche Regelung der Partefinanzen und der Fall der CDU, in: Aus Politik und Zeitgeschichte, Hft. 16/2000, S. 6–14. Zur Hessen-Union vgl. Hajo Schumacher, Roland Koch, Frankfurt/M 2004, S. 170 ff.

79 Vgl. die unterschiedlichen Darstellungen bei Kohl, Mein Tagebuch ..., S. 165 ff. und Wolfgang Schäuble, Mitten im Leben, München 2000, S. 234 f. Vgl. auch Langguth, Machtmenschen ..., S. 139 ff u. Hans-Peter Schwarz, Helmut Kohl ..., S. 886 ff.

80 Langguth, Machtmenschen ..., S. 377

81 Raschke, Die Zukunft der Grünen ..., S. 269 ff. Vgl. auch Helmut Wiesenthal, Profilkrise und Funktionswandel – Bündnis 90/Die Grünen auf dem Weg zu einem neuen Selbstverständnis, in: Aus Politik und Zeitgeschichte, Hft. 5/2000, S. 22 ff. Im September 1999 wünschten nur 19 % der Wähler eine Rot-Grüne Koalition. Vgl. ZDF-Politbarometer 9/2000

82 Hennecke, Die dritte Republik ..., S. 176

83 Ebenda, S. 171

84 Ebenda, S. 173

85 Raschke, Die Zukunft der Grünen ..., S. 400 ff. Zu Antje Radcke vgl. Wolfrum, Rot-Grün an der Macht ..., S. 243

86 Wolfrum, Rot-Grün an der Macht ..., S. 187 ff.

87 Vgl. Lutz Mez, Energie- und Umweltpolitik – Eine vorläufige Bilanz, in: Egle u. a. (Hrsg.), Das Rot-Grüne Projekt ..., S. 329 ff., hier S. 334–336. Vgl. auch Wolfrum, Rot-Grün an der Macht ..., S. 243 ff. u. Schöllgen, Gerhard Schröder ..., S. 510 ff.

88 Hennecke, Die dritte Republik ..., S. 189 ff.

89 Lutz Mez, Ökologische Modernisierung und Vorreiterrolle in der Energie- und Umweltpolitik? Eine vorläufige Bilanz, in: Egle u. a. (Hrsg.), Das Rot-Grüne Projekt ..., S. 329 ff., hier S. 336 ff. Vgl. auch Martin Jänicke/Danyel Reiche/Axel Volkery, Rückkehr zur Vorreiterrolle? Umweltpolitik unter rot-grün, in: Vorgänge 157, 41. Jg., 2002, S. 50 ff.

90 Allein in den ersten sechs Monaten des Jahres 2001 gingen 50 % mehr Windturbinen ans Netz als im Vorjahr. Zur Energiepolitik der Nachfolgeregierung vgl. Ingolfuhr Blühdorn, Win-Win-Szenarien im Härtetest, Die Umweltpolitik der Großen Koalition 2005–2009, in: Sebastian Bukow/Wenke Seemann (Hrsg.), Die Große Koalition, Wiesbaden 2010, S. 211 ff.

91 »Erstes Machtwort«, Schröder-Interview in BILD am Sonntag vom 4. 10. 1998

92 FAZ vom 6. 11. 1998

93 Wolfrum, Rot-Grün an der Macht ..., S. 222 ff.

94 Ebenda, S. 226–228

95 Vgl. Deutscher Bundestag, Drs. 14/3751 vom 4. 7. 2000

96 Wolfrum, Rot-Grün an der Macht …, S. 193. Vgl. auch Schöllgen, Gerhard Schröder …, S. 534 ff.

97 Vgl. die Rede des CSU-MdB Norbert Geis in der BT-Debatte zum Lebenspartnerschaftsgesetz, in: Stenographisches Protokoll der 131. Sitzung des 14. Deutschen Bundestages, S. 12615

98 Forsa-Umfrage Mitte 2000, zit. nach Wolfrum, Rot-Grün an der Macht …, S. 192

99 Entscheidung des BVerfG vom 17.7.2002, in: www.bundesverfassungsgericht. de/Shared/Docs/Entscheidungen/DE/2002/07/fs 2002717_1BvF 1/01, aufgerufen am 15.9.2019

100 Wolfrum, Rot-Grün an der Macht …, S. 196 f.

101 Schöllgen, Gerhard Schröder …, S. 514 ff. Vgl. auch Der SPIEGEL 29/2000 vom 17.7.2000 (»Da habe ich ja gesagt«) u. Reimut Zohlnhöfer, Finanzpolitik zwischen traditioneller Sozialdemokratie und neuer Mitte, in: Egle u.a. (Hrsg.), Das rot-grüne Projekt …, S. 193 ff., hier S. 208 f.

102 Hennecke, Die dritte Republik …, S. 196 u. Wolfrum, Rot-Grün an der Macht …, S. 461 ff.

103 Hennecke, Die dritte Republik …, S. 194 ff.

104 Reimut Zohlnhöfer, Finanzpolitik zwischen traditioneller Sozialdemokratie und neuer Mitte, in: Egle u.a. (Hrsg.), Das Rot-Grüne Projekt …, S. 193 ff., hier S. 203

105 Wolfrum, Rot-Grün an der Macht …, S. 521

106 Uwe Wagschal, Auf dem Weg zum Sanierungsfall? Die rot-grüne Finanzpolitik seit 2002, in: Christoph Egle/Reimut Zohlnhöfer (Hrsg.), Ende des rot-grünen Projekts – Eine Bilanz der Regierung Schröder 2002–2005, Wiesbaden 2007, S. 241 ff.

107 Wolfrum, Rot-Grün an der Macht …, S. 206

108 Manfred G. Schmidt, Rot-grüne Sozialpolitik (1998–2002), in: Egle u.a. (Hrsg.), Das rot-grüne Projekt …, S. 239 ff., hier S. 247–251

109 Wolfrum, Rot-Grün an der Macht …, S. 207

110 Ebenda, S. 208

111 Zu Fischers Rede vgl. Hennecke, Die dritte Republik …, S. 183. Vgl. auch Tobias Ostheim, Praxis und Rhetorik deutscher Europapolitik, in: Egle u.a. (Hrsg.), Das rot-grüne Projekt … S. 351 ff., hier S. 369 f. Zu Nizza ebenda, S. 364–369

112 Zur BSE-Krise vgl. Wolfrum, Rot-Grün an der Macht …, S. 249 ff.

113 Ebenda, S. 252

114 Ebenda, S. 254 f.

115 Ebenda, S. 258

116 Wolfrum, Rot-Grün an der Macht ..., S. 710. Auch Hennecke sieht Sinnstiftungsdefizite und schreibt: »Ungeachtet seiner Erfolge war Schröder weit davon entfernt, wie einst Willy Brandt Visionen und Sehnsüchte zu personifizieren und sich an die Spitze einer tief in die Gesellschaft hineinreichenden Reformbewegung zu stellen« (Hennecke, Die dritte Republik ..., S. 203).

117 Schröder war selbst bei den Jusos in den 1970er Jahren nie wirklich an Theoriedebatten interessiert (vgl. Schöllgen, Gerhard Schröder ..., S. 55). »Die politische Karriere, die in die Ämter des Bundeskanzlers der Bundesrepublik Deutschland und des Vorsitzenden der Sozialdemokratischen Partei Deutschlands münden wird, ist von Anfang an als Karriere angelegt« (Ebenda, S. 57). »Daher muss jeder Versuch scheitern, seine politischen Wege während der siebziger Jahre mit theoretischen, weltanschaulichen oder genuin politischen Motiven erklären zu wollen« (Ebenda, S. 58)

118 Vgl. z. B. Hubert Kleinert, Abstieg der Parteiendemokratie, in: Aus Politik und Zeitgeschichte, Hft. 35-36/2007, S. 3 ff., hier vor allem S. 9 ff. Vgl. auch Richard Meng, Der Medienkanzler, Frankfurt/M 2002

119 Wolfrum, Rot-Grün an der Macht ..., S. 603 ff.

120 Ebenda, S. 601. Vgl. auch Schöllgen, Gerhard Schröder ..., S. 902 ff.

121 Stenographisches Protokoll der 86. Sitzung des Deutschen Bundestages vom 16. 2. 2000, S. 7929 ff.

122 Hennecke, Die dritte Republik ..., S. 207

123 Vgl. Christian Meier, Wo bleibt die Demokratie in diesem Europa?, in: Merkur, Nr. 54 (2000), S. 1000 ff. Vgl. auch Erhard Busek/Martin Schauer (Hrsg.), Eine europäische Erregung. Die Sanktionen der Vierzehn gegen Österreich im Jahr 2000, Wien 2003

124 Vgl. Hennecke, Die dritte Republik ..., S. 208 f.

125 Zum gescheiterten NPD-Verbotsverfahren vgl. Lars Flemming, Das NPD-Verbotsverfahren, Baden-Baden 2009. Vgl. auch Wolfrum, Rot-Grün an der Macht ..., S. 357 ff.

126 Der SPIEGEL vom 4. 12. 2000 (»Die traurigen Tage von Sebnitz«)

127 Hennecke, Die dritte Republik ..., S. 212

128 Ebenda, S. 214

129 Christian Schmidt, Wir sind die Wahnsinnigen – Joschka Fischer und seine Frankfurter Gang, München 1998

130 Hennecke, Die dritte Republik ..., S. 217

131 Ebenda, S. 218

132 Fragestunde des Deutschen Bundestages zur Vergangenheit Joschka Fischers, in: Deutscher Bundestag, Plenarprotokoll der 142. Sitzung der 14. Legislaturperiode, S. 13891 ff. Vgl. auch den ausführlichen Bericht über die Debatte bei Wolfrum, Rot-Grün an der Macht ..., S. 648 ff.

133 Vgl. Hennecke, Die dritte Republik ..., S. 220. Schillers Angabe findet sich in Margit Schiller, Es war ein harter Kampf um meine Erinnerung – Ein Lebensbericht aus der RAF, Hamburg 1999

134 Zit. nach Hennecke, Die dritte Republik ..., S. 218

135 Wolfrum, Rot-Grün an der Macht ..., S. 654

136 Vgl. z. B. Bernd Greiner, 9/11 – Der Tag, die Angst, die Folgen. München 2011

137 Elmar Theveßen, Nine Eleven – Der Tag, der die Welt veränderte, Berlin 2011

138 Regierungserklärung von Bundeskanzler Gerhard Schröder vom 12.9.2011, in: Plenarprotokoll der 187. Sitzung des 14. Deutschen Bundestages, S. 18293. Vgl. auch Schöllgen, Gerhard Schröder ..., S. 564 ff.

139 Wolfrum, Rot-Grün an der Macht ..., S. 284

140 US-Spezialeinheit erschießt Usama Bin Laden, tagesschau.de vom 2.5.2011, agerufen am 27.1.2020

141 Schöllgen, Gerhard Schröder ..., S. 566 und S. 573 ff.

142 Wolfrum, Rot-Grün an der Macht ..., S. 293

143 Ebenda, S. 292

144 Schöllgen, Gerhard Schröder ..., S. 573. Vgl. auch Hennecke, Die dritte Republik ..., S. 288

145 Vgl. SZ vom 8.11.2001

146 Schöllgen, Gerhard Schröder ..., S. 563

147 Wolfrum, Rot-Grün an der Macht ..., S. 297 ff.

148 Ebenda, S. 303 ff.

149 Ebenda, S. 306 ff.

150 Ebenda, S. 309

151 Ebenda, S. 332 ff.

152 Ebenda, S. 338 ff.

153 Schöllgen, Gerhard Schröder ..., S. 568

154 mdl. Äußerung von Joschka Fischer, zit. nach Wolfrum, Rot-Grün an der Macht ..., S. 342

155 Tobias Ostheim, Praxis und Rhetorik deutscher Europapolitik, in: Egle u.a. (Hrsg.), Das rot-grüne Projekt ..., S. 351 f.

156 Ebenda, S. 352–354

157 Ebenda, S. 356

158 Ebenda, S. 359

159 Achim Hurrelmann, Politikfelder und Profilierung, in: Raschke, Die Zukunft der Grünen …, S. 143–265, hier S. 153–157

160 Ostheim, Praxis und Rhetorik …, S. 363. Zur Debatte um einen EU-Beitritt vgl. die verschiedenen Positionen in: Claus Leggewie (Hrsg.), Die Türkei und Europa – Die Positionen, Frankfurt/M 2004

161 Zu Nizza vgl. Klemens H. Fischer, Der Vertrag von Nizza – Text und Kommentar, Baden-Baden/Zürich 2001. Vgl. auch Gehler, Europa – Ideen, Institutionen, Vereinigung …, S. 336 ff.

162 Zum Verfassungskonvent Gehlen, Europa …, S. 352–370. Vgl. Europäischer Konvent, Entwurf über eine Verfassung für Europa, Europäische Gemeinschaften, Luxemburg 2003

163 Schöllgen, Gerhard Schröder …, S. 765

164 Joschka Fischer, Vom Staatenverbund zur Föderation – Gedanken über die Finalität der Europäischen Union, Rede in der Humboldt-Universität von Berlin, abgedruckt in: Hartmut Marhold (Hrsg.), Die neue Europadebatte, Bonn 2001, S. 41 ff.

165 Vgl. Wolfrum, Rot-Grün an der Macht …, S. 384 ff.

166 Ebenda, S. 387

167 Schöllgen, Gerhard Schröder …, S. 507

168 Ebenda, S. 727

169 Wolfrum, Rot-Grün an der Macht …, S. 394 ff.

170 Hennecke, Die dritte Republik …, S. 308

171 Ebenda, S. 309 f.

172 Zur Entlassung von Gerster vgl. Spiegel-online vom 24. 1. 2004, Chronologie einer skandalträchtigen Amtszeit, www.spiegel.de/wirtschaft/gerster-entlassung-chronologie-einer-skandaltraechtigen-amtszeit, abgerufen am 27. 1. 2020. Gerster stürzte über die Vergabe von Aufträgen an Beraterfirmen und PR-Agenturen, die ohne Ausschreibung erfolgt waren

173 Schöllgen, Gerhard Schröder …, S. 596 ff.

174 Hennecke, Die dritte Republik …, S. 322 f.

175 Ebenda, S. 306

176 Wolfrum, Rot-Grün an der Macht …, S. 470

177 Ebenda, S. 470 f.

178 Ebenda, S. 471

179 Jürgen Dittberner, Die FDP, Wiesbaden 2005, S. 110 ff.

180 Wolfrum, Rot-Grün an der Macht …, S. 464

181 Vgl. Der SPIEGEL vom 29. 4. 2002 (»Guidos Spaßguerilla«)

182 Dittberner, Die FDP …, S. 127

183 Vgl. Viola Neu, Ist die PDS auf dem Weg nach Godesberg, in: Die Politische Meinung, Nr. 383, Oktober 2001, S. 64 ff.

184 Schöllgen, Gerhard Schröder …, S. 630

185 Vgl. die Tabelle bei Wolfrum, Rot-Grün an der Macht …, S. 467

186 Dieter Roth, Das rot-grüne Projekt an der Wahlurne – Eine Analyse der Bundestagswahl 2002, in: Egle u. a. (Hrsg.), Das rot-grüne Projekt …, S. 29 ff., hier S. 32 f.

187 Schöllgen, Gerhard Schröder …, S. 629 f.

188 Wolfrum, Rot-Grün an der Macht …, S. 476

189 Roth, Das rot-grüne Projekt an der Wahlurne …, in: Egle (Hrsg.), Das rot-grüne Projekt …, S. 45

190 Wolfrum, Rot-Grün an der Macht …, S. 478

191 Ebenda, S. 477 f.

192 Ebenda, S. 484

193 Ebenda, S. 486 f.

194 Schöllgen, Gerhard Schröder …, S. 632

195 Wolfrum, Rot-Grün an der Macht …, S. 493 f.

196 Ebenda, S. 488

197 Ebenda, S. 492

198 Die SPD hat 2002 im Westen gegenüber 1998 vier Prozentpunkte verloren, im Osten aber fast fünf Prozentpunkte dazugewonnen. Vgl. Roth, Das rot-grüne Projekt an der Wahlurne …, S. 37)

199 Wolfrum, Rot-Grün an der Macht …, S. 412 f.

200 Joschka Fischer, I am not convinced – Der Irak-Krieg und die rot-grünen Jahre, Köln 2011, S. 148

201 Hennecke, Die dritte Republik …, S. 325

202 Wolfrum, Rot-Grün an der Macht …, S. 421 f.

203 Vgl. Udo Kempf/Hans-Georg Merz, Kanzler und Minister 1998 – 2005, Wiesbaden 2008, S. 170 f.

204 Wolfrum, Rot-Grün an der Macht …, S. 496 f.

205 Der Bundeswahlleiter, Ergebnis der Wahl zum 15. Deutschen Bundestag am 22. September 2002, in: www.bundeswahlleiter.de/bundestagswahlen/2002/ html. Abgerufen am 27.9.2019

206 Wolfrum, Rot-Grün an der Macht …, S. 495

207 Schöllgen, Gerhard Schröder …, S. 636

208 Roth, Das rot-grüne Projekt an der Wahlurne …, in: Egle u. a. (Hrsg.), Das rot-grüne Projekt …, S. 37

209 Erneuerung – Gerechtigkeit – Nachhaltigkeit, Koalitionsvertrag von SPD und Bündnis 90/Die Grünen, Berlin 2002

210 Wolfrum, Rot-Grün an der Macht …, S. 525

211 Ebenda

212 Schöllgen, Gerhard Schröder …, S. 659

213 Ebenda, S. 660

214 Schröder- Interview in Die ZEIT vom 28.11.2002

215 Arnulf Baring, Bürger, auf die Barrikaden, in: FAZ vom 27.11.2002

216 Manfred Görtemaker, Die Berliner Republik, Berlin 2009, S. 141. Vgl. auch Bob Woodward, Bush at War, Stuttgart/München 2003. Zur Vorgeschichte des Irakkrieges vgl. auch Stefan Aust/Cordt Schnibben (Hrsg.), Irak. Geschichte eines modernen Krieges, München 2003, Herfried Münkler, Der neue Golfkrieg, Reinbek 2003, Graf Hans-C-Sponek/Andreas Zumach, Irak – Chronik eines gewollten Krieges, Köln 2003. Zur Vorgeschichte ausführlich auch Stephan Bierling, Geschichte des Irakkriegs, München 2010

217 Erster Bericht zur Lage der Nation des amerikanischen Präsidenten George Bush vom 28.2.2002, in: Internationale Politik, 57. Jg. (2002), Hft. 3, S. 119 ff.

218 Gerhard Schröder, Entscheidungen – Mein Leben in der Politik, Hamburg 2006, S. 197 ff. George Bush, Decision Points, New York 2010, S. 234. Vgl. auch Wolfrum, Rot-Grün an der Macht …, S. 408. Bush behauptet, Schröder habe beim Treffen in Washington gesagt, was für Afghanistan gegolten habe, gelte auch für den Irak. Wenn Sie es schnell erledigen, bin ich bei Ihnen. Schröder bestreitet das.

219 Görtemaker, Die Berliner Republik …, S. 144

220 Wolfrum, Rot-Grün an der Macht …, S. 410

221 Winkler, Geschichte des Westens, Bd. IV – Die Zeit der Gegenwart …, S. 213

222 Ebenda, S. 220

223 Wolfrum, Rot-Grün an der Macht …, S. 411

224 Diese Äußerung kolportiert der SPIEGEL vom 24.3.2003, S. 54 (»Du musst das hochziehen«)

225 Görtemaker, Die Berliner Republik ..., S. 145

226 Fischer, I am not convinced ..., S. 125

227 Joachim Riecker, Schröder und der Irak-Krieg, in: Neue Gesellschaft/Frankfurter Hefte, 49. Jg. (2002), Hft. 12, S. 717. Vgl. auch Görtemaker, Die Berliner Republik ..., S. 146

228 Riecker, Schröder und der Irak-Krieg ..., S. 718

229 Vgl. Wolfrum, Rot-Grün an der Macht ..., S. 413

230 Ebenda, S. 416

231 Ebenda, 421 ff.

232 Ebenda, S. 445

233 Winkler, Geschichte des Westens ..., Zeit der Gegenwart ..., S. 216

234 Ebenda, S. 215

235 Ebenda, S. 216

236 Görtemaker, Die Berliner Republik ..., S. 154

237 Winkler, Geschichte des Westens ..., Zeit der Gegenwart ..., S. 219

238 Schöllgen, Gerhard Schröder ..., S. 670

239 Görtemaker, Die Berliner Republik ..., S. 154

240 Interview mit Joschka Fischer in Der SPIEGEL Nr. 1/2003 vom 30.12.2002

241 Fischer, I am not convinced ..., S. 192 ff.

242 Wolfrum, Rot-Grün an der Macht ..., S. 430

243 Schöllgen, Gerhard Schröder ..., S. 670

244 Wolfrum, Rot-Grün an der Macht ..., S. 431

245 Winkler, Geschichte des Westens ..., Zeit der Gegenwart ..., S. 221

246 Wolfrum, Rot-Grün an der Macht ..., S. 431–433

247 Ebenda, S. 434

248 Ebenda, S. 436 ff. Vgl. auch Schöllgen, Gerhard Schröder ..., S. 696

249 Wolfrum, Rot-Grün an der Macht ..., S. 247

250 Ebenda, S. 438

251 Ebenda, S. 434 f.

252 Gemeinsame Erklärung Deutschlands, Frankreichs und Rußlands zur Irak-Krise, in: Günter Heydemann/Jan Gülzau (Hrsg.), Konsens, Krise und Konflikt. Die deutsch-amerikanischen Beziehungen im Zeichen von Terror und Irak-Krieg. Eine Dokumentation 2001–2008, Bonn 2010. Vgl. auch Gerhard Schröder, Entscheidungen …, S. 238

253 Schöllgen, Gerhard Schröder …, S. 697

254 Ebenda, S. 693

255 Winkler, Geschichte des Westens …, Zeit der Gegenwart …, S. 225. Vgl. auch Stefan Bierling, Geschichte des Irakkriegs, München 2010. Zu weiterer Literatur vgl. Anm. 216

256 Schöllgen, Gerhard Schröder …, S. 698 f.

257 Wolfrum, Rot-Grün an der Macht …, S. 455 f.

258 Schöllgen, Gerhard Schröder …, S. 699

259 Ebenda, S. 693 ff.

260 Fischer, I am not convinced …, S. 149

261 Schöllgen, Gerhard Schröder …, S. 671

262 Ebenda, S. 672

263 So SZ-Chefredakteur Kurt Kister im Interview mit Gregor Schöllgen. Vgl. Schöllgen, Gerhard Schröder …, S. 670

264 Hans-Ulrich Wehler, Was bleibt von Schröder?, in: Die ZEIT vom 17.11.2005

265 zit. nach Wolfrum, Rot-Grün an der Macht …, S. 446

266 Robert Kagan, Macht und Ohnmacht – Amerika und Europa in der neuen Weltordnung, Berlin 2003

267 Conze, Die Suche nach Sicherheit …, S. 897 f.

268 Schöllgen, Gerhard Schröder …, S. 671

269 Christian Hacke, Deutschland, Europa und der Irakkonflikt, in: Aus Politik und Zeitgeschichte, Hft. 24-25/2003, S. 8 ff. Vgl. auch Günter Hellmann, … Man muss diesen deutschen Weg zu Ende gehen können … Die Renaissance machtpolitischer Selbstbehauptung in der zweiten Amtszeit der Regierung Schröder/Fischer, in: Christoph Egle/Reimut Zohlnhöfer (Hrsg.), Ende des rot-grünen Projekts – Eine Bilanz der Regierung Schröder 2002–2005, Wiesbaden 2007, S. 453 ff.

270 Wolfrum, Rot-Grün an der Macht …, S. 451

271 Zu den verschiedenen Fraktionen in der US-Führung im Vorfeld des Irak-Krieges vgl. auch Bob Woodward, Bush at War – Amerika im Krieg …

272 Wolfrum, Rot-Grün an der Macht …, S. 455

273 Ebenda, S. 454

274 Görtemaker, Die Berliner Republik ..., S. 163

275 Vgl. Josef Schmid, Arbeitsmarkt- und Beschäftigungspolitik, in: Egle/Zohlnhöfer (Hrsg.), Ende des rot-grünen Projekts ..., S. 271 ff., hier S. 278–285

276 Görtemaker, Die Berliner Republik ..., S. 163

277 Wolfrum, Rot-Grün an der Macht ..., S. 531

278 Ebenda, S. 534

279 Schöllgen, Gerhard Schröder ..., S. 640

280 Schröder, Entscheidungen ..., S. 390 f.

281 Vgl. Karl-Rudolf Korte, Der Pragmatiker des Augenblicks – Das Politikmanagement von Bundeskanzler Gerhard Schröder 2002–2005, in: Egle/Zohlnhöfer (Hrsg.), Ende des rot-grünen Projekts ..., S. 168 ff., hier S. 174 ff.

282 Ebenda, S. 174. Vgl. auch Schöllgen, Gerhard Schröder ..., S. 677 ff.

283 Schöllgen, Gerhard Schröder ..., S. 676 f. u. Wolfrum, Rot-Grün an der Macht ..., S. 536

284 Schöllgen, Gerhard Schröder ..., S. 678 ff.

285 Mut zum Frieden und zur Verantwortung, Regierungserklärung von Bundeskanzler Gerhard Schröder am 14.3.2003, in: Deutscher Bundestag, Plenarprotokoll der 32. Sitzung des 15. Deutschen Bundestages, S. 2481 ff.

286 Schöllgen, Gerhard Schröder ..., S. 685

287 Wolfrum, Rot-Grün an der Macht ..., S. 545

288 Ebenda, S. 546

289 Ebenda, S. 548 f.

290 Ebenda, S. 549

291 Ebenda, S. 552. Vgl. auch Schöllgen, Gerhard Schröder ..., S. 708 f.

292 Wolfrum, Rot-Grün an der Macht ..., S. 553 f.

293 Schöllgen, Gerhard Schröder ..., S. 709

294 Wolfrum, Rot-Grün an der Macht ..., S. 554

295 Ebenda, S. 555 f.

296 Görtemaker, Die Berliner Republik, S. 167 f.

297 Reimut Zohlnhöfer/Christoph Egle, Der Episode zweiter Teil – Ein Überblick über die 15. Legislaturperiode, in: Zohlnhöfer/Egle (Hrsg.), Ende des rot-grünen Projekts, S. 11 ff., hier S. 13 ff.

298 Wolfrum, Rot-Grün an der Macht …, S. 560 ff.

299 Vgl. ebenda, S. 212

300 Ebenda, S. 561–566. Vgl. auch Anke Hassel/Christof Schiller, Der Fall Hartz IV. Wie es zur Agenda 2010 kam und wie es weitergeht, Frankfurt/M 2010

301 Wolfrum, Rot-Grün an der Macht …, S. 574 ff.

302 Ebenda, S. 569

303 BILD vom 17.3,2003. Vgl. auch Schöllgen, Gerhard Schröder …, S. 690

304 Wolfrum, Rot-Grün an der Macht …, S. 572

305 BAMS vom 17. 8. 2004

306 Schöllgen, Gerhard Schröder …, S. 707

307 Ebenda, S. 784 ff. Vgl. auch Wolfrum, Rot-Grün an der Macht …, S. 567

308 Manfred G. Schmidt, Die Sozialpolitik der zweiten rot-grünen Koalition (2002–2005), in: Egle/Zohlnhöfer (Hrsg.), Ende des rot-grünen Projekts …, S. 295 ff., hier S. 301 f.

309 Schöllgen, Gerhard Schröder …, S. 788

310 Wolfrum, Rot-Grün an der Macht …, S. 571 f.

311 Der Bundeswahlleiter, Wahl zum 6. Europäischen Parlament am 13. Juni 2004, in: www.bundeswahlleiter.de/europawahlen/2004.html, abgerufen am 28.9.2019

312 Christoph Egle, In der Regierung erstarrt? Die Entwicklung von Bündnis 90/Die Grünen von 2002 bis 2005, in: Egle/Zohlnhöfer, Ende des rot-grünen Projekts …, S. 98 ff., hier S. 102. Vgl. auch Reimut Zohlnhöfer, Zwischen Kooperation und Verweigerung – Die Entwicklung des Parteienwettbewerbs 2002–2005, in: Egle/Zohlnhöfer (Hrsg.), Ende des rot-grünen Projekts …, S. 124 ff.

313 Görtemaker, Die Berliner Republik …, S. 169

314 Franz Walter und Matthias Micus nennen die Zahl von 12 000 Mitgliedern, die die alte PDS durch die Fusion hinzugewonnen habe. Vgl. Franz Walter/Matthias Micus, Kinder der Arbeitsgesellschaft, Spiegel-Politik vom 21.3.2007, www.spiegel.de/politik/deutschland/die-linke-und-die-arbeitsgesellschaft-a-472.857.htm, abgerufen am 28.1.2020. Die Zahlen werden bestätigt in einer Veröffentlichung der Rosa-Luxemburg-Stiftung, Rosa-Luxemburg-Stiftung (Hrsg.). Archiv Demokratischer Sozialismus, Findbuch 12, Bestand Wahlalternative Arbeit und soziale Gerechtigkeit, bearbeitet von Joachim Weichhold, Berlin 2012, S. 81/82. Die Aufstellung nach Ländern weist allerdings aus, dass Ende 2005 etwa 1000 Menschen den ostdeutschen Landesverbänden angehörten. So ergibt sich die Zahl 11 000 im Westen

315 Schöllgen, Gerhard Schröder …, S. 834 f.

316 Oliver Nachtwey/Tim Spier, Günstige Gelegenheit? Die sozialen und politischen Entstehungshintergründe der Linkspartei, in: Tim Spier u. a. (Hrsg.), Die Linkspartei, Wiesbaden 2007, S. 13 ff.

317 Görtemaker, Die Berliner Republik …, S. 169 f.

318 Klaus Jacob/Axel Volrey, Nichts Neues unter der Sonne? Zwischen Ideensuche und Entscheidungsblockade – Die Umweltpolitik der Bundesregierung Schröder 2002–2005, in: Egle/Zohlnhöfer (Hrsg.), Ende des rot-grünen Projekts …, S. 431 ff., hier S. 452

319 Ebenda, S. 434

320 Ebenda, S. 442

321 Vgl. Wolfrum, Rot-Grün an der Macht …, S. 189 ff.

322 Andreas Busch, Von der Reformpolitik zur Restriktionspolitik – Die Innen- und Rechtspolitik der zweiten Regierung Schröder, in: Egle/Zohlnhöfer (Hrsg.), Ende des rot-grünen Projekts …, S. 408 ff., hier S. 410 f.

323 Tobias Ostheim, Einsamkeit durch Zweisamkeit? Die Europapolitik der zweiten Regierung Schröder, in: Egle/Zohlnhöfer (Hrsg.), Ende des rot-grünen Projekts …, S. 480 ff., hier S. 490. Zu den Einwänden der Kritiker vgl. z. B. Heinrich August Winkler, Soll Europa künftig an den Irak grenzen?, in: Leggewie (Hrsg.), Die Türkei und Europa …, S. 271 ff., ders. Ehehindernisse – Gegen einen EU-Beitritt der Türkei, in: Leggewie (Hrsg.), Die Türkei und Europa …, S. 155 ff. oder Helmut Schmidt, Sind die Türken Europäer?, in: ebenda, S. 162 ff.

324 Vgl. Gerhard Schröder, Entscheidungen …, S. 356

325 Ostheim, Einsamkeit durch Zweisamkeit? …, in: Egle/Zohlnhöfer, Ende des Rot-Grünen Projekts …, S. 483 ff.

326 Wolfrum, Rot-Grün an der Macht …, S. 392 f.

327 Ostheim, Einsamkeit durch Zweisamkeit …, in: Egle/Zohlnhöfer (Hrsg.), Ende des rot-grünen Projekts …, S. 496 ff., bes. S. 500. Vgl. auch Gehler, Europa …, S. 414 ff.

328 Ostheim, Einsamkeit …, S. 490 ff.

329 Schöllgen, Gerhard Schröder …, S. 325

330 Ebenda, S. 777 f.

331 Wolfrum, Rot-Grün an der Macht …, S. 673 ff.

332 Ebenda, S. 675 ff.

333 Ebenda, S. 677 f. Vgl. auch Tina Hildebrandt/Matthias Geis/Bernd Ulrich, Nur dieser Mann kann Joschka Fischer stürzen – Der Visa-Skandal: Wie der grüne Außenminister in der Krise reagiert und warum er sich selbst die größte Gefahr ist, In: Die ZEIT vom 17. 2. 2005. Vgl. auch das Interview mit Joschka Fischer in: Die ZEIT vom 14. 4. 2005

334 Wolfrum, Rot-Grün an der Macht ..., S. 678 f.

335 Zu den Ergebnissen der Kommission vgl. Eckart Conze/Norbert Frei/Peter Hayes/Moshe Zimmermann, Das Amt und die Vergangenheit – Deutsche Diplomaten im Dritten Reich und in der Bundesrepublik, München 2010

336 Schöllgen, Gerhard Schröder ..., S. 814. Vgl. auch Zohlnhöfer, Zwischen Kooperation und Verweigerung, in: Egle/Zohlnhöfer (Hrsg.), Ende des rot-grünen Projekts, S. 139

337 Schöllgen, Gerhard Schröder ..., S. 818

338 Wolfrum, Rot-Grün an der Macht ..., S. 679 ff.

339 Schöllgen, Gerhard Schröder ..., S. 823

340 zit. nach Wolfrum, Rot-Grün an der Macht ..., S. 683

341 Ebenda, S. 684

342 Schöllgen, Gerhard Schröder ..., S. 831 f.

343 Ebenda, S. 831

344 Wolfrum, Rot-Grün an der Macht ..., S. 684

345 Schöllgen, Gerhard Schröder ..., S. 831

346 Wolfrum, Rot-Grün an der Macht ..., S. 686 f.

347 Schöllgen, Gerhard Schröder ..., S. 824

348 Wolfrum, Rot-Grün an der Macht ..., S. 689 ff.

349 Ebenda, S. 699

350 Bernd Ulrich, Verstehen oder verachten? In: Die ZEIT vom 26. 1. 2006

351 Schöllgen, Gerhard Schröder ..., S. 846

352 Ebenda, S. 847

353 Interview mit BAMS am 17. 4. 2005

354 Vgl. Sonntagsfrage zur Bundestagswahl 2005. Umfragen von Allensbach, Emnid, Forsa, FG Wahlen, GMS und Infratest Dimap. Der Mittelwert der Prognosen sah die Union Mitte September mit 41,6 % mehr als acht Prozentpunkte vor der SPD (33,3 %) und mehr als sechs Prozent über dem dann gut eine Woche später erreichten tatsächlichen Ergebnis. Vgl. www.wahlrecht.de/umfragen/archiv/2005.htm, abgerufen am 23. 9. 2019

355 Der Bundeswahlleiter, Wahl zum 16. Deutschen Bundestag am 22. September 2005, in: www.bundeswahlleiter.de/bundestagswahlen/2005.html, abgerufen am 29. 9. 2019

356 Zit. nach Wolfrum, Rot-Grün an der Macht ..., S. 704 f.

357 Ebenda, S. 704

358 Vgl. Udo Zolleis/Julia Bartz, Die CDU in der Großen Koalition – Unbestimmt erfolgreich, in: Christoph Egle/Reimut Zohlnhöfer (Hrsg.), Die zweite Große Koalition – Eine Bilanz der Regierung Merkel 2005–2009, Wiesbaden 2010, S. 51 ff. Vgl. auch Manuela Glaab, Political Leadership in der Großen Koalition. Führungsressourcen und -stile von Bundeskanzlerin Merkel, in: Ebenda, S. 123 ff.

359 Schöllgen, Gerhard Schröder …, S. 862

360 Ebenda, S. 876

361 Wolfrum, Rot-Grün an der Macht …, S. 22

362 Matthias Geyer/Dirk Kurbjuwelt/Cordt Schnibben, Operation Rot-Grün – Geschichte eines politischen Abenteuers, München 2005, S. 231

363 Franz Walter, Abschied von der Toskana – Die SPD in der Ära Schröder, Wiesbaden 2005, S. 109

364 Jürgen Leinemann, Höhenrausch – Die wirklichkeitsleere Welt der Politiker, München 2004, S. 278

364 Ebenda, S. 283

365 Hubert Kleinert, Von der Wildnis ins Bildnis – Eine Bilanz der Rot-Grünen Jahre, in: Süddeutsche Zeitung vom 25./26.6.2005, SZ am Wochenende, S. VI

367 Zu Fischer vgl. Raschke, Die Zukunft der Grünen …, S. 49 ff.

368 Leinemann, Höhenrausch …, S. 291

369 Schöllgen, Gerhard Schröder …, S. 55

370 Raschke, Die Zukunft der Grünen …, S. 55

371 Vgl. z. B. Ostheim, Einsamkeit durch Zweisamkeit …, in: Egle/Zohlnhöfer (Hrsg.), Ende des rot-grünen Projekts …, S. 503

372 Vgl. z. B. Martin Jänicke, Die Umweltpolitik der Großen Koalition, in: Egle/Zohlnhöfer (Hrsg.), Die zweite Große Koalition …, S. 487 ff.

373 Vgl. Andreas Busch, Die Innen- und Rechtspolitik der Rot-Grünen Koalition, in: Egle u. a. (Hrsg.), Das rot-grüne Projekt …, S. 305 ff., hier S. 308 ff.

374 Vgl. Reimut Zohlnhöfer, Rot-grüne Regierungspolitik in Deutschland 1998–2002. Versuch einer Zwischenbilanz, in: Egle u. a. (Hrsg.), Das rot-grüne Projekt …, S. 399 ff.

375 Karl-Rudolf Korte, Der Pragmatiker des Augenblicks – Das Politikmanagement von Bundeskanzler Gerhard Schröder 2002–2005, in: Egle/Zohlnhöfer (Hrsg.), Ende des rot-grünen Projekts …, S. 168 ff., hier S. 172

376 Hennecke, Die dritte Republik …, S. 334

377 Schöllgen, Gerhard Schröder …

378 Ebenda, S. 201

379 Ebenda, S. 211 ff.

380 Richard Meng, Der Medienkanzler ..., S. 31

381 Ebenda

382 Vgl. Interview mit Gerhard Schröder und Joschka Fischer im STERN Nr. 8/97 vom 13.2.1997

383 Vgl. z.B. Wolfrum, Rot-Grün an der Macht ..., S. 30 ff.

384 Meng, Der Medienkanzler ..., S. 23

385 Ebenda, S. 20 f.

386 Schöllgen, Gerhard Schröder ..., S. 222

387 Ebenda, S. 244

388 Interviewäußerung von Gerhard Schröder gegenüber Fernsehmoderator Reinhold Beckmann in der ARD am 22.11.2004. Vgl. Schöllgen, Gerhard Schröder ..., S. 770

389 Schöllgen, S. 876

390 Tatsächlich war die mit dem Nordstream-Projekt verbundene Umgehung Polens strategisch problematisch. Vgl. Schöllgen, Gerhard Schröder ..., S. 887

391 Korte, Der Pramatiker des Augenblicks ...,.in: Egle/Zohlnhöfer, Das Ende des rot-grünen Projekts ..., S. 168

KAPITEL 5

1 Daten des Statistischen Bundesamtes, z.T. nach Immo von Homeyer, Die Ära Kohl im Spiegel der Statistik, in: Wewer (Hrsg.), Die Ära Kohl ..., S. 333 ff., hier S. 338–340, Schaubild 9 u. 10. Vgl. auch Susanne Blancke und Josef Schmid, Bilanz der Bundesregierung Schröder in der Arbeitsmarktpolitik 1998–2002, in: Egle u. a. (Hrsg.), Das Rot-Grüne Projekt ..., S. 215 ff., bes. Abb. 1

2 Blancke/Schmid, Bilanz ..., S. 231. Vgl. auch Bundesagentur für Arbeit, Arbeitslosigkeit im Zeitverlauf, Nürnberg 2019 u. Melanie Booth, Die Entwicklung der Arbeitslosigkeit in der Bundesrepublik Deutschland, Bonn 2010, Bundeszentrale für Politische Bildung, zit. nach www.bpb.de, abgerufen am 5.10.2019

3 Booth, Die Entwicklung der Arbeitslosigkeit ...

4 Ebenda

5 Statistisches Bundesamt 2019, Volkswirtschaftliche Gesamtrechnungen, zit. nach www.sozialpolitik-aktuell.de/tl_files/sozialpolitik-aktuell, abgerufen am 3.10.2019

6   Vgl. Reimut Zohlnhöfer, Finanzpolitik zwischen traditioneller Sozialdemokratie und neuer Mitte, in: Egle u. a., Das Rot-Grüne Projekt …, S. 193 ff., hier
S. 198

7   Ostheim, Einsamkeit durch Zweisamkeit? …, in: Egle/Zohlhöfer, Ende des
Rot-Grünen Projekts …, S. 480 ff., hier S. 484 f.

8   Wolfrum, Rot-Grün an der Macht …, S. 525

9   Schöllgen, Gerhard Schröder …, S. 659

10   Wissenschaftliche Dienste des Deutschen Bundestages, Entwicklung der
Staatsverschuldung von 1970 bis 2013, in: www.bundestag.blob/409658/
11b75e4ddbe9cff/08baca 0f1ea4ffc5/wd-4-141-09-pdf-data.pdf, abgerufen am
23.9.2019

11   Vgl. Wolfrum, Rot-Grün an der Macht …, S. 507

12   Ebenda, S. 523 ff.

13   Bundeszentrale f. Polit. Bildung 2013, Entwicklung des deutschen Außen-
handels, in: www.bpb.de, abgerufen am 3.10.2019

14   Vgl. Johannes Giesecke/Roland Verwiek, Die Lohnentwicklung in Deutschland
zwischen 1998 und 2005, in: WSI-Mitteilungen 2/2008, S. 85 ff.

15   Uwe Wagschal, Auf dem Weg zum Sanierungsfall? Die Rot-Grüne Finanzpolitik seit 2002, in: Egle/Zohlnhöfer, Ende des Rot-Grünen Projekts …, S. 241 ff., hier
Tab. 3, S. 253

16   Vgl. Wolfgang Streeck/Martin Höppner, Alle Macht dem Markt? Fallstudien
zur Abwicklung der Deutschland AG, Frankfurt/M 2003

17   Vgl. Thomas Knipp, Der Deal – Die Geschichte der größten Übernahme aller
Zeiten, Hamburg 2007

18   Ebenda. Vgl. auch FAZ.net vom 24.11.2006 u. Handelsblatt vom 30.11.2006
(»Der Mannesmann-Prozess«)

19   Vgl. Hedgefonds sollen zügig zugelassen werden, in: FAZ vom 8.7.2003. Vgl.
auch www.faz.net/aktuell/finanzen/fonds-mehr, abgerufen am 10.1.2019

20   Wolfrum, Rot-Grün an der Macht …, S. 523 f.

21   STERN-Interview vom 16.4.2005

22   Vgl. Rainer Geißler, Die Sozialstruktur Deutschlands, 4. Aufl., Wiesbaden
2006, S. 275

23   Ebenda

24   Ebenda, S. 276

25   Ulrich Heuthein/Heike Spangenberg/Dieter Sommer, Ursachen des Studien-
abbruchs, Hannover 2003, S. 46

26 Vgl. Statista, in: https://statista.com/statistik/daten/studie/162988/umfrage/studienabbruch, abgerufen am 26. 5. 2019

27 Bereits im Jahr zuvor hatten die Bildungsminister in Paris die »Sorbonne-Erklärung« verabschiedet. Vgl. Thomas Walter, Der Bologna-Prozess – Ein Wendepunkt europäischer Hochschulpolitik?, Wiesbaden 2006, S. 123 ff.

28 An den Universitäten wurde 2017 eine Abbrecherrate von 32 Prozent, an den Fachhochschulen eine von 27 Prozent ermittelt. Vgl. FAZ vom 1. 6. 2017, www.faz.net/aktuell/politik/inland/neue-studie-zahl-der-studienabbrecher-steigt-an, abgerufen am 8. 10. 2019

29 Vgl. Lena Becker, Bildung im Zeichen der Ökonomisierung, Darmstadt 2012 u. Richard Münch, Akademischer Kapitalismus, Frankfurt/M 2011

30 Münch, Akademischer Kapitalismus …

31 Jürgen Baumert u. a. (Deutsches PISA-Konsortium), PISA 2000 – Basiskompetenzen von Schülerinnen und Schülern im Vergleich, Opladen 2001

32 Vgl. Frieder Wolf/Christian Henkes, Die Bildungspolitik von 2002 bis 2005, in: Egle/Zohlnhöfer (Hrsg.), Ende des Rot-Grünen Projekts …, S. 355 ff. Vgl. auch Wolfrum, Rot-Grün an der Macht …, S. 516 f.

33 Die ZEIT vom 27. 6. 2002

34 Wolf/Henkes, Die Bildungspolitik …, S. 363 f.

35 Ebenda, S. 366

36 Wolfrum, Rot-Grün an der Macht …, S. 489

37 Booth, Die Entwicklung der Arbeitslosigkeit (BpB, vgl. Anm. 2)

38 Der Beauftragte der Bundesregierung für die neuen Bundesländer, Jahresbericht zum Stand der Deutschen Einheit 2018, Berlin 2018, S. 16 (Tabellen)

39 Ebenda, S. 48 f. (Tabellen)

40 Ebenda, S. 109

41 Schroeder, Die veränderte Republik …, S. 228 f.

42 Ebenda, S. 230

43 Der Beauftragte der Bundesregierung …, Jahresbericht zum Stand der Deutschen Einheit 2018 …, S. 111

44 Schroeder, Die veränderte Republik …, S. 203 ff.

45 Eigene Berechnungen nach den Zahlenangaben bei Statista Reserarch Management, https://de.statista.com/statistik/daten/studie, abgerufen am 10. 10. 2019

46 Zur SPD vgl. https://de.statista.com/statistik/daten/studie/1214/umfrage/mitgliederentwicklung der SPD. Zu den Grünen ebenda, https://de.statista/com/statistik/daten/studie/192243. Abgerufen am 11. 10. 2013

47 Zur CDU vgl. https://de.statista.com/statistik/daten/studie/1215, zur CSU ebenda 192223, zur Linkspartei 192246, zur FDP 192239

48 Wolfrum, Rot-Grün an der Macht …, S. 461

49 Jürgen Rüttgers, Der politisch-kulturelle Wandel – Ein Konzept zur Wiedergewinnung der strukturellen Mehrheitsfähigkeit der CDU, S. 3. Konrad-Adenauer-Stiftung, Pressedokumentation vom 1.8.2001, zur Verfügung gestellt von Jürgen Rüttgers im Februar 2019

50 Ebenda

51 Vgl. z.B. Conze, Die Suche nach Sicherheit …, S. 922

52 Zu den internen Diskussionen der Grünen vgl. Christoph Egle, Lernen unter Stress – Politik und Programmatik von Bündnis 90/Die Grünen, in: Egle u.a., Das Rot-Grüne Projekt …, S. 93 ff., bes. S. 102–104. Vgl. auch Wolfrum, Rot-Grün an der Macht …, S. 240

53 Raschke, Die Zukunft der Grünen …, S. 131 ff.

54 Ebenda, S. 52

55 Ebenda, S. 51

56 Vgl. Bündnis 90/Die Grünen, Die Zukunft ist Grün – Grundsatzprogramm, Berlin 2002

57 Raschke, Rot-Grüne Zwischenbilanz, in: Aus Politik und Zeitgeschichte, Hft. 40/2004, S. 25 ff., hier S. 29

58 Schröder-Interview in der SZ vom 10.2.1999

59 Vgl. Heike Quader, Chronik der 14. Legislaturperiode, in: Egle u.a. (Hrsg.), Das Rot-Grüne Projekt …, S. 423 ff.

60 Reimut Zohlnhöfer, Zwischen Kooperation und Verweigerung. Die Entwicklung des Parteienwettbewerbs 2002–2005, in: Egle/Zohlnhöfer (Hrsg.), Ende des Rot-Grünen Projekts …, S. 125 ff., hier S. 139

61 Oskar Niedermayer, Nach der Vereinigung: Der Trend zum fluiden Fünfparteiensystem, in: Oscar W. Gabriel/Oskar Niedermayer/Richard Stöss (Hrsg.), Parteiendemokratie in Deutschland, 2. Aufl. (aktualisiert), Wiesbaden 2002, S. 107 ff., hier S. 118, Anm. 37

62 Ebenda, S. 119

63 Ulrich Beck, Die Erfindung des Politischen, Frankfurt/M 1993, S. 223

64 Thomas Meyer, Inszenierte Politik und politische Rationalität, in: Korte/Weidenfeld (Hrsg.), Deutschland-Trendbuch …, S. 547 ff.

65 Schulze, Die Erlebnisgesellschaft, Frankfurt/M 1992

66 Gross, Die Multioptionsgesellschaft, Frankfurt/M 1995

67 Vgl. Ulrich von Alemann, Das Parteiensystem der Bundesrepublik Deutschland, 3. Aufl., Opladen 2003, S. 196 ff. Grundlegender John Keane, The Life and Death of Democracy, London 2009, S. 585 ff.

68 Wolfrum, Rot-Grün an der Macht …, S. 706 f. Vgl. auch Kleinert, Von der Wildnis ins Bildnis, SZ vom 28./29.6.2005

69 Wolfrum, Rot-Grün an der Macht …, S. 668 f.

70 vgl. Statista, https://de.statista.com/statistik/daten/studie/4099/umfrage/musikindustrie-absatz-von-cd-alben, abgerufen am 12.10.2019

71 Wolfrum, Rot-Grün an der Macht …, S. 669

72 Ebenda

73 Max Zimmermann, Die erfolgreichste Fehlerreihe der Geschichte, www.welt.de/wirtschaft/webwelt/article 160976119, abgerufen am 9.10.2019. Vgl. auch Jens Ihlenfeld, iPhone ab 9. November 2007 für 399 Euro bei T-Mobile, in: Golem.de vom 19.9.2007. Zit. nach wikipedia, https://de.wikipedia.org/wiki/phone, abgerufen am 9.10.2019

74 Bernd Mezrich, Die Gründung von Facebook, München 2011. Daniel Miller, Das wilde Netzwerk – Ein ethnologischer Blick auf Facebook, München 2011. Sascha Adamek, Die Facebook-Falle – Wie das soziale Nezuwerk unser Leben verkauft, München 2011

75 Vgl. Kai Lehmann/Michael Schetsche, Die Google-Gesellschaft. Vom digitalen Wandel des Wissens, 2. Aufl., Bielefeld 2007. Birgit Stark/Dieter Dörr/Stefan Aufenanger (Hrsg.), Die Goggleisierung der Informationssuche, Berlin/Boston 2014. Vgl. auch Gerhard Reischl, Die Google-Falle, 5. Aufl., Wien 2008

76 Vgl. www.informationszentrum-mobilfunk.de/technik/geschichte-des-mobilfunks, abgerufen am 4.10.2019

77 Zahlenangaben nach Informationsgemeinschaft zur Feststellung der Verbreitung von Werbeträgern e. V. www.inw.eu/print/quartalsauflagen, abgerufen am 27.2.2019

78 Ebenda

79 Vgl. u. a. Wiebke Loosen, Journalismus unter den Bedingungen des Medienwandels, Dossier – Bundeszentrale für Politische Bildung 2016, www.bpb.de/gesellschaft/medien-und-sport/medienpolitik/172143/medienwandel-und-journalismus, abgerufen am 12.10.2019. Vgl. auch Siegrfried Weischenberg/Maja Malik/Armin Scholl, Die Souffleure der Mediengesellschaft – Report über die Journalisten in Deutschland, Konstanz 2006

80 Andreas Reckwitz, Die Gesellschaft der Singularitäten, Berlin 2017, S. 235 ff. Vgl. auch Nicolas Mirzoeff, An Introduction to Visual Culture, London 1999

81 Wolfrum, Rot-Grün an der Macht …, S. 668

82 Ebenda, S. 681

83 Vgl. u. a. Margareth Lünenborg/Claudia Töpper, Das System Castingshow – Provokationen und Skandale als ökonomisches und ästhetisches Prinzip von Castingshows, in: Televizion, 25. Jg., Hft. 1/2012, S. 44 ff. Vgl. auch Margareth Lünenborg/Dirk Martens/Tobias Köhler/Claudia Töpper, Skandalisierung im Fernsehen – Erscheinungsformen und Rezeption von Reality-TV, Berlin 2011

84 Judith-Maria Gillies, Unsere Nullerjahre, Frankfurt/M 2009. Vgl. auch Harald Peters, Die Nullerjahre haben den Mainstream abgeschafft, www.welt.de/kultur/article5629967, abgerufen am 2.10.2019. Vgl. auch Trends der Nullerjahre, SZ vom 15.10.2009, www.sueddeutsche/leben, abgerufen am 11.10.2019

85 Alexander Schuller/Nicole von Bredow, Back to Black, Amy Winehouse und ihr viel zu kurzes Leben, München 2011. Vom Album »Back to Black« verkaufte sie 20 Millionen Stück

86 Ihre erste Single »Daylight in Your Eyes« wurde mit einer Million verkaufter Exemplare 2001 zur erfolgreichsten Single des Jahres in Deutschland. Vgl. Singlecharts-Jahrescharts, www.offizielle charts.de/charts/single-jahr, abgerufen am 6.10.2019

87 Die Debütsingle »Durch den Monsun« von Tokio Hotel erschien im August 2005 und erreichte gleich Platz 1 der Charts. Das erste Album der Gruppe verkaufte sich weltweit 1,5 Millionen mal. Vgl. Michael Torsten Gamlöck/Thorsten Schatz, Tokio Hotel. So laut du kannst – Die unglaubliche Erfolgsstory der Megastars, München 2006

88 Sascha Verlan, 35 Jahre HipHop in Deutschland, Höfen 2015. Grönemeyer kam 2002 mit »Mensch« auf Platz 3 der Single-Jahrescharts – vor der »Gerd Show« mit dem »Steuersong«. Dahinter verbarg sich der Kabarettist und Schröder-Imitator Elmar Brandt

89 Die Sängerin und Komponisten war in der Zeit der »Neuen Deutschen Welle« in den 1980er Jahren erfolgreich gewesen und hatte sich in der Zwischenzeit von der Bühne zurückgezogen

90 Rüdiger Thomas, Kultur und Gesellschaft, in: Korte/Weidenfeld (Hrsg.), Deutschland-Trendbuch …, S. 461 ff., hier S. 489 f.

91 Bernd Wagner, Bürgerschaftliches Engagement und Ehrenamt im Kulturbereich, in: Jahrbuch für Kulturpolitik, Bd. 1, hrsg. von Thomas Röbke und Bernd Wagner, Essen 2001, S. 206

92 Thomas, Kultur und Gesellschaft, in: Korte/Weidenfeld (Hrsg.), Deutschland-Trendbuch …, S. 487

93 Die Welt vom 25.10.2007, nach www.welt.de/kultur/article/1284220/irgendwas-hat-J.Rowling-richtig-gemacht.html, abgerufen am 12.10.2019

94 Axel Schildt/Detlef Siegfried, Deutsche Kulturgeschichte. Die Bundesrepublik von 1945 bis zur Gegenwart, München 2009, S. 545

95 Der Film sorgte sogar für Kontroversen auf dem Kieler Historikertag von 2004. Vgl. Wolfrum, Rot-Grün an der Macht …, S. 657

96 Von der Kritik wurde der Film überwiegend positiv aufgenommen. Besonders gerühmt wurde dabei die schauspielerische Leistung von Ulrich Mühe. Vgl. auch Lu Seegers, Das Leben der Anderen oder die ›richtige‹ Erinnerung an die DDR, in: Astrid Entl/Stephania Wodianska (Hrsg.), Film und kulturelle Erinnerung, Frankfurt/New York 2006, S. 21 ff.

97 Bei der Veröffentlichung seines autobiographischen Romans »Beim Häuten der Zwiebel« hatte Grass, der zuvor mit NS-Belastungen von Schriftstellerkollegen wie anderen Persönlichkeiten des Zeitgeschehens eher wenig gnädig umgegangen war, seine eigene Meldung als Freiwiliger bei der SS einer überraschten Öffentlichkeit eingestanden. Vgl. Der SPIEGEL 34/2006 vom 21.8.2006

98 Vgl. Der SPIEGEL 52/2000 und Der SPIEGEL 52/2001

99 Der SPIEGEL 1/2004 vom 30.12.2003

100 Der SPIEGEL 52/2005 vom 23.12.2005

101 Wolfrum, Rot-Grün an der Macht …, S. 665

102 Hartmut Häußermann/Walter Siedel, Die Politik der Festivalisierung und die Festivalisierung der Politik, Wiesbaden 1993. Vgl. auch Winfried Gebhardt, Feste, Feiern und Events – Zur Soziologie des Außergewöhnlichen, in: Winfried Gebhardt/Ronald Hitzler/Michaela Pfadenhauer (Hrsg.), Events – Soziologie des Außergewöhnlichen, Opladen 2000. Vgl. auch Horst W. Opaschowski, Jugend im Zeichen der Eventkultur, in: Aus Politik und Zeitgeschichte, Hft. 12/2000, S. 17 ff.

103 Bernd Guggenberger, Sein oder Design – Im Supermarkt der Lebenswelten, Hamburg 2000, S. 162

104 Naomi Klein, No logo! Der Kampf der Global Players um Marktmacht, München 2001

105 Thomas, Kultur und Gesellschaft …, in: Korte/Weidenfeld (Hrsg.), Deutschland-Trendbuch …, S. 500 f.

106 Ebenda, S. 475

107 Vgl. u. a. Der SPIEGEL 33/2010

108 Thomas, Kultur und Gesellschaft …, S. 489 f. Vgl. auch Berthold Seliger, Klassikkampf: Ernste Musik, Bildung und Kultur für alle, Berlin 2017

109 Vgl. SPIEGEL-Online, Christoph Schlingensief ist tot, www.spiegel.de/kultur/gesellschaft/lungenkrebs-christoph-schlingensief-ist-tot, abgerufen am 12.10.2019

110 Vgl. Mark Godfrey/Nicholas Serota/Dorothee Brill/Camille Morineau (Hrsg.), Gerhard Richter, München 2012. Vgl. auch Wolfrum, Rot-Grün an der Macht …, S. 666 f.

111 Angaben nach rp-online.de/sport/fussball/bundesliga - das kosten die TV-Rechte seit 1985, abgerufen am 25. 2. 2019

112 Angaben nach www.absatzwirtschaft.de/bundesliga-mit-neuem-Geldrekord, abgerufen am 12. 10. 2019

113 Margit Rüdiger/Lore Grosshaus, Schönheitsoperationen – Beauty nach Maß, München 2003. Vgl. auch Werner Faulstich, Facetten von Körperkultur, in: Werner Faulstich (Hrsg.), Die Kultur der 90er Jahre …, S. 235 ff. , hier S. 240 ff.

114 Faulstich, Facetten der Körperkultur …, S. 235 ff. Vgl. auch Marcel Feige, Ein Tatoo ist für immer. Die Geschichte der Tätowierung in Deutschland, Berlin 2003. Die Zahlenangaben nach Nadine Zeller, Der Beweis liegt auf der Haut, in: www.süddeutsche.de/wissen/rechtsmedizin-der-beweis-liegt-auf-der-haut-1.392-4654 vom 2. 4. 2018, abgerufen am 12. 10. 2019

115 Vgl. Bild.de vom 18. 4. 2015, www.bild.de/politik/inland/papst/die-geschichte-de-bild-schlagzeile-40593824.bild.htm, abgerufen am 12. 1. 2020

116 Vgl. faz.net vom 19. 4. 2005, www.faz.net/aktuell/politik/wechsel-im-vatikan/nachrichten/reaktionen-auf-ratzinger-glueckwuensche-und-skepsis-1235110. html, abgerufen am 12. 1. 2020

117 Zur Bilanz des Pontifikats vgl. u. a. spiegel.de vom 11. 2. 2013, www.spiegel. de/panorama/ruecktritt-von-papst-benedikt-xvi-bilanz-seines-pontifikats-a-882626.html, abgerufen am 12. 1. 2020. Der Historiker Volker Reinhardt sah den Rücktritt Benedikts weniger durch Altersgründe veranlasst. Er sah darin eher ein Zeichen der Resignation. Der Papst sei mit seinem Ziel, die katholische Kirche wieder stärker an ihre Traditionen zu binden, gescheitert (vgl. Reinhardt, Papa, warum hast du uns verlassen?, in: Die ZEIT 7/2018)

118 Zahlenangaben nach statistam https://de.statista.com/statistik/daten/studie/1226/umfrage-anzahl-der-katholiken-in-deutschland-seit-1965/, abgerufen am 12. 1. 2020

KAPITEL 6

1   Görtemaker, Die Berliner Republik …, S. 175

2   Heinrich Pehle/Roland Sturm, Die zweite Große Koalition: Regierung der neuen Möglichkeiten, in: Roland Sturm/Heinrich Pehle (Hrsg.), Wege aus der Krise? Die Agenda der zweiten Großen Koalition, Opladen 2006, S. 7 ff. Vgl. auch Wanke Seemann/Sebastian Bukow, Große Koalitionen in Deutschland, in: Sebastian Bukow/Wanke Seemann (Hrsg.), Die Große Koalition. Regierung – Politik – Parteien 2005 – 2009, Wiesbaden 2010, S. 9 ff. , hier S. 22 f.

3   Vgl. Uwe Thaysen, Regierungsbildung 2005: Merkel, Merkel I, Merkel II, in: Ztschr. f. Parlamentsfragen, 37. Jg., Hft. 4/2006, S. 582 ff. Vgl. auch Uwe Jun, Auf dem Weg zur Großen Koalition: Regierungsbildung 2005, in: Jens Tenscher/Helge Batt (Hrsg.), 100 Tage Schonfrist – Politik in Deutschland zwischen Bundestagswahl 2005 und Landtagswahlen 2006, Wiesbaden 2008, S. 75 ff. Zu Schröder vgl. auch Schöllgen, Gerhard Schröder ..., S. 862 f.

4   Vgl. Joachim Raschke, Zerfallsphase des Schröder-Zyklus. Die SPD 2005–2009, in: Christoph Egle/Reimut Zohlnhöfer, Die zweite Große Koalition – Eine Bilanz der Regierung Merkel 2005–2009, Wiesbaden 2010, S. 69 ff., hier S. 73

5   Heinrich Oberreuter, Von Krise zu Krise – Die Erosion der CSU während der Großen Koalition, in: Bukow/Seemann (Hrsg.), Die Große Koalition ..., S. 285 ff.

6   Christoph Egle/Reimut Zohlnhöfer, Die Große Koalition – Eine Koalition der neuen Möglichkeiten?, in: Egle/Zohlnhöfer (Hrsg.), Die zweite Große Koalition ..., S. 11 ff., hier S. 13

7   Vgl. Gerhard Schröder, Entscheidungen ..., S. 505

8   Maximilian Grasl/Markus König, Von außen getrieben – Die Finanzpolitik der Großen Koalition 2005–2009, in: Egle/Zohlnhöfer (Hrsg.), Die zweite Große Koalition ..., S. 205 ff., hier S. 213 ff.

9   Vgl. Werner Reutter, »Grand Coalition State«. Große Koalition und Föderalismusreform, in: Bukow/Seemann (Hrsg.), Die Große Koalition ..., S. 85 ff., hier S. 90. Vgl. auch Gemeinsam für Deutschland. Mit Mut und Menschlichkeit, Koalitionsvertrag von CDU, CSU und SPD, Berlin 2005

10   Egle/Zohlnhöfer, Die Große Koalition – eine Koalition der neuen Möglichkeiten?, in: Egle/Zohlnhöfer (Hrsg.), Die zweite Große Koalition ..., S. 11 ff., hier S. 18. Vgl. auch Fritz W. Scharpf, Nicht genutzte Chancen der Föderalismusreform, in: Egle/Zohlnhöfer (Hrsg.), Ende des Rot-Grünen Projekts ..., S. 197 ff.

11   Manuela Glaab, Political Leadership in der Großen Koalition, in: Egle/Zohlnhöfer (Hrsg.), Die zweite Große Koalition ..., S. 123 ff., hier S. 131

12   Egle/Zohlnhöfer, Die Große Koalition – eine Koalition der neuen Möglichkeiten?, in: Egle/Zohlnhöfer (Hrsg.), Die zweite Große Koalition ..., S. 19. Vgl. auch die Regierungserklärung von Bundeskanzlerin Angela Merkel. Plenarprotokoll der 4. Sitzung des 16. Deutschen Bundestages, S. 76 ff., hier S. 91

13   Manfred G. Schmidt, Die Sozialpolitik der zweiten Großen Koalition (2005 bis 2009), in: Egle/Zohlnhöfer (Hrsg.), Die Große Koalition ..., S. 302 ff., hier S. 310 ff. Vgl. auch Wolfgang Schroeder, Große Koalition und Sozialpartnerschaft, in: Ebenda, S. 180 ff., hier S. 195

14   Kathrin Dümig, Ruhe nach und vor dem Sturm: Die Arbeitsmarkt- und Beschäftigungspolitik der Großen Koalition, in: Egle/Zohlnhöfer (Hrsg.), Die zweite Große Koalition ..., S. 279 ff., hier S. 284 f.

15 Ebenda, S. 279. Vgl. auch Bundesagentur für Arbeit, Arbeitslosigkeit im Zeitvergleich, Nürnberg 2014

16 Raschke, Zerfallsphase des Schröder-Zyklus …, in: Egle/Zohlnhöfer (Hrsg.),
Die zweite Große Koalition …, S. 69 ff.

17 Udo Zolleis/Julia Bartz, Die CDU in der Großen Koalition – Unbestimmt erfolgreich, in: Egle/Zohlnhöfer (Hrsg.), Die zweite Große Koalition …, S. 51 ff., hier
S. 57 f.

18 Ebenda, S. 59

19 Vgl. Fritz Scharpf, Föderalismusreform, Frankfurt/M 2009 u. Sabine Kropp,
Kooperativer Föderalismus und Politikverflechtung, Wiesbaden 2010, S. 239

20 Hartmut Maurer, Staatsrecht I, 6. Aufl., München 2010

21 Vgl. Anja Hartmann, Die Gesundheitsreform der Großen Koalition: Kleinster
gemeinsamer Nenner oder offenes Hintertürchen?, in: Egle/Zohlnhöfer, Die
zweite Große Koalition, S. 327 ff., hier S. 332 ff.

22 Annette Henninger/Angelika von Wahl, Das Umspielen von Veto-Spielern
– Wie eine konservative Familienministerin den Familialismus des deutschen
Wohlfahrtsstaates unterminiert, in: Egle/Zohlnhöfer (Hrsg.), Die zweite Große
Koalition …, S. 361 ff., hier S. 367 ff. Vgl. auch Nancy Ehlert, Die Familienpolitik
der Großen Koalition, in: Bukow/Seemann (Hrsg.), Die Große Koalition …,
S. 142 ff.

23 Zolleis/Bartz, Die CDU in der Großen Koalition …, in: Egle/Zohlnhöfer
(Hrsg.), Die zweite Große Koalition …, S. 60

24 Henninger/von Wahl, Das Umspielen von Veto-Spielern …, in: Egle/Zohln-
höfer (Hrsg.), Die zweite Große Koalition …, S. 374 f.

25 Karl-Rudolf Korte, Präsidentielles Zaudern – Der Regierungsstil von Angela
Merkel in der Großen Koalition 2005–2009, in: Bukow/Seemann (Hrsg.), Die
Große Koalition …, S. 102 ff., hier S. 102

26 Ebenda, S. 115

27 The World's Most Powerful Woman, in: Forbes vom 31. 8. 2006. Vgl. www.
forbes.com/2006/08/31/most-powerful-woman_c2_em_06woman_0831intro.
html, abgerufen am 13. 10. 2019

28 Vgl. Sven Bernhard Gareis, Die Außen- und Sicherheitspolitik der Großen
Koalition, in: Bukow/Seemann (Hrsg.), Die zweite Große Koalition …, S. 228 ff.,
hier S. 232 f. Vgl. auch Conze, Auf der Suche nach Sicherheit …, S. 930 f.

29 Conze, Auf der Suche nach Sicherheit …, S. 930

30 Gareis, a. a. O., S. 234 f.

31 Ebenda, S. 235

32 Zur Türkei-Debatte vgl. Winkler, Geschichte des Westens – Die Zeit der Gegenwart …, S. 283 ff. Vgl. auch Claus Leggewie (Hrsg.), Die Türkei und Europa – Die Positionen, 4. Aufl., Frankfurt/M 2004

33 Michael Gehler, Europa. Ideen, Institutionen, Vereinigung, Zusammenhalt. 3. Aufl., München 2018, S. 445 ff.

34 Roland Sturm, Der Vertrag von Lissabon, in: Bundeszentrale f. Politische Bildung (Hrsg.), Der Vertrag von Lissabon, Bonn 2010, S. 15 ff., hier S. 18 f.

35 Gehler, Europa …, S. 449 ff.

36 Sebastian Harnisch, Die Große Koalition in der Außen- und Sicherheitspolitik, in: Egle/Zohlnhöfer (Hrsg.), Die zweite Große Koalition …, S. 503 ff., bes. S. 507

37 Matthias Gebauer, Protokoll der Alptraumnacht von Kunduz, Spiegel-Online vom 26.11.2009, aufgerufen am 19.9.2019. Vgl. auch Christoph Reuter/Marcel Mattelsiefen, Kunduz – 4. September 2009, Berlin 2010

38 Andreas Busch, Kontinuität statt Wandel: Die Innen- und Rechtspolitik der Großen Koalition, in: Egle/Zohlnhöfer (Hrsg.), Die zweite Große Koalition …, S. 403 ff., hier S. 417 ff.

39 Ebenda, S. 418 f. Vgl. auch Deutsche Islam-Konferenz (Hrsg.), Drei Jahre Deutsche Islam-Konferenz 2006–2009, Muslime in Deutschland – deutsche Muslime, Berlin 2009

40 Zahlenangaben nach BAMF, Migrationsbericht 2010, hrsg. vom BMI, Berlin 2012, S. 18, Tabelle 1-1

41 Ministerpräsident Armin Laschet hat diesen Konsens auch in den Koalitionsvertrag von 2017 aufnehmen lassen. Vgl. hhttps://rp-online.de/nrw/landespolitik/armin-laschet-fordert-mehr-integrationsleistungen-von-flüchtlingen, abgerufen am 15.10.2019

42 Andreas Busch, Kontinuität statt Wandel …, in: Egle/Zohlnhöfer (Hrsg.), Die zweite Große Koalition …, S. 416 f.

43 Martin Jänicke, Die Umweltpolitik der Großen Koalition, in: Egle/Zohlnhöfer (Hrsg.), Die zweite Große Koalition …, S. 487 ff., hier S. 500

44 Raschke, Zerfallsphase des Schröder-Zyklus …, in: Egle/Zohlnhöfer (Hrsg.), Die zweite Große Koalition …, S. 74 f.

45 Zur Landtagswahl in Hessen 2008 vgl. Wahl-Tagesschau in https://wahl.tagesschau.de/wahlen/2008-01-27-LT-DE-HE/index.shtml, aufgerufen am 15.10.2019. Vgl. auch Rüdiger Schmitt-Beck/Torsten Faas, Die hessische Landtagswahl vom 27. Januar 2008. Wiederkehr der hessischen Verhältnisse, in: Ztschr. für Parlamentsfragen, 40. Jg., Hft. 1/2009, S. 16 ff.

46 Volker Zastrow, Die Vier – Eine Intrige, Berlin 2010. Vgl. auch Hubert Kleinert, Ypsilanti und der ewige Koch, in: SZ vom 10.11.2008

47 Zum Ergebnis der hessischen Landtagswahl im Januar 2009 vgl. https://
statistik.hessen.de/zahlen/fakten/landtagswahl, abgerufen am 15.10.2019. Vgl.
auch Rüdiger Schmitt-Beck, Die hessische Landtagswahl am 18. Januar 2009,
in: Ztschr. für Parlamentsfragen 2/2009, S. 358 ff.

48 Heinrich Oberreuter, Von Krise zu Krise …, in: Bukow/Seemann (Hrsg.), Die
zweite Große Koalition …, S. 285 ff.

49 Eigene Zusammenstellungen auf der Grundlage der offiziellen Wahlstatistik

50 Ebenda

51 Statistisches Landesamt Bremen, Statistische Mitteilungen, Hft. 110, 13. Mai
2007 – Wahl zur Bremischen Bürgerschaft 2007, Bremen 2007. Vgl. auch Hubert
Kleinert, Volksparteien, hört die Signale, in: Spiegel-Online vom 14.5.2007, www.
spiegel.de/politik/deutschland/neue-linke-volksparteien-hoert-die-signale, abgerufen am 15.10.2019

52 Jamaika-Koalition im Saarland geplatzt, Spiegel-online vom 6.1.2012, abgerufen am 17.5.2019

53 Vgl. Lothar Probst, Bündnis 90/Die Grünen auf dem Weg zur Volkspartei?
Eine Analyse der Entwicklung der Grünen seit der Bundestagswahl 2005, in:
Oskar Niedermayer, Die Parteien nach der Bundestagswahl 2009, Wiesbaden
2011, S. 131 ff.

54 Vgl. Eckard Jesse, Die sächsische Landtagswahl vom 19. September 2004. Debakel für CDU und SPD gleichermaßen, in: Ztschrft. für Parlamentsfragen, 36. Jg.,
Hft. 1/2005, S. 80 ff.

55 Winkler, Geschichte des Westens …, Die Zeit der Gegenwart …, S. 348. Vgl.
auch Spiegel-online vom 5.10.2008, www.spiegel.de/wirtschaft/merkel-und-
steinbrueck-im-wortlaut-die-spareinlagen-sind-sicher, abgerufen am 15.10.2019

56 vgl. ZEIT-online vom 14.9.2017, »Millionenstrafe für Moody's wegen geschönter Ratings«, www.zeit.de/wirtschaft/2017-01/ratingagentur-moodys-
millionenstrafe-finanzkrise, abgerufen am 14.10.2019. Zur Verbriefung der
Kreditrisiken Heinz-Werner Sinn, Kasinokapitalismus, Berlin 2009, S. 127 ff.

57 Henrik Enderlein, Finanzkrise und Große Koalition – Eine Bewertung des
Krisenmanagements der Bundesregierung, in: Egle/Zohlnhöfer, Die zweite
Große Koalition …, S. 234 ff., hier S. 235–238. Vgl. auch Max Otte, Die Finanzkrise
und das Versagen der modernen Ökonomie, in: Aus Politik und Zeitgeschichte,
Hft. 52/2009, S. 9 ff. Zur Finanzkrise, ihren Ursachen und Konsequenzen vgl. u. a.
Paul Krugmann, Die neue Weltwirtschaftskrise, Frankfurt/M 2009, Joseph E.
Stiglitz, Im freien Fall – Vom Versagen der Märkte zur Neuordnung der Weltwirt-
schaft, Berlin 2010, Nikolaus Piper, Die große Rezession – Amerika und die Zu-
kunft der Weltwirtschaft, München 2008, Jürgen Rüttgers (Hrsg.), Wege aus der
Krise, Essen 2009, Robert Skidelsky. Die Rückkehr des Meisters – Keynes für das
21. Jahrhundert, München 2010. Aus dem Abstand eines Jahrzehnts vgl. Adam

Tooze, Crashed. Wie zehn Jahre Finanzkrise die Welt verändert haben, München 2018 u. Michael Lewis, The Big Shot – Wie eine Handvoll Trader die Welt verzockte, Frankfurt/M 2018

58 Sinn, Kasinokapitalismus …, S. 136 f.

59 Vgl. die Chronik bei Sinn, Kasinokapitalismus …, S. 317

60 Ebenda, S. 188, Tabelle 11

61 Ebenda, S. 233

62 Ebenda, S. 316 ff. (Chronologie der Finanzkrise)

63 Ebenda, S. 338

64 Vgl. Steuerzahler stützte Bankensektor mit 1,6 Billionen Euro, in: SZ vom 21.12.2012

65 Sinn, Kasinokapitalismus …, S. 188

66 Eurostat – Statistics explained, https://ec.europa.eu/eurostat/statistics-explained/index.php?title=Archive:Industry _and_construction, abgerufen am 15.10.2019

67 Sinn, Kasinokapitalismus …, S. 334

68 Winkler, Geschichte des Westens …, Die Zeit der Gegenwart …, S. 351

69 Auch Gurus können irren, focus.de vom 24.10.2008. www.focus.de/finanzen/boerse/finanzkrise/alan-greenspan-auch-gurus-koennen-irren, abgerufen am 15.10.2019

70 Sinn, Kasinokapitalismus …, S. 212 f.

71 Ebenda, S. 229

72 Vgl. Gesetz zur Begrenzung der mit Finanzinvestionen verbundenen Risiken (Risikobegrenzungsgesetz) vom 12.8.2008, in: Bundesgesetzblatt Nr. 36/2008 vom 16.8.2008

73 Sinn, Kasinokapitalismus …, S. 11

74 Nicole Herweg,/Reimut Zohlnhöfer, Die Große Koalition und das Verhältnis von Markt und Staat, in: Egle/Zohlnhöfer, Die zweite Große Koalition …, S. 254 ff., hier S. 260 ff.

75 Henrik Enderlein, Finanzkrise und Große Koalition …, in: Egle/Zohlnhöfer, Die zweite Große Koalition …, S. 246

76 Ebenda, S. 247 f. Zu Ackermann vgl. auch Sinn, Kasinokapitalismus …, S. 220 f.

77 Enderlein, Finanzkrise und Große Koalition …, in: Egle/Zohlnhöfer, Die zweite Große Koalition …, S. 248 f.

78 Zur Finanztransaktionssteuer vgl. z.B. Stephan Schulmeister, Die vernünftigste Steuer in diesen Zeiten, in: Le Monde Diplomatique, Deutsche Ausgabe, September 2014

79 Winkler, Geschichte des Westens ..., Die Zeit der Gegenwart ..., S. 349. Vgl. auch Wolfgang Streeck, Gekaufte Zeit – Die vertagte Krise des demokratischen Kapitalismus, Berlin 2013, S. 83, Abb. 2.1.

80 Vgl. Gerhard Illing, Staatsverschuldung und Finanzkrise, Aufsatz, www.sfm. econ-uni-muenchen.de/forschung/staatsverschuldung/pdf, abgerufen am 29.1. 2020. Vgl. auch Horst Zimmermann, Finanz-, Wirtschafts- und Staatsschuldenkrise: ihre Bedeutung für den öffentlichen Haushalt, www.wirtschaftsdienst.eu/ inhalt/jahr/2012/heft2, abgerufen am 29.1.2020 u. Berenburg u.a., HWWI-Studie Strategie 2030, Kiel 2018. Hier finden sich die Vergleichszahlen für den gesamten Raum der G 7-Staaten

81 Zahlen bei Streeck, Gekaufte Zeit ..., S. 35, Abb. 1.2.

82 BMW/BMF, Beschäftigungssicherung durch Wachstumsstärkung – Maßnahmepaket der Bundesregierung, https://rsw.beck.de/does/librariesprovider 5/rswdocumente, abgerufen am 17.10.2019

83 Sinn, Kasinokapitalismus ..., S. 242

84 Vgl. Henrik Enderlein, Finanzkrise und Große Koalition, in: Egle/Zohlnhöfer (Hrsg.), Die zweite Große Koalition ..., S. 234 ff., hier S. 242 ff.

85 Vgl. z.B. Stellungnahme von IG Metall-Chef Berthold Huber »Kein Strohfeuer, sondern Brücke über die Krise«, zit. nach https://igmetall-bayern.de/MwsAnsicht 26+503bf563Ge1.0 htm, abgerufen am 17.10.2019. Vgl. auch Wolfgang Mayer/Hansjörg Gaus/Christoph Müller, Klimabewusster Auto fahren – Analyse der PKW-Zulassungen 2008/2009. Eine Analyse im Auftrag des Bundesverbands Verbraucherzentrale e.V., Arbeitspapier, https://www.ssoar.info/ssoar/bitstream/ handle/document/42782/ssoar-2010, abgerufen am 17.10.2019. Vgl. auch Der Tagesspiegel vom 3.9.2009

86 Vgl. FAZ, Chronik der Opel-Rettung, 10.9.2009, in: www.faz.net/aktuell/ wirtschaft/automobilindustrie, abgerufen am 17.10.2019

87 Spiegel-online vom 11.09.2019, www.spiegel.de/politik/deutschland/opelrettung-opposition-kritisiert-magna-deal, aufgerufen am 17.10.2019. Vgl. auch Sinn, Kasinokapitalismus ..., S. 234 ff.

88 Enderlein, Finanzkrise und Große Koalition, in: Egle/Zohlnhöfer (Hrsg.), Die zweite Große Koalition ..., S. 234. Vgl. auch Falk Illing, Deutschland in der Finanzkrise, Wiesbaden 2012

89 Streeck, Gekaufte Zeit ..., S. 35

90 Enderlein, Finanzkrise und Große Koalition ..., in: Egle/Zohlnhöfer, Die zweite Große Koalition ..., S. 252. Vgl. auch Dümig, Ruhe nach und vor dem Sturm ..., in: Ebenda, hier S. 291 ff.

91 Vgl. Die Linke, Programmatische Eckpunkte, Programmatisches Gründungsdokument der Partei Die Linke, Berlin 2007. Vgl. auch Gero Neugebauer/Richard
Stöss, Die Partei Die Linke. Nach der Gründung in des Kaisers neuen Kleidern?,
in: Oskar Niedermayer (Hrsg.), Die Parteien nach der Bundestagswahl 2005 …,
S. 151 ff.

92 2014 lag die Mitgliederzahl der Linkspartei wieder ziemlich genau in der Größenordnung, die die PDS 2005 gehabt hatte. Vgl. https://de.statista.com/statistik/
daten/studie/192246/um,frage/mitgliederentwicklung-der-linken, abgerufen am
18.10.2019

93 Jürgen R. Winkler, Die saarländische Landtagswahl vom 30. August 2009 –
Auf dem Weg nach Jamaika, in: Ztschrft. für Parlamentsfragen, 41. Jg., Hft. 2/
2010, S. 339 ff.

94 Landtagswahl Brandenburg 2009 – Wahlen – Tagesschau. https://wahl.
tagesschau.de/wahlen/2009-09-27-LT-DE-88/index.shtml, abgerufen am
19.10.2019

95 Vgl. Spiegel-online vom 22.1.2012, Verfassungsschutz beobachtet Linken-Ab-
geordnete. Zur Einstellung Tagesschau.de vom 14.3.2014. Grundsätzlich Eckard
Jesse, Ist die Beobachtung der Partei Die Linke durch den Verfassungsschutz
rechtens?, in: Hans-Jürgen Lange/Jens Laufer (Hrsg.), Verfassungsschutz – Reformperspektiven zwischen administrativer Effektivität und demokratischer
Transparenz, Wiesbaden 2015, S. 55 ff. Vgl. auch die Verfassungsschutzberichte
2006 ff.

96 Christoph Egle, Im Schatten der Linkspartei – Die Entwicklung des Parteienwettbewerbs während der 16. Legislaturperiode, in: Egle/Zohlnhöfer (Hrsg.), Die
zweite Große Koalition …, S. 99 ff., hier S. 103–105

97 Jens Walter, Oppositionsparteien während der Großen Koalition, in: Bukow/
Seemann (Hrsg.), Die Große Koalition …, S. 319 ff., hier S. 333

98 Ebenda, S. 326 ff.

99 Ebenda, S. 328

100 Franz Walter, Gelb oder grün? Kleine Parteiengeschichte der besserverdie-
nenden Mitte in Deutschland, Bielefeld 2010, S. 50 f.

101 Ebenda, S. 53

102 Ebenda, S. 57

103 Ebenda, S. 63 f.

104 Jens Walter, Oppositionsparteien …, in: Egle/Zohlnhöfer (Hrsg.), Die zweite
Große Koalition …, S. 324

105 SZ vom 17.9.2007

106 Vgl. Markus Klein/Jürgen W. Falter, Der lange Weg der Grünen, München
2003, S. 144 ff.

107 Franz Walter, Gelb oder grün? …, S. 94

108 Ebenda

109 Dümig, Ruhe nach und vor dem Sturm …, in: Egle/Zohlnhöfer (Hrsg.), Die zweite Große Koalition …, S. 292 f.

110 Vgl. Bundesagentur für Arbeit (Hrsg.), Arbeitsmarkt 2009. Sondernummer der amtlichen Nachrichten der Bundesagentur für Arbeit, Nürnberg 2010

111 Dümig, Ruhe nach und vor dem Sturm …, in: Egle/Zohlnhöfer (Hrsg.), Die zweite Große Koalition …, S. 293

112 Bundesagentur für Arbeit (Hrsg.), Arbeitsmarkt 2009 (vgl. Anm. 109)

113 Zolleis/Bartz, Die CDU in der Großen Koalition …, in: Egle/Zohlnhöfer (Hrsg.), Die zweite Große Koalition …, S. 66

114 Raschke, Zerfallsphase des Schröder-Zyklus …, in: Ebenda, S. 73 – 75

115 Ebenda, S. 77. Zum Hamburger SPD-Programm vgl. Oliver Nachtwey, Marktsozialdemokratie – Die Transformation von SPD und Labour Party, Wiesbaden 2009

116 Raschke, Zerfallsphase des Schröder-Zyklus …, in: Egle/Zohlnhöfer (Hrsg.), Die zweite Große Koalition …, S. 80 – 82

117 Ebenda, S. 82

118 Ebenda, S. 84

119 Ebenda, S. 88

120 Vgl. Daniel Sturm, Wohin geht die SPD?, München 2009, S. 401

121 Matthias Machnig, Der endgültige Abschied von der Macht oder der Wahlkampf der Illusionen, in: Forschungsjournal Neue Soziale Bewegungen 23. Jg., 1/2010

122 Stefan Hunsicker/Yvonne Schroth, Die Große Koalition aus der Sicht des Wählers, in: Bukow/Seemann (Hrsg.), Die Große Koalition …, S. 336 ff., hier S. 339, Abb. 1. Zum Ergebnis der Europawahlen vgl. Der Bundeswahlleiter, Ergebnis der Europawahl vom 7. 6. 2009 in Deutschland, www.bundeswahlleiter.de/europawahlen/2009.html, abgerufen am 15. 5. 2020

123 Zolleis/Bartz, Die CDU in der Großen Koalition, in: Egle/Zohlnhöfer (Hrsg.), Die zweite Große Koalition …, S. 64

124 Der Bundeswahlleiter, Wahl zum 17. Deutschen Bundestag am 27. September 2009 – Ergebnisse, www.bundeswahlleiter.de/bundestagswahlen/2009.html. Abgerufen am 27. 10. 2019 Zur Wählerwanderungsbilanz vgl. infratest dimap in: Tagesschau.de, Bundestagswahl 2009, https://wahl.tagesschau.de/wahlen/2009-09-27-BT-DE/analyse-wanderung.shtml, abgerufen am 19. 10. 2019

125 infratest dimap, a. a. O.

126 Matthias Jung/Yvonne Schroth/Andrea Wolf, Regierungswechsel ohne Wechselstimmung, in: Aus Politik und Zeitgeschichte, Hft. 51/2009. Vgl. auch die kürzere Fassung dies., Bundeszentrale f. Polit. Bildung, Analyse des Wahlergebnis 2009, in: www.bpb.de/politik/wahlen/bundestagswahlen/62643, abgerufen am 19.10.2019. Vgl. auch dies., Wählerverhalten und Wahlergebnis, in: Karl-Rudolf Korte (Hrsg.), Die Bundestagswahl 2009, Wiesbaden 2010, S. 35 ff.

127 Karl-Rudolf Korte, Die Bundestagswahl 2009 – Konturen des Neuen, in: Korte (Hrsg.), Die Bundestagswahl 2009 …, S. 9 ff., hier S. 10

128 Andreas Blättle, Reduzierter Parteienwettbewerb durch kalkulierte Demobilisierung, in: Korte (Hrsg.), Die Bundestagswahl 2009, S. 273 ff.

129 Vgl. Thomas Saalfeld, Regierungsbildung 2009, Merkel II und ein höchst unvollständiger Koalitionsvertrag, in: Ztschr. f. Parlamentsfragen, 41. Jg., Hft. 1/2010, S. 181 ff.

130 Thomas Saalfeld/Reimut Zohlnhöfer, Von der Wunschkoalition zur Krisengemeinschaft, in: Reimut Zohlnhöfer/Thomas Saalfeld (Hrsg.), Politik im Schatten der Krise – Eine Bilanz der Regierung Merkel 2009–2013, Wiesbaden 2015, S. 9 ff., hier S. 17 f.

131 Timo Grunden, Ein schwarz-gelbes Projekt? Programm und Handlungsspielräume der christlich-liberalen Koalition, in: Korte (Hrsg.), Die Bundestagswahl 2009 …, S. 345 ff., hier S. 358

132 Uwe Jun, Die elektoralen Verlierer der Regierung Merkel II – Gründe für den Absturz der FDP, in: Zohlnhöfer/Saalfeld (Hrsg.), Politik im Schatten der Krise …, S. 113 ff., hier S. 118 f. Vgl. auch Hans Vorländer, Welche Koalition sichert das Überleben? Bündnisaussichten der FDP, in: Frank Decker/Eckard Jesse (Hrsg.), Die deutsche Koalitionsdemokratie vor der Bundestagswahl 2013, Baden-Baden 2013, S. 389 ff., hier S. 395

133 Saalfeld, Regierungsbildung 2009 …

134 Vgl. »Hohn und Spott für die Mövenpick-Partei«, in: Spiegel-online vom 19.1.2010, in: https://www.spiegel.de/politik/deutschland/debatte-um-die-fdp-spende, abgerufen am 19.10.2019

135 Michael Weigl, Mission Comeback – Die CSU auf dem Weg zu neuer bundespolitischer Stärke, in: Zohlnhöfer/Saalfeld (Hrsg.), Politik im Schatten der Krise …, S. 93 ff.

136 Hubert Zimmermann, Große Koalition für den Euro – Die zweite Merkel-Regierung und die Schuldenkrise in der Euro-Zone, in: Zohlnhöfer/Saalfeld (Hrsg.), ebenda, S. 353 ff., hier S. 363

137 Winkler, Geschichte des Westens …, Die Zeit der Gegenwart …, S. 401

138 Ebenda, S. 403

139 Ebenda, S. 402

140 Ebenda

141 Ebenda, S. 405

142 Zu den Befürwortern eines Austritts der Griechen aus dem Euroraum zählte damals auch der wohl bekannteste deutsche Ökonom, Hans-Werner-Sinn, damals Chef des Münchner Ifo-Instituts, vgl. SZ vom 6. 11. 2011, sz.de, www.sueddeutsche. de/geld/debatte-um-euro-austritt-griechenlands, abgerufen am 29. 1. 2020. Zur Debatte um Staatsschuldenkrise und Eurorettung vgl. u. a. Dominik Geppert, Ein Europa, das es nicht gibt. Die fatale Sprengkraft des Euro, David Marsh, Beim Geld hört der Spaß auf – Warum die Eurokrise nicht mehr lösbar ist, München 2016, Thilo Sarrazin, Europa braucht den Euro nicht, München 2012, Reimund Mink, Eine griechische Tragödie – Staatsschuldenkrise und kein Ende, Marburg 2018, Markus K. Brunnermeier/Harold James/Jan-Pierre Landau, Euro – Der Kampf der Wirtschaftskulturen, München 2018 u. Johannes Becker/Clemens Fuest, Der Odysseus-Komplex: Ein pragmatischer Vorschlag zur Lösung der Euro-krise, München 2017

143 Zimmermann, Große Koalition für den Euro …, in: Zohlnhöfer/Saalfeld (Hrsg.), Politik im Schatten der Krise …, S. 360. Vgl. auch Frank Illing, Deutschland in der Finanzkrise …, S. 58

144 Zimmermann, Große Koalition für den Euro …, in: Zohlnhöfer/Saalfeld (Hrsg.), Politik im Schatten der Krise …, S. 361

145 Landtag NRW, Ergebnis der 15. Landtagswahl am 9. Mai 2010, https://www. landtag.nrw.de/porta/WWW/GB_II/II 1/oeA/Wahlinformationen/040, abgerufen am 19. 10. 2019. Vgl. auch Bundeszentrale f. Polit. Bildung vom 14. 7. 2010, Hannelore Kraft zur Ministerpräsidentin gewählt, www.bpb.de/politik/hinter grund-aktuell/69054/minderheitsregierung-in-nrw-14-07-2010, abgerufen am 19. 10. 2019

146 Vgl. Bundespräsident Köhler tritt zurück, FAZ.net vom 31. 5. 2010, www.faz. net/aktuell/politik/bundespraesidentenwahl-nach-heftiger-kritik, abgerufen am 19. 10. 2019

147 Deutscher Bundestag, Christian Wulff zum Bundespräsidenten gewählt, in: www.bundestag.de/dokumente/textanker/2010/30377887-kw25-bundesversamm lung, abgerufen am 19. 10. 2019

148 Zimmermann, Große Koalition für den Euro …, in: Zohlnhöfer/Saalfeld (Hrsg.), Politik im Schatten der Krise …, S. 362

149 Ebenda, S. 361 f.

150 Vgl. u. a. Melanie Amann, Angst für Deutschland – Die Wahrheit über die AfD: Wo sie herkommt, wer sie führt, wohin sie steuert, München 2017, S. 59 ff. Vgl. auch Hubert Kleinert, Die AfD und ihre Mitglieder, Wiesbaden 2018, S. 18

151 Winkler, Geschichte des Westens …, Die Zeit der Gegenwart …, S. 404

152 Ebenda, S. 412

153 Zimmermann, Große Koalition für den Euro …, in: Zohlnhöfer/Saalfeld (Hrsg.), Politik im Schatten der Krise …, S. 365

154 BVerfG 2 BvR 987/10 vom 7.9.2011, www.bverfg.de/entscheidungen/rs2011 0907_2bvr0987.10 html, abgerufen am 19.10.2019

155 Zimmermann, Große Koalition für den Euro …, in: Zohlnhöfer/Saalfeld (Hrsg.), Politik im Schatten der Krise …, S. 364

156 Ebenda, S. 362

157 Vgl. Streeck, Gekaufte Zeit …, S. 215 ff., bes. S. 221 f. Vgl. auch ebenda, S. 183, Abb. 3.8.

158 Winkler, Geschichte des Westens …, Die Zeit der Gegenwart …, S. 414

159 Massenpetition deutscher VWL-Professoren, in: FAZ vom 24.2.2011

160 Vgl. tagessschau.de vom 27.6.2019. Soviel Geld floss nach Griechenland, www.tagesschau.de/wirtschaft/rettungspakete-101.html, abgerufen am 29.1.2020 u. Die Welt vom 28.10.2017, Ökonomen warnen vor Billionenrisiko für Deutschland, www.welt.de/finanzen/oekonomen-warnen-vor-billionenrisiko, abgerufen am 29.1.2020

161 Vgl. Streeck, Gekaufte Zeit …, S. 225 ff.

162 Sinn, Kasinokapitalismus …, S. 265 ff. Vgl. zu Italien auch Streeck, Gekaufte Zeit …, S. 187 ff.

163 Vgl. z. B. L'Europe de la Merkozy? Blog du Figaro, 4. Novembre 2011, in: blog.lefigaro.fr/throad/2011/11/l'europe – de – la – merkozy.html, abgerufen am 18.10.2019 oder Daniel Cohn-Bendit/Eva Joly, le traite Merkozy ou l'impasse europeene, https://europeecologie.en/Le-traite-Merkozy-ou-l-impasse, abgerufen am 18.10.2019

164 Winkler, Geschichte des Westens …, Die Zeit der Gegenwart …, S. 378

165 Weigl, Mission Comeback – Die CSU auf dem Weg …, in: Zohlnhöfer/Saalfeld (Hrsg.), Politik im Schatten der Krise …, S. 97

166 Wehrrechtsänderungsgesetz 2011 vom 21.2.2011, BT-Drs. 17/4821. Vgl. kritisch Harald Kujat, Das Ende der Wehrpflicht? In: Aus Politik und Zeitgeschichte, Hft. 48/2011, S. 3 ff.

167 Merkel stärkt Guttenberg den Rücken, Südwest-Presse vom 21.2.2011, zit. nach https://web.archive.org/web/2011 0311095145/http://www.swp.de

168 Offener Brief von Doktoranden an die Bundeskanzlerin, vgl. Spiegel-online vom 25.2.2011, www.spiegel.de/lebenundlernen/uni/offener-brief-verhoehnung-aller-wissenschaftlichen-hilfskraefte, abgerufen am 19.10.2019. Vgl. auch Oliver Lepsius, Die Causa Guttenberg als interdisziplinäre Fallstudie, Einleitung, in: Inszenierung als Beruf – Der Fall Guttenberg, hrsg. von Oliver Lepsius und Reinhart Meyer-Kallus, Berlin 2011, S. 7 ff., hier S. 10

169 Lepsius, a.a.O., S. 11, Anm. 2

170 Zu Guttenbergs Aufstieg in der Öffentlichkeit vgl. Johannes von Müller, Von Rollen und Ämtern – Karl Theodor zu Guttenberg als Indikator eines neuen »ikonographischen Rahmens« in der Bundesrepublik, in: Inszenierung als Beruf …, S. 155 ff. Vgl. auch Roland Preuß/Tanjev Schulte, Guttenbergs Fall – Der Skandal und seine Folgen für Politik und Gesellschaft, Gütersloh 2011

171 Vgl. Kommission »Selbstkontrolle in der Wissenschaft« der Universität Bayreuth, Bericht an die Hochschulleitung der Universität Bayreuth aus Anlass der Untersuchung des Verdachts wissenschaftlichen Fehlverhaltens von Herrn Karl-Theodor Freiherr zu Guttenberg, 5. Mai 2011, https://web.archive.org/web/20120126101148/http://www.uni-bayreuth.de/presse-aktuelle-infos/2011, abgerufen am 20.10.2019

172 Vgl. Umfrage von infratest dimap für die ARD-Sendung »Hart aber fair« vom 23.2.2011, zit. nach https://www.presseportal.de/pm/66941771239, aufgerufen am 20.10.2019. Vgl. auch infratest dimap, 60 % halten Rücktritt für richtig, 72 % wünschen ein Comeback, www.infratest-dimap.de/umfragen/analysen/bundesweit/umfragen/aktuell/wenig-mitleid-fuer-guttenberg, aufgerufen am 20.10.2019

173 Christian Huß, Durch Fukushima zum neuen Konsens? Die Umweltpolitik von 2009 bis 2013, in: Zohlnhöfer/Saalfeld (Hrsg.), Politik im Schatten der Krise …, S. 521 ff., hier S. 524

174 Ebenda, S. 527

175 Vgl. Oscar W. Gabriel/Bernhard Kornelius, Die baden-württembergische Landtagswahl vom 27. März 2011: Zäsur oder Zeitenwende?, in: Ztschr. f. Parlamentsfragen, 42. Jg., Hft. 4/2011, S. 784 ff. Vgl. auch Severin Fischer, Die letzte Runde in der Atomdebatte? In: Eckard Jesse/Roland Sturm (Hrsg.), Superwahljahr 2011 und die Folgen, Baden-Baden 2012, S. 365 ff.

176 Huß, Durch Fukushima zum neuen Konsens …, in: Zohlnhöfer/Saalfeld, Politik im Schatten der Krise …, S. 529

177 Ethik-Kommission sichere Energieversorgung, Deutschlands Energiewende – Ein Gemeinschaftswerk für die Zukunft, Berlin 2011

178 Vgl. Huß, Durch Fukushima zum neuen Konsens …, in: Zohlnhöfer/Saalfeld (Hrsg.), Politik im Schatten der Krise …, S. 530 f.

179 Udo Zolleis, Auf die Kanzlerin kommt es an, in: Zohlnhöfer/Saalfeld (Hrsg.), ebenda, S. 72 ff., hier S. 83

180 Vgl. ZDF-Politbarometer vom 25.2.2011. Vgl. auch Reimut Zohlnhöfer/Fabian Engler, Politik nach Stimmungslage – Der Parteienwettbewerb und seine Policy-Implikationen in der 17. Legislaturperiode, in: Zohlnhöfer/Saalfeld (Hrsg.), ebenda, S. 137 ff., hier S. 139–141

181 Vgl. Statistikamt Nord, Informationen zur Wahl der 20. Hamburgischen Bürgerschaft, in: www.statistik-nord.de/wahlen/wahlen-in-hamburg/buergerschaftswahlen/2011, abgerufen am 22.10.2019

182 Zohlnhöfer/Engler, Politik nach Stimmungslage, in Zohlnhöfer/Saalfeld (Hrsg.), Politik im Schatten der Krise …, S. 149 ff.

183 Ebenda, S. 150

184 ZDF-Politbarometer April 2011(2) vom 22.4.2011

185 Ebenda

186 Viola Neu, Der gestoppte Aufstieg? Perspektiven der Linken, in: Eckard Jesse/ Roland Sturm, Superwahljahr 2011, S. 133 ff.

187 Uwe Jun, Der elektorale Verlierer der Regierung Merkel II, in: Zohlnhöfer/ Saalfeld (Hrsg.), Politik im Schatten der Krise …, S. 113 ff., hier S. 119

188 Ebenda, S. 120 ff. Vgl. auch Vorländer, Welche Koalition sichert das Überleben? …, in: Decker/Jesse (Hrsg.), Die deutsche Koalitionsdemokratie …, S. 389 ff.

189 Vgl. FAZ-Wirtschaft, Jahresbilanz 2011 – Arbeitslosigkeit auf niedrigstem Stand seit 20 Jahren, www.faz.net/aktuell/wirtschaft/jahresbilanz-2011-arbeitslosigkeit-auf-niedrigstem-stand-seit-20-jahren, abgerufen am 22.10.2019

190 Vgl. Politbarometer Mai 2010. Nach der Befragung der Forschungsgruppe Wahlen waren 44 % der Befragten dafür, Bürgschaften für EU-Mitgliedsstaaten zur Verfügung zu stellen, 51 % dagegen. www.forschungsgruppe.de/Umfragen/Politbarometer/Archiv/Politbarometer_2010/Mai, abgerufen am 22.10.2019

191 Jun, Der elektorale Verlierer der Regierung Merkel …, in: Zohlnhöfer/Saalfeld (Hrsg.), Politik im Schatten der Krise …, S. 119

192 Statistisches Landesamt Sachsen-Anhalt, Landtagswahl 2011, www.stala.sachsen-anhalt.de/wahlen/H11/fms/fms2111311.html, abgerufen am 22.10.2019

193 Landeswahlleiter Rheinland-Pfalz, Landesergebnis Rheinland-Pfalz – Endgültiges Ergebnis der Landtagswahlen 2011, in: www.wahlen.rlp.de/ltw/wahlen/2011/land, abgerufen am 22.10.2019

194 Zum FDP-Parteitag vgl. u.a. Spiegel-online vom 13.5.2011, Liberale loben Westerwelle aus dem Amt, www.spiegel.de/politik/deutschland/fdp-Parteitag, abgerufen am 22.10.2019

195 Vgl. Spiegel-online vom 12.5.2011, Erster grüner Ministerpräsident – Kretschmann bekommt auch Stimmenn von Schwarz-Gelb, www.spiegel.de/politik/deutschland, abgerufen am 22.10.2019

196 Die Landeswahlleiterin Mecklenburg-Vorpommern, Wahl zum Landtag von Mecklenburg-Vorpommern am 4.9.2011, Endgültiges Ergebnis, service.mvnet.de/cgi_bin/wahlen/2011_kom_land/wahl 2011_anz.pl?L_WK99.htm, abgerufen am 22.10.2019

197 Die Landeswahlleiterin für Berlin, Zweitstimmen bei der Wahl zum Abgeord-netenhaus von Berlin am 18. September 2011, endgültiges Ergebnis, www.wahlen-berlin.de/wahlen-berlin.de/wahlen/BE 2011/Ergebnis/region/aa2-GI 9900.asp?se/1, abgerufen am 22.10.2019

198 Zur Piratenpartei vgl. z.B. Oskar Niedermayer (Hrsg.), Die Piratenpartei, Wiesbaden 2013 sowie Christoph Bieber/Claus Leggewie (Hrsg.), Unter Piraten – Erkundungen in einer neuen politischen Arena, Bielefeld 2012

199 Zur umfangreichen Literatur über die NSU-Morde vgl. z.B. Stefan Aust/Dirk Laabs, Heimatschutz – Der Staat und die Mordserie des NSU, München 2014, Tanjev Schultz, NSU – Der Terror von rechts und das Versagen des Staates, München 2018 u. Andrea Röpke, Im Untergrund, aber nicht allein, in: Aus Politik und Zeitgeschichte, Hft. 18-19/2012

200 Vgl. Franz Walter/Stine Marg/Lars Geiges/Felix Butzlaff (Hrsg.), Die neue Macht der Bürger, BP-Gesellschaftsstudie, Hamburg 2013, S. 65ff. Bes. Felix Butzlaff/Christoph Hoeft/Julia Kopp, Wir lassen nicht mehr alles mit uns ma-chen – Bürgerproteste an und um den öffentlichen Raum, Infrastruktur und Stadtentwicklung, in: Franz Walter u.a. (Hrsg.), ebenda, S. 48ff. Vgl. auch Annette Ohme-Reinicke, Das große Unbehagen, Stuttgart 2010

201 Vgl. Heiner Geißler/SMA und Partner AG, Frieden in Stuttgart, Arbeitspapier, www.schlichtung-s21.de/fileadmin/schlichtungs21/redaktion/pdf/110729/frieden_in_stuttgart.pdf, abgerufen am 22.10.2019

202 Nach einem Bericht der Stuttgarter Zeitung geht die DB inzwischen von 8,2 Milliarden Gesamtkosten aus (Stuttgarter Zeitung vom 20.6.2019). Andere Schätzungen sprechen von zehn bis elf Milliarden

203 Vgl. Lars Geiges, Occupy in Deutschland – Die Protestbewegung und ihre Ak-teure, Bielefeld 2014. Vgl. auch Ders./Tobias Neef/Pepijn von Dijk, Wir hatten es irgendwann nicht mehr im Griff – Occupy und andere systemkritische Proteste, in: Franz Walter u.a. (Hrsg.), Die neue Macht der Bürger ..., S. 180ff.

204 Butzlaff/Hoeft/Kopp, Wir lassen nicht mehr alles mit uns machen ..., in: Franz Walter u.a. (Hrsg.), Die neue Macht der Bürger ..., S. 55, 67ff. u. 76ff.

205 Thilo Sarrazin, Deutschland schafft sich ab, München 2010

206 Zahlenangaben nach Amann, Angst für Deutschland ..., S. 29

207 Wulff räumt ein, er habe bei seiner Interviewäußerung übersehen, dass er selber einen Auflösungsvertrag würde unterschreiben müssen (vgl. Christian Wulff, Ganz oben – ganz unten, München 2014, S. 128)

208 Ebenda, S. 138

209 FAZ-Leitartikel vom 7.10.2010

210 Wulff, Ganz oben ..., S. 147f.

211 Michael Götschenberg, Der böse Wulff – Die Geschichte hinter der Geschichte und die Rolle der Medien, Kulmbach 2013, S. 151 ff.

212 Vgl. Hans Leyendecker, Jauch – Der Schurke im Stück, SZ-Magazin vom 10.9. 2012, www.sueddeutsche.de/medien/rotlicht-geruechte-um-bettina-wulff, abgerufen am 24.10.2019

213 Der Spiegel vom 17.12.2011

214 Vgl. Götschenberg, Der böse Wulff ..., S. 173

215 Erstmals berichtete die FAS am Neujahrstag 2012 über Wulffs Anruf. In den Tagen darauf stiegen alle Medien ein. Der vollständige Text findet sich u.a. bei Wulff, Ganz oben – ganz unten ..., S. 184–186

216 Der Anfangsverdacht einer »versuchten Nötigung« wurde von der Berliner Staatsanwaltschaft verneint. Auch der renommierte Verfassungsrechtler Dieter Grimm mochte hier keinen Angriff auf die Pressefreiheit erkennen. Der ehemalige SZ-Chefredakteur Hans-Werner Kilz hielt solche Anrufe von Politikern für eine »Alltäglichkeit«. Allerdings sei ihm eine solche »Dummheit« wie die von Christian Wulff noch nicht vorgekommen

217 Der gesamte Wortlaut des Fersehinterviews findet sich bei Spiegel-online vom 4.1.2012, www.spiegel.de/politik/deutschland/dokumentation, abgerufen am 24.10.2019. Vgl. auch Götschenberg, Der böse Wulff ..., S. 179 ff. Während das Medienecho auf das Wulff-Interview vernichtend ausfiel (vgl. Götschenberg, S. 187 ff.), waren auch nach der von 11,5 Millionen gesehenen TV-Sendung noch 56 Prozent der Deutschen der Auffassung, Wulff müsse nicht zurücktreten. 57 % hatten den Eindruck, die Medien wollten Wulff »fertigmachen« (vgl. Götschenberg, S. 183)

218 Vgl. Götschenberg, Der böse Wulff ..., S. 194

219 Vgl. FAZ vom 8.2.2012. Zu den Vorgängen auf Sylt vgl. auch Gisela Friedrichsen in Spiegel-Online vom 2.1.2014, www.spiegel.de/politik/deutschland/friedrichsen, abgerufen am 24.10.2019. Vgl. auch Götschenberg, Der böse Wulff ..., S. 195 ff.

220 Wortlaut der Rücktrittserklärung bei dpa, zitiert nach AZ München, www.abendzeitung-muenchen.de/inhalt.wulff-rücktritt, abgerufen am 24.10.2019

221 Vgl. DIE ZEIT vom 8.3.2012 (»Aus dem Amt gepfiffen«)

222 Vgl. SZ vom 28.2.2014

223 zit. nach Götschenberg, Der böse Wulff ..., S. 242 f.

224 SZ vom 1.3.2014

225 TAZ-Interview mit Michael Götschenberg in der taz vom 27.2.2014

226 Hans Mathias Kepplinger, Wie die Presse Wulff zum Rücktritt zwang, vgl. www.cicero.de/innenpolitik vom 22.1.2014, abgerufen am 24.10.2019

227 Jun, Der elektorale Verlierer der Regierung Merkel II, in: Zohlnhöfer/Saalfeld (Hrsg.), Politik im Schatten der Krise …, S. 121. Vgl. auch Hans Vorländer, Die bundespolitische Rolle der FDP, in: Eckard Jesse/Roland Sturm (Hrsg.), Die Bilanz der Bundestagswahl 2013, Baden-Baden 2014, S. 277 ff., hier S. 283

228 Vgl. das Urteil des Zweiten Senats des BVerfG vom 10.4.1997, BVerfGE 95, 335, 2 BvF 1/95, www.servat.unibe.ch/dfr/bv095335.html, abgerufen am 24.10.2019

229 BVerfGE 121, 266 vom 3.7.2008 u. BVerfGE 2 BrC 1/07 u. 2 BvC 2/07. Zum Urteil vgl. u. a. Dieter Nohlen, Erfolgswertgleichheit als fixe Idee oder zurück zu Weimar?, Ztschr. für Parlamentsfragen 40. Jg, Hft. 1/2009, S. 179 ff., Joachim Behnke, Überhangmandate und negatives Stimmengewicht: Zweimannwahlkreise und andere Vorschläge, in: Ztschr. für Parlamentsfragen, 41. Jg., Hft. 2/2010, S. 247 ff., Daniel Lübbert/Felix Arndt/Friedrich Pukelsheim, Proporzwahrende Anpassung der Bundestagsgröße – ein Lösungsvorschlag für das Problem der negativen Stimmengewichte bei Bundestagswahlen, in: Ztschr. für Parlamentsfragen, 42. Jg., Hft. 2/2011, S. 426 ff., Hubert Kleinert, Anmerkungen zum Wahlrechtsstreit – Ein Problem gelöst, ein anderes bleibt. Oder: Ein Blick über die Grenzen lehrt Gelassenheit, in: Ztschr. für Parlamentsfragen, 43. Jg., Hft. 1/2012, S. 185 ff.

230 BVerfG, Urteil des Zweiten Senats vom 25.7.2012, 2 BvF 3/11-, Rn.(1–164), www.bverfg.de/e/fas 20120725_2bvf000311.html, abgerufen am 26.10.2019

231 Zur Kritik am neuen Wahlrecht und seinen Auswirkungen auf die Mandatsverteilung nach der Bundestagswahl 2013 vgl. Joachim Behnke, Das neue Wahlgesetz – oder: Was lange währt, wird nicht unbedingt gut, in: Zohlnhöfer/Saalfeld (Hrsg.), Politik im Schatten der Krise …, S. 49 ff.

232 Vgl. Joachim Behnke, Warum Linke, FDP und Grüne Recht haben, in: Spiegel-online vom 20.10.2019, www.spiegel.de/politik/deutschland/bundestag, abgerufen am 26.10.2019

233 Udo Zolleis, Auf die Kanzlerin kommt es an – Die CDU unter Angela Merkel, in: Zohlnhöfer/Saalfeld (Hrsg.), Politik im Schatten der Krise …, S. 73 ff., hier S. 76/77

234 Der Landeswahlleiter des Freistaates Bayern, Wahl zum 17. Bayerischen Landtag am 15. September 2013 – endgültiges Ergebnis, www.landtagswahl2013.bayern.de, abgerufen am 25.10.2019. Vgl. auch Rainer-Olaf Schultze, Die bayerische Landtagswahl vom 15. September 2013, in: Ztschr. für Parlamentsfragen, 45. Jg, Hft. 2/2014, S. 326 ff.

235 Weigl, Mission Comeback – Die CSU auf dem Weg zu neuer bundespolitischer Stärke, in: Zohlnhöfer/Saalfeld (Hrsg.), Politik im Schatten der Krise …, S. 94–98

236 Ebenda, S. 98

237 Ebenda, S. 105 ff.

238 Ebenda, S. 107 f.

239 Ebenda, S. 101

240 Zolleis, Auf die Kanzlerin kommt es an ..., in: Zohlnhöfer/Saalfeld (Hrsg.), Politik im Schatten der Krise ..., S. 83/84

241 Vgl. z. B. Daniela Kallinich/Frauke Schulz, Eine Regierungsbilanz der schwarz-gelben Koalition 2009–2013: Erklärungsarmer Pragmatismus, in: Karl-Rudolf Korte (Hrsg.), Die Bundestagswahl 2013, Wiesbaden 2015, S. 431 ff.

242 Axel Murswieck, Politische Führung von Bundeskanzlerin Merkel in der christlich-liberalen Koalition, in: Zohlnhöfer/Saalfeld (Hrsg.), Politik im Schatten der Krise ..., S. 169 ff., hier S. 171

243 Spiegel-online vom 17. 5. 2012, Merkels Röttgen-Rauswurf, Protokoll einer Demütigung, www.spiegel.de/politik/deutschland/rauswurf, abgerufen am 31. 10. 2019

244 Jun, Der elektorale Verlierer der Regierung Merkel, in: Zohlnhöfer/Saalfeld (Hrsg.), Politik im Schatten der Krise ..., S. 128 f. Vgl. auch Zohlnhöfer/Engler, Politik nach Stimmungslage ..., in: ebenda, S. 137 ff., hier S. 148

245 Thomas Saalfeld, Koalitionsmanagement der christlich-liberalen Koalition Merkel II, in: ebenda, S. 191 ff., hier S. 203, Abb. 2

246 Christopher Daase, Die Innenpolitik der Außenpolitik – Eine Bilanz der Außen- und Sicherheitspolitik der schwarz-gelben Koalition 2009–2013, in: ebenda, S. 555 ff., hier S. 562

247 Jun, Die elektoralen Verlierer der Regierung Merkel, in: ebenda, S. 128

248 Stefan Bajohr, Die nordrhein-westfälische Landtagswahl vom 13. Mai 2012, in: Ztschr. für Parlamentsfragen, 44. Jg., Hft. 3/2013, S. 543 ff.

249 Marc Debus/Thorsten Faas, Die Piratenpartei in der ideologisch-programmatischen Parteienkonstellation Deutschlands, in: Oskar Niedermayer (Hrsg.), Die Piratenpartei, Wiesbaden 2013, S. 189 ff.

250 Vgl. zu den Abläufen Markus Feldenkirchen, Die Schulz-Story, 4. Aufl., München 2018, S. 28

251 Politbarometer vom Februar 2012, zit. nach Zohlnhöfer/Engler, Politik nach Stimmungslage ..., in: Zohlnhöfer/Saalfeld (Hrsg.), Politik im Schatten der Krise ..., S. 142

252 Vgl. Die Welt vom 10. 11. 2012, Trittin und Göring-Eckardt grüne Spitzenkandidaten, www.welt.de/politik/deutschland/article/110880949/Trittin-und-Goering-Eckardt-gruene-Spitzenkandidaten, abgerufen am 29. 1. 2020

253 Vgl. Zeit-online vom 2. 6. 2012, Grandioses Chaos in Göttingen, www.zeit.de/politik/deutschland/2012-06/linke-parteitag-gysi-lafontaine, abgerufen am 26. 10. 2019. Vgl. auch Spiegel-online vom 2. 6. 2012, Offener Streit zwischen Gysi und Lafontaine, www.spiegel.de/politik/deutschland/linken-parteitag-in-goettingen, abgerufen am 26. 10. 2019

254 Zohlnhöfer/Engler, Politik nach Stimmungslage …, in: Zohlnhöfer/Saalfeld (Hrsg.), Politik im Schatten der Krise …, S. 151 f.

255 Amann, Angst für Deutschland …, S. 59 ff. Vgl. auch Daniel Bebnowski, Die Alternative für Deutschland – Aufstieg und Repräsentanz einer rechten populistischen Partei, Wiesbaden 2015 u. Alexander Häusler (Hrsg.), Die Alternative für Deutschland – Programmatik, Entwicklung und politische Verortung, Wiesbaden 2016

256 Hubert Kleinert, Die AfD und ihre Mitglieder, Wiesbaden 2018, S. 18/19

257 Amann, Angst für Deutschland …, S. 123

258 Vgl. Thomas Rixen, Hehre Ziele, wenig Zählbares – Die Steuer- und Fiskalpolitik der schwarz-gelben Regierung 2009 – 2013, in: Zohlnhöfer/Saalfeld (Hrsg.), Politik im Schatten der Krise …, S. 327 ff., hier S. 329. Vgl. auch Saalfeld/Zohlnhöfer, Von der Wunschkoalition zur Krisengemeinschaft, in: ebenda, S. 9 ff.

259 Rixen, Hehre Ziele …, in: ebenda, S. 342, Tabelle 4

260 Ebenda, S. 339

261 Daase, Die Innenpolitik der Außenpolitik …, in: ebenda, S. 555

262 Ebenda, S. 567

263 Ebenda

264 Ebenda, S. 560

265 Ebenda, S. 567

266 Ebenda, S. 568

267 Ebenda

268 Ebenda, S. 570

269 Vgl. Wolfgang Seibel, Prinzipienlosigkeit als Prinzip, in: FAZ vom 24.10.2011 u. Harald Müller, Ein Desaster – Deutschland und der Fall Libyen, Hessisches Institut f. Friedens- und Konfliktforschung, Standpunkte 2/2011, Frankfurt/M 2011. Vgl. auch Volker Rühe, Solidarität gibt es nicht ohne Risiko, in: Cicero vom 12.4.2011

270 Daase, Die Innenpolitik der Außenpolitik, in: Zohlnhöfer/Saalfeld (Hrsg.), Politik im Schatten der Krise …, S. 571

271 Michael Inacker, Deutschland allein zuhause, in: Internationale Politik, Hft. 2/2014, S. 120 ff., hier S. 123

272 Daase, Die Innenpolitik der Außenpolitik, in: Zohlnhöfer/Saalfeld (Hrsg.), Politik im Schatten der Krise …, S. 573

273 Keines der Wahlforschungsinstitute spricht in seinen Analysen von einem nennenswerten Einfluss des NSA-Abhörskandals auf den Bundestagswahlkampf

274 z. B. Hans W. Maull, Deutsche Außenpolitik – Orientierungslos, in: Ztschr. für Politikwissenschaft, 2011, S. 95 ff. An anderer Stelle sprach Maull von einer »sicherheitspolitischen Selbstmarginaisierung« (Maull, Aus Politik und Zeitgeschichte, Hft. 10/2012, S. 36)

275 Eberhard Sandschneider, Deutschland: Gestaltungsmacht in der Kontinuitätsfalle, in: Aus Politik und Zeitgeschichte, Hft. 10/2012, S. 3 ff.

276 Ebenda, S. 8

277 Frank Wendler, Die Europapolitik der zweiten Regierung Merkel, in: Zohlnhöfer/Saalfeld (Hrsg.), Politik im Schatten der Krise ..., S. 581 ff., hier S. 591

278 Ebenda, S. 592. Vgl. auch Jürgen Habermas, Zur Verfassung Europas, Frankfurt/M 2011

279 Nach den Zahlen der Forschungsgruppe Wahlen lag die Union seit Dezember 2012 kontinuierlich über 40 Prozent. Ihren Spitzenwert erreichte sie im Juni mit 43 Prozent. Die Sozialdemokraten, die noch im Februar 2013 30 Prozent der Wähler unterstützen wollten, fielen danach merklich ab. Im Sommer prognostizierte die FGW nur noch 25 Prozent. Vgl. die Zahlen des Politbarometers zwischen Dezember 2012 und Dezember 2013 www.forschungsgruppe.de/Umfragen/Politbarometer/Langzeitentwicklung, abgerufen am 24. 10. 2019

280 Bezogen auf den Anteil an den abhängig beschäftigten zivilen Erwerbspersonen ist die Arbeitslosigkeit von 9,1 auf 7,7 Prozent gesunken. Vgl. Bundesagentur für Arbeit, Arbeitslosigkeit im Zeitverlauf 02/2014, zit. nach Bundeszentrale für Polit. Bildung 2014, Arbeitslosigkeit in Deutschland, S. 6. www.bpb.de. Abgerufen am 31. 10. 2019

281 Vgl. Karl-Rudolf Korte/Niko Switek, Regierungsbilanz: Politikwechsel und Krisenentscheidungen, in: Aus Politik und Zeitgeschichte, Hft. 48-49/2013, S. 3 ff., hier S. 5

282 Matthias Jung/Yvonne Schroth/Andrea Wolf, Angela Merkels Sieg in der Mitte, in: Aus Politik und Zeitgeschichte, Hft. 48-49/2013, S. 9 ff., hier S. 11, Abb. 1

283 Politbarometer Oktober 2012, nach www.forschungsgruppe.de/Umfragen/Politbarometer/Langzeitentwicklung, abgerufen am 24. 10. 2019

284 Vgl. Politbarometer Januar 2013, a. a. O. Steinbrück gelang es bis zum Wahltag nicht, den Vorsprung der Amtsinhaberin relevant zu verkürzen

285 Vgl. Ralf Tils/Joachim Raschke, Strategie zählt – Die Bundestagswahl 2013, in: Aus Politik und Zeitgeschichte, Hft. 48-49/2013, S. 20 ff., hier S. 24

286 Politbarometer Januar 2013 (vgl. Anm. 280)

287 Alle Institute sahen die FDP eine Woche vor der Wahl mit über 5 % wieder im Bundestag. Vgl. Sonntagsfrage Bundestagswahl 2013, letzte Prognosen der Institute, www.wahlrecht.de/umfragen/archiv/2013.htm, abgerufen am 26. 10. 2019

288 Jun, Der elektorale Verlierer der Regierung Merkel II, in: Zohlnhöfer/Saalfeld (Hrsg.), Politik im Schatten der Krise ..., S. 122 f. Vgl. auch Tils/Raschke, Strategie zählt ..., S. 25

289 Bündnis 90/Die Grünen, Bundestagswahlprogramm 2013. Berlin 2013

290 Vgl. z. B. Steuerkonzept der Grünen trifft Mittelschicht, Spiegel-online am 29. 4. 2013, www.spiegel.de/politik/deutschland, abgerufen am 17. 6. 2019

291 Forschungsgruppe Wahlen, Politbarometer August (1), a. a. O.

292 Äußerung zu Sexualität mit Kindern – Voßkuhle sagt Festrede für Cohn-Bendit ab, Spiegel-online am 14. 3. 2013, www.spiegel.de>politik>deutsch land>vosskuhle-sagt-festrede-fuer-cohn-bendit-ab, abgerufen am 17. 6. 2019

293 Vgl. z. B. Silke Hoock, Der verdrängte Pädophilie-Skandal bei den Grünen, in: WAZ vom 25. 7. 2013. Zum Gesamtkomplex Stephan Klecha, Die Grünen zwischen Empathie und Distanz in der Pädosexualitätsfrage, Wiesbaden 2017

294 Vgl. Volker Beck täuschte Öffentlichkeit über Pädophilie-Text, Spiegel-online vom 22. 9. 2013, www.spiegel.de/politik/deutschland, abgerufen am 17. 6. 2019

295 Forschungsgruppe Wahlen, Politbarometer September 2013 I – III, a. a. O.

296 Vgl. Anm. 230

297 Der Bundeswahlleiter, Endgültiges amtliches Ergebnis der Bundestagswahl 2013, www.bundeswahlleiter.de/info/presse/mitteilungen/bundestagswahl-2013/ 2013-10-09, abgerufen am 26. 10. 2019

298 Jung/Schroth/Wolf, Angela Merkels Sieg in der Mitte ..., S. 12

299 Richard Hilmer/Stefan Mesz, Die Bundestagswahl vom 22. September 2013, Merkels Meisterstück, in: Ztschr. für Parlamentsfragen, 45. Jg., Hft. 1/2014, S. 175 ff., hier S. 187 f.

300 Vgl. Saskia Richter, Paradoxie gesellschaftlicher Revolutionen – Wie Grüne und Piraten den Zeitgeist verloren, in: Aus Politik und Zeitgeschichte, Hft. 48-49/2013, S. 28 ff.

301 Zur Wählerwanderung vgl. infratest dimap, in: wahl.tagesschau.de, nach https://wahl.tagesschau.de/wahlen/2013-09-22-BT-DE/analyse-wanderung. shtml, abgerufen am 26. 10. 2019

302 Den Begriff der »asymmetrischen Demobilisierung« verwandte publizistisch erstmals Matthias Jung von der FGW in der Interpretation des Bundestags-Wahlergebnisses von 2009 (Matthias Jung/Yvonne Schroth/Andrea Wolf, Regierungswechsel ohne Wechselstimmung, in: Aus Politik und Zeitgeschichte, Hft. 51/2009, S. 12 ff., hier S. 19). Zur Interpretation des Ergebnisses von 2013 taucht dieser und tauchen ähnliche Begriffe noch häufiger auf. Vgl. Hillmer/Mesz, Die Bundestagswahl 2013, Merkels Meisterstück ..., Jung/Schroth/Wolf, Angela Merkels Sieg in der Mitte ... Hier ist von einem »taktisch optimal angelegten Wahlkampf« und

einer »strategischen Meisterleistung der Parteivorsitzenden« die Rede (vgl. S. 11).
Vom Sieg einer »Kanzlerpräsidentin« in einer »Schlichungsdemokratie« hat Karl-
Rudolf Korte gesprochen (Korte, Die Bundestagswahl 2013 – Ein halber Macht-
wechsel, in: Karl-Rudolf Korte (Hrsg.), Die Bundestagswahl 2013 …, S. 9 ff., hier
S. 17 f.).

KAPITEL 7

1   Frank Decker, Zur Entwicklung des bundesdeutschen Parteiensystems vor
und nach der Bundestagswahl 2013, in: Karl-Rudolf Korte (Hrsg.), Die Bundestagswahl 2013, Wiesbaden 2015, S. 143 ff., hier S. 157

2   Zum Verzicht von Künast und Trittin vgl. »Trittin tritt als Fraktionschef ab«
und »Künast tritt als Fraktionschefin der Grünen zurück«, Spiegel-online vom
24.9.2013, www.spiegel.de/politik/deutschland, aufgerufen am 31.10.2019

3   Mdl. Darstellung von Jürgen Trittin gegenüber dem Verf. im Gespräch vom
10.2.2020

4   Roland Sturm, Die Regierungsbildung nach der Bundestagswahl 2013: lagerübergreifend und langwierig, in: Ztschr. f. Parlamentsfragen, 45. Jg., Hft. 1/2014,
S. 207 ff.

5   Linda Voigt, Let the good times roll. Eine Bilanz der Sozialpolitik der dritten
Großen Koalition, in: Reimut Zohlnhöfer/Thomas Saalfeld (Hrsg.), Zwischen Stillstand, Politikwandel und Krisenmanagement – Eine Bilanz der Regierung Merkel
2013–2017, Wiesbaden 2019, S. 415 ff., hier S. 423 ff.

6   Ebenda, S. 433

7   Annette Elisabeth Töller, Kein Grund zum Feiern! Die Umwelt- und Energiepolitik der dritten Regierung Merkel (2013–2017), in: Zohlnhöfer/Saalfeld (Hrsg.),
Zwischen Stllstand …, S. 569 ff., hier S. 573

8   Ebenda, S. 574 f.

9   Frank Bandau, Zwischen Regierungsverantwortung und Oppositionshaltung – Die CSU in der Großen Koalition 2013–2017, in: Zohlnhöfer/Saalfeld, Zwischen Stillstand …, S. 87 ff., hier S. 95

10   Vgl. Thomas Rixen, Die Verwaltung des Überschusses – Die Fiskalpolitik der
Großen Koalition 2013–2017, in: Zohlnhöfer/Saalfeld, Zwischen Stillstand …,
S. 345 ff., hier S. 354 f.

11   FAZ vom 19.11.2013. Zum Koalitionsvertrag »Deutschlands Zukunft gestalten« – Koalitionsvertrag zwischen CDU, CSU und SPD, Berlin 2013, nach www.
cdu.de/sites/default/files/media/document/Koalitionsvertrag.pdf, abgerufen am
31.10.2019

12 Chronologie – Die Plagiatsaffäre von Annette Schavan, in: Spiegel-online vom 9. 2. 2013, www.spiegel.de/politik/deutschland, abgerufen am 31. 10. 2019

13 Kai Oppermann, Deutsche Außenpolitik während der dritten Amtszeit Angela Merkels, in: Zohlnhöfer/Saalfeld (Hrsg.), Zwischen Stillstand …, S. 619 ff., hier S. 629

14 Paul Krugmann, Killing the European Project, zit. nach Oppermann, a. a. O., S. 629

15 Frank Wendler, Deutsche Europapolitik als Führungskonflikt, in: Zohlnhöfer/ Saalfeld (Hrsg.), Zwischen Stillstand …, S. 591 ff., hier S. 607

16 Vgl. FAZ vom 11. 7. 2015 (»Schäuble bringt Grexit auf Zeit ins Gespräch«)

17 Anthony Giddens, Turbulent and Mighty Continent – What Future for Europe?, Cambridge 2014. Vgl. auch Simon Bulmer/William Paterson, Deutschlands Rolle bei der Bewältigung der europäischen Währungs- und Migrationskrisen, in: Werner Weidenfeld/Wolfgang Wessels (Hrsg.), Jahrbuch der Europäischen Integration, Baden-Baden 2016, S. 43 ff.

18 Winkler, Geschichte des Westens …, Die Zeit der Gegenwart …, S. 503. Zu den Hintergründen des Ukraine-Konflikts vgl. Andreas Kappeler, Kleine Geschichte der Ukraine, 4. Aufl., München 2014, S. 334 ff u. Sabine Fischer, Eskalation der Ukrainekrise, Stiftung Wissenschaft und Politik, SWP-Aktuell 13 (März 2014). Vgl. auch Orlando Figes, Die Ukraine gibt es nicht, in: Majdan! Ukraine – Europa, hrsg. von Claudia Dathe u. Andreas Rostek, Berlin 2014, S. 67 ff.

19 Anderer Stil in der Ukraine, aber keine Erneuerung, in: Zeit-online vom 23. 2. 2014, www.zeit.de/politik/ausland/2014-02, abgerufen am 1. 11. 2019

20 Vgl. Spiegel-online vom 14. 3. 2014, www.spiegel.de/politik/ausland/krimkrise, abgerufen am 1. 11. 2019. Vgl. auch FAZ vom 13. 3. 2014, www.faz.net/aktuell/ politik, aufgerufen am 1. 11. 2019

21 Winkler, Geschichte des Westens …, Die Zeit der Gegenwart …, S. 525

22 Vgl. FR vom 27. 2. 2014 u. FAZ vom 27. 1. 2015

23 Winkler, Geschichte des Westens …, Die Zeit der Gegenwart …, S. 509

24 Ebenda, S. 514

25 Ebenda, S. 516 ff.

26 Seit Februar 2019 hat der Beitrittswunsch der Ukraine zu EU und NATO dort sogar Verfassungsrang. Vgl. Ukraine nimmt Beitritt zu EU und NATO als Ziel in Verfassung auf, in: Zeit-online vom 7. 2. 2019, www.zeit.de/news/2019-02/07, abgerufen am 1. 11. 2019

27 Inzwischen sind drei Russen und ein Ukrainer von der niederländischen Staatsanwaltschaft angeklagt worden. Sie hält es für erwiesen, dass die Rakete von einer Einheit der 53. Russischen Luftabwehrbrigade abgefeuert worden ist. Die Brigade war aus Russland in die Ukraine verlegt worden. Russland bestreitet bis heute jede Verwicklung in den Vorgang. Vgl. Der Tagesspiegel vom 29.6.2019

28 Winkler, Geschichte des Westens ..., Die Zeit der Gegenwart ..., S. 532

29 Ebenda, S. 535

30 Ebenda, S. 530

31 Ebenda, S. 535

32 Vgl. die Umfragedaten zur Einstellung der russischen Bevölkerung, erhoben von unabhängigen Instituten, zur Annexion der Krim 2014 – 2019, in: Russland-Analysen 369 vom 12.4.2019, S. 15 ff. Die Zustimmungswerte zur Politik Wladimir Putins sind in Russland von knapp 60 % Ende 2013 auf 85 % im Frühjahr 2014 angestiegen. Vgl. die Daten des unabhängigen Meinungsforschungsinstituts Lewada in: www.dekoder.org/de/article/infografik-putin-beliebtheit-umfragewerte, abgerufen am 1.11.2019

33 BAMF (Hrsg.), Migrationsbericht der Bundesregierung 2016/2017, Berlin 2019, S. 70, Tabelle 3-1

34 Rainer Geißler, Migration und Integration, in: Bundeszentrale f. politische Bildung, Informationen zur politischen Bildung, Hft. 324, 2014, in: www.bpb.de/izpb/198020/migration-und-integration, abgerufen am 1.11.2019. Vgl. auch Dietrich Thränhardt, Integrationsdiskurs und Integrationsrealität, in: APuZG B 46-47/2010, S. 16 ff.

35 Barbara Laubenthal, Spillover in der Migrationspolitik, in: Zohlnhöfer/Saalfeld (Hrsg.), Zwischen Stillstand ..., S. 513 ff., hier S. 519 ff.

36 Vgl. Stefan Luft, Flucht nach Europa – Ursachen, Konflikte, Folgen, Bonn 2016, S. 27

37 »Der durchaus funktionsfähige Staat Libyen, wenngleich unter Gaddafi eine politkriminelle Diktatur wie so viele im Orient, ist im Jahr 2011 von England, Frankreich und Italien mit Unterstützung der NATO und der USA über Monate in den Zustand eines ›failed state‹ gebombt worden. Gaddafis Warnung, der Westen würde damit ›die Tore zur Hölle‹ öffnen, hat sich erfüllt« (Hans-Peter Schwarz, Die neue Völkerwanderung nach Europa, München 2017, S. 33)

38 Vgl. BAMF, Das Bundesamt in Zahlen 2014 – Asyl, Migration und Integration, Nürnberg 2015, S. 19

39 Vgl. Schwarz, Die neue Völkerwanderung ..., S. 72. Zum Dublin-Verfahren vgl. auch Luft, Flucht nach Europa ..., S. 68

40 BAMF, Migrationsbericht 2016/2017 ..., S. 70, Tab. 3-1 (wie Anm. 33)

41 Schwarz, Die neue Völkerwanderung ..., S. 115

42 Zur Unterfinanzierung des UNHCR vgl. Luft, Flucht nach Europa ..., S. 29 f. Vgl. auch Heinrich August Winkler, Zerbricht der Westen?, München 2017, S. 112 ff.

43 Vgl. Stefan Aust u. a., Herbst der Kanzlerin – Geschichte eines Staatsversagens, in: Die Welt vom 8. 11. 2015, www.welt.de/politik/deutschland/article 148588383, abgerufen am 1. 11. 2019

44 Robin Alexander, Die Getriebenen – Merkel und die Flüchtlingspolitik, 5. Aufl., München 2017, S. 29 f.

45 Ebenda, S. 27/28

46 Ebenda, S. 43

47 Ebenda, S. 47 f.

48 Ebenda, S. 56. Vgl. auch DIE ZEIT vom 18. 8. 2016, Grenzöffnung für Flüchtlinge – Was geschah wirklich?

49 Alexander, Die Getriebenen …, S. 57

50 Schon am 30.9. meldete die ZEIT »BAMF vermutet 290 000 unregistrierte Flüchtlinge in Deutschland«, vgl. www.zeit.de/gesellschaft/zeitgeschehen/2015-09, abgerufen am 1. 11. 2019

51 Vgl. Schwarz, Die neue Völkerwanderung …, S. 129 ff. u. Alexander, Die Getriebenen …, S. 89 ff.

52 Pressemitteilung 309 der Bundesregierung vom 5. 9. 2015, www.bundesregierung.de/breg-de, abgerufen am 2. 11. 2019

53 Alexander, Die Getriebenen …, S. 60

54 Ebenda, S. 63. Vgl. auch Die Zeit vom 18. 8. 2016 (wie Anm. 48)

55 Frank Bandau, Zwischen Regierungsverantwortung und Oppositionshaltung …, in: Zohlnhöfer/Saalfeld (Hrsg.), Zwischen Stillstand …, S. 97

56 Die Welt vom 8. 11. 2015, Herbst der Kanzlerin (wie Anm. 43)

57 Die Politik des Durchwinkens, in: Zeit-online vom 24. 10. 2015, www.zeit.de/politik/ausland/2015-10/fluechtlingskrise, abgerufen am 2. 11. 2019

58 Flüchtlingsdrama: Dänemark schließt seine Grenzen, Hamburger Abendblatt vom 10. 9. 2015, www.abendblatt.de/nachrichten/article 205660951, abgerufen am 2. 11. 2019

59 Alexander, Die Getriebenen …, S. 82

60 Ebenda

61 Ebenda, S. 77

62 Interview mit Angela Merkel in der Rheinischen Post vom 11. 9. 2015

63 Bandau, Zwischen Regierungsverantwortung und Oppositionshaltung …, in: Zohlnhöfer/Saalfeld (Hrsg.), Zwischen Stillstand …, S. 97

64 Alexander, Die Getriebenen …, S. 18 ff.

65 Ebenda, S. 26

66 Spiegel-online vom 26.8.2015, www.spiegel.de/politik/deutschland, abgerufen am 2.11.2019

67 Der Begriff »Willkommenskultur« hatte schon vor 2015 in der Migrationsdebatte eine Rolle gespielt. Vgl. Noemi Carrell, Anmerkungen zur Willkommenskultur, in: Aus Politik und Zeitgeschichte, Hft. 47/2013

68 Daimler-Chef Zetsche »Flüchtlinge könnten Wirtschaftswunder bringen«, FAZ vom 15.9.2015, in: www.faz.net/aktuell/technik-motor/iaa/daimer-chef, abgerufen am 2.11.2019. Vgl. auch BDI-Präsident Grillo: Schnelle Jobs für Flüchtlinge, in: Die Welt vom 6.9.2015. www.welt.de/wirtschaft/article 14607927, abgerufen am 2.11.2019

69 Alexander, Die Getriebenen …, S. 74

70 Heinrich August Winkler, Deutschlands moralische Selbstüberschätzung, in: FAZ vom 30.9.2015, in: www.faz.net/aktuell/politik/fluechtlingskrise, abgerufen am 15.5.2020. Dagegen sprach der Historiker Paul Nolte davon, man könne »verantwortungsethisch« womöglich auch zwei bis drei Millionen Flüchtlinge aufnehmen (www.fr.de vom 1.10.2015, abgerufen am 15.5.2020)

71 Alexander, Die Getriebenen …, S. 95. Vgl. auch Alexander Betts/Paul Collier, Gestrandet – Warum unsere Flüchtlingspolitik allen schadet – und was jetzt zu tun ist, München 2017, S. 125f.

72 Alexander, Die Getriebenen …, S. 101. Vgl. auch Winkler, Zerbricht der Westen? …, S. 125

73 Alexander, Die Getriebenen …, S. 104

74 Spiegel-online vom 3.10.2015, Gauck hält Integration für größere Aufgabe als deutsche Einheit, www.spiegel.de/politik/deutschland/bundespraesident-gauck-rede-zum-tag-der-deutschen-einheit, abgerufen am 2.11.2019

75 Spiegel-online vom 8.10.2015, Flüchtlingsgespräch bei Anne Will, www.spiegel.de/politik/deutschland, abgerufen am 2.11.2019. Vgl. auch »Nicht in unserer Macht, wie viele nach Deutschland kommen«, in: www.welt.de/politik/deutschland/article 147354708, abgerufen am 2.11.2019

76 Alexander, Die Getriebenen …, S. 112

77 Ebenda, S. 122

78 Ebenda, S. 123

79 Ebenda, S. 125

80 Ebenda, S. 136

81 Ebenda, S. 157 ff.

82 Vgl. Spiegel-online vom 14.11.2015: »Terror in Frankreich – IS bekennt sich zu den Anschlägen von Paris« u. »Anschläge fast gleichzeitig an sechs Orten«, nach: www.spiegel.de/politik/ausland, abgerufen am 2.11.2019

83 Alexander, Die Getriebenen …, S. 173 f.

84 Vgl. Deutscher Bundestag, Wissenschaftliche Dienste, Änderungen des Asyl- und Aufenthaltsrechts seit Januar 2015 mit den Schwerpunkten Asylpaket I und II, www.bundestag.de/resource/blob/424122/05b770e5d14f459072c61e9 8ce01672, abgerufen am 2.11.2019

85 Vgl. Merkel auf dem CSU-Parteitag – Wer ist hier eigentlich der Chef?, Spiegel-online vom 20.11.2015, www.spiegel.de/politik/deutschland, abgerufen am 2.11.2019. Vgl. auch Bandau, Zwischen Regierungsverantwortung und Oppositionshaltung …, in: Zohlnhöfer/Saalfeld, Zwischen Stillstand …, S. 88. Vgl. auch Alexander, Die Getriebenen …, S. 174 ff.

86 Vgl. Zeit-online vom 14.12.2015, CDU stimmt für Einwanderungsgesetz und gegen Obergrenzen, www.zeit.de/politik/deutschland/2015-12, abgerufen am 2.11. 2019

87 Stefan Aust/Wolfgang Büscher/Annette Dowideit/Martin Lutz/Claus Christian Maltzahn/Uwe Müller/Freia Peters/T.-R. Soldt, Drei Stunden in der Angstzone, in: Die Welt vom 10.1.2016. Vgl. auch Was geschah wirklich?, in: ZEIT-Magazin 27/2016. Ausführlich Christian Wiemer, Die Nacht, die Deutschland veränderte – Hintergründe, Fakten und Enthüllungen zu den dramatischen Übergriffen der Silvesternacht in Köln, München 2017

88 Warum die Medien so spät über Köln berichteten, SZ.de vom 7.1.2016, www. sueddeutsche.de/medien/uebergriffe-an-silvester, abgerufen am 3.11.2019

89 Alexander, Die Getriebenen …, S. 180. Vgl. auch Tagesspiegel vom 25.1.2016 (»Die europäische Bühne wird zur Falle für Merkel«)

90 Ebenda, S. 182

91 Ebenda, S. 183

92 BAMF (Hrsg.), Migrationsbericht der Bundesregierung 2016/2017 …, S. 40, Tab. 1-1 u. S. 70, Tab 3-1

93 Alexander, Die Getriebenen …, S. 222

94 Deutscher Bundestag, Grüne ziehen Antrag zu Armeniern zurück (25.2.2016), www.bundestag.de/dokumente/textarchiv/2016/4w08-de-armenien-409826, abgerufen am 3.11.2019. Vgl. auch DRS 18/7648

95 Spiegel-online vom 15.4.2016, Staatsaffäre Böhmermann – Die Fakten, www.spiegel.de/kultur/tv/jan-böhmermann-das-sind-die-fakten-der-staats-affäre-a-10865, abgerufen am 3.11.2019. Vgl. auch Eckard Lohse/Majid Sattar, Eskalation einer Affäre, FAZ.net vom 12.4.2016, www.faz.net/aktuell/politik/berlin, abgerufen am 3.11.2019

96 Alexander, Die Getriebenen …, S. 222

97 Ebenda, S. 228

98 Ebenda, S. 230

99 Ebenda, S. 232

100 Ebenda, S. 237 ff.

101 Ebenda, S. 264 f.

102 Ebenda, S. 266–269

103 Vgl. Welt.de vom 7. 3. 2016, »Es kann nicht sein, dass irgendwas geschlossen wird«, www.welt.de/politik/ausland/article 153015765, abgerufen am 3. 11. 2019. Ein halbes Jahr später hat Angela Merkel ihre Kritik an der Schließung der Balkanroute im Interview mit der ZEIT wiederholt. Vgl. Angela Merkel kritisiert Schließung der Balkanroute, Interview mit Die ZEIT, zeit.online vom 5. 10. 2016, www.zeit.de/politik/deutschland/2016-10, abgerufen am 3. 11. 2019

104 Alexander, Die Getriebenen …, S. 272

105 Vgl. Europäischer Rat/Rat der EU, Erklärung EU-Türkei, Pressemitteilung 144/16 vom 18. 3. 2016. Vgl. auch Mitteilung der Kommission an das EP, den Europäischen Rat und den Rat, Nächste Operative Schritte

106 Alexander, Die Getriebenen …, S. 273–276

107 BAMF (Hrsg.), Migrationsbericht der Bundesregierung 2016/2017 …, S. 40 u. S. 70 (wie Anm. 92)

108 Die Welt vom 12. 6. 2016

109 Welt.de vom 6. 1. 2017, www.welt.de/newsticker/news1/article 160929442, abgerufen am 3. 11. 2019

110 Vgl. Mediendienst Integration – Zahlen und Fakten, https://mediendienst-integration.de/migration-flucht-asyl/zahl-der-fluechtlinge.htm, abgerufen am 3. 11. 2019

111 Vgl. BAMF (Hrsg.), Aktuelle Zahlen, September 2019, www.bamf.de, abgerufen am 4. 11. 2019

112 Vgl. Interview mit Horst Seehofer in der BAMS vom 6. 10. 2019

113 Vgl. www.tagesschau.de/ausland/griechenland-fluechtlinge-233.html, abgerufen am 3. 11. 2019

114 FAZ-Beitrag von Winkler vom 30. 9. 2015. Vgl. auch Edgar Wolfrum, Der Aufsteiger – Eine Geschichte Deutschlands von 1990 bis heute, Stuttgart 2020, S. 156

115 Betts/Collier, Gestrandet …, S. 133

116 Karl-Rudolf Korte, Die Bundestagswahl 2017: Ein Plebiszit über die Flüchtlingspolitik, in: Karl-Rudolf Korte/Jan Schoofs (Hrsg.), Die Bundestagswahl 2017, Wiesbaden 2019, S. 1 ff., hier S. 4

117 Vgl. Winkler, Zerbricht der Westen? …, S. 122

118 Hans Mathias Kepplinger, Die Mediatisierung der Migrationspolitik und Angela Merkels Entscheidungspraxis, in: Zohlnhöfer/Saalfeld (Hrsg.), Zwischen Stillstand ..., S. 195 ff.

119 Ebenda, S. 210

120 Schwarz, Die neue Völkerwanderung ..., S. 134

121 Frank Schorkopf, Das Romantische und die Notwendigkeit eines normativen Realismus, in: Otto Depenheuer/Christoph Grabenwarter (Hrsg.), Der Staat in der Flüchtlingskrise, Paderborn 2016, S. 11 ff., hier S. 14

122 Zit. nach Schwarz, ebenda, S. 99 f.

123 Vgl. Alternative für Deutschland, Grundsatzprogramm, Stuttgart 2016, S. 117 ff

124 Otto Depenheuer, Flüchtlingskrise als Ernstfall des menschenrechtlichen Universalismus, in: Depenheuer/Grabenwarter (Hrsg.), Der Staat in der Flüchtlingskrise ..., S. 18 ff., hier S. 31/32

125 Ebenda, S. 33

126 Ebenda, S. 34/35

127 Dietrich Murswiek, Nationalstaatlichkeit, Staatsvolk und Einwanderung, in: Depenheuer/Grabenwarter (Hrsg.), Der Staat in der Flüchtlingskrise ..., S. 123 ff., hier S. 134

128 Zit. nach Winkler, Zerbricht der Westen? ..., S. 122

129 Kleinert, Die AfD und ihre Mitglieder ..., S. 28

130 Andreas Speit, Bürgerliche Scharfmacher. Deutschlands neue rechte Mitte – von AfD bis Pegida, Zürich 2016, S. 81

131 Felix Korsch, Natürliche Verbündete – Die Pegida-Debatte in der AfD zwischen Anziehung und Ablehnung, in: Alexander Häusler (Hrsg.), Die Alternative für Deutschland, Wiesbaden 2016, S. 111 ff., hier S. 118

132 Kleinert, Die AfD und ihre Mitglieder ..., S. 25

133 Ebenda, S. 21 u. 25 ff.

134 Zum Begriff »Repräsentationslücke« vgl. Werner J. Patzelt, Der 18. Deutsche Bundestag und die Repräsentationslücke, in: Zeitschrift für Staats- und Europawissenschaften, Hft. 15, 2017, S. 245 ff.

135 Zu den Ergebnissen der Landtagswahlen vgl. Svenja Bauer-Blaschkowski/Fabian Engler/Reimut Zohlnhöfer, Parteienwettbewerb und Politikentscheidungen in der 18. Wahlperiode. Euro- und Flüchtlingskrise im Vergleich, in: Zohlnhöfer/Saalfeld (Hrsg.), Zwischen Stillstand ..., S. 111 ff., hier S. 119

136 Kleinert, Die AfD und ihre Mitglieder ..., S. 30 f.

137 Ebenda, S. 31

138 Vgl. Oskar Niedermayer, Halbzeit – Die Entwicklung des Parteiensystems nach der Bundestagswahl 2013, in: Ztschr. f. Parlamentsfragen, 46. Jg., Hft. 4/2015, S. 830 ff. Vgl. auch Asylstreit – Die Grünen sehen schwarz, in: Spiegel-online vom 14.10.2015, www.spiegel.de/politik/deutschland/gruene-asylpaket-im-bundestag-und-bundesrat, abgerufen am 3.11.2019. Vgl. auch Interview mit Robert Habeck, zeit-online vom 16.10.2015, www.zeit.de/politik/deutschland/2015-10/gruene-robert-habeck-fluechtlinge-asylpolitik, abgerufen am 3.11.2019

139 Karin Schulze Buschoff/Anke Hassel, Beschäftigungsrekorde bei zunehmender Ungleichheit auf dem Arbeitsmarkt – Arbeitsmarktentwicklung und -politik in der dritten Regierung Merkel (2013–2017), in: Zohlnhöfer/Saalfeld (Hrsg.), Zwischen Stillstand …, S. 397 ff., hier S. 399. Vgl. auch Statistisches Bundesamt, Erwerbstätigkeit, Löhne und Gehälter, https://www.genesis.destatis.de/online, abgerufen am 3.11.2019

140 Bundesagentur für Arbeit, Der Arbeitsmarkt in Deutschland 2017, www.statistik.arbeitsagentur.de/statistikdaten/Detail/201712/ama/heft-arbeitsmarkt, abgerufen am 3.11.2019

141 Schulze Buschoff/Hassel, Beschäftigungsrekorde …, in: Zohlnhöfer/Saalfeld (Hrsg.), Zwischen Stillstand …, S. 403

142 Ebenda, S. 401

143 Ebenda, S. 403 ff.

144 Linda Voigt, Let the good times roll …, in: Zohlnhöfer/Saalfeld (Hrsg.), Zwischen Stillstand …, S. 415

145 Ebenda, S. 423 ff.

146 Annette Henninger/Angelika von Wahl, Verstetigung der Modernisierungskurses bei Gegenwind von rechts – Bilanz der Familien- und Gleichstellungspolitik 2013–2017, in: Zohlnhöfer/Saalfeld (Hrsg.), Zwischen Stillstand …, S. 469 ff., hier S. 476

147 Ebenda, S. 477

148 Ebenda

149 Vgl. Marius Busemeyer, Bildung: Kontinuität und Wandel in der Politik der Großen Koalition (2013–2017), in: Ebenda, S. 487 ff., hier S. 525 f.

150 Henninger/von Wahl, Verstetigung des Modernisierungskurses …, in: Ebenda, S. 479

151 Ebenda, S. 482

152 BVerfG, Beschluss der 2. Kammer des Zweiten Senats vom 8.11.2017 – 2 BvR 2221/16 -, Rn. (1–26), www.bverfg.de/e/rk 20171108_2bvr 222116.htm, abgerufen am 3.11.2019

153 Vgl. Georg Wenzelburger/Helge Staff, Im Zweifel für mehr Sicherheit – Law-and-Order-Politik zwischen Terror und Flüchtlingskrise, in: Reimut Zohlnhöfer/Thomas Saalfeld (Hrsg.), Zwischen Stillstand …, S. 549 ff., hier S. 559

154 Ebenda, S. 561 ff.

155 Ebenda, S. 561

156 Vgl. Die Welt vom 1. 12. 2017, Kritik der Familien der Anschlagopfer an Merkel – »Sie werden ihrem Amt nicht gerecht«, www.welt.de/politik/deutschland/article 171165139, abgerufen am 4. 11. 2019. Vgl. auch zdf.de vom 2. 12. 2017, www.zdf.de/nachrichten/heute/angehoerige/der/opfer, abgerufen am 4. 11. 2019

157 Töller, Kein Grund zum Feiern …, in: Zohlnhöfer/Saalfeld (Hrsg.), Zwischen Stillstand …, S. 569 ff., hier S. 573

158 Ebenda, S. 575 f.

159 Ebenda, S. 576

160 Vgl. SZ vom 14. 10. 2015

161 Töller, Kein Grund zum Feiern …, in: Zohlnhöfer/Saalfeld (Hrsg.), Zwischen Stillstand …, S. 577 f.

162 Ebenda, S. 578. Vgl. auch FAZ vom 27. 8. 2017

163 Hubert Kleinert, Schwarz-Grün in Hessen, in: Volker Kronenberg (Hrsg.). Schwarz-Grün – Erfahrungen und Perspektiven, Wiesbaden 2016, S. 59 ff. Vgl. auch Thorsten Faas, Die hessische Landtagswahl am 22. September 2013: Schwarz-grüne hessische Verhältnisse, in: Ztschr. f. Parlamentsfragen, 45. Jg., Hft. 2/2014, S. 349 ff.

164 Vgl. Politbarometer Juli 2014, www.forschungsgruppe.de/Umfragen/Politbarometer/Archiv/Politbarometer_2014/Juli 2014, abgerufen am 4. 11. 2019

165 Der Bundeswahlleiter, Europawahl 2014 – Ergebnisse Deutschland, www.bundeswahlleiter.de/europawahlen/2014/ergebnisse/bund - 99.html, abgerufen am 4. 11. 2019

166 BVerfG, Urteil des Zweiten Senats vom 26. Februar 2014, 2 BvE 2/13-, Rn. (1 – 116), www.bverfg.de/e/es/20140226_2bve000213.html, abgerufen am 4. 11. 2019

167 »Die Partei« erreichte 0,6 Prozent der Stimmen (vgl. Der Bundeswahlleiter, Anm. 165)

168 Spiegel-online vom 5. 12. 2014, Bodo Ramelow zum Ministerpräsidenten gewählt, www.spiegel.de/politik/deutschland/thueringen, abgerufen am 4. 11. 2019

169 Vgl. Politbarometer Dezember 2014 – August 2015, www.forschungsgruppe.de/Umfragen/Politbarometer/Archiv, abgerufen am 4. 11. 2019

170 Kepplinger, Die Mediatisierung der Migrationspolitik …, in: Zohlnhöfer/Saalfeld (Hrsg.), Zwischen Stillstand …, S. 198 u. S. 208

171 Vgl. Ergebnisse des Politbarometer vom Januar 2016, nach: presseportal.zdf.de/pressemitteilung/mitteilung/zdf-politbarometer-januar-i-2016, abgerufen am 4.11.2019

172 Vgl. Oscar W. Gabriel/Bernhard Kornelius, Die baden-württembergische Landtagswahl vom 13. März 2016: Es grünt so grün, in: Ztschr. f. Parlamentsfragen, 47. Jg., Hft. 3/2016, S. 497 ff. Heiko Gothe, Die rheinland-pfälzische Landtagswahl vom 13. März 2016: Populäre SPD-Ministerpräsidentin führt Rheinland-Pfalz in Ampel-Koalition, in: Ebenda, S. 519 ff. Everhard Holtmann/Kerstin Vökl, Die sachsen-anhaltinische Landtagswahl vom 13. März 2016: Eingetrübte Grundstimmung, umgeschichtete Machtverhältnisse, in: Ebenda, S. 541 ff.

173 Vgl. Spiegel-online vom 21.10.2015, Grüner Palmer auf Linie – mit der CSU: »Wir schaffen das nicht«, www.spiegel.de/politik/deutschland/gruene-boris-palmer-will-fluechtlingszahlen-begrenzen, abgerufen am 4.11.2019

174 Vgl. Gabriel/Kornelius, a.a.O. Vgl. auch Spiegel-online vom 13.3.2016, »Kretsch«. Winfried Kretschmann verhilft den Grünen in Baden-Württemberg zu einem Wahnsinns-Wahlsieg, www.spiegel.de/politik/deutschland/baden-württemberg, abgerufen am 4.11.2019

175 Oskar Lafontaine kritisiert die Flüchtlingspolitik seiner Partei, in: taz.de vom 27.9.2017, https://taz.de>Politik>Deutschland, abgerufen am 4.11.2019. Wagenknecht äußerte sich in Die ZEIT 24/2018 vom 8.6.2018

176 Am 4.9.2018 wurde die linke Sammlungsbewegung »Aufstehen« offiziell aus der Taufe gehoben. Zu ihren Mitbegründern zählte neben Sarah Wagenknecht und Oskar Lafontaine u.a. auch der frühere Grünen-Vorsitzende Ludger Volmer. Zu einem großen Erfolg wurde die Initiative allerdings nicht. Im März 2019 gab Sarah Wagenknecht ihren Rückzug bekannt. Vgl. Linker Zeitgeist – Linken-Fraktionschefin Sarah Wagenknecht über ihr Projekt »Aufstehen«, in: Der Spiegel 32/2018 vom 5.8.2018. Vgl. auch Albrecht von Lucke, Bündeln oder spalten: Sammlungsbewegung statt Rot-Rot-Grün?, in: Blätter f. deutsche und internationale Politik 9/2018

177 Bei einer repräsentativen Befragung der Mitglieder von zwei hessischen AfD-Kreisverbänden, die im Dezember 2016 durchgeführt wurde, erhielt Sarah Wagenknecht als einzige Politikerin, die nicht der AfD angehörte, eine positive Bewertung (+1,07). Vgl. Kleinert, Die AfD und ihre Mitglieder ..., S. 69, Abb. 16

178 Vgl. Torsten Opelland, Profilierungsdilemma einer Regierungspartei in einem fragmentierten Parteiensystem – Die CDU in der Regierung Merkel III, in: Zohlnhöfer/Saalfeld (Hrsg.), Zwischen Stillstand ..., S. 63 ff., hier S. 75

179 Ebenda, S. 80. Vgl. auch Günther Bannas, Mit schmutzigem Trikot, in: FAZ vom 10.12.2016

180 Opelland, Profilierungsdilemma ..., in: Zohlnhöfer/Saalfeld (Hrsg.), Zwischen Stillstand ..., S. 80

181 Bandau, Zwischen Regierungsverantwortung und Oppositionshaltung ..., in: Ebenda, S. 96

182 Ebenda, S. 98

183 Vgl. Interview mit Angela Merkel in der FAS vom 22. 5. 2016

184 Bandau, Zwischen Regierungsverantwortung und Oppositionshaltung ..., in: Zohlnhöfer/Saalfeld (Hrsg.), Zwischen Stillstand ..., S. 103 ff.

185 Uwe Jun, Die SPD in der Ära Merkel – Eine Partei auf der Suche nach sich selbst, in: Zohlnhöfer/Saalfeld (Hrsg.), Zwischen Stillstand ..., S. 39 ff., hier S. 50

186 Ebenda

187 SPD-Chef Gabriel diskutiert mit Anhängern von Pegida, Spiegel-online vom 24. 1. 2015, www.spiegel.de/politik/deutschland/pegida, abgerufen am 5. 11. 2019. Vgl. dagegen Gabriel attackiert Fremdenhasser: »Pack, dass eingesperrt werden muss«, in: focus-online vom 24. 8. 2015, www.focus.de/politik/videos/spd-chef-spricht-klartext, abgerufen am 5. 11. 2015

188 Jun, Die SPD in der Ära Merkel ..., in: Zohlnhöfer/Saalfeld (Hrsg.), Zwischen Stillstand ..., S. 54

189 Gothe, Die rheinland-pälzische Landtagswahl ..., S. 519 ff.

190 Zu den Umständen des Personalwechsels und der Nominierung von Martin Schulz vgl. den detaillierten und instruktiven Bericht von Markus Feldenkirchen, Die Schulz-Story, 4. Aufl., München 2018, S. 19–33

191 Ebenda, S. 30

192 Andreas Speit, Bürgerliche Scharfmacher ..., S. 210. Vgl. auch Hans Vorländer/Maik Herold/Steven Schüller, PEGIDA, Wiesbaden 2016 u. Werner Patzelt/Joachim Klose (Hrsg.), PEGIDA – Warnsignale aus Dresden, Dresden 2016

193 Positionspapier von PEGIDA, in: www.menschen-in-dresden-de/wp-content/uploads/2014/12pegida-positionspapier.pdf, abgerufen am 5. 11. 2019

194 Speit, Bürgerliche Scharfmacher ..., S. 220

195 Vgl. Spiegel-online vom 24. 1. 2015 (wie Anm. 187)

196 Speit, Bürgerliche Scharfmacher ..., S. 233 ff.

197 Eigene Beobachtung beim Besuch einer Pegida-Veranstaltung im Februar 2017 im Rahmen einer Lehrveranstaltung zur Neuen Rechten

198 Zu den Vorgängen in Kandel vgl. z. B. FAZ vom 25. 3. 2018. Kurz nach Weihnachten 2017 war eine 15jährige dort von einem afghanischen Flüchtling erstochen worden. Der Täter war als unbegleiteter Jugendlicher eingereist und wurde auch nach Jugendstrafrecht verurteilt. Vgl. focus-online vom 27. 12. 2018, Kandel, ein Jahr danach: »Die rechte Szene terrorisiert den ganzen Ort«. www.focus.de/politik/deutschland/fluechtling-toetete-15jaehrige, abgerufen am 5. 11. 2019

199 Beispiele nennt Amann, Angst für Deutschland …, S. 266 ff.

200 Vgl. Der Tagesspiegel vom 22.6.2017

201 Winkler, Zerbricht der Westen? …, S. 122

202 Vgl. Ian Kershaw, Achterbahn – Europa 1950 bis heute, München 2018, S. 733

203 Winkler, Zerbricht der Westen? …, S. 170 f.

204 Kershaw, Achterbahn …, S. 734

205 Winkler, Zerbricht der Westen? …, S. 175

206 Vgl. Frank Wandler, Deutsche Europapolitik als Führungskonflikt? Zur Expansion der parteipolitischen Kontroverse im parlamentarischen Diskurs, in: Zohlnhöfer/Saalfeld (Hrsg.), Zwischen Stillstand …, S. 591 ff., hier S. 600

207 Kai Oppermann, Deutsche Außenpolitik während der dritten Amtszeit Angela Merkels, in: Zohlnhöfer/Saalfeld (Hrsg.), Zwischen Stillstand …, S. 619 ff., hier S. 630

208 Ebenda, S. 634 f.

209 Ebenda, S. 621

210 Ebenda, S. 624

211 Ebenda, S. 624 f.

212 Ebenda

213 Ebenda, S. 637 f.

214 Oskar Niedermayer, Die Berliner Abgeordnetenhauswahl vom 18. September 2016: Zersplitterung des Parteiensystems und halber Machtwechsel, in: Ztschr. f. Parlamentsfragen, 48. Jg., Hft. 1/2017, S. 40 ff.

215 Martin Koschkar/Christian Nestler, Die mecklenburg-vorpommerische Landtagswahl vom 4. September 2016 – Zäsur des regionalen Parteienwettbewerbs und Fortsetzung der Großen Koalition, in: Ztschr. f. Parlamentsfragen, 48. Jg., Hft. 1/2017, S. 25 ff.

216 Feldenkirchen, Die Schulz-Story …, S. 23 ff.

217 Vgl. FAZ vom 18.11.2016, nach www.faz.net/aktuell/politik/inland/cdu-vor schlag, abgerufen am 5.11.2019

218 Spiegel.de vom 12.2.2017, Bundespräsidentenwahl 2017 – Die Ergebnisse im Detail, www.spiegel.de/politik/deutschland/bundespraesidentenwahl-2017-die-ergebnisse, abgerufen am 5.11.2019

219 Feldenkirchen, Die Schulz-Story …, S. 32

220 Ebenda, S. 30 ff.

221 Ebenda, S. 34 ff.

222 Die Landeswahlleiterin Saarland, Landtagswahl vom 26. März 2017. Endgültiges amtliches Wahlergebnis, Medien-Info 10/2017, www.saarland.de/dokumente/ thema_statistik/presseinfo1017.pdf, abgerufen am 10.11.2019

223 Wilhelm Knelangen, Die schleswig-holsteinische Landtagswahl vom 7. Mai 2017. Niederlage der »Küstenkoalition« und erstmals »Jamaika« im Norden, in: Ztschr. f. Parlamentsfragen, 48. Jg., Hft. 3/2017, S. 575 ff.

224 Stefan Bajohr, Die nordrhein-westfälische Landtagswahl vom 14. Mai 2017: Schwarz-gelb statt Rot-Grün, in: ebenda, S. 614 ff.

225 infratest-dimap in: Wahl-Tagesschau vom 14.5.2017. Vgl. https://wahl.tagesschau.de/wahlen/1017-05-14-LT-DE-NW/index.shtm, abgerufen am 10.11.2017

226 Vgl. Jana Faus/Horand Knaup/Michael Rüther/Yvonne Schroth/Frank Stauss, Aus Fehlern lernen – Eine Analyse der Bundestagswahl 2017, www.spd.de/ fileadmin/Dokumente/Sonstiges/Evaluierung_SPD BTW.pdf, abgerufen am 10.11. 2019. Vgl. auch Matthias Jung/Yvonne Schroth/Andrea Wolf, Bedingt regierungsbereit – Eine Analyse der Bundestagswahl 2017, in: Karl-Rudolf Korte/Jan Schoofs (Hrsg.), Die Bundestagswahl 2017, Wiesbaden 2019, S. 23 ff.

227 Faus u.a., a.a.O., S. 10

228 Feldenkirchen, Die Schulz-Story ..., S. 58 ff.

229 Ebenda, S. 97 ff. u. S. 243 ff.

230 Ebenda, S. 124 ff.

231 Faus u.a., Aus Fehlern lernen ..., S. 45

232 Sonntagsfrage Bundestagswahl 2017, Letzte Umfragen, www.wahlrecht.de/ umfragen/archiv/2017.htm, abgerufen am 10.11.2019

233 Der Tagesspiegel vom 20.11.2016, nach www.tagesspiegel.de/politik/merkel/ zur-kanzler-kandidatur-2017, abgerufen am 10.11.2017

234 Bandau, Zwischen Regierungsverantwortung und Oppositionshaltung ..., in: Zohlnhöfer/Saalfeld (Hrsg.), Zwischen Stillstand ..., S. 105

235 Vgl. Handelsblatt vom 1.4.2017

236 Bandau, Zwischen Regierungsverantwortung ..., S. 105

237 Vgl. Politbarometer Dezember 2016 und Politbarometer Mai 2017, www. forschungsgruppe.de/Umfragen/Politbarometer/Archiv/Politbarometer_2017/ Mai_2017

238 Lag die Kanzlerin im Dezember 2016 nur bei einem Beliebtheitswert von 1,5, so war dieser Wert bis zum Frühjahr 2017 wieder auf 2,2 angestiegen. Vgl. ebenda

239 Vgl. Wut im Osten – Angela Merkels Begegnungen mit dem Hass, in: Berliner Morgenpost vom 10.9.2017. Vgl. auch Proteste gegen Merkels Wahlkampf, in: Der Tagesspiegel vom 8.9.2017

240 Vgl. Sonntagsfrage Bundestagswahl, Letzte Umfragen (wie Anm. 232)

241 Cem Özdemir erhielt bei der Mitgliederbefragung nur 75 Stimmen mehr als Habeck. Vgl. Die Welt vom 18.1.2017. Teilgenommen hatten 34 000 der 61 000 Parteimitglieder. Vgl. auch taz vom 18.1.2017

242 Anfang Juni lagen die Grünen im Politbarometer bei 7 Prozent. www.forschungsgruppe.de/Umfragen/Politbarometer/Langzeitentwicklung, Tabelle, abgerufen am 10.11.2019

243 Bündnis 90/Die Grünen, Zukunft wird aus Mut gemacht, Bundestagswahlprogramm Bündnis 90/Die Grünen, Berlin 2017

244 Sonntagsfrage Bundestagswahl – Wie Anm. 240

245 Simon T. Franzmann, Die Schwäche der Opposition, die Außerparlamentarische Opposition und die Emergenz neuer Regierungsperspektiven, in: Zohlnhöfer/Saalfeld (Hrsg.), Zwischen Stillstand …, S. 141 ff., hier S. 160–162. Vgl. auch Benjamin Höhne/Uwe Jun, Die Wiederauferstehung der FDP, in: Korte/Schoofs (Hrsg.), Die Bundestagswahl 2017 …, S. 225 ff.

246 Vgl. Die LINKE, Sozial. Gerecht. Frieden. Für alle. Wahlprogramm zur Bundestagswahl 2017, Berlin 2017

247 Vgl. Zeit-online vom 18.1.2017, Die Höcke-Rede von Dresden in Wortlaut-Auszügen, www.zeit.de/news/2017-01/18/parteien-die-hoecke-rede-von-dresden-im-wortlaut-auszüge, abgerufen am 10.11.2019

248 Alexander Hensel/Florian Finkbeiner u.a., Die AfD vor der Bundestagswahl 2017, S. 12/13

249 Alternative für Deutschland, Programm für Deutschland – Wahlprogramm der Alternative für Deutschland für die Wahl zum Deutschen Bundestag am 24. September 2017, Berlin 2017

250 Sonntagsfrage Bundestagswahl – Wie Anm. 232, 240 u. 244

251 Matthias Jung/Yvonne Schroth/Andrea Wolf, Bedingt regierungsbereit …, in: Korte/Schoofs (Hrsg.), Die Bundestagswahl 2017 …, S. 27–29

252 Karl-Rudolf Korte, Die Bundestagswahl 2017, in: Korte/Schoofs (Hrsg.), Die Bundestagswahl 2017 …, S. 1 ff., hier S. 3–6

253 Feldenkirchen, Die Schulz-Story, S. 278 f.

254 Jung/Schroth/Wolf, Bedingt regierungsbereit …, in: Korte/Schoofs (Hrsg.), Die Bundestagswahl 2017, S. 32. Vgl. auch Richard Hilmer/Jérémie Gagné, Die Bundestagswahl 2017: Groko IV – ohne Alternative für Deutschland, in: Ztschr. f. Parlamentsfragen, 49. Jg., Hft. 2/2018, S. 372 ff., bes. S. 387 ff.

255 Ebenda, S. 31

256 Infratest dimap, Wählerwanderung, in: Wahl-Tagesschau vom 24. 9. 2017, https://wahl.tagesschau.de/wahlen/2017-09-24-BT-DE/index.shtml, abgerufen am 10. 11. 2019. Vgl. auch Hilmer/Gagné, Die Bundestagswahl 2017, S. 394 f.

257 Holger Meyer/Ferdinand Müller-Rommel, Die niedersächsische Landtags-wahl vom 15. Oktober 2017, in: Ztschr. f. Parlamentsfragen, 49. Jg., Hft. 1/2018, S. 3 ff.

258 Sven T. Siefken, Regierungsbildung »wider Willen« – Der mühsame Weg zur Koalition nach der Bundestagswahl 2017, in: Ztschr. f. Parlamentsfragen, 49. Jg., Hft. 2/2018, S. 407 ff., hier S. 413

259 Vgl. Zeit-online vom 20. 11. 2019, Jamaika-Sondierungen – Scheitern in Zeit-lupe, www.zeit.de/politik/deutschland/2017-11/jamaika-scheitern-sondierungen, abgerufen am 10. 11. 2019. Vgl. auch Spiegel-online vom 20. 11. 2017, Die Nacht der Entscheidungen, www.spiegel.de/politik/deutschland/ende-der-jamaika-sondierung, abgerufen am 10. 11. 2019

260 Vgl. Zeit-online, a. a. O.

261 Vgl. Günter Bannas/Johannes Leitäuser/Eckard Lohse, Zehn vor Zwölf, in: FAZ vom 21. 11. 2017. Vgl. auch Peter Carstens u. a., Sondierungen, in: FAS vom 26. 11. 2019

262 Spiegel-online vom 20. 11. 2017, a. a. O.

263 Christian Lindner-Zitat, in: Deutschlandfunk vom 20. 11. 2017, Abbruch mit Ansage, www.deutschlandfunk.de/das-scheitern-der-jamaika-sondierung-abbruch-mit-ansage,724.de

264 Frank Decker, Über Jamaika zur Fortsetzung der Großen Koalition, in: Korte/Schoofs (Hrsg.), Die Bundestagswahl 2017 ..., S. 201 ff., hier S. 218

265 Stern-Interview mit Christian Lindner im Stern vom 19. 10. 2017

266 Höhne/Jun, Die Wiederauferstehung der FDP, in: Korte/Schoofs (Hrsg.), Die Bundestagswahl 2017 ..., S. 229

267 Bundespräsidialamt, Erklärung von Bundespräsident Steinmeier zur Regie-rungsbildung, Berlin am 20. 11. 2017

268 Günter Bannas, Steinmeier greift ein, in: FAZ vom 28. 5. 2019. Vgl. auch ders., Machtverschiebung, Berlin 2019 u. Feldenkirchen, Die Schulz-Story ..., S. 295 ff.

269 Feldenkirchen, Die Schulz-Story ..., S. 296 – 299

270 Vgl. Der Tagesspiegel vom 22. 1. 2018 »SPD-Sonderparteitag, kleine Mehrheit für Große Koalition«, www.taagesspiegel.de/politik/spd-sonderparteitag-kleine-mehrheit-für-grosse-koalition, abgerufen am 11. 11. 2019. Vgl. auch Zeit-onlie vom 21. 1. 2018, Parteitag der SPD – Das größere Übel. www.zeit.de/politik/deutsch land/2018-01/parteitag-spd, abgerufen am 11. 11. 2018. Vgl. auch Peter Carstens/Thomas Gutschker/Lydia Rosenfelder, Die Woche der Entscheidung, in: FAS vom 21. 1. 2018 u. Siefken, Regierungsbildung »wider Willen« ..., S. 418 ff.

271 Vgl. Thomas Saalfeld/Matthias Bahr/Julian Hohner/Olaf Seifert, Koalitions-verhandlungen und Koalitionsvertrag, in: Korte/Schoofs (Hrsg.), Die Bundestags-wahl 2017, S. 513 ff., hier S. 523 ff. Vgl. auch Siefken, Regierungsbildung »wider Willen«, S. 422

272 Feldenkirchen, Die Schulz-Story …, S. 296 f.

273 Ebenda, S. 307 ff.

274 Deutscher Bundestag, Angela Merkel mit 364 Stimmen zur Bundeskanzlerin gewählt, www.bundestag.de/dokumente/textarchiv/2018/kw11-de-kanzlerwahl-546336, abgerufen am 11.11.2019

275 Vgl. zu den Abläufen Anfang Dezember 2017 Roman Deininger/Uwe Ritzer, Markus Söder – Politik und Provokation, München 2018. Vgl. auch spiegel-online vom 4.12.2017, CSU-Machtkampf – Die Halbstarken, www.spiegel.de/politik/deutschland/markus-soeder-und-horst-seehofer, abgerufen am 11.11.2019

276 Vgl. z. B. SZ.de vom 27.9.2018, Endlich Heimatminister, www.sueddeutsche.de/politik/horst-seehofer-heimatminister-1.4147103, abgerufen am 11.11.2019. Vgl. auch stern.de vom 18.4.2019, Horst Seehofer und die Suche nach dem »Hei-matgefühl«, www.stern.de/politik/deutschland/horst-seehofer-was-macht-eigentlich-sein-heimatministerium, abgerufen am 11.11.2019

277 »Kauder kassiert bei Wiederwahl über 50 Gegenstimmen«, in: Die Welt vom 27.9.2017

278 Vgl. FR.de vom 25.9.2017, Petry geht nicht in AfD-Fraktion, in: Fr.de vom 25.9.2017, www.fr.de/politik/petry-geht-nicht-afd-fraktion-11020911.html, abgerufen am 11.11.2019

279 vgl. z. B. FAZ-Interview mit dem Politikwissenschaftler Wolfgang Merkel, »Parteien haben sich mit Arroganz der Debatte entzogen«, FAZ vom 28.9.2017, nach www.faz.net/aktuell/politik/bundestagswahl/afd-im-bundestag, abgerufen am 11.11.2019. Vgl. auch Oskar Niedermayer, Die AfD in den Parlamenten der Län-der, des Bundes und der EU – Bipolarität im Selbstverständnis und im Verhalten, in: Ztschr. f. Parlamentsfragen, 49. Jg., Hft. 4/2018, S,896 ff., hier S. 906 ff.

280 Vgl. sz.de vom 31.1.2018, Umstrittene AfD-Politiker werden Ausschußvorsit-zende im Bundestag, www.sueddeutsche.de/politik/afd-ausschussvorsitzende-bundestag-1.3847925, abgerufen am 11.11.2019. Vgl. auch Niedermayer, Die AfD in den Parlamenten …, S. 907

281 Rheinische Post, RP-online vom 4.12.2017. So lief der AfD-Wahlkrimi, https://rp-online.de/politik/afd-parteitag-2017-in-hannover-so-lief-der-afd-wahlkrimi-aid-1771232, abgerufen am 11.11.2019

282 Zeit-online vom 27.1.2018, Grüne wählen Baerbock und Habeck zu neuen Vor-sitzenden, www.zeit.de/politik/deutschland/2018-01/parteitag-gruene-waehlen-habeck-und-baerbock, abgerufen am 12.11.2019

283 Im Politbarometer der Forschungsgrippe Wahlen fiel die FDP von November 2017 bis April 2018 von zehn auf sieben Prozent, während die Grünen gleichzeitig von 12 auf 14 Prozent zulegten, www.forschungsgruppe.de/Umfragen/Politbaro meter/Langzeitentwicklung, abgerufen am 12.11.2019

284 Vgl. sz.de vom 2.7.2018, Angela Merkel und Horst Seehofer: Attacken, Kompromisse, Vorwürfe, www.sueddeutsche.de/politik/angela-merkel-und-horst-seehofer-attacken-kompromisse, abgerufen am 12.11.2019. Vgl. auch Zeit-online, podcast: was jetzt? 15. Juni 2018. Sondersendung. Wer gewinnt den Machtkampf zwischen Merkel und Seehofer? www.zeit.de/politik/2018-06/nachrichtenpodcast-was-jetzt-15-06-2018, abgerufen am 12.11.2019

285 Vgl. Seehofer stellt die Machtfrage. t-online vom 14.6.2018. www.t-online.de/nachrichten/deutschland/innenpolitik/id_83935686, abgerufen am 12.11.2019. Vgl. auch Stuttgarter Nachrichten vom 14.6.2018, Der Machtkampf ist außer Kontrolle, www.stuttgarter- nachrichten.de/inhalt.asylstreit, abgerufen am 12.11.2019. FAZ vom 14.6.2018, Merkel droht Seehofer in Asylstreit, www.faz.net/aktuell/politik/inland/merkel-droht-seehofer-in-asylstreit, abgerufen am 12.11.2019

286 Europäischer Rat, 28./29. Juni 2018, Wichtigste Ergebnisse, www.consilium.europe.eu/de/meetings/european-council/2018/06/28-29, abgerufen am 12.11.2019

287 Vgl. tagesschau.de vom 2.7.2018. Seehofers Ultimatum an Union: Rücktritt vorerst aufgeschoben, www.tagesschau.de/inland/seehofer-csu-cdu-merkel-101.html, abgerufen am 12.11.2019

288 Zeit-online vom 3.7.2018, Unionsstreit – Erst Streit, dann Kompromiss, nun viele Fragen, www.zeit.de/politik/deutschland/2018-06, abgerufen am 12.11.2019

289 Nach einer Forsa-Umfrage unterstützten 69 % der Deutschen die Position der Kanzlerin, www.rtl.de/cms/rH-forsa-umfrage-zu-asylstreit-mehrheit-haelt-zu-merkel-4185571.html, abgerufen am 12.11.2019. Auch der ARD-Deutschlandtrend kam Ende Juni zu ähnlichen Ergebnissen. Vgl. Zeit-online vom 28.6.2018, www.zeit.de/politik/deutschland/2018-06/deutschlandtrend-asylstreit, abgerufen am 12.11.2019

290 Zur Mordtat in Chemnitz vgl. Zeit-online vom 30.8.2018, Was über die Tat in Chemnitz bekannt ist, www.zeit.de/gesellschaft/zeitgeschehen/2018-08/mordfall-in-chemnitz, abgerufen am 12.11.2019. Zu den Protesten der rechten Szene Welt.de, Die unheimliche Mobilisierung der Neonazis in Chemnitz, Welt am 28.8.2018, www.welt.de/politik/deutschland/article/181342196/Rechtsextreme-Ausschrei tungen, abgerufen am 12.11.2019

291 Die Zeit vom 29.8.2018. Vgl. auch Hetzjagd, Mob und Pogrom – Zur Deutungs-schlacht von Chemnitz, Stuttgarter Nachrichten vom 6.9.2018, www.stuttgarter-nachrichten.de/inhalt, abgerufen am 12.11.2019

292 Der Tagesspiegel vom 13.9.2018

293 Vgl. ntv.de vom 27. 9. 2018, Kruse kehrt AfD den Rücken, n-tv.de/politik/ Fraktionschef-Kruse-kehrt-AfD-den-rücken-article 20644584, abgerufen am 12. 11. 2019

294 BILD-Interview mit Hans-Georg-Maaßen am 7. 9. 2019. Vgl. auch bild.de vom 9. 9. 2018, www.bild.de/politik/inland. Vgl. auch Spiegel-online vom 7. 9. 2018, Maaßen sieht keine Beweise für Hetzjagd in Chemnitz, www.spiegel.de/politik/ deutschland, abgerufen am 12. 11. 2019

295 Zeit-online vom 11. 9. 2018, AfD-Gauland berichtet von drei Treffen mit Maaßen, www.zeit.de/politik/deutschland/2018-09, abgerufen am 12. 11. 2019

296 Der Bau-Experte muss gehen, in: Der Tagesspiegel vom 19. 9. 2019

297 Zeit-online vom 5. 11. 2018, Horst Seehofer schickt Maaßen in einstweiligen Ruhestand, www.zeit.de/politik/deutschland/2018-11/Horst Seehofer, abgerufen am 12. 11. 2019

298 Die Rede vom 26. 9. 2017 findet sich bei: Presse- und Kommunikationsab- teilung der französischen Botschaft, www.diplomatie.gouv.fr/IMG/pdf/macron_ sorbonne_europe_integral_cle4e8d4b.pdf, abgerufen am 12. 11. 2019

299 Vertrag zwischen der Bundesrepublik Deutschland und der französischen Republik über die deutsch-französische Zusammenarbeit und Integration vom 22. 1. 2019, www.bundesregierung.de/resource/blob/997532/1570126/fe6f6dd0ab3f 06740e9c693849b72077, abgerufen am 12. 11. 2019

300 Rede des französischen Staatspräsidenten Emmanuel Macron vor dem Euro- päischen Parlament, in: www.elysee.fr/emmanuel-macron/2018/04/17, abgerufen am 12. 11. 2019. Rede zur Verleihung des Karlspreises am 10. 5. 2018. Discours du president de la Republique, Emmanuell Macron, lors de la Ceremonie de Remise du Prix Charlemagne a Aix-la-Chapelle, www.elysee.fr/emmanuel-ma- cron/2018/05/10, abgerufen am 12. 11. 2019

301 Interview mit Angela Merkel in der FAS vom 3. 6. 2018

302 Merkel zerstört Macrons Träume, Spiegel-online vom 4. 6. 2018, www.spiegel. de/politik/ausland, abgerufen am 12. 11. 2019

303 Der Tagesspiegel vom 4. 3. 2019, in: www.tagesspiegel.de/wirtschaft/europa, abgerufen am 12. 11. 2019

304 Emmanuel Macron, Für einen Neubeginn in Europa, in: Elysee, Actualités, in: www.elysee.fr/emmanuel-macron/2019/03/04/für-einen-neubeginn-in-europa. de, abgerufen am 12. 11. 2019

305 Europäischer Rat/Rat der EU, Außerordentliche Tagung des Europäischen Rates am 10. April 2019, Wichtigste Ergebnisse, www.consilium.europe.eu/de/ meetings/european-council/2019/04/10, abgerufen am 12. 11. 2019

306 vgl. Süddeutsche Zeitung, SZ.de vom 28. 5. 2017, www.sueddeutsche.de/politik/ g-7-krise-wir-europaer, abgerufen am 12. 11. 2019

307 Rede von Bundeskanzlerin Angela Merkel zur 55. Münchner Sicherheitskonferenz am 16. Februar 2019, www.bundeskanzlerin.de/bkin-de/aktuelles, abgerufen am 13.11.2019

308 Winkler, Zerbricht der Westen? …

309 Rainer-Olaf Schultze, Die bayerische Landtagswahl vom 14. Oktober 2018:
Signal für nachhaltigen Wandel auch im Bund?, in: Ztschr. f. Parlamentsfragen,
50. Jg., Hft. 2/2019, S. 223 ff.

310 Ebenda, S. 241

311 Marc Debus/Thorsten Faus, Die hessische Landtagswahl vom 28. Oktober
2018: Fortsetzung der schwarz-grünen Wunschehe mit starken Grünen und
schwacher CDU, in: Ztschr. f. Parlamentsfragen, 50. Jg., Hft. 2/2019, S. 245 ff., bes.
S. 252

312 Vgl. infratest dimap, Wählerwanderungen bei der hessischen Landtagswahl
2018, in: tagesschau.de vom 28.10.2018, wahl.tagesschau/wahlen/2018-10-28-LT-
DE-HE/analyse-wanderung.shtml, abgerufen am 13.11.2019

313 Debus/Faus, Die hessische Landtagswahl …, S. 254

314 Vgl. FAZ und SZ vom 30.10.2018. Vgl. auch Zeit-online vom 29.10.2018, Ein
unnachahmlicher Abgang, www.zeit.de/politik/deitschland/2018-10, abgerufen
am 13.11.2019

315 Spiegel-online vom 25.9.2018, Kauder abgewählt – Brinkhaus neuer Fraktionschef, www.spiegel.de/politik/deutschland/volker-kauder-abgewählt, abgerufen am 13.11.2019

316 Spiegel-online vom 30.10.2018, Merz kündigt Kandidatur für CDU-Vorsitz
an, www.spiegel.de/politik/deutschland/cdu-friedrich-merz-kuendigt-offiziell-
seine-kandidatur-an, abgerufen am 13.11.2019

317 zdf.de vom 1.11.2018, Kandidatur zum Parteivorsitz – Spahn will CDU erneuern, www.zdf.de/nachrichten/heute/kandidatur-um-parteivorsitz-spahn-will-
cdu-erneuern-100html., abgerufen am 13.11.2019. Vgl. auch Tagesschau.de vom
30.10.2018, Merz kündigt Kandidatur an, www.tagesschau.de/thema/cdu-index.
htm, abgerufen am 13.11.2019

318 Süddeutsche Zeitung, SZ.de vom 7.12.2018, Das war der historische CDU-Parteitag, www.sueddeutsche.de/politik/cdu-parteitag-live-kramp-karrenbauer-
1.4241788. Vgl. auch Zeit-online vom 4.11.2018, Frauen-Union stellt sich hinter
Kramp-Karrenbauer für CDU-Vorsitz, www.zeit.de/news/2018-1104, abgerufen
am 13.11.2019

319 Vgl. Politbarometer, Forschungsgruppe Wahlen, www.forschungsgruppe.de/
Umfragen/Politbarometer/Archiv, abgerufen am 13.11.2019. Eigene
Zusammenstellung

320 Vgl. Petra Pinzler/Mark Schieritz, Kohleausstieg: Wem nützt er? Wem schadet er? In: Die ZEIT vom 31.1.2019. Vgl. auch Spiegel-online vom 11.10.2019, Strompreise könnten bis 2022 um mehr als 60 Prozent steigen, www.spiegel.de/wirt schaft/service/strompreise, abgerufen am 15.11.2019

321 Vgl. Jan Fleischhauer, Betreutes Regieren, in: Der Spiegel vom 29.3.2019

322 Vgl. Zeit-online vom 24.5.2019, Theresa May kündigt Rücktritt an, www.zeit. de/politik/ausland/2019-05/brexit, abgerufen am 16.11.2019

323 Vgl. Spiegel-online vom 15.2.2019, Deutsch-französisches Geheimpapier regelt Waffenexporte neu, www.spiegel.de/politik/deutschland/ruestungsexporte, abgerufen am 15.11.2019

324 Der Tagesspiegel vom 17.10.2019, »Berlin und Paris einigen sich auf Regeln für Rüstungsexporte«

325 Der Bundeswahlleiter, Ergebnis der Europawahl 2019 in Deutschland, www. bundeswahlleiter.de/europawahlen/2019/ergebnisse-bund 99.html, abgerufen am 16.11.2019

326 Ebenda, Ein Bundesland auswählen. Zur Wählerwanderung vgl. infratest dimap, wahl.tagesschau.de/wahlen/2019-05-26-EP-DE/analysen-wanderung.shtm, abgerufen am 16.11.2019

327 Vgl. Nico Semsroth geht nach Brüssel. Erfolg für Die Partei, in: Berliner Morgenpost vom 28.5.2019, in: www.morgenpost.de/politik/article225412425/ Europawahl-2019, abgerufen am 16.11.2019. Vgl. auch Protest der Privilegierten, in: Der Tagesspiegel, www.tagesspiegel.de/kultur/die-partei-bei-der-europawahl, abgerufen am 16.11.2019

328 Vgl. Süddeutsche Zeitung, SZ.de vom 2.6.2019, Rücktritt von Andrea Nahles – Die Regierungskoalition ist wohl am Ende, www.sueddeutsche.de/ politik/andrea-nahles-spd-ruecktritt, abgerufen am 16.11.2019. Vgl. auch Die Welt vom 2.6.2019, Nahles Erklärung im Wortlaut, www.welt.de/politik/deutsch land/article 194579427/Andrea-Nahles-Die-Ruecktrittserklärung, abgerufen am 16.11.2019

329 Spiegel-online vom 16.7.2019, EU-Parlament stimmt für von der Leyen als neue EU-Kommissionspräsidentin, www.spiegel.de/politik/ausland/ursula-von-der-leyen-ist-neue-eu-kommissionspraesidentin, abgerufen am 16.11.2019

330 Zeit-online vom 29.10.2019, Merz attackiert Merkel, www.zeit.de/news/2019-10/29/cdu-debattiert, abgerufen am 16.11.2019. Vgl. auch zdf.de, Merkel attackiert Merkel und Groko, www.zdf.de vom 28.10.2019

331 Ergebnis der sächsischen Landtagswahl vom 1.9.2019, https://wahlen. sachsen.de/LW-php, abgerufen am 16.11.2019

332 Vgl. mdr aktuell, Alle Ergebnisse der Sachsen-Wahl auf einen Blick, www. mdr.de/nachrichten/politik/wahlen/ergebnisse, abgerufen am 16.11.2019. Vgl. auch wahl.tagesschau.de/wahlen/2019-09-01-LT-DE-SN/, abgerufen am 16.11. 2019

333 Vgl. rbb vom 13.9.2019, Endgültiges Ergebnis der Landtagswahl steht fest, in: www.rbb24.de/politik/wahl/landtagswahl/beitraege/landtagswahl-brandenburg-endergebnis, abgerufen am 16.11.2019. Vgl. auch Tagesschau.de, Landtagswahl 2019 Brandenburg, in: https://wahl.tagesschau.de/wahlen/2019-09-01-LT-DE-BB, abgerufen am 16.11.2019

334 Vgl. Wahl.tagesschau.de, Landtagswahl 2019 Thüringen, in: https://wahl.tagesschau.de/wahlen/2019-10-27-LT-DE-TH/index.shtml, abgerufen am 16.11.2019

335 Zeit-online vom 28.10.2019, Thüringer CDU schließt Koalition mit AfD und Linkspartei aus, www.zeit.de/politik/deutschland/2019-10/landtagswahl-thueringen, abgerufen am 16.11.2019. Vgl. auch welt.de vom 28.10.2019, Thüringens CDU schließt Koalition mit Linkspartei aus, www.welt.de/politik/deutschland/article 202629928, abgerufen am 16.11.2019

336 Vgl. Walter-Borjans will derzeit keinen Kanzlerkandidaten, faz.net vom 6.11.2019 www.faz.net/aktuell/politik/inland/walter-borjans-will-derzeit-keinen-spd-kanzlerkandidaten, abgerufen am 16.11.2019

337 Zu Angela Merkels Weg in die Politik vgl. u.a. Alexander Osang in Der Spiegel 46/2009, S. 56ff. Hans-Joachim Küsters, Angela Merkel – Biographie, in: Konrad-Adenauer-Stiftung, Geschichte der CDU, www.kas.de/web/geschichte-der-cdu/personen/biogramm-detail/-/combat/angela-merkel, abgerufen am 26.11.2019, Gerd Langguth, Angela Merkel – Aufstieg zur Macht, Müchen 2007, Gertrud Höhler, Die Patin, Zürich 2012, S. 13ff.

338 Höhler, Die Patin ..., S. 22

339 Küsters, a.a.O., vgl. auch zur Umweltpolitikerin Merkel Angela Merkel, Der Preis des Überlebens, Stuttgart 1997

340 Vgl. Spiegel-online vom 10.4.2000, Angela Merkel – Wir sind wieder da, www.spiegel.de/politik/deutschland/angela-merkel-wir-sind-wieder-da-a/72456.html, abgerufen am 26.11.2019. Angela Merkel erhielt 95,4% der Stimmen

341 Susanne Höll, Frühstück bei Stoibers, in: SZ vom 12.1.2002

342 »Merkel hat Merz aus dem Weg geräumt, wie man Bäume umhaut, wenn man eine neue Autobahn bauen will« (vgl. Der Spiegel 45/2002, S. 54)

343 Höhler, Die Patin ..., S. 54ff.

344 Vgl. FAZ vom 4.3.2004. Hier ist von einer »Demütigung für Schäuble« die Rede

345 Vgl. Kapitel 4

346 Höhler, Die Patin ..., S. 25ff. Vgl. auch Dirk Kurbjuweit, Angela Merkel – Die Kanzlerin für alle?, München 2009, S. 37ff.

347 Kurbjuweit, Angela Merkel ..., S. 55

348 Joachim Gauck bei der ZEIT-Matinee am 16.10.2011. Der genaue Wortlaut lautete: »Mir gefällt diese Nüchternheit, sie hat nicht diese Gockelhaftigkeit wie viele ihrer männlichen Kollegen. Aber es fehlt ihr die Erkennbarkeit. Ich respektiere sie, aber ich kann sie nicht erkennen« (zit. nach https://www.presseportal.de/pm/9377/2130474, abgerufen am 26.11.2019

349 Feldenkirchen, Die Schulz-Story ..., S. 106

350 Vgl. z.B. Kurbjuweit, Angela Merkel ..., S. 36 ff.

351 Höhler, Die Patin ..., S. 18–21

352 Interview mit Jürgen Rüttgers am 9.1.2019

353 Karl-Rudolf Korte, Die Bundestagswahl 2013 – Ein halber Machtwechsel, in: Korte (Hrsg.), Die Bundestagswahl 2013, Wiesbaden 2015, S. 9 ff., hier S. 23

KAPITEL 8

1 Vgl. Statistisches Bundesamt, Veränderungen des Bruttoinlandsprodukts (BIP) in Deutschland gegenüber dem Vorjahr von 1992 bis 2018, nach: statista, https://de.statista.com/statistik/daten/studie/2112/umfrage/veraenderung-des-bruttoinlandsprodukts, abgerufen am 27.11.2019. Zur Eurozone vgl. Wirtschaftskammer Österreich (WKO), Wirtschaftswachstum EU und Eurozone 2000–2019, www.wko.at/statistik/eu/europa-wirtschaftswachstum.pdf, abgerufen am 27.11.2019

2 Statista, Veränderungen des Bruttoinlandsprodukts ..., nach: a.a.O. (Anm. 1)

3 Deutsche Bundesbank, Eurosystem – Deutsche Staatsschulden sanken 2018 um 52 Milliarden auf 2.06 Billionen Euro – Schuldenquote von 64,5 % auf 60,9 %, www.bundesbank.de/de/presse/pressenotizen/deutsche-staatsschulden-783598, abgerufen am 27.11.2019. Die Schuldenuhr Europas nennt freilich andere Zahlen. Danach läge der Schuldenstand bei 71,2 % des BIP (www.smava.de/eurozone-schulden-uhr, abgerufen am 27.11.2019)

4 Zur Entwickklung von Import und Export vgl. Statistisches Bundesamt, Statistisches Jahrbuch 2019 – Deutschland und Internationales, S. 428. Zur Entwicklung des BIP vgl. auch Statistisches Bundesamt, nach: https://de.statista.com/statistik/daten/studie/1252/umfrage-entwicklung-des-bruttoinlandsprodukts, abgerufen am 27.11.2019

5 Vgl. Statista, in: https://de.statista.com/statistik/daten/studie/1224/umfrage/arbeitslosenquote-in-deutschland-seit-2004, abgerufen am 27.11.2019

6 Statistisches Bundesamt, Statistisches Jahrbuch 2019, S. 361

7   Vgl. Bundesagentur für Arbeit, Der Arbeitsmarkt in Zahlen 2005 bis 2015, Nürnberg 2016, S. 11. Vgl. auch dies., Der Arbeitsmarkt in Deutschland 2018, Amtl. Nachrichten der Bundesagentur für Arbeit, 66. Jg., Sondernummer 2, Oktober 2019, S. 80

8   Statistisches Bundesamt, Statistisches Jahrbuch 2019, S. 364

9   Ebenda, S. 361

10   Vgl. Statistisches Bundesamt, Statista, in: https://de.statista.com/statistik/daten/studie/238830/umfrage/anzahl-der-selbstaendigen-in-deutschland, abgerufen am 27.11.2019

11   Vgl. Statistisches Bundesamt, statista, in: https://de.statista.com/statistik/daten/studie/158665/umfrage-freie-berufe-seit-1992/, abgerufen am 28.11.2019

12   Statistisches Bundesamt, Statistisches Jahrbuch 2019, S. 670

13   Ebenda, S. 524 ff.

14   Vgl. Statistisches Bundesamt, statista, in: https://de.statista.com/statistik/daten/studie/252133/umfrage-anteil-der-wirtschaftszweige-an-der-bruttowertschöpfung, abgerufen am 27.11.2019

15   Vgl. Statistisches Bundesamt, Reallöhne und Nettoverdienste, in: www.destatis.de/DE/Themen/Arbeit/Vedienste/Realloehne-Nettoverdienste/Tabellen, abgerufen am 29.11.2019. Vgl. auch www.sozialpolitik-aktuell.de/tl_files/sozialpolitik-aktuell/_Politikfelder/Einkommen-Art-Datensammlung, abgerufen am 29.11.2019, Vgl. auch WSI-Verteilungsmotor, www.boeckler.de/wsi_50512.htm, abgerufen am 29.11.2019. Vgl. auch WSI-Mitteilungen 53, 2019, S. 14

16   Zum Reallohnindex vgl. Entwicklung der Reallöhne, der Nominallöhne und der Verbraucherpreise in Deutschland, in: de.statista/com/statistik/daten/studie/384228/_umfrage-entwicklung-der-realloehne-nominallloehne, abgerufen am 29.11.2019

17   Vgl. z.B. Pressemitteilung des Statistischen Bundesamtes vom 14.3.2017, Drei Viertel des Gender Pay Gaps lassen sich mit Strukturunterschieden erklären, in: www.destatis.de/DE/Presse/Pressemitteilungen/2017/03/PD17_094-621.htm, abgerufen am 29.11.2019. Vgl. auch Marcel Fratzscher, Nein, der Gender-Pay-Gap ist kein Mythos, in: Zeit-online vom 22.3.2019, in: www.zeit.de/wirtschaft/2019-03/gehaltsunterschiede-gender-pay-gap, abgerufen am 29.11.2019 sowie Institut der Deutschen Wirtschaft, Bereinigter Verdienstunterschied in Deutschland leicht rückläufig, in: www.iwkoeln.de/studien/kurzberichte/joerg-schmidt-bereinigter-verdienstunterschied-in-D-leicht-rückläufig, abgerufen am 29.11.2019

18   Die Abgabenquote der Arbeitnehmer ist danach in der Merkel-Ära von 32 auf 34 Prozent der Bruttolöhne und -gehälter gestiegen. Vgl. www.sozialpolitik-aktuell.de/t/_files/sozialpolitik-aktuell/Politikfelder/Finanzierung/Datensammlung/PDF, abgerufen am 29.11.2019. Vgl. auch www.destatis.de/DE/Themen/Wirtschaft/Volkswirtschaftliche-Gesamtrechnungen-Inlandsprodukt, abgerufen am 29.11.2019

19 Vgl. Statistisches Bundesamt, Fachserie 15, Reihe 3, Leben in Europa – Einkommen und Lebensbedingungen in Deutschland und der Europäischen Union, S. 19

20 Vgl. Zeit-online vom 11.6.2019, Dax-Vorstände verdienen 52mal so viel wie ihre Angestellten, www.zeit.de/wirtschaft/boerse/2019-06, abgerufen am 29.11. 2019. Vgl. auch de.statista.com/statistik/daten/studie/163233/umfragen/gehalt-der-dax-vorstandschefs, abgerufen am 29.11.2019 u. Spiegel-online vom 23.3. 2018, www.spiegel.de/wirtschaft/unternehmen/dax-vorstände-das-sind-die-topverdiener-a-119966, abgerufen am 29.11.2019 sowie Süddeutsche Zeitung, SZ.de vom 5.7.2018, Dax-Vorstände verdienen 71mal so viel wie ihre Mitarbeiter, in: www.sueddeutsche.de/wirtschaft/dax-vorstaende-gehalt-1.4041588, abgerufen am 29.11.2019

21 Vgl. Eurostat, Online-Datenbank. Einkommensquintilverhältnis, Stand vom November 2018. Vgl. Bundeszentrale f. polit. Bildung, Zahlen und Fakten – Europa, www.bpb.de, abgerufen am 29.11.2019

22 Nach den Daten der Bundesbank besitzen die reichsten zehn Prozent der Deutschen mehr als die Hälfte aller Vermögenswerte. Vgl. Deutsche Bundesbank, Monatsbericht, April 2019, Vermögen und Finanzen privater Haushalte in Deutschland, Ergebnisse der Vermögensbefragung 2017, www.bundesbank. de>blob>2019-04-vermoegensbefragung-data, abgerufen am 29.11.2019. Vgl. die Daten bei Credit Suisse, Global Wealth, Databook 2015 und 2016, in: web.archive. org/web/20170921085716/http://publications.credit-suisse.com.tasks.render/file, abgerufen am 29.11.2019. Vgl. auch Zeit-online vom 27.8.2019, www.zeit.de/wirt schaft/2019-08/vermögensverteilung-reichtum-finanzen-gerechtigkeit, abgerufen am 29.11.2019

23 Süddeutsche Zeitung, SZ.de vom 3.5.2019, Fusion von Daimler und Chrysler gescheitert, in: www.sueddeutsche.de/wirtschaft/gescheiterte-fusion-von-daimler-und-chrysler-html.de, abgerufen am 29.11.2019

24 Wirtschaftswoche vom 24.7.2019, Daimler wird noch chinesischer – und das ist gut so. Schon 2018 hatte sich der chinesische Auto-Milliardär Li Shifu fast 10 Prozent der Daimler-Aktien gesichert

25 Vgl. Die größten Arbeitgeber in Deutschland, https://zutun.de vom 12.6.2019, www.google.com/search?client=firefox-b-dq=größter+arbeitgeber+deutsch land+nach+mitarbeitern, abgerufen am 29.11.2019

26 Statistisches Bundesamt, Statista, in: https://de.statista.com/statistik/studie/ umfrage/umsatz-der-deutschen-automobilindustrie, abgerufen am 30.11.2019

27 Vgl. Statistisches Bundesamt, statista, https://de.statista.com/themen/1373/ it-branche-deutschland, abgerufen am 30.11.2019

28 Statistisches Bundesamt, Statistisches Jahrbuch 2019, S. 542/543

29 Insgesamt hat sich der Anteil der Menschen, die Zufriedenheit mit ihrer materiellen Lage angeben, im Laufe der Merkel-Jahre verdoppelt. Vgl. Statista Research Departments vom 29.10.2019. Nach dem Vermögensbarometer des Deutschen Sparkassen- und Giroverbandes beurteilten im Herbst 2019 43 % der Bundesbürger ihre finanzielle Lage als gut bis sehr gut. Vgl. www.dsgv.de/sparkassen-finanzgruppe/publikationen/vermoegensbarometer.html, aufgerufen am 9.12.2019

30 Mitgliederzahlen der politischen Parteien in Deutschland am 31. Dezember 2018, https://de.statista.com/statistik/daten/studie/1339/umfrage/mitgliederzahlen-der-politischen-parteien, abgerufen am 29.11.2019. Vgl. auch Oskar Niedermayer, Arbeitshefte aus dem Otto-Stammer-Zentrum, Nr. 30, FU-Berlin, Berlin 2019

31 Der Anteil der Parteimitglieder unter 25 Jahren liegt bei der CDU nur bei 2,7, bei der CSU nur bei 1,8 Prozent. Bei der SPD beträgt er 4,1 Prozent. Der Altersdurchschnitt der Mitglieder von CDU, CSU und SPD liegt bei 60 Jahren, der der FDP-Mitglieder beträgt 52 Jahre. Nur die Grünen sind mit 49 Jahren im Durchschnitt etwas jünger. Vgl. Niedermayer, a.a.O. Vgl. auch SZ vom 29.7.2019

32 Nach Angaben von Bundesgeschäftsführer Michael Kellner beim Grünen-Bundesparteitag am 15.11.2019 lag diese Zahl Ende 2019 bei 93 000. Inzwischen sollen es über 100 000 sein

33 Vgl. die verschiedenen Wählerwanderungsbilanzen von infratest dimap bei Tagesschau.wahl.de

34 Eine Umfrage von Infratest Sozialforschung hat 2013 ermittelt, dass sich etwa 1 % der Bürger wöchentlich in Bürgerinitiativen, Parteien oder der Kommunalpolitik engagieren. 2 % engagieren sich einmal im Monat, 9 % selten, 87,5 % nie. Vgl. Statista Research Department, nach: de.statista.com/statistik/daten/studie/179830/umfrage/haeufigkeit, abgerufen am 29.11.2019

35 Vgl. Stefan Eisel, Internet und Demokratie, Studie der Konrad-Adenauer-Stiftung, Bonn 2011, S. 50

36 Ders., Internet und Demokratie, Dezember 2016, in: www.kas.de/einzeltitel/-/content/internet-und-demokratie, These 4

37 Natalie Beisch/Wolfgang Koch/Carmen Schäfer, ARD/ZDF-Onlinestudie 2019: Mediale Internetnutzung und Video-on-Demand gewinnen weiter an Bedeutung, in: Media Perspektiven 9/2019, S. 374 ff., hier S. 378, Tab. 4

38 Eisel, Internet und Demokratie (wie Anm. 36)

39 Statistik des Deutschen Feuerwehrverbandes, www.feuerwehrverband.de/statistik.html, abgerufen am 30.11.2019

40 Angaben zum DRK nach https://de.statista.com/statistik/daten/studie/umfrage-anzahl-der-mitglieder-und-verbaende-des-roten-kreuzes, abgerufen am 30.11.2019. Vgl. auch DRK-Jahrbuch 2017, Berlin 2019, S. 57

41 Vgl. die Mitgliederstatistiken des DOSB und seiner einzelnen Mitgliedsverbände, www.dosb.de/medien-service-statistiken, Bestandserhebung 2019, S. 3 und S. 13, abgerufen am 30.11.2019

42 Ebenda, Bestandserhebung, S. 13

43 Vgl. Günter Burkart, Handymania – Wie das Mobiltelefon unser Leben verändert hat, Frankfurt/New York 2007

44 Die täglichen mobilen Nutzer haben sich zwischen 2014 und 2019 mehr als verdoppelt. Nur ein Viertel der Bevölkerung geht nie von unterwegs ins Internet oder ist gar nicht online. Vgl. Beisch/Koch/Schäfer, ARD-Onlinestudie …, in: Media Perspektiven 9/2019 …, S. 376 ff.

45 Bei den 14 bis 29jährigen nutzen inzwischen 60 % Instagram, nur jeder zweite aus dieser Altersgruppe nutzt Facebook. Vgl. ebenda, S. 382. Zur Facebook-Statistik vgl. de.statista.com/statistik/daten/studie/554140/umfrage/anteil-der-monatlich-aktiven-facebook-nutzer-in-deutschland, abgerufen am 30.11.2019

46 Beisch/Koch/Schäfer …, Media Perspektiven 9/2019, S. 379.

47 Beisch/Koch/Schäfer …, a.a.O.

48 Entwicklung der durchschnittlichen täglichen Nutzungsdauer des Internets in Deutschland in den Jahren 2000 bis 2018, in: https://de.statista.com/statistik/daten/studie/1388/umfrage-taegliche-nutzung-des-internet-in-minuten, abgerufen am 30.11.2019

49 Beisch/Koch/Schäfer …, a.a.O., S. 379, Tab. 5.

50 29 % der männlichen Jugendlichen zwischen 13 und 18 Jahren sehen Videos bei YooTube über aktuelle Nachrichten. Vgl. Grunddaten Jugend und Medien, Bayerischer Rundfunk, www.br-online.de/jugend/izi/Grunddaten_Jugend_Medien.pdf, abgerufen am 30.11.2019

51 Eine ZDF-Studie aus 2016 zeigt, dass jeder dritte Nutzer nicht weiß, von welchem Absender der gewünschte Content stammt. Jedem zweiten war es gleich. Vgl. Beate Frees/Wolfgang Koch, ARD/ZDF-Onlinestudie 2018: Zuwachs bei medialer Internetnutzung und Kommunikation, in: Media-Perspektiven 9/2018, S. 404. Zu Google vgl. Zeit-online vom 30.11.2010, www.zeit.de/wirtschaft/2010-1/ein-google-kartellverfahren, abgerufen am 1.12.2019. Vgl. auch Torsten Fricke/Ulrich Novak/Robert Epstein/Thomas Höpner, Die Akte Google: Wie der US-Konzern Daten missbraucht, die Welt manipuliert und Jobs vernichtet, München 2015 u. Birgit Stark/Dieter Dörr/Stefan Aufenanger (Hrsg.), Die Googleisierung der Informationssuche, München 2014 sowie Thomas Suhle, Was Google wirklich will, 3. Aufl., München 2017

52 Zu Fake-News Katrin Götz-Votteler/Simon Hesper, Alternative Wirklichkeiten? Wie Fake News und Verschwörungstheorien funktionieren und warum sie Aktualität haben, Bielefeld 2019 u. Wolfgang Schweiger, Der (des)informierte Bürger im Netz, Wiesbaden 2017

53 Kristina Danz, Wieso Youtuber wie Rezo kommerzielle Werbeträger sind, in: FAZ.net vom 25.5.2019, www.faz.net/aktuell/politik/inland, abgerufen am 1.12.2019. »Viele Influencer erreichen auf Plattformen wie YouTube mehr Menschen als journalistische Formate. Problematisch wird das, wenn sie finanzielle Interessen verfolgen, aber wie authentische Nachbarsjungen von nebenan wirken« (a.a.O.). Vgl. auch Spiegel-online vom 20.5.2019, YouTuber rechnet mit CDU ab, www.spiegel.de/deutschland, abgerufen am 1.12.2019

54 Pressemitteilung des ifh Köln, www.ifhkoeln.de/pressemitteilungen/details/ifh-prognose-onelinehandel-in-deutschland-waechst-bis-2021-die-80-milliarden-grenze, abgerufen am 1.12.2019. Skeptischer dagegen Handelsjournal vom 6.1.2016. Hier werden die Grenzen des Wachstums als bald erreicht angesehen. Vgl. https://handelsjournal.de/handel/e-commerce/onelinehandel-grenzen-des-wachstums-in-sicht.html, abgerufen am 1.12.2019

55 Vgl. Manfred Spitzer, Digitale Demenz, München 2012

56 Andreas Reckwitz, Die Gesellschaft der Singularitäten, 6. Aufl., Berlin 2017, S. 11

57 Ebenda, S. 226f.

58 Ebenda, S. 375ff.

59 Ebenda, S. 380

60 Herbert Marcuse, Der eindimensionale Mensch, Neuwied 1967

61 Vgl. z.B. Frank Schirrmacher, Ego – Das Spiel des Lebens, München 2013. Vgl. auch ders. (Hrsg.), Technologischer Totalitarismus, Frankfurt/M 2015

62 Christoph Hübig/Peter Koslowski (Hrsg.), Maschinen, die unsere Brüder werden – Mensch-Maschine-Interaktion in hybriden Systemen, München 2008. Vgl. auch Thomas Klauß/Annika Mierke, Szenarien einer digitalen Welt – heute und morgen, München 2017. Google hat schon 2012 das Patent für eine Roboterdatenbank beantragt. Vgl. Kurt Vogler-Ludwig/Nicola Düll/Ben Kriechel, Arbeitsmarkt 2030 – Wirtschaft und Arbeitsmarkt im digitalen Zeitalter, München 2016, S. 73, Anm. 17

63 Casten Brzenski/Inga Burk, Die Roboter kommen. Folgen der Automatisierung für den deutschen Arbeitsmarkt, Frankfurt/M 2015, www.ing-diba.de/pdf/ueber/uns/presse/publikationen/ing-diba-economie-research-die-roboter-kommen.pdf, abgerufen am 1.12.2019

64 Juliane Landmann/Stefan Heumann (Hrsg.), Auf dem Weg zum Arbeitsmarkt 4.0? Mögliche Auswirkungen der Digitalisierung auf Arbeit und Beschäftigung in Deutschland bis 2030, Gütersloh 2016

65 Vogler-Ludwig/Düll/Kriechel, Arbeitsmarkt 2030 …

66 Institut für Arbeitsmarkt und Beschäftigungsforschung, Digitalisierung der Arbeitswelt: Bisherige Veränderungen und Folgen für den Arbeitsmarkt. Stellungnahme des IAB zur Anhörung der Enquete-Kommission »Berufliche Bildung in der digitalen Arbeitswelt« des Deutschen Bundestages im Februar 2019

67 Bundesministerium für Verkehr und digitale Infrastruktur, Ethik-Kommission Automatisiertes und vernetztes Fahren, Bericht, Juni 2017, S. 11

68 Vgl. Hans-Bredow-Institut für Medienforschung der Universität Hamburg, Zur Entwicklung der Medien in Deutschland zwischen 2013 und 2016 – Wissenschaftliches Gutachten zum Medien- und Kommunikationsbericht der Bundesregierung, Hamburg 2017, S. 16, Tab. 9

69 Vgl. Informationsgemeinschaft zur Feststellung der Verbreitung von Werbeträgern e. V., Quartalszahlen nach www.ivw.eu/aw/print/qua, abgerufen am 3.12.2019

70 Ebenda

71 Bredow-Institut, Zur Entwicklung ..., S. 22

72 Ebenda, Tabelle 16

73 Vgl. Walter Klingler/Irina Turecek, Medienzeitbudgets und Tagesablaufverhalten, Ergebnisse auf Basis der ARD/ZDF-Studie Massenkommunikation 2015, in: Media Perspektiven 2/2016, S. 98 ff., hier S. 100 f.

74 Bredow-Institut, Zur Entwicklung ..., S. 20, Tab. 14

75 Ebenda, S. 16, Tab. 8

76 Bestsellerangaben nach Spiegel-online und dem Börsenblatt des Deutschen Buchhandels

77 Bredow-Institut, Zur Entwicklung ..., S. 28

78 Ebenda

79 Ebenda, S. 29 f., Tab. 19 u. 20

80 Ebenda, Tab. 19

81 Vgl. Offizielle Deutsche Charts, Top 100 Single-Jahrescharts, 2005 ff., www.offiziellecharts.de/single-jahr/for-date, 2005 – 2018, abgerufen am 4.12.2019

82 Ebenda

83 Vgl. www.charts.de/musik-charts/alben, abgerufen am 4.12.2019. Vgl. auch www.offizielle.charts.de/charts/album, abgerufen am 4.12.2019

84 Vgl. Stuttgarter Nachrichten, StN.de vom 30.6.2018, Haben es die Stones noch drauf, www.stuttgarter-nachrichten.de/inhalt-nachkritik, abgerufen am 4.12.2019

85 Statistisches Bundesamt, Statistisches Jahrbuch 2019, S. 207

86 Vgl. Karl-Heinz Reuband (Hrsg.), Oper, Publikum und Gesellschaft, Wiesbaden 2017 sowie Berthold Seeliger, Klassenkampf – Ernste Musik, Bildung und Kultur für alle, Berlin 2017

87 Karl-Heinz-Reuband, Der Besuch von Theatern und Opern in der Bundesrepublik, in: Jahrbuch 2014, www.phil_fak.uni_duesseldorf.de/fileadmin/ Redaktion/Institute/Sozialwissenschaften/Soziologie/Dokumente, abgerufen am 4.12.2019. Vgl. auch Das Publikum von Theater und Oper, www.kulturmanage ment.net/Themen, S. 359 ff., hier S. 365, abgerufen am 4.12.2019

88 Das Publikum …, S. 369

89 Vgl. Sueddeutsche Zeitung, SZ.de vom 12.7.2018, »Terror« vor Faust, www. sueddeutsche.de/kultur/theaterstatistik-terror-vor-faust-1.4051533, abgerufen am 4.12.2019

90 Statistisches Bundesamt, Statistisches Jahrbuch 2019, S. 220

91 Marktanteil deutscher Filme am Kinomarkt in den Jahren 1996 bis 2018 (nach der Anzahl der Besucher), https://de.statista.com/statistik/daten/studie/ 4547/umfrage/marktanteil-deutsche-filme-seit-1996, abgerufen am 4.12.2019

92 Inside Kino, Die erfolgreichsten Filme in Deutschland, 2005 ff., www.inside kino.com/DJahr/D2005 und Folgejahre, abgerufen am 4.12.2019

93 Richter warf dem Regisseur vor, seine Biographie zu missbrauchen und »übel« zu verzerren. Donnersmarck entgegnete, Richter habe das Drehbuch gekannt und für gut befunden. Vgl. Gerhard Richter rechnet mit »Werk ohne Autor« ab, in: Monopol – Magazin für Kunst und Leben vom 19.1.2019, www.monopol-magazin.de/gerhard-richter-rechnet-mit-werk-ohne-autor-ab, abgerufen am 5.12.2019

94 Vgl. Anselm Kiefer – Sogar die Pinsel tragen Trauer, in: Zeit-online vom 17.12. 2016. www.zeit.de/2015/51/anselm-kiefer-kunst-erfolg-frankreich. Vgl. auch Zeit-online vom 30.3.2015. Abgerufen am 5.12.2019

95 Durchschnittliche tägliche Fernsehdauer nach Altersgruppen, in: Statistisches Bundesamt, Statistisches Jahrbuch 2019, S. 222

96 Statistisches Bundesamt, Statistisches Jahrbuch 2018, S. 220

97 Vaunet-Mediennutzungsanalyse, Mediennutzung in Deutschland 2018, in: www.vau.net/system/files/documents/vaunet_mediennutzung-2018-publikatio nen. Pdf, abgerufen am 5.12.2019

98 Statistisches Bundesamt, Statistisches Jahrbuch 2018, S. 221

99 Vgl. z.B. Werner Holly/Bernd Ulrich Biere, Medien im Wandel, Wiesbaden 2018. Konstantin Dörr, Zwischen Nachrichtenbürokratie und Boulevard – Eine Untersuchung der Nachrichtenstruktur der Hauptnachrichten des Deutschen Fernsehens, Berlin 2013. Zu einem differenzierten Urteil kommt die Dissertation von Jacob Leidenberger, »Boulevardisierung« von Fernsehnachrichten, Paris 2013. Sie bildet die Grundlage für die ohne Anführungszeichen auskommemde Publikation Boulevardisierung von Fernsehnachrichten, Wiesbaden 2015. Nach seiner Analyse ist die in den 1990er Jahren deutlich sichtbare Boulevardisierung in den Jahren um 2010 wieder zurückgegangen.

100 Vgl. z. B. Thomas Meyer, Mediokratie – Die Kolonisierung der Politik durch die Medien, Frankfurt/M 2001

101 Vgl. Jens Schröder, Der Quoten-Niedergang von »Wetten dass«, Blog vom 2. 3. 2009, https://archive.ph/20130708104620/http:/meedia.de/background/meedia-blogs/jens-schroeder/mv-analyzer-post/article/de, aufgerufen am 6.12.2019. Vgl. auch Entwicklung der Zuschauerzahlen, multimedia.zdf.de/2014/10/wetten-dass-statistik/index.htm, abgerufen am 6.12.2019

102 Vgl. Meedia vom 27.12.2017, Krimi-Format in der Krise? Tatort-Zuschauerzahl sinkt 2017 auf niedrigsten Wert seit sechs Jahren, https://meedia.de/2017/12/27/durchschnittsquote-so-tief-wie-seit-sechs-jahren-nicht-mehr-tatort, abgerufen am 6.12.2019 oder Spiegel-online, Schwund beim Topformat, www.spiegel.de/kultur/tv/tatort-quoten-2018-schweiger-und-schweiz-enttäuschten-am-meisten, abgerufen am 6.12.2019

103 www.quotenmeter.de/n/6409/quotenmeter-germany-s-next-topmodel und www.quotenmeter.de/n/109597/quotenverluste-fuer-germany-s-next-topmodel-by-heidi-klum, beides abgerufen am 6.12.2019

104 Stefan Raab, Quotenmeter vom 21.12.2015, www.quotenmeter.de/n/82727/quotencheck-schlag-den-raab, abgerufen am 6.12.2019

105 Die ZEIT sprach von einem »Meilenstein der deutschen TV-Geschichte«, die FAZ von einem »Glücksfall fürs Publikum«. Das aber zeigte sich reserviert. Im Durchschnitt sahen nur 2,1 Millionen die ersten fünf Folgen. Die schwachen Quoten führten zur Änderung des Sendeplatzes bei der Ausstrahlung der übrigen Folgen. Vgl. Süddeutsche Zeitung, SZ.de vom 11.11.2010 u. Spiegel-Online vom 22.10.2010, www.spiegel.de/kultur/tv/im-angesicht-des-verbrechens-himmelspforte-und-hoellentor, abgerufen am 6.12.2019

106 Die WELT titelte am 30.7.2014 »ARD stopft Sommerloch mit einem Fernsehwunder«. Vgl. www.welt.de/kultur/article130682618/ARD-stopft-sommerloch-mit-einem-fernsehwunder, abgerufen am 6.12.2019. Der Film erreichte bei seiner Erstausstrahlung knapp fünf Millionen Zuschauer

107 Alle Angaben nach www.quotenmeter.de/tag/babylon+Berlin/, abgerufen am 6.12.2019

108 Vgl. Spiegel-Online vom 15.4.2016, Staatsaffäre Böhmermann – Die Fakten, www.spiegel.de/kultur/tv/jan-boehmermann-das-sind-die-fakten-der-staatsaffaere-a-108057, abgerufen am 6.12.2019

109 Vgl. Cicero, Hft. 5/2012. Vgl. auch Bernd Gäbler, Quatsch oder Aufklärung?, Witz und Politik bei »Heute Show« und Co, Arbeitsheft 88 der Otto-Brenner-Stiftung, Frankfurt/M 2016

110 Vgl. z.B. Eugénie Bott, Lebensstil, qualmvoll verteidigt, Rezension zu Mark Kuntz' Erzählung »Der letzte Raucher«, ZEIT Nr. 3/2007 vom 11.1.2007. Vgl. Christina Peri-Rossi, Die Zigarette – Leben mit einer verführerischen Geliebten, Berlin 2006

111 Statista, Anteil der ausländischen Bevölkerung an der Gesamtbevölkerung in Deutschland von 1991 bis 2018, https://de.statista.com/statistik/daten/studie/14271/umfrage/deutschland-anteil-auslaender-an-bevoelkerung, abgerufen am 7.12.2019

112 Vgl. Statistisches Bundesamt 2018, Bevölkerung mit Migrationshintergrund, Fachserie 1, Reihe 2.2., nach: www.sozialpolitik-aktuell/H_files/sozialpolitik-aktuell/_Politikfelder/Bevoelkerung/Datensammlung.pdf und Statista, https://de.statista.com/statistik/daten/studie/1221/umfrage/anzahl-der-auslaender-in-deutschland, beides abgerufen am 7.12.2019

113 Vgl. Statistisches Bundesamt, Europäische Union: Anteil ausländischer Staatsangehöriger an der Gesamtbevölkerung in den Mitgliedsstaaten im Jahr 2018, https://de.statista.com/statistik/daten/studie/73995/umfrage/auslaender anteil-an-der-bevoelkerung-der-laender-der-eu, abgerufen am 7.12.2019

114 BAMF (Hrsg.), Migrationsbericht der Bundesregierung 2016/17, Berlin 2019, S. 40, Tabelle 1-1

115 Vgl. Pressemitteilung des BMI, Januar 2014, www.bmi.bund.de/Shared Docs/pressemitteilungen/DE/2014/01/asylzahlen_2013_.html, abgerufen am 8.12.2019

116 BAMF (Hrsg.), Migrationsbericht 2016/17 … (wie Anm. 114)

117 Vgl. Pressemitteilung des BMI vom 14.1.2015, 202384 Asylanträge im Jahr 2014, www.bmi.bund.de/Shared Docs/pressemitteilungen/DE/2015/01/asylzah len_2014.html, abgerufen am 8.12.2019

118 BAMF (Hrsg.), Migrationsbericht 2016/17 … (wie Anm. 114 u. 116)

119 Ebenda, S. 124

120 Ebenda, S. 106, Abb. 3-12 u. S. 132, Abb. 3-20

121 Vgl. Zu- und Fortzüge über die Grenzen Deutschlands nach Herkunfts- und Ziellländern, ebenda, S. 224 ff. (bes. Tab. 1.7 u. 1.8) und »Die zehn Hauptherkunfts-länder von Asylantragstellern 2012 – 2017«, in: ebenda, S. 272

122 Ebenda, S. 114

123 Geschlechtsstruktur der ausländischen Bevölkerung nach ausgewählten Staatsangehörigkeiten am 31.12.2017, ebenda, S. 206

124 Ausländische Bevölkerung nach Bundesländern in den Jahren 2016 und 2017, ebenda, S. 316, Tab. 7-11

125 Ebenda, S. 195, Tabelle 7-2 (Zahlen von 2017)

126 Vgl. z. B. Ahmad Mansour, Klartext zur Integration – Gegen falsche Toleranz und Panikmache, Frankfurt/M 2018

127 Cornelia Koppetsch, Die Gesellschaft des Zorns, Bielefeld 2019

128 Vgl. IAB-Presseinformation vom 25. 1. 2019 (mit BAMF und SOEP), Mehr und mehr Geflüchtete sprechen gut deutsch, nutzen Bildungsangebote und integrieren sich in den Arbeitsmarkt, www.iab.de/de/informationsservice/presse/presse informationen/iab0319.aspx, abgerufen am 11. 12. 2019

129 Bundesagentur für Arbeit, Auswirkungen der Migration auf den deutschen Arbeitsmarkt, Berichte: Arbeitsmarkt Kompakt, November 2019, S. 19, Tab. 2

130 Ebenda

131 Zu den Tariflöhnen vgl. WSI-Tarifarchiv 2019, Taschenbuch Tarifpolitik, Düsseldorf 2019, Tab. 2.6.

132 Jahresbericht der Bundesregierung zum Stand der Deutschen Einheit 2019, Berlin 2019, S. 37, Abb. 2. Vgl. auch Tabellen 7 u. 8, S. 38

133 Ebenda, S. 37, Tab. 6

134 Ebenda, S. 41 f. Vgl. auch Abb. 3

135 Ebenda, S. 49, Abb. 6

136 Median des äquivalenzgewichteten Monatsnettoeinkommens, ebenda, S. 53, Tab. 7

137 Ebenda, S. 54, Abb. 9

138 Ebenda, S. 98 f. Das BIP lag pro Einwohner im deutschen Schnitt 2018 bei 40 851 Euro. Während die Menschen im Westen einen Betrag von 42 971 Euro erreichten, blieben die neuen Länder (ohne Berlin) mit 29 664 Euro deutlich dahinter zurück (vgl. Wirtschaftsdaten Neue Länder)

139 Ebenda, S. 99

140 Ebenda, S. 101. Vgl. Tabelle zum Anteil an der Bruttowertschöpfung 2018

141 Vgl. ebenda, Tab., S. 112

142 Ebenda, S. 106 f.

143 Jahresbericht der Bundesregierung zum Stand der Deutschen Einheit 2018, Investitionen in der Gesamtwirtschaft und dem verarbeitenden Gewerbe, S. 18

144 Vgl. Die Welt vom 4. 5. 2014, Deutsche Einheit kostet 2 000 000 000 000 Euro, www.weltde/politik/deutschland/article127595786/Deutsche-Einheit-kostet-2-000-000-000-000 Euro, abgerufen am 9. 12. 2019. Vgl. auch Gutachten des Wissenschaftlichen Dienstes des Deutschen Bundestages vom 22. 2. 2018, Transferzahlungen an die ostdeutschen Bundesländerr, www.bundestag.de/ressource/blob/550094/8e17e37a176c0f9c69150314bed6894d/WD-4-033-18, abgerufen am 9. 12. 2018

145 Statistisches Bundesamt, Statistisches Jahrbuch 2019, S. 348

146 Ilko-Sascha Kowalczuk, Die Übernahme – Wie Ostdeutschland Teil der Bundesrepublik wurde, 5. Aufl., München 2019, S. 164

147 Vgl. Michael Bluhm/Olaf Jacobs, Wer beherrscht den Osten? Ostdeutsche Eliten ein Vierteljahrhundert nach der deutschen Wiedervereinigung, Leipzig 2016, zit. nach Mau, Lütten Klein …, S. 181 ff.

148 Ebenda, S. 233

149 John Keane, The Life and Death of Democracy, London 2009

KAPITEL 9

1   Ludwig Dehio, Deutschland und die Weltpolitik im 20. Jahrhundert, München 1955, S. 13

2   Zit. nach Hans Kundnani, German Power – Das Paradox der der deutschen Stärke, München 2016, S. 160. Vgl. auch Dominik Geppert, Halbe Hegemonie – Das deutsche Dilemma, in: Aus Politik und Zeitgeschichte, Hft. 6-7/2013

3   So z. B. in verschiedenen Reden von Bundespräsident Joachim Gauck zwischen 2012 und 2017. Vgl. auch oben. Wolfgang Schäuble hatte schon 2010 in einer Rede an der Pariser Sorbonne gefordert, Deutschland und Frankreich müssten gemeinsam die Rolle des »Hegemons« in Europa übernehmen. Vgl. Kundnani, German Power …, S. 162

4   Der Begriff taucht bei Winkler häufiger auf, in der Regel als Referat der Zuschreibungen der deutschen Nachbarn und Bündnispartner. Vgl. z. B. Winkler, Was bedeutet internationale Verantwortung Deutschlands? Rede zur außenpolitischen Jahrestagung der Heinrich-Böll-Stiftung am 26.6.2014, www.boell.de/de/2014/06/26, abgerufen am 3.2.2020. Vgl. auch Winkler, Zerbricht der Westen? …

5   Vgl. Oskar Lafontaine, Die Gesellschaft der Zukunft, Hamburg 1988, S. 188 ff. Vgl. auch Peter Glotz, Der Irrweg des Nationalstaats, Stuttgart 1990

6   Helmut Kohl referierte vor dem CDU-Parteivorstand am 20.2.1994, er habe »inzwischen einsehen müssen«, dass der Satz aus dem CDU-Grundsatzprogramm, »unser Ziel ist die Herausbildung eines demokratischen europäischen Bundesstaates«, so nicht haltbar sei. »Ich finde niemanden innerhalb der europäischen Gemeinschaft von heute, der Union, der dies so versteht, wie wir es verstanden haben« (Helmut Kohl, Berichte zur Lage 1949–1998 – Der Kanzler und Parteivorsitzende im Bundesvorstand der CDU Deutschlands …, S. 554)

7   Vgl. Rede des Bundesministers des Auswärtigen Joschka Fischer am 12. Mai 2000 in der Humboldt-Universität in Berlin, www.bundesregierung.de/breg-de/service/bulletin/rede-des-bundesministers-des-auswaertigen, abgerufen am 3.2. 2020

8   Richard Schröder, Deutschland einig Vaterland, in: FAZ vom 30.12.2019

9   Vgl. z.B. das Schreiben des Vorsitzenden des Sachverständigenrates zur Begutachtung der gesamtwirtschaftlichen Entwicklung, Hans K. Schneider, an Bundeskanzler Helmut Kohl am 9.2.1990, zit. nach Andreas Wirsching, Abschied vom Provisorium – Geschichte der Bundesrepublik Deutschland 1982–1990, München 2006, S. 674 ff.

10 Vgl. z.B. Marcus Böick, Die Treuhand ..., S. 100 ff.

11 Schröder, Deutschland einig Vaterland ...

12 Vgl. Ulrich Beck, Die Erfindung des Politischen, Frankfurt/M 1993

13 Andreas Reckwitz, Die Gesellschaft der Singularitäten ..., S. 429 f.

14 Ebenda, S. 431

15 Ebenda, S. 434 f.

16 Ebenda, S. 17

17 Udo di Fabio, Europas Verfassungskrise, in: FAZ vom 8.6.2020

18 Schröder, Deutschland einig Vaterland ...

QUELLEN UND LITERATUR

AUTOBIOGRAPHIEN UND BIOGRAPHIEN

Wolf Biermann, Warte nicht auf bessre Zeiten, Berlin 2016
Tony Blair, A Journey, London 2011
Nikolaus Blome, Angela Merkel – Die Zauderkünstlerin, München 2013
Rainer Burchhardt/Werner Knobbe, Björn Engholm – Die Geschichte
    einer gescheiterten Hoffnung, Stuttgart 1993
George Bush jr., Decision Points, New York 2010
Jürgen Busche, Helmut Kohl – Anatomie eines Erfolgs, Berlin 1998

Bill Clinton, Mein Leben, Berlin 2004

Roman Deininger/Uwe Ritzer, Markus Söder – Politik und Provokation,
    München 2018
Jacques Delors, Erinnerungen eines Europäers, Berlin 2004
Klaus Dreher, Helmut Kohl – Leben mit Macht, Stuttgart 1998

Joschka Fischer, Die Rot-Grünen Jahre, Köln 2007
Joschka Fischer, I am not convinced – Der Irak-Krieg und die rot-grünen
    Jahre, Köln 2011

Matthias Geis/Bernd Ulrich, Der Unvollendete – Das Leben des Joschka
    Fischer, Berlin 2002
Hans-Dietrich Genscher, Erinnerungen, Berlin 1995
Mark Godfrey/Nicholas Serota/Dorothee Brill/Camille Morineau (Hrsg.),
    Gerhard Richter, München 2012
Michael Gorbatschow, Alles zu seiner Zeit – Mein Leben, Hamburg 2013

© Springer Fachmedien Wiesbaden GmbH, ein Teil von Springer Nature 2020
H. Kleinert, *Das vereinte Deutschland*,
https://doi.org/10.1007/978-3-658-26767-4

Jürgen Hogrefe, Gerhard Schröder – Ein Porträt, Berlin 2002

Gertrud Höhler, Die Patin, Zürich 2012

Helmut Kohl, Mein Tagebuch 1998–2000, München 2000

Helmut Kohl, Erinnerungen 1982–1990, München 2005

Helmut Kohl, Erinnerungen 1990–1994, München 2007

Helmut Kohl, Berichte zur Lage 1989–1998. Der Kanzler und Parteivorsitzende im Bundesvorstand der CDU Deutschlands. Bearbeitet und
hrsg.im Auftrag der Konrad-Adenauer-Stiftung von Günter Buchstab
und Hans-Otto Kleinmann, Düsseldorf 2012

Stefan Kornelius, Angela Merkel – Die Kanzlerin und ihre Welt, Hamburg
2013

Jens König, Gregor Gysi – Eine Biographie, Berlin 2005

Sybille Krause-Burger, Joschka Fischer – Der Marsch durch die Illusionen,
Stuttgart 1997

Dirk Kurbjuweit, Angela Merkel – Die Kanzlerin für alle?, München 2009

Oskar Lafontaine, Das Herz schlägt links, München 1999

Gerd Langguth, Angela Merkel – Aufstieg zur Macht, München 2007

Angela Merkel, Der Preis des Überlebens, Stuttgart 1997

Hans-Joachim Noack/Wolfram Bickerich, Helmut Kohl – Die Biographie,
Berlin 2010

Norbert F. Pötzl, Erich Honecker – Eine deutsche Biographie, Stuttgart/
München 2002

Karl Hugo Pruhys, Helmut Kohl – Die Biographie, Berlin 1995

Stefan Reinicke, Otto Schily – Vom RAF-Anwalt zum Innenminister,
Hamburg 2003

Ulrich Reitz, Wolfgang Schäuble, Bergisch-Gladbach 1996

Volker Resing, Angela Merkel – Die Protestantin, Leipzig 2015

Ralf Georg Reuth/Günther Lachmann, Das erste Leben der Angela M.,
2. Aufl., München 2013

Evelyn Roll, Das Mädchen und die Macht – Angela Merkels
demokratischer Aufbruch, Berlin 2001

Wolfgang Schäuble, Mitten im Leben, München 2000

Margit Schiller, Es war ein harter Kampf um meine Erinnerung – Ein Lebensbericht aus der RAF, Hamburg 1999

Christian Schmidt, »Wir sind die Wahnsinnigen« – Joschka Fischer und seine Frankfurter Gang, München/Stuttgart 1998

Gregor Schöllgen, Gerhard Schröder – Die Biographie, München 2016

Gerhard Schröder, Entscheidungen, Hamburg 2006

Hajo Schumacher, Roland Koch, Frankfurt/M 2004

Heribert Schwan/Rolf Steininger, Helmut Kohl – Virtuose der Macht, München 2011

Michael Schwelien, Joschka Fischer – Eine Karriere, Hamburg 2000

Hans-Peter Schwarz, Helmut Kohl – Eine politische Biographie, München 2012

Cora Stephan, Angela Merkel. Ein Irrtum, München 2011

Franz-Josef Strauß, Die Erinnerungen, Berlin (West) 1989

William Taubmann, Gorbatschow – Der Mann und seine Zeit, München 2018

Reinhard Urschel, Gerhard Schröder, Stuttgart 2002

Richard von Weizsäcker im Gespräch mit Gunter Hofmann und Werner A. Perger, Frankfurt/M 1992

Markus Wolf, Spionagechef im Kalten Krieg, München 1997

Christian Wulff, Ganz oben – ganz unten, München 2014

QUELLEN UND DOKUMENTE

Alternative für Deutschland, Grundsatzprogramm, Stuttgart 2016

Alternative für Deutschland, Programm für Deutschland – Wahlprogramm der Alternative für Deutschland für die Wahl zum Deutschen Bundestag am 24. September 2017, Berlin 2017

Antrag für die Sonder-BdK von Bündnis 90/Die Grünen am 9.10.1993, in: Makato Nishida, Strömungen bei den Grünen 1980–2003, Münster 2005

Aufbruch und Erneuerung – Deutschlands Weg ins 21. Jahrhundert. Koalitionsvereinbarung zwischen der Sozialdemokratischen Partei Deutschlands und Bündnis 90/Die Grünen, Bonn 1998

Bundesagentur für Arbeit (Hrsg.), Arbeitsmarkt 2009. Sondernummer der amtlichen Nachrichten der Bundesagentur für Arbeit, Nürnberg 2010

Bundesagentur für Arbeit, Arbeitslosigkeit im Zeitvergleich, Nürnberg 2014

Bundesagentur für Arbeit, Der Arbeitsmarkt in Zahlen 2005 bis 2015, Nürnberg 2016

Bundesagentur für Arbeit, Der Arbeitsmarkt in Deutschland 2018, Amtliche Nachrichten der Bundesagentur für Arbeit, 66. Jg., Sondernummer 2, Oktober 2019

Bundesagentur für Arbeit, Auswirkungen der Migration auf den deutschen Arbeitsmarkt, Berichte: Arbeitsmarkt Kompakt, November 2019

BAMF (Hrsg.), Muslimisches Leben in Deutschland – Forschungsbericht, Berlin 2009

BAMF, Das Bundesamt in Zahlen 2014 – Asyl, Migration und Integration, Nürnberg 2015

Bundesministerium für Gesundheit und soziale Sicherung (Hrsg.), Nachhaltigkeit in der Finanzierung der sozialen Sicherungssysteme, Bericht der Kommission, Berlin 2003

Bundesministerium des Inneren (Hrsg.), Islamismus, 2. Aufl., Berlin 2004

Bundesministerium des Inneren (Hrsg.), Muslime in Deutschland – Integration, Integrationsbarrieren, Religion sowie Einstellungen zu Demokratie, Rechtsstaat und politisch-religiös motivierter Gewalt, 2. Aufl., Berlin 2008

Bundesministerium des Inneren (Hrsg.), Migrationsbericht 2010, Berlin 2012

Bundesministerium des Inneren bzw. BAMF (Hrsg.), Migrationsbericht der Bundesregierung 2016/2017, Berlin 2019

Bundesministerium für Verkehr und digitale Infrastruktur, Bericht der Ethik-Kommission »Automatisiertes und vernetztes Fahren«, Berlin 2017

Bundespräsidialamt, Erklärung von Bundespräsident Steinmeier am 20.11.2017, Berlin 2017

Bündnis 90/Die Grünen, Grün ist der Wechsel – Programm zur Bundestagswahl 1998, Bonn 1998

Bündnis 90/Die Grünen, Bundestagswahlprogramm 2013, Berlin 2013

Bündnis 90/Die Grünen, Zukunft wird aus Mut gemacht – Bundestagswahlprogramm 2017, Berlin 2017

Bundesministerium für Familie, Senioren, Frauen und Jugend (Hrsg.), Familien ausländischer Herkunft in Deutschland, Berlin 2000

George Bush, Erster Bericht zur Lage der Nation des amerikanischen Präsidenten George Bush vom 28.2.2002, in: Internationale Politik, 57. Jg., Hft. 3/2002

Daniel Cohn-Bendit/Bernhard Kouchner, Quand tu seras président, Paris 2004

Der Beauftragte der Bundesregierung für die neuen Bundesländer, Jahresbericht zum Stand der Deutschen Einheit 2018, hrsg. vom BMWI, Berlin 2018

Der Beauftragte der Bundesregierung für die neuen Bundesländer, Jahresbericht zum Stand der Deutschen Einheit 2019, hrsg. vom BMWI, Berlin 2019

Deutsche Islam-Konferenz (Hrsg.), Drei Jahre Deutsche Islam-Konferenz 2006–2009, Muslime in Deutschland – deutsche Muslime, Berlin 2009

Deutscher Bundestag, Stenographische Berichte der Sitzungen der 12.–19. Legislaturperiode, Bonn/Berlin 1990–2020

Deutscher Bundestag, Gesetz zur Begrenzung der Bezügefortzahlung bei Krankheit, Drucksache 13/4613

Deutscher Bundestag, BT-Drucksache 14/3751

Enquetekommission »Zur Aufarbeitung von Geschichte und Folgen der SED-Diktatur in Deutschland«, Bericht, BT-Drucksache 12/7820 vom 31.5.1994

Enquetekommission des Deutschen Bundestages »Überwindung von Folgen der SED-Diktatur im Prozess der Deutschen Einheit, Bericht, BT-Drucksache 13/11000 vom 10.6.1998

Ethik-Kommission sichere Energieversorgung, Deutschlands Energiewende – Ein Gemeinschaftswerk für die Zukunft, Berlin 2011

Europäischer Konvent, Entwurf über eine Verfassung für Europa, Luxemburg 2003

Europäischer Rat/Rat der EU, Erklärung EU-Türkei, Pressemitteilung vom 18.3.2016

Joschka Fischer, Die Katastrophe in Bosnien und die Konsequenzen für unsere Partei Bündnis 90/Die Grünen – Ein Brief an die Bundestagsfraktion und an die Partei, Bonn 1995, Fundstelle: Archiv des Verfassers (samt Vorentwurf)

Joschka Fischer, Vom Staatenverbund zur Föderation – Gedanken über die Finalität der Europäischen Union. Rede in der Humboldt-Universität von Berlin, in: Hartmut Marhold (Hrsg.), Die neue Europadebatte, Bonn 2001

Gemeinsam für Deutschland – Mit Mut und Menschlichkeit, Koalitionsvertrag von CDU, CSU und SPD, Berlin 2005
Gesetz zur Begrenzung der mit Finanzinvestitionen verbundenen Risiken (Risikobegrenzungsgesetz) vom 12. 8. 2008, Bundesgesetzblatt 36/2008 vom 16. 8. 2008

Hans-Bredow-Institut für Medienforschung der Universität Hamburg, Zur Entwicklung der Medien in Deutschland zwischen 2013 und 2016 – Wissenschaftliches Gutachten zum Medien- und Kommunikationsbericht der Bundesregierung, Hamburg 2017
Hannes Heer u. a. (Hrsg.), Vernichtungskrieg. Verbrechen der Wehrmacht 1941 bis 1944, Hamburg 1995
Hessisches Statistisches Landesamt, Landtagswahlen in Hessen 1946– 2009

Institut für Arbeitsmarkt und Berufsforschung (IAB), Digitalisierung der Arbeitswelt: Bisherige Veränderungen und Folgen für den Arbeitsmarkt. Stellungnahme des IAB zur Anhörung der Enquete-Kommission »Berufliche Bildung in der digitalen Arbeitswelt« des Deutschen Bundestages im Februar 2019, Nürnberg 2019
Interview mit Angela Merkel, in: Frankfurter Allgemeine Sonntagszeitung vom 22. 5. 2016
Interview mit Angela Merkel, in: Frankfurter Allgemeine Sonntagszeitung vom 3. 6. 2018
Interview mit Christian Lindner, in: Der Stern vom 19. 10. 2017

Udo Kempf/Hans-Georg Merz, Kanzler und Minister 1998–2005, Wiesbaden 2008
Udo Kempf/Hans-Georg Merz, Kanzler und Minister 2005–2013, Wiesbaden 2015

Die Linke, Programmatische Eckpunkte – Programmatisches Gründungsdokument der Partei Die Linke, Berlin 2007
Die Linke, Sozial. Gerecht. Frieden. Für alle. Wahlprogramm zur Bundestagswahl 2017, Berlin 2017

Angela Merkel, Die von Helmut Kohl eingeräumten Vorgänge haben der Partei schweren Schaden zugefügt, in: Frankfurter Allgemeine Zeitung vom 22.12.1999

Ehrhardt Neubert, Untersuchung zu den Vorwürfen gegen den Ministerpräsidenten des Landes Brandenburg Dr. Manfred Stolpe im Auftrag der Fraktion Bündnis im Land Brandenburg, Berlin 1993

Regierungserklärung von Bundeskanzler Helmut Kohl in der 230. Sitzung des 13. Deutschen Bundestages vom 23.4.1998, BT-Protokoll der 13. WP, S. 21050 ff.
Regierungserklärung von Bundeskanzler Gerhard Schröder vom 10.11. 1998, BT-Drucksache 3/14
Regierungserklärung von Bundeskanzler Gerhard Schröder am 14.3. 2003, Mut zum Frieden und zur Verantwortung, Plenarprotokoll der 32. Sitzung des 15. Deutschen Bundestages
Regierungserklärung von Bundeskanzlerin Angela Merkel. Plenarprotokoll der 4. Sitzung des 16. Deutschen Bundestages
Jürgen Rüttgers, Der politisch-kulturelle Wandel – Ein Konzept zur Wiedergewinnung der strukturellen Mehrheitsfähigkeit der CDU, Konrad-Adenauer-Stiftung 2001

Gerhard Schröder/Tony Blair, Der Weg nach vorn für Europas Sozialdemokraten, in: Hans-Jürgen Arlt/Sabine Niehls, Bündnis für Arbeit – Konstruktion, Kritik, Karriere, Opladen 1999, S. 288 ff.
Sachverständigenrat der Bundesregierung, Jahresgutachten zur Begutachtung der gesamtwirtschaftlichen Entwicklung, 1991 ff.
Statistisches Bundesamt, Statistische Jahrbücher, 1991 ff.
Statistisches Bundesamt, Fachserie 15, Reihe 3, Leben in Europa – Einkommen und Lebensbedingungen in Deutschland und der Europäischen Union

Verfassungskommission von Bundestag und Bundesrat, Bundestags-Drucksache 12/6000 vom 5.11.1993
Verfassungsschutzberichte 2006 ff.

WSI-Mitteilungen (diverse Ausgaben)

Zukunftskommission Nordrhein-Westfalen 2025, Innovation – Beschäftigung – Leben, Berichte an die Zukunftskommission, Düsseldorf 2009

SEKUNDÄRLITERATUR

Sascha Adamek, Die Facebook-Falle – Wie das soziale Netzwerk unser Leben verkauft, München 2011

Günter Agde (Hrsg.), Kahlschlag – Das 11. Plenum des ZK der SED, Berlin 1991

Manfred Agethen/Eckard Jesse/Ehrhart Neubert (Hrsg.), Der missbrauchte Antifaschismus. DDR-Staatsdoktrin und Lebenslüge der deutschen Linken, Freiburg 2002

Thomas Ahbe, Die Konstruktion der Ostdeutschen, in: Aus Politik und Zeitgeschichte, Hft. 41-42/2004

Thomas Ahbe, Ostalgie: Zum Umgang mit der DDR-Vergangenheit in den 1990er Jahren, Erfurt 2005

Michel Albert, Kapitalismus contra Kapitalismus, Frankfurt/M 1992

Ulrich Albrecht/Sabine Riedel/Michael Kalmann/Paul Schäfer, Das Kosovo-Dilemma. Schwache Staaten und neue Kriege als Herausforderung des 21. Jahrhunderts, Münster 2001

Ulrich von Alemann, Der Wahlsieg der SPD von 1998: Politische Achsenverschiebung oder glücklicher Ausreißer, in: Oskar Niedermayer (Hrsg.), Die Parteien nach der Bundestagswahl 1998, Opladen 1999

Ulrich von Alemann, Das Parteiensystem in der Bundesrepublik Deutschland, 3. Aufl., Opladen 2003

Robin Alexander, Die Getriebenen – Merkel und die Flüchtlingspolitik, 5. Aufl., München 2017

Franz Lothar Altmann, Zwischen Annäherung und Ausgrenzung – Deutschlands Rolle in der europäischen Balkanpolitik, in: Werner Süß (Hrsg.), Deutschland in den neunziger Jahren, Opladen 2002

Elmar Altvater/Birgit Mahnkopf, Grenzen der Globalisierung, Münster 1996

Melanie Amann, Angst für Deutschland – Die Wahrheit über die AfD: Wo sie herkommt, wer sie führt, wohin sie steuert, München 2017

Reinhold Andert, Nach dem Sturz – Honecker im Kreuzverhör, Leipzig 2002

Andreas Appelt (Hrsg.), Ostdeutsche Eliten – Träume, Wirklichkeiten und Perspektiven, Berlin 2017

Hans-Jürgen Arlt/Sabine Niehls, Bündnis für Arbeit – Konstruktion, Kritik, Karriere, Opladen 1999

Kai Arzheimer/Jürgen W. Falter, Annäherungen durch Wandel? Das Wahlverhalten bei der Bundestagswahl 1998 in Ost-West-Perspektive, in: Aus Politik und Zeitgeschichte, Hft. 52/1998

Kai Arzheimer, Das Wahlverhalten. Besonderheiten in Ostdeutschland als Modell künftiger gesamtdeutscher Entwicklungen, in: Hannes Bahrmann/Christoph Links (Hrsg.), Am Ziel vorbei. Die deutsche Einheit – Eine Zwischenbilanz, Berlin 2005

Timothy Garden Ash, Im Namen Europas – Deutschland und der geteilte Kontinent, München/Wien 1993

Aleida Assmann, Der lange Schatten der Vergangenheit. Erinnerungskultur und Geschichtspolitik, München 2018

Stefan Aust/Cordt Schnibben, Irak – Geschichte eines modernen Krieges, München 2003

Stefan Aust/Dirk Laabs, Heimatschutz – Der Staat und die Mordserie des NSU, München 2014

Stefan Aust u. a., Herbst der Kanzlerin – Geschichte eines Staatsversagens, in: Die WELT vom 9. 11. 2015

Stefan Aust u. a., Drei Stunden in der Angstzone, in: Die WELT vom 10. 1. 2016

Fabian Baar, Das Theater als Kunst und Kulturbetrieb, in: Werner Faulstich (Hrsg.), Die Kultur der 90er Jahre, München 2010

Massimo Livi Bacci, Kurze Geschichte der Migration, Berlin 2015

Klaus J. Bade, Ausländer-Aussiedler-Asyl in der Bundesrepublik Deutschland. Eine Bestandsaufnahme, München 1994

Klaus J. Bade (Hrsg.), Die multikulturelle Herausforderung, München 1996

Klaus J. Bade, Europa in Bewegung. Migration vom späten 18. Jahrhundert bis zur Gegenwart, München 2000

Hannes Bahrmann/Christoph Links (Hrsg.), Am Ziel vorbei. Die deutsche Einheit – Eine Zwischenbilanz, Berlin 2005

Stefan Bajohr, Die nordrhein-westfälische Landtagswahl vom 13. Mai 2012, in: Zeitschrift für Parlamentsfragen, 44. Jg., Hft. 3/2013

Stefan Bajohr, Die nordrhein-westfälische Landtagswahl vom 14. Mai 2017: Schwarz-Gelb statt Rot-Grün, in: Zeitschrift für Parlamentsfragen, 48. Jg., Hft. 3/2017

Günter Bannas/Johannes Leithäuser/Eckard Lohse, Zehn vor zwölf, in: Frankfurter Allgemeine Zeitung vom 21. 11. 2017

Günter Bannas, Machtverschiebung, Berlin 2019

Günter Bannas, Steinmeier greift ein, in: Frankfurter Allgemeine Zeitung vom 28. 5. 2019

Frank Bandau, Zwischen Regierungsverantwortung und Oppositionshaltung – Die CSU in der Großen Koalition 2013–2017, in: Reimut
Zohlnhöfer/Thomas Saalfeld (Hrsg.), Zwischen Stillstand, Politikwandel und Krisenmanagement – Eine Bilanz der Regierung Merkel
2013–2017, Wiesbaden 2019

Nils C. Bandelow/Klaus Schubert, Wechselnde Strategien und konti-
nuierlicher Abbau solidarischen Ausgleichs – Eine gesundheitspolitische Bilanz der Ära Kohl, in: Göttrick Wewer (Hrsg.), Bilanz der
Ära Kohl, Opladen 1998

Arnulf Baring, Scheitert Deutschland? Abschied von unseren Wunsch-
welten, Stuttgart 1997

Arnulf Baring, Es lebe die Republik, es lebe Deutschland! Stationen
demokratischer Erneuerung 1949–1999, Stuttgart 1999

Arnulf Baring/Gregor Schöllgen, Kanzler – Krisen – Koalitionen,
München 2006

Arnulf Baring, Bürger, auf die Barrikaden, in: Frankfurter Allgemeine
Zeitung vom 27. 11. 2002

Svenja Bauer-Blaschkowski/Fabian Engler/Reimut Zohlnhöfer, Par-
teienwettbewerb und Politikentscheidungen in der 18. Wahlperiode.
Euro- und Flüchtlingskrise im Vergleich, in: Reimut Zohlnhöfer/
Thomas Saalfeld (Hrsg.), Zwischen Stillstand, Politikwandel und
Krisenmanagement – Eine Bilanz der Regierung Merkel 2013–2017,
Wiesbaden 2019

Jürgen Baumert u. a. (Deutsches PISA-Konsortium), PISA 2000 – Basiskompetenzen von Schülerinnen und Schülern im Vergleich, Opladen
2001

Daniel Bebnowski, Die Alternative für Deutschland – Aufstieg und Repräsentanz einer rechten populistischen Partei, Wiesbaden 2015

Ulrich Beck, Die Erfindung des Politischen, Frankfurt/M 1993

Ulrich Beck/Elisabeth Beck-Gernsheim (Hrsg.), Riskante Freiheiten,
Frankfurt/M 1994

Ulrich Beck/Anthony Giddens/Scott Lash, Reflexive Modernisierung,
Frankfurt/M 1996

Ulrich Beck, Was ist Globalisierung?, Frankfurt/M 1997

Ulrich Beck, Weltrisikogesellschaft. Auf der Suche nach der verlorenen
Sicherheit, Frankfurt/M 1998

Johannes Becker/Clemens Fuest, Der Odysseus-Komplex: Ein pragmatischer Vorschlag zur Lösung der Eurokrise, München 2017

Lena Becker, Bildung im Zeitalter der Ökonomisierung, Darmstadt 2012

Peter Becker, Die Reformbereitschaft der Europäischen Union auf dem Prüfstand, in: Barbara Lippert (Hrsg.), Osterweiterung der Union – Die doppelte Reifeprüfung, Bonn 2000

Joachim Behnke, Überhangmandate und negatives Stimmengewicht: Zweimannwahlkreise und andere Vorschläge, in: Zeitschrift für Parlamentsfragen, 41. Jg., Hft. 2/2010

Joachim Behnke, Das neue Wahlgesetz – oder: was lange währt, wird nicht unbedingt gut, in: Reimut Zohlnhöfer/Thomas Saalfeld (Hrsg.), Politik im Schatten der Krise – Eine Bilanz der Regierung Merkel 2009–2013, Wiesbaden 2015

Tim Beichelt, Deutschland und Europa – Die Europäisierung des Politischen Systems, 2. Aufl., Wiesbaden 2015

Natalie Beisch/Wolfgang Koch/Carmen Schäfer, ARD-Onlinestudie 2019: Mediale Internetnutzung und Video-on-Demand gewinnen weiter an Bedeutung, in: Media Perspektiven 9/2019

Justus Bender, Was will die AfD? Eine Partei verändert Deutschland, München 2017

Annegret Bendiek, Der Konflikt im ehemaligen Jugoslawien und die europäische Integration, Wiesbaden 2004

Horst Berger/Wilhelm Hinrichs/Eckard Priller/Annett Schulz, Privathaushalte im Vereinigungsprozess, Frankfurt/New York 1999

Paul Berman, Terror und Liberalismus, Hamburg 2004

Cristina Besio/Romano Gaetano, Zum gesellschaftlichen Umgang mit dem Klimawandel – Kooperationen und Kollisionen, Baden-Baden 2016

Alexander Betts/Paul Collier, Gestrandet – Warum unsere Flüchtlingspolitik allen schadet – und was jetzt zu tun ist, München 2017

Klaus von Beyme, Rechtspopulismus, Wiesbaden 2018

Jörg Bibow/Heiner Flassbeck, Das Euro-Desaster – Wie die deutsche Wirtschaftspolitik die Eurozone in den Abgrund treibt, Frankfurt/M 2018

Christoph Bieber/Claus Leggewie (Hrsg.), Unter Piraten – Erkundungen in einer neuen politischen Arena, Bielefeld 2012

Stephan Bierling, Geschichte des Irakkriegs, München 2010

Stephan Bierling/Christian Strobel, Normalisierung versus Sonderweg, in: Manuela Glaab/Werner Weidenfeld/Michael Weigl (Hrsg.), Deutsche Kontraste 1990–2010

Wolf Biermann, Kriegshetze – Friedenshetze, in: DIE ZEIT 6/1991

James Bindenagel/Matthias Herdegen/Karl Kaiser (Hrsg.), Internationale Sicherheit im 21. Jahrhundert. Deutschlands internationale Verantwortung, Göttingen/Bonn 2016

Joachim Bischoff/Wolfram Burkhardt/Uli Cremer (Hrsg.), Schwarzbuch
    Rot-Grün. Von der sozialökonomischen Erneuerung zur Agenda 2010,
    Hamburg 2005
Joachim Bischoff, Jahrhundertkrise des Kapitalismus, Hamburg 2009
Jens Bisky, Die deutsche Frage – Warum die Einheit unser Land gefährdet,
    Berlin 2005
Thomas Bisky, Zonensucht – Kritik der neuen Ostalgie, in: Merkur, 58. Jg.,
    2004, Hft. 658
Manfred Bissinger (Hrsg.), Stimmen gegen den Stillstand – Roman
    Herzogs »Berliner Rede« und 33 Antworten, Hamburg 1997
Andreas Blättle, Reduzierter Parteienwettbewerb durch kalkulierte De-
    mobilisierung, in: Karl-Rudolf Korte (Hrsg.), Die Bundestagswahl 2009,
    Wiesbaden 2010
Susanne Blancke/Josef Schmid, Bilanz der Bundesregierung Schröder
    in der Arbeitsmarktpolitik 1998–2002, in: Christoph Egle/Tobias
    Ostheim/Reimut Zohlnhöfer (Hrsg.), Das rot-grüne Projekt, Wiesbaden
    2003
Ingolfuhr Blühdorn, Win-Win-Szenarien im Härtetest – Die Umwelt-
    politik der Großen Koalition 2005–2009, in: Sebastian Bukow/Wenke
    Seemann (Hrsg.), Die Große Koalition, Wiesbaden 2010
Michael Bluhm/Olaf Jacobs, Wer beherrscht den Osten? Ostdeutsche
    Eliten ein Vierteljahrhundert nach der deutschen Wiedervereinigung,
    Leipzig 2016
Peter Bofinger, Ist der Markt noch zu retten?, Berlin 2009
Robert Böhmer, Der Geist des Kapitalismus und der Aufbau Ost, Dresden
    2005
Marcus Boick, Die Treuhand. Idee – Praxis – Erfahrung, Göttingen 2018
Angelo Bolaffi, Deutsches Herz – Das Modell Deutschland und die euro-
    päische Krise, Stuttgart 2014
Eugenié Bott, Lebensstil, qualmvoll verteidigt, in: Die ZEIT vom 11.1.2007
Hansgeorg Bräutigam, Die Toten an der Berliner Mauer und an der in-
    nerdeutschen Grenze und die bundesdeutsche Justiz – Versuch einer
    Bilanz, in: Deutschland-Archiv 6/2004
Wilfried von Bredow, Die Außenpolitik der Bundesrepublik Deutschland,
    Wiesbaden 2006
Wilfried von Bredow, Sicherheit, Sicherheitspolitik und Militär. Deutsch-
    land seit der Wiedervereinigung, Wiesbaden 2015
Frank Brettschneider/Jan van Deth/Edeltraut Roller, Die Bundestagswahl
    2002. Analysen der Wahlergebnisse und des Wahlkampfs, Wiesbaden
    2004

Tissy Bruhns, Republik der Wichtigtuer – Ein Bericht aus Berlin, Freiburg 2007

Hauke Brunkhorst, Das doppelte Gesicht Europas, Berlin 2014

Hauke Brunkhorst. Europa am Abgrund – 12 Jahre Merkel, in: Blätter für deutsche und internationale Politik 7/2017

Markus K. Brunnermeier/Harold James/Jan-Pierre Landau, Euro. Der Kampf der Wirtschaftskulturen. München 2018

Heinz Bude, Die Politik der Generationen, in: Gewerkschaftliche Monatshefte, 49. Jg., Hft. 11/1998

Heinz Bude, Die Ausgeschlossenen – Das Ende vom Traum einer gerechten Gesellschaft, München 2008

Jason Burke, Al-Qaida – Wurzeln, Geschichte, Organisation, Düsseldorf/Zürich 2004

Wilhelm Bürklin/Hilke Rebenstorf, Eliten in Deutschland – Rekrutierung und Integration, Opladen 1997

Sebastian Bukow/Wanke Seemann (Hrsg.), Die Große Koalition. Regierung – Politik – Parteien 2005–2009, Wiesbaden 2010

Simon Bulmer/William Paterson, Deutschlands Rolle bei der Bewältigung der europäischen Währungs- und Migrationskrisen, in: Werner Weidenfeld/Wolfgang Wessels (Hrsg.), Jahrbuch der Europäischen Integration, Baden-Baden 2016

Bundesministerium des Inneren (Hrsg.), Islamismus, 2. Aufl., Berlin 2004

Bundesministerium des Inneren (Hrsg.), Muslime in Deutschland, Ergebnisse von Befragungen im Rahmen einer multizentrischen Studie in städtischen Lebensräumen, Hamburg 2007

Günter Burkart, Handymania – Wie das Mobiltelefon unser Leben verändert hat, Frankfurt/New York 2007

Jason Burke, Al Qaida. Wurzeln, Geschichte, Organisation, Düsseldorf 2004

Erhard Busek/Martin Schauer (Hrsg.), Eine europäische Erregung – Die Sanktionen der Vierzehn gegen Österreich im Jahre 2000, Wien 2003

Marius Busemeyer, Bildung: Kontinuität und Wandel in der Politik der Großen Koalition (2013–2017), in: Reimut Reiche/Thomas Saalfeld (Hrsg.), Zwischen Stillstand, Politikwandel und Krisenmanagement – Eine Bilanz der Regierung Merkel 2013–2017, Wiesbaden 2019

Andreas Busch, Extensive Politik in den Klippen der Semisouveränität – Die Innen- und Rechtspolitik der rot-grünen Koalition, in: Christoph Egle/Tobias Ostheim/Reimut Zohlnhöfer, Das Rot-Grüne Projekt, Wiesbaden 2003

Andreas Busch, Von der Reformpolitik zur Restriktionspolitik – Die
    Innen- und Rechtspolitik der zweiten Regierung Schröder, in:
    Christoph Egle/Reimut Zohlnhöfer (Hrsg.), Ende des rot-grünen
    Projekts, Wiesbaden 2007
Andreas Busch, Kontinuität statt Wandel: Die Innen- und Rechtspolitik
    der Großen Koalition, in: Christoph Egle/Reimut Zohlnhöfer (Hrsg.),
    Die zweite Große Koalition – Eine Bilanz der Regierung Merkel 2005–
    2009, Wiesbaden 2010
Ulrich Busch, Die ostdeutsche Transfergesellschaft, Berlin 2002
Tanja Busse/Tobias Dürr, Das neue Deutschland – Die Zukunft als Chance,
    Berlin 2003
Christoph Butterwege, Große Koalition – Sozialpolitik in Trippelschritten,
    in: Blätter für deutsche und internationale Politik, Hft. 8/2017
Christoph Butterwege, Armut, 4. Aufl., Köln 2019
Felix Butzlaff/Christoph Hoeft/Julia Koop, Wir lassen nicht mehr alles
    mit uns machen – Bürgerproteste an und um den öffentlichen Raum,
    Infrastruktur und Stadtentwicklung, in: Franz Walter/Stine Marg/Lars
    Geiges/Felix Butzlaff (Hrsg.), Die neue Macht der Bürger, Hamburg
    2013

Marie-Janine Calic, Krieg und Frieden in Bosnien-Herzegowina, Frank-
    furt/M 1996
Marie-Janine Calic, Geschichte Jugoslawiens im 20. Jahrhundert, Mün-
    chen 2010
Nicholas Carr, Wer bin ich, wenn ich online bin … und was macht mein
    Gehirn solange? Wie das Internet unser Denken verändert, 2. Aufl.,
    München 2010
Noemi Carrell, Anmerkungen zur Willkommenskultur, in: Aus Parlament
    und Zeitgeschichte, Hft. 47/2013
Peter Carstens/Thomas Gutschker/Lydia Rosenfelder, Die Woche der Ent-
    scheidung, in: Frankfurter Allgemeine Sonntagszeitung vom 21.1.2018
Hanns-Christian Catenhusen, Die Stasi-Überprüfung im Öffentlichen
    Dienst der neuen Länder, Berlin 1999
Richard A. Clarke, Against All Enemies – Der Insiderbericht über Ame-
    rikas Krieg gegen den Terror, Hamburg 2004
Lars Colschen, Deutsche Außenpolitik, Paderborn 2010
Eckart Conze/Gabriele Metzler (Hrsg.), 50 Jahre Bundesrepublik Deutsch-
    land, Stuttgart 1999
Eckart Conze, Die Suche nach Sicherheit – Eine Geschichte der Bundes-
    republik Deutschland von 1949 bis in die Gegenwart, München 2009

Eckart Conze/Norbert Frei/Peter Hayes/Moshe Zimmermann, Das Amt und die Vergangenheit – Deutsche Diplomaten im Dritten Reich und in der Bundesrepublik, München 2010

Kai Cortina/Jürgen Baumert/Achim Leschinsky/Karl Ulrich Mayer/ Luitgard Trommer (Hrsg.), Das Bildungswesen in der Bundesrepublik Deutschland, Reinbek 2003

Aurel Croissant, Demokratische Transformationen seit 1989: Der »Fall Ostdeutschland« aus Perspektive der politikwissenschaftlich vergleichenden Transformationsforschung, in: Zeitschrift für Politikwissenschaft 25 (2015)

Colin Crouch, Postdemokratie, Frankfurt/M 2008

Colin Crouch, Das befremdliche Überleben des Neoliberalismus – Postdemokratie II, Frankfurt/M 2011

Colin Crouch, Jenseits des Neoliberalismus, Wien 2013

Michael Cullen (Hrsg.), Das Holocaust-Mahnmal – Dokumente einer Debatte, Zürich 1999

Rene Cuperus/Karl Duffek/Johannes Kardel (Hrsg.), Multiple Third Ways – European Social Democrats facing the Twin Revolution of Globalization and the Knowledge Society, Amsterdam/Berlin/Wien 2001

Roland Czada, Zwischen Stagnation und Umbruch – Die politisch-ökonomische Entwicklung seit 1989, in: Werner Süß (Hrsg.), Deutschland in den neunziger Jahren, Opladen 2002

Rudolf Czada/Hellmut Wollmann (Hrsg.), Von der Bonner zur Berliner Republik. Zehn Jahre Deutsche Einheit, Opladen 2000

Christoph Daase, Die Innenpolitik der Außenpolitik – Eine Bilanz der Außen- und Sicherheitspolitik der schwarz-gelben Koalition 2009– 2013, in: Reimut Zohlnhöfer/Thomas Saalfeld, Politik im Schatten der Krise – Eine Bilanz der Regierung Merkel 2009–2013, Wiesbaden 2015

Daniela Dahn, Westwärts und nicht vergessen, Berlin 1996

Ralf Dahrendorf, Der Wiederbeginn der Geschichte – Vom Fall der Mauer zum Krieg im Irak, München 2004

Claudia Dathe/Andreas Rostek (Hrsg.), Majdan! Ukraine, Europa, Berlin 2014

Marc Debus/Thorsten Faas, Die Piratenpartei in der ideologisch-programmatischen Parteienkonstellation Deutschlands, in: Oskar Niedermayer (Hrsg.), Die Piratenpartei, Wiesbaden 2013

Marc Debus/Thorsten Faas, Die hessische Landtagswahl vom 28. Oktober 2018: Fortsetzung der schwarz-grünen Wunschehe mit starken Grünen und schwacher CDU, in: Zeitschrift für Parlamentsfragen, 50. Jg., Hft. 2/ 2019

Frank Decker/Eckard Jesse (Hrsg.), Die deutsche Koalitionsdemokratie vor der Bundestagswahl 2013, Baden-Baden 2013

Frank Decker, Zur Entwicklung des bundesdeutschen Parteiensystems vor und nach der Bundestagswahl 2013, in: Karl-Rudolf Korte (Hrsg.), Die Bundestagswahl 2013, Wiesbaden 2015

Frank Decker, Über Jamaika zur Fortsetzung der Großen Koalition, in: Karl-Rudolf Korte/Jan Schoofs (Hrsg.), Die Bundestagswahl 2017, Wiesbaden 2019

Ludwig Dehio, Deutschland und die Weltpolitik im 20. Jahrhundert, München 1955

Otto Depenheuer/Christoph Grabenwarter (Hrsg.), Der Staat in der Flüchtlingskrise, Paderborn 2016

Otto Depenheuer, Flüchtlingskrise als Ernstfall des menschenrechtlichen Universalismus, in: Otto Depenheuer/Michael Grabenwarter (Hrsg.), Der Staat in der Flüchtlingskrise, Paderborn 2016

Warnfried Dettling, Das Erbe Kohls – Bilanz einer Ära, Frankfurt/M 1994

Warnfried Dettling, Wirtschaftskummerland? Wege aus der Globalisierungsfalle, München 1998

Deutsches Rotes Kreuz (Hrsg.), DRK-Jahrbuch 2017, Berlin 2019

Udo di Fabio, Die Kultur der Freiheit, München 2005

Udo di Fabio, Schwankender Westen, München 2015

Udo di Fabio, Europas Verfassungskrise, in: FAZ vom 8. 6. 2020

Jürgen Dittberner, Die FDP, Wiesbaden 2005

Andreas Dörner, Unterhaltungsrepublik Deutschland. Medien, Politik und Entertainment, Bonn 2012

Konstantin Dörr, Zwischen Nachrichtenbürokratie und Boulevard – Eine Untersuchung der Nachrichtenstruktur der Hauptnachrichten des Deutschen Fernsehens, Berlin 2013

Helmut Dubiel, Von welchen Ressourcen leben wir? Erfolge und Grenzen der Aufklärung, in: Erwin Teufel (Hrsg.), Was hält die moderne Gesellschaft zusammen, Frankfurt/M 1995

Tobias Dürr/Rüdiger Soldt, Die CDU nach Kohl, Frankfurt/M 1998

Katrin Dümig, Ruhe nach und vor dem Sturm: Die Arbeitsmarkt- und Beschäftigungspolitik der Großen Koalition, in: Christoph Egle/Reimut Zohlnhöfer (Hrsg.), Die zweite Große Koalition – Eine Bilanz der Regierung Merkel 2005–2009, Wiesbaden 2010

Jan Eckel, Die Ambivalenz des Guten. Menschenrechte in der internationalen Politik seit den 1940ern, 2. Aufl., Göttingen 2015

Stefanie Egidy, Finanzkrise und Verfassung – Demokratisches Krisenmanagement in Deutschland und den USA. Tübingen 2019

Christoph Egle, Lernen unter Stress: Politik und Programmatik von Bündnis 90/Die Grüne, in: Christoph Egle/Tobias Ostheim/Reimut Zohlnhöfer (Hrsg.), Das rot-grüne Projekt, Wiesbaden 2003

Christoph Egle/Tobias Ostheim/Reimut Zohlnhöfer, Das rot-grüne Projekt, Wiesbaden 2003

Christoph Egle/Tobias Ostheim/Reimut Zohlnhöfer, Eine Topographie des rot-grünen Projekts, in: Christoph Egle/Tobias Ostheim/Reimut Zohlnhöfer, Das rot-grüne Projekt, Wiesbaden 2003

Christoph Egle/Reimut Zohlnhöfer (Hrsg.), Ende des rot-grünen Projekts – Eine Bilanz der Regierung Schröder 2002–2005, Wiesbaden 2007

Christoph Egle, In der Regierung erstarrt? Die Entwicklung von Bündnis 90/Die Grünen von 2002 bis 2005, in: Christoph Egle/Reimut Zohlnhöfer (Hrsg.), Ende des rot-grünen Projekts, Wiesbaden 2007

Christoph Egle/Reimut Zohlnhöfer (Hrsg.), Die zweite Große Koalition – Eine Bilanz der Regierung Merkel 2005–2009, Wiesbaden 2010

Christoph Egle/Reimut Zohlnhöfer, Die Große Koalition – Eine Koalition der neuen Möglichkeiten?, in: Christoph Egle/Reimut Zohlnhöfer (Hrsg.), Die zweite Große Koalition – Eine Bilanz der Regierung Merkel 2005–2009, Wiesbaden 2010

Christoph Egle, Im Schatten der Linkspartei – Die Entwicklung des Parteienwettbewerbs während der 16. Legislaturperiode, in: Christoph Egle/Reimut Zohlnhöfer (Hrsg.), Die zweite Große Koalition – Eine Bilanz der Regierung Merkel 2005–2009, Wiesbaden 2010

Hans Ehlert (Hrsg.), Armee ohne Zukunft. Das Ende der NVA und die deutsche Einheit, Hamburg 2002

Nancy Ehlert, Die Familienpolitik der Großen Koalition, in: Sebastian Bukow/Wanke Seemann (Hrsg.), Die Große Koalition. Regierung – Politik – Parteien 2005–2009, Wiesbaden 2010

Stefan Eisel, Internet und Demokratie, Studie der Konrad-Adenauer-Stiftung, Bonn 2011

Bernd Eisenfeld, Rechtsextremismus in der DDR, in: Manfred Agethen/Eckard Jesse/Erhardt Neubert (Hrsg.), Der missbrauchte Antifaschismus. DDR-Staatsdoktrin und Lebenslüge der deutschen Linken, Freiburg 2002

Peter Eisenfeld, Zehn Jahre nach dem Mauerfall, in: Deutschland-Archiv
    1/2000

Thomas Ellwein/Everhard Holtmann (Hrsg.), 50 Jahre Bundesrepublik
    Deutschland, Opladen/Wiesbaden 1999

Henrik Enderlein, Finanzkrise und Große Koalition – Eine Bewertung des
    Krisenmanagements, in: Christoph Egle/Reimut Zohlnhöfer (Hrsg.),
    Die zweite Große Koalition – Eine Bilanz der Regierung Merkel 2005–
    2009, Wiesbaden 2010

Wolfram Engler, Die Ostdeutschen – Kunde von einem verlorenen Land,
    2. Aufl., Berlin 1999

Wolfram Engler, Die Ostdeutschen als Avantgarde, Berlin 2004

Astrid Entl/Stephania Wodianska (Hrsg.), Film und kulturelle Erinnerung,
    Frankfurt/New York 2006

Hans-Magnus Enzensberger, Hitlers Wiedergänger, in: Der SPIEGEL
    6/1991

Anitai Etzoni, Die Verantwortungsgesellschaft – Individualismus und
    Moral in der heutigen Demokratie, Frankfurt/New York 1997

Thorsten Faas, Die hessische Landtagswahl am 22. September 2013:
    Schwarz-grüne Verhältnisse, in: Zeitschrift für Parlamentsfragen,
    45. Jg., Hft. 2/2014

Thorsten Faas/Benjamin C. Sack, Politische Kommunikation in Zeiten von
    Social Media, Bonn 2016

Werner Faulstich (Hrsg.) Die Kultur der 90er Jahre, München 2010

Werner Faulstich, Einleitung, in: Werner Faulstich (Hrsg.), Die Kultur der
    90er Jahre, München 2010

Werner Faulstich, Varianten von Literatur im letzten Jahrzehnt des
    20. Jahrhunderts, in: Werner Faulstich (Hrsg.), Die Kultur der 90er
    Jahre, München 2010

Werner Faulstich, Facetten von Körperkultur, in: Werner Faulstich (Hrsg.),
    Die Kultur der 90er Jahre, München 2010

Jürgen W. Falter/Markus Klein, Die Wähler der PDS bei der Bundestags-
    wahl 1994, in: Aus Politik und Zeitgeschichte 51-52/1994

Jürgen W. Falter/Oscar W. Gabriel/Hans Rattinger (Hrsg.), Wirklich ein
    Volk? – Die politischen Orientierungen der Ost- und Westdeutschen im
    Vergleich, Opladen 2000

Marcel Feige, Ein Tatoo ist für immer. Die Geschichte der Tätowierung in
    Deutschland, Berlin 2003

Ursula Feist/Hans-Jürgen Hoffmann, Die nordrhein-westfälische Land-
   tagswahl vom 14. Mai 1995, in: Zeitschrift für Parlamentsfragen, 27. Jg.,
   Hft. 2/1996
Markus Feldkirchen, Die Schulz-Story, 4. Aufl., München 2018
Orlando Figes, Die Ukraine gibt es nicht, in: Claudia Dathe/Andreas
   Rostek (Hrsg.), Majdan! Ukraine, Europa, Berlin 2014
Klemens H. Fischer, Der Vertrag von Nizza – Text und Kommentar, Baden-
   Baden 2001
Sabine Fischer, Eskalation der Ukrainekrise, Stiftung Wissenschaft und
   Politik, SWO-Aktuell 13, März 2014
Sebastian Fischer, Gerhard Schröder und die SPD – Das Management des
   programmatischen Wandels als Machtfaktor, München 2005
Severin Fischer, Die letzte Runde in der Atomdebatte?, in: Eckard Jesse/
   Roland Sturm (Hrsg.), Superwahljahr 2011 und die Folgen, Baden-
   Baden 2012
Heiner Flassbeck, Gescheitert – Warum die Politik vor der Wirtschaft
   kapituliert, München 2009
Jan Fleischhauer, Betreutes Regieren, in: Der SPIEGEL vom 29.3.2019
Lars Flemming, Das NPD-Verbotsverfahren, Baden-Baden 2009
Simon T. Franzmann, Die Schwäche der Opposition, die Außerparla-
   mentarische Opposition und die Emergenz neuer Regierungsper-
   spektiven, in: Reimut Zohlnhöfer/Thomas Saalfeld (Hrsg.), Zwischen
   Stillstand, Politikwandel und Krisenmanagement – Eine Bilanz der
   Regierung Merkel 2013–2017, Wiesbaden 2019
Beate Frees/Wolfgang Koch, ARD/ZDF-Onlinestudie 2018: Zuwachs
   bei medialer Internetnutzung und Kommunikation, in: Media-Per-
   spektiven 9/2018
Nadine Freund, Wiedervereinigung und Erinnerungspolitik: »Ostkultur«
   und »Westkultur« im ersten Jahrzehnt der Berliner Republik, in:
   Werner Faulstich (Hrsg.), Die Kultur der 90er Jahre, München 2010
Thorsten Fricke/Ulrich Novak/Robert Epstein/Thomas Höpner, Die Akte
   Google: Wie der US-Konzern Daten missbraucht, die Welt manipuliert
   und Jobs vernichtet, München 2015
Roland Friedrich, Deutsche Außenpolitik im Kosovo-Konflikt, Wiesbaden
   2005
Anne Friedrichs/Susanne Gössl/Elisa Hoven/Andrea Steinbicker (Hrsg.),
   Migration – Gesellschaftliches Zusammenleben im Wandel, Paderborn
   2018
Marc Frohner, 40 Jahre The Kelly Family, München 2017

Monika Frommel, Politisches Unrecht und Staatskriminalität, in: Ulrich Baumann/Helmut Kury, Politisch motivierte Verfolgung – Opfer von SED-Unrecht, Freiburg 1998

Lothar Funk, New Economy und die Politik des Dritten Weges, in: Aus Politik und Zeitgeschichte, Hft. 16-17/2001

Oscar W. Gabriel/Frank Bretschneider, Die Bundestagswahl 1998: Ein Plebiszit gegen Kanzler Kohl, in: Aus Politik und Zeitgeschichte, Hft. 52/1998

Oscar W. Gabriel, Bernhard Kornelius, Die baden-württembergische Landtagswahl vom 27. März 2011: Zäsur oder Zeitenwende?, in: Zeitschrift für Parlamentsfragen, 42. Jg., Hft. 4/2011

Oscar W. Gabriel/Bernhard Kornelius, Die baden-württembergische Landtagswahl vom 13. März 2016: Es grünt so grün, in: Zeitschrift für Parlamentsfragen, 47. Jg., Hft. 3/2016

Sigmar Gabriel (mit Richard Kiessler), Zeitenwende in der Weltpolitik, Freiburg 2018

Bernd Gäbler, Quatsch oder Aufklärung? Witz und Politik bei »Heute Show« und Co., Arbeitsheft 88 der Otto-Brenner-Stiftung, Frankfurt/M 2016

Sven Bernhard Gareis, Die Außen- und Sicherheitspolitik der Großen Koalition, in: Sebastian Bukow/Wanke Seemann (Hrsg.), Die Große Koalition. Regierung – Politik – Parteien 2005–2009, Wiesbaden 2010

Michael Torsten Gamlöck/Thorsten Schatz, Tokio Hotel. So laut du kannst – Die unglaubliche Erfolgsstory der Megastars, München 2006

Philipp Leonhard Gassert/Hans-Jörg Hennecke (Hrsg.), Koalitionen in der Bundesrepublik. Bildung, Management und Krisen von Adenauer bis Merkel, Paderborn 2017

Winfried Gebhardt, Feste, Feiern und Events – Zur Soziologie des Außergewöhnlichen, in: Winfried Gebhardt/Ronald Hitzler/Michael Pfadenhauer (Hrsg.), Events – Soziologie des Außergewöhnlichen, Opladen 2000

Michael Gehler, Europa. Ideen – Institutionen – Vereinigung, München 2005

Michael Gehler/Maximilian Graf (Hrsg.), Europa und die deutsche Einheit, Göttingen 2017

Lars Geiges/Tobias Neef/Pepijn von Dijk, Wir hatten es irgendwann nicht mehr im Griff – Occupy und andere systemkritische Parteien, in: Franz Walter/Stine Marg/Lars Geiges/Felix Butzlaff (Hrsg.), Die neue Macht der Bürger, Hamburg 2013

Lars Geiges, Occupy in Deutschland – Die Protestbewegung und ihre Akteure, Bielefeld 2014

Rainer Geißler, Sozialstruktur und gesellschaftlicher Wandel, in: Karl-Rudolf Korte/Werner Weidenfeld (Hrsg.), Deutschland-Trendbuch, Opladen 2001

Rainer Geißler, Die Sozialstruktur Deutschlands, 4. Aufl., Wiesbaden 2006

Rainer Geißler, Migration und Integration, in: Bundeszentrale für Politische Bildung, Informationen zur Politischen Bildung, Hft. 324, 2014

Dominik Geppert, Halbe Hegemonie – Das deutsche Dilemma, in: Aus Politik und Zeitgeschichte, Hft. 6-7/2013

Dominik Geppert, Ein Europa, das es nicht gibt. Die fatale Sprengkraft des Euro, Berlin 2013

Matthias Geyer/Dirk Kurbjuweit/Cordt Schnibben, Operation Rot-Grün-Geschichte eines politischen Abenteuers, München 2005

Anthony Giddens, Jenseits von links und rechts, Frankfurt/M 1997

Anthony Giddens, Der Dritte Weg – Die Erneuerung der sozialen Demokratie, Frankfurt 1999

Anthony Giddens, Die Frage der sozialen Ungleichheit, Frankfurt/M 2001

Anthony Giddens, The Global Third Way Debate, Cambridge 2001

Anthony Giddens, Turbulent and Mighty Continent – What Future for Europe?, Cambridge 2014

Johannes Giesecke/Roland Verwieck, Die Lohnentwicklung in Deutschland zwischen 1998 und 2005, in: WSI-Mitteilungen 2/2008

Judith-Maria Gillies, Unsere Nullerjahre, Frankfurt/M 2009

Manuela Glaab, Political Leadership in der Großen Koalition. Führungsressourcen und Führungsstile von Bundeskanzlerin Merkel, in: Christoph Egle/Reimut Zohlnhöfer (Hrsg.), Die zweite Große Koalition – Eine Bilanz der Regierung Merkel 2005 – 2009, Wiesbaden 2010

Manuela Glaab/Werner Weidenfeld/Michael Weigl (Hrsg.), Deutsche Kontraste 1990 – 2010, Frankfurt/M 2010

Hermann Glaser, Kleine deutsche Kulturgeschichte von 1945 bis heute, Frankfurt/M 2004

Wolfgang Glatzer/Illona Ostner (Hrsg.), Deutschland im Wandel – Sozialstrukturelle Analysen, Opladen 1999

Peter Glotz, Der Irrweg des Nationalstaats, Stuttgart 1990

Peter Glotz, Die Krise des Parteienstaates, in: Neue Gesellschaft/Frankfurter Hefte 6/1992

Peter Glotz, Die Linke nach dem Sieg des Westens, Stuttgart 1992

Peter Glotz, Die beschleunigte Gesellschaft – Kulturkämpfe im digitalen Kapitalismus, München 1999

Michael Götschenberg, Der böse Wulff – Die Geschichte hinter der Geschichte und die Rolle der Medien, Kulmbach 2013

Irene Götz, Die Wiederentdeckung des Nationalen nach 1989 – Die Suche nach neuen deutschen Selbstbildern und Identitäten, in: Thomas Großbölting/Christoph Lorke (Hrsg.), Deutschland seit 1990 – Wege in die Vereinigungsgesellschaft, Stuttgart 2017

Katrin Götz-Votteler/Simon Hesper, Alternative Wirklichkeiten? Wie Fake News und Verschwörungstheorien funktionieren und warum sie Aktualität haben, Bielefeld 2019

Daniel Jonah Goldhagen, Hitlers willige Vollstrecker – Ganz gewöhnliche Deutsche und der Holocaust, Berlin 1996

Manfred Görtemaker, Geschichte der Bundesrepublik Deutschland, München 1999

Manfred Görtemaker, Die Berliner Republik, Berlin 2009

Heiko Gothe, Die rheinland-pfälzische Landtagswahl vom 13. März 2016: Populäre SPD-Ministerpräsidentin führt Rheinland-Pfalz in Ampel-Koalition, in: Zeitschrift für Parlamentsfragen, 47. Jg., Hft. 3/2016

Roman Grafe, Deutsche Gerechtigkeit – Prozesse gegen DDR-Grenzschützer und ihre Befehlsgeber, München 2004

Maximilian Grasl/Markus König, Von außen getrieben – Die Finanzpolitik der Großen Koalition 2005 – 2009, in: Christoph Egle/Reimut Zohlnhöfer (Hrsg.), Die zweite Große Koalition – Eine Bilanz der Regierung Merkel 2005 – 2009, Wiesbaden 2010

Bernd Greiner, 9/11 – Der Tag, die Angst, die Folgen, München 2011

Dieter Grimm (Hrsg.), Staatsaufgaben, Baden-Baden 1994

Dieter Grimm, Europa ja – aber welches? Zur Verfassung der europäischen Demokratie, München 2016

Thomas Großbölting/Christoph Lorke (Hrsg.), Deutschland seit 1990 – Wege in die Vereinigungsgesellschaft, Stuttgart 2017

Peter Gross, Die Multioptionsgesellschaft, Frankfurt/M 1994

Dieter Grosser, Das Wagnis der Währungs-, Wirtschafts- und Sozialunion, Stuttgart 1998

Timo Grunden, Ein schwarz-gelbes Projekt? Programm und Handlungsspielraum der christlich-liberalen Koalition, in: Karl-Rudolf Korte (Hrsg.), Die Bundestagswahl 2009, Wiesbaden 2010

Stefan Grundmann/Florian Möselein/Christian Hofmann (Hrsg.), Finanzkrise und Wirtschaftsordnung, Berlin 2009

Antonia Grunenberg, Die Lust an der Schuld, Berlin 2001

Jean-Marie Guéhenno, Das Ende der Demokratie, München/Zürich 1994

Ulrike Guérot, Von Normalität über Übermacht zur Ohnmacht?, Betrachtungen zur deutschen Rolle in Europa, in: Aus Politik und Zeitgeschichte, Hft. 52/2015

Bernd Guggenberger, Sein oder Design – Im Supermarkt der Lebenswelten, Hamburg 2000

Jürgen Habermas, Zur Verfassung Europas, Frankfurt/M 2011

Lutz Hachmeister, Nervöse Zone – Politik und Journalismus in der Berliner Republik, München 2007

Christian Hacke, Deutschland, Europa und der Irakkonflikt, in: Aus Politik und Zeitgeschichte, Hft. 24-25/2003

Christian Hacke, 60 Jahre Außenpolitik der Bundesrepublik Deutschland, in: Hans-Peter Schwarz (Koord.), Die Bundesrepublik Deutschland – Eine Bilanz nach 60 Jahren, herausgegeben von der Bayerischen Landeszentrale für Politische Bildung, München 2008

Christian Hacke, Deutschland und der Libyen-Konflikt: Zivilmacht ohne Zivilcourage, in: Aus Politik und Zeitgeschichte, Hft. 39/2011

Jens Hacker, Über die Tabuisierung der nationalen Frage im intellektuellen Diskurs, in: Gerd Langguth (Hrsg.), Die Intellektuellen und die nationale Frage, Frankfurt/New York 1997

Helga Haftendorn, Deutsche Außenpolitik zwischen Selbstbeschränkung und Selbstbehauptung, München 2001

Helga Haftendorn, Einsatz im Kosovo 1999. Das vereinte Deutschland und die Welt, in: Andreas Rödder/Wolfgang Elz (Hrsg.), Deutschland in der Welt: Weichenstellungen in der Geschichte der Bundesrepublik, Göttingen 2010

Anja Hartmann, Die Gesundheitsreform der Großen Koalition: Kleinster gemeinsamer Nenner oder offenes Hintertürchen?, in: Christoph Egle/Reimut Zohlnhöfer (Hrsg.), Die zweite Große Koalition – Eine Bilanz der Regierung Merkel 2005–2009, Wiesbaden 2010

Anke Hassel/Christof Schiller, Der Fall Hartz IV – Wie es zur Agenda 2010 kam und wie es weitergeht, Frankfurt/M 2010

Alexander Häusler (Hrsg.), Die Alternative für Deutschland – Programmatik, Entwicklung und politische Verortung, Wiesbaden 2016

Jan-Christoph Hauswald, Der angewandte Vetospieleransatz – Bahnstrukturreform und Postreform 2 neu analysiert, Baden-Baden 2015

Hartmut Häußermann/Walter Siedel, Die Politik der Festivalisierung und die Festivalisierung der Politik, Wiesbaden 1993

Siegfried Heimann, Die SPD in den neunziger Jahren, in: Werner Süß
  (Hrsg.), Deutschland in den neunziger Jahren, Opladen 2002

Claudia Heine, Die Schatten der Vergangenheit, in: Das Parlament
  Nr. 42/43 vom 16.10.2017

Hans Michael Heinig/Frank Schorkopf (Hrsg.), 70 Jahre Grundgesetz. In
  welcher Verfassung ist die Bundesrepublik?, Göttingen 2019

Rolf G. Heinze, Rückkehr des Staates? Politische Handlungsmöglichkeiten in unsicheren Zeiten, Wiesbaden 2009

Günter Hellmann, Man muss diesen deutschen Weg zu Ende gehen können – Die Renaissance machtpolitischer Selbstbehauptung in der
  zweiten Amtszeit der Regierung Schröder/Fischer, in: Christoph Egle/
  Reimut Zohlnhöfer (Hrsg.), Ende des rot-grünen Projekts – Eine Bilanz
  der Regierung Schröder 2002–2005, Wiesbaden 2007

Christoph Henke, Die humanitäre Intervention: Völker- und verfassungsrechtliche Probleme unter besonderer Berücksichtigung des Kosovo-
  Konflikts, München 2002

Hans-Jörg Hennecke, Die dritte Republik – Aufbruch und Ernüchterung,
  München 2003

Annette Henninger/Angelika von Wahl, Das Umspielen von Veto-Spielern – Wie eine konservative Familienministerin den Familialismus des
  deutschen Wohlfahrtstaates unterminiert, in: Christoph Egle/Reimut
  Zohlnhöfer (Hrsg.), Die zweite Große Koalition – Eine Bilanz der Regierung Merkel 2005–2009, Wiesbaden 2010

Annette Henninger/Angelika von Wahl, Verstetigung des Modernisierungskurses bei Gegenwind von rechts – Bilanz der Familien- und
  Gleichstellungspolitik 2013–2017, in: Reimut Zohlnhöfer/Thomas Saalfeld (Hrsg.), Zwischen Stillstand, Politikwandel und Krisenmanagement – Eine Bilanz der Regierung Merkel 2013–2017, Wiesbaden 2019

Wilhelm Hennis, Kohls Erbe, in: FAZ vom 29.9.1998

Alexander Hensel/Florian Finkenbeiner u.a., Die AfD vor der Bundestagswahl 2017, o.O. 2017

Ulrich Herbert, Geschichte der Ausländerpolitik in Deutschland, München 2001

Ulrich Herbert, Geschichte Deutschlands im 20. Jahrhundert, München
  2014

Michael Herkendell, Deutschland – Zivil- oder Friedensmacht? Außen-
  und sicherheitspolitische Orientierung der SPD im Wandel, Bonn 2012

Helmut Herles (Hrsg.), Die Hauptstadt-Debatte, Bonn 1991

Rainer Hermann, Arabisches Beben – Die wahren Gründe der Krise im
  Nahen Osten, Stuttgart 2018

Nicole Herweg/Reimut Zohlnhöfer, Die Große Koalition und das Ver-
    hältnis von Markt und Staat, in: Christoph Egle/Reimut Zohlnhöfer,
    Die zweite Große Koalition – Eine Bilanz der Regierung Merkel 2005–
    2009, Wiesbaden 2010

Dietmar Herz, Die Europäische Union, München 2002

Ulrich Heuthein/Heike Spangenberg/Dieter Sommer, Ursachen des Stu-
    dienabbruchs, Hannover 2003

Knut Hickethier, Die Fernsehkultur der 90er Jahre, in: Werner Faulstich
    (Hrsg.), Die Kultur der 90er Jahre, München 2010

Tina Hildebrandt/Matthias Geis/Bernd Ulrich, Nur dieser Mann kann
    Joschka Fischer stürzen – Der Visa-Skandal: Wie der grüne Außen-
    minister in der Krise reagiert und warum er sich selbst die größte Ge-
    fahr ist, in: Die ZEIT vom 17. 2. 2005

Karl Hildemeier, Geschichte der Sowjetunion 1917–1991, München 1991

Ernst Hillebrand (Hrsg.), Rechtspopulismus in Europa – Gefahr für die
    Demokratie?, Bonn 2015

Richard Hilmer/Stefan Mesz, Die Bundestagswahl vom 22. September
    2013. Merkels Meisterstück, in: Zeitschrift für Parlamentsfragen,
    45. Jg., Hft. 1/2014

Richard Hilmer/Jérémie Gagné, Die Bundestagswahl 2017: Groko IV –
    ohne Alternative für Deutschland, in: Zeitschrift für Parlamentsfragen,
    49. Jg., Hft. 2/2018

Gunnar Hinck, Land mit Herkunft. Im Osten haben Nation und Heimat
    eine andere Bedeutung als in der alten Bundesrepublik, in: Tanja Busse/
    Tobias Dürr, Das neue Deutschland – Die Zukunft als Chance, Berlin
    2003

Jutta Hinrichs, Die Verschuldung des Bundes 1962–2001. Arbeitspapier,
    Konrad-Adenauer-Stiftung, Sankt Augustin 2002

Karl Hinrichs/Herbert Kitschelt/Helmut Wiesenthal (Hrsg.), Kontingenz
    und Krise. Institutionenpolitik in kapitalistischen und postsozialisti-
    schen Gesellschaften, Frankfurt/New York 2000

Benjamin Hoehne/Uwe Jun, Die Wiederauferstehung der FDP, in: Karl-
    Rudolf Korte/Jan Schoofs (Hrsg.), Die Bundestagswahl 2017, Wiesbaden
    2019

Gunter Hofmann/Werner A. Perger (Hrsg.), Die Kontroverse – Weiz-
    säckers Parteienkritik in der Diskussion, Frankfurt/M 1993

Jürgen Hoffmann, Die doppelte Vereinigung – Vorgeschichte, Verlauf und
    Auswirkungen des Zusammenschlusses von Grünen und Bündnis 90,
    Wiesbaden 1998

Werner Holly/Bernd Ulrich Biere, Medien im Wandel, Wiesbaden 2018

Everhard Holtmann/Kerstin Vökl, Die sachsen-anhaltinische Landtags-
     wahl vom 13. März 2016: Eingetrübte Grundstimmung, umgeschichtete
     Machtverhältnisse, in: Zeitschrift für Parlamentsfragen, 47. Jg.,
     Hft. 3/2016

Thorsten Holzhauser, Die »Nachfolgepartei«. Die Integration der PDS in
     das politische System der Bundesrepublik Deutschland 1990–2005,
     Berlin 2019

Bodo Hombach, Aufbruch – Die Politik der neuen Mitte, München 1998

Immo von Homeyer, Die Ära Kohl im Spiegel der Statistik, in: Göttrick
     Wewer (Hrsg.), Bilanz der Ära Kohl, Opladen 1998

Silke Hoock, Der verdrängte Phädophilie-Skandal bei den Grünen, in:
     Westdeutsche Allgemeine Zeitung vom 25.7.2013

Stefan Hradil, Soziale Ungleichheit in Deutschland, 8. Aufl, Opladen 2001

Stefan Hradil, Zur Sozialstrukturentwicklung der neunziger Jahre, in:
     Werner Süß (Hrsg.), Deutschland in den neunziger Jahren, Opladen
     2002

Maria Huber, Moskau, 11. März 1985 – Die Auflösung des sowjetischen
     Imperiums, München 2002

Christoph Hübig/Peter Koslowski (Hrsg.), Maschinen, die unsere Brüder
     werden. Mensch-Maschine-Interaktion in hybriden Systemen,
     München 2008

Michael Hüther/Benjamin Scharnagel, Die Agenda 2010 – Eine wirt-
     schaftspolitische Bilanz, in: Aus Politik und Zeitgeschichte, Hft. 32-33/
     2005

Stefan Hunsicker/Yvonne Schroth, Die Große Koalition aus der Sicht des
     Wählers, in: Stefan Bukow/Wenke Seemann (Hrsg.), Die Große Koali-
     tion. Regierung – Politik – Parteien, Wiesbaden 2010

Samuel P. Huntington, Der Kampf der Kulturen – Die Neugestaltung der
     Weltpolitik im 21. Jahrhundert. Stuttgart 1998

Achim Hurrelmann, Politikfelder und Profilierung, in: Joachim Raschke,
     So kann man nicht regieren – Die Zukunft der Grünen, Frankfurt/New
     York 2001

Christian Huß, Durch Fukushima zum neuen Konsens? Die Umweltpolitik
     von 2009 bis 2013, in: Reimut Zohlnhöfer/Thomas Saalfeld, Politik
     im Schatten der Krise – Eine Bilanz der Regierung Merkel 2009–2013,
     Wiesbaden 2015

Falk Illing, Deutschland in der Finanzkrise, Wiesbaden 2012

Falk Illing, Energiepolitik in Deutschland. Die energiepolitischen Maßnahmen der Bundesregierung 1949–2015, Baden-Baden 2016

Michael Inacker, Deutschland allein zuhause, in: Internationale Politik,
Hft. 2/2014

Wolfgang Ischinger, Welt in Gefahr, München 2018

Klaus Jacob/Axel Volrey, Nichts Neues unter der Sonne? Zwischen Ideensuche und Entscheidungsblockade – Die Umweltpolitik der Bundesregierung Schröder 2002–2005, in: Christoph Egle/Reimut Zohlnhöfer
(Hrsg.), Ende des rot-grünen Projekts, Wiesbaden 2007

Martin Jänicke/Danyel Reiche/Axel Volkery, Rückkehr zur Vorreiterrolle?
Umweltpolitik unter rot-grün, in: Vorgänge, 41. Jg., Nr. 157

Martin Jänicke, Die Umweltpolitik der Großen Koalition, in: Christoph
Egle/Reimut Zohlnhöfer (Hrsg.), Die zweite Große Koalition – Eine
Bilanz der Regierung Merkel 2005–2009, Wiesbaden 2010

Thomas Jäger, Die Welt nach 9/11. Auswirkungen des Terrorismus auf
Staatenwelt und Gesellschaft, Wiesbaden 2011

Christian Jakob, Die Bleibenden – Wie Flüchtlinge Deutschland seit
20 Jahren verändern, Berlin 2016

Konrad Jarausch, Realer Sozialismus als Erziehungsdiktatur, In. Aus Politik und Zeitgeschichte, Hft. 20/1998

Konrad H. Jarausch. Aus der Asche – Eine neue Geschichte Europas im
20. Jahrhundert, Stuttgart 2018

Eckard Jesse, Die sächsische Landtagswahl vom 19. September 2004. Debakel für CDU und SPD gleichermaßen, in: Zeitschrift für Parlamentsfragen, 36. Jg., Hft. 1/2005

Eckard Jesse/Roland Sturm (Hrsg,), Superwahljahr 2011 und die Folgen,
Baden-Baden 2012

Eckard Jesse, Ist die Beobachtung der Partei Die Linke durch den Ver-
fassungsschutz rechtens?, in: Hans-Jürgen Lange/Jens Laufer (Hrsg.),
Verfassungsschutz – Reformperspektiven zwischen administrativer
Effektivität und demokratischer Transparenz, Wiesbaden 2015

Günter Joetze, Der letzte Krieg in Europa? Das Kosovo und die deutsche
Politik, Stuttgart/München 2001

Matthias Judt, Der Bereich kommerzielle Koordinierung. Das DDR-Wirtschaftsimperium des Alexander Schalck-Golodkowski – Mythos und
Realität, Berlin 2013

Tony Judt, Geschichte Europas von 1945 bis zur Gegenwart, München
2006

Michael Jürgs, Die Treuhänder, München/Leipzig 1997

Uwe Jun, Auf dem Weg zur Großen Koalition: Regierungsbildung 2005,
in: Jens Tenscher/Helge Batt (Hrsg.), 100 Tage Schonfrist – Politik in
Deutschland zwischen Bundestagswahl 2005 und Landtagswahlen
2006, Wiesbaden 2008

Uwe Jun, Der elektorale Verlierer der Regierung Merkel II – Gründe für
den Absturz der FDP, in: Reimut Zohlnhöfer/Thomas Saalfeld (Hrsg.),
Politik im Schatten der Krise – Eine Bilanz der Regierung Merkel 2009–
2013, Wiesbaden 2015

Uwe Jun, Die SPD in der Ära Merkel – Eine Partei auf der Suche nach
sich selbst, in: Reimut Zohlnhöfer/Thomas Saalfeld (Hrsg.), Zwischen
Stillstand, Politikwandel und Krisenmanagement – Eine Bilanz der
Regierung Merkel 2013–2017, Wiesbaden 2019

Matthias Jung/Dieter Roth, Kohls knappster Sieg, in: Aus Politik und Zeitgeschichte, Hft. 51-52/1994

Matthias Jung/Dieter Roth, Wer zu spät geht, den bestraft der Wähler.
Eine Analyse der Bundestagswahl 1998, in: Aus Politik und Zeitgeschichte, Hft. 52/1998

Matthias Jung/Yvonne Schroth/Andrea Wolf, Regierungswechsel ohne
Wechselstimmung, in: Aus Politik und Zeitgeschichte, Hft. 51/2009

Matthias Jung/Yvonne Schroth/Andrea Wolf, Wählerverhalten und Wahlergebnis, in: Karl-Rudolf Korte (Hrsg.), Die Bundestagswahl 2009,
Wiesbaden 2010

Matthias Jung/Yvonne Schroth/Andrea Wolf, Angela Merkels Sieg in der
Mitte, in: Aus Politik und Zeitgeschichte, Hft. 48-49/2013

Matthias Jung/Yvonne Schroth/Andrea Wolf, Bedingt regierungsbereit –
Eine Analyse der Bundestagswahl 2017, in: Karl-Rudolf Korte/Jan
Schoofs (Hrsg.), Die Bundestagswahl 2017, Wiesbaden 2019

Ulrike Jureit/Nikola Tietze (Hrsg.), Postsouveräne Territorialität – Die
Europäische Union und ihr Raum, Hamburg 2015

Max Kaase (Hrsg.), Wahlen und Wähler – Analysen aus Anlass der Bundestagswahl 1994, Opladen 1998

Robert Kagan, Macht und Ohnmacht – Amerika und Europa in der neuen
Weltordnung, Berlin 2003

Robert Kagan, Demokratie und ihre Feinde: Wer gestaltet die neue Weltordnung?, München 2008

Viktoria Kaina, Mit Herz und Konto? Zur Wertigkeit der deutschen Einheit in den alten Bundesländern, in: Aus Politik und Zeitgeschichte,
Hft. 37-38/2002

Karl Kaiser/Klaus Becher, Deutschland und der Irak-Konflikt, Bonn 1992

Monika Kaiser, Machtwechsel von Ulbricht zu Honecker, Berlin 1997

Mary Kaldor, Neue und alte Kriege – Organisierte Gewalt im Zeitalter der Globalisierung, Frankfurt/M 2000

Andreas Kallert, Die Bankenrettungen während der Finanzkrise 2007–2009 in Deutschland, Münster 2017

Daniela Kallinich/Frauke Schulz, Eine Regierungsbilanz der schwarz-gelben Koalition 2009–2013: Erklärungsarmer Pragmatismus, in: Karl-Rudolf Korte (Hrsg.), Die Bundestagswahl 2013, Wiesbaden 2015

Raj Kallmorgen, Ostdeutsche in den Eliten – Problemdiskussionen und Zukunftsperspektiven, in: Andreas Appelt (Hrsg.), Ostdeutsche Eliten – Träume, Wirklichkeiten und Perspektiven, Berlin 2017

Andreas Kappeler, Kleine Geschichte der Ukraine, 4. Aufl., München 2014

John Keane, The Life and Death of Democracy, London 2009

Hans Mathias Kepplinger, Die Mediatisierung der Migrationspolitik und Angela Merkels Entscheidungspraxis, in: Reimut Zohlnhöfer/Thomas Saalfeld (Hrsg.), Zwischen Stillstand, Politikwandel und Krisenmanagement – Eine Bilanz der Regierung Merkel 2013–2017, Wiesbaden 2019

Ian Kershaw, Achterbahn – Europa 1950 bis heute, München 2018

Jan-Holger Kirsch, Nationaler Mythos oder historische Trauer? Der Streit um ein zentrales Holocaust-Mahnmal für die Berliner Republik, Köln/Weimar/Wien 2003

Thomas Klauß/Annika Mierke, Szenarien einer digitalen Welt – heute und morgen, München 2017

Stephan Klecha, Die Grünen zwischen Empathie und Distanz in der Pädosexualitätsfrage, Wiesbaden 2017

Markus Klein/Jürgen W. Falter, Der lange Weg der Grünen, München 2003

Naomi Klein, No logo! Der Kampf der Global Players um Marktmacht, München 2001

Hubert Kleinert, Die Grünen 1990/1991 – Vom Wahldebakel zum Neuanfang, in: Aus Politik und Zeitgeschichte, Hft. 44/1991

Hubert Kleinert, Vom Protest zur Regierungspartei – Die Geschichte der Grünen, Frankfurt/M 1992

Hubert Kleinert, Aufstieg und Fall der Grünen – Analyse einer alternativen Partei, Bonn 1992

Hubert Kleinert, Die Krise der Politik, in: Gunter Hofmann/Werner A. Perger (Hrsg.), Die Kontroverse – Weizsäckers Parteienkritik in der Diskussion, Frankfurt/M 1993

Hubert Kleinert, Bündnis 90/Die Grünen – Die neue dritte Kraft?, aus: Aus Politik und Zeitgeschichte, Hft. 6/1996

Hubert Kleinert/Siegmar Mosdorf, Die Renaissance der Politik, Berlin
    1998
Hubert Kleinert, Die Grünen in Deutschland, in: Heinrich-Böll-Stiftung
    (Hrsg.), Die Grünen in Europa, Münster 2004
Hubert Kleinert, Von der Wildnis ins Bildnis – Eine Bilanz der rot-grünen
    Jahre, in: Süddeutsche Zeitung vom 25./26. 6. 2005, SZ am Wochenende
Hubert Kleinert, Abstieg der Parteiendemokratie, in: Aus Politik und Zeit-
    geschichte, Hft. 35-36/2007
Hubert Kleinert, Ypsilanti und der ewige Koch, in: Süddeutsche Zeitung
    vom 10. 11. 2008
Hubert Kleinert, Parteiendemokratie in der Krise, in: Fabian Schalt u. a.
    (Hrsg.), Neuanfang statt Niedergang – Die Zukunft der Mitgliederpar-
    teien, Berlin 2009
Hubert Kleinert, Voraussetzungen und Grenzen schwarz-grüner
    Optionen, in: Volker Kronenberg/Christoph Weckenbrock (Hrsg.),
    Schwarz-Grün. Die Debatte, Wiesbaden 2011
Hubert Kleinert, Anmerkungen zum Wahlrechtsstreit – Ein Problem
    gelöst, ein anderes bleibt oder: Ein Blick über die Grenzen lehrt Ge-
    lassenheit, in: Zeitschrift für Parlamentsfragen, 43. Jg., Hft. 1/2012
Hubert Kleinert, Schwarz-Grün in Hessen, in: Volker Kronenberg (Hrsg.),
    Schwarz-Grün. Erfahrungen und Perspektiven, Wiesbaden 2016
Hubert Kleinert, Die AfD und ihre Mitglieder, Wiesbaden 2018
Hubert Kleinert, Das geteilte Deutschland – Die Geschichte 1945 – 1990,
    Wiesbaden 2018
Walter Klingler/Irina Turecek, Medienzeitbudgets und Tagesablauf-
    verhalten. Ergebnisse auf Basis der ARD/ZDF-Studie »Massenkom-
    munikation 2015«, in: Media-Perspektiven 2/2016
Wilhelm Knelangen, Die schleswig-holsteinische Landtagswahl am 7. Mai
    2017. Niederlage der »Küstenkoalition« und erstmals »Jamaika« im
    Norden, in: Zeitschrift für Parlamentsfragen, 48. Jg., Hft. 3/2017
Thomas Knipp, Der Deal – Die Geschichte der größten Übernahme aller
    Zeiten, Hamburg 2007
Karin Knop, Zwischen Schock und Online-Werbung – Die Werbeland-
    schaft in den 1990er Jahren, in: Werner Faulstich (Hrsg.), Die Kultur der
    90er Jahre, München 2010
Jürgen Kocka, Vereinigungskrise. Zur Geschichte der Gegenwart, Göt-
    tingen 1995
Jürgen Kocka, Zweierlei Geschichtsbewusstsein im vereinten Deutsch-
    land, in: Blätter für deutsche und internationale Politik, 43. Jg., 1998,
    S. 105 ff.

Renate Köcher, In der neuen Lage hat die CDU neue Aufgaben, in: Frankfurter Allgemeine Zeitung vom 14.10.1998

Gerd Koenen, Die Farbe Rot – Ursprünge und Geschichte des Kommunismus, München 2017

Ekkehard Kohrs, Kontroverse ohne Ende – Der Hauptstadt-Streit, Weinheim 1991

Martin Koller, 15 Jahre nach dem Fall der Mauer: Einkommen und Finanzkraft in Deutschland, Nürnberg 2004

Cornelia Koppetsch, Die Gesellschaft des Zorns, Bielefeld 2019

Felix Korsch, Natürliche Verbündete – Die Pegida-Debatte in der AfD zwischen Anziehung und Ablehnung, in: Alexander Häusler (Hrsg.), Die Alternative für Deutschland, Wiesbaden 2016

Karl-Rudolf Korte, Die Chance genutzt? Die Politik zur Einheit Deutschlands, Frankfurt/M 1994

Karl-Rudolf Korte/Werner Weidenfeld (Hrsg.), Deutschland – Trendbuch, Opladen 2001

Karl-Rudolf Korte/Manuel Fröhlich, Politik und Regieren in Deutschland, Paderborn 2004

Karl-Rudolf Korte, Der Pragmatiker des Augenblicks – Das Politikmanagement von Bundeskanzler Gerhard Schröder 2002–2005, in: Christoph Egle/Reimut Zohlnhöfer (Hrsg.), Ende des rot-grünen Projekts, Wiesbaden 2007

Karl-Rudolf Korte, Präsidentielles Zaudern – Der Regierungsstil von Angela Merkel in der Großen Koalition 2005–2009, in: Sebastian Bukow/Wanke Seemann (Hrsg.), Die Große Koalition. Regierung – Politik – Parteien 2005–2009, Wiesbaden 2010

Karl-Rudolf Korte (Hrsg.), Die Bundestagswahl 2009, Wiesbaden 2010

Karl-Rudolf Korte, Die Bundestagswahl 2009 – Konturen des Neuen, in: Karl-Rudolf Korte (Hrsg.), Die Bundestagswahl 2009, Wiesbaden 2010

Karl-Rudolf Korte/Niko Switek, Regierungsbilanz: Politikwechsel und Krisenentscheidungen, in: Aus Politik und Zeitgeschichte, Hft. 48-49/2013

Karl-Rudolf Korte (Hrsg.), Die Bundestagswahl 2013, Wiesbaden 2015

Karl-Rudolf Korte, Die Bundestagswahl 2013 – Ein halber Machtwechsel, in: Karl-Rudolf Korte (Hrsg.), Die Bundestagswahl 2013, Wiesbaden 2015

Karl-Rudolf Korte, Die Bundestagswahl 2017: Ein Plebiszit über die Flüchtlingspolitik, in: Karl-Rudolf Korte/Jan Schoofs (Hrsg.), Die Bundestagswahl 2017, Wiesbaden 2019

Karl-Rudolf Korte/Jan Schoofs (Hrsg.), Die Bundestagswahl 2017, Wiesbaden 2019

Martin Koschkar/Christian Nestler, Die mecklenburg-vorpommerische Landtagswahl vom 4. September 2016 – Zäsur des regionalen Parteienwettbewerbs und Fortsetzung der Großen Koalition, in: Zeitschrift für Parlamentsfragen, 48. Jg., Hft. 1/2017

Ilko-Sascha Kowalczuk, Die Übernahme – Wie Ostdeutschland Teil der Bundesrepublik wurde, 5. Aufl., München 2019

Klaus Kraemer/Sebastian Nessel (Hrsg.), Entfesselte Finanzmärkte? – Soziologische Analysen des modernen Kapitalismus, Frankfurt/M 2012

Joachim Krause, Multilaterale Ordnung oder Hegemonie, in: Aus Politik und Zeitgeschichte, Hft. 31-32/2003

Ulf Krause, Die Afghanistaneinsätze der Bundeswehr – Politische Entscheidungsprozesse mit Eskalationsdynamik, Wiesbaden 2011

Sybille Krause-Burger, Wie Gerhard Schröder agiert, Stuttgart 2000

Christian Graf von Krockow, Der deutsche Niedergang – Ein Ausblick ins 21. Jahrhundert, Stuttgart 1998

Volker Kronenberg/Christoph Weckenbrock (Hrsg.), Schwarz-Grün. Die Debatte, Wiesbaden 2011

Volker Kronenberg (Hrsg.), Schwarz-Grün. Erfahrungen und Perspektiven, Wiesbaden 2016

Sabine Kropp, Kooperativer Föderalismus und Politikverflechtung, Wiesbaden 2010

Paul Krugmann, Die große Rezession, Frankfurt/M 1999

Paul Krugmann, Die neue Weltwirtschaftskrise, Frankfurt/M 2009

Hans-Dieter Kübler, Ver-Einheit-lichung, Diversifikation und Digitalisierung – Die deutsche Presse in den 90er Jahren, in: Werner Faulstich (Hrsg.), Die Kultur der 90er Jahre, München 2010

Harald Kujat, Das Ende der Wehrpflicht?, in: Aus Politik und Zeitgeschichte, Hft. 48/2011

Hans Kundnani, German Power – Das Paradox der deutschen Stärke, München 2016

Volker Kurz, Einstellungen zu Wirtschaft und Gesellschaft in den alten und neuen Bundesländern, in: Jürgen Falter/Oskar W. Gabriel/Hans Rattinger, Wirklich ein Volk? Die politischen Orientierungen der Ost -und Westdeutschen im Vergleich, Opladen 2000

Dirk Laabs, Der deutsche Goldrausch – Die wahre Geschichte der Treuhand, 5. Aufl., München 2012

Oskar Lafontaine, Die Gesellschaft der Zukunft, Hamburg 1988

Oskar Lafontaine/Christa Müller, Keine Angst vor der Globalisierung, Bonn 1998

Juliane Landmann/Stefan Heumann (Hrsg.), Auf dem Weg zum Arbeitsmarkt 4.0? Mögliche Auswirkungen der Digitalisierung auf Arbeit und Beschäftigung in Deutschland bis 2030, Gütersloh 2016

Hans-Jürgen Lange/Jens Laufer (Hrsg.), Verfassungsschutz – Reformperspektiven zwischen administrativer Effektivität und demokratischer Transparenz, Wiesbaden 2015

Gerd Langguth (Hrsg.), Die Intellektuellen und die nationale Frage, Frankfurt/New York 1997

Gerd Langguth, Die Grünen – auf dem Weg zu einer Volkspartei? Eine Zwischenbilanz, in: Hans Zehetmair (Hrsg.), Das deutsche Parteiensystem – Perspektiven für das 21. Jahrhundert, Wiesbaden 2007

Gerd Langguth, Machtmenschen – Kohl, Schröder, Merkel, München 2009

Barbara Laubenthal, Spillover in der Migrationspolitik, in: Reimut Zohlnhöfer/Thomas Saalfeld (Hrsg.), Zwischen Stillstand, Politikwandel und Krisenmanagement – Eine Bilanz der Regierung Merkel 2013–2017, Wiesbaden 2019

Claus Leggewie/Horst Maier (Hrsg.), Verbot der NPD oder mit Rechtsradikalen leben, Frankfurt/M 2002

Claus Leggewie (Hrsg.), Die Türkei und Europa – Die Positionen, Frankfurt/M 2004

Claus Leggewie/Harald Welzer, Das Ende der Welt, wie wir sie kannten. Klima, Zukunft und Chancen der Demokratie, Bonn 2010

Kai Lehmann/Michael Schetsche, Die Google-Gesellschaft – Vom digitalen Wandel des Wissens, 2. Aufl., Bielefeld 2007

Jacob Leidenberger, Boulevardisierung von Fernsehnachrichten, Wiesbaden 2015

Thomas Leif/Joachim Raschke, Rudolf Scharping, die SPD und die Macht, Reinbek 1994

Jürgen Leinemann, Höhenrausch – Die wirklichkeitsleere Welt der Politiker, München 2004

Elke Leonhard, Aus der Opposition an die Macht – Wie Rudolf Scharping Kanzler werden will, Köln 1995

Oliver Lepsius/Reinhart Meyer-Kallus (Hrsg.), Inszenierung als Beruf – Der Fall Guttenberg, Berlin 2011

Oliver Lepsius, Die Causa Guttenberg als interdisziplinäre Fallstudie, in: Oliver Lepsius/Reinhart Meyer-Kallus (Hrsg.), Inszenierung als Beruf – Der Fall Guttenberg, Berlin 2011

Wolfgang Günter Lerch, Kein Frieden für Allahs Völker, Frankfurt/M 1991

Michael Lewis, The Big Shot – Wie eine Handvoll Trader die Welt verzockte, Frankfurt/M 2018

Hans Leyendecker/Heribert Prantl/Michael Stiller, Helmut Kohl, die Macht und das Geld, Göttingen 2000

Rüdiger Liedtke (Hrsg.), Die Treuhand und die zweite Enteignung der Ostdeutschen, München 1993

Rüdiger Liedtke, Wir privatisieren uns zu Tode – Wie uns der Staat an die Wirtschaft verkauft, Frankfurt/M 2007

Werner Link, Grundlinien der außenpolitischen Orientierung Deutschlands, in: Aus Politik und Zeitgeschichte, Hft. 11/2004

Barbara Lippert (Hrsg.), Osterweiterung der Union – Die doppelte Reifeprüfung, Bonn 2000

Peter Lösche, Die SPD nach Mannheim, in: Aus Parlament und Zeitgeschichte, Hft. 6/1996

Peter Lösche/Franz Walter, Die FDP – Richtungsstreit und Zukunftszweifel, Darmstadt 1996

Heinz Loquai, Der Kosovo-Konflikt. Wege in einen vermeidbaren Krieg, Baden-Baden 2000

Winfried Loth, Helmut Kohl und die Währungsunion, in: Vierteljahreshefte für Zeitgeschichte 61, 2013

Winfried Loth, Europas Einigung – eine unvollendete Geschichte, Frankfurt/M 2014

Daniel Lübbert/Felix Arndt/Friedrich Pukelsheim, Proporzwahrende Anpassung der Bundestagsgröße – ein Lösungsvorschlag für das Problem der negativen Stimmengewichte bei Bundestagswahlen, in: Zeitschrift für Parlamentsfragen, 42. Jg., Hft. 2/2011

Stefan Luft, Flucht nach Europa – Ursachen, Konflikte, Folgen. Bonn 2016

Margareth Lünenborg/Dirk Martens/Tobias Köhler/Claudia Töpper, Skandalisierung im Fernsehen – Erscheinungsformen und Rezeption von Reality-TV, Berlin 2011

Margareth Lünenborg/Claudia Töpper, Das System Castingshow – Provokationen und Skandale als ökonomisches und ästhetisches Prinzip von Castingshows, in: Televizion, 25. Jg., Hft. 1/2012

Andres Lutsch/David Schumann, Maastricht 1992. Europäischer »Staatenverbund« auf dem Weg zum Bundesstaat?, in: Andreas Rödder/Wolfgang Elz (Hrsg.), Deutschland in der Welt: Weichenstellungen in der Geschichte der Bundesrepublik, Göttingen 2010

Dieter Lutz (Hrsg.), Der Krieg im Kosovo und das Versagen der Politik, Baden-Baden 2000

Felix Philipp Lutz, Das Geschichtsbewusstsein der Deutschen, Köln 2000

Edward Luttwak, Turbo-Kapitalismus, Hamburg/Wien 1999

Hans-Joachim Maaz, Der Gefühlsstau – Ein Psychogramm der DDR, Berlin 1990

Matthias Machnig, Der endgültige Abschied von der Macht oder der Wahlkampf der Illusionen, in: Forschungsjournal Neue Soziale Bewegungen, 23. Jg., Hft. 1/2010

Peter März, Der Ort der Bundesrepublik in der deutschen Geschichte, in: Hans-Peter Schwarz (Koord.), Die Bundesrepublik Deutschland – Eine Bilanz nach 60 Jahren, hrsg. von der Bayerischen Landeszentrale für Politische Bildung, München 2008

Ahmad Mansour, Klartext zur Integration – Gegen falsche Toleranz und Panikmache, Frankfurt/M 2018

Herbert Marcuse, Der eindimensionale Mensch, Neuwied 1967

David Marsh, Der Euro, Hamburg 2009

David Marsh, Beim Geld hört der Spaß auf – Warum die Eurokrise nicht mehr lösbar ist, München 2016

Steffen Mau, Lütten Klein – Leben in der ostdeutschen Transformationsgesellschaft, Berlin 2019

Hanns W. Maull/Sebastian Harnisch/Constantin Grund (Hrsg.), Deutschland im Abseits? Rot-grüne Außenpolitik 1998–2003, Baden-Baden 2003

Hans W. Maull, Deutsche Außenpolitik – Orientierungslos, in: Zeitschrift für Politikwissenschaft, 2011

Hartmut Maurer, Staatsrecht I, 6. Aufl., München 2010

Wolfgang Mayer/Hansjörg Gaus/Christoph Müller, Klimabewusster Auto fahren – Analyse der PKW-Zulassungen 2008/2009. Eine Analyse im Auftrag des Bundesverbands Verbraucherzentrale e.V.

Sylvia Meichsner, Zwei unerwartete Laufbahnen – Die Karriereverläufe von Gerhard Schröder und Joschka Fischer im Vergleich, Marburg 2002

Christian Meier, Wo bleibt die Demokratie in diesem Europa?, in: Merkur, Nr. 54 (2000)

Richard Meng, Der Medienkanzler, Frankfurt/M 2002

Richard Meng, Merkelland, Köln 2006

Ulrich Menzel, Globalisierung versus Fragmentierung, Frankfurt/M 1998

Wolfgang Merkel, Der »dritte Weg« und der Revisionismusstreit der
    Sozialdemokratie am Ende des 29. Jahrhunderts, in: Karl Hinrichs/
    Herbert Kitschelt/Helmut Wiesenthal (Hrsg.), Kontingenz und Krise.
    Institutionenpolitik in kapitalistischen und postsozialistischen Gesell-
    schaften, Frankfurt/New York 2000, S. 263 ff.
Wolfgang Merkel, Sozialpolitik, in: Karl-Rudolf Korte/Werner Weidenfeld
    (Hrsg.), Deutschland-Trendbuch, Opladen 2001
Wolfgang Merkel/Christoph Egle/Christian Henkes/Tobias Ostheim/
    Alexander Petring, Die Reformfähigkeit der Sozialdemokratie. Her-
    ausforderungen und Bilanz der Regierungspolitik in Westeuropa,
    Wiesbaden 2006
Holger Meyer/Ferdinand Müller-Rommel, Die niedersächsische Land-
    tagswahl vom 15. Oktober 2017, in: Zeitschrift für Parlamentsfragen,
    49. Jg., Hft. 1/2018
Jörg Alexander Meyer, Der Weg zur Pflegeversicherung, Frankfurt/M 1996
Thomas Meyer, Inszenierte Politik und politische Rationalität, in: Karl-
    Rudolf Korte/Werner Weidefekd (Hrsg.), Deutschland-Trendbuch, Op-
    laden 2001
Thomas Meyer, Mediokratie – Die Kolonisierung der Politik durch die
    Medien, Frankfurt/M 2001
Lutz Mez, Energie- und Umweltpolitik – Eine vorläufige Bilanz, in:
    Christoph Egle/Tobias Ostheim/Reimut Zohlnhöfer (Hrsg.), Das Rot-
    Grüne Projekt, Wiesbaden 2003
Bernd Mezrich, Die Gründung von Facebook, München 2011
Heiner Meulemann (Hrsg.), Werte und nationale Identität im vereinten
    Deutschland, Opladen 1998
Heiner Meulemann, Die Angst der Ostdeutschen vor dem Leistungs-
    prinzip, Köln 2002
Meinhard Miegel, Die deformierte Gesellschaft. Wie die Deutschen ihre
    Wirklichkeit verdrängen, 5. Aufl., Berlin 2005
Daniel Miller, Das wilde Netzwerk – Ein ethnologischer Blick auf Face-
    book, München 2011
Reimut Mink, Eine griechische Tragödie? Staatsschuldenkrise und kein
    Ende, Marburg 2018
Nils Minkmar, Lässigkeit im Amt – Wie der Bundeskanzler immer noch
    Herr Schröder sein möchte, in: Süddeutsche Zeitung vom 24. 2. 1999
Nicolas Mirzoeff, An Introduction to Visual Culture, London 1999
Werner Mittenzwei, Die Intellektuellen – Literatur und Politik in Ost-
    deutschland 1945 bis 2000, Leipzig 2001

Patrick Moreau, PDS – Anatomie einer postkommunistischen Partei, Opladen 1992

Martin Morlok, Durchsichtige Tatsachen oder schwarze Koffer? Die rechtliche Regelung der Parteifinanzen und der Fall der CDU, in: Aus Politik und Zeitgeschichte, Hft. 16/2000

Harald Müller, Ein Desaster – Deutschland und der Fall Libyen, in: Hessisches Institut für Friedens- und Konfliktforschung, Standpunkte 2/2011, Frankfurt/M 2011

Uwe Müller, Supergau Deutsche Einheit, Berlin 2005

Hugo Müller-Vogg, Keine Garantie gegen Peinlichkeiten, in: Cicero vom 29. 3. 2017

Richard Münch, Akademischer Kapitalismus, Frankfurt/M 2011

Herfried Münkler, Der neue Golfkrieg, Reinbek 2003

Herfried Münkler/Jens Hacke (Hrsg.), Wege in die neue Bundesrepublik – Politische Mythen und kollektive Selbstbilder nach 1989, Frankfurt/M 2009

Herfried Münkler, Mitte und Maß – Der Kampf um die richtige Ordnung, Reinbek 2015

Herfried Münkler, Macht in der Mitte – Die neuen Aufgaben Deutschlands in Europa, Hamburg 2015

Axel Murswieck, Politische Führung von Bundeskanzlerin Merkel in der christlich-liberalen Koalition, in: Reimut Zohlnhöfer/Thomas Saalfeld (Hrsg.), Politik im Schatten der Krise – Eine Bilanz der Regierung Merkel 2009–2013, Wiesbaden 2015

Dietrich Murswiek, Nationalstaatlichkeit, Staatsvolk und Einwanderung, in: Otto Depenheuer/Dietrich Grabenwarter (Hrsg.), Der Staat in der Flüchtlingskrise, Paderborn 2016

Oliver Nachtwey/Tim Spier, Günstige Gelegenheit? Die sozialen und politischen Entstehungshintergründe der Linkspartei, in: Tim Spier u. a. (Hrsg.), Die Linkspartei, Wiesbaden 2007

Oliver Nachtwey, Marktsozialdemokratie – Die Transformation von SPD und Labour Party, Wiesbaden 2009

Katja Neller, DDR-Nostalgie? Analysen zur Identifikation der Ostdeutschen mit ihrer politischen Vergangenenheit, zur ostdeutschen Identität und zur Ost-West-Stereotypisierung, in: Jürgen Falter/Oskar Gabriel/Hans Rattinger (Hrsg.), Wirklich ein Volk? – Die politischen Orientierungen der Ost- und Westdeutschen im Vergleich, Opladen 2000

Katja Neller, DDR-Nostalgie, Wiesbaden 2006

Viola Neu, Ist die PDS auf dem Weg nach Godesberg?, in: Die Politische
    Meinung, Nr. 383, Oktober 2001

Viola Neu, Der gestoppte Aufstieg? Perspektiven der Linken, in: Eckard
    Jesse/Roland Sturm (Hrsg.), Superwahljahr 2011, Baden-Baden 2012

Gero Neugebauer, Die PDS. Geschichte, Organisation, Wähler, Konkur-
    renten. Opladen 1996

Gero Neugebauer, Politische Milieus in Deutschland, Bonn 2007

Gero Neugebauer/Richard Stöss, Die Partei Die Linke. Nach der Gründung
    in des Kaisers neuen Kleidern?, in: Oskar Niedermayer (Hrsg.), Die Par-
    teien nach der Bundestagswahl 2005, Wiesbaden 2011

Julian Nida-Rümelin, Über Grenzen denken – Eine Ethik der Migration,
    Hamburg 2017

Oskar Niedermayer, Nach der Vereinigung – Der Trend zum fluiden Fünf-
    parteiensystem, in: Oscar W. Gabriel/Oskar Niedermayer/Richard Stöss
    (Hrsg.), Parteiendemokratie in Deutschland, 2. Aufl., Wiesbaden 2002

Oskar Niedermayer (Hrsg.), Die Parteien nach der Bundestagswahl 2005,
    Wiesbaden 2008

Oskar Niedermayer, Das fluide Fünfparteiensystem nach der Bundes-
    tagswahl 2005, in: Oskar Niedermayer (Hrsg.), Die Parteien nach der
    Bundestagswahl 2005, Wiesbaden 2008

Oskar Niedermayer (Hrsg.), Handbuch Parteienforschung, Wiesbaden
    2013

Oskar Niedermayer (Hrsg.), Die Piratenpartei, Wiesbaden 2013

Oskar Niedermayer/Benjamin Höhne/Uwe Jun (Hrsg.), Abkehr von den
    Parteien – Parteiendemokratie und Bürgerprotest, Wiesbaden 2013

Oskar Niedermayer, Halbzeit – Die Entwicklung des Parteiensystems
    nach der Bundestagswahl 2013, in: Zeitschrift für Parlamentsfragen,
    46. Jg., Hft. 4/2015

Oskar Niedermayer, Die Berliner Abgeordnetenhauswahl vom 18. Sep-
    tember 2016: Zersplitterung des Parteiensystems und halber Macht-
    wechsel, in: Zeitschrift für Parlamentsfragen, 48. Jg., Hft. 1/2017

Oskar Niedermayer, Die AfD in den Parlamenten der Länder, des Bundes
    und der EU – Bipolarität im Selbstverständnis und im Verhalten, in:
    Zeitschrift für Parlamentsfragen, 49. Jg., Hft. 4/2018

Makoto Nishida, Strömungen in den Grünen 1980–2003, Münster 2005

Dieter Nohlen, Erfolgswertgleichheit als fixe Idee oder zurück zu
    Weimar?, in: Zeitschrift für Parlamentsfragen, 40. Jg., Hft. 1/2009

Paul Nolte, Generation Reform – Jenseits der blockierten Republik,
    München 2004

Dieter Oberndörfer, Leitkultur und Berliner Republik. Die Hausordnung der multikulturellen Gesellschaft in Deutschland ist das Grundgesetz, in: Aus Politik und Zeitgeschichte, Hft. 1-2/2001

Heinrich Oberreuter (Hrsg.), Der versäumte Wechsel – Eine Bilanz des Wahljahres 2002, München 2004

Heinrich Oberreuter, Von Krise zu Krise – Die Erosion der CSU während der Großen Koalition, in: Sebastian Bukow/Wanke Seemann (Hrsg.), Die Große Koalition. Regierung – Politik – Parteien 2005–2009, Wiesbaden 2010

Annette Ohme-Reinicke, Das große Unbehagen, Stuttgart 2010

Horst W. Opaschowski, Jugend im Zeichen der Eventkultur, in: Aus Politik und Zeitgeschichte, Hft. 12/2000

Horst W. Opaschowski, Der Generationenpakt – Das soziale Netz der Zukunft, Darmstadt 2004

Horst W. Opaschowski, Deutschland 2030 – Wie wir in Zukunft leben, Gütersloh 2008

Michael Opitz/Carola Opitz-Wiemers, Tendenzen in der deutschsprachigen Gegenwartsliteratur seit 1989, in: Deutsche Literaturgeschichte – Von den Anfängen bis zur Gegenwart, Stuttgart/Weimar 2008

Torsten Opelland, Profilierungsdilemma einer Regierungspartei in einem fragmentierten Parteiensystem – Die CDU in der Regierung Merkel III, in: Reimut Zohlnhöfer/Thomas Saalfeld (Hrsg.), Zwischen Stillstand, Politikwandel und Krisenmanagement – Eine Bilanz der Regierung Merkel 2013–2017, Wiesbaden 2019

Karl-Heinrich Oppenländer (Hrsg.), Wiedervereinigung nach sechs Jahren, Berlin1997

Kai Oppermann, Deutsche Außenpolitik während der dritten Amtszeit Angela Merkels, in: Reimut Zohlnhöfer/Thomas Saalfeld (Hrsg.), Zwischen Stillstand, Politikwandel und Krisenmanagement – Eine Bilanz der Regierung Merkel 2013–2017, Wiesbaden 2019

Tobias Ostheim, Praxis und Rhetorik deutscher Europapolitik, in: Christoph Egle/Tobias Ostheim/Reimut Zohlnhöfer (Hrsg.), Das rot-grüne Projekt, Wiesbaden 2003

Tobias Ostheim, Einsamkeit durch Zweisamkeit? Die Europapolitik der zweiten Regierung Schröder, in: Christoph Egle/Reimut Zohlnhöfer, Ende des rot-grünen Projekts, Wiesbaden 2007

Max Otte, Die Finanzkrise und das Versagen der modernen Ökonomie, in: Aus Politik und Zeitgeschichte, Nr. 52/2009

Franz Urban Pappi, Die deutschen Wähler und der Euro: Auswirkungen auf die Bundestagswahl 1998, in: Politische Vierteljahresschrift 41, 2000

Karl-Heinz Paqué, Transformationspolitik in Ostdeutschland. Ein Teilerfolg, in: Aus Politik und Zeitgeschichte, Hft. 28/2009

Werner J. Patzelt/Joachim Klose (Hrsg.), PEGIDA – Warnsignale aus Dresden, Dresden 2016

Werner J. Patzelt, Der 18. Deutsche Bundestag und die Repräsentationslücke, in: Zeitschrift für Staats- und Europawissenschaften, Hft. 15, 2017

Jens Peter Paul, Zwangsumtausch – Wie Lafontaine und Kohl die DM abschafften, Mainz 2010

Heinrich Pehle/Roland Sturm, Die zweite Große Koalition: Regierung der neuen Möglichkeiten, in: Roland Sturm/Heinrich Pehle (Hrsg.), Wege aus der Krise? Die Agenda der zweiten Großen Koalition, Opladen 2006

Christina Peri-Rossi, Die Zigarette – Leben mit einer verführerischen Geliebten, Berlin 2006

Butz Peters, Tödlicher Irrtum – Die Geschichte der RAF, 4. Aufl., Frankfurt/M 2008

Frank R. Pfetsch, Außenpolitik der Bundesrepublik Deutschland. Von Adenauer zu Merkel, 2. Aufl., Schwalbach/Ts 2012,

Gert Pickel/Dieter Weck/Wolfram Brunner (Hrsg.), Deutschland nach den Wahlen – Befunde zur Bundestagswahl 1998 und zur Zukunft des deutschen Parteiensystems, Opladen 2000

Frank Pilz, Der Sozialstaat. Ausbau – Kontroversen – Umbau, Bonn 2009

Petra Pinzler/Mark Schieritz, Kohleausstieg: Wem nützt er? Wem schadet er?, in: Die ZEIT vom 31.1.2019

Nikolaus Piper, Die große Rezession – Amerika und die Zukunft der Weltwirtschaft, München 2008

Werner Plumpe, Industrieland Deutschland 1945 bis 2008, in: Hans-Peter Schwarz (Koord.), Die Bundesrepublik Deutschland – Eine Bilanz nach 60 Jahren, hrsg. von der Bayerischen Landeszentrale für Politische Bildung, München 2008

Detlef Pollack, Das Bedürfnis nach sozialer Anerkennung – Der Wandel der Akzeptanz von Demokratie und Marktwirtschaft in Ostdeutschland, in: Aus Politik und Zeitgeschichte, Hft. 13/1997

Detlef Pollack, Das geteilte Bewusstsein. Einstellungen zur sozialen Ungleichheit und zur Demokratie in Ost- und Westdeutschland 1990– 1998, in: Rudolf Czada/Hellmut Wollmann (Hrsg.), Von der Bonner zur Berliner Republik. Zehn Jahre Deutsche Einheit, Opladen 2000

Detlef Pollack, Wie ist es um die innere Einheit Deutschlands bestellt?, in: Aus Politik und Zeitgeschichte, Hft. 30-31/2006

Heribert Prantl, Rot-Grün – Eine erste Bilanz, Hamburg 1999

Roland Preuß/Tanjev Schulte, Guttenbergs Fall – Der Skandal und seine Folgen für Politik und Gesellschaft, Gütersloh 2011

Jan Priewe/Rudolf Hickel, Der Preis der Einheit – Bilanz und Perspektiven der Deutschen Einheit, Frankfurt/M

Lothar Probst, Bündnis 90/Die Grünen auf dem Weg zur Volkspartei? Eine Analyse der Entwicklung der Grünen seit der Bundestagswahl 2005, in: Oskar Niedermayer, Die Parteien nach der Bundestagswahl 2009, Wiesbaden 2011

Lothar Probst, Bündnis 90/Die Grünen, in: Oskar Niedermayer (Hrsg.), Handbuch Parteienforschung, Wiesbaden 2013

Monika Prützel-Thomas, Kein »Ausverkauf« der DDR, in: Ralf Altenhof/ Eckard Jesse (Hrsg.), Das wiedervereinigte Deutschland – Zwischenbilanz und Perspektive, München 1995

Peter Przybylski, Tatort Politbüro – Die Akte Honecker, Berlin 1991

Peter Przbylski, Tatort Politbüro, Bd. 2: Honecker, Mittag und Schalck-Golodkowski, Berlin 1992

Heike Quader, Chronik der 14. Legislaturperiode, in: Christoph Egle/ Tobias Ostheim/Reimut Zohlnhöfer (Hrsg.), Wiesbaden 2003

Joachim Raschke, Die Grünen, Köln 1993

Joachim Raschke, So kann man nicht regieren. Die Zukunft der Grünen, Frankfurt/New York 2001

Joachim Raschke, Rot-Grüne Zwischenbilanz, in: Aus Politik und Zeitgeschichte, Hft. 40/2004

Joachim Raschke, Zerfallsphase des Schröder-Zyklus. Die SPD 2005–2009, in: Christoph Egle/Reimut Zohlnhöfer (Hrsg.), Die zweite Große Koalition – Eine Bilanz der Regierung Merkel 2005–2009, Wiesbaden 2010

Erich Rathefelder, Kosovo – Geschichte eines Konflikts, Berlin 2010

Andreas Reckwitz, Die Gesellschaft der Singularitäten, 6. Aufl., Berlin 2017

Jens Reich, Zehn Jahre deutsche Einheit, in: Aus Politik und Zeitgeschichte, Hft. 1-2/2000

Volker Reinhardt, Papa, warum hast du uns verlassen?, in: Die ZEIT 7/2018

Herbert Reinke, »Innere Sicherheit« in beiden deutschen Staaten, in: Clemens Burrichter/Detlef Nakath/Gerd-Rüdiger Stephan (Hrsg.), Deutsche Zeitgeschichte von 1945 bis 2000, Berlin 2006

Gerhard Reischl, Die Google-Falle, 5. Aufl., Wien 2008

Rolf Reißig, Die gespaltene Vereinigungsgesellschaft. Bilanz und Perspektiven der Transformation Ostdeutschlands und der deutschen Vereinigung, Berlin 2000

Tim Renner, Kinder, der Tod ist gar nicht so schlimm – Über die Zukunft der Musik- und Medienindustrie, Berlin 2008

Karl-Heinz Reuband (Hrsg.), Oper, Publikum und Gesellschaft, Wiesbaden 2017

Christoph Reuter/Marcel Mattelsiefen, Kunduz – 4. September 2009, Berlin 2010

Werner Reutter, »Grand Coalition State«. Große Koalition und Föderalismusreform, in: Sebastian Bukow/Wanke Seemann (Hrsg.), Die Große Koalition. Regierung – Politik – Parteien 2005–2009, Wiesbaden 2010

Saskia Richter, Die Aktivistin: Das Leben der Petra Kelly, Stuttgart 2010

Saskia Richter, Paradoxie gesellschaftlicher Revolutionen – Wie Grüne und Piraten den Zeitgeist verloren, in: Aus Politik und Zeitgeschichte, Hft. 48-49/2013

David Rieff, Schlachthaus – Bosnien und das Versagen des Westens, München 1995

Joachim Rieker, Schröder und der Irak-Krieg, in: Neue Gesellschaft/Frankfurter Hefte, 49. Jg., Hft. 12/2002

Jeremy Rifkin, Die dritte industrielle Revolution. Die Zukunft der Industrie nach dem Atomzeitalter, Frankfurt/M 2011

Gerhard A. Ritter, Über Deutschland. Die Bundesrepublik in der deutschen Geschichte, 2. Aufl., München 2000

Gerhard A. Ritter, Der Preis der Deutschen Einheit, München 2006

Gerhard A. Ritter, Die deutsche Einheit als sozialstaatliche Herausforderung, in: Martin Sabrow (Hrsg.), Die schwierige Einheit, Leipzig 2016

Thomas Rixen, Hehre Ziele, wenig Zählbares – Die Steuer- und Fiskalpolitik der schwarz-gelben Regierung 2009–2013, in: Reimut Zohlnhöfer/Thomas Saalfeld (Hrsg.), Politik im Schatten der Krise – Eine Bilanz der Regierung Merkel 2009–2013, Wiesbaden 2015

Thomas Rixen, Die Verwaltung des Überschusses – Die Fiskalpolitik der Großen Koalition 2013–2017, in: Reimut Zohlnhöfer/Thomas Saalfeld (Hrsg.). Zwischen Stillstand, Politikwandel und Krisenmanagement – Eine Bilanz der Regierung Merkel 2013–2017, Wiesbaden 2019

Andreas Rödder, Deutschland einig Vaterland: Die Geschichte der Wiedervereinigung, München 2009

Andreas Rödder/Wolfgang Elz, Deutschland in der Welt. Weichenstellungen in der Geschichte der Bundesrepublik, Göttingen 2010

Andreas Rödder, Wiedervereinigung 1989/90. Deutsche Revolution und internationale Ordnung, in: Andreas Rödder/Wolfgang Elz, Deutschland in der Welt. Weichenstellungen in der Geschichte der Bundesrepublik, Göttingen 2010

Andreas Rödder, Die deutsche Einheit – Eine Zwischenbilanz nach 25 Jahren, in: Martin Sabrow (Hrsg.), Die schwierige Einheit, Leipzig 2016

Andreas Rödder, Wer hat Angst vor Deutschland? Geschichte eines europäischen Problems, Frankfurt/M 2018

Andrea Röpke, Im Untergrund, aber nicht allein, In: Aus Politik und Zeitgeschichte 18-19/2012

David Rohde, Die letzten Tage von Srebrenica, Reinbek 1997

Matthias Rohe, Der Islam in Deutschland, München 2016

Dieter Roth, Was bewegt die Wähler?, in: Aus Politik und Zeitgeschichte, Hft. 11/1994

Dieter Roth, Das rot-grüne Projekt an der Wahlurne – Eine Analyse der Bundestagswahl 2002, in: Christoph Egle/Tobias Ostheim/Reimut Zohlnhöfer (Hrsg.), Das rot-grüne Projekt, Wiesbaden 2003

Karin Rothemund, Internet – Verbreitung und Aneignung in den 1990ern, in: Werner Faulstich (Hrsg.), Die Kultur der 90er Jahre, München 2010

Dieter Rucht, Zum Scheitern der Bürgerbewegungen, in: Lars von Clausen (Hrsg.), Gesellschaften im Umbruch. Verhandlungen des 27. Kongresses der Deutschen Gesellschaft für Soziologie in Halle 1995, Frankfurt/M 1996

Wolfgang Rudzio, Das politische System der Bundesrepublik Deutschland, 9. Aufl., Wiesbaden 2015

Margit Rüdiger/Lore Grosshaus, Schönheitsoperationen – Beauty nach Maß, München 2003

Volker Rühe, Solidarität gibt es nicht ohne Risiko, in: Cicero vom 12. 4. 2011

Bert Rürup/Werner Sesselmeier, Wirtschafts- und Arbeitswelt, in: Karl-Rudolf Korte/Werner Weidenfeld (Hrsg.), Deutschland-Trendbuch, Opladen 2001

Jürgen Rüttgers (Hrsg.), Berlin ist nicht Weimar – Zur Zukunft der Volksparteien, Essen 2009

Jürgen Rüttgers (Hrsg.), Wege aus der Krise, Essen 2011

Jürgen Rüttgers, Parteien – übermächtig und überfordert. Zwanzig Jahre
    nach der Parteienkritik Richard von Weizsäckers, Marburg 2012
Jürgen Rüttgers/Frank Decker (Hrsg.), Europas Ende, Europas Anfang –
    Neue Perspektiven für die Europäische Union, Frankfurt/M 2017

Thomas Saalfeld, Regierungsbildung 2009 – Merkel II und ein höchst un-
    vollständiger Koalitionsvertrag, in: Zeitschrift für Parlamentsfragen,
    41. Jg., Hft. 1/2010
Thomas Saalfeld/Reimut Zohlnhöfer, Von der Wunschkoalition zur Kri-
    sengemeinschaft, in: Reimut Zohlnhöfer/Thomas Saalfeld (Hrsg.),
    Politik im Schatten der Krise – Eine Bilanz der Regierung Merkel 2009–
    2013, Wiesbaden 2015
Thomas Saalfeld, Koalitionsmanagement der christlich-liberalen Koali-
    tion Merkel II, in: Reimut Zohlnhöfer/Thomas Saalfeld (Hrsg.), Politik
    im Schatten der Krise – Eine Bilanz der Regierung Merkel 2009–2013,
    Wiesbaden 2015
Thomas Saalfeld/Matthias Bahr/Julian Hohner/Olaf Seifert, Koalitions-
    verhandlungen und Koalitionsvertrag, in: Karl-Rudolf Korte/Jan
    Schoofs (Hrsg.), Die Bundestagswahl 2017, Wiesbaden 2019
Martin Sabrow (Hrsg.), 1990 – Eine Epochenzäsur?, Leipzig 2006
Martin Sabrow (Hrsg.), Erinnerungsorte der DDR, München 2009
Martin Sabrow (Hrsg.), Die schwierige Einheit, Leipzig 2016
Martin Sabrow, Die historische Herausforderung der deutschen Einheit,
    in: Martin Sabrow (Hrsg.), Die schwierige Einheit, Leipzig 2016
Eberhard Sandschneider, Deutschland: Gestaltungsmacht in der Kon-
    tinuitätsfalle, in: Aus Parlament und Zeitgeschichte, Hft. 10/2012
Thilo Sarrazin, Deutschland schafft sich ab, München 2010
Thilo Sarrazin, Europa braucht den Euro nicht, München 2012
Ulrich Schäfer, Der Crash des Kapitalismus, Frankfurt/M 2009
Michael Schaffrath, Vom Kulturgut zur Wirtschaftsware – Sport im ersten
    Jahrzehnt nach der Wiedervereinigung, in: Werner Faulstich (Hrsg.),
    Die Kultur der 90er Jahre, München 2010
Fabian Schalt/Micha Kreitz/Fabian Magerl/Katrin Schirrmacher/Florian
    Melchert (Hrsg.), Neuanfang statt Niedergang – Die Zukunft der Mit-
    gliederparteien, Berlin 2009
Fritz J. Scharpf, Nicht genutzte Chancen der Föderalismusreform, in:
    Christoph Egle/Reimut Zohlnhöfer (Hrsg.), Ende des rot-grünen
    Projekts, Wiesbaden 2003
Fritz J. Scharpf, Föderalismusreform, Frankfurt/M 2009

Axel Schildt, Ankunft im Westen. Ein Essay zur Erfolgsgeschichte der Bundesrepublik, Frankfurt/M 1999

Axel Schildt/Detlef Siegfried, Deutsche Kulturgeschichte. Die Bundesrepublik von 1945 bis zur Gegenwart, München 2009

Axel Schildt, Zeitgeschichte der »Berliner Republik«, in: Aus Politik und Zeitgeschichte, Hft. 1-3/2012

Stefan A. Schirm, Deutschlands wirtschaftspolitische Antworten auf Globalisierung, in: Hans-Peter Schwarz (Koord.), Die Bundesrepublik Deutschland – Eine Bilanz nach 60 Jahren, hrsg. von der Bayerischen Landeszentrale für Politische Bildung, München 2008

Frank Schirrmacher (Hrsg.), Die Walser-Bubis-Debatte, Frankfurt/M 1999

Frank Schirrmacher, Ego – Das Spiel des Lebens, München 2013

Frank Schirrmacher (Hrsg.), Technologischer Totalitarismus, Frankfurt/M 2015

Wolfgang Schluchter, Neubeginn durch Anpassung? Studien zum ostdeutschen Übergang, Frankfurt/M 1996

Wolfgang Schmale, Was wird aus der Europäischen Union?, Ditzingen 2018

Josef Schmid, Arbeitsmarkt- und Beschäftigungspolitik, in: Christoph Egle/Reimut Zohlnhöfer (Hrsg.), Ende des rot-grünen Projekts, Wiesbaden 2007

Thomas Schmid (Hrsg.), Krieg im Kosovo, Reinbek 1999

Helmut Schmidt, Globalisierung – Politische, ökonomische und kulturelle Herausforderungen, Stuttgart 1998

Manfred G. Schmidt, Rot-grüne Sozialpolitik (1998–2002), in: Christoph Egle/Tobias Ostheim/Reimut Zohlnhöfer (Hrsg.), Das rot-grüne Projekt, Wiesbaden 2003

Manfred G. Schmidt, Sozialpolitik in Deutschland – Historische Entwicklung und internationaler Vergleich, Wiesbaden 2005

Manfred G. Schmidt, Die Sozialpolitik der zweiten rot-grünen Koalition (2002–2005), in: Christoph Egle/Reimut Zohlnhöfer (Hrsg.), Ende des rot-grünen Projekts, Wiesbaden 2007

Manfred G. Schmidt, Die Sozialpolitik der zweiten Großen Koalition (2005–2009), in: Christoph Egle/Reimut Zohlnhöfer (Hrsg.), Die zweite Große Koalition – Eine Bilanz der Regierung Merkel 2005–2009, Wiesbaden 2010

Manfred G. Schmidt, Der deutsche Sozialstaat. Geschichte und Gegenwart, München 2012

Rüdiger Schmitt-Beck, Die hessische Landtagswahl im Schatten der Welt-politik – Kleine Verschiebungen mit großer Wirkung, in: Zeitschrift f. Parlamentsfragen, 22. Jg., 2/1991, S. 226 ff.

Rüdiger Schmitt-Beck/Torsten Faas, Die hessische Landtagswahl vom 27. Januar 2008, in: Zeitschrift für Parlamentsfragen, 40. Jg., Hft. 1/2009

Rüdiger Schmitt-Beck, Die hessische Landtagswahl am 18. Januar 2009, in: Zeitschrift für Parlamentsfragen 40. Jg., Hft. 2/2009

Harald Schoene/Jürgen W. Falter, Die Linkspartei und ihre Wähler, in: Aus Politik und Zeitgeschichte, Hft. 32-33/2005

Julian Schoeps (Hrsg.), Ein Volk von Mördern? Die Dokumentation zur Goldhagen-Kontroverse um die Rolle der Deutschen im Holocaust, Hamburg 1996

Rupert Scholz, Zur Arbeit der gemeinsamen Verfassungskommission von Bundestag und Bundesrat, in: Klaus Stern (Hrsg.), Deutsche Wiederver-einigung, Bd. IV, Köln 1993

Frank Schorkopf, Das Romantische und die Notwendigkeit eines norma-tiven Realismus, in: Otto Depenheuer/Christoph Grabenwarter (Hrsg.), Der Staat in der Flüchtlingskrise, Paderborn 2016

Carola Schormann, Digitalisierung und Eventisierung, Nationalisierung und Globalisierung: Zur Musik der 90er Jahre, in: Werner Faulstich (Hrsg.), Die Kultur der 90er Jahre, München 2010

Klaus Schroeder (Hrsg.), Geschichte und Transformation des SED-Staates, Berlin 1994

Klaus Schroeder, Die veränderte Republik – Deutschland nach der Wie-dervereinigung. Bayerische Landeszentrale für politische Bildungs-arbeit, München 2006

Klaus Schroeder, Deutschland nach 1990: Probleme der Einheit, in: Hans-Peter-Schwarz (Koord.), Die Bundesrepublik Deutschland – Eine Bilanz nach 60 Jahren, hrsg. von der Bayerischen Landeszentrale für politische Bildungsarbeit, München 2008

Richard Schroeder, Das Glück der deutschen Einheit, in: Martin Sabrow (Hrsg.), Die schwierige Einheit, Leipzig 2016

Richard Schroeder, Deutschland einig Vaterland, in: Frankfurter Allge-meine Zeitung vom 30.12.2019

Wolfgang Schroeder, Große Koalition und Sozialpartnerschaft, in: Christoph Egle/Reimut Zohlnhöfer (Hrsg.), Die zweite Große Koali-tion – Eine Bilanz der Regierung Merkel 2005 – 2009, Wiesbaden 2010

Alexander Schuller/Nicole von Bredow, Back to Black – Amy Winehouse und ihr viel zu kurzes Leben, München 2011

Tanjev Schultz, NSU – Der Terror von rechts und das Versagen des Staates, München 2018

Rainer-Olav Schultze, Die bayerische Landtagswahl vom 15. September 2013, in: Zeitschrift für Parlamentsfragen, 45. Jg., Hft. 2/2014

Rainer-Olav Schultze, Die bayerische Landtagswahl vom 14. Oktober 2018: Signal für nachhaltigen Wandel auch im Bund, in: Zeitschrift für Parlamentsfragen, 50. Jg., Hft. 2/2019

Gerhard Schulze, Die Erlebnisgesellschaft, Frankfurt/New York 1992

Karin Schulze-Buschoff/Anke Hassel, Beschäftigungsrekorde bei zunehmender Ungleichheit auf dem Arbeitsmarkt – Arbeitsmarktentwicklung und -politik in der dritten Regierung Merkel 2013–2017, in: Reimut Zohlnhöfer/Thomas Saalfeld (Hrsg.), Zwischen Stillstand, Politikwandel und Krisenmanagement – Eine Bilanz der Regierung Merkel 2013–2017

Hans-Peter Schwarz, Republik ohne Kompass, Berlin 2005

Hans-Peter Schwarz (Koord.), Die Bundesrepublik Deutschland – Eine Bilanz nach 60 Jahren, hrsg. von der Bayerischen Landeszentrale für Politische Bildung, München 2008

Hans-Peter Schwarz, Die neue Völkerwanderung nach Europa, München 2017

Alice Schwarzer, Eine tödliche Liebe – Petra Kelly und Gert Bastian, Hamburg 1993

Wolfgang Schweiger, Der (des)informierte Bürger im Netz, Wiesbaden 2017

Gerhard Schweizer, Syrien verstehen. Geschichte, Gesellschaft und Religion, Stuttgart 2015

Kerstin Schwenn, Privatisierung der volkseigenen Betriebe, in: Karl-Heinrich Oppenländer (Hrsg.), Wiedervereinigung nach sechs Jahren, Berlin 1997

Lu Seegers, Das Leben der Anderen oder die »richtige« Erinnerung an die DDR, in: Astrid Entl/Stephania Wodianska (Hrsg.), Film und kulturelle Erinnerung, Frankfurt/New York 2006

Wanke Seemann/Sebastian Wukow, Große Koalitionen in Deutschland, in: Sebastian Bukow/Wanke Seemann (Hrsg.), Die Große Koalition. Regierung – Politik – Parteien 2005–2009, Wiesbaden 2010

Wolfgang Seibel, Verwaltete Illusionen – Die Privatisierung der DDR-Wirtschaft durch die Treuhandgesellschaft und ihre Nachfolger, Frankfurt/New York 2005

Wolfgang Seibel, Prinzipienlosigkeit als Prinzip, in: FAZ vom 24.10.2011

Bertold Seliger, Klassikkampf: Ernste Musik, Bildung und Kultur für alle, Berlin 2017

Sven T. Siefken, Regierungsbildung »wider Willen« – Der mühsame Weg zur Koalition nach der Bundestagswahl 2017, in: Zeitschrift für Parlamentsfragen, 49. Jg., Hft. 2/2018

Heinz-Werner Sinn, Ist Deutschland noch zu retten?, 5. Aufl., München 2004

Heinz-Werner Sinn, Kasinokapitalismus, Berlin 2009

Heinz-Werner Sinn, Der Schwarze Juni, Brexit, Flüchtlingswelle, Euro-Desaster – Wie die Neuordnung Europas gelingt, Freiburg 2016

Robert Skidelsky, Die Rückkehr des Meisters – Keynes für das 21. Jahrhundert, München 2009

Heike Solga, Auf dem Weg in die klassenlose Gesellschaft? Klassenlagen und Mobilität zwischen Generationen in der DDR, Berlin 1995

Kurt Sontheimer. So war Deutschland nie, München 1999

Michael Sontheimer, Berlin, Berlin – Der Umzug in die Hauptstadt, Hamburg 1999

Andreas Speit, Bürgerliche Scharfmacher. Deutschlands rechte Mitte – Von AfD bis Pegida, Zürich 2016

Tim Spier/Felix Butzlaff/Matthias Micus/Franz Walter (Hrsg.), Die Linkspartei, Wiesbaden 2007

Manfred Spitzer, Digitale Demenz, München 2012

Birgit Stark/Dieter Dörr/Stefan Aufenanger (Hrsg.), Die Googleisierung der Informationssuche, Berlin/Boston 2014

Nenad Stefanov/Michael Werz (Hrsg.), Bosnien und Europa – Die Ethnisierung der Gesellschaft, Frankfurt/M 1994

Klaus Stern (Hrsg.), Deutsche Wiedervereinigung, Bd. IV, Köln 1993

Andreas Stifel, Vom erfolgreichen Scheitern einer Bewegung – Bündnis 90/Die Grünen als politische Partei und soziokulturelles Phänomen, Wiesbaden 2017

Joseph Stiglitz, Die Chancen der Globalisierung, München 2008

Wolfgang Streeck/Martin Höppner, Alle Macht dem Markt? Fallstudien zur Abwicklung der Deutschland AG, Frankfurt/M 2003

Wolfgang Streeck, Gekaufte Zeit – Die vertagte Krise des demokratischen Kapitalismus, Berlin 2013

Ricarda Strobl, Blockbuster im Multiplex – Kino und Film in den 90er Jahren, in: Werner Faulstich (Hrsg.), Die Kultur der 90er Jahre, München 2010

Gabor Steingart, Deutschland – Abstieg eines Superstars, München 2004

Joseph E. Stiglitz, Im freien Fall – Vom Versagen der Mächte bis zur Neuordnung der Weltwirtschaft, Berlin 2010

Daniel Sturm, Wohin geht die SPD?, München 2009

Roland Sturm, Dritter Weg, in: Aus Parlament und Zeitgeschichte, Hft. 16-17/2001

Roland Sturm/Heinrich Pehle (Hrsg.), Wege aus der Krise? Die Agenda der zweiten Großen Koalition, Opladen 2006

Roland Sturm, Der Vertrag von Lissabon, in: Bundeszentrale für Politische Bildung (Hrsg.), Der Vertrag von Lissabon, Bonn 2010

Roland Sturm, Die Regierungsbildung nach der Bundestagswahl 2013: lagerübergreifend und langwierig, in: Zeitschrift für Parlamentsfragen, 45. Jg., Hft. 4/2014

Werner Süß (Hrsg.) Deutschland in den neunziger Jahren, Opladen 2002

Winfried Süß, Was bleibt vom »Modell Deutschland«? Sozialpolitik und soziale Ungleichheit in der vereinigten Bundesrepublik, in: Martin Sabrow (Hrsg.), Die schwierige Einheit, Leipzig 2016

Heinz Suhr, Der Treuhand-Skandal, Frankfurt/M 1992

Holm Sundhausen, Sarajewo – Geschichte einer Stadt, Wien/Köln/Weimar 2014

Jochen Staadt, Walter Ulbrichts letzter Machtkampf, in: Deutschland-Archiv 5/1996

Thomas Suhle, Was Google wirklich will, 3. Aufl., München 2017

Uwe Thaysen, Regierungsbildung 2005: Merkel, Merkel I, Merkel II, in: Zeitschrift für Parlamentsfragen, 37. Jg., Hft. 4/2006

Elmar Theveßen, Nine Eleven – Der Tag, der die Welt veränderte, Berlin 2011

Rüdiger Thomas, Kultur und Gesellschaft, in: Karl-Rudolf Korte/Werner Weidenfeld (Hrsg.), Deutschland-Trendbuch, Opladen 2001

Dietrich Thränhardt. Geschichte der Bundesrepublik Deutschland, Frankfurt/M 1996

Dietrich Thränhardt, Integrationsdiskurs und Integrationsrealität, in: Aus Politik und Zeitgeschichte, Hft. 46-47/2016

Alexander Thumfart, Die politische Integration Ostdeutschlands, Frankfurt/M 2002

Lester C. Thurow, Die Zukunft des Kapitalismus, Düsseldorf/München 1996

Basam Tibi, Die neue Weltunordnung – Westliche Dominanz und islamischer Fundamentalismus, 2. Aufl., München 2001

Bassam Tibi, Europa ohne Identität? Europäisierung oder Islamisierung, Stuttgart 2016

Ralf Tils/Joachim Raschke, Strategie zählt – Die Bundestagswahl 2013, in: Aus Politik und Zeitgeschichte, Hft. 48-49/2013

Annette Elisabeth Töller, Kein Grund zum Feiern! Die Umwelt- und Energiepolitik der dritten Regierung Merkel (2013–2017), in: Reimut Zohlnhöfer/Thomas Saalfeld (Hrsg.), Zwischen Stillstand, Politikwandel und Krisenmanagement – Eine Bilanz der Regierung Merkel 2013–2017, Wiesbaden 2019

Adam J. Tooze, Crashed – Wie zehn Jahre Finanzkrise die Welt verändert haben, München 2018

Bernd Ulrich, Verstehen oder verachten?, in: Die ZEIT vom 26.1.2006

Bernd Ulrich, Guten Morgen Abendland – Der Westen am Beginn einer neuen Epoche, Köln 2017

Frank Unger/Andreas Wehr/Karen Schönwälder, New Democrats – New Labour – Neue Sozialdemokraten, Berlin 1998

Sascha Verlan, 35 Jahre HipHop in Deutschland, Höfen 2015

Kurt Vogler-Ludwig/Nicola Düll/Ben Kriechel, Arbeitsmarkt 2030 – Wirtschaft und Arbeitsmarkt im digitalen Zeitalter, München 2016

Linda Voigt, Let the good times roll. Eine Bilanz der Sozialpolitik der dritten Großen Koalition, in: Reimut Zohlnhöfer/Thomas Saalfeld (Hrsg.), Zwischen Stillstand, Politikwandel und Krisenmanagement – Eine Bilanz der Regierung Merkel 2013–2017, Wiesbaden 2019

Andreas Volkens/Thomas Bräuninger, Regierungserklärungen von 1949 bis 1998, in: Zeitschrift für Parlamentsfragen, 30. Jg., Hft. 3/1999

Ludger Volmer, Die Grünen: Von der Protestbewegung zur etablierten Partei, Bielefeld 2009

Albrecht von Lucke, Bündeln oder spalten: Sammlungsbewegung statt Rot-Rot-Grün?, in: Blätter für deutsche und internationale Politik, Hft. 9/2018

Johannes von Müller, Von Rollen und Ämtern – Karl-Theodor zu Guttenberg als Indikator eines neuen »ikonographischen Rahmens« in der Bundesrepublik, in: Oliver Lepsius/Reinhart Meyer-Kallus (Hrsg.), Inszenierung als Beruf – Der Fall Guttenberg, Berlin 2011

Hans Vorländer, Welche Koalition sichert das Überleben? Bündnisaussichten der FDP, in: Frank Decker/Eckard Jesse (hrsg.), Die deutsche Koalitionsdemokratie vor der Bundestagswahl 2013, Baden-Baden 2013

Hans Vorländer, Die bundespolitische Rolle der FDP, in: Eckard Jesse/
    Roland Sturm (Hrsg.), Die Bilanz der Bundestagswahl 2013, Baden-
    Baden 2014
Hans Vorländer/Maik Herold/Steven Schüller, PEGIDA, Wiesbaden 2016

Bernd Wagner, Bürgerschaftliches Engagement und Ehrenamt im Kultur-
    bereich, in: Jahrbuch für Kulturpolitik, Bd. 1, hrsg. von Thomas Röbke
    und Bernd Wagner, Essen 2001
Thomas Wagner, Angstmacher – 1968 und die neuen Rechten, 2. Aufl.,
    Berlin 2017
Uwe Wagschal, Auf dem Weg zum Sanierungsfall? Die rot-grüne Finanz-
    politik seit 2002, in: Christoph Egle/Reimut Zohlnhöfer, Ende des
    rot-grünen Projekts – Eine Bilanz der Regierung Schröder 2002–2005,
    Wiesbaden 2007
Franz Walter, Vom Betriebsrat der Nation zum Kanzlerwahlverein – Die
    SPD, in: Gert Pickel/Dieter Weck/Wolfram Brunner (Hrsg.), Deutsch-
    land nach den Wahlen – Befunde zur Bundestagswahl 1998 und zur
    Zukunft des deutschen Parteiensystems, Opladen 2000
Franz Walter/Tobias Dürr, Die Heimatlosigkeit der Macht, Wie die Politik
    in Deutschland ihren Boden verlor, Berlin 2000
Franz Walter, Abschied von der Toskana – Die SPD in der Ära Schröder,
    Wiesbaden 2005
Franz Walter, Die ziellose Republik, Köln 2006
Franz Walter, Im Herbst der Volksparteien? Aufstieg und Rückgang poli-
    tischer Massenintegration, Bielefeld 2009
Franz Walter, Gelb oder grün? Kleine Parteiengeschichte der besserver-
    dienenden Mitte in Deutschland, Bielefeld 2010
Franz Walter, Vorwärts oder abwärts? Zur Transformation der Sozial-
    demokratie, Berlin 2010
Franz Walter/Stine Marg/Lars Geiges/Felix Butzlaff (Hrsg.), Die neue
    Macht der Bürger, Hamburg 2013
Jens Walter, Oppositionsparteien während der Großen Koalition, in:
    Sebastian Bukow/Wanke Seemann (Hrsg.), Die Große Koalition. Regie-
    rung – Politik – Parteien 2005–2009, Wiesbaden 2010
Thomas Walter, Der Bologna-Prozess – Ein Wendepunkt europäischer
    Hochschulpolitik?, Wiesbaden 2006
Hans-Ulrich Wehler, Was bleibt von Schröder?, in: Die ZEIT vom 17.11.
    2005
Werner Weidenfeld (Hrsg.). Demokratie am Wendepunkt. Die demo-
    kratische Frage als Projekt des 21. Jahrhunderts, Berlin 1996

Werner Weidenfeld, Zeitenwechsel – Von Kohl zu Schröder, Stuttgart 1999

Werner Weidenfeld, Geschichte und Identität, in: Karl-Rudolf Korte/
Werner Weidenfeld, Deutschland – Trendbuch, Opladen 2001

Werner Weidenfeld, Nationalstaat versus Europäische Integration, in:
Manuela Glaab/Werner Weidenfeld/Michael Weigl (Hrsg.), Deutsche
Kontraste 1990–2010, Frankfurt/M 2010

Werner Weidenfeld/Wolfgang Wessels (Hrsg.), Jahrbuch der Europäischen
Integration, Baden-Baden 2016

Michael Weigl/Lars C. Colschen, Politik und Geschichte, in: Karl-Rudolf
Korte/Werner Weidenfeld (Hrsg.), Deutschland-Trendbuch, Opladen
2001

Michael Weigl, Mission Comeback – Die CSU auf dem Weg zu neuer
bundespolitischer Stärke, in: Reimut Zohlnhöfer/Thomas Saalfeld
(Hrsg.), Politik im Schatten der Krise – Eine Bilanz der Regierung
Merkel 2009–2013, Wiesbaden 2015

Siegfried Weischenberg/Maja Malik/Armin Scholl, Die Souffleure der
Mediengesellschaft – Report über die Journalisten in Deutschland,
Konstanz 2006

Harald Welzer, Die smarte Diktatur. Der Angriff auf unsere Freiheit,
Frankfurt/M 2016

Frank Wendler, Die Europapolitik der zweiten Regierung Merkel, in:
Reimut Zohlnhöfer/Thomas Saalfeld (Hrsg.), Politik im Schatten
der Krise – Eine Bilanz der Regierung Merkel 2009–2013, Wiesbaden
2015

Frank Wendler, Deutsche Europapolitik als Führungskonflikt, in: Reimut
Zohlnhöfer/Thomas Saalfeld (Hrsg.), Zwischen Stillstand, Politikwandel und Krisenmanagement – Eine Bilanz der Regierung Merkel
2013–2017, Wiesbaden 2019

Georg Wenzelburger/Helge Staff, Im Zweifel für mehr Sicherheit – Law-
and-Order-Politik zwischen Terror und Flüchtlingskrise, in: Reimut
Zohlnhöfer/Thomas Saalfeld (Hrsg.), Zwischen Stillstand, Politikwandel und Krisenmanagement – Eine Bilanz der Regierung Merkel
2013–2017, Wiesbaden 2019

Uwe Wesel, Ein Staat vor Gericht – Der Honecker-Prozess, Frankfurt/M
1994

Uwe Wesel, Ein deutscher Prozess, in: Süddeutsche Zeitung vom 21.9.
2000

Bettina Westle, Kollektive Identität im vereinten Deutschland – Nation
und Demokratie in der Wahrnehmung der Deutschen, Opladen 1999

Göttrick Wewer (Hrsg.), Bilanz der Ära Kohl, Opladen 1998

Christian Wiemer, Die Nacht, die Deutschland veränderte – Hintergründe, Fakten und Enthüllungen zu den dramatischen Übergriffen der Silvesternacht in Köln, München 2017

Elmar Wiesendahl, Restlaufzeiten der Parteiendemokratie, in: Oskar Niedermayer/Benjamin Höhne/Uwe Jun (Hrsg.), Abkehr von den Parteien? Parteiendemokratie und Bürgerprotest, Wiesbaden 2013

Helmut Wiesenthal, Die Transformation der DDR, Gütersloh 1999

Helmut Wiesenthal, Profilkrise und Funktionswandel – Bündnis 90/Die Grünen auf dem Weg zu einem neuen Selbstverständnis, in: Aus Parlament und Zeitgeschichte, Hft. 5/2000

Ingo Winkelmann (Hrsg.), Das Maastricht-Urteil des Bundesverfassungsgerichts vom 12. Oktober 1993, Berlin 1994

Heinrich August Winkler, Der lange Weg nach Westen, Bd. 2. Deutsche Geschichte vom »Dritten Reich« bis zur Wiedervereinigung, München 2000

Heinrich August Winkler, Geschichte des Westens, Bd. III – Vom Kalten Krieg zum Mauerfall, München 2014

Heinrich August Winkler, Geschichte des Westens, Bd. IV – Die Zeit der Gegenwart, München 2015

Heinrich August Winkler, Von der deutschen zur europäischen Frage, in: Vierteljahreshefte für Zeitgeschichte 63 (2015)

Heinrich August Winkler, Deutschlands moralische Selbstüberschätzung, in: Frankfurter Allgemeine Zeitung vom 30. 9. 2015

Heinrich August Winkler, Zerbricht der Westen?, München 2017

Jürgen R. Winkler, Die saarländische Landtagswahl am 30. August 2009 – Auf dem Weg nach Jamaika, in: Zeitschrift für Parlamentsfragen, 41. Jg., Hft. 2/2010

Andreas Wirsching, Abschied vom Provisorium – Geschichte der Bundesrepublik Deutschland 1982–1990, München 2006

Karlheinz Wöhler, Vereint in Freizeit und Reisen, in: Werner Faulstich (Hrsg.), Die Kultur der 90er Jahre, München 2010

Frieder O. Wolf/Christian Henkes, Die Bildungspolitik von 2002 bis 2005, in: Christoph Egle/Reimut Zohlnhöfer (Hrsg.), Ende des rot-grünen Projekts, Wiesbaden 2007

Edgar Wolfrum, Die geglückte Demokratie – Geschichte der Bundesrepublik Deutschland von ihren Anfängen bis zur Gegenwart, Stuttgart 2006

Edgar Wolfrum, Rot-Grün an der Macht. Deutschland 1998–2005, München 2013

Edgar Wolfrum, Der Aufsteiger – Eine Geschichte Deutschlands von 1990 bis heute, Stuttgart 2020

Stefan Wolle, Die heile Welt der Diktatur, Berlin 1998

Marc Woller, The Crisis in Kosovo 1998–1999, Cambridge 1999

Bob Woodward, Bush at War – Amerika im Krieg, Stuttgart/München 2003

Daniel Yergin, Der Preis – Die Jagd nach Öl, Geld und Macht, Frankfurt/M 1991

Volker Zastrow, Die Vier – Eine Intrige, Berlin 2010

Hartmut Zehrer (Hrsg.); Der Golf-Konflikt – Dokumentation, Analyse und Bewertung aus militärischer Sicht, Herford/Bonn 1992

ZEIT-Magazin vom 18.8.2016, Grenzöffnung für Flüchtlinge – Was geschah wirklich?

Gilbert Ziebura, Eine außenpolitische Bilanz, in: Göttrik Wewer (Hrsg.), Bilanz der Ära Kohl, Opladen 1998

Hubert Zimmermann, Große Koalition für den Euro – Die zweite Merkel-Regierung und die Schuldenkrise in der Euro-Zone, in: Reimut Zohlnhöfer/Thomas Saalfeld (Hrsg.), Politik im Schatten der Krise – Eine Bilanz der Regierung Merkel 2009–2013, Wiesbaden 2015

Klaus Zimmermann, Eine Zeitenwende am Arbeitsmarkt, in: Aus Politik und Zeitgeschichte, Hft. 16/2005

Reimut Zohlnhöfer, Rot-Grüne Finanzpolitik zwischen traditioneller Sozialdemokratie und neuer Mitte, in: Christoph Egle/Tobias Ostheim/Reimut Zohlnhöfer, Das rot-grüne Projekt, Wiesbaden 2003

Reimut Zohlnhöfer, Rot-grüne Regierungspolitik in Deutschland 1998–2002. Versuch einer Zwischenbilanz, in: Christoph Egle/Tobias Ostheim/Reimut Zohlnhöfer (Hrsg.), Das rot-grüne Projekt, Wiesbaden 2003

Reimut Zohlnhöfer, Zwischen Kooperation und Verweigerung, in: Christoph Egle/Reimut Zohlnhöfer (Hrsg.), Ende des rot-grünen Projekts, Wiesbaden 2007

Reimut Zohlnhöfer/Christoph Egle, Der Episode zweiter Teil – Ein Überblick über die 15. Wahlperiode, in: Christoph Egle/Reimut Zohlnhöfer (Hrsg.), Ende des rot-grünen Projekts, Wiesbaden 2007

Reimut Zohlnhöfer/Thomas Saalfeld (Hrsg.), Politik im Schatten der Krise – Eine Bilanz der Regierung Merkel 2009–2013, Wiesbaden 2015

Reimut Zohlnhöfer/Fabian Engler, Politik nach Stimmungslage – Der Parteienwettbewerb und seine Policy-Implikationen in der 17. Legislaturperiode, in: Reimut Zohlnhöfer/Thomas Saalfeld, Politik im Schatten der Krise – Eine Bilanz der Regierung Merkel 2009–2013, Wiesbaden 2015

Udo Zolleis/Julia Bartz, Die CDU in der Großen Koalition – Unbestimmt erfolgreich, in: Christoph Egle/Reimut Zohlnhöfer (Hrsg.), Die zweite Große Koalition – Eine Bilanz der Regierung Merkel 2005–2009, Wiesbaden 2010

Udo Zolleis, Auf die Kanzlerin kommt es an, in; Reimut Zohlnhöfer/Thomas Saalfeld (Hrsg.), Politik im Schatten der Krise – Eine Bilanz der Regierung Merkel 2009–2013, Wiesbaden 2009–2013

INTERNETQUELLEN

Bayerischer Rundfunk, Grunddaten Jugend und Medien, www.br-online.de/jugend/izi/Grunddaten_Jugend_Medien.pdf, abgerufen am 30. 11. 2019

Joachim Behnke, Warum Linke, FDP und Grüne Recht haben, in: Spiegel-Online vom 20. 10. 2019, www.spiegel.de/politik/deutschland/bundestag, abgerufen am 26. 10. 2019

Bericht der Kommission »Selbstkontrolle der Wissenschaft« der Universität Bayreuth zum Verdacht des wissenschaftlichen Verhaltens von Karl-Theodor zu Guttenberg https://web.archive.org/web/20120126101148/http://www.uni-bayreuth.de-presse-aktuelle-infos/2011, abgerufen am 20. 10. 2019

Bild.de vom 18. 4. 2005, »Wir sind Papst«, Geschichte einer Schlagzeile, www.bild.de/politik/inland/papst/die-geschichte-der-bild-schlagzeile-40593824.bild.htm, abgerufen am 12. 1. 2020

Bild.de vom 9. 9. 2018, Interview mit Hans-Georg-Maaßen, www.bild.de/politik/inland, aufgerufen am 12. 11. 2019 (In der »BILD« am 7.9,2018)

Carsten Brzenski/Inga Burk, Die Roboter kommen, Folgen der Automatisierung für den deutschen Arbeitsmarkt, www.ing-diba.de/pdf/ueber/uns/presse/publikationen/ing-diba-economie-research-die-roboter-kommen.pdf, abgerufen am 1. 12. 2019

Bundesagentur für Arbeit, Der Arbeitsmarkt in Deutschland 2017, www.statistik.arbeitsagentur.de/statistikdaten/Detail/201712/ama/heft-arbeitsmarkt, abgerufen am 3. 11. 2019

Bundesbank, Deutsche Staatsschulden sanken 2018 um 52 Milliarden, www.bundesbank.de/de/presse/pressenotizen/deutsche-staatsschul den-783598, aufgerufen am 27.11.2019

Bundesbank, Monatsbericht April 2019, Vermögen und Finanzen privater Haushalte in Deutschland, Ergebnisse der Vermögensbefragung 2017, www.bundesbank.de>blob>2019-04-vermoegensbefragung-data, abgerufen am 29.11.2019

Bundesliga mit neuem Geldrekord, www.absatzwirtschaft.de/bundesliga-mit-neuem-Geldrekord, abgerufen am 12.10.2019

Bundesministerium für Wirtschaft/Bundesministerium für Finanzen, Beschäftigungssicherung durch Wachstumsstärkung – Maßnah-menpaket der Bundesregierung, https://rsw.beck.de/does/libraries provider5rsw-documente, abgerufen am 17.10.2019

Bundesministerium des Inneren, Pressemitteilung, Januar 2014, Asylzahlen, www.bmi.bund.de/Shared Docs/pressemitteilungen/ DE/2014/01/asylzahlen_2013.html, abgerufen am 7.12.2019

Bundesministerium des Inneren, Pressemitteilung, Januar vom 14.1.2015, 202384 Asylanträge im Jahr 2014, www.bmi.bund.de/Shared Docs// pressemitteilungen/DE/2015/01/asylzahlen_2014.html, abgerufen am 8.12.2019

Bundesregierung, Pressemitteilung 309 vom 5.9.2015, www.bundesregie rung.de/breg-de, abgerufen am 2.11.2019

Bundesverband Musikindustrie, Liste der meistverkauften durch den BVMI zertifizierten Musikalben, www.musikindustrie.de/markt-bestseller/gold-platin-und-diamond-auszeichnung/datenbank, abgerufen am 27.1.2020

Bundesverfassungsgericht, Zweiter Senat, Urteil vom 10.4.1997, BVerfGE 95,335, 2 Bv 1/95, www.servat.unibe.ch/dfr/bv095335.html, abgerufen am 24.10.2019

Bundesverfassungsgericht, Zweiter Senat, Urteil vom 25.7.2012, 2 BvF 3/11-Rn (1-164), www.bverg.de/e/fas/20120725_2bvf000311.html, abge-rufen am 26.10.2019

Bundesverfassungsgericht, Urteil des Zweiten Senats vom 26.2.2014, 2 BvE 2/13-, Rn.(1-116), www.bverg.de/e/es/20140226_2bve000213.html, abgerufen am 4.11.2019

Bundesverfassungsgericht, Beschluss des Zweiten Senats am 8.11.2017 – 2 BvR 2221/16, Rn.(1-26), www.bverfg.de/e/rk_20171108_2bvr222116. htm, abgerufen am 3.11.2019

Der Bundeswahlleiter, Wahlen zum 4. Europäischen Parlament am
  12. Juni 1994, www.bundeswahlleiter.de/europawahlen/1994.html,
  abgerufen am 28. 8. 2019

Der Bundeswahlleiter, Ergebnis der Wahl zum 13. Deutschen Bundestag
  am 16. Oktober 1994, www.bundeswahlleiter.de/bundestagswahlen/
  1994.html., abgerufen zuletzt am 28. 8. 2019

Der Bundeswahlleiter, Ergebnis der Wahl zum 14. Deutschen Bundestag
  am 27. September 1998, www.bundeswahlleiter.de/bundestagswahlen/
  1998.html., abgerufen zuletzt am 18. 9. 2019

Der Bundeswahlleiter, Wahl zum 5. Europäischen Parlament am 13. Juni
  1999, Ergebnisse in Deutschland, www.bundswahlleiter.de/europawah
  len/1999/html., abgerufen zuletzt am 18. 9. 2019

Der Bundeswahlleiter, Ergebnis der Wahl zum 15. Deutschen Bundestag
  am 22. September 2002, www.bundeswahlleiter.de/bundestagswahlen/
  2002/html., abgerufen am 27. 9. 2019

Der Bundeswahlleiter, Wahl zum 6. Europäischen Parlament am 13. Juni
  2004, www.bundeswahlleiter.de/europawahlen/2004.html, abgerufen
  am 28. 9. 2019

Der Bundeswahlleiter, Wahl zum 16. Deutschen Bundestag am 22. September 2005, www.bundeswahlleiter.de/bundestagswahlen/2005.
  html., abgerufen am 23. 9. 2019

Der Bundeswahlleiter, Ergebnis der Europawahl vom 7. 6. 2009 in
  Deutschland, www.bundeswahlleiter.de/europawahlen/2009.html,
  abgerufen am 15. 5. 2020

Der Bundeswahlleiter, Wahl zum 17. Deutschen Bundestag am 27. September 2009, www.bundeswahlleiter.de/bundestagswahlen/2009.html,
  abgerufen am 27. 10. 2019

Der Bundeswahlleiter, Endgültiges amtliches Ergebnis der Wahl zum
  18. Deutschen Bundestag am 22. September 2013, www.bundeswahl
  leiter.de/info/presse/mitteilungen/bundestagswahl-2013/2013-10-09,
  abgerufen am 26. 10. 2019

Der Bundeswahlleiter, Europawahl 2014 – Ergebnisse Deutschland, www.
  bundeswahlleiter.de/europawahlen/2014/ergebnisse/bund-99.html,
  abgerufen am 3. 11. 2019

Der Bundeswahlleiter, Wahl zum 19. Deutschen Bundestag am 24. September 2017, www.bundeswahlleiter.de/bundestagswahlen/2017.html,
  abgerufen am 10. 11. 2019

Der Bundeswahlleiter. Ergebnis der Europawahl 2019 in Deutschland,
  www.bundeswahlleiter.de/europawahlen/ergebnisse-bund-99.html,
  abgerufen am 16. 11. 2019

Deutscher Bundestag, Wissenschaftliche Dienste, Entwicklung der Staatsverschuldung von 1970 bis 2013, www.bundestag/blob/409658/11b75e4ddbe9cff/08bacaOf1ea4ffc5/wd-4-141-09-pdf-data.pdf, abgerufen am 23.9.2019

Deutscher Bundestag, Wissenschaftliche Dienste, Gutachten vom 22.2.2018, Transferzahlungen an die ostdeutschen Bundesländer, www.bundestag.de/ressource/blob/550094/8e17e37a176c0f9c69150314bed6894d/WD-4-033-18, abgerufen am 9.12.2019

Deutscher Bundestag, Christian Wulff zum Bundespräsidenten gewählt, www.bundestag.de/dokumente/textanker/2010/30377887-kw25-bundesversammlung, abgerufen am 19.10.2019

Deutscher Bundestag, Wissenschaftliche Dienste, Änderungen des Asyl- und Aufenthaltsrechts seit Januar 2015 mit den Schwerpunkten Asylpaket I und II, www.bundestag.de/resource/blob/424122/05b770e5d14f459072c61e98ce01672, abgerufen am 2.11.2019

Deutscher Bundestag, Grüne ziehen Antrag zu Armeniern zurück (25.2.2016, Drucksache 18/7648), www.bundestag.de/dokumente/textarchiv/2016/4w08-de-armenien-409826, abgerufen am 3.11.2019

Deutscher Bundestag, Angela Merkel mit 364 Stimmen zur Bundeskanzlerin gewählt, www.bundestag.de/dokumente/textarchiv/2018/kw11-de-kanzlerwahl-546336, abgerufen am 11.11.2019

Bundeszentrale für Politische Bildung vom 14.7.2010, Hannelore Kraft zur Ministerpräsidentin gewählt, www.bpb.de/politik/hintergrund-aktuell/69054/minderheitsregierung-in-nrw-14-07-2010, abgerufen am 19.10.2019

Bundeszentrale für Politische Bildung, Arbeitslosigkeit in Deutschland, www.bpb.de, abgerufen am 31.10.2019

Daniel Cohn-Bendit/Eva Joly, Le traite Merkozy ou l'impasse europeene, https://europeecologie.en/Le-traite-Merkozy-ou-l-impasse, abgerufen am 18.10.2019

Deutsche Charts, Top 100 Single-Jahrescharts 2005 ff., www.offiziellecharts.de/single-jahr/for-date, abgerufen am 4.12.2019

Deutsche Charts, Alben 2005 ff., www.offiziellecharts.de/charts/album, abgerufen am 4.12.2019

Deutscher Feuerwehrverband, Mitgliederstatistik, www.feuerwehrverband.de/statistik/html., abgerufen am 30.11.2019

Deutscher Olympischer Sportbund, Bestandserhebung 2019, www.dosb.de/medien-service-statistiken, abgerufen am 30.11.2019

Deutscher Sparkassen- und Giroverband, Vermögensbarometer 2019, www.dsgv.de/sparkassen-finanzgruppe/publikationen/vermoegens barometer.html, abgerufen am 9.12.2019

Deutschlandfunk, Abbruch mit Ansage, www.deutschlandfunk.de/das-scheitern-der-jamaika-sondierung-abbruch-mit-ansage, abgerufen am 10.11.2019

Stefan Eisel, Internet und Demokratie, Konrad-Adenauer-Stiftung, Dezember 2016. www.kas.de/einzeltitel/-/content/internet-und-demokratie, abgerufen am 17.9.2019

Ergebnis der sächsischen Landtagswahl vom 1.9.2019, https://wahlen-sachsen.de/LW-php, abgerufen am 16.11.2019

Burkhard Erke/Ralf-M. Marquardt, Zulassung von Hedgefonds in Deutschland – Fluch oder Segen? https://archiv.wirtschaftsdienst.eu>downloads>getfile, abgerufen am 13.9.2019

Entscheidung des Bundesverfassungsgerichts vom 17.7.2002, www.bundesverfassungsgericht.de/Shared/Docs/Entscheidungen/DE/2002/07/fs/2002717 1BvF 1/01, abgerufen am 15.9.2019

Europäischer Rat, 28./29.6.2018, Wichtigste Ergebnisse, www.consilium.europe.eu/de/meetings/european-council/2018/06/28-29, abgerufen am 12.11.2019

Europäischer Rat/Rat der EU, Ergebnisse der Tagung vom 10.4.2019, www.consilium.europe.eu/de/meetings/european-council/2019/04/10, abgerufen am 12.11.2019

Eurostat – Statistics explained, https://ec.europa.eu/eurostat/statistics-explained/index.php?title=Archive:Industry_and_construction, abgerufen am 15.10.2019

Eurostat, Online-Datenbank, Einkommensquintilverhältnis November 2018, Bundeszentrale für Politische Bildung, Zahlen und Fakten – Europa, www.bpb.de, abgerufen am 29.11.2019

Jana Faus/Horand Knaup/Michael Rüther/Yvonne Schroth/Frank Strauss, Aus Fehlern lernen – Eine Analyse der Bundestagswahl 2017, www.spd.de/fileadmin/Dokumente/Sonstiges/Evaluierung_SPD_BTW.pdf, abgerufen am 10.11.2019

Joschka Fischer, Rede des Bundesministers des Auswärtigen Joschka Fischer am 12. Mai 2000 in der Humboldt-Universität in Berlin, www.bundesregierung.de/breg-de/serrvice/bulletin/rede-des-bundes ministers-des-auswaertigen, abgerufen am 3.2.2020

Focus.de vom 24. 10. 2008, Auch Gurus können irren, www.focus.de/
    finanzen/boerse/finanzkrise/alan-greenspan-auch-gurus-koennen-
    irren, abgerufen am 15. 10. 2019

Focus-Online vom 24. 8. 2015, Gabriel attackiert Fremdenhasser, www.
    focus.de/politik/videos/spd-chef-spricht-klartext, abgerufen am 5. 11.
    2019

Focus-Online vom 27. 12. 2018, Kandel, ein Jahr danach, www.focus.de/
    politik/deutschland/fluechtling-toetete-15jaehrige, abgerufen am 5. 11.
    2019

Forsa-Umfrage zum Asylstreit zwischen Merkel und Seehofer im Juni
    2018, www.rtl.de/cms/rH-forsa-umfrage-zu-asylstreit-mehrheit-haelt-
    zu-merkel-4185571, html, abgerufen am 12. 11. 2019

Forschungsgruppe Wahlen, Politbarometer Mai 2010, www.forschungs
    gruppe.de/Umfragen/Politbarometer/Archiv/Politbarometer_2010/
    Mai, abgerufen am 22. 10. 2019

Forschungsgruppe Wahlen, Politbarometer Oktober 2012, www.for
    schungsgruppe.de/Umfragen/Politbarometer/Langzeitentwicklung,
    abgerufen am 24. 10. 2019

Forschungsgruppe Wahlen, Politbarometer 12/2012-12/2013, www.for
    schungsgruppe.de/Umfragen/Politbarometer/Langzeitentwicklung,
    abgerufen am 24. 10. 2019

Forschungsgruppe Wahlen, Politbarometer Juli 2014, www.forschungs
    gruppe.de/Umfragen/Politbarometer/Archiv/Politbarometer 2014/Juli
    1014, abgerufen am 4. 11. 2019

Forschungsgruppe Wahlen, Politbarometer Dezember 2014-August 2015,
    www.forschungsgruppe.de/Umfragen/Politbarometer/Archiv, abge-
    rufen am 4. 11. 2019

Forschungsgruppe Wahlen, Politbarometer Dezember 2016 und Mai 2017,
    www.forschungsgruppe.de/Umfragen/Politbarometer/Archiv/Polit
    barometer_2017/Mai 2017

Forschungsgruppe Wahlen, Politbarometer Juni 2017, www.forschungs
    gruppe.de/Umfragen/Politbarometer/Langzeitentwicklung. Tabelle,
    abgerufen am 10. 11. 2019

Forschungsgruppe Wahlen, Politbarometer, November 2017 bis April
    2018, www.forschungsgruppe.de/Umfragen/Politbarometer/Langzeit
    entwicklung, abgerufen am 12. 11. 2019

Frankfurter Allgemeine Zeitung vom 8. 7. 2003, Hedgefonds sollen zügig
    zugelassen werden, www.faz.net/aktuell/fianzen/fonds-mehr, abge-
    rufen am 10. 1. 2019

Frankfurter Allgemeine Zeitung, faz.net vom 19. 4. 2005, www.faz.net/
aktuell/politik/wechsel-im-vatikan/nachrichten/reaktionen-auf-
ratzinger-glueckwuensche-und-skepsis-1235110.html, abgerufen am
12. 1. 2020

Frankfurter Allgemeine Zeitung vom 10. 9. 2009, Chronik der Opel-Rettung, in: www.faz.net/aktuell/wirtschaft/automobilindustrie, abgerufen
am 17. 10. 2019

Frankfurter Allgemeine Zeitung, Faz.net vom 31. 5. 2010, Bundespräsident
Köhler tritt zurück, www.faz.net/aktuell/politik/bundespraesidenten-
wahl-nach-heftiger-kritik, abgerufen am 19. 10. 2019

Frankfurter Allgemeine Zeitung, FAZ-Wirtschaft, Jahresbilanz 2011, www.
faz.net/aktuell/wirtschaft/jahresbilanz-2011-arbeitslosigkeit-auf-nied
rigstem-stand-seit-20-jahren, abgerufen am 22. 10. 2019

Frankfurter Allgemeine Zeitung, Krim-Krise, faz.net vom 13. 3. 2014,
www.faz.net/aktuell/politik, abgerufen am 1. 11. 2014

Frankfurter Allgemeine Zeitung vom 15. 9. 2015, Daimler-Chef Zetsche
»Flüchtlinge können Wirtschaftswunder bringen«, www.faz.net/
aktuell/technik-motor/iaa/daimler-chef, abgerufen am 2. 11. 2015

Frankfurter Allgemeine Zeitung vom 1. 6. 2017, Studienabbrecher, www.
faz.net/aktuell/politik/inland/neue-studie-zahl-der-studienabbrecher-
steigt-an, abgerufen am 8. 10. 2019

Frankfurter Allgemeine Zeitung vom 14. 6. 2018, Merkel droht Seehofer im
Asylstreit, www.faz.net/aktuell/politik/inland/merkel-droht-seehofer-
in-asylstreit, abgerufen am 12. 11. 2019

Frankfurter Allgemeine Zeitung vom 25. 5. 2019, Wieso Youtuber wie Rezo
kommerzielle Werbeträger sind, www.faz.net/aktuell/politik/inland,
abgerufen am 1. 12. 2019

Frankfurter Allgemeine Zeitung vom 6. 11. 2019, Walter-Borjans will derzeit keinen Kanzlerkandidaten, www.faz.net/aktuell/politik/inland/
walter-borjans-will-derzeit-keinen-spd-kanzlerkandidaten, abgerufen
am 16. 11. 2019

Frankfurter Rundschau, Fr.de vom 25. 9. 2017, Petry geht nicht in AfD-
Fraktion, www.fr.de/politik/petry-geht-nicht-in-afd-fraktion-11020911.
html, abgerufen am 11. 11. 2019

Forschungsgruppe Weltanschauungen in Deutschland, Religionszugehörigkeit Deutschland 1990 und 2003, https://web.archive.org/web/20
151015230431/http://flowid.de/fileadmin/datenarchiv/Religionszuge
hoerigkeit/Religionszugehoerigkeit_Bevoelkerung_1970_2011.pdf,
abgerufen am 19. 1. 2020

Gisela Friedrichsen zu den Vorgängen auf Sylt im Zusammenhang mit Christian Wull in Spiegel-Online vom 2.1.2014, www.spiegel.de/politik/ deutschland/friedrichsen, abgerufen am 24.10.2019

Joachim Gauck, »Ich respektiere sie, aber ich kann sie nicht erkennen«, ZEIT-Matinee vom 16.11.2011, https://www.presseportal.de/pm/9377/ 2130474, abgerufen am 26.11.2019

Heiner Geißler/SMA und Partner AB, Frieden in Stuttgart, Arbeitspapier, www.schlichtung-s21.de/fileadmin/schlichtung21/redaktion/ pdf/110729/frieden_in_stuttgart.pdf, abgerufen am 22.10.2019

Geschichte des Mobilfunks, www.informationszentrum-mobilfunk.de/ technik/geschichte-des-mobilfunks, abgerufen am 4.10.2019

Google, Die größten Arbeitgeber in Deutschland, www.google.com/ search?client=firefox-b-dq=größter+arbeitgeber+deutschland+ nach+mitarbeitern, abgerufen am 29.11.2019

Grüne für höhere Kerosinsteuer, in: welt.de/print-welt/article 597091/ Gruene-fuer-hoehere-kerosin-steuer.html., abgerufen am 8.9.2019

Hamburger Abendblatt vom 10.9.2015, Dänemark schließt seine Grenzen, www.abendblatt.de/nachrichten/article_205660951, abgerufen am 2.11.2019

Handelsjournal, Onlinehandel, https://handelsjournal.de/handel/e-commerce/onlinehandel/grenzen-des-wachstums-in-sicht.html, abgerufen am 1.12.2019

Roman Herzog, Aufbruch ins 21. Jahrhundert, Berliner Rede vom 26.4.1997, in: www.spiegel.de/politik/deutschland/roman-herzog-die-ruckrede-im-wortlaut-a-1129316, abgerufen am 7.9.2019

Hessische Landtagswahlen 2009, https://statistik.hessen.de/zahlen/ fakten/landtagswahl, abgerufen am 15.10.2019

ifh Köln, Pressemitteilung zum Online-Handel, www.ifhkoeln.de/presse mitteilungen/details/ifh-prognose-onlinehandel-in-deutschland-waechst-bis-2021-die-80-milliarden-grenze, abgerufen am 1.12.2019

IG Metall Bayern, Stellungnahme von IG Metall-Chef Berthold Huber »Kein Strohfeuer, sondern Brücke über die Krise«, https://igmetall-bayern.de/Mes-Ansicht 26+503bf563Ge1.ohtm, abgerufen am 17.10. 2019

Gerhard Illing, Staatsverschuldung und Finanzkrise, www.sfm.econ-uni-muenchen.de/forschung/staatsverschuldung/pdf, abgerufen am 29.1. 2020

Informationsgemeinschaft zur Feststellung der Verbreitung von Werbeträgern e. V., www.inw.eu/print/quartalsauflagen, abgerufen am 27. 2.
2019, zuletzt aufgerufen am 3. 12. 2019

Infratest dimap. Umfrage für »Hart aber fair« zu Guttenberg, https://www.
presseportal.de/pm/66941771239, abgerufen am 20. 10. 2019

Infratest dimap – Umfrage, www.infratest-dimap.de/umfragen/analysen/
bundesweit/umfragen/aktuell/wenig-mitleid-fuer-guttenberg, abgerufen am 20. 10. 2019

Infrastest dimap, ARD-Deutschlandtrend Ende Juni 2018, Zeit-online
vom 28. 6. 2018. www.zeit.de/politik/deutschland/2018-06/deutschland-
trend-asylstreit, abgerufen am 12. 11. 2019

Inside Kino, Die erfolgreichsten Filme in Deutschland, www.insidekino.
com/DJahr/D1990ff.htm, abgerufen am 24. 1. 2020

Institut für Arbeitsmarkt und Berufsforschung (IAB), Presseinformation
vom 25. 1. 2019, Mehr und mehr Geflüchtete sprechen gut deutsch,
nutzen Bildungsangebote und integrieren sich in den Arbeitsmarkt,
www.iab.de/de/informationsservice/presse/presseinformationen/
iab0319.aspx, abgerufen am 11. 12. 2019

Institut der Deutschen Wirtschaft, Bereinigter Verdienstunterschied in
Deutschland leicht rückläufig, www.iwkoeln.de/studien/kurzberichte/
joerg-schmidt-bereinigter-verdienstunterschied-in-D-leicht-rück
läufig, abgerufen am 29. 11. 2019

Interview mit dem Politikwissenschaftler Wolfgang Merkel »Parteien
haben sich mit Arroganz der Debatte entzogen«, in: FAZ vom 28. 9. 2017,
www.faz.net/aktuell/politik/bundestagswahl/afd-im-bundestag, abgerufen am 11. 11. 2019

Hans Mathias Kepplinger, Wie die Presse Wulff zum Rücktritt zwang,
www.cicero.de/innenpolitik vom 22. 1. 2014, abgerufen am 24. 10. 2019

Hubert Kleinert, Volksparteien – hört die Signale, in: Spiegel-online vom
14. 5. 2007, www.spiegel.de/politik/deutschland/neue-linke-volkspar
teien-hoert-die-signale, abgerufen am 15. 10. 2019

Koalitionsvertrag zwischen CDU, CSU und SPD »Deutschlands Zukunft
gestalten«, www.cdu.de/sites/default/files/media/document/Koalitions
vertrag.pdf, abgerufen am 31. 10. 2019

Hans-Joachim Küsters, Angela Merkel – Biographie, in: Konrad-
Adenauer-Stiftung, Geschichte der CDU, www.kas.de/web/geschichte-
der-cdu/personen/biogramm-detail/-/combat/angela-merkel,
abgerufen am 26. 11. 2019

Landeswahlleiter Rheinland-Pfalz, Endgültiges Ergebnis der Landtags-
    wahlen 2011, www.wahlen.rlp.de/ltw/wahlen/2011/land, abgerufen am
    22.10.2019

Landeswahlleiter Bayern, Wahl zum 17. Bayerischen Landtag am 15. Sep-
    tember 2013 – endgültiges Ergebnis, www.landtagswahl2013.bayern.de,
    abgerufen am 25.10.2019

Landeswahlleiterin Mecklenburg-Vorpommern, Endgültiges Ergebnis
    der Wahl zum Landtag von Mecklenburg-Vorpommern am 4.9.2011,
    www.service.mvnet.de/cgi_bin/wahlen/2011_kom_land/wahl_201_anz.
    pl?_W99.htm, abgerufen am 22.10.2019

Landeswahlleiterin Berlin, Zweitstimmen bei der Wahl zum Abgeord-
    netenhaus von Berlin am 18. September 2011, endgültiges Ergebnis,
    www.wahlen-berlin.de/wahlen-berlin.de/wahlen/BE2011/Ergebnis/
    region/aa2-GI9900.asp?se/1, abgerufen am 22.10.2019

Landeswahlleiterin Saarland, Landtagswahl vom 26. März 2017,
    endgültiges amtliches Endergebnis, www.saarland.de/dokumente/
    thema_statistik/presseinfo1017.pdf, abgerufen am 10.11.2017

Landtag NRW, Ergebnis der 15. Landtagswahl am 9. Mai 2010, www.
    landtag.nrw.de/porta/WWW/GB II/II/1/Wahlinformationen/040, abge-
    rufen am 19.10.2019

Letzte Umfragen zur Bundestagswahl 2005, www.wahlrecht.de/umfragen/
    archiv/2005.htm, abgerufen am 29.9.2019

Letzte Umfragen zur Bundestagswahl 2013, www.wahlrecht.de/umfragen/
    archiv/2013.htm., abgerufen am 26.10.2019

Letzte Umfragen zur Bundestagswahl 2017, www.wahlrecht.de/umfragen/
    archiv/2017.htm, abgerufen am 10.11.2017

Lewada, Meinungsforschungsinstitut, Putin-Zustimmung in Russland,
    www.dekoder.org/de/article/infografik-putin-beliebtheit-umfrage
    werte, abgerufen am 1.11.2019

Hans Leyendecker, Jauch – Der Schurke im Stück, SZ-Magazin vom 10.9.
    2012, www.sueddeutsche.de/medien/rotlicht-geruechte-um-bettina-
    wulff, abgerufen am 24.10.2019

Eckard Lohse/Majid Sattar, Eskalation einer Affäre, FAZ.net vom 12.4.
    2016, www.faz.net/aktuell/politik/berlin, abgerufen am 3.11.2019

Wiebke Loosen, Journalismus unter den Bedingungen des Medien-
    wandels, Bundeszentrale für Politische Bildung 2016, www.bpb.de/
    gesellschaft/medien-und-sport/medienpolitik/172143/medienwandel-
    und-journalismus, abgerufen am 12.10.2019

Rede von Staatspräsident Emmanuel Macron vom 26.9.2017, Presse- und
    Kommunikationsabteilung der französischen Botschaft in Deutschland,
    www.diplomatie.gouv.fr/IMG/pdf/macron_sorbonne_europe_integral,
    abgerufen am 12.11.2019

Rede von Staatspräsident Emmanuel Macron vor dem Europäischen Par-
    lament vom 17.4.2018, www.elysee.fr/emmanuel-macron/2018/04/17,
    abgerufen am 12.11.2019

Discours du president de la Republique, Emmanuel Macron, lors de la
    Ceremonie de Remise du Prix Charlemagne a Aix-la-Chapelle, www.
    elysee.fr/emmanuel-macron/2018/05/10, abgerufen am 12.11.2019
    (Karlspreis-Verleihung am 10.5.2018)

Emmanuel Macron, Für einen Neubeginn in Europa, in: Elysee, Actualités,
    www.elysee.fr/emmanuel-macron/2019/03/04, abgerufen am 12.11.
    2019

Wolfgang Mayer/Hansjörg Gaus/Christoph Müller, Klimabewusster Auto
    fahren – Analyse der PKW-Zulassungen 2008/2009, https://www.ssoar.
    info/ssoar/bitstream/handle/document/42782/ssoar-2010, abgerufen
    am 17.10.2019

mdr aktuell, Alle Ergebnisse der Sachsen-Wahl auf einen Blick, www.mdr.
    de/nachrichten/politik/wahlen/ergebnisse, abgerufen am 16.11.2019

Mediendienst Integration – Zahlen und Fakten, https://mediendienst-
    integration.de/migration-flucht-asyl/zahl-der-fluechtlinge.htm, abge-
    rufen am 3.11.2019

Meedia vom 27.12.2017, Krimi-Format in der Krise?, https://meedia.
    de/2017/12/27/durchschnittsquote-so-tief-wie-seit-sechs-jahren-nicht-
    mehr-tatort, abgerufen am 6.12.2019

Angela Merkel, Rede zur 55. Münchener Sicherheitskonferenz am 16.2.
    2019, www.bundeskanzlerin.de/bkin-de/aktuelles, abgerufen am 13.11.
    2019

ntv.de vom 27.9.2018, Kruse kehrt AfD den Rücken, ntv.de/politik/
    Fraktionschef – Kruse-kehrt-AfD-den-ruecken-article 20644584, ab-
    gerufen am 12.11.2019

PEGIDA-Positionspapier, www.menschen-in-dresden-de/wp-content/
    uploads/2014/12pegida-positionspapier.pdf, abgerufen am 5.11.2019

Harald Peters, Die Nullerjahre haben den Mainstream abgeschafft, www.
    welt.de/kultur/article 5629967, abgerufen am 2.10.2019

Quotenmeter, www.quotenmeter.de/n/6409/quotenmeter-germany-s-next-topmodel, abgerufen am 6.12.2019

Quotenmeter. www.quotenmeter.de/n/109597/quotenverluste-fuer-germany-s-next-topmodel-by-heidi-klum, abgerufen am 6.12.2019

Quotenmeter Babylon Berlin, www.quotenmeter.de/tag/baylon+berlin, abgerufen am 6.12.2019

Stefan Raab, Quotenmeter vom 21.12.2015, www.quotenmeter.de/n/82727/quotencheck-schlag-den-raab, abgerufen am 6.12.2019

rbb vom 13.9.2019, Endgültiges Ergebnis der Landtagswahl steht fest, www.rbb24.de/politik/wahl/landtagswahl/beitraege/landtagswahl-brandenburg-endergebnis, abgerufen am 16.11.2019

Karl-Heinz Reuband, Der Besuch von Theatern und Opern in der Bundes-republik, Jahrbuch 2014, www.phil.fak.uni_duesseldorf.de/fileadmin/Redaktion/Institute/Sozialwissenschaften/Soziologie/Dokumente, abgerufen am 4.12.2019

Karl-Heinz Reuband, Das Publikum von Theater und Oper, www.kultur management.net/Themen, abgerufen am 4.12.2019

Rheinische Post, RP-Online vom 4.12.2017, So lief der AfD-Wahlkrimi, https://rp-online.de/politik/afd-parteitag-2017-in-hannover-so-lief-der-afd-wahlkrimi-aid-1771232, abgerufen am 11.11.2019

Gerhard Richter rechnet mit »Werk ohne Autor« ab, Monopol – Magazin für Kunst und Leben vom 19.1.2019, www.monopol-magazin.de/gerhard-richter-rechnet-mit-werk-ohne-autor-ab, abgerufen am 5.12.2019

Jens Schröder, Der Quoten-Niedergang von »Wetten dass«, Blog vom 2.3.2009, https://archive.ph/20130708104620/http:/meedia.de/backgrond/meedia-blogs/jens-schroeder/mv-analyzer-pst/article/de, aufgerufen am 6.12.2019

Sozialpolitik aktuell, www.sozialpolitik-aktuell.de/ti_files/sozialpolitik-aktuell/Politikfelder/Arbeitsmarkt/Datensammlung, abgerufen am 12.9.2019

Sozialpolitik aktuell, Statistisches Bundesamt, Volkswirtschaftliche Gesamtrechnungen, www.sozialpolitik-aktuell.de/tl_files/sozialpolitik-aktuell, abgerufen am 3.10.2019

Sozialpolitik aktuell, Einkommen, www.sozialpolitik-aktuell.de/tl_files/sozialpolitik-aktuell/Politikfelder/Einkommen-Art-Datensammlung, abgerufen am 29.11.2019

Sozialpolitik aktuell, Abgabenquote Arbeitnehmer, www.sozialpolitik-aktuell.de/t/_files/sozialpolitik-aktuell/Politikfelder/Finanzierung/Datensammlung.pdf, abgerufen am 29.11.2019

Spiegel-Online vom 10.4.2000, Angela Merkel – Wir sind wieder da, www.spiegel.de/politik/deutschland/angela-merkel-wir-sind-wieder-da-a/72456.html, abgerufen am 26.11.2019

Spiegel-Online vom 24.1.2004, Chronologie einer skandalträchtigen Amtszeit, www.spiegel.de/wirtschaft/gerster-entlassung-chronologie-einer-skandaltraechtigen-amtszeit, abgerufen am 27.1.2020

Spiegel-Online vom 5.10.2008, www.spiegel.de/wirtschaft/merkel-und-steinbrueck-im-wortlaut-die-spareinlagen-sind-sicher, abgerufen am 15.10.2019

Spiegel-Online vom 11.9.2009, Opposition kritisiert Magna-Deal, www.spiegel.de/politik/deutschland/opel-rettung-opposition-kritisiert-magna-deal, abgerufen am 17.10.2019

Spiegel-Online, Christoph Schlingensief ist tot, www.spiegel.de/kultur/gesellschaft/lungenkrebs-christoph-schlingensief-ist-tot, abgerufen am 12.10.2019

Spiegel-Online vom 19.1.2010, Hohn und Spott für die Mövenpick-Partei, in: www.spiegel.de/politik/deutschland/debatte-um-die-fdp-spende, abgerufen am 19.10.2019

Spiegel-Online vom 22.10.2010, Im Angesicht des Verbrechens, www.spiegel.de/kultur/tv/im-angesicht-des-verbrechens-himmelspforte-und-hoellentor, abgerufen am 6.12.2019

Spiegel-Online vom 25.2.2011, Offener Brief von Doktoranden an die Bundeskanzlerin, www.spiegel.de/lebenundlernen/uni/offener-brief-verhoehnung-aller-wissenschaftlichen-hilfskraefte, abgerufen am 19.10.2019

Spiegel-Online vom 12.5.2011, Erster grüner Ministerpräsident – Kretschmann bekommt auch Stimmen von schwarz-gelb, www.spiegel.de/politik/deutschland, abgerufen am 22.10.2019

Spiegel-Online vom 13.5.2011, Liberale loben Westerwelle aus dem Amt, www.spiegel.de/politik/deutschland/fdp-parteitag, abgerufen am 22.10.2019

Spiegel-Online vom 4.1.2012, Wortlaut des ARD/ZDF-Fernsehinterviews mit Christian Wulff, www.spiegel.de/deutschland/dokumentation, abgerufen am 24.10.2019

Spiegel-Online vom 6.1.2012, Jamaika-Koalition im Saarland geplatzt, www.spiegel.de/politik/jamaika-koalition-im-saarland-geplatzt, abgerufen am 17.5.2019

Spiegel-Online vom 17. 5. 2012, Merkels Röttgen-Rauswurf, Protokoll einer Demütigung, www.spiegel.de/politik/deutschland/rauswurf, abgerufen am 31. 10. 2019

Spiegel-Online vom 2. 6. 2012, Offener Streit zwischen Gysi und Lafontaine, www.spiegel.de/politik/deutschland/linken-parteitag-in-goettingen, abgerufen am 26. 10. 2019

Spiegel-Online vom 9. 2. 2013, Chronologie – Die Plagiatsaffäre von Annette Schavan, www.spiegel.de/politik/deutschland, abgerufen am 31. 10. 2019

Spiegel-Online vom 14. 3. 2013, Äußerung zu Sexualität mit Kindern – Voßkuhle sagt Festrede für Cohn-Bendit ab, www.spiegel.de>politik>deutschland>vosskuhle-sagt-festrede-fuer-cohn-bendit-ab, abgerufen am 17. 6. 2019

Spiegel-Online vom 22. 9. 2013, Volker Beck täuschte Öffentlichkeit über Pädophilie-Text, www.spiegel.de/politik/deutschland, abgerufen am 17. 6. 2019

Spiegel-Online vom 24. 9. 2013, »Trittin tritt als Fraktionschef ab« und »Künast tritt als Fraktionschefin der Grünen zurück«, www.spiegel.de/politik/deutschland, abgerufen am 31. 10. 2019

Spiegel-Online vom 14. 3. 2014, Krim-Krise, www.spiegel.de/politik/ausland/krim-krise, abgerufen am 1. 11. 2019

Spiegel-Online vom 5. 12. 2014, Bodo Ramelow zum Ministerpräsidenten gewählt, www.spiegel.de/politik/deutschland/thueringen, abgerufen am 4. 11. 2019

Spiegel-Online vom 24. 1. 2015, SPD-Chef Gabriel diskutiert mit Anhängern von PEGIDA, www.spiegel.de/politik/deutschland/pegida, abgerufen am 5. 11. 2019

Spiegel-Online vom 26. 8. 2015, Dublin-Regelung, www.spiegel.de/politik/deutschland, abgerufen am 2. 11. 2019

Spiegel-Online vom 3. 10. 2015, Gauck hält Integration für größere Aufgabe als deutsche Einheit, www.spiegel.de/politik/deutschland/bundespraesident-gauck-rede-zum-tag-der-deutschen-einheit, abgerufen am 2. 11. 2019

Spiegel-Online vom 8. 10. 2015, Merkel-Interview bei Anne Will, www.spiegel.de/politik/deutschland, abgerufen am 2. 11. 2019

Spiegel-Online vom 14. 10. 2015, Asylstreit – Die Grünen sehen schwarz, www.spiegel.de/politik/deutschland/gruene-asylpaket-im-bundestag-und-bundesrat, abgerufen am 3. 11. 2019

Spiegel-Online vom 21.10.2015, Grüner Palmer auf Linie – mit der CSU, www.spiegel.de/politik/deutschland/gruene-boris-palmer-will-fluechtlingszahlen-begrenzen, abgerufen am 4.11.2019

Spiegel-Online vom 14.11.2015, »Terror in Frankreich – IS bekennt sich zu den Anschlägen von Paris« und »Anschläge fast gleichzeitig an sechs Orten«, www.spiegel.de/politik/ausland, abgerufen am 2.11.2019

Spiegel-Online vom 20.11.2015, Merkel auf dem CSU-Parteitag – Wer ist hier eigentlich der Chef?, www.spiegel.de/politik/deutschland, abgerufen am 2.11.2019

Spiegel-Online vom 13.3.2016, »Kretsch« Winfried Kretschmann verhilft den Grünen in Baden-Württemberg zu einem Wahnsinns-Wahlsieg, www.spiegel.de/politik/deutschland/baden-württemberg, abgerufen am 4.11.2019

Spiegel-Online vom 15.4.2016, Staatsaffäre Böhmermann – Die Fakten, www.spiegel.de/kultur/tv/jan-böhmermann-das-sind-die-fakten-der-staatsaffäre-a-10865, abgerufen am 3.11.2019, zuletzt abgerufen am 6.12.2019

Spiegel-Online vom 20.11.2017, Die Nacht der Entscheidungen, www.spiegel.de/politik/deutschland/ende-der-jamaika-sondierung, abgerufen am 10.11.2019

Spiegel-Online vom 4.12.2017, CSU-Machtkampf. Die Halbstarken, www.spiegel.de/politik/deutschland/markus-soeder-und-horst-seehofer, abgerufen am 11.11.2019

Spiegel-Online vom 23.3.2018, Topverdiener Dax-Vorstände, www.spiegel.de/wirtschaft/unternehmen/dax-vorstände.das-sind-die-top verdiener-a-119966, abgerufen am 29.11.2019

Spiegel-Online vom 4.6.2018, Merkel zerstört Macrons Träume, www.spiegel.de/politik/ausland, abgerufen am 12.11.2019

Spiegel-Online vom 7.9.2018, Maaßen sieht keine Beweise für Hetzjagd in Dresden, www.spiegel.de/politik/deutschland, abgerufen am 12.11.2019

Spiegel-Online vom 25.9.2018, Kauder abgewählt – Brinkhaus neuer Fraktionschef, www.spiegel.de/politik/deutschland/volker-kauder-abgewählt, abgerufen am 13.11.2019

Spiegel-Online vom 15.2.2019, Deutsch-französisches Geheimpapier zu Waffenexporten, www.spiegel.de/politik/deutschland/ruestungs exporte, abgerufen am 15.11.2019

Spiegel Online, Schwund beim Topformat, www.spiegel.de/kultur/tv/tatort-quoten-2018-schweiger-und-schweiz-enttäuschten-am-meisten, abgerufen am 6.12.2019

Spiegel-Online vom 20. 5. 2019, YouTuber rechnet mit CDU ab, www.spiegel.de/deutschland, abgerufen am 1. 12. 2019

Spiegel-Online vom 16. 7. 2019, EU-Parlament stimmt für von der Leyen als neuer EU-Kommissionspräsidentin, www.spiegel.de/politik/ausland/ursula-von-der-leyen-ist-neue-eu-Kommissionspräsidentin, abgerufen am 16. 11. 2019

Spiegel-Online vom 11. 10. 2019, Strompreise könnten bis 2022 um mehr als 60 Prozent steigen, www.spiegel.de/wirtschaft/service/strompreise, abgerufen am 15. 11. 2019

Spiegel.de vom 11. 2. 2013, Bilanz des Pontifikats, www.spiegel.de/panorama/ruecktritt-von-papst-benedikt-xvi-bilanz-seines-pontifikatis-a-882626.html, abgerufen am 12. 1. 2020

Spiegel.de vom 29. 4. 2013, Steuerkonzept der Grünen trifft Mittelschicht, www.spiegel.de/politik/deutschland, abgerufen am 17. 6. 2019

Spiegel.de vom 12. 2. 2017, Bundespräsidentenwahl – Die Ergebnisse im Detail, www.spiegel.de/politik/deutschland/bundespraesidentenwahl-2017-die-ergebnisse, abgerufen am 5. 11. 2019

Statista, Anteil der Wirtschaftszweige an der Wertschöpfung, https://de.statista.com/statistik/daten/studie/252133/umfrage-anteil-der-wirtschaftszweige-an-der.bruttowertschoepfung, abgerufen am 27. 11. 2019

Statista, Anzahl der Selbständigen in Deutschland, https://de.statista.com/statistik/daten/studie/238830/umfrage/anzahl-der-selbstaendigen-in-deutschland, abgerufen am 27. 11. 2019

Statista, Arbeitslosenquote in Deutschland seit 2004, https://de.statista/com/statistik/daten/studie/1224/umfrage/arbeitslosenquote-in-deutschland-seit-2004, abgerufen am 27. 11. 2019

Statista, Freiberufler in Deutschland, https://de.statista.com/statistik/daten/studie/158665/umfrage/freie-berufe-seit-1992, abgerufen am 28. 11. 2019

Statista, Bruttoinlandsprodukt, https://de.statista.com/statistik/daten/studie/2112/umfrage/veraenderung des bruttoinlandsprodukts, abgerufen am 12. 9. 2019

Statista, Reallöhne und Nettoverdienste, www.destatis.de/DE/Themen/Arbeit/Verdienste/Realloehne-Nettoverdienste/Tabellen, abgerufen am 29. 11. 2019

Statista, Reallöhne, Nominallöhne, Verbraucherpreise, https://de.statista.com/statistik/daten/studie/384228/umfrage-entwicklung-der-realloehne-nominalloehne, abgerufen am 29. 11. 2019

Statista, Schuldenquote, https://de.statista.com/statistik/daten/studie/154800/umfrage/deutsche-schuldenquote, abgerufen am 12. 9. 2019

Statista, Bruttodurchschnittslohn in Ostdeutschland, https://de.statista.com/studie/36305/umfrage/bruttodurchschnittslohn-in-ostdeutschland, abgerufen am 16.12.2019

Statista, Anteil der ausländischen Bevölkerung an der Gesamtbevölkerung in Deutschland von 1991 bis 2018, https://de.statista.com/statistik/daten/studie/14721/umfrage/deutschland-anteil-auslaender-an-bevoelkerung, abgerufen am 7.12.2019

Statista, Anzahl der Ausländer in Deutschland, https://de.statista.com/statistik/daten/studie/1221/umfrage/anzahl-der-auslaender-in-deutschland, abgerufen am 7.12.2019

Statista, Automobilindustrie, https://de.statista.com/statistik/studie/umfrage/umsatz-der-deutschen-automobilindustrie, abgerufen am 30.11.2019

Statista, IT-Branche, https://de.statista.com/themen/1373it-branche-deutschland, abgerufen am 30.11.2019

Statista, Studienabbrecher in Deutschland, https://de.statista.com/statistik/daten/studie/162988/umfrage/studienabbruch, abgerufen am 26.5.2019

Statista, Mitgliederentwicklung der SPD, https://de.statista.com/statistik/daten/studie/1214/umfrage/mitgliederentwicklung, abgerufen am 11.10.2019.

Statista, Mitgliederentwicklung der Grünen, https://de.statista.com/statistik/daten/studie/192243, abgerufen am 11.10.2019

Statista, Mitgliederentwicklung der CDU, https://de.statista.com/statistik/daten/studie/1215, abgerufen am 11.10.2019

Statista, Mitgliederentwicklung der CSU, https://de.statista.com/statistik/daten/studie/192223, abgerufen am 11.10.2019

Statista, Mitgliederentwicklung der FDP, https://de.statista.com/statistik/daten/studie/192239, abgerufen am 11.10.2019

Statista, Mitgliederentwicklung der Linkspartei, https://de.statista.com/statistik/daten/studie/192246, abgerufen am 11.10.2019, zuletzt abgerufen am 18.10.2019

Statista, Mitgliederzahlen der Parteien in Deutschland am 31.12.2018, https://de.statista.com/statistik/daten/studie/1339/umfrage/mitgliederzahlen-der-politischen-parteien, abgerufen am 29.11.2019

Statista, Anteil der Facebook-Nutzer in Deutschland, https:/de.statista.com/statistik/daten/studie/554140/umfrage/anteil-der-monatlich-aktiven-facebook-nutzer-in-deutschland, abgerufen am 30.11.2019

Statista, Tägliche Internetnutzung in Deutschland 2000 bis 2018, https://
de.statista.com/statistik/daten/studie/1388/umfrage-taegliche-
nutzung-des-internets-in-minuten, abgerufen am 30.11.2019

Statista, Mitgliederentwicklung DRK, https://de.statista.com/statistik/
daten/studie/umfrage-anzahl-der-mitglieder-und-verbaende-des-
roten-kreuzes, abgerufen am 30.11.2019

Statista, Absatz von CD-Alben -https://de.statista.com/statistik/daten/
studie/4099/umfrage/musikindustrie-absatz-von-cd-alben, abgerufen
am 12.10.2019

Statista, Marktanteile deutscher Filme 1996–2018, https://de.statista.
com/statistik/daten/studie/4547/umfrage/marktanteil-deutsche-filme-
seit-1996, abgerufen am 4.12.2019

Statista, Anzahl der Katholiken in Deutschland, https://de.statista.com/
statistik/daten/studie/1226-umfrage-anzahl-der-katholiken-in-
deutschland-seit-1965, abgerufen am 12.1.2020

Statista Research Management, https://de.statista.com/statistik/daten/
studie, abgerufen am 10.10.2019

Statistikamt Nord (Hamburg), Informationen zur Wahl der 20. Hamburgischen Bürgerschaft, in: www.statistik-nord.de/wahlen/wahlen-in-
hamburg/buergerschaftswahlen/2011, abgerufen am 22.10.2019

Statistisches Bundesamt 2018, Bevölkerung mit Migrationshintergrund,
Fachserie 1, Reihe 2.2, www.sozialpolitik-aktuell/H-files/sozialpolitik-
aktuell/Politikfelder/Bevoelkerung/Datensammlung, abgerufen am
7.12.2019

Statistisches Bundesamt, Drei Viertel des Gender Pay Gaps lassen sich
mit Strukturunterschieden erklären, www.destatis.de/DE/Presse
mitteilungen/2017/03/PD17_094-621.htm, abgerufen am 29.11.2019

Statistisches Bundesamt, Erwerbstätigkeit, Löhne und Gehälter, www.
genesis.destatis.de/online, abgerufen am 3.11.2019

Statistisches Bundesamt, Abgabenquote Arbeitnehmer, www.destatis.
de/DE/Themen/Wirtschaft/Volkswirtschaftliche-Gesamtrechnungen-
Inlandsprodukt, abgerufen am 29.11.2019

Statistisches Bundesamt, Gehälter der Dax-Vorstandschefs, https://
de.statista.com/statistik/daten/studie/163233/umfragen/gehalt-der-
dax-vorstandschefs, abgerufen am 29.11.2019

Statistisches Landesamt Sachsen-Anhalt, Landtagswahl 2011, www.stala.
sachsen-anhalt.de/wahlen/H11/fms/fms2111311.html, abgerufen am
22.10.2019

Stern.de/kultur vom 9.8.2014, www.stern.de/kultur-die-welt-in-listen/
  die-welt-in-listen-kreiisch-zehn-boygroup-hits, abgerufen am 27.1.
  2020

Stern.de vom 18.4.2019, Horst Seehofer und die Suche nach dem »Heimat-
  gefühl«, www.stern.de/politik/deutschland/horst-seehofer-was-macht-
  eigentlich-sein-heimatministerium, abgerufen am 11.11.2019

Stuttgarter Nachrichten vom 30.6.2018, Haben es die Stones noch drauf,
  www.stuttgarter-nachrichten.de/inhalt-nachkritik, abgerufen am 4.12.
  2019

Stuttgarter Nachrichten vom 6.9.2018, Hetzjagd, Mob und Pogrom –
  Zur Deutungsschlacht von Chemnitz, www.stuttgarter-nachrichten.de/
  inhalt, abgerufen am 12.11.2019

Süddeutsche Zeitung, SZ.de, Heinz-Werner Sinn für Austritt der Griechen, SZ vom 6.11.2011, www.sueddeutsche.de/geld/debatte-um-euro-
  austritt-griechenlands, abgerufen am 29.1.2020

Süddeutsche Zeitung, SZ.de vom 7.1.2016, Warum die Medien so spät
  über Köln berichteten, www.sueddeutsche.de/medien/uebergriffe-an-
  silvester, abgerufen am 3.11.2019

Süddeutsche Zeitung, SZ.de vom 28.5.2017, G 7-Krise, www.sueddeutsche.
  de/politik/g-7-krise-wir-europaer, abgerufen am 12.11.2019

Süddeutsche Zeitung, SZ.de vom 5.7.2018, Dax-Vorstände verdienen 71mal
  so viel wie ihre Mitarbeiter, www.sueddeutsche.de/wirtschaft/dax-vor
  staende-gehalt-1.4041588, abgerufen am 29.11.2019

Süddeutsche Zeitung, SZ.de vom 27.9.2018, Endlich Heimatminister,
  www.sueddeutsche.de/politik/horst-seehofer-heimatminister-1.414
  7103, abgerufen am 11.11.2019

Süddeutsche Zeitung, SZ.de vom 31.1.2018, Umstrittene AfD-Politiker
  werden Ausschussvorsitzende im Bundestag, www.sueddeutsche.de/
  politik/afd-ausschussvorsitzende-bundestag-1.3847925, abgerufen am
  11.11.2019

Süddeutsche Zeitung, SZ.de vom 12.7.2018, »Terror« vor Faust, www.
  sueddeutsche.de/kultur/theaterstatistik-terror-vor-faust-1.4051533,
  aufgerufen am 4.12.2019

Süddeutsche Zeitung, SZ.de vom 2.7.2018, Angela Merkel und Horst
  Seehofer: Attacken, Kompromisse, Vorwürfe, www.sueddeutsche.de/
  politik/angela-merkel-und-horst-seehofer-attacken-kompromisse,
  abgerufen am 12.11.2019

Süddeutsche Zeitung, SZ.de vom 7.12.2018, Das war der historische CDU-
  Parteitag, www.sueddeutsche.de/politik/cdu-parteitag-live-kramp-
  karrenbauer-1.4241788, abgerufen am 13.11.2019

Süddeutsche Zeitung, ST.de vom 3. 5. 2019, Fusion von Daimler und Chrysler gescheitert, in: www.sueddeutsche.de/wirtschaft/gescheiterte-fusion-von-daimler-und-chrysler-html., abgerufen am 29. 11. 2019

Süddeutsche Zeitung, SZ.de vom 2. 6. 2019, Rücktritt von Andrea Nahles – Die Regierungskoalition ist wohl am Ende, www.sueddeutsche.de/politik/andrea-nahles-spd-ruecktritt, abgerufen am 16. 11. 2019

Südwest-Presse vom 21. 2. 2011, Merkel stärkt Guttenberg den Rücken, https://web.archive.org/web/2011 0311095145/http:/www.swp.de, abgerufen am 19. 10. 2019

Tagesschau.de vom 2. 7. 2018. Seehofers Ultimatum an Union: Rücktritt vorerst aufgeschoben, www.tagesschau.de/inland/seehofer-csu-cdu-merkel-101.html, abgerufen am 12. 11. 2019

Tagesschau.de vom 30. 10. 2018, Merz kündigt Kandidatur an, www.tagesschau.de/thema/cdu-index.htm, abgerufen am 13. 11. 2019

Tagesschau.de vom 27. 6. 2019, Soviel Geld floss nach Griechenland, www.tagesschau.de/wirtschaft/rettungspakete-101.html, abgerufen am 29. 1. 2020

Tagesschau, Wahl-Tagesschau, Hessen-Wahl 2008, https://wahl.tagesschau.de/wahlen/2008-01-27-LT-DE-HE/index.shtml, abgerufen am 15. 10. 2019

Tagesschau, Wahl-Tagesschau, Landtagswahl Brandenburg 2009, https://wahl.tagesschau.de/wahlen/2009-09-27/LT-DE-88/index.shtml, abgerufen am 19. 10. 2019

Tagesschau, Wahl-Tagesschau, Bundestagswahl 2009, Wählerwanderung, https://wahl.tagesschau.de/wahlen/2009-09-27-BT-DE/analyse-wanderung-shtml, abgerufen am 19. 10. 2019

Tagesschau, Wahl-Tagesschau, Bundestagswahl 2013, Wählerwanderung, https://wahl.tagesschau.de/wahlen/2013-09-22-BT-DE/analyse-wanderung.shtml, abgerufen am 26. 10. 2019

Tagesschau, Wahl-Tagesschau, Ergebnisse von infratest dimap zur Landtagswahl in NRW am 14. 5. 2017, https://wahl.tagesschau.de/wahlen/1017-05-14-LT-DE-NW/index.shtm, abgerufen am 10. 11. 2019

Tagesschau, Wahl-Tagesschau vom 24. 9. 2017, Infratest dimap, Wählerwanderung, https://wahl.tagesschau.de/wahlen/2017-09-24-BT-DF/index.shtml, abgerufen am 10. 11. 2019

Tagesschau, Wahl-Tagesschau, Wählerwanderungen bei den hessischen Landtagswahlen am 28.10. 2018, Infratest dimap, https://wahl.tagesschau.de/wahlen/2018-10-28-LT-DE-HE/analyse-wanderung.shtml, abgerufen am 13.11,2019

Tagesschau, Wahl-Tagesschau, Infratest dimap, Wählerwanderung, https://wahl.tagesschau.de/wahlen/2019-05-26-EP-DE/analysen-wanderung.shtm, abgerufen am 16.11.2019

Tagesschau, Wahl-Tagesschau, Landtagswahl in Thüringen 2019, https://wahl.tagesschau.de/wahlen/2019-10-27-LT-DE-TH/index.shtml, abgerufen am 16.11.2019

Tagesspiegel vom 20.11.2016 zur Kanzlerkandidatur von Angela Merkel, www.tagesspiegel.de/politik/merkel/zur-kanzlerkandidatur-2017, abgerufen am 10.11.2019

Tagesspiegel vom 4.3.2019 zu Macron und Europa, www.tagesspiegel.de/wirtschaft/europa, abgerufen am 12.11.2019

Tagesspiegel vom 28.5.2019, Protest der Privilegierten, www.tagesspiegel.de/kultur/die-partei-bei-der-europawahl, abgerufen am 16.11.2019

TAZ vom 27.9.2017, Oskar Lafontaine kritisiert die Flüchtlingspolitik seiner Partei, taz.de, https://taz.de>Politik>Deutschland, abgerufen am 4.11.2019

The World's Most Powerful Woman, in: Forbes vom 31.8.2006, www.forbes.com/2006/08/31/most-powerful-woman c2_em_06woman_0831intro.html, abgerufen am 13.10.2019

T-Online vom 14.6.2018, Seehofer stellt die Machtfrage, www.t-online.de/nachrichten/deutschland/innenpolitik/id_83935686, abgerufen am 12.11.2019

Trends der Nullerjahre, Süddeutsche Zeitung vom 15.10.2009, www.sueddeutsche.leben, abgerufen am 11.10.2019

Vaunet-Mediennutzungsanalyse, Mediennutzung in Deutschland 2018, www.vau.net/system/files/documents/vaunet_mediennutzung-2018-publikationen.pfd., abgerufen am 5.12.2019

Vertrag zwischen der Bundesrepublik Deutschland und der französischen Republik über die deutsch-französische Zusammenarbeit und Integration vom 22.1.2019, www.bundesregierung.de/resource/blob, abgerufen am 12.11.2019

Franz Walter/Matthias Micus, Kinder der Arbeitsgesellschaft, spiegel-online vom 21.3.2007, www.spiegel.de/politik/deutschland/die-linke-und-die-arbeitsgesellschaft-a-472.857.htm, abgerufen am 28.1.2020

Die Welt vom 25.10.2007, www.welt.de/kultur/article/1284220/irgend etwas-hat-J.Rowling-richtig-gemacht.html, abgerufen am 12.10.2019

Die Welt vom 10. 11. 2012, Trittin und Göring-Eckardt grüne Spitzen kandidaten, www.welt.de/politik/deutschland/article/110880949/Trittin-und-Goering-Eckardt-gruene-Spitzenkandidaten, abgerufen am 29. 1. 2020

Die Welt vom 4. 5. 2014, Deutsche Einheit kostet 2 000 000 000 000 Euro, www.welt.de/politik/deutschland/article127595786/Deutsche-Einheit-kostet-2-000-000-000-000Euro, abgerufen

Die Welt vom 30. 7. 2014, ARD stopft Sommerloch mit einem Fernseh-wunder, www.welt.de/kultur/article130682618/ARD-stopft-sommerloch-mit-einem-fernsehwunder, abgerufen am 6. 12. 2019

Die Welt vom 6. 9. 2015, BDI-Präsident Grillo: Schnelle Jobs für Flücht-linge, www.welt.de/wirtschaft/article 14607927, abgerufen am 2. 11. 2019

Die Welt vom 8. 10. 2015, »Nicht in unserer Macht, wie viele nach Deutsch-land kommen«, www.welt.de/politik/deutschland/article 147354708, abgerufen am 2. 11. 2019

Die Welt vom 7. 3. 2016, welt.de, »Es kann nicht sein, dass irgendetwas ge-schlossen wird«, www.welt.de/politik/ausland/article 153015765, abge-rufen am 3. 11. 2019.

Die Welt vom 28. 10. 2017, Ökonomen warnen vor Billionenrisiko für Deutschland, www.welt.de/finanzen/oekonomen-warnen-vor-billionenrisiko, abgerufen am 29. 1. 2020

Die Welt vom 1. 12. 2017, Kritik der Familien der Anschlagopfer an Merkel, www.welt.de/politik/deutschland/article 171165139, abgerufen am 4. 11. 2019

Die Welt vom 28. 8. 2018, Die unheimliche Mobilisierung der Neonazis in Chemnitz, www.welt.de/politik/deutschland/article/181342196/Rechts extreme-Ausschreitungen, abgerufen am 12. 11. 2019

Die Welt vom 2. 6. 2019, Nahles Erklärung im Wortlaut, www.welt.de/politik/deutschland/article_194579427, abgerufen am 16. 11. 2019

Die Welt vom 28. 10. 2019, Thüringens CDU schließt Koalition mit Links-partei aus, www.welt.de/politik/deutschland/article_20269928, abge-rufen am 16. 11. 2019

Heinrich August Winkler, Was bedeutet internationale Verantwortung Deutschlands? Rede zur außenpolitischen Jahrestagung der Heinrich-Böll-Stiftung am 26. 6. 2014, www.boell.de/de/2014/06/26, abgerufen am 3. 2. 2020

Wirtschaftskammer Österreich (WKO), Wirtschaftswachstum EU und Eurozone 2000 – 2019, www.wko.at/statistik/eu/europa-wirtschafts-wachstum.pdf, abgerufen am 27. 11. 2019

WSI-Verteilungsmotor, www.boeckler.de/wsi_50512.htm, abgerufen am
29.11.2019

Christian Wulff, Wortlaut der Rücktrittserklärung www.abendzeitung-
muenchen.de/inhalt.wulff-ruecktritt, abgerufen am 24.10.2019

zdf.de 2014, multimedia www.zdf.de/2014/10/wetten-dass-statistik/index.
htm, abgerufen am 6.12.2019

zdf.de vom 2.12.2017, Kritik der Familien der Anschlagopfer an Merkel,
www.zdf.de/nachrichten/heute/angehoerige/der/opfer, abgerufen am
4.11.2019

zdf.de vom 1.11.2018, Kandidatur zum Parteivorsitz – Spahn will CDU
erneuern, www.zdf.de/nachrichten/heute/kandidatur-um-parteivor
sitz-spahn-will-cdu-erneuern-100html, abgerufen am 13.11.2019

zdf.de vom 28.10.2019, Merz attackiert Merkel und Groko, www.zdf.de,
abgerufen am 16.11.2019

Zeit-Online vom 30.10.2010, Google-Kartellverfahren, www.zeit.de/wirt
schaft/2010-1/ein-google-kartellverfahren, abgerufen am 1.12.2019

Zeit-Online vom 2.6.2012, Grandioses Chaos in Göttingen, www.zeit.de/
politik/deutschland/2012-06/linke-parteitag-gysi-lafontaine, abgerufen am 26.10.2019

Zeit-Online vom 23.2.2014, Anderer Stil in der Ukraine, aber noch keine
Erneuerung, www.zeit.de/politik/ausland/2014-02, abgerufen am 1.11.
2019

Zeit-Online vom 30.9.2015, BAMF vermutet 290 000 unregistrierte
Flüchtlinge in Deutschland, www.zeit.de/gesellschaft/zeitgeschehen/
2015-09, abgerufen am 1.11.2019

Zeit-Online vom 16.10.2015, Interview mit Robert Habeck, www.zeit.de/
politik/deutschland/2015-10/gruene-robert-habeck-fluechtlinge-asyl
politik, abgerufen am 3.11.2019

Zeit-Online vom 24.10.2015, Die Politik des Durchwinkens, www.zeit.de/
politik/ausland/2015-10/fluechtlingskrise, abgerufen am 2.11.2019

Zeit-Online vom 5.10.2016, Angela Merkel kritisiert Schließung der
Balkanroute, Interview mit Die ZEIT, www.zeit.de/politik/deutschland/
2016-10, abgerufen am 3.11.2019

Zeit-Online vom 17.12.2016, Anselm Kiefer – Sogar die Pinsel tragen
Trauer, www.zeit.de/2016/51/anselm-kiefer-kunst-erfolg-frankreich,
abgerufen am 5.12.2019

Zeit-Online vom 18.1.2017, Die Höcke-Rede von Dresden in Wortlaut-Auszügen, www.zeit.de/news/2017-01/18/parteien-die-hoecke-rede-von-
dresden-im-wortlaut-auszüge, abgerufen am 10.11.2019

Zeit-Online vom 14. 9. 2017, Millionenstrafe für Moodys wegen geschönter Ratings, www.zeit.de/wirtschaft/2017-01/ratingagentur-moodys-millionenstrafe-fianzkrise, abgerufen am 14. 10. 2019

Zeit-Online vom 20. 11. 2017, Jamaika-Sondierungen – Scheitern in Zeitlupe, www.zeit.de/politik/deutschland/2017-11/jamaika-scheitern-sondierungen, abgerufen am 10. 11. 2019

Zeit-Online vom 21. 1. 2018, Parteitag der SPD – Das größere Übel, www.zeit.de/politik/deutschland/2018-01/parteitag-spd, abgerufen am 11. 11. 2019

Zeit-Online vom 27. 1. 2018, Grüne wählen Baerbock und Habeck zu neuen Vorsitzenden, www.zeit.de/politik/deutschland/2018-01/parteitag-gruene-waehlen-habeck-und-baerbock, abgerufen am 12. 11. 2019

Zeit-Online, Podcast: Was jetzt? 15. Juni 2018. Wer gewinnt den Machtkampf zwischen Merkel und Seehofer?, www.zeit.de/politik/2018-06/nachrichtenpodcast-was-jetzt-15-06-2018, abgerufen am 12. 11. 2019

Zeit-Online vom 3. 7. 2018, Unionsstreit – Erst Streit, dann Kompromiss, dann viele Fragen, www.zeit.de/politik/deutschland/2018-06, abgerufen am 12. 11. 2019

Zeit-Online vom 30. 8. 2018, Was über die Tat in Chemnitz bekannt ist, www.zeit.de/gesellschaft/zeitgeschehen/2018-06/mordfall-in-chemnitz, abgerufen am 12. 11. 2019

Zeit-Online vom 11. 9. 2018, Gauland berichtet von drei Treffen mit Maaßen, www.zeit.de/politik/deutschland/2018-09, abgerufen am 12. 11. 2019

Zeit-Online vom 29. 10. 2018, Ein unnachahmlicher Abgang, www.zeit.de/politik/deutschland/2018-10, abgerufen am 13. 11. 2019

Zeit-Online vom 4. 11. 2018, Frauen-Union stellt sich hinter Kramp-Karrenbauer, www.zeit.de/news/2018-1104, abgerufen am 13. 11. 2019

Zeit-Online vom 5. 11. 2018, Horst Seehofer schickt Maaßen in einstweiligen Ruhestand, www.zeit.de/politik/deutschland/2018-11/Horst Seehofer, abgerufen am 12. 11. 2019

Zeit-Online vom 7. 2. 2019, Ukraine nimmt Beitritt zu EU und NATO als Ziel in Verfassung auf, www.zeit.de/news/2019-02/07, abgerufen am 1. 11. 2019

Zeit-Online vom 22. 3. 2019, Marcel Fratzscher, Der Gender-Pay-Gap ist kein Mythos, www.zeit.de/wirtschaft/2019-03/gehaltsunterschiede-gender-pay-gap, abgerufen am 29. 11. 2019

Zeit-Online vom 24. 5. 2019, Theresa May kündigt Rücktritt an, www.zeit.de/politik/ausland/2019-05/brexit, abgerufen am 16. 11. 2019

Zeit-Online vom 11.6.2019, Dax-Vorstände verdienen 52mal so viel wie ihre Angestellten, www.zeit.de/wirtschaft/boerse/2019/06, abgerufen am 29.11.2019

Zeit-Online vom 27.8.2019, Vermögensverteilung und Reichtum, www.zeit.de/wirtschaft/2019-08/vermögensverteilung-reichtum-finanzen-gerechtigkeit, abgerufen am 29.11.2019

Zeit-Online vom 28.10.2019, Thüringer CDU schließt Koalition mit AfD und Linkspartei aus, www.zeit.de/politik/deutschland/2019-10/landtagswahl-thueringen, abgerufen am 16.11.2019

Zeit-Online vom 29.10.2019, Merz attackiert Merkel, www.zeit.de/news/2019-10/29/cdu-debattiert, abgerufen am 16.11.2019

Nadine Zeller, Der Beweis liegt auf der Haut, in: www.süddeutsche.de/wissen/rechtsmedizin-der-beweis-liegt-auf-der-haut-1.392-4654 vom 2.4.2018, abgerufen am 12.10.2019

Zentrum für europäische Wirtschaftsforschung, Dienstleistungssektor in Deutschland, ftp://zew.de/pub/zew-does/documentation/1001.pdf., abgerufen am 13.9.2019

Horst Zimmermann, Finanz-, Wirtschafts- und Staatsschuldenkrise, www.wirtschaftsdienst.eu/inhalt/jahr/2012/heft2, abgerufen am 29.1.2020

Max Zimmermann, Die erfolgreichste Fehlerreihe der Geschichte, www.welt.de/wirtschaft/webwelt/article/160976119, abgerufen am 9.10.2019

INTERVIEWS

Interview mit Herrn Bundesminister a.D. Friedrich Bohl in Marburg am 31.7.2018

Interview mit Herrn Bundesminister a.D. Bodo Hombach in Mülheim/Ruhr am 8.1.2019

Interview mit Herrn Ministerpräsident und Bundesminister a.D. Prof. Dr. Jürgen Rüttgers am 9.1.2019 in Düsseldorf

Gespräch mit Bundesminister a.D. Jürgen Trittin am 10.2.2020 in Berlin

PERSONENREGISTER

Ackermann, Josef 333 f., 389
Adam, Konrad 452 f.
Adams, Bryan 194
Adam-Schwaetzer, Irmgard 57
Adele 636
Adenauer, Konrad 96, 136, 180, 608
Adler-Olsen, Jussi 633
Aguilera, Christina 353
Ahtisaari, Matti 222
Aigner, Ilse 409, 565
Albig, Thorsten 548
Albrecht, Ernst 369
Albrecht, Hans 62
Alexander, Peter 645
Alexander, Robin XVI, 485, 490, 514
Allen, Woody 638
Allende, Salvador 60
Allers, Roger 189
Al-Masri, Khaled 376
Almeyda, Clodomiro 60 f.
Almsick, Franziska von 199
Altmaier, Peter 448, 474, 487, 495, 501,
    564, 598
Aly, Götz 251
Amri, Anis 523 f., 548
Anda, Bela 216
Anderson, Sascha 192
Arnim, Hans Herbert von 50
Asarow, Mykola 476
Ashton, Catherine Margaret 378
Assad, Baschar al- 575, 671
Augstein, Rudolf 8, 135, 183

Augustinus 515
Aylwin, Patricio 61

B

Baacke, Rainer 234
Bach, Thomas 649
Bachmann, Lutz 537
Baerbock, Annalena 567
Bahr, Daniel 429
Baker, James 2, 3
Ballack, Michael 648
Baring, Arnulf 276
Barley, Katharina 564
Barroso, José Manuel 420, 460
Barschel, Uwe 51, 306
Bartsch, Dietmar 268, 396, 451 f., 554
Baselitz, Georg 639
Bastian, Gert 54
Bauer, Fritz 639
Baumann, Dieter 362
Baumann, Edith 65
Baumeister, Brigitte 230, 232
Beck, Kurt 226, 371, 382, 397, 402 f.,
    429, 524
Beck, Ulrich 185, 323, 681
Beck, Volker 465
Beckenbauer, Franz 196, 200
Becker, Boris 197, 200, 210, 326, 360
Becker, Jurek 190
Becker, Wolfgang 356
Beckett, Simon 633

© Springer Fachmedien Wiesbaden GmbH, ein Teil von Springer Nature 2020
H. Kleinert, *Das vereinte Deutschland*,
https://doi.org/10.1007/978-3-658-26767-4

Zeitfracht Medien GmbH
Ferdinand-Jühlke-Straße 7
99095 Erfurt, Deutschland
produktsicherheit@kolibri360.de